James Retallack

Das rote Sachsen

Wahlen, Wahlrecht und politische Kultur
im Deutschen Kaiserreich

James Retallack

Das rote Sachsen

Wahlen, Wahlrecht und politische Kultur
im Deutschen Kaiserreich

Aus dem Englischen von Manuela Thurner

SÄCHSISCHE
LANDESZENTRALE FÜR
POLITISCHE BILDUNG

James Retallack
Das rote Sachsen. Wahlen, Wahlrecht und politische Kultur im Deutschen Kaiserreich
1. Auflage, Leipzig/Dresden 2023.

Gestaltung/Satz: UFER Verlagsherstellung, Leipzig
Druck: Grafisches Centrum Cuno GmbH & Co. KG, Calbe

Umschlagbild: Thomas Theodor Heine, »Die rote Saxonia«, *Simplicissimus* 14, Nr. 34 (22.11.1909), S. 567. Simplicissimus Online, Herzogin Anna Amalia Bibliothek Weimar. Text zur Umschlagabbildung im Original (siehe auch S. 719): »[Saxonia:] Nee, meine kuteste Borussia, schaffe dir ja nich so ä neien Wahldopp an, ich habe von meinen de Masern gekriecht.«

Eine Publikation der Sächsischen Landeszentrale für politische Bildung. Diese Publikation ist nicht zum Verkauf bestimmt und wird für Zwecke der politischen Bildung im Freistaat Sachsen kostenlos abgegeben. Sie stellt keine Meinungsäußerung der Sächsischen Landeszentrale für politische Bildung dar. Für den Inhalt ist der Autor verantwortlich.
Die Buchhandelsausgabe dieses Titels erschien im Leipziger Universitätsverlag GmbH mit der ISBN 978-3-96023-472-2.

© Sächsische Landeszentrale für politische Bildung, Dresden 2023
Sächsische Landeszentrale für politische Bildung
Schützenhofstraße 36
01129 Dresden
www.slpb.de
publikationen@slpb.sachsen.de

Zum Andenken an

Gerhard A. Ritter
Hans-Ulrich Wehler

Inhalt

Vorwort zur deutschen Ausgabe xi

Einleitung 1
    Wahlkämpfe, Wahlrechte und Demokratisierung 3
    Sozialisten und andere Deutsche 10
    Sachsen und das Reich 14

Teil I – Im Bismarckreich

1 An der Schwelle zu einer neuen Ära 25
    Die Modernisierung Sachsens 26
    Politik in der alten Tonart 39
    »Neue Ideen erfüllen die Welt« 51

2 Die Möglichkeiten liberaler Reform 61
    Die Reichstagswahlen vom Februar 1867 62
    Sachsen und der Norddeutsche Bund 78
    Die Reform des Landtagswahlrechts 1868 88
    Eine »liberale Ära«? 111

3 »Reichsfeinde« 123
    Der Aufstieg der sächsischen Sozialdemokratie 124
    Rotes Sachsen? Der Schock vom Januar 1874 141
    Der Staat in Gefahr 161

4 Kampf gegen den Umsturz 173
    Der nationale Kontext 174
    Der Beitrag Sachsens 180
    In den Schützengräben 205
    »Gültig – ungültig« 223

5 »Gegen Liberale und Juden« 243
    Liberalismus ohne Kompass 245
    Konservative und radikale Antisemiten 260

Teil II – Krisenzeiten

6 Konservative im Belagerungszustand 301
    »1.427.298 sozialdemokratische Wähler!« 302
    Radaumacherei 320
    Politik in einer schiefen Tonart 341

7 Wahlrechtsreform als Staatsstreich 354
    »Für Religion, Sitte und Ordnung« 355
    Kampfansage 374
    Höhenflug 405

8 »*Das rote Königreich!*« 421
    Hoher Einsatz, 1903 422
    Ein Ausweg? 454

9 Bollwerke gegen die Demokratie 474
    »Anstand und Achtung« 476
    Sächsische Modelle 495

10 Rückschläge 519
    Die Macht der Straße 521
    Stellung halten, Januar 1907 544

Teil III – Berechnungen

11 Tanz 575
    Ein geteiltes Haus 577
    Demokratie in Geheimtinte 608

12 Politik in einer neuen Tonart ... **638**
Praxis, Oktober 1909 ... 639
Verblüfft ... 666
Arbeiter und Sozialdemokraten ... 684

13 Wahlpolitik ohne Kompass ... **706**
Verlorene Jahre ... 708
In Bewegung ... 726
Offene Wunde ... 759
Wahlrechtsreform: Rechts um! ... 770

14 Die aufgeschobene Demokratie ... **783**
Feuerprobe ... 784
Die seltsame Republik Gondour ... 812

Schlussbetrachtung ... **815**

Danksagung ... 833

Anhang ... **837**
Verzeichnis der Abkürzungen ... 837
Verzeichnis der Tabellen ... 840
Verzeichnis der Abbildungen ... 842
Verzeichnis der Karten ... 844
Verzeichnis der Quellen und Literatur ... 845
    Archivalien ... 845
    Abgekürzt zitierte Literatur ... 848
Zeittafel ... 891
Personenregister ... 897

Vorwort zur deutschen Ausgabe

Die englische Ausgabe dieses Buches ging im April 2016 in den Druck – nur wenige Wochen, bevor Ereignisse wie der Brexit in Großbritannien und die Präsidentschaftskandidatur Donald Trumps in den Vereinigten Staaten unsere gängige Vorstellung davon, wie und von wem Politik gemacht wird, auf den Kopf stellten. Heute, gut sechs Jahre später, gibt es vielerorts und von vielen Seiten ein neues Nachdenken über die Demokratie, ihre Ursprünge und ihren möglichen Untergang. Was ist geschehen?

»Demokratie« ist ein schillernder Begriff – so schillernd, dass wir uns dem Thema Demokratisierung am besten als einem aus zwei Strängen bestehenden Prozess nähern. Wie ich in der Einleitung dieses Buches erkläre, bezeichnet ein Strang die soziale Demokratisierung, auch Fundamentalpolitisierung genannt – d. h. die Prozesse, mit deren Hilfe die Politik und politisches Handeln alle Ebenen der Gesellschaft durchdringen. Der andere Strang bezieht sich auf die politische Demokratisierung, mit der ein gewisses Maß an Verfassungsreformen einhergeht, z. B. wenn es um Fragen wie die Erweiterung der Wählerschaft geht. Diese Prozesse gilt es als getrennt, aber reziprok zu verstehen. Dass bestimmte Gruppen das Wahlrecht haben und andere nicht, spielt immer eine wichtige Rolle, aber objektive Maßstäbe der Inklusion und Exklusion können irreführend sein. Heutzutage zeigt sich noch deutlicher als 2016, dass Menschen sich entrechtet fühlen können, selbst wenn sie es nicht sind, und dass Populisten und Demagogen sie in diesem Denken bestärken.

Beinahe täglich lesen wir in den führenden Zeitungen und Zeitschriften von den vielfältigen Bedrohungen für die Demokratie. Dazu gehören zum Beispiel autoritäre Machthaber und ihre »illiberalen Demokratien«, aber auch die Vielzahl von schmutzigen Tricks, die in den unterschiedlichsten Wahlsystemen weltweit zum Einsatz kommen. Manipulierte Wahlkreisgrenzen, gewichtete Stimmen, illegale Wahlkampfspenden, die Beeinflussung von Wählern, Wahlfälschungen, Schmutzkampagnen, »Fake News«, »alternative Fakten«, »gestohlene Wahlsiege«: Das alles ist nicht nur Teil unserer heutigen politischen Kultur, sondern findet sich bereits in der politischen Kultur des Kaiserreichs. Das *Journal of Democracy*, das im Winter 1989/90 mit großem Optimismus ins Leben gerufen wurde, veröffentlicht seit 2015 immer mehr Aufsätze zu Themen wie »demokratische Rezession« und »postdemokratisches« Zeitalter, »falsche Demokratien« und »Wahlautoritarismus«, undemokratischer Liberalismus, unverantwortliche Oligarchien und verantwortungslose Technokratien. Auch andernorts werden in den Medien regelmäßig verwandte Themen erörtert: das Geschick, mit dem Populisten und

Demagogen sich emotionale und kulturelle Ressentiments gegen religiöse und andere Minderheiten, Einwanderer und angebliche Terroristen zunutze machen; die Gefahr für Mitte-Rechts- und Mitte-Links-Koalitionen, Stammwähler an extreme Parteien zu verlieren; die Ängste von Menschen, die qua Erwerbstätigkeit, Lebensstil und Identität an bestimmte Standorte gebunden sind und deren materieller Wohlstand und soziale Aufstiegschancen blockiert zu sein scheinen, sowie die zunehmende Urbanisierung von Chancen, der wachsende Einfluss einer Bildungsmeritokratie und die angebliche Verachtung weit entfernt sitzender Bürokraten für die »abgehängten Wähler« vor Ort. Solche Wähler – oft bildungsbenachteiligte Menschen, deren Ernüchterung über die Mainstream-Politik und Anfälligkeit für Verschwörungstheorien sie zu Wechselwählern par excellence machen – tragen womöglich ebenso viel Schuld an der Aushöhlung der demokratischen Grundfesten wie die von ihnen gewählten Politiker.

Am Tag nach Trumps Wahlsieg im Jahr 2016 schrieb David Remnick, der Herausgeber des *New Yorker*, die amerikanischen Wähler hätten mehrheitlich beschlossen, in Trumps Welt zu leben: einer Welt voller Eitelkeit, Hass, Arroganz, Unwahrheit und Rücksichtslosigkeit. Seither geben einige Wahlen in den USA und in Europa Anlass zur Hoffnung, dass der Schaden, den Trump und Politiker seiner Couleur angerichtet haben, begrenzt werden kann. Gleichzeitig verzeichnen wir sowohl in den Entwicklungsländern als auch in den fortgeschrittenen westlichen Demokratien einen anhaltenden Vertrauensschwund in demokratische Prinzipien. Wie der versuchte Staatsstreich gegen den amerikanischen Kongress vom 6. Januar 2021 deutlich gezeigt hat, sind Demokratien ebenso fragile Gebilde wie Wirtschaftssysteme und Wählerschaften; dreht man an einem Hebel, wirkt sich das zwangsläufig auf den Mechanismus als Ganzes aus. Appelle an die Volkssouveränität sind keine Gewähr mehr dafür (falls sie es je waren), dass diejenigen, die an der Macht sind, ihre oberste Priorität in einer verantwortungsvollen Regierung und der Umsetzung des Volkswillens sehen.

Vor diesem aktuellen Hintergrund will das vorliegende Buch veranschaulichen, wie Deutschland nach 1860 mit ähnlichen Herausforderungen und Dilemmata zu kämpfen hatte. Bereits vor langer Zeit hat Gerhard A. Ritter den wesentlichen Dualismus im politischen System des Kaiserreichs benannt: ein demokratisches Wahlrecht bei nationalen Wahlen auf der einen Seite, mangelhafte parlamentarische Kontrolle der Exekutive auf der anderen Seite. Aus Gründen, die ich in den folgenden Kapiteln darzulegen versuche, gilt es, diesen Dualismus weiterhin zum Gegenstand kritischer Überprüfungen und Debatten zu machen. Ziel dieses Vorworts ist es nicht, Alarmismus zu schüren, was den Zustand der Demokratie angeht, sondern vielmehr nahezulegen, dass der Fortschritt der demokratischen Idee, heute als auch in Zukunft, unsere permanente Aufmerksamkeit erfordert – ebenso wie die Menschen, die diesen Fortschritt verteidigten oder ablehnten. Auf den folgenden Seiten werden wir solche Menschen kennenlernen, ihre Hoffnungen und ihre Träume, die Kämpfe, die sie fochten, und die Waffen, die sie dazu schmiedeten. Demokratie ist ein nie enden wollendes Suchen und Streben, und das gilt auch für ihre wissenschaftliche Erforschung.

*

Diese Übersetzung basiert auf dem Text des 2017 bei Oxford University Press veröffentlichten Buches »Red Saxony: Election Battles and the Spectre of Democracy in Germany, 1860–1918«. Positive Rezensionen der englischen Ausgabe sowie der von der Central European History Society dafür verliehene Hans-Rosenberg-Buchpreis gaben mir Hoffnung, dass meine Argumente bei aller Zugespitztheit auch bei einem breiteren deutschen Publikum Anklang finden könnten. Diese Neuausgabe erlaubte es mir zudem, kleine Druck-, inhaltliche und Rechenfehler zu korrigieren sowie einige Aussagen etwas prägnanter zu formulieren. An manchen Stellen habe ich Zitate aus zeitgenössischen Quellen erweitert oder die Fußnoten durch erklärendes Material aus Archivrecherchen ergänzt, die in die englische Ausgabe nicht mehr einfließen konnten. Auch die zitierte Literatur wurde durchgehend aktualisiert und alle deutschen Zitate sind im Originalwortlaut wiedergegeben. Zu guter Letzt möchte ich auch die Leserinnen und Leser ermutigen, das Online-Supplement unter http://redsaxony.utoronto.ca zu konsultieren, wo sich ein breites Spektrum an ergänzenden und zusätzlichen Materialien findet, inklusive farbiger Landtags- und Reichstagswahlkarten.

James Retallack
Toronto, den 1. Juli 2022

Einleitung

> Die Einheit des Ortes ist lediglich Unordnung.
> Erst die Einheit des Problems schafft ein Zentrum.
> — Marc Bloch, 1934[1]

> It's not the voting that's democracy, it's the counting.
> — Tom Stoppard, Jumpers, 1972

Am Donnerstagabend, den 27. Oktober 1881, versammelte sich auf dem Altmarkt vor dem Dresdner Rathaus eine immer größer werdende Menschenmenge.[2] Gegen 20 Uhr erstreckte sie sich bereits bis zum Postplatz und zur Wilsdruffer Straße und wurde von Minute zu Minute unruhiger. Man wartete auf die Verkündung des Ergebnisses der Reichstagswahl im Wahlkreis Dresden-Altstadt, einem von 397 Wahlkreisen im gesamten Deutschen Reich und 23 im Königreich Sachsen. Bis 21 Uhr war die Menge auf etwa 5 000 Menschen angewachsen. Darunter befand sich einiges Jungvolk, die üblichen Verdächtigen, doch die Polizei klagte später auch darüber, dass die gediegeneren Bürger Dresdens besonnen genug hätten sein müssen, dem gefährlichen Menschenauflauf fernzubleiben. Die Stimmung wurde immer angespannter. Die Menge wusste, dass die Entscheidung so oder so ausfallen konnte: zugunsten des Drechslermeisters August Bebel[3], Kandidat der sozialistischen »Umsturzpartei«, oder zugunsten des Dresdner Oberbürgermeisters Dr. Paul Stübel, Kandidat der rechten »Ordnungsparteien«. Mit jeder weiteren Verzögerung der offiziellen Verlautbarung wurden zunehmend Hochrufe auf Bebel laut.

Je weiter der Abend voranschritt, desto größer wurde die Befürchtung der Wahlvorsteher, dass eine Ausrufung von Bebels Wahlsieg Gewalt und Blutvergießen nach sich ziehen würde. Während des Wahlkampfs hatten die sächsischen Beamten alle ihnen zur

---

1   Zitiert in: T. Skocpol/M. Somers, Uses, 1980, S. 194.
2   Die folgenden Details stammen aus PAAAB, Deutschland 102, Bde. 4–6; BHStAM, MA III 2850; TNA, FO 215/34; SHStAD, KHMD 1067–1068; MdI 10998–10998a und 5379–5380; SHStAD, MdAA 3295; SLUB, H. Sax. G. 199, 24; J. Marx, Reichstagswahl, 1965; W. Schüller, Kampf, 1967, S. 130–150; O. Richter, Geschichte, 1903–1904, S. 59 f.; T. Klein, Wahlprüfungen, 1997–98, S. 227–233.
3   Bebel, von Beruf Drechsler, war 1881 mehr Fabrikant als Handwerker – er war Teilhaber einer dampfbetriebenen Fabrik für Tür- und Fenstergriffe aus Büffelhorn, die allerdings zu dieser Zeit schon vornehmlich aus Metall gefertigt wurden. Vgl. SParl, S. 95.

Verfügung stehenden Mittel eingesetzt, um Bebels Sozialdemokraten zu unterdrücken und zu schikanieren. Letztere hatten ihrerseits mit Aktionen reagiert, die den besten Mantel-und-Degen-Filmen zur Ehre gereicht hätten. Als am späten Abend das Ergebnis der Hauptwahl bekannt gegeben wurde, kam die Bestätigung, dass es zwei Wochen später zu einer Stichwahl zwischen Bebel und Stübel kommen würde. Ein Tumult brach aus. Die Polizei versuchte den Altmarkt zu räumen, stieß aber auf heftigen Widerstand. Die auf die Menge abgefeuerten Platzpatronen blieben ohne große Wirkung. Erst mithilfe einer in der Nähe stationierten Militäreinheit konnte der Platz schließlich geräumt werden. Es kam zu mehreren Verletzten, und neunundzwanzig Menschen erwachten am nächsten Morgen im Gefängnis.

Am 10. November ging der Wahlkampf in Dresden in die nächste Runde. Vor jedem Wahllokal waren zwei Gendarmen mit aufgepflanzten Bajonetten postiert. Die Wahlbeteiligung lag bei über 80 Prozent. Am Abend versammelte sich erneut eine nervöse Menschenmenge vor dem Rathaus, um auf das Wahlergebnis zu warten, doch diesmal war die Polizei besser vorbereitet und patrouillierte mit gezogenen Säbeln auf dem Altmarkt. Als bekannt wurde, dass Bebel die Stichwahl verloren hatte, blieb der erwartete sozialistische Aufruf zur Gewalt aus. Ob dieser Ausgang den ruchlosen Dresdner Polizeikommissar Georg Paul, laut Bebel ein »Sozialistenverfolger aus Sport«[4], erfreute oder frustrierte, wissen wir nicht. Am Abend der Stichwahl gab Paul sich jedenfalls alle Mühe, um Bebels Anhänger zu provozieren: so drang er, »total betrunken, in den Max Kayserschen Tabakladen und in die Restauration von Peters und schlug mit seinem Stock auf das Publikum ein«.[5] Drei Monate später erklärte Bebel im Sitzungssaal des Sächsischen Landtags, dass Sachsen noch nie eine so dreiste Einschüchterung erlebt habe wie während dieses Wahlkampfs.[6] Doch auch die staatlichen Behörden zeigten sich frustriert. Bereits vor dieser turbulenten Landtagssitzung hatte ein Minister seine Empörung darüber zum Ausdruck gebracht, dass »die socialistische Partei, deren Versammlungen gesprengt und deren Presse mundtot gemacht worden ist, auf diese Art Gelegenheit findet, durch das Wort ihres bedeutendsten Führers von der Tribüne des Landtages aus ihre Hetzereien fortzusetzen«.[7]

*

---

4   A. BEBEL, Leben, 1961, S. 787. Bebel fügte hinzu: »[Paul] war ein Trunkenbold, ein Generalschuldenmacher, der sich Nacht für Nacht in den in Dresden geduldeten Bordellen umhertrieb und jeder Bestechung zugänglich war. [...] [Er] wußte, daß er damit in den Augen seiner Vorgesetzten viele seiner Sünden zudeckte, aber schließlich, gegen Ende des Sozialistengesetzes, zum Selbstmord greifen mußte, da die Staatsanwaltschaft genötigt war, ihn wegen begangener Verbrechen zur Verantwortung zu ziehen.« Ebenda.
5   Ebenda. Vgl. auch J. MARX, Reichstagswahl, 1965, S. 12–14; W. SCHÜLLER, Kampf, 1967, S. 109.
6   LTMitt 1881/2, II.K., Bd. 1, S. 765 (9.2.1882). Die Sitzung ist in A. BEBEL, Leben, 1961, S. 786–788 beschrieben.
7   Kommissarischer österr. Gesandter in Sachsen, Sigismund von Rosty, 13.8.1881, HHStAW, PAV/43. Von Rosty berichtete über die Reaktionen auf Bebels Landtagswahlsieg im Sommer 1881. Aus pragmatischen Gründen spreche ich durchweg von »österreichischen« Gesandten, obwohl diese ab 1867 die k. u. k. Doppelmonarchie Österreich-Ungarn vertraten.

Die Ereignisse vom Oktober und November 1881 spiegelten Prozesse und Einstellungen wider, die ich in diesem Buch aufgreifen will. In erster Linie geht es mir darum, über einen Zeitraum von sechs Jahrzehnten ein neues Licht auf das wechselseitige Verhältnis von politischer Modernisierung und Autoritarismus in Deutschland zu werfen. Ich habe diese Wechselbeziehung bereits in früheren Arbeiten thematisiert, aber nur ein Buch dieses Umfangs gestattet es mir, sie sowohl im Detail als auch in der Breite ausreichend zu untersuchen.[8] In dieser Einleitung möchte ich eine Reihe von miteinander zusammenhängenden Thesen vorbringen, die in manchen Punkten mit der jüngsten Forschung übereinstimmen, in vielen anderen davon abweichen.

Mein zentrales Argument lautet, dass politische Modernisierung nicht zwangsläufig zu einer demokratischen Staatsform führen muss. Diese Behauptung mag den Leser weniger überraschen als die Art und Weise, wie ich sie zu stützen versuche. Dazu gehe ich altbekannten Fragen nach, die das Tempo und die Richtung des politischen Wandels im kaiserlichen Deutschland betreffen: Wie wurde Deutschland in dieser Zeit regiert? Wie hat die Furcht vor einer Revolution liberale und konservative Parteien einander näher gebracht? Welche Vorstellungen von der Zukunft ihres Landes hatten die deutschen Parteiführer und Staatsmänner an wichtigen geschichtlichen Wendepunkten? Und hat der Kampf gegen die Demokratie vor 1918 es möglicherweise erleichtert, dass spätere, skrupellosere Politiker die Deutschen in eine faschistische Diktatur, einen Weltkrieg und den Holocaust führen konnten?

Diese Fragen will ich mithilfe von drei miteinander verbundenen Thesen und drei komplementären Strategien zu deren Untermauerung beantworten. In allen Fällen stellt das Königreich Sachsen aus meiner Sicht ein nützliches Labor dar. Die historische Beschäftigung mit Sachsen ermöglicht es, alte Fragen neu zu denken als auch neue Fragen zu stellen. Für die Deutschen war Sachsen ab 1860 ein Experimentierfeld, in dem drei verschiedene Wahlverfahren erprobt wurden. Diese Einleitung ist nicht der richtige Ort, um den Ausgang dieser Experimente vorwegzunehmen, aber lassen Sie mich noch einige allgemeine Anmerkungen machen.

Wahlkämpfe, Wahlrechte und Demokratisierung

Meine erste These lautet, dass die Wahlkämpfe im Deutschen Kaiserreich so heftig geführt wurden, weil sie zwei Arten von Demokratisierung widerspiegelten. Bewusst vermeide ich es, das Wort »Demokratie« nur in einer Bedeutung zu verwenden. Wie schon anderswo angemerkt wurde, ist der Begriff der Demokratie äußerst promiskui-

---

[8] Interessierte Leser verweise ich an bibliografische Hinweise in J. RETALLACK, German Right, 2006; DERS., Germany's Second Reich, 2015; DERS. (Hrsg.), Sachsen in Deutschland, 2000, Einleitung; sowie die umfassendere Bibliografie im Online-Supplement zu diesem Buch.

tiv: »Falls es die eine wahre Bedeutung geben sollte, dann ist sie wohl, wie Platon es vielleicht formuliert hätte, im Himmel zu finden.«[9] Demokratie – das Wort leitet sich aus den griechischen Begriffen für »Volk« (*demos*) und »Herrschaft« (*kratos*) ab – ist ein umstrittenes Konzept. Im vorliegenden Buch geht es mir darum, den Grad der historischen Kongruenz zwischen Demokratie als Wertesystem und als institutionellem Ordnungssystem zu untersuchen. Der Begriff der *Demokratisierung* hingegen bezeichnet vornehmlich einen Prozess – einen Prozess bestehend aus zwei Strängen, die es zuerst getrennt und dann wieder ineinander verwoben zu betrachten gilt.[10]

Der erste Strang ist die *soziale* Demokratisierung. Damit meine ich die Fundamentalpolitisierung der deutschen Gesellschaft, durch die immer mehr Deutsche in die Welt des politischen Handelns gezogen wurden. Mit zunehmender Reife der modernen kapitalistischen Marktwirtschaft nach 1860 und der Ausweitung des Vereinswesens spiegelte sich die Fundamentalpolitisierung der Gesellschaft im Wachstum von Massenparteien und Massenpresse, in der Ausbildung einer lebendigeren Öffentlichkeit sowie im Vordringen der Politik auf das Land und in steigenden Wahlbeteiligungsraten. Der zweite Strang ist die *politische* Demokratisierung, der ein gewisses Maß an Verfassungsreform impliziert. Dieser Prozess vollzog 1866/67 einen Quantensprung, als Bismarck bei den Reichstagswahlen des Norddeutschen Bundes das allgemeine Wahlrecht für Männer einführte.[11] Noch vor der Gründung des geeinten Nationalstaats hatte Deutschland ein demokratischeres Wahlrecht als nahezu jedes andere Nationalparlament weltweit.[12] Danach jedoch wurde das Fortschreiten der politischen Demokratisierung auf Schritt und Tritt angefochten. Mitunter wurde sie sogar gestoppt oder rückgängig gemacht – zumindest auf regionaler und lokaler Ebene. Immer und immer wieder attackierten die Feinde der Demokratie das allgemeine Wahlrecht als umstürzlerisch und undeutsch.

Die soziale Demokratisierung hingegen war nicht aufzuhalten. Im Laufe der Zeit brachte die Durchdringung der Politik bis an die gesellschaftliche Basis viele Deutsche dazu, die politische Demokratie zu verurteilen oder sie aktiv abzulehnen. Ein Grund dafür, weshalb die Wahlkämpfe zwischen 1871 und 1918 so heftig ausfielen, ist, dass die soziale bzw. Fundamentaldemokratisierung sich beschleunigte, während die politische bzw. Verfassungsdemokratisierung sich verlangsamte. Diese Entwicklungen bedingten sich gegenseitig.[13] Es war das Fortschreiten, nicht das Fehlen der sozialen Demokratisie-

---

9   B. CRICK, Democracy, 2002, S. 1–3.
10 Zum Obrigkeitsstaat und »politischen Massenmarkt«, vgl. J. RETALLACK, Germany's Second Reich, 2015, Kap. 9. Die Fundamentalpolitisierung der deutschen Gesellschaft wurde untersucht in K. MANNHEIM, Man and Society [1935] 1967, bes. S. 44, sowie DERS., Essays, 1992, bes. S. 171–180. Vgl. auch P. STEINBACH, Einleitung, in DERS. (Hrsg.), Probleme, 1982, sowie T. KÜHNE, Jahrhundertwende, 2000.
11 Diese Reform bezog sich konkret auf den Reichstag des Norddeutschen Bundes (1867–1870).
12 Ein ähnlich breites Wahlrecht war zu der Zeit lediglich in Griechenland (nach 1844) und in Frankreich (nach 1852) zu finden.
13 Eine nützliche Diskussion der diesen Entwicklungen zugrunde liegenden Prozesse und Beziehungen findet sich in: T. KÜHNE, Dreiklassenwahlrecht, 1994, S. 32–38. Kühne konzentriert sich auf die Modernisierung (d. h.

rung, das Antidemokraten den Anreiz lieferte, ihre Kräfte zu bündeln im Kampf gegen das hervorstechendste Merkmal der Demokratie: ein frei gewähltes Parlament, dem gegenüber die Regierung verantwortlich ist. Dank der Bemühungen der Demokratiefeinde erhielt Deutschland erst 1918 seine erste parlamentarische Regierung.

Für meine Studie dienen die deutschen Wahlen als Mittel zum Zweck, der darin besteht, die Demokratisierungsverläufe zu einem bestimmten Zeitpunkt und in einer bestimmten Region abzubilden. Man sagt, die Geschichte sei ein Haus mit vielen Räumen. Ein Schlüssel dazu ist die Erforschung von Wahlen – vielleicht nicht der Generalschlüssel, aber doch ein Schlüssel, mit dem sich mehrere Türen öffnen lassen.

Wahlen sind für Historiker natürlich auch als eigenständiges Sujet von Bedeutung. Selbst in nichtdemokratischen politischen Systemen sind Wahlen häufig der sichtbarste Ausdruck von Machtkämpfen. Ihnen kommt eine entscheidende Scharnierfunktion zwischen Gesellschaft und Staat zu. Wahlen ermöglichen es uns auch, die Gesellschaft als ein Aggregat der sie konstituierenden Gruppierungen zu betrachten. Die Wahlforschung hat ausgeklügelte Berechnungsmethoden entwickelt, um diese Gruppierungen, gern auch Wählerblöcke genannt, zu untersuchen; aber solche Analysen sind für Laien oft schwer durchschaubar. Im vorliegenden Band findet der Leser keine Regressionsanalyse; er oder sie soll auch keine statistische Hochleistungsarbeit verrichten. Mir geht es um einen anderen Fragenkomplex, den ich mit einer eklektischeren Art der Wahlanalyse verfolgen möchte. Eine Frage, die dabei besonders hervorsticht, lautet: Weshalb war es so wichtig, dass bestimmte Gruppierungen das Wahlrecht hatten und andere nicht?

Die Antwort auf diese Frage scheint auf den ersten Blick verlockend einfach. Das Wahlrecht zu besitzen bedeutete, in einer Demokratie zu leben. Aber stimmte das? Diese zuversichtliche Behauptung wirft (mindestens) drei Vorbehalte auf. Der erste lautet, dass die Wahlgesetze – und die von ihnen aufgestellten Schwellenwerte für die Wahlberechtigung – auf lokaler, regionaler und nationaler Ebene variierten. Das Deutsche Reich mit seinen 25 Bundesstaaten und dem Reichsland Elsass-Lothringen (siehe Karte E.1 am Ende dieser Einleitung) wies sehr unterschiedliche politische Kulturen auf. In jedem dieser Bundesstaaten, wie auch im gesamten Reich, hatte die Frage, wer wählen durfte und wer nicht, weitreichende Auswirkungen. Zweitens hatte die Stimmabgabe keinen grundlegenden Einfluss auf die Verteilung der Macht und der Entscheidungsbefugnisse. Die Staatsminister im Kaiserreich wurden nicht auf Grundlage parlamentarischer Mehrheiten ernannt, und die Staatsregierungen waren nicht gezwungen, sich an Wahlergebnisse zu halten. Was bedeutet also die Aussage, dass die Deutschen

---

Egalisierung, Rationalisierung und Nationalisierung) der Politik im Kaiserreich, und zwar auf allen Ebenen politischer Wahlen, von denen fünf von zentraler Bedeutung erscheinen: die Wahlagitation, die Wahlinhalte und das Wahlverfahren, die Funktion des Abgeordneten und das Repräsentationsmodell, das organisatorische Gehäuse der Wahlpolitik und das Wahlbewusstsein. Vgl. P. STEINBACH, Reichstag Elections, 1992, zu denselben Themen.

gewohnt waren, zu den Wahlurnen zu gehen und sich in Demokratie zu üben?[14] Nur wenige politische Systeme sind entweder gänzlich demokratisch oder gänzlich undemokratisch. Demokratische Elemente sind auf vielfältige Weise kombinierbar. Folglich gilt das besondere Augenmerk dieses Buchs – und damit wären wir beim dritten Vorbehalt – einer bestimmten Art von semidemokratischem Wahlsystem, in dem ein allgemeines und gleiches Wahlrecht (für den nationalen Reichstag) mit einem begrenzten und ungleichen Stimmrecht (für Landtage und Stadtparlamente) einherging. In einigen der nachfolgenden Kapitel schildere ich die Bemühungen, das allgemeine Wahlrecht des Reichstags rückgängig zu machen oder zu revidieren; in anderen liegt der Fokus auf den Anstrengungen, das Wahlrecht auf regionaler oder lokaler Ebene zu revidieren, indem bestimmten privilegierten Wählern zusätzliche Stimmen gewährt wurden. Zusammen betrachtet liefern diese Bemühungen Aufschluss darüber, wie die Deutschen glaubten, demokratische und undemokratische Aspekte innerhalb eines politischen Systems vereinen zu können.

*

Wenn wir bezüglich des Kaiserreichs von Demokratie sprechen, muss auch explizit von der Furcht vor der Demokratie die Rede sein. Vielen Zeitgenossen war die Demokratie weniger Verheißung als Schreckgespenst. Letzterer Begriff verweist zum einen auf die Angst vor etwas, das tot ist – wie Hamlets Vater, der nachts durch die Wehrgänge von Schloss Elsinore streift. So gesehen war die Demokratie die ätherische Inkarnation der Französischen Revolution von 1789 und ihrer Prinzipien *liberté, égalité, fraternité*. Sie war das blutige Echo der französischen Terrorherrschaft unter Maximilien Robespierre. Sie war der Geist Napoleons I., dessen Armeen zwischen 1806 und 1814 die Deutschen in die Knie zwangen. Und sie war der Alptraum der Revolution von 1848/49 – einer weiteren von Gesetzlosigkeit und Gewalt geprägten Episode. Zum anderen verweist der Begriff auf die Angst vor etwas, das in *Zukunft* Gestalt annehmen und lebendig werden könnte. Karl Marx und Friedrich Engels blickten bekanntlich nach vorne, nicht zurück, als sie 1848 verkündeten: »Ein Gespenst geht um in Europa – das Gespenst des Kommunismus.« In dieser Lesart war die Demokratie nach Ansicht vieler Zeitgenossen ein »Sprung ins Dunkel« nach einem gewaltsamen Umsturz des Staates und der bestehenden Ordnung, nach einer Revolution, die alle sozialen Unterschiede beseitigt.

Wahlpolitik umfasst zweierlei Arten Wahlkämpfe. Beim ersten Typus handelte es sich um Wahlkämpfe im üblichen Wortsinn: politische Kampagnen, die mit der Ausrufung einer Wahl beginnen und mit dem Abschluss des Urnengangs enden. Wie wir sehen werden, folgten die Wahlkämpfe bei Reichstags- und Landtagswahlen jeweils unter-

---

14 Vgl. bes. S. SUVAL, Politics, 1985; M. L. ANDERSON, Lehrjahre, 2009.

schiedlichen Rhythmen und Regeln. Anfängliche Prognosen über Gewinner und Verlierer erwiesen sich allzu häufig als falsch. Beim zweiten Typus wahlpolitischer Kämpfe ging es um Sinn und Zweck von Wahlen im Allgemeinen und um Wahlrechtsgesetze im Besonderen. Angriff und Verteidigung waren auch hier an der Tagesordnung: Ein bestehendes Wahlsystem zu verteidigen konnte genauso vorteilhaft sein wie ein neues zu entwickeln. Betrachtet man diese beiden Arten von Wahlkämpfen unter der gemeinsamen Rubrik Wahlpolitik, lässt sich aufzeigen, was die Deutschen über ihr politisches System dachten und wie sie es zu ändern versuchten. Wahlpolitik zwang verschiedene Gruppen, sowohl zurückblicken – auf die Lektionen der Vergangenheit – als auch nach vorne, in die Zukunft, um sich vorzustellen, wie diese durch ein neues Wahlsystem verbessert werden könnte.

Manchmal erzielten diese Gruppierungen einen Konsens; weitaus häufiger jedoch waren sie sich uneins. Sie stritten darüber, ob es gut oder schlecht sei, dass die Politik bis in alle gesellschaftlichen Schichten und Ecken und Winkel der Nation vordrang. Sie stritten auch darüber, was soziale Demokratisierung wirklich bedeutete und wie sie sich steuern ließe. Konnte sie in sichere Bahnen gelenkt werden? Oder führte sie das Land in den sozialen Aufruhr und politischen Ruin? Das waren ungemein komplizierte und beängstigende Fragen. Indem wir diese beiden Wahlkampftypen in der Zusammenschau betrachten, können wir ansatzweise verstehen, warum so viele Deutsche davon überzeugt werden konnten, nichtdemokratische Wahlrechtsgrundsätze zu akzeptieren. Wenn Sachsen ein Labor war, in dem verschiedene Wahlverfahren erprobt wurden, so führte das Experiment aber auch andernorts in Deutschland zu ähnlichen Ergebnissen. Nach 1900 rüttelten Wahlrechtsreformbewegungen am politischen Status quo in den fünf größten Bundesstaaten in Deutschland: Preußen, Bayern, Sachsen, Württemberg und Baden. Dabei besaß vor November 1918 keiner dieser Bundesstaaten ein politisches System, das auf einem der beiden demokratischen Grundprinzipien aufbaute: der politischen Gleichheit aller Bürger und einer Herrschaftsordnung, die auf der Zustimmung und dem Willen der Regierten beruhte.

Der Soziologe Max Weber schrieb 1917, Deutschland sei noch immer eine Nation ohne politische Bildung oder politischen Willen.[15] Margaret Lavinia Anderson hat zu Recht darauf hingewiesen, dass Webers Urteil allzu vernichtend ausfiel. Stattdessen, so Anderson, bot die strikte Einhaltung ausgefeilter Wahlverfahrensregeln »frühe Haltegriffe, raue Spalten im glatten Obrigkeitssystem, die es einigen Wählergruppen bereits in den 1870er-Jahren erlaubten, einen Halt an der Obrigkeitswand zu finden«.[16] Andersons Metapher ist aufschlussreich. Allerdings muss gleichfalls betont werden, dass die Feinde der Demokratie keine Gelegenheit ausließen, den Griff der Demokraten, die die Obrigkeitsbollwerke zu überwinden versuchten, zu lockern. Den Demokratiefeinden,

---

15 M. WEBER, Political Writings, 1994, S. 144.
16 M. L. ANDERSON, Voter, 1993, S. 1460; vgl. DIES., Lehrjahre, 2009.

die vom rauen politischen Klima des Autoritarismus profitierten, war häufig Erfolg beschieden. Dies wirft Zweifel an der These auf, dass es den Befürwortern der Demokratie gelungen sei, die alte Ordnung mit den eigenen Waffen zu schlagen, oder gar, dass das Kaiserreich bereits vor 1914 »demokratisch wurde«.[17] Wie ein Sturm, der unsere Kletterer von allen Seiten peitscht, sorgten die Antidemokraten mit ihren Praktiken und Strategien dafür, dass die Wand des Obrigkeitsstaates immer rutschiger wurde. Nur die ausdauerndsten Abenteurer konnten den Aufstieg fortsetzen. Dass ihnen dies gelang, ist von großer historischer Bedeutung und verdient zweifellos unsere Aufmerksamkeit. Wie Judith Shklar schrieb: »Wenn Bürger, zumal in einer Demokratie, einzeln und vereint handeln sollen, um gegen staatliches Unrecht und Machtmissbrauch zu protestieren und ihm entgegenzutreten, brauchen sie ein gehöriges Maß an Selbstvertrauen, Sturheit und moralischem Mut, um sich wirksam behaupten zu können.«[18] Gerade weil wir diese Qualitäten so sehr schätzen, sollten wir als Historiker nicht die Hindernisse kleinreden, die denjenigen im Weg standen, denen unser größter Beifall gilt.

*

Ein Politikwissenschaftler scherzte einmal, politische Kultur definieren zu wollen ähnele dem »Versuch, einen Pudding an die Wand zu nageln«.[19] Wenn wir von politischer Kultur sprechen, signalisieren wir damit das Interesse, die subjektive Dimension der Politik zu erforschen: die sozialpsychologische Atmosphäre eines Herrschaftssystems, die subjektive Beziehung zwischen dem Staat und seinen Bürgern und das System von Normen, Werten, Überzeugungen, Einstellungen und Empfindungen, das den politisch handelnden Gruppen und Personen selbstverständlich erscheint.[20] Politische Kulturforschung kennt keine klare Trennung zwischen der gesellschaftlichen und der politischen Dimension des Lebens; sie weist eine große und logisch nachvollziehbare Nähe zur Forschung zu (politischen) Soziokulturen, (politischen) Mentalitäten und (politischen) Lebensweisen auf.[21]

In diesem Buch dient mir »Wahlkultur« als konzeptionelles Werkzeug zur Erforschung der politischen Modernisierung und der beiden genannten Formen der Demokratisierung. Der Begriff wurde erstmals von Thomas Kühne in seiner Studie über das Dreiklassenwahlrecht Preußens verwendet. Bei der Wahlkulturforschung, schrieb

---

17 Vgl. den Untertitel von Andersons Aufsatz: »Demokratie auf schwierigem Pflaster. Wie das Deutsche Kaiserreich demokratisch wurde«. Vgl. auch J. RETALLACK, Germany's Second Reich, 2015, Kap. 8.
18 J. SHKLAR, Liberalismus, 2013, S. 53–54.
19 M. KAASE, Sinn, 1983; vgl. DERS., Analysis, 1976. Vgl. T. MERGEL, Parlamentarische Kultur, 2002; DERS., Überlegungen, 2002.
20 T. KÜHNE, Wahlforschung, 1995, S. 54; M. KAASE, Sinn, 1983; P. REICHEL, Einleitung, 1984, S. 9; D. BERG-SCHLOSSER/R. RYTLEWSKI (Hrsg.), Political Culture, 1993, S. 3; K. ROHE, Regionalkultur, 1984, S. 126; U. SARCINELLI, Symbolische Politik, 1987, S. 9.
21 W. M. IWAND, Paradigma, 1985, S. 79.

Kühne 1994, geht es um »die Metaebene des Wahlprozesses. Gefragt wird danach, welche Werte, Normen, Vorstellungen eine bestimmte Gruppe von Menschen (z. B. eine Nation oder deren soziokulturelle Segmente) vom Wählen überhaupt hat, vom Wahlsystem, vom Wahlkampf, vom Wahlverfahren, und danach, wie diese Normen die verschiedenen Ebenen des Wahlprozesses prägen.«[22]

Sofort stellt sich die Frage, von *wessen* Werten und Normen wir sprechen. Andere Wahlstudien haben sich auf die Gewohnheiten konzentriert, die sich durch häufige Urnengänge oder durch die Bewegung großer Wählerblöcke von einer Partei zur anderen bei den Wählern eingeprägt hatten. Wir wissen heute einiges darüber, wie Wahlen an der Basis aussahen und wie sie sich anfühlten, und was einfache Wähler bei der Stimmabgabe motivierte. Mein Interesse gilt der subjektiven Dimension der Politik auf einer höheren Ebene des politischen Handelns.[23] Mein Hauptaugenmerk liegt auf Parteiführern, Beamten (aller Dienstgrade) und Staatsministern. Das heißt nicht, dass ich bei der Fokussierung auf die hohe Politik den gesellschaftlichen Unterbau der politischen Parteien oder die soziale Demokratisierung an der Basis ausklammern möchte. Im Gegenteil. Meines Erachtens ist es Aufgabe der Sozialgeschichte der Politik, die Gesellschaft von unten her zu betrachten – bis hinauf an die Spitze.

Die Wahlforschung ist ein ausgezeichnetes Instrumentarium, um hohe und niedere Politik gemeinsam in den Blick zu nehmen. Bei den Reichstagswahlen waren fast alle männlichen Erwachsenen wahlberechtigt. In den meisten Landtagen und Stadtverordnetenkollegien jedoch schlossen Wahlgesetze bestimmte potenziell Wahlberechtigte aus oder stuften sie nach ihrem sozioökonomischen Status ein. Wie wir sehen werden, entwickelten sächsische Beamte und Gesetzgeber die Manipulation des Wahlrechts zu einer hohen Kunst. Auf diese Weise stellten sie sicher, dass die Sozialdemokratie nie auch nur annähernd eine parlamentarische Mehrheit gewann. Allerdings gelang es ihnen nicht, die politische Loyalität der Wähler zu verschleiern. Diese Loyalitäten lassen sich bis auf die Ebene des individuellen Wahlbezirks abbilden – so gut sind Qualität und Quantität der Wahlstatistiken, die von den königlichen statistischen Landesämtern im Kaiserreich erstellt wurden. Aufgrund dieser Daten wissen wir beispielsweise, dass bei der sächsischen Landtagswahl vom Oktober 1909 genau 53,8 Prozent der Wähler Kandidaten der Sozialdemokratischen Partei Deutschlands (SPD) unterstützten.[24]

---

[22] T. Kühne, Dreiklassenwahlrecht, 1994, S. 31; vgl. ders., Wahlforschung, 1995, S. 54 f.; ders., Wahlrecht, 1993, S. 543 ff.; ders., Entwicklungstendenzen, 1997.
[23] Deshalb, und weil mein Interesse sowohl Wahl- als auch Wahlrechtskämpfen gilt, ist in diesem Buch von Wahlpolitik (statt Wahlkultur) die Rede. Vgl. T. Mergel, Propaganda, 2010; C. Gatzka/H. Richter/B. Schröder (Hrsg.), Kulturgeschichte, 2013.
[24] Wir wissen z. B. auch, dass bei den Wahlen im Jahr 1909 77,6 Prozent der Wähler, die im Rahmen des sächsischen Vier-Stimmen-Systems nur eine Stimme hatten, für SPD-Kandidaten stimmten. Vgl. Kapitel 12, v. a. Tabelle 12.10.

Fakten wie diese sind aber nur die Spitze des Eisbergs. Im weiteren Verlauf dieser Studie werden wir uns noch genauer mit verwandten Themen befassen – wie z. B. dem sozioökonomischen Status und der politischen Orientierung derjenigen Wähler, die mit den Sozialisten eine Gruppe unterstützten, die als »Reichsfeinde« bezeichnet wurden. Dazu ist es notwendig, Wahlkämpfe und Wahlrechtsreformbewegungen innerhalb des konzeptionellen Rahmens von Wahlkultur zu untersuchen. Nur dann lässt sich verlässlich sagen, warum diese Wähler gegen das Establishment aufbegehrten. Und nur dann lassen sich die Motive der Antidemokraten verstehen, die mithilfe von Wahlrechtsschwellen denjenigen Gruppen das Wahlrecht entzogen, die sie als gefährlich etikettierten. Selbst Historiker der hohen Politik müssen Kette und Schuss der Wahlkultur untersuchen, um deren historische Muster zu erkennen.

Sozialisten und andere Deutsche

Die wichtigste Folge der Entscheidung Bismarcks, bei der Reichstagswahl 1867 das allgemeine Männerwahlrecht einzuführen, war das Anwachsen der Arbeiterbewegung mit der Sozialdemokratischen Partei als zentralem Pfeiler. Das eine lässt sich nicht ohne das andere verstehen. Die Forschung der 1960er- und 1970er-Jahre konzentrierte sich auf die SPD und ihr bemerkenswertes Wachstum – sowie auf die Widerstandskraft der Partei gegenüber Diskriminierung und Unterdrückung.[25] Bevor die Erforschung des Klassenkonflikts durch die Zunahme kulturgeschichtlicher Ansätze in den Hintergrund rückte, konnte gezeigt werden, dass die Sozialdemokratie breite Unterstützung über die Reihen der Arbeiterklasse hinaus genoss und vor allem im Mittelstand viele Sympathisanten hatte. Im Verlauf dieser Studie werde ich noch öfter auf den Mittelstand zu sprechen kommen – namentlich als Schlachtfeld, auf dem Sozialdemokraten und ihre Feinde um Stimmen wetteiferten. Diese These ist aber weniger originell als die von mir vorgebrachte Behauptung von der *symbolischen* Bedeutung der Sozialdemokratie.[26]

Von 1871 bis 1918 und darüber hinaus galt die Sozialdemokratie in konservativen Kreisen als subversiv, gewalttätig, revolutionär, gottlos, unmoralisch und undeutsch. Als Antlitz der »modernen Zeiten« wurde sie von Antidemokraten deswegen besonders

---

25 Einführungen dazu liefern G. Iggers (Hrsg.), Social History, 1986; M. Jefferies, German Empire, 2008. Die wahlpolitische Bedeutung des Umbruchs von 1866/71 für die Arbeiterbewegung wird deutlich beim Vergleich von J. Kocka, Arbeitsverhältnisse, 1990; ders., Arbeiterleben, 2015; und J. Schmidt, Brüder, 2018, alle zum Zeitraum vor 1871, mit G. A. Ritter/K. Tenfelde, Arbeiter, 1992, zum Zeitraum zwischen 1871 und 1914.
26 Im vorliegenden Buch versuche ich konsequent zwischen antisozialistischen und antidemokratischen Standpunkten zu differenzieren. Im Kaiserreich wurden die Begriffe »Sozialdemokratie« und »Sozialismus« jedoch fast austauschbar verwendet, ebenso wie »Sozialdemokrat« und »Sozialist«. Der Begriff »bürgerlich« wurde häufig als politische Kurzform verwendet, um alle nicht-sozialistischen Parteien, Gruppierungen und Einzelpersonen zu bezeichnen. Seit den 1980er-Jahren ist eine umfangreiche Literatur rund um die Begriffe »Bürger«, »Bürgertum« und »Bürgerlichkeit« entstanden.

gefürchtet, weil sie nicht in einem Endkampf um die Macht zu besiegen war. Der Sozialismus ängstigte das deutsche Bürgertum, weil er als revolutionäre Hydra angesehen wurde. Sobald man ihr einen ihrer Köpfe abschlug, wuchs ihr ein neuer nach. Als sie zwölf Jahre lang, von 1878 bis 1890, mithilfe des Sozialistengesetzes verboten wurde, florierte ihr Untergrundnetz. Die sozialdemokratischen Parteiführer nutzten ihre parlamentarische Immunität und die freien Debatten im Reichstag, um zu ihren Anhängern zu sprechen. Auf jeden Rückschlag, den die Partei erlitt, folgte ein überzeugender Sieg bei der nächsten Wahl. Bürgerliche Politiker und Vertreter des Obrigkeitsstaates erzielten nur gelegentlich Einigkeit darüber, welcher Aspekt der Sozialdemokratie der gefährlichste sei. Antisozialisten und Antisemiten zum Beispiel prangerten die angebliche Affinität zwischen Sozialdemokraten und Juden an. Deutschland, so behaupteten sie, stehe vor einer gemeinsamen Bedrohung durch eine »rote« (sozialistische) und eine »goldene« (jüdische) internationale Verschwörung. Die Tatsache, dass die deutsche Sozialdemokratie der mächtigste Flügel der Zweiten Internationale war, ließ diese Behauptung glaubhaft erscheinen.

Antisozialisten hatten eine ganze Reihe von Rezepten auf Lager, um die deutsche politische Kultur wieder »gesunden« zu lassen. Alle derartigen Rezepte wurden in einem Klima der Angst und des Notstands vorgeschlagen, basierten aber ansonsten auf unterschiedlichen Prämissen. Vermochten die bürgerlichen Parteien ihre Differenzen in Wahlzeiten hintanzustellen, um der zahlenmäßigen und organisatorischen Überlegenheit der Sozialdemokratie gewachsen zu sein? Falls nicht, wäre es vielleicht besser, die Partei einfach zu verbieten? Oder ihre Mitglieder aus dem Parlament zu verbannen? Oder das allgemeine Wahlrecht abzuschaffen? Die Verteidiger des Obrigkeitsstaates waren unterschiedlicher Meinung bezüglich der Grenzen der Legalität und moralischen Fairness. Dies galt vor allem in Zeiten von Wahlkämpfen. Diese Meinungsverschiedenheiten wiederum wirkten sich auf alle Parteien quer durch das gesamte politische Spektrum hinweg aus. Der Sozialdemokratie wurde vorgeworfen, das Parteien*system* als Ganzes in Unordnung zu bringen.

Wenn es darum ging, die symbolische Bedeutung von Wahlen zu beschreiben, nutzten alle Beteiligten Kriegsmetaphern. Sprachlich wurde somit eine enge begriffliche Verbindung hergestellt zwischen einer Partei, die geschlagen, erobert oder vernichtet werden musste, und einem politischen System, das nach 1867 seine parlamentarischen Tribune mittels Wahlkämpfen wählte. Ein Mitarbeiter der Berliner *Volks-Zeitung* bemerkte 1867, dass Wahlkampagnen militärischen Feldzügen glichen: das Wahlrecht sei ein Gewehr und die Stimmzettel seien Kugeln.[27] Knapp fünfzehn Jahre später wurde das Wahl-Schlachtfeld in Sachsen als »chaotisch« bezeichnet. Symptomatisch für diese Malaise waren Wahltumulte wie der auf dem Dresdner Altmarkt im Jahr 1881.

---

27 Volks-Zeitung, 30.8.1867, zitiert in: P. STEINBACH, Reichstag Elections, 1992, S. 119. Vgl. auch R. CHICKERING, Militarism, 2008.

Nirgendwo stellte sich die vermeintliche Bedrohung durch den Sozialismus akuter dar als im Königreich Sachsen. Weder das Sozialistengesetz in den 1880er-Jahren noch das Aufkommen nationaler Verbände in den darauffolgenden zwanzig Jahren konnten das Wachstum der Sozialdemokratie bremsen. Bei der Reichstagswahl 1903 gewannen die Sozialisten 22 von 23 Wahlkreisen in Sachsen. Der Beiname »Rotes Sachsen« war geboren. Innerhalb eines Jahres war auch der Reichsverband gegen die Sozialdemokratie aus der Taufe gehoben. Zwar hatten die Gegner der Sozialisten zuvor bereits mehrfach davor gewarnt, dass die bestehende soziale und politische Ordnung in Gefahr sei, aber nach 1903 wurde die antisozialistische Karte häufiger ausgespielt. Unterdessen machte sich unter der sächsischen Rechten immer stärkerer Antisemitismus breit, der nicht nur in großen Teilen des Mittelstandes seine Anhänger fand, sondern vor allem auch vom Alldeutschen Verband und anderen nationalen Verbänden propagiert wurde, die ihre Kraft in erster Linie aus dem Bürgertum schöpften. Die Beteiligung der Sozialdemokraten an den Regierungskoalitionen der Weimarer Republik nach 1918 ebenso wie die bedeutende Stellung von Juden wie Walther Rathenau im neuen Regime erleichterte es ihren Feinden, die beiden Gruppen gemeinsam zu verteufeln. Die Dolchstoßlegende bekräftigte die Vorstellung, dass Sozialisten, Demokraten und Juden zwischen 1914 und 1918 die Heimatfront vergiftet und Deutschland 1919 an die Alliierten ausgeliefert hatten. Zehn Jahre später wurde Hitler zum Impresario der Angriffe auf Marxisten und Juden. Sachsen sorgte für einen frühen Wahldurchbruch, dieses Mal mit umgekehrten Vorzeichen: Die Nazis waren auf dem Vormarsch.[28] Ich behaupte nicht, den Schlüssel entdeckt zu haben zum Wahlerfolg der Nazis oder zu der schicksalhaften Entscheidung, Hitler im Januar 1933 zum Kanzler zu ernennen. Meine Behauptung zielt in eine andere Richtung. Das Schreckgespenst der Demokratie – mit dem Sozialismus als Vorboten – wurde nicht 1933 oder 1903 geboren. Mit der Pariser Kommune als Hebamme tauchte dieses Gespenst erstmals 1871 auf, und zwar als *deutscher* Alptraum.

*

In den 1960er- und 1970er-Jahren argumentierten mehrere prominente Kaiserreich-Historikerinnen und Historiker, das deutsche Bürgertum habe nicht geschafft, was die Briten 1688 und die Franzosen 1789 erreicht hätten. Dieses Scheitern, so behaupteten sie, habe es ermöglicht, dass in Deutschland die vormodernen Eliten überlebten und gediehen, was wiederum den Weg für den Nationalsozialismus und den Holocaust geebnet habe. Wir wissen heute, dass Agrarier und Schwerindustrielle nicht in der Lage waren, dem wirtschaftlichen Druck des modernen Industriekapitalismus und der aufstrebenden Macht des deutschen Bürgertums standzuhalten. Dennoch stellt wohl auch

---

28 B. Lapp, Revolution, 1997; C.-C. Szejnmann, Nazism, 1999; K. Hermann/M. Schmeitzner/S. Steinberg (Hrsg.), Freistaat, 2019; A. Wagner, »Machtergreifung«, 2004.

der neue Konsens ein Zerrbild dar – zugunsten einer positiveren Einschätzung des Kaiserreichs als die historischen Belege hergeben. Das deutsche Bürgertum konnte sich zu Recht einer robusten Öffentlichkeit rühmen. Leistung, Bildung und Kultur hatten in seinen Augen einen großen Wert; aber es hatte auch großen Respekt vor dem Staat und Angst vor der Arbeiterklasse. Diese Kombination wurde zu einem Problem, als es um das Aushandeln politischer Fairness ging. Politisch gesehen agierte das deutsche Bürgertum nicht aus einer Position der Stärke, und wenn es um die Vertretung ihrer Interessen in deutschen Parlamenten ging, zogen die Mittelschichten nicht an einem Strang. Der alte Mittelstand aus Bauern, Handwerkern und kleinen Gewerbetreibenden stemmte sich gegen das Absinken in eine proletarische Existenz, während der neue Mittelstand aus Angestellten und Handlungsgehilfen seine eigenen Interessen und Ansprüche anmeldete.[29] Auch zwischen den Angehörigen des Besitzbürgertums, des Bildungsbürgertums und des Beamtenbürgertums kam es zu Meinungsverschiedenheiten. Jede dieser Gruppen hatte ihr eigenes Bild von der Sozialdemokratie und davon, wie sie sich in die politische Nation integrieren oder davon ausschließen ließe.

Als die Risse im deutschen Bürgertum immer größer wurden, gerieten die Ideale sozialer Fairness bzw. politischer Inklusivität ins Hintertreffen. Mit Unterstützung des Obrigkeitsstaates nahmen viele Bürger den Kampf gegen die Demokratie auf. Um Missverständnissen vorzubeugen: Ich will nicht suggerieren, dass das deutsche Bürgertum Gleichheit oder Demokratie hätte anstreben *sollen*.[30] Was mich in diesem Buch beschäftigt, ist die Frage, warum Vertreter des Bürgertums den staatsrechtlichen Status quo selten in Frage stellten, warum sie der Arbeiterklasse lediglich eine dürftige Repräsentation in regionalen und lokalen Parlamenten zugestanden und warum so viele von ihnen den Sozialismus, die Demokratie und die Sozialdemokraten als existenzielle Bedrohungen ansahen. Es geht mir also darum, bei meiner Untersuchung der deutschen Wahlkultur auch den Staat nicht aus den Augen zu verlieren.[31]

In den seit 1985 veröffentlichten Studien zu Reichstagswahlen im Kaiserreich wurde argumentiert, dass die Weimarer Demokratie aus erfolgreichen demokratischen Praktiken vor 1918 hervorgegangen sei. Affirmation der Demokratie, demokratische Gewohnheiten, demokratische Rituale – all das wurde von den Deutschen angeblich bereits in der wilhelminischen Zeit eingeübt. Auch in diesem Buch geht es um die Übergänge zur Demokratie. Doch meine Betonung liegt auf zwei anderen Punkten. Erstens erzeugten die prodemokratischen Stimmen in Deutschland vor 1918 keinen harmonischen Mehrklang, geschweige denn eine stimmige Melodie: die Demokratisierungs-

---

29 Die Mittelständler waren in den *unteren* Mittelschichten der Gesellschaft angesiedelt; sie hatten in der Regel weniger Vermögen, Status und Macht als Angehörige des Bürgertums.
30 Vgl. D. BLACKBOURN/G. ELEY, Peculiarities, 1984, S. 90.
31 Zur Kulturgeschichte der Politik und ihrer Relevanz für die Wahl-, Parlaments- und Verfassungsgeschichte des Deutschen Kaiserreichs vgl. die vorzügliche Diskussion in: A. BIEFANG, Die andere Seite der Macht, 2009, Einleitung, und A. BIEFANG/M. EPKENHANS/K. TENFELDE (Hrsg.), Das politische Zeremoniell, 2009.

prozesse waren vielmehr von Dissonanzen und Missklängen geprägt. Zweitens wurden andere Stimmen laut, die das Wort »Demokratie« profan klingen ließen. Demokratisierungstendenzen waren in der Wahlkultur des wilhelminischen Deutschland weit verbreitet, doch die Gegenströmungen waren stärker. Wartete die Demokratie also auf ihre Chance? Die Frage lässt sich nicht beantworten. Anstatt eine angebliche Odyssee der Demokratie hin zur sogenannten Moderne nachzuzeichnen, sollten wir uns auch ihre ungewisseren, weniger erbaulichen Episoden veranschaulichen, denn auch ihnen fehlte es nicht an Drama.

Sachsen und das Reich

Der Soziologe Wilhelm Heinrich Riehl warnte seine Leser einmal davor, dass wer alles auf einmal sieht, überhaupt nichts sieht.[32] Ähnlich bemerkte auch der Dichter Robert Frost: »Man kann nicht universell sein, ohne provinziell zu sein.«[33] Längst verzichten Historiker des Kaiserreichs darauf, für ihre jeweiligen Lokalstudien weiterreichende Bedeutung zu beanspruchen, indem sie diese als typisch oder paradigmatisch für das Reich als Ganzes ausgeben. Es hat wenig Wert, sich mit einer vernachlässigten Region zu beschäftigen, wenn dadurch keine neuen Fragen aufgeworfen oder kein größeres Problem beleuchtet wird.

Daher auch hier die Frage: Weshalb Sachsen?

Die frühen Recherchen für dieses Buch wurden in den 1990er-Jahren, als die Quellen in der ehemaligen Deutschen Demokratischen Republik frei zugänglich wurden, von der Begeisterung befeuert, in sächsischen Archiven forschen zu können. Bis zur Jahrtausendwende war mehr über die Geschichte Sachsens als über die Geschichte jedes anderen neuen Bundeslands geschrieben worden.[34] Doch das ist nicht die wichtigste Antwort auf die Frage »Weshalb Sachsen?« Das Königreich Sachsen lag geographisch zwischen Preußen und Österreich: das verlieh ihm besondere Bedeutung, als Sachsens führender Staatsmann nach 1848 versuchte, ein »Drittes Deutschland« aus der Taufe zu heben. Dieser Versuch endete mit der Niederlage Sachsens gegen Preußen in der Schlacht bei Königgrätz am 3. Juli 1866. Doch Sachsens »Ortsbezogenheit«[35] überdauerte diese Schicksalswendung – aus Gründen, die im weiteren Verlauf dieses Buches untersucht werden.

---

32 D. Blackbourn, Sense, 1999, S. 23; C. Applegate, Nation, 1990, S. 41–43; D. Blackbourn/J. Retallack (Hrsg.), Localism, 2007; J. Retallack, Germany's Second Reich, 2015, Kap. 5.
33 Zitiert in: P. Steinbach, Politisierung, 1982, S. 321.
34 Vgl. J. Retallack, Society, 1998; ders. (Hrsg.), Sachsen in Deutschland, 2000, Einleitung; S. Lässig/K. H. Pohl (Hrsg.), Sachsen, 1997.
35 Vgl. H. Treinen, Ortsbezogenheit, 1965; J. Osterhammel, Wiederkehr, 1998; F. B. Schenk, Maps, 2002; S. Weigel, Turn, 2002.

Regionalgeschichte funktioniert am besten, wenn sie als kritisches Werkzeug eingesetzt wird, nicht als arbeitstechnischer Ansatz zur Strukturierung eines schwer zu begrenzenden Themas.[36] Mein Fokus gilt einem *Land*, was zum einen auf etwas so Abstraktes wie Heimat verweisen kann, zum anderen aber auch auf einen Bundesstaat wie Sachsen, dessen politische Grenzen unveränderlich und unumstritten waren.[37] Im Zentrum meiner Arbeit stehen politische Institutionen, für die das Wort Land konstitutiv ist: Landtage, Landtagswahlrechte, Landesverfassungen, Landesregierungen und Sachsens Äquivalent zu den preußischen Landräten: Amtshauptmänner bzw. Kreishauptmänner. Mit anderen Worten, es geht hier nicht – beziehungsweise nicht nur – um erfundene Traditionen und imaginäre Gemeinschaften. Erst indem wir reale Landschaften und mentale Landkarten gemeinsam betrachten, können wir verstehen, wie die Deutschen ihre Bindungen an kleinere und größere Heimaten miteinander in Einklang brachten.[38]

Bislang hat Sachsen weniger wissenschaftliche Aufmerksamkeit auf sich gezogen als Preußen, Bayern und die südwestlichen Bundesstaaten. Teilweise hat das damit zu tun, dass es nicht in das vorherrschende Interpretationsparadigma der deutschen Geschichte passt – ein Paradigma, wonach die westlich der Elbe oder südlich des Mains gelegenen Regionen liberalere und »modernere« politische Kulturen aufwiesen. Dieses Paradigma hat zu einem Sachverhalt beigetragen, der in der deutschen Geschichtsschreibung als »demokratisches Bias« bezeichnet wird.[39] Das Resultat war eine falsche Polarität zwischen Preußen als einzigartigem Bollwerk der Tradition und Rückständigkeit einerseits und den südwestlichen Bundesstaaten als liberale Länder andererseits. Dieser Gegensatz wird noch verstärkt durch ein Westbias, welches die Historiker dazu veranlasste, eher in den zugänglicheren (und gemütlicheren) Archiven in Baden, Württemberg, Bayern und im Rheinland zu recherchieren. Infolgedessen wird die Kohärenz des preußischen Modells überschätzt *und* die Bedeutung divergierender politischer Traditionen außerhalb Preußens missverstanden. In diesen Bias und Paradigmen ist kein Platz für ein Land wie Sachsen, das von der Elbe durchtrennt wurde und dessen Bevölkerung sich kulturell Österreich näher fühlte als Preußen.

Die sozialwirtschaftliche Entwicklung Sachsens war atypisch. Mit einer Fläche von rund 15 000 Quadratkilometern war es in etwa so groß wie Kuwait oder Montenegro. Aber mit einer Einwohnerzahl von ca. fünf Millionen im Jahr 1913 war Sachsen der drittgrößte Bundesstaat Deutschlands (hinter Preußen und Bayern) und fast so bevölkerungsreich wie das heutige Dänemark, Finnland oder Schottland. Kein anderer deut-

---

36 D. BLACKBOURN, Sense, 1999, S. 8.
37 Die vorliegende Studie befasst sich mit dem Königreich Sachsen, nicht mit der preußischen Provinz Sachsen oder den kleinen sächsischen Fürstentümern der thüringischen Region.
38 D. BLACKBOURN, Sense, 1999, S. 20; D. BLACKBOURN/J. RETALLACK (Hrsg.), Localism, 2007, Einleitung; J. RETALLACK (Hrsg.), Sachsen in Deutschland, 2000, insbes. die Kapitel von Celia Applegate, Thomas Kühne, Thomas Mergel und Helmut Walser Smith.
39 T. KÜHNE, Wahlforschung, 1995, S. 47.

scher Bundesstaat (mit Ausnahme der Stadtstaaten) erreichte Sachsens Grad der Urbanisierung, und Sachsens Bevölkerungsdichte wurde nur von wenigen anderen Staaten in Europa übertroffen. Zusammen mit dem Rheinland, Westfalen und Schlesien nahm Sachsen eine Vorreiterrolle bei der Industrialisierung Deutschlands ein.[40] Diese Situation beförderte Klassenkonflikte besonderer Art und Bedeutung. Mit dem Anstieg einer großen städtischen Arbeiterschaft wurde Sachsen im letzten Drittel des Jahrhunderts zur Wiege der Arbeiterbewegung in Deutschland. Bereits 1871 war die politische Kultur Sachsens geprägt durch den Antagonismus zwischen Vertretern der Arbeiterklasse und ihren Gegnern.

Andere Aspekte der gesellschaftlichen Entwicklung Sachsens bieten Ansatzpunkte für Neuinterpretationen. Die sächsische Bevölkerung war überwiegend evangelisch-lutherisch, leistete jedoch der katholischen Wettiner-Dynastie Gefolgschaft. Dieser Dualismus erzeugte religiöse und politische Gegensätze, die ansonsten in einem Land, in dem eine Religion so dominierte, nicht zu erwarten wären. Sachsen diente auch als Transitzone für Juden aus Osteuropa, die auf der Suche nach einem besseren Leben nach oder über Deutschland emigrierten. Auch wenn der Anteil der Juden an der Gesamtbevölkerung in Sachsen (0,13 Prozent in 1871) weit unter dem Reichsdurchschnitt (1,26 Prozent) lag, war Sachsen eine frühe Hochburg des radikalen Antisemitismus in Deutschland.

Es ist verlockend, aber falsch, die sächsische Geschichte als eine Geschichte zweier Städte zu erzählen: hier Leipzig mit seiner Universität, seinem Verlagswesen und seinen berühmten Messen als Sitz von Geist und Geld, und da Dresden, Regierungssitz und Heimat barocker Kunstschätze, als Verkörperung von Macht und Pracht. Die beiden Städte lieferten sich einen heftigen Wettbewerb um Einfluss. Doch viele andere Städte und Dörfer hatten um 1871 eher industriellen Charakter. Chemnitz war das »sächsische Manchester«[41] – dominiert von Schornsteinen und umgeben von einem quasi-industriellen Umland. Von den weiterreichenden Folgen des sozioökonomischen Profils Sachsens wurde bereits eine erwähnt: In Sachsen lässt sich das bürgerliche Gesicht des Autoritarismus deutlicher erkennen als in jedem anderen deutschen Land. Die sächsische Geschichte bestätigt die These, dass eine bürgerliche Gesellschaft durchaus vereinbar sein kann mit einer politischen Ordnung, die weit entfernt ist von einer liberalen Demokratie bzw. in der die tonangebenden Bürger diese nicht einmal anstreben.

Die sächsische Wahlkultur war geprägt von einem Wahlrechtsreformdiskurs, der in den sechs Jahrzehnten meines Untersuchungszeitraums seine politische Brisanz zu keinem Zeitpunkt einbüßte. Das sächsische Wahlrecht von 1868 war eins der liberalsten in Deutschland. Die Reform von 1896 kopierte die plutokratischen Merkmale

---

40 Vgl. Karte 1.1 zur Bevölkerungsdichte im Königreich Sachsen. Vgl. Karte S. 1.4, welche die wichtigsten Gewerbe abbildet, sowie weitere Karten im Online-Supplement.
41 Dresden war bekannt als »Elbflorenz«, Leipzig als »Klein-Paris«, Berlin als »Spree-Athen«.

von Preußens Dreiklassenwahlrecht. Das Gesetz von 1909 – das innovativste von allen – führte Pluralstimmen für Landtagswahlen ein. Weil die Reform von 1896 so reaktionär war, wurde Sachsen 1900 als das klassische Land des »Wahlrechtsraubs« bezeichnet. Es hatte gezeigt, dass die Demokratisierung aufgehalten werden konnte. Wie wir sehen werden, konnte sie durch einen koordinierten Angriff auf die bürgerlichen Freiheiten und das allgemeine Wahlrecht sogar rückgängig gemacht werden. Es war den sächsischen Initiativen zu verdanken, dass die Feinde der Demokratie Mitte der 1890er-Jahre ernsthaft über einen Staatsstreich gegen den Reichstag und sein Wahlrecht diskutierten.

Die sächsische Geschichte eignet sich zudem auch dazu, neues Licht auf die Push-Pull-Beziehungen zwischen verschiedenen politischen Gruppierungen der Rechten zu werfen: Parteien, wirtschaftliche Interessengruppen, nationale Verbände und andere Vereine. In Sachsen lässt sich die antisozialistische Rechte ohne das analytische »Rauschen« untersuchen, das einflussreiche katholische oder linksliberale Bewegungen in die Gleichung einbringen. Folglich bietet die sächsische Geschichte ein Korrektiv zu sozialwissenschaftlichen Theorien der politischen Modernisierung. M. Rainer Lepsius' Theorie der sozialmoralischen Milieus postuliert die Existenz eines liberal-protestantischen Milieus; doch ein solches Milieu ist in Sachsen schwer zu finden. Die Cleavage-Theorie, wie sie zuerst von Stein Rokkan entwickelt wurde, lässt sich in jedem ihrer vier Hauptaspekte in Frage stellen.[42] Und Sachsen untergräbt auch die Plausibilität von politischen »Lagern«. Mit ihren klassischen Anzeichen einer Abschottungshaltung *schien* es, als würden antisozialistische Gruppen in Sachsen ein nationales Lager bilden; doch bei näherer Betrachtung gerät dieses Bild ins Wanken. Warum sonst beklagten Zeitgenossen so häufig, dass es den Nationalisten nicht gelang, ihren Überzeugungen treu zu bleiben und nach ihrem Gewissen zu wählen, wenn es darauf ankam? Eine Antwort lautet, dass die Wahlrechtsfrage in Sachsen von 1866 bis 1918 ungeklärt blieb. Diese Eigenart der sächsischen Geschichte hilft dabei, allgemeinere Entwicklungsmuster im Reich besser zu verstehen.

*

Dennoch gilt es, dem Reduktionismus gegenüber weiterhin achtsam zu bleiben. Gerhard A. Ritter, ein Experte für sächsische Wahlen, bezeichnete Sachsen einmal als Brennspiegel. Damit meinte er, dass die sächsische Geschichte den Fokus auf grundlegende Fragen des Deutschen Kaiserreichs lenkt, diese aber auf neue Weise bricht. Historische Deutungen funktionieren wie ein Kaleidoskop: Leichte Perspektivänderungen führen dazu,

---

42 M. R. Lepsius, Demokratie, 1993; S. Rokkan, Formation, 1999; K. Rohe, Wahlen, 1992.

dass sich die Belege wie farbige Glasscherben zu neuen, unerwarteten (Bedeutungs-) Mustern zusammenfügen.

Als ich mit der Recherche zu diesem Buch begann, war ich – zu Recht – zuversichtlich, dass die sächsische Perspektive auf die deutsche Geschichte greifbaren Nutzen bringen würde.[43] Bei meiner Beschäftigung mit den großen Fragen der deutschen Geschichte habe ich mich auf drei methodologische Ansätze gestützt, die von großer Aktualität sind. Da ist zum einen die Regionalgeschichte. Sie hat ihr ursprüngliches Versprechen eingelöst, die Forschung auf lokaler, nationaler und transnationaler Ebene voranzutreiben und miteinander zu verflechten. Der regionale Fokus ermöglichte es mir, zum einen die Ressentiments der Sachsen gegenüber Preußen und dem Reich, zum anderen aber auch die in Berlin geäußerte Unzufriedenheit über die sächsische Laxheit zu verstehen. Es gab Zeiten, da einte der gemeinsame Kampf gegen Sozialismus und Demokratie Preußen, Sachsen und das Reich. Zu anderen Zeiten wiederum verhinderten der Partikularismus – »der Narzissmus der kleinen Differenzen« – und die Dominanz Preußens im Reich, dass die Sachsen mit ihren Nachbarn im Norden an einem Strang zogen. Die unterschiedlichen Ergebnisse der Wahlrechtsreformen in Sachsen und in Preußen in den Jahren 1909 und 1910 dienten als Bestätigung, in meiner Analyse die regionalen Unterschiede in den Vordergrund zu stellen.

Zweitens habe ich die Herausforderung ergriffen, eine Kulturgeschichte der Politik zu schreiben. »Was sollen wir tun?« – so lautete die Frage, die von Parteiführern und Ministern wiederholt gestellt wurde. Ihre unterschiedlichen Antworten auf diese Frage lassen erkennen, welche Richtungen die politische Demokratisierung hätte einschlagen können. Einen Einblick gewähren auch die Stimmungsberichte der in Dresden stationierten Gesandten. Diese Diplomaten ergingen sich weder in bloßem Geplauder noch waren sie daran interessiert, die sächsische Regierungselite in Misskredit zu bringen. Als eigenständige Akteure beeinflussten sie die Politik an dem Hof, an dem sie akkreditiert waren. Sie genossen das Vertrauen von Staatsmännern, die wussten, wie einsam es an der Spitze war. Auch wenn sich die Könige und Staatsminister bewusst waren, dass ihre Bemerkungen unverzüglich an Dritte weitergegeben werden würden, machten sie gern von der Gelegenheit Gebrauch, ihre Ideen zu testen und manchmal auch ihr Gewissen zu entlasten. Ausländische Gesandte übermittelten den Außenministerien z. B. in London oder Wien die Eventualpläne, Fehleinschätzungen und Irrwege dieser historischen Akteure, während innerdeutsche Gesandte festhielten, wie nationale Themen in den politischen Diskurs Sachsens einflossen und die sächsische Politik im übrigen Deutschland bewertet wurde.[44]

---

43 Vgl. auch J. Retallack (Hrsg.), Sachsen in Deutschland, 2000; ders., German Right, 2006, Kap. 4.
44 Vgl. »Bismarck mit Gesandten der deutschen Bundesstaaten (1889)«, DGDB Bd. 4, Abschnitt 5. Zu Gesandtschaftsberichten als Quellen vgl. J. Retallack, Germany's Second Reich, 2015, Kap. 2. Bayerns Ministerpräsident Georg Graf von Hertling stellte einmal nach einer unangenehmen Erfahrung in Dresden fest: »Das Verhältnis

Drittens und letztens bin ich aufgrund meiner Beschäftigung mit der politischen Kultur Sachsens davon überzeugt, dass weitere Arbeiten zum deutschen Bürgertum ein lohnendes Forschungsthema darstellen. Dabei sollte meines Erachtens mehr Betonung auf die Ambivalenz der deutschen Bourgeoisie in Bezug auf die Demokratie, ihre Antipathie gegenüber dem Sozialismus und ihre Hinwendung zum radikalen Nationalismus nach 1900 gelegt werden.

*

Die Hauptthemen dieses Buches – Wahlkämpfe, Wahlrechtsreform, Demokratisierung, Antisozialismus und die Ortsbezogenheit der deutschen Geschichte – ziehen sich wie ein roter Faden durch alle Kapitel. Allgemein folgt das Buch einer chronologischen Struktur, die mehrere Vorteile bietet. In diesem Buch geht es darum, wie die Deutschen gelernt haben, mit den Herausforderungen der Demokratie umzugehen. Es geht aber auch darum, wie sie reagiert haben, wenn diese Lektionen nicht von Dauer waren oder absichtlich revidiert wurden. Diese Lernprozesse waren kumulativ. Nach einer Niederlage errangen unsere Hauptakteure einen Sieg, weil sie frühere Fehler vermieden; sie sahen Hindernisse und Fortschritte im Lichte vorangegangener Ereignisse, was vorher passiert war, und als einen weiteren Schritt auf einem langen politischen Weg. Wir müssen also diesen Menschen auf ihrem Gang durch die Zeit folgen. Auch die Modernisierung Deutschlands lässt sich nicht einfach durch einen Vergleich der politischen Kultur im Jahr 1860 und im Jahr 1918 beurteilen. In jedem der hier untersuchten Jahrzehnte war völlig offen, welchen Ausgang die Kämpfe zwischen den Herausforderern und den Verteidigern des Obrigkeitsstaates nehmen würden. Nur wenn wir der chronologischen Entwicklung genaue Beachtung schenken, lässt sich erkennen, welche historischen Potenziale den Zeitgenossen verlockend oder furchterregend erschienen waren, selbst wenn diese letztendlich nicht realisiert wurden.

Auch die Quellen dieses Buchs enthalten chronologische Wegweiser, die nicht ignoriert werden sollten. Bestimmte statistische Belege z. B. sind nur dann aussagekräftig, wenn sie entlang bestimmter Zeitachsen analysiert werden. Die von Diplomaten verfassten Berichte müssen in Relation zu ihren jeweiligen Dienstzeiträumen gelesen werden. Und die Polemiken radikaler Antisemiten, die in einem Jahrzehnt relativ wenige Kommentare auf sich zogen, hätten zehn oder zwanzig Jahre früher für heftige öffentliche Empörung gesorgt.

Ein letzter Punkt spricht für eine chronologische Vorgehensweise. In meinem Buch versuche ich ein Problem zu entwirren, indem ich eine Geschichte erzähle. Geschichts-

---

zwischen Bayern und Sachsen ist nur normal gewesen, solange Graf Hohenthal alle Tage in der bayerischen Gesandtschaft in Berlin gefrühstückt hat.« Zitiert in: H. v. LERCHENFELD-KOEFERING, Erinnerungen, 1935, S. 197. Hugo Graf von Lerchenfeld auf Köfering und Schönberg war bayer. Gesandter in Preußen von 1880 bis 1918.

bücher sollten nicht nur konsultiert, sondern auch gelesen werden. Die zentralen Figuren dieses Buches und ihr ständiges Ringen mit neuen politischen Herausforderungen entwickeln ihren eigenen narrativen Sog. Mein Ziel ist es, die Leserinnen und Leser mitzunehmen auf ihrer Reise durch die Zeit, und zwar so, dass deutlich wird, welch unbestimmter Zukunft die Zeitgenossen im Kaiserreich entgegengingen.

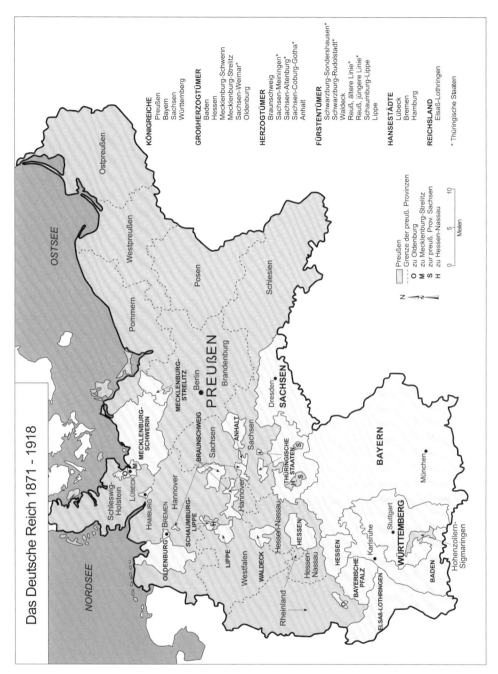

Karte E.1: Das Deutsche Reich 1871–1918. Kartografie: Mapping Solutions, Alaska. © 2007, 2023 James Retallack/Deutsches Historisches Institut, Washington, DC. Alle Rechte vorbehalten.

Teil I
Im Bismarckreich

1   An der Schwelle zu einer neuen Ära

Aufgrund seiner frühen Industrialisierung und des damit einhergehenden gesellschaftlichen Wandels stand das Königreich Sachsen im Jahr 1860 bereits mit einem Fuß in der Moderne. Die Veränderungen, die der »Deutsche Bruderkrieg« von 1866, bei dem Sachsen an der Seite Österreichs den Preußen unterlag, für Sachsens internationale und staatsrechtliche Stellung mit sich brachte, kamen plötzlicher. Das vom sächsischen König großteils neu ernannte Gesamtminsterium hielt zwar weiterhin an seiner dezidiert konservativen Grundhaltung fest, musste aber nun die preußische Vormacht im Norddeutschen Bund (1867–1870) anerkennen. Während der preußischen Besatzung nahm Sachsens Vierparteiensystem die Konturen an, die es in den nächsten Jahrzehnten beibehalten sollte. Alle Parteien versuchten, sich mit der ersten Tranche von Bismarcks »Revolution von oben« zu arrangieren, insbesondere mit seiner Entscheidung, für die Wahlen zu einem reichsweiten Parlament das allgemeine Wahlrecht für Männer einzuführen. Den sächsischen Staatsministern war bewusst, dass diese Entscheidung weitreichende Auswirkungen auf ihr Königreich haben würde. Mit dem Wiederaufblühen des öffentlichen Lebens in Sachsen kamen auch viele Themen der Revolutionszeit von 1848 bis 1849 wieder an die Oberfläche, wenn auch in anderer Form: Dazu zählten die Wahlrechtsreform, die Rolle der Parlamente im nationalen und subnationalen Rahmen sowie Sachsens Stellung im neu entstehenden Deutschland.

Diese Entwicklungen waren eng miteinander verwoben und doch wiederum höchst kontingent: Niemand hätte zu Beginn des Jahres 1866 voraussehen können, dass sich an dessen Ende, auf dem Höhepunkt von Deutschlands erstem Reichstagswahlkampf, Sachsen und andere Deutsche gegenseitig Schmähungen an den Kopf schleudern würden. Lange vor der Ausrufung des Deutschen Reichs im Januar 1871 hatten Wahlrechtsdebatten, Verfassungsturbulenzen und das Aufkommen einer unabhängigen Arbeiterbewegung dafür gesorgt, dass die Transformation der deutschen politischen Kultur bereits in vollem Gang war. Es führte kein Weg zurück.

Die Modernisierung Sachsens

> Es war Ende August 1865 morgens in der Frühe, als wir vor den Toren der großen Fabrikstadt Chemnitz anlangten. Von der Stadt selbst konnten wir in einer Entfernung von einer Viertelstunde nichts entdecken, sie war vollständig in einen dichten Schleier von Rauch und Ruß gehüllt. So etwas war uns allen noch nicht vorgekommen, wie schwarzer Schnee rieselten die Flocken des Rußes [...] auf uns nieder.
> — Christian Mengers, Handwerksgeselle[1]

> This strange disease of modern life,
> With its sick hurry, its divided aims.
> — Matthew Arnold, The Scholar-Gypsy, 1853

Chemnitz, von britischen Gesandten gern als »sächsisches Manchester« bezeichnet, war 1865 das größte städtisch-industrielle Ballungsgebiet des Königreichs. Das außerordentliche Wachstum von Chemnitz spiegelte sich in zahllosen anderen sächsischen Gemeinden und Städten.[2] Mit seinen rund 2,6 Millionen Einwohnern war Sachsen zu Beginn des Kaiserreichs Deutschlands drittgrößter Bundesstaat (hinter Preußen und Bayern); diese Zahl verdoppelte sich bis 1914 auf knapp 5 Millionen.[3] Mit Ausnahme der Hansestädte war Sachsen zudem der dichtbesiedeltste Staat Deutschlands; 1871 lag die Bevölkerungsdichte bei 171 Einwohnern pro Quadratkilometer[4] – ein Wert, der deutlich über dem reichsweiten Durchschnitt lag.[5] Allerdings dürfen wir über diesen Beobachtungen, die uns dabei helfen, Sachsen innerhalb Deutschlands zu verorten, nicht die Unterschiede innerhalb des Königreichs aus den Augen verlieren, beispiels-

---

1   C. Mengers, Aus den letzten Tagen der Zunft, 1910, Textauszug aus W. Emmerich (Hrsg.), Proletarische Lebensläufe, 1974, Bd. 1, S. 115.
2   Vgl. »Das Wachstum großer Städte (1875–1910)«, DGDB Bd. 4, Abschnitt 1.
3   1871 betrug die Einwohnerzahl Sachsens 2 556 244 (1910: 4 802 485). Im selben Jahr hatte Preußen 24,7 Mio., Bayern 4,9 Mio., Württemberg 1,8 Mio. und Baden 1,5 Mio. Einwohner. Sachsen erstreckte sich über 14 993 km², Preußen über 348 658 km², Bayern über 75 870 km², Württemberg über 19 514 km² und Baden über 15 081 km². Vgl. »Bevölkerungsverteilung nach Gemeindegrößen (1871–1910)«, DGDB Bd. 4, Abschnitt 1.
4   1910 waren es 320 Einwohner pro km².
5   Im gesamten Reich lag die Bevölkerungsdichte im Jahr 1871 bei 76 und im Jahr 1910 bei 120 Einwohnern pro km². Vgl. »Bevölkerungsdichte nach Bundesstaaten und preußischen Provinzen (1871–1910)«, DGDB Bd. 4, Abschnitt 1.

weise zwischen seinen geografischen Regionen, Wirtschaftszweigen, Regierungseinrichtungen oder auch was die Ansichten seiner Einwohner zur »Deutschen Frage« anging.

Sozialer und wirtschaftlicher Wandel

Sachsens nördliche Tiefebene war das Zentrum der Land- und Forstwirtschaft. Mit Ausnahme der Region um Leipzig handelte es sich dabei um das am wenigsten dicht bevölkerte Gebiet des Königreichs. Die Gebirgsgegend im Süden, im direkten Grenzgebiet zu Böhmen, war ebenfalls nur dünn besiedelt, doch lieferten die Täler und Ausläufer des Erzgebirges die Wasserkraft, die von den gewerblichen Kleinbetrieben in den »ländlichen« Bezirken benötigt wurde. Dresden war Zentrum einer Industrieregion, die sich entlang der Elbe von Pirna im Süden bis Meißen im Norden erstreckte. Sachsens wichtigstes Industriegebiet befand sich im Südwesten, in einem Dreieck, das von den Eckpunkten Chemnitz, Annaberg und Plauen gebildet wurde und in dessen Mittelpunkt Zwickau lag.[6]

In den 1860er-Jahren blickte Sachsen bereits auf eine rasante Industrialisierung zurück. Ein anschauliches Bild von den »ländlichen« Gegenden Sachsens nach der Jahrhundertmitte liefern uns die Berichte der Beobachter und Kommentatoren, welche die Weberdörfer in der Oberlausitz und die kleinen Weiler in den Tälern des Erzgebirges bereisten. Die dort ansässigen Heimweber, Textilarbeiter, Bergleute, Hersteller von Kinderspielzeug sowie Tausende weitere Bewohner hätten sich vermutlich schwer getan, ihr Lebensumfeld als eindeutig ländlich oder städtisch zu definieren. Im Jahr 1871 arbeiteten nur etwa 30 Prozent der in den »ländlichen« Gebieten lebenden Sachsen im primären Wirtschaftssektor (überwiegend Land- und Forstwirtschaft). Ganze 50 Prozent waren in Industrie, Handwerk oder Handel tätig. Viele pendelten täglich in die städtischen Gebiete oder schickten ihre Kinder dort zur Schule; doch wenn sie am Abend nach Hause zurückkehrten, bestellten sie oder ihre Angehörigen mit großer Wahrscheinlichkeit ein Gemüsebeet im heimischen Garten oder hielten eine Ziege und Hühner, um ihren Geldbeutel zu entlasten. Sachsens demografisches und berufliches Profil war also ein äußerst durchmischtes: ein Ineinander von Stadt und Land, Industrie und Landwirtschaft.

Sachsens Industrialisierung wurde von fünf Schlüsselbranchen vorangetrieben, die der wirtschaftlichen Modernisierung Vorschub leisteten: an erster Stelle die Land-

---

6   Vgl. Karte S.1.4 und Karte S.1.2 im Online-Supplement. Die genannten Karten zeigen Sachsens gewerbliches Profil und Verwaltungsgebiete. Letztere umfassten fünf Kreishauptmannschaften (KHMS) und 28 Amtshauptmannschaften (AHMS).

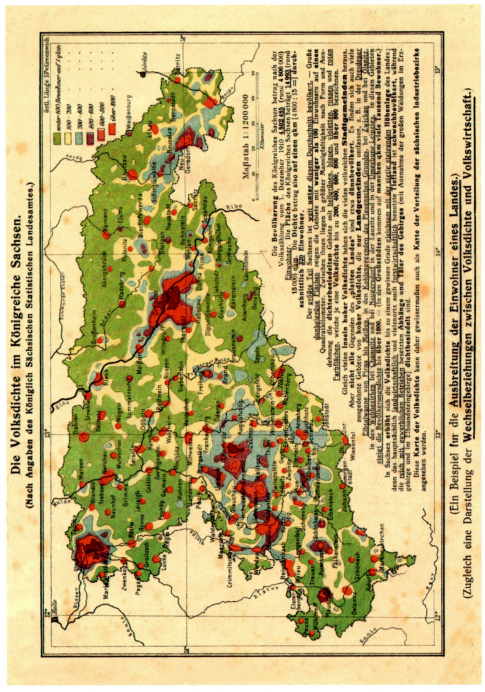

Karte 1.1: Die Volksdichte im Königreich Sachsen, 1910. Quelle: B. Krause (Hrsg.), Sächsischer Vaterlands-Atlas, 2. rev. Auflage. Dresden o.D. [c. 1912].

wirtschaft, gefolgt von Bergbau, Textilindustrie, Maschinenbau und Verlagswesen.[7] Die Mechanisierung des Bergbaus und der Textilherstellung untermauerte Sachsens Vorreiterrolle im Hüttenwesen sowie in der Maschinen-, Werkzeug- und Präzisionsgeräteindustrie, und sächsische Handwerker standen im Ruf, sich mühelos an neue Technologien und Massenfertigungsverfahren anzupassen.[8] Typischer jedoch waren kleine, in Kleinstädten und Dörfern angesiedelte Werkstätten mit weniger als fünf Mitarbeitern, die mit der Herstellung von Fertigwaren beschäftigt waren. Sachsens hochindustrialisiertes Gepräge täuschte darüber hinweg, dass es erhebliche Überschneidungen gab zwischen handwerklicher Produktion und mechanisierten Fabriken, zwischen Gesellen und Proletariern, zwischen Familien, in denen ausschließlich der Mann die Familie ernährte, und denen, die auf die Arbeit beider Ehegatten und der Kinder angewiesen waren.

War die sächsische Gesellschaft im Jahr 1860 also eine Klassengesellschaft? Die Antwort darauf lautet Ja, allerdings mit wichtigen Einschränkungen. Eine der wichtigsten gesellschaftlichen Veränderungen im ländlichen Bereich war die zunehmende Zahl von Gütern und Rittergütern, die sich in bürgerlichem statt in adligem Besitz befanden. Bereits in den 1830er-Jahren war über die Hälfte aller Rittergüter in Sachsen in nichtadliger Hand.[9] Umgekehrt zeigten sich sächsische Adelssöhne auffallend gewillt, bürgerliche Berufe zu ergreifen: Das Beispiel des Wilhelm Aemilus von Schwanenflügel, der 1870 Eisenbahninspektor in Zwickau wurde, war kein Einzelfall.[10] Was das Stadtbürgertum und sein Verhältnis zu den Arbeiterschichten angeht, ist es schwierig, das »alte« von dem neuen Stadtbürgertum zu unterscheiden, das sich durch die Zuwanderung aus dem ländlichen Raum herausbildete. In den 1860er-Jahren traf die Bezeichnung Proletarier – d. h. Lohnarbeiter in mechanisierten Fabriken – auf nur sehr wenige Sachsen zu. Aufgrund der anhaltenden Bedeutung der Heimarbeit und der überwiegenden Zahl kleiner Werkstätten verzeichnete das städtische Proletariat in Sachsen einen relativ langsamen Zuwachs. Anfang der 1860er-Jahre wurde es auf weniger als 40 000 geschätzt.[11]

Einer wissenschaftlichen Studie zufolge hatten sich Leipzigs Arbeiterschichten bereits vor 1871 zu einer modernen Proletarierklasse konstituiert.[12] Andere Forschungsarbeiten wiederum legen einen langsameren und differenzierteren Prozess der

---

7   V. BÖHMERT, Vertheilung, 1875; H. KIESEWETTER, Industrialisierung und Landwirtschaft, 1988; F. B. TIPTON, Variations, 1976; J. ZEMMRICH, Landeskunde, 1991; R. KARLSCH/M. SCHÄFER, Wirtschaftsgeschichte Sachsens, 2006, Teil 1.
8   F. B. TIPTON, Variations, 1976, S. 51–52.
9   A. FLÜGEL, Rittergutsbesitz, 1997, bes. S. 82; C. SCHNITZER, Selbstbehauptung, 1997; K. KELLER/J. MATZERATH (Hrsg.), Geschichte, 1997.
10 V. WEISS, Bevölkerung, 1993, S. 86.
11 K. CZOK (Hrsg.), Geschichte Sachsens, 1989, S. 347; J. KOCKA, Arbeitsverhältnisse, 1990, S. 98; vgl. F. B. TIPTON, Variations, 1976; G. HERRIGEL, Constructions, 2000.
12 H. ZWAHR, Konstituierung, 1981.

Klassenbildung nahe.¹³ In kleineren Städten konnte es durchaus vorkommen, dass ein Handwerker das Bürgermeisteramt innehatte, ein Buchbinder gleichzeitig einen Buchladen betrieb und ein Weber als Vertriebshändler für seine eigene Ware fungierte.¹⁴ Bei den damaligen Volkszählungen wurde nicht klar zwischen Handwerkern, Gewerbetreibenden und Kaufleuten unterschieden. Letztere Kategorie konnte einen wohlhabenden Unternehmer mit Hunderten Beschäftigten ebenso einschließen wie einen Friseur oder einen Kaminkehrer.¹⁵ Ungeachtet dieser Vorbehalte war Sachsen in den 1860er-Jahren bereits eine mobile bürgerliche Gesellschaft, die sich nicht mehr in ein traditionelles Ständekorsett zwängen ließ.¹⁶ Im Jahr 1877 gehörten laut Aufstellung eines liberalen Statistikers 73,8 Prozent der Sachsen der »ärmeren« Klasse an, 23,1 Prozent der »mittleren« Klasse, 2,5 Prozent der »wohlhabenden« Klasse und 0,6 Prozent der »reichen« Klasse.¹⁷

Deutlich einfacher ist es hingegen, Sachsens konfessionelles Profil zu beschreiben. Sachsen war ein überwiegend evangelisch-lutherischer Staat. Im Jahr 1871 lebten insgesamt 53 642 Katholiken im Königreich; sie stellten etwa 2 Prozent der Bevölkerung (verglichen mit rund 36 Prozent im Deutschen Reich). Die jüdische Bevölkerung Sachsens, 1871 insgesamt 3 346 an der Zahl, konzentrierte sich in Dresden und Leipzig. Die formale Emanzipation der Juden in Sachsen trat am 3. Dezember 1868 in Kraft, sieben Monate früher als im Norddeutschen Bund. Dennoch war der Anteil der Juden an der sächsischen Gesamtbevölkerung im Jahr 1871 verschwindend gering: verglichen mit 1,25 Prozent im Reich, machten sie in Sachsen nur 0,13 Prozent der Bevölkerung aus.¹⁸

Verfassung, Monarchie, Parlament

Im Jahr 1828 wurde der Berliner Satiriker Moritz Gottlieb Saphir gefragt, was er zu tun gedenke, wenn die Welt unterginge. Seine Antwort darauf lautete, er »werde einfach nach Dresden gehen, wo dieses Ereignis, wie so viele andere auch, dreißig Jahre später eintreten werde«.¹⁹ Viele Sachsen mögen Saphirs Bonmot 1828 als grausamen Scherz angesehen haben: Nach der Befreiung von der napoleonischen Unterdrückung hatte es lediglich dürftige politische Reformen gegeben. Doch die Aufstände in Dresden und

---

13 J. KOCKA, Problems, 1986; V. WEISS, Bevölkerung, 1993; R. D. SKINNER, Rhetoric, 1994.
14 H. BRÄUER, Entwicklungstendenzen, 1993–94, S. 44–45.
15 V. WEISS, Bevölkerung, 1993, S. 82–83.
16 Ebenda, Bevölkerung, 1993, S. 146.
17 W. FISCHER, Sozialgeschichtliches Arbeitsbuch I, 1982, S. 130–135, teilweise basierend auf V. BÖHMERT, Einkommensteuerstatistik, 1894; DERS., Einkommen-Statistik, 1878; für spätere Jahrzehnte, vgl. E. FUHRMANN, Volksvermögen, 1914.
18 Vgl. M. SCHÄBITZ, Juden, 2006, bes. Tafel 5.1. Diese auffallend niedrigen Zahlen gilt es zu beachten, wenn im Folgenden der Anstieg des Antisemitismus in Sachsen und im Reich erörtert wird.
19 Zitiert in: K. CZOK (Hrsg.), Geschichte Sachsens, 1989, S. 332.

Leipzig im September 1830[20] ermächtigten das Ministerium Bernhard von Lindenaus, im darauffolgenden Jahrzehnt eine Reformwelle anzustoßen. An deren Beginn stand Sachsens erste Verfassung vom 4. September 1831, die viele Merkmale der ihr als Modell dienenden Verfassungen von Baden und Württemberg aufwies.

Die Revolution von 1848 und der Dresdner Aufstand im Mai 1849 machten deutlich, dass den Sachsen sehr an einer Fortsetzung der Liberalisierung der 1830er-Jahre gelegen war. Die meisten liberalen Politiker im Sachsen der späten 1860er- und 1870er-Jahre hatten erstmals während der revolutionären Unruhen von 1848/49 einen gewissen Bekanntheitsgrad erlangt.[21] Die 1848/1849 entstandene tiefe Kluft zwischen den Gegnern und Verfechtern der etablierten Ordnung blieb in den 1850er-Jahren bestehen. Allerdings wäre es falsch, vom preußischen Verfassungskonflikt von 1861 bis 1866 auf die sächsischen Verhältnisse zu schließen und auch für Sachsen einen strikten Gegensatz zwischen einer streng konservativen Regierung und einem radikalisierten liberalen Landtag zu konstruieren. Oder wie formulierte es ein Historiker? Die Liberalen in Sachsen »hatten ihre Finger in zu vielen Landesangelegenheiten, als daß sie nun noch glaubwürdig eine Faust gegen die Regierung hätten ballen können«.[22]

»Behutsam« und »fördernd«: mit diesen Attributen lassen sich die sächsische Wettiner-Dynastie und deren historische Rolle treffend beschreiben.[23] Sachsens Monarchen übten wesentlich weniger Einfluss auf das politische Leben in ihrem Königreich aus als die Herrscher Preußens in Berlin. Ein Grund dafür lag darin, dass die Dynastie katholisch, Sachsens Bevölkerung aber überwiegend protestantisch war. Nach seiner Thronbesteigung 1854 unterschied sich König Johann nicht von anderen sächsischen Monarchen in seinem (erworbenen) Verständnis

Abbildung 1.1: König Johann von Sachsen (regierte 1854–1873), fotografiert ca. 1872, entnommen aus: K. STURMHOEFEL, Illustrierte Geschichte, o. J., S. 510.

---

20 M. HAMMER, Volksbewegung, 1997.
21 R. WEBER, Revolution, 1970; M. SCHATTKOWSKY (Hrsg.), Maiaufstand, 2000; A. NEEMANN, Kontinuitäten, 1998; C. JANSEN, Saxon Forty-Eighters, 2000.
22 A. NEEMANN, Landtag, 2000, S. 232; vgl. C. MÜLLER, Wahlrecht, 2007, Abschnitt IV.2.b.
23 K. BLASCHKE, Königreich Sachsen, 1983, S. 82.

für Sachsens verminderte internationale Stellung, seiner Fixierung auf staatliche Sparsamkeit und seiner Bereitschaft, die praktischen Regierungsgeschäfte seinen leitenden Ministern zu überlassen.[24] Man kann dankbar sein, dass »keine Hofkamarilla, keine grauen Eminenzen, kein Schattenkabinett hinter den Kulissen und keine Günstlingswirtschaft« die sächsischen Staatsangelegenheiten beherrschten.[25] Somit haben wir es mit einem Terrain zu tun, in dem die politischen Kämpfe von Staatsministern, Beamten und politischen Parteien ausgetragen wurden.

Grundpfeiler der sächsischen Verfassung von 1831 war die Einrichtung eines Landtags mit zwei Kammern.[26] Bis 1918 wurde das Oberhaus ausnahmslos als Erste Kammer der Ständeversammlung und das Unterhaus als Zweite Kammer bezeichnet. In der Ersten Kammer fanden die erzkonservativen Mitglieder wahres Vergnügen daran, den Parlamentarismus auszubremsen. Ein sächsischer Staatsdiener bemerkte einmal, sie »wirkte mit ihren Feudalherren, den Prälaten und Domherren wie versteinertes Mittelalter«.[27] In den 1860er-Jahren lief die Zweite Kammer dem Oberhaus langsam den Rang als Bühne der fesselndsten Gesetzgebungsschlachten ab. Doch auch das Unterhaus war der Vergangenheit verhaftet. Im Frühjahr 1849 weigerten sich reaktionäre Staatsminister unter der Führung von Friedrich Ferdinand Graf von Beust, die Reichsverfassung und den Grundrechtekatalog der Frankfurter Nationalversammlung anzuerkennen. Die Folge war der Dresdner Maiaufstand von 1849.[28] Bei den Neuwahlen nach diesem blutigen Konflikt errangen die liberalen Kräfte trotz des gegen die Demokratische Partei verhängten Verbots erneut eine Mehrheit in der Zweiten Kammer. Als Reaktion darauf entfesselte die sächsische Regierung am 1. Juni 1850 einen Staatsstreich gegen den Landtag. Sie löste den demokratisch gewählten Landtag auf, weigerte sich jedoch, Neuwahlen anzusetzen; stattdessen berief sie den Landtag von 1848 wieder ein, der auf Grundlage der Verfassung von 1831 gewählt worden war. Im Folgenden erklärte sie, dass das liberale Wahlrecht, welches die Revolutionäre im Dezember 1848 erlassen hatten, lediglich eine zeitweilige, vorübergehende Maßnahme gewesen sei.[29] Beust unterwarf darüber hinaus alle Zeitungen und anderen Publikationen einer scharfen Zensur. Zudem brachte er unabhängige Stimmen im Beamtentum zum Schweigen, führte strenge Kontrollen von Vereinen und öffentlichen Versammlungen ein und zwang Gemeinderäte und lokale Verwaltungsbeamte, sich der Regierungslinie zu unterwerfen.

---

24 K. Blaschke, Hof, 1990, S. 187–204; SPN 1, Nr. 12, 21.10.1904, S. 2 f. Vgl. A. Green, Fatherlands, 2001, S. 145 f.
25 K. Blaschke, Königreich Sachsen, 1983, S. 101.
26 A. Pache, Geschichte, 1907, S. 134–150; G. Schmidt, Landtag, 1977; K. Blaschke, Landstände, 1990; ders. (Hrsg.), 700 Jahre, 1994; SParl; J. Matzerath, Aspekte sächsischer Landtagsgeschichte, 2000.
27 E. Venus, Amtshauptmann, 1970, S. 22; vgl. G. Schmidt, Zentralverwaltung, 1980, S. 21.
28 M. Schattkowsky (Hrsg.), Maiaufstand, 2000; W. Schinke, Charakter, 1917.
29 G. Schilfert, Sieg, 1952; H. G. Holldack, Untersuchungen, 1931, S. 91 ff.; A. Neemann, Landtag, 2000.

Das Unterhaus des Landtags trug noch anderweitig an der Last der Vergangenheit. Nach dem Staatsstreich vom Juni 1850 basierte das Wahlrecht einmal mehr auf der Repräsentation nach Ständen. Von den 75 Abgeordneten (nach 1861: 80) waren 20 Rittergutsbesitzer, die aus den eigenen Reihen gewählt wurden: In Sachsen gab es etwa 1 000 Rittergüter. Von den übrigen Abgeordneten wurden 25 von Stadtbürgern gewählt, die bestimmte Grundbesitz- und Steuerbelastungskriterien erfüllten. Weitere 25 Abgeordnete wurden durch die Landwirte gewählt. Fünf Sitze (nach 1861: 10) waren – und das war einzigartig in Deutschland – für Vertreter von Industrie und Handel reserviert. Wahlberechtigt war eine kleine Gruppe von Männern ab dem 25. Lebensjahr. Die überwältigende Mehrheit der Bevölkerung war aufgrund anderer Kriterien von der Stimmabgabe ausgeschlossen – darunter die jüdische Bevölkerung, die noch keine vollumfänglichen Staatsbürgerrechte erlangt hatte.

Beust, Bismarck und die treuen Diener Seiner Majestät

Ab dem Zeitpunkt, da Friedrich von Beust 1849 als Außenminister dem reaktionären sächsischen Kabinett beitrat und die Niederschlagung des Dresdner Aufstands anordnete, steuerte er sowohl außen- als auch innenpolitisch einen stramm konservativen Kurs. Es war stets eine Politik voller Risiken.

Bismarck erkannte in Beust einen Stolperstein auf dem Weg zur preußischen Vormacht im deutschsprachigen Europa: »Wenn wir ihn stürzen können, so wollen wir es je eher je lieber tun.«[30] Jedes Mal, wenn Bismarck oder die Nationalliberalen von einem zukünftigen gesamtdeutschen Parlament sprachen, gewählt auf Grundlage eines breit gefassten Wahlrechts, erwiderte Beust, dass ein solches Parlament ein Staatenhaus sein sollte, das die Interessen der Staaten und nicht die des deutschen Volkes verträte.[31] Die Mitglieder eines solchen Parlaments sollten von Parlamentariern gewählt werden, die bereits in den jeweiligen Landtagen vertreten waren. Bis zum Frühjahr 1866 hatte sich in Sachsen die große Sorge breitgemacht, »daß die Parlamentsmanie in ganz Deutschland in großen Proportionen wachse, und daß sonach jeder wirkliche oder vermeinte Versuch, ihr entgegenzutreten, dem preußischen Agitator neue Anhänger zuführe«.[32] Doch sollte sich Beusts Bereitschaft, einen Krieg mit Preußen zu riskieren, als desaströs herausstellen. Der Krieg diente vorgeblich dazu, den Deutschen Bund gegen preußische Aggression zu verteidigen.[33] Die diplomatische Situation war freilich komplizierter, aber

---

30 O. Stolberg-Wernigerode, Bismarckgespräch, 1962.
31 H. Böhme (Hrsg.), Foundation, 1971, S. 96 f.
32 Bemerkung des sächsischen Gesandten in Preußen, Adolf Graf von Hohenthal, in einem Gespräch mit Bismarck, zitiert in einem Bericht von Josef von Werner, österr. Gesandter in Sachsen, an das österr. MdAA, 2.5.1866, HHStAW, PAV/34.
33 J. Flöter, Beust, 2001, S. 466 f.; A. Neemann, Landtag, 2000, S. 430–487.

spätestens ab dem 15. Juni strömten preußische Truppen über die sächsische Grenze. Knapp drei Wochen später, am 3. Juli 1866, entschied sich die Deutsche Frage in der Schlacht von Königgrätz, als die preußischen Streitkräfte die österreichischen und sächsischen Armeen vernichtend schlugen.

Selbst nach Königgrätz bedurfte es zäher diplomatischer Verhandlungen, einer verhassten preußischen Okkupation und der Ernennung eines neuen Staatsministeriums, um darüber zu entscheiden, ob Sachsen überhaupt fortbestehen würde. Wenn ja, wie würden die rudimentären politischen Parteien im Landtag auf die Aufhebung von Beusts Repressalien im Inneren reagieren? Und wie würden sich Wahlrechtsfragen, Wahlkämpfe und die Konsolidierung neuer parlamentarischer Institutionen auf die Entwicklung der politischen Kultur in Sachsen und im übrigen Deutschland auswirken? Nach dem verheerenden Ende der Ära Beust erschienen die Fragen zur politischen Zukunft des Landes komplizierter denn je. Im Sommer 1866 spürten die Sachsen zu Recht, dass sie an der Schwelle zu einer neuen Zeit standen.

Abbildung 1.2: Einmarsch preußischer Truppen in Dresden, 18. Juni 1866. Quelle: Illustrirte Zeitung 47, Nr. 1202, S. 24 (14.7.1866), nach einer Skizze von A. Reinhardt.[34]

---

34 Das Bild findet sich unter der Bezeichnung »Ankunft preußischer Truppen in Dresden (1866)« in: DGDB Bd. 4, Abschnitt 5. Dieselbe Szene wurde auch von Carl von Behrenberg gemalt und ist abgebildet in: J. Retallack, Germany's Second Reich, 2015, S. 113.

Gemessen an den Maßstäben des 20. Jahrhunderts hielt sich das Leid der sächsischen Bevölkerung während des Deutschen Krieges von 1866 in Grenzen.[35] Nach dem Beginn der Kriegshandlungen Mitte Juni fanden auf sächsischem Boden keine Kampfhandlungen statt (siehe Abbildung 1.2). Für ihre Tapferkeit im Einsatz für eine aussichtslose Sache in der Schlacht von Königgrätz erhielt die sächsische Armee verdientes Lob. Der Vorfriede von Nikolsburg vom 26. Juli sicherte Sachsen seine geografische Integrität zu (wenngleich die endgültige Klärung noch drei Monate lang in der Schwebe hing). Der endgültige Friedensvertrag zwischen Preußen und Sachsen, unterzeichnet am 21. Oktober 1866, erlaubte König Johann die Rückkehr aus seinem zeitweiligen Exil und den Erhalt des sächsischen Throns.[36] Sachsen wurde dazu gezwungen, in den unter preußischer Vorherrschaft stehenden Norddeutschen Bund einzutreten, eine Entschädigung von zehn Millionen Talern zu zahlen sowie sein Militär einer neuen Bundesarmee unter preußischem Kommando anzugliedern.[37] Diese Friedensbedingungen wurden als milde angesehen und ließen für Deutschlands Weg zur Einheit Gutes ahnen.

*

Nach Königgrätz war Beusts Idee, mit Sachsen an der Spitze eines »Dritten Deutschland« zu stehen, Makulatur. Am 16. August 1866 nahm der sächsische König widerstrebend Beusts Rücktrittsgesuch an. Beusts Nachfolger, Richard Freiherr von Friesen, gelang es, zügig einen Schlussstrich unter dieses Kapitel zu ziehen und Sachsen in ruhigere Fahrwasser zu lenken.

Dabei war es hilfreich, dass Sachsens Gesamtministerium so überschaubar war. Es bestand aus nur sechs Geschäftsbereichen: Innen- und Außenministerium sowie den Ministerien für Justiz, Kultur, Finanzen und Krieg. Nach 1866 reduzierte sich das Arbeitspensum des Außenministers deutlich, sodass dieses Amt stets gemeinsam mit einem der fünf anderen Portefeuilles (in der Regel dem Innenministerium) verwaltet wurde. De jure hatte stets der dienstälteste Minister den Vorsitz des Gesamtministeriums inne; theoretisch war er lediglich Primus inter Pares. Doch de facto wurde Sachsens Gesamtministerium gewöhnlich von einem anderen Minister geleitet, den man als »Regierungschef« bezeichnen kann und der das Sagen hatte.[38] Dieses ungewöhnliche Arrangement hatte bis 1918 Bestand.

---

35 Detailliertere Informationen und Verweise finden sich in: J. RETALLACK, Germany's Second Reich, 2015, Kap. 4; DERS., After the German »Civil War«, 2017; DERS., »Why Can't a Saxon«, 1997.
36 GVBl 1866, Nr. 199, S. 211–221; E. R. HUBER (Hrsg.), Dokumente zur deutschen Verfassungsgeschichte, Bd. 2, 31986, S. 262–264.
37 Vgl. G. WIENS, In the Service of Kaiser and King, 2019, Kap. 1.
38 K. BLASCHKE, Königreich Sachsen, 1983, S. 94–98; DERS., Verwaltung, 1984; G. SCHMIDT, Zentralverwaltung, 1980, S. 113–118; T. KLEIN, Grundriß, 1982, S. 103–116; R. KÖTZSCHKE/H. KRETZSCHMAR, Sächsische Geschichte, 1935, Teil 9; R. v. FRIESEN, Erinnerungen, 1880–1910; M. DITTRICH, Fabrice, 1891.

Zwischen 1866 und 1876 hatte Regierungschef Richard von Friesen (siehe Abbildung 1.3) sowohl das Amt des Finanzministers als auch das des Außenministers inne.³⁹ Von politischer Bedeutung waren nur zwei weitere Minister: Kriegsminister Alfred Graf von Fabrice, ein konservativer General, der dieses Amt von 1866 (nach 1882 auch das Außenministerium) bis zu seinem Tod 1891 bekleidete, und Hermann von Nostitz-Wallwitz, der mit gerade mal 40 Jahren zum Minister des Inneren ernannt wurde und ebenfalls von 1866 bis 1891 im Amt war. Nostitz' verhältnismäßig geringes Alter half ihm möglicherweise dabei, die politischen Stürme zu überstehen, in die er als Initiator des sächsischen Wahlgesetzes von 1868, der Reform der Städte- und Gemeindeordnung in den Jahren 1873/74 und der Umsetzung des Sozialistengesetzes von 1878 bis 1890 geriet.

Abbildung 1.3: Sächsischer Minister Richard Freiherr von Friesen (1808–1884), entnommen aus: R. v. FRIESEN, Erinnerungen, Bd. 3, 1910 (Titelbild).

Betrachtet man die politische Einstellung dieser Männer als Ganzes, lässt sich ein starker Hang zur Kontinuität ausmachen. Dies deckt sich mit unserem gängigen Wissen über die Entwicklung des sächsischen Staates zwischen 1860 und 1918. Bei seiner Thronbesteigung 1873 behielt König Albert das Kabinett bei, das bereits seinem Vater Johann gedient hatte; so hielten es auch Alberts Nachfolger in den Jahren 1902 und 1904, um die störenden Auswirkungen der Thronfolge zu minimieren. Da Sachsens Minister üblicherweise erst in recht fortgeschrittenem Alter ins Amt kamen – ein hoher Anteil von ihnen starb im Amt –, waren sie in ihren politischen Überzeugungen tendenziell eher festgefahren und nicht daran interessiert, politisch neue Wege einzuschlagen. Die meisten Minister waren Adlige oder wurden im Amt in den Adelsstand erhoben, wohingegen im sächsischen Beamtentum stets ein starkes bürgerliches Element vertreten war. Im Laufe der Zeit wuchs die Abhängigkeit der Staatsminister von den direkt darunter angesiedelten Beamten, den Ministerialdirektoren und Geheimräten, die sich zunehmend aus bürgerlichen

---

39 Friesen war Minister des Inneren von 1849 bis 1852, Minister des Auswärtigen von 1866 bis 1876, Minister der Finanzen von 1858 bis 1876 und Vorsitzender des Gesamtministeriums von 1871 bis 1876.

Kreisen rekrutierten.⁴⁰ Kurzum, bürgerliche Verhaltensnormen und politischer Konservatismus waren überaus kompatibel, wie auch aus den Erinnerungen von Dr. Walter Koch, Sachsens letztem Innenminister vor der Novemberrevolution 1918, hervorgeht: »Die Devise der oberen Verwaltungsbeamten Sachsens war: Haltung und Tradition. Seit Generationen waren viele ihrer Vorfahren schon in hohen Verwaltungsstellen oder gar Minister gewesen. Es waren durchweg rechtschaffene, gebildete, meist auch sehr kluge, aber schwerbewegliche, hochkonservative, den Tendenzen der Zeit innerlich ablehnend gegenüberstehende Leute. Sie betrachteten sich nicht als das Differentialgetriebe, sondern als Bremse am Wagen der Epoche.«⁴¹

Bei der Unterzeichnung des Friedensvertrags zwischen Preußen und Sachsen am 21. Oktober 1866 waren ausländische Beobachter nahezu einstimmig der Ansicht, dass Sachsen lediglich dem Schein nach ein souveräner Staat blieb. Wie der US-Gesandte in Berlin berichtete, werde Preußen das sächsische Armeekorps dazu zwingen, den üblichen militärischen Fahneneid auf den preußischen König zu leisten, alle Militärfestungen in Besitz nehmen und alle Regimenter auflösen, die bei Königgrätz unter österreichischer Flagge gekämpft hatten. »Sachsen könnte einige Jahre« von König Johann »als einem zeitweiligen Statthalter ohne Autorität oder Macht regiert werden«, doch diese anomale Situation würde bald vorübergehen und »der alte Sachse wird Teil des preußischen Reiches werden«. Einige Tage nach der Ratifizierung des Friedensvertrags meldete der Gesandte, dass »die Nationalität und Souveränität Sachsens künftig lediglich nominell existieren wird«.⁴²

Doch wie dachte das sächsische Volk darüber? Waren auch die Sachsen der Meinung, dass die sächsische Souveränität verspielt und im Krieg verloren gegangen sei? Die aggressive Stimmung der Reichstagswahlkampagne von 1866/67 spiegelte die Zerrissenheit der Bevölkerung wider. Angesichts der klaren, aber unbequemen Wahlmöglichkeiten zwischen pro- und antipreußischen Reichstagskandidaten sahen sich die Sachsen mit der Frage konfrontiert, wie es möglich sein würde, lokale, regionale und nationale Loyalitäten unter einen Hut zu bringen. Wie ein Diplomat aus Dresden meldete: »Die verlängerte militärische Occupation, die Auflösung der Armee, die Unterordnung unter das siegreiche Preußen, das Eintreten in ein politisches System, welches zu Gunsten einer den Traditionen des sächsischen Partikularismus widerstrebenden Art der Einigung Deutschlands der Bevölkerung Lasten auferlegt, welche die Interessen

---

40 Welchen Einfluss die bürgerlichen Adlaten im sächsischen Innenministerium und im Königlich Sächsischen Statistischen Landesamt in Wahlrechtsfragen hatten bzw. zwischen 1895 und 1909 errangen, wird in Kapitel 7 bis 12 näher erörtert werden.
41 SHStAD, NL Walter Koch, Bd. 1, S. 160–167.
42 Joseph A. Wright, US-Gesandter in Preußen (Berlin), 3.9.1866, 1.11.1866, NARA, 59, M44, Rolle 13. Vgl. Charles Eden, brit. Gesandter in Sachsen, 20./26.10.1866, TNA, FO 68/142; Joseph Archer Crowe, brit. Generalkonsul in Leipzig, 5.11.1866, TNA, FO 68/144.

und Gewohnheiten der Individuen verletze – das Alles war und ist Notwendig[keit], derer man sich nur mit schmerzlicher Resignation unter[stellt].«[43] Ein Kollege pflichtete ihm bei, »daß die Stimmung in Sachsen immer mehr gedrückt erscheint«.[44]

---

[43] Friedrich von Eichmann, pr. Gesandter in Sachsen, 12.3.1867, PAAAB, Sachsen 39, Bd. 1.
[44] Maximilian Freiherr von Gise, bayer. Gesandter in Sachsen, 18.1.1867, BHStAM, MA III 2841.

Politik in der alten Tonart

> Wir haben in Sachsen keinen Grund, irgend eine Veränderung zu wünschen.
> Wir sind ein sehr gut regiertes Volk. [...] Wir sind in allen unseren Beziehungen,
> durch Gewerbe, Religion, durch die Gleichheit des Volkscharakters in den
> Norden gewiesen, das ist ganz richtig, aber deshalb wollen wir immer nicht in
> Preußen aufgehen. Wir wollen unseren König, unsere Selbständigkeit,
> unsere Verfassung bewahren.
> — Karl von Weber, Sekretär der Landeskommission, 24. Juni 1866[45]

> Parties must ever exist in a free country.
> — Edmund Burke, On Conciliation with America, 1775

Ende 1867 berichtete der preußische Gesandte in Dresden: »Mit dem Eintritte Sachsens in den Norddeutschen Bund wird auch hier das politische Leben, welches bisher, wie Jedermann zugibt, gar nicht vorhanden war, erwachen [...].«[46] Vor den turbulenten Ereignissen des Jahres 1866 hatte jede der vier bedeutendsten politischen Gruppierungen in Sachsen eine vorwiegend negative Einstellung zur Parteipolitik gehabt.[47] Dies änderte sich mit einer Schnelligkeit, welche die Zeitgenossen verblüffte. Bis Jahresende 1866 schärften alle politischen Bewegungen ihr Profil: Sie warben um Anhänger, bauten einen Parteiapparat auf und konzentrierten sich auf das Gewinnen von Wahlen. Diese Wiederbelebung der Öffentlichkeit sollte in den nächsten sechs Jahrzehnten den Rahmen für die sächsische Wahlkultur vorgeben.

Konservative und Liberale

Die preußischen Konservativen entwickelten in der ersten Hälfte des 19. Jahrhunderts eine charakteristische Ideologie und waren dank ihres Netzwerks lokaler Vereine und Zeitungen in der Lage, die revolutionäre Herausforderung des Jahres 1848 zu überste-

---

45 Tagebucheintrag zitiert in: H. KRETZSCHMAR, Zeit, 1960, S. 63 f.
46 Eichmann, 18.12.1867, PAAAB, Sachsen 39.
47 A. NEEMANN, Landtag, 2000, S. 456–487.

hen.⁴⁸ Unter der Leitung des Herausgebers der *Neuen Preußischen (Kreuz-)Zeitung*, Hermann Wagener, versuchten sie in den frühen 1860er-Jahren mithilfe des Preußischen Volksvereins auch eine Anhängerschaft an der Basis aufzubauen. Wagener und seine preußischen Kollegen fabrizierten ein wirkungsvolles Gebräu aus Antiliberalismus und Antisemitismus, um neue Anhänger zu mobilisieren.⁴⁹ Im Gegensatz dazu existierte in Sachsen vor Königgrätz weder eine konservative Partei noch eine konservative Bewegung.⁵⁰ Die Konservativen sahen sich nicht gezwungen, sich politisch an der Basis zu organisieren, weil ihre Kandidaten bei Wahlen ohnehin von lokalen Beamten, staatlichen Zensoren und Kriegervereinen begünstigt wurden. Ihre Gegner wiederum stießen auf mancherlei Hindernisse: Da war zum einen Beusts berühmtes schwarzes Buch, in dem er Personen auflistete, die unter dem Verdacht auf oppositionelle Tendenzen standen; zum anderen machte die Regierung immer wieder von ihrem Recht Gebrauch, die Wahl liberaler Kandidaten in Stadt- und Gemeinderäte für ungültig zu erklären. Diese Vorteile schienen eine konservative Parteiorganisation überflüssig zu machen. Stattdessen wurde die konservative Idee in Sachsen lose von vier überlappenden Gruppen getragen: dem Adel, dem Offiziersstand, den Mitgliedern des königlichen Hofes und dem Beamtentum. Die meisten Angehörigen dieser Gruppen hätten folgendem Beitrag der konservativen *Budissiner Nachrichten* im Jahr 1865 beigepflichtet: »Große Staaten sind nicht so glücklich wie kleine […]. Wir haben ein konstitutionelles Leben, wie man es in Östreich [sic] und Preußen noch nicht hat. Dadurch herrscht Eintracht zwischen König und Volk. Wohlstand, geringe Steuern und gute Finanzen haben wir überall im ganzen Lande. Höhere Staats- und Kulturzwecke werden bei uns nicht vernachlässigt, desgleichen nicht die Interessen des großen Gesamtvaterlandes. Alle Großstaatsphantasien vermögen unser inneres Wohlbefinden nicht zu heben, denn für ein zufriedenes Herz ist in der kleinsten Hütte Raum.«⁵¹ Dabei handelte es sich natürlich um reines Wunschdenken. Nach dem preußischen Einmarsch im Juni 1866 sahen sich die sächsischen Konservativen genötigt, ihre politischen Überzeugungen an für sie ungewohnten Orten zu bekunden: auf öffentlichen Versammlungen, in einer sich ausweitenden Presselandschaft, in politischen Vereinen, in Stadtverordnetenkollegien. Im Allgemeinen stieß ihre Vorliebe für ruhigere Zeiten auf taube Ohren. Immerhin fanden sie Trost in dem Wissen,

---

48   R. M. BERDAHL, Politics, 2014; W. SCHWENTKER, Vereine, 1988; W. FÜSSL, Professor, 1988; G. RITTER, Konservativen, 1913; L. E. JONES/J. RETALLACK (Hrsg.), Reform, 1993; D. STEGMANN/B.-J. WENDT/P-C. WITT (Hrsg.), Konservatismus, 1983; neuere Überblicke in: J. RETALLACK, German Right, 2006, Kap. 1; H.-C. KRAUS, Bismarck, 2000; B. RUETZ, Konservatismus, 2001; H. REIF, Bismarck, 2001.
49   H. ALBRECHT, Antiliberalismus, 2010; vgl. W. SAILE, Wagener, 1958; K. HORNUNG, Konservatismus, 1995; G. GRÜNTHAL, Wahlkampfführung, 1997.
50   Vgl. Francis Reginald Forbes, brit. Gesandter in Sachsen, 4.10.1849, M. MÖSSLANG/T. RIOTTE (Hrsg.), British Envoys, Bd. 3, 2006, S. 295; Heinrich von Friesen-Rammelburg an Ludwig von Gerlach, 6.3.1851, zitiert in: H.-C. KRAUS, Gerlach, Teil 2, 1994, S. 693 f.; JOHANN GEORG, HERZOG ZU SACHSEN, Briefwechsel, 1920, S. 27–52; P. A. HOHENTHAL-PÜCHAU, Partei, 1850; A. NEEMANN, Landtag, 2000, S. 60.
51   BN, 11.6.1865, 15.6.1865, zitiert in: H. JORDAN, Meinung, 1918, S. 14–15.

dass die Herausforderungen und Unannehmlichkeiten, welche die neue Ordnung mit sich brachte, auch ihre liberalen Gegner treffen würde, wenngleich in anderer Form.

Die politischen Spaltungen, die den liberalen Bewegungen in Preußen und anderen deutschen Staaten zusetzten, verliefen auch mitten durch das Herz des sächsischen Liberalismus. Bereits vor der Revolution von 1848 gab es innerhalb der Bewegung augenfällige Unterschiede zwischen radikalen »Demokraten« und gemäßigten »Liberalen«. Beispielhaft für diese Unterschiede sind die Lebensläufe Robert Blums, der für seine revolutionären Aktivitäten im November 1848 hingerichtet wurde, und Karl Biedermanns, der nach seiner vorübergehenden Verbannung 1863 nach Sachsen zurückkehrte und die Nationalliberalen eine weitere Generation lang anführte. Um 1866 schöpfte der sächsische Liberalismus seine Kraft vor allem aus den Mittel- und Oberschichten: Rechtsanwälte, Fabrikbesitzer, Journalisten, Professoren und andere Lehrkräfte sowie Kaufleute.[52] Im liberalen Lager gab es deutliche geografische Unterschiede: Die Industriegebiete um Chemnitz, Plauen und Glauchau stellten Anhänger aus der unteren Mittelschicht; Leipzig, Zittau und Borna und ihre jeweiligen Umländer entsandten prominentere Mitglieder aus Handels-, Wirtschafts- und Akademikerkreisen in die liberalen Parteien, darunter z. B. städtische Verwaltungsleiter wie Leipzigs Oberbürgermeister Otto Koch (Biedermanns Schwiegervater) und sein Stellvertreter Eduard Stephani.[53]

Es gab durchaus einige Fronten, an denen Übereinstimmung zwischen linksgerichteten Fortschrittlern und rechtsgerichteten Nationalliberalen herrschte. Nicht selten zogen sie bei Gemeindewahlen und im Sächsischen Landtag an einem Strang. Darüber hinaus knüpften beide Gruppierungen Verbindungen zu anderen Oppositionsgruppen. Dazu gehörte z. B. die Arbeiterschaft, welche die Liberalen mithilfe von Arbeiterbildungsvereinen und Wohlfahrtsorganisationen für sich gewinnen wollten, religiöse Freidenker, die im System Beust unterdrückt wurden, und Mitglieder der (vorwiegend in Leipzig angesiedelten) Vereine und Verbände, die sich der Nöte und Forderungen von Frauen aus der Arbeiter- und Mittelschicht annahmen.[54] Beust betrachtete all diese Demokratiefreunde als Regierungsfeinde: Ihre Politik war ihm ebenso suspekt wie ihre soziale Herkunft.[55]

---

52   P. Björnsson, Making the New Man, 1999; F. Boettcher, Stephani, 1887, Kap. 2–4. Vgl. K. Biedermann, Leben, Bd. 2, 1886, S. 208–214; C. Jansen, Einheit, 2000, S. 204–210; ders., Linke, 2000; ders., Saxon Forty-Eighters, 2000; H. G. Holldack, Untersuchungen, 1931, S. 129 ff.
53   F. Boettcher, Stephani, 1887; S. Vogel, Bewegung, 1993; P. Björnsson, Liberalism, 2000; dies., Making the New Man, 1999, S. 89 ff.; G. Thümmler, Zusammensetzung, 1965; G. Thümmler, Landtag, 1994; E. Dittrich, Herkunft, 1942; W. Schröder, Unternehmer, 1998; R. J. Bazillion, Liberalism, 1990.
54   K. Biedermann, Leben, Bd. 2, 1886, S. 210–214; K. Biedermann, Vorlesungen, 1900; H. Zwahr, Konstituierung, 1981, S. 240–247, 295–311; G. Kolbe, Opposition, 1964; J. G. Findel, Deutschkatholizismus, 1895. Zum Thema Frauen vgl. S. Schötz (Hrsg.), Frauenalltag, 1997; dies., Handelsfrauen, 2004; M. Schubert, Soziale Lage, 1991/92, S. 119–122.
55   Polizeibericht (1860) in: H. G. Holldack, Untersuchungen, 1931, S. 129 f.; Charles A. Murray, brit. Gesandter in Sachsen, 20.2.1862, TNA, FO 68/122.

Am 25. April 1863 wurde in Leipzig bei einem kleinen, nichtöffentlichen Treffen von ca. 50 bis 80 Delegierten ein Fortschrittsverein gegründet, der als Ergänzung (und in gewisser Weise als Konkurrenzmodell) zur Arbeit des Nationalvereins und der 1861 gegründeten Deutschen Fortschrittspartei gedacht war.[56] Die von den Vereinsmitgliedern verabschiedeten fünf Ziele ließen allesamt die Bedeutung von Wahlen bei der Wiederbelebung des politischen Lebens in Sachsen erkennen. Man wollte der unmittelbar bevorstehenden Gründung eines konservativen Ortsvereins in Leipzig etwas entgegensetzen; der an politischer Lethargie krankenden liberalen Bewegung Nachwuchs zuführen; neue Anführer und Aktivisten finden, um den alternden Kader von 1848ern zu ergänzen; die sächsische Regierung zu einer grundlegenden Reform des Landtagswahlrechts drängen und dem illegalen Beust'schen Staatsstreich von 1850 nach wie vor die Anerkennung verweigern.

Die liberale Opposition gegen das Beust-Regime war keine pedantische Übung in Wunschdenken und auch keine aussichtslose Kampagne für abstrakte Ideale: Vielmehr zog sie ihre Kraft aus den persönlichen und beruflichen Schicksalsschlägen – Verbannung, Gefängnisstrafen oder gar Todesurteile –, unter denen Tausende von Familien noch Jahrzehnte nach der Niederschlagung der Aufstände von 1848/1849 litten. Arnold Ruge, ein Veteran des Dresdner Aufstands, schrieb aus seinem englischen Exil über das bis in die 1860er-Jahre vorherrschende Klima des Hasses und Argwohns: »Ich werde von Johann Nepomuck von Sachsen und seinem Beust verfolgt [...]. Die Sachsen sind wahnsinnig vor Legitimität und Rachsucht.«[57] Es wäre also eine Untertreibung zu sagen, dass die gescheiterte Revolution von 1848 und die blutige Niederschlagung des Dresdner Aufstands 1849 den sächsischen Fortschrittlern in den 1860er-Jahren noch zu schaffen machte. Nach ihrem Dafürhalten brauchte es für die noch offenen Fragen bezüglich der Legitimität ihres eigenen Landtags ebenso viel politischen Mut wie für den Verfassungskonflikt in Preußen.

*

1866 avancierten drei Nationalliberale – Karl Biedermann, Heinrich von Treitschke und Gustav Freytag – zu Blitzableitern des politischen Meinungsstreits.[58] Der am wenigs-

---

[56] Gb 22, 1. Sem., Bd. 2, 1863, S. 193–199; MFVKS 1, Nr. 17/18, 6./20.7.1911; A. Wybranietz, Beiträge, 1933, S. 159 ff.; K. Biedermann, Leben, Bd. 2, S. 209 ff.; CZ, 18.9.1863, zitiert in: R. Fuchs, Wigard, 1970, Bd. 2, S. 160–161; G. Seeber, Fortschrittspartei, in D. Fricke (Hrsg.), Lexikon zur Parteiengeschichte, Bd. 1, 1983; A. Biefang, National-preußisch oder deutsch-national?, 1997.
[57] Brief vom 9.5.1861 in: C. Jansen, Revolution, 2004, 750.
[58] Der folgende Abschnitt greift zurück auf: R. J. Bazillion, Germany, 1990; A. Dorpalen, Treitschke, 1957; U. Langer, Treitschke, 1998; R. Herrmann, Freytag, 1974; L. Ping, Freytag, 1994; E. Laaths, Nationalliberalismus, 1934; F. Boettcher, Stephani, 1887; J. Müller, Wirken, 1960; W. Schulze, Biedermann, 1972; P. Björnsson, Making the New Man, 1999; C. Jansen, Einheit, 2000; J. Heyderhoff/P. Wentzcke (Hrsg.), Deutscher Liberalismus, Bd. 1, 1925; C. Jansen, Revolution, 2004; H. Rosenberg, Publizistik, 1935; K.-G. Faber, Publizistik, 1963.

ten bekannte aus diesem Trio ist Biedermann. Um seine Geburt rankten sich Gerüchte und ein Hauch von Ironie. Andeutungen von Zeitgenossen legen nahe, dass Biedermann der Halbbruder von niemand anderem als seinem politischen Gegner Graf von Beust gewesen sein könnte.[59] Beust war Drahtzieher einer Intrige, die Biedermann 1853 seine Professur in Leipzig kostete, in die er erst 1865 wieder eingesetzt wurde. Nach seiner Rückkehr nach Sachsen arbeitete Biedermann als Chefredakteur für die *Deutsche Allgemeine Zeitung*, einem in Leipzig veröffentlichten Blatt mit überregionalem Renommee. Mehr Aufmerksamkeit, sowohl von Zeitgenossen als auch von Historikern, wurde den Schriften Heinrich von Treitschkes zuteil. Auch seine Familiengeschichte war bemerkenswert und ähnelte in den Worten Gustav Freytags einem »verwunderliche[n] Lauf des Fatums«.[60] Treitschkes Vater hatte als sächsischer General in den napoleonischen Kriegen gedient und war weit genug aufgestiegen, um ein »von« vor seinen Namen setzen zu dürfen, wohingegen sein Sohn in den 1860er-Jahren immer heftiger gegen den »stumpfsinnigen« und »servilen« sächsischen Staat wetterte.[61] Freytag war der Dritte im Bunde, der das preußische Evangelium predigte.[62] Für ihn, wie für Treitschke, war alles Provinzielle, Partikularistische oder Beschränkte eine leichte Zielscheibe. Anders als Treitschke war Freytag allerdings nie bereit, Preußens Aufstieg als seligmachend für das gesamte Deutschland anzusehen: Er fühlte sich wohler in seiner Leipziger Haut. Ab 1848 gab er von Leipzig aus *Die Grenzboten* mit heraus. Wie der Titel der Zeitschrift nahelegt, hoffte er die liberale Botschaft von Leipzig über die Grenzen Sachsens zu tragen – idealerweise in beide Richtungen. Freytags Schriften waren bar des Grolls, der so typisch für Treitschke war: Als dieser Beust einmal als »diesen gespreizten Eunuchen« bezeichnete, gehörte das noch zu seinen milderen Polemiken.[63]

Nach 1859 war Leipzig Teil eines Geflechts liberaler Netzwerke, die sich über die Staatsgrenzen hinaus in andere Teile des Reichs erstreckten.[64] In Leipzig selbst war der Knotenpunkt dieses Geflechts das Lokal Kitzing & Helbing in der Grimmaischen Straße, eine der ältesten Kneipen der Stadt. Dort traf sich jeden Dienstag und Freitag von 7 bis 8 Uhr abends eine kleine Gruppe Leipziger am Stammtisch in einer Ecke der Gaststube, um sich über die Ereignisse des Tages auszutauschen – und Deutschlands Zukunft zu planen. Unerschrocken nannten sie sich »Die Verschwörung«. Landläufig war diese

---

59   R. J. Bazillion, Germany, 1990, S. 68 f.; P. Björnsson, Making the New Man, 1999, S. 100 ff.; B. Haunfelder, Die liberalen Abgeordneten, 2004, S. 70.
60   Freytag an Karl von Normann, 25.2.1872, in: J. Heyderhoff/P. Wentzcke (Hrsg.). Deutscher Liberalismus, Bd. 2, 1925, S. 45 f.; zum Folgenden vgl. A. Dorpalen, Treitschke, 1957, S. 1–8, 118–121; H. Kretzschmar, Verhältnis, 1935; H. Treitschke, Briefe, Bd. 3, Teil 1, 1917, S. 11–71.
61   Vgl. Treitschke an Max Duncker, 19.8.1859, in: H. Treitschke, Briefe, Bd. 2, 1913, S. 42–47; vgl. ders., Zukunft, 1866.
62   G. Freytag, Erinnerungen, 1887, S. 307; L. Ping, Freytag, 1994, S. 406.
63   Treitschke an Freytag, 28.1.1866, in: H. Treitschke, Briefe, Bd. 2, 1913, S. 458; vgl. P. Björnsson, Making the New Man, 1999, bes. Kap. 2; U. Langer, Treitschke, 1998, S. 114, 120; vgl. K. Biedermann, Leben, Bd. 2, 1886, S. 289.
64   J. Eckardt, Lebenserinnerungen, Bd. 1, 1910, S. 107–115.

Gruppe – die irgendwo zwischen Salon und politischer Partei angesiedelt war – schlicht als »Der Kitzing« bekannt.[65] Dem »Kitzing« anzugehören war eine liberale »*profession de foi*«.[66] Zu den Mitgliedern gehörten unter anderem Karl Mathy, späterer Ministerpräsident im Großherzogtum Baden; Moritz Busch, ein weiterer Herausgeber der *Grenzboten*, der später als einer von Bismarcks »Preßbanditen« bekannt wurde; Leipzigs Vizebürgermeister Eduard Stephani; Dr. Max Jordan, der erste Direktor der Nationalgalerie in Berlin; und die Gebrüder Heinrich und Friedrich Brockhaus. Häufig zu Gast bei den »Verschwörern« war auch Joseph Archer Crowe, der britische Generalkonsul in Leipzig.[67] »Alle waren gute Kameraden [...]«, schrieb Busch, »eins im Zusammenklang der Überzeugungen von dem, was der Nation allein frommen könne.«[68] Im Frühjahr 1866 wurden Biedermann, Freytag und andere Nationalliberale in Sachsen von Woche zu Woche lauter in ihrer Parteinahme für Preußen.[69] Dabei waren sie sich auch nicht zu schade, das rote Schreckgespenst zu beschwören. Biedermanns *Deutsche Allgemeine Zeitung* merkte an, dass ein erfolgloser Krieg die politischen Geschicke des Sozialismus begünstigen würde. Ein anderes liberales Organ, die *Constitutionelle Zeitung*, berichtete, dass viele reiche Familien wegen der gegen Privatbesitz gerichteten sozialistischen Rhetorik Dresden verließen, was allerdings nur halb der Wahrheit entsprach.[70]

Im Juli 1866 unternahmen die Nationalliberalen unter der Leitung Biedermanns die ersten Schritte hin zur Bildung einer neuen politischen Partei. Die sächsischen Behörden gaben sich alle Mühe, um zu verhindern, dass diese neue Partei das Licht der Welt erblickte, doch das preußische Militär und die Zivilkommissare im besetzten Sachsen sorgten dafür, dass die nationalliberalen Ansichten Gehör fanden. Diesem Konflikt zwischen den preußischen und sächsischen Behörden war es zu verdanken, dass ein Kongress sächsischer Nationalliberaler, der schließlich am 26. August in Leipzig abgehalten wurde, in einer Atmosphäre gegenseitiger Beschuldigungen und rhetorischer Exzesse stattfand.[71]

Den Weg für jene Versammlung hatten auch Treitschke und Freytag geebnet. Treitschkes monatliche Besprechungen in den *Preußischen Jahrbüchern* waren wie ein

---

65 F. Schulze, Kitzing, 1921; R. Herrmann, Freytag, 1974, S. 181-198; G. Freytag, Erinnerungen, 1887, S. 336-338; E. Naujoks, Grenzboten, 1973.
66 J. Eckardt, Lebenserinnerungen, Bd. 1, 1910, S. 51.
67 J. A. Crowe, Reminiscences, 1895, bes. S. 383-386, 395-397; S. W. Murray, Diplomacy, 2000, S. 42, 104-106; G. Freytag, Erinnerungen, 1887, S. 337 f.
68 M. Busch, Kriegswochen, in: ders., Tagebuchblätter, Bd. 3, 1892, S. 368; vgl. H. Blum, Lebenserinnerungen, Bd. 1, 1907, S. 258 f.
69 R. Zeise, Rolle, 1970, S. 267-268; H. Jordan, Meinung, 1918, S. 134-173; H. Rosenberg, Publizistik, Bd. 2, 1935, S. 942-973; PrJbb 17, 1866, S. 670-676.
70 H. Jordan, Meinung, 1918, S. 139-145, 172-177, 193-202; K.-G. Faber, Publizistik, Bd. 2, 1963, S. 94-103; K. Biedermann, Leben, Bd. 2, 1886, S. 277-286; P. Björnsson, Making the New Man, 1999, S. 142; CZ, 9.8.1866, zitiert in: M. Brandt, Stellung, 1977, S. 12.
71 J. Kirchner, Landesversammlung, 1966; H. Jordan, Meinung, 1918, S. 181-188; K. Biedermann, Fünfzig Jahre, 1982, S. 121-126; ders., Leben, Bd. 2, 1886, S. 286-289; F. Boettcher, Stephani, 1887, S. 79-81.

rotes Tuch für Sachsens Partikularisten, aber der Sohn eines sächsischen Generals empfand es eindeutig als frustrierend, an den Schreibtisch verbannt zu sein: »[...] jeder tapfere Dragoner, der einen Croaten in die Pfanne haut, thut für den Augenblick Größeres für die deutsche Sache, als der feinste politische Kopf mit der gewandtesten Feder«.[72] Derartige Aussagen hinderten Treitschke nicht daran, eine Schrift mit dem Titel »Die Zukunft der norddeutschen Mittelstaaten« zu verfassen.[73] Als diese auf den 30. Juli 1866 datierte Polemik knapp eine Woche später in die Buchhandlungen kam, schlug sie ein wie eine Bombe.[74] Mit Bezug auf Hannover, Kurhessen und Sachsen schrieb Treitschke apodiktisch, dass »*jene drei Dynastien reif, überreif für die verdiente Vernichtung [sind]; ihre Wiedereinsetzung wäre eine Gefahr für die Sicherheit des neuen deutschen Bundes, eine Versündigung an der Sittlichkeit der Nation*«. Die Beseitigung dieser kleineren Kronen Mitteleuropas sei nicht nur eine legitime Konsequenz des preußischen Sieges auf dem Schlachtfeld, sondern »ein Act der historischen Nothwendigkeit«. Treitschke warnte die sächsischen Liberalen, dass sie einem langwierigen Kampf ins Auge sehen müssten, wenn das Haus Wettin seinen Thron behielte: »Vor Allem fürchten wir von einer Restauration die Entsittlichung des Volks durch den Geist der Lüge.«[75]

Nur wenige Tage später veröffentlichten die *Grenzboten* einen Aufsatz Freytags über »Die Zukunft des Königreichs Sachsen«.[76] Wie, so fragte Freytag, konnte ein Fürst in sein Land zurückkehren und es in einen föderalen Staatenverbund mit einem rivalisierenden Staat führen, gegen den er eben noch auf dem Schlachtfeld gekämpft hatte? Die Antwort gab er in einer Broschüre, die er am 6. September unter dem Titel »Was wird aus Sachsen?« anonym publizierte. Freytag fiel bewusst in den provokativen Stil von 1848 zurück.[77] Darüber hinaus aber zog er alle Register liberal-nationaler Propaganda für den bevorstehenden Wahlkampf. Er pries die Vorzüge des Deutschen Zollvereins, attackierte die engstirnige Kleinstaaterei, behauptete, Beusts Staatsstreich von 1850 habe das Vertrauensverhältnis zwischen Volk und Regierung zerstört, forderte die sächsische Diplomatie auf, sich nicht immer nur an Wien oder Paris zu orientieren, und unterstützte Treitschkes Aufruf an das Haus Wettin, den sächsischen Thron aufzugeben. Die konservative Gegenreaktion auf diese Polemiken fiel heftig aus. Bald füllten sich die

---

72 PrJbb 18, 1866, S. 93, zitiert in: U. Langer, Treitschke, 1998, S. 120.
73 H. Treitschke, Zukunft, 1866; Nachdruck in: H. Treitschke, Aufsätze, Bd. 3, 1929, S. 289–311; vgl. H. Treitschke, Briefe, Bd. 3, Teil 1, 1917, S. 16–36.
74 Busch, Kriegswochen, in: ders., Tagebuchblätter, Bd. 3, S. 544 f., 8.8.1866; vgl. U. Wyrwa, Treitschke, 2003, S. 783 f.
75 H. Treitschke, Zukunft, 1866, S. 8–9, 23 (Hervorhebung im Original).
76 Gb 25, 2. Sem., Bd. 3, 1866, S. 241–248; vgl. G. Freytag, Der Friede von 1866, in: G. Freytag, Bilder, o. D. [1911], S. 367–389; ders., Politische Aufsätze, 1900, S. 265–329; A. Jekosch, Haltung, 1983, S. 195–203; K.-G. Faber, Publizistik, Bd. 1, 1963, S. 29, 33 f., 94, 143 f., 165–167.
77 [G. Freytag], Was wird aus Sachsen?, 1866; Freytag an Stosch, 8.9.1866, Freytag an Treitschke, 9.9.1866, zitiert in: P. Sprengel, Liberalismus, 1996, S. 157; Freytag an Salomon Hirzel, 9.9.1866, in: G. Freytag, Freytags Briefe, Bd. 2, 1994, S. 43; K.-G. Faber, Publizistik, Bd. 1, S. 96 f.

Seiten der *Leipziger Zeitung* mit Leserbriefen konservativer Schullehrer, die sich empört darüber zeigten, dass der Staatsdienst und die Monarchie in parteipolitisches Gerangel hineingezogen wurden. Die Nationalliberalen wurden verurteilt für ihren »teuflischen« Aufruf zum Hochverrat am sächsischen König.[78]

Der erste gesamtsächsische Kongress der Nationalliberalen fand am 26. August im Leipziger Hôtel de Pologne statt. Die Tagung selbst, an der ca. 300 bis 350 Personen teilnahmen, verlief turbulent, nicht zuletzt aufgrund einiger demokratischer und konservativer Störenfriede.[79] In der Frage, ob Biedermann tatsächlich die Kontrolle über die Versammlung verlor oder aber es zuließ, dass radikale Annexionisten Worte gebrauchten, die er selbst nicht auszusprechen wagte, weichen die Berichte voneinander ab. In jedem Fall fand der heißspornige Vorsitzende des Leipziger Stadtverordnetenkollegiums, Hermann Joseph, Zustimmung für eine Resolution, die den sächsischen König aufforderte, »die größte Tat des Jahrhunderts« zu vollbringen und freiwillig auf seinen Thron zu verzichten.[80] Joseph fügte Biedermanns Namen ohne dessen Einwilligung diesem Beschluss hinzu und sandte ihn umgehend als Telegramm an Treitschke und weitere Freunde in Preußen.

Ein deutlich anderes Spiegelbild der öffentlichen Meinung findet sich in den Berichten, die Bismarck von seinem Zivilkommissar erhielt, der in Dresden stationiert war, um die preußische Besatzung zu beaufsichtigen. Lothar von Wurmb drängte Bismarck mehrfach, harte Bedingungen von den Sachsen einzufordern. In seinem Bericht vom 23. September 1866 war Wurmbs Einschätzung besonders dramatisch: »Der König Johann und der Kronprinz mögen, namentlich nach den jüngsten Erfahrungen mit Österreich, wirklich ein ehrliches und aufrichtiges Zusammengehen mit Preußen wünschen und anstreben, die Minister mögen aus Rücksichten der Staatsklugheit sich zur Zeit wohl auch den Anschein geben, Freundschaft mit Preußen halten zu wollen, bei sämtlichen übrigen Beamten der zahlreichen Sächsischen Beamtenhierarchie, vom Kreisdirektor bis zum Hilfsgendarm herab, ist aber keine Spur einer Sympathie, sondern nur gründlicher, tiefer Haß gegen Preußen zu finden und es wird weder dem König noch dem Ministerium gelingen zu verhindern, daß sowohl die in Sachsen lebenden Preußen als auch die Preußisch [sic] gesinnten Sachsen nicht künftig malträtiert werden, sobald diese Beamten erst die Macht wieder in Händen haben.«[81] Aus alledem schloss Wurmb, »daß Sachsen ebenso wie es nur gezwungen in den Norddeutschen Bund eintritt, seine Stellung in demselben auch nur gebrauchen wird, um Preußens Aufgabe zu erschweren und seine Macht zu schwächen«.[82]

---

78 DN, 14.9.1866, zitiert in: H. JORDAN, Meinung, 1918, S. 193 f.
79 H. JORDAN, Meinung, 1918, S. 181–189.
80 Ebenda, S. 183.
81 Die 2. Auflage von H. TREITSCHKE, Zukunft, 1866, argumentierte analog.
82 Wurmb an Bismarck (Entwurf), 23.9.1866, GStAB, HA III, MdAA, Nr. 765.

Trotz der ihnen im Rahmen des Friedensabkommens vom 21. Oktober gewährten Generalamnestie bekamen unsere liberal-nationalen Protagonisten die Folgen ihrer propreußischen, antisächsischen Haltung im Sommer 1866 zu spüren. Treitschkes Schrift bereitete seinem Vater so großen Kummer, dass dieser sich genötigt sah, sich öffentlich von seinem Sohn zu distanzieren.[83] Just am 3. November, dem Tag des triumphalen Wiedereinzugs König Johanns in Dresden, schrieb Treitschke, dass keiner eine Träne vergießen würde, wenn der sächsische König seinen letzten Atemzug täte.[84] Noch vor Ende September 1866 räumte Freytag ein, dass »General« Bismarck und seine Minister in Berlin in ihrer Einschätzung der »Verkommenheit« der Mittelstaaten scharfsichtiger gewesen waren als die Liberalen.[85] Außerhalb nationalliberaler Kreise blieb Biedermann Persona non grata. 1867 fuhr er in Begleitung einiger junger Freunde mit dem Zug in eine Kleinstadt unweit von Leipzig. Während sie sich dort in einem öffentlichen Garten harmlos unterhielten, so erinnerte Biedermann später, »streifte ein mir unbekannter Herr nahe an meinem Stuhl vorüber und flüsterte mir zu: ›Gut, daß Sie Bedeckung mit haben, Herr Professor, sonst wäre es hier nicht geheuer für Sie!‹«[86]

Bebel, Liebknecht und die Sozialdemokratie

Hätten die Nationalliberalen am 19. August in Glauchau getagt, anstatt eine Woche später in Leipzig, dann wären sie am selben Ort und am selben Tag zusammengekommen, an dem August Bebel und Wilhelm Liebknecht die Sächsische Volkspartei (SVP) gründeten.[87] Viele Jahre später, im Jahr 1906, verkündete der Herausgeber der *Antisozialdemokratischen Correspondenz*, Max Lorenz, dass 1866 etwas Neues begonnen hätte. Die Errichtung eines geeinten deutschen Staates, die Einführung des allgemeinen Männerwahlrechts und die Anfänge einer Arbeiterbewegung – die Gleichzeitigkeit dieser Ereignisse markierte für Lorenz einen schicksalhaften Moment in der deutschen Geschichte und den Ursprung der späteren Stärke der Sozialdemokratie.[88] Die von Lorenz rückblickend wahrgenommene historische Kongruenz war für Zeitgenossen allerdings weniger offensichtlich. Die Sächsische Volkspartei legte zwar den Samen für eine demokratische, gegen Bismarck und Preußen gerichtete Volksbewegung, konnte aber nicht verhindern, dass sozialistische und fortschrittliche Anführer, sowohl auf

---

83 H. Treitschke, Briefe, Bd. 3, 1917, S. 39–71; Treitschke an seine Frau, 13.3.1867, in: Ebenda, S. 149.
84 Treitschke an Freytag, 3.11.1866, in: H. Treitschke, Briefe, Bd. 3, Teil 1, 1917, S. 103–105.
85 Freytag an Heinrich Geffcken, 27.9.1866, in: C. Hinrichs, Briefe, 1954, S. 101; Freytag an Julian Schmidt, Ende Sept. 1866, in: E. Naujoks, Grenzboten, 1973, S. 161; vgl. G. Freytag, Erinnerungen, 1887, S. 328.
86 K. Biedermann, Leben, Bd. 2, 1886, S. 289.
87 Vgl. »Sächsische Volkspartei, Gründungsprogramm (19. August 1866)«, DGDB Bd. 4, Abschnitt 7.
88 Max Lorenz in: SPN 3, Nr. 17, 26.5.1906, S. 2.

nationaler als auch internationaler Ebene, weiter von den bestehenden Möglichkeiten zur Zusammenarbeit Gebrauch machten.

Drei Jahre zuvor hatten Leipziger Arbeitervertreter Ferdinand Lassalle eingeladen, ihrem Komitee seine Ansichten zur Arbeiterbewegung darzulegen, was er in einem »Offenen Antwortschreiben« tat. Dies führte zur Gründung des Allgemeinen Deutschen Arbeitervereins (ADAV) in Leipzig im Mai 1863. Unter der Führung Lassalles und Johann Baptist von Schweitzers entwickelte sich der ADAV zu einer ausgesprochen unabhängigen Arbeiterorganisation.[89] Doch der gleichsam diktatorische Führungsstil Lassalles und von Schweitzers war Bebel und Liebknecht ein Dorn im Auge. Bebel zog es vor, durch die Arbeiterbildungsvereine und die Arbeitervereine in und um Leipzig zu arbeiten. Mitte 1865 existierte ein loses Netzwerk von 29 sächsischen Arbeitervereinen mit insgesamt 4 579 Mitgliedern. Hier wie auch im Verband Deutscher Arbeitervereine (VDAV), einem direkten Konkurrenten des ADAV, überwog Bebels Einfluss.

August Bebel, Sohn eines preußischen Unteroffiziers, hatte sich 1860 als Drechslergeselle in Leipzig niedergelassen. Innerhalb weniger Jahre besaß er eine eigene kleine Werkstatt in der Petersstraße 18, ganz in der Nähe des Kitzing, die auf die Herstellung von Tür- und Fenstergriffen aus Büffelhorn spezialisiert war.[90] Mit zunehmender Bekanntheit als Vorsitzender des Leipziger Arbeiterbildungsvereins, als Präsident des VDAV, als Abgeordneter im Reichstag und im Sächsischen Landtag, sowie während seines insgesamt knapp fünfjährigen Gefängnisaufenthalts und während seiner Verbannung aus Leipzig unter dem Sozialistengesetz, wurde es immer schwieriger für ihn, sein Geschäft zu führen. Die Veröffentlichung von »Die Frau und der Sozialismus« (1879), wahrscheinlich die bedeutendste Schrift der deutschen Sozialdemokratie und ein Bestseller des 19. Jahrhunderts, ermöglichte es ihm, hauptsächlich von seiner publizistischen Tätigkeit zu leben. Doch weit wichtiger für Bebels nationale Reputation war seine rednerische Begabung im Parlament, sein Talent, zwischen widerstreitenden Flügeln und Persönlichkeiten innerhalb der sozialdemokratischen Bewegung zu vermitteln, und seine Entschlossenheit, dafür zu sorgen, dass die Bewegung in den 1880er-Jahren ihre Integrität bewahrte.[91] In den Worten Lenins »verkörperte« Bebel die sozialdemokratische Bewegung – nicht nur in Deutschland, sondern auch international.[92]

---

89 In dem Zeitraum zwischen Lassalles Tod im August 1864 und Schweitzers Ernennung zum Präsidenten am 20. Mai 1867 hatte der ADAV nicht weniger als sechs Interims- bzw. kurzzeitige Präsidenten.
90 Vgl. BEBEL, Leben, 1961, S. 177–181; T. WELSKOPP, Berufspolitiker, 2003, S. 195–201. Die beste Biografie in englischer Sprache ist z. Z. W. H. MAEHL, Bebel, 1980.
91 V. LIDTKE, Party, 1966. J. RETALLACK, August Bebel, 2018, zitiert die wichtigsten Bebel-Biografien. Vgl. J. B. SCHWEITZER, Aufsätze, 1912; T. OFFERMANN, Arbeiterbewegung, 1979; DERS., Arbeiterpartei, 2002; DERS., Ausbreitung, 1987; T. WELSKOPP, Banner, 2000; S. NA'AMAN, Konstituierung, 1975; G. MAYER, Arbeiterverein, 1927; T. OFFERMANN, Bebel, 1978, S. 314 f.; K. BIRKER, Arbeiterbildungsvereine, 1973; I. FISCHER, Bebel, 1994.
92 August Bebel, in V. I. LENIN, Werke, zitiert in: A. BEBEL, Reden und Schriften, Bd. 1, 1970, S. i. Von 1892 bis zu seinem Tod 1913 war Bebel Mitvorsitzender (mit Paul Singer) der umbenannten Sozialdemokratischen Partei Deutschlands (SPD).

Der VDAV hatte bis Mitte 1865 unter Bebels Leitung seine eigene Stoßkraft entwickelt. Dann zog frischer Wind ein: »Liebknecht kam uns in Sachsen wie gerufen.«[93]

Wilhelm Liebknecht war vierzehn Jahre älter als Bebel und wuchs in privilegierteren Verhältnissen auf. 1848 schloss er sich den Revolutionskämpfen in Baden an, wofür er eine neunmonatige Gefängnisstrafe verbüßte. Anschließend hielt er sich von 1850 bis 1862 in England auf, wo er sich mit Karl Marx und Friedrich Engels anfreundete. Wie Bebel verdiente auch Liebknecht nur mühsam seinen Lebensunterhalt, hauptsächlich als Herausgeber führender sozialdemokratischer Zeitungen und Zeitschriften. Bebel schrieb einmal, Liebknecht habe »manch ein gutes Buch« an Antiquariate verkaufen müssen, um Essen auf den Tisch zu bringen. Beide saßen wegen Landesverrat im Gefängnis ein, beide wurden aus Leipzig verbannt und beide hatten leitende Funktionen im Reichstag und im Sächsischen Landtag inne. Liebknecht war ursprünglich Bebels politischer Mentor gewesen und hatte ihn mit der Marx'schen Lehre vertraut gemacht, aber es mangelte ihm an Bebels taktischem Geschick. Nichtsdestotrotz erreichten beide Männer aufgrund der Verbindung von Armut und Opferbereitschaft einerseits und großem politischen Scharfsinn andererseits beispielloses Ansehen innerhalb der Bewegung. Wie Liebknecht im März 1872 während seines Leipziger Prozesses wegen Landesverrats von der Anklagebank aus bemerkte: »Ich bin nicht der verkommene Abenteurer, zu dem mein Verleumder mich machen will. [...] Ich bin *nicht* ein Verschwörer von Profession, nicht ein fahrender Landsknecht der Konspiration. Nennen sie mich meinethalben einen Soldat der Revolution – dagegen habe ich nichts.«[94]

So wie Bebel und Liebknecht die Unterstützung sächsischer Fortschrittler brauchten, um die Sächsische Volkspartei auf den Weg zu bringen, so waren die großdeutschen Demokraten auf die organisatorischen und propagandistischen Talente der beiden angewiesen. Der VDAV war keine politische Partei, aber eng mit der Deutschen Volkspartei verbündet, die ihren Schwerpunkt in Südwestdeutschland hatte. Nachdrücklicher als ihre linksliberalen Kollegen bestanden Bebel und Liebknecht darauf, den sozialen Forderungen der Arbeiter eine Stimme zu geben. Doch bis 1869 und darüber hinaus mussten sie vorsichtig zu Werke gehen und sich mit sozialistischen Parolen bedeckt halten.[95] Im August 1867, während des Reichstagswahlkampfs, schrieb Liebknecht: »Hier in Sachsen steht unsere Sache gut [...]. Wenn wir hier *direkt* nicht viel für die I.A.A. [Erste Internationale] tun, so liegt das an den Verhältnissen [...]. Mit einer bloß sozialen Agitation [...] würden wir dem gemeinsamen Feind aller ehrlichen deutschen Demokraten, Sozialisten und Patrioten, nämlich dem preußischen Cäsarismus in die Hände arbeiten.

---

93 BEBEL, Leben, 1961, S. 64–68, 128. Vgl. K.-H. LEIDIGKEIT, Liebknecht, 1957; R. H. DOMINICK, Liebknecht, 1902, W. SCHRÖDER, Liebknecht, 2013.
94 T. WELSKOPP, Berufspolitiker, 2003, S. 215.
95 R. WEBER, Demokraten, 1962, S. 253.

Das darf um keinen Preis geschehen.«⁹⁶ Bebel und Liebknecht teilten nicht Lassalles »Fetisch«, dass das allgemeine Wahlrecht ein Allheilmittel für das Elend der Arbeiterklasse sei. Dennoch gaben die ersten und zweiten »Forderungen der Demokratie«, die sich im Chemnitzer Programm der Sächsischen Volkspartei fanden, dem Stimmrecht und der deutschen Frage Vorrang.⁹⁷

Einer der bemerkenswertesten Aspekte bei der Konsolidierung der Sozialdemokratie 1866/67 ist das Ausmaß, inwieweit der sächsische Partikularismus die politischen Gräben zwischen der demokratischen Linken und der strammen Rechten überbrückte. Wenngleich diese sächsischen Patrioten kein gar so merkwürdiges Gespann bildeten, so nahm die Laissez-faire-Haltung zwischen Liebknecht und Bebel einerseits und der sächsischen Beamtenschaft andererseits gelegentlich absurde Proportionen an. Nachdem Liebknecht im Juli 1865 aus Preußen verbannt worden war, hieß die sächsische Polizei ihn und seine Familie bei ihrer Ankunft in Leipzig als Gegner Bismarcks willkommen. Es gab noch andere Anlässe, bei denen die politische Zusammenarbeit mit sächsischen Konservativen durchaus Sinn ergab – wie Bebel in seinen Memoiren erinnert. Im Mai 1867, nach seiner Jungfernrede im konstituierenden Norddeutschen Reichstag, »traten eines Tages zwei aristokratisch aussehende Herren in meine Werkstatt, in der ich eben am Schraubstock stand und Büffelhörner zersägte«. Einer von ihnen maß Bebel von Kopf bis Fuß und stellte sich als Friedrich Freiherr von Friesen-Rötha vor – zu der Zeit stockkonservativer Präsident der Ersten Kammer in Sachsen. Er lobte Bebel für seine Reichstagsrede und verabschiedete sich dann höflich. Noch aufschlussreicher ist ein Gespräch, das in einem kleinen Lokal gegenüber den zeitweiligen Räumlichkeiten des Reichstags in Berlin stattfand, wo sich die sächsischen Abgeordneten während der Sitzungsperiode des Parlaments das Mittagessen servieren ließen. Eines Tages sprach Bebel mit Ludwig Haberkorn, einem konservativen Abgeordneten, der zugleich Bürgermeister von Zittau und Präsident der Zweiten Kammer war. Haberkorn hatte sich derart über Bismarcks Reichstagsrede an jenem Morgen empört, »daß er sich in den denkbar stärksten Ausdrücken wider ihn erging«. Das war für Bebel überraschend. In seinen Erinnerungen schrieb er dazu: »Unsere [sächsischen] Partikularisten waren zu jener Zeit von einem unbändigen Haß gegen Bismarck beseelt; sie hätten mit dem Teufel ein Bündnis geschlossen, um ihn zu vernichten.«⁹⁸

---

96 Liebknecht an Johann Philipp Becker, 3.8.1867, zitiert in: Vw, 28.3.1926, S. 2 (Hervorhebung im Original).
97 A. Bebel, Leben, 1961, 163 f.; H. Böhme (Hrsg.), Foundation, 1971, S. 175 f.; vgl. G. Benser, Herausbildung, 1956, S. 97–99; R. G. Goodrum, German Socialists, 1969, S. 299 f.; K. Rudolph, Disappearance, 2000, S. 213.
98 Beide Anekdoten in: A. Bebel, Leben, 1961, S. 352–353.

»Neue Ideen erfüllen die Welt«

> Meine Herren! Arbeiten wir rasch! Setzen wir Deutschland, so zu sagen, in den Sattel! Reiten wird es schon können.
> — Otto von Bismarck im konstituierenden Reichstag des Norddeutschen Bundes, am 11. März 1867[99]

> Wir genossen [...] seine Gerissenheit. Er meisterte die Kunst des Rückwärtsgehens in die Zukunft. Er pflegte zu sagen, »Mir nach«. Und einige Leute gingen vorneweg, andere dahinter, und er ging rückwärts.
> — über Michail Gorbatschow, 1994[100]

Am 1. Januar 1866 war in einem Beitrag in der demokratischen *Neuen Frankfurter Zeitung* Folgendes zu lesen: »Die jetzige Zeit hat in vielfacher Beziehung eine bedeutende Ähnlichkeit mit der unmittelbar nach der Entdeckung von Amerika eingetretenen Periode. Neue Ideen erfüllen die Welt.«[101] Jahre später erinnerte sich ein Herausgeber der *Grenzboten*: »Frischere, stärkendere Luft als diejenige, die im Spätherbst 1866 durch den deutschen Norden wehte, habe ich niemals im Leben geatmet. [...] [D]ie maßvolle, bis ins Mark strömende Wärme der politischen Temperatur [...] hatte dafür einen stillen Zauber, der keinem andern verglichen werden konnte. Man stand an dem Eingang einer neuen Periode, einer Zeit, ›die Wunder noch versprach‹.«[102]

Bismarck und das allgemeine Männerwahlrecht

In den Jahren 1848/49 war die Forderung nach dem allgemeinen Wahlrecht ein mächtiger Mobilisierungsfaktor in den ganz Deutschland erfassenden Unruhen gewesen. Am 9. April 1866 verblüffte der preußische Gesandte bei der Versammlung des Deutschen Bundestages in Frankfurt seine Gesandtenkollegen mit der Ankündigung, dass Preußen

---

99   SBDR, Bd. 1, 1867, S. 139.
100 Das genannte Zitat wird dem russischen Schriftsteller Michail Schwanetzkij zugeschrieben.
101 Neue Frankfurter Zeitung, 1.1.1866, zitiert in: P. STEINBACH, Zähmung, Bd. 1, 1990, S. 93.
102 J. ECKARDT, Lebenserinnerungen, Bd. 1, 1910, S. 56 f.

eine »allgemeine deutsche Versammlung« als Mittel zur Überwindung der deutschen Uneinigkeit ins Auge fasse.[103] Ein solches Nationalparlament solle aus einer direkten Wahl auf Grundlage des allgemeinen Stimmrechts aus der gesamten Nation hervorgehen. Diese Ankündigung hatte genau die durchschlagende Wirkung auf die deutsche und internationale öffentliche Meinung, die sich Bismarck erhofft hatte. »Ein deutsches Parlament hilft uns mehr, als ein Armeekorps mehr«, notierte Bismarck etwa um diese Zeit, »[und] ist ein vortreffliches Instrument, die Einheit herzustellen und gegen die Regierungen der Einzelstaaten gebraucht zu werden.«[104] Der sächsische Regierungschef Beust war verständlicherweise besorgt wegen Bismarcks »Parlamentsidee«: »Sie sei einmal in Deutschland in Geist und Blut des Volkes eingedrungen; kein einziger der mittleren und kleinen Staaten würde wagen, ihr, patronisiert wie sie von Preußen ist, entgegenzutreten, und es würde Österreich, indem es gegen sie zu wirken suchte, von seinen deutschen Freunden auf das traurigste isoliert bleiben.« Der Vorschlag, so Beusts Folgerung, könnte »leicht das Signal zur deutschen Revolution werden«.[105]

Das demokratische Wahlrecht von 1848 ist von der Forschung gründlich untersucht worden, ebenso wie die Ursprünge des preußischen Dreiklassenwahlrechts, das am 30. Mai 1849 von oben verfügt wurde.[106] Ebendieses preußische Wahlrecht sollte, mit geringfügigen Änderungen, bis zum Sturz des Kaiserreichs im November 1918 in Kraft bleiben. Es wurde als *das* Bollwerk der Reaktion und wichtigstes Hindernis für die politische Modernisierung des Deutschen Reiches betrachtet. Doch all jene, die es verteidigten oder attackierten, taten dies über die Jahre mit sich verändernden Gewichtungen. So wurde beispielsweise den Missständen infolge der öffentlichen Stimmabgabe weniger Augenmerk geschenkt als der ungleichen Gewichtung der Stimmen in den drei Wählerklassen. Die Aussicht auf eine Wahlrechtsreform des preußischen Abgeordnetenhauses war oft verflochten mit Bemühungen, das preußische Herrenhaus zu reformieren oder abzuschaffen.[107] Zwischen 1849 und 1918 wurde jeder Vorschlag zur Wahlrechtsreform implizit oder explizit am unveränderlichen Maßstab des preußischen Systems gemessen.

---

103 E. ENGELBERG (Hrsg.), Widerstreit, 1970, S. 325–328. Vgl. »Preußischer Antrag auf Reform des Deutschen Bundes (9. April 1866)«, DGDB Bd. 4, Abschnitt 5.
104 In einer Unterredung mit Herzog Ernst II. von Sachsen-Coburg-Gotha, 26.5.1866; H. O. MEISNER (Hrsg.), Kaiser Friedrich III., 1929, S. 545.
105 Werner, Bericht Nr. 34A, 9.4.1866, HHStAW, PAV/33.
106 Vgl. zu Europa: M. MATTMÜLLER, Durchsetzung, 1975; O. BÜSCH/P. STEINBACH (Hrsg.), Wahlgeschichte, 1983; zum Vormärz: P. M. EHRLE, Volksvertretung, 1979; zu 1848/49: G. SCHILFERT, Sieg, 1952; M. BOTZENHART, Parlamentarismus, 1977; T. S. HAMEROW, Elections, 1961; zu Preußen: G. GRÜNTHAL, Dreiklassenwahlrecht, 1978; DERS., Parlamentarismus, 1982, bes. Kap. I/1–I/2; J. DROZ, Anschauungen, 1972; T. KÜHNE, Dreiklassenwahlrecht, 1994; T. KÜHNE (Hrsg.), Handbuch, 1994; zu 1866 und danach: T. S. HAMEROW, Origins, 1973; A. BIEFANG, Modernität, 1998; N.-U. TÖDTER, Klassenwahlrechte, 1967; B. VOGEL/D. NOHLEN/R.-O. SCHULTZE, Wahlen, 1971, Tabelle G IV, S. 120–124.
107 J. GERHARDS/J. RÖSSEL, Interessen, 1999, S. 35–58; T. KÜHNE (Hrsg.), Handbuch, 1994, S. 5; T. KÜHNE, Dreiklassenwahlrecht, 1994; H. SPENKUCH, Herrenhaus, 1998.

Gemäß dem preußischen Wahlrechtsgesetz vom 30. Mai 1849, das anschließend Eingang fand in die preußische Verfassung vom 31. Januar 1850, wurde das preußische Abgeordnetenhaus auf Grundlage des »allgemeinen« Wahlrechts gewählt.[108] Wahlberechtigt waren alle preußischen Staatsangehörigen ab vollendetem 24. Lebensjahr, vorausgesetzt, sie waren männlichen Geschlechts, erhielten keine Armenfürsorge aus öffentlichen Geldern, hatten ihre Bürgerrechte nicht verwirkt, standen nicht unter Vormundschaft und waren mindestens sechs Monate an einem Ort wohnhaft gewesen. Demzufolge waren etwa 20 Prozent der preußischen Gesamtbevölkerung wahlberechtigt.

Das Wahlrecht zum preußischen Landtag war weder direkt noch geheim. Anstatt direkt für die Parlamentskandidaten zu votieren, stimmten die »Urwähler« für Wahlmänner, die ein bis zwei Wochen später je nach Größe des Wahlbezirks einen, zwei oder drei Parlamentsabgeordnete wählten. In jeder Wahlrunde gaben Wähler und Wahlmänner ihre Stimmen gruppenweise ab. Die Urwähler fanden sich im Wahllokal zusammen, stimmten aber getrennt in drei Klassen ab. Innerhalb jeder Klasse wurden die Wähler der Reihe nach aufgerufen, beginnend mit dem größten Steuerzahler in der jeweiligen Klasse: Die Wähler wurden aufgefordert, mündlich zu erklären, für welche Wahlmänner sie zu stimmen wünschten und diese Erklärung wurde daraufhin im offiziellen Protokoll vermerkt. Die Abgabe eines Stimmzettels für die Reichstagswahl war eine Sache von wenigen Minuten. Im Gegensatz dazu zwang das preußische Landtagswahlsystem Wähler und Abgeordnete typischerweise, viele Stunden oder gar Tage auf den Vorgang zu verwenden. Und während das Verfahren der Stimmabgabe für den Reichstag Wert auf Individualität und Anonymität legte, betonte das preußische System Kollektivität und Öffentlichkeit.

Da dieses preußische Wahl-»Fest« außergewöhnlich langwierig sein konnte, war die Wahlbeteiligung bei den preußischen Landtagswahlen um ein Vielfaches niedriger als bei den gesamtdeutschen Wahlen. Die Stimmabgabe fand häufig in beengten Räumlichkeiten statt, die im Winter nicht ausreichend beheizt und im Sommer nicht ausreichend belüftet waren. Zudem war es alles andere als ein unbeschwertes Ereignis. Manche Wähler rechneten genau, welches Einkommen ihnen während des Wahlverfahrens verloren ging. Darüber hinaus waren sie sich der sozialen und wirtschaftlichen Konsequenzen bewusst, die eine Stimmabgabe nach Maßgabe des individuellen politischen Gewissens nach sich ziehen konnte. Die öffentliche Stimmabgabe öffnete den preußischen Eliten viele Möglichkeiten, abhängige Wähler einzuschüchtern. Anders als oft angenommen, begünstigte das öffentliche Stimmsystem nicht immer und überall die gleichen politischen Parteien, sondern, je nach Zeit und Ort, unterschiedliche politische Richtungen. In den reaktionären 1850er-Jahren – die allerdings nicht so einseitig reaktionär waren,

---

[108] G. Grünthal, Parlamentarismus, 1982, Kap. II/3; E. R. Huber (Hrsg.), Dokumente zur deutschen Verfassungsgeschichte, Bd. 1, 1978, S. 497–500.

wie Historiker einst dachten[109] – waren die Konservativen die klaren Gewinner. Von 1858 bis Mitte der 1870er-Jahre profitierten die Liberalen von der öffentlichen Stimmabgabe, während danach erst die Konservativen und seit der Jahrhundertwende in den Großstädten auch die Sozialisten Nutzen aus den Einschüchterungsmöglichkeiten des öffentlichen Stimmrechts zogen. Ob eine Partei die öffentliche oder die geheime Wahl befürwortete, hing davon ab, welche Gewinne sie sich von dem einen oder anderen System erwartete. Zeitgenössische politische Theoretiker waren sich allerdings einig, dass die öffentliche Stimmabgabe soziale Bindungen innerhalb der Gemeinschaft widerspiegelte und stärkte. Seine politische Zugehörigkeit durch geheime Stimmabgabe zu verbergen galt aus Sicht konservativer und mancher liberaler Kommentatoren als »undeutsch«.[110]

Im mittleren Drittel des 19. Jahrhunderts befürworteten viele Deutsche nicht das allgemeine Stimmrecht, sondern ein System, über das traditionelle Berufsstände direkt im Parlament vertreten waren. Indem man die formale Repräsentation an definierbare soziale Gruppen band, glaubte man mithilfe des Wahlrechts die Konflikte zwischen gegensätzlichen gesellschaftlichen Interessen – beispielsweise zwischen Stadt und Land, zwischen mobilem und immobilem Kapital oder zwischen Bildungsbürgertum, Mittelstand und Arbeiterschichten – abschwächen zu können. Noch bis in das erste Jahrzehnt des 20. Jahrhunderts wurde unzählige Male der Vorschlag eines ständischen Parlamentsstimmrechts in die Wahlrechtsdebatten in Preußen und Sachsen eingebracht. Doch im Jahr 1866 ließ der Zusammenbruch der herkömmlichen Wirtschaftsstrukturen – und der darauf gründenden sozialen Gruppierungen – das ständische Wahlrecht anachronistisch erscheinen. Selbst der preußische Konservative Hermann Wagener räumte im März 1867 ein, das allgemeine Wahlrecht sei unvermeidbar, und zwar aufgrund »der Tatsache, daß die corporativen Gestaltungen, die in früheren Zeiten die Träger des Wahlrechts waren, im Laufe der Entwickelung zersetzt und verloren gegangen sind«.[111]

Sowohl die Verfasser des preußischen Wahlrechts vom Mai 1849 als auch die späteren sächsischen Reformer sahen einen klaren Weg, das Dilemma der Ständesegregation zu umgehen. Gemäß dieser Strategie verabschiedete man sich von dem unerreichbaren Ziel, die Wähler nach qualitativen Kriterien (das heißt nach sozialem Stand) einzuteilen; stattdessen entschied man sich für ein Verfahren, das den *quantitativen* Beitrag der Wähler zum Staat bemaß und belohnte. Auf dieser Grundlage wurde das preußische Wahlrecht allgemein, aber ungleich. Das preußische System unterteilte die Wähler in drei Abteilungen, indem es jeden männlichen Steuerzahler ab dem vollen-

---

109 Exemplarisch für die neuere, korrektere Sichtweise ist z. B. A. Ross, Beyond the Barricades, 2019; vgl. auch C. Clark, After 1848, 2012.
110 Vgl. z. B. Windthorst (Z) in: SBDR, Bd. 1, 1867, S. 425, 28.3.1867; K. E. Pollmann, Parlamentarismus, 1985, S. 88.
111 Wagener, SBDR, Bd. 1, 1867, S. 421, 28.3.1867; vgl. T. S. Hamerow, Origins, 1973, S. 117; H. Beck, Origins, 1995, S. 107.

deten 24. Lebensjahr hierarchisch nach den direkten Staatssteuern[112] einstufte, die er im Verhältnis zu den anderen Steuerzahlern in seinem Wahlbezirk zahlte. Abteilung I umfasste sehr wenige Wähler: Typischerweise brachten 3 bis 5 Prozent der Steuerzahler in einem Bezirk etwa ein Drittel der insgesamt gezahlten Steuern auf. Die zweite Abteilung wies deutlich mehr Wähler auf: etwa 10 bis 15 Prozent. Abteilung III umfasste die überwältigende Mehrheit der Wähler, üblicherweise 80 bis 85 Prozent, die nur geringe oder gar keine Steuern zahlten.[113] In der Praxis überstimmten die relativ wohlhabenden Wähler in den Abteilungen I und II die ärmeren Wähler in Abteilung III und wählten Wahlmänner mit Besitz oder einem höheren Bildungsstand, die ihre eigenen Klasseninteressen vertraten.

Dieses Dreiklassensystem entsprach volkstümlichen Vorstellungen vom Staat als einer Art Aktiengesellschaft, wonach das fairste Wahlrecht darin bestand, den Bürger-»Aktionären« Stimmen auf Grundlage ihrer jeweiligen »Investition« (in Form von Steuern) in das »Unternehmen« Staat zuzuteilen. Dieses Modell schien auch angemessen die hierarchischen sozialen, wirtschaftlichen und kulturellen Bindungen der Wähler vor Ort widerzuspiegeln. Verfechter des preußischen Wahlrechts führten an, alle drei Wählerklassen hätten bei der Bestimmung der endgültig zu wählenden Parlamentsabgeordneten mindestens das gleiche Gewicht. Solche Argumente waren allerdings Augenwischerei. Jede in der zweiten Abteilung abgegebene Stimme hatte das 5- bis 8-fache Gewicht einer Stimme in der dritten Abteilung. Dieses Arrangement benachteiligte die Wähler in der dritten Abteilung so massiv, dass Wahlenthaltungen dort weitaus öfter vorkamen als in den ersten beiden Klassen.

*

Als Bismarck im April 1866 das allgemeine Männerwahlrecht für ein Nationalparlament vorschlug, tat er das nicht, weil das preußische Wahlrecht Regierungskandidaten begünstigte, sondern weil es genau das Gegenteil bewirkte. Das starke Abschneiden der Konservativen fand ein Ende in der Neuen Ära nach 1858, als die schlimmsten Auswüchse der Wahlmanipulationen abgestellt wurden. Das Ergebnis war eine praktisch unangreifbare liberale Mehrheit im Landtag. Nach den Wahlen im Dezember 1861 hatten die Konservativen lediglich noch 14 Sitze (von 350) im preußischen Abgeordnetenhaus. Neun Monate später, nach seiner Ernennung zum preußischen Ministerpräsidenten, kam Bismarck zu dem Schluss, dass eine großangelegte Wahlrechtsreform in Preußen das Mittel sein würde, den liberalen Widerstand gegen die von König Wilhelms I. vorgeschlagene Heeresvergrößerung zu brechen. In einer Denkschrift an seine

---
112 Nähere Angaben in: T. KÜHNE (Hrsg.), Handbuch, 1994, S. 18.
113 G. A. RITTER, Wahlgeschichtliches Arbeitsbuch, 1980, S. 142.

Staatsministeriumskollegen schrieb Bismarck im Dezember 1864, dass das Dreiklassenwahlrecht die Meinung der Wählermehrheit in Preußen »verzerre«.[114]

Für Bismarck war das preußische Wahlrecht – ebenso wie das zukünftige Reichstagswahlrecht – eine von vielen ineinander verzahnten Strategien, um seine Autorität und die seines Königs zu sichern. Nach der desaströsen preußischen Wahl von 1863 beabsichtigte Bismarck den Landtag nur für kurze Zeiträume einzuberufen. Sein Ziel war es, wie er es später formulierte, die »Gleichgültigkeit der Nation gegen die unfruchtbaren und teilweise gemeinschädlichen Beratungen und Beschlüsse« des Landtags zu verstärken.[115] Im Mai 1866 versuchte Bismarck erneut die Initiative an sich zu reißen, indem er weitere Pläne vorlegte, um den Einfluss der »stetig wachsenden industriellen und liberal-bureaukratischen Mächte«, die den preußischen Landtag dominierten, zu untergraben.[116] Bismarck schlug die offizielle Festlegung von Kandidaten vor, die das Vertrauen der Regierung genossen, sowie die Regelung, dass von den wahlberechtigten Preußen, die keine Stimme abgaben, angenommen werden sollte, sie hätten für einen Regierungskandidaten votiert.

Erklärt dieses politische Kalkül, warum Bismarck sich letztlich für das allgemeine Wahlrecht entschied? Im Mai 1868 sagte er zu einem Kollegen: »Ängstlichen Gemütern hätte es nun wohl zugesagt, die Wahl durch allerlei Kautelen, als da sind Zensus, Klassenwahl, Abstufung durch Wahlmänner und anderes, einzuengen; aber ich bin nie ein ängstliches Gemüt gewesen.«[117] Bismarck war nicht ganz aufrichtig. Er gab seinen Argwohn gegenüber dem allgemeinen Wahlrecht erst auf, nachdem er sich andere Strategien zurechtgelegt hatte, um »zuverlässige« Mehrheiten zu bilden. Selbst noch im Spätherbst 1866, als der erste Reichstagswahlkampf Fahrt aufnahm, war sich Bismarck nicht sicher, ob er den richtigen Kurs eingeschlagen hatte. Am 30. Oktober, während er seine Gesundheit an der Ostseeküste wiederherstellte, sah sein Putbuser Diktat vor, »die Mitglieder einer alleinigen Versammlung aus verschiedenen Wahlprozessen hervorgehen zu lassen, etwa die Hälfte von den hundert Höchstbesteuerten der auf 200 000 Einwohner zu erweiternden Wahlbezirke wählen zu lassen und die andere Hälfte in direkten Urwahlen«.[118] Einige Wochen später schrieb Bismarck an den preußischen Innenminister Friedrich Graf zu Eulenburg, die Regierung müsse »Regierungskandidaten« benennen.[119]

---

114 Denkschrift, 10.9.1864, und Vota der Minister in BAP, Rkz 685; vgl. T. S. HAMEROW, Social Foundations, Bd. 2, 1969, S. 183–191; O. PFLANZE, Bismarck, Bd. 1, 1990, S. 218–233; P. STEINBACH, Reichstag Elections, 1992, S. 132–138; K. E. POLLMANN, Parlamentarismus, 1985, S. 66–92; R. AUGST, Bismarcks Stellung, 1917, S. 26–100.
115 Bismarcks Äußerungen, 19.6.1865, zitiert in: K. E. POLLMANN, Parlamentarismus, 1985, S. 73.
116 Zitiert in: E. N. ANDERSON, Conflict, 1968, S. 144.
117 Gespräch mit dem bayer. Ministerialrat Otto Freiherr von Völderndorff, Mitte Mai 1868, O. von BISMARCK, Werke in Auswahl, Bd. 4, 2001, S. 259.
118 O. von BISMARCK, Werke in Auswahl, Bd. 4, 2001, S. 8, 30.10.1866. Er fügte hinzu: »Die Hauptsache ist mir: keine Diäten, keine Wahlmänner, kein Census […].« Vgl. »Bismarcks ›Putbus Diktate‹ zur zukünftigen Verfassung Deutschlands (Oktober–November 1866)«, DGDB Bd. 4, Abschnitt 5.
119 Bismarck an Eulenburg, 7.12.1866, O. von BISMARCK, Werke in Auswahl, Bd. 4, 2001, S. 24.

Preußische Liberale waren zu Recht skeptisch, was Bismarcks Beweggründe für die Errichtung eines nationalen Parlaments anging. Ihrer Meinung nach zeigte die Einführung des allgemeinen Wahlrechts ohne ein echtes parlamentarisches System, dass Bismarck entschlossen sei, konstitutionelle Prinzipien zu umgehen. Am vehementesten beharrten die Liberalen auf ihrer Ablehnung gleicher und direkter Wahlen. Karl Twesten befürchtete, das allgemeine Wahlrecht würde lediglich dem »Dilettantismus und der Scharlatanerie in der Politik« Vorschub leisten. Treitschke sagte voraus, dass »Fabrikarbeiter und das übrige Proletariat« die Mittelschichten in Deutschlands Städten überwältigen würden.[120] Als Bismarck im März 1867 während der Debatte über das neue Wahlrecht im Reichstag des Norddeutschen Bundes das Wort ergriff, stritt er ab, dass seine Entscheidung, den einfachen Arbeitern und den Bauern das Wahlrecht zu verleihen, gegen das liberale Bürgertum gerichtet sei. Bei dem allgemeinen Wahlrecht, so erklärte er, handele es sich auch nicht um »ein tief angelegtes Komplott gegen die Freiheit der Bourgeoisie in Verbindung mit den Massen zur Errichtung eines cäsarischen Regiments«.[121] Bismarcks Beteuerungen fielen zu übereifrig aus. Auch wenn er hier den antiliberalen Geist zu verbergen suchte, der seinem Denken zugrunde lag, so hatte er doch bereits Mitte der 1860er-Jahre Parlament, Konstitutionalismus, »*suffrage universel*«, Absolutismus und Staatsstreich in einem Atemzug genannt.[122]

Wenn Bismarck sagte, er vertraue der großen Masse der Bevölkerung, dachte er dabei an »loyale Bauern«, nicht an kleinstädtische Advokaten und andere Demokraten. »Wenn ich z. B. hier in Preußen von meinem Gute 100 Arbeiter zur Wahlurne schicken könnte, so würden die jede andere Meinung im Dorfe tot stimmen [...].«[123] Spätestens 1866 stimmten viele Liberale mit Bismarcks Einschätzung überein und erkannten, dass das neue Wahlrecht auch den Konservativen nützen könnte. Einer von ihnen warnte: »die feudale Partei gewinnt [...] bei allen Leuten, die in irgend einer Weise abhängig sind, sehr an Boden, und ein großer Theil der Bauern ist wie weiches Wachs, von jedem zu kneten, der ihn gerade bei der richtigen Seite gefasst hat«.[124]

Das Wahlrecht in der sächsischen Politik

Bismarcks feinste Zutat bei der Zubereitung von Deutschlands »nationalem Omelette« – bei der er andere nicht mitmischen lassen wollte – war das allgemeine Männerwahl-

---

120 PrJbb 18, 1866, S. 210, zitiert in: K. E. POLLMANN, Parlamentarismus, 1985, S. 82.
121 Rede vom 28.3.1867, O. von BISMARCK, Werke in Auswahl, Bd. 4, 2001, S. 130–136, hier S. 130.
122 Im Gespräch mit Robert Graf von der Goltz, dem pr. Botschafter in Frankreich; O. STOLBERG-WERNIGERODE, Robert Heinrich Graf von der Goltz, 1941, S. 187.
123 W. v. HASSEL, Geschichte des Königreichs Hannover, Teil 2, Abt. II, 1898–1901, S. 247.
124 Kurt von Saucken-Tarputschen, ein Liberaler, schrieb dies 1864 von seinem ostpreußischen Gut, zitiert in: L. PARISIUS, Leopold Freiherr von Hoverbeck, Teil 2, Abt. II, 1900, S. 19.

recht.¹²⁵ Sie war allerdings so gar nicht nach dem Geschmack Beusts oder der sächsischen Liberalen. Selbst der preußische Kronprinz Friedrich Wilhelm verurteilte Bismarcks piratenhafte Politik. Deutsche Liberale beschrieben Bismarcks Vorschlag als frivol, skrupellos und wahnsinnig. Die satirische Zeitschrift *Kladderadatsch* gab vor, ihren Lesern Lebewohl zu sagen, weil sie mit diesem Komiker einfach nicht mehr mithalten könne: »Das Ministerium Bismarck appelliert an die Deutsche Nation und *stützt sich auf das Volk!* Hahahaha! Wer lacht da? Ganz Europa.«¹²⁶

Welche Befürchtungen lösten die kurz- und langfristigen Folgen dieses Sprungs ins Ungewisse bei den sächsischen Politikern aus? Und wie wirkte sich das Novum eines Nationalparlaments auf die Einstellungen der Sachsen gegenüber ihrem eigenen Parlament und Wahlrecht aus? Von Anfang an stieß Bismarcks Entscheidung, das allgemeine Wahlrecht einzuführen, in Sachsen auf wenig Gegenliebe.¹²⁷ Doch Bismarck wusste, dass die Wahlrechtsfrage einen Keil zwischen Regierungschef Beust und seine liberalen Gegner treiben würde. »Die Mittel- und Kleinstaaten werden gezwungen sein, mit uns zu gehen […]«, schrieb Bismarck, »[d]enn die Demokratie in ihren Ländern […] ist doch vor allem patriotisch und deutsch. […] Was wollen die kleinen Fürsten? Ihre Regierungen sind reaktionärer als ich. […] [Sie] fürchten sich wohl vor uns, aber noch mehr vor der Revolution.«¹²⁸ Er sollte Recht behalten. Am 10. April 1866 stellte Beust fest, dass die sächsische Öffentlichkeit Bismarcks Reformplan »*bis jetzt*« mit hämischem Gelächter aufnahm. Doch niemand könne garantieren, ob nicht die »deutschtümelnden Gesinnungen eines großen Teiles des sächsischen Volkes« ungemütlich werden könnten.¹²⁹

Anfang Mai 1866 stand die öffentliche Stimmung in Sachsen auf des Messers Schneide. Für die Nationalliberalen war Bismarcks erklärte Absicht, zu dem Wahlrecht zurückzukehren, auf das sich die Frankfurter Nationalversammlung am 12. April 1849 geeinigt hatte, das am *wenigsten* attraktive Element an seinem Vorschlag eines Nationalparlaments. Weitaus erfreuter waren sie darüber, dass das neue Nationalparlament weitreichende gesetzgeberische Gewalt in den Bereichen Handel und Wirtschaft, Schifffahrt, Patentrecht und Zivilrecht erhalten sollte. »Marx' General« Friedrich Engels hatte 1865 das Proletariat ermahnt, das allgemeine Wahlrecht sei »keine Waffe, sondern ein *Fallstrick*«.¹³⁰ Wilhelm Liebknecht pflichtete ihm bei.¹³¹ Auf einer Kundgebung vor dem Krieg forderte er eine »deutsche Centralgewalt« als »Ausfluß der Volkssouveränität und

---

125 O. von Bismarck, Gedanken und Erinnerungen, 1898, S. 317.
126 Kladderadatsch 19, Nr. 17, 15.4.1866, S. 67 (Hervorhebung im Original).
127 Vgl. z. B. DAZ, 7./16.4.1866, CZ, 18.3.1866, 12.4.1866, zitiert in: H. Jordan, Meinung, 1918, S. 129 f.
128 O. Stolberg-Wernigerode, Bismarck-Gespräch, 1962, S. 361.
129 Werner, 10.4.1866, HHStAW, PAV/33 (Hervorhebung im Original).
130 F. Engels, Die preußische Militärfrage, 1865, S. 50 (Hervorhebung im Original). Der hier zitierte Beiname ist der Titel einer Biographie Engels: T. Hunt, Marx's General, 2010.
131 W. Liebknecht, Briefwechsel mit Marx und Engels, 1963, S. 50–57.

gestützt auf ein Volksparlament«; gleichzeitig spottete er über den politischen »Wechselbalg [...], den Bismarck dem deutschen Volksparlament unterschieben und durch den er das Volk bloß verwirren, auf falsche Fährten bringen will«.[132]

Nach Sachsens Niederlage bei Königgrätz sah sich Regierungschef Richard von Friesen mit der Frage des Wahlrechts für den Sächsischen Landtag belastet, da es in offensichtlichem Gegensatz zu einem nach allgemeinem Wahlrecht gewählten Nationalparlament stand. Wahlen auf Grundlage berufsständischer Gliederung standen nunmehr so sehr im Widerspruch zum Zeitgeist, waren so abweichend von dem Takt, den die Politik auf nationaler Ebene vorgab, dass kein Staatsmann dem Ruf nach Reform widerstehen konnte.[133] Bis zum Herbst 1866 hatten viele sächsische Parlamentarier eingelenkt und stellten sich hinter den Standpunkt, den ein liberaler Landtagsabgeordneter 1860 folgendermaßen artikuliert hatte: »[D]as allgemeine Wahlrecht ist weder ein Zauber, noch ein Wunder; aber ebenso gewiß ist es weder ein Vulkan, noch eine Sündfluth.«[134] Friesen sah sich also mit einem Dilemma konfrontiert: Wie sollte er die Forderungen nach einem demokratischen Wahlrecht in sichere Bahnen lenken?[135]

Er hatte durchaus ein paar Antworten parat. Nach seinem Dafürhalten würde die Einrichtung eines Oberhauses im Nationalparlament den Einzelstaaten eine ideale Möglichkeit bieten, für sie inakzeptable Reichstagsgesetze zu überarbeiten oder zu kippen – das sei weitaus besser, als sich auf Bismarcks Plan für einen Bundesrat zu stützen. Im August 1866, als Friesen nach wie vor eine direkte Annexion befürchtete, wies er den sächsischen Gesandten in London an, eine Denkschrift an die Preußen weiterzuleiten. In dieser Mitteilung befürwortete er ein Gegengewicht zum demokratisch gewählten Reichstag und umriss seine Ideen unter einer Reihe von Rubriken. Ein »Oberhaus«, gewählt von allen Deutschen, wäre eine Möglichkeit. Eine andere wäre ein »Staatenhaus«. Oder aber ein »Fürstenhaus«, das die Ursprünge des Norddeutschen Bundes als freiwillige vertragliche Vereinbarung zwischen souveränen deutschen Fürsten betonen würde.[136] Dieser Vorschlag und weitere Optionen wurden im November und Dezember 1866 vom sächsischen Staatsministerium erörtert. Doch als Friesen im Januar 1867 zu den Besprechungen in Berlin abreiste, die über Deutschlands verfassungsrechtliche Konturen entscheiden sollten, machte ihm die Aussicht auf nationale Wahlen auf Grundlage des allgemeinen Wahlrechts nach wie vor sehr zu schaffen.[137] Es war ihm unmöglich, vorauszusehen, welche Art von Abgeordneten Sachsen

---

132 Oberrheinischer Courier, 15.5.1866, zitiert in: W. LIEBKNECHT, Briefwechsel mit deutschen Sozialdemokraten, Bd. 1, 1973, S. 175.
133 R. v. FRIESEN, Erinnerungen, Bd. 2, 1882, S. 288.
134 Friedrich Wilhelm Ziesler, zitiert in: C. MÜLLER, Wahlrecht, 2007, Abschnitt 4.2.b.
135 Zitiert in: H. KLOCKE, Politik, 1927, S. 34.
136 Abschrift der Denkschrift, 17.8.66, SHStAD, MdAA 1013; K. F. VITZTHUM VON ECKSTÄDT, London, 1889, S. 273 ff.; U. BECKER, Bismarcks Ringen, 1958, S. 321 f.
137 Vgl. Henry F. Howard, brit. Gesandter in Bayern, 3.12.1866, TNA, FO 9/177; »Die Stimmungslage in Bayern und anderen Bundesstaaten aus britischer Sicht (3. Dezember 1866)«, DGDB Bd. 4, Abschnitt 5.

nach Berlin entsenden würde. Bismarcks lässige Bemerkung, er rechne damit, dass die Sozialisten die Wahlen in Sachsens stärker industrialisierten Bezirken gewinnen würden, wollte Friesen nicht akzeptieren. Ebenso wenig legte er Wert auf Bismarcks zweimal wiederholte Behauptung, dass er beabsichtige, »den Parlamentarismus durch den Parlamentarismus zu stürzen«.[138]

*

Diese Äußerungen legen nahe, dass Friesen und Bismarck unterschiedliche Taktiken bevorzugten, jedoch dasselbe strategische Ziel vor Augen hatten. Bismarck präferierte einige Kautelen, denen Friesen wenig oder keinen Wert als »Korrektive« zum allgemeinen Wahlrecht beimaß. Umgekehrt tat Bismarck andere Absicherungen als unwirksam ab, die Friesen als unentbehrlich erachtete. Bestes Beispiel dafür war das steuerliche Mindestaufkommen – der »Zensus« –, das für die Erlangung der Wahlberechtigung nötig war. Friesen versuchte Bismarck 1866 davon zu überzeugen, dass Reichstagswähler ein steuerpflichtiges Mindesteinkommen vorweisen sollten. Bald machte die sächsische Regierung einen Zensus von 1 Thaler (3 Mark) zur Grundlage für die Vorlage zum Landtagswahlrecht von 1868.[139] Bismarck hingegen war der festen Überzeugung, dass es lediglich die liberale Mehrheit stärken würde, das Parlament plutokratischer zu machen, und gelobte, ein Zensuswahlrecht niemals zu unterstützen.

Vor dem Hintergrund der in diesem Kapitel aufgezeigten Ereignisse lässt sich nun vielleicht besser verstehen, warum Friesen so große Bedenken gegen Sachsens erstes Experiment mit dem allgemeinen Wahlrecht hegte: »Sie werden mir zugeben«, sagte Friesen dem preußischen Gesandten Friedrich von Landsberg, »daß wir Alle, in Deutschland, uns auf die conservativen Partheien stützen müssen; den conservativen Partheien aber ist durch die Einführung eines aus allgemeinen direkten Wahlen hervorgehenden Parlaments ohne ein wirksames conservatives Gegengewicht der Todesstoß versetzt.« Friesen hoffte, dass in dem bevorstehenden Urnengang zum Reichstag »leidliche Parlamentswahlen zu Stande kommen« würden.[140] In jedem Fall war Friesen bei dem Gedanken an den ersten Test des Reichstagswahlrechts angst und bange, denn »schon im nächsten Jahr könne das anders sein und deshalb sei er für die Zukunft nicht ohne Bedenken in dieser Richtung«.[141]

---

138 Unterredung zwischen Bismarck und Friesen, Anfang Januar 1867 in Berlin; O. von Bismarck, Werke in Auswahl, Bd. 4, 2001, S. 69 f.
139 Vgl. Kap. 2 in diesem Band.
140 Der Gesandte schrieb in seinem Entwurf »gute«; dann überlegten er oder Friesen es sich offenbar noch einmal anders und ersetzten es durch »leidliche«.
141 Landsberg, 19./29.12.1866 (Entwürfe), GStAB, HA I, GsD, IV A, Nr. 28a.

2   Die Möglichkeiten liberaler Reform

In ihrem Essay »Der Liberalismus der Furcht« (1989) mahnte die Harvard-Politologin Judith Shklar die Anhänger des Liberalismus, nicht nachzulassen in ihrer Wachsamkeit gegenüber dem Staat und seinen Vertretern, die stets zu »außerhalb des Rechts stattfindenden, heimlichen und unbefugten Handlungen« fähig seien. Shklar äußerte Zweifel, ob die Demokratie der optimale Schutzmechanismus für liberale Werte sei und führte aus, dass der Liberalismus »monogam, treu und dauerhaft mit der Demokratie verheiratet ist – jedoch in einer Zweckehe«.[1]

Das Jahrzehnt zwischen 1866 und 1876 gilt unter Historikern des deutschen Kaiserreichs als eine Ära weitreichender liberaler Errungenschaften. In Anbetracht der Vielzahl von verfassungsrechtlichen, juristischen, handelspolitischen und anderen Reformen auf Reichsebene mag eine derartige Behauptung gerechtfertigt sein. Aber wie dieses Kapitel und das sächsische Beispiel nahelegen werden, lässt die Begutachtung regionaler Entwicklungen weniger eindeutige Schlussfolgerungen zu. Nach den holprigen ersten Reichstagswahlen vom Februar 1867, in denen konservative Partikularisten nahezu alle sächsischen Wahlkreise gewannen, gelang den Nationalliberalen sechs Monate später ein Comeback. Noch erstaunlicher war, dass der Sächsische Landtag im Dezember 1868 die Fähigkeit besaß, sein eigenes Wahlrecht zu reformieren. Bezüglich der Fairness von Wahlen folgte das neue Gesetz unübersehbar liberalen Idealen. Die Wahlrechtsreform drängte die Konservativen in die Defensive, und in den Landtagswahlen vom Juni 1869 errangen die zwei liberalen Parteien Sachsens eine Parlamentsmehrheit. In den darauffolgenden fünf Jahren musste die von Richard von Friesen geleitete Regierung nun lavieren zwischen dem tief sitzenden Konservatismus der politischen Institutionen und der Zuversicht der Liberalen, dass die Zukunft ihnen gehöre. Doch war dies Sachsens liberale Ära? Blieben die deutschen Liberalen wachsam gegenüber Gegenangriffen? Shklars Essay gibt uns zu denken. Nachdem er die Höhepunkte des Liberalismus in der englischen, französischen und amerikanischen Geschichte rekapituliert, heißt es dort: »Von einer liberalen Epoche kann man also nur sprechen, wenn man außer Acht lässt, was sich wirklich ereignet hat.«[2]

---

1   J. Shklar, Liberalismus, 2013, S. 47, 62.
2   Ebenda, S. 29.

Die Reichstagswahlen vom Februar 1867

> [Sie] verfluchen die Stunde, in der Graf Bismarck auf die Idee kam,
> das Männerwahlrecht umzusetzen.
> — Joseph Archer Crowe über nationalliberale Reichstagsabgeordnete,
> die im Februar 1867 nach Berlin reisten[3]

> He speaks to Me as if I was a public meeting.
> — Königin Victoria über den britischen Premierminister William Gladstone

Je nachdem, welchen Maßstab man zugrundelegt, gestaltete sich der Wahlkampf zum konstituierenden Norddeutschen Reichstag extrem kurz oder ungewöhnlich lang. Noch Ende November 1866 waren manche politische Beobachter der Ansicht, die Wahlen würden im Dezember oder Januar stattfinden. Doch nach einigen »Verwirrungen und Verzögerungen« wurde der Wahltag schließlich auf Dienstag, den 12. Februar 1867 festgesetzt.[4] In gewisser Hinsicht hatte der Wahlkampf im April 1866 begonnen, als Bismarck erstmals seine Pläne für ein Nationalparlament verkündete. Dabei handelte es sich nicht um die einzige Neuerung, die diese Wahlen kennzeichnete. Der Wahl ging keine Legislaturperiode des Reichstags voran, in der, wie so oft, die Grundthemen für den Wahlkampf abgesteckt wurden. Als es im Februar zu Unregelmäßigkeiten bei der Stimmabgabe kam und die Ergebnisse nur unvollständig gemeldet wurden, zeigte sich, wie wenig die amtlichen Wahlvorsteher mit den neuen Abstimmungsvorschriften vertraut waren. Die Wahlen waren weniger durch Manipulation als vielmehr Unfähigkeit gekennzeichnet.[5] Die schiere Neuheit des Verfahrens machte die Sachsen nervös. Für einige verhießen die Wahlen den Anbruch eines neuen Zeitalters, für andere waren sie ein Spiegelbild der »Krankheit des demokratischen und parlamentarischen Gelüstes«.[6]

---

3 Joseph Archer Crowe, brit. Generalkonsul in Leipzig, 22.2.1867, TNA, FO 68/147.
4 US-Gesandter in Preußen, Joseph A. Wright (Berlin), 26.11.1866, NARA 59, M44, Rolle 13.
5 Pr. Gesandter Landsberg (Entwürfe), 2./26./31.1.1867, GStAB, HA I, GsD, IV A, Nr. 29a; vgl. österr. Gesandter Werner, 9.1.1867, HHStAW, PAV/35.
6 M. v. GERBER, Briefen, 1939, S. 226 (Tagebuchnotiz 23.1.1867). Carl von Gerber kandidierte im Februar 1867 für die Konservativen.

Die neue Öffentlichkeit

Deutschlands erster Wahlkampf zum Norddeutschen Reichstag fand gleichzeitig auf mehreren politischen Bühnen statt. Wahlvereine wurden gegründet und Kandidaten nachträglich nominiert, hauptsächlich im Dezember 1866. Obwohl Sachsen in 23 Reichstagswahlkreise eingeteilt worden war – deren Grenzen sich zwischen 1867 und 1918 nicht änderten (siehe Karte 2.1) –, ergriffen meist regionale, nicht lokale Parteiführer die Initiative. Der Wahlkampf selbst wurde in Zeitungen, Zeitschriften und Flugschriften, auf Wahlversammlungen und in Stadtparlamenten geführt sowie im September und Oktober 1866 auch während der sächsischen Landtagswahlen. Und nachdem der neugewählte Sächsische Landtag am 15. November 1866 zusammengetreten war, wurde er Gegenstand hitziger Debatten in beiden Kammern des Landtags.

Den Sozialisten standen nur wenige Zeitungen zur Verfügung; sie waren zur Verbreitung ihrer Botschaften hauptsächlich auf öffentliche Versammlungen und Flugblätter angewiesen. Während sich die Fortschrittler darauf verlassen konnten, dass ihre Berliner Organe auch die sächsischen Leser erreichten, war das bei den Konservativen weitaus weniger der Fall. Doch die Presselandschaft des Königreichs mit einer Zeitungsgesamtauflage von etwa 100 000 bot keine gleichen Ausgangsbedingungen.[7] Die lokalen Amtsblätter ließen keinerlei Zweifel an ihren politischen Sympathien. Als der preußische Zivilkommissar Lothar von Wurmb eine Tour d'Horizon der sächsischen Presselandschaft nach Berlin übersandte, merkte er an, dass die übliche Unterscheidung zwischen liberalen und konservativen Zeitungen in Sachsen nicht griff; stattdessen müsste man sie in pro- und antipreußisch unterteilen.[8] Wurmb empfahl Bismarck, den Mitarbeiterstab der nationalliberalen *Constitutionellen Zeitung* um zwei erfahrene Journalisten zu erweitern und dem Blatt Insiderinformationen aus Bismarcks Literarischem Büro in Berlin zukommen zu lassen, um es zu einer Art Clearingstelle für propreußische Meinung in Sachsen zu machen. Preußenfreundliche Journalisten wie Karl Biedermann und Moritz Busch blieben allerdings pessimistisch, ob es den Nationalliberalen gelingen würde, die konservative Meinungshoheit zu bekämpfen. Die *Leipziger Zeitung*, das *Dresdner Journal* und Sachsens halboffizielle Amtsblätter – etwa 50 bis 70 an der Zahl – mussten sich der Regierungslinie unterordnen.[9] Der Lebensnerv dieser lokalen Amtsblätter waren die bezahlten Anzeigen, die von den Polizeibehörden und Gemeinderäten geschaltet wurden. Wie Busch bemerkte, veröffentlichten sie außerdem »Gedichte von Dorfpastoren, Schulmeistern oder kleinen Beamten, die über das Exil des guten Königs

---

7   Vgl. [T. PETERMANN], Statistik, 1867.
8   Wurmb an pr. MdAA, 23.11.1866, GStAB, HA III, 2.4.1. I, Nr. 9156. Für eine Liste bedeutender Zeitungen in Sachsen (November 1866), vgl. Tabelle S. 2.1 im Online-Supplement.
9   R. SCHMIDT, Geschichte, 1934; G. HENSE, Leipziger Zeitung, 1972; O. BANDMANN, Presse, 1910, S. 182–186; [C. D. v. WITZLEBEN], Sachsen, 1866; H. FIEDLER, Geschichte, 1939; R. REICHERT, Haltung, 1972; H. BLUM, Zeitung, 1873.

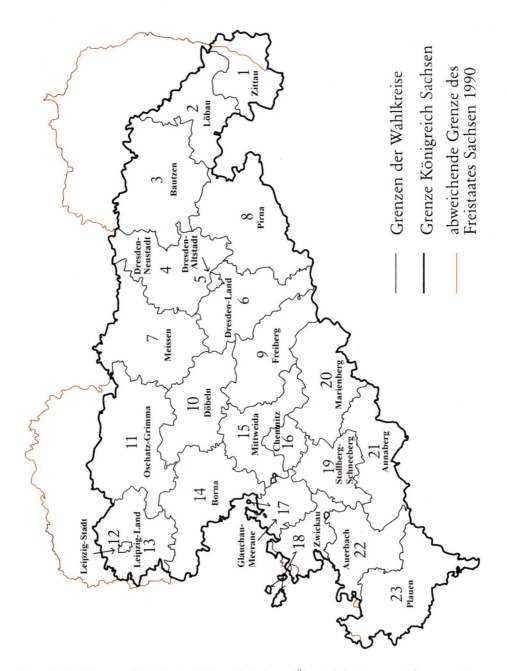

Karte 2.1: Reichstagswahlkreise im Königreich Sachsen (Übersicht). Karte gezeichnet vom Verfasser unter Anwendung von: Philologisch-historische Klasse der Sächsischen Akademie der Wissenschaften zu Leipzig in Verbindung mit dem Landesvermessungsamt Sachsen (Hrsg.), Reichstagswahlen im Königreich Sachsen 1871–1912. Karte D IV 2, Atlas zur Geschichte und Landeskunde von Sachsen, Dresden 1997.

klagen« sowie alles, was »sich an das Herz des Lesers wende[t]«. »Die kleine Presse«, fügte er hinzu, war »unendlich viel wichtiger« als die großen Zeitungen und vertrat den vorherrschenden antipreußischen Standpunkt in Sachsen. »Macht man hier nicht Ordnung, so werden alle Bemühungen um die Aufklärung und Aufrüttlung [...] dieser Kreise wahrscheinlich nur sehr mäßige Ergebnisse liefern.«[10]

Aber die Preußen machten keine Ordnung. Am 1. November 1866, gerade noch rechtzeitig für den Wahlkampf, kam es zur Gründung der extrem partikularistischen *Sächsischen Zeitung*.[11] Geleitet wurde sie von dem Leipziger Kreishauptmann Carl von Burgsdorff, einem erzkonservativen Gegner der Nationalliberalen, den die preußischen Besatzer aus Sachsen ausgewiesen hatten. Er kehrte zurück, kaum dass die Tinte auf dem Friedensvertrag getrocknet war. Die Auflage der *Sächsischen Zeitung* war nicht hoch, doch sie leistete den Konservativen gute Dienste. Ein konservativer Adliger fühlte sich bewogen, 50 Exemplare für die unweit seines Landguts lebende Stadtbevölkerung zu bestellen; Wirtshäuser und Lokale sollten sie »freiwillig« auslegen.[12] Bedeutender als dieses Presseorgan jedoch waren andere Zeitungen, die sich in der Grauzone zwischen den Konservativen und der Regierung bewegten. Während die von Cäsar von Witzleben herausgegebene *Leipziger Zeitung* die Regierung durch ihre heftigen Angriffe auf die Nationalliberalen gelegentlich in Verlegenheit brachte, blieb das *Dresdner Journal* kühl und korrekt.[13] Die politischen Flugblätter, die Sachsen während des Reichstagswahlkampfs überschwemmten, boten weitere Agitationsmöglichkeiten. In Windeseile wurden anonyme Schriften gedruckt, um Vorwürfe zu widerlegen, die nur wenige Tage zuvor in gegnerischen Wahlversammlungen oder Zeitungen erhoben worden waren.[14] Auch Eingaben an das Parlament oder den König brachten Bewegung in den Wahlkampf. Sie mobilisierten lokale Gruppen, deren Aktivitäten sich bisher auf das Engagement in Kommunalwahlen beschränkt hatten.

Für viele Teile Sachsens haben wir nahezu keine Informationen über den Wahlkampf. Doch lassen sich einige allgemeine Beobachtungen für Dresden, Chemnitz und Leipzig anstellen. Sachsens Hauptstadt war weitgehend ungestört von Links- oder Nationalliberalen. Ein politisch farbloser Städtischer Verein erörterte vorwiegend lokale Themen im Umfeld der Gemeindewahlen vom Dezember 1866. Dennoch wurde das kommunalpolitische Engagement der Dresdner Bürgerschaft zu dieser Zeit als

---

10   M. Busch, Tagebuchblätter, Bd. 3, S. 553 f. (Tagebucheintrag 13.8.1866).
11   H. Jordan, Meinung, 1918, S. 229; J. v. Eckardt, Lebenserinnerungen, Bd. 1, 1910, S. 109.
12   Gb 1872, 1. Sem., 1. Bd., S. 271; Vaterl., 14.12.1900.
13   J. v. Eckardt, Lebenserinnerungen, Bd. 1, 1910, S. 109.
14   Vgl. [C. D. v. Witzleben], Sachsen und der norddeutsche Bund, 1866; Sachsens Gegenwart und Zukunft, 1866; Sachsens Vergangenheit und Zukunft, 1866; Die sogenannten National-Liberalen Leipzigs, 1866; F. Fischer, Die Albertinische Dynastie, 1866; Hülferuf aus Sachsen, 1866; Der norddeutsche Bund und Sachsen, 1866. Zusammenfassungen zahlreicher Flugschriften finden sich in: K.-G. Faber, Publizistik, Bd. 2, 1963, S. 94–103, 183–197; H. Jordan, Meinung, 1918, S. 192–202; A. Richter, Meinung, 1922, S. 58–75.

»jämmerlich schwach« bezeichnet.[15] In Chemnitz waren die Konservativen im Constitutionellen Wahlverein organisiert, ihre liberalen Gegner im Städtischen Wahlverein, die Lassalleaner in einem Arbeiter-Wahlausschuss. Auch die einflussreichsten Industriellen der Stadt hielten es für nötig, ein allgemeines Wahlcomité ins Leben zu rufen, um ihr Abschneiden bei den bevorstehenden Reichstagswahlen zu verbessern und Unterstützung für den Norddeutschen Bund zu sammeln.[16] Vor 1866 hatten bei den Wahlen zum Leipziger Stadtverordnetenkollegium – und auch bei Landtagswahlkämpfen in und um Leipzig – zwei Organisationen um die Gunst der Wähler gekämpft: der Patriotische Verein der Konservativen, der im Höchstfall 400 Mitglieder zählte[17], und der liberale Wahlverein »Wahrheit und Recht«. Fünfzehn Jahre lang hatten die Nationalliberalen die Oberhand behalten. Damit war 1866 Schluss. Am 5. November, nur zwei Tage nach König Johanns Rückkehr nach Dresden, schickte der Patriotische Verein eine Delegation von 145 Leipziger Honoratioren per Sonderzug nach Dresden, um eine Loyalitätskundgebung mit über 2 000 Unterschriften zu überbringen.[18] Einige Tage später stimmten etwa 1 600 Leipziger Wähler für die Delegierten des Patriotischen Vereins, wohingegen die mit »Wahrheit und Recht« verbundenen Kandidaten nur 1 400 Stimmen erhielten. Diese Niederlage überzeugte Biedermann, dass für ihn keine Hoffnung bestand, in den Reichstag gewählt zu werden.[19] Bereits Ende November führten die erbitterten Debatten im Leipziger Rathaus im Landtag zu Forderungen, den parteilichen Leidenschaften und Unterstellungen, dem Hass gegen Preußen und dem provinziellen Egoismus ein Ende zu bereiten.[20] War Sachsens öffentlicher Raum wirklich derart vergiftet?

Der britische Generalkonsul in Leipzig, Joseph Archer Crowe, hätte darauf mit Ja geantwortet. Er war nicht allein mit seiner Meinung, dass »Symptome heftiger Uneinigkeit« und »erbitterter Kriegsführung« aus der Zeit der preußischen Okkupation die Öffentlichkeit weiterhin beherrschen würden, solange sich in Sachsen drei Gruppen gegenüberstanden.[21] »Leipzigs extreme Liberale« hätten die Rückkehr des Königs überhaupt nicht gewollt. Die »patriotischen« oder »partikularistischen« Sachsen hätten gehofft, dass irgendein internationales oder anderes Ereignis die Geschicke Sachsens vor dem endgültigen Friedensschluss verbessern würde. Und »das Gros der arbeit-

---

15 DAZ, 26.4.1866, zitiert in: H. JORDAN, Meinung, 1918, S. 44.
16 R. STRAUSS/K. FINSTERBUSCH, Arbeiterbewegung, 1954, S. 12; T. S. HAMEROW, Social Foundations, Bd. 2, 1972, S. 385 f.
17 Angeblich hegten einige Mitglieder des Patriotischen Vereins bereits antisemitische Neigungen; vgl. H. JORDAN, Meinung, 1918, S. 43.
18 Crowe, 10.11.1866, TNA, FO 68/144; R. v. FRIESEN, Erinnerungen, Bd. 2, 1880, S. 330; LZ, 6.11.1866, in: A. RICHTER, Meinung, 1922, S. 64.
19 LZ, 17.11.1866, DAZ, 16.11.1866, zitiert in: A. RICHTER, Meinung, 1922, S. 64; DAZ, LZ, LTA, alle 19.10.1866, zitiert in: H. JORDAN, Meinung, 1918, S. 209 f.
20 LTMitt 1866/67, II.K., Bd. 1, S. 52–54 (28.11.1866); I.K., Bd. 1, S. 16–24 (3.12.1866).
21 Zum Folgenden, vgl. Crowe, 29.10.1866, 20./30.11.1866, 11.12.1866, TNA, FO 68/144. Vgl. bayer. Gesandter Gise, 30.11.1866, 14.12.1866, BHStAM II, MA 2841; Landsberg, 12.1.1867, PAAAB, Sachsen 39.

samen und handeltreibenden Gemeinde«, so Crowe, wünsche sich »den Schutz, den Preußen gegen Gefahren von außen gewähren würde, sowie die gesicherte Teilhabe am Zollverein«. Keine dieser Gruppen war zufrieden mit dem Status quo. Der König und seine Minister sorgten sich weiterhin, dass Preußen Sachsen rundweg annektieren könnte, wohingegen Crowe selbst, als Mitglied »des Kitzing«, dieses Ereignis ungeduldig herbeiwünschte.[22]

Regierungschef Richard von Friesen und Innenminister Hermann von Nostitz-Wallwitz hatten andere Vorstellungen. Sie beteiligten sich an den kontrovers geführten Landtagsdebatten, die am 28. November 1866 begannen und zwei Wochen lang andauerten. Beide Minister wollten das Gerede von der Vergangenheit unterbinden und Reformen auf die Zukunft verschieben.[23] Doch Crowe stellte zurecht fest, dass es ihnen zu einem Zeitpunkt, da der Reichstagswahlkampf in die heiße Phase eintrat, nicht gelingen würde, »die Fragen, welche die Öffentlichkeit erregen«, zum Verschwinden zu bringen: »Werden die Beschlüsse des Nationalparlaments für die lokalen Parlamente bindend sein oder nicht? Soll Ersteres sich über Letztere hinwegsetzen können? Sollte man die Zustimmung Letzterer einholen?« Selbst Nationalliberale hegten »große Zweifel«, welchen Nutzen das allgemeine Wahlrecht bringen würde. Sie zeigten sich immer weniger angetan von einem demokratischen Wahlrecht: »Sie fürchten, ihr Einfluß ginge verloren in der Fülle an Unwissenheit und Vorurteilen, die in der am wenigsten gebildeten Wählerklasse vorherrscht, und sie glauben, daß die sächsischen Abgeordneten entweder ›*Separatisten*‹ (d. h. Gegner der deutschen Einheit) oder *Sozialisten* sein werden.«[24] Auch unter den konservativen Anführern schwand die Zuversicht. Von Weihnachtsstimmung war nicht viel zu spüren, als es Anfang Dezember zu Prügeleien auf offener Straße kam – zwischen preußischen und sächsischen Truppen, aber auch zwischen preußischen Soldaten und sächsischen Zivilisten.[25]

Die Konservativen kamen der Einrichtung dessen, was man eine »Parteimaschine« nennen könnte, am nächsten.[26] Nur sie stellten in jedem der 23 sächsischen Reichstagswahlkreise brauchbare Kandidaten auf. In der ersten Dezemberwoche gründeten sie ein Sächsisches Wahlcomité für das Norddeutsche Parlament. Das achtzehnköpfige Komitee rekrutierte sich vorwiegend aus Mitgliedern der Ersten und Zweiten Kammer des Sächsischen Landtags. Um dem Vorwurf auszuweichen, allein agrarische Interessen zu vertreten, nahm es sechs Kaufleute, Fabrikanten und Handwerker in seine Reihen

---

22 Andere britische Gesandte äußerten sich gelegentlich abfällig über Crowes propreußische Scheuklappen; vgl. z. B. S. FREITAG (Hrsg.), British Envoys, Bd. 4, 2010, S. 365–369.
23 R. v. FRIESEN, Erinnerungen, Bd. 2, 1880, S. 333.
24 Ebenda (Hervorhebungen im Original).
25 Werner, 5.12.1866, HHStAW, PAV/34.
26 Zum Folgenden vgl. Materialien in: BHStAM II, MA 2841; GStAB, HA I, GsD, IV A, Nr. 28a-b, 29a-b; PAAAB, Sachsen 39; TNA, FO 68/142/144/147; HHStAW, PAV/34/35; A. RICHTER, Meinung, 1922, S. 69 ff.; W. SCHRÖDER, Wahlrecht, 1997, S. 84–92; DERS., Genese, 1997, S. 153–157.

auf. Dieses Komitee wählte die konservativen Kandidaten in nahezu allen sächsischen Wahlbezirken aus und hörte dabei wenig oder gar nicht auf die Meinung der lokalen Parteiverbände. Diese Kandidaten empfahlen sich gewöhnlich durch eine Mischung aus ihrer Funktion als Landtagsabgeordnete bzw. in der Staatsverwaltung, Ehrentitel und die Bewirtschaftung eines Guts oder Ritterguts. Besonders erwähnenswert sind hier Ludwig von Zehmen (Wahlkreis 7: Meißen)[27], ein Erzkonservativer mit Verbindungen zum Hof; Wilhelm von Oehmischen-Choren (WK 10: Döbeln), Vizepräsident der II. Kammer; Raimund Sachße (WK 9: Freiberg), Rechtsanwalt und stellvertretender Bürgermeister von Freiberg; Ludwig Haberkorn (WK 1: Zittau), Präsident der II. Kammer und Bürgermeister von Zittau; Carl von Gerber (WK 13: Leipzig-Land), der zukünftige Kultusminister; und Kurt von Einsiedel (WK 20: Marienberg), ein pensionierter Oberst und Amtshauptmann in Annaberg. Um die Masse der Wähler, die der Begriff »konservativ« möglicherweise abschreckte, nicht zu vergraulen, betonte das Sächsische Wahlcomité die »patriotischen« Referenzen der Konservativen.

Über die sozialistischen, fortschrittlichen und nationalliberalen Wahlkämpfe ist weniger bekannt. Diese Parteien hielten Anfang Dezember 1866 hastig eine Reihe von Treffen ab, die zunächst zu bescheidenen Ergebnissen führten. Die Beziehungen zwischen den Lassalleanern und Bebels Gruppe blieben angespannt. Zwei Anhänger der Sächsischen Volkspartei, Julius Vahlteich und Reinhold Schraps (ein Dresdner Anwalt), verteidigten die Strategie eines Bündnisses mit den Fortschrittlern. Dies war allerdings nicht nach dem Geschmack der Lassalle'schen Sozialisten, die in Dresden und Leipzig von dem Kupferschmied Emil Försterling und dem Vertreter der Tabakarbeiter, Friedrich Wilhelm Fritzsche, angeführt wurden. Die Lassalleaner stellten schließlich sieben Kandidaten auf, während die Sächsische Volkspartei nur Bebel, Liebknecht und Schraps ins Rennen schickte.

Die linksliberalen Fortschrittler kamen am schwersten in die Gänge. Angeführt wurden sie von einem berühmten 48er und langjährigen Gegner Beusts, dem Gutsbesitzer Christian Riedel (WK 1: Zittau), auch »der alte Riedel« genannt. In manchen Wahlkreisen traf man auf vertraute Gesichter: den Dresdner Arzt und Stadtverordneten Franz Wigard (WK 5: Dresden-Altstadt); den Pirnaer Rechtsanwalt Hermann Schreck (WK 8: Pirna), der gute Verbindungen zu Industriellen in und um Dresden unterhielt; Dr. Heinrich Minckwitz (WK 19: Stollberg), ebenfalls Rechtsanwalt, der nach 1849 eine Gefängnisstrafe verbüßt hatte und einen Sitz in der II. Kammer sowie im Dresdner Stadtrat innehatte; und Zwickaus Bürgermeister Lothar Streit (WK 18: Zwickau), der später als Vizepräsident der II. Kammer amtierte – alles Männer, die seit 1848 den »guten Kampf« ausgefochten hatten. Wigard sprach für sich und seine Kollegen, als er

---

27 Die Wahlkreise werden hier und im Folgenden unter ihrer jeweiligen Nummer (Sachsen 1–23) und Kurzbezeichnung (z. B. Stollberg für Stollberg-Lößnitz-Schneeberg) angeführt.

anmerkte, ihr Programm sei ihr Leben.²⁸ Die Nationalliberalen schafften es unterdessen nicht, neue Wähler zu mobilisieren. Nachdem im November die Bedingungen des preußisch-sächsischen Friedensvertrags bekannt waren, verfasste Biedermann ein neues Programm. Doch nach dem Rückschlag bei den Leipziger Gemeinderatswahlen sah die Lage düsterer aus denn je. Die Nationalliberalen stellten lediglich im WK 12: Leipzig-Stadt und WK 17: Glauchau-Meerane ernsthafte Wahlkämpfe auf die Beine.²⁹

Wahlkampfthemen

Eine Studie hat den plebiszitären Charakter des Reichstagswahlkampfs 1866/67 betont.³⁰ Indem plebiszitäre Wahlen scheinbar einfache Wahlmöglichkeiten aufzeigen, können sie einerseits die Verunsicherung abmildern, die von den noch unerprobten Wahlpraktiken ausgeht; andererseits können sie das Gefühl, einen Sprung ins Ungewisse zu tun, noch verstärken, indem sie die Irreversibilität des Ergebnisses unterstreichen. In diesem Fall *schien* der Konflikt zwischen den Nationalliberalen und ihren Gegnern auf ein Votum »für oder gegen« den Norddeutschen Bund hinauszulaufen.³¹ Doch der Bund war nicht gleichbedeutend mit Preußen. Folglich konnten politische Verbündete prinzipiell für den Bund sein und dennoch uneins darüber, wie eng sich die Einzelstaaten an Preußen binden sollten. Die Konservativen führten diplomatische und dynastische Gründe an, die für eine Orientierung nach Süden, nach Österreich, sprachen. Fortschrittler und Sozialdemokraten betonten Bismarcks innenpolitische Willkürherrschaft. Doch während sich die Fortschrittler für eine kompromisslose Politik gegenüber dem nördlichen Nachbarn aussprachen, der im Mai 1849 Truppen zur Niederschlagung des Dresdner Aufstands geschickt hatte, standen für die Sozialdemokraten andere Aspekte der preußischen Repression im Vordergrund. Der konservativen *Sächsischen Zeitung* fiel es daher leicht, ihr wahres Gesicht zu verbergen, indem sie alle Sachsen zur Abgabe eines »Protestvotums« aufrief.

Ebenso konnten politische Verbündete ein nationales Parlament prinzipiell gutheißen, aber unterschiedliche Auffassungen bezüglich seiner Zusammensetzung und konstitutionellen Zuständigkeit vertreten. Nach Meinung der Nationalliberalen sollte der Reichstag weitreichende verfassungsmäßige Rechte besitzen und ein starkes Gegengewicht zum Bundesrat bilden.³² Die Konservativen hingegen waren der Ansicht, dass das, was von Sachsens Unabhängigkeit übrig geblieben war, am besten verteidigt werden

---

28 DN, 7.2.1867, zitiert in: A. RICHTER, Meinung, 1922, S. 73; vgl. M. v. GERBER, Briefe, 1939, S. 246.
29 CZ, 26.1.1867, zitiert in: A. RICHTER, Meinung, 1922, S. 70.
30 K. E. POLLMANN, Parlamentarismus, 1985, S. 93–154; vgl. P. STEINBACH, Zähmung, Bd. 1, 1990, S. 93–148.
31 VossZ, 9.1.1867, zitiert in: K. E. POLLMANN, Parlamentarismus, 1985, S. 102.
32 Landsberg (Entwurf), 26.1.1867, GStAB, HA I, GsD, IV A, Nr. 28a.

könne, wenn das nationale Parlament schwach sei. Die Fortschrittler und Sozialdemokraten waren sich einig, dass Deutschland eine starke Zentralregierung und ein nationales Parlament mit weitreichenden Befugnissen benötigte. Doch verteidigten sie mit Vehemenz die Hoheitsrechte der nichtpreußischen Regierungen. Das Ergebnis war ein verwirrendes Gemisch von politischen Positionen, das auch in anderen Teilen des Norddeutschen Bundes zu finden war.

Die konservative Agitation reichte von staatsmännischer Reflexion bis zu scharfer Polemik. Letztere wurde beispielhaft verkörpert von einem beißend formulierten Flugblatt mit dem Titel »Die sogenannten National-Liberalen Leipzigs unter dem Mikroscope der öffentlichen Meinung«.[33] Darin wurde versucht, einen Zusammenhang herzustellen zwischen Sachsens erzwungenem Eintritt in den Norddeutschen Bund und der unwillkommenen Aktivierung der sächsischen Parteipolitik. Ein Angriffsziel des anonymen Verfassers war das allgemeine Wahlrecht, das als eines der bedauerlichsten Zugeständnisse Bismarcks an die Nationalliberalen beschrieben wurde. Der Autor bezichtigte Bismarck und die Nationalliberalen, die Errichtung eines »Einheitsstaates« unter dem Vorzeichen des »Cäsarismus« anzustreben. Leipzigs »borussisch-sächsische« Nationalliberale hätten sich politisch prostituiert und seien voller Hinterlist: Sie hätten die schwarz-weißen Farben Preußens angenommen, um ein »warmes Plätzchen sowohl in der Gemeindevertretung als auch [...] im zukünftigen norddeutschen Reichstag« zu gewinnen. Dagegen verlangte der Verfasser »*ein* Parlament, in welchem die Vertreter aller deutschen Staaten *gleichberechtigt* sitzen«. Damit endete aber auch schon seine Auffassung von Gleichberechtigung. Wie bedauerlich, so der Autor, dass mit dem Ende des Systems Beust »die böse Polizei [den Versammlungen der Nationalliberalen] das Gas nicht wieder abdrehen durfte«. Doch würde sich ein anderes »Desinfections«-Mittel finden, um die »jetzige national-liberale Epidemie« in Sachsen auszumerzen.[34]

Viele Konservative weigerten sich, Zugeständnisse an den neuen Politikstil zu machen – und wurden trotzdem gewählt. Auf dem Land nahmen manche Kandidaten gar nicht erst am Wahlkampf teil. Im WK 2: Löbau lehnte es der betagte Heinrich von Thielau kategorisch ab, sich öffentlich an seine Wähler zu wenden: Einer seiner Anhänger schrieb, Thielau sei kein »Marktschreier« und habe den Verfassungsentwurf nicht einmal gelesen.[35] In den Städten war es nicht immer möglich, sich so distanziert zu geben, doch das dort notwendige politische Engagement steigerte nur die Ressentiments der Konservativen gegenüber dem allgemeinen Wahlrecht. Während des Wahlkampfs im Wahlkreis 13: Leipzig-Land schrieb der konservative Kandidat Carl von Gerber am 31. Dezember 1866 in sein Tagebuch: »Was wird das neue Jahr bringen? Es

---

33   Die sogenannten National-Liberalen Leipzigs, 1866; vgl. auch [L. v. ZEHMEN], Patrioten, 1866.
34   Die sogenannten National-Liberalen Leipzigs, 1866, bes. S. 4–7 (Hervorhebungen im Original).
35   BN, 5.2.1867, zitiert in: A. RICHTER, Meinung, 1922, S. 73.

findet eine Welt voll Unruhe und Parteiung. Auf der einen Seite gewaltsame Revolution von oben, auf der andern Seite Philisterei, particulärer Kleinmut, Egoismus.«[36]

*

Um ein (Stimmungs-)Bild des ersten Reichstagswahlkampfs in Deutschland zu bekommen, wollen wir im Folgenden einige Wahlkreise näher betrachten, denen auch die Zeitgenossen besondere Aufmerksamkeit schenkten.[37]

Neben Gerbers Kampagne im Wahlkreis 13: Leipzig-Land entpuppten sich auch die Wahlkämpfe im WK 12: Leipzig-Stadt sowie in allen drei Dresdener Wahlkreisen (4, 5 und 6) als Schlüsselrennen. Das soll nicht heißen, dass es nicht auch heftig umkämpfte ländliche Wahlkreise gab; doch auf dem Land verstärkte der Einfluss der Regierung die bereits bestehenden Autoritätsstrukturen und brachte so manch einseitigen Wahlkampf hervor. Im WK 3: Bautzen kandidierte Hermann von Salza und Lichtenau, ein 37-jähriger Rittergutsbesitzer und Amtshauptmann, für die Konservativen. Sein Sieg im Februar 1867 mit etwa 90 Prozent der Wählerstimmen lässt sich auf dieselben Faktoren zurückführen, die auch anderen konservativen Kandidaten in ländlichen Gebieten halfen. Lokale Amtsblätter lancierten konservative Versprechen (und Gerüchte), wonach es zu Verbesserungen der Verkehrsverbindungen kommen würde, sollte die örtliche Bevölkerung am Wahltag dem Amtshauptmann ihre Unterstützung angedeihen lassen; einige Anzeigen waren von »dankbaren Gemeinderäten« gesponsert, noch bevor sich in der Hinsicht überhaupt etwas getan hatte. Pastoren riefen dazu auf, denjenigen Kandidaten zu unterstützen, der sich am meisten für den Erhalt der Kirche und anderer autoritätsstiftender Institutionen einsetzte. Selbst Schullehrer beteiligten sich: für Schönschreibübungen ließen sie Schüler den Namen des konservativen Kandidaten auf leere Stimmzettel schreiben. Im WK 2: Löbau blieb etwa 35 Wählern nichts anderes übrig, als die ihnen ausgehändigten offiziellen Wahlzettel zu verwenden, auf denen der Name des konservativen Kandidaten bereits aufgedruckt war.[38] Die kombinierte Wirkung solcher Praktiken war beträchtlich, wie Moritz Busch während seiner Reise von Leipzig in »einige kleine Städte und Flecken« in seinem Tagebuch vermerkte:

> Resultat nicht günstig für Parlamentswahlen. Die große Masse auf dem Lande völlig indifferent und ganz in der Hand der Beamten und Pastoren, die zum Teil wirklich von romantischer Anhänglichkeit an die Dynastie, zum Teil von der Furcht vor dem strammen, viel Arbeit fordernden, die bisherige schläfrige Gemütlichkeit in der Führung der

---

36 M. v. GERBER, Briefen, 1939, S. 225 f.
37 Vgl. Tabelle S. 2.2 im Online-Supplement für mehr Informationen zu allen 23 Reichstagswahlkreisen in Sachsen sowie weiteren Details bzgl. Zusammensetzung der Wahlkreise, Kandidaten und im Februar 1867 abgegebenen Stimmen.
38 Vgl. CZ, 26.1.1867, BN, 6.1.1867, LZ, 10.2.1867, zitiert in: A. RICHTER, Meinung, 1922, S. 74 f.

Geschäfte bedrohenden Preußentum, zum Teil auch von der Angst, anzustoßen, sich zu kompromittieren und der lauernden Reaktion ins Garn zu geraten, bestimmt werden. In den kleinen Städten ebenfalls die alte Apathie und dazwischen einige demokratische Fanatiker voll Aberglauben und Unverstand [...]. Einige Energie legen nur die Gegner Preußens an den Tag, vorzüglich durch Renommieren und Schimpfen. [...] Vorher scheint man die Nachbarn aus dem Norden für eine Art Menschenfresser gehalten zu haben oder doch für schlimme Räuber. Auf der kurzen Tour stieß ich auf mehrere Beispiele, wo nach dieser düstern Vorstellung verfahren worden war: in einem Dorfe bei Grimma hatten die Bauern auf die Nachricht vom Einmarsche der Pickelhauben in Wurzen ihr sämtliches Vieh in den Wald geschafft, in einem andern hatte man sein Geld und seine Wertsachen vergraben u. dergl.[39]

Der Wahlkampf im WK 12: Leipzig-Stadt veranschaulichte, wie sich die politische Temperatur in städtischen Gebieten aufheizte, sobald Nationalliberale eine prominente Rolle spielten.[40] Karl Biedermann hatte Schwierigkeiten, das noch immer in den Adern seiner Anhänger fließende annexionistische Blut zu kühlen. Zu guter Letzt vermied man das Odium, zwei Parteikandidaten gegeneinander antreten zu lassen, und einigte sich auf Leipzigs Vizebürgermeister Eduard Stephani.[41] In einem späten Stadium des Wahlkampfs schrieb Stephani einen konfusen Brief, in dem er behauptete, er würde »keine Schritte für seine Wahl« tun. Der Brief fiel in die Hände der *Sächsischen Zeitung*, die den konservativen Kandidaten Carl Wächter, Rechtsprofessor in Leipzig und Liebling der konservativen Partikularisten, unterstützte.[42] Am linken Rand schickten die Fortschrittler, die Lassalleaner und die Partei Bebels jeweils einen Kandidaten ins Rennen. Liebknecht erhielt am 6. Februar einen Brief von einem Unterstützer, der ihn aufforderte, noch vor dem Wahltag dringend nach Leipzig zu kommen: »Wir können keine Stimme missen.«[43] Angesichts dieses Aufgebots an Gegnern war Stephanis Abschneiden für die Nationalliberalen keineswegs peinlich. Er lag im ersten Wahlgang um mehr als 1 000 Stimmen vor seinem konservativen Widersacher und verfehlte nur um Haaresbreite die für den Sieg erforderliche absolute Mehrheit. Bei der darauffolgenden Stichwahl am 20. Februar zog der konservative Kandidat Wächter sowohl die Mehrheit der Nichtwähler im ersten Wahlgang auf seine Seite als auch die Mehrheit der fortschrittlichen und

---

39   M. Busch, Tagebuchblätter, Bd. 3, 1892, S. 552 f. (Tagebucheintrag 13.8.1866).
40   Zu Chemnitz, vgl. E. Heilmann, Geschichte, [1911], S. 31; R. Dietrich, Kampf, 1937, S. 220; E. Hofmann, Arbeiterbewegung, 1984, S. 139–169.
41   F. Boettcher, Stephani, 1887, S. 85 f.
42   B.-R. Kern, Romanistik, 2000, S. 11–47; B. Windscheid, Wächter, 1880. Wächter wurde 1879 in den Adelsstand erhoben.
43   Robert Schweichel an Liebknecht, 6.2.1867, W. Liebknecht, Briefwechsel mit Sozialdemokraten, Bd. 1, 1973, S. 203–206, Zitat S. 205.

Lassalle'schen Wähler und – so Liebknecht – jeden einzelnen Anhänger der Sächsischen Volkspartei.[44] Der völlig isolierte Stephani verlor das Rennen.

Im Kampf gegen die Nationalliberalen zeigten sich – aus Gründen, die im vorherigen Kapitel erwähnt wurden – sowohl Konservative als auch Sozialdemokraten bereit, sich gegenseitig Unterstützung anzubieten. Am deutlichsten wurde dies in den drei von der Sächsischen Volkspartei umkämpften Wahlkreisen im Südwesten Sachsens (17, 18 und 19). In allen drei Wahlkreisen mangelte es den Sozialdemokraten fast völlig an Geld und geeignetem Personal; ansonsten hätten sie gern noch weitere Wahlkreise ins Visier genommen. Doch es gab auch eine Reihe von begünstigenden Faktoren: die Nähe zu den sozialdemokratischen Clubs in Leipzig, die bittere Armut der Weber und anderer Textilarbeiter im Erzgebirge, der Stadt-Land-Mix in der Region (wo viele Arbeiter und Handwerker in heimischen Werkstätten arbeiteten) sowie der hohe Bevölkerungszuwachs.[45] Bebel erinnerte seine Wanderkampagne im WK 17: Glauchau-Meerane: »Mehr als einmal geschah es, daß ich mit den Eheleuten in demselben Raume schlafen mußte; ein andermal passierte es, daß unter dem Sofa, auf dem ich meine Nachtruhe hielt, die Hauskatze ihre Jungen zur Welt brachte, was nicht ohne Geräusch und Miauen abging.«[46] Im WK 19: Stollberg hatte Liebknecht nicht so viel »Glück« – weder im Februar noch im August 1867.[47] Er schrieb über die extremen körperlichen Anforderungen, stundenlang von Stadt zu Stadt zu marschieren, zuerst im winterlichen Schnee, dann in der sengenden Hitze des Sommers, und bei jedem Halt Wahlkampfreden zu halten; fand er überhaupt Schlaf, dann nur unruhig.[48] Nach dem Wahlkampf im August war er wochenlang nicht in der Lage zu arbeiten. Den größten Teil des ersten Wahlkampfs hatte er in einer preußischen Gefängniszelle verbracht. Nachdem er im Oktober 1866 unter dem irrigen Eindruck, sein Fall wäre durch eine allgemeine preußische Amnestie abgedeckt, nach Berlin zurückgekehrt war, wurde er sofort verhaftet. Er wurde zu drei Monaten Gefängnis mit Lichtentzug nach 18 Uhr verurteilt und erst Mitte Januar 1867 freigelassen. Seinen Wahlkampf konnte er somit nur in der Endphase aktiv mitgestalten – und es blieb so gut wie keine Zeit, sich um seine schwerkranke Frau Ernestine zu kümmern, die sich nach dem Tag sehnte, »when that stupid election is over!«[49] Als sie

---

44 Liebknecht an Gottschald [22.2.1867], in: Ebenda, S. 209 f.
45 A. BEBEL, Leben, 1961, S. 162–169; W. LIEBKNECHT, Briefwechsel mit Sozialdemokraten, Bd. 1, 1973, S. 203–218; E. HEILMANN, Geschichte, [1911], S. 31–39; K. E. POLLMANN, Arbeiterwahlen, 1989, S. 171; G. BENSER, Herausbildung, 1956, Kap. 5; R. BORRMANN, Arbeiterbewegung, 1988, S. 102 f.; E. SCHAARSCHMIDT, Geschichte, 1934.
46 A. BEBEL, Leben, 1961, S. 167.
47 Das heißt in den Wahlkämpfen, die am 12.2.1867 zur Wahl des konstituierenden Reichstags und am 31.8.1867 zur Wahl des ersten offiziellen Reichstags des Norddeutschen Bundes führten.
48 Vgl. Liebknecht an Lößnitzer Genossen, o. D., in: W. LIEBKNECHT, Briefwechsel mit Sozialdemokraten, Bd. 1, 1973, S. 217.
49 Ernestine Liebknecht an Wilhelm Liebknecht, o. D. [Anfang Feb. 1867], in: Ebenda, S. 205 (Englisch im Original).

im Mai 1867 starb – »von Bismarck zu Tode gehetzt!«[50] – blieb Liebknecht als allein erziehender Vater von zwei Kindern zurück. Er schwor Rache an den Preußen, die ihn vom Krankenbett seiner Frau ferngehalten hatten.[51]

Reaktionen

Sachsen wies bei der Wahl am 12. Februar 1867 eine höhere Wahlbeteiligung auf als Preußen oder die meisten anderen Bundesstaaten. Rund 64 bis 70 Prozent der sächsischen Wahlberechtigten strömten zu den Wahllokalen.[52] Sowohl in Sachsen als auch im Norddeutschen Bund insgesamt war die Wahlbeteiligung höher als 1848 oder bei den Wahlen zum preußischen Landtag: Ähnliche Werte wurden erst wieder bei den Reichstagswahlen 1887 erreicht. Das ist umso bemerkenswerter, bedenkt man die hastigen Vorbereitungen und das winterliche Wetter. Darüber hinaus gab es noch andere gute Gründe, der Wahl fernzubleiben. Für Arbeiter zum Beispiel war der Verlust mehrerer Stundenlöhne nicht unerheblich. Doch der Wunsch, die Zukunft des Norddeutschen Bundes mitzugestalten, machte die potenziellen Nachteile des Wählens wett.

Eine noch erhaltene Sammlung ungültiger Stimmzettel aus WK 5: Dresden-Altstadt legt nahe, dass viele Sachsen das ihnen unbekannte Procedere durchaus genossen, wenngleich nicht wenige auch verwirrt waren.[53] Da der Name des bevorzugten Kandidaten auf einen leeren Stimmzettel geschrieben werden musste, bauten einige Wähler seinen Namen in Knittelverse ein, andere unterschrieben mit ihrem eigenen Namen. Einige klebten vorab verteilte Zettel auf den Stimmzettel, die sich später oft ablösten und die Wahl ungültig machten. Andere entschieden sich, ihr Wohlwollen für den preußischen Zivilkommissar Wurmb oder für Bismarck auszudrücken. Als dieser zusammen mit seinen Ministern in Berlin das positive Ergebnis im gesamten Bund begutachtete, äußerte man Verwunderung darüber, dass dieses Experiment mit der Demokratie so »ruhig verlaufen« war.[54] Selbst die *Neue Preußische (Kreuz-) Zeitung* der Konservativen zeigte sich erleichtert, dass durch das neue Wahlrecht nicht »ungebildete kleine Leute« ins Parlament gewählt worden waren.[55]

Bei der feierlichen Eröffnung der Reichstagssitzung am 24. Februar war noch unklar, wie sich die einzelnen Fraktionen zusammensetzen würden. Wissenschaftliche

---

50   Liebknecht an Johann Philipp Becker, 3.8.1867, in: Ebenda, S. 214–216.
51   A. Bebel, Leben, 1961, S. 167; E. Heilmann, Geschichte, [1911], S. 34 ff., 59 f.; W. Schröder, Liebknecht, 1986, S. 157–159.
52   Vgl. CZ, 25.2.1867, zitiert in: A. Richter, Meinung, 1922, S. 75; K. E. Pollmann, Parlamentarismus, 1985, S. 139 ff.; T. S. Hamerow, Social Foundations, Bd. 2, 1972, S. 324 ff.; W. Schröder, Wahlrecht, 1997, S. 90.
53   StadtAD, 2.1.6, G.I., Nr. 76 (Nr. 80 für den 31.8.1867); vgl. StadtAL, Kap. 1, Nr. 5.
54   John C. Wright (für seinen Vater, den US-Gesandten Joseph A. Wright), 18.2.1867, NARA 59, M44, Rolle 14.
55   KZ, 21.2.1867.

Schätzungen der bundesweiten Parteistärken zu Beginn und Ende der Legislaturperiode weichen jedoch nicht sehr stark voneinander ab (siehe Tabelle 2.1).

Tabelle 2.1: Parteifraktionen im konstituierenden Norddeutschen Reichstag, April 1867

Parteiorientierung	Mandate (Harris)	Mandate (Pollmann)
Deutschkonservative	66	66/59
Reichspartei	40	39/39
Altliberale	27	28/27
Nationalliberale	76	81/79
Fortschritt/Linke	20	20/19
Freie Vereinigung/Freiliberale	13	13/15
Bundesstaatlich-Konstitutionelle	20	20/18
Polen, Polen/Dänen*	13	15/13
Dänen	3	0/0
Sächsische Volkspartei	2	2/0
bei keiner Fraktion	17	13/28
Gesamt	297	297/297

Anmerkungen: Die Zahlen von Pollmann spiegeln jeweils den Beginn (Feb. 1867) bzw. das Ende (Apr. 1867) der Legislaturperiode wider. *Polen bei Harris werden als Polen/Dänen bei Pollmann aufgeführt.
Quellen: J. HARRIS, Parteigruppierung, 1976, S. 184; K. E. POLLMANN, Parlamentarismus, 1985, S. 171, 545.

Das Wahlergebnis in Sachsen unterschied sich deutlich vom Reich. Beobachter hatten vorausgesagt, dass die konservativen Kandidaten gute Chancen hätten, mehr als die Hälfte der 23 sächsischen Reichstagsmandate zu gewinnen. Das taten sie auch – sie errangen vierzehn Sitze mit ca. 51 Prozent der abgegebenen Stimmen.[56] Die Fortschrittler gewannen sieben Mandate mit rund 39 Prozent der Stimmen, die Sächsische Volkspartei zwei Mandate (Bebel und Schraps) mit rund 6 Prozent der Stimmen (siehe Karte 2.2). Mit jeweils nur etwa drei Prozent der Wählerstimmen blieben sowohl die Lassalleaner als auch die Nationalliberalen ohne Mandat.

Das war eine gewaltige Protestwahl. Die sächsischen Konservativen und Fortschrittler hatten gegenüber dem Norddeutschen Bund eine misstrauische, abwartende Haltung eingenommen, und doch entsandten sie 21 von 23 sächsischen Abgeordneten in den Reichstag. Die beiden Sozialisten lehnten den Norddeutschen Bund rundweg ab. Die Nationalliberalen hingegen, welche die Ereignisse von 1866 zu Recht als Bestätigung ihrer politischen Agenda ansehen konnten, gingen leer aus.

---

56 CZ, 25.2.2867, zitiert in: A. RICHTER, Meinung, 1922, S. 75.

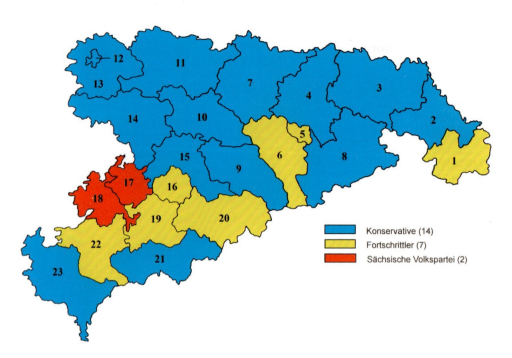

Karte 2.2: Reichstagswahlen in Sachsen, 12. Februar 1867. Karte gezeichnet vom Verfasser.
© 2017, 2023 James Retallack. Alle Rechte vorbehalten.

Die Presse kommentierte wie zu erwarten. Ein Beitrag in der konservativen *Leipziger Zeitung* bemerkte, dass die meisten sächsischen Wähler nichts mit der »annexionistischen Partei« zu tun haben wollten. Die nationalliberale *Constitutionelle Zeitung* sah die Sache anders. Das Wahlergebnis, so stand dort zu lesen, sei beklagenswert, ja lächerlich: Die Sachsen würden nicht ihre besten Vertreter nach Berlin schicken, weil ihnen ihr absurder Hass auf Preußen einen bösen Trick spielte.[57] Der sächsische König und seine Staatsminister äußerten sich ambivalenter. König Johann war froh, dass die meisten Abgeordneten »entschieden regierungsfreundlich« waren, gab aber auch zu verstehen, dass er diese Wahlen immer als ein gefährliches Experiment mit ungewissem Ausgang angesehen hatte.[58]

Auch die in Dresden stationierten Diplomaten waren unterschiedlicher Meinung.[59] Aus Sicht Maximilian Freiherr von Gises waren die Wahlergebnisse in Sachsen »befrie-

---

57 LZ, 23.2.1867, CZ, 20.2.1867, zitiert in: A. Richter, Meinung, 1922, S. 76.
58 Eichmann, 19.2.1867, 12.3.1867, PAAAB, Sachsen 39; Landsberg, 14./15.2.1867 (Entwürfe), GStAB, HA I, GsD, IV, A, Nr. 29a.
59 Gise, 17.2.1867, BHStAM II, MA 2841; Werner, 11./13./16.2.1867, 2.3.1867, HHStAW, PAV/35; Crowe, 22.2.1867, TNA, FO 68/147; Eichmann, 12.3.1867, PAAAB, Sachsen 39.

digend«, da in ihnen »der entschiedene Wille der überwiegenden Mehrheit des sächsischen Volkes die Selbstständigkeit und Integrität des Landes zu erhalten einen bestimmten Ausdruck erhalten« habe. Dies decke sich mit den partikularistischen Ansichten Bayerns. Der österreichische Gesandte teilte König Johanns Frustration, dass die Uneinigkeit unter den Konservativen es einem ihrer »wenig ersprießlichen« Rivalen erlaubt habe, den WK 5: Dresden-Altstadt zu erobern. Der britische Generalkonsul Joseph Crowe berichtete aus Leipzig, dass die Liberalen »schweren Herzens« nach Berlin reisen würden: Einige von ihnen glaubten, Bismarck wolle nun den preußischen Landtag »vernichten«. Der neue preußische Gesandte Friedrich von Eichmann traf ins Schwarze, als er feststellte: »Von dem Gange der Verhandlungen des Parlaments in Berlin wird es abhängen, ob die sächsische oder die deutsche Tendenz im Lande überwiegend bleibt.«

Sachsen und der Norddeutsche Bund

> Nun der Frieden geschlossen ist, hangt die Konsolidierung des Norddeutschen Bundes überhaupt wesentlich von der Mitwirkung oder der Opposition Sachsens ab.
> — Otto von Bismarck an den preußischen Kronprinzen Friedrich Wilhelm, 3. Februar 1867[60]

> I don't want loyalty. I want *loyalty*. I want him to kiss my ass in Macy's window at high noon and tell me it smells like roses. I want his pecker in my pocket.
> — Lyndon B. Johnson, 36. Präsident der Vereinigten Staaten, über seine Ansprüche an einen angehenden Assistenten

Unterhöhlten die Reichstagswahlen vom Februar 1867 das Treuebekenntnis König Johanns zum Norddeutschen Bund?[61] Bismarck war jedenfalls sehr aufmerksam, als ihm im Januar und März 1867 berichtet wurde, die Sachsen verspürten »eine unverkennbare Abgeneigtheit, Preußens Anspruch auf die Leitung Deutschlands rückhaltlos anzuerkennen«.[62] Er legte Kronprinz Friedrich Wilhelm einen Politikentwurf vor, dem er zu folgen hoffte: »Aufgabe der preußischen Politik unter diesen Umständen kann es nicht sein, sich zu erinnern, welches Unrecht die frühere sächsische gegen uns verübt hat, noch unsere Einrichtungen so zu treffen, dass die Gefühle der sächsischen Bevölkerung durch dauernde Demütigung stets von neuem gereizt und der Zwiespalt verewigt werde […]. Unsere Politik hat das Gesicht der Zukunft zuzuwenden […].«[63] Würden auch die Sachsen den Blick auf die Zukunft richten können? Eichmanns Prognose war richtig: Die nächsten drei Monate sollten entscheidend sein.

---

60 HISTORISCHE REICHSKOMMISSION (Hrsg.), Politik, Bd. 8, 1934–36, S. 360.
61 Zu diesem Abschnitt, vgl. H. KLOCKE, Politik, 1927; F. DICKMANN, Bismarck, 1928; R. DIETRICH, Friedensschluß, 1955, S. 109 ff.; DERS., Preußen, 1956, S. 273 ff.; O. BECKER, Ringen, 1958; H. PHILIPPI, Verstimmungen, 1966; außerdem J. RETALLACK, »German Civil War«, 2017.
62 Landsberg, 12.1.1867, PAAAB, Sachsen 39; vgl. Eichmann, 12.3.1867, PAAAB, Sachsen 39.
63 HISTORISCHE REICHSKOMMISSION (Hrsg.), Politik, Bd. 8, 1934–36, S. 360.

Am Scheideweg

Regierungschef Richard von Friesen hatte guten Grund, die Unterstützung der sächsischen Konservativen zu suchen, solange er sich nicht sicher war, ob der Appetit der preußischen Annexionisten gestillt war. In seinen Lebenserinnerungen behauptete Friesen später, er sei angenehm überrascht gewesen, wie sich Preußens Haltung gegenüber Sachsen zwischen September 1866 und Ende des Jahres geändert habe.[64] Zum damaligen Zeitpunkt war Friesen allerdings weniger zuversichtlich gewesen. Anfang Dezember hörte er aus Berlin, dass man in Preußen »den südd. Staaten erst dann einen Zutritt gewähren [will], wenn man die nordd. Bundesstaaten in die angestrebte Abhängigkeit von Preußen gebracht haben wird«.[65] Mit einer Politik, die »mehr auf Anbahnung eines deutschen Einheitsstaates als eines deutschen Bundesstaates angelegt ist«, so seine Quelle aus Berlin, ziele Preußen auf nichts weniger als eine »allmälige [sic] Absorbtion« Sachsens und anderer Mitglieder des Norddeutschen Bundes ab.[66] Dieser Verdacht kam auch zur Sprache, als das sächsische Gesamtministerium am 22. Dezember 1866 in Anwesenheit von König Johann zusammenkam.[67] Die Minister waren sich einig, dass Sachsen bei den laufenden Verfassungsgesprächen in Berlin vorsichtig sein müsse.[68] König Johann bedauerte weiterhin, dass es kein echtes Staatenhaus als Gegengewicht zum »demokratischen« Reichstag gab. Und er war nach wie vor unzufrieden, dass der Reichstag keine Abgeordneten enthielt, die von den einzelnen Landtagen gewählt wurden.[69] Doch Friesen erkannte, dass Bismarck keine umfassenden Revisionen am Verfassungsentwurf für den Bund dulden würde. Auch wollte Friesen Sachsen nicht kleinlich oder halsstarrig wirken lassen zu einem Zeitpunkt, da Preußen auf jeden Freund angewiesen war.[70]

Die Beziehungen zwischen Bismarck und Friesen wurden bald noch angespannter. Nach der Reichstagswahl im Februar 1867 berichtete der sächsische Gesandte in Berlin, Rudolf von Könneritz, Bismarck habe »in sehr unzweideutiger Weise« bemerkt, dass er bald in der Lage sein werde, Politik unabhängig vom neuen deutschen Parlament zu machen, »nachdem er sich mit den betreffenden Bundes-Regierungen verständigt

---

64 R. v. FRIESEN, Erinnerungen, Bd. 3, 1910, S. 3–6.
65 Rudolf von Könneritz, Berlin, an Friesen (Entwurf), 6.12.1866, SHStAD, GsB 221; vgl. Könneritz an Friesen, 28./30.11.1866, 18./19.12.1866, SHStAD, MdAA 1029; Könneritz an Friesen, 19.12.1866, SHStAD, MdAA 1030; R. DIETRICH, Friedensschluß, 1955, S. 152 f.
66 Rudolf von Könneritz, Berlin, an Friesen (Entwurf), 6.12.1866, SHStAD, GsB 221.
67 SHStAD, MdAA 1029, auch für 1./4.2.1867; GM Protokolle 13.11.1866, 22./28.12.1866, 1.2.1867, SHStAD, GM, Loc. 75, Nr. 2 [Bd. I].
68 Gise, 31.12.1866, BHStAM II, MA 2841; vgl. GStAB, HA III, 2.4.1. I, Nr. 253–4.
69 Johanns handgeschriebene Denkschrift (Dez. 1866), SHStAD, Hausarchiv Johann, Nr. 45.
70 Friesen an Johann, 3./5./8./12./13./14./19./21.1.1867, 6./12.2.1867, SHStAD, MdAA 1029–30; M. v. GERBER, Briefe, 1939, S. 225.

habe«.⁷¹ Friesen zeigte sich weiterhin wenig überzeugt.⁷² Vorsicht war geboten – das zeigte sich noch deutlicher kurz vor der ersten Reichstagssitzung am 24. Februar 1867. Fünf Tage zuvor hatte Könneritz über ein Gespräch mit Bismarck berichtet. Dessen Hinweise auf einen Showdown hatten nun den Charakter einer Drohung angenommen – nicht gegen den Reichstag, sondern gegen Sachsen. Falls Sachsen nicht spurte, beabsichtigte Preußen seine Ziele mit Hilfe des Parlaments zu erreichen.⁷³ Bismarck suchte die Wirkung dieser unverhüllten Drohung noch dadurch zu steigern, indem er Vergils *Aeneis* zitierte: »Flectere si nequeo superos, Acheronta movebo.«⁷⁴ Als Könneritz Bismarck nahelegte, Sachsen sei bereits die größtmöglichen Kompromisse eingegangen, antwortete Bismarck, Sachsen spiele ein gefährliches Spiel mit hohem Einsatz, wenn es getrennte Interessen von Preußen verfolge. Diese angespannte Atmosphäre wurde noch verschärft durch die Meinungsverschiedenheiten zwischen Preußen und Sachsen über das im Februar auszuarbeitende Militärabkommen.⁷⁵ Was also ging Friesen durch den Kopf, als er sich von Dresden aus aufmachte, um der Eröffnung des neuen Parlaments in Berlin beizuwohnen?

Einige seiner Gedanken können wir wohl erahnen. Wie würde sich die sächsische Reichstagsdelegation verhalten? Ließe sich eine gemeinsame Politik entwickeln, um die sächsischen Partikularisten untereinander zu vereinen? Würden »die Matadore der liberal-konservativen Parthey« versuchen, eine eigene Fraktion zu bilden?⁷⁶ Diese Fragen waren alles andere als rein akademisch: Zum einen standen die Beziehungen zwischen Sachsen und Preußen auf dem Spiel, zum anderen erwog Bismarck seine Optionen, wie er den liberalen Widerstand überwinden könnte, und schließlich ging es auch noch darum, wie sich der deutsche Parlamentarismus in der Praxis bewähren würde. Die Zuhörer hingen an jedem Wort der sächsischen Abgeordneten im Reichstag, wie der sächsische Militärbevollmächtigte in Berlin, Oberst Carl von Brandenstein, im März 1867 feststellte:

> Es ist […] kaum zu glauben, aus was für Kleinigkeiten man hier Capital für das Mißtrauen, welches fast wie ein Schoßkind gepflegt wird, zu machen versteht; und es ist im höchsten Grade peinlich, immer und immer wieder solche Lappalien anhören, erklären, verneinen oder entschuldigen zu müssen. Wenn einer unsrer conservativen Abgeordneten nicht gleich durch Visiten bei den Hofchargen, den Wunsch, am Hof zu gehen, an den

---

71 Könneritz an Friesen, 13./15.2.1867, SHStAD, MdAA 3286 bzw. 1030.
72 Friesen an Johann, 14.1.1867, zuvor zitiert; O. von BISMARCK, Werke in Auswahl, Bd. 4, 2001, S. 69 f.; Werner, 13.2.1867, HHStAW, PAV/35; F. DICKMANN, Beziehungen, 1929, S. 106 f. Vgl. T. S. HAMEROW, Social Foundations, Bd. 2, 1972, S. 320.
73 Könneritz an Friesen, 15./19.2.1867, SHStAD, MdAA 1030.
74 Vergil, Aeneis, VII/312: »Wenn ich den Himmel nicht erweichen kann, werde ich die Hölle in Bewegung setzen«; O. von BISMARCK, Werke in Auswahl, Bd. 4, 2001, S. 69.
75 F. B. M. HOLLYDAY, Rival, S. 44–57; GM-Protokolle (1./2./21.2.1867), SHStAD, MdAA 1029.
76 Werner, 20.4.1867, HHStAW, PAV/35; vgl. Werner, 2./16.3.1867, 27.4.1867; R. v. FRIESEN, Erinnerungen, Bd. 3, 1910, S. 25 ff.

Tag legt, so ist es Demonstration oder Absicht; erscheint er, um sich von seinen Collegen nicht zu trennen, am Hof nicht in Uniform, ebenso etc. etc. Jeder Schänk-Exceß in Sachsen, jede unbesonnene Äußerung von vornehm oder gering erhält hier eine Bedeutung, die man komisch nennen müßte, wären die Folgen nur nicht so ernstlich.[77]

Als die Reichstagssitzung Ende Februar eröffnet wurde, hätte die öffentliche Stimmung in Sachsen kaum unzufriedener sein können. Die Bekanntgabe des Verfassungsentwurfs war mit »sogen. stiller Resignation« aufgenommen worden.[78] Der angebliche Unterschied zwischen einem (konservativen) Bundesstaat und einem (nationalliberalen) Einheitsstaat hatte nach wie vor eine starke Wirkung auf die öffentliche Meinung. Ein liberaler Mitarbeiter der *Sächsischen Dorfzeitung* konnte nicht umhin, die Inkongruenz zwischen der prachtvollen Kuppel der Frankfurter Paulskirche von 1848 und dem provisorischen Quartier des Reichstags im Preußischen Herrenhaus in der Leipziger Straße 3 anzumerken: »Das deutsche Volk«, schrieb er, »sieht seine teuersten Ideale auf den Markt gestellt und findet statt des erträumten Prachtdoms ein bombenfestes, hausgebackenes Gebäude, in dem alles ›Königlich Preußisch‹ statt deutsch-national ist«.[79] Auch dass die Preußen irgendwie »vergessen« hatten, die Kammer mit einem Rednerpult auszustatten, hielten die Liberalen für wenig verheißungsvoll.[80]

Die ersten Begegnungen in Berlin hinterließen einen unterschiedlichen Eindruck bei den sächsischen Reichstagsabgeordneten. Der Konservative Carl von Gerber war beileibe kein Hinterwäldler, zeigte sich aber schwer beeindruckt vom Glanz der preußischen Macht und des königlichen Reichtums und versäumte es nicht, seiner Frau die gedruckten Speisekarten von allen seinen Dinner-Verpflichtungen in den Monaten Februar und März zu schicken.[81] Als Gerber zum ersten Mal den Reichstag betrat, waren die Sitze in vier Gruppen unterteilt: Rechts, Links, Mitte-Rechts und Mitte-Links. Die meisten waren bereits mit Hilfe von Visitenkarten reserviert. Nicht so im Falle des Sozialdemokraten Bebel, der an seine Frau schrieb: »Schraps und ich bildeten die äußerste Linke und wir saßen dementsprechend. Weiter nach links zu rücken, verhinderte uns die Wand, die wollten wir aber doch nicht mit dem Kopfe einrennen.«[82]

Bald zeigte sich die Spaltung in den Reihen der sächsischen Konservativen – sehr zum Leidwesen Friesens, der sie dazu zu bewegen versuchte, en bloc für die Verfassung zu stimmen. Friesen und Könneritz verhielten sich in Berlin nach Art parlamenta-

---

77 Brandenstein an Kriegsminister Fabrice, 6.3.1867, SHStAD, SKAD, 2.1, 4474; vgl. M. v. GERBER, Briefen, 1939, S. 235 f. (2.3.1867); SHStAD, MdAA 1031.
78 Gise, 24.2.1867, BHStAM II, MA 2841; A. RICHTER, Meinung, 1922, S. 80–84.
79 SDZ, 1.3.1867, zitiert in: Ebenda, S. 77.
80 H. SCHWAB, Aufstieg, Bd. 1, 1968, S. 120.
81 M. v. GERBER, Briefen, 1939, S. 229 f.; vgl. H. BLUM, Bismarck, Bd. 4, 1894–1899, S. 36; K. E. POLLMANN, Parlamentarismus, 1985, S. 160.
82 August Bebel an Julie Bebel, 8.3.1867, in: A. BEBEL, Leben, 1961, S. 345.

rischer Geschäftsführer: Sie trieben die Sachsen jeden Tag in den Reichstag, verteilten Ratschläge und versuchten, gesellschaftliche oder politische Fehltritte zu verhindern – in dem Glauben, diese hektische Tätigkeit würde sich auszahlen, wenn es ihnen gelänge, die sächsische Delegation für die Verfassungsabstimmung zusammenzuhalten. Die Preußen hatten angedeutet, dass sie in dem Fall ihre Truppen bald aus Sachsen abziehen würden. Diese Andeutung war ein offenes Geheimnis. Das Militärabkommen zwischen den beiden Staaten sah vor, dass die preußischen Truppen Sachsen zum 1. Juli 1867 nur verlassen würden, wenn die Reform der sächsischen Armee nach preußischem Vorbild wie geplant verlief *und* die neue Verfassung des Norddeutschen Bundes bis zu diesem Zeitpunkt in Kraft getreten war. Die preußischen Truppen in Sachsen waren ein »Damoklesschwert, welches der sächsischen Regierung immer vorgehalten wird«.[83]

In Berlin bemühte sich niemand um die Gunst der Sachsen. »Wir Sachsen sind in unserer Isolierung übel dran; Niemand [sic] kümmert sich um uns«, schrieb Gerber, obwohl er zugab, dass sie sich mit ihrem Herumschnüffeln in den verschiedenen Fraktionen kaum Freunde machten.[84] Schließlich traten einige Konservative der bundesstaatlich-konstitutionellen Vereinigung bei, der auch welfische Partikularisten aus Hannover angehörten. Aber für die anderen blieb nur die Möglichkeit, den Altliberalen, den Freikonservativen oder gar keiner Fraktion beizutreten. Bis Mitte März 1867 hatten die meisten sächsischen Konservativen eine dieser Optionen gewählt. Dies bewahrte Gerber jedoch nicht vor peinlicher Verlegenheit, wenn seine Kollegen parochiale Reden hielten: »Sodann ist zu erwähnen«, schrieb er am 13. März an seine Frau, »daß gestern 4 Sachsen gesprochen und sich im Ganzen – unter uns gesagt – sehr wenig ausgezeichnet haben. – Fast Jeder fing an: ›wir Sachsen‹, ›wir vom sächsischen Standpunkt‹, ›wir sind in einer eigenen Lage‹, etc. Fast als müsse Jeder um Entschuldigung bitten, daß er auf der Welt wäre als ›Sachse‹, und doch lag darin auch wieder die lächerliche Partikulareitelkeit. Es war leider Alles langweilig und mittelmäßig. Salza und ich schämten uns manchmal so, daß wir zur Tür hinaus gingen.«[85] Als die Verfassung am 16. April 1867 endgültig verabschiedet wurde, zeigte sich die sächsische Delegation bei zwei Abwesenheiten mit 11 zu 10 Stimmen praktisch zweigeteilt. Die sächsischen Abgeordneten in Berlin waren weder einflussreich genug, um die Interessen ihres Königreichs zu verteidigen, noch waren sie einig genug, um von Bismarck echte Dankbarkeit zu erlangen. Gerber fasste die schlechte Leistung der Sachsen für seine Frau zusammen: »Ach, Du glaubst nicht, was man zu tun hat im Kampfe mit Geschmacklosigkeit, Erziehungslosigkeit, Eitelkeit, kleinstädtischer Empfindlichkeit, auch wiederum kleinstaatlicher Unterwürfigkeit.«[86]

---

83 Gise, 5.3.1867, BHStAM II, MA 2841. Die Verfassung trat tatsächlich am 1.7.1867 in Kraft.
84 M. v. GERBER, Briefen, 1939, S. 233 (26.2.1867).
85 Gerber an seine Frau, 13.3.1867, SHStAD, NL Gerber, 340. Bei den genannten vier Rednern handelte es sich um Zehmen, Wigard, Gebert und Heubner.
86 Ebenda.

Auch wenn er seinen Argwohn gegenüber dem allgemeinen Wahlrecht und der wachsenden Macht des Reichstags nicht aufgab, erkannte er die Gefahr, die antipreußische Rhetorik zu weit zu treiben: »Unsere sächsischen Interessen sind jetzt allein bei der preußischen Regierung garantiert, nicht im Parlament [...].«[87]

Die Reichstagswahlen vom August 1867

Die Notwendigkeit, sich für unerreichbare Ziele ins politische Getümmel zu stürzen, bewog viele sächsische Abgeordnete dazu, am 31. August 1867 nicht mehr zur Wiederwahl anzutreten. Nur 13 der 23 sächsischen Abgeordneten wurden erneut aufgestellt und im August wiedergewählt. Das verhalf den Nationalliberalen zu einem Comeback. Da der Norddeutsche Bund nun fest im Sattel saß, haftete ihnen nicht länger der Makel an, ausschließlich mit preußischen Ambitionen identifiziert zu werden.[88]

Einige sächsische Demokraten waren von dem Ergebnis im Februar so enttäuscht gewesen, dass sie einen Wahlboykott befürworteten.[89] Auch die Lassalle'schen Sozialisten, die sich nun in zwei antagonistische Gruppen aufspalteten, laborierten an den Niederlagen vom Februar, während sich Bebel und Liebknecht alle Mühe gaben, ihre Anhänger zu mobilisieren. Eine Konferenz im Juli 1867 ebnete den Weg für die Nominierung von Bebel, Liebknecht, Schraps und Ferdinand Götz, einem Arzt und Anführer der Turnerbewegung.[90] Für die Augustkampagne wurde das Wahlcomité der Konservativen als constitutionell-bundesstaatlicher Wahlverein für Sachsen neu gebildet. Sein Profil war unklar und seine Aktivitäten spärlich.[91] Der konservative Wahlkampf litt auch unter dem Zeitpunkt der Wahl: Manch potenziell konservativer Wähler war mit der Spätsommerernte beschäftigt, andere waren in die Ferien verreist.[92] Nur die Nationalliberalen hatten Rückenwind. Sie schöpften Kraft aus der Verabschiedung der Verfassung, aus Bismarcks Säbelrasseln gegenüber Frankreich in der Luxemburgkrise und aus der Gründung einer reichsweiten Partei, der Nationalliberalen Partei, deren Programm vom 12. Juni 1867 betonte, dass Freiheit und Einheit gemeinsam erlangt werden müssten.[93]

---

87 M. v. GERBER, Briefen, 1939, S. 243 (4.3.1867); vgl. Brandenstein an Fabrice, 9.3.1867, SHStAD, SKAD, 2.1., 4474.
88 T. S. HAMEROW, Social Foundations, Bd. 2, 1972, S. 334–336; K. E. POLLMANN, Parlamentarismus, 1985, S. 259–281; DERS., Arbeiterwahlen, 1989; P. STEINBACH, Zähmung, Bd. 1, 1990, S. 149–198.
89 A. BEBEL, Leben, 1961, S. 168.
90 Ebenda; Liebknecht an Johann Philipp Becker, 3.8.1867, in: W. LIEBKNECHT, Briefwechsel mit Sozialdemokraten, Bd. 1, 1973, S. 214–216; E. HEILMANN, Arbeiterbewegung, [1911], S. 37 f.
91 Könneritz an Friesen (Entwurf), 4.8.1867, SHStAD, GesB 221; MdI Nostitz-Wallwitz an Albert Weinlig, 19.8.1867, zitiert in: S. MOLTKE/W. STIEDA (Hrsg.), Weinlig, 1931, S. 519 f.; Eichmann, 25.8.1867, PAAAB, Sachsen 39.
92 DN, 19.8.1867, LZ, 13./17.8.1867, zitiert in: A. RICHTER, Meinung, 1922, S. 84 f.; L. v. ZEHMEN, Erläuterungen, 1867; Konservatives Manifest, in: W. SCHRÖDER, Genese, 1997, S. 156; vgl. R. FUCHS, Wigard, Bd. 2, 1987, S. 184 f.
93 NATIONALLIBERALE PARTEI, Programmatische Kundgebungen, 1909; H. SCHWAB, Aufstieg, 1968, Bd. 1, S. 143–154, Bd. 2, S. 7–8; »Das Gründungsprogramm der Nationalliberalen Partei (12. Juni 1867)«, DGDB Bd. 4, Abschnitt 7.

Die Versuche der sächsischen Regierung, das Wahlergebnis zu beeinflussen, waren unsystematisch und von zweifelhaftem Wert. Der Nationalliberale Hans Blum – Sohn des Märtyrers Robert Blum von 1848 – beklagte in seinen Lebenserinnerungen, dass »das ganze Beamtentum bis auf den letzten Gendarmen eifrigst in den Wahlkampf eintrat«, und zwar für seinen Gegner in WK 15: Mittweida: Leonçe Robert Freiherr von Könneritz, Amtshauptmann von Chemnitz, Beusts Schwiegersohn und Sachsens künftiger Finanzminister.[94] Laut Blum ließ sich die sächsische Regierung Zeit mit der Terminfestlegung für die Stichwahl, um den kommunalen Obrigkeiten mehr Zeit zur Einflussnahme auf die Wähler zu geben. Doch in und um Chemnitz bewegten sich Blums Parteikollegen selbst nahe an der Grenze zur Wahlmanipulation. In zwei Petitionen, die nach der Wahl beim Reichstag eingereicht wurden, wurde behauptet, die Arbeitgeber hätten die Arbeiter sowohl mit Drohungen als auch mit Anreizen am Wählen gehindert oder ihnen am Wahltag schlicht nicht frei gegeben. (Der Wahltermin, ein Samstag, war für die meisten Arbeiter kein Ruhetag.) Beide Petitionen kamen aus der Arbeiterklasse in Gebieten Sachsens, die von nationalliberalen Unternehmern dominiert wurden.[95]

Der Rückgang der Wahlbeteiligung zwischen Februar und August 1867 war signifikant: in Sachsen sank sie auf rund 30 Prozent.[96] Die politische Couleur der sächsischen Reichstagsdelegation veränderte sich deutlich (siehe Tabelle 2.2). Die Konservativen verloren gegenüber der Linken stark an Boden. Die Nationalliberalen, die im Februar keinen einzigen Sitz erobert hatten, gewannen vier Mandate und erhöhten ihre Wählerstimmen landesweit von etwa 10 000 auf rund 25 000. Verglichen mit ihrem Anteil von drei Prozent im Februar entfielen nun fast 17 Prozent der Stimmen auf die Liberalen. Die Sozialisten, die im Februar nur zwei Abgeordnete gewählt hatten, entsandten jetzt fünf, darunter den Lassalleaner Emil Försterling in WK 16: Chemnitz und Wilhelm Liebknecht in WK 19: Stollberg. Bebel bemerkte: »[d]iese ganze Agitation der letzten Monate hat den großen Vorteil gehabt [...], daß die Massen in einer Weise aufgeregt worden sind wie seit dem Jahre 1848 nicht und daß es uns gelungen ist, dadurch Verbindungen in Orten anzuknüpfen, wo wir bis jetzt noch keine hatten«.[97] Auch wenn der Hass auf Preußen diesmal kein dominantes Thema gewesen war, lehnten 17 sächsische Abgeordnete den Norddeutschen Bund nach wie vor grundsätzlich ab (siehe Karte 2.3).

Die sächsische Regierung, die Konservativen und andere sächsische Partikularisten waren äußerst beunruhigt über die Gewinne der Nationalliberalen – mehr noch als

---

94   H. Blum, Lebenserinnerungen, Bd. 1, 1907, S. 266. Könneritz war Amtshauptmann von Chemnitz (1864–1874), Kreishauptmann von Zwickau (1874–1875), Kreishauptmann von Leipzig (1876) und sächs. Finanzminister (1876–1890).
95   SBDR Anlagen, 1867, Bd. 2, S. 236, Nr. 154 (XV), 4 (21.10.1867); BAP, RKA 1431, Bd. 1.
96   T. S. Hamerow, Social Foundations, Bd. 2, 1972, S. 334 f.; K. E. Pollmann, Parlamentarismus, 1985, S. 277 ff.; LZ, 10.9.1867, zitiert in: A. Richter, Meinung, 1922, S. 87; E. Hofmann, Arbeiterbewegung, 1984, S. 88 f., 187.
97   Bebel an Peter Staudinger, 28.5.1867, in: A. Bebel, Reden und Schriften, Bd. 1, 1970, S. 545; vgl. auch E. Hofmann, Arbeiterbewegung, 1984, S. 155–222, bes. 170; K.-H. Leidigkeit, Liebknecht, 1957, S. 110.

Tabelle 2.2: Parteifraktionen im Norddeutschen Reichstag, Februar und August 1867

	12. Februar 1867		31. August 1867	
Parteiorientierung	Norddeutscher Bund	Sachsen	Norddeutscher Bund	Sachsen
Deutschkonservative	66	14 (0)	70	8 (0)
Reichspartei	39	0 (3)	36	0 (3)
Altliberale	28	0 (7)	15	0 (0)
Nationalliberale	81	0 (0)	84	4 (4)
Fortschritt	20	7 (7)	30	6 (6)
Freie Vereinigung	13	0 (0)	13	0 (0)
Sozialdemokraten	2	2 (2)	6	5 (4)
Bundesstaatlich-konstitutionelle	20	0 (1)	20	0 (5)
Polen/Dänen	15	0 (0)	12	0 (0)
bei keiner Fraktion	13	0 (3)	9	0 (1)
Gesamt	297	23 (23)	297	23 (23)

Anmerkungen: Zeitgenossen schrieben den Kandidaten im Wahlkampf die oben dargestellten Parteizugehörigkeiten zu; Zahlen in Klammern aus K. E. POLLMANN, Parlamentarismus, S. 545 spiegeln die Situation nach der Bildung loser Parteifraktionen wider.
Quelle: Zusammengestellt aus K. E. POLLMANN, Parlamentarismus, 1985, S. 545, und anderen Quellen.

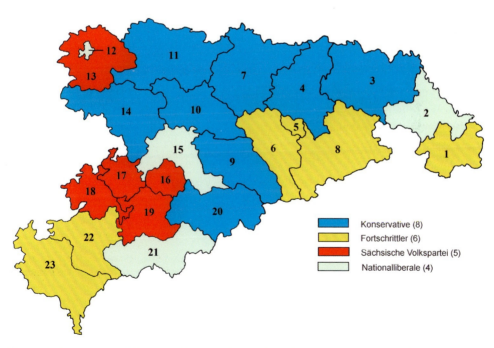

Karte 2.3: Reichstagswahlen in Sachsen, 31. August 1867. Karte gezeichnet vom Verfasser.
© 2017, 2023 James Retallack. Alle Rechte vorbehalten.

über den Vormarsch der Sozialdemokraten.[98] Im Oktober 1867 gerieten die »üblichen Meßscandale« in Leipzig außer Kontrolle und bekamen einen politischen Anstrich, der nicht nur partikularistische Rowdys gegen die verbliebenen preußischen Besatzungstruppen in Stellung brachte, sondern auch eine fast einstündige rhetorische »Sachsenschlacht« im Reichstag auslöste. Beamte und Polizei reagierten überwiegend passiv auf die Leipziger »Straßentumulte«, was den preußischen König Wilhelm, Bismarck und den preußischen Gesandten in Dresden, Eichmann, umgehend in Habachtstellung versetzte. Letzterer sah einen wichtigen Zusammenhang zwischen diesen Tumulten und der bevorstehenden Sitzung des Sächsischen Landtags:

> Die Beamtenwelt hat mit Schrecken die Wahl von vier sächsischen Deputirten der national-liberalen Partei zum Reichstag gesehen; sie fürchtet nun, daß das von der Regierung zugesagte, neue Wahlgesetz, welches die bisherige ständische Absonderung durch einen mäßigen Census ersetzen soll, eben dieser national-liberalen, d. h. der preußenfreundlichen Partei in den Kammern zur Majorität verhelfen und so die Anhänger des Beust'schen Systems allmälig [sic] aus ihren Stellen verdrängen werde. Darum wird nichts vernachlässigt, um die verhaßten Gegner am Hofe und im Lande als Annexionisten zu verketzern und eine Annäherung derselben an die leitenden Staatsmänner[,] trotz der in Bezug auf Preußen auf beiden Seiten gemeinsamen politischen Auffassung, zu verhindern.[99]

Kein Wunder also, dass ein Gespräch zwischen Regierungschef Friesen und Eichmann im Dezember 1867 etwas angespannt verlief. Warum, so fragte Eichmann, betrachtete die Regierung Friesen die einzigen sächsischen Zeitungen, die »Wärme« für Preußen zeigten, als Teil der Opposition?[100] Noch bevor Friesen antworten konnte, stellte Eichmann eine Zusatzfrage: Warum könne die sächsische Regierung nicht enger mit den Nationalliberalen zusammenarbeiten? Um Friesens Antwort zu verstehen, müssen wir auf seine Erinnerungen aus dem Jahr 1880 zurückgreifen, obwohl nicht anzunehmen ist, dass diese immer wahrheitsgetreu waren. Darin argumentierte Friesen, dass die sächsische

---

98 Vgl. R. v. Friesen, Erinnerungen, Bd. 2, 1880, S. 97 f. Zu dieser Zeit war Sachsen im Berliner Bundesrat durch Albert Weinlig vertreten, einen ehemaligen Staatsminister, Statistiker, Wirtschaftsexperten und Reformer. Er schrieb an seine Frau: »Die Herren Reichstagsabgeordneten aus Sachsen sind nun alle da; ich werde wenig Verkehr mit denselben haben. […] Der größere Theil ist auch nicht von der Art, daß man sich besonders nach ihrer Gesellschaft sehnte.« Brief vom 17.9.1867, zitiert in: S. Moltke/W. Stieda (Hrsg.), Weinlig, 1931, S. 82.
99 Eichmann, 12.10.1867, PAAAB, Sachsen 39. Zur »Sachsenschlacht« im Reichstag, vgl. u. a. Weinlig an seine Frau, 8.10.1867: »Gestern führten unsere Sachsen durch einen Zank zwischen Blum, Oehmichen, Günther und Schwarze […] ein ergötzliches Schauspiel auf. […] Man schämt sich allemal, wenn in der Sitzung ein Sachse auftritt. Die Herren reden zu oft, zu viel und zu breit und verstehen selten den Nagel auf den Kopf zu treffen. Einfluß und Bedeutung haben sie gar nicht, weil sie nicht verstehen, wie man das in einer solchen Versammlung anzufangen hat.« Zitiert in: S. Moltke/W. Stieda (Hrsg.), Weinlig, 1931, S. 85.
100 Zum Folgenden, Eichmann, 18.12.1867, PAAAB, Sachsen 39.

Regierung immer den Mittelweg angestrebt habe. Einerseits habe sie versucht, Zugeständnisse an die sächsischen Nationalliberalen zu vermeiden, die in der Hoffnung auf eine völlige Annexion des sächsischen Territoriums vermeintlich die Beziehungen zwischen Sachsen und Preußen stören wollten. Ihnen gegenüber habe das sächsische Volk, so Friesen, »gerechte Bitterkeit«, »tiefe[s] Mißtrauen« und »lebhafte Abneigung« empfunden.[101] Andererseits habe sich seine Regierung aber auch geweigert, den negativen Partikularismus der Konservativen zu begünstigen. Im Dezember 1867 hatte Friesen in seinem Gespräch mit Eichmann eine andere Sichtweise zum Ausdruck gebracht.[102] Der Nationalliberalismus in Preußen unterscheide sich deutlich von dem in Sachsen. In Preußen bildeten die Nationalliberalen »die große Mittelpartei«: Sie vereinten die »meisten Talente« mit dem »größten politischen Einfluß«. In Sachsen dagegen liege die Sache ganz anders: Dort beständen die Nationalliberalen nur aus »einigen wenigen Persönlichkeiten, die wieder aus rein persönlichen Motiven der Regierung Opposition machten, ohne im Lande einen Halt zu haben«. Bedauerlicherweise hätten die sächsischen Konservativen weder die nötige Energie noch Organisation, um die Regierung angemessen zu unterstützen. In Zukunft »müsse sich in den sächsischen Preß- und Partei-Verhältnissen Vieles ändern«. Doch habe es seiner Regierung »bisher an Zeit gefehlt, ihre specielle Aufmerksamkeit darauf zu richten«.

An diesem Punkt brach Eichmann das Gespräch ab. Hätte er es weitergeführt, so beabsichtigte er Friesen zu sagen, »daß die Organisation der conservativen Partei Sachsens zur Zeit lediglich in dem Beamtenthume bestehe, welches sich nur sehr langsam dazu entschließen kann, in dem Norddeutschen Bunde etwas Anderes als eine äußerliche Nothwendigkeit zu sehen«. In seinem Bericht an Bismarck fuhr er mit Gedanken fort, die er Friesen gegenüber nicht aussprechen wollte:

> Wenn es [das Königreich Sachsen] bei dieser Langsamkeit beharrt und die Vertretung des nationalen Gedankens seinen Gegnern überläßt, so könnten diese leicht an Terrain im Lande gewinnen. Mit dem Eintritte Sachsens in den Norddeutschen Bund wird auch hier das politische Leben, welches bisher, wie Jedermann zugiebt, gar nicht vorhanden war, erwachen und damit ein Kampf der Parteien entstehen. In einem solchen Kampfe ohne lebensfähige Ideen obzusiegen, ist nicht möglich, und die politische Resignation, welche die Conservativen bisher allein auf ihr Schild zuschrieben, dürfte da nicht ausreichen.

---

101 R. v. Friesen, Erinnerungen, Bd. 2, 1880, S. 356. Zu Friesens weiteren Polemiken gegen die NLP, vgl. ebenda, Bd. 2, S. 336–358, Bd. 3, 1910, S. 18, 97–99; vgl. PAAAB, Sachsen 49; T. Flathe, Memoiren, 1881.
102 Eichmann, 18.12.1867, PAAAB, Sachsen 39.

Die Reform des Landtagswahlrechts 1868

> Diese sächsische Agitation [für die Reform des Landtagswahlrechts] ist der Auftakt für den Wandel im gesamten Deutschland [...]. Die deutsche Presse [...] verweist auf die Anomalie, daß sich für Gesamtdeutschland ein allgemeines Wahlrecht und ein einziges Parlament [der Reichstag] durchgesetzt haben, während seine Teile noch durch eingeschränkte Wahlrechte und Zweikammersysteme regiert werden.
> — Generalkonsul Joseph Archer Crowe an das britische Außenministerium, Februar 1867[103]

> Nouns of number, or multitude, such as Mob, Parliament, Rabble, House of Commons, Regiment, Court of King's Bench, Den of Thieves, and the like.
> — William Cobbett, English Grammar, 1817

Die Reform des sächsischen Landtagswahlrechts wurde im November 1866 von der Regierung Friesens gebilligt, im Mai 1868 durchgeführt und im folgenden Dezember in Kraft gesetzt. Sie sollte die öffentliche Unzufriedenheit mit den kleinteiligen Reformen zu Beginn des Jahrzehnts entschärfen.[104] Gleichzeitig war sie auch ein Präventivschlag gegen die Fortschrittler und Sozialdemokraten, die eine Rückkehr zum direkten und gleichen Landtagswahlrecht vom 15. November 1848 oder zum allgemeinen Wahlrecht der Frankfurter Nationalversammlung von 1849 forderten. Wie auch Bismarcks Einführung des allgemeinen Wahlrechts, beruhte die Reform von 1868 auf einer Reihe theoretischer und praktischer Annahmen, die jeweils ihre eigene Vorgeschichte hatten. Und wie Bismarcks Strategie kann auch die sächsische Wahlrechtsreform als konservativ oder revolutionär angesehen werden, je nachdem, worauf man die Betonung legte: Kontinuität oder Umbruch.

---

103 Bericht (Leipzig), 7.2.1867, TNA, FO 68/147.
104 SHStAD, MdI 5370–5371; E. O. Schimmel, Entwicklung, 1912, S. 79–87. Die in diesem Abschnitt zitierten Protokolle des Gesamtministeriums finden sich in: SHStAD, MdI 5372. Vgl. C. Müller, Wahlrecht, 2007, Abschnitt 4.3; W. Schröder, Wahlrecht, 1997, S. 94–108. Vgl. meine frühere Analyse dieser Wahlrechtsreform in: J. Retallack, German Right, 2006, Kap. 5.

Friesens Ministerium und die sächsischen Liberalen waren sich einig, dass ein kraftvoller Landtag auf der Grundlage eines neuen Wahlrechts den Willen des Volkes besser repräsentieren und dem sächsischen Staat neue Legitimität verleihen würde. Ein liberales Mitglied des Unterhauses unterstrich diesen Konsens, als er erklärte: »Das Verlangen nach Reform unserer Verfassungsurkunde und unseres Wahlgesetzes ist nicht mehr bloß das Verlangen einer politischen Partei im Lande«, sondern verwurzelt in den »dringenden Bedürfnissen der Zeit«.[105] Selbst der konservativste sächsische Staatsminister erklärte, die Wahlrechtsreform hätte »den veränderten Zeitverhältnissen Rechnung zu tragen«.[106] Doch als sich die sächsischen Abgeordneten an die eigentliche Aufgabe machten, einigen ihrer Landsleuten das Wahlrecht zu verleihen und andere auszuschließen, verflüchtigte sich der Konsens. Wo zogen die Landtagsabgeordneten die Grenze zwischen politisch Privilegierten (Wahlberechtigten) und Außenstehenden? Wie sahen die Sachsen das Verhältnis zwischen ihrem eigenen und anderen deutschen Parlamenten? Warum wurde die Frage des Landtagswahlrechts zu der Linse, durch die alle weiteren sächsischen Bemühungen um politische Reformen oder das Beharren auf dem Bestehenden betrachtet wurden?

Reformprogramme

Die Agitation für die Wahlrechtsreform in Sachsen verlief parallel zur Agitation für ein nationales Parlament. Nachdem Bismarck im April 1866 seinen Vorschlag für eine Nationalversammlung vorgelegt hatte, gelang es Beust in den Landtagsdebatten im Mai und Juni gerade noch, umfassende Diskussionen über die sächsische Wahlrechtsreform zu verhindern. Als der Landtag im November 1866 einberufen wurde, um dem neuen Reichstagswahlrecht zuzustimmen, kamen die Mängel des sächsischen Wahlrechts aber erneut aufs Tapet.[107] Im März 1867 fürchtete ein konservativer Abgeordneter im Berliner konstituierenden Reichstag, Ludwig von Zehmen, dass die nationalen Wahlen durch »ein unbeschränktes Kopfwahlsystem, verbunden mit einem Einkammersystem« charakterisiert sein würden.[108] Carl von Gerber schilderte es in einem Brief an seine Frau folgendermaßen:

> Leider ist im Artikel 21 [des Verfassungsentwurfs] das ganz unsinnige und jeder Vernunft widersprechende allgemeine Wahlrecht angenommen worden. Auch enthält leider

---

105 LTMitt 1866/68, II.K., Bd. 3, S. 2636–2637 (Heinrich Theodor Koch, 23.3.1868).
106 Kultusminister Johann von Falkenstein, zitiert in: Legationssekretär Friedrich Johann Graf von Alvensleben an pr. MdAA, 10.10.1867, PAAAB, Sachsen 39.
107 SHStAD, LT 5950, zu den Debatten in der II.K. (26–29.11.1866) und in der folgenden Woche in der I.K.
108 SBDR 1867, Bd. 1, S. 420 (28.3.1867).

der ganze Entwurf kein einziges Korrektiv desselben, als dieses im Artikel 29 enthaltene, wonach der Pöbel nur einen Mann wählen kann, der Vermögen genug hat, ein paar Monate in Berlin aus seiner Tasche zu leben und dies Opfer bringen will. Auch diese Schranke ist mangelhaft; sie kann durch Privatfonds umgangen werden. Ferner wird sie die Wirkung haben, daß sich auffallend viele Berliner Jünglinge (Redakteure) den Wählern aufdrängen. [...] Die Summe ist: Soll man auch das letzte Korrektiv eines Wahlgesetzes fallen lassen, welches ohne jenes uns vielleicht schon beim nächsten Parlament 2 bis 300 Buchdrucker und Cigarrenarbeiter liefern und diesen die Entscheidung der Geschicke unseres Vaterlandes in die Hand legen würde? Gewiß nicht!¹⁰⁹

Auch bei den sächsischen Nationalliberalen, die gestärkt aus den Reichstagswahlen im August 1867 hervorgegangen waren, wuchs die Zuversicht, dass das sächsische Wahlrecht der Kraft des Wandels auf nationaler Ebene nicht mehr standhalten konnte.

Im September 1867 kam es im Reichstag zu einer Debatte über die sehr unterschiedlichen Abstimmungsregeln in den Einzelstaaten des Norddeutschen Bundes.¹¹⁰ Diese Debatte mündete in einem Antrag, der die Regierung Bismarcks aufforderte, unverzüglich mit der Arbeit an einem umfassenden Wahlgesetz für den Norddeutschen Reichstag zu beginnen. Ein solches Gesetz wurde schließlich am 31. Mai 1869 verabschiedet – keine vier Tage, bevor die sächsische Wahlrechtsreform von 1868 ihre erste Bewährungsprobe erlebte. Inzwischen hatten auch die sächsischen Gemeindevertretungen begonnen, über eine Reform ihrer Wahlgesetze nachzudenken.¹¹¹ Und auch in anderen Ländern wurde über Wahlrechtsreformen debattiert.¹¹² Schließlich darf man nicht vergessen, dass zwischen 1867 und 1869 niemand sicher sein konnte, ob das allgemeine Männerwahlrecht für den Reichstag von Dauer sein würde. Was das preußische Abgeordnetenhaus betraf, so glaubten manche, es könnte sich zu einem Oberhaus des Norddeutschen Bundes entwickeln. Andere meinten, es würde in Richtung allgemeines Wahlrecht reformiert werden – oder ganz verschwinden.¹¹³

Die Verabschiedung des sächsischen Wahlgesetzes von 1868 gestaltete sich als Drama in drei Akten. Als Bühnenmeister fungierten die Hauptsprecher der Regierung,

---

109 Gerber an seine Frau, 30.3.1867, SHStAD, NL Gerber, 340.
110 BAP, RKA 1431.
111 Z.B. die in Dresden verabschiedeten Beschlüsse, 2.11.1867, 6.12.1867, StAD, 2.3.5, I-7, Nr. 1; LTAkten 1866/68, 17.11.1867.
112 Vgl. M. MATTMÜLLER, Durchsetzung, 1975; vgl. auch B. VOGEL/D. NOHLEN/R.-O. SCHULTZE, Wahlen, 1971, Tabellen GII-GIV; D. NOHLEN, Wahlrecht, 1990, bes. S. 33 ff.; P. M. EHRLE, Volksvertretung, 1979; G. MEYER, Wahlrecht, 1901; N. DIEDERICH (Hrsg.), Wahlstatistik, 1976; E. R. HUBER, Deutsche Verfassungsgeschichte, Bd. 3, 1969, S. 182-223; N.-U. TÖDTER, Klassenwahlrechte, 1967; M. NIEHUSS, Configurations, 1982; D. LEHNERT, Institutionen, 1994; P. STEINBACH (Hrsg.), Probleme, 1982; J. KOHL, Entwicklung, 1983; G. A. RITTER (Hrsg.), Repräsentation, 1998.
113 Vgl. die Beiträge Pollmanns und anderer Autoren in: G. A. RITTER, Regierung, 1983; H. BRANDT, Parlamentarismus, 1987, S. 170; G. A. RITTER, Wahlen, 1997.

Regierungschef Richard von Friesen und Innenminister Hermann von Nostitz-Wallwitz: Es gelang ihnen, erfolgreich eine Brücke zu schlagen zwischen den Alles-oder-nichts-Positionen der Hardliner auf der linken und rechten Seite. Der erste Akt entfaltete sich zwischen September und Dezember 1866. Den Auftakt machte Friesen, als er von Berlin aus schrieb, dass auch zu Hause politische Reformen nicht mehr aufzuhalten seien. Er war der Ansicht, dass »[Sachsens] Eintritt in den Norddeutschen Bund auch auf unsere Verfassungsverhältnisse den entschiedensten Einfluß ausüben muß; neben einem, aus dem allgemeinen Wahlrechte hervorgegangenen Bundes-Parlamente kann ein auf dem Stände-Prinzipe beruhender Landtag nicht bestehn [sic]«.[114] Diese Anomalie sei umso unerhörter, als sächsische Demokraten noch immer gegen die verfassungswidrige Reaktivierung des Landtags durch Beust im Jahre 1850 protestierten. Sollte die sächsische Regierung die Idee einer Landtagswahlreform rundweg ablehnen, so sagte Friesen voraus, dass es ein sächsischer Abgeordneter sein würde, der in der ersten Sitzungsperiode des Reichstags »einen Beschluß gegen die Kompetenz unserer Kammern« einbringen würde. Doch hegte Friesen wohl kaum die Absicht, den Sächsischen Landtag zu demontieren. Vielmehr versuchte er zu diesem kritischen Zeitpunkt sicherzustellen, dass der Sächsische Landtag *nicht* überflüssig wurde. Friesen hoffte, dass die Sachsen ihn als entschlossenen Verteidiger ihrer Interessen sehen würden, wenn die Landtagswahlen im Herbst 1866 wie geplant durchgeführt wurden. Seine Hoffnungen waren fehl am Platz. Die Wahlen konnten niemanden davon überzeugen, dass Sachsens Souveränität intakt geblieben war. Das öffentliche Interesse hätte kaum geringer sein können.[115] Nach Erklärungen für die Apathie der Wähler mussten politische Experten nicht lange suchen. Im Vergleich zum Reichstagswahlrecht wirkte Sachsens Landtagswahlrecht anachronistischer denn je.

Die sächsische Linke zögerte nicht, diese Situation auszunutzen. Am 22. Oktober 1866 organisierten fortschrittliche und sozialdemokratische Anführer eine große Kundgebung, auf der sie eine Reform des Wahlrechts forderten. Die nächste Zusammenkunft folgte am 12. November. Beide Gruppen sprachen sich für die Abschaffung der sächsischen Ersten Kammer aus. In anderen Fragen war man sich jedoch uneins. Sozialisten und linke Fortschrittler forderten nichts Geringeres als das allgemeine Wahlrecht; für sie war selbst das Wahlgesetz von 1848 nicht demokratisch genug.[116] Fast alle Linken waren entschlossen, das Prinzip der Repräsentation nach Ständen zu kippen. In einer im November 1866 anonym veröffentlichten Broschüre stellte Karl Biedermann die rhetorische Frage, ob das Gemeinwohl des Norddeutschen Bundes mit

---

114 Friesen an Kultusminister Falkenstein, 15.9.1866, in: R. v. FRIESEN, Erinnerungen, Bd. 2, 1880, S. 278 f.; vgl. DERS., Erinnerungen, Bd. 3, 1910, S. 46 f.
115 SHStAD, MdI 537 I; R. BORRMANN, Arbeiterbewegung, 1988, S. 89–94, 200; W. SCHRÖDER, Wahlrecht, 1997, S. 80–83.
116 DN, 14.11.1866.

seinem breiten Parlamentswahlrecht ein erkranktes Glied wie den nicht reformierten Sächsischen Landtag tolerieren könne.[117]

Die Landtagsdebatten vom November/Dezember 1866 setzten den Rahmen für die anschließende Diskussion der Wahlrechtsreform. Die Thronrede vom 15. November signalisierte, dass die Regierung nicht bereit sei, ein Reformgesetz vorzulegen, bis nicht die Verfassung und das Parlamentswahlrecht des Norddeutschen Bundes geklärt wären.[118] Die Befürworter der Wahlrechtsreform waren so enttäuscht, dass gleich am ersten Tag der Sitzungsperiode eine heftige Debatte entbrannte. Zwei liberale Anträge forderten ein sofortiges Handeln oder zumindest eine klare Grundsatzerklärung. Der radikalere dieser Anträge wurde von 16 liberalen Abgeordneten der II. Kammer unterstützt. Sie plädierten für die Auflösung des Landtags und die Durchführung von Neuwahlen auf Grundlage des sächsischen Wahlgesetzes vom 15. November 1848. Eingebracht wurde dieser Antrag von Bernhard Eisenstuck, Vorsitzender des Chemnitzer Stadtrats und frisch gewählter Landtagsabgeordneter. Im Zuge der Verteidigung seines Antrags sprach Eisenstuck vom »Jammer und Unglück«, die den Sächsischen Landtag während der Beust-Ära heimgesucht hatten. Ein »so greller, schreiender Widerspruch« zwischen Landtags- und Reichstagswahlgesetzen erfordere sofortige Abhilfe.[119] Der zweite Antrag wurde von einem Kleinstadtanwalt aus dem Erzgebirge namens Heinrich Theodor Koch unterstützt. Koch betonte die Notwendigkeit, »Versöhnung nach Außen auf nationaler, Versöhnung nach Innen auf liberaler Grundlage« zu fördern. Der Hauptpunkt seines Antrags bestand darin, »den berechtigten Wünschen des Volks nach freisinniger Erweiterung der Grenzen der Stimmberechtigung und Wählbarkeit und nach zeitgemäßer Zusammensetzung der Volksvertretung« Rechnung zu tragen. Den gleichen Standpunkt vertrat auch Karl Otto Müller, ein neuer Abgeordneter für Leipzig: »[E]s ist ein Gebot politischer Weisheit, die Hand gleichsam am Pulse der Zeit zu haben [...]«.[120]

Nachdem Eisenstucks Antrag mit 57 zu 18 Stimmen deutlich abgelehnt wurde, äußerte ein Befürworter Zweifel, ob sich der Sächsische Landtag (und insbesondere seine Erste Kammer) jemals reformieren könne.[121] Der zweite Antrag war Gegenstand lebhafter Debatten. Die konservative Stellungnahme kam von Raimund Sachße, der bald das Reichstagsmandat für den WK 9: Freiberg gewinnen würde. (Der Einfluss von Sachße ist erwähnenswert, weil er einer der wenigen Juden war, die es in konservativen

---

117 [K. BIEDERMANN], Die reactivirten Stände, 1866, S. 14 f.
118 LTMitt 1866/68, I.K, Bd. 1, S. 8–9 (15.11.1866); II.K., Bd. 1, S. 7–9 (16.11.1866); zu den relevanten Ausschussprotokollen, stenografischen Berichten, Petitionen, Beschlüssen und Broschüren, SHStAD, LT, Nr. 5780–1, 5904, 5948–50 und GM Loc. 63 Nr. 4. Das Dekret Nr. 77 (19.11.1867) der Regierung und die Ständige Schrift Nr. 172 (28.5.1868) des Landtags in: LTAkten 1866/68, I. Abt., Bde. 3–4. Das endgültige Gesetz (3.12.1868) in: GVbl (1868), Bd. 2, S. 1365–1378.
119 LTMitt 1866/68, II.K., Bd. 1, S. 3–6 (16.11.1866).
120 LTMitt 1866/68, II.K., Bd. 1, S. 11 (Koch, 16.11.1866), S. 98 (Karl Otto Müller, 6.12.1866).
121 LTMitt 1866/68, II.K., Bd. 1, S. 94 f. (Theodor Günther), S. 102 f. (Eisenstuck, 6.12.1866).

Kreisen zu Einfluss brachten.)[122] Sachße wollte nicht einräumen, dass das sächsische Wahlrecht von nationalen Entwicklungen bestimmt werden sollte: Die Gesetzgebungsbefugnisse des Reichstags und der einzelnen Landtage müssten sich deutlich voneinander unterscheiden. Auch Eisenstucks Klage, dass keine Liberalen in den Landtagsausschuss berufen worden seien, der zur Erörterung des Wahlgesetzes gebildet worden war, wies er zurück. Der Landtag hätte als Ausschussmitglieder nur diejenigen Abgeordneten berücksichtigt, so seine scharfe Replik, »welche, während das Land unter der Faust des Feindes geschmachtet habe, sich nicht entblödeten, in derjenigen Presse, die damals Orgien der Annexion feierte, die Regierung und die Kammerbeschlüsse, die sie selbst mitgefasst haben, anzugreifen. Man habe unter den Vertretern der Linken Unterschiede gemacht; wer mit reinen Händen in die Kammer eingetreten sei, sei berücksichtigt worden.«[123]

Als die Erste Kammer einige Tage später die Debatte aufnahm, argumentierte ein konservativer Gutsbesitzer, Kochs Antrag sei »keineswegs so unschuldiger Natur, als er aussieht«, selbst wenn man ihn mit dem Eisenstucks vergleiche. Was genau sei »zeitgemäß«, fragte er, und wie stünde es mit den »berechtigten Wünschen« des sächsischen Volkes?[124] Auch Oswald von Nostitz-Wallwitz, jüngerer Bruder des Innenministers, wandte sich gegen den Plan, das sächsische Wahlrecht »in möglichsten Einklang« mit dem des Norddeutschen Bundes zu bringen. Er sagte voraus, dass einzelne Landtage bald auf »bloße Provinziallandtage« reduziert sein würden. Anstatt sich mit großen nationalen Themen zu beschäftigen, würden sie ihre Aufmerksamkeit auf »Fragen von praktischer Bedeutung« richten. Meißens konservativer Bürgermeister Karl Richard Hirschberg behauptete, die Flut an Flugblättern und öffentlichen Versammlungen in Sachsen hätte nicht ausgereicht, den einfachen Mann zur Stimmausübung zu erziehen. Gelegentlich und ausnahmsweise, so Hirschberg, könnten Volksvertretungen auf Grundlage des allgemeinen Wahlrechts gewählt werden; solche Vertretungen könnten »gewissermaßen [als] Sicherheitsventile für zu hohe Spannung der politischen Dämpfe« fungieren. Alternativ könnte man das allgemeine Wahlrecht für die Kreistage einführen; sie könnten dann einen Landtag wählen, der wiederum für die Reichstagsabgeordneten stimmen könnte. In erster Linie galt es zu verhindern, dass »Leidenschaft« und »unreine Motive« die Stimmabgabe auf allen drei Ebenen der Politik infizierten.[125]

Diese Debatten führten zu keinem Konsens über die künftige Ausgestaltung der Wahlrechtsreform.[126] Ebenso wenig wie die von Fortschrittlern und Sozialdemokraten organisierte Petitionswelle. Ungefähr zur gleichen Zeit lehnte Heinrich von Treitschke

---

122 E. O. SCHIMMEL, Entwicklung, 1912, S. 90–92, bezeichnet ihn als den »ewigen Juden« des Landtags.
123 DN, 8.12.1866; LTMitt 1866/68, II.K., Bd. 1, S. 112 (6.12.1866).
124 LTMitt 1866/68, I.K., Bd. 1, S. 83 (Karl von Metzsch, 20.12.1866). Karl von Metzsch, Besitzer des Ritterguts Reichenbach, war der Vater von Sachsens späterem Regierungschef Georg von Metzsch.
125 LTMitt 1866/68, I.K., Bd. 1, S. 84 f. (Nostitz-Wallwitz), S. 87 f. (Hirschberg) (20.12.1866).
126 DN, 4./5./6./8.12.1866; SHStAD, MdI 11039.

als Herausgeber der *Preußischen Jahrbücher* einen Essay zur sächsischen Wahlrechtsreform ab. Er schrieb: »Ich halte es für ganz gleichgültig, welches Wahlrecht die Trümmer des Rheinbundes erhalten. Das Unheil Sachsens liegt nicht in den Institutionen, sondern in dem durch Kriecherei und Beusterei gänzlich entsittlichten Volke. [...] Nur die Einverleibung *sans phrase* kann dort wieder ein gesundes politisches Leben schaffen. [...] Wie die Albertiner sich ihren morschen Thron leimen wollen, ist ihre eigene Sache; der Patriot muß beten, dass es mißlinge.«[127] Treitschke mag seine Meinung geändert haben, denn kurz darauf druckten die *Preußischen Jahrbücher* einen anonymen Aufsatz, dessen Rhetorik und Chauvinismus an Treitschkes andere Schriften erinnerte. Der Verfasser argumentierte, dass die sächsische Wahlrechtsreform die unabdingbare Voraussetzung für weitere Reformen in Staat und Gesellschaft sei und entwarf ein Bild von der Zukunft Sachsens, falls es gelinge, dessen wurmzerfressenes Wahlrecht zu reformieren: »Einer freigewählten Volksvertretung gegenüber wird sich weder jener verschrobene Particularismus, der mit dem heiligen Namen des Patriotismus einen so schnöden Mißbrauch treibt [...] behaupten können [...]. Inzwischen müssen die Einzelnen, müssen die Parteien [...] festen Mannesmuth und Consequenz lernen [...]. Sie müssen in das allzu weiche, schmieg- und biegsame sächsische Naturell etwas mehr Stahl [...] bringen.«[128] Der konservative Führer Ludwig von Zehmen führte ein anderes Argument gegen das allgemeine Wahlrecht ins Feld. Es sei ein »Würfelspiel«, schrieb er, und der gebildete Mittelstand im Parlament würde durch »das politische Bummlerthum im zerrissenen aber ganzen Rocke« ersetzt werden. Jeder, der sich noch für ein »Kopfwahlsystem« ausspreche, sei »reif für das Narrenhaus«.[129]

*

Beeinflussten diese Äußerungen Friesen, Nostitz-Wallwitz und ihre Ministerkollegen, als sich der Vorhang zum zweiten Akt des Wahlreformdramas öffnete, der von Juni bis November 1867 seinen Lauf nahm? Die Sitzungsprotokolle des Gesamtministeriums und die von den Ministern erstellten Vota lassen keinen Zweifel daran.[130] Eine Reform ließ sich nicht gänzlich vermeiden. Im Dezember 1866 hatte Innenminister Nostitz – gleichsam als Abgang aus Akt I – behauptet, die neue Verfassung des Norddeutschen Bundes würde keine direkten Auswirkungen auf die einzelnen Staaten und deren Wahlgesetze haben.[131] Er räumte jedoch ein, dass es sinnlos sei, die *indirekten* Auswirkungen der jüngsten Ereignisse auf die politischen Institutionen Sachsens zu leugnen:

---

127 Zitiert (o. J.) in: H. Kretzschmar, Verhältnis, 1935, S. 260.
128 PrJbb 20, 1867, S. 195–215, hier S. 215.
129 L. v. Zehmen, Erläuterungen, 1867, S. 16–19.
130 GM-Protokolle vom 27.9.1867, 5.11.1867, 14.11.1867, 23.2.1868, 26.3.1868 und »Motiven« in SHStAD, MdI 5372 und GM, Loc. 63, Nr. 4; vgl. R. v. Friesen, Erinnerungen, Bd. 3, 1910, S. 46 ff.
131 LTMitt 1866/68, II.K., Bd. 1, S. 110 f. (6.12.1866); DN, 8.12.1866.

Wenn mehrere Parteien gemeinschaftlich ein großes Haus beziehen, so hat an sich gewiß jede das Recht, innerhalb des ihr zugewiesenen Raumes nach ihrem Gefallen sich einzurichten. Sie wird aber in ihrer Einrichtung doch an gewisse Grundlinien des Gebäudes gebunden sein und sie wird, wenn anders ein friedliches Zusammenleben eintreten soll, auch die Gewohnheiten und Sitten der Mitbewohner des Hauses nicht ganz ohne Einfluß auf dieselbe sein lassen können. Ich glaube, daß wir zu der Bundesverfassung in mancher Beziehung ähnlich stehen.

Nostitz bestritt auch, dass der aktuelle Landtag nur privilegierte Stände vertrete. Der Sächsische Landtag, erklärte er, sei repräsentativer als das englische Parlament, das zu diesem Zeitpunkt das Zweite Reformgesetz von Benjamin Disraeli diskutierte, oder das belgische Parlament, dessen Steuergrenze von etwa 11 Taler (33 Mark) schlicht und einfach undemokratisch sei. Zur Untermauerung seines Arguments stellte Nostitz fest, dass das allgemeine Wahlrecht in deutschen Verfassungen eine Seltenheit sei: Die meisten basierten auf Steuergrenzen, lokalen Wohnsitzanforderungen oder dem Dreiklassenwahlrecht, wie in Preußen.

Nostitz erkannte, dass nur ein Gesetz auf Kompromissbasis eine Perspektive hatte, beide sächsische Kammern zu passieren. Es müsste sowohl liberale als auch konservative Forderungen berücksichtigen und den nationalen, bundesstaatlichen und lokalen Gegebenheiten gebührend Rechnung tragen. Nostitz schickte seinen Ministerkollegen am 29. Juni 1867 eine Denkschrift, in der er seine Ideen darlegte. Friesen zog Anfang September nach.[132] Nostitz und Friesen waren sich im Großen und Ganzen sowohl untereinander als auch mit Abgeordneten aus den gemäßigten Flügeln der liberalen und konservativen Lager einig.[133] Es war der Chor der Unzufriedenheit außerhalb des Parlaments, dem gegenüber sie ihre Ohren verschlossen. Doch als die Regierung am 19. November 1867 ihren Gesetzentwurf dem Landtag vorlegte, schwoll dieser Lärm weiter an.

Die neu belebte Reformkampagne der Liberalen gewann mit einer Plötzlichkeit an Fahrt, die sowohl die Regierung als auch ausländische Beobachter überraschte. »Eine mächtige Partei in Deutschland befürwortet die Absorption aller gesetzgebenden Gewalt in dieses Gremium [d. h. den Reichstag]«, schrieb Joseph Crowe hoffnungsvoll aus Leipzig, »indem sie die alten Kammern allmählich in den Rang von Provinzversammlungen degradiert.« Crowe glaubte, dass der erste Schritt in diese Richtung »die Angleichung der Wahlgesetze in den Königreichen und Fürstentümern an die der Föderation sein würde«.[134] Von Anfang November bis Ende Dezember 1867 schickten sozialdemokratische Volksversammlungen und Volksvereine Petitionen an den Landtag, wonach das

---
132 Die Vota der Minister werden zitiert in: C. MÜLLER, Wahlrecht, 2007, Abschnitt 4.3.
133 »Motiven«, LTAkten, 1866/68, I. Abt., Bd. 3, S. 170–182; weitere Materialien in: SHStAD, LT 5904, 5948.
134 Crowe, 2.12.1867, TNA, FO 68/147; vgl. Gise, 3./18.11.1867, BHStAM II, MA 2841; CZ, 26./30.11.1867, 10.12.1867; LTA 9./16./22.11.1867; CZ, 21.11.1867; Gb 1868, 2. Sem., 2. Bd., S. 481.

künftige Wahlrecht den Sächsischen Landtag in ein echtes Volksparlament verwandeln müsse.[135] Viele sprachen sich für das allgemeine, direkte und geheime Wahlrecht aus, unterstützten die Auszahlung von Tagegeldern an Landtagsabgeordnete und befürworteten die Ausweitung des allgemeinen Wahlrechts auf Kommunalwahlen. Auf einer großen Versammlung in Zwickau mit angeblich rund 900 Teilnehmern zirkulierte eine Petition gegen das unnationale und unliberale Verhalten der Nationalliberalen. Dies war eine Anspielung auf die Bemühungen von Hans Blum und anderen, den Reichstag dazu zu bringen, auch in Sachsens »Verfassungskonflikt« einzugreifen, wie es die Liberalen in Mecklenburg bereits für ihr Land vorgeschlagen hatten.[136]

Die konservativen Stimmen waren gedämpfter. Der Patriotische Verein in Leipzig forderte den Landtag auf, sich den öffentlichen Forderungen nach dem allgemeinen Wahlrecht zu widersetzen, die Unterscheidung zwischen städtischen und ländlichen Wahlkreisen zu wahren und die Erste Kammer zu erhalten. Der Verein betonte, dass er die »achtbarsten Bürger Leipzigs« vertrat und argumentierte, dass ein Wahlrecht ohne Zensus das »unzuläßige« Prinzip der »rein numerisch nach der Kopfzahl der Bevölkerung vertheilte[n] Repräsentation« einführen würde.[137] Regierungschef Friesen orchestrierte aktiv konservative Unterstützungsbekundungen – nicht nur von politischen Vereinen wie dem in Leipzig, sondern auch von Landwirtschaftsverbänden und Gemeinderäten auf dem Land. Friesen und sein Innenminister unternahmen keine Versuche zur Mobilisierung konservativer Hardliner. Nostitz beklagte in einer Landtagsrede, dass »patriotische Männer« und andere »ergebene Freunde« die Regierung direkt oder indirekt für die »gefährliche Bahn« kritisiert hätten, die sie in der Debatte um die Wahlrechtsreform eingeschlagen habe.[138] Er hatte wenig Verständnis für eine derart apokalyptische Rhetorik. Zudem war Friesen vom Reformtempo in Berlin positiv beeindruckt. Nach einer Reise dorthin im Oktober 1867 verglich er das neue Nationalparlament mit einem Gesetzgebungsmotor, der voran brause, und zwar »mit einer solchen Eile und Raschheit [...] als bilde der Dampf die bewegende und treibende Kraft«. Doch fragte er sich, ob ein derartiges Tempo gänzlich vernünftig sei.[139] Er bereitete sich daher auf die kommende Gesetzgebungsschlacht vor, indem er sich das Mäntelchen des Reformkonservativen umhängte – ähnlich wie Benjamin Disraeli in Großbritannien oder Sir John A. Macdonald in Kanada.

*

---

135 Die Petitionen und Vorschlägen waren zu zahlreich, um sie hier einzeln aufzulisten; vgl. SHStAD, LT 5948 und MdI 5372.
136 LTA 30.11.1867; T. S. Hamerow, Social Foundations, Bd. 2, 1972, S. 312; M. Botzenhart, Staatsbankrott, 1994, S. 375–378; W. Grohs, Reichspartei, 1990, S. 101 f.
137 Petition (16.12.1867), SHStAD, LT 5948; LTA 17.11.1867.
138 LTMitt 1866/68, II.K., Bd. 3, S. 2653 (23.3.1868).
139 Gise, 3.11.1867, BHStAM II, MA 2841.

Die gedruckten »Motiven [sic]« zur Wahlrechtsreformvorlage der Regierung hoben den Vorhang für Akt III. Sie wiederholen die Bemerkungen, die Nostitz ein Jahr zuvor gemacht hatte. Obgleich die Zuständigkeitsbereiche des Reichstags und der einzelnen Landtage klar voneinander getrennt seien, würden sich beide Parlamente notwendigerweise »berühren und [...] ergänzen«. Daher sei es »räthlich«, dass sie sich in ihrer Zusammensetzung nicht allzu sehr unterschieden. Doch den Vorschlag der Liberalen, die sich für die Abschaffung der Ersten Kammer aussprachen, lehnte die Regierung rundweg ab. Sachsens Zweikammersystem gebe den »vaterländischen Institutionen [...] den Charakter eines selbstständigen Staatsorganismus«.[140] Der Gesetzentwurf der Regierung spiegele aber auch das Reichstagswahlrecht wider, indem er das aktive Wahlrecht auf Wähler ab 25 Jahren beschränkte.

Über diesen Punkt hinaus könne man der Logik des Reichstagswahlrechts nicht beipflichten. In der Präambel wurde darauf hingewiesen, dass jede Regierungsebene ihr eigenes Wahlrecht benötige. Die Distanz zwischen nationalen und lokalen Angelegenheiten sei so groß – und die in jedem Forum diskutierten Themen so unterschiedlich –, dass die Forderung der Sozialdemokraten nach einer Reform des kommunalen Wahlrechts nicht berücksichtigt werden könne. Das Landtagswahlrecht müsse »gerecht« und »zweckmäßig« sein. Anstatt allen Bürgern des Norddeutschen Bundes eine Stimme zu geben, wie es das Reichstagswahlrecht tat, müsse es das Wahlrecht denjenigen Steuerzahlern und Grundeigentümern einräumen, die aufgrund ihrer Stellung auf lokaler (nicht nationaler) Ebene anhaltendes Interesse am Wohlergehen ihrer Heimat hatten.[141] Mit einer Sprache, die kalkuliert die konservative Faust im liberalen Samthandschuh verbarg, kam die Regierung zu dem Schluss, dass das allgemeine Wahlrecht nicht auf die Landtagswahl ausgedehnt werden könne:

> Je allgemeinerer Natur die im Reichstage zu vertretenden Interessen sind [...], um so weiter haben die Grenzen der Stimmberechtigung für die Reichstagswahlen gesteckt werden können. Die Hauptaufgabe der Landtage der einzelnen Bundesstaaten wird dagegen nach wie vor in der gewissenhaften Controle des Staatshaushalts und der besonnenen Fortbildung bestehender Verhältnisse und Einrichtungen zu erblicken sein. Es werden daher auch die Voraussetzungen des Stimmrechts verschieden sein, [...] [und zum Wahlrecht] nur solche Personen berufen werden, welche ihren bürgerlichen Verhältnissen nach zu der Annahme berechtigen, daß ihnen für die zugedachten Aufgaben das erforderliche Interesse beiwohnt.

---

140 SHStAD, Loc. 63, Nr. 4, LTAkten 1866/68, I. Abt. 3. Bd., Königl. Decret Nr. 77 (19.11.1867), »Motiven«, S. 171–182 und zum Folgenden; außerdem LTMitt 1866/68, II.K. Bd. 3, S. 2618–2623.
141 Nostitz ließ anklingen, dass eine zukünftige Reform die Wahlgesetze für die kommunalen Parlamente und den Landtag in Einklang bringen könnte; LTMitt 1866/68, I.K., Bd. 2, S. 1571 (17.4.1868).

Der Gesetzentwurf der Regierung legte ein umfassendes Paket zur Reform des Wahlrechts vor, das sich unter vier Punkten zusammenfassen lässt. Erstens sollte das System der zweistufigen (indirekten) Wahl durch eine direkte Wahl der Parlamentskandidaten ersetzt werden. Die Präambel ließ »keinen Zweifel« zu, dass das direktere Verfahren »den Willen der Wähler vollständiger und unverfälschter zum Ausdruck bringt« als ein System, das zuerst Wahlmänner und dann Abgeordnete auswählte. (Nostitz und Friesen hatten zuvor die Richtigkeit von Bismarcks diesbezüglichen Überlegungen anerkannt.) Zweitens würde eine moderate Steuergrenze, der sogenannte Zensus, die sächsische Wählerschaft auf diejenigen beschränken, die ein Haus besaßen oder eine bestimmte Steuersumme pro Jahr zahlten. Der ursprüngliche Regierungsentwurf sah vor, dass sächsische Bürger, die mindestens zwei Taler (sechs Mark) an direkten Staatssteuern entrichteten, wahlberechtigt sein sollten, während diejenigen, die mindestens zehn Taler (dreißig Mark) zahlten, sich zur Wahl stellen könnten. Im Ausschuss wurde die Schwelle für das aktive Wahlrecht bald von zwei auf einen Taler gesenkt. Drittens gab die Regierung die Bestimmung auf, wonach die Kandidaten in ihrem Heimatwahlkreis kandidieren müssten; dieser sogenannte Bezirkszwang war lange Zeit Zielscheibe liberaler Angriffe gewesen war. Die neue Bestimmung bedeutete, dass die Kandidaten keine persönliche Verbindung zu dem Wahlkreis haben mussten, in dem sie kandidierten. Viertens würde die Zahl der Abgeordneten im Unterhaus (80) unverändert bleiben. Statt jedoch Abgeordnete als Vertreter von Großgrundbesitzern oder Industriekreisen zu benennen, wie es im ständischen Wahlrecht von 1831 der Fall war, würden nunmehr 45 Abgeordnete die ländlichen Wahlkreise und 35 die städtischen Wahlkreise vertreten (davon 24 die Mittel- bzw. Kleinstädte und 11 die Großstädte).

Die sächsischen Staatsminister taten sich schwer mit dem Eingeständnis, dass die Vertretung nach Ständen nicht mehr »zeitgemäß« war. Der Gesetzentwurf behielt die Unterscheidung zwischen ländlichen und städtischen Wählern bei.[142] Der neue britische Gesandte in Dresden, J. Hume Burnley, stellte fest, dass die 45 auf dem Land zu wählenden Abgeordneten genau der Anzahl der Gutsbesitzer und Landwirte entsprachen, die nach dem ständischen Wahlrecht gewählt wurden. Umgekehrt entsprachen die 35 in den Städten zu wählenden Abgeordneten genau der Zahl der zuvor aus den Städten sowie aus Industrie- und Handelskreisen stammenden Vertreter. Ein Skeptiker könnte behaupten, dass Burnley nicht ausreichend für den feinen Unterschied zwischen »Ständen« und »Klassen« im Parlament sensibilisiert war. Friesen hatte jedoch zuvor geschrieben, dass eine Aufteilung der sächsischen Landtagssitze in städtische und ländliche Wahlkreise die einzige Unterscheidung zwischen den »verschiedenen Lebensverhältnissen und Interessen« der Sachsen sei.[143] Folglich berichtete Burnley nach Lon-

---

142 C. V. Fricker (Hrsg.), Verfassungsgesetze, 1895, S. 65; vgl. E. O. Schimmel, Entwicklung, 1912, S. 87; V. C. Diersch, Entwicklung, 1918, S. 146–177, bes. S. 150.
143 Friesen-Votum vom September 1867, in: C. Müller, Wahlrecht, 2007, Abschnitt 4.3.

don, dass »das Grundprinzip, dass jedes Klasseninteresse vertreten sein soll, in allen wesentlichen Punkten eingehalten wurde«.[144] Zwar würden Juden nun nicht mehr von der Teilnahme an Landtagswahlen ausgeschlossen, doch ansonsten seien die durch die sächsische Wahlrechtsreform eingeleiteten Veränderungen »nicht zahlreich«.

Burnleys Einschätzung war fragwürdig, denn eine Reihe von Vorgaben im Gesetzentwurf signalisierte durchaus die Bereitschaft der sächsischen Regierung, mit der Zeit zu gehen. Jede Kammer des Landtags war nun befugt, die Korrektheit ihrer eigenen Wahlmodalitäten zu prüfen. Jede konnte nach eigenem Ermessen auf Vorwürfe des Wahlverstoßes reagieren. Und die Gründe, deretwegen Wähler oder Kandidaten vom Wahlverfahren ausgeschlossen werden konnten, wurden erheblich eingeschränkt. Nichtsdestotrotz behielt der Gesetzentwurf der Regierung konservative Elemente des bestehenden Wahlrechts bei bzw. etablierte auch neue. Einige dieser neuen Bestimmungen verdienen besondere Erwähnung. Dazu zählt die rollierende Erneuerung der Zweiten Kammer. Nach 1868 saßen die Abgeordneten für drei zweijährige Legislaturperioden im Parlament: Nach jeder Periode wurde nur ein Drittel der Landtagssitze per Wahl neu vergeben. Die Regierung hatte zudem keineswegs die Absicht, die Erste Kammer abzuschaffen oder ihre Zusammensetzung wesentlich zu verändern.

Eines der wichtigsten Elemente des Reformgesetzes der Regierung war der Vorschlag, die 24 klein- und mittelstädtischen Wahlkreise aus entlegenen Gemeinden zu bilden. Jeder dieser Bezirke sollte etwa 30 000 Einwohner (und damit etwa 3 000 Wahlberechtigte) umfassen.[145] Betrachten wir beispielhaft den 5. städtischen Wahlkreis (Dippoldiswalde) südwestlich von Dresden (siehe Karte 2.4). Seine 24 063 Einwohner (1867) lebten in nicht weniger als 15 Städten und Dörfern, die bis zu 50 Kilometer voneinander entfernt lagen. Auf einer Karte wirken solch urbane Wahlbezirke wie Inseln in (oder über) einem Meer ländlicher Wahlkreise, die nur durch imaginäre Linien miteinander verbunden sind.[146]

---

144 Burnley, 26.2.1868, TNA, FO 68/149.
145 SLTW, 2004, S. 11, 104, und Karte D IV 3.
146 Nur ein Drittel der Landtagssitze wurde alle zwei Jahre neu vergeben: Die Farbkodierung der Karten zeigt, welche Wahlkreise in welchem Jahr Wahlen abhielten.

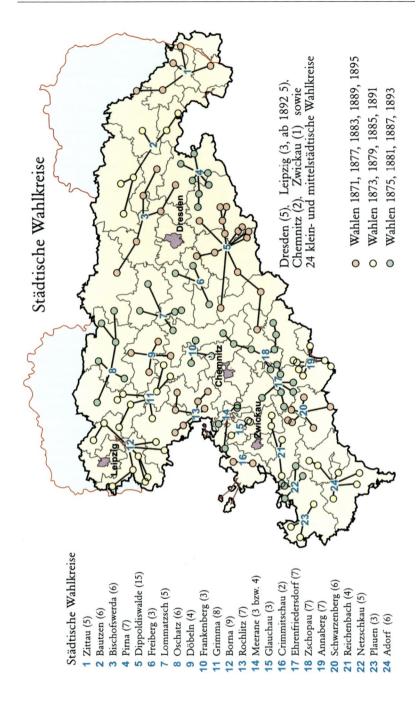

Karte 2.4: Landtagswahlkreise im Königreich Sachsen, 1868–1909 (städtische Wahlkreise). Kartografie: Philologisch-historische Klasse der Sächsischen Akademie der Wissenschaften zu Leipzig in Verbindung mit dem Landesvermessungsamt Sachsen (Hrsg.), Landtagswahlen im Königreich Sachsen 1869–1895/96. Karte D IV 3, Atlas zur Geschichte und Landeskunde von Sachsen, Dresden 2002.

Ländliche Wahlkreise, wie z. B. der 22. ländliche Wahlkreis (Taucha), waren auf vertrautere Weise organisiert, konnten aber bis zu 132 Ortschaften umfassen (siehe Karte 2.5.). In beiden Arten von Wahlkreisen erwiesen sich die Wähler als anfällig für konservative Beeinflussung – genau wie von der Regierung beabsichtigt. Im Gegensatz zu Preußen reichte das relativ unterentwickelte Netz der lokalen liberalen Verbände nicht aus, um einen kohärenten Wahlkampf mit entsprechender Kommunikation und Reisetätigkeit über große Entfernungen zu organisieren. Die sächsische Verwaltung hingegen konnte sich auf Polizei, Stadt- und Gemeinderäte, Pastoren, Förster und Bahnbeamte verlassen, um Propaganda und Stimmzettel zu verteilen. Auch die Konservativen konnten auf diese Unterstützung zurückgreifen.

Hinter verschlossenen Türen ließen Friesen und seine Kollegen keinen Zweifel daran, welches Wahlergebnis ihr Reformpaket bringen sollte. Als ein (nicht identifizierter) Staatsminister nahelegte, die Unterscheidung zwischen städtischen und ländlichen Wahlkreisen sei wenig sinnvoll, stieß er auf »entschiedenen Widerspruch« seiner Kollegen: Durch die Beseitigung dieser Unterscheidung seien »die konservativen Interessen für wesentlich gefährdet« zu erachten, weil die »Wahl eines großen Grundbesitzers in einem solchen gemischten Bezirke fast ganz werde ausgeschlossen sein«.[147] Der Teufel steckte im Detail. Die Minister wünschten eine Sitzordnung im neuen Parlament, die per Los vergeben würde, um das Entstehen solider Parteifraktionen in der Zweiten Kammer zu verhindern.[148] Auch sollten den Landtagsfraktionen keine Versammlungsräume zur Verfügung gestellt werden, um die Parteilichkeit zu verringern. Und durch direkte Wahlen sollte sichergestellt werden, dass die Liberalen nicht die Oberhand gewannen.

Die Regierung Friesens war von den gleichen Überlegungen motiviert, die Bismarck später, in den 1880er-Jahren, veranlassten, eine fünf- statt einer dreijährigen Legislaturperiode für den Reichstag zu befürworten. Es dämpfte die Begeisterung der Wähler und ihrer Vertreter, wenn alle zwei Jahre lediglich Teilwahlen zum Landtag abgehalten wurden und die jeweils 26 oder 27 neu zu vergebenden Mandate über das ganze Land verstreut waren. Beide Bestimmungen trugen zur Lokalisierung – und damit zur Eindämmung – des politischen Protestes bei. Kein noch so provokativer oder leidenschaftlicher Wahlaufruf würde im gesamten Königreich auf breite Unterstützung treffen, geschweige denn einer Partei zu einem Erdrutschsieg verhelfen. Kam es lokal zu einer heiß umkämpften Landtagswahl, mussten die Wähler im benachbarten Bezirk unter Umständen vier Jahre warten, bis sie ihre Stimme abgeben konnten. Da darüber hinaus immer mindestens zwei Drittel der Sitze von den jeweiligen Amtsinhabern gehalten würden, wäre der störungsfreie Ablauf und die umsichtige Erwägung des gesetzgeberischen Tagesgeschäfts sichergestellt. Welche Regierung würde diese zuträgliche Situation *nicht* beibehalten wollen?

---

147 GM-Protokoll vom 27.9.1867, SHStAD, MdI 5372; Gise, 3.11.1867, BHStAM II, MA 2841.
148 GM-Protokoll vom 26.3.1868, SHStAD, GM, Loc. 63, Nr. 4.

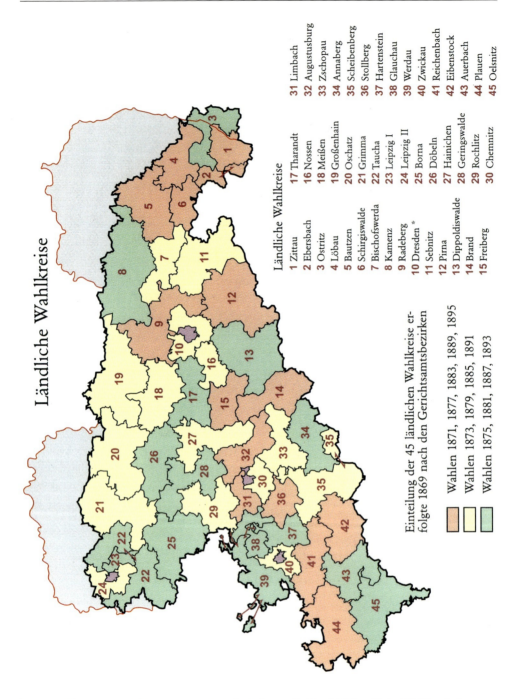

Karte 2.5: Landtagswahlkreise im Königreich Sachsen, 1868–1909 (ländliche Wahlkreise). Kartografie: Philologisch-historische Klasse der Sächsischen Akademie der Wissenschaften zu Leipzig in Verbindung mit dem Landesvermessungsamt Sachsen (Hrsg.), Landtagswahlen im Königreich Sachsen 1869–1895/96. Karte D IV 3, Atlas zur Geschichte und Landeskunde von Sachsen, Dresden 2002.

Parlamentarische Auseinandersetzungen

Im dritten Akt, der sich von November 1867 bis Mai 1868 abspielte, rechnete Friesen damit, dass der Reformgesetzentwurf der Regierung in der Zweiten Kammer des Landtags Unterstützung finden, in der Ersten Kammer dagegen auf Ablehnung stoßen würde.[149] Beide Male lag er falsch. »Dieses Gesetz wurde von der liberalen Partei überraschend unzufrieden aufgenommen«, berichtete Joseph Crowe aus Leipzig.[150] Die *Constitutionelle Zeitung* bezeichnete den Gesetzentwurf als lächerliche »Flickarbeit«. Karl Biedermann fragte, ob es nicht vielleicht besser sei, mit dem alten Wahlrecht weiterzumachen als ein neues zu unterstützen, das solch offensichtliche Mängel aufwies. Die Linke lancierte erneut eine kraftvolle Petitionskampagne, doch kamen umgehend die Meinungsverschiedenheiten zwischen Sozialdemokraten, Fortschrittlern und Nationalliberalen zum Vorschein.[151] Die Ausschussberatungen zum Vorschlag der Regierung zogen sich hin und dauerten den Januar und Februar 1868 über. Als der Ausschuss schließlich Mitte März der Zweiten Kammer seine Empfehlungen vorlegte, hatte die liberale Opposition weiter nachgelassen.[152] Ein Kritiker beklagte, der Bericht des Ausschusses hätte in vier Tagen anstatt in vier Monaten verfasst werden können; doch als der konservative Sprecher des Ausschusses, Sachße, offen zugab, dass die Verzögerung beabsichtigt gewesen sei, um die »umsichtige« Prüfung des Gesetzes zu ermöglichen, blieb der Aufschrei der Empörung aus.[153]

Während der zweitägigen Debatte im März 1868 kritisierten die sächsischen Liberalen viele Aspekte des Regierungsentwurfs.[154] Aber zu diesem Zeitpunkt waren sich die meisten Liberalen einig, dass sie sich für eine radikale Reform lieber nicht auf die Hinterbeine stellen wollten. Ein Abgeordneter brachte die Überzeugung der Fortschrittler zum Ausdruck, dass eine Kompromissreform besser sei als gar keine. Ein zukünftiger Landtag sei eher bereit, zum Wahlrecht vom 15. November 1848 zurückzukehren: »Ich betrachte das vorliegende Gesetz [...] als eine Station, wo frische Kohlen einzunehmen sind und wobei man natürlich auch Wasser mit in den Kauf nehmen muss. Ich kann es nicht für gerechtfertigt oder klug erachten, wegen einiger Minuten Aufenthalt trotzig auszusteigen, zurückzugehen und wieder von vorne den Weg zu beginnen.«[155]

---

149 Pr. Legationssekretär Alvensleben, 18.10.1867, PAAAB, Sachsen 39.
150 Crowe, 2.12.1867, TNA, FO 68/147; vgl. Werner, 13./27.11.1867, 4.12.1867, HHStAW, PAV/35.
151 CZ, 30.11.1867; vgl. auch CZ, 28.11.1867, sowie weitere Zitate in: A. Richter, Meinung, 1922, S. 123 ff.; SHStAD, GM, Loc. 63, Nr. 4; MdI 11039 und LT 5780; DWbl, 30.1.1869, 27.2.1869; W. Liebknecht, Briefwechsel mit Sozialdemokraten, Bd. 1, 1973, S. 213; R. Borrmann, Arbeiterbewegung, 1988, S. 117–125, 208 f.; R. Wieczoreck, Trennung, 1993, S. 34–36.
152 LTAkten 1866/68, I. Abt., Bd. 3, S. 155 ff. (16.3.1868).
153 Handschriftliche und gedruckte Verhandlungsprotokolle des Ausschusses der Zweiten Kammer im Landtag, SHStAD, LT 5940.
154 LTMitt 1866/68, II.K., Bd. 3, S. 2613–2656 (23.3.1868), Bd. 3, S. 2657–2719 (24.3.1868).
155 LTMitt 1866/68, II.K., Bd. Bd. 3, S. 2664 (24.3.1868).

(Derartige Argumente der sächsischen Linken waren das Spiegelbild der Haltung der nationalliberalen Reichstagsabgeordneten in Berlin, die 1867 und 1871 Bismarcks Verfassungsstruktur für das neue Reich in der Erwartung zustimmten, dass weitere Reformen rasch folgen würden.) Ein geringfügig abgeänderter Gesetzentwurf wurde von den Mitgliedern der Zweiten Kammer am 24. März mit 64:10 Stimmen und kurz darauf von der Ersten Kammer mit nur zwei Gegenstimmen gebilligt. Acht der zehn Neinstimmen im Unterhaus stammten von Guts- oder Rittergutsbesitzern.[156]

Dieses Ergebnis sollte nicht den Blick verstellen auf alternative Reformvorschläge von Landtagsabgeordneten, die in ihren eigenen Parteien außerhalb der Mehrheitsmeinung standen. Sowohl die Liberalen als auch die Konservativen brachten Ideen in die Wahlrechtsdebatte ein, die in späteren Jahrzehnten wieder auftauchen sollten.[157] Insbesondere zwei Vorschläge deuteten auf zukünftige Entwicklungen. Der erste entstammte einer Broschüre, herausgegeben im Sommer 1867 von Wilhelm August Gersdorf, worüber wenig bekannt ist.[158] Der zweite Vorschlag war in einem Minderheitsbericht von zwei konservativen Mitgliedern einer Landtagsdeputation formuliert, die mit der Erörterung der Wahlrechtsreform in Sachsen beauftragt war.[159] Diese Vorschläge hatten zwei Gemeinsamkeiten. Sie schlugen zum einen ein hybrides Wahlsystem vor, bei dem zwei oder mehr Gruppen von Wahlberechtigten, definiert nach unterschiedlichen Eignungskriterien oder nach Wohnsitz (Stadt/Land), ihre eigenen Vertreter wählen würden, die dann gemeinsam in einem rund achtzigköpfigen Parlament tagen sollten. Zum anderen sahen beide Vorschläge die Bereitstellung von »zusätzlichen« Stimmzetteln für Wahlberechtigte vor, deren gesellschaftlicher Rang eine bevorzugte Rolle bei der Wahl nahelegte. So würde ein hybrides System, das als »allgemein«, aber nicht »unbegrenzt« angepriesen wurde, den Sächsischen Landtag vor der Masse der Wähler retten, die, wie Gersdorf es ausdrückte, mehr von ihrer momentanen »Stimmung« als von ihren wahren »Interessen« beeinflusst wurden.[160] Auch wenn keiner dieser Vorschläge große Auswirkungen auf die sächsische Wahlrechtsreform von 1868 hatte, war 35 Jahre später, im Jahr 1903, ein hybrides Wahlrecht das einzige System, das nach Ansicht des sächsischen Gesamtministeriums die mehrheitliche Zustimmung des bestehenden Landtags gewinnen könnte. Und wiederum sechs Jahre später, 1909, erwies sich ein pluralistisches Wahlsystem als die einzige Grundlage für eine Einigung zwischen der sächsischen

---

156 I. K. Ausschussprotokoll (20.4.1868) und Plenardebatten (16.–18.4.1868, 27.–28.5.1868) in: SHStAD, LT 5781, 5948.
157 LTMitt 1866/68, I.K., Bd. 2, S. 1555 f., 1561 (16.4.1868).
158 W. A. Gersdorf, Sätze, 1867; vgl. CZ, 18.8.1867.
159 Bei den zwei Abgeordneten handelte es sich um Friedrich Theodor von Criegern auf Thumitz, Appellationsgerichtspräsident und Gutsbesitzer in der Oberlausitz, sowie Leonçe Robert Freiherr von Könneritz. LTAkten 1866/68, Beilagen [...] II.K., Bd. 3, S. 373–418, bes. S. 392 ff.; außerdem LTMitt 1866/68, II.K., Bd. 3, S. 2635 f. (23.3.1868).
160 W. A. Gersdorf, Sätze, 1867, S. 12.

Regierung und den sächsischen Parteien.[161] Gersdorfs abschließendes Argument verdient also Beachtung; die von ihm verwendete Bildersprache wurde von Konservativen, Nationalliberalen und einigen Staatsministern nach der Jahrhundertwende wiederbelebt, um für ein explizit organisches Wahlrecht und gegen die »Flut« der Demokratie zu kämpfen:

> Die doppelte Wahlstimme [...] muß aber so angewendet werden, daß der Wähler [...] in zweierlei Weise und Richtung zu wählen hat, nämlich direct und indirect, geheim und öffentlich, mit und ohne Census, Repräsentativ- und Ständevertreter xc. [...] [D]er Wähler (*die Einheit*) kommt dabei keineswegs mit sich selbst in Widerspruch, da er nach *einem Willen*, nur in zweierlei Weise und Richtung wählt und wählen läßt, gleichwie im menschlichen Körper *ein* Wille *zwei* Arme zu gleicher Zeit zu verschiedenen Bewegungen in Thätigkeit setzen [...] kann.[162]
>
> [...]
>
> Das allgemeine, directe Wahlrecht ohne Eintheilung der Wähler in Classen gleicht einem großen, breiten Strome, der Alles überschwemmt und niederreißt, was in seinen Lauf kommt, während die allgemeine, aber nur theilweise directe, theilweise indirecte und Classenwahl einer gut angelegten Wasserleitung ähnlich ist, die das Wasser für die verschiedensten nützlichen und angenehmen Zwecke durch systematisch angelegte Canäle und Röhren in allen Richtungen und im regelmäßigen Laufe, je nach Bedürfniß, darbietet.[163]

Eine Bilanz

Am 4. Juni 1869 fanden die ersten Landtagswahlen nach neuem Wahlrecht statt. In einer Hinsicht hatte Sachsen nun das fortschrittlichste Landtagswahlrecht in Deutschland: 244 594 Männer – das entsprach 9,9 Prozent der sächsischen Gesamtbevölkerung – waren wahlberechtigt. Dennoch sah sich etwa jeder zweite sächsische Wahlberechtigte, der zur Reichstagswahl zugelassen war, von der Wahl zum eigenen Landtag ausgeschlossen.[164] Doch sollte man ob solcher statistischer Momentaufnahmen nicht aus dem Blick verlieren, welche Vorteile es hat, die Wahlrechtsreform prozesshaft zu analysieren. Die Berechnungen und Debatten, die zu Sachsens erfolgreicher Wahlrechtsreform von 1868 führten, waren nicht weniger verschlungen als jene, mit denen sich Bismarck,

---

161 Vgl. Kap. 8 und 11 in diesem Band.
162 W. A. GERSDORF, Sätze, 1867, S. 22 (Hervorhebung im Original).
163 Ebenda, S. 19 f.
164 Bei der Reichstagswahl vom März 1871 waren 472 874 Sachsen, d. h. 18,5 Prozent der Bevölkerung des Königreichs, wahlberechtigt.

Disraeli und andere Konservative in den 1860er-Jahren auf das allgemeine Wahlrecht zubewegten. So manches Mitglied von Disraelis Kabinett verbrachte »einen grässlichen Sonntag mit Rechnen«, wie Asa Briggs es einmal formulierte, um die Folgen eines auf »sicherem« Niveau festgezurrten Wahlrechts zu berechnen.[165] Schließlich waren schon anderswo die besten Pläne von Gesetzgebern durch fehlerhafte statistische Prognosen ihrer Berater zunichtegemacht worden.[166]

Darüber hinaus gab es noch andere Wahlregelungen, welche die Gesetzgeber dazu bewogen, relativ niedrige Steuerschwellen zu akzeptieren. Viele dieser Regelungen machten den allgemeinen oder nahezu allgemeinen Charakter der neuen Wahlrechte wett, indem sie zum Beispiel sicherstellten, dass bestimmte soziale Gruppen Privilegien wie z. B. zusätzliche Stimmen, Parallelkammern oder Nominierungsrechte erhielten. Die Neuordnung der Wahlkreisgrenzen, die Veröffentlichung von Parlamentsdebatten, Tagegelder für Abgeordnete, die Dauer der Legislaturperioden, Pläne für künftige Steuerreformen – all diese praktischen Fragen flossen im Zusammenhang mit Steuergrenzen stets in die Überlegungen von Reformern ein. So ließe sich beispielsweise argumentieren, dass Disraeli in Großbritannien, Bismarck in Preußen und Friesen in Sachsen in den 1860er-Jahren die städtischen Wahlkreise faktisch den Liberalen überließen, weil wiederum andere Reformelemente den Zugriff der Konservativen auf die ländlichen Sitze stärkten. Die Bedeutung von Steuergrenzen wird auch deutlicher, wenn man die Entschlossenheit der Reformer betrachtet, in der Verfassungsära den Ansprüchen an moderne Staatskunst gerecht zu werden. Im Jahre 1868 wollte Friesen ein Wahlrecht entwerfen, das den internationalen Fairness-Standards entsprach und gleichzeitig den Makel der Rückständigkeit der Beust-Ära beseitigte. Er würde niemals, so schrieb Friesen, Beusts Fehler machen, die »Zeitströmungen« und den »Geist Gottes, der den Gang der Geschichte beherrscht«, zu ignorieren.[167]

Doch wie schätzte man im Ausland Sachsens Fähigkeit ein, mit der Zeit zu gehen oder den Willen Gottes zu interpretieren? Disraelis Zweites Reformgesetz von 1867 hatte bereits das Unterhaus passiert, als der britische Gesandte in Dresden berichtete, dass »die Wahlqualifikation so niedrig wie möglich angesetzt wurde, ohne die eigentliche Proletariatsklasse hineinzubringen«.[168] Diese Einschätzung deckte sich mit der Erklärung von Nostitz in der Zweiten Kammer, das neue Wahlrecht gäbe jedem »Arbeiter, der sich durch Geschick, Intelligenz und Fleiß auszeichnet, die Möglichkeit, das Wahlrecht zu erlangen«.[169]

---

165 Zitiert in: M. L. ANDERSON, Lehrjahre, 2009, S. 32.
166 Vgl. Kap. 12 in diesem Band; außerdem J. RETALLACK, Mapping, 2016.
167 Denkschrift (Sept. 1867) zitiert in: C. MÜLLER, Wahlrecht, 2007, Abschnitt 4.3.
168 Burnley, 5.10.1869, TNA FO 68/149. Vgl. G. HIMMELFARB, Politics, 1966; J. MITCHELL, Mobilization, 1982; N. BLEWETT, Franchise, 1965.
169 LTMitt 1866/68, II. K., Bd. 3, S. 2654 (23.3.1868); vgl. Gise, 3.11.1867, BHStAM II, MA 2841; C. MÜLLER, Wahlrecht, 2007, Abschnitt 4.3; GM-Protokolle, 23.2.1868, SHStAD, MdI 5372.

Weit gestreute Vergleiche müssen nicht unbedingt weit hergeholt sein. Es ist unwahrscheinlich, dass Berlin die einzige besuchte europäische Hauptstadt war – oder dass Rudolf von Gneist, Hermann Roesler und Lorenz von Stein die einzigen zu Rate gezogenen Verfassungsexperten waren –, als die Meiji-Reformer eine Erkundungsmission ins Ausland entsandten, um die japanische Verfassung von 1889 vorzubereiten. Hätten die Mitglieder dieser Mission vor ihrer Rückkehr nach Tokio Dresden besucht, hätten sie dann nach wie vor die Steuergrenze für das japanische Parlament auf 15 Yen festgesetzt?[170] Die sächsischen Gesetzgeber, welche die einschneidende Reform von 1868 verabschiedeten, betonten bei jeder Gelegenheit den Vorrang des praktischen Nutzens vor der Theorie. Sie verwiesen selten auf Lorenz von Stein oder andere Experten. Aber sie zitierten zur Legitimation ihrer Vorschläge die Wahlgesetze anderer deutscher Staaten und anderer Nationen – zum Beispiel die schwedische Parlamentsreform von 1866.

Selbst die Konservativen konnten solchen Vergleichen nicht widerstehen.[171] Friesen war ähnlich wie Lorenz von Stein der Überzeugung, dass Staatsmänner sich vom archaischen und fragmentierten Gemeinwesen einer ständischen Gesellschaft wegbewegen müssen, hin zu dem, was Stein einen Sozialstaat nannte (im Kern aber eine Klassengesellschaft darstellte). Die Diskussionen über die Festlegung von Wahlrechtsbeschränkungen hatten nicht nur direkte Auswirkungen auf die ersten Landtagswahlen unter dem neuen Wahlrecht, sondern auch auf die längerfristige Entwicklung der sächsischen Wahlkultur. Sie beeinflussten, wie die Sachsen über ihr Gemeinwesen dachten und wie sie innerhalb der Grenzen, die ihrem politischen Verhalten gesetzt waren, handelten. Dazu passt folgende Beobachtung von Ian Hacking: »Die Bürokratie der Statistik setzt nicht nur Schranken, indem sie Verwaltungsvorschriften schafft, sondern auch indem sie Kategorien festlegt, in denen die Menschen sich selbst und die ihnen möglichen Handlungen denken müssen.«[172] Da es nicht mehr möglich war, ständischen Privilegien Rechnung zu tragen, waren Friesen und seine Kollegen gezwungen, als Grundlage ihres neuen Systems die statistisch quantifizierbare Unterscheidung in städtische und ländliche Wahlkreise anzuwenden. Sie teilten aber auch Steins Vision des Staates »als aktiver historischer Partner bei der Entstehung der bürgerlichen Gesellschaft«.[173]

*

---

170 Das Wahlrecht Japans aus der Meiji-Zeit vom 11.2.1889 in: CENTER FOR EAST ASIAN CULTURAL STUDIES, Meiji Japan, Bd. 1, Basic Documents, S. 131–152; weitere Hinweise in: J. RETALLACK, German Right, 2006, S. 191.
171 LTMitt 1866/68, II.K., Bd. 3, S. 2646 (Kretschmar) und Bd. 3, S. 2651 (Seiler, 23.3.1868). Zu den schwedischen, österreichischen und schweizerischen Wahlrechtsreformen vgl. J. KURUNMÄKI, Representation, 2000, Kap. 8–9; M. SELIGER/K. UCAKAR, Wahlrecht, 1984; K. UCAKAR, Demokratie, 1985; F. ADLGASSER, Kontinuität, 2005; E. GRUNER, Wahlen, 1978.
172 I. HACKING, History, 1991, S. 194.
173 C. GORDON, Governmental Rationality, S. 30–31.

Die Landtagswahlreform von 1868 hatte sowohl positive als auch negative Auswirkungen. Die soziale Zusammensetzung der Zweiten Kammer änderte sich nur geringfügig. Wie das Wiederaufflammen einer konservativen Mehrheit in den 1880er-Jahren zeigte, veränderte die Wahlrechtsreform die sächsische Parlamentskultur nicht über Nacht. Nachdem das neue Wahlgesetz am 28. April 1868 vom Landtag verabschiedet worden war, wartete die sächsische Regierung acht Monate, bis zum 3. Dezember 1868, mit seiner Veröffentlichung. Weitere sechs Monate vergingen, bevor am 4. Juni 1869 die ersten Wahlen nach den neuen Bestimmungen abgehalten wurden. Diese Verzögerungen spiegelten den Wunsch der Regierung wider, den Beginn einer neuen Wahlkultur in Sachsen so lange wie möglich hinauszuzögern. Friesen und seine Ministerkollegen hatten zunächst gehofft, die sächsische öffentliche Meinung würde es zulassen, dass beim ersten Testlauf des neuen Wahlrechts nur ein Drittel der Landtagsabgeordneten zur Wahl stünde. Sie suchten einen »Ausweg«, um eine Wiederholung des Debakels von 1848 zu vermeiden, als die Opposition einen Erdrutschsieg errungen hatte. Im Falle eines allmählicheren Übergangs würden sich die neuen Abgeordneten mit den »tief verwurzelten Traditionen« des ständischen Landtags in Sachsen vertraut machen und, wie Innenminister Nostitz es ausdrückte, davon absehen, alles in Frage zu stellen.[174] Widerstrebend kamen die sächsischen Staatsminister jedoch zu dem Schluss, dass ein solcher Kurs zu riskant sei: Er würde eine Zweite Kammer hervorbringen, deren Mitglieder auf Grundlage unterschiedlicher Wahlgesetze gewählt worden wären. Diese Situation könnte zu öffentlichen »Differenzen und Protestationen« mit unvorhersehbaren Folgen führen. Folglich führte kein Weg vorbei an einer Integralerneuerung der Zweiten Kammer des Landtags im Jahre 1869.[175]

Trotz der häufigen Verweise auf den unaufhaltsamen Zeitgeist, der den Wandel begünstige, bestand quer durch »alle Klassen und Schichten« der Gesellschaft weniger Einigkeit über die Details der Wahlrechtsreform, als es den Liberalen lieb gewesen wäre. Einige Nationalliberale bezweifelten, dass der Sächsische Landtag überhaupt reformfähig war.[176] Letztendlich wurde er grundsätzlich reformiert – und wir sollten bedenken, dass viele Parlamente in der Geschichte an dieser Herausforderung gescheitert sind. Doch war die sächsische Wahlrechtsreform von 1868 auch Ausdruck einer, so die *Leipziger Zeitung*, typischen sächsischen Grundhaltung: Der Sachse sei »kein Freund des Scharfen und Schneidenden«. Friesen schlug in dieselbe Kerbe, als er von der Wahlrechtsreform des Jahres 1868 rückblickend als einer »sehr eingreifenden und doch maßvollen Umgestaltung der inneren Verfassung Sachsens« sprach.[177] Der konser-

---

174 Denkschrift Nostitz (29.6.1867) zitiert in: C. Müller, Wahlrecht, 2007, Abschnitt 4.3.
175 GM-Protokoll vom 27.9.1867, zitiert in: W. Schröder, Wahlrecht, 1997, S. 102 Anm. 72.
176 Gb 1867, 2. Sem., 2. Bd., S. 480.
177 LZ, 15.10.1866, zitiert in: A. Richter, Meinung, 1922, S. 63; R. v. Friesen, Erinnerungen, Bd. 3, 1910, S. 47. Vgl. K. Biedermann, Leben, Bd. 2, 1886, S. 295; Städtischer Verein Leipzig an die II. K., 11.12.1872, und weitere Petitionen in SHStAD, LT 6827.

vative Rittergutsbesitzer Theodor Günther sagte seinen Landtagskollegen, er sei nach der Analyse des neuen Wahlrechts zu dem Schluss gekommen, es enthalte »ein Viertel Liberalismus, ein Viertel Wohlwollen, ein Viertel Hoffnung und ein Viertel Angst«.[178]

Wie diese Bemerkungen zeigen, sollten wir Behauptungen, wonach sich die Gesetzgeber allzu leicht der öffentlichen Meinung beugen, mit Vorsicht genießen. Es kommt in erster Linie nicht so sehr darauf an, ob wir die sächsische Wahlrechtsreform von 1868 als modern oder unmodern bezeichnen; vielmehr sollten wir uns die Frage stellen, ob sie die Deutschen dazu gebracht hat, die Prinzipien demokratischer und autoritärer Regierungsführung neu zu denken. In den 1860er-Jahren erlebte Deutschland den Zerfall einer auf Berufsständen basierenden hierarchischen Gesellschaft, und das wurde auch so wahrgenommen. Traditionelle Argumente zugunsten eines ständischen Wahlrechts genügten nicht mehr. Aber überzeugende Alternativen waren schwer auffindbar. Soziomoralische Milieus, die auf soliden Klassenzugehörigkeiten oder konfessionellen Konflikten beruhten, waren noch nicht in den Fokus gerückt. Friesen, Bismarck und andere Konservative zogen es vor, Revolutionen zu machen, anstatt sie zu erleiden. Als zögerliche Modernisierer verließen sie sich zur Erhellung auf Statistiken und Berechnungen, wenn verfassungsrechtliche Sprünge ins Dunkle nötig waren.

Vergleiche helfen uns auch dabei, die Modernisierungsstrategien anderer deutscher Staatsmänner zu verstehen. Die Regierung des Großherzogtums Baden nannte den Krieg von 1866 und die Aussicht auf ein geeintes Deutschland ausdrücklich als Gründe dafür, eine umfassende Wahlrechtsreform *nicht* in Erwägung zu ziehen.[179] Im Königreich Württemberg hingegen wurde zeitgleich und weitgehend mit dem gleichen Ergebnis wie in Sachsen eine Wahlrechtsreform durchgeführt. Württembergs Innenminister Ernst von Geßler erkannte, dass sich ein moderner Staat nicht mehr allein auf die Unterstützung traditioneller (agrarischer) Eliten stützen konnte. Wie Friesen in Sachsen wollte dieser konservative Reformer die vitalen Interessen Württembergs nicht auf dem Altar des Nationalismus oder Liberalismus opfern. Doch Geßler war überzeugt, dass der moderne Staat seinen Sieg von 1848/49 über die Kräfte des Wandels nicht würde wiederholen können: Folglich sollte er eine derartige Verfassungskrise gar nicht erst wieder aufkommen lassen und stattdessen rechtzeitig eine Wahlrechtsreform durchführen.

Geßler legte diese Strategie in einer Denkschrift an seinen König genauer dar. Mit Verweis auf die Rolle des allgemeinen Wahlrechts in der Frankfurter Nationalversammlung von 1849, im Reichstag von 1867 und im Zweiten Französischen Kaiserreich schrieb er, er halte es für »gerathener, den aus der Logik der Thatsachen sich ergeben-

---

178 LTMitt 1866/68, II.K., Bd. 3, S. 2642 (23.3.1868).
179 R. EHRISMANN, Liberalismus, 1993, S. 134; vgl. F. SEPAINTNER, Wahlrecht, 1999; L. GALL, Liberalismus, 1968. Zu Hessen, vgl. C. A. LION, Landtagswahlrecht, S. 108 ff.; zu Bayern, R. THEILHABER, Jahre, 1908, S. 25; zu Lübeck, H. FUCHS, Privilegien, 1971, S. 36 ff.

den Schritt sogleich von vornherein ganz und unumwunden zu thun, als denselben sich successiv abkämpfen zu lassen, in einem Kampfe, welchen die Regierung zunächst nicht für sich, sondern für gewisse seither bevorrechtete Klassen der Staatsbürger auf die Gefahr hin zu unternehmen haben würde, von diesen Klassen selbst im entscheidenden Augenblicke im Stiche gelassen zu werden und damit das ganze Odium des Kampfes dann auf sich leiden zu müssen«.[180] Ähnliches hatten Friesen und Nostitz in Bezug auf die sächsischen Konservativen beobachtet: Ihnen fehlte die Energie und Organisation, um der Regierung die nötige Unterstützung zu gewähren. Die genannten Staatsminister waren daher bereit, mit Hilfe der Liberalen einen vorsichtigen Reformkurs einzuschlagen. Sie taten dies nur, weil ein solches Vorgehen eine breite und belastbare Unterstützung für den bestehenden Staat versprach. Allerdings war der Mittelweg, auf dem sich Liberale und Konservative trafen, schmaler und weniger beständig als diese Staatsmänner vermuteten.

---

[180] Geßler, Anbringen an den König Karl von Württemburg, 27.3.1867, zitiert in: R. Menzinger, Verfassungsrevision, 1969, S. 60; vgl. H. Brandt, Parlamentarismus, 1987, S. 162–169; ders., Partizipation, 1982.

Eine »liberale Ära«?

> Wir sind uns näher getreten, und manches Mißtrauen ist beseitigt.
> — Regierungschef Richard von Friesen an die sächsischen Liberalen, Februar 1870[181]

> Ein Essen beurteilt der Gast besser als der Koch.
> — Aristoteles, Politik, Buch III, Teil XI

Sachsen wagte sich nur zögerlich in die Ära des allgemeinen Wahlrechts vor. Obwohl Sachsens Statistiker zu den besten in Deutschland gehörten, können Historiker nur raten, wie viele Gesamtstimmen die Parteien bei den Landtagswahlen vom 4. Juni 1869 gewonnen hatten. Auch andere Fragen, die sich aus der Wahlrechtsreform von 1868 ergaben, blieben ungelöst: Würde es der Linken gelingen, die Reform des Wahlrechts noch einen Schritt weiter zu treiben? Würde sie die ungebührliche Einflussnahme der Regierung auf Wahlkämpfe aufdecken können? Würde das Gleichgewicht von Liberalen und Konservativen in der Zweiten Kammer zum Stillstand führen? Und würde Regierungschef Friesen dem aufstrebenden deutschen Nationalstaat treu bleiben und gleichzeitig die sächsischen Interessen wahren können?

Bis Mitte der 1870er-Jahre hatten die Liberalen und Friesen den gesetzgeberischen Rückstand der 1860er-Jahre abgebaut. Sie reformierten die sächsische Kommunalverwaltung, das Steuersystem, das Presserecht und die Schulaufsicht. Friesens politischer Scharfsinn und Flexibilität in diesen Jahren stehen in starkem Kontrast zur Starrheit seiner Nachfolger. Allerdings opferte er keine konservativen Interessen. Nach Friesens Rücktritt erlebten die Konservativen einen schnellen Wiederaufstieg. Der sächsische Partikularismus war nach 1866 nicht verschwunden; in vielerlei Hinsicht war er sogar stärker geworden, befeuert durch die »zentralisierenden« Aktivitäten Bismarcks und der Nationalliberalen in Berlin. Sachsens »liberale Ära« war keine historische Epoche. Sie lässt sich besser als eine Episode bezeichnen.[182]

---

181 LZ, 25.2.1870, zitiert in: A. RICHTER, Meinung, 1922, S. 137.
182 Vgl. K. BLASCHKE, Verwaltung, 1984, S. 781, sowie der nuancenreichere W. SCHRÖDER, »Liberal Era«, 2000.

Die Landtagswahlen von 1869

Im März 1868 stellte ein politischer Insider in Dresden fest: »Ungewiss ist aber sicher die Frage, [...] ob und inwiefern die nach diesem neuen [Wahl-]Gesetze zu wählende Kammer der Regierung gestatten wird, in ihrer bisherigen administrativen und politischen Haltung zu verharren.«[183] Für Friesen hellten sich die politischen Aussichten im Vorfeld der ersten Landtagswahlen nicht wesentlich auf. Kaum war das Wahlgesetz Mitte 1868 verabschiedet worden, erklärten es selbst linke Abgeordnete, die dafür gestimmt hatten, für unzulänglich und forderten weitere Reformen. Sozialdemokraten monierten den Zensus von einem Taler, Fortschrittler die gescheiterte Rückkehr zum Wahlrecht von 1848, Nationalliberale die anhaltende Bevorzugung ländlicher Interessen durch die Regierung.[184] Mit einer Argumentationslinie, die nach 1900 an Bedeutung gewinnen würde, behaupteten die Liberalen, dass den Städten, wenn man Vermögens-, Einkommens-, Eigentums- und indirekte Steuern zusammen betrachtete, mindestens ebenso viele Wahlkreise zustehen würden wie den ländlichen Regionen. Dies erschwerte Friesens Plan zur Revision des sächsischen Steuersystems.[185] Diese Desiderata verliehen dem Wahlkampf einen gewissen Kick, da die Sachsen wussten, dass dies auf absehbare Zeit die einzige Integralerneuerung ihres Landtags sein würde.

Im Februar 1869 gaben rund 150 sächsische Konservative, Mitglieder eines »Constitutionellen Wahlvereins«, ein schwammiges Manifest heraus, in dem sie ihre Anhänger dazu aufrufen, sich hinter eine Mischung aus »constitutionellen«, »deutsch-sächsischen« und »bundesstaatlich-constitutionellen« Parteibezeichnungen zu stellen. Sie setzten »liberale« mit »extremer« Gesetzgebung gleich, verpflichteten sich zur Wahrung der »Unabhängigkeit« Sachsens und gelobten, sich gegen die von Preußen geforderten höheren Militärausgaben zur Wehr zu setzen.[186] Aussagen zur Unterstützung konservativer Kandidaten fanden sich weniger in Zeitungen als vielmehr in Rundschreiben, die mit Zustimmung und aktiver Unterstützung von Beamten, Pastoren und Landwirtschaftsverbänden verteilt wurden.[187] Die liberale Botschaft hingegen drang kaum in die ländlichen Gegenden Sachsens vor.

Die Linke konnte sich nicht einigen, ob sie überhaupt an den Landtagswahlen teilnehmen sollte, da das neue Wahlrecht so weit hinter ihrem Ideal zurückblieb. Bei einem Treffen der Sächsischen Volkspartei in Leipzig am 18. Mai 1869 entschieden sich die

---

183 Werner, 23.3.1868, HHStAW, PAV/36.
184 Vgl. CZ 9./12./20./26.5.1869 und 4./6./8./9./16./24.6.1869, zitiert in: C. MÜLLER, Wahlrecht, 2007, Abschnitt 4.3.
185 R. v. FRIESEN, Erinnerungen, Bd. 3, 1910, S. 40.
186 AHM Döbeln an KHM Leipzig, 21.2.1869; vgl. konservatives Manifest, LZ, 26.5.1869, zitiert in: SLTW, 2004, S. 38.
187 Dazu und zum Folgenden: W. SCHRÖDER, Wahlrecht, 1997, S. 104–108. Schröder spricht zurecht vom »Staatsapparat, der gleichermaßen als spiritus rector und Korsett der konservativen Organisationsbestrebungen wirkte«.

Sozialisten unter Bebel und Liebknecht für einen landesweiten Boykott. Abgesehen von der Schwierigkeit, qualifizierte Kandidaten zu finden, deren jährliche Steuerzahlungen mindestens zehn Taler betrugen, war ihnen auch bewusst, dass der Ein-Taler-Zensus viele ihrer Anhänger vom Wählen ausschließen würde. Einige Fortschrittler schlossen sich dem Boykott an. Die Nationalliberalen spielten in diesem Wahlkampf eine größere Rolle als 1867. Zusammen mit Fortschrittlern, die sich dem Boykott nicht anschlossen, forderten sie als »liberale Partei« eine Reform der sächsischen Kommunalverwaltung, der Schulen, des Steuersystems und der Presse – alles Bereiche, in denen die Liberalen schon bald einige Erfolge für sich in Anspruch nehmen konnten. Viele wahlpolitische Forderungen blieben allerdings unerfüllt, darunter die »weitere Ausdehnung des Wahlrechts, Aufhebung der Trennung zwischen Stadt und Land, Aufhebung des Zweikammersystems, wesentliche Verkürzung der Landtage« und die Liberalisierung des sächsischen Vereinsrechts von 1850.[188] In den letzten Wochen des Wahlkampfes gewannen die Nationalliberalen die Oberhand und entfalteten in den Worten des österreichischen Gesandten in Dresden »eine Thätigkeit[,] von der mir anfängt, bange zu werden, indem ich von Seite der Regierungs- und conservativen Partei entsprechende Gegenanstrengungen weniger bemerke«.[189]

Die Wahlbeteiligung lag am Wahltag in Dresden, Leipzig und Chemnitz bei lediglich 40 Prozent. Auch wenn die vom Sächsischen Statistischen Büro erstellten Wahlergebnisse unvollständig sind, bieten sie einen Ausgangspunkt für die Analyse (siehe Tabelle 2.3). Von den 45 ländlichen Wahlkreisen Sachsens fielen 25 an die Konservativen.[190] Die insgesamt 20 Siege der Liberalen auf dem Land waren unter anderem auf die Stärke der Nationalliberalen um Leipzig und Zittau zurückzuführen. Auffälliger ist ein breiter Streifen linksliberaler Siege, der sich von der Mitte des Königreichs entlang seiner südlichen Grenze nach Osten erstreckte. Die politische Couleur der ländlichen Wahlkreise zwischen Chemnitz und Zwickau im Westen spiegelte den heiß umkämpften Charakter dieser Industrieregion wider. Vergleicht man die Parteizugehörigkeit des siegreichen Kandidaten in ländlichen Gebieten mit der Stimmverteilung auf die jeweiligen Konkurrenten, muss man wissen, dass für den Wahlsieg eines Kandidaten eine einfache Mehrheit ausreichte, sofern er mindestens ein Drittel aller abgegebenen Stimmen auf sich vereinte. Somit waren keine Stichwahlen notwendig, wie es oft bei Reichstagswahlen der Fall war. Selbst bei einem Kopf-an-Kopf-Rennen mit drei oder mehr Kandidaten ließ sich der Gewinner sofort ermitteln.

---

[188] »Programm der liberalen Partei in Sachsen, vom 31. Januar 1869«, LIBERALE FRACTION, Rechenschaftsbericht, Beilagen, [1870], S. 25.
[189] Werner, 22.5.1869, HHStAW, PAV/37; vgl. Burnley, 18.6.1869, TNA, FO68/149.
[190] Vgl. Karte S. 2.9 der sächsischen Landtagswahlen von 1869 im Online-Supplement.

Tabelle 2.3: Sächsische Landtagswahlen, 4. Juni 1869

Wahlkreistyp (Anzahl)	Wahl-berechtigt	Abgegebene Stimmen	Konservative			Liberales Lager		
			Stimmen	Stimmen	Mandate	Stimmen	Stimmen	Mandate
		(%)		(%)			(%)	
Großstädt. WKe (11)	36.296	34,0	3.031	24,6	3	8.601	69,8	8*
Städtische WKe (24)	55.464	41,3	6.185	27,0	9	8.837	38,6	15**
Ländliche WKe (45)	152.834	40,6	33.060	53,3	25	17.162	27,7	20***
Sachsen gesamt (80)	244.594	39,8	42.276	43,5	37	34.600	35,6	43

Anmerkungen: *6 Nationalliberale, 2 Fortschrittler. **9 Nationalliberale, 6 Fortschrittler. ***4 Nationalliberale, 11 Fortschrittler, 4 Liberale, 1 unbekannt. Insgesamt wurden 97.278 Stimmen abgegeben: 12.324 in den Großstädten, 22.908 in anderen städtischen Wahlkreisen und 62.046 »auf dem Lande«, was einer Wahlbeteiligung von 39,8 Prozent entspricht. Viele Stimmen für erfolglose Kandidaten wurden nicht in den offiziellen Statistiken erfasst. Stimmen für nationalliberale und linksliberale (fortschrittliche) Kandidaten waren nicht nach Kategorien zu unterscheiden: Sie wurden zu einem »liberalen Lager« zusammengefasst.
Quellen: ZSSL 51, H. 1 (1905), S. 1–12, unter Einbeziehung von Korrekturen aus SLTW, Tabellen 11, 18, 23; Verzeichnis sämtlicher Mitglieder der Ständeversammlung (Sitzordnungen) (1.10.1869, 11.12.1871, 7.5.1874, 23.10.1875); W. Schröder, Wahlrecht, 1997, S. 102 f., sowie weiteren Landtagshandbüchern.

In den elf sächsischen Großstädten und 24 »übrigen städtischen« Wahlbezirken gewannen die Liberalen fast doppelt so viele Wahlkreise (23) wie die Konservativen (12). Von den 23 liberalen Sitzen gingen die meisten (15) an die Nationalliberalen. Dies spiegelte die Stärke der Nationalliberalen in Leipzig sowie ihren Einfluss bei Industriellen und anderen Unternehmern rund um Chemnitz und Zwickau wider. Diese Konzentration nationalliberaler Stärke erklärt, warum die Konservativen Mitte der 1870er-Jahre so viel Energie darauf verwendeten, ihre Parteiorganisation in der westlichen Hälfte des Königreichs zu verbessern, welche sie von ihren »unpatriotischen« Gegnern zurückerobern wollten. Die Fortschrittler waren landesweit gleichmäßiger verteilt, unter anderem weil sie in den Kleinstädten besser abschnitten als in den Großstädten. Diese parteipolitischen Ballungsräume sind nicht deshalb erwähnenswert, weil sie unveränderlich blieben, sondern weil in den nächsten 40 Jahren (d. h. bis 1909) in keinem der 80 Landtagswahlkreise eine weitere Gesamtparlamentswahl stattfand.

Wie lassen sich also diese Resultate einordnen? Die Zeitgenossen waren sich unschlüssig. Nur 27 Abgeordnete hatten ihren Sitz behauptet; 53 Abgeordnete waren neu in den Landtag gewählt worden. Karl Biedermann behauptete, die sächsischen Liberalen hätten die Mehrheit der Sitze im neuen Parlament.[191] Andere kamen auf abweichende Ergebnisse.[192] Betrachtet man das Abstimmungsverhalten der Abgeordneten, lässt sich sagen, dass die Liberalen zusammen 43 Mandate und die Konservativen 37 Mandate innehatten. Mit ihren selbstbewussten Äußerungen und ihrer ehrgeizigen

---
191 K. Biedermann, Leben, Bd. 2, S. 296.
192 Werner, 11.6.1869, PAV/37; Crowe, 16.6.1869, TNA, FO 68/150; Eichmann, 6.6.1869, PAAAB, Sachsen 39, Bd. 2.

Agenda überzeugten die Liberalen viele Beobachter, dass sie nun das Ruder in der Hand hielten. Kaum war die neue Legislaturperiode am 30. September 1869 eröffnet, reichten die Liberalen offiziell Protest gegen unsaubere Wahlkämpfe ein.[193] Darüber hinaus forderten sie die Rückkehr zum Wahlrecht von 1848, die Abschaffung der Ersten Kammer und die Beseitigung des steuerbasierten Zensus für Wähler und Kandidaten.[194] Das Scheitern dieser Anträge hinderte die Nationalliberalen nicht daran, nur zwei Monate nach Beginn der Landtagssitzung in einem Bericht an ihre Wähler ihre Erfolge zu verkünden. Auch die Fortschrittler waren mitnichten Mauerblümchen; in einem Kompendium von »Kammerraketen« – »heitere und pikante« Reden, die nach Abschluss der ersten Session Ende Februar 1870 zusammengestellt und veröffentlicht wurden – waren sie gut vertreten.[195]

Weder die Regierung noch die Konservativen ließen sich von der liberalen Schaumschlägerei einschüchtern. Innenminister Nostitz und Kreishauptmann Burgsdorff beriefen sich auf § 24 des sächsischen Vereinsgesetzes, um zu verhindern, dass sich die liberalen Ortsvereine landesweit vernetzten. In der Zweiten Kammer wagten die Nationalliberalen nicht, Biedermann oder ein anderes Parteimitglied für das Direktorium der Kammer vorzuschlagen.[196] Sowohl Nostitz als auch Friesen schöpften Mut aus der Aussage eines Konservativen, wonach die Regierung mit der Wahlrechtsreform von 1868 die Verpflichtung erfüllt habe, den Staatsstreich vom Juni 1850 wiedergutzumachen: als »Act des Friedens, des Vergebens, des Vergessens« untermauere die Reform die Legitimität des sächsischen Parlamentssystems.[197]

Bis Dezember 1869 änderte sich Friesens Perspektive, da es den Anschein hatte, dass sich sein Spielraum verengte. Er befürchtete nun, dass konservative Partikularisten in der Zweiten Kammer, angespornt von Erzkonservativen im preußischen Herrenhaus[198], ihn aus dem Amt vertreiben wollten. Zu diesem Zweck verbreiteten sie Gerüchte, dass König Johann Friesens Politik nicht mehr unterstütze und erwäge, Nostitz zu seinem Nachfolger zu ernennen. Mit dieser Taktik hofften die Konservativen, Zwietracht in den liberalen Reihen zu säen, partikularistische Fortschrittler auf ihre Seite zu ziehen und der unreformierten Ersten Kammer wieder mehr Einfluss zu verschaffen. Die Nationalliberalen hätten Friesen etwas von diesem Druck nehmen können. Biedermann und andere Nationalliberale versuchten, sich mit Friesen politisch auf eine Stimmlage zu einigen; aber sie tanzten öfter nach seiner Pfeife als er nach ihrer. Friesen betonte, er

---
[193] Vgl. SHStAD, LT 6231.
[194] LTMitt 1869/70, II.K., Bd. 1, S. 490 (4.11.1869); vgl. weitere Materialien in: SHStAD, LT 6232.
[195] LIBERALE FRACTION, Rechenschaftsbericht, [1870]; Heiteres und Pikantes, 1870; G. W. C. SCHMIDT-DRESDEN, Fünfzig Jahre, Teil II, 1911; Sachsens freisinnige Volksvertreter, 1873; DZ, 3.10.1869; Werner, 16.10.1869, 6.11.1869, und Ludwig Graf Paar, österr. Gesandter in Sachsen, 25.2.1870, 14.4.1870, HHStAW, PAV/37 und/38.
[196] Nostitz' Rundschreiben (2.10.1869), zitiert in: W. SCHRÖDER, Wahlrecht, 1997, S. 107 f.; Eichmann, 31.8.1869, 30.9.1869, PAAAB, Sachsen 40; Werner, 9.6.1869, HHStAW, PAV/37.
[197] LTMitt 1869/70, II.K., Bd. 1, S. 468, 474 f. (Gustav Ackermann, 4.11.1869).
[198] H. SPENKUCH, Herrenhaus, 1998, S. 90–92; G. RITTER, Konservativen, 1913, S. 314 ff.

könne sich auf Dauer nicht auf die Nationalliberalen stützen: »[D]ie Sächsische Regierung könne nie vergessen, daß die Führer der sächsischen National-Liberalen im Jahre 1866 eine dem Fortbestande des Königreichs Sachsen feindliche Haltung angenommen hätten. Dieses gelte namentlich von dem Abgeordneten Dr. Biedermann, mit dem, so gemäßigt er jetzt auch auftrete, sich ein guter Sachse nie verständigen könne.«[199] Konfrontiert mit Gegenwind in beiden Kammern des neu konstituierten Landtags musste Friesen seinen eigenen Kurs steuern.

Hochflut?

Zu Beginn der Sitzungsperiode 1869/70 versuchten die sächsischen Liberalen bewusst, das gleiche legislative Tempo vorzulegen wie die Nationalliberalen im Reichstag. Zwei Jahre zuvor hatte ein sächsischer Vertreter in Berlin seine Verblüffung über die rasante Arbeitsweise des Reichstags zum Ausdruck gebracht: »Wir machen hier in 6 Wochen mehr als unser Landtag in 6 Monaten und der alte Bundestag in 6 Jahren.«[200] Zu Hause wurde durch die politische Sprachwahl deutlich, dass die Nationalliberalen die Initiative ergriffen hatten. Der Landtag von 1848/49 wurde von seinen Anhängern als »Widerstandslandtag« und von seinen Kritikern als »Unverstandslandtag« bezeichnet. Der Landtag von 1850 wurde zum »Staatsstreichlandtag«. Die Sitzungsperiode 1869/70 wurde als »Antragslandtag« bekannt, die längere Legislaturperiode 1871/73 als »Reformlandtag«.

Einer der ersten Erfolge der Liberalen – das Sächsische Pressegesetz vom 24. März 1870 – lag Karl Biedermann besonders am Herzen.[201] Die Liberalen wollten Sachsens Zeitungen, Zeitschriften und Buchverlage von der Kontrolle der Beamten befreien. Darüber hinaus wollten sie die Veröffentlichung von Landtags- und Reichstagsdebatten ohne Einschränkungen zulassen, das Recht zum Verbot nichtsächsischer Zeitungen auf die Gerichte verlagern und Presseverstöße vor Gericht bringen lassen. Biedermann, der überrascht gewesen war, dass die Regierung den liberalen Wünschen so weit entgegenkam, zeigte sich enttäuscht, als das sächsische Pressegesetz von 1870 durch das restriktivere Reichspressegesetz vom Mai 1874 abgelöst wurde.

Auch bei der Reform des sächsischen Steuersystems arbeiteten Liberale und Regierung zusammen. Sie unterstützten die bahnbrechende Einkommenssteuerreform von

---

199 Eichmann, 2.12.1869, PAAAB, Sachsen 40. Vgl. K. BIEDERMANN, Leben, Bd. 2, 1886, S. 296–316; R. v. FRIESEN, Erinnerungen, Bd. 3, 1910, S. 98 f., 280 f., 378–402.
200 Albert Weinlig an seine Frau, 19.10.1867, zitiert in: P. DOMSCH, Weinlig, [1912], S. 80.
201 BAP, RKA 1302; K. BIEDERMANN, Leben, Bd. 2, 1886, S. 325–330; M. STÜRMER, Regierung, 1974, S. 62–65; E. R. HUBER (Hrsg.), Dokumente, Bd. 2, 1986, S. 455–461; Volksvertreter, 1873, S. 581; Heiteres und Pikantes, 1870, S. 51.

1877/78, nach deren Vorbild bald auch andere Staaten ihre Reformen gestalteten.[202] Und auch die Reform der Kommunalverwaltung brachte für beide Seiten spürbare Erfolge. Sie wurde im April 1873 verabschiedet, ohne dass es zu einem Showdown mit den Konservativen in der Ersten Kammer gekommen wäre, wie es in Preußen der Fall war, als sich Junker im Herrenhaus weigerten, die Kreisordnung zu verabschieden.[203] Die sächsische Städte- und Landgemeindeordnung trennte die administrativen von den gerichtlichen Aufgaben der Kommunen und brachte Sachsen damit dem liberalen Ideal eines Rechtsstaates näher.[204] Die Liberalen erreichten in Sachsen somit ein Maß an Selbstverwaltung, das andere deutsche und ausländische Beobachter im Vergleich zur eigenen Lage positiv bewerteten.[205] Aber diese Reform diente auch den Zielen der Regierung. Friesen wollte eine »kräftige« und »gesunde« Selbstverwaltung, um »die Gemüter von der Bewunderung vager politischer Deklamation abzulenken«.[206] Die zur Verabschiedung des Gesetzes notwendigen Stimmen kamen von jüngeren Konservativen im Landtag. Sie gingen zu Recht davon aus, dass die Konservativen in den kleineren Bezirksverbänden, die zu diesem Zeitpunkt ebenfalls wiederbelebt wurden, erheblichen Einfluss ausüben würden.[207]

Das umstrittenste Gesetz der »liberalen Ära« war das Schulgesetz von 1874. Die Schulreform war im »Antragslandtag« von 1869/70 versprochen worden und von dem neuen Kultusminister Carl von Gerber (der 1867 als Konservativer für Leipzig-Land in den Reichstag gewählt worden war) durch die nächsten beiden Parlamentssitzungen bugsiert worden.[208] Die liberalen Reformer wollten das Prinzip der »fachkundigen« Schulaufsicht einführen, um den Einfluss des Klerus in Schulangelegenheiten zu verringern. Darüber hinaus plädierten sie für die weiterführende Ausbildung von Schülern im Alter von 15 bis 17 Jahren und einen stärker wissenschaftlich orientierten Lehrplan.[209] In jedem dieser Bereiche machten die – teilweise den Liberalen zu verdankenden – Erfolge das sächsische Bildungssystem zu einem der besten in Deutschland. Doch die Regierung war nur allzu gern bereit, die finanzielle Verantwortung für die Volksschulen den Gemeinden zuzuschieben. Und sie ließ nicht zu, dass die kirchliche Schulaufsicht

---

202 R. v. Friesen, Erinnerungen, Bd. 3, 1910, S. 425–428.
203 LTMitt 1871/73, II.K., Bd. 1, S. 343–418 (15.–17.1.1872); GVBl, 1873, S. 275; GVBl, 1874, S. 241; Eichmann, 26.11.1872, PAAAB, Sachsen 44; Ludwig Graf von Paumgarten-Frauenstein, bayer. Gesandter in Sachsen, 27.12.1871 (und ff.), BHStAM II, MA 2844. Vgl. P. Wagner, Bauern, 2005.
204 GVBl, 1873, S. 295–321, 321–327, 328–350. R. Dietrich, Verwaltungsreform, 1940; K. Blaschke, Verwaltung, 1984, S. 784 f.
205 R. Dietrich, Verwaltungsreform, 1940, S. 51, 55 ff., 63 (für die »Motiven« der Regierung vom 30.12.1871).
206 R. v. Friesen, Erinnerungen, Bd. 3, 1910, S. 383.
207 Eichmann, 27./29.11.1872, PAAAB, Sachsen 44.
208 Gb 1871, 2. Sem., 2. Bd., S. 357–359; »Motiven« (8.12.1871), LTAkten 1871/73, Dekrete, I. Abt., Bd. 2, S. 181–191.
209 Volksschulwesen, 1876; T. Adam, Schulgesetz, 1998; O. Georgi, Kämpfe, 1931; D. Gernert (Hrsg.), Schulvorschriften, 1994; J. Richter, Geschichte, 1930; K. Blaschke, Verwaltung, 1984, S. 787 f.; C. Goldt, Parlamentarismus, S. 169–191; S. Weichlein, Region, 2004, Kap. 5.

durch die Liberalen an den Rand gedrängt wurde: Für christliche Konservative, darunter Gerber, wäre dies zu weit gegangen.

Der Kampf um ein für beide Kammern akzeptables Schulgesetz kostete Friesen und die Liberalen mehr politisches Kapital als erwartet. In der Ersten Kammer mussten die Liberalen einige ihnen wenig schmackhafte Änderungsanträge schlucken, darunter die Auflage, dass Kinder von Konfessionslosen am Religionsunterricht teilnehmen mussten. Wie auch in anderen Fragen bemühte sich das Gesamtministerium hier um einen Weg, »zwischen der konservativ-sächsischen und der liberal-deutschen Partei das Gleichgewicht zu erhalten«.[210] Nach 1873 nahm die Reformdynamik der »liberalen Ära« rasch ab, ungeachtet Hans Blums Wunschvorstellung, dass siebzehn Jahre politische Sterilität unter Beust (1849–66) in nur sieben Jahren unter Friesen überwunden worden waren.[211] Sowohl für Friesen als auch für die Nationalliberalen häuften sich die Anlässe, mit den Konservativen Kompromisse zu schließen. Gleichzeitig verschlechterten sich die Beziehungen zwischen den Nationalliberalen und den Fortschrittlern.[212] Obwohl beide liberale Parteien bei den Landtagswahlen von 1873 und 1875 leichte Zugewinne verbuchten, verlor der Fortschrittler Michael Schaffrath die Wiederwahl zum Präsidenten der II. Kammer; die Nationalliberalen weigerten sich, ihn zu unterstützen.[213] Stattdessen übernahm erneut der Konservative Ludwig Haberkorn dieses Amt und behielt es bis 1890. Eine konservative Renaissance hatte begonnen.

Sachsen und das Reich

In der Forschung wird der Rückgang der partikularistischen Stimmung in Sachsen nach 1866 als ein Kennzeichen der »liberalen Ära« interpretiert.[214] Demnach fand die Konsolidierung der nationalen Einheit in Berlin ihre natürliche Entsprechung in Sachsen, wo liberale Reformen durchgeführt und die Konservativen an die Wand gedrängt wurden. Wie wir gesehen haben, lagen die Dinge komplizierter. Wie die Wahlrechtsreform kam auch die Reichsidee nur stoßweise voran. Niemand hielt ihren Erfolg zur damaligen Zeit für unvermeidlich.

Betrachtet man den Bereich der diplomatischen und militärischen Beziehungen,[215] so war der Beitritt Sachsens zum Norddeutschen Bund nicht einmal eine Zweckehe,

---

210 Eichmann, 12.4.1873, PAAB, Sachsen 44; vgl. Paumgarten, 21.4.1872, BHStAM II, MA 2845.
211 Gb 1873, 1. Sem., 2. Bd., S. 78–80; K. Biedermann, Leben, Bd. 2, 1886, S. 312–316.
212 George Strachey war Großbritanniens langjähriger Gesandter in Sachsen (1873–1897); Strachey, 21.10.1874, TNA, FO 68/158; Karl Freiherr von und zu Franckenstein, österr. Gesandter in Sachsen, 31.10.1874, HHStAW, PAV/40; Paumgarten, 4.5.1873, 27.9.1873, 19.6.1874, BHStAM II, MA 2846-7.
213 Eberhard Graf zu Solms-Sonnenwalde, pr. Gesandter in Sachsen, 14.10.1875, PAAB, Sachsen 45, Bd. 2.
214 Vgl. u. a. S. Weichlein, Saxons, 2000; vgl. W. Schröder, »Liberal Era«, 2000; M. Stürmer, Regierung, 1974, S. 104.
215 Vgl. H. Philippi, Verstimmungen, 1966; A. Richter, Meinung, 1922, S. 95–116, 138–153.

sondern eine Mussehe. Doch nach dem erfolgreichen Krieg gegen Frankreich zeigten sich die Sachsen offen für eine bessere Zukunft – einen, wie es die *Constitutionelle Zeitung* formulierte, »deutschen Frühling!«[216] Nach 1867 hofften die meisten Sachsen, dass die südlichen Staaten Bayern, Baden und Württemberg in den Bund aufgenommen würden. Darüber hinaus waren sie stolz auf ihren militärischen Beitrag zum Sieg Deutschlands über die Franzosen im Jahr 1870. Endlich waren auch sie auf der Gewinnerseite – Kronprinz Alberts Feldmarschallstab diente als Beweis. Der Heldenmut der sächsischen Truppen in den Schlachten bei St. Privat und Gravelotte erlaubte es den Sachsen, sich für die Reichsidee zu erwärmen, ohne ihren Kleinstaatenpatriotismus zu verraten. Sachsens militärische und diplomatische Erfolge dienten zumindest teilweise als Wiedergutmachung für die Niederlagen in den Jahren 1756/63, 1813 und 1866. Die Zäsur von 1870/71 war jedoch nicht so tiefgreifend, wie es diese Sichtweise vermuten lässt.

Vor 1871 waren König Johann und seine Minister bestrebt, sowohl dem Norddeutschen Bund ihre Treue zu beweisen als auch ihre Interessen als zweitgrößter Staat Deutschlands zu wahren. Dann übernahm Bayern die Rolle Sachsens als preußischer Juniorpartner. Die Sachsen fühlten sich ungerecht behandelt, noch bevor das Deutsche Reich am 18. Januar 1871 im Spiegelsaal von Versailles gefeiert wurde (eine Veranstaltung, an der König Johann und Kronprinz Albert nicht teilnahmen). Während Bismarck im Oktober und November 1870 alle Hände voll zu tun hatte, den bayerischen König Ludwig II. zu bestechen, damit dieser freiwillig in den neuen Bund eintrat, tat er gleichzeitig alles in seiner Macht Stehende, um die Egos von Friesen und Kriegsminister Alfred von Fabrice zu besänftigen: Er ernannte Friesen zu seinem Kommissar für die Verhandlungen mit den südlichen deutschen Staaten, Fabrice machte er zum Generalgouverneur des französischen Departements Seine-et-Oise und zu seinem Stellvertreter während der Waffenstillstandsverhandlungen. Beide Männer erhielten als »Helden« des Krieges großzügige Zuwendungen aus der französischen Entschädigungszahlung. Ihr neues Glück hatte jedoch auch seine Tücken: Die Beförderung durch Bismarck verbesserte ihr Ansehen zu Hause nicht gerade. Sachsens konservative, partikularistische Presse brandmarkte sie als Feiglinge und »Preußen«. Aber es war nicht nur gekränkter Stolz, der den beiden in diesem Winter zusetzte.[217] Zusammen mit König Johann vertraten sie die Meinung, dass Sachsen durch Bismarcks Verhandlungen mit den südlichen Staaten an den Rand gedrängt und dabei die Chance verspielt worden sei, nicht nur die Position des Königreichs im Norddeutschen Bund zu verbessern, sondern auch das politische Gewicht des demokratisch gewählten Reichstags zu verringern. König Johann hoffte immer noch auf die Errichtung eines Staatenhauses, um den Reichstag in Schach zu halten. Er beklagte auch, dass die »radikale und republikanische Partei« in Württem-

---

216 CZ, 31.3.1871, zitiert in: A. RICHTER, Meinung, 1922, S. 154.
217 Vgl. Kronprinz Albert an König Johann, 7.2.1871, zitiert in: H. KRETZSCHMAR, Zeit, 1960, S. 154.

berg so dominant sei, dass man »einen Anschluß dieses Landes eher an die Schweiz als an den Norddeutschen Bund vorhersehen könne«.[218]

Und damit war die Liste äußerst sensibler diplomatischer Fragen noch lange nicht zu Ende. Würde Sachsen seine Botschaften in anderen Hauptstädten behalten und würden weiterhin ausländische Gesandte in Dresden stationiert sein? Würde die katholische Wettiner-Dynastie am Hof ultramontanen Einflüssen erliegen? Würde sich Friesen gegenüber Bismarck durchsetzen, was den Erhalt der Autonomie der sächsischen Eisenbahnen und ihrer Staatseinnahmen betraf? Wie verhielt es sich mit den preußischen und sächsischen Thronfolgern? Würden Friedrich Wilhelm und Albert, die sich am 3. Juli 1866 auf dem Schlachtfeld gegenübergestanden hatten, ihren Vätern auf dem Weg der Versöhnung folgen? Würden Bismarcks ehrgeizige Pläne zur Konsolidierung der Reichsfinanzen – durch ein Tabakmonopol und Schutzzölle – die letzten, 1866/67 geretteten Reste der Souveränität Sachsens zerstören? In jedem dieser Punkte schien das Reich an Attraktivität zu verlieren anstatt zu gewinnen. Antipreußische Gefühle bestimmten weiterhin die populären und politischen Blätter. Die sächsischen Staatsmänner standen Bismarck und seinem Werben um Sachsens Bündnistreue womöglich noch skeptischer gegenüber als die Öffentlichkeit. Nachdem die Sachsen an Bord des Bismarckreiches gegangen waren, fühlten sie sich wie auf einer Achterbahnfahrt, bei der hinter jeder Kurve unbekannte Gefahren lauerten. Sollte einst der Ruf erschallen, von Bord zu gehen, wollten sie ihn nicht verpassen. Aber diese Gelegenheit ergab sich nie.

Aus Sicht mancher in Dresden stationierter Diplomaten schwand der sächsische Partikularismus ab 1871 unaufhaltsam. Diesen Standpunkt vertrat zum Beispiel der britische Gesandte George Strachey in seinem Bericht, den er anlässlich des Besuchs Kaiser Wilhelms I. in Leipzig im September 1876 nach London schickte. Der Kaiser, so Strachey, habe »seinen« Untertanen nicht die preußische Arroganz vermittelt, welche die Sachsen während der preußischen Besatzung zehn Jahre zuvor als so demütigend empfunden hätten. Stattdessen seien die Leipziger angenehm überrascht gewesen von Wilhelms Mangel an Dünkel und seinem Respekt vor der sächsischen Königsfamilie: »Sie bemerkten, dass der Kaiser das Reich nicht mit nach Leipzig brachte.«[219] Stracheys Beobachtung passt gut zu einem Strang in der historischen Literatur, wonach man Deutschland nach der Reichsgründung 1871 mit ähnlichen Augen sehen sollte wie Eugen Weber die Dritte Französische Republik: Waren dort »Bauern zu Franzosen« geworden, wurden hier dank der Anziehungskraft der nationalen Institutionen »Sachsen zu Deutschen«.[220]

---

218 Eichmann, 18.3.1868, in Historische Reichskommission (Hrsg.), Politik, Bd. 9, 1934–36, S. 789 f.
219 Strachey, 8.9.1876, TNA, FO 68/160.
220 E. Hobsbawm, Traditions, 1984; E. Weber, Peasants, 1976; S. Weichlein, Saxons, 2000; ders., Region, 2004; E. D. Fink, Region, 2004; M. B. Klein, Reich, 2005.

Dennoch: Der preußische Gesandte Eberhard Graf zu Solms-Sonnenwalde war nicht der Einzige, der Mitte der 1870er-Jahre behauptete, der sächsische Partikularismus sei fanatischer als zehn Jahre zuvor.[221] Der preußische Gesandte in München stimmte zu: »Sachsen ist der intellektuelle Urheber allen Widerstandes gegen das Reich und [...] so bleibt die 1815 geschlagene Wunde immer offen, und der Haß gegen Preußen wird stärker statt schwächer. Wie weit er geht, haben wir bei den letzten Reichstagswahlen [im Januar 1874] gesehen. Nur Leipzig [...] ist loyal [...].«[222] Bei der Bewertung dieser Beobachtungen gilt es zu bedenken, dass die Entwicklung der nationalen und subnationalen Identitäten kein Nullsummenspiel war. Die Sachsen mussten sich ihrer regionalen Identität nicht entledigen, um sich dem Reich zu öffnen. Indem man sächsische Traditionen pflegte oder neue erfand, wurde es tatsächlich leichter, ein guter Sachse und ein guter Deutscher zugleich zu sein. Für die Sachsen war es Grund zur Genugtuung, nicht zur Klage, dass Deutschland eine »nation of provincials« war.[223] Je nachdem, wo man sich in Deutschland befand, änderte sich nach 1871 die Haltung zur Reichseinigung. Dennoch wurde Ende der 1870er-Jahre der Stolz auf Deutschlands nationale Leistung immer öfter mit dem Stolz auf seinen nationalen Auftrag verwechselt. Nun gewann die Frage, wie das Reich gegen seine »inneren Feinde« zu verteidigen war, an Bedeutung. Nach 1877 entdeckten die Deutschen, dass auch die Sicht auf »Reichsfeinde« eine andere war, je nachdem ob man einen nationalen oder provinziellen Standpunkt einnahm.

*

Das Jahrzehnt nach dem Deutschen Bruderkrieg von 1866 war in der Tat eine Zeit, in der die Welt von neuen Ideen erfüllt war. In keinem Bereich der Politik wurde dies deutlicher als bei den Diskussionen darüber, was die deutschen Parlamente erreichen könnten und sollten. Bismarcks Entscheidung im April 1866, seinen Gegnern – sowohl in Deutschland als auch in Mitteleuropa – mit dem allgemeinen Männerwahlrecht und einem nationalen Parlament kontra zu geben, war in gewisser Weise bereits Teil einer vergangenen Ära. Seine Berechnungen über die staatstragenden und antiliberalen Auswirkungen des allgemeinen Wahlrechts beruhten hauptsächlich auf seinen Erfahrungen der Jahre 1848/49 und auf seinem Konflikt mit den Liberalen im preußischen Landtag in der ersten Hälfte der 1860er-Jahre. Nachdem Bismarck im Herbst 1866 die Grundzüge der deutschen Verfassungsstruktur vorgegeben hatte, schlugen noch andere die Schlachten für und gegen Parlamentarismus, Konstitutionalismus, Monarchie und faire Wahlen. In Sachsen begannen diese Schlachten im Winter 1866/67 – in

---

221 Solms, 22.6.1875, 17.5.1877, PAAAB, Sachsen 45, Bde. 2, 4; vgl. Frankenstein, 6.1.1877, HHStAW, PAV/42.
222 Georg Freiherr von Werthern, 16.3.1877, zitiert in: H. PHILIPPI, Verstimmungen, 1966, S. 225 f.
223 Vgl. C. APPLEGATE, Nation, 1990; A. GREEN, Fatherlands, 2001.

Wahlkampfauftritten, in diplomatischen Telegrammen, in Sitzungen des Norddeutschen Reichstags, in der Presse. In Dresden wie auch in Berlin versuchten alle – Liberale, Konservative und der Staat – die Regeln des parlamentarischen Spiels jeweils in ihrem Sinne festzulegen.

Sachsen war zwar in den Norddeutschen Bund eingebettet, aber sein Landtag konstituierte sich 1868 neu. Das sächsische Gesamtministerium konnte nicht verhindern, dass die Liberalen die Grundlagen guter Regierungsführung und staatlicher Souveränität in Frage stellten. Die zwei Reichstagswahlen im Jahr 1867 und die Wahl im März 1871 sorgten dafür, dass die nationalen Angelegenheiten immer tiefer in das sächsische politische Leben eindrangen. Ein gedämpfter Wahlkampf im Herbst 1866 führte zu heiß umkämpften Landtagssitzungen, in denen die Liberalen mit bis dato unbekannter Vehemenz und Entschlossenheit ihre Reformforderungen einbrachten. Als 1868 ein radikal neues Wahlrecht für die sächsischen Landtagswahlen im darauffolgenden Jahr verabschiedet wurde, konnte die Regierung die Polarisierung der sächsischen Politik nur aufschieben, nicht verhindern. Die sächsische Landtagswahl vom Juni 1869 bedeutete einen Sprung ins Ungewisse; allerdings war durch die Entscheidung, alle zwei Jahre nur ein Drittel der Landtagssitze neu zu vergeben und eine gerechte Repräsentation der städtischen Wähler zu verhindern, bereits eine weiche Landung vorbereitet worden. Ähnlich wie ihre Parteikollegen in Preußen und im Reich benötigten die sächsischen Konservativen fünf Jahre, um sich von den Ereignissen von 1866 zu erholen. Aber in Sachsen waren sie besser vorbereitet als in Preußen, um in der zweiten Hälfte der 1870er-Jahre ein politisches Comeback zu feiern.

1866 hatte die kleine Gruppe von Sozialisten und Demokraten um August Bebel eine der am *wenigsten* konkreten Bedrohungen für Deutschland dargestellt. Zwölf Jahre später brauchte es nur einige Schüsse auf ein gekröntes Haupt, damit Bismarck seinen Feldzug für Recht und Ordnung in Gang setzte.

3 »Reichsfeinde«

Im Jahr 1869 stand Sachsen nach wie vor ganz im Zeichen des Ringens zwischen Liberalen und Konservativen. Acht Jahre später hatten die Wahlschlachten zwischen beiden Lagern zwar nicht aufgehört – in Kapitel 5 soll untersucht werden, warum der Obrigkeitsstaat und die konservativen Parteien Liberale und Juden als subversiv betrachteten –, aber Mitte der 1870er-Jahre rückte ein anderer Konflikt in den Vordergrund. In diesem und im nächsten Kapitel liegt das Augenmerk auf anderen »Reichsfeinden« – den Sozialdemokraten. Im Umfeld der Reichstagswahlen 1874 und 1877 entwickelte sich ein fragiler Konsens darüber, wie die Sozialdemokratie am besten zu bekämpfen sei. Obwohl dieser Prozess langsam und ungleichmäßig vonstatten ging und mit einigen Fehlstarts und allerlei Rückschlägen behaftet war, öffnete sich zwischen den Sozialdemokraten und den bürgerlichen Parteien mit der Zeit eine immer größer werdende politische Kluft – zumindest schien es so. Wenn wir genauer hinsehen, zeigen sich Verunsicherung und Spaltung auf beiden Seiten.

Der Aufstieg der sächsischen Sozialdemokratie

> [D]ie Ultramontanen und die Socialdemokratie; diese beiden Feinde werde man nicht versöhnen, denn sie verfolgten ganz andere Ziele, die [...] nicht in einem gesunden Staatswesen überhaupt zu erreichen seien, deshalb wollten die einen den Staat der Kirche unterwerfen, die andern ihn in kleine Republiken zerschlagen.
> — Karl Biedermann im Sächsischen Landtag, 1869[1]

> The terrorist and the policeman both come from the same basket.
> — Joseph Conrad, The Secret Agent, 1907

Er ahnte es voraus. Als Karl Biedermann 1869/70 im »Antragslandtag« zur Verteidigung der liberalen Agenda ansetzte, erklärte er, Sachsen könne nicht auf militärische Sicherheit oder Einigung mit den süddeutschen Staaten hoffen, solange es sich einer doppelten Gefahr gegenübersah: dem Sozialismus und der katholischen Kirche. In den 1870er-Jahren erschien den sächsischen Liberalen die Sozialdemokratie als unmittelbarere Gefahr. Doch die Zentralbehörden in Berlin und Dresden – ebenso wie Beamte, Gerichte, Parteien und die Presse – reagierten unterschiedlich auf diese »Bedrohung«.

»Provokationen«

Zwischen 1867 und 1874 erlebte die sozialdemokratische Bewegung in Sachsen und Deutschland ein rasantes Wachstum. Insbesondere vier Aspekte dieses Aufstiegs schienen eine energische Reaktion zu provozieren: die zunehmende organisatorische Stärke der Sozialdemokratie; ihre Wahlerfolge; der wachsende Einfluss des Marxismus und die Entschlossenheit der Sozialisten, die Massen mithilfe von Parlament und Presse anzusprechen. Eine wirklich geschlossene Massenbewegung wäre für die Behörden in Sachsen, Preußen und anderswo im Reich beängstigend genug gewesen – ebenso wie die Aussicht auf eine sozialistische Mehrheit in einem beliebigen Gemeinde-, Landes- oder Nationalparlament, die systematische Anwendung von Gewalt oder eine drohende

---

1   Liberale Fraction, Rechenschaftsbericht, 1870, S. 27.

Revolution. Aber keines dieser Szenarien war realistisch. In den 1870er-Jahren hatte die sozialdemokratische Bewegung weit weniger Mitglieder, Anhänger und Wähler, als man aus den Reaktionen ihrer Gegner vermuten könnte. Was die Gegner des Sozialismus vor allem in Angst und Schrecken versetzte, waren die berühmt-berüchtigten Äußerungen Bebels und Liebknechts im Reichstag. Als »Soldaten der Revolution« attackierten sie den Deutsch-Französischen Krieg von 1870/71 als ungerecht. Sie wollten keine Kompromisse mit der dynastischen Herrschaft eingehen. Sie prangerten Scheinparlamente an. Und sie unterstützten die Forderungen der Arbeiter (und Arbeiterinnen) aller Nationen.

Ende der 1860er-Jahre keimten Fraktionsstreitigkeiten innerhalb des Lassalle'schen Flügels sowie zwischen dem Lassalle'schen Flügel und der Sächsischen Volkspartei auf. Einige Lassalleaner wechselten auf die Seite Bebels und Liebknechts, als diese im August 1869 auf dem Eisenacher Kongress die Sozialdemokratische Arbeiterpartei (SDAP) gründeten, die sich der International Workingmen's Association bzw. Ersten Internationalen anschloss.[2] Im Mai 1875 gelang den Sozialisten auf dem Gothaer Vereinigungskongress eine engere (wenn auch nach wie vor wackelige) Koalition von Lassalleanern und Eisenachern.[3] Die Partei wurde in Sozialistische Arbeiterpartei Deutschlands (SAPD) umbenannt. Erst auf dem Parteitag in Erfurt im Oktober 1891 wurde der Marxismus zum doktrinären Kern der Partei.[4] Zu diesem Zeitpunkt hatte sie den Namen angenommen, unter dem sie auch heute noch bekannt ist und den ich fortan verwenden werde: Sozialdemokratische Partei Deutschlands (SPD).

Der Gothaer Kongress ist bemerkenswert, weil Lassalleaner und Eisenacher in der neuen Partei ungefähr gleich stark vertreten waren. Während der Bebel-Liebknecht-Flügel reichsweit in der Minderheit war, lag die Situation in Sachsen genau umgekehrt.[5] Die Gothaer Delegierten vertraten 25 480 zahlende Mitglieder aus dem ganzen Reich, darunter 4 597 aus Sachsen. Das heißt, 18 Prozent der deutschen Sozialdemokraten lebten in Sachsen, obwohl Sachsen weniger als 7 Prozent der Gesamtbevölkerung des Reiches stellte. Der Eisenacher Flügel war am stärksten in der westlichen Hälfte des Königreichs: In der Kreishauptmannschaft Zwickau lebten mehr Sozialdemokraten, die sich dem Eisenacher Flügel zugehörig fühlten, als in den anderen drei Regionen zusammen. Auf die Großstädte Dresden (440 Mitglieder), Leipzig (631) und Chemnitz (527) entfielen etwas mehr als ein Drittel der sächsischen Parteimitglieder. Auch in die »Industriedörfer« in unmittelbarer Nähe dieser Metropolen erstreckte sich die Anhängerschaft der Sozialisten, die zahlenmäßig sehr ungleich verteilt waren. Die

---

2 Vgl. »Eisenacher Programm der Sozialdemokratischen Arbeiterpartei (8. August 1869)«, DGDB Bd. 4, Abschnitt 7.
3 Vgl. »Sozialistische Arbeiterpartei Deutschlands, Gothaer Programm (Mai 1875)«, DGDB Bd. 4, Abschnitt 7.
4 Vgl. »Das Erfurter Programm (1891)«, DGDB Bd. 5, Abschnitt 5.
5 Von den 129 Delegierten beim Gothaer Kongress waren 56 Eisenacher und 73 Lassalleaner. Von den 80 sächsischen Orten, die Delegierte entsandten, waren 60 ausschließlich von Bebels Flügel vertreten. H. ZWAHR, Arbeiterbewegung, 1987, S. 457 f., 466–468, 492–495.

schnell wachsende Industriestadt Crimmitschau mit fast 18 000 Einwohnern hatte im Jahr 1875 500 Parteimitglieder, die alte Bergbaustadt Freiberg (23 559 Einwohner) nur vier (siehe Tabelle 3.1).

Tabelle 3.1: Sozialistische Arbeiterpartei Deutschlands, Mitgliedschaft in Sachsen und im Reich, 1875

Kreishauptmann-schaft	In Städten ansässige Parteimitglieder	Vertretene Städte	In Dörfern ansässige Parteimitglieder	Vertretene Dörfer	Mitglieder insgesamt
Bautzen	100	3	25	1	125
Dresden	572	5	62	2	634
Leipzig	918	11	213	4	1.131
Zwickau	2.066	28	641	26	2.707
Sachsen gesamt	3.656	47	941	33	4.597
Reich gesamt	22.120	200	3.360	92	25.480

Quelle: Zusammengestellt aus H. ZWAHR, Arbeiterbewegung, 1987.

Am besten lässt sich der »provozierende« Ton der sozialdemokratischen Äußerungen in diesen Jahren durch die Lektüre derselben beurteilen. Doch das geschriebene Wort war nicht der einzige oder gar wichtigste Weg, wie Bebel und Liebknecht ihre Anhänger erreichten. Von 1867 bis 1873 waren sie eifrig damit beschäftigt, lokale Arbeitervereine zu gründen, den Einfluss ihrer Lassalle'schen Gegner zu untergraben, Modellstatuten für Gewerkschaften auszuarbeiten, Lobbyarbeit für die Erste Internationale zu leisten und Unterstützung für streikende Arbeiter zu mobilisieren; sie beteiligten sich sogar an der Untersuchung der Ursachen von Arbeitsunfällen. Im Kreuzfeuer solcher Ermittlungen standen oft habgierige Arbeitgeber und inkompetente staatliche Inspektoren. Nachdem am 1. Juli 1867 ein Grubenunglück 101 Bergleute das Leben gekostet und internationale Aufmerksamkeit erregt hatte, reiste Liebknecht in den in seinem eigenen Wahlkreis (19: Stollberg) gelegenen Unglücksort Lugau.[6] Noch mehr politisches Kapital schlugen die Sozialdemokraten aus einer Katastrophe in den Bergwerken des reichen konservativen Unternehmers Carl Freiherr von Burgk-Roßthal, dessen Vater zur Jahrhundertmitte Gründungsmitglied des »Sachsenvereins« der Konservativen gewesen war. Am 2. August 1869 starben bei einer Grubengasexplosion in den »Segen-Gottes-« und »Neue-Hoffnung«-Schächten des Freiherrn 276 Bergleute.[7] Als es im Vorfeld der Verabschiedung eines neuen Gewerbegesetzes 1869 zu Debatten im Reichstag kam, konnte niemand die politischen Implikationen der sozialdemokratischen Forderungen

---

[6] W. LIEBKNECHT, Briefwechsel mit Sozialdemokraten, Bd. 1, 1973, S. 214 f. Vgl. F. MEHRING, Geschichte, Bd. 2, 1960, S. 407 f.; S. ZUCKER, Bamberger, 1972, S. 211.
[7] StadtAD, 16.1.1, PA II, NL Burgk, Nr. 85; H. HELBING, Marx, 1978, S. 3, 10 f., 24 ff.

ignorieren. Diese Forderungen lauteten: bessere Durchsetzung der Sicherheitsvorschriften in Fabriken und Bergbau, Einführung des Zehn-Stunden-Tags, Abschaffung von Sonntags- und Kinderarbeit, Koalitionsrechte für Gewerkschaften und – etwas später – Haftungsgesetze und Invalidenschutz.[8]

Warum die sozialdemokratische Botschaft so eng mit der Sache der Revolution in Verbindung gebracht und damit so vielen Deutschen verhasst wurde, wird verständlicher, wenn man den Krieg mit Frankreich von 1870/71 mit in die Gleichung einbezieht. Bebels und Liebknechts Haltung gegen den Deutsch-Französischen Krieg erforderte zweierlei Mut. Zum einen wurden sie von deutschen Patrioten angegriffen, die sich bald im Glanz des Sieges sonnten, zum anderen aber auch von Parteigenossen, die den »Verteidigungskrieg« Deutschlands im Westen unterstützten.[9] Am 21. Juli 1870, knapp zwei Tage nach der Kriegserklärung, enthielten sich Bebel und Liebknecht bei der Reichstagsabstimmung zur Bewilligung von Kriegskrediten in Höhe von 120 Millionen Talern. Sie erklärten, dass sie einen Krieg nicht unterstützen könnten, der im Namen der Hohenzollern-Dynastie und gegen die Interessen der Arbeiter aller Nationen geführt würde. Die politische Großwetterlage änderte sich in der ersten Septemberwoche 1870, als preußische Truppen Napoleons Armeen bei Sedan vernichtend schlugen und das französische Kaiserreich durch eine Republik ersetzt wurde. Am 26. November verteidigte Bebel im Reichstag sein Votum, mit dem er gegen die Freigabe von weiteren 100 000 Talern für den Krieg gestimmt hatte.[10] Während ihn die aufgebrachten Gegner im Parlament mit Buhrufen und verächtlichem Gelächter zum Schweigen zu bringen versuchten, fuhr Bebel einen scharfen Angriff gegen Kriegsgewinnler und Bismarcks geplante Annexion von Elsass und Lothringen. Zwei Wochen später, als in einer Sondersitzung des Reichstags die bevorstehende Vereinigung deutscher Staaten unter der Kaiserkrone verabschiedet wurde, verknüpfte Bebel seine Argumente gegen den Krieg und gegen den Nationalismus in einer Weise, die jedes einzelne Argument noch beängstigender erscheinen ließ. Das deutsche Volk, so Bebel, werde bald begreifen, dass es von seinen Fürsten und Regierungen nichts mehr erwarten könne: deshalb solle es eine neue Verfassung entwerfen und die Monarchie abschaffen. Am 9. Dezember 1870 zeigte sich Liebknecht noch aufsässiger: »Es handelt sich um einen Kampf zwischen Demokratie und Absolutismus, das wissen die Herren, so gut wie wir es wissen. Im Jahre 1849 haben wir uns auf dem Schlachtfelde gegenübergestanden; – (Oh! oh!) nicht in diesem Reichstage wird die deutsche Frage gelöst, sie wird zwischen uns auf dem Schlachtfelde gelöst werden! (Lärm.)«[11]

---

8 G. SEEBER, Wahlkämpfe, 1970, S. 246, 256.
9 Vgl. A. BEBEL, Leben, 1961, S. 370–424.
10 Vgl. »August Bebels Rede im Norddeutschen Reichstag gegen den Deutsch-Französischen Krieg und die Annexion von Elsass-Lothringen (26. November 1870)«, DGDB Bd. 4, Abschnitt 7.
11 SBDR, Bd. 15, S. 154 (9.12.1870).

Im Frühjahr 1871 attackierte Bebel erneut das neue Reich und den »Raubkrieg« gegen Frankreich.¹² Kurz darauf tat er auch noch seine Bewunderung für die Pariser Kommune kund. Von März bis Mai 1871 konnten die Kommunarden in Paris ein proto-sozialistisches Regime aufbauen, das großteils aus gewählten Arbeitern bestand. Vom 16. bis 28. Mai 1871 wurde die Kommune durch einen wütenden Häuserkampf unterdrückt – dem brutalsten, den Europa im 19. Jahrhundert erlebte.¹³ Erneut schlug Bebel eine Woge der Empörung entgegen, als er am 25. Mai 1871 im Reichstag die Kommune verteidigte. Zwischen der Sozialdemokratie und dem deutschen Bürgertum, das die von den Kommunarden entfesselte Gewalt mit dem Großen Terror der Französischen Revolution gleichsetzte, hatte sich eine Kluft aufgetan.

In der späteren Polemik gegen das »rote Gespenst« nahm Bebels Rede einen prominenten Platz ein. 1878 erklärte Bismarck, Bebels Worte im Mai 1871 hätten ihn erstmals davon überzeugt, dass die Sozialdemokraten die wahren Feinde von Staat und Gesellschaft seien. Bebels höchst erhellende Freimütigkeit war beabsichtigt:

> Meine Herren, mögen die Bestrebungen der Kommune in Ihren Augen auch noch so verwerfliche oder – wie gestern hier im Hause privatim geäußert wurde – verrückte sein, seien Sie fest überzeugt, das ganze europäische Proletariat und alles, was noch ein Gefühl für Freiheit und Unabhängigkeit in der Brust trägt, sieht auf Paris. (Große Heiterkeit.) Meine Herren, und wenn auch im Augenblick Paris unterdrückt ist, dann erinnere ich Sie daran, daß der Kampf in Paris nur ein kleines Vorpostengefecht ist, daß die Hauptsache in Europa uns noch bevorsteht und daß, ehe wenige Jahrzehnte vergehen, der Schlachtenruf des Pariser Proletariats »Krieg den Palästen, Friede den Hütten, Tod der Not und dem Müßiggange!« der Schlachtruf des gesamten europäischen Proletariats werden wird. (Heiterkeit.)¹⁴

Wilhelm Liebknechts Misstrauen gegenüber dem Parlamentarismus war tiefer und hartnäckiger als das Bebels.¹⁵ Am 17. Oktober 1867 hatte Liebknecht seinen grundsätzlichen Widerstand gegen den Norddeutschen Bund angekündigt – ein in seinen Augen »Gewaltwerk«, das auf »der Teilung, Knechtung und Schwächung Deutschlands« beruhe. Auch den Norddeutschen Reichstag kritisierte er als »Feigenblatt des Absolutismus«, woraufhin auf der rechten Seite des Parlaments Rufe wie »Herunter von der Tribüne!« und »Was kann er noch sagen!« laut wurden.¹⁶ Liebknecht neigte gelegentlich zu Bebels Ansicht, dass Wahlen und Parlamentsdebatten eine positive Agitationswirkung hätten.

---

12 SBDR, Bd. 1, S. 347–350 (24.4.1871); A. Bebel, Reden und Schriften, Bd. 1, 1970, S. 143–146.
13 Vgl. J. Merriman, Massacre, 2014.
14 SBDR, Bd. 2, S. 921 (25.5.1871); A. Bebel, Reden und Schriften, Bd. 1, 1970, S. 147–151, hier S. 150; SBDR, Bd. 1, S. 70 (Bismarck, 17.9.1878).
15 A. Bebel, Leben, 1961, S. 367–369.
16 SBDR, Norddeutscher Bund, Bd. 1, S. 452 (17.10.1867).

Aber seine Ambivalenz wurde deutlich, als er am 31. Mai 1869, dem Tag, an dem das Wahlgesetz des Reichstags endgültig bestätigt wurde[17], zu einer Versammlung des Demokratischen Arbeitervereins von Berlin sprach und erklärte, »Beteiligen wir uns nach wie vor energisch an den Wahlen [...]«, gleichzeitig aber betonte, »dass die Wahlurne nicht die Wiege des demokratischen Staats werden kann«. Die Teilnahme am aktuellen Reichstag stumpfe die sozialdemokratische Botschaft ab. »Prinzipien sind unteilbar. [...] Wer mit Feinden parlamentelt, parlamentiert; wer parlamentiert, paktiert.«[18]

Bebel war anderer Meinung: Wenn es durch andere bürgerliche Freiheiten geschützt sei, stelle das allgemeine Wahlrecht die Grundlage für den zukünftigen Erfolg der Partei dar.[19] In einer Reihe von Reden im Jahr 1871 stützte Bebel sein Argument auf drei Säulen: die eklatante Diskrepanz zwischen den für sozialdemokratische Kandidaten abgegebenen Stimmen und der Anzahl ihrer Reichstagssitze, die Ungerechtigkeit der Ein-Taler-Wahlschwelle bei den sächsischen Landtagswahlen und die Aussicht darauf, dass die Sozialdemokraten ihren Einfluss sogar in Kommunalparlamenten ausbauen würden, wenn die Arbeiterschichten nicht durch lokale Wahlgesetze ausgeschlossen würden.[20] Auch der umfassende Bericht, den Bebel in der Sitzungsperiode des Reichstags 1871/73 über die Tätigkeiten der Sozialdemokraten erstellte, betonte diese Punkte: »Darum Mann für Mann auf den Plan [...]! Zögere keiner, scheue keiner Opfer; der Kampf ist ein harter, das Ziel ein großes, der endliche Sieg uns gewiß!«[21] Ihr erster Sieg ließ in der Tat nicht lange auf sich warten.

Reaktionen

Zwischen 1869 und 1873 kam es zu einer schrittweisen Eskalation der antisozialistischen Kampagnen seitens der preußischen und sächsischen Behörden. Repressionsschübe folgten auf die Gründung sozialdemokratischer Gewerkschaften und neuer Parteiorgane, auf Streiks und andere Arbeitskonflikte, auf Parteikongresse und lokale, regionale sowie nationale Wahlkämpfe. Der Jubel der Öffentlichkeit über den Ausgang des Deutsch-Französischen Krieges mag zum relativ schlechten Abschneiden der Sozialisten bei den Reichstagswahlen vom 3. März 1871 beigetragen haben, aber wichtiger noch waren andere Faktoren.

---

17 »Wahlgesetz für den Reichstag des Norddeutschen Bundes (31. Mai 1869)«, DGDB Bd. 4, Abschnitt 5.
18 Für einen längeren Auszug, vgl. »Wilhelm Liebknecht zu den Parlamentswahlen als Mittel zur Agitation (31. Mai 1869)«, DGDB Bd. 4, Abschnitt 7.
19 Vgl. A. BEBEL, Leben, 1961, S. 427–439.
20 A. BEBEL, Reden und Schriften, Bd. 1, 1970, S. 152–183. Vgl. ebenda, S. 637 (14.6.1871); A. BEBEL, Leben, 1961, S. 389; K. CZOK, Ausgangspositionen, 1976, S. 603; E. SCHAARSCHMIDT, Geschichte, 1934, S. 68 f.
21 A. BEBEL, Die parlamentarische Thätigkeit] ...] 1871 bis 1874, [1873] 1909, S. 66.

Bereits im Frühjahr 1870 begannen die Sozialdemokraten in Sachsen, ihre Anhänger für die für Ende August erwarteten Reichstagswahlen hinter sich zu versammeln. »Die Eroberung einiger Sitze in Sachsen dürfte gewiss sein«, schrieb Bebel, »ob auch die Durchbringung eines Kandidaten im übrigen Norddeutschland, halte ich für zweifelhaft.«[22] Sächsische Behörden und nichtsozialdemokratische Parteiführer hofften, dass der kalte Krieg zwischen den Eisenachern und Lassalleanern den sozialistischen Wahlkampf beeinträchtigen würde.[23] Als am 19. Juli ein echter Krieg ausbrach, kam es zunächst zu einer Verschärfung dieser Differenzen. Sogar die Eisenacher selbst waren gespalten. Die Mitglieder ihres Zentralausschusses in Braunschweig desavouierten Bebels und Liebknechts Widerstand gegen einen ihrer Meinung nach defensiven Krieg.[24] Nach der französischen Niederlage in Sedan am 1. und 2. September waren sich jedoch alle Sozialdemokraten einig, dass Deutschland einen dynastischen Eroberungskrieg führte.[25] Das Braunschweiger Komitee verabschiedete am 5. September ein Manifest, in dem es den Krieg rundweg verurteilte – was unmittelbare Konsequenzen nach sich zog. Unter dem Vorwurf des Verstoßes gegen das Vereinsrecht wurden die Mitglieder des Komitees in Ketten und unter militärischer Bewachung auf einer 36-stündigen Reise zur Festung Lötzen in Ostpreußen transportiert. Bismarck hatte keinerlei Bedenken, was die Rechtmäßigkeit solcher Maßnahmen anging. Deutschland sei im Kriegszustand und Antikriegsproteste würden den französischen Widerstand stärken: »Ob [sie] [...] dem Vaterlande den Verlust von 100 oder 10 000 Menschenleben zuziehen, das vermag niemand zu berechnen, erscheint aber auch ohne Einfluß auf die Rechtsfrage«, schrieb er. Der Staat habe eine »Pflicht der Unschädlichkeitmachung der absichtlichen oder unabsichtlichen Bundesgenossen des Feindes«.[26]

Die sächsischen Behörden waren unschlüssig, wie sie vorgehen sollten. Im August forderte der Leipziger Polizeidirektor Christian Rüder, entsprechend dem Wunsch des Leipziger Stadtrates, den Kriegsminister Fabrice auf, alle sozialdemokratischen Versammlungen zu verbieten. Rüder empfahl auch, die Zeitung *Der Volksstaat* zu verbieten.[27] Aber Fabrice und Innenminister Nostitz-Wallwitz waren der Meinung, dass die Umstände eine derart offenkundige Repression nicht erforderten.[28] Fabrice wies Rüders Antrag mit der Feststellung zurück, das Kriegsrecht sei in Leipzig noch nicht in Kraft.

---

22 Brief vom 8.2.1870, A. Bebel, Reden und Schriften, Bd. 1, 1970, S. 575.
23 Pr. Gesandter Eichmann, 4./6.2.1870, PAAAB, Sachsen 41; brit. Generalkonsul Crowe, 6.7.1870, TNA, FO 68/152.
24 Wilhelm Bracke an August Geib, 29.7.1870, in: R. H. Dominick, Liebknecht, 1982, S. 195. Vgl. W. Liebknecht, Briefwechsel mit Sozialdemokraten, Bd. 1, 1973, S. 326 f.
25 Liebknecht an Wilhelm Bracke, 5.9.1870, zitiert in: R. H. Dominick, Liebknecht, 1982, S. 200.
26 Bismarck an den Königsberger Oberpräsident Carl von Horn, 28.9.1870, O. von Bismarck, Werke in Auswahl, Bd. 4, 2001, S. 547–550; vgl. AB-PrStMin, 6/I, S. 200 f. (4.10.1870); A. Bebel, Leben, 1961, S. 389.
27 Vgl. O. Pflanze, Bismarck, Bd. 2, 1990, S. 296.
28 Rundschreiben von Nostitz-Wallwitz (Kopie), [19.7.1870], SHStAD, MdI 10975; W. Schröder, ›Fünf-Thaler-Affäre‹, 1993, S. 59–68.

Nostitz stimmte unter Berufung auf § 12 des Sächsischen Vereinsgesetzes zu, der es der Polizei erlaubte, öffentliche Versammlungen in Fällen unmittelbarer Gefahr für Frieden, Ordnung und Sicherheit zu verbieten. Bebel musste dennoch wachsam sein. Am 20. September 1870 wies Nostitz seine Kreishauptmänner an, alle Versammlungen zu verbieten, in denen Sympathie für das Braunschweiger Antikriegsmanifest oder Opposition gegen die Endziele des Krieges geäußert werden könnten.[29] Bismarck genügte dieses generelle Verbot nicht. Das preußische Staatsministerium zeigte sich unzufrieden darüber, dass die sächsische Regierung gegen Bebel und Liebknecht »nichts« unternehme.[30]

Einen Monat später übte Bismarck mehr Druck aus und wollte wissen, warum der preußische Belagerungszustand nicht auf Sachsen ausgedehnt werden könne. Auch der Berliner Polizeipräsident Lothar von Wurmb – Preußens Zivilkommissar während der Besetzung Sachsens von 1866 – machte Druck. Wurmb wusste so gut wie jeder andere, dass die niederen Beamten in Sachsen kaum positiv auf preußisches Drängen reagieren würden. Dennoch frustrierte es ihn, dass die parlamentarische Immunität von Bebel und Liebknecht wiederholt verlängert wurde, weil der Reichstag bis in die erste Dezemberwoche 1870 hinein tagte. Liebknecht erinnerte sich, dass die sächsischen Behörden während dieser »Galgenfrist« keine Eile hatten, sie zu verhaften. Aber: »drängte Berlin, so gab Dresden nach«.[31]

Der Sieg Deutschlands über Frankreich erzeugte auch in der sächsischen Arbeiterbevölkerung das Gefühl von Stolz. Zu Beginn des Krieges war die Stimmung in Regierungskreisen eine »sehr gedrückte« gewesen, weil man befürchtete, die »verhängnißvollen Consequenzen eines Krieges« würden »der Demokratie eine neue Waffe zum Angriffe gegen die Dynastien bieten«.[32] Bebel wusste, dass diese Angst berechtigt war: »Der gegenwärtige Krieg arbeitet uns gegen den Willen der Machthaber in die Hände. Wenn die Partei überall so gut stünde wie hier in Leipzig und Sachsen überhaupt, dann hätten wir gewonnen. Leider aber sieht's namentlich in Preußen jämmerlich aus [...] und in Süddeutschland hat man sich auch mehr als gut ist vom Chauvinismus hinreißen lassen.«[33] Die Nachricht von der Kapitulation von Paris im Januar 1871 und dem vorläufigen Friedensabkommen im Februar verursachte in der sächsischen Bevölkerung ebenso viel Angst wie Freude. »Die Kaiseridee hatte hier im Lande nie auf großen Anklang zu hoffen und man findet in ihr durchaus keine Entschädigung für die großen Opfer an Menschenleben, für die verlorene Selbständigkeit des Landes und für die als unabweisliche Folge dieses Krieges zu erwartende höhere Besteuerung, welche die

---

29 SHStAD, KHMSL 244.
30 AB-PrStMin, 6/I, S. 200 f. (28.9.1870).
31 Liebknechts Einleitung (1894) zum Hochverrats-Prozeß, S. 12 f. Vgl. A. BEBEL, Leben, 1961, S. 392–405.
32 Österr. Gesandter Ludwig Graf Paar, 15.7.1870, HHStAW, PAV/38.
33 A. BEBEL, Reden und Schriften, Bd. 1, 1970, S. 577 (18.11.1870).

schon aufs höchste angestrengten Kräfte des Landes gänzlich erschöpfen würde.«[34] Der ungewöhnlich kalte Winter 1870/71 und die hohe Arbeitslosigkeit trugen ebenso zum öffentlichen Unmut bei wie das Murren über Kriegsgewinnler und Generäle, die mit Geldern aus der französischen Entschädigung belohnt wurden. In Leipzig »brachte jeder Soldat, der aus dem Feldzug nach Hause kam, die Gefühle eines Deutschen mit, die sich von denen eines engeren Nationalismus unterschieden. Aber man kann nicht auf die lange Dauer eines solchen Gefühls zählen.«[35]

Im Winter 1870/71 nahmen die Hausdurchsuchungen und die Beschlagnahmungen sozialdemokratischer Schriften zu. Nachdem der Reichstagswahlkampf formell begonnen hatte, war es verfassungswidrig, sozialdemokratische Wahlversammlungen zu verbieten. Dennoch wurden viele verboten oder aufgelöst, sobald der Hauptredner das Wort ergriff. Der Leipziger Kreishauptmann merkte an, dass seine Beamten vor Ort unsicher seien, ob während des Wahlkampfes alle Vereinsaktivitäten verboten werden könnten oder nur solche, bei denen Antikriegsaussagen zu erwarten seien. Seine Vorgesetzten in Dresden antworteten umgehend: Alle sozialistischen Treffen könnten als kriegsfeindlich angesehen werden. Deshalb solle die Polizei auch während des Wahlkampfes ihre Befugnisse umfassend nutzen.[36] Die berüchtigste Aktion war die Verhaftung von Bebel, Liebknecht und Adolf Hepner, einem Redakteur des *Volksstaats*, am 17. Dezember 1870.[37] Das von den Behörden ausgegrabene »Belastungsmaterial« wegen »Vorbereitung auf Hochverrat« machte den lange hinausgezögerten Prozess (1872) nicht weniger absurd. Auch die Nominierung von Bebel und Liebknecht für die Reichstagswahlen im März 1871 konnte dadurch nicht verhindert werden. Doch während sie in einem Leipziger Gefängnis in Untersuchungshaft saßen, würden sie wenigstens nicht am Wahlkampf teilnehmen können.

So nahm man zumindest an. Tatsächlich jedoch standen Bebel und Liebknecht aus ihren Gefängniszellen in engem Kontakt mit ihren Wahlkampforganisatoren und ließen es nicht an Ermutigung und taktischer Beratung mangeln.[38] Dann, am 28. März, hörte Bebel, wie der Schlüssel im Schloss seiner Zelle gedreht wurde. Nach 101 Tagen Einzelhaft, in denen er »hundemäßig fror« in einer Zelle, die »wimmelte von Ungeziefer«, wurde er freigelassen, ebenso wie Liebknecht und Hepner.[39] Zwei Tage später kam auch

---

34 Paar, 31.12.1870, HHStAW, PAV/38 (vgl. Berichte vom 22.7.1870, 22.12.1870, 4./11.2.1871 in: HHStAW, PAV/38 und PAV/39); Crowe, 16.7.1870, 9.12.1870, bzw. der brit. Gesandte Burnley, 16./31.1.1871, TNA, FO 68/152 und FO 68/153; der bayer. Gesandte Paumgarten, 8.1.1871, BHStAM, MA 2844; Eichmann, 9.12.1870, 8.4.1871, PAAAB, Sachsen 41; A. Richter, Meinung, 1922, S. 143–153.
35 Crowe, 15.11.1871, TNA, FO 68/154.
36 KHM Burgsdorff (Leipzig) an MdI, 8.2.1871; Antwort (Entwurf), 15.2.1871; SHStAD, MdI 10975.
37 Vgl. A. Bebel, Leben, 1961, S. 404–414; Wurmb an Pr. MdI Eulenburg, 14.9.1870, zitiert in: W. Schröder, ›Fünf-Thaler-Affäre‹, 1993, S. 61.
38 Brief vom 8.1.1871, A. Bebel, Reden und Schriften, Bd. 1, 1970, S. 579–581; Liebknechts Brief vom 17.1.1871, W. Liebknecht, Briefwechsel mit Sozialdemokraten, Bd. 1, 1973, S. 374–381.
39 A. Bebel, Leben, 1961, S. 406–407.

das Braunschweiger Komitee frei. Liebknecht beschrieb diese Ereignisse in einem Brief an Karl Marx: »Die Preußische Regierung wollte uns während d[es] Krieges und d[er] Wahl lahm legen: die sächsische Reg[ierung] gab sich natürlich gern zu dem Schergendienst her. [...] Das ›Belastungsmaterial‹ [...] wurde mit Leichtigkeit zusammengeblasen [...].« Er schloss seinen Brief, indem er zur Betonung ins Englische wechselte: »Such is life in *New*-Germany!«[40]

Nach seiner Entlassung aus dem Gefängnis ging Bebel direkt nach Berlin, wo er sich am 3. April 1871 über den Verfassungsentwurf ereiferte. Bebel, der damals rund um die Uhr überwacht wurde, erinnerte sich später daran, dass er von der Berliner Polizei wie ein gewöhnlicher Verbrecher behandelt wurde: »Kleinlichkeit und Gehässigkeit« waren an der Tagesordnung. Er fügte hinzu: »Das lernten wir später auch als sächsische Landtagsabgeordnete in Dresden kennen.«[41] Was er nicht wissen konnte, war, dass Reichskanzler Bismarck in Berlin und der sächsische Regierungschef Friesen in Dresden innerhalb weniger Wochen zu dem Schluss gekommen waren, dass die Sozialdemokratie am besten als kriminelle und nicht als politische Bewegung bekämpft werden sollte.[42] Die Auswirkungen dieser falschen Schlussfolgerung waren weitreichend.

Die Reichstagswahlen vom 3. März 1871 fanden statt, bevor die Kommunarden Paris erobert hatten oder Bebel sie öffentlich verteidigt hatte. Die »French Connection« wurde dennoch ausgenutzt. Der konservative Sprecher Hermann Wagener behauptete, der französische Konsul in Wien habe Bebel und Liebknecht im Namen der Französischen Republik für ihre Bemühungen gedankt. Angeblich hätten Bebel und Liebknecht bei den Wahlen zur französischen Nationalversammlung sogar Stimmen erhalten.[43] Wichtiger als diese »Enthüllungen« war, dass der Wahltag exakt mit der öffentlichen Feier des vorläufigen Friedensabkommens mit Frankreich zusammenfiel, das am 26. Februar ratifiziert worden war. Am 1. März zog Kaiser Wilhelm mit seinen Truppen über die Champs Élysée. Als die Deutschen am 3. März aufwachten, konnten sie sich also bei der Zeitungslektüre ein Bild von diesen Ereignissen machen. Auf dem Weg zu den Wahllokalen wurden die Wähler mit all ihren Sinnen auf die patriotische Botschaft eingestimmt: Sie sahen Fahnen an öffentlichen Gebäuden wehen, sie hörten das Geläut von Kirchenglocken und 101 Salutschüsse, sie spürten die lang ersehnte Wärme eines Märztags, der Deutschland eine große Zukunft verhieß. Um das Maß vollzumachen, wurden noch vor Abschluss der Stichwahlen im Innenhof des Dresdner Zwingers 43 erbeutete französische Kanonen ausgestellt. Studenten der Fachhochschule Dresden

---

40 Brief vom 1.4.1871, W. Liebknecht, Briefwechsel mit Sozialdemokraten, Bd. 1, 1973, S. 382 (Hervorhebung im Original).
41 A. Bebel, Leben, 1961, S. 414 f.
42 O. v. Bismarck, Gesammelte Werke, Abt. III, Bd. 1, 2004, S. 118 f.
43 A. Bebel, Leben, 1961, S. 398 f.

veranstalteten eine Fackelparade, die Barbarossas Erwachen aus dem Schlaf feierte. Auf dem Dresdner Altmarkt wurde das Modell einer Statue der Germania enthüllt.[44]

Diese Bemühungen, die revolutionäre Bedrohung einzudämmen, funktionierten nicht. Oder zumindest nicht so gut, wie es sich die Patrioten erhofften.[45] Im Wahlkampf mussten die sächsischen Fortschrittler erkennen, dass sie durch ihre stillschweigende Zustimmung zur antisozialistischen Repression und zur deutschen Einheit ihre liberalen Prinzipien untergraben hatten. Und die desorganisierten und selbstgefälligen Konservativen waren durch den Mangel geeigneter Kandidaten gehandicapt. Dennoch half es dem Wahlglück der Konservativen, dass sich Konservative und Nationalliberale darauf einigten, nicht gegeneinander zu konkurrieren, und stattdessen einen neuen Wahlverein der Stadt Dresden gründeten.[46] Solche Vereinbarungen wären noch 1869 unmöglich gewesen. Auch verließen sich die Konservativen gerne auf die Unterstützung sächsischer Beamter. Wie ein sozialdemokratischer Organisator an Liebknecht schrieb, »was in einem kleinen Städtchen der Bürgermeister, Stadträthe, Fabrikanten und auf dem Lande der Richter und Polizeier thun und sagen, ist der großen Masse *Befehl*«.[47] In Dresden hingegen zeigten sich die Behörden beunruhigt – ja sogar peinlich berührt – angesichts der Unterbesetzung der Polizei. Da sie gezwungen waren, 18 000 französische Kriegsgefangene zu bewachen, fehlte ihnen das Personal, um »genügend« Hausdurchsuchungen durchzuführen und »genügend« sozialistische Kundgebungen zu überwachen.

Die Sozialdemokraten kandidierten in 18 von 23 sächsischen Wahlkreisen. Darunter waren Kandidaten, die in zwei oder drei Wahlkreisen kandidierten, Kandidaten, die sich später linksliberalen Fraktionen im Reichstag anschlossen, und Mitglieder des Braunschweiger Ausschusses, die noch im Gefängnis saßen. Die meisten dieser Kandidaten erhielten weniger als 1 500 Stimmen.[48] Bebel und Liebknecht machten sich keine Illusionen über die Wirkung ihrer Antikriegshaltung auf die bürgerlichen Wähler. Deshalb konzentrierten die Sozialdemokraten sich auf die drei »gewinnbaren« Wahlkreise – 17: Glauchau-Meerane (Bebel), 18: Zwickau (Schraps) und 19: Stollberg (Liebknecht).[49] Wie Bebel aus seiner Gefängniszelle schrieb, ging es darum, unter schwierigen Umständen »zu retten, was zu retten ist«: Für die Partei gelte es, »nicht auf neue Eroberungen auszugehen, bevor wir wissen, ob wir halten können, was wir bis jetzt

---

44 O. Richter, Geschichte, 1903–04, S. 9–12; Paar, 4./11./19./22./25./28.2.1871, 6./7./9./13./25.3.1871, HHStAW, PAV/38.
45 Paar, 11.2.1871 und passim, HHStAW, PAV/38; StadtAD, NL Burgk, Nr. 85; W. Schröder, Wahlkämpfe, 1998, S. 33–38; A. Bebel, Leben, 1961, S. 409–411.
46 SHStAD, MdI 865(a).
47 Carl Demmler an Liebknecht, 2.4.1871 (Hervorhebung im Original), W. Liebknecht, Briefwechsel mit Sozialdemokraten, Bd.1, 1973, S. 381; vgl. Burnley, 31.1.1871, TNA, FO 68/153.
48 G. A. Ritter, Wahlrecht, 1990, Tabelle 5; W. Schröder, ›[...] zu Grunde richten‹, 1994, S. 8; SHStAD, MdI 865(a); und andere im Folgenden aufgelistete Quellen.
49 Zu Bebels Wahl: A. Bebel, Leben, 1961, S. 410 f.

haben«.⁵⁰ Zu Bebels taktischen Ratschlägen gehörte es, Volksversammlungen erst in den letzten zwei Wochen vor der Wahl abzuhalten und Behauptungen der Gegner, wonach inhaftierte Sozialdemokraten nicht gewählt werden könnten, zu widerlegen. Nach Bebels Schätzung standen für den gesamten sächsischen Wahlkampf nicht mehr als 600 Mark zur Verfügung. In der Region Zittau waren bescheidene Parteiaktivitäten nur möglich, weil die Mitglieder gebeten wurden, pro Kopf einen Taler für den Wahlkampf zu spenden – mehr als der gesamte Wochenlohn einer Handweberfamilie in der Region. Gastwirte wurden von lokalen Behörden oder ihren Chefs gezwungen, den Sozialdemokraten keine Versammlungsräume zur Verfügung zu stellen – woraufhin diese versuchten, ihre Botschaft auf Kundgebungen anderer Parteien unters Volk zu bringen. Häufig versuchten sie diese zu stören und deren Auflösung durch die Polizei zu provozieren. Ein Sozialist wurde angeblich dreimal aus derselben Versammlung geworfen.⁵¹ Bebels üblicher Optimismus wurde auf eine harte Probe gestellt. Er schrieb an einen sächsischen Kameraden: »Wie mir's zumute sein wird, wenn der Kampf losgeht und ich hier hinter Eisenstäben die Wolken angucken muß, das kannst Du Dir denken.«⁵²

Nach Ansicht der sächsischen Nationalliberalen machte es ihre Rolle als Verfechter der nationalen Einigung nicht erforderlich, mit Fortschrittlern und Konservativen lokale Wahlbündnisse einzugehen. Doch wo sie sich zur einen Seite hin im Recht sahen, gerierten sie sich zur anderen Seite hin rachsüchtig. So berichtete ein Sozialdemokrat: »Die Bourgeoisie natürlich speit Feuer und Flammen.«⁵³ Der Titel einer nationalliberalen Broschüre – »Das rothe Gespenst des Social–Demokratismus in Deutschland oder: Die Vaterlandslosen. Thun und Treiben Bebel's und Genossen« – sagte alles.⁵⁴ Die Hoffnungen der Nationalliberalen auf substanzielle Zuwächse gegenüber ihrem Abschneiden im Jahr 1867 wurden nicht enttäuscht. Unterdessen stellten die Konservativen, die sich als Föderalisten und Konstitutionalisten tarnten, in nur zwölf sächsischen Wahlkreisen offizielle Kandidaten auf. Einige ihrer größten Stars schnitten nicht gut ab. Innenminister Nostitz-Wallwitz trat als konservativer Kandidat im WK 14: Borna an, wurde aber in der Stichwahl von einem Heidelberger Professor besiegt, der mit sozialdemokratischer Unterstützung gewann. Ludwig von Zehmen verlor im WK 7: Meißen gegen einen fortschrittlich-nationalliberalen Kompromisskandidaten. Und Ludwig Haberkorn wurde von einem liberalen Gutsbesitzer in WK 1: Zittau klar geschlagen. In einem Beitrag des pro-preußischen *Grenzboten* wurde die Freude darüber zum Ausdruck gebracht, dass

---

50 Bebel an einen sächs. Sozialdemokraten [vermutlich Julius Motteler in Crimmitschau], 8.1.1871, A. BEBEL, Reden und Schriften, Bd. 1, 1970, S. 579.
51 H. SCHWARZBACH, Geschichte, 1986, S. 12.
52 Bebel an [Motteler], 8.1.1870, A. BEBEL, Reden und Schriften, Bd. 1, 1970, S. 579, ebenfalls A. BEBEL, Leben, 1961, S. 410.
53 Carl Hirsch an Natalie Liebknecht, 25.2.1871, W. LIEBKNECHT, Briefwechsel mit Sozialdemokraten, Bd. 1, 1973, S. 377.
54 Das rothe Gespenst, hinzugefügt zu Paar, 30.8.1871, HHStAW, PAV/38; vgl. F. BOETTCHER, Stephani, 1887, S. 114; K. BIEDERMANN, Mein Leben, Bd. 2, 1886, S. 316 f.

die radikalen Gegner der deutschen Einheit vernichtet worden seien.[55] Zu diesen Gegnern gehörten auch die Sozialdemokraten, die ihr sächsisches Kontingent im Reichstag von fünf auf zwei Abgeordnete schrumpfen sahen. Allerdings stieg die Zahl der Stimmen für sozialistische Kandidaten in Sachsen gegenüber 1867 deutlich an: mit über 42 000 Stimmen gewannen sie dort fast 20 Prozent der Gesamtstimmen.

Reichsweit gingen am 3. März 1871 fast vier Millionen Deutsche zur Wahl – das entspricht einer Wahlbeteiligung von 51 Prozent. Auf 93 sozialistische Kandidaten entfielen rund 124 000 Stimmen – etwas mehr als 3 Prozent.[56] Die zwei gewählten Sozialisten – August Bebel und Reinhold Schraps – stammten beide aus Sachsen. Schraps wechselte bald zur Fortschrittspartei und ließ Bebel als einzigen »offiziellen« Sozialisten im Reichstag von 1871 zurück. Mit Ausnahme dieser zwei wurden alle 23 sächsischen Wahlkreise von Liberalen gewonnen.[57]

*

Nach dem März 1871 nahm der Krieg gegen die »inneren Feinde« des Reiches schärfere Konturen an. Der Aufstand der Pariser Kommune und ihre brutale Unterdrückung fanden in ganz Europa Widerhall. Als Barometer für diese Ereignisse diente die *Constitutionelle Zeitung* der Liberalen in Dresden. Die Kommunarden seien »Männer der Empörung und des Meuchelmordes« und: »Nur der Abgeordnete Bebel hatte die Frechheit, für diese Unmenschen im Reichstag in die Schranken zu treten.«[58] Bismarck bevorzugte Taten, nicht Worte. Nur zwei Wochen nach Bebels Verteidigung der Pariser Kommune

---

55 Gb 1871, I. Semester, Bd. 1, S. 443.
56 Zur Wahl 1871 vgl. Karte S. 3.1 und Karte S. 3.2 (Parteihochburgen) im Online-Supplement. Der innere Kreis in jedem Wahlkreis stellt die Anzahl der Wahlberechtigten dar, die eine Stimme abgaben (d. h. die tatsächlichen Wähler); der äußere Kreis alle zugelassenen Wahlberechtigten (d. h. alle potenziellen Wähler): durch einen Größenvergleich der beiden Kreise lässt sich die ungefähre prozentuale Wahlbeteiligung ablesen. Der Stimmenanteil der verschiedenen Parteien ist durch die Farben im inneren Kreis angezeigt. Wahlsieger sind durch die Hintergrundfarbe des Wahlkreises angezeigt. Dieser Modus wird für alle Karten aus S. LÄSSIG, Reichstagswahlen, 1998, angewandt. (Vgl. Karte S. 2.3 für die Legende zu diesen Karten.) Für den Namen und die Nummer jedes Reichstagswahlkreises in Sachsen vgl. den Überblick in Karte 2.1 (oben) und Karte S. 2.5 im Online-Supplement. Vgl. auch »Wahlen zum Deutschen Reichstag (1871–1890): Ein statistischer Überblick«, der für jede nationale Wahl sowohl Anzahl und Anteil der Stimmen als auch Anzahl und Anteil der Sitze aller Parteien auflistet: DGDB Bd. 4, Abschnitt 7.
57 Die Liberalen setzten sich zusammen aus 8 Nationalliberalen (22,4 Prozent der Stimmen), 8 Fortschrittlern (27 Prozent) und 5 anderen Liberalen (13,1 Prozent). Zu den Nationalliberalen und Linksliberalen vgl. Paar, 9./25.3.1871, HHStAW, PAV/38; K. BIEDERMANN, Mein Leben, Bd. 2, 1886, Kap. 18; A. DORPALEN, Treitschke, 1957, Kap. 8; F. BOETTCHER, Stephani, 1887, Kap. 7. Kandidaten der DKP und der RFKP gewannen in Sachsen 8 Prozent. Diese Zahlen lassen einen gewissen Interpretationsspielraum offen, weil die Parteibezeichnungen im Fluss und die Meldungen unvollständig waren. Vgl. ZSSL 54, H. 1 (1908), S. 171–180; S. LÄSSIG, Reichstagswahlen, 1998, S. 52 und Karte 1871; G. A. RITTER, Wahlgeschichtliches Arbeitsbuch, 1980, 89; F. SPECHT/P. SCHWABE, Reichstagswahlen, 1908, S. 218 ff.; G. A. RITTER, Wahlen, 1997, S. 33, 43; DERS., Wahlrecht, 1990, S. 63; W. SCHRÖDER, Wahlrecht, 1997, S. 109 f.; H. LIEBSCHER, Sachsen, [1907]; A. BEBEL, Leben, 1961, S. 410 f.; A. RICHTER, Meinung, [1922], S. 152.
58 CZ, 21.3.1871, 12.4.1871, 7.6.1871; R. HERRMANN, Stellung, 1981, S. 38, 59; R. REICHERT, Haltung, 1972.

im Reichstag beauftragte er den preußischen Botschafter in Österreich-Ungarn, Gespräche mit Wien über die Förderung der internationalen Zusammenarbeit im Kampf gegen die Sozialdemokratie aufzunehmen. Bismarck sprach von »communistischen Arbeiterverbindungen [...] in den sächsischen Fabrikdistrikten«.[59] Innerhalb von 48 Stunden wies er seine Botschafter an, ähnliche Mitteilungen an die Behörden in Florenz, London, St. Petersburg, Brüssel und Dresden zu übermitteln. Für Regierungschef Friesen skizierte er eine unheilvolle Zukunft, in der die internationale Bedrohung durch die Revolution und Bebels Machtbasis in Sachsen miteinander verknüpft waren. Bebels Wahlerfolg in Dresden sei ein Symptom für die Ausbreitung der Sozialdemokraten »und eine Mahnung, denselben gegenüber nicht unthätig zu verharren«. Nach der Feststellung, dass die »sächsische Regierung [...] diesen Fragen und Gefahren ebenso nahe [steht] wie wir«, fragte Bismarck Friesen, ob er »geneigt ist, uns die polizeilichen Erfahrungen mitzutheilen, welche die K. Sächs. Reg. in den betreffenden Wahlkreisen über die Verbreitung und die Ziele der Bebelschen Partei gemacht hat, und mit uns gemeinsam zu erwägen, was etwa in Deutschland, namentlich auch auf dem Wege der Gesetzgebung, gethan werden könnte, um jenen Gefahren zu begegnen«.[60]

Spätestens im Sommer 1871 zeigten sich Friesen und der sächsische Innenminister Nostitz-Wallwitz empfänglich für Bismarcks Pläne für schärfere Polizeimaßnahmen und neue Gesetze.[61] Sie betonten, dass das Reichsstrafgesetzbuch dem Notstand nicht gerecht werde. Dieser Mangel, so Friesen, sei für das von den Sozialdemokraten im Reichstag und in der Presse propagierte »Treiben« verantwortlich.[62] Als die Sozialisten in Dresden ihr Hauptquartier mit roten Fahnen schmückten – was, so die antisozialistische Presse, Ochsen und Hähne verängstigen könne, aber gewiss nicht die Regierungsbehörden –, nahm Nostitz' Frustration zu. Große sozialistische Versammlungen und die Abhaltung des jährlichen Parteikongresses in Dresden Mitte August 1871 führten zu ungestümen Repressionsversuchen. Während die sächsischen Behörden nur auf eine Gelegenheit warteten, den Kongress abzubrechen, konzentrierte sich Bebel in seinen Ausführungen auf den Zehn-Stunden-Tag und die Forderung nach einem allgemeinen Wahlrecht bei Kommunalwahlen. Als der Zeitpunkt gekommen war, dass die Kongress-

---

[59] Bismarck an den deutschen Botschafter Hans Lothar von Schweinitz (Wien), Entwurf, 7.6.1871; O. von BISMARCK, Werke in Auswahl, Bd. 5, 2001, S. 76.
[60] Bismarck an Eichmann (Dresden), Entwurf, 7.6.1871, O. VON BISMARCK, Gesammelte Werke, Abt. III, Bd. 1, 2004, S. 118–119. Für Anweisungen an andere Botschafter, ebenda, S. 120–124.
[61] Vgl. W. PÖLS, Sozialistenfrage, 1960, S. 30–32; D. FRICKE, Prätorianer, 1962, S. 26 ff.; P. KAMPFFMEYER/B. ALTMANN, Sozialistengesetz, [1928], 2006, S. 74 ff.; O. PFLANZE, O. Bismarck, Bd. 2, 1990, S. 296–299.
[62] Dazu und zum Folgenden Paumgarten, 11.6.1871, 2.7.1871, 13./20./24.8.1871, BHStAM II, MA 2044. Der bayerische Gesandte schrieb: »Ueber das Treiben dieser Partey habe ich um so öfter Veranlassung genommen, mit den hiesigen Ministern Rücksprache zu nehmen [...] als ich für unsere, an die durch die Umsturz-Presse so unterminirte sächsische Gegend grenzenden, fränkischen Landestheile besorgt seyn zu müssen glaubte.«

teilnehmer ihre Unterstützung für die Pariser Kommune bekunden sollten, taten sie dies, indem sie sich schweigend erhoben.[63]

Nach 1871 tauschten Polizei und Staatsbeamte in Preußen, Österreich und den anderen deutschen Bundesstaaten Informationen über die Fortschritte der sozialdemokratischen Bewegung aus, und keiner von ihnen wollte als saumselig gelten. Anfang 1875, nachdem Kaiser Wilhelm einen Bericht über den angeblichen Erfolg der Bayern gegen die Sozialdemokratie gelesen hatte, schrieb er am Rande: »Warum ist man bei uns nicht ebenso tätig gegen die Roten?«[64] Schätzten die Sachsen die Gefahren und Chancen ähnlich ein? Eine umfängliche Denkschrift, die Nostitz am 31. Oktober 1871 an Friesen schickte, zeichnete das »rote Gespenst« beängstigender denn je.[65] »Die Fortschritte, welche die sozialdemokratische Bewegung in den letzten Jahren gemacht hat«, schrieb Nostitz, »[gefährden] schon gegenwärtig die öffentliche Sicherheit in Besorgnis erregender Weise.« Als Beweis führte er Mitteilungen von Kommunalbehörden an, die glaubten, dass »der etwaige Wiederausbruch revolutionärer Bewegungen in Frankreich von der Sozialdemokratie auch zu revolutionären Schilderhebungen im deutschen Reiche werde benutzt werden«. Nostitz räumte ein, dass die industrielle Entwicklung Deutschlands es unmöglich machte, das Koalitionsrecht der Arbeitnehmer oder die in den Presse- und Vereinsgesetzen verankerten bürgerlichen Freiheiten zurückzunehmen. »Wohl aber bedarf die bestehende Staatsverfassung und das Ansehen der Behörden und ihrer Organe eines nachdrücklicheren Schutzes, als er in den neueren Strafgesetzen geboten wird.« Die Bemühungen, der Bedrohung zu begegnen, seien vor Gericht gescheitert: »[F]ast tagtäglich predig[t]en« sozialdemokratische Agitatoren »offenkundig die Revolution und den gewaltsamen Umsturz der bestehenden staatlichen Einrichtungen«.

Nostitz nahm es mit der Wahrheit nicht so genau. In einer früheren Denkschrift an seine Kreishauptmänner hatte er eine weniger apokalyptische Sprache verwendet.[66] Er riet der Polizei, bei der Überwachung sozialistischer Versammlungen, »vorzeitiges oder herausforderndes Einschreiten zu vermeiden« und »etwaigen Überschreitungen der gesetzlichen Vorschriften mit Takt und Umsicht« zu begegnen. Darüber hinaus hatte die sächsische Polizei 1871 zahlreiche sozialistische Redakteure und umherreisende Redner erfolgreich belangt und sie wegen Verstößen gegen die Monarchie, die Religion und das sächsische Vereinsrecht angeklagt.[67] 1871 wurden dermaßen viele Versammlungen verboten, Zeitungen beschlagnahmt und Sozialisten inhaftiert, dass Liebknecht in *Der Volksstaat* eine Reihe von Artikeln unter der Rubrik »Sozialistenhetze« veröffent-

---

63 M. SCHMIDT, Arbeiterbewegung, 1988, S. 31.
64 Zitiert in: D. FRICKE, Prätorianer, 1962, S. 34 f.
65 Nostitz-Wallwitz an Friesen, 31.10.1871, SHStAD, MdAA 1441/1. Vgl. D. FRICKE, Prätorianer, 1962, S. 28.
66 Nostitz-Wallwitz an alle Kreishauptmänner (Entwurf), 28.6.1871; SHStAD, MdI 10975/1-/2; E. SCHAARSCHMIDT, Geschichte, 1934, S. 79–84.
67 Burnley, TNA, FO 68/154; vgl. H. STÖBE, Streik, 1962; R. STRAUSS/K. FINSTERBUSCH, Arbeiterbewegung, 1952, S. 19–22.

lichte, in denen er die Frage stellte: »Haben wir ein Vaterland?«[68] Als Bebel im August 1871 die sozialdemokratischen Delegierten auf ihrem nationalen Kongress in Dresden begrüßte, merkte er an, dass sie in der Hauptstadt desjenigen Bundesstaates tagten, in dem »die Sozialdemokratie am heftigsten verfolgt würde«.[69]

War das Reichsstrafgesetzbuch zu locker? Bebel erklärte im November 1871, die deutsche Einheit erleichtere die Unterdrückung der Sozialdemokratie in Sachsen. In einer Reichstagsrede, in der er auch Bismarcks Herrschaft als »reinen Cäsarismus« anprangerte, erklärte er, er sei von dem »genialen« Stil der sächsischen Repression nicht mehr beeindruckt: »Die Verfolgungen, denen unsere Partei in Sachsen ausgesetzt worden ist, wo man die schon ohnedies reaktionären Gesetze in willkürlichster, reaktionärster Weise in Bezug auf das Versammlungs-, in Bezug auf das Vereinsrecht, in Bezug auf die Pressefreiheit gegen uns ausbeutete, die haben uns gezeigt, daß aus den Kleinstaaten die früheren liberalen Anwandlungen vollständig verschwunden sind, und daß sie nicht mehr in der Lage sind, dem Drücker, der von Berlin aus auf sie wirkt, irgendwie zu widerstehen.«[70] Nostitz war nun so fest davon überzeugt, dass die bestehenden Gesetze gegen die Sozialdemokratie verschärft werden müssten, dass er die früheren Vorschläge von Bismarck und Friesen, die entsprechenden Artikel des Reichsstrafgesetzbuches zu überdenken, eifrig unterstützte.[71] Sachsen könne sogar den Weg weisen, so legte Nostitz nahe, indem es einige Artikel des eigenen Strafgesetzbuches von 1855 anwende. Andernfalls würde »der Rechtsbegriff im Volke nach und nach vollständig verwirrt, die für die Aufrechterhaltung staatlicher Ordnung unentbehrliche Autorität der Staatsgewalt erschüttert und den obrigkeitlichen Organen die Erfüllung ihrer amtlichen Obliegenheiten verleidet und beziehentlich zur Unmöglichkeit gemacht werden«.[72]

Die zweite Hälfte von Nostitz' Denkschrift an Friesen ist historisch nicht weniger bedeutend als die erste. Der Wechsel von Repressionsdur zu Reformmoll verdeutlicht das Gewicht, das die sächsischen Behörden der Förderung sozialer und wirtschaftlicher Reformen im Einklang mit den besonderen Gegebenheiten Sachsens beimaßen. Dazu gehörten für Nostitz vor allem die strikte Durchsetzung des reichsweiten Verbots der Kinderarbeit, weitere Einschränkungen der Sonntagsarbeit und die Aufstockung von Fabrikinspektoren. Die gesetzliche Beschränkung der täglichen Arbeitszeit werde in Deutschland allgemein als nicht durchführbar erachtet, schrieb Nostitz, dennoch dürfe man diese Reform nicht rundweg ablehnen. Der damals in Vorbereitung befindliche Entwurf des Schulgesetzes bot gute Aussichten, das Weiterbildungsangebot für Jugendliche

---

68 Volksstaat, 5./8.7.1871.
69 A. Bebel, Leben, 1961, S. 427.
70 SBDR, Bd. 1, S. 183 f. (8.11.1871); vgl. »August Bebel, Rede im Reichstag (8. November 1871)«, DGDB Bd. 4, Abschnitt 5.
71 D. Fricke, Prätorianer, 1962, S. 26–28; Bismarck an Kaiser Wilhelm I., 1.4.1872, O. v. Bismarck, Gesammelte Werke, Abt. III, Bd. 1, 2004, S. 311; W. Pöls, Sozialistenfrage, 1960, S. 36 ff.
72 Nostitz-Wallwitz an Friesen, 31.10.1871, zuvor zitiert.

zu verbessern. Und die Kommunen in den stärker industrialisierten Landkreisen Sachsens hatten bereits positive Schritte hin zur Einrichtung von Schiedsgerichten für die Beilegung von Streitigkeiten zwischen Arbeitgebern und Arbeitnehmern unternommen.

Nostitz' Liste der positiven Reformen ging noch weiter. Die Bereitstellung von mehr Wohnungen für Arbeiter in und um die sächsischen Industriezentren – mit erschwinglichen Mieten und besserer Sanitärversorgung – sei dringend notwendig. Fortschritte würden auch durch die Durchsetzung der Bauverordnungen und ehrenamtliche Bemühungen auf lokaler Ebene erzielt. Vor allem aber läge die »Verbesserung der Lage der arbeitenden Klassen« in den Händen der Arbeitgeber. Letztere hätten für ihre Arbeiter nicht so ausreichende Fürsorge geleistet, wie es »dem Interesse der Arbeiter wünschenswert und mit dem Gedeihen der betreffenden Gewerbsunternehmen vollkommen vereinbar ist«. Daher seien größere Anstrengungen nötig, um »anregend und aufmunternd« auf die Arbeitgeber zu wirken – beispielsweise durch »Auszeichnungen und Belobigungen« seitens der Regierung für besondere Verdienste und durch die Beachtung der Ratschläge von Branchenexperten.[73]

Die beiden Teile der Denkschrift von Nostitz spiegeln die, wenn auch zögerliche Befürwortung von Repression *und* Reform durch die sächsischen Behörden wider. Auch wenn Nostitz darin eine strengere Durchsetzung der bestehenden Gesetze forderte, gestand er durchaus offen ein, dass einige der sozialdemokratischen Forderungen legitim sein könnten. Bismarck, dessen Verständnis der Arbeiterbewegung in den 1870er-Jahren sehr begrenzt war, zeigte damals wenig Interesse an solchen Vorschlägen. Die Einschätzung der Sachsen war aber aufschlussreicher. Nostitz' Denkschrift verdeutlicht die Zwänge, unter denen der autoritäre Staat (nicht immer erfolgreich) versuchte, harte Maßnahmen gegen eine vermeintliche politische Bedrohung mit wohltätigeren Reaktionen auf tatsächliche sozioökonomische Missstände zu kombinieren. Diese Ambivalenz des Staates wirkte sich auch auf die Wahlkämpfe aus, die bald mit härteren Bandagen ausgetragen werden sollten.

---

73 Ebenda.

Rotes Sachsen? Der Schock vom Januar 1874

> In keinem Bundesstaate hat die Sozialdemokratie breiteren Boden und größere Macht gewonnen, als in Sachsen und es ist daher die Regierung keines Bundesstaates mehr befähigt, Vorschläge zur Abhülfe zu machen und zu vertreten, als die Königlich Sächsische.
> — Otto von Bismarck, März 1874[74]

> There is no such thing as the State
> And no one exists alone;
> Hunger allows no choice
> To the citizen or the police;
> We must love one another or die.
> — W. H. Auden, September 1, 1939, 1940

Im Jahr 1872 setzte ein sächsisches Gericht Bebels zweijähriger Verurteilung wegen Hochverrats noch eine neunmonatige Haftstrafe wegen Majestätsbeleidigung obenauf. Mit dem Schuldspruch wurde dem Anführer der SPD sein Reichstagssitz entzogen. Am ersten Tag seiner Gefängnisstrafe veröffentlichte Bebel einen offenen Brief an seine Wähler, in dem er sie aufforderte, die Willkür des Gerichts durch seine Wiederwahl zu belohnen.[75] In einer Nachwahl zum Reichstag im Januar 1873 taten sie genau das und gaben Bebel 4 000 Stimmen mehr als im März 1871. Zu Beginn der Reichstagssession schrieb Bebel an das sächsische Justizministerium und bat um Erlaubnis, zumindest während der Sitzungsperiode des Berliner Parlaments sein Mandat wahrnehmen zu dürfen.[76] Sein Bittgesuch wurde schroff abgelehnt. Bebel und das Gros der in den säch-

---

[74] Bismarck an pr. Kriegsminister Georg von Kameke (Entwurf), 3.3.1874, BAP, RKA 1292/2. Bismarck fügte hinzu: »Sie [die Regierung Sachsens] ist aber auch deshalb mehr in der Lage, eine wirksamere Initiative zu ergreifen, als die Reichsgewalt, weil, wie die Erfahrung genügend gelehrt hat, Vorschläge der letzteren, welche eine Beschränkung vermeintlicher Volksrechte bezwecken, nicht als Ausdruck eines praktischen Bedürfnisses, sondern als Stück eines umfassenden politischen Programms aufgefaßt und von diesem Standpunkt aus angegriffen und bekämpft werde. Die Sächsische Gesetzgebung hat seit einer Reihe von Jahren auf dem politischen Gebiete eine Richtung verfolgt, welche die Kgl. Sächsische Regierung vor dem Verdachte einer Tendenzpolitik sichert.«
[75] A. BEBEL, Leben, 1961, S. 451 f., 458.
[76] A. BEBEL, Reden und Schriften, Bd. 1, 1970, S. 584 f.

sischen Gefängnissen einsitzenden Sozialdemokraten blieben hinter Gittern. Doch die Erfolge ihrer Partei bei den Reichstagswahlen vom Januar 1874 versetzten dem System einen Schock – einen Schock, der weit mehr als nur Bebels persönliches Schicksal tangierte. Wie gelang den Sozialdemokraten dieser Durchbruch?

Der Wahlkampf

Der berühmte Leipziger Prozess gegen Bebel, Liebknecht und Hepner im März 1872 verbesserte die Aussichten der Eisenacher in Sachsen erheblich.[77] Während des Gerichtsverfahrens erhielten die drei Männer ausreichend Gelegenheit, Weltanschauung und Ziele ihrer Partei zu erklären und zu verteidigen. Später reflektierten sie über die Ironie, dass die riesige Menge an Material, die von der Staatsanwaltschaft aus den sozialdemokratischen Parteikongressen, Zeitungen und anderen Publikationen in die Prozessakte aufgenommen wurde, eine der besten Sammlungen sozialistischer Schriften darstellte, die es damals gab. Der Prozess dauerte für damalige Verhältnisse ungewöhnlich lang, und der Schuldspruch gegen Bebel und Liebknecht überraschte niemanden.[78] Schließlich bestand die Jury hauptsächlich aus Gutsbesitzern, Land- und Forstwirten sowie Kaufleuten.[79] Erstaunlicher waren die umfangreichen, wortgewandten Aussagen, die Bebel und Liebknecht zu ihrer eigenen Verteidigung vortrugen. Bebels und Liebknechts Eloquenz hinterließ einen positiven Eindruck bei denjenigen, die ohnehin zu der Auffassung tendierten, der autoritäre Staat habe 1870 und 1871 auf die sozialistische Herausforderung überreagiert. Andere Beobachter wiederum frohlockten, dass diese Anführer, die nichts mehr zu verlieren hatten, die ultimativen Ziele ihrer Partei offenlegten – dass sie zum Beispiel darauf verzichteten, die angestrebte Republik euphemistisch als »Volksstaat« zu bezeichnen. Einen Monat nach Abschluss des Prozesses erhielt die sozialistische Sache Auftrieb, als der hoch angesehene Anführer der Fortschrittler, Johann Jacoby, ankündigte, sich aus Solidarität mit dem verurteilten Duo den Sozialdemokraten anzuschließen.[80] In den Jahren 1872 und 1873, als Bebel und Liebknecht in den relativ komfortablen Zellen auf dem Hubertusburger Schloss in Festungshaft saßen, folgten weitere Unterstützungsbekundungen. Sachsens Bürgertum und Regierung reagierten mit einer Mischung aus Besorgnis und Selbstgefälligkeit auf diese anhaltenden »Provokationen«.

Charakteristisch für diese Ambivalenz war die Reaktion von Innenminister Nostitz auf das von ihm so genannte »*indignation meeting*«, das die Dresdner Sozialisten

---

77 Hochverrats-Prozeß, 1911; Gb 1872, I. Semester, Bd. 1, S. 402–408. Vgl. Burnley, 12.4.1872, TNA, FO68/155.
78 Hepner wurde freigesprochen.
79 Hochverrats-Prozeß, 1911, S. 62.
80 E. Silberner, Jacoby, 1976, S. 492–494.

nach Bebels und Liebknechts Verurteilung organisiert hatten.[81] Als Nostitz im April 1872 gefragt wurde, was man tun könne, um solche »anmaßenden« Affronts – darunter auch anonyme Drohungen gegen Geschworene des Leipziger Schwurgerichts – zu verhindern, erklärte der Innenminister, die Agitation der Sozialdemokraten habe »gar manchen politisch exaltierten Deputierten die Augen geöffnet«. Doch bis eine »Verschärfung« des Reichsstrafgesetzbuches möglich werde, wolle er nicht »mehr Märtyrer schaffen«. Nostitz' mangelnde Bereitschaft, die Sozialisten zu provozieren, war auch auf die Weigerung des Landtags zurückzuführen, die sächsische Gendarmerie aufzustocken. Ein kurz zuvor erfolgter Antrag auf ein um 25 Mann erhöhtes Kontingent war von der Zweiten Kammer abgelehnt worden. Der bayerische Gesandte war erstaunt: »So hat Dresden mit 177 000 Einwohnern nur etwa einen Mann auf tausend Seelen!«

Will man den Fortschritt der Sozialdemokratie in den 1870er-Jahren (und danach) umreißen, ist es entscheidend, zwischen Reichstags- und Landtagswahlen zu unterscheiden. Schauen wir uns zuerst die Landtagswahlen genauer an (siehe Tabelle 3.2).

Jeder in Sachsen wusste, dass sich das starke Abschneiden der rechtsstehenden Parteien bei den Reichstagswahlen im März 1871 bei den Landtagswahlen nicht so einfach wiederholen lassen würde. Dies bewahrheitete sich bei den Wahlkämpfen im Oktober 1871 und September 1873 (bei denen jeweils ein Drittel der Landtagswahlkreise neu vergeben wurde).[82] Erneut scheiterten namhafte Konservative, darunter der hoch dekorierte Stadtrat Gustav Ackermann in Dresden, oder stellten sich gar nicht erst zur Wahl. Insgesamt betrug die Wahlbeteiligung im Oktober 1871 im gesamten Königreich lediglich 24 Prozent und nur halb so viel in den großen Städten. Den Liberalen erging es etwas besser als den Konservativen. Sie hatten in der Zweiten Kammer mit 42 zu 38 Mandaten immer noch eine knappe Mehrheit gegenüber den Konservativen. Doch das Landtagswahlrecht und sein Ein-Taler-Zensus sorgten dafür, dass die Konservativen, die bei den Reichstagswahlen im März 1871 nur ein Viertel der Wählerstimmen erhalten hatten, bei den Landtagswahlen im darauffolgenden Oktober fast die Hälfte der Stimmen gewannen.[83]

---

81 Englisch und Hervorhebung im Original. Dazu und zum folgenden Kommentar über die Dresdner Polizei: Paumgarten, 21./30.4.1872, BHStAM II, MA 2845.
82 Zum Folgenden, vgl. SHStAD, MdI 5329–31; ZSSL 51, H. 1 (1905), S. 2–12; W. Schröder, Wahlrecht, 1997, S. 110–119; Paumgarten, 24.8.1871, 5.10.1871, 1.12.1871, BHStAM II, MA 2844.
83 In den Landtagswahlen von 1871, 1873 und 1875 wurde jeweils ein Drittel der Wahlkreise neu vergeben. Vgl. Karte 2.4 und Karte 2.5 im vorliegenden Band. Für Karten aller ländlichen und städtischen Wahlkreise, die im Zeitraum 1871–75 vergeben wurden, vgl. Karte S. 3.7 im Online-Supplement.

Tabelle 3.2: Sächsische Landtagswahlen, 1871, 1873, 1875

Umkämpfte Wahlkreise Typ/(Anzahl)	Abgegebene Stimmen	Konservative			Liberale		
		Stimmen	Stimmen (%)	Mandate	Stimmen	Stimmen (%)	Mandate
2. Oktober 1871							
Großstädtische (4)	1.804	406	22,5	0	1.369	75,9	4
Übrige städtische (7)	5.053	2.344	46,4	3	2.346	46,4	4
Ländliche (15)	14.295	7.546	52,8	8	6.205	43,4	7
Gesamt (26)	21.152	10.296	48,7	11	9.920	46,9	15
15. September 1873							
Großstädtische (4)	3.556	709	19,9	1	2.786	78,4	3
Übrige städtische (8)	9.077	3.944	43,5	3	5.017	55,3	5
Ländliche (15)	17.649	11.880	67,3	12	4.544	25,8	3
Gesamt (27)	30.292	17.030	56,2	16	12.347	40,8	11
14. September 1875							
Großstädtische (2)	2.823	33	1,2	0	2.240	79,3	2
Übrige städtische (10)	10.853	1.026	9,5	0	8.981	82,8	10
Ländliche (15)	21.664	11.890	54,9	7	8.294	38,3	8
Gesamt (27)	35.340	12.940	36,6	7	19.515	55,2	20

Anmerkungen: Die Wahlbeteiligung insgesamt betrug für die jeweiligen Jahre 24,2 Prozent (1871), 33,2 Prozent (1873) und 36,2 Prozent (1875). 1871 wurden alle Stimmen für liberale Kandidaten in der Kategorie »liberal« gezählt. 1873 errangen nationalliberale Kandidaten 18,0 Prozent der abgegebenen Stimmen, Fortschrittler 8,1 Prozent und andere Liberale 14,7 Prozent. 1875 errangen nationalliberale Kandidaten 26,7 Prozent der abgegebenen Stimmen, Fortschrittler 28,5 Prozent und andere Liberale 1,8 Prozent. Einige Zahlen vom Verfasser berechnet. Diskrepanzen aufgrund von ungenauen Parteizuordnungen, Nachwahlen etc. wurden nach Möglichkeit in Einklang gebracht.
Quellen: ZSSL 51, H. 1 (1905), S. 2–12; SHStAD, MdI 5329–5331; W. Schröder, Wahlrecht, 1997, S. 111–119; SParl, S. 180–214; SLTW, Tabellen 18, 21, 26.

Während des Wahlkampfs zu den Landtagswahlen im September 1873 übernahm die sächsische Regierung eine aktivere Rolle.[84] Sie wollte damit wettmachen, was Justizminister Christian Wilhelm Ludwig (von) Abeken als Mangel an juristischen Möglichkeiten zur Einschränkung sozialistischer Aktivitäten und der Verbreitung der Parteipropaganda bezeichnete.[85] Zu dieser Zeit personifizierte Abeken die sächsische Repression.

---

84 Zum Folgenden vgl. Paumgarten, 21.8.1873, 13./19./21./27.9.1873, BHStAM II, MA 2846; Solms, 12./22./23.9.1873, PAAAB, Sachsen 44; W. Schröder, Wahlrecht, 1997, S. 113–115.
85 Abeken an MdI, 31.7.1873, SHStAD, MdI 10976. Abeken wurde im Juni 1878 in den Adelsstand erhoben.

Laut Bebel war

> Herr von Abeken […] im Gegensatz zu seinem Kollegen, dem Minister des Inneren [d. h. Nostitz-Wallwitz], ein kleiner hagerer Mann mit einem kalten, fanatischen Gesicht. Ich bezeichnete ihn den Parteigenossen als ein Gegenstück zum Großinquisitor der spanischen Inquisition, Torquemada. In dessen Zeitalter hätte er gepasst. Ein äußerst scharfsinniger Jurist, aus dessen ohne Tonfall mit einer scharfen, trockenen Bürokratenstimme vorgetragenen Reden man nur an einem leisen Beben die innere Erregung heraushörte, verteidigt er mit äußerster Konsequenz die Taten seiner Staatsanwälte und Richter. Er wirkte damit in höchstem Grade unheilvoll auf die Justiz seines Landes ein, wie denn für einen erheblichen Teil der Anklagen gegen uns der Justizminister der Anreger war.[86]

Als die Gerichte nicht lieferten, wandten sich Abeken und Innenminister Nostitz an den sächsischen Staatsdienst. In getrennten Denkschriften aus ihren Ministerien forderten sie die sächsischen Beamten auf, sich aktiv an der Landtagswahl zu beteiligen.[87] Diese Denkschriften wurden jedoch nicht an Stadträte geschickt, von denen als zu wahrscheinlich angenommen wurde, dass sie die Liberalen unterstützen würden. Auch sonst wurde der antisozialistische Feldzug durch Spannungen zwischen Liberalen, Konservativen und der Regierung untergraben. Der preußische Gesandte Graf Solms behauptete, dass mindestens drei Fraktionen innerhalb der Konservativen Partei existierten, sodass diese aufgrund mangelnder Einheit die Bezeichnung Partei nicht einmal verdiene.[88] Unterdessen gingen Fortschrittler und Nationalliberale immer getrenntere Wege, und die regierungsnahe *Leipziger Zeitung* proklamierte einen Kampf bis aufs Messer mit den Liberalen: Angeblich sei die Wahl von Nationalliberalen eine Katastrophe für Sachsen.[89] Nach Auffassung Solms' war eine derartige Intervention ein Zeichen dafür, dass sich die sächsische Regierung in einem Zustand der Desorganisation befand: Sie »richtete mehr Schaden an als sich selbst zu helfen, indem sie eine so direkte und unverhüllte Rolle übernahm«, und sie wurde »oft von ihren eigenen Presseorganen mit *trop de zèle* bedient«. Dennoch waren 1873 noch »erträgliche« Wahlen möglich, weil das Landtagswahlrecht von 1868 ländliche Wahlkreise begünstigte, in denen noch immer konservativer Einfluss herrschte. Die Konservativen hatten fast doppelt so viele Kandidaten wie die Nationalliberalen (12) aufgestellt und die Wahlbeteiligung auf dem Land (33 Prozent) war höher als in den Großstädten (21 Prozent). Aus all diesen Gründen verbesserten die Konservativen ihr Abschneiden gegenüber 1871 – wenn auch nur geringfügig.

---

86 A. BEBEL, Leben, 1961, S. 786 f.
87 Rundschreiben, 1.8.1873, SHStAD, MdI 5330.
88 Solms, 12./16./28./29.1.1874, PAAAB, Sachsen 45, Bd. 1 und weitere, unten angeführte Quellen.
89 LZ, 12.8.1873, DJ, 21.8.1873.

Blickt man kurz voraus zum 14. September 1875, dem Datum der dritten Teilwahl zum Sächsischen Landtag, lässt sich, nachdem alle 80 Wahlkreise mindestens zweimal (zusammen 1869, dann je ein Drittel 1871, 1873 und 1875) neu verteilt worden waren, eine Bilanz der Landtagsergebnisse ziehen. Mitte des Jahrzehnts hatten die Liberalen in der Zweiten Kammer noch eine Mehrheit (45 Sitze) gegenüber den Konservativen. Allerdings war diese linksorientierte Gruppe nun in drei etwa gleich starke Fraktionen aufgeteilt: 15 Nationalliberale, 14 Fortschrittler und 16 übrige Liberale. Die Nationalliberalen und Fortschrittler waren seit 1869 nicht mehr so wenig zur Kooperation aufgelegt gewesen.

Wie stand es um die sozialdemokratische Bewegung – die bis zum Gothaer Einigungskongress in Mai 1875 in Eisenacher und Lassalleaner gespalten gewesen war? Im Herbst 1875 erkannten Bebels Anhänger in Sachsen, dass sie in einigen stark industrialisierten Bezirken eine Chance auf einen Landtagssitz hatten. Die sozialistischen Kandidaten erhielten mit 1 517 Stimmen etwas mehr als 4 Prozent der Wählerstimmen. Trotz des Zensus, welcher die meisten Arbeiter ausschloss, gewann Bebel im 14. städtischen Landtagswahlkreis 42 Prozent der abgegebenen Stimmen. Dass er das Rennen verlor, »hat niemand mehr gefreut als mich«, schrieb Bebel, weil er sich dringend um sein eigenes Geschäft kümmern musste.[90] Auch Liebknecht befände sich mit seinem »vagabundierenden Agitatorenleben« in einer Notlage: »Lunge und Stimmorgane sprechen ja auch ein Wörtchen mit.« Aber: »Im allgemeinen können wir mit dem Gang der Partei sehr zufrieden sein.« Ein weiteres Zeichen der Zeit war der Erfolg der Sozialdemokratie beim Ausbau ihrer regionalen Presse, unterstützt durch die Gründung eines eigenen Verlagshauses im Jahre 1872.[91] Die Zahl der Abonnements für *Der Volksstaat* stieg von 2 790 Anfang 1871 auf etwa 7 400 Anfang 1874.[92]

*

Weitaus bessere Aussichten boten sich den Sozialdemokraten bei den Reichstagswahlen mit ihrem allgemeinen Wahlrecht. Im Reichstagswahlkampf 1874 scheuten die Sozialdemokraten in Sachsen keine Mühen, um sich für die Inhaftierung ihrer Führer zu rächen: Es war eine Frage der Ehre.[93] Bis auf einen Wahlkreis (2: Löbau) nominierten sie in allen sächsischen Reichstagswahlkreisen Kandidaten. Bebel kandidierte in seinem

---

90 SHStAD, MdI 5331; ZSSL 51, H. 1 (1905), S. 4–5; Bebel an Engels, 21.9.1875, A. BEBEL, Reden und Schriften, Bd. 1, 1970, S. 597.
91 W. SCHRÖDER/I. KIESSHAUER, Genossenschaftsbuchdruckerei, 1992.
92 W. SCHRÖDER, ›[...] zu Grunde richten‹, 1994, S. 9. Zu Streiks: L. MACHTAN, Streiks und Aussperrungen, 1984, S. 31; DERS., Streiks, 1983; DERS., Streikbewegung, 1978; F. BOLL, Arbeitskampf, 1990, bes. Tabellen 6, 7; M. SCHMIDT, Arbeiterbewegung, 1988, S. 42.
93 Vgl. A. BEBEL, Die parlamentarische Thätigkeit [...] 1871 bis 1874, [1873] 1909; DERS., Die parlamentarische Thätigkeit [...] 1874 bis 1876, [1876] 1909.

alten Wahlkreis 17: Glauchau-Meerane, aber auch in WK 11: Oschatz-Grimma, wo er lediglich »Flagge zeigen konnte«, und in WK 12: Leipzig-Stadt. Liebknecht kandidierte in WK 20: Marienberg, in der Hoffnung, seine traditionelle Unterstützung in WK 19: Stollberg würde über die Grenzen »seines« Wahlkreises hinaus ausstrahlen. Zudem wurde er in WK 6: Dresden-Land nominiert. In diesem relativ ländlichen Wahlkreis hatte Liebknecht wenig Chancen, den konservativen Mandatsinhaber zu entthronen, aber seine Unterstützer hofften, seine Popularität würde der Partei neue Anhänger nördlich der Hauptstadt zuführen. Organisation, Disziplin und Aufopferung waren die Schlagworte der Partei. Innerhalb von 48 Stunden wurden in einem Wahlkreis rund 11 000 Exemplare eines Wahlflugblatts verteilt. In Leipzig wurden für die Dauer des Wahlkampfs von den Parteimitgliedern »Wahlkampf-Extrasteuern« in Höhe von 2,5 Neugroschen pro Monat erhoben – das entsprach etwa dem Preis von fünf Broten.[94]

Besonders aufschlussreich ist ein Sieben-Punkte-Feldzugsplan, den Carl Demmler, später selbst SPD-Abgeordneter im Sächsischen Landtag, für Liebknecht erstellte. Nachdem Demmler die unzureichende Organisation und Agitation der Sozialdemokraten im Jahr 1871 katalogisiert hatte, schrieb er, dass die Partei beim nächsten Mal eine kohärentere Taktik anwenden müsse. Die zentralen Punkte des Demmler'schen Plans verdeutlichen die Präzision, mit der die SPD nun ihre Agitation an der Basis plante:

> 3., Mindestens 16–18 Tage vor dem Wahltag muß ein *Wahl*aufruf in 8–10000 Exemplaren in den Händen der Centralbehörde sein, welche dieselben verhältnismäßig den Lokalkommite zu übersenden hat. Die Lokalkommite haben die Pflicht die Aufrufe nicht nur am Orte, sondern auch durch zuverlässige Parteigenossen, welche zu entschädigen sind, auf die ihm zugewiesenen Nachbarorte zu verteilen.
> 4., Sechs Tage später soll ein Flugblatt erscheinen, in welchen [sic] alle Wahlumtriebe und Ungehörigkeiten sofort zu kritisieren sind und [das] etwaige Ergänzungen des Wahlaufrufs enthalten kann.
> 5., Sechs Tage nachdem soll ein zweites Flugblatt zur Vertheilung kommen, welches weitere Ergänzungen des Aufrufs sowie etwaige Entgegnungen für die Gegner enthält. Gleichzeitig werden mit diesen [sic] Flugblatt die Stimmzettel vertheilt.
> 6., Während dem hat die Centralbehörde vier tüchtige Redner zu gewinnen, welche in den letzten vier Tagen vor dem Wahltag agitatorisch wirken sollen. [...][95]

Die neuen Gesandten in Dresden – George Strachey für Großbritannien, Eberhard Graf zu Solms-Sonnewalde für Preußen, Rudolf Freiherr von Gasser für Bayern, Karl Frei-

---

[94] Vorangegangene Details vorwiegend aus: W. Schröder, Wahlkämpfe, 1998, S. 41–43. ADAV- und SDAP Kandidaten standen einander nur in WK 3: Bautzen, 20: Marienberg und 23: Plauen gegenüber.
[95] Demmler an Liebknecht, 13.8.1873, in: W. Liebknecht, Briefwechsel mit Sozialdemokraten, Bd. 1, 1973, S. 514–516, hier S. 516 (Hervorhebung im Original); vgl. »Statistische Uebersicht« (1874), SHStAD, MdI 865(a).

herr von und zu Franckenstein für Österreich – nahmen bei Amtsantritt allesamt Notiz von der Intensität der sozialdemokratischen Agitation, auch außerhalb der städtischen Regionen. George Strachey schätzte, dass etwa zwei Drittel der Arbeiterbevölkerung Sachsens (in Industrie und Landwirtschaft) Sozialisten waren, und berichtete dem britischen Außenministerium in London, dass »eine solche Stärke unwiderstehlich wird in Bezirken, in denen sowohl die Dörfer als auch die Städte Sitz der verarbeitenden Industrie sind«. Die Sozialdemokraten, so fuhr er fort, hatten sie »weniger ihrer absoluten und distributiven Kraft als ihrer Wahlenergie und ihrem Wahlgeschick« zu verdanken. Diese »verhasste Fraktion« hatte »die klassischen englischen Wahlkampfmethoden richtig angewandt«.[96] Die preußischen und österreichischen Gesandten stimmten zu. Sozialdemokraten waren in die Fabrik-, Industrie- und Bergbaudörfer vorgedrungen, wo sie ihre Kampagne mit »großer Ruhe und Sicherheit« und »musterhafter Ordnung« betrieben hatten. Sie hatten den Arbeitgebern absichtlich ein falsches Gefühl der Sicherheit gegeben. Von den Tausenden von Bergleuten, die Arthur Dathe Freiherr von Burgk-Roßthal im Plauenschen Grund – einem Bergbaugebiet südwestlich von Dresden – beschäftigte, waren »alle Arbeiter [...] pünktlich und fleißig, so daß man glaubte, die Leute bekümmerten sich gar nicht um die Wahlen. Bei der Abstimmung aber stimmten Alle wie ein Mann für den socialdemocratischen Candidaten.«[97]

Tabelle 3.3: Sozialistische Stimmen in Reichstagswahlen, Sachsen und das Reich, 1871 und 1874

	Zugelassene Wahlberechtigte	Abgegebene Stimmen gesamt	Wahlbeteiligung (%)	Sozialistisch				
				Kandidaten	Gewonnene Stimmen	Anteil an wahlberechtigten Wählern (%)	Anteil an abgegebenen Stimmen (%)	Gewonnene Mandate
Sachsen								
1871	473.000	213.129	45,1	18	42.077	8,9	19,7	2
1874	524.914	259.592	49,5	22	92.180	17,6	35,4	6
Reich								
1871	7.656.000	3.907.000	51,0	93	124.000	1,6	3,2	2
1874	8.523.446	5.223.864	61,3	162	351.952	4,2	6,8	9

Anmerkungen: Einige Zahlen sind abgerundet. In Spalte 6, Sachsen 1874, wie zitiert in M. SCHMIDT, Arbeiterbewegung, 1988: 88.907 SDAP-Stimmen und 5.255 ADAV-Stimmen. In Spalte 6, Reich 1874, wie zitiert in A. BEBEL, Leben, 1961, S. 466: 171.351 SDAP-Stimmen und 180.319 ADAV-Stimmen.
Quellen: SHStAD, MdI 865(a), 865(b), 865(c), sowie weitere statistische Quellen; P. STEINBACH, Entwicklung, 1990; K. ROHE, Wahlen, 1992; G. A. RITTER, Wahlrecht, 1990; G. A. RITTER, Wahlen, 1997; W. SCHRÖDER, Wahlrecht, 1997; M. SCHMIDT, Arbeiterbewegung, 1988.

---

96 Strachey, 17./20./31.1.1874, 13.3.1874, TNA, FO 215/34 (Entwürfe), FO 68/158 (Endfassungen); Flugblätter in SLUB, H. Sax. G., 199, 14.
97 Solms, 16.1.1874, PAAAB, Sachsen 45, Bd. 1; vgl. Franckenstein, 31.1.1874, HHStAW, PAV/40.

Tabelle 3.3 veranschaulicht die Zugewinne der Sozialdemokratie zwischen März 1871 und Januar 1874 in Sachsen und im Reich. Das auffälligste Merkmal der Wahl von 1874 ist die Kernstärke der Sozialisten in Sachsen. Im Januar 1874 wurde Sachsen der erste deutsche Bundesstaat, in dem sozialistische Kandidaten mehr Stimmen erhielten als jede andere Partei. Im Vergleich zu 1871 konnten sie ihre Stimmenzahl mehr als verdoppeln. Im Reich verdreifachten sie ihre Stimmen auf über 350 000. Doch während der Anteil der für die Sozialisten abgegebenen Stimmen im Reich etwas weniger als 7 Prozent betrug, lag er in Sachsen bei 35 Prozent. Jeder vierte sozialistische Wähler lebte in Sachsen. Der sächsische Anteil an den Reichstags*mandaten* war noch größer. Von den neun reichsweit gewählten Sozialdemokraten vertraten sechs das Königreich Sachsen. Sie wurden allesamt in den relativ industrialisierten Bezirken des Südwestens gewählt und waren sämtlich »Eisenacher«, d. h. Anhänger von Bebel und Liebknecht.[98]

Während es den Sozialdemokraten gelang, in allen Teilen des Königreichs Wähler zu mobilisieren, konzentrierten sich die Konservativen und die Nationalliberalen darauf, rivalisierende Kandidaturen zu vermeiden und in »gewinnbaren« Wahlbezirken anzutreten. Diese Strategie hatte zur Folge, dass es 1874 weniger Wettbewerbe unter drei oder vier Kandidaten gab als 1871. Die Solidarität der Sozialistengegner war nicht wasserdicht, aber noch immer stark genug. In 19 Wahlkreisen sahen sich die Sozialdemokraten nur einem Gegenkandidaten gegenüber (siehe Tabelle 3.4).[99] Die Unterscheidung zwischen Deutschkonservativen und Freikonservativen kann vernachlässigt werden – im Reich, weil das »neukonservative« Lager im Wandel war; in Sachsen, weil die Konservativen selten zwischen den beiden Parteien differenzierten.[100] Nur eine Handvoll sächsischer Konservativer bevorzugte die Bezeichnung Freikonservative, um ihre Solidarität mit anderen »staatserhaltenden« Parteien zu betonen. Eine noch geringere Anzahl wollte dem Spitznamen der Freikonservativen als »Bismarckpartei *sans phrase*« alle Ehre machen.

---

98 SHStAD, MdI 865(c); W. Schröder, Wahlrecht, 1997, S. 43.
99 Vgl. Karte S. 3.3 für die Reichstagswahlen von 1874 im Online-Supplement. Vgl. Karte S. 3.2, Karte S. 3.4 und Karte S. 3.6, welche die Parteihochburgen in den Reichstagswahlen von 1871, 1874 und 1877 zeigen. Hochburgen sind definiert als Wahlkreise, in denen eine einzelne Partei mindestens 60 Prozent der abgegebenen gültigen Stimmen in der Hauptwahl (d. h. nicht in der Stichwahl) gewann; S. Lässig, Reichstagswahlen, 1998, S. 52 ff. Vgl. Tabelle S. 3.1 im Online-Supplement zu den siegreichen Kandidaten bei den Reichstagswahlen von 1874.
100 Die Reichs- und Freikonservative Partei (RFKP) nahm im Jahr 1867 die Bezeichnung Freikonservative Partei in Preußen an; in der nationalen Politik firmierte sie nach 1871 unter dem Banner der Deutschen Reichspartei oder einfach Reichspartei. Vgl. V. Stalmann, Partei Bismarcks, 2000; M. Alexander, Freikonservative Partei, 2000.

Tabelle 3.4: Reichstagswahlen in Sachsen und im Reich, 1871 und 1874

	3. März 1871			10. Januar 1874		
	Stimmen	Stimmen (%)	Mandaten	Stimmen	Stimmen (%)	Mandaten
Sachsen						
Deutschkonservative	19.769	9,2	0	18.704	7,2	1
Reichspartei	6.858	3,2	0	36.545	14,1	5
Nationalliberale	53.208	25,0	8	69.782	26,9	7
Liberale, Linksliberale	57.037	26,8	13	35.985	13,9	4
Sozialdemokraten	42.077	19,7	2	92.180	35,4	6
Gesamt	213.129		23	259.592		23
Wahlbeteiligung (%)	45,1			49,5		
Reich						
Deutschkonservative	549.000	14,1	57	359.959	7,0	22
Reichspartei	346.000	8,9	37	375.523	7,2	33
Nationalliberale	1.171.000	30,1	125	1.542.501	29,7	155
Liberale, Linksliberale	642.000	16,5	82	524.000	10,0	53
Sozialdemokraten	124.000	3,2	2	351.952	6,8	9
Gesamt	3.907.000		382	5.223.864		397
Wahlbeteiligung (%)	51,0			61,3		

Anmerkungen: Nur Hauptwahl. Einige Zahlen sind abgerundet. Es gab erhebliche Unsicherheit in der politischen Orientierung der Kandidaten in 1871, die sich in den Quellen in abweichenden Stimmenverhältnissen widerspiegelte. Das Zentrum, ethnische Minderheiten und weitere kleinere Gruppen sind zur besseren Übersichtlichkeit ausgelassen worden. Vgl. die von Valentin Schröder erstellten Tabellen: http://www.wahlen-in-deutschland.de/krtw.htm.
Quellen: SHStAD, MdI 865(c), 865(e); ZSSL 54, H. 2 (1908), S. 173; Vierteljahrhefte zur Statistik des Deutschen Reichs für das Jahr 1875, Bd. 14, H. III/2 (1875), S. 1–154; G. A. RITTER, Wahlgeschichtliches Arbeitsbuch, 1980, S. 38; W. SCHRÖDER, Wahlrecht, 1997, S. 109, 115; sowie weitere Quellen.

Die Zugewinne der Sozialdemokratie bei den Wahlen von 1874 sorgten für Schockwellen in ganz Deutschland, aber die Auswirkungen wurden nicht überall auf gleiche Weise zur Kenntnis genommen. Der preußische Innenminister Friedrich zu Eulenburg und der Berliner Polizeipräsident Guido von Madai betonten vor allem den Aspekt der Wahlmanipulation: Obwohl die Sozialisten die Wahltricks von Staatsbeamten anprangerten, waren sie selbst nicht davor gefeit, von Wahlmanipulationen Gebrauch zu machen. Nach Ansicht der preußischen Behörden planten die Sozialdemokraten »eine terroristische Beeinflussung des Wahlbüreaus oder Wahlkörpers selbst«. Sie sahen eine »tumultarische, gewaltsame Trübung« voraus, mit der die sozialdemokratischen Führer (angeblich) zwischen 18 und 20 Abgeordnete in den nächsten Reichstag wählen wollten.[101] Die preußischen Behörden übertrieben. Außerhalb Sachsens wurden nur drei Sozialdemokraten gewählt.

---

101 BAP, RKA 1433.

Solche Vorhersagen verstärkten nur die angebliche Größenordnung sozialistischer Wahlsiege in Sachsen, die von den Gesandten in Dresden unisono gemeldet wurden. Die Siege der SPD in sechs Wahlkreisen hätten »die Regierungskreise umso unangenehmer berührt, als man einer solchen Eventualität, welche auf die Stimmung der Städte und Fabrikbezirke ein höchst bedenkliches Licht wirft, nicht gewärtig war«.[102] Allein in Dresden erhielten die sozialistischen Kandidaten mehr als 5 100 Stimmen: »Wenn auch nicht alle diese Wähler als eigentliche Socialdemocraten zu bezeichnen sind, so sind es doch Leute, welche unter dem Commando und dem Terrorismus der Partei stehen, und wie stark dieser ist, läßt sich aus der musterhaften Disziplin erkennen, welche diese auch hier characterisierte.«[103] Die sächsischen Staatsminister seien »sehr betreten über die aus den Wahlen sich ergebende Zahl von Socialdemocraten, oder wenigstens die Menge der ihrem Einflusse gehorchenden Wähler. Ein solches Wachsen der Partei hatte Niemand erwartet, namentlich nicht in Dresden, weil diese Stadt verhältnißmäßig wenig Fabrikarbeiter in sich schließt«.[104]

Doch die Feinde der Sozialdemokratie in Sachsen sahen einen Silberstreif am wolkenverhangenen Himmel, der sich im Januar 1874 über das Königreich wölbte. Innenminister Nostitz-Wallwitz hoffte, dass die »Ordnungsparteien« nun endlich die sozialistische Gefahr erkennen und die Initiative ergreifen würden, um die Bedrohung einzudämmen. Hinzu kam, dass in vier sächsischen Wahlkreisen Lassalleaner und Eisenacher gegeneinander kandidiert hatten: Vielleicht würde sich die extreme Linke durch ihre Uneinigkeit selbst im Weg stehen. Zu guter Letzt erlitten die sächsischen Sozialisten einen Rückschlag, als Johann Jacoby, der politisch irgendwo zwischen linksliberal und sozialistisch anzusiedeln war, sich weigerte, sein gewonnenes Reichstagsmandat für den WK 13: Leipzig-Land anzutreten.[105] Bei der Nachwahl am 28. Februar 1874 wandelte sich die Enttäuschung der Sozialisten in Bestürzung. Die Sozialistengegner formierten sich neu und verhalfen dem konservativen Kandidaten zum Sieg.[106] Es schien, als sei der Höhenflug der Sozialisten gestoppt worden. Ließ er sich gar rückgängig machen?

---

[102] Franckenstein, 24.1.1874, HHStAW, PAV/40. Zur allgemeinen politischen Stimmung nach den RT-Wahlen von 1874, vgl. Solms, 16./21./28./29.1.1874, 27.2.1874, 8.4.1874, 3.5.1874, 11.6.1874, 12.8.1874, PAAAB, Sachsen 45, Bd. 1; Gasser, 18.3.1874, 9.4.1874, 6./19.6.1874, 12.11.1874, BHStAM II, MA 2847; Franckenstein, 16./24./31.1.1874, 30.5.1874, 31.10.1874, HHStAW, PAV/40; Strachey, 17./20./31.1.1874, 13./20.3.1874, 5./[19.]5.1874; 14./17.5.1874, 21./22.10.1874, 13.11.1874, 19.5.1875, TNA, FO 215/34 (Entwürfe) und FO 68/158-9 (Endfassungen).
[103] Solms, 16.1.1874; PAAAB, Sachsen 45, Bd. 1.
[104] Ebenda. Solms fügte hinzu: »Minister von Friesen war besonders darüber betroffen, dass hier die Anhänger der sozialdemokratischen Partei wie *ein* Mann für Kandidaten stimmten, welche ihnen kaum dem Namen nach bekannt sein können« (Hervorhebung im Original).
[105] E. SILBERNER, Jacoby, 1976, S. 497–504; R. WEBER, Unglück, 1987, S. 301; W. LIEBKNECHT, Briefwechsel mit Sozialdemokraten, Bd. 1, 1973, S. 543; A. BEBEL, Leben, 1961, S. 465 f.
[106] Bei dem konservativen Kandidaten handelte es sich um den sächsischen Landtagsabgeordneten Dr. jur. Karl Heine. Er war Besitzer des Guts Gundorf und einer der einflussreichsten Städteplaner und Geschäftsleute in Leipzig.

Konsens?

Regierungschef Richard von Friesen zögerte nicht lange, um die Truppen hinter sich zu versammeln. Noch vor Ende Januar 1874 zeigte er sich in einer Bankettrede vor Mitgliedern der Zweiten Landtagskammer unzufrieden angesichts »des üblen Eindrucks, welchen die sächsischen Wahlen in Berlin machen müssen«. Er forderte seine Zuhörer auf, »die Notwendigkeit eines Zusammengehens der Regierung mit allen ordnungsliebenden Elementen im Lande« zu erkennen. Angeblich sah sich Friesen zu dieser Rede durch Gerüchte veranlasst, wonach die Sozialdemokraten in den Augen einflussreicher konservativer Gutsbesitzer weniger gefährlich seien als die nationalliberalen Befürworter des Einheitsstaates.[107]

Drei Wochen später begannen der sächsische und der preußische Kriegsminister einen Briefwechsel über die sozialdemokratische Durchdringung der sächsischen Armee, der sofort Bismarcks Aufmerksamkeit erregte. Die daraus folgende Korrespondenz zeigt, dass sowohl Berlin als auch Dresden ihren Beitrag zur Eskalation des Kampfes gegen die »Umstürzler« leisteten. Für den sächsischen Kriegsminister Fabrice waren die jüngsten Reichstagswahlen ein Beweis für das »bedenkliche Umsichgreifen« der Sozialdemokraten in der Armee. War, so Fabrices Frage, nun der Moment gekommen, »der Umsturzpartei entgegenzutreten« (Bismarcks Randbemerkung: »wie?«). Fabrice wollte dem »ungehinderten Treiben der Mannschaften des [Armee-] Beurlaubtenstandes Schranken [...] setzen, die sich durch ihren Diensteid zu besonderer Treue gegen König und Vaterland verpflichtet haben, durch ihr politisches Auftreten sich aber in krassesten Widerspruch dazu setzen«.[108] Fabrice schloss mit dem Vorschlag, es der Reichskanzlei zu überlassen, ein Korrektiv für die Zwangslage der Armee zu finden (Bismarck: »wenn die helfen könnte?«). Bei der Weitergabe dieses Briefes an Bismarck merkte der preußische Kriegsminister an, dass die Zustände in der preußischen Armee glücklicherweise nicht so schlecht seien wie in Sachsen. Bismarck stimmte zu.[109] Sachsen stand vor einer gewaltigen Herausforderung. Doch der Kanzler »witterte unter den Gerüchen der Widrigkeit auch den Duft der günstigen Gelegenheit« (wie es sein Biograf Otto Pflanze formulierte).[110] So schlug er vor, dass Sachsen die Führung in der nächsten Phase der Repression übernehmen solle: Es hätte sich in der »liberalen Ära« nach 1869 einen so guten Ruf für Toleranz erworben, dass es besser als Preußen in der Lage wäre, gegen diese wachsende Bedrohung vorzugehen. Bismarck beauftragte seinen eigenen

---

107 Franckenstein, 24.1.1874; Solms, 28.1.1874; beide zuvor zitiert.
108 Fabrice an den ehemaligen pr. Kriegsminister Albrecht von Roon (Entwurf), 13.2.1874, BAP, RKA, Nr. 1292/2.
109 Pr. Kriegsminister Georg von Kameke an Bismarck, 27.2.1874, und Antwort (Entwurf), 3.3.1874, BAP, RKA, Nr. 1292/2.
110 O. Pflanze, Bismarck, Bd. 2, 1990, S. 210.

Kriegsminister, Fabrice zu versichern, dass Sachsen, wenn es vorangehe, sich der Unterstützung aus Berlin gewiss sein könne.

Fabrice reagierte allerdings gereizt auf diesen Fingerzeig. Einige preußische Provinzen seien ebenso infiziert wie die sächsischen, so seine Antwort, und Preußen solle nicht versuchen, seinen Nachbarn in die Vorhut zu drängen. Pflichtbewusst fügte er hinzu, dass geeignete Vorschläge dennoch an den Kanzler weitergeleitet würden. Vier Vorschläge kamen von König Albert höchstpersönlich. Nach Ansicht des sächsischen Königs bestand die beste Antwort auf die Bedrohung darin, Soldaten auch nach Ende ihres aktiven Militärdienstes die Teilnahme an politischen Versammlungen zu verweigern; sie sollten vom Beitritt zu politischen Vereinen ausgeschlossen werden; sie sollten den Kriegsgerichten unterstellt bleiben; und ihnen sollte, analog zu aktiven Soldaten, das Wahlrecht entzogen werden.[111]

Weder Bismarck noch andere Staatsminister in Berlin waren in den Jahren 1875 und 1876 zufrieden mit den sächsischen Bemühungen, die sozialistische Bedrohung einzudämmen. Hinzu kam ihre Frustration darüber, dass sich der Reichstag im Mai 1875 geweigert hatte, antisozialistische Änderungen des Strafgesetzbuches zu verabschieden.[112] Preußen erhöhte den Druck auf andere Bundesstaaten – vor allem auf Sachsen, aber auch auf Braunschweig, Sachsen-Coburg-Gotha und Hamburg –, damit diese mit den antisozialistischen Anstrengungen in Bayern und Preußen gleichzogen. Preußische Minister und Beamte gelobten größeren Einsatz bei der Sammlung und Verbreitung von Informationen über sozialdemokratische und gewerkschaftliche Aktivitäten in den anderen Staaten.[113] Zu Bismarcks Bestürzung forderte der preußische Innenminister Eulenburg die anderen Staatsregierungen lediglich auf, die bestehenden Gesetze besser anzuwenden. Weitere sozialistische Zugewinne bei den Reichstagswahlen im Januar 1877 zeigten, dass diese Strategie nicht von Erfolg gekrönt war. In Hamburg stiegen die sozialdemokratischen Stimmen von ca. 14 000 (40 Prozent der abgegebenen Stimmen) im Jahr 1874 auf ca. 26 000 im Jahr 1877. Als Reaktion forderte die Reichskanzlei ein Reichsvereinsgesetz, das erreichen sollte, was das Strafgesetzbuch nicht zu leisten vermochte.

*

---

111 Kameke an Fabrice (4.3.1874), Antwort (7.3.1874), König Albert an Fabrice, o. J. [Feb.–März 1874], und Fabrice an sächs. Gesamtministerium (7.3.1874), in: M. Schmidt, Organisationsformen, 1969, S. 359, und H. Mehner, Militärkaste, 1963, S. 227 f.
112 Vgl. E. Naujoks, Entstehung, 1975, Kap. 4; R. H. Keyserlingk, Manipulation, 1977, Kap. 3–4; W. Pöls, Sozialistenfrage, 1960, S. 34–40.
113 Vgl. z. B. »Zusammenstellung [...]« (21.8.1878), SHStAD, MdI 10977.

Auch die bürgerlichen Parteien Sachsens reagierten auf den Schock vom Januar 1874 mit einem Gefühl von Dringlichkeit, doch ihre Geschlossenheit war brüchig und von kurzer Dauer. Die *Constitutionelle Zeitung* der Nationalliberalen behauptete, für alle aufrechten Dresdner Bürger zu sprechen, indem sie ihre Empörung über die quasi-militärische Disziplin und die jesuitischen Intrigen zum Ausdruck brachte, die den Sozialisten zu ihren Siegen verholfen hätten. Darüber hinaus machte sie die Trägheit der Bürger verantwortlich, die sie unter den Bedingungen des allgemeinen Wahlrechts für inakzeptabel erklärte, sowie die »kleinlichen Streitigkeiten unter den liberalen Parteien«.[114] Um diesen Herausforderungen zu begegnen, gründeten die Dresdner Liberalen im Februar 1874 einen Deutschen Reichsverein. Er sollte helfen, die Apathie der Dresdner Bürger zu überwinden, die sich durch ihr Versäumnis an der Wahlurne bei der letzten Wahl angeblich selbst entehrt hatten.[115] Analog dazu bildete sich in Leipzig ein Verein der Reichstreuen. Der Deutsche Reichsverein spiegelte die Bürde traditioneller Honoratiorenpolitik wider. Der 110 Mitglieder starke Verein hatte einen 15-köpfigen Vorstand, der hauptsächlich aus Stadträten, Anwälten und Lehrern bestand. Am 22. März 1874 – ebenso wie 1875 und 1876 – feierte man den Geburtstag des Kaisers mit einem festlichen Abendessen auf der Brühlschen Terrasse. In den folgenden Jahren erwies es sich als komfortabler, das Abendessen in die Säle der Harmoniegesellschaft zu verlegen, die vom Dresdner Stadtverordnetenkollegium und Stadtrat gefördert wurde. Bald kamen diese Herren nur noch während der »Saison« (Oktober bis Mai) zusammen. Ansonsten beschäftigten sie sich damit, bei jeder Gelegenheit Glückwunschtelegramme an Bismarck oder den Kaiser zu schicken – wobei die Vergötterung des Eisernen Kanzlers immer mehr zunahm, wie zynische Gesandte und unzufriedene Konservative naserümpfend anmerkten.[116]

Karl Biedermann behauptete, die sächsischen Nationalliberalen hätten den Deutschen Reichsverein in »einem anerkennenswerten Acte der Selbstverleugnung« gegründet.[117] Nachdem sich der Verein im gesamten Königreich etabliert hatte, übernahm Biedermann den Vorsitz – und wurde darin 1876 von Eduard Stephani abgelöst. Die rudimentäre sächsische Nationalliberale Partei fusionierte freiwillig mit dem neuen Verein. Trotz der Vereinszielsetzung, alle bürgerlichen Parteien zu sammeln, um konkurrierende Kandidaturen bei Reichstagswahlen zu vermeiden, blieben die meisten Konservativen und Fortschrittler zurückhaltend. Die Fortschrittler zogen es vor, einen

---

114 CZ, 13./17.1.1874.
115 Rundschreiben, 20.2.1874, und Statuten, StadtAD, Kap. 136; CZ, 4.3.1874; Solms, 27.2.1874, 8.4.1874, PAAAB, Sachsen 45, Bd. 1; Strachey, 20.3.1874, 25.4.1874, 5.5.1874, TNA, FO 68/158.
116 Franckenstein, 3.4.1875, HHStAW, PAV/41.
117 K. BIEDERMANN, Conservative, II, 1900; DERS., Mein Leben, Bd. 2, 1886, S. 343–354.

eigenen Deutschen Fortschrittsverein in Dresden zu gründen[118], und die Konservativen wollten nichts mit den liberalen Unitariern zu tun haben.[119]

Friesen, Nostitz-Wallwitz und das sächsische Beamtentum waren dem Deutschen Reichsverein nicht freundlicher gesinnt als der Nationalliberalen Partei.[120] Beide Organisationen wurden – zu Recht – preußenfreundlicher, zentralistischer Ambitionen verdächtigt. Biedermanns Zeitung und die *Constitutionelle Zeitung* wurden wahrscheinlich von Bismarcks geheimem Welfenfond unterstützt, mit dem der Kanzler Journalisten bestach. Hans Blum verband in seinen Artikeln in den *Grenzboten* oft Polemik gegen die Sozialdemokratie mit Polemik gegen den sächsischen Partikularismus. Auch Heinrich von Treitschkes Traktat über den »Sozialismus und seine Gönner« (1874) ließ kein gutes Haar an Sachsen.[121] Einer Quelle zufolge beschrieben die Nationalliberalen Dresden regelmäßig »als ein Partikularistennest, in dem eine reaktionäre, halbpapistische Clique die ›Feinde des Reiches‹ ermutigt, ihre ›Freunde‹ kränkt und jenen verfassungsmäßigen Fortschritt stoppt, den die Nationalliberalen des Königreichs anstreben«.[122] Ein anderer Beobachter stimmte zu: Die sächsischen Konservativen hassten »das Nationale« an den Nationalliberalen: Sie seien »Landesverräther«.[123]

*

Die sächsischen Konservativen boten gegen den sozialistischen Vormarsch vom Januar 1874 drei eigene »Vorschläge zur Abhülfe« an.[124] Der erste bezog sich auf die Gründung des Conservativen Landesvereins für das Königreich Sachsen am 20. April 1875. Ziel des Vereins war es, die Wählbarkeit der Konservativen sowie antisozialistische Bündnisse mit anderen Parteien zu fördern. Der Vorstand wurde vom Dresdner Rechtsanwalt und Notar Bernhard Strödel geleitet und umfasste so bekannte Konservative wie Gustav Ackermann und Ludwig von Zehmen. Am 24. Juni gab die Gruppierung ihr Gründungsmanifest heraus. Das wortreiche Dokument distanzierte sich vom »reichsfeindlichen Partikularismus« – die Zeitgenossen durchschauten diese Vernebelungstaktik – und versprach, »alle extremen Richtungen auf politischem, sozialem und kirchlichem Gebiete zu bekämpfen«.

---

118 Dazu und teilweise zum Folgenden Gasser, 18.3.1874, BHStAM II, MA 2847; Strachey, 20.3.1874, 25.4.1874, 5./14./17.5.1874, 21./22.10.1874, 13.11.1874, TNA, FO 215/34 (Entwürfe), FO 68/158 (Endfassungen); Solms, 28.1.1874, 27.2.1874, 8.4.1874, PAAAB, Sachsen 45, Bd. 1; Franckenstein, 3.4.1875, HHStAW, PAV/41; NRZ, 16.5.1878, 5.7.1878.
119 SLUB, H. Sax. G. 364, 57–59; Flugblätter des Deutschen Reichsvereins zu Dresden (1876–9), SLUB, H. Sax. G. 199, 15; StadtAD, Kap. 136; O. Richter, Geschichte, 1903–1904, S. 14–16.
120 Solms, 12.8.1874 und 17.10.1874, PAAAB, Sachsen 45, Bd. 1; DAZ, 7/8.5.1874.
121 H. Blum, Lebenserinnerungen, Bd. 2, 1907, S. 1–42, bes. S. 27; ders., Zeitung, 1873; ders., Heiligen, 1898; H. v. Treitschke, Aufsätze, Bd. 4, 1929, S. 122–211. Vgl. R. v. Friesen, Erinnerungen, Bd. 2, 1880, S. 280 f.
122 Strachey, 21.10.1874, zuvor zitiert.
123 Solms, 28.1.1874, zuvor zitiert.
124 Zum Folgenden vgl. bes. W. Schröder, Genese, 1997; ders., Armee, 1997; SStAL, RG Rötha, Nrn. 273, 620, 1575–1577. Statuten und Programme, SLUB, H. Sax. C. 1830, 4; Das Vaterland, 14.12.1900.

Das konservative »Programm« war entschieden antiliberaler als antisozialistisch.[125] Diese Tendenz verstärkte sich, als am 1. Juli 1875 ein neues Parteiorgan ins Leben gerufen wurde. Die *Neue Reichszeitung*, herausgegeben von dem baltischen Redakteur Eduard Freiherr von Ungern-Sternberg, trug wesentlich zur Konvergenz der antiliberalen, antisozialistischen und antisemitischen Ideologie unter den sächsischen Konservativen bei. Innerhalb von zwei Jahren hatte der Conservative Landesverein über 2 000 Mitglieder. Diese Zahl ist jedoch irreführend. Das sächsische Vereinsrecht – wie auch das Preußens und anderer Bundesstaaten – hinderte Ortsvereine daran, sich Dachverbänden auf regionaler und nationaler Ebene anzuschließen. Zeitgenossen schätzten, dass die Gesamtzahl der Sachsen, die konservativen Vereinen angehören, etwa bei 20 000 lag.

Die zweite Initiative – die Gründung der Deutschkonservativen Partei (DKP) im Juli 1876 – nahm ihren Ursprung außerhalb Sachsens.[126] Nach mehreren Jahren liberaler Dominanz in Berlin, lähmenden internen Auseinandersetzungen und zunehmender Entfremdung von Bismarck erkannten die preußischen Konservativen, dass sie sich auf nationaler Ebene zusammenschließen mussten. Das Gründungsmanifest der Deutschkonservativen Partei wurde von Parteiführer Otto von Helldorff-Bedra in Absprache mit Bismarck erarbeitet. Von den 28 Unterzeichnern kamen drei aus Sachsen. Das Manifest wurde zum Programm der Partei und erfuhr erst 1892 eine Überarbeitung. Es wurde explizit als Reaktion auf die Reichstagswahlen vom Januar 1874 formuliert. Obwohl die Konservativen versuchten, zeitgemäß aufzutreten – national und flexibel zugleich –, konnten sie ihre Ablehnung des allgemeinen Wahlrechts, von Bismarcks Kulturkampf und des Sozialismus nicht verbergen. Ihr Programm stand im Gegensatz zur »schrankenlosen Freiheit nach liberaler Theorie«, befürwortete die »Beseitigung der Bevorzugungen des großen Geldkapitals« und versprach »den Ausschreitungen der sozialistischen Irrlehren entgegenzutreten, welche einen wachsenden Teil unseres Volkes in feindseligen Gegensatz zu der gesamten bestehenden Ordnung bringen«.[127]

Die dritte Initiative bildete sich weder in Berlin noch Dresden, sondern im westlichen Regierungsbezirk Leipzig heraus.[128] Die Konservativen sahen sich hier schon lange massiven Anfechtungen gegenübergestellt: zum einen vonseiten der Nationalliberalen in Leipzig und Umgebung und zum anderen vonseiten der Sozialdemokraten in der Region Chemnitz-Zwickau. Bei vielen Konservativen, vielleicht den meisten, handelte es sich um Karteileichen. Sie zahlten keine regulären Beiträge, sie waren nicht in der Lage, lokale Wahlkomitees zu bilden, und sie waren an der Basis zu dünn aufgestellt,

---

125 »Gründungsaufruf« (24.6.1875) in LZ, 2.7.1875, zitiert in: W. Schröder, Genese, 1997, S. 166 f. Aus dem »Conservativen Verein« wurde im Laufe der Zeit der »Konservative Landesverein«.
126 J. Retallack, Notables, 1988, Kap. 2–3; ders., Parteiführer, 1995; BLHAP, Nr. 14860, 15536, 15564.
127 Vgl. »Deutsche Konservative Partei, Gründungsaufruf (7. Juni/12. Juli 1876)«, DGDB Bd. 4, Abschnitt 7. Zu sächsischen Reaktionen auf die Parteigründung vgl. »Der Aufruf der neu gegründeten Konservativen Partei in einem Bundesstaat (1876–1877)«, DGDB Bd. 4, Abschnitt 7.
128 Briefwechsel und andere Materialien in SStAL, RG Rötha, Nr. 620.

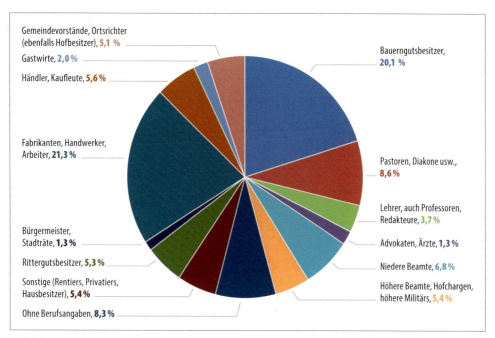

Abbildung 3.1: Sächsische Mitglieder der Deutsch-Konservativen Partei, um 1877. Die alphabetische Mitgliederliste umfasst 20 Druckseiten und führt insgesamt 2 132 Namen an. Erstellt vom Verfasser aus: »Verzeichniß der Mitglieder der Deutschconservativen Partei in Sachsen«, SStAL, RG Rötha, Nr. 620, sowie basierend auf Berechnungen in: W. Schröder, Genese, 1997, S. 173; ders., Wahlrecht, 1997, S. 79–130.

um erfolgreiche Wahlveranstaltungen zu organisieren. Im Jahre 1877 machten sich zwei Männer daran, all dies zu ändern. Der erste war Dr. Arnold Frege, dessen politische Laufbahn im Reichstag zweieinhalb Jahrzehnte (1878–1903) umfassen sollte, davon drei Jahre als Reichstagsvizepräsident. In den 1880er-Jahren war er sächsischer Abgeordneter im Elfer-Ausschuss der Deutschkonservativen Partei und 1892 Mitglied des Ausschusses, der mit der Überarbeitung des Programms der Konservativen Partei von 1876 beauftragt war. Der zweite war Heinrich Freiherr von Friesen-Rötha (siehe Abbildung 5.4). Friesen-Rötha hatte 1871 das etwa 15 Kilometer südlich von Leipzig gelegene Gut Rötha geerbt. Er personifizierte den Typus des sächsischen Konservativen, der darüber klagte, dass die sächsische Regierung zu leicht vor liberalen Forderungen kapitulierte. 1876 vertraute er seinem Tagebuch an, den Konservativen in Sachsen fehle der Mut, sich den siegesbewussten Liberalen zu widersetzen. »Wie kann es auch anders sein«, fragte er sich, »gegenüber der offenen Unterstützung, welche dieselben [die Liberalen] von der Regierung erfahren?«[129] Doch in den meisten anderen Bereichen war Friesen-

---

[129] SStAL, RG Rötha, Nr. 1575 (30.10.1876).

Rötha untypisch. Als Mitglied des Reichstags von 1887 bis 1893 besaß er genügend
Ansehen, um über Wochen als Gastgeber für sächsische Prinzen zu fungieren.[130] Mit
Frege als seinem »Adjutanten« sollte er fast zwei Jahrzehnte lang eine führende Rolle in
den sächsischen konservativen Angelegenheiten spielen und seine Partei in antiliberale,
antisemitische und regierungsfeindliche Richtungen lenken.

Eine gedruckte Mitgliederliste in Friesen-Röthas unveröffentlichtem Nachlass veranschaulicht das soziale Profil und die geografische Verteilung der über 2 000 Sachsen,
die zu dieser Zeit der Deutschkonservativen Partei angehörten. Die Partei war im östlichen Sachsen auffallend schwach. Rund ein Drittel (718) der Mitglieder des Vereins lebten in der Kreishauptmannschaft Dresden. In der Kreishauptmannschaft Zwickau hatte
der Verein 367 Mitglieder, die Hälfte seiner Mitglieder kamen aus der Kreishauptmannschaft Leipzig (wo etwa ein Viertel aller Sachsen lebte). Aus Abbildung 3.1 lässt sich
ablesen, dass sächsische Konservative nicht ins typische Bild des preußischen Junkers
passten. Etwa 20 Prozent ihrer Mitglieder rekrutierten sich aus Landwirten und nur
5 Prozent aus Rittergutsbesitzern. Insgesamt 574 Mitglieder (27 Prozent der Parteimitglieder) kamen aus Industrie, Handel und Gewerbe – deutlich mehr als in fast allen übrigen Landesorganisationen der Deutschkonservativen Partei. Diese Momentaufnahme
erhärtet andere Indizien, die auf die hohe gegenseitige Durchdringung kommerzieller,
industrieller, verwaltungsbezogener und landwirtschaftlicher Interessen innerhalb des
sächsischen Konservatismus hinweisen. Sie zeigt auch, warum die sächsischen Konservativen eng mit liberalen Parteien zusammenarbeiten konnten, in denen das Wirtschaftsbürgertum dominierte.

Friesen-Rötha zeigte sich angesichts der sozialistischen Zugewinne bei den Reichstagswahlen im Januar 1877 stark beunruhigt.[131] Gegenüber Bernhard Strödel skizzierte
er seinen Plan, in den Amtshauptmannschaften Leipzig, Grimma und Borna einen neuen
Konservativen Verein zu organisieren. Kurz darauf sicherten er und Frege sich die Mitarbeit eines wichtigen Förderers und Kollegen: Georg von Welck, Amtshauptmann von
Rochlitz. Welck wusste um die zu überwindenden Hürden. In seinem eigenen Bezirk
kannte Welck »nicht Einen, der die 3 Erfordernisse ›Innere Tüchtigkeit, persönliches
Ansehen und Eifer für die Sache‹ in dem Grade in sich vereinigte, um die Bildung eines
Conservativen Vereins erfolgreich in die Hand zu nehmen«. Deshalb riet er Frege und
Friesen-Rötha dazu, lokale Vereine zu planen, die drei oder vier Reichstagswahlkreise
einschlossen. Nur dann sei es möglich, »die Conservativen Gesinnungen da zu kräftigen und zu beleben, wo dieselben, überläßt man jeden Wahlkreis sich selbst, unter der
Masse des Unkrauts und der Menge der Gegner vis-à-vis völlig ersticken«.[132] Als Beispiel

---

130 H. v. Friesen, Röthaer Kinder-Erinnerungen, [o. J.], S. 14.
131 SStAL, RG Rötha, Nr. 1575 (Tagebucheintrag vom 25.1.1877).
132 Welck an Friesen, 25.2.1877 (Hervorhebung durch d. Verf.); vgl. Welck an Friesen, 23.5.1877, 19.7.1877,
10.9.1877; Frege an Friesen, 4.4.1877; SStAL, RG Rötha, Nr. 620 (und dieselben Akten für die folgenden Details).

führte Welck die Situation im Reichstagswahlkreis 15: Mittweida an, wo die Konservativen »auf ewige Zeiten dazu verurteilt [sind], zwischen einem Sozialisten und einem Liberalen bei der Reichstagswahl wählen zu müssen«.[133] Frege und Friesen machten sich daraufhin eifrig ans Werk, indem sie die Mitgliederlisten nach etwa 200 Namen durchkämmten, an die sie eine persönliche Einladung schickten, dem neuen Regionalverein beizutreten. Am 14. April 1877 eröffnete Frege die Gründungsversammlung des Conservativen Vereins im Leipziger Landkreis mit einer Attacke auf die »rasche und üppige Entwicklung dieser giftigen Pflanze [der Sozialdemokratie] in unserem Volksleben« und auf den Sozialismus als die »konsequente Fortbildung des Liberalismus«.[134] Friesen-Rötha wurde einstimmig zum einstweiligen Vorsitzenden gewählt.

Haben diese drei konservativen Initiativen also eine entscheidende Rolle gespielt beim Übergang von einer »liberalen Ära« in den 1870er-Jahren zu einer konservativen Ära in den 1880er-Jahren? Einige Beobachter in Dresden waren von der Gründung der Deutschkonservativen Partei im Juli 1876 positiv beeindruckt.[135] Aber der einflussreiche konservative Führer im sächsischen Oberhaus, Ludwig von Zehmen, gehörte nicht dazu.[136] Er beurteilte die Preußen als übermäßige »Prinzipienreiter« und »persönlich zu unabhängig und zu wenig kompromissbereit, um Material für eine gute Arbeitsgruppe zu bieten«. Der britische Gesandte Strachey pflichtete Zehmen bei, dass die sächsischen Konservativen anders waren als ihre preußischen Kollegen; dort brauche es zur Bekämpfung des Sozialismus vor allem Mitglieder und Verbündete von geringerem sozialem Rang in den Städten. Er berichtete nach London: »Der sächsische Tory mag in feudalen Erinnerungen schwelgen, aber er kennt den Unterschied zwischen Bedauern und Erwartungen, während seine aktive politische Leidenschaft in seinem *Partikularismus* besteht, der viel zu bitter ausfällt, als dass er für den offenbar im Programm [der DKP auf Reichsebene] eingeräumten Kompromiss mit der Zentralisierung zugänglich wäre. Denn er ist überhaupt kein ›Agrarier‹ im neuen preußischen Sinne. Das Wort wurde hier verwendet, aber die Industrieinteressen überwiegen so sehr, dass landwirtschaftliche Fragen nicht in den Vordergrund treten.«

Die Bemühungen von Friesen und Frege in der Region Leipzig hatten nur geringe Auswirkungen auf die Landtagswahlen von 1877: Ihre Organisation war lethargisch, unterfinanziert, kopflastig und »ein Wirrsal«.[137] Langsam begannen sie jedoch, die Wähler im westlichen Sachsen zu mobilisieren und so ihren eigenen Einfluss in der konser-

---

133 Vgl. auch Eduard von Ungern-Sternberg an Friesen-Rötha, 26.3.1877 und Strödel-Rundschreiben, Mai 1877, SStAL, RG Rötha, Nr. 620.
134 Nicht identifizierter Zeitungsausschnitt, »Sächsische Localangelegenheiten, Leipzig, 15. April [1877]«, SStAL, RG Rötha, Nr. 620.
135 SStAL, RG Rötha, Nr. 1575; Gasser, 29.7.1876, BHStAM II, MA 2848; Solms, 11./17./27.1.1877, PAAAB, Sachsen 45, Bd. 4.
136 Zum Folgenden Strachey, 13.1.1876 (Entwurf), TNA, FO 215/34; Strachey, 29.7.1876, FO 68/160.
137 W. Schröder, Armee, 1996, S. 159. Vgl. ders., Genese, 1997, S. 170 f.

vativen Landesorganisation und in der nationalen Partei zu stärken. Wie Friesen an die Leiter des Sächsischen Konservativen Vereins schrieb, seien in den kommenden Jahren größere Anstrengungen nötig, um neue Rekruten zu mobilisieren und eine kohärente Befehlskette aufzubauen, wenn die Sozialdemokratie besiegt werden sollte: »Die Armee muß organisiert sein, ehe der Krieg beginnt; das Terrain muß ausgekundschaftet sein, auf dem man fechten will; der Plan muß festgestellt sein, *bevor* die Schlacht beginnen kann. [...] Will die conservative Partei die Sozialdemokratie wirksam bekämpfen, so muß sie ihr auf das von letzterer occupirte Terrain folgen.«[138]

---

[138] Friesen-Rötha, Rundschreiben vom 23.9.1877, SStAL, RG Rötha, Nr. 620 (Hervorhebung im Original).

Der Staat in Gefahr

> Es sind nach dem Ausspruch der Conservativen die liberalen Gesetze, welche das Proletariat in den industriellen Centren vermehrten [Bismarck: »nicht unrichtig«], die Massen entchristlichen, den Gründungsschwindel schufen, Handel und Wandel zu Grunde richteten und das verarmte Volk dem Socialismus zuführten [Bismarck: »unrichtig«]. Dies alles wird als Werk der Nationalliberalen betrachtet, welche umso hassenswerther erscheinen, als sie nach Ansicht der Particularisten auf die Vernichtung und Mediatisierung Sachsens hinarbeiten.
> — Preußischer Gesandter Eberhard Graf zu Solms-Sonnewalde, Dresden, an Bismarck, 17. Januar 1877[139]

> *Dat veniam corvis, vexat censura columbas.*
> (Mit Raben hat die Zensur Nachsicht, den Tauben setzt sie zu.)
> — Juvenal, Satiren II, 1.24

Bereits Mitte der 1870er-Jahre verstärkten sich vier Faktoren gegenseitig: die Maßnahmen gegen die Sozialisten und Katholiken, die Verteidigung einzelstaatlicher Rechte, die Anstrengungen zur Mobilisierung von Wählern und die Neuordnung der Parteibeziehungen. Sachsen galt gemeinhin als Wiege der Sozialdemokratie; die »Reichsfeinde« waren auch Sachsens Feinde und die meisten Sachsen wussten, dass eine hausgemachte Lösung nicht ausreichen würde, um die Verbreitung der sozialistischen Botschaft zu verhindern. Doch die sächsischen Behörden sperrten sich dagegen, ihre Befugnisse aufzugeben, um dieser Bedrohung zu begegnen. Sie wehrten sich gegen den »nationalen« Imperativ des Kulturkampfs oder die Gründung neuer Parteibündnisse zur Beseitigung der roten Gefahr. Auch für Bismarck waren die Jahre zwischen 1874 und 1877 frustrierend.

---

139 PAAAB, Sachsen 45, Bd. 4, Bericht mit Bismarcks Randbemerkungen.

Der Kulturkampf in Sachsen

Nach gängiger Meinung blieb das protestantische Sachsen von Bismarcks Kulturkampf unberührt. Im Königreich lebten nur wenige Katholiken und die deutsche Zentrumspartei spielte dort so gut wie keine Rolle. Diese Feststellung stimmt zwar im Großen und Ganzen, ist aber zu kurz gegriffen. Erstens hatten die Abwesenheit der Zentrumspartei und der unerhebliche katholische Einfluss auf die sächsischen Wahlen die Kluft zwischen den Sozialisten und ihren Gegnern nicht nur verdeutlicht, sondern auch vergrößert. Das Fehlen eines Puffers erlaubte es beiden Seiten, das jeweilige Feindbild so plakativ wie möglich zu gestalten. Dazu trug auch die Schwäche des Linksliberalismus in Sachsen bei, obwohl auch dieser Aspekt oft zu vereinfacht dargestellt wird. Zweitens lieferte der Kulturkampf einen weiteren Streitpunkt, der Liberale, Konservative und die sächsische Regierung spaltete. Katholiken und Sozialisten wurden als Reichsfeinde zusammen in einen Topf geworfen. Doch die sächsischen Konservativen und Staatsminister wollten mit den Angriffen auf die katholische Kirche nichts zu tun haben.[140] Die Konservativen befürchteten, dass sich der Kampf gegen den Katholizismus zu einem Angriff auf die Religion im Allgemeinen entwickeln würde. Einer von ihnen merkte an, dass sozialdemokratische Wahlsiege eine Warnung an den Kanzler seien, dass er sich in seinem Glauben an den Erfolg des Kulturkampfes »gewaltig […] irre«.[141] Die sächsischen Konservativen und Staatsminister betrachteten Bismarcks Kampagne außerdem als Mittel zum Zweck, um den Sachsen die Gesetze und Vorschriften des Reiches bzw. Preußens aufzuzwingen. Sie pochten auf die Rechte der Einzelstaaten, um Bismarcks Bemühungen anzuprangern oder sich still und heimlich von ihnen zu distanzieren. Die »Mobilmachung gegen Rom«, erklärte Richard von Friesen auf dem Höhepunkt des Kulturkampfes, »wurde zu hastig vorgenommen«.[142] Er und andere sächsische Minister hielten Bismarcks antikatholischen Kampf für unnötig, störend und spalterisch.

Drittens waren die Überzeugungsmittel, mit denen Preußen Sachsen drängte, sich seiner Unterdrückung der Sozialdemokratie zu fügen, dieselben, mit denen es die Bevölkerung auf Bismarcks Kulturkampf einzuschwören versuchte. Die Reaktion in Dresden fiel gleichermaßen gereizt aus. Was ein Kenner über Bismarcks Kulturkampf geschrieben hat, gilt auch für den antisozialistischen Kreuzzug der Sachsen: Beide Feldzüge boten »ein kaleidoskopisches Bild, das sich aus jedem Blickwinkel anders darstellte«; und beiden lag als Motivation »ein Komplex von Ideen, Vorurteilen und Umständen«

---

140 Conservatives Flugblatt für Sachsen, Nr. 2 (27.2.1876); Strachey, 31.1.1875, TNA, FO 68/159; vgl. Crowe, 14.2.1872, TNA, FO 68/156; C. Weber, Phalanx, 1992; G. C. Windell, Catholics, 1954, Kap. 8.
141 Franckenstein, 20.1.1877, HHStAW, PAV/42.
142 Strachey, 5.5.1874, 31.1.1875, TNA, FO 68/158,/159.

zugrunde, »die einander gegenseitig stützten und bestätigten, einzeln aber nie zureichend gewesen wären«.¹⁴³

Bismarck und Friesen betrachteten zwischen 1874 und 1876 alle »Reichsfeinde« aus ihrem jeweils eigenen Blickwinkel. Bismarck, der Friesens Zweifel an den Erfolgsaussichten des Kulturkampfes kannte, versuchte 1874 in einem Gespräch mit dem sächsischen Regierungschef, die Schuld für das Scheitern auf seine Kollegen im preußischen Staatsministerium abzuwälzen: »Ich wollte die Zentrumsformation als politische Partei bekämpfen, weiter nichts! Wenn man [d. h. die anderen preußischen Minister, Anm. d. Verf.] sich darauf beschränkt hätte, so wäre es auch gewiß von Erfolg gewesen. Daran, daß man weiter gegangen ist und die ganze katholische Bevölkerung aufgeregt hat, bin ich ganz unschuldig.« Bismarck behauptete, er sei zu krank gewesen, um die Gesetzesentwürfe seiner Kollegen richtig zu durchdenken und das darin enthaltene »dumme Zeug« zu streichen.¹⁴⁴ Bismarck schätzte die Vorurteile seines sächsischen Gesprächspartners richtig ein, als er darüber hinaus beklagte, sich im Reich zu sehr auf die Nationalliberalen stützen zu müssen, »obgleich das seiner Natur eigentlich ganz zuwider sei und er gar keine Sympathie für den Liberalismus und die Liberalen habe«.¹⁴⁵ Friesen wusste solche Klagen mit der nötigen Vorsicht zu genießen. In den zwei Jahren vor seinem Rücktritt am 1. November 1876 hatte er immer weniger Verständnis für den verkalkulierten Versuch des Kanzlers, die katholische Kirche zu unterdrücken.

Richard von Friesen war darüber hinaus der Meinung, dass Bismarcks Zentralisierungstendenzen eine grundlegende Bedrohung für die sächsische Souveränität darstellten. Diese Auffassung teilten auch Innenminister Nostitz-Wallwitz, Kriegsminister Fabrice, Justizminister Abeken und Kultusminister Gerber.¹⁴⁶ Immer, wenn sie mit »bedenkliche[n] Mienen« aus Berlin zurückkehrten, äußerten sie die Befürchtung, dass »die jetzige Reichspolitik in ihren Konsequenzen zur Internationalen führe«. Bismarck glaube, so Friesen, er sei jetzt der einzige deutsche Minister und wolle nichts mehr mit den Staatsministerien Preußens, Sachsens und Bayerns zu tun haben.¹⁴⁷ Doch das sächsische Gesamtministerium war sich in seinem Misstrauen gegenüber Berlin nicht einig. Kultusminister Gerber meinte, »es giebt kein anderes Mittel der socialdemokratischen Bewegung mit Erfolg entgegenzutreten, als das Verbot dieser Richtung auf dem Wege der Reichsgesetzgebung«. Gerbers Textvorschlag für ein neues Reichsgesetz war kurz

---

143 O. Pflanze, Bismarck, Bd. 1, Der Reichsgründer, 1997, S. 691, 708, 196.
144 R. v. Friesen, Erinnerungen, Bd. 3, 1910, S. 281 ff. (19.4.1874); O. von Bismarck, Werke in Auswahl, Bd. 5, 2001, S. 467–471.
145 Vgl. O. von Bismarck, Gedanken und Erinnerungen, 1898, S. 376–390.
146 Gasser, 18.3.1874, zuvor zitiert.
147 Gasser, 28.12.1875, 1.3.1876, 14.6.1876, BHStAM II, MA 2847–2848; R. v. Friesen, Erinnerungen, Bd. 3, 1910; vgl. G. C. Windell, Empire, 1969; H. Philippi, Verstimmungen, 1966. Strachey, 5.5.1876, 8.3.1877, 6.4.1877, TNA, FO 68/161; Franckenstein, 11.11.1876, 17.2.1877, HHStAW, PAV/41 bzw. PAV/42; Bismarck an Richard von Friesen, 1.11.1876, O. von Bismarck, Werke in Auswahl, Bd. 5, 2001, S. 749–751.

und bündig: »§ 1 die Socialdemocratie ist verboten, § 2 wer der Richtung angehört wird eingesperrt!«[148]

Man möchte meinen, die sächsischen Staatsmänner hätten es besser wissen müssen, als die Verabschiedung des Sozialistengesetzes im Jahre 1878 zu unterstützen – war es ihnen doch gelungen, die quälenden Auseinandersetzungen des Bismarckschen Kulturkampfes zu vermeiden. Aber das Gegenargument ergibt auch Sinn: Gerade weil der Kulturkampf ihren Staat kaum tangiert hatte, wussten die sächsischen Behörden nicht aus eigener Erfahrung, welche Grenzen dem autoritären Staat durch einen Mangel an Willenskraft, Personalstärke und taktischem Geschick im Kampf gegen »den Umsturz« gesetzt waren.[149] Ein dritter Erklärungsansatz lautet, dass die sächsischen Minister weniger Spielraum hatten als andere Staatsregierungen. Das früh und flächendeckend industrialisierte Sachsen bot einen fruchtbareren Boden für die Sozialdemokratie als andere Teile des Reiches. Die sächsischen Behörden waren gezwungen, die Folgen des allgemeinen Wahlrechts und der sozialen Demokratisierung zu akzeptieren und konnten sich daher nicht damit trösten, dass ihnen der konfessionelle Konflikt, der anderswo eine solch zerstörerische Wirkung entfaltete, erspart geblieben war.

Durchbruch

Während des Wahlkampfs zu den Reichstagswahlen vom 10. Januar 1877 taten der Deutsche Reichsverein in Dresden und die drei neuen konservativen Organisationen ihr Bestes, um die Aufmerksamkeit der sächsischen Wähler auf den kontinuierlichen Aufstieg der Sozialdemokratie zu lenken. Ohne Erfolg. Gegenseitige Schuldzuweisungen unterhöhlten die antisozialistische Solidarität, und die Konservativen sahen weiterhin die Nationalliberalen und Fortschrittler als ihre Hauptfeinde. Selbst der Conservative Landesverein für das Königreich Sachsen hatte sich angeblich in zwei Lager aufgespalten: einen »hyperorthodoxen« und einen moderaten Flügel.[150] Dasselbe galt auf nationaler Ebene für die Deutschkonservative Partei, die als eine wackelige Vereinigung »der Kreuzzeitungs-Partei, der Agrarier, der sächsischen conservativen Partei [sic] und der süddeutschen und hannover'schen Conservativen« beschrieben wurde.[151] Gegenüber der Konservativen Partei auf nationaler Ebene nahm Bismarck eine abwartende

---

148 Solms, 23.8.1877, PAAAB, Sachsen 45, Bd. 5. Hier fügte Solms einen redaktionellen Kommentar hinzu: »Wenn ein Mann von so milden Gesinnungen und Character, wie Herr von Gerber, zu solchen Ansichten gelangt, so ist das ein Beweis, daß man wenigstens in den Regierungskreisen ein besseres Verständniß für die von der Socialdemokratie drohenden Gefahren zu gewinnen beginnt […].«
149 Vgl. R. Ross, Kulturkampf, 1984; DERS., Failure, 1998.
150 Solms, 11.9.1875, PAAAB, Sachsen 45, Bd. 2; vgl. W. Schröder, Wahlrecht, 1997, S. 118.
151 Sächs. Gesandte in Preußen, Oswald von Nostitz-Wallwitz (Berlin), an seinen Bruder, MdL Hermann von Nostitz-Wallwitz (Dresden), 29.7.1876, SHStAD, MdAA 3291. Nach Richard von Friesens Pensionierung (1.10.1876) wurde Hermann von Nostitz-Wallwitz sächsischer MdAA und de facto Regierungschef, außerdem blieb er MdL.

Haltung ein. Seine Nichteinmischung hatte zur Folge, dass die Konservativen und die Nationalliberalen sich gegenseitig Reichstagsmandate streitig machten.[152]

Die sächsische Regierung konnte sich diesen Luxus nicht leisten, doch ihre Antipathie gegenüber den sächsischen Nationalliberalen blieb bestehen.[153] Selbst der britische Gesandte sympathisierte gelegentlich mit den sächsischen Partikularisten. Die Leipziger Nationalliberalen, so Strachey, »möchten, dass das Königreich sich in ein preußisches Paschalik verwandelt«.[154] Als der Wahlkampf im Winter 1876/77 in vollem Gange war, hatte Friesen die politische Bühne verlassen. Kriegsminister Fabrice wurde als ältester Staatsminister nomineller Leiter des sächsischen Gesamtministeriums. Als dessen Hauptfigur fungierte aber Innenminister Hermann von Nostitz-Wallwitz, der auch der konservative Mandatsträger des Reichstagswahlkreises 3: Bautzen war. Nostitz bezeichnete die sächsische Nationalliberale Partei als »unpatriotisch, beleidigend für die sächsischen Farben, byzantinisch und antinational«,[155] und die meisten seiner Ministerkollegen stimmten ihm zu. Aus diesem Grund konnte die sächsische Regierung ein antisozialdemokratisches Bündnis, das die Nationalliberalen einschloss, nicht vorbehaltlos unterstützen.

Bebel konzentrierte sich in seinem Wahlleitfaden auf Themen, die geeignet schienen, Sachsens »Ordnungsparteien« zu spalten.[156] Er attackierte die »Krieg-in-Sicht«-Krise von 1875. Er verurteilte die Unterdrückung durch den Kulturkampf. Und er polemisierte gegen die repressiven Aspekte des Reichspressegesetzes von 1874, nachdem er zuvor Karl Biedermann, »der in Sachsen als geistiges Haupt des ›Liberalismus‹ gilt [...]«, als »eine[n] der komischsten Süßholzraspler und Phrasendrechsler der liberalen Partei« bezeichnete.[157] Besonderes Augenmerk legte Bebel auf Bismarcks gescheiterte Bemühungen, das Reichsstrafgesetzbuch zu verschärfen, und verwies auf dessen Erklärung im Reichstag, dass Revisionen notwendig seien, um diejenigen zum Schweigen zu bringen, welche »die Mörder und Mordbrenner der Pariser Kommune« verteidigten.[158] Bebel warnte zudem davor, dass die Nationalliberalen das Reichstagswahlrecht überarbeiten wollten.

Im Jahr 1877 wollten die Sozialdemokraten unbedingt auf ihrem Wahldurchbruch vom Januar 1874 aufbauen. Zwischen Mai 1875 und August 1876 wuchs die Sozialdemokratische Arbeiterpartei um mehr als 55 Prozent von 24 445 auf 38 254 Mitglieder. Die Parteifinanzen waren solide und boten immer mehr Redakteuren, Rednern und

---

152 O. von BISMARCK, Werke in Auswahl, Bd. 5, 2001, S. 708 f. (18.7.1876).
153 Strachey, 13.1.1876, TNA, FO 68/160.
154 Strachey, 19.5.1875 (Entwurf), TNA, FO 215/34; vgl. Solms, 11.9.1875, zuvor zitiert.
155 Strachey, 14.5.1875, TNA, FO 68/158.
156 A. BEBEL, Die parlamentarische Thätigkeit [...] 1874 bis 1876, [1876] 1909, bes. S. 137–143, 160–177; vgl. A. BEBEL, Leben, 1961, S. 475 f.; Franckenstein, 20.1.1877, HHStAW, PAV/42.
157 A. BEBEL, Die parlamentarische Thätigkeit [...] 1871 bis 1874, [1873] 1909, S. 53.
158 SBDR, Bd. 2, S. 1331 (9.2.1876); O. von BISMARCK, Werke in Auswahl, Bd. 5, 2001, S. 643–659.

Agitatoren einen sicheren Arbeitsplatz. Zu den 23 Zeitungen der Partei im Jahre 1876 kamen innerhalb eines Jahres 18 weitere hinzu, darunter *Der Wähler*. Eine neue Zeitschrift, *Die Neue Welt*, befasste sich mit theoretischen Problemen, und das Zentralorgan der Partei, *Vorwärts*, florierte. Der Reichstagswahlkampf der Sozialisten war diesmal jedoch noch stärker auf »zu gewinnende« Wahlkreise ausgerichtet. Die Partei identifizierte 40 Wahlkreise, die besondere Anstrengungen verdienten, und sie stellte mit Ausnahme von WK 2: Löbau in allen sächsischen Wahlkreisen einen Kandidaten.[159] Den Großteil seiner Wahlkampfauftritte verbrachte Bebel in WK 17: Glauchau-Meerane und WK 5: Dresden-Altstadt.[160] Falls Bebel beide Wahlkreise gewinnen sollte, wollte er den Dresdner Sitz annehmen und einem Parteigenossen erlauben, in einer Nachwahl für das Mandat in seinem »traditionellen« Wahlkreis anzutreten. Bebel führte auch ein Thema in den Wahlkampf ein, das er in seinem berühmtesten und einflussreichsten Buch, »Die Frau und der Sozialismus« (1879), aufgriff: die Misere der Frauen.

Bebel sagte voraus, dass Liberale und Konservative, »alle häuslichen Zänkereien vergessend«, eng mit dem Staat zusammenarbeiten würden, um den gemeinsamen Feind zu besiegen.[161] Er irrte sich. Im Reichstagswahlkampf bekämpften sich Linksliberale und Nationalliberale aggressiver denn je seit 1867 – und nahmen dadurch beide Schaden (siehe Tabelle 3.5). Reichsweit erhöhten die beiden konservativen Parteien ihre Präsenz im Reichstag auf 78 Mandate.[162] In Sachsen fiel die konservative Renaissance weniger dramatisch aus: Mit nur rund 24 Prozent der abgegebenen Stimmen stiegen die deutsch- und freikonservativen Mandate lediglich von sechs auf sieben. Die Sozialdemokraten erlebten einen größeren Aufschwung. Die Partei erhöhte reichsweit ihren Stimmenanteil auf über 9 Prozent und in Sachsen auf nahezu 38 Prozent. Im Jahr 1874 hatten 6 von 9 sozialdemokratischen Abgeordneten im Reichstag sächsische Wahlkreise vertreten, jetzt waren es 7 von 12.[163]

---

159 A. BEBEL, Leben, 1961, S. 559 f.; V. LIDTKE, Party, 1966, S. 54 f.; P. STEINBACH, Entwicklung, 1990, S. 10.
160 A. BEBEL, Leben, 1961, S. 564–567; A. BEBEL, Reden und Schriften, Bd. 1, 1970, S. 682 f.
161 A. BEBEL, Die parlamentarische Thätigkeit [...] 1874 bis 1876, [1876] 1909, S. 178.
162 Vgl. SStAL, RG Rötha, Nr. 1575, Nr. 11, zu den konservativen Wahlkampfaktivitäten (Nov. 1876 – Jan. 1877).
163 Vgl. Karte S. 3.5 (alle sächsischen Wahlkreise) und Karte S. 3.6 (Hochburgen) für die Reichstagswahlen von 1877 im Online-Supplement.

Tabelle 3.5: Reichstagswahlen in Sachsen und im Reich, 1874 und 1877

	10. Januar 1874			10. Januar 1877		
	Stimmen	Stimmen (%)	Mandaten	Stimmen	Stimmen (%)	Mandaten
Sachsen						
Deutschkonservative	18.704	7,2	1	56.677	17,3	6
Reichspartei	36.545	14,1	5	21.785	6,6	1
Nationalliberale	69.782	26,9	7	74.427	22,8	7
Liberale, Linksliberale	35.985	13,9	4	46.395	14,1	2
Sozialdemokraten	92.180	35,4	6	123.978	38,0	7
Gesamt	259.592		23	328.088		23
Wahlbeteiligung (%)	49,5			57,7		
Reich						
Deutschkonservative	359.959	7,0	22	526.039	9,8	40
Reichspartei	375.523	7,2	33	426.637	7,9	38
Nationalliberale	1.542.501	29,7	155	1.469.527	27,2	128
Liberale, Linksliberale	524.000	10,0	53	598.000	11,0	52
Sozialdemokraten	351.952	6,8	9	493.288	9,1	12
Gesamt	5.223.864		397	5.401.021		397
Wahlbeteiligung (%)	61,3			60,6		

Anmerkungen: Nur Hauptwahl. Einige Zahlen sind abgerundet. Das Zentrum, ethnische Minderheiten und weitere kleinere Gruppen sind zur besseren Übersichtlichkeit ausgelassen worden. Vgl. die von Valentin Schröder erstellten Tabellen: http://www.wahlen-in-deutschland.de/krtw.htm.
Quellen: SHStAD, MdI 865(c), 865(e); ZSSL 54, H. 2 (1908), S. 173; Vierteljahrhefte zur Statistik des Deutschen Reichs für das Jahr 1875, Bd. 14, H. III/2 (1875), S. 1–154; SBDR, 3. LP, II. Session, Anlage 4; Statistisches Jahrbuch für das deutsche Reich (1885), S. 148–150; G. A. Ritter, Wahlgeschichtliches Arbeitsbuch, 1980, S. 39, 89; W. Schröder, Wahlrecht, 1997, S. 115, 121; sowie weitere Quellen.

Die Reichstagswahl von 1877, so die *National-Zeitung* in Berlin, sei wie »ein elektrischer Strahl durch das ganze Nervensystem unseres bürgerlichen Lebens« gefahren.[164] Das Ergebnis in Sachsen löste zwar nicht die gleiche Aufregung aus, doch die Sozialistengegner sahen sich mit unbequemen Wahrheiten konfrontiert: Fast zwei Fünftel der sächsischen Wähler hatten ihre Stimme für die erklärten Staatsfeinde abgegeben, jahrelange Repressionen hatten die »rote Flut« nicht eingedämmt, geschweige denn umgekehrt, und allzu oft verflüchtigten sich in der Hitze des Gefechts nebulöse Bekenntnisse zur antisozialistischen Solidarität. 1877 lag das Augenmerk auf den Wahlkämpfen, bei denen die mangelnde Einheit zwischen Konservativen, Nationalliberalen und Fortschrittlern eklatant war. Man war schnell mit gegenseitigen Schuldzuweisungen bei der Hand, während Erklärungen länger auf sich warten ließen. Das sächsische Bürgertum war unschlüssig, ob Wachsamkeit eher in der Heimat oder auf Reichsebene vonnöten sei. So oder so hatte Sachsen nichts getan, seinen Ruf als »Nest« der deut-

---

[164] NZ, 21.1.1877, zitiert in: G. Seeber/C. Hohberg, Nationalliberale Partei, 1985, S. 413 f.

schen »Umsturz«-Bewegung zu zerstreuen. Jeder vierte Wahlzettel für einen deutschen Sozialdemokraten wurde in Sachsen abgegeben, und sächsische Abgeordnete stellten immer noch mehr als die Hälfte der SPD-Reichstagsfraktion. Regierungschef Nostitz-Wallwitz schob das Fiasko auf die Nationalliberalen und stritt ab, dass wirtschaftliche Missstände unter den Arbeitern eine Rolle gespielt hätten. Auch »dem in Deutschland uneingeschränkten Vereinigungs-Rechte [sic]« und »dem im Siegesrausch entstandenen [Reichstags-]Wahlgesetze« wies er die Schuld zu.[165]

*

Unmittelbar nach der Wahl begannen die deutschen Bundesfürsten zu spekulieren, was getan werden könnte, um der Bedrohung durch die »kolossale« Zunahme der Sozialdemokratie zu begegnen. Laut Großherzog Peter von Oldenburg müssten die deutschen Bürger gewarnt werden, dass die sozialistische Reichstagsfraktion bald ausreichend groß wäre, um unabhängige Anträge zu stellen. Selbst der relativ liberale Großherzog Friedrich I. von Baden war der Ansicht, dass direkte Wahlen mit allgemeinem Wahlrecht nur noch von den Feinden einer gesunden politischen Ordnung unterstützt würden.[166]

Noch vor Ende Januar 1877 waren auch in Berlin Ideen zur Revision des allgemeinen Wahlrechts in Umlauf. Dazu gehörten die Verlängerung der Legislaturperiode des Reichstags von drei auf fünf Jahre, die Verlängerung der erforderlichen Wohnsitzdauer für Wähler, die Anhebung des Mindestalters für Kandidaten von 25 auf 30 Jahre und die Abschaffung der geheimen Stimmabgabe.[167] Reichstagsabgeordnete, die mit diesen Angriffen auf das Reichstagswahlrecht sympathisierten, hatten offenbar bekannt gegeben, dass sie sich nur dann öffentlich für solche Änderungen aussprechen würden, wenn die Initiative von der Regierung käme. Auch Nostitz ging auf Nummer sicher. Grundsätzlich war er kein Freund des bestehenden Wahlgesetzes, aber er neigte auch dazu, den Status quo zu favorisieren. Zum Beispiel war er pessimistisch, dass die Anhebung der Altersgrenze für das passive Wahlrecht auf 30 Jahre günstigere Wahlergebnisse hervorbringen würde; stattdessen könnte sie, so Nostitz, ein Public-Relations-Desaster werden. Wenn die erforderliche Wohnsitzdauer verlängert würde, wäre es schwierig, sich auf einen neuen Grenzwert zu einigen. Eine solche Reform könnte außerdem genau jene Wähler ausschließen, welche die Regierung an die Wahlurnen bringen wollte – etwa Beamte, die häufig versetzt wurden. Obwohl Nostitz »keinen besonderen Wert« auf die Verteidigung der geheimen Stimmabgabe setzte, konnte er nicht sagen, ob »einer

---

165 Solms, 27.1.1877; Franckenstein, 20.1.1877; beide zuvor zitiert.
166 Großherzog Peter II. von Oldenburg an Großherzog Friedrich I. von Baden, 14.1.1877; Großherzog Friedrich I. von Baden an den pr. König Wilhelm I., 15.1.1877; W. P. Fuchs, Großherzog Friedrich I., Bd. 1, 1968, S. 241 f. Vgl. C. Müller, Wahlrecht, 2005, Abschnitt VI.2.b.
167 Oswald von Nostitz-Wallwitz (Berlin) an Hermann von Nostitz-Wallwitz (Dresden), 27.1.1877, SHStAD, MdAA 1405; zum folgenden Antwortentwurf vom 7.2.1877, ebenda.

conservative[n] Entwickelung der öffentlichen Verhältnisse« durch öffentliche Abstimmung besser gedient wäre. Dennoch hätte eine Reduzierung des Wahlturnus offenkundige Vorteile, beispielsweise dahingehend, dass dem Land »die mit den Wahlen unvermeidlich verknüpfte Beunruhigung und Aufregung der Bevölkerung während einer längeren Periode als gegenwärtig erspart bleibt«.

Bebel war einer der Ersten, der die symbolische Bedeutung seines Sieges in Dresden-Altstadt erkannte. Er zeigte sich erstaunt, »daß es gerade neunzehn Jahr waren, seitdem ich als Handwerksbursche in die Fremde ging«, dass er nun aber Dresden im Reichstag vertreten solle.[168] Friedrich Engels fand Gefallen an der Tatsache, »daß Kaiser Wilhelm, der König von Sachsen und das kleinste Fürstlein Deutschlands (der Fürst von Reuß) alle drei in Wahlkreisen wohnen, die von sozialistischen Arbeitern vertreten werden, daß sie infolgedessen selber von Sozialisten vertreten werden«. Er fügte hinzu: »Die moralische Wirkung, sowohl auf die sozialistische Partei, die mit Freude ihre Fortschritte feststellt, als auch auf die Arbeiter, die noch indifferent sind, und auf unsere Feinde ist gewaltig.«[169] In Dresden stationierte Diplomaten stimmten dieser Einschätzung zu. Einer von ihnen schrieb, die Sozialdemokraten hätten einen moralischen Sieg errungen. In den Augen eines anderen »liegt das Gefährliche des Dresden'er Wahlresultats nicht in der einen Stimme, um welche die socialistische Partei im Reichstag verstärkt wird, sondern in dem Umstande, daß ein Sieg in der Hauptstadt dieses socialistisch bereits so unterwühlten Landes dem Wachsthum der Umsturzpartei möglicher Weise eine ungeahnte Intensität und Ausdehnung geben wird«.[170] Ein dritter Beobachter konstatierte die Empörung der Nationalliberalen über die konservative und fortschrittliche Perfidie in Dresden,[171] während ein vierter feststellte, die Dresdner Protestanten hätten ihren religiösen und moralischen Kompass verloren: »Erfahrungsgemäß ist der Kleinbürger konservativ – wenn er religiös ist; verliert er den Glauben, so wird er unter gewissen Umständen sofort Sozialist, da der Mangel politischer Durchbildung ihm die Annäherung an dazwischen liegende Parteien nicht gestattet. Dieses hat sich jetzt wieder in Sachsen erwiesen.«[172]

Bebels Sieg in Dresden-Altstadt warf ein Schlaglicht auf die Bündnisversuche der Sozialistengegner. Wie stand es mit Einsichten aus anderen Wahlkreisen? Eine Antwort

---

168 Bebel an Heinrich Schlüter, 2.2.1877, in: A. BEBEL, Leben, 1961, S. 566 f.
169 Engels an Enrico Bisnami [13.2.1877] in: K. MARX/F. ENGELS, Werke, Bd. 19, 1961, S. 89 f. Vgl. W. LIEBKNECHT, Briefwechsel mit Marx und Engels, 1963, S. 208 f., in dem Karl Marx an Wilhelm Bracke, 21.1.1877, zitiert wird: »Glück auf! zur jüngsten Musterung der sozialdemokr[atischen] Streitkräfte in Deutschland! Sie hat dem Ausland sehr imponiert, ganz besonders England [...].«
170 Solms, 27.1.1877; PAAAB, Sachsen 45, Bd. 4.
171 Franckenstein, 20.1.1877, HHStAW, PAV/42.
172 Gasser, 31.1.1877, 5.7.1877; BHStAM II, MA 2849. Gasser fügte hinzu: »In allen liberalen Zeitungen ist jetzt zu lesen, man solle bilden, belehren, Volksredner ausschicken, Broschüren verbreiten, Bibliotheken gründen und wer weiss was Alles. Nur von Religion ist mit keinem Worte die Rede. Wie soll man aber auf Andern geben, was man selber nicht hat.«

lieferte der künftige Vorsitzende des Alldeutschen Verbandes, Ernst Hasse. Hasse war unlängst zum Direktor des Statistischen Amtes der Stadt Leipzig ernannt worden – ein Posten, den er bis 1908 innehatte. Kurz nach den Wahlen im Januar 1877 gab Hasse eine detaillierte, großformatige Karte in Auftrag, auf der die 397 Reichstagswahlkreise und die Parteizugehörigkeit der einzelnen Sieger dargestellt waren, und die er zusammen mit seinen erläuternden Bemerkungen in der Zeitschrift *Daheim* veröffentlichte. Hasse warnte alle bürgerlichen Parteien, dass Uneinigkeit angesichts der sozialistischen Bedrohung reiner Selbstmord sei. Gleichzeitig war er besorgt über Gerüchte bezüglich der Abschaffung des allgemeinen Wahlrechts. Hasse betonte, dass alternative Wahlsysteme 1877 noch größere Vorteile für die Sozialdemokratie gebracht hätten und es ihnen potenziell ermöglichen würden, bei künftigen Wahlen eine absolute Mehrheit zu gewinnen. Seine einfache Botschaft lautete: Hände weg vom allgemeinen Wahlrecht! Alle Mann an Deck![173]

Mithilfe von Kriterien, die zu Beginn der Arbeit an diesem Buch festgelegt wurden,[174] lassen sich Aussagen darüber treffen, wann der Mangel an antisozialistischem Zusammenhalt einen signifikanten Einfluss auf die Wahlergebnisse hatte und wann nicht. Im Januar 1877 brach in über einem Drittel aller sächsischen Wahlkreise die antisozialistische Solidarität zusammen.[175] Aber in nur einem dieser acht Wahlkreise konnte letztendlich ein Sozialist den Sieg davontragen. Warum also waren die sächsischen Sozialistengegner nach den Wahlen so niedergeschlagen? Erstens gewannen die Sozialisten fünf sächsische Mandate im ersten Wahlgang, d. h. ohne eine Stichwahl bestreiten zu müssen.[176] Die Partei katapultierte ihre bekanntesten Anführer und erfahrensten Parlamentarier in den Reichstag und hielt nun einen Block von fünf benachbarten Wahlkreisen im sächsischen Südwesten. Zweitens verteilten sich die Mandatsgewinne ziemlich gleichmäßig auf die bürgerlichen Parteien, sodass keine von ihnen behaupten konnte, sie habe die Attacke gegen die »Roten« angeführt. Drittens tendierten die Zeitgenossen dazu, besonders jene Wahlkämpfe ins Visier zu nehmen, in denen es vermutlich dem Fehlen antisozialistischer Solidarität geschuldet war, dass die Sozialisten einen Sieg im ersten Wahlgang davongetragen hatten. Die Folge waren Händeringen und gegenseitige Schuldzuweisungen unter den »Ordnungsparteien«.

---

173 Ernst Hasse, Unsere Wahlkarte (mit einer Karte von R. Andree), Daheim [13], Nr. 20, Extra-Beilage (1877): 320a-b. Reproduziert als Karte S. 3.8 im Online-Supplement. Mein Dank geht an Erwin Fink für die Bereitstellung einer hochauflösenden Reproduktion dieser Karte.
174 Die Kriterien sind skizziert in: J. Retallack, What Is to Be Done?, 1990.
175 Bei diesen acht Wahlbezirken handelte es sich um WK 1: Zittau, WK 5: Dresden-Altstadt, WK 9: Freiberg, WK 10: Döbeln, WK 14: Borna, WK 20: Marienberg, WK 21: Annaberg und WK 23: Plauen. Die Leser können meine Schlussfolgerungen mit den Wahlresultaten in Tabelle S. 3.2 im Online-Supplement abgleichen, welche die Wahlkreise in der sächsischen Reichstagswahl vom 10.1.1877 abbildet.
176 SPD-Siege gab es in WK 16: Chemnitz (Johannes Most), WK 17: Glauchau-Meerane (August Bebel, dann Wilhelm Bracke in einer Neuwahl), WK 18: Zwickau (Julius Motteler), WK 19: Stollberg (Wilhelm Liebknecht) und WK 22: Auerbach (Ignaz Auer).

In diesen Parteien machte sich zunehmend Pessimismus breit, was die Auswirkungen der Fundamentalpolitisierung der deutschen Gesellschaft anging. Obwohl die Wahlbeteiligung bei den sächsischen Landtagswahlen zwischen 1871 und 1875 von rund 24 Prozent auf 36 Prozent stieg, war die Zunahme bei den Reichstagswahlen deutlich höher: Beteiligten sich 1871 noch 45 Prozent der Sachsen an den Reichstagswahlen, so waren es 1877 schon fast 58 Prozent. Bei Stichwahlen fiel der Anstieg noch rasanter aus: 1877 lag die Wahlbeteiligung bei 68 Prozent – mehr als zehn Prozentpunkte höher als in der Hauptwahl. Die Gesamtzahl der bei den Reichstagswahlen abgegebenen Stimmzettel wuchs sprunghaft an: von 161 831 im August 1867 auf 325 912 im Jahr 1877. In nur zehn Jahren hatte sich die Zahl der Sachsen, die zur Wahl gingen, mehr als verdoppelt.

Fürchteten die bürgerlichen Parteien also die Fähigkeit der SPD, die Wähler an der Basis zu mobilisieren, oder versuchten sie, ihren Erfolg nachzuahmen? Beides. Wichtiger ist vielmehr, dass die Sozialdemokraten die Hauptimpulsgeber des Wandels waren. Die Feinde der Sozialdemokratie reagierten widerwillig, unsystematisch, oft ineffizient auf Tendenzen, die sie nicht rückgängig machen konnten. Doch manche fühlten sich auch ermutigt, neue Strategien zu testen, um die soziale Demokratisierung zu verlangsamen und die politische Demokratisierung zu verhindern. Der »Unzulänglichkeit« des allgemeinen Wahlrechts kam dabei eine besondere Bedeutung zu.

*

Im Rückblick zeigt sich, dass die Deutschen in dem Jahrzehnt von 1867 bis 1877 die Gewohnheit entwickelt hatten, Wahlkämpfe und Wahlergebnisse als verlässliche Indikatoren für die Größe, Stärke und Zukunftschancen der sozialdemokratischen Bewegung anzuführen. Mithilfe derselben Daten beurteilte man auch Ausmaß und Wirkung der antisozialistischen Solidarität unter den bürgerlichen Parteien Sachsens – und die Zahlen logen nicht. *Alle* in Dresden stationierten Diplomaten und auch viele sächsische Staatsminister teilten zwei scheinbar widersprüchliche Meinungen. Zum einen hätten die Sozialdemokraten ihre Siege durch ihre überlegene – und angesichts der erlittenen Verfolgung bemerkenswerte – Organisation, Disziplin und Opferbereitschaft errungen. Zum anderen hätten sich die konservativen Partikularisten und nationalliberalen »Unitarier« die Schuld an ihren Niederlagen selbst zuzuschreiben, weil sie nicht in der Lage waren, gemeinsame Front gegen den Feind zu machen.

Die erste Meinung vertrat der britische Gesandte George Strachey, als er feststellte, dass die Gewinne der Sozialisten von 1874 bis 1877 auf eine Kombination aus »verbesserter Wahlkampfenergie, dem deutschen Verfolgungssystem, einem zufälligen Kräftezuwachs durch unzufriedene partikularistische und desillusionierte offizielle Ambitionen und einer gewissen positiven Verbreitung sozialdemokratischer Gesichtspunkte«

zurückzuführen seien.¹⁷⁷ Durch die Inhaftierung der Parteiführer und Redakteure »zogen die deutschen Regierungen ein weitaus wirksameres Geschlecht von Agitatoren heran, als es sonst der Fall gewesen wäre«. Bebels Ruf als »Volkstribun« sei so schnell gewachsen, dass seine Autorität in der Partei »kaum noch umstritten« sei. Selbst diejenigen, die ihn am meisten hassten, bewunderten »seine Beredsamkeit, seine Überzeugungskraft & die Kunst, mit der er eine öffentliche Versammlung fasziniert«.¹⁷⁸

Bismarck gehörte zu den Vertretern des zweiten Standpunkts. Er zeigte sich erstaunt und empört darüber, dass die sächsischen Konservativen erwogen, einen Sozialdemokraten bei den Wahlen zu unterstützen. Er schimpfte über den »fanatisch verblendeten Partikularismus«, wie ihn die Konservativen zur Wahlzeit demonstrierten, und wies seinen Gesandten in Dresden, Graf Solms, an, das sächsische Bürgertum zu warnen, dass es nur vom Kaiser und den Reichsbehörden und nicht von den Regierungen kleinerer Staaten Schutz erwarten könne. Solms verstand jedoch besser als Bismarck, wie tief die Feindschaft zwischen Konservativen und Nationalliberalen saß und welche Auswirkungen das auf das konservative Wahlverhalten in Sachsen hatte. Kurz vor Bebels Sieg bei der Stichwahl 1877 in Dresden – der angeblich mit konservativer Hilfe zustande gekommen war – bemerkte Solms:

> Viele dieser [konservativen] Herren […] gehen von der Idee aus, daß einige Socialdemokraten mehr im Reichstage keine große Gefahr bringen, daß man durch eine Verstärkung dieser Partei die Nationalliberalen schädige und daß vor Allem alle Hebel angesetzt werden müssen um diese Partei zu stürzen.
> Die Anderen sagen, je schneller die socialistische Partei wächst, und je überraschender die von dieser dem Staate drohende Gefahr der Regierung vor Augen gestellt wird, desto sicherer ist die Aussicht, daß die Regierung in conservativen Bahnen einlenkt.
> Die Socialisten werde die Regierung erforderlichen Falls noch niederkartätschen, an die Nationalliberalen aber werde sie sich nicht heranwagen.¹⁷⁹

---

177 Strachey, 15.6.1877, TNA, FO 215/34; Endfassung in FO 68/161.
178 Ebenda. Er fügte hinzu: »Ohne den Intellekt und die Bildung Lassalles, hat [Bebel] den Vorteil eines ausgezeichneten Charakters sowohl in persönlicher als auch jeglicher anderweitigen Rechtschaffenheit.« (Diese Zeilen wurden aus Stracheys Abschlussbericht gestrichen.) Vgl. V. Lidtke, Party, 1966, S. 52–69; T. Welskopp, Banner, 2000, bes. Teil II, Kap. 7; J. Retallack, August Bebel, 2018.
179 Solms, 17.1.1877; und Antwort von Bismarck an Solms (Entwurf), 23.1.1877; PAAAB, Sachsen 45, Bd. 4.

4 Kampf gegen den Umsturz

Wurden die Repressionsinstrumente, die das Sozialistengesetz den Gegnern der Sozialdemokratie in die Hand gab, erfolgreich angewandt? Auch wenn die Verfechter von Ordnung und Obrigkeit zu Selbstzufriedenheit und übersteigertem Selbstvertrauen neigten, so plagten sie doch auch des Öfteren Zweifel, ob sie den Kampf gegen den Umsturz gewinnen könnten. Sie wussten, dass sie dem Beispiel Preußens folgen mussten, aber es war ihnen auch daran gelegen, dass der Feldzug gegen den Sozialismus vereinbar war mit der Verteidigung der Rechte der Einzelstaaten, Appellen an den gesunden Menschenverstand und humanitären Skrupeln. Der Angriff auf die Sozialdemokratie erfolgte an vielen Fronten, doch berief man sich vor allem auch auf statistische Wahlergebnisse, wenn es darum ging, Gewinner und Verlierer, Freund und Feind des Reiches zu bestimmen.

Bismarck hatte der Sozialdemokratie den totalen Krieg erklärt, da diese, wie er behauptete, die bestehende Staats- und Gesellschaftsordnung zu stürzen suchte. Sachsen schloss sich diesem totalen Krieg nicht an. Selbst als z. B. zwischen 1878 und 1890 die Rechtsstaatlichkeit massiv unter Beschuss stand, blieb der Kampf gegen den Sozialismus in Sachsen ein Nachhutgefecht – ausgetragen von fügsamen Verwaltungsbeamten und Richtern, die willens waren, Unruhestifter zu verfolgen und Haftstrafen zu verhängen. Dazu genügten begrenzte Maßnahmen auf Ad-hoc-Basis. Freilich hätte das Gefecht effizienter organisiert sein können, und es entsprach mit Sicherheit auch nicht immer den Plänen eines unberechenbaren Kanzlers oder eines ängstlichen Reichstags.

In diesem Kapitel wechselt die Perspektive zwischen nationaler, regionaler und lokaler Ebene. Dadurch gewinnen wir ein besseres Bild von der Bandbreite an Optionen, die zur Verfügung standen, um die Sozialdemokratie zu bekämpfen. Nur indem wir die antisozialistischen Initiativen auf allen drei Ebenen zusammen ins Visier nehmen, lassen sich Breite und Intensität der politischen Repression angemessen beurteilen.

Der nationale Kontext

> Die Regierung verlangt von Ihnen jetzt Waffen, die es unnöthig machen, mit der Zeit die blanke Waffe zu brauchen; sie verlangt von Ihnen jetzt Waffen[,] die auf diejenigen Angriffe passen, die gegen den Staat gerichtet werden. Sind Sie in der Majorität nicht meiner Meinung, meine Herren, so ist damit noch nicht festgestellt, dass Sie dann ein richtigeres Urtheil haben, als ich; aber ich muss mich dann bescheiden, daß wir vor der Hand nicht anders können, als uns mit den schwachen Gesetzesparagraphen so lange zu behelfen, bis die Flinte schießt und der Säbel haut.
> — Preußischer Innenminister Friedrich zu Eulenburg zu Reichstagsabgeordneten, Januar 1876[1]

> *Poprium humani ingenii est odisse quem laeseris.*
> (Es ist die Eigentümlichkeit des menschlichen Wesens, den zu hassen, den man verletzt hat.)
> — Tacitus, Agricola, Kapitel 42

Am Morgen des 26. August 1878 setzte sich der britische Generalkonsul Joseph Archer Crowe an seinen Schreibtisch, um seine Erläuterungen zu den Reichstagswahlen des Vormonats zu Papier zu bringen. Um fünf Minuten nach neun hielt er in seinen Aufzeichnungen inne. Nervös setzte er wieder an: »Eine heftige Erschütterung meines Zimmers und ein donnerähnliches Grollen ließen mich von meinem Schreibtisch hochschrecken. Ich schwankte [...] auf und ab, als würde ich auf dem Schildzapfen eines 18-Pfünders entlang rollen. Es war ein Erdbeben – meine Uhren blieben stehen [...]. Einer meiner Knaben wurde seekrank.«[2] Auch die deutsche politische Kultur erlebte 1878 eine seismische Verwerfung. Alle bisherigen Annahmen bezüglich verfassungsmäßiger Korrektheit und politischer Fairness wurden bis ins Mark erschüttert. Die Entwicklungen ver-

---

1 SBDR, Bd. 2, S. 946 (27.1.1876), in Bezugnahme auf §§ 130–131 des Reichsstrafgesetzbuchs.
2 Crowe (Düsseldorf) an den brit. Botschafter in Deutschland Lord Odo Russell (Berlin), 26.8.1878, TNA, FO 918/25. Der jüngste von J. A. Crowes drei Söhnen, die zwischen 1862 und 1864 geboren wurden, war Eyre Crowe. Als Senior Clerk und »Deutschland-Experte« im britischen Außenministerium verfasste er eine berühmte Denkschrift (1.1.1907) gegen Deutschlands Streben nach »Hegemonie« in Europa.

setzten viele Deutsche in einen Zustand der Desorientierung. Für manche waren die ersten Erschütterungen am schlimmsten: die beiden Attentate auf Kaiser Wilhelm I. Andere wurden aufgerüttelt, als Bismarck den Reichstag auflöste und Parlamentswahlen ansetzte. Die Sozialisten gerieten ins Taumeln, als das Sozialistengesetz im Reichstag eingebracht und mühelos verabschiedet wurde. Bis das Gesetz am 30. September 1890 um Mitternacht wieder außer Kraft trat, waren die Nachbeben für alle Deutschen spürbar. Das Terrain, auf dem Wahlkämpfe ausgetragen wurden, geriet durch diese Turbulenzen in eine Schieflage und neue Risse taten sich auf.

Anlaufphase

Bismarcks Reaktion auf die Nachricht, dass der psychisch labile Klempnergeselle Max Hödel am 11. Mai 1878 Pistolenschüsse auf den Kaiser abgefeuert hatte, ist hinlänglich zitiert worden. »Jetzt haben wir sie!«, rief Bismarck aus. »Die Sozialdemokraten, Durchlaucht?« fragte ein Adjutant. »Nein«, erwiderte Bismarck, »die Liberalen.«[3] Hödel schoss so weit daneben, dass der Kaiser nichtsahnend seine Kutschfahrt Unter den Linden fortsetzte, bis man ihn davon überzeugen konnte, dass er Zielscheibe eines Attentats gewesen war.[4] Der zweite Attentäter war ein besserer Schütze. Am 2. Juni feuerte Dr. Karl Nobiling mit einer doppelläufigen Flinte aus dem Obergeschoss eines Hauses Unter den Linden. Bismarck ging auf seinem Anwesen in Friedrichsruh spazieren, als ihm gemeldet wurde, dass erneut auf den Kaiser geschossen worden war. »Mit einem Ruck blieb der Fürst stehen. Er stieß in heftiger Bewegung seinen Eichenstock vor sich in die Erde und sagte tiefaufatmend, wie wenn ein Geistesblitz ihn durchzuckte: ›Dann lösen wir den Reichstag auf‹.«[5] Erst später erkundigte er sich nach dem Befinden seines Kaisers.[6]

Zwar fielen im Sommer und Herbst 1878 nicht alle Entscheidungen nach Bismarcks Willen aus, aber er erreichte seine Hauptziele. Im Anschluss an das erste Attentat legte Bismarck dem Bundesrat einen eilig ausgearbeiteten Gesetzentwurf zum Verbot der Sozialdemokratischen Partei vor, der allerdings vom Reichstag in der letzten Maiwoche abgelehnt wurde. Mit dem zweiten Anschlag auf Kaiser Wilhelm änderte sich die Stimmung im Deutschen Reich. Dieses Mal konnte Bismarck die bundesstaatlichen Regierungen überzeugen, den Reichstag aufzulösen und für den 30. Juli Parlamentswahlen anzusetzen. Im anschließenden Wahlkampf gelang es der Regierung, die Feindselig-

---

3   Zitiert in: E. ENGELBERG, Bismarck, Bd. 2, 1990, S. 274.
4   P. KAMPFFMEYER/B. ALTMANN, Sozialistengesetz, 1928, S. 159; B. BRAUN, »Kampf«, 2003.
5   C. V. TIEDEMANN, Sechs Jahre, 1910, S. 268.
6   Nobiling versenkte genug Schrotkugeln in Wange, Hals, Schulter und Hand des Kaisers, um eine lange Genesungszeit notwendig zu machen. Nobilings Treffsicherheit war auch nicht die beste, als er unmittelbar nach dem Attentat eine Pistole gegen sich selbst richtete; er erlag seinen Verletzungen drei Monate später.

keit der rechten Parteien und der Mehrheit der nicht aus der Arbeiterklasse stammenden Wähler gegen die Sozialdemokraten, die Linksliberalen und die Nationalliberalen zu richten, wobei nur wenig Unterschied gemacht wurde zwischen »Umstürzlern« und ihren angeblichen Unterstützern. Bei den Reichstagswahlen im Juli 1878 gewannen die beiden konservativen Parteien und das katholische Zentrum insgesamt 42 zusätzliche Mandate, die Nationalliberalen und Fortschrittler verloren zusammen 37 Mandate, und die sozialistische Fraktion schrumpfte von zwölf auf neun Abgeordnete (von denen sechs Wahlkreise in Sachsen vertraten). Am 9. September wurde dem Reichstag ein Gesetzentwurf »gegen die gemeingefährlichen Bestrebungen der Sozialdemokratie« übermittelt.

Der sächsische Militärbevollmächtigte in Berlin schrieb nach Durchsicht des Gesetzentwurfs, seine Erwartungen seien »*sehr* weit überholt worden; er verdient wohl in Wahrheit die Charakteristik eines Drakonischen«.[7] In namentlicher Abstimmung verabschiedete der Reichstag am 19. Oktober mit 221:149 Stimmen das Sozialistengesetz. Es wurde in regelmäßigen Abständen verlängert, bis die Nichtverlängerung im Januar 1890 zur Folge hatte, dass es im darauffolgenden September außer Kraft trat. In den zwölf Jahren, in denen das Gesetz Geltung hatte, schüttelten die Nationalliberalen nie das Odium ab, vor Bismarcks Forderung nach einem Ausnahmegesetz eingeknickt zu sein. Die Abspaltung des linken Flügels der Partei, Selbstzweifel und sinkende Wählerstimmen waren die langfristigen Folgen. Der ehemalige Leipziger Vizebürgermeister Eduard Stephani verwies auf den »unseligen Wahlkrieg«, den Bismarck 1878 gegen die Nationalliberalen führte.[8]

Das Sozialistengesetz verbot Vereine, »welche durch sozialdemokratische, sozialistische oder kommunistische Bestrebungen den Umsturz der bestehenden Staats- oder Gesellschaftsordnung bezwecken« (§ 1). Es verfügte ferner: »Dasselbe gilt von Vereinen, in welchen sozialdemokratische, sozialistische oder kommunistische auf den Umsturz der bestehenden Staats- oder Gesellschaftsordnung gerichtete Bestrebungen in einer den öffentlichen Frieden, insbesondere die Eintracht der Bevölkerungsklassen gefährdenden Weise zu Tage treten.«[9] Öffentliche Versammlungen und Drucksachen wurden ähnlich eingeschränkt. Das dreißig Paragrafen umfassende Gesetz enthielt drei Bestimmungen, auf die es im Rahmen unserer Darstellung vor allem ankommt. Da war zum einen § 28. Er sah vor, dass der »kleine Belagerungszustand« über bestimmte Bezirke – Städte und ihre unmittelbare Umgebung – verhängt werden konnte, wenn die öffentliche Sicherheit als gefährdet angesehen wurde. Wurde der kleine Belagerungszustand ausgerufen, konnten Sozialdemokraten von den Gemeindebehörden aus dem betreffenden Gebiet ausgewie-

---

[7] Oberst Paul Edler von der Planitz (Berlin) an den sächs. Kriegsminister (Dresden), 13.8.1878 (Hervorhebung im Original); SHStAD, SKAD, Nr. 4490.
[8] Stephani an Heinrich von Treitschke, 25.9.1878, J. Heyderhoff/P. Wentzcke (Hrsg.), Deutscher Liberalismus, Bd. 2, 1925, S. 223 f.
[9] Für den vollständigen Text vgl. »Das Sozialistengesetz (21. Oktober 1878)«, DGDB Bd. 4, Abschnitt 7.

sen werden. Die zweite Bestimmung (§ 6) besagte, dass das Sozialistengesetz nicht von einer zentralen Reichsbehörde oder den Gerichten, sondern von den einzelstaatlichen Polizeibehörden bzw. Beamten durchzusetzen sei. In Sachsen fiel die Ausführung des Gesetzes in den Zuständigkeitsbereich der Oberbürgermeisterämter und Polizeidirektoren in Verbindung mit den Amts- und Kreishauptmännern, die ihrerseits gegenüber dem Innenministerium in Dresden rechenschaftspflichtig waren. Das dritte wichtige Merkmal des Gesetzes war, dass es keine Bestimmung enthielt, die es den Sozialdemokraten verbot, für das Parlament zu kandidieren. Das bedeutete, dass es für Sozialdemokraten, ebenso wie für die Mitglieder aller anderen Parteien, ab dem offiziellen Wahlkampfbeginn bis zum Schließen der Wahllokale rechtmäßig war, Wahlausschüsse zu bilden, Wahlaufrufe, Flugblätter und Stimmzettel herauszugeben und Wahlkundgebungen abzuhalten. Diese Garantien für faire Wahlen wurden in der Praxis oft missachtet. Schon sehr früh erkannten die Zeitgenossen die Widersprüche in den Gesetzesbestimmungen.[10] Bismarck stritt diese Komplexität stets ab und warnte stattdessen »vor dem nihilistischen Messer und der Nobilingschen Schrotflinte«.[11]

Als das Gesetz am 22. Oktober 1878 in Kraft trat, handelten Polizei und Staatsorgane rasch. Sie legten sozialdemokratische Druckerpressen still, beschlagnahmten Parteikassen, untersagten öffentliche Kundgebungen, lösten SPD-Vereine auf und verboten sozialistische Gewerkschaften. Anfang 1879 äußerten sich die Behörden in Sachsen und den meisten anderen Bundesländern zufrieden darüber, dass die Partei so schnell und vollständig handlungsunfähig gemacht worden sei. Von 1882 bis Anfang 1886 wurde das Gesetz weniger rigoros angewandt. Diese Jahre sind als Zeit der »milden Praxis« bezeichnet worden. Die gedruckten Reden der sozialdemokratischen Führer landeten nach wie vor in den Händen ihrer Anhänger, hie und da wurden soziale und kulturelle Vereine zugelassen, und auch sozialistische Gewerkschaften kamen wieder zum Vorschein. Nach 1886 wurde die drakonische Anwendung des Gesetzes jedoch erneut zur Norm, was zum Teil als Reaktion auf erhöhte Streikaktivitäten angesehen werden kann.[12]

Am 28. November 1878 wurde der kleine Belagerungszustand über Berlin und Umgebung verhängt. Dieser »Paukenschlag« kam zu einer Zeit, als Bebel und seine Kollegen noch »im Dunklen« durch das Labyrinth repressiver Gesetze »tappten«.[13] Die

---

10 SBDR 1878 Anl 4/I, A23.
11 O. v. BISMARCK, Reden, Bd. 2, 1867, S. 202 f. (17.9.1878). Bismarck fügte hinzu: »Ja, meine Herren, wenn wir in einer solchen Weise unter der Tyrannei einer Gesellschaft von Banditen existieren sollen, dann verliert jede Existenz ihren Wert (Bravo! rechts), und ich hoffe, daß der Reichstag den Regierungen, dem Kaiser, [...] daß wir ihm zur Seite stehen werden! Daß bei der Gelegenheit vielleicht einige Opfer des Meuchelmordes unter uns noch fallen werden, das ist ja wohl möglich, aber jeder, dem das geschehen könnte, mag eingedenk sein, daß er zum Nutzen, zum großen Nutzen seines Vaterlandes auf dem Schlachtfeld der Ehre bleibt! (Lebhaftes Bravo rechts).«
12 Zur Reichs-Commission, die eingerichtet wurde, um Einsprüche gegen Verbote zu prüfen, vgl. die Berechnung von Verboten und Einsprüchen unter dem Sozialistengesetz 1878–1890 in Tabelle S. 4.1 im Online-Supplement.
13 A. BEBEL, Leben, 1961, S. 627 f.

aus Berlin ausgewiesenen Sozialdemokraten ließen sich binnen Kurzem in Hamburg oder Leipzig nieder. Am 28. Oktober 1880 wurde dieselbe Regelung über die Freie Hansestadt Hamburg und die benachbarte preußische Stadt Altona verhängt. Viele der dort Ausgewiesenen zogen nach Leipzig. Als am 28. Juni 1881 der kleine Belagerungszustand über Leipzig und Umgebung verhängt wurde, war der Exodus noch zügiger.[14] Bis Ende 1881 waren 225 Sozialdemokraten verbannt worden. Nach Ende der »milden Praxis« 1886 wurde der § 28 auch über Spremberg, Frankfurt am Main, Offenbach und Stettin verhängt. Das Timing war nicht zufällig: Die Verbote und Ausweisungen sollten den SPD-Reichstagswahlkampf im Februar 1887 behindern. Ein Sozialist schrieb: »Es war keine Wahl, es war ein Kesseltreiben, es war ein Überfall, eine moralische und physische Vergewaltigung.«[15]

Die deutschen Behörden mussten in unbehaglich öffentlicher Form Bericht erstatten über die Wirksamkeit des Sozialistengesetzes und des kleinen Belagerungszustandes – so zum Beispiel im Rahmen der Reichstagsdebatten, die vor jeder Verlängerung des Sozialistengesetzes geführt wurden. Darüber hinaus erstellten der Berliner Polizeipräsident Guido Madai und seine Nachfolger jährliche Übersichten, in denen die Stärke der sozialdemokratischen und anarchistischen Bewegungen in allen Regionen Deutschlands als auch in anderen europäischen Ländern bewertet wurde.[16] Mit der Zeit klangen diese Berichte wie eine kaputte Schallplatte – nur dass der Refrain in zwei Rillen gleichzeitig lief: Das Sozialistengesetz sei ein Erfolg, ein Bollwerk gegen die revolutionäre Flut, daher dürfe es nicht auslaufen. Das Gesetz sei ein Misserfolg; es gelänge nicht, die sozialdemokratischen Wähler von den Wahlen fernzuhalten und das Wachstum der Partei an der Basis einzudämmen. Doch im Falle einer Aufhebung des Gesetzes wären die potenziellen Folgen unermesslich schlimmer; daher dürfe es nicht auslaufen.[17]

---

14 H. Bartel/W. Schröder/G. Seeber, Sozialistengesetz, 1980, S. 89. Zu Anzahl und Berufen der unter § 28 des Sozialistengesetzes aus Leipzig und anderen Bezirken Ausgewiesenen, vgl. Tabelle S. 4.2 und Tabelle S. 4.3 im Online-Supplement.
15 SD, 4.3.1887; O. Kühn, Erinnerungen, [1921], S. 26 f.
16 D. Fricke/R. Knaack, Dokumente, Bd. 1, 1983; W. Pöls, Staat, 1965, S. 206–209; für Sachsen, BLHP, PP, Tit. 94, Nr. 12844–12860.
17 Strachey, 2.2.1888, TNA, FO 68/173; KHM Otto zu Münster (Leipzig) an MdI, 17.5.1882, SHStAD, MdI 10982.

Tabelle 4.1: Die Sozialdemokratie bei Reichstagswahlen: Sachsen und das Reich, 1878–1890

Jahr	Wahl-berechtigte	Abgegeb. Stimmen	Wahlbe-teiligung (%)	SPD Kandi-daten	Gewon-nene SPD Stimmen	SPD Stimmen-anteil (%)	SPD Anteil Wahlberech-tigte (%)	Gewon-nene SPD-Mandate
1	2	3	4	5	6	7	8	9
Sachsen								
1878	585.444	342.687	58,5	22	128.039	37,6	21,9	6
1881	597.517	313.345	52,4	21	87.786	28,2	14,7	4
1884	622.792	364.602	58,5	23	128.142	35,3	20,6	5
1887	656.214	522.025	79,6	23	149.270	28,7	22,7	0
1890	701.230	574.974	82,0	23	241.187	42,1	34,4	6
Reich								
1878	9.124.000	5.781.000	63,4	198	437.000	7,6	4,8	9
1881	9.090.000	5.118.000	56,3	191	312.000	6,1	3,4	12
1884	9.838.000	5.682.000	60,6	172	550.000	9,7	5,6	24
1887	9.770.000	7.570.000	77,5	256	763.000	10,1	7,8	11
1890	10.146.000	7.262.000	71,6	342	1.427.000	19,7	14,1	35

Anmerkungen: Gesamtsummen Reich sind gerundet. Spalte 3 listet die insgesamt abgegebenen Stimmen auf, Spalte 7 basiert auf gültigen abgegebenen Stimmen. Spalte 4 (Sachsen) und Spalte 8 vom Verfasser berechnet. Vgl. die von Valentin Schröder erstellten Tabellen: http://www.wahlen-in-deutschland.de/krtw.htm.
Quellen: Anlagen zur SBDR (1878–90); G. A. RITTER, Wahlgeschichtliches Arbeitsbuch, 1980, S. 39 f., 63; P. STEINBACH, Entwicklung, 1990, S. 7.

Als Maßstab für den Erfolg oder Misserfolg des Sozialistengesetzes zitierten diese Berichte Reichstagswahlergebnisse wie jene in Tabelle 4.1. Zwischen 1875 und 1890 wusste niemand genau, wie schnell die sozialdemokratische Mitgliedschaft wuchs. Außerdem berichteten die Behörden nicht immer konsequent über die Wirksamkeit antisozialistischer Maßnahmen in ihrem eigenen Tätigkeitsbereich. Betrachtet man den Bericht des Berliner Polizeipräsidenten vom 22. November 1889, so findet man eine Litanei von Polizeiversagen, sozialistischen Erfolgen und düsteren Vorahnungen hinsichtlich der für Februar 1890 angesetzten Reichstagswahlen: »Die öffentliche Agitation erstreckt sich schon seit Jahresfrist hauptsächlich auf die bevorstehenden Reichstagswahlen [...], da die Partei diesmal mindestens eine Million Stimmen ins Feld führen und der Bourgeoisie die Überzeugung von ihrer Unbesiegbarkeit beibringen müsse.« Der Bericht kam zu dem Schluss, dass die Sozialisten bereit standen, »in jeder Beziehung gerüstet«, um ihre Stimmen zu erhöhen.[18]

---

18 Übersicht (22.11.1889), D. FRICKE/R. KNAACK (Hrsg.), Dokumente, Bd. 1, 1983, S. 354–357. Vgl. Leipzigs Polizeidirektor Richard Bretschneider an KHMS Leipzig, 21.5.1884, 7.5.1887, 6.5.1889, SHStAD, KHMSL 245.

Der Beitrag Sachsens

> Ein sizilischer Postwagen konnte von Briganten nicht gründlicher ausgeräumt werden als zahlreiche gewerkschaftliche Vereinszimmer in Dresden. Sogar die Bücherschränke der Vereine samt Inhalt hatte man fortgeschafft, und wo etwas an Geld zu finden war, hatte man es weggenommen.
> — Sächsischer SPD-Landtagsabgeordneter Hermann Goldstein[19]

> In time we hate that which we often fear.
> — William Shakespeare, Antony and Cleopatra, Akt I, Szene 3

Sachsen hatte das Sozialistengesetz nicht erfunden, machte aber bereitwillig davon Gebrauch.

Es half der Regierung, zwei Ziele zu erreichen. Erstens wurde der erstaunliche Vormarsch der Sozialdemokratie bei den Reichstagswahlen gestoppt. 1877 lag der Anteil der Sozialisten an den in Sachsen abgegebenen Stimmen bei 38 Prozent und die Sozialdemokraten vertraten sieben sächsische Wahlkreise – diese Höchstmarken wurden erst 1890 bzw. 1893 wieder erreicht. Zweitens beschleunigte das Sozialistengesetz, indem es die Aufmerksamkeit auf die »revolutionäre« Bedrohung lenkte, den Niedergang des Liberalismus im Königreich. Nach 1878 entfesselten die Regierung und die Konservativen immer schärfere Angriffe auf die beiden Flügel des sächsischen Linksliberalismus – Fortschrittler und Freisinnige – und sogar auf linksorientierte Nationalliberale. Anfang der 1880er-Jahre existierte die »liberale Ära« von 1868–1876 nur noch als blasse Erinnerung: Die sächsischen Minister hatten wenig Neigung und keinen Bedarf, der Linken entgegenzukommen.

Nichtsdestotrotz hatten die selbsternannten Verteidiger von Staat und Gesellschaft ambivalente Ansichten zur Fundamentaldemokratisierung der deutschen Gesellschaft und ihren Auswirkungen. Selbst die entschlossensten Feinde des Sozialismus in Sachsen räumten ein, dass sie nicht in der Lage waren, die sozialistische Agitation einzuschränken, die Führer der Bewegung im Gefängnis festzuhalten, ihre Propaganda einzudämmen oder die »Ordnungsparteien« zu überzeugen, ihre Differenzen beizulegen. Als der

---

19 Goldstein in einer rückblickenden Schrift von 1903, »Die toten Vorkämpfer Dresdens«, in [SOZIALDEMOKRATISCHE PARTEI SACHSENS], Sozialdemokratischer Parteitag Dresden 1903, o. J. [1903], S. 6–11.

sächsische Liberalismus seinen Reformeifer verlor, wurden die Sozialdemokraten allmählich zu den anerkannten Verfechtern des »kleinen Mannes«. Sie festigten ihren Einfluss auf die Arbeiterklasse und gewannen auch Unterstützung im Mittelstand. Zudem konnten die Sachsen ihre Kollegen in Preußen nie vollständig davon überzeugen, dass sie im Kampf gegen die »Umsturzpartei« nicht provinziell, inkompetent, eigennützig oder halbherzig handelten. Das sächsische Vorgehen wurde oft für zögerlich befunden. Und selbst wenn entschlossen gehandelt wurde, klagten Skeptiker in Berlin, dass man es besser hätte machen können oder früher hätte eingreifen sollen.

Mobilisierung

Der Reichstagswahlkampf vom Juli 1878 eröffnete neue Formen der Mobilmachung gegen die Sozialisten. Polizei und Verwaltung in Sachsen taten jedenfalls ihr Bestes, um der Herausforderung gerecht zu werden. Sozialistische Kundgebungen wurden verboten oder unter den fadenscheinigsten Vorwänden aufgelöst. Funktionäre und Kandidaten wurden ins Gefängnis gesteckt – die bevorzugte Anklage lautete Majestätsbeleidigung – und die »Ordnungsparteien« aufgefordert, konkurrierende Kandidaturen zu vermeiden. Die sächsischen Staatsminister und Bismarck ließen Parteiführer und Wähler wissen, welche Kandidaten sie bevorzugten. Das sächsische Bürgertum folgte ihrem Beispiel. Manche Arbeitgeber drohten ihren Arbeitern oder Angestellten mit Entlassung, wenn sie für sozialdemokratische Kandidaten stimmten bzw. überhaupt zur Wahl gingen.[20] Und die nationalliberale Presse spielte die gesamte antisozialistische Klaviatur.[21] Doch der sozialistische Vormarsch konnte nicht rückgängig gemacht werden. Obgleich die Zahl der sächsischen Sozialdemokraten im Reichstag von sieben auf sechs sank, stiegen die Wählerstimmen für sozialistische Kandidaten in Sachsen von rund 124 000 im Jahr 1877 auf 128 000 im Jahr 1878.

Ein Grund dafür waren die Selbstgefälligkeit und Uneinigkeit der bürgerlichen Parteien.[22] Die Regierung und die nichtsozialistischen Parteien hofften zunächst, viele sächsische Wahlkreise von den Sozialisten zurückerobern zu können – darunter WK 5: Dresden-Altstadt (vertreten durch August Bebel), WK 13: Leipzig-Land (Adolf Demmler), WK 16: Chemnitz (Johann Most) und WK 18: Zwickau (Julius Motteler). Aber kaum hatte der Wahlkampf begonnen, kam es zwischen den Konservativen und den Nationalliberalen in WK 5: Dresden-Altstadt zu einem Konflikt, der auch anderswo im König-

---

20   SHStAD, MdI 865(f). Zum gescheiterten Deutschen Antisozialistischen Arbeiterkongreß (13.–14.10.1878) in Dresden, vgl. W. Schüller, Kampf, Bd. 2, 1967, S. 16 n. 132; Strachey, 17.10.1878, TNA, FO 60/162; M. Mösslang/II. Whatmore (Hrsg.), British Envoys to the Kaiserreich, Bd. 1, 2016, S. 340 f.
21   H. Schaal, Methoden, 1965.
22   Solms, 7.6.1878, PAAAB, Deutschland 102, Vol. 1.

reich zu beobachten war: Die Konservativen zögerten, Kompromisskandidaten mit den Nationalliberalen zu nominieren, und die Liberalen waren bereit, sich mit Parteien zu ihrer Linken zu verbünden (Nationalliberale mit Fortschrittlern, Fortschrittler mit Sozialisten). Bald war der Dresdner Wahlkreis der Inbegriff eines Worst-Case-Szenarios.[23] Die Nationalliberalen wollten den Oberbürgermeister von Dresden, Dr. Paul Stübel, ins Rennen schicken und fühlten sich gekränkt, als die Konservativen den ehemaligen Regierungschef Richard von Friesen nominierten, ohne sie vorher zu konsultieren. Die Fortschrittler planten die Kandidatur von Wilhelm Schaffrath, ihrem langjährigen Parteiführer in Dresden, doch dann ruderten sie zurück und nominierten stattdessen August Walter, den Mandatsinhaber in WK 10: Döbeln. Sie bestanden auf Walter als Kandidaten, weil sie sich nicht dazu durchringen konnten, Friesen zu unterstützen, an den sie sich hauptsächlich als »Reaktionsminister« von 1849/50 erinnerten.

Bismarck wollte die Anführer des nationalliberalen Reichsvereins in Dresden wissen lassen, dass er derartige Zankereien scharf missbilligte. Er hielt »gemäßigte Partikularisten« (wie Friesen) für weniger gefährlich als »diejenigen Reichsenthusiasten, welche durch doktrinäre Negierung aller von der Reichsregierung im Reichsinteresse vorgeschlagenen Maßnahmen den destruktiven Tendenzen im eigentlichen Sinne freie Bahne schaffen«.[24] Einem Insider zufolge glaubte Bismarck nicht, dass die Wahlen davon abhingen, ob »einige Socialdemokraten mehr oder weniger« gewählt würden – »die Socialdemokratie betrachte er [Bismarck] nur als eine vorübergehende Erscheinung. Seine wirklichen Feinde seien die Fortschrittler und Männer wie [der Nationalliberale Eduard] Lasker, welche unter der Maske des Constitutionalismus der Einführung der Republik vorarbeiteten«.[25]

Am Wahltag hätte die Stimmung unter den Nationalliberalen schlechter nicht sein können. Einer von ihnen schrieb: »Im Anfang der Wahlbewegung, unmittelbar nach den Attentaten, da ging Alles in hellen Haufen gegen die Sozialdemokratie. Heute erscheint offenbar die Gefahr, welche dem Ganzen durch diese Partei droht, vielen nicht mehr so bedenklich oder dringlich. [...] Sie [die SPD] hat es nur mit Behagen empfunden, wie sich die Ordnungsparteien untereinander zerfleischen.«[26] Als feststand, dass es bei der Abstimmung in WK 5: Dresden-Altstadt zu einer Stichwahl zwischen Friesen und Bebel kommen würde, verschlechterten sich die Aussichten für Friesen weiter. Konservative Partikularisten empfanden Friesen als zu preußenfreundlich. Auch der Zeitpunkt der Stichwahl war ungünstig. Die wohlhabenden Dresdner blieben bis zur

---

23 DJ, 15.6.1878; W. Schüller, Kampf, Bd. 1, 1967, S. 17–36; O. Kühn, Erinnerungen, [1921], S. 84.
24 [SSdAA Bernhard Ernst von Bülow] an Solms (Entwurf), 19.6.1878, PAAAB, Deutschland 102, Vol. 1.
25 Sächs. Gesandter in Preußen Oswald von Nostitz-Wallwitz (Berlin) an seinen Bruder, den sächs. MdI/MdAA Hermann von Nostitz-Wallwitz (Dresden), 2.7.1878, SHStAD, MdAA 1405. Vgl. »Herbert von Bismarck an ›Wahlbeobachter‹ in Danzig und Bismarcks Strategie gegen den Linksliberalismus (Oktober 1881)«, DGDB Bd. 4, Abschnitt 5.
26 DN, 30.7.1878, zitiert in: W. Schüller, Kampf, Bd. 1, 1967, S. 28.

Hauptwahl am 30. Juli in der Stadt, machten sich dann aber sofort auf den Weg zu ihren Sommerhäusern auf dem Land oder in den Urlaub im Ausland. Auch Bürger aus den »besserstehenden Kreisen, Beamte, Lehrer, Eltern schulbesuchender Kinder« verließen im August die Stadt. Knapp 600 Friesen-Anhänger reisten kurz vor der Stichwahl mit einem »Vergnügungszug« in die Schweiz. Die Zahl der zu Hause gebliebenen Dresdner reichte aus, um den zehntägigen Stichwahlkampf zu einer erbitterten Übung werden zu lassen: Ein Gesandter bemerkte, »die kämpfenden Parteien schreckten vor keiner Art von Verleumdung und Drohungen zurück«.[27] Ein anderer beobachtete die »erstaunliche Hochfluth der Majestätsbeleidigungs-Processe, die schonungslose Kampfweise der regierungsfreundlichen Parteien gegen die socialdemokratischen Gegner, der Versuch durch äußeren Zwang ihren Widerstand zu brechen und zu vernichten«.[28] Die Wahlbeteiligung war hoch und die Stimmung angespannt, als sich am Abend des 9. August eine Menschenmenge in Erwartung des Wahlergebnisses versammelte. Als bekannt wurde, dass sich Bebel mit 11 619 zu 10 703 Stimmen gegen Friesen durchgesetzt hatte, folgten gegenseitige Beschuldigungen. Die regierungsfreundlichen Zeitungen gaben den Nationalliberalen die Schuld an der Niederlage Friesens und behaupteten, sie hätten die Fortschrittler in die Arme der Sozialisten getrieben. Dieselbe Anschuldigung wurde allerdings auch gegen die Konservativen erhoben.

Im Januar 1877 war in acht von 23 sächsischen Wahlkreisen die Uneinigkeit unter den nichtsozialistischen Parteien deutlich zu Tage getreten; erstaunlicherweise war dies auch im Juli 1878 wieder der Fall.[29] In vier der acht Wahlkreise gewann ein Sozialdemokrat die Stichwahl. Die anderen vier Wahlkreise wurden von zwei Konservativen (darunter Arnold Frege in WK 14: Borna), einem Nationalliberalen und einem Fortschrittler gewonnen. Das sächsische Bürgertum konnte nicht umhin zu bemerken, dass die Sozialisten auch Wahlkreise gewannen, in denen sie zuvor nur wenige Stimmen erhalten hatten. Ein Beobachter hielt diese Stimmung mit einer kriegerischen Metapher fest: »Im Ganzen überwiegt jedoch der Eindruck, daß der Feind zwar zurückgedrängt wurde, – daß man ihm Terrain abgewonnen hat, daß seine Macht aber trotz Allem nicht gebrochen und nicht erschüttert wurde.«[30] Regierungschef Hermann von Nostitz-Wallwitz, der nun sowohl das Innen- als auch das Außenressort im Gesamtministerium innehatte, zeigte sich nichtsdestotrotz zufrieden mit dem Sozialistengesetz – ebenso wie

---

27 Solms, 10.8.1878, PAAAB, Deutschland 102, Vol. 2. Vgl. Wahlflugblätter in BAP, RKA 1293.
28 Kommissarischer österr. Gesandter Rüdiger Freiherr von Biegeleben, 27./31.7.1878, 17./31.8.1878, HHStAW, PAV/42.
29 Es handelte sich dabei um die sächsischen Wahlkreise 5, 8, 9, 14, 15, 20, 22 und 23. Fälle von antisozialistischer Uneinigkeit habe ich für den Zeitraum von 1878 bis 1887 berechnet; SBDR 1878, »Statistik […]«, Anlagen (passim); ZSSL 54, H. 2 (1908), S. 171–180; F. Specht/P. Schwabe, Reichstagswahlen, 1908, S. 210–234.
30 Biegeleben, 31.7.1878, HHStAW, PAV/42. Zur Reichstagswahl in Sachsen 1878, vgl. Karte S. 4.3 (alle Wahlkreise) und Karte S. 4.4 (Hochburgen) im Online-Supplement. Vgl. auch Karte S. 4.9, die die Ergebnisse in allen 397 Reichstagswahlkreisen zeigt.

Kriegsminister Alfred von Fabrice und König Albert.³¹ Auch den Dresdner und Leipziger Polizeidirektoren kam das neue Gesetz entgegen. Anfang 1879 rühmten sie sich vor Polizeipräsident Madai in Berlin, dass die Sozialdemokratie und deren Gewerkschaften in ihren Zuständigkeitsbereichen praktisch ausgeschaltet worden seien.³²

Doch bereits im März 1879 erhielten die Behörden in Dresden und Berlin Berichte, die ein anderes Bild zeichneten. Aus Berlin ausgewiesene Parteiführer hatten sich in Dresden und Leipzig niedergelassen. »Die Socialdemokratie schweigt jetzt zwar«, schrieb der Dresdner Kreishauptmann Kurt von Einsiedel, »bestcht aber im Stillen noch ungeschwächt fort. Es fehlen nur die Führer und die Gelegenheit. Bei neuen Reichstagswahlen würde sich dieselbe sofort allenthalben, wie die Erfahrung zeigt, geltend machen. Was vor zehn Jahren zu erreichen war, ist jetzt nicht mehr nach zu holen.«³³ In den folgenden Jahren übermittelte Einsiedel Nostitz unzählige Berichte seiner Amtshauptmänner, die bedauerten, dass das Sozialistengesetz nicht früher verabschiedet worden sei. Auch Gemeinderäte wurden getadelt für ihre mangelnde Bereitschaft, ihre polizeilichen Befugnisse zur Verteidigung der Staatsgewalt mit ausreichender Strenge auszuüben.³⁴ Ein Polizeikommissar in Leipzig nannte noch weitere Personengruppen, die der sozialistischen Herausforderung nicht gewachsen waren: Kleinstadtbürgermeister, Schreibtischbeamte und Polizisten, die zu jung, unerfahren oder ängstlich waren, um sozialdemokratische Versammlungen aufzulösen.³⁵

Wie die Nachwahlen zum Reichstag und die Landtagswahlen zeigten, ließ sich die sozialdemokratische Partei von den Repressions- und Einschüchterungsversuchen nicht unterkriegen. Im Februar 1881 äußerte Innenminister Nostitz die Überzeugung, dass »etwas getan werden muss«, um den Arbeitern die sozialistische Doktrin abspenstig zu machen. Laut Nostitz würden die Sachsen für die Idee einer Arbeiterversicherung empfänglich sein, »weil es ein praktischer Versuch ist, etwas für die Arbeiterklasse zu tun«.³⁶ Doch für Nostitz hatte selbst diese geplante Reform einen bzw. mehrere Haken: Sie hatte eine »sozialistische Grundlage«. Sie war zu kostspielig für die Arbeitgeber. Und was am schlimmsten war: Sie würde vom Reich organisiert werden.

Gegen Ende seines Lebens konstatierte August Bebel, dass die Zeit zwischen Herbst 1878 und Herbst 1881 seine schwierigsten Jahre gewesen seien.³⁷ Er notierte, dass

---

31 Franckenstein, 26.10.1878, 13.9.1879, HHStAW, PAV/42; Pr. Gesandter in Sachsen Carl von Dönhoff, 4./15.2.1879, PAAAB, Sachsen 48, Bd. 1.
32 Polizei-Direktor Schwauß (Dresden) und Pol.-Dir. Rüder (Leipzig) an Pol.-Präs. Madai (Berlin), 28.1.1878, 31.3.1879, BLHAP, PP, Tit. 94, Nr. 12844; auch Dönhoff, 18.2.1880, 3.3.1880, 14.10.1880, PAAAB, Sachsen 48, Bd. 3–4.
33 KHM Einsiedel an MdI, 11.3.1879 (Entwurf), SHStAD, KHMSD 108.
34 SHStAD, KHMSD 108–109.
35 Hohlfeld, Untersuchung, in: SHStAD, MdI 19043, einschließlich Gutachten. Es handelt sich bei dieser Quelle um eine Prüfungsarbeit für den höheren Verwaltungsdienst.
36 Strachey, 9.2.1881, TNA, FO 215/34 (Entwurf), FO 68/165 (Endfassung).
37 Vgl. Biegeleben, 13.9.1879, HHStAW, PAV/42.

»damals die sächsischen Behörden von der obersten Spitze bis zum letzten Gendarmen« in einer »Art borniert Staatsretterei [...] schwelgten«.[38] Andere Quellen legen jedoch nahe, dass die Repression in Sachsen bis zur Verhängung des kleinen Belagerungszustands über Leipzig im Juni 1881 nicht sonderlich streng war.[39] Bebel selbst lieferte viele Anekdoten, in denen die sächsische Polizei eher einen wohlwollenden und amateurhaften Eindruck macht.[40] Doch sollten wir Härte nicht mit Erfolg und Unfähigkeit nicht mit Misserfolg gleichsetzen. Die sächsischen Behörden führten den Kampf gegen den »Umsturz« nach ihren eigenen Vorstellungen.

Augenmerk auf Leipzig

Nicht nur in Sachsen, sondern auch in Berlin sorgte es für »großes Aufsehen«, als Wilhelm Liebknecht bei der sächsischen Landtagswahl 1877 unerwartet den ersten Sitz für die SPD gewann. Doch dann kamen die beiden Attentate von 1878. Nach dem zweiten Anschlag schickte der Berliner Polizeipräsident Madai im Rahmen der Ermittlungen auch einen Spitzel nach Leipzig. Innerhalb weniger Tage wusste Madai, dass die Sozialdemokraten schuldlos waren. Selbst die SPD-Spitze hielt das Attentat für »katastrophal«. In der Erwartung, dass ihre Parteipresse verboten würde, plante sie sich bedeckt zu halten, hoffte aber, dass es nicht zur Verhängung eines Belagerungszustandes kommen würde. Auch wurde die Möglichkeit diskutiert, für die Reichstagswahlen im Juli gar keine Kandidaten zu nominieren. Aber die Repression in Sachsen war bei weitem nicht allumfassend. Madai war unzufrieden, als sein Spitzel berichtete, dass ein Leipziger Oberstaatsanwalt »wenig oder gar keinen Erfolg von Ausnahmegesetzen, Socialistenhetze, etc.« erwartete; die Krankheit sei »chronisch« und könne »nicht mehr eliminirt werden«. Derartiger Pessimismus war in Berlin nicht willkommen.[41]

Auch Innenminister Nostitz zeigte sich ambivalent, was die Klugheit und Wirksamkeit eines Frontalangriffs auf die Sozialdemokratie anging. Kaum zwei Wochen nach Inkrafttreten des Sozialistengesetzes bemerkte er gegenüber Strachey – so der britische Gesandte in einem Bericht an London –, dass, »wenn der *Vorwärts* ein neues Kapitel aufschlägt, [er] nicht unterdrückt werden sollte, nur um den Herausgeber und seine Mitarbeiter zu ärgern«. Allerdings, so fügte Nostitz hinzu, »hätte der Kreishauptmann

---

38 A. BEBEL, Leben, 1961, S. 639.
39 A. BEBEL, Leben, 1961, S. 625; Bebel an Marx, 12.12.1881, A. BEBEL, Reden und Schriften, Bd. 2/II, 1978, S. 78 f.; Strachey, 2.11.1878, TNA, FO 68/162.
40 U. a. A. BEBEL, Leben, 1961, S. 714.
41 Nicht unterschriebener Polizeibericht (Abschrift), 10.6.1878, BLHAP, PP, Tit 94, Nr. 12844. Madais Spitzel hatte mit dem sächsischen Oberstaatsanwalt Hoffmann gesprochen. Seine Unterredungen mit Wilhelm Liebknecht und Christian Hadlich in Leipzig hatten bereits deutlich gemacht, dass die SPD nichts mit Nobilings Attentat zu tun hatte.

in Leipzig seine eigene Sicht auf diese Fragen, für welche die üblichen Vorstellungen von Gerechtigkeit und Ungerechtigkeit nicht gelten«. Mitte März 1881 stellte er dann fest, dass Bismarck in letzter Zeit voller »Kampfeslust und Redseligkeit« gewesen sei, offenbar weil eine allgemeine Reichstagswahl bevorstehe. Nostitz habe »große Bewunderung« für Bismarcks »neue Kraft« und seine Außenpolitik, aber damit war seine Zuversicht auch schon am Ende: Bismarcks Innenpolitik stecke »so voller Unsicherheit und Überraschungen, daß sie fast unberechenbar sei«.[42]

Nostitz' Befürchtungen wurden schnell Realität. Vieles deutete darauf hin, dass die Geduld der Preußen mit der sächsischen Laxheit nachließ.[43] Polizeipräsident Madai in Berlin hatte schon lange das »Nest« der sozialdemokratischen Agitatoren in Sachsen im Blick. Über »kurz oder lang« müsste der kleine Belagerungszustand für Leipzig in Betracht gezogen werden.[44] Jeder Bericht von Madais Spitzeln in Sachsen brachte entmutigende Nachrichten: Die Vertreibung der sozialistischen Agitatoren aus Berlin und Hamburg hätte nur zur Folge, dass die Reihen der »Gesetzlosen« in Sachsen anschwollen. Dort würden sie von Parteigenossen in Leipzig empfangen und erhielten zehn Mark pro Woche, bis sie Arbeit fänden. Jeden Sonntag träfen sich die sozialdemokratischen Führer in einer Kneipe vor den Toren Leipzigs, diese Zusammenkünfte würden nie gestört. In den Leipziger Lokalen werde *Der Sozialdemokrat* ebenso offenherzig gelesen wie man in der Schneiderherberge unweit der katholischen Kirche die Marseillaise anstimmte. Madai korrespondierte regelmäßig mit der Polizei und den Kreishauptmännern in Leipzig, Chemnitz und Dresden.[45] Doch er vertraute ihnen nicht: Die Sozialdemokraten schienen immer schon im Vorhinein zu wissen, wann Hausdurchsuchungen stattfinden würden.[46]

Madai, Bismarck und Preußens neuer Innenminister Robert von Puttkamer trugen jeweils ein Stück zu dem Puzzle bei, das sich schließlich im Juni 1881 mit der Verhängung des kleinen Belagerungszustandes über Leipzig zusammenfügte. Madais Plan war gewagt und vielschichtig. Einer seiner Spitzel nutzte Bebels vorübergehende Abwesenheit aus Leipzig, um die dortigen Sozialdemokraten zur Annahme eines konspirativen Organisationsplans zu überreden, der von der Polizei dann »entdeckt« wurde.[47] Madai forderte auch weitere Berichte von Beamten in Leipzig an, denen er seine eigenen gehässigen Beispiele sächsischer Inkompetenz hinzufügte, bevor er sie an Puttkamer

---

42 Strachey, 2.11.1878, 12.3.1881 (Entwürfe), TNA, FO 215/34.
43 H. Thümmler, Sozialistengesetz § 28, 1979, S. 74–88; vgl. H. Thieme, Verhängung, 1963, S. 78; F. Staude, Sie waren stärker, 1969, S. 73–82.
44 Madai an pr. MdI Botho Graf zu Eulenburg, 25.11.1879, BLHAP, PP, Tit. 94, Nr. 12844. Zum folgenden, nicht unterschriebenen Bericht an Madai, 28.1.1880, ebenda.
45 BLHAP, PP, Tit. 94, Nr. 12844; Madais »Uebersicht« (31.12.1880) (Abschrift), BAP, Rkz 646/6; D. Fricke, Prätorianer, 1962, S. 102.
46 Nicht unterschriebene Berichte, 23./26.4.1880, BLHAP, PP, Tit. 94, Nr. 12844.
47 A. Bebel, Leben, 1961, S. 757 f.; D. Fricke, Prätorianer, 1962, S. 102–104.

und Bismarck weiterleitete. »Die Leipziger Polizei sei sehr gut, wenn man nur flott auf Preußen schimpfe, sehe sie über alles andere hinweg.«⁴⁸

Bismarck seinerseits schickte eine umfassende Denkschrift an seinen Gesandten in Dresden, Carl von Dönhoff, in der er ihn aufforderte, den Sachsen mitzuteilen, dass sie von Berlin keine Sympathie zu erwarten hätten. Wenn die sächsische Regierung glaubte, dass die Zukunft dunkel aussähe, sei sie selbst schuld.⁴⁹ Politische Parteien in Sachsen, schrieb Bismarck, fielen lediglich in zwei Lager: »das fortschrittliche und das anti-fortschrittliche«. Zum ersten Lager zählte er all jene, die zum Republikanismus tendierten, d. h. die Fortschrittler, die Sezessionisten, die Demokraten und die Sozialisten. »Gegenüber der Fortschrittspartei [...] hat die K. Sächsische Regierung leider keinen ausgiebigen Gebrauch von den Waffen gemacht, welche das Gesetz von 21. Oktober 1878 darbietet. Namentlich ist in keinem einzigen der in dem Königreich so zahlreichen Agitations-Centren der § 28 dieses Gesetzes zur Anwendung gekommen, die, wenn irgendwo, doch gewiß dort geboten erscheinen mußte.« Bismarck stimmte mit Nostitz darin überein, dass die anderen Parteien durch gegenseitige Schuldzuweisungen und innere Spaltungen gelähmt seien. Aber schuld sei auch das alte Schreckgespenst des Partikularismus, das unter den Konservativen, im katholischen Adel, im sächsischen Hof, im öffentlichen Dienst und in den welfischen Elementen im sächsischen XII. Armeekorps kursierte.⁵⁰ »Daß die Sächsische Regierung den Einfluß, der ihr auf diese Kreise naturgemäß zu Gebote steht, hätte einsetzen können, wenn sie gewollt hätte, ist nicht fraglich.« Auch sonst hätte die sächsische Regierung »weniger Preußen-unfreundlich« Stellung beziehen können, mit positiven Folgen bei den Wahlen. »Vor den Wählern hat die offene Gegnerschaft gegen das Reich immer ihr Mißliches.« Aber da der Antagonismus gegenüber Preußen jedem sächsischen Wähler »angeboren« sei, träte dieses Gefühl in den Vordergrund, wenn die eigene Regierung »ihm dabei den Weg zeigt«. Das einzige Mittel, so Bismarck abschließend, sei, dass die sächsischen Behörden die Führung bei der Suche nach einer »gemeinsame[n] Operationsbasis« für das übernähmen, was Dönhoff nunmehr als »*sogenannte* Ordnungsparteien« bezeichnete.⁵¹ Ansonsten würde die sächsische Regierung »die Consequenzen ihres Systems selbst zu empfinden haben«. Wiederum wurden Wahlen als entscheidend für das Ergebnis dieses Wettstreits angesehen. In einem der Gesandtenberichte, der Nostitz' Befürchtung zitiert, Bebel würde bei der Reichstagswahl 1881 den Sitz in Dresden erobern, notierte Bismarck am Rand: »Das kommt von der Regierungspolitik à deux face: conservativ u[nd] anti-Reich.«⁵²

---

48 Vgl. Materialien in: GStAB, GsD, VI A 6.
49 Bismarck an Dönhoff (Entwurf), 18.3.1881; PAAAB, Deutschland 102, Vol. 3. Vgl. Bismarck an pr. MdI Puttkamer (Entwurf), 24.3.1881, BAP, Rkz 646/6, Bd. 3.
50 Vgl. Planitz (Berlin) an sächs. MdAA, 23.8.1878, 3.4.1881, SHStAD, SKAD 4490, 4493.
51 Hervorhebung d. Verf.
52 Dönhoff, 9.3.1881, PAAAB, Deutschland 102, Vol. 3.

Knapp zwei Wochen später wurde die Schraube weiter angezogen, als der preußische Innenminister Puttkamer im Reichstag während der Debatte über den kleinen Belagerungszustand in Berlin und Hamburg das Wort ergriff. Gegenüber »Provokationen« des SPD-Redners Ignaz Auer reagierte Puttkamer alles andere als subtil, indem er auf Entwicklungen in Sachsen anspielte, die nicht mehr toleriert werden könnten. Die preußische Regierung, so teilte er der Kammer mit, habe Kenntnis von »der königlich sächsischen Regierung natürlich nicht bekannten Vorgängen«. Weil »die Gefahr« – Puttkamer sagte nicht, welche Gefahr – in Leipzig »von Tag zu Tag« größer würde, fühlten sich die Preußen verpflichtet, »es der Weisheit der sächsischen Regierung anheimzugeben, ob sie nicht für Leipzig eine ähnliche Maßregel [§ 28] beantragen will, wie sie die königlich preußische Staatsregierung für Berlin und Altona und der Senat der Freien Stadt Hamburg für diese Stadt beantragt haben«. Puttkamer versuchte einem Einwand vorzubeugen, den Nostitz bald im privaten Gespräch vorbringen sollte, nämlich dass aus Leipzig vertriebene Sozialdemokraten einfach ins benachbarte Altenburg[53] oder andere kleinere Ortschaften abwandern würden. »Das würde«, erklärte Puttkamer, »in meinen Augen eine wesentliche Verminderung der Gefahr einschließen; [...] wenn wir erst so weit sein werden, daß in den wirklichen Verkehrsemporien [wie Leipzig] das Uebel ausgerottet ist, werden wir der Zukunft mit größerer Beruhigung entgegen sehen.«[54] Wie Bebel in seinen Lebenserinnerungen bemerkte: »Mit mehr Unverfrorenheit konnte kein Minister einer Regierung der anderen mit dem Zaunpfahl winken, was man von ihr erwarte. Und in Dresden verstand man den Wink [...].«[55]

Nostitz-Wallwitz war verstimmt darüber, von den Preußen so übergangen worden zu sein. In den nächsten Tagen tat er sein Möglichstes, um zu erklären, weshalb seine Regierung keine Notwendigkeit sah, in Leipzig von § 28 Gebrauch zu machen. Doch er gab nicht nach. Seiner Auffassung zufolge war der einzige Vorteil, den der kleine Belagerungszustand gegenüber der gegenwärtigen Situation bot, dessen Ausweisungsklausel. Diese wäre aber gegen die Wahlpropaganda der Sozialisten völlig wirkungslos. Die Übeltäter könnten aus Leipzig vertrieben werden, aber nicht aus Sachsen: Sie würden ihre Agitation fortsetzen – es sei denn, man würde über jede Großstadt in Sachsen den kleinen Belagerungszustand verhängen. Nostitz war in dieser Frage offensichtlich empfindlich, ja sogar gekränkt.[56] Doch gegenüber dem britischen Gesandten Georg Strachey äußerte er sich sarkastisch über die hochmütigen Preußen. Nostitz' Widerstand gegen den Druck Preußens ist rätselhaft, denn er war kein Freund der Sozialdemokratie. In diesem Fall wollte Nostitz aber offensichtlich die Autonomie Sachsens verteidigen.

---

53 Altenburg lag im Herzogtum Sachsen-Altenburg, unmittelbar westlich von Sachsen und nicht weit südlich von Leipzig.
54 SBDR, Bd. 1, S. 638 (30.3.1881). Vgl. Bebels Antwort im RT, 31.3.1881, in: A. BEBEL, Reden und Schriften, Bd. 2/I, 1978, S. 122–132.
55 A. BEBEL, Leben, 1961, S. 753.
56 Dönhoff, 4.6.1881, PAAAB, Sachsen 48, Bd. 5.

Strachey fing den wahren Tenor von Nostitz' Bemerkungen in seinem Berichtsentwurf ein, mäßigte dann aber Nostitz' Sprache in der Reinschrift, die nach London ging. Puttkamers Aussage im Reichstag, so Nostitz gegenüber Strachey, sei »für ihn ebenso ~~verwunderlich~~ überraschend wie für die Öffentlichkeit« gewesen.[57] Er fuhr fort:

> Wenn die preußische Regierung [...] von der Gefahr wüsste, die sich in Leipzig ausbrütete, sei sie besser informiert als er [Nostitz]: Bebel und neun oder zehn andere sozialistische Führer wohnten dort, und das alte, chronische Böse sei natürlich nicht ausgerottet, aber es ~~sei~~ geschähe nichts Neues und Akutes ~~geschehen~~. Diese Menschen müssten irgendwo leben, und sie würden dort, wo sie waren, keinen ~~besonderen~~ außergewöhnlichen Schaden anrichten, um die Feststellung zu rechtfertigen, dass ihre Anwesenheit ~~irgendeine tatsächliche~~ eine Gefahr bilde. Wäre dies der Fall, würde der »kleine« Belagerungszustand ein nutzloses Mittel darstellen. Er [Nostitz] sollte dann das Recht haben, Bebel und seinen Mitarbeitern zu befehlen, Leipzig zu verlassen, woraufhin sie anderswo hingehen würden. Insgesamt, so Herr von Nostitz, könnten wir unsere Sozialisten vorerst in Ruhe lassen. Aber das, so fügte er ~~unhöflich~~ sarkastisch hinzu, unterliege den überlegenen Leuchten, die sie in Berlin haben mögen.

Beließe man die Geschichte dabei, so hätte es den Anschein, als wäre Nostitz darauf bedacht und in der Lage gewesen, sich Preußen zu widersetzen. Aber Nostitz musste gute Miene zum bösen Spiel machen und Zeit gewinnen. Zu diesem Zweck bat er die Preußen im Mai und Anfang Juni 1881 wiederholt, ihm Informationen über die angebliche neue Bedrohung in Leipzig zu übermitteln. Madai hatte mittlerweile einen umfassenden Bericht verfasst, der im Detail die Unzulänglichkeiten der sächsischen Polizei, speziell in Leipzig, darstellte.[58] Auch gegen diese heftigen Angriffe behauptete sich Nostitz zur großen Bestürzung der Preußen. Die sächsische Regierung sei von »großer Ängstlichkeit« gelähmt, wie Dönhoff nach Berlin berichtete: »[D]enn wenn es ihr wirklich voller Ernst gewesen wäre, der Leipziger Sozialdemokratie energisch entgegenzutreten, so hätten sich Mittel und Wege finden lassen, mit Umgehung der als wenig findig bekannten Leipziger Polizeibehörde, sei es durch Beamte der Königlichen Polizei-Direktion in Dresden, sei es auf anderem vertraulichen Wege Informationen zu sammeln, welche ihr schon längst genügend Material zur Konstatierung der im Gesetze vorausgesetzten Gefahr für Leipzig geliefert hätten.« Auf ausdrückliche Nachfrage drehte und wand sich Nostitz ein weiteres Mal und behauptete, »daß die Amtsführung der Leipziger Polizeiverwaltung in Bezug auf Findigkeit, Energie und Eifer viel zu wünschen übrig

---

[57] Strachey, 9.4.1881, TNA, FO 215/34 (Entwurf), FO 68/165 (Endfassung), korrigierte Passagen sind durchgestrichen.
[58] »Die Verhältnisse der Sozialdemokratie im Königreich Sachsen« (Entwurf), mit Anschreiben, Madai an MdI Eulenburg, 18.5.1881, BLHAP, PP, Tit. 94, Nr. 12845.

lasse, daß daher die Regierung hinsichtlich der Beurteilung der Sachlage in Leipzig notwendigen Informationen sehr schlecht bedient werde«.[59]

Innerhalb zweier hektischer Wochen im Juni nahm der Schlussakt seinen Lauf. Am 23. Juni 1881 stimmte das sächsische Ministerium der Verhängung des kleinen Belagerungszustands über die Stadt und die Amtshauptmannschaft Leipzig zu; zwei Tage später tat dies auch der Bundesrat.[60] Das Gesetz wurde auf den 28. Juni datiert und trat am nächsten Tag in Kraft. Die ersten 33 Sozialdemokraten wurden am Vormittag des 2. Juli aus Leipzig verbannt; bis Jahresende folgten 42 weitere (siehe Abbildung 4.1).[61]

Nostitz' Kehrtwende verblüffte selbst den unerschütterlichen britischen Gesandten. Als er Anfang Juli 1881 mit Nostitz über das neue Gesetz sprach, berichtete Strachey: Wenngleich »ich ihn nicht an seine Worte drei Monate zuvor erinnerte, [...] teilte [er] mir aber mit, dass es in Leipzig in letzter Zeit einen großen Aufschwung der sozialdemokratischen Tätigkeit gegeben habe«. Strachey fand Nostitz' Behauptungen »sehr undurchsichtig«. Er erinnerte den sächsischen Minister daran, dass Bebel nach wie vor Dresden im Reichstag vertrete und merkte an, dass er das erste Opfer des neuen Gesetzes sein würde. Wie sollte Bebel leben, fragte Strachey, »wenn sein Drechslerbetrieb mit zwei Tagen Vorwarnung geschlossen würde«? Diesmal behandelte Nostitz die Sache als belanglos: Bebel könne leicht einen Strohmann für sein Geschäft finden.[62]

Landtagsschlachten

Da es sich beim Sozialistengesetz um Reichsgesetzgebung handelte, die (großteils) der demokratisierenden Wirkung des Reichstagswahlrechts entgegenwirken sollte, haben seine Auswirkungen auf die Landtagswahlen bisher wenig Beachtung gefunden. Bebel

---

59 Dönhoff an Bismarck, 25.5.1881, 8.6.1881, zitiert in: H. Thieme, Verhängung, 1963, S. 81, und H. Thümmler, Sozialistengesetz § 28, 1979, S. 76 f. Nostitz' Zögern sollte nicht überbewertet werden. Irgendwann im Juni berichtete Dönhoff, dass in Sachsen »die Geneigtheit vorwaltet, den *§ 28* in vollem Umfange für Leipzig und Umgegend in Kraft treten zu lassen, daß die Regierung sich jedoch bisher gescheut hat, hierin selbst die Initiative zu ergreifen«. Bericht (o. J.) zitiert in: H. Thümmler, Sozialistengesetz § 28, 1979, S. 77. Leipzigs KHM Otto zu Münster wurde Anfang Juni 1881 nach Berlin vorgeladen »behufs persönlicher Einvernahme mit der dortigen Polizeibehörde«; anscheinend traf er auch mit Puttkamer und Bismarck zusammen. Münster gelang es nicht, die Beziehungen zwischen dem preußischen MdI, dem sächsischen MdI und den Polizeibehörden in Leipzig, einschließlich des Kriminalpolizeikommissars Georg Paul, zu glätten. Vgl. Münsters Bericht, »Der Stand der sozialistischen Bewegung in Leipzig und Umgegend« (9.6.1881) (Abschrift), BAP, Rkz 646/6, Bd. 3, zudem SHStAD, MdI 10981. Wie Thümmler feststellt (S. 77), liest sich Münsters Bericht, als sei er von Bismarck diktiert worden: »Insbesondere seit der Verhängung des sogenannten kleinen Belagerungszustandes über Berlin und Hamburg kann Leipzig und Umgegend geradezu als Hochburg der Sozialdemokratie bezeichnet werden. Hier laufen alle Fäden der Partei zusammen, von hier aus werden die Sammlungen für die Ausgewiesenen geleitet, hier treffen die Vertreter der auswärtigen Sozialdemokratie zusammen, um sich Verhaltensmaßregeln und Rat zu holen.«
60 Relevante Berichte und Anträge in: GStAB, GsD, VI A 6.
61 Dönhoff (Abschrift), 12.7.1881, BLHAP, PP, Tit. 94, Nr. 12847; SHStAD, MdI 10981–10986. Unter den Ausgewiesenen waren zwei Polizeispitzel: der Schmiedemeister Carl Heinrich und der Kaufmann Siegmund Friedemann.
62 Strachey, 2.7.1881, TNA, FO 215/34 (Entwurf), FO 68/165 (Endfassung).

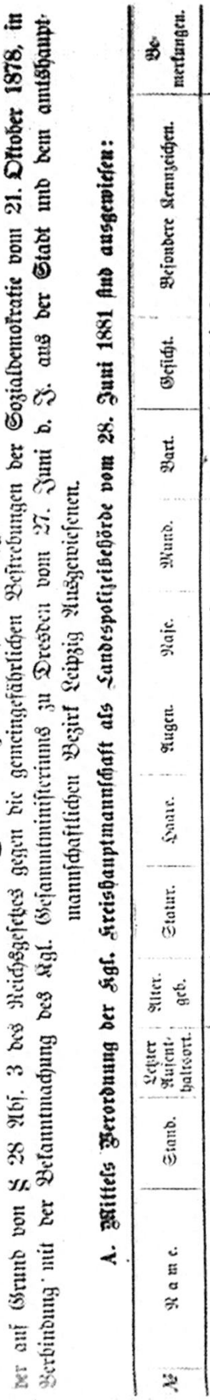

Abbildung 4.1: Verzeichnis der unter § 28 des Sozialistengesetzes aus Leipzig ausgewiesenen Sozialdemokraten. August Bebels Name findet sich in der ersten Zeile. Quelle: Kreishauptmannschaft Leipzig, »Verzeichnis aller aus der Stadt und dem Amtsbezirk Leipzig ausgewiesenen Personen, auf die der § 28 des Reichsgesetzes gegen die gemeingefährlichen Bestrebungen der Sozialdemokratie zutrifft.« Leipzig, 28. Juni 1881. Aus der Sammlung des Verfassers.

und andere sächsische Sozialdemokraten wussten, dass der Zeitpunkt der Verhängung des § 28 über Leipzig sorgfältig gewählt war, um ihre Partei in den zwei Wochen vor der sächsischen Landtagswahl vom 12. Juli 1881 zum Schweigen zu bringen. War das Gesetz wirklich effektiv, um die SPD kurz- oder langfristig zu behindern?[63] Betrachten wir zunächst die drei Landtagswahlen von 1877, 1879 und 1881 (siehe Tabelle 4.2) und dann die Wahlen in den Jahren 1883, 1885 und 1887 (siehe Tabelle 4.3). (Da nur ein Drittel der Landtagsmandate alle zwei Jahre neu vergeben wurde, lassen sich bei drei Teilwahlen alle 80 Landtagswahlkreise berücksichtigen.) Die ersten Wahlen fanden zu einer Zeit statt, als die antisozialistische Stimmung beträchtlich war. Die nächsten drei bewegten sich eher »in ausgefahrenen Gleisen« und brachten weniger Überraschungen.[64]

Einer der wichtigsten Trends bei diesen sechs Wahlen ist der deutliche Anstieg der Gesamtzahl der abgegebenen Stimmen. Dieser Zuwachs resultierte sowohl aus der steigenden Zahl der Wahlberechtigten als auch einer erhöhten Wahlbeteiligung. Bei den drei Wahlen von 1877 bis 1881 waren knapp 350 000 Sachsen wahlberechtigt, und nahezu 110 000 machten von diesem Privileg Gebrauch. In den darauffolgenden drei Wahlen von 1883 bis 1887 waren knapp 400 000 Wahlberechtigte zugelassen, von denen fast 160 000 einen Stimmzettel abgaben. Von 1877 bis 1887 stieg die Wahlbeteiligung also von 30 Prozent auf fast 45 Prozent.[65] Anfang der 1880er-Jahre hielten die Konservativen die Mehrheit (45) der Sitze im Landtag, die sie bis zum Ende des Jahrzehnts behaupten konnten. Der Durchbruch erfolgte 1881, als die Konservativen rund 57 Prozent der Stimmen gewannen (im Vergleich zu 42 Prozent im Jahr 1877). Zwischen 1877 und 1887 schrumpfte die nationalliberale Fraktion von 17 auf 12 Abgeordnete; auch die linksliberale Fortschrittsfraktion verkleinerte sich von 22 auf 13 Abgeordnete. Das sozialdemokratische Kontingent entwickelte sich in die entgegengesetzte Richtung. Nachdem sie 1877 ihr erstes Mandat gewonnen hatten, verfügten die sächsischen Sozialisten nach der Wahl im Jahr 1881 über vier und nach der Wahl im Jahr 1885 über fünf Landtagsmandate (siehe Tabelle 4.4).

---

63 Vgl. Materialien in SStAL, AHMSL 2586–2587; SHStAD, KHMSL 245–246; vgl. A. Bebel, Reden und Schriften, Bd. 2/I, 1978, S. 153–161. Eine umfassende Darstellung findet sich in: H. Thümmler, Sozialistengesetz § 28, 1979, S. 77–88.
64 W. Schröder, Wahlkämpfe, 1998, S. 53–56. Vgl. Karte S. 4.1, welche die in den ländlichen und städtischen Wahlkreisen siegreichen Parteien in den Landtagswahlen von 1877, 1879 und 1881 zeigt, sowie Karte S. 4.2 für die Wahlen von 1883, 1885 und 1887, beide im Online-Supplement.
65 SHStAD, MdI 5337, »Summarische Uebersicht […] 1875 bis auf 1885«.

Tabelle 4.2: Sächsische Landtagswahlen, 1877, 1879, 1881

Wahlkreistyp (Anzahl der umkämpften Wahlkreise)	Wahlberechtigte	Abgegebene Stimmen	Wahlbeteiligung (%)	Konservative Stimmen	(%)	Nationalliberale Stimmen	(%)	Linksliberale Stimmen	(%)	Sozialdemokraten Stimmen	(%)
19. September 1877											
Großstädtische (4)	25.066	8.255	32,9	1.426	17,3	3.524	42,7	1.357	16,4	1.918	23,2
Übrige städtische (7)	22.200	6.934	31,2	3.500	50,5	1.597	23,0	1.136	16,4	565	8,1
Ländliche (15)	65.647	19.037	29,0	9.460	49,7	3.274	17,2	4.125	21,7	1.595	8,4
Gesamt (26)	112.913	34.226	30,3	14.386	42,0	8.395	24,5	6.618	19,3	4.078	11,9
9. September 1879											
Großstädtische (4)	21.997	7.277	33,1	1.724	23,7	1.930	26,5	1.755	24,1	1.822	25,0
Übrige städtische (8)	25.477	9.282	36,4	2.760	29,7	4.358	47,0	1.364	14,7	716	7,7
Ländliche (15)	74.400	21.576	29,0	13.317	61,7	1.611	7,5	2.154	10,0	4.175	19,4
Gesamt (27)	121.874	38.135	31,3	17.801	46,7	7.899	20,7	5.273	13,8	6.713	17,6
12. Juli 1881											
Großstädtische (2)	13.613	4.369	32,1	841	19,2	1.085	24,8	1.583	36,2	828	19,0
Übrige städtische (10)	33.596	10.632	31,6	3.506	33,0	2.129	20,0	4.497	42,3	377	3,5
Ländliche (15)	67.967	21.845	32,1	16.736	76,6	1.423	6,5	2.217	10,1	1.267	5,8
Gesamt (27)	115.176	36.846	32,0	21.083	57,2	4.637	12,6	8.297	22,5	2.472	6,7
Gesamt 1877–1881 (80)	349.963	109.207	31,2	53.301	48,8	20.931	19,2	20.188	18,5	13.263	12,1

Anmerkungen: Linksliberale umfassen Fortschrittler und »Liberale«. Diese Tabelle zeigt nicht die für »zersplittert« abgegebenen oder ungültige Stimmen. Die Quellen stimmen hinsichtlich der (realistischen) Anzahl sozialdemokratischer Kandidaten im jeweiligen Wahljahr nicht überein; vgl. G. A. RITTER, Wahlen, 1997, S. 45; W. SCHRÖDER, Wahlkämpfe, 1998, S. 53. Einige Zahlen vom Verfasser berechnet. Diskrepanzen aufgrund von ungenauen Parteizuordnungen, Nachwahlen usw. wurden nach Möglichkeit in Einklang gebracht.
Quellen: ZSSL 51, H. 1 (1905), S. 2 f.; SHStAD, MdI 5333–5335.

Tabelle 4.3: Sächsische Landtagswahlen, 1883, 1885, 1887

Wahlkreistyp Anzahl der umkämpften Wahlkreise	Wahlberechtigte	Abgegebene Stimmen	Wahlbeteiligung (%)	Konservative Stimmen	(%)	Nationalliberale Stimmen	(%)	Linksliberale Stimmen	(%)	Sozialdemokraten Stimmen	(%)
11. September 1883											
Großstädtische (4)	28.231	11.367	40,3	1.435	12,6	1.358	11,9	3.593	31,6	4.383	38,6
Übrige städtische (7)	25.243	9.357	37,1	4.526	48,4	2.103	22,5	1.528	16,3	1.132	12,1
Ländliche (15)	68.587	24.213	35,3	16.183	66,8	-	-	6.105	25,2	1.750	7,2
Gesamt (26)	122.061	44.937	36,8	22.144	49,3	3.461	7,7	11.226	25,0	7.265	16,2
15. September 1885											
Großstädtische (4)	27.564	12.096	43,9	2.324	19,2	5.274	43,6	1.329	11,0	3.113	25,7
Übrige städtische (8)	28.988	11.973	41,3	2.220	18,5	6.252	52,2	2.108	17,6	1.249	10,4
Ländliche (15)	85.388	30.111	35,3	18.759	62,3	-	-	2.922	9,7	8.198	27,2
Gesamt (27)	141.940	54.180	38,2	23.303	43,0	11.526	21,3	6.359	11,7	12.560	23,2
18. Oktober 1887											
Großstädtische (2)	16.220	8.895	54,8	6.019	67,7	-	-	-	-	2.832	31,8
Übrige städtische (10)	41.772	20.781	49,7	6.055	29,1	1.456	7,0	9.366	45,1	3.756	18,1
Ländlich (15)	76.925	30.374	39,5	22.311	73,5	1.432	4,7	694	2,3	5.740	18,9
Gesamt (27)	134.917	60.050	44,5	34.385	57,3	2.888	4,8	10.060	16,8	12.328	20,5
Gesamt 1883–1887 (80)	398.918	159.167	39,9	79.832	50,2	17.875	11,2	27.645	17,4	26.638	16,7

Anmerkungen: Linksliberale umfassen Fortschrittler und »Liberale«. Diese Tabelle zeigt nicht die für »zersplittert« abgegebenen oder ungültige Stimmen. Die Quellen stimmen hinsichtlich der (realistischen) Anzahl sozialdemokratischer Kandidaten im jeweiligen Wahljahr nicht überein; vgl. G. A. Ritter, Wahlen, 1997, S. 45; W. Schröder, Wahlkämpfe, 1998, S. 53. Einige Zahlen vom Verfasser berechnet. Diskrepanzen aufgrund von ungenauen Parteizuordnungen, Nachwahlen usw. wurden nach Möglichkeit in Einklang gebracht.
Quellen: ZSSL 51, H. 1 (1905): 2 f.; SHStAD, MdI 5336–5338.

Tabelle 4.4: Sächsische Landtagsfraktionsmitglieder, 1869–1887

Wahljahr	Konservative	National-liberale	Liberale	Fortschrittler	Sozial-demokraten	Gesamt
1869	37	-	43	-	-	80
1871	35	-	45	-	-	80
1873	36	-	44	-	-	80
1875	35	18	4	23	-	80
1877	38	17	2	22	1	80
1879	38	19	1	19	3	80
1881	45	14	1	16	4	80
1883	47	11	1	17	4	80
1885	47	13	1	14	5	80
1887	47	12	3	13	5	80

Quellen: SHStAD, MdI 5329–5336; ZSSL 51, H. 1 (1905), S. 1–12; SParl.

Anhand der Wahlergebnisse lässt sich nachvollziehen, wie diese Veränderungen in den Fraktionsstärken zustande kamen. Bei den drei Wahlen von 1877 bis 1881 gewannen die Nationalliberalen 19 Prozent der Stimmen; sie schnitten in den ländlichen Wahlkreisen stets am schwächsten ab. Diese Schwäche wurde bei den drei Wahlen von 1883 bis 1887 noch deutlicher: 1887 fiel der Stimmenanteil der Nationalliberalen auf dem Lande auf unter 5 Prozent. Der Stimmenrückgang für die Linksliberalen war weniger stark: von 19 Prozent (1877) auf 17 Prozent (1887). Die Sozialdemokraten gewannen 12 Prozent der Stimmen in den ersten drei Wahlen und fast 17 Prozent in der zweiten Wahlserie. Zwischen 1877 und 1881 errangen sozialdemokratische Kandidaten mehr als die Hälfte ihrer Stimmen (53 Prozent) in ländlichen Wahlkreisen; in der zweiten Wahlserie erhielten sie 50 Prozent der ländlichen Stimmen. Die Attraktivität der Partei für ländliche Wähler widerspricht ihrem Image als vorwiegend städtische, industrielle und in der Arbeiterklasse verwurzelte Partei, lässt sich aber durch drei Faktoren erklären: Die ländlichen Gegenden Sachsens waren durchzogen von Kleinindustrie; viele Industriearbeiter lebten außerhalb der Großstädte; und die SPD wurde mit der Zeit zur bevorzugten Partei für Protestwähler, die nicht aus der Arbeiterklasse stammten. In den meisten von den Sozialdemokraten eroberten Landtagswahlkreisen lebten mehr als 40 Prozent der Bevölkerung von Bergbau, Industrie oder Baugewerbe; in vier dieser Wahlkreise waren mehr als 65 Prozent der Bevölkerung von den genannten Wirtschaftszweigen abhängig. Das Vordringen von Industrie, Handel und Dienstleistungen in Wahlkreise, die nach wie vor als »ländlich« eingestuft wurden, ermöglichte es der Partei, sowohl bei Landtags- als auch bei Reichstagswahlen erfolgreich zu sein und ihre besten Redner in den Dresdner Landtag zu entsenden (siehe Tabelle 4.5).

1887 verglich der britische Gesandte Strachey die Stimmen in 27 Wahlkreisen mit denen, die dort 1881 abgegeben worden waren. Er betonte die Breite und das Ausmaß des Erfolgs der SPD: Während die bürgerlichen Parteien in diesen sechs Jahren die Gesamtzahl ihrer Stimmen um etwa ein Drittel erhöht hatten, so war die Zahl der sozialistischen Stimmen nun »*fünfmal* größer« – eine »unheilvolle Steigerungsrate«.[66]

*

Wilhelm Liebknechts Wahl im 36. ländlichen Wahlkreis (Stollberg) im September 1877 bedeutete das Ende einer Blockade im Sächsischen Landtag, die in Preußen über die Jahrhundertwende hinaus Bestand hatte. Jedes Parlament verfügte über ein plutokratisches Wahlrecht, aber in Sachsen war es den Sozialdemokraten gelungen, den Ein-Taler-Zensus zu überwinden. Mit der sächsischen Einkommensteuerreform von 1874–79[67] erhöhte sich die Zahl der Wahlberechtigten und umfasste nun auch viele Arbeiter im Lugau-Oelsnitzer Kohlerevier, wo Liebknecht seine Anhänger fand. Der wirtschaftliche Abschwung ab 1873 trug ebenfalls zu Liebknechts Durchbruch bei. Die Amts- und Kreishauptmänner in Sachsen berichteten seit einiger Zeit über sinkende Löhne und Arbeitslosigkeit: In vielen Kleinstädten und Dörfern fänden sich nun Vagabunden und Bettler – und, so ihre Behauptung, auch Brandstifter.[68] Die Bergleute, die Liebknecht 1877 unterstützten, hätten sich selbst in wirtschaftlich guten Zeiten um die sozialistische Sache geschart. Doch nach Ansicht der Beamten hatten auch die »Ordnungsparteien« mit ihrer Apathie und ihrer Unfähigkeit, sich rechtzeitig auf einen einzigen Gegenkandidaten zu einigen, zu Liebknechts Sieg beigetragen.[69] Den sächsischen Behörden gelang es, die Wahl Liebknechts für ungültig zu erklären – er hatte die sächsische Staatsbürgerschaft noch nicht die erforderlichen drei Jahre besessen –, doch ihr Triumph war von kurzer Dauer. Noch vor Jahresende gewann der Rechtsanwalt Otto Freytag eine Nachwahl und zog als erster Sozialdemokrat in den Sächsischen Landtag ein.

Mit der Landtagswahl im September 1879 kamen zwei weitere SPD-Mandate hinzu. Aufgrund des Sozialistengesetzes blieb die sozialdemokratische Agitation bis zum letzten Moment im Untergrund.[70] Liebknecht wurde im 24. ländlichen Wahlkreis (Leipzig II) gewählt, der die Messestadt fast ringförmig umschloss; Freytag wurde wiedergewählt, und der Rechtsanwalt Ludwig Puttrich gewann einen außerhalb von Zwickau gelegenen Wahlkreis. Die Behörden waren sich bewusst, dass die in diesen Vororten lebenden Facharbeiter auch in Zukunft ein Reservoir an sozialdemokratischen Stimmen darstellen würden. Mit der vollständigen Einführung der sächsischen Einkommensteuer am

---

66   Strachey, 25.10.1887 (Hervorhebung im Original), TNA, FO 68/171.
67   Vgl. U. METZGER/J. WEINGARTEN, Einkommensteuer, 1989, S. 42–48. So hatten z. B. Bergleute, die ein eigenes Haus besaßen, automatisch das Wahlrecht.
68   SHStAD, KHMSD 107–108; vgl. ZSSB 29, H. 3–4 (1883), S. 196–202.
69   SHStAD, MdI 5333; vgl. W. SCHRÖDER, Wahlkämpfe, 1998, S. 54, für die Gesamtanzahl der Stimmen, die diese Uneinigkeit dokumentierten.
70   Biegeleben, 13.9.1879, HHStAW, PAV/42.

Tabelle 4.5: Sozialdemokratische Abgeordnete im Sächsischen Landtag, 1877–1887

Wahlkreis (Nr. und Name)	Abgeordnetenname	Anteil der Bevölkerung beschäftigt in			Wahljahr					
		Landwirtschaft (%)	Industrie (%)	Handel (%)	Dienstleistungen (%)	1877	1879	1881	1883	1885	1887
Großstädtisch											
2 Chemnitz	Georg von Vollmar	0,5	66,5	18,1	2,1	NL	NL	NL	SAPD	SAPD	SAPD
4 Dresden	August Kaden	1,1	37,1	20,1	11,8	Kons.	Kons.	Kons.	Kons.	SAPD	SAPD
Ländlich											
23. Leipzig I	August Bebel	7,6	42,4	17,8	24,8	Fortschr.	Fortschr.	SAPD	SAPD	SAPD	SAPD
24. Leipzig II	Wilhelm Liebknecht	9,5	40,9	13,5	29,3	Fortschr.	SAPD	SAPD	SAPD	NL	NL
30. Chemnitz	Friedrich Geyer	10,4	76,0	5,1	4,4	NL	Kons.	Kons.	Kons.	SAPD	SAPD
36. Stollberg	i) Liebknecht (für ungültig erklärt)	15,2	68,8	4,2	5,4	(SAPD)					
	ii) Otto Freytag (1877)					SAPD	SAPD	SAPD	Kons.	Kons.	Kons.
40. Zwickau	i) Ludwig Puttrich	12,1	73,6	5,4	5,1	Kons.	SAPD	SAPD	SAPD		
	ii) Wilhelm Stolle									SAPD	SAPD
Sozialdemokratische Landtagsfraktion						1	3	4	4	5	5

Anmerkungen: SAPD = Sozialistische Arbeiterpartei Deutschlands. Berufsprofile in den Wahlkreisen Stand 1871. Landwirtschaft umfasst Land- und Forstwirtschaft, Industrie umfasst Bergbau, Industrie und Bauwesen. Handel umfasst Handel und Verkehr. Andere Kategorien (z. B. Armee) wurden nicht miteinbezogen. Für 2 Chemnitz und 4 Dresden gelten Berufsprofile für die gesamte Stadt und wurden vom Verfasser berechnet aus SLTW, Tabelle 12.
Quellen: SParl, S. 199–211; SLTW, Tabellen 12, 20, 21, basierend auf V. Böhmert, Vertheilung, 1875, S. 39 ff.

1. Januar 1879 stiegen für viele Arbeiter (mit einem Jahreslohn zwischen 600 und 700 Mark) die staatlichen Steuern von 2,50 Mark auf 3 Mark (1 Taler) – exakt die Schwelle für die Wahlberechtigung.[71] Gustav Hübel, Zwickaus Kreishauptmann und einer der entschlossensten Feinde der Sozialdemokratie, klagte sechs Tage vor der Landtagswahl 1879: »Hier sind wir so ziemlich beim allgemeinen Stimmrechte angekommen.«[72] Der Leipziger Kreishauptmann Cäsar von Witzleben zeigte sich ebenso aufgebracht. Drei Wochen vor der Wahl berichtete er, dass die Sozialdemokraten zwar energisch, aber so unbemerkt wie möglich agierten: Die Partei werde einige ihrer Kandidaten wahrscheinlich erst am Morgen der Wahl bekannt geben.[73] Die antisozialistische Uneinigkeit frustrierte auch den Dresdner Kreishauptmann Kurt von Einsiedel. Er wusste, dass Liebknecht und Julius Vahlteich mit großer Wahrscheinlichkeit im 10. bzw. 16. ländlichen Wahlkreis kandidieren würden – in letzterem Wahlkreis hatte eine Hausdurchsuchung den »vollständigen Plan« für die Agitation der Sozialdemokraten zu Tage gefördert. Aber die »Ordnungsparteien« blieben selbstgefällig und uneinig: »Man unterschätzt den Socialismus oder will ihn nicht beachten.«

Nicht nur die ländlichen Wahlkreise waren bedroht. Die Sozialdemokratie zeigte sich sowohl in Dresden I und Dresden IV als auch im 6. städtischen Wahlkreis westlich der Hauptstadt »mächtig«. Kreishauptmann Einsiedel sagte voraus, dass wahrscheinlich auch einige dieser Bezirke fallen würden, wenn die sozialistische Agitation ausreichend finanziert wäre – »vielleicht aus London«. Einsiedel hatte Unrecht, was den 6. städtischen Wahlkreis anging, aber sein Pessimismus war typisch für diejenigen Wahlkreise, in denen es, wie in diesem Fall, zu einer Nachwahl außerhalb des normalen Parlamentswahlturnus kam. Die sächsischen Beamten befürchteten dann stets das Schlimmste, weil sich den Sozialisten eine unerwartete Gelegenheit bot, ihre Stärke zu zeigen. Ergab sich diese Gelegenheit, weil ein bürgerlicher Amtsinhaber freiwillig sein Mandat niedergelegt hatte, waren Wut und Frustration umso größer und führten oft zu offiziellen Schuldzuweisungen.

Zwei Wochen vor der Landtagswahl 1881 zeigte die Verhängung des kleinen Belagerungszustandes über Leipzig die erhoffte Wirkung. Der Leipziger Kreishauptmann Otto zu Münster merkte an, wie ruhig der Wahlkampf nach den ersten Ausweisungen verliefe. Münsters Kollege in Zwickau blieb jedoch in höchster Alarmbereitschaft: Die Sozialdemokraten würden ihre Propaganda zwar vor allem mit Blick auf die Reichstagswahlen im Herbst verteilen, könnten aber dennoch ihre disziplinierte Parteiorganisation für Landtagskampagnen mobilisieren. Preußische, bayerische und österreichische

---

71 ZSSB 40, H. 3-4 (1894), S. 201-231.
72 Zum Folgenden vgl. KHMS Zwickau (Hübel) an MdI, 28.8.1879, 3.9.1879; KHMS Leipzig (Witzleben), 19./29.8.1879; KHMS Dresden (Einsiedel), 13./27.8.1879 und »Zusammenstellung«, »Statistische Uebersicht […] 1879«, SHStAD, MdI 5334.
73 KHMS Leipzig (Witzleben) an MdI, 14.9.1879, SHStAD, MdI 5334; W. Schröder, Wahlkämpfe, 1998, S. 54.

Gesandte und sächsische Antisozialisten waren froh, dass die »gutsächsische« Konservative Partei sieben Mandate von den Liberalen übernahm und eine sichere Mehrheit erhielt. Die SPD-Fraktion hatte nur ein weiteres Mandat (das Bebels) dazugewonnen. Der bayerische Gesandte schrieb: »Die Socialdemokraten haben numerisch Nichts erobert, moralisch aber schwere Einbusse erlitten.«[74]

Doch es war keineswegs alles gut. Am Wahlabend bemerkte Innenminister Nostitz, dass das sozialistische »Wühlen« während des Wahlkampfes überall stark gewesen sei. Die »Ordnungsparteien« hätten »einen solchen Mangel an Einvernehmen« gezeigt, dass die gemäßigten Nationalliberalen es in einer Reihe von Wahlkreisen abgelehnt hätten, sich mit den Konservativen zusammenzuschließen. Schlimmer noch, die Konservativen hätten die Niederlage schier herausgefordert, indem sie mehrere Kandidaten nominiert hatten. Der preußische Gesandte Dönhoff war sich unsicher, ob Nostitz davon entnervt war oder ob ihm dies nun als Ansporn diente, den Kampf gegen die Sozialisten aufzunehmen. In jedem Fall sprach Dönhoff den »Ordnungsparteien« nur zweifelhaftes Lob aus, indem er bemerkte, »daß der konservative Hauch in Sachsen wenigstens nicht in Abnahme sei und der Liberalismus d. h. die nationalliberale- und Fortschritts-Partei an Kraft und Stärke nicht gewonnen habe«.[75] Der österreichische Gesandte schlug einen ähnlichen Ton an. Die sächsischen Minister hätten es nun sowohl mit Liebknecht als auch Bebel zu tun, denen es gelingen würde, »von der Tribüne des Landtages aus, ihre Hetzereien fortzusetzen«.[76]

Die Frage der antisozialistischen Einheit blieb bis zum Ende des Jahrzehnts und darüber hinaus ein beständiges Ärgernis. Die Nationalliberalen und Konservativen lagen oft im Clinch darüber, ob die »Ordnungsparteien« Koalitionspartner werden, auf lokaler Ebene Ad-hoc-Allianzen bilden oder sich zu einer einzigen Ordnungs*partei* zusammenschließen sollten (die von Schwarzmalern als »Ordnungsbrei« bezeichnet wurde).[77] Auch Bismarck und Nostitz waren sich nicht sicher. Während einige Sozialistengegner also optimistisch in die Zukunft blickten, machte sich bei anderen eher Besorgnis breit.

War das Glas also halb voll oder halb leer? Die Befunde können heute wie damals so oder so interpretiert werden. Die Optimisten fassten Mut, dass die »Ordnungsparteien« allmählich der Gefahr des »Umsturzes« mehr Aufmerksamkeit schenkten und Maßnahmen ergriffen, um sie zu unterdrücken; dass sie lernten, ihre Differenzen zu begraben, indem sie zeitweilige Bündnisse eingingen; und dass sie begannen, die ihnen zur Ver-

---

74 Dönhoff, 17.7.1881, PAAAB, Sachsen 48, Bd. 6. Vgl. Bericht vom 20.7.1881 zu Nostitz' Ansichten, unten; kommissarischer österr. Gesandter Sigismund von Rosty, 13.8.1881, HHStAW, PAV/43; Gasser, 16./17.7.1881, BHStAM II, MA 2850; vgl. A. BEBEL, Leben, 1961, S. 765 f.
75 Dönhoff, 17.7.1881, zuvor zitiert.
76 Rosty, 13.8.1881, HHStAW, PAV/43.
77 In den 1880er-Jahren attackierte Heinrich von Friesen-Rötha in seinen Beiträgen für das *Deutsche Adelsblatt*, dem Organ der Deutschen Adelsgenossenschaft, häufig Bismarcks Kartell, das er mit einer Nationalliberal-Freikonservativ-Deutschkonservativen »Mischmaschpartei« gleichsetzte. Vgl. J. RETALLACK, Notables, 1988, Kap. 4–5.

fügung stehenden wahltechnischen Kampfmittel einzusetzen oder neue zu schmieden. Doch in den überlieferten Quellen sind die Stimmen der Pessimisten zahlreicher und lauter. Manche, darunter auch Nostitz, waren zaghaft, verunsichert und inkonsequent. Andere, wie der preußische Innenminister Puttkamer, reagierten auf das Drohgespenst der Revolution mit Furcht und Abscheu: sie wollten der Sozialdemokratie mit aller Härte zu Leibe rücken und ihr den Garaus machen. Aber es gab auch noch andere plausible Gruppierungsmuster: Manche glaubten, dass ihre politische Welt blitzartig zusammenbrechen würde – sei es durch einen plötzlichen Schock fürs System, eine gravierende Fehleinschätzung oder einen isolierten Gewaltakt.[78] Andere sahen in der gleichen düsteren Zukunft den Endpunkt eines langsameren Prozesses: Die deutsche politische Kultur würde allmählich zerfressen von der »Fäulnis«, welche die Sozialdemokraten in sie eingeführt hätten.

Beide Arten von Angst spielten in der ersten Hälfte der 1890er-Jahre eine wichtige Rolle. In Sachsen, wo nach 1885 fünf Sozialisten im Landtag saßen, trat das letztere Szenario in den Vordergrund: Die Revolution würde nicht auf den Barrikaden, sondern an der Wahlurne ausgetragen.[79] Die Wirkungsmacht dieser Prognose sollte nicht unterschätzt werden: Sie konzentrierte den Geist aufs Wunderbarste. Oder wie formulierte es einst der amerikanische Journalist und Kulturkritiker James Wolcott? »Eine verlorene Wahl kann den gleichen Schock erzeugen wie der Moment, in dem sich die Falltür unter dem Galgen öffnet; sie kann eine dunkle Nacht über die Seele hereinbrechen lassen, in der die Zukunft auf allem lastet wie eine schwere Wolke, die niemals weiterzieht.«

Reichstagsschlachten

Bereits Monate vor den Reichstagswahlen im Oktober 1881 lieferte *Der Sozialdemokrat* den treuen Parteianhängern ihre Marschbefehle: »Wir haben zu beweisen, daß wir leben!«[80] August Bebel behauptete später, dass der Oktober 1881 das Scheitern, gar das Ende von Bismarcks Sozialistengesetz markierte. »Die moralische Wirkung auf die Partei war ungeheuer. [...] Von jetzt an ging es unaufhaltsam vorwärts.«[81] Der Parteihistoriker Franz Mehring stimmte zu: Das Gesetz sei nun »ein zerrissener Fetzen Papier«.[82] Wenn wir aber sechs Jahre vorspulen, sehen wir, wie Nationalliberale und Konservative ihren Sieg bei den »Kartell«-Wahlen vom Februar 1887 feiern. Ihr Triumph bei den Reichstagswahlen schien darauf hinzudeuten, dass der Antisozialismus eine glänzende

---

78   Vgl. z. B. Kriegsminister Fabrice, zitiert in: Dönhoff, 10.5.1882, PAAAB, Sachsen 48, Bd. 7.
79   L. Gall, Bismarck, Bd. 2, 1986, S. 171.
80   SD, 6./20.2.1881, zitiert in: H. Bartel, Sozialdemokrat, 1975, S. 131.
81   A. Bebel, Leben, 1961, S. 767.
82   Mehring zitiert in: F. Staude, Sie waren stärker, 1969, S. 95. Mehring fügte hinzu: »Es kamen noch schwere Tage, aber das Schwerste war überwunden.«

Zukunft hatte.[83] Diesen Ton schlug auch das *Leipziger Tageblatt* angesichts Bebels Niederlage an: »Hurrah! Einen so glänzenden, die Gegner niederschmetternden Sieg haben die reichstreuen Parteien in Leipzig noch niemals erfochten, seitdem wir wieder einen deutschen Reichstag haben.«[84]

Der Kontrast zwischen diesen beiden Einschätzungen – vonseiten der Sozialdemokraten auf der einen und der Antisozialisten auf der anderen Seite – ist eklatant. Wer von beiden hatte nun recht? Wie schon 1878 kämpften die Sozialistengegner bei den Reichstagswahlen auch im Oktober 1881 in acht von 23 sächsischen Wahlkreisen mit massiver Uneinigkeit. Drei Jahre später, 1884, zeigte sich diese mangelnde Einheit noch in sieben Wahlkreisen, von denen die Sozialdemokraten nur zwei gewannen. Bei den »Kartellwahlen« 1887 sank diese Zahl noch weiter: Mit Ausnahme zweier sächsischer Wahlkreise bildeten die Sozialistengegner eine einheitliche Front, und die Sozialdemokraten konnten bei der Wahl keinen einzigen Abgeordneten durchbringen. Bedenkt man jedoch, was bei dieser Wahl auf dem Spiel stand – bzw. was aus Sicht der Zeitgenossen auf dem Spiel stand –, lässt sich besser verstehen, wie die Sozialdemokraten und ihre Gegner den langsamen, wenn auch nicht ganz so stetigen Fortschritt der Demokratie beurteilten.

Den Hintergrund für den Reichstagswahlkampf 1881 bildete die dreijährige Zusammenarbeit zwischen der Reichsregierung und einem Reichstag, der nun bereit war, einen konservativen politischen Kurs einzuschlagen. In dieser Zeit hatte der Reichstag das Sozialistengesetz verabschiedet. Er hatte zudem Schutzzölle auf Agrar- und Industrieerzeugnisse eingeführt, die indirekten (Verbrauchs-)Steuern erhöht und mit dem Abbau des Kulturkampfes begonnen. Die Nationalliberale Partei, die ihren linken Flügel an die Sezession verloren hatte, war 1881 eher national als liberal. Die Deutschkonservative Partei hatte begonnen, die Freikonservativen an Größe und Einfluss in den Schatten zu stellen. Und das linksliberale Lager, jetzt unter Zugewinn der Sezessionisten, war in ihrem Widerstand gegen den Protektionismus und Bismarcks Versuche, die bürgerlichen Freiheiten einzuschränken, mutiger geworden. 1881 war es Bismarcks Ziel, die Feindseligkeit der deutschen Wähler gegen die Linke als Ganzes zu richten. Als dies nicht möglich war, riet er seinen Anhängern, sich zunächst auf die Linksliberalen und erst in zweiter Linie auf die Sozialdemokraten zu konzentrieren. Doch bei den »plebiszitären« Wahlen von 1881 erzielten die Linksliberalen einen ihrer größten Wahlsiege – in deutlichem Gegensatz zu den »Attentatswahlen« von 1878.

Bedeutete dies, dass die deutschen Wähler Bismarcks Politik ablehnten? Das letzte Wort ist hier noch nicht gesprochen, aber zwei Historiker haben mit Blick auf die möglichen Reichstagsmehrheiten angemerkt, dass Bismarcks Position gegenüber dem

---

83 Vgl. u. a. H. BLUM, Lugen unserer Sozialdemokratie, 1891, zu den Reichstagswahlkämpfen von 1887 und 1890.
84 LTBl (22.2.1887) zitiert in: H. SCHAAL, Methoden, 1965, S. 19–21.

Reichstag nach 1881 offen gesagt katastrophal war (siehe Tabelle 4.6).[85] Die konservativen Parteien hatten schlecht abgeschnitten; die Nationalliberalen hatten fast überall Stimmen an die Linksliberalen verloren; und die Sozialdemokraten waren nicht in die Unterwerfung gezwungen worden.[86] George Strachey meldete aus Dresden, die Sachsen hätten »ein Misstrauensvotum« gegen Bismarck abgegeben.[87]

Tabelle 4.6: Reichstagswahlen in Sachsen und im Reich, 1878 und 1881

	30. Juli 1878			27. Oktober 1881		
	Stimmen	Stimmen (%)	Mandate	Stimmen	Stimmen (%)	Mandate
Sachsen						
Deutschkonservative	55.309	16,2	5	75.523	24,3	5
Reichspartei	43.456	12,7	4	33.403	10,7	4
Nationalliberale	67.832	19,9	5	43.420	14,0	5
Liberale, Linksliberale	43.488	12,8	3	70.542	22,7	5
Sozialdemokraten	128.039	37,6	6	87.786	28,2	4
Gesamt	342.687		23	313.345		23
Wahlbeteiligung (%)	58,5			52,4		
Reich						
Deutschkonservative	749.494	13,0	59	830.807	16,3	50
Reichspartei	785.855	13,6	57	379.293	7,5	28
Nationalliberale	1.330.643	23,1	99	642.718	12,6	47
Liberale, Linksliberale	607.339	27,0	39	1.182.489	23,2	115
Sozialdemokraten	437.158	7,6	9	311.961	6,1	12
Gesamt	5.780.993		397	5.118.332		397
Wahlbeteiligung (%)	63,4			56,3		

Anmerkungen: Nur Hauptwahl. Insgesamt abgegebene Stimmen umfassen gültige und ungültige Wahlzettel. Gesamtzahlen der Reichsfraktionen umfassen Hospitanten und nicht zur Fraktion Gehörige. Das Zentrum, ethnische Minderheiten und weitere kleinere Gruppen sind zur besseren Übersichtlichkeit ausgelassen worden. Vgl. auch die von Valentin Schröder erstellten Tabellen: http://www.wahlen-in-deutschland.de/krtw.htm.
Quellen: SBDR, 4. LP, II. Session, Anlage 4; SBDR, 5. LP, I. Session, Anlage 64; Statistisches Jahrbuch für das deutsche Reich (1885), S. 148–150; ZSSL 54 (1908), S. 173; G. A. Ritter, Wahlgeschichtliches Arbeitsbuch, 1980, S. 39, 89.

---

85 M. L. Anderson/K. Barkin, Myth, 1982.
86 Vgl. Friedrich Engels an Johann Philipp Becker, 4.11.1881: »Unsre Leute in Deutschland haben sich bei den Wahlen famos bewährt [...]. Und das unter dem Druck des Ausnahmegesetzes und Belagerungszustandes, ohne Presse, ohne Versammlungen, ohne irgendwelche öffentlichen Agitationsmittel und mit der Gewissheit, daß dafür wieder an tausend Existenzen innerhalb der Partei geopfert werden. Es ist ganz famos, und der Eindruck in Europa [...] ganz enorm gewesen. Wieviel Sitze wir erhalten, ist Wurst. Immer genug, um das Nötige im Reichstag zu sagen.« K. Marx/F. Engels, Werke, Bd. 35, 1951, S. 235 f.
87 Strachey, 28.10.1881, 18.11.1881, TNA, FO 68/165. Vgl. Karte S. 4.5 (alle Wahlkreise) und Karte S. 4.6 (Hochburgen) für die Reichstagswahl 1881 in Sachsen im Online-Supplement.

Bei den Reichstagswahlen im Oktober 1884 konzentrierte die Reichsregierung ihre Angriffe erneut auf die Linksliberalen und Sozialdemokraten. Obwohl sich die Sezession und die Fortschrittler im Frühjahr 1884 in der neuen Deutschen Freisinnigen Partei zusammengeschlossen hatten, waren sie bei den Wahlen diesmal weniger erfolgreich.[88] Erneut nahm Bismarck die Linksliberalen als Reichsfeinde ins Visier. Dieser Vorwurf blieb insofern haften, weil die Nationalliberalen entschlossener in das regierungsfreundliche Lager gewechselt waren und die sozialistische Bedrohung etwas zurückgegangen war. Aber weder die deutsche Kolonialpolitik noch Bismarcks Sozialgesetzgebung[89] erwiesen sich als geeignete Themen, um die Wähler landesweit zu mobilisieren: Bismarcks Erwartung – »der Staatssozialismus paukt sich durch«[90] – war allzu optimistisch. Für die wichtigsten politischen Parteien ergaben sich 1884 keine dramatischen Veränderungen, was den Anteil an abgegebenen Stimmen oder gewonnenen Mandaten angeht (siehe Tabelle 4.7).[91] In den darauffolgenden drei Jahren scheiterte Bismarcks Vermögen, Mehrheiten für Regierungsvorlagen aufzubringen, oft an der Kooperation zwischen Zentrum und Linksliberalen, welche die Rechte der Bundesstaaten, ethnische Minderheiten oder bürgerliche Freiheiten verteidigten. Unterdessen setzten die Sozialdemokraten die Verbreitung ihrer Propaganda fort.[92]

Bei den Reichstagswahlen vom Februar 1887 wurde die Siegesformel von 1878 wieder zum Leben erweckt. Bismarck gelang es, die deutschen Parteien in zwei Gruppen aufzuspalten: in Befürworter und Gegner des Heeresgesetzes, über das der Reichstag im Januar 1887 unerwartet aufgelöst worden war. Die Aussicht auf einen Krieg mit Frankreich erhöhte die Bereitschaft des patriotischen Bürgertums, die von der Regierung bevorzugten Kandidaten zu unterstützen. Nach einer kurzen, aber intensiven Kampagne strömten die Wähler in Scharen in die Wahllokale. Die Wahlbeteiligung lag bei fast 78 Prozent – eine Steigerung um 17 Prozent gegenüber 1884 und ein Wert, der erst 1907 wieder erreicht wurde. Obwohl die Kartellparteien keinen intensiveren Wahlkampf betrieben als die Linksliberalen und Sozialisten, mobilisierten sie einen großen Prozentsatz der Wähler, die 1884 noch nicht wahlberechtigt gewesen waren oder sich der Stimme enthalten hatten.[93] Bismarck konnte (zum letzten Mal) den Gegensatz zwischen regierungsfreundlichen und regierungsfeindlichen Parteien in den Mittelpunkt rücken. Dieser Kunstgriff funktionierte auch in Sachsen, allerdings auf andere Art und Weise. 1887 hatte sich der Niedergang des sächsischen Linksliberalismus zu

---

88 Vgl. »Deutsche Freisinnige Partei, Gründungsprogramm (5. März 1884)«, DGDB Bd. 4, Abschnitt 7.
89 Vgl. W. Ayass/F. Tennstedt/H. Winter (Hrsg.), Grundfragen der Sozialpolitik, bes. S. XV–XXIV.
90 M. Busch, Tagebuchblätter, Bd. 3, 1892, S. 44 (Tagebucheintrag vom 26.6.1881).
91 Vgl. Karte S. 4.7 (alle Wahlkreise) und Karte S. 4.8 (Hochburgen) für die Reichstagswahl von 1884 in Sachsen im Online-Supplement. Für eine dreiteilige Darstellung der Reichstagswahl 1884 im gesamten Reich vgl. auch Karte S. 4.10.
92 Strachey, 31.10.1884, TNA, FO 68/168.
93 J. Sperber, Kaiser's Voters, 1997, S. 199 f.

einer verheerenden Niederlage ausgewachsen, »die von den Konservativen mit triumphierendem Kriegsgeheul gefeiert wurde«.⁹⁴ Dass sich das sächsische Kontingent in der SPD-Reichstagsfraktion von fünf auf null verkleinerte, veranlasste die Kartellparteien zu prahlen, ihr Königreich habe dem Rest des Kaiserreichs gezeigt, wie man der Verseuchung durch die Sozialdemokratie Herr werde. Das war dem britischen Gesandten Strachey zu viel. Der Jubel seitens der Kartellparteien, schrieb er, habe nun »jenes Höchstmaß an Heftigkeit gegenüber politischen Gegnern erreicht, jenen Eifer für das Herumtrampeln auf den Besiegten, das für das neue Deutschland so charakteristisch ist«.

Tabelle 4.7: Reichstagswahlen in Sachsen und im Reich, 1884 und 1887

	28. Oktober 1884			21. Februar 1887		
	Stimmen	Stimmen (%)	Mandate	Stimmen	Stimmen (%)	Mandate
Sachsen						
Deutschkonservative	82.353	22,7	8	124.586	24,0	8
Reichspartei	42.572	11,8	3	53.931	10,4	4
Nationalliberale	64.316	17,7	3	161.348	31,1	10
Linksliberale	44.246	12,2	4	29.873	5,7	1
Antisemiten	-	-	0	-	-	0
Sozialdemokraten	128.142	35,3	5	149.270	28,7	0
Gesamt	364.602		23	522.025		23
Wahlbeteiligung (%)	58,5			79,6		
Reich						
Deutschkonservative	861.063	15,2	78	1.147.200	15,2	80
Reichspartei	387.687	6,9	28	736.389	9,8	41
Nationalliberale	997.033	17,6	51	1.677.979	22,2	99
Linksliberale	1.092.895	19,3	74	1.061.922	12,9	32
Antisemiten	-	-	0	11.593	0,2	1
Sozialdemokraten	549.990	9,7	24	763.128	10,1	11
Gesamt	5.681.628		397	7.570.710		397
Wahlbeteiligung (%)	60,6			77,5		

Anmerkungen: Nur Hauptwahl. Insgesamt abgegebene Stimmen umfassen gültige und ungültige Wahlzettel. Gesamtzahlen der Reichsfraktionen umfassen Hospitanten und nicht zur Fraktion Gehörige. Das Zentrum, ethnische Minderheiten und weitere kleinere Gruppen sind zur besseren Übersichtlichkeit ausgelassen worden. Vgl. auch die von Valentin Schröder erstellten Tabellen: http://www.wahlen-in-deutschland.de/krtw.htm.
Quellen: SBDR, 6. LP, I. Sitzung, Anlage 158; SBDR, 7. LP, I. Sitzung (1887), Anlage 73; Statistisches Jahrbuch für das deutsche Reich (1885), S. 148–150; ZSSL 54 (1908), S. 173; G. A. Ritter, Wahlgeschichtliches Arbeitsbuch, 1980, S. 39 f., 89.

---

94 Strachey, 4.3.1887; TNA, FO 68/171, sowie für das folgende Zitat. Vgl. Karte S. 5.1 (alle Wahlkreise) und Karte S. 5.2 (Hochburgen) für die Reichstagswahl von 1887 in Sachsen im Online-Supplement.

In den Schützengräben

> Kürzlich tagte eine Konferenz unserer Genossen in [...] ein[em] herrliche[n] Fleckchen Erde unseres Sachsenlandes. Der ›Saal‹, in welchem wir tagten, war von wogenden Kornfeldern begrenzt, die Fenster gewährten die freieste Aussicht in ›Gottes freie Natur‹, die Wände waren mit Blätterwerk geschmückt und der Fußboden mit einem samtartigen, mit Kräutern und Blumen durchwirkten Teppich belegt. Da der Einberufer es unverantwortlicherweise, allerdings nur aus Vergeßlichkeit unterlassen hatte, die Polizei davon in Kenntnis zu setzen, mussten wir den Luxus eines oder mehrerer Türsteher entbehren.
> — *Der Sozialdemokrat*, Bericht über ein Geheimtreffen außerhalb Dresdens 1883[95]

> The workings of fear tend to be furtive.
> — Michael Tomansky, 2016

Artikel 17 des Reichstagswahlgesetzes von 1869 erlaubte es allen Deutschen, nach Bekanntgabe einer Wahl kreisweite Wahlausschüsse und Wahlvereine zu bilden. Zu Recht sprach eine Historikerin von der »unschätzbaren« Wirkung des § 17 auf die Freiheit der Deutschen, Wahlkampf zu betreiben. Mehr noch: »der größte Nutznießer [war] die Sozialdemokratie«.[96] Doch wie dieselbe Autorin zeigte, war der »Schutzschild der Immunität«, den dieses Gesetz für die Wahlkampftätigkeit vorsah, in den 1870er- und 1880er-Jahren noch Flickwerk. Das »Einhalten der Regeln« und das »verzauberte Intervall« der Wahlzeit – die etwa sechswöchige Spanne zwischen der offiziellen Ankündigung einer Parlamentswahl und dem Wahltag – erlaubten es den Gegnern des autoritären Staates, das Gesetz zu ihrem eigenen Vorteil zu nutzen. Nach und nach fanden Katholiken, Polen, Sozialdemokraten, Linksliberale und andere Oppositionelle Wege, Wahlen, bei denen es zu Unregelmäßigkeiten gekommen war, zu kippen. Anfangs zahlten die Betroffenen einen hohen Preis: Beschäftigungsverlust, Gefängnisaufenthalte und Demütigung. Doch gelang es ihnen, trotz dieser Schikanen Wahlen zu gewinnen. Das Zentrum und die Sozialdemokraten lernten, ihre eigenen Zwangsmethoden auszuüben,

---

95 SD, 12.7.1883, zitiert in: M. Schmidt, Organisationsformen, 1969, S. 380.
96 M. L. Anderson, Lehrjahre der Demokratie, 2009, S. 353–360, bes. S. 354; dies., Voter, 1993.

und dank ihrer Stärke im Reichstag vermochten sie sich, vor allem in den 1880er-Jahren, den Plänen Bismarcks an vielen Fronten zu widersetzen.

Mit Blick auf die lokalen Wahlkämpfe wird deutlich, wie langwierig und aufwändig es war, freie Wahlen nicht nur in der Theorie zu fordern, sondern auch in die Praxis umzusetzen. Ohne sich im Wirrwarr einzelner Wahlproteste zu verlieren, lassen sich drei allgemeine Aussagen treffen.

Erstens waren Landtagswahlkämpfe den antisozialistischen Launen der Amtshauptmänner, Kreishauptmänner und kommunalen Obrigkeiten stärker unterworfen als Reichstagswahlkämpfe, obwohl Proteste gegen Wahlverstöße auch in Landtagsdebatten erhoben und erörtert werden konnten. Sowohl bei Landtags- als auch bei Reichstagswahlkämpfen schwappten die Auseinandersetzungen von den Kneipen und Straßen in die Gemeinderatssäle, Gerichte und Nachrichtenräume über, wo darüber diskutiert wurde, was Wahlfairness bedeutete. Dies geschah aber immer im Kontext eines Rechtsstaates. Es sollte hierbei nicht vergessen werden, dass fair und unfair nicht identisch sind mit rechtmäßig und unrechtmäßig. Wenn Großindustrielle oder Großgrundbesitzer ihre Untergebenen für »falsche Stimmabgaben« bestraften, handelten sie mit Sicherheit unfair; aber sie handelten nicht unrechtmäßig, solange nicht nachgewiesen werden konnte, dass sie das Wahlgeheimnis verletzt oder die Auszählung manipuliert hatten. Auch Priester und Sozialisten handelten »unfair«, aber nicht unrechtmäßig, wenn sie übermäßigen Einfluss auf Wähler ausübten, die ihrem Urteil kritiklos vertrauten. Aber auch der umgekehrte Fall stellte die Zeitgenossen vor ein Dilemma. Wenn die Regierung »Einfluss« ausübte – wenn beispielsweise ein Kreishauptmann seinen Namen einem Wahlflugblatt beifügte, das einen konservativen Kandidaten unterstützte –, so war dies in der Tat illegal; es mochte aber durchaus »fair« sein. Wie einige der folgenden Beispiele zeigen, glaubten die Staatsminister in Sachsen (und im Reich), dass es nicht nur ihr Recht, sondern auch ihre Pflicht sei, der Wählerschaft mitzuteilen, für welche Kandidaten sie den Wahlsieg erhofften. Diese Auffassung von Wahlpolitik ist weit entfernt vom heutigen System in den meisten parlamentarischen Demokratien, wo der öffentliche Dienst in der Regel ein gewisses Maß an Unabhängigkeit von den gewählten Amtsträgern wahrt; damals jedoch beeinflusste sie die Art und Weise, wie man Freiheit und Gerechtigkeit einerseits und Unterdrückung und Zwang andererseits definierte.

Zweitens gab es viele Grauzonen, in denen sich Wahlkämpfe und andere antisozialistische Aktivitäten überschnitten, zum Beispiel in der Armee und in Kriegervereinen, in Stadtverordnetenkollegien, in Gewerkschaften und Kulturverbänden oder in der Streik- und Boykottwelle nach 1886. Auch hier warfen unterschiedliche Auffassungen von Wahlfairness heikle Fragen auf. Sollten Soldaten und Beamte gezwungen werden, den Staat, dem sie dienten, auch mit ihrer Wahlstimme zu unterstützen? Sollte es ihnen erlaubt sein, für »staatlich unterstützte« Kandidaten Wahlkampf zu betreiben oder die Entscheidung der Wähler auf andere Weise zu beeinflussen? Wie konnte man den sozialdemokratischen Boykotten von Gastwirten und Kaufleuten, deren Überleben von der

Arbeiterklasse abhing, am besten entgegnen? Auch hier finden sich gute Gründe, nicht zu kategorisch zwischen »Wahlkampfzeiten«, die alles andere als »verzaubert« waren, und anderen Zeitabschnitten zu unterscheiden.

Drittens und letztens geht es um das Wechselspiel von schmutzigen Tricks auf der höchsten und untersten Ebene der Politik. Dies wurde besonders deutlich, als Sachsen nach 1881 durch eine »Epidemie« von Wahlprotesten ins nationale Rampenlicht rückte und Bismarck ab 1886 nach Wegen suchte, die Macht des Reichstags zu begrenzen. Die Einschätzung, ob sächsische Beamte unbarmherzig oder unfähig waren, ist weniger wichtig als die Beobachtung, wie die Feinde der Demokratie auf Enthüllungen von Wahlmissbrauch *reagierten*. Darüber hinaus müssen wir Sachsens antisozialistische Taktiken im Kontext von Bismarcks übergreifender Strategie betrachten, die Auswirkungen des allgemeinen Wahlrechts zu kompensieren. Die sächsischen Minister verfolgten auf regionaler Ebene eine facettenreiche und wandelbare Politik. Aber auch die einzelnen Stränge von Bismarcks Politik lassen sich nicht ohne Weiteres entwirren. Je nach Zeit und Ort verliefen diese Stränge parallel oder in getrennte Richtungen. Sowohl in Sachsen als auch im Reich waren die 1880er-Jahre repressiv und transformativ zugleich.

Die »Chemnitzer Leinen-Affäre«

Sie seien zusammengeschnürt gewesen »wie ein Bündel Zigarren« – so beschrieb Wilhelm Liebknecht die Behandlung, die den Landtagskandidaten Julius Vahlteich, Philipp Wiemer und achtzehn Mitgliedern ihres Wahlkomitees zuteil wurde, als ein übereifriger, aber personell unterbesetzter Polizeiinspektor sie am 6. September 1879 mit einer Wäscheleine lassoähnlich einfing und ins Gefängnis zerrte.[97] Die »Chemnitzer Leinen-Affäre« wurde im Winter 1879/80 zur Cause célèbre in der sächsischen Öffentlichkeit.[98] Die Opfer und Täter der Chemnitzer »Schmach« boten derart unterschiedliche Darstellungen des Geschehens, dass Dichtung und Wahrheit sich nicht trennen lassen: Sozialistische Entrüstung schürte parteiische Übertreibungen, und offizielle Verlegenheit mündete in hohler Apologetik.[99] Der Vorfall ist schnell erzählt, doch die Wellen, die er schlug, hatten weitreichende Auswirkungen. Vahlteich war der Erste, der dies zu spüren bekam, als er bei den Landtagswahlen am Dienstag, den 9. September 1879 – drei Tage nach seinem Abtransport ins Gefängnis – eine Niederlage erlitt. Der darauf folgende offizielle Protest war Gegenstand heftiger Diskussionen im Parlament und in

---

97 LTMitt 1879–80, II.K., Bd. 1, S. 177 (2.12.1879).
98 Vgl. R. STRAUSS/K. FINSTERBUSCH, Arbeiterbewegung, 1954, S. 45–48; SParl, S. 38 f.; W. SCHRÖDER, Wahlkämpfe, 1998, S. 54.
99 Dönhoff, 12.9.1879, 3.12.1879, 3.3.1880, PAAAB, Sachsen 48, Bd. 1–3; Franckenstein, 6.12.1879, HHStAW, PAV/42.

der sächsischen Presse. Polizeidirektoren und Staatsminister versuchten sich in Schadenskontrolle – allerdings mit wenig Erfolg, als sich herausstellte, dass es sich bei dem Zigarrenbündelvorfall nicht um die einzige Demütigung handelte, die Vahlteich und seinem Komitee zuteil geworden war.

Der Abend des 6. September 1879 hatte alles andere als harmlos begonnen. Als Vahlteich und sein Wahlausschuss in Geilhards Gaststätte in Chemnitz zusammenkamen, war die Stimmung bereits sehr angespannt. Die lokalen Behörden hatten eine Wahlkundgebung verboten und die Sozialisten daran gehindert, ein Plakat herauszugeben, das um Wählerstimmen warb, ohne Vahlteichs Partei zu erwähnen. Beide Maßnahmen waren in Sachsen gemäß dem seit fast einem Jahr geltenden Sozialistengesetz gang und gäbe. Als der Wahltag näher rückte, beschlagnahmten die Gendarmen zudem sozialdemokratische Stimmzettel und verhafteten einigen Berichten zufolge Dutzende von Wahlzettelausträgern. Nachdem eine ihrer Kundgebungen von der Polizei aufgelöst worden war, versammelten sich Vahlteich und seine Ausschussmitglieder am Samstag, den 6. September, in einem Nebenzimmer von Geilhards Gaststätte. Obwohl sie auf Wahlflugblätter warteten, die in der Küche gedruckt wurden, ließen sie vorsichtshalber die Verbindungstür zum eigentlichen Gastraum offen. Plötzlich, gegen 21.30 Uhr, betrat Polizeiinspektor Carius brüsk das Lokal und erklärte, dass alle im Nebenraum Anwesenden verhaftet seien. Carius hatte nur vier Polizisten bei sich, und sie standen nun vor der Aufgabe, die zwanzig Sozialisten in die Gefängniszellen im Rathaus zu bringen, das sich in einiger Entfernung befand.

Als Carius und seine »Schützlinge« die Gaststätte verließen, hatte sich davor eine größere Zahl Arbeiter versammelt. Diese hatten absolut keine Lust, sich als Hilfssheriffs verdingen zu lassen. Da förderte jemand eine Wäscheleine zutage: »Nun mußte jeder [der Verhafteten] mit einer Hand die Leine anfassen, und die beiden Enden hielt Carius persönlich hinten wie einen Zügel in der Hand.«[100] So ließ er sie durch die Augustusburger Straße und die Hospitalgasse zur Kriminalabteilung im Rathaus an der Poststraße marschieren, wo sie kurz verhört und im Laufe der nächsten Stunden wieder freigelassen wurden. Vahlteich hielt man jedoch bis nach dem Wahltag fest. Schließlich wurden alle zwanzig Sozialisten wegen Verstoßes gegen das sächsische Vereinsgesetz angeklagt. Die Gerichtsverhandlung fand mit erheblicher Verspätung am 28. Juni 1880 statt. Der sozialistische Rechtsanwalt und Landtagsabgeordnete Otto Freytag vertrat die Angeklagten geschickt – so geschickt, dass eigentlich die sächsische Polizei vor Gericht stand. Erste Verurteilungen wurden gefällt, Vahlteich erhielt eine Geldstrafe von 50 Mark und einen Monat Gefängnis, aber schließlich wurden alle Urteile in der Berufung aufgehoben.

---

100 R. STRAUSS/K. FINSTERBUSCH, Arbeiterbewegung, 1954, S. 46.

Die Niederlage der Behörden schien komplett, doch damit war die Sache noch nicht zu Ende. In der Folge kam heraus, dass Polizeiinspektor Carius Polizeigelder veruntreut hatte. Angeblich hatte er die dramatische Aktion vom 6. September inszeniert, um die Anerkennung seiner Vorgesetzten zu gewinnen, in der Hoffnung, nach einer Beförderung ein neues Darlehen zur Tilgung seiner Schulden zu erhalten. Vielleicht hätte er sogar eine Belohnung vom Innenministerium in Dresden erhalten. Ein anderes Gerücht besagte, dass Carius Hinweise aus dem Innenministerium und der Staatsanwaltschaft bekommen habe, dass sich Sachsen eine »sozialistische« Wahl nicht leisten könne, wenn es dem Zorn Berlins entgehen wollte.[101] Jedenfalls nahm sich Carius ein paar Monate später das Leben.

Die Sozialdemokraten reichten beim Landtag einen Wahlprotest ein, der an einen parlamentarischen Ausschuss weitergeleitet und am 2. Dezember 1879 im Plenum diskutiert wurde.[102] Wilhelm Liebknecht und Otto Freytag plädierten energisch zugunsten ihrer Partei, und obwohl einige Liberale ihre Sympathie für den sozialistischen Protest zum Ausdruck brachten, versuchten sich die Redner der »Ordnungsparteien« mit spitzfindigen Antworten aus der Affäre zu ziehen.[103] Der Verdruss von Innenminister Nostitz war spürbar. Er gab zu, dass das Vorgehen der Chemnitzer Behörden »nicht ganz korrekt« gewesen sei. Noch mehr bedauerte er aber, dass die Polizeiaktion der SPD die perfekte Gelegenheit bot, »diese Situation für ihre eigenen parteiischen Zwecke zu nutzen«.[104] Drei Monate später war die »Chemnitzer Leinen-Affäre« noch immer nicht aus dem Blickfeld der Öffentlichkeit verschwunden.[105] Die »hervorragend günstigen Wirkungen des Sozialistengesetzes« würden, so Nostitz im März 1880, durch solche Polizeieinsätze gefährdet: Sie drohten, die Uhr zurückzudrehen in eine Zeit, in der die »systematische Verhöhnung der Religion, der Autorität, der Gesetzlichkeit, die Verletzung der Ehrfurcht vor dem Monarchen, die Verspottung und Verachtung jedes Gefühles von Rechtlichkeit, Ehrenhaftigkeit und Ehrlichkeit« durch die Sozialdemokraten ungestraft geblieben waren.

Trotz eindeutiger Beweise, dass hier Unrecht geschehen war, lehnten die Landtagsabgeordneten mit 45 zu 26 Stimmen den Protest der SPD ab und bestätigten die Wahl von Vahlteichs Gegner Karl Ruppert. Diese Entscheidung war Musik in den Ohren des preußischen Gesandten in Dresden. Seit dem vorangegangenen September hatte er zugeschaut, wie sich die sächsischen Behörden im Prüflicht der Öffentlichkeit drehten und wandten. Nun ging es endlich in die richtige Richtung. Die Landtagsabgeordneten hatten erkannt, dass sie, wenn sie Rupperts Wahl für ungültig erklärten, den Sozialisten

---

101 L. STERN, Kampf, Bd. 1, 1956, S. 126. Vgl. auch Chemnitzer Polizei-Direktor Karl Siebdrat an Chemnitzer OBM Wilhelm Andrä, 4.3.1880, SHStAD, MdI 5334, zitiert in: W. SCHRÖDER, Wahlkämpfe, 1998, S. 54.
102 SD, 1.12.1881, und andere Quellen in: W. SCHÜLLER, Kampf, Bd. 1, 1967, S. 91 ff., 100 ff.
103 LTMitt 1878/80, II.K., Bd. 1, S. 171–189 (2.12.1879) und Bd. 2, S. 925–951 (17.2.1880).
104 Vgl. Dönhoffs zwei Berichte, beide 3.12.1879, PAAAB, Sachsen 48, Bd. 2.
105 Zum Folgenden Dönhoff, 3.3.1880, zuvor zitiert.

eine zweite Chance geben würden, das Mandat zu gewinnen. Ihre Entscheidung wurde daher aufgefasst als »ein erfreuliches Symptom des Frontmachens aller Parteien gegen die Sozialisten«.

Dresden-Altstadt

Der Reichstagswahlkreis 5: Dresden-Altstadt hatte einen hohen Symbolwert für »Ordnungsparteien« und Sozialdemokraten gleichermaßen. Bis 1881 waren die beiden ihn umgebenden Wahlkreise (Sachsen 4 und 6) mehr als ein Jahrzehnt lang von hochrangigen Konservativen – Friedrich von Schwarze und Gustav Ackermann – vertreten worden. Ihre Wiederwahl 1881 war nicht ernsthaft gefährdet. Obwohl Bebel in insgesamt fünfunddreißig Wahlkreisen in ganz Deutschland nominiert war, widmete er fast seine gesamte Zeit und Energie dem Dresdner Wahlkampf. Die sächsischen Minister fürchteten Bebels aggressive Reden im Landtag so sehr, dass sie das Parlament während des Reichstagswahlkampfs vertagten. Lediglich die feierliche Eröffnung des Landtags fand wie gewohnt in der ersten Septemberwoche statt. Indem Bebel und Liebknecht vor der Vertagung noch schnell eine Interpellation über den kleinen Belagerungszustand einbrachten, hätten sie dem Procedere einen »taktlosen Misston« beigefügt.[106] Doch die Regierung parierte diesen Hieb und konterte mit der Senkung eines temporären Steuerzuschlags um 30 Prozent. Steuern, Zölle und wirtschaftliche Nöte waren wichtige Themen im Wahlkampf von 1881 – und ein weiterer Grund, den Landtag für einige Monate zu vertagen. (Er trat am 5. November, keine zehn Tage nach der Reichstagswahl, wieder zusammen.) Die konservativen *Dresdner Nachrichten* gaben offen zu, dass dieser Schachzug dazu gedacht war, jegliche sozialdemokratischen »Brandreden« im Landtag während der Reichstagskampagne zu verhindern.[107]

Uneinigkeit unter den bürgerlichen Parteien prägte auch den Reichstagswahlkampf von 1881.[108] Die Dresdner entwickelten binnen kürzester Zeit ein Gespür für die umkämpftesten Wahlen, und jeder hatte eine Meinung über die politischen Schwergewichte, die von den Parteien ins Rennen geschickt wurden.[109] Ein Beobachter schrieb: »Der Blick auf das Wahlfeld zeigt auch in Sachsen ein Chaos. Vor drei Jahren waren die

---

[106] Gasser, 28.9.1881, BHStAM II, MA 2850. Das Folgende basiert auch auf Gassers Berichten vom 24./30.10.1881, 8./11./28.11.1881, ebenda; LTMitt 1881/82, II.K., Bd. 1, S. 3 ff. (5.–6.9.1881).
[107] A. Bebel, Leben, 1961, S. 783.
[108] W. Schüller, Kampf, Bd. 1, 1967, S. 106 ff.; M. Schmidt, Organisationsformen, 1969; dies., Arbeiterorganisationen, 1981; dies., Arbeiterbewegung, 1988, S. 50–52; O. Kühn, Erinnerungen, [1921], S. 15–19; Dönhoff, 19./29.5.1881, 10.6.1881, PAAAB, Deutschland 102, Vol. 3; NAZ, 22.5.1881; BAP, Rkz 1811.
[109] Neben den bereits zuvor zitierten Werken basiert das Folgende auf Dönhoffs Berichten (oder denen seines Untergebenen, Graf von Waldenburg), 9./30.8.1881, 15./20./22./27.9.1881, 3./6./13./19./22./25./28.10.1881, 11./15./16./28.11.1881, 1./20.12.1881, und Pol.-Präs. Madai an pr. MdI Puttkamer, 10.11.1881 (Abschrift), PAAAB, Deutschland 102, Vol. 4–5; Berichte in SHStAD, KHMSD 1067–8; MdI 10998–10998a; MdI 5379–80;

staatserhaltenden, die Ordnungsparteien, weit einiger gegenüber der Sozialdemokratie; dieses Mal glauben sie an vielen Orten sich den Luxus gönnen zu können, untereinander sich zu befehden. In vielen Wahlkreisen präsentieren sich 3 bis 4 Bewerber, so auch in Dresden.«[110] Ein anderer Insider berichtete, »[d]ie Zersetzung der alten Parteien und die Bildung neuer Parteien sei inzwischen so weit gediehen, daß der sächsische Wähler von den Vertretern von nicht weniger als sieben verschiedenen politischen Programmen umworben wird«.[111] Während der preußische Gesandte Dönhoff im Urlaub war, erhielt Bismarck einen Wahlkampfbericht des Konservativen Gustav Ackermann, der sich fast ausschließlich auf den WK 5: Dresden-Altstadt konzentrierte. Ackermann erwartete, dass Bebel siegen würde. Die Fortschrittler und Antisemiten in Dresden weigerten sich, den konservativ-nationalliberalen Kompromisskandidaten zu unterstützen; sollte in einer Stichwahl der antisemitische Kandidat gegen Bebel antreten, vermochte Ackermann nicht im Entferntesten zu erraten, was die Nationalliberalen tun würden.[112]

Als Dönhoff aus dem Urlaub zurückkehrte, war er entsetzt über das, was er vorfand. Die sächsischen Sozialdemokraten hatten Kandidaten in Wahlkreisen nominiert, in denen sie noch nie zuvor kandidiert hatten. Nachdem man sie daran gehindert hatte, eigene Wahlversammlungen abzuhalten, hatten sie die ihrer Gegner massiv infiltriert. Sie hatten eine Kriegskasse aufgebaut, die angeblich 10 000 Mark aus Amerika enthielt.[113] Für drei Mark Tagesverdienst schmuggelten Frauen in Blechdosen, ähnlich denen, in denen Schweizer Kondensmilch versandt wurde, Wahlflugblätter nach Dresden. (Fünfzig der Frauen waren bereits von den örtlichen Behörden verhaftet worden.)[114] Sächsische Beamte nutzten alle ihnen zur Verfügung stehenden Maßnahmen, um die Sozialisten zu unterdrücken und zu schikanieren, aber die Sozialdemokraten reagierten mit Nacht-und-Nebel-Aktionen, die den besten Spionageromanen zur Ehre gereicht hätten. Dönhoff war zu Ohren gekommen, dass Frauen Grenzbeamte mit der Aussicht auf sexuelle Gefälligkeiten ablenkten, um die Wahlflugblätter der Sozialdemokraten nach Dresden zu schmuggeln, die dann von Parteikurieren verteilt, unter Türen durchgeschoben oder an Klingelzügen befestigt wurden.[115] Hier war Dönhoff wahrscheinlich einem Lügenmärchen aufgesessen: Sex für Schmuggelzwecke passt nicht zu dem, was wir über die SPD und ihren Ehrenkodex wissen. Doch benutzten sie mit Sicherheit allerlei andere Strategien, um sich gegen die Repressionen zur Wehr zu setzen.

MdAA 3295; A. BEBEL, Leben, 1961, S. 766–780; J. MARX, Reichstagswahl 1881, 1965; W. SCHÜLLER, Kampf, Bd. 1, 1967, S. 130–150; O. RICHTER, Geschichte, 1903–1904, S. 59 f.
110 Gasser, 24.10.1881, BHStAM II, MA 2850.
111 Strachey, 26.10.1881, TNA, 68/165.
112 Ackermann an pr. MdI Puttkamer, o. D. (Entwurf), beigefügt zu Puttkamer an Bismarck, 31.8.1881, BAP, Rkz 1811.
113 Eine sehr unwahrscheinliche Behauptung.
114 Vgl. Meeraner Stadtrat an KHMS Zwickau, 17.10.1881, SHStAD, KHMS Zwickau 2017.
115 SHStAD, MdI 10998a.

Zwei Jahre lang hatte die SPD ihre Untergrundorganisation ausgebaut und verfeinert, damit *Der Sozialdemokrat* aus Zürich über die deutsche Grenze geschmuggelt werden konnte. Auch in der Zeit zwischen den Wahlen gingen diese Aktivitäten unvermindert weiter.[116] 1888 wurden wöchentlich etwa 400 Exemplare an die Leser in Dresden verteilt, 290 gelangten nach Chemnitz und 800 nach Leipzig (siehe Karte 4.1).[117]

Während der Reichstagskampagne 1881 konzentrierten sich die sächsische Polizei und lokale Verwaltungsbeamte auf die Beschlagnahme von Bebels Wahlflugblättern und nach Möglichkeit auch der Druckerpressen, auf denen sie angefertigt wurden. Die Berliner Polizeispitzel in Sachsen konnten selbst keine Aktionen ausführen, doch ihre Berichte unterlaufen die eigennützigen Behauptungen der sächsischen Behörden, dass sie die Sozialisten zum Schweigen gebracht hätten. Obwohl Bebels Anhänger angeblich in den letzten zwei Wochen des Landtagswahlkampfes im Juli 1881 außer Gefecht gesetzt worden waren, berichtete ein preußischer Informant am Vorabend der Wahl über die folgende Geheimoperation:

> In dem Restaurations-Garten von Hildebrandt Plagwitzerstraße 14 waren die Sozialisten, welche das Flugblatt verbreiten, bestellt worden; es hatten sich ungefähr bis ½ 9 Uhr [abends] 40 Personen eingefunden; um 8 Uhr gingen 12 Mann mit 5 Packeten (2 500 Flugblätter) von da fort und ¼ Stunde später 7 Mann mit 4 Packeten (2 000 Expl.) welche zusammen das Südviertel zu besorgen hatten. Die Uebrigen vertheilten sich ins Westviertel. Ob nun noch Leute für den 1ten Wahlkreis zur Verfügung da gewesen sind, konnte ich nicht abwarten, da ich mich entfernen mußte, um nicht in Verdacht zu kommen, da inzwischen Criminalbeamte sich einfanden.[118]

Dönhoff berichtete über ähnliche Aktivitäten in den konservativen Hochburgen Großenhain und Meißen. Um eine Kundgebung abzuhalten, reisten Sozialisten mit dem Zug zu einem vorher vereinbarten Umsteigepunkt, erhielten Anweisungen, wohin es weitergehen sollte, und fuhren dann in kleinen Gruppen ins Grüne zum vorgesehenen Treffpunkt »unter freiem Himmel«. Gelangen diese Zusammenkünfte, stärkte das nur das Selbstvertrauen der Sozialdemokraten.

Dönhoff warf auch die Frage auf, ob der kleine Belagerungszustand nun nicht nur über Leipzig, sondern auch über Dresden verhängt werden sollte. Die Kosten-Nutzen-Analyse, die er Bismarck anbot, verdeutlichte die unterschiedlichen Ansichten der an der Entscheidung Beteiligten. Die »Ordnungsparteien« machten eine einfache Rech-

---

116 SD, 28.9.1879; E. ENGELBERG, Politik, 1959; H. BARTEL, Marx und Engels, 1961; DERS., Sozialdemokrat, 1975; V. LIDTKE, Outlawed Party, 1966, S. 89 ff.
117 Vgl. E. ENGELBERG, Politik, 1959, bes. Kap. 4; H. BARTEL/W. SCHRÖDER/G. SEEBER, Sozialistengesetz, 1980, S. 137.
118 Nicht unterschriebener Bericht (Leipzig) an Pol.-Präs. Madai (Berlin), 12.7.1881, BLHAP, PP, Tit. 94, Nr. 12845.

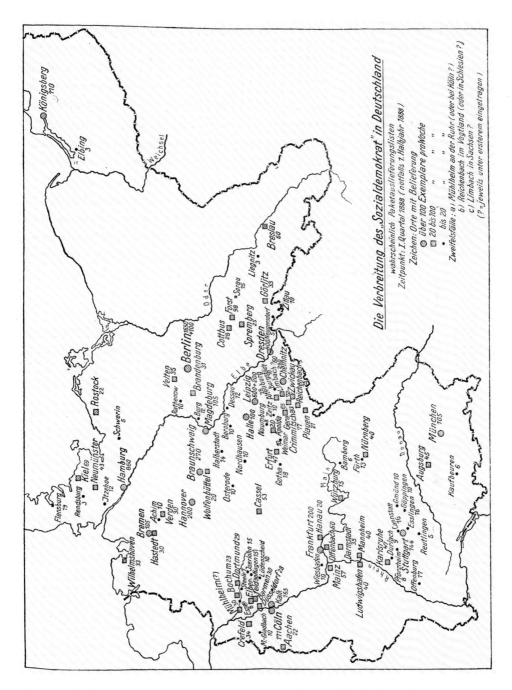

Karte 4.1: Die Verbreitung des *Sozialdemokrat* in Deutschland, 1888. Quelle: E. ENGELBERG, Revolutionäre Politik, 1959, nach S. 192.

nung auf: Jede Stimme, welche die Dresdner für Bebel abgäben, sei eine Stimme für die Aufnahme Dresdens in die Liste derjenigen Städte, über die der § 28 bereits verhängt worden sei. Die sächsischen Minister sahen dies anders. Obwohl Dresden zu einem Mekka für die aus Berlin, Hamburg und Leipzig ausgewiesenen Sozialisten geworden war, kamen die Minister zu dem Schluss, dass »es besser wäre, die Sozialistenführer hier, wo eine Königliche, gut organisirte Polizeibehörde in der Stadt, ein eingeschultes Landgendarmeriecorps in der Umgebung und schneidige Staatsanwälte die Ueberwachung führen, gewissermaßen in einem Treiben beisammen zu haben, als sie sich durch die Verhängung jener Ausnahmemaßregeln über das Land verbreiten und in den kleineren Orten einnisten zu lassen, wo jene Hilfsmittel oft nicht zur Hand sind resp. nicht zusammen wirken«.[119] Diese Schlussfolgerung wurde von Polizeipräsident Madai in Berlin unterstützt, allerdings aus anderen Gründen. Madai schrieb an den preußischen Innenminister Puttkamer, die Verhängung des kleinen Belagerungszustands über Dresden wäre wirkungslos. Artikel 28 sollte ausschließlich dazu dienen, besonders starke lokale Ableger der SPD zu zerstören. Doch eine solche Organisation gäbe es in Dresden nicht. Falls die sächsische Regierung den kleinen Belagerungszustand auf andere Teile ihres Königreichs auszudehnen beabsichtige, dann seien, so Madai, die Industriegebiete Chemnitz, Zwickau, Glauchau, Meerane und Crimmitschau besser oder zumindest ebenso gut geeignet wie Dresden.[120]

*

Als sich der Reichstagswahlkampf 1881 in Dresden-Altstadt seinem Höhepunkt näherte, ergingen sich der Preuße Dönhoff und der Sachse Nostitz abwechselnd in den schlimmsten Prognosen.[121] Allen Widrigkeiten zum Trotz und in letzter Minute war es Bebel gelungen, als Ersatz für ein von den Dresdner Behörden beschlagnahmtes Wahlkampfflugblatt ein neues drucken und verteilen zu lassen, doch waren davon etwa 30–40 000 Exemplare verloren gegangen.[122] Derartige Erfolge wurden von Dönhoff in anerkennendem Tonfall berichtet: »Die Regierung läßt es nach ihrer Ansicht aller Orten an Maßregeln zur Bekämpfung der sozialistischen Propaganda nicht fehlen. Die Wahlschriften werden, wenn sich hierzu der geringste Anhalt bietet, konfiszirt, Wahlversammlungen, die sozialistische Symptome zeigen, soviel als thunlich aufgelöst, der § 24

---

119 Dönhoff, 6.10.1881, PAAAB, Deutschland 102, Vol. 4.
120 Pol.-Präs. Madai an pr. MdI Puttkamer, 10.11.1881 (Entwurf), BLHAP, PP, Tit. 94, Nr. 12847, und PAAAB, Deutschland 102, Vol. 5 (Endfassung, Abschrift), zusammen mit einem Anschreiben von Puttkamer an Bismarck (»Sekret!«), 23.11.1881. Der vorangegangene Absatz speist sich zudem aus weiteren Briefwechseln, Wahlberichten und Flugblättern in BLHAP, PP, Tit. 94, Nr. 12847.
121 Planitz (Berlin) an sächs. MdAA, 5./6.11.1881, SHStAD, MdAA 1405; SHStAD, SKAD 4493.
122 O. KÜHN, Erinnerungen, [1921], S. 15–18; A. BEBEL, Leben, 1961, S. 768; J. MARX, Reichstagswahl 1881, 1965, S. 24–26.

des Sozialistengesetzes wird gegen Verbreiter von sozialistischen Wahlschriften fleißig angewandt, Sistirungen und Durchsuchungen finden statt [...]. Manchen guten Fang haben die Exekutivorgane hierbei gemacht, so sistirten sie u. a. kürzlich ein Individuum, welches den ganzen Wahlfeldzugsplan Liebknechts verrieth.«[123] Innenminister Nostitz seinerseits hoffte, dass die Fortschrittler im Falle einer Stichwahl zwischen einem Sozialisten und einem Konservativen für Letzteren stimmen würden.[124] Doch gleichzeitig gab sich Nostitz angesichts der »rücksichtlosen« Kampagne des Feindes seinem gewohnten Händeringen hin. Die sozialistische Propaganda schlüpfe der Regierung durch die Hände, Verhaftungen hätten keine große Wirkung, und die Sozialisten gewännen durch die Mobilisierung von Tabakarbeitern die Oberhand.[125]

Nostitz' charakteristische Mischung aus Wunschdenken und Pessimismus löste bei Bismarck und seinem Gesandten Dönhoff die gleichen Reaktionen aus wie im Frühling 1881, als der kleine Belagerungszustand für Leipzig geplant wurde. Bismarck ließ einen Zeitungsartikel unter der Rubrik »Sächsische Wahlaussichten« erstellen, um die Aussagen der sächsischen Parteien und ihrer Dresdner Kandidaten zu verdeutlichen.[126] Nachdem Dönhoff die Gründe der Sachsen angeführt hatte, den kleinen Belagerungszustand nicht über Dresden zu verhängen, wiederholte er Bismarcks Ansicht, wonach die sächsische Regierung die Verantwortung für die jetzigen Zustände trage:

> Wäre sie früher der sozialistischen Bewegung energischer entgegengetreten, hätte sie aus eigener Initiative die Ausnahmemaßregeln, die das Sozialistengesetz ihr an die Hand giebt, in Leipzig und anderen infizirten Orten längst kräftig gehandhabt, jene Partei würde sich nicht an den Gedanken gewöhnt haben, Sachsen für ihren Haupttummelplatz anzusehen [...]. Es ist wohl richtig, daß die Regierungsorgane jetzt überall energisch zugreifen, man hat aber das Uebel zu sehr heranreifen lassen, um es jetzt im Augenblick der Wahlen plötzlich durch strenge Maßregeln unschädlich machen zu können.[127]

In den sechsunddreißig Stunden vor Öffnung der Wahllokale am 27. Oktober 1881 spitzte sich das Wahldrama zu. In der Nacht vor der Wahl verteilte Bebel in der Weißen Gasse im Zigarrenladen von Max Kayser u. Co. vorgedruckte Stimmzettel. Sächsische Behörden fanden einen Vorwand, den Laden um 22.15 Uhr zu schließen. Aber am

---

123 Dönhoff, 6.10.1881, PAAAB, Deutschland 102, Vol. 4.
124 Dönhoff, 19.10.1881, ebenda.
125 Dönhoff, 13.10.1881, ebenda, und Gasser, 24.10.1881, BHStAM II, MA 2850. Vgl. SPD-Flugblätter in SHStAD, KHMSD 1068; Flugblatt »Gegen die zunehmende Macht des Großkapitals« (25.9.1881) in: A. Bebel, Reden und Schriften, Bd. 2/I, 1978, S. 162–169; Flugblätter für weitere Parteien in SLUB, H. Sax. G. 199, 24.
126 Marginalien an Dönhoff, 13.10.1881, PAAAB, Deutschland 102, Vol. 4.
127 Dönhoff, 6.10.1881, mit Bismarcks Marginalien, PAAAB, Deutschland 102, Vol. 4.

nächsten Morgen drängten sich dort die Unterstützer der Sozialisten, die gekommen waren, »um sich mit der Sonntagszigarre einen Stimmzettel zu holen«.[128]

Die Szene auf dem Dresdner Altmarkt am Abend des 27. Oktober 1881 wurde auf den ersten Seiten dieses Bandes beschrieben.[129] Zur Erinnerung: Bei dem Versuch, den Platz zu räumen, feuerte die Polizei Platzpatronen in die Menge und holte sich Hilfe durch eine nahegelegene Militäreinheit. Es gab zahlreiche Verletzte, und es kam zur Verhängung harter Haftstrafen. Diese Maßnahmen stellten weder den Dresdner Kreishauptmann noch den preußischen Gesandten zufrieden. Bei einer Besprechung am darauffolgenden Morgen einigte man sich auf den Bau einer neuen Kaserne in der Dresdner Altstadt: Sollte es in Zukunft erneut zu Ausschreitungen bei Wahlen kommen, könnten die auf der anderen Seite des Flusses stationierten Einheiten nicht schnell genug reagieren. »Die gestrige Ruhestörung hat indessen auch gezeigt, wie tief die Dresdner Bevölkerung, die sich sonst bei allen anderen Anlässen mit musterhafter Ruhe und Ordnungsliebe zu benehmen pflegt, von den Sozialisten aufgewühlt sein muß, um sich zu derartigen Unordnungen hinreißen zu lassen.«[130]

Als ihr Kandidat Stöcker im ersten Wahlgang der Reichstagswahl ausschied, stellten sich die örtlichen Antisemiten in der Stichwahl hinter den konservativ-nationalliberalen Kompromisskandidaten, den Dresdner Oberbürgermeister Paul Stübel, während sich die Fortschrittler nicht entscheiden konnten, ob sie sich bei der Stichwahl der Stimme enthalten sollten. Die Sozialisten nutzten ihre Chance. Obwohl die Polizeiüberwachung noch verschärft wurde, druckten sie vier weitere Wahlflugblätter und ein neu komponiertes »Stichwahl-Lied«.[131] Die Konservativen konterten mit Angstmacherei. Sie behaupteten, nach einem Sieg Bebels würde die Kundschaft der Handwerksbetriebe in andere deutsche Städte wie Stuttgart und Weimar abwandern. Ohne einen Hauch von Ironie formulierte es der Redakteur der *Dresdner Nachrichten* wie folgt: »In freier Wahl bestimmen die Bewohner der sächsischen Haupt- und Residenzstadt das Ansehen und die Bedeutung, welche Dresden im deutschen Vaterlande fürder genießen soll. [...] Eines steht fest: Bebel ist der einseitige Parteikandidat, Stübel der gemeinsame Volkskandidat!«[132]

Am 10. November 1881 verlief die Abstimmung reibungslos, und Bebel verlor die Stichwahl an Stübel. Weniger als eine Stunde nach Bekanntgabe des Ergebnisses war ein Telegramm von Stübels Wahlausschuss zu Bismarck in Berlin unterwegs: »Glänzender Sieg des Oberbürgermeisters Stübel über Bebel. Heil dem Kaiser, mit seinem großen

---

128 Polizei-Direktion Dresden an KHMS Dresden, 5.11.1881, SHStAD, KHMSD 1068. Vgl. auch J. MARX, Reichstagswahl 1881, 1965, passim.
129 Zu den Quellen zählt auch SHStAD, MdI 10998a.
130 Dönhoff, 28.10.1881, 1.12.1881, PAAAB, Deutschland 102, Vol. 4. Die Wahlergebnisse der Reichstagswahl von 1881 in 5: Dresden-Altstadt finden sich in Tabelle S. 4.5 im Online-Supplement.
131 J. MARX, Reichstagswahl 1881, 1965, Anhang 12.
132 DN, 9.11.1881; Gasser, 11.11.1881, BHStAM II, MA 2850.

Kanzler. Dresden. Das Wahlcomité.«[133] Eine Karikatur in einer bürgerlichen Zeitung zeigt die Freude der Dresdner Antisozialisten, als ihr Bürgermeister den Reichstag betritt und »Adieu August!« entbietet. Ein Stiefel mit der Aufschrift »10. November 1881« verbucht seinen Protest auf dem Rücken des sozialdemokratischen Anführers. Gebeugt und gedemütigt zieht Bebel mit einem Koffer mit der Aufschrift »Max Kayser & Co.«, im Hintergrund die Dresdner Stadtsilhouette, von dannen, um mit Zigarren hausieren zu gehen.[134] Die Dresdner Sozialisten hatten »alle ihre Reserven in's Gefecht geführt« und verloren. Nach Bebels Niederlage stand seine Partei ohne ihren besten Reichstagsredner da – zumindest vorübergehend.[135]

Prätorianer?

In der Reaktion der Behörden auf den Dresdner Tumult von 1881 spiegelte sich die Besorgnis darüber, ob die Armee als Instrument des autoritären Staates zuverlässig sei. War sie noch die Verteidigerin der bürgerlichen Werte und ein Bollwerk gegen die Sozialdemokratie?[136] Wir wissen zu wenig über die Rolle, die Mitglieder von Kriegervereinen in Wahlzeiten spielten, aber ihre zahlenmäßige Stärke ist nicht zu leugnen. Mitte der 1870er-Jahre waren in Sachsen fast 23 000 aktive Soldaten stationiert.[137] Zehn Jahre später hatte der Königlich Sächsische Militär-Vereins-Bund 954 Ortsverbände mit 102 633 Mitgliedern, deren Zahl bis 1890 auf rund 125 000 und bis 1913 auf 220 000 Mitglieder anstieg.[138]

Schon vor der Verabschiedung des Sozialistengesetzes 1878 war es Soldaten verboten, Dresdner Kneipen aufzusuchen, die von Sozialdemokraten frequentiert wurden. Im Winter 1878/79 wurden Kreishauptmänner in ganz Sachsen von den Innen- und Kriegsministerien unter Druck gesetzt, alle bekannten Sozialisten aus den Kriegervereinen auszuschließen bzw. diejenigen Vereine aufzulösen, die bereits hoffnungslos »infiziert« waren.[139] Diese Richtlinie wurde aufgrund ihrer Undurchführbarkeit weitgehend

---

133 BAP, Rkz 1812.
134 SLUB, H. Sax. G., 199, 24. Es ist unklar, ob diese nicht datierte Karikatur Bebels Niederlage vorwegnahm oder feierte.
135 Gasser, 11.11.1881, zuvor zitiert. Bebel zog im Juni 1883 als Vertreter Hamburgs wieder in den Reichstag ein.
136 W. Schüller, Kampf, Bd. 1, 1967, S. 112–124; M. Schmidt, Organisationsformen, 1969, S. 359 ff.; dies., Arbeiterbewegung, 1988, S. 63–65; Bebels Reichstagsrede (4.12.1888), A. Bebel, Reden und Schriften, Bd. 2/I, 1978, S. 508–515; W. Pöls, Sozialistenfrage, 1960, S. 57 f.
137 ZSSB 22, H. III/IV (1876), S. 317–319.
138 W. Schüller, Kampf, Bd. 1, 1967, S. 118; D. Fricke/W. Bramke, Kyffhäuser-Bund, in: Lexikon, Bd. 3, 1985, S. 333. T. Klein, Wahlprüfungen, 1997–98, S. 239, kalkuliert, dass in den späten 1880er-Jahren die Mitglieder der sächsischen Kriegervereine (112 840) an die 17 bis 18 Prozent aller sächsischen Wähler bei den Reichstagswahlen (640 000) ausgemacht haben könnten.
139 Direktive des MdI vom 24.12.1878 in: M. Schmidt, Organisationsformen, 1969, S. 360.

ignoriert.[140] Eine vom Amtshauptmann in Borna (südlich von Leipzig) erstellte Liste von Kriegerverbänden machte das Ausmaß des Problems deutlich. In seinem Zuständigkeitsbereich gab es 21 Kriegerverbände mit insgesamt 2 111 Mitgliedern. Diese Liste ergab, dass »beinahe in den sämmtlichen Militair- und Krieger-Vereinen sich eine mehr oder minder große Anzahl von Mitgliedern befindet, welche der socialdemocratischen Partei angehört oder wenigstens zu derselben anschließt«.[141] Noch besorgniserregender sei eine solche »Infiltration« in den sächsischen Großstädten, vor allem in Dresden.[142]

Nach Ansicht des sächsischen Kriegsministers Fabrice war der Einfluss der Sozialdemokraten umso gefährlicher, je unbemerkter sie in den Reihen der Armee agierten. Sie würden den Moment abwarten, bis »sie den geeigneten Augenblick zum revolutionären Massenlosbruch erspähten«. Auf Grundlage von Berichten aus Leipzig stellte Fabrice im September 1883 fest, dass die Sozialisten in der sächsischen Armee von ihren Parteiführern den Befehl erhalten hatten, während ihrer Dienstzeit Stillschweigen zu bewahren und jegliche öffentliche Zurschaustellung ihrer politischen Sympathien zu vermeiden. Die letzten Landtagswahlen, so Fabrice, hätten gezeigt, dass die Sozialisten sehr diszipliniert und bereit seien, vorerst auf offene Agitation zu verzichten. In seinen Augen bestand ein klarer Zusammenhang zwischen den Untergrundaktivitäten der Sozialisten während des Wahlkampfes und ihrer stillen Subversion in der Kaserne.[143]

Die Frage nach der Zuverlässigkeit der Armee war nicht minder akut, als 1887 die sächsischen Kriegervereine im Rahmen des Reichstagswahlkampfes zur Verabschiedung von Bismarcks Heeresgesetz mobilisiert wurden. Die konservativen Zeitungen und Kriegsminister Fabrice zeigten sich zufrieden, dass die Veteranen die Sicherheitsbedürfnisse Deutschlands verstanden hatten. Auch bei den anschließenden Landtagswahlen im Herbst hätten sie ihre Pflicht »als alte Soldaten« getan.[144] So hätten sie dabei geholfen, alle sozialistischen Kandidaten (mit Ausnahme von Bebel in Leipzig I) zu besiegen. Fabrice war sehr daran gelegen, dass sich die Werte der sächsischen Kriegerverbände quer durch alle Gesellschaftsschichten ausbreiteten, anstatt dass umgekehrt die oppositionelle Arbeiterklasse die Armeereihen infizierte. Deshalb lehnte er den Vorschlag einer konservativen Zeitung ab, wonach mehr *Offiziere* den Kriegervereinen beitreten sollten. In dem Fall, so Fabrice, würden sich die anderen Mitglieder »kommandiert« fühlen und vielleicht in die Arme der Opposition getrieben werden. Nach Fabrices Einschätzung könne man den Veteranen vertrauen, das Richtige zu tun, ohne die Einmischung hochrangiger Offiziere oder Staatsminister: »Die Mitglieder solcher Vereine rekrutirten sich aus dem Feldwebel-, Unteroffizier- und gemeinen Soldatenstande

---

140 Dönhoff, 2.4.1879; Nostitz an Dönhoff (Abschrift), 9.5.1879, und andere Materialien in: GStAB, GsD, IV A 43.
141 AHMS Borna an KHMS Leipzig, 7.2.1879, mit »Uebersicht [...] Januar 1879«, SHStAD, KHMSL 246.
142 M. Schmidt, Organisationsformen, 1969, S. 361.
143 Dönhoff, 27.9.1883, PAAAB, Sachsen 48, Bd. 9.
144 Dönhoff, 20.10.1887, PAAAB, Sachsen 60, Bd. 1.

und man könne von ihnen viel erreichen, wenn man sie bei der Ehre nähme.« Als Beispiel dafür, »wie willig die Leute folgten«, nannte der Kriegsminister den Besuch Kaiser Wilhelms I. in Dresden 1882. Als sich herausstellte, dass die Dresdner Garnison zum Manöver ausgerückt war und die notwendigen Sicherheitsmaßnahmen nicht unterstützen konnte, seien mehr als 3 000 Veteranen begeistert in die Bresche gesprungen und hätten während der feierlichen Ankunft des Kaisers und der Fackelprozession »die musterhafte Ordnung« aufrechterhalten.[145]

*

Ein zentrales Argument für die Verhängung des kleinen Belagerungszustandes über Leipzig war die Tatsache, dass schon vor 1881 in den umliegenden Arbeiterdörfern einige Sozialdemokraten in die Gemeindevertretungen gewählt worden waren.[146] Diese Klage war nicht so neu, wie Polizeipräsident Madai und andere vorgaben. Zwischen 1869 und 1875 waren Sozialdemokraten in den Ortschaften Pieschen, Plagwitz, Lindenau, Reudnitz und Stötteritz in die Gemeinderäte gewählt worden. 1876 zog der erste Sozialdemokrat in den Schönefelder Gemeinderat ein. Noch zwei Monate nach Verabschiedung des Sozialistengesetzes im Dezember 1878 wurde der Sozialist Oswald Stelzer in den Gemeinderat von Reudnitz gewählt, und auch in Gohlis, Connewitz und anderen Vororten verzeichneten die Sozialdemokraten entsprechende Wahlsiege.[147] Im selben Monat gründeten Bebel und die Leipziger Fortschrittler ein fünfzehnköpfiges Komitee, um die Opposition gegen die in Leipzig dominierenden Nationalliberalen zu organisieren. Dadurch kam es zur Ausdifferenzierung der kommunalen Parteienlandschaft.[148] Bei den in jenem Monat in Leipzig abgehaltenen Kommunalwahlen errang die nationalliberale Liste (Ratspartei) mit 2 580 Stimmen den Wahlsieg, der liberalere Städtische Verein gewann 1 389 Stimmen, der sozialistisch-linksliberale Bürgerausschuss 610 Stimmen und der Conservative Verein 440 Stimmen. Der Erfolg in Leipzig war von kurzer Dauer: 1879 verflog die Sympathie zwischen Sozialisten und Linksliberalen und der SPD-Parteitag in Kopenhagen verabschiedete 1883 eine Erklärung, die jegliche Kooperationen oder Bündnisse mit anderen Parteien untersagte. In seinen Überblicken über die sozialistische Bewegung vom Juni und Dezember 1880 bemerkte Polizeipräsident Madai jedoch, »daß der Mut der deutschen Sozialdemokratie noch immer ungebrochen«, eine erneute Zusammenarbeit zwischen Linksliberalen und Sozialisten

---

145 Dönhoff, 26.9.1887, PAAAB, Sachsen 48, Bd. 14.
146 Zur Manipulation von Wahlkreisgrenzen und anderen Praktiken zur Behinderung der Sozialdemokraten in Kommunal-, Landtags- und Reichstagswahlen in und um Leipzig, vgl. J. RETALLACK, Mapping the Red Threat, 2016. Dort finden sich auch Karten von Leipzigs Stadtteilen und Vororten.
147 M. RUDLOFF/T. ADAM, Leipzig, 1996, S. 48; T. ADAM, Arbeitermilieu, 1999, S. 285; LVZ, 22.12.1878, in: F. STAUDE, Sie waren stärker, 1969, S. 114.
148 Vgl. K. BIEDERMANN, Leben, Bd. 2, 1886, S. 336–340.

möglich und die Partei in den Leipziger Vororten stark sei.[149] Zu diesem Zeitpunkt saßen in der Region Leipzig insgesamt 76 Sozialdemokraten in 25 Gemeindeparlamenten.[150]

Auch anderswo waren die Sozialisten auf dem Vormarsch. In den 1870er-Jahren gewannen sie auch Wahlen zu den Gemeindevertretungen in Meerane, Hohenstein, Crimmitschau und anderen Städten in dieser stark industrialisierten Region. In Dresden war die Lage problematischer.[151] Dort stellten die Wahlen Ende 1879 den Höhepunkt der sozialistischen Hoffnungen dar. Die Sozialisten, die vor allem unter den Eisenbahnarbeitern und Kleingewerbetreibenden in Dresden-Neustadt Wahlkampf betrieben hatten, erlangten 1 100 Stimmen, ihre Gegner 1 200 Stimmen. Aber die »Ordnungsparteien« starteten umgehend eine Kampagne, um ihre Anhänger zu ermutigen, sich für das lokale Bürgerrecht zu bewerben, während sie die sozialistischen Arbeiter mit aller Kraft daran zu hindern versuchten. Das entscheidende Kriterium der »Selbstständigkeit« wurde von den Dresdner Stadtvätern so eng wie möglich definiert. Wenn beispielsweise der »unabhängige« Haushaltsvorstand sein Gehalt durch Lohnarbeit ergänzte, ein Zimmer in seiner Wohnung untervermietete oder Jahre zuvor wegen eines Bagatelldelikts verurteilt worden war, konnte ihm das kommunale Wahlrecht verweigert werden.[152] Diese Taktiken waren bei den Kommunalwahlen 1880 so erfolgreich, dass ein sozialistischer Sieg in Dresden vorerst als »ausgeschlossen« galt.[153] Im Dresdner Umland war die Lage weniger düster. Im Herbst 1880 konnten die Sozialdemokraten eine beträchtliche Anzahl von Gemeinderatsmandaten in Vororten gewinnen, in denen Handwerker und Fabrikarbeiter überwogen; in der südöstlich gelegenen Amtshauptmannschaft Pirna wurden Sozialisten in Polenz, Zaschendorf und Gersdorf gewählt; und auch in den Bergbaugemeinden im südwestlich gelegenen Bezirk Freiberg schnitten sie gut ab. Doch als ein Sozialist ein Mandat in Meißen gewann, weigerte sich der Amtshauptmann, die Wahl zu bestätigen.

In den 1880er-Jahren erkannten die »Ordnungsparteien«, dass ihnen die Kommunalpolitik eine einzigartige Gelegenheit bot, die Wahlspielregeln neu zu schreiben. Die Bürger der Leipziger Vororte Lindenau und Gohlis brachten den Stein ins Rollen, als sie eine Reihe von Petitionen für eine Reform des Kommunalwahlrechts in den Sächsischen Landtag einbrachten. Binnen kurzer Zeit schlossen sich ihnen Behörden und Gemeinderäte in anderen Ortschaften an. Es wurde behauptet, junge Erwachsene in ländlichen Gemeinden würden ihr Wahlrecht ausüben, um »Sonderinteressen« gegen

---

149 »Übersicht« (10.6.1880), in: D. Fricke/R. Knaack (Hrsg.), Dokumente, Bd. 1, 1983, S. 52, 74; »Uebersicht« (31.12.1880) (Abschrift), BAP, Rkz 646/6.
150 F. Staude, Sie waren stärker, 1969, S. 112–117.
151 Zum Folgenden W. Schüller, Kampf, Bd. 1, 1967, S. 74 ff.; M. Schmidt, Organisationsformen, 1969, S. 265–270, 348 f.; O. Kühn, Erinnerungen, [1921], S. 12. Zu Crimmitschau, E. Schaarschmidt, Geschichte, 1934, S. 108 ff.
152 P. Hirsch/H. Lindemann, Kommunale Wahlrecht, 1911, S. 34.
153 SD, 15.12.1881, zitiert in: W. Schüller, Kampf, Bd. 1, 1967, S. 76. Zu Dresden vgl. bayer. Gesandter in Sachsen Gideon Ritter von Rudhart, 29.11.1885, BHStAM II, MA 2854.

das Gemeinwohl voranzubringen. Die sächsische Regierung reagierte 1886 mit einem Gesetzesantrag im Landtag, der eine Anhebung des Wahlalters von 21 auf 25 Jahre und eine Erhöhung der Wohnsitzdauer von einem auf zwei Jahre vorsah. Gleichzeitig wurde ein umfassender Fragebogen für diejenigen eingeführt, die um das lokale Bürgerrecht ansuchten. August Bebel protestierte gegen diese Revisionen, doch die fünf Sozialdemokraten im Landtag konnten die Verabschiedung des Gesetzes am 24. April 1886 nicht verhindern. Die neuen Maßnahmen ergänzten die bestehenden Regelungen, die »Ansässigen« in den Kommunalparlamenten eine wesentlich stärkere Repräsentation gewährte als den »Unansässigen« ohne Haus- oder Landbesitz.[154] Die »Ordnungsparteien« hatten die wichtige Lektion gelernt, dass der Aufstieg der Sozialdemokratie auf diese Weise zumindest in kleinem Rahmen in Schach gehalten werden konnte. Zehn Jahre später wurde diese Strategie auf breiterer Front angewandt und mit einem neuen Etikett versehen: Wahlrechtsraub.

*

Zwischen 1886 und 1889 kam es in Sachsen, ebenso wie in Schlesien und im Rheinland, zu Streiks und Aussperrungen, von denen Hunderte von Arbeitgebern und Hunderttausende von Arbeitnehmern betroffen waren.[155] Die Sozialisten ergriffen bald Gegenmaßnahmen und boykottierten Kneipen, Läden und andere Geschäfte, deren Besitzer ihre Sache nicht unterstützten. Zu den Opfern dieser Maßnahme gehörten Arbeitgeber, die sozialdemokratische Arbeiter entlassen hatten bzw. nicht einstellen wollten oder sich gegen Lohnforderungen wehrten. In erster Linie aber wollte man Kneipenbesitzer und Hoteliers treffen, die den Sozialdemokraten keine Räumlichkeiten für Wahlversammlungen überließen. 1887 wurden in Dresden-Neustadt einige Gastwirte von Sozialdemokraten boykottiert, nachdem sie sich geweigert hatten, August Kaden und Max Kayser ihre Räume zur Verfügung zu stellen. »Wir hoffen«, schrieb ein Mitarbeiter des *Sächsischen Wochenblatts*, »daß die mit uns Gleichgesinnten es als ihrer Ehre zuwider ansehen, in solche Lokale ihr schwerverdientes Geld hineinzutragen. [...] Wer sich seine Gesinnung beschimpfen läßt, ist so gut wie in eigener Person beschimpft!«[156] Diese Taktik war so erfolgreich, dass einige Kneipenbesitzer die Regierung darum baten, vom Verbot der Saalvermietung an Sozialisten befreit zu werden. Anfang 1889 intensivierten die Sozialisten ihre Kampagne. Dresdner Arbeiter bildeten einen Sonderausschuss zur Sicherung von Besprechungsräumen für ihre Aktivitäten. Schließlich wurden die

---

154 P. Hirsch/H. Lindemann, Kommunale Wahlrecht, 1911, S. 30–37; E. Nitzsche, Gemeindepolitik, [1913], S. 56–62; E. Schaarschmidt, Geschichte, 1934, S. 68 f.; G. Häpe, Sachsen, 1905, S. 8–29.
155 Vgl. Rudhart, 22.4.1886, BHStAM II, MA 2855; vgl. F. Staude, Sie waren stärker, 1969, S. 140–145, 159–165; M. Schmidt, Organisationsformen, 1969, S. 381–386; weitere Materialien in: BLHAP, PP, Tit. 94, Nr. 12849.
156 SWbl, 30.7.1887, zitiert in: M. Schmidt, Organisationsformen, 1969, S. 154; zu dem Folgenden teilweise ebenda, S. 154–160, 397–399.

Boykotts auch auf Kneipen ausgedehnt, die sich weigerten, das sozialistische *Sächsische Wochenblatt* auszulegen. Vor den boykottierten Lokalen wurden SPD-Funktionäre postiert, deren Aufgabe es war, die Gäste zu kontrollieren und Anhänger zu rekrutieren.

Bis Ende 1889 hatten die Sozialdemokraten das Blatt gewendet. Der preußische Gesandte bezeichnete ihre Boykotts als Disziplinarmaßnahmen gegenüber der sächsischen Öffentlichkeit. Das *Sächsische Wochenblatt* listete 44 Kneipen, Gaststätten und Einzelhandelsgeschäfte auf, die »von dieser Maßregelung betroffen« waren.[157] Als die Reichstagswahlen im Februar 1890 näher rückten, äußerte sich das sächsische Bürgertum beunruhigt über diese »abnormen Zustände«.[158] Ebenso wie Bismarck. Er wollte wissen, ob auch gegen die Sozialisten in Berlin Strafen verhängt werden könnten, wo es ebenfalls immer öfter zu Boykotts kam.[159] Von seinen Ministerkollegen erhielt er jedoch enttäuschende Antworten: Es bestünde wenig Aussicht, dass die Parlamentarier ein neues Gesetz zur Bekämpfung dieser Bedrohung unterstützen würden. Auch den sächsischen Behörden gelänge es nicht, wirksame Gegenmaßnahmen zu entwickeln. Der Amtshauptmann in Dresden-Altstadt berichtete, dass ein Lokal nach dem anderen »erobert« würde.[160] Den Sozialdemokraten, die Wahlkampf für die Kommunal-, Landtags- und Reichstagswahlen betrieben, wurden nun wieder Versammlungssäle zur Verfügung gestellt. Das Ergebnis war »manche Sorge und Schwierigkeit« in Regierungskreisen: »Über den Ausfall [der Wahlen ist man] nicht mehr so optimistisch wie bis vor kurzem.« Liebknecht hatte sogar ein eigenes »Anfrage-Bureau« in Leipzig eingerichtet, um die Boykottkampagne zu koordinieren. »[D]ie Behörden sind«, wie ein Insider bemerkte, »solchen Schritten gegenüber machtlos.«[161]

---

[157] SWbl, 6.11.1879.
[158] R. Arsenschek, Kampf um die Wahlfreiheit, 2003, S. 321.
[159] Dönhoff, 9/19.11.1889 (Abschriften), mit Ausschnitten; Schwauß, Bekanntmachung, 15.11.1889; PrStMin Vota (1889); allesamt in: PAAAB, Europa Generalia Nr. 82, Nr. 1, Nr. 3.
[160] AHMS Dresden-Altstadt, 5.11.1889, SHStAD, MdI 10987; das SWbl, 22.2.1889, berichtete über eine »Kommission zur Wahrung der Interessen gegen Saalverweigerung«. Beide zitiert in: M. Schmidt, Organisationsformen, 1969, S. 155, 397–399.
[161] Bayer. Gesandter in Sachsen Friedrich Freiherr von Niethammer, 1.9.1889, BHStAM II, MA 2858.

»Gültig – ungültig«

> Im übrigen mögte man es vor Ironie halten wenn unsere Gegner von der Wahl her,
> thun als sei nichts unrechtes vorgefallen, war doch die *ganze Wahlbewegung* durch u.
> durch nichts als eine *Wahlbeeinflußung* gegen uns. [...] Dies nennt man eine
> ›freie directe Wahl‹!?!
> — Webermeister Carl Bohne an Wilhelm Liebknecht,
> über den Reichstagswahlkampf 1881[162]

> It's discouraging to think how many people are shocked by honesty and
> how few by deceit.
> — Noël Coward, Blithe Spirit, 1941

Im Februar 1883 berichtete der sächsische Gesandte in Preußen, Oswald von Nostitz-Wallwitz, seinem Bruder in Dresden, dass die Proteste im Reichstag zur Anfechtung der sächsischen Abgeordnetenwahlen »epidemisch« geworden seien.[163] Sachsen mache wegen seiner Rolle bei der Förderung bzw. Untergrabung fairer Wahlpraktiken von sich reden.[164] Eine 1892 veröffentlichte Studie verwies auf das Ausmaß des Problems: Von den 23 sächsischen Reichstagswahlkreisen waren zwischen 1871 und 1890 nur *vier* Wahlkreise nicht Gegenstand einer umstrittenen Wahl.[165] Bereits 1883 war die Lage aus zweierlei Gründen besorgniserregend. Zum einen warnte Nostitz aus Berlin, dass Sachsen nun ins Visier der Wahlprüfungskommission des Reichstags geraten sei. Dieser Abgeordnetenausschuss war mit der Aufgabe betraut, Beweise für Wahlmissbrauch zu sammeln und zu bewerten. Bis einschließlich 1882 hatte die Kommission in recht gemächlichem Tempo sieben Wahlen in Sachsen untersucht, bei denen es zu Protesten gekommen war. (Hellmut von Gerlach scherzte einmal, dass der Ausschuss

---

[162] Brief vom 3.5.1884, W. LIEBKNECHT, Briefwechsel mit Sozialdemokraten, Bd. 2, 1988, S. 665 f. (Hervorhebungen im Original), in Bezug auf WK 17: Glauchau-Meerane.
[163] Oswald von Nostitz-Wallwitz (Berlin) an Hermann von Nostitz-Wallwitz (Abschrift), 9.2.1883, SHStAD, MdI 5380, mit SD, 8.2.1883. Vgl. BAP, RAdI, Nrn. 14682-3. Um die Zahl der Wahlprüfungen in Sachsen und im Reich 1871–1912 zu vergleichen, vgl. Tabelle S. 4.4 im Online-Supplement.
[164] T. PRENGEL, Beiträge, 1892; G. LESER, Untersuchungen, 1908; Reichstags-Wahlrecht, 1903, Kap. 4–8; R. ARSENSCHEK, Kampf um die Wahlfreiheit, 2003; M. L. ANDERSON, Lehrjahre, 2009, bes. Kap. 2 und 8; T. KLEIN, Wahlprüfungen, 1997–98; DERS., Reichstagsgeschichte, 1997; DERS., Gültig, 2003.
[165] T. PRENGEL, Beiträge, 1892, S. 5, 9; vgl. T. KLEIN, Wahlprüfungen, 1997–98, S. 211.

»Wahlprüfungsverschleppungskommission« heißen sollte.) Das Schlaglicht, das diese Untersuchungen auf Sachsens Umsetzung des Sozialistengesetzes warfen, wurde immer mehr zu einer peinlichen Angelegenheit und politischen Hypothek. Zum anderen deutete Nostitz an, dass Sachsens antisozialistische Strategie am Scheideweg stehe. Die Umstände, unter denen dieses Labyrinth von Abstimmungsregeln angewandt werden konnte, hatten sich geändert. Der Kampf gegen den Sozialismus und die Demokratie hing zum Teil davon ab, wie diese Vorschriften bei künftigen Wahlen ausgelegt würden.

Schmutzige Tricks

Auch wenn sich die Frage der Wahlfairness in den Jahren zwischen 1882 und 1885 zuspitzte, so war dieses Thema nicht neu, sondern bereits lange vor diesem Zeitraum auf der Agenda gewesen. Daran erinnert uns auch eine Stellungnahme von August Bebel während einer Reichstagssitzung im Mai 1877. Bebels Bemerkungen bezogen sich auf einen Protest gegen die Wahl von Dr. Julius Pfeiffer, einem nationalliberalen Rittergutsbesitzer, der im Reichstagswahlkreis 1: Zittau einen Fortschrittskandidaten besiegt hatte. Es kam zu einer Wahluntersuchung, weil Bergleute und andere Arbeiter massiv eingeschüchtert worden waren. Aus zuverlässigen Beweisen ging hervor, dass einige Arbeitgeber ihre Arbeiter zum Wahllokal begleitet und ihnen die gedruckten Stimmzettel für Pfeiffer in die Hände gedrückt hatten. Zuvor waren die Arbeitnehmer aufgefordert worden, Erklärungen zu unterzeichnen, wonach sie beabsichtigten, für den nationalliberalen Kandidaten zu stimmen; im Falle einer Weigerung drohte man ihnen mit Entlassung. Die Wahlprüfungskommission beschloss, die Wahl von Pfeiffer nicht für ungültig zu erklären. Zu den Gründen, die sie für ihre Entscheidung nannte, gehörte der Grundsatz, dass die Beziehung zwischen Arbeitgebern und Arbeitnehmern auf freier Wahl beruhe: Die Arbeitnehmer könnten sich aus jeglichem Abhängigkeitsverhältnis befreien und ihren Arbeitsplatz aus freien Stücken verlassen. Von Reichstagswählern wurde erwartet, dass sie »selbstständige« Männer seien, die sich nicht von materiellen Erwägungen beeinflussen ließen. Bebel sagte dem Haus, dass durch diese Interpretation »die Wahlfreiheit der Arbeiter bei künftigen Wahlen vollständig in Frage« gestellt wird.[166]

Wie aber lässt sich das Ausmaß des Wahlmissbrauchs messen, auf das sowohl der sächsische Gesandte als auch Bebel hinwiesen? Zahlen sind nur bis zu einem gewissen Punkt aussagekräftig. Der Historiker Thomas Klein hat jeden einzelnen Wahlprotest überprüft, der zwischen 1871 und 1918 gegen einen sächsischen Reichstagsabgeordneten eingelegt wurde. In dreizehn Parlamentswahlen fanden 299 Einzelwahlen statt (Stich- und Nachwahlen nicht eingerechnet). In 61 Fällen kam es zu einem Wahlprotest,

---

[166] SBDR 1877 Anl 3/I A171; SBDR, Bd. 2, S. 985 f. (Bebel, 2.5.1877); G. Ritter, Wahlen und Wahlpolitik, 1997, S. 48 f.

dem vom Reichstag stattgegeben wurde, und in sechs Fällen wurde die Wahl kassiert. Der sächsische Gesandte hatte Recht, als er ab 1881 einen neuen Trend konstatierte. Während die Zahl der Wahlproteste reichsweit von 74 im Jahr 1878 auf 59 im Jahr 1881 sank, so stieg sie in Sachsen im gleichen Zeitraum von zwei auf sieben (und dann auf neun im Jahr 1884). Es wäre ein Leichtes, daraus abzuleiten, dass sich die sächsischen Behörden nicht in der Lage sahen, das Sozialistengesetz mit voller Härte durchzusetzen. In dieser Lesart zeigt die starke Zunahme der Proteste nach den Wahlen von 1881 und 1884, dass es immer schwieriger wurde, die freie Stimmabgabe zu behindern. Klein zeigt sich erstaunt, dass es so *wenige* Proteste gab. Aber seine Behauptung, dass es einen »›rechtlichen Krieg‹ der bürgerlichen Parteien gegen die Sozialdemokratie« gar nicht gegeben habe, geht zu weit. Wenn Sozialisten Wahlproteste einreichten, dann geschah dies laut Klein zu einem großen Teil aus »Larmoyance und Panikmache« bzw. als eine »Art Gesellschaftsspiel [...], bei [dem] man ›alle Puppen tanzen lassen‹ konnte«.[167] Die historische Beweislage legt eine andere Schlussfolgerung nahe.[168] Zu dieser kommt auch der Historiker, der mit den Aktivitäten der Wahlprüfungskommission am besten vertraut ist.[169] Robert Arsenschek sieht die Kommission keinesfalls als wesentliches Glied in der Kette, an der sich die Deutschen in Richtung freie und offene Wahlen herantasteten; vielmehr betont er die zahlreichen Kompromisse und Misserfolge der Kommission. Sie gab sich in den 1880er-Jahren sehr wachsam, aber allmählich verloren alle Parteien (mit Ausnahme der Sozialdemokraten) das Interesse an der energischen Verfolgung von Wahlprotesten. Nach 1900 wurden Gelegenheiten, die Befugnisse der Kommission oder des Reichstags auszudehnen, nicht genutzt. Spätestens bei den Wahlen 1907 und 1912 bestätigte die Kommission regelmäßig Wahlen, die sie in den 1880er-Jahren kassiert hätte.

Bei der Wahlaufsicht gingen Idealismus und Parteilichkeit eine unbehagliche Beziehung miteinander ein. Der Fall Sachsen ist ein gutes Beispiel dafür. In allen 16 Protesten gegen die sächsischen Reichstagswahlen 1881 und 1884 wird deutlich, dass Parlamentarier und sächsische Behörden versuchten, das Sozialistengesetz nicht nur mit dem Reichstagswahlgesetz, sondern auch mit dem sächsischen Vereins- und Versammlungsgesetz (1850) und dem sächsischen Strafgesetzbuch (1868) in Einklang zu bringen.[170] Zu den Hauptstreitpunkten gehörten die Verweigerung von Sitzungssälen und anderen Versammlungsräumlichkeiten für Sozialisten; das Verbot oder die Auflösung von SPD-Wahlversammlungen; die Beschlagnahme von Wahlbroschüren, Flugblättern,

---

[167] T. KLEIN, Reichstagsgeschichte, 1997, S. 593–595; DERS., Wahlprüfungen, 1997–98, S. 234.
[168] Vgl. u. a. Planitz (Berlin) an sächs. MdAA, 6.12.1881, SHStAD, MdAA 1405.
[169] R. ARSENSCHEK, Kampf um die Wahlfreiheit, 2003; vgl. andererseits M. L. ANDERSON, Lehrjahre der Demokratie, 2009.
[170] Vgl. Gesetz über das Vereins- und Versammlungsrecht für das Königreich Sachsen [...], 1850, und Das Revidierte Strafgesetzbuch für das Königreich Sachsen [...], 1868.

Plakaten und gedruckten Stimmzetteln[171]; die Verhaftung von Personen, die diese Drucksachen verteilten; die Ausweisung oder Inhaftierung von Sozialisten unter dem kleinen Belagerungszustand; die Manipulation von Wählerlisten, insbesondere der Ausschluss von Sozialhilfeempfängern; die Einschüchterung der Arbeiter durch ihre Arbeitgeber, ob Industrielle oder Gutsbesitzer; sowie die unzulässigen »offiziellen« Wahlkampfaufgaben, die von lokalen Behörden, einschließlich Amtshauptmännern, Stadtverordneten und Stadträten übernommen wurden.[172]

»Wo Rauch ist, da ist auch Feuer« – das war *nicht* die Prämisse, nach der die Wahlprüfungskommission arbeitete. Aber man sollte auch nicht vom Umkehrschluss ausgehen. Die Empörung der Sozialdemokraten über die Wahlschikanen, mit denen sie permanent konfrontiert waren, mündete nicht immer in einen offiziellen Protest. So wurde z. B. keine Beschwerde eingereicht, wenn ein Sozialist die Wahl gewann – selbst wenn die Regierung oder die bürgerlichen Parteien massive Einflussnahme betrieben hatten. Wie Paul Singer, späterer SPD-Vorsitzender und Mitglied der Wahlprüfungskommission, einmal sagte, entschied sich der beste Protest am Wahlabend selbst – mit einem sozialistischen Sieg. Außerdem wurden viele sozialistische Beschwerden wegen mangelnder Dokumentation vom Reichstag abgewiesen oder von der Kommission abgelehnt. In dem Fall saßen Kommunalbeamte, Amts- und Kreishauptmänner, die Polizei, Zeitungsredakteure und die Funktionäre der bürgerlichen Parteien am längeren Hebel: Sie besaßen die Bildung und die Ausbildung, die Zeit und die Möglichkeit, die notwendigen Unterlagen zur Verfügung zu stellen (oder herzustellen), um jeglichen Wahlmissbrauch abzustreiten. Nur langsam lernten die Sozialdemokraten, dass sie, sollten ihre Proteste Aussicht auf Erfolg haben, erdrückende Beweise vorlegen mussten.

Die Hürden, um eine Wahl für ungültig erklärt zu bekommen, wurden immer höher angesetzt. Der erste Schritt war eine Beschwerde bei den lokalen Behörden, in der ein konkretes Fehlverhalten konkreter Personen zu einer konkreten Zeit an einem konkreten Ort festgestellt wurde. In der Regel folgte als Nächstes eine Petition an den Reichstag, sie konnte aber auch an einen Stadtrat oder einen Innenminister adressiert werden. Wenn der Reichstag dazu geneigt war, konnte er eine Wahl »beanstanden«, was bedeutete, dass er bereit war, diese zu untersuchen. Das war der Zeitpunkt, an dem die Wahlprüfungskommission ihre Arbeit aufnahm. Über Landesbehörden wie das sächsische Innenministerium beauftragte sie lokale Behörden, mutmaßliche Missbräuche zu untersuchen und die entsprechenden Unterlagen zur Beratung nach Berlin zu übermitteln. Schließlich gab sie ihre Empfehlung ab und wartete, ob diese von der Reichstagsmehrheit angenommen oder abgelehnt wurde. Neben der Empfehlung, eine Wahl für gültig oder ungültig zu erklären, konnte die Kommission verlangen, dass einem Beamten für regelwidriges Verhalten eine Rüge erteilt würde. In vielen Fällen erwies sich die letzte

---

171 SHStAD, MdI 11017–8; L. STERN (Hrsg.), Kampf, 1956, bes. Bd. 1, S. 377 ff., Bd. 2, S. 587–642.
172 Vgl. z. B. Dönhoff, 20.3.1888, PAAAB, Europa Generalia Nr. 82, Nr. 1, Bd. 4.

Phase dieses zähen Verfahrens als sinnlos. Der gewählte Abgeordnete war womöglich in der Zwischenzeit verstorben oder aber er hatte sein Amt niedergelegt (insbesondere, wenn er ein peinliches Ergebnis erwartete); oder es blieb womöglich keine Zeit für eine Nachwahl vor der nächsten Parlamentswahl. Bis zu einem endgültigen Urteil hatte der Inhaber des angefochtenen Mandats weiter Stimmrecht. Die meisten Proteste, die sich aus den Parlamentswahlen vom 27. Oktober 1881 ergaben, wurden erst 1883 oder Mitte 1884 entschieden – d.h. kurz vor den nächsten allgemeinen Reichstagswahlen im Oktober 1884.

Übten sich auch die Sozialisten in Täuschung und Übertreibung? Natürlich, und zwar ungeniert. Diese Praxis zwang sogar wohlwollende Mitglieder der Wahlprüfungskommission zu einem vernünftigen Maß an Skepsis. Allerdings gewann die Kommission nie Zugang zu vertraulichen Dokumenten – Dekrete, Denkschriften und Lageberichte –, die unter lokalen Beamten, Polizisten, Staatsministern und ausländischen Gesandten kursierten und die zeigen, wie systematisch die sächsischen Behörden versuchten, die Sozialdemokraten im Wahlkampf zum Schweigen zu bringen. Diese Dokumente bestätigen, dass antisozialistische Repressionsmaßnahmen weit verbreitet waren und dass untere Beamte und Gendarmen keine ausdrücklichen Anweisungen aus Dresden brauchten, um derartige Maßnahmen zu initiieren oder gar zu radikalisieren.[173] Die von diesen lokalen Beamten etablierte Routine entwickelte ihre eigene Dynamik. Als Reaktion auf die öffentliche Empörung und auf Drängen aus Berlin versuchten die sächsischen Minister, übereifrige Beamte zu zügeln oder zu tadeln; ihre Bemühungen waren jedoch klar darauf ausgerichtet, Aufdeckungen und öffentliche Enthüllungen zu vermeiden und die Sozialisten nicht als legitime Mitspieler auf der Wahlbühne zu akzeptieren.[174]

*

Im Winter 1881/82 nahm der Druck auf die sächsische Regierung, sich an die Regeln zu halten, zu. Bebel und Liebknecht nutzten das Forum des Sächsischen Landtags, um gegen die Repressionen zu protestieren, die sie während des Landtagswahlkampfes im Juli 1879 und unter dem kleinen Belagerungszustand erlitten hatten. Bei diesen Protesten spielte die »Chemnitzer Leinen-Affäre« eine prominente Rolle. Innenminister Nostitz-Wallwitz verteidigte das Vorgehen seiner Regierung und erklärte unverblümt,

---

[173] Wie bei den in diesem Kapitel geschilderten Fällen des Chemnitzer Polizeiinspektors Carius und des Leipziger Polizeikommissars Georg Paul erhofften sich die unteren Verwaltungsbeamten manchmal Beförderungen, wenn sie ihre Pflicht mit besonderer Energie und Härte ausführten. Laut Bebel war Paul »ein Sozialistenverfolger aus Sport, der wusste, dass er damit in den Augen seiner Vorgesetzten viele seiner Sünden zudeckte [...]« (A. BEBEL, Leben, 1961, S. 787). Dieses Syndrom weist Ähnlichkeiten mit dem auf, was Ian Kershaw als »dem Führer zuarbeiten« beschrieb. Vgl. I. KERSHAW, Hitler, 2008; DERS, Working Towards the Führer, 1993, bes. S. 116–110.
[174] SHStAD, KHMSD 1061; R. ARSENSCHEK, Kampf um die Wahlfreiheit, 2003, S. 180 f.; BAP, RAdI 14450; SHStAD, MdI 5380-1 zum Folgenden.

dass keine Bestimmung des Reichstagswahlgesetzes die sächsischen Behörden daran hindere, sozialistische Versammlungen während des Wahlkampfes rundweg zu verbieten.[175] Die sieben Proteste, die nach den Reichstagswahlen im Oktober 1881 angestrengt wurden, brachten neue Missbräuche ans Licht. Selbst mit Blick auf eine nicht angefochtene Wahl – die Niederlage in WK 5: Dresden-Altstadt[176] – enthüllten Bebels Reden im Landtag den sächsischen Amtsmissbrauch und die Mentalität der involvierten Beamten. (Glauchaus Amtshauptmann schrieb beispielsweise im Oktober 1881, »dass ein nun einmal bestehendes Ausnahmegesetz nach seiner Absicht und Natur unmöglich mit Samthandschuhen angegriffen werden« könne.)[177] Ein weitaus größeres Publikum fand Bebels Reichstagspetition bezüglich der Ausweisungen unter dem kleinen Belagerungszustand.[178] War erst einmal die Wahlprüfungskommission eingeschaltet, so fanden die öffentlichen Aufrufe, Sachsen solle seine eigenwillige Auslegung der Reichstagswahlordnung unterbleiben lassen, ein nationales Echo.[179]

Betrachten wir beispielsweise die Antwort der Wahlprüfungskommission auf den Protest gegen die Wahl des nationalliberalen Fabrik- und Rittergutsbesitzers Friedrich Leuschner in WK 17: Glauchau-Meerane.[180] Es handelte sich dabei um den Protest, der die größten Auswirkungen auf Sachsen hatte. Er brachte all die schmutzigen Tricks zum Vorschein, mit denen die Regierung die Anhänger von Leuschners Gegner Ignaz Auer auszuschalten versuchte.[181] Der SPD-Protest führte u. a. die »Jagd auf unsere Flugblätter« im Dorf Hohenstein an – so sei dort sogar die Feuerwehr zum Einsammeln der Blätter eingesetzt worden. Ein Sozialdemokrat erinnerte sich mit Entrüstung daran, dass Auer, wo immer er auch hinging, »ein ganzes Kommando von Polizei und Sicherheitskräften« mitbrachte[182]: dieser »Tross [folgte uns] durch die Straßen und aus einem Lokal in das andere. Oi!«[183] Friedrich Leuschners Wahl wurde schließlich am 24. Juni 1884 für ungültig erklärt.

---

175 Strachey, 10.11.1881, TNA, FO 68/165; Dönhoff, 14./26.2.1882, PAAAB, Sachsen 48, Bd. 7.
176 T. KLEIN, Gültig, 2003, S. 238.
177 AHM Heinrich Freiherr von Hausen (Glauchau) an MdI, 29.10.1881, SHStAD, MdI 5378, zitiert in: R. ARSENSCHEK, Kampf um die Wahlfreiheit, 2003, S. 308.
178 A. BEBEL, Petition, 1882, einschließlich sächs. Landtagsdebatte vom 21.2.1882.
179 Vgl. Rudhart, 13.1.1884, BHStAM II, MA 2853; Dönhoff, 16.1.1884, PAAAB, Sachsen 48, Bd. 10; vgl. drei Artikel im SD, 2./9./16.11.1882, in: A. BEBEL, Reden und Schriften, Bd. 2/I, 1978, S. 190–203; SBDR, Bd. 1, S. 146–152 (Bebel, 20.3.1884), 152–158 (Puttkamer, 20.3.1884).
180 SBDR 1882/83 Anl 5/II, A154; SBDR 1884 Anl 5/IV, A134; SBDR, Bd. 2, S. 1457–1466 (13.2.1883); SBDR, Bd. 2, S. 1003–1018 (24.6.1884).
181 Die SPD hatte diesen Wahlkreis seit Bebels Wahl im Jahr 1867 mühelos gewonnen; 1881 besiegte Leuschner Auer mit 7 375 zu 6 692 Stimmen. Nach der erfolgreichen Anfechtung fand allerdings vor der regulären Parlamentswahl Ende desselben Jahres keine Nachwahl mehr statt.
182 Der SPD-Wahlprotest spricht von »3–5 Polizisten in einer Entfernung von 20–30 Schritten«.
183 Webermeister Carl Bohne an Liebknecht, 3.5.1884, W. LIEBKNECHT, Briefwechsel mit Sozialdemokraten, Bd. 2, 1988, S. 665–667, mit einigen der Details oben in Anm. 1–3, einschließlich Zitat aus SD, 24.12.1887.

Bedeutender war die wegweisende Entscheidung der Kommission im Februar 1883, dass Beamte sozialistische Wahlveranstaltungen nicht verbieten konnten, nur weil ein Redner »wahrscheinlich« Äußerungen machen würde, die gemäß § 1 des Sozialistengesetzes den öffentlichen Frieden und die Eintracht der Klassen gefährdeten. Diese Interpretation mutete dem sächsischen Gesandten in Berlin so »bedenklich« an, dass er beim preußischen Innenminister Puttkamer zwecks Klärung vorsprach. Puttkamer antwortete, er könne keinen Grund finden, die Auslegung des Gesetzes durch die Kommission anzufechten. Davon nicht entmutigt erhob sich Oswald von Nostitz am 13. Februar 1883 im Reichstag, um die derzeitige Praxis Sachsens zu verteidigen und die Entscheidung der Kommission zu verurteilen.[184] Er wandte sich auch gegen die Erklärung der Kommission, dass es Mitgliedern der Exekutive in Gemeinderäten nicht erlaubt sei, »sich zu Wahlzwecken zu vereinigen und für bestimmte Wahlen zu wirken«. Schließlich akzeptierte der Reichstag jedoch die Empfehlung der Kommission, dass die »Anmeldung einer Wahlversammlung durch einen Sozialdemokraten [...] *an sich*, auch selbst in Verbindung mit der Ankündigung, dass in der Wahlversammlung ein Sozialdemokrat als Redner auftreten werde«, die Annahme sozialdemokratischer Umsturzbestrebungen und damit ein sozialistengesetzliches Verbot nicht rechtfertige.[185] Wilhelm Liebknecht erklärte später, dass der Beschluss, der die Auslegung der Kommission bestätigte, »vielleicht der beste [war], den der Reichstag seit seinem Bestehen gefaßt hat; es war der erste mannhafte Versuch, den Uebergriffen der Regierungen und der Polizei entgegenzutreten«.[186]

Welche Arten von Wahlmissbrauch wurden von der Wahlprüfungskommission als moralisch unfair, aber rechtlich akzeptabel angesehen? Einige Antworten liefert die Entscheidung der Kommission, die Wahl des Konservativen Gustav Ackermann in WK 6: Dresden-Land bei den Wahlen von 1884 zu bestätigen.[187]

Ackermann hatte den Sozialisten Georg Horn mit 9 099 zu 6 214 Stimmen deutlich besiegt. Dieses einseitige Ergebnis hinderte Horn und seine Anhänger nicht daran, eine lange Liste von Einwänden einzureichen, die Ackermanns Anhänger einige Wochen später ihrerseits mit einer Petition beantworteten. Die Sozialdemokraten legten Einspruch dagegen ein, dass vier ihrer Anhänger am 29. September verhaftet worden waren, weil

---

184 In Bezug auf Reichstagsmitglied Johannes Wölfel, den linksliberalen Vorsitzenden der Kommission, den er als erfahren und gewissenhaft schilderte, schrieb der Gesandte Nostitz: »Wölfel scheint aber eine ganz besondere Abneigung gegen Sachsen oder doch die sächsischen Behörden zu haben, welche möglicherweise ihren Grund darin hat, daß die Fortschrittspartei in ihrer Hoffnung, bei den letzten Wahlen in Sachsen mehr Boden zu gewinnen, sich einigermassen getäuscht hat und dieß der Gegnerschaft der Amtshauptleute beimißt.« Oswald von Nostitz-Wallwitz (Berlin) an MdI Hermann von Nostitz-Wallwitz (Dresden), 7.7.1884, SHStAD, MdI 5380.
185 SBDR, Bd. 69, S. 1457 ff., bes. 1460, 1463 (O. v. Nostitz-Wallwitz, 13.2.1883), 1463 ff. (Eugen Richter, 13.2.1883); SBDR 1882/83 Anl 5/II, Bd. 72, A154, S. 520.
186 SBDR, Bd. 1, S. 502 (13.1.1886).
187 Zum Folgenden SBDR 1884/85 Anl 6/I, A173; SBDR, Bd. 89, S. 1520–1522 (3.3.1885); handschriftliche Abschrift des ursprünglichen Protests mit ausführlichen Marginalien des MdI, in SHStAD, MdI 5381.

sie ein Wahlflugblatt zur Unterstützung der Kandidatur Horns verteilt hatten.[188] Von einem Gendarmen aus dem Schlaf gerissen, wurden diese Sozialisten zum örtlichen Gericht abgeführt; nachdem sie vor einem Richter erschienen waren, wurde ihnen verboten, die restlichen Exemplare des Flugblatts (das ohnehin am 2. Oktober beschlagnahmt wurde) zu verteilen. Die Kommission wies diese Beschwerde mit der Begründung zurück, dass bei den lokalen Behörden kein rechtzeitiger Protest eingegangen sei. Und da sich dieses ganze Ereignis vier Wochen vor dem Wahltag abgespielt hatte, erklärte sie, dass »die Beschlagnahme des Wahlflugblattes für die Agitation einflußlos gewesen ist«. Einige Mitglieder der Kommission stellten fest, dass ein sächsischer Gendarm (ein »Brigadier«) nicht befugt sei, Drucksachen auf diese Weise zu beschlagnahmen; doch der sächsische Regierungsvertreter, der an den Beratungen der Kommission teilnahm, überzeugte sie, dass die Gendarmerie in Sachsen ein »Hilfsorgan« der Staatsanwaltschaft sei.

Der Bürgermeister von Dippoldiswalde hatte einen ortsansässigen Kneipenwirt gewarnt, sein Geschäft würde darunter leiden, wenn er den Sozialisten Versammlungsräume zur Verfügung stelle. Um diese Beschwerde zu entkräften, holten die Konservativen eine Erklärung des betreffenden Gastwirts ein, in der dieser leugnete, dass eine solche Drohung ausgesprochen worden sei. Die Kommission entschied, dass die sozialdemokratische Agitation nicht auf unfaire Weise eingeschränkt worden war: »[E]s ist ferner nicht festgestellt, ob dieser Saal, um den es sich handelt, der einzige Saal in dem Orte gewesen ist, in welchem solche Versammlungen hätten stattfinden können.« Auch wenn der Bürgermeister von Dippoldiswalde die angebliche Drohung ausgesprochen hätte, könnte man nicht davon ausgehen, dass er dies in offizieller Funktion getan hätte: Die Wahlprüfungskommission war der Ansicht, »daß es außerordentlich schwierig sei, festzustellen, inwieweit durch derartige Unterhaltungen, die eben nicht in amtlicher Eigenschaft geschehen sind, eine Wahlbeeinflussung zu folgern sei«. Derselbe Bürgermeister wurde beschuldigt, seine Nachtwächter angewiesen zu haben, gedruckte Stimmzettel für den konservativen Kandidaten zu verteilen. Auch hier entschied die Kommission, dass diese Nachtwächter nicht als Vertreter des Staates angesehen werden könnten, da sie nicht offiziell den kommunalen Behörden unterstellt seien. »Der Posten des Nachtwächters in jener Stadt soll sich als der eines Hilfsbeamten charakterisiren, und es wurde darauf hingewiesen, daß die Nachtwächter sonst noch bürgerliche Berufszweige erfüllen, daß sie Eigenschaften besitzen, die ihnen nicht den Charakter von Beamten verleihen.«

Ernster nahm die Kommission die Behauptung, dass gedruckte Stimmzettel für Ackermann auf den Tischen des Wahllokals ausgelegt worden seien: Würde sich diese Behauptung bewahrheiten, wäre eine Rüge angebracht. Da die Kommission jedoch nicht sagen konnte, wie viele dieser Stimmzettel tatsächlich abgegeben worden waren, wies sie die Beschwerde zurück. Auch die Behauptung, in einigen Bezirken hätten Staats-

---

188 Wahlflugblatt in SHStAD, MdI 5381.

vertreter zwei miteinander unvereinbare Funktionen – die des Wahlvorstehers und die des Beisitzers – wahrgenommen, beunruhigte die Kommission. Doch der Vertreter der sächsischen Regierung verteidigte diese Praxis erfolgreich mit einem erneuten rhetorischen Manöver. Möglicherweise beabsichtigte die Kommission, derartige Sophisterei zu entlarven: Sie erklärte, sie hätte die gesamte Wahl für ungültig erklären lassen können, wenn die Doppelrolle dieser Beamten bewiesen wäre. Sie räumte jedoch ein, dass sie stattdessen ebenso gut eine weitere Klärung hätte anstreben können. Letztendlich maß sie diesem Thema überhaupt kein Gewicht bei.

Solche Urteile erinnern daran, dass die Sozialisten 1884 zwar mehr Handlungsspielraum hatten als 1881, der Kampf gegen die Sozialdemokratie aber unvermindert weiterging. Beweismaterial aus anderen Protesten nach der Reichstagswahl von 1884 legen dieselbe Schlussfolgerung nahe. Während Oswald von Nostitz-Wallwitz und sein Nachfolger in Berlin weiter hinter den Kulissen arbeiteten, um angefochtene konservative Wahlergebnisse 1885 und 1886 für gültig erklären zu lassen, beklagten die Gegner des Sozialismus, die sächsische Regierung unternähme nicht genug gegen die Sozialdemokratie. Ein konservativer Parteiführer zeigte sich erstaunt, dass die sächsische Regierung im Allgemeinen und Innenminister Nostitz im Besonderen »zu gewissenhaft« geworden seien in ihrem Versuch, unparteiisch zu wirken. Sie hätten »jede Wahlbeeinflussung zu ängstlich vermieden« und vergessen, »daß die Regierung [...] auch eine Partei sei«. Darüber hinaus vernachlässigten sie ihre Pflicht, die staatstragenden Parteien in ihrem Kampf gegen die Opposition zu ermutigen.[189]

Die Konservativen waren nicht die einzigen Beschwerdeführer. Ein Mitarbeiter des nationalliberalen *Leipziger Tageblatts* murrte, dass während der Nachwahlkampagne kein einziges sozialistisches Treffen von der Regierung verboten worden sei und dass die sächsischen Bürgermeister die sozialistischen Kundgebungen vor Störungen durch andere Parteien schützten. Kriegsminister Fabrice beklagte nachdrücklich, Nostitz sei im Wahlkampf 1884 zu sehr bereit gewesen, auf die Waffe des Regierungseinflusses zu verzichten.[190] Sogar König Albert und ausländische Diplomaten mischten sich in die Sache ein. Der König widersprach, als sein »Sozialistenexperte« ihm sagte, die Sozialdemokratie sei im Niedergang begriffen, und Gesandte wunderten sich, warum die Leipziger Behörden neben der Ausweisungsklausel (§ 28) keine anderen Bestimmungen des kleinen Belagerungszustandes anwandten. Für Bebel, der von Zeit zu Zeit nach Leipzig reisen durfte, wurde diese Klausel sogar gelockert. Zur Verblüffung seiner Gesprächspartner kehrte Nostitz zu seiner früheren Großzügigkeit gegenüber Bebel zurück: »Die Türgriffe des großen Redners sind fast so gut wie seine Reden«, sagte Nostitz; es sei nicht fair,

---

189 Die Klagen des sächsischen konservativen Anführers Heinrich von Friesen-Rötha werden zitiert in: Dönhoff, 13.3.1006, 12.10.1887, PAAAB, Sachsen 60, Bd. 1. Vgl. Strachey, 25.10.1884, TNA, FO 68/168.
190 Zum Folgenden Rudhart, 24.7.1884, 25.10.1884, BHStAM II, MA 2853; österr. Gesandter in Sachsen Gabriel Freiherr von Herbert-Rathkeal, 27.9.1884, HHStAW, PAV/43.

»Bebel daran zu hindern [...] sich um seine Interessen in dieser Hinsicht zu kümmern«.[191] Auch zeigte er sich wenig beeindruckt von Schauprozessen wie dem, den Justizminister Abeken 1885 in Chemnitz inszenierte: Sie führten, so Nostitz, allzu oft zu Freisprüchen oder anderen PR-Katastrophen.[192] Nostitz gestand sogar eine gewisse Sehnsucht nach den »weit interessanteren« Landtagsdebatten der 1870er-Jahre, bevor die kleine, aber lautstarke sozialistische Fraktion in die Zweite Kammer eingezogen war.[193]

Obwohl die sächsischen Staatsminister und Führer der rechten Parteien nach 1886 die entschlossenere antisozialistische Politik guthießen, die von Puttkamer und Bismarck vorangetrieben wurde[194], äußerten sie sich zwei Jahre später doch besorgt darüber, dass sich der junge Kaiser in die preußischen Landtagswahlen einmischte. Sächsische Zeitungen fragten sich, ob es wünschenswert sei, »daß ein Monarch den Stil eines Wahlhelfers annimmt« und begannen, Vergleiche zwischen dem rastlosen jungen Wilhelm II. und König Friedrich Wilhelm IV. von Preußen anzustellen, der »umherzureisen pflegte, um lokale Behörden mit Blick auf die Wahlergebnisse zu schikanieren oder zu beglückwünschen«.

Angriffe auf den Parlamentarismus

Es gibt viele Querverbindungen zwischen Bismarcks Bemühungen, eine funktionierende Parlamentsmehrheit im Reichstag herzustellen, seinen Versuchen, die Sozialdemokratie zu ächten, und seinen Vorschlägen zur Überwindung der »Einschränkungen« des Reichstagswahlgesetzes von 1869. Bismarck konnte sich nicht damit abfinden, dass ein Reichstag, in dem immer mehr Sozialdemokraten saßen, ein akkurates Abbild der deutschen Wählerschaft sei. Folglich ließ er in den 1880er-Jahren nie ab von der Idee, das allgemeine Wahlrecht zu ersetzen oder durch neue antidemokratische Maßnahmen einzuschränken.

Bismarck und die sächsischen Staatsminister waren sich mit ziemlicher Sicherheit einig über eine Bestimmung des Entwurfs zum Sozialistengesetz, die Bismarck im August 1878 verzweifelt, aber letztendlich vergeblich anstrebte. »Ich halte ferner«, schrieb er damals, »wenn das Gesetz wirken soll, für die Dauer nicht möglich, den gesetzlich als Sozialisten erweislichen Staatsbürgern das Wahlrecht, die Wählbarkeit und den Genuß der Privilegien der Reichstagsmitglieder zu lassen.«[195] Bismarck schäumte vor Wut, als

---

191 Strachey, 7.5.1884, TNA, FO 68/168.
192 Strachey, 3./16.10.1885, TNA, FO 68/169; Rudhart, 8.10.1885, BHStAM II, MA 2854; Dönhoff, 22.11.1888, PAAAB, Europa Generalia, Nr. 82, Nr. 1, Bd. 6.
193 Rudhart, 17.3.1886, BHStAM II, MA 2855. Vgl. kommissarischer österr. Gesandter in Sachsen, Ludwig Vélics von Lászlofalva, 13.10.1889, HHStAW, PAV/45.
194 Vgl. Strachey, 27.4.1888, TNA, FO 68/173. Zum Folgenden Strachey, 23.11.1888, ebenda.
195 Bismarck an Christoph von Tiedemann (Abschrift), 15.8.1878, BAP, RKA 1292/2.

vorzeitig ein Gesetzentwurf durchsickerte, der diese Bestimmungen nicht enthielt. Er wusste, dass man, sobald eine »milde« Version des Sozialistengesetzes an die Öffentlichkeit gelangte, vom Reichstag kaum erwarten konnte, einen härteren Gesetzentwurf zu verabschieden, der die Sozialdemokraten völlig von der deutschen Wahlkultur ausschließen würde. Auch nachdem klar war, dass Sozialdemokraten sich noch zur Wahl stellen durften, wollte Bismarck die Veröffentlichung ihrer Reden im Reichstag verbieten. Er versuchte ebenfalls erfolglos, eine Bestimmung aufzunehmen, wonach jeder Beamte, der an einer sozialistischen Aktivität teilnahm, ohne Pensionsanspruch entlassen werden konnte. Dabei handelte es sich nicht nur um Kleinkariertheit oder Pfennigfuchserei vonseiten Bismarcks. Es spiegelte seine eigenwillige Sicht wider, dass Wahlen dazu genutzt werden sollten, die Loyalität gegenüber dem Staat zu beurteilen. Diese Auffassung sehen wir deutlich in einem Schreiben Bismarcks im September 1878, in dem er dem preußischen Kriegsminister eine dringende Aufstockung der Berliner Garnison empfahl:

> Die Wahlen [vom 30. Juli 1878] haben gezeigt, daß sich über 50 000 Sozialdemokraten in einem Alter von über 25 Jahren in Berlin befinden und gewiß über 80 000, wenn man das bei Emeuten besonders tätige Element von unter 25 Jahren, welches Wahllisten nicht enthalten, in Ansatz bringt. Die Nachrichten über die Wahlbewegung beweisen ferner, daß im Stande der Subaltern-Beamten überhaupt, namentlich im Eisenbahn-, Post- und Telegraphendienst, aber auch in der Polizei und Schutzmannschaft die Anhänger der Sozialdemokratie stellenweise vorherrschend, überall sehr zahlreich sind. Es ist also mit Sicherheit darauf zu rechnen, daß im Falle von Unruhen der Dienst in diesen Branchen teilweise versagen wird.[196]

Bismarck war unerbittlich und brachte einen Plan nach dem anderen vor, um den Staat gegen die heftigen Angriffe zu stärken, mit denen er auf der Straße als auch im Reichstag rechnete. »Er betrachte das Gesetz nur als einen ersten Schritt, welchem weitere doch folgen müßten«, war bei seinem konservativen Freund Robert Lucius nachzulesen.[197] Anfang 1879 versuchte Bismarck mit Unterstützung Sachsens[198] den Reichstag mit allen Mitteln einzuschüchtern, damit dieser zwei Sozialdemokraten, Friedrich Wilhelm Fritzsche und Wilhelm Hasselmann, einsperre, die behaupteten, ihre parlamentarische Immunität (§ 31 der Reichsverfassung) habe Vorrang vor ihrer Ausweisung aus Berlin

---

196 Bismarck an pr. Kriegsminister Georg von Kameke, 3.9.1878, O. von BISMARCK, Werke in Auswahl, Bd. 6, 2001, S. 193 f.
197 LUCIUS, Bismarck-Erinnerungen, 1921, S. 143 (Unterredung vom 6.10.1878); Lucius notierte außerdem, »Hauptsache sei ihm [Bismarck] § 20, der Zivilbelagerungszustand und die Möglichkeit der Ausweisung von Agitatoren«. Vgl. F. H. GEFFCKEN, Der zweite Juni, 1878, S. 31 f.
198 Oswald von Nostitz-Wallwitz (Berlin) an MdI/MdAA Hermann von Nostitz-Wallwitz (Dresden), 8.2.1878, SHStAD, MdAA 1405. Zu sächsischen Zweifeln, Dönhoff, 6.7.1882, PAAAB, Deutschland 102, Vol. 6.

unter dem kleinen Belagerungszustand. Im März versuchte Bismarck, ein »Maulkorbgesetz« durchzusetzen, das den Reichstagsabgeordneten das Recht gegeben hätte, jeden Abgeordneten zu tadeln, der sein Redeprivileg dazu missbrauchte, um radikale Ansichten zu äußern. Zu den Bestimmungen dieses Gesetzentwurfs gehörte auch das Recht, die Reden von Oppositionsabgeordneten aus dem Parlamentsverzeichnis zu streichen und deren Veröffentlichung in Zeitungen zu verbieten.[199] In beiden Fällen scheiterte Bismarck mit seinem Ansinnen.

Die nächste Karte, die Bismarck spielte, fand den Beifall der sächsischen Staatsminister und vieler Landtagsmitglieder. Wieder verwischte Bismarck jegliche Grenze zwischen »objektiver« Rechtssprechung und parteipolitischem Vorteil. Bismarck schlug eine Verfassungsänderung zur Einführung von Zweijahreshaushalten vor. Gemäß diesem Vorschlag sollten Reichstagswahlen künftig nicht alle drei, sondern alle vier Jahre stattfinden. Bismarck, Nostitz und andere behaupteten, diese Änderung würde zwei »unerträgliche« Probleme lindern: die jährliche Aufstellung und Verabschiedung der Staatshaushalte und die zeitgleich stattfindenden Sitzungsperioden von Reichstag und Landtagen. Stattdessen sollten der Reichstag und die einzelnen Landtage alternierend tagen. Denjenigen, denen Parlamentswahlen prinzipiell zuwider waren, stellte er in Aussicht, die Legislaturperiode des Reichstags von drei auf vier Jahre zu verlängern. Zu Beginn der Diskussion über dieses Gesetz schlug der preußische Justizminister sogar vor, reichsweite Wahlen nur alle *acht* Jahre abzuhalten. Grundsätzlich hatte Bismarck dagegen nichts einzuwenden, hielt es aber für sinnvoller, dass die Deutschen alle vier Jahre zur Wahl gingen – im Einklang mit dem Zweijahresbudget-Rhythmus.[200] Bismarck war nicht überrascht, als der Reichstag diesen Vorschlag heimlich, still und leise beerdigte. Dennoch hatte Nostitz in Dresden bereits seine Begeisterung für weniger häufige Landtagswahlen zum Ausdruck gebracht. Er verwandte einige Energie darauf, unter den bürgerlichen Landtagsabgeordneten um Unterstützung für seinen Plan zu werben – mit der Begründung, »das Land [würde] nicht so oft wie jetzt dem die Parteileidenschaften aufregenden Wahlkampfe Preis gegeben werden«.[201]

Während der Reichstagswahlen im Oktober 1881 begann Bismarck, weitere Andeutungen über den Ruin des allgemeinen Männerwahlrechts zu machen, weil die Deutschen nicht wüssten, wie sie damit umgehen sollten. Bismarck bemerkte gegenüber seinem Presseagenten und Vertrauten Moritz Busch, die »Leichtgläubigkeit der Wähler« zeige »die Schwäche unserer Institutionen«. Die gegenwärtige Verfassungsordnung habe sich »nicht bewährt«, und die deutschen Fürsten müssten prüfen, ob das

---

199 SBDR 1879 Anl 4/II, A15. Vota der Minister und andere Materialien, in: BAP, Rkz 1784.
200 Besprechung des PrStMin vom 4.4.1879, AB-PrStMin, Bd. 7, 1999, S. 45; O. Pflanze, Bismarck, Bd. 2, 1990, S. 520 f.
201 Dönhoff, 9.3.1879, 22.12.1879, 18.2.1880, 10.3.1880, PAAAB, Sachsen 48, Bd. 1–3.

Parlament in seiner jetzigen Form noch mit dem Wohl des Reiches vereinbar sei.²⁰² Aussagen wie diese trugen dazu bei, dass die Kartellparteien nach 1887 bereit waren, die Initiative zu ergreifen und eine Verlängerung des Reichstagswahlturnus von drei auf fünf Jahre vorzuschlagen. Im Februar 1888 erteilte der Bundesrat seine Zustimmung zu dieser Reform. Doch dann kam es zu einer Reihe von Komplikationen. Das Sozialistengesetz stand gleichzeitig zur Erneuerung an (Puttkamer drängte auf eine Verlängerung um fünf Jahre). Auch der preußische Landtag sollte seine Legislaturperiode auf fünf Jahre verlängert bekommen. Und der Tod Wilhelms I. im März 1888 brachte den unheilbar kranken Kaiser Friedrich III. auf den Thron, der nur widerstrebend eine Einschränkung der Befugnisse des Parlaments befürwortete. Druck vonseiten Bismarcks, der an Einschüchterung grenzte, war erforderlich, bevor Friedrich schließlich beide Gesetzentwürfe unterzeichnete.²⁰³

Eine der interessanten Ideen, die in den 1880er-Jahren nicht verwirklicht wurden, war Bismarcks kurze Erwägung einer Art Verhältniswahlrecht. Nachdem er sah, dass die Opposition 1881 so viele Reichstagsmandate gewonnen hatte, bemerkte Bismarck gegenüber einem Gutsnachbarn, dass das »gründlich falsche« deutsche Wahlsystem mit einem »wohlgeordneten Staate« unvereinbar sei. Es »sollte jede Stimme zur Geltung kommen«, erklärte er, während jetzt, wo sich die Parteien fast gleich stark gegenüberstanden, »die andere Hälfte fast gar nicht zur Geltung kommt«. Seine Idee lautete, dass die Wähler in ganz Deutschland am selben Tag für ihre bevorzugte Partei stimmen sollten; diese Stimmen würden dann tabellarisch erfasst und auf die Hauptparteien verteilt – je 25 000 Stimmen pro Abgeordnetensitz. Dieses System würde angeblich die »Kirchturmsinteressen«, die Rolle von Persönlichkeiten und die »widerliche«, »störende« Funktion von Stich- und Nachwahlen reduzieren.²⁰⁴

Dass Bismarck diese Idee nie weiter verfolgt hat, deutet darauf hin, dass er diese Bemerkungen wohl aus Verärgerung und nicht aus Berechnung gemacht hatte. Eine derartige Verhältniswahl hätte den Einfluss von Parteivorsitzenden und -anführern erheblich erhöht und die persönliche Beziehung zwischen den einzelnen Abgeordneten und ihren Wählern zerstört – und damit den Übergang von der Honoratiorenpolitik zur Massenpolitik beschleunigt. Ein Historiker, der die entsprechenden Berechnungen angestellt hat, kam zu dem Schluss, dass Bismarcks Plan nicht das erwartete, geschweige denn das gewünschte Ergebnis gebracht hätte. Nur wenn auf jeden Abgeordneten 12 841 Stimmen gekommen wären, hätte der Reichstag weiterhin 397 Abgeordnete umfasst; nach Bismarcks Plan wären nur 203 Abgeordnete nach Berlin entsandt worden. Die Sozialdemokraten hätten in Bismarcks Verhältniswahlsystem genau so viele

---

202 M. Busch, Tagebuchblätter, Bd. 3, 1892, S. 57 f. (16.11.1881).
203 O. v. Bismarck, Gedanken und Erinnerungen, Bd. 2, 1898, S. 306 f.; R. Augst, Stellung, 1917, S. 168 f.; O. Pflanze, Bismarck, Bd. 3, 1990, S. 281 f., 286.
204 R. Augst, Stellung, 1917, S. 163–166, und zu den folgenden Kalkulationen.

Sitze (12) gewonnen wie 1881, wohingegen die Konservativen nur 47 Sitze (statt ihrer tatsächlichen 77) erlangt hätten. Dennoch finden sich in den Akten der Reichskanzlei und des Reichsamts des Innern eine Fülle von weiteren spekulativen Ausflügen in die Gefilde der Wahlreform. Diejenigen, die sich dadurch eine Zunahme konservativer Wahlsiege erhofften, sparten nicht an Vorschlägen zur Reform des deutschen Wahlgesetzes.[205] Es dürfte uns kaum überraschen, dass einige dieser Vorschläge von denjenigen sächsischen Reichstagsabgeordneten kamen, deren Wahlen Mitte der 1880er-Jahre vor der Wahlprüfungskommission angefochten worden waren.[206]

Beispielhaft für diese Bereitschaft, die Prämissen des Reichstagswahlrechts zu überdenken, war ein Vorschlag, den Robert Mühlmann, Vorsitzender des Konservativen Vereins in Riesa, drei Wochen nach der Reichstagswahl 1884 an Bismarck schickte. Mühlmann bat Bismarck, das gesamte Stichwahlsystem abzuschaffen, das er als »Entwürdigung an dem heiligen Rechte des deutschen Wählers« bezeichnete. Mühlmann bezog sich auf das »Fiasko«, das in einer Nachwahl im WK 7: Meißen im Mai 1882 zum Sieg eines Fortschrittlers über einen Konservativen geführt hatte.[207] »[W]ird das Stichwahlsystem nicht abgeschafft, so stirbt unser parlamentarisches Dasein an demselben. Die personificirte Ehrlosigkeit wird dadurch dem Körper unseres Volksthums eingetrichtert, so daß es scheint, als sei der Begriff ›Ehre‹ auf diesem Gebiete überhaupt suspendirt.«

Die frühen 1880er-Jahre waren auch geprägt von einer Politik, die auf maximales Risiko spielte. Alle zwei Jahre versuchte Bismarck, Abgeordnete des Zentrums und der Fortschrittspartei mit seiner Einschüchterungstaktik dazu zu bringen, das Sozialisten-

---

205 Vgl. Petitionen, Broschüren und andere Vorschläge für eine Wahlrechtsreform (1877–91) in: BAP, RAdI 14693. Einige Beispiele mögen ausreichen, um auf die Bandbreite solcher Vorschläge hinzuweisen. Dr. med. Otto Ringk schickte einen »Entwurf zur Einführung eines neuen Wahlgesetzes« (1884), der auf die Bekämpfung geringer Wahlbeteiligung und »Zählkandidaten« abzielte; er schlug ein der Verhältniswahl ähnliches System vor. Ein Eingeweihter des Hofes aus Mecklenburg, Ludwig von Hirschfeld, veröffentlichte einen umfangreichen Diskurs über die Berufsklassenwahl zur Abwehr des Sozialismus: L. v. HIRSCHFELD, Die proportionale Berufsklassenwahl, 1885. Ein Buchdrucker aus Swinemünde schickte eine Denkschrift (März 1890) an Kaiser Wilhelm II., in der er sich für die »Abschaffung des allgemeinen Wahlrechts in der bisherigen Form, Beendigung des Parteistreites, Ausrottung der Sozialdemokratie, Einführung des Wahlmodus nach Ständen resp. Klassen« einsetzte. Die Reichskanzlei bewahrte ebenfalls entsprechende Akten auf, BAP, Rkz, Nr. 685–686. Die erste enthält einen Vorschlag mit dem Titel »Deutsche Männer!« von »Friedr. Krupp Jr., Bonn«, 16.11.1884. Dieser sah die Einteilung des Reichs in 40 bis 50 Hauptwahlkreise vor. Um die Nachteile eines einheitlichen Wahlsystems zu überwinden, würde jeder Wahlkreis von 8 »Reichsboten« und einem »Reichsbeamten« vertreten. Von diesen 8 Reichsboten würden 3 den Grundbesitz vertreten, 2 das Gewerbe, einer den Handel, einer das Kleinhandwerk und einer die Lohnarbeit. Die Abgeordneten würden »jeder von ihres Gleichen gewählt werden und durch je einen von der Regierung zu stellenden Beamten, aus allen Verwaltungs- und Gesetzesressorts [würden] der nötige Einfluß der Regierung und eine gemessene Zahl sachverständiger Fachmänner« sichergestellt werden.
206 Z. B. A. GEHLERT (WK 20: Marienberg), Nach den Reichstagswahlen, 1890, BAP, RAdI 14693; SBDR 1884/85 Anl 6/I, A247.
207 Mühlmann an Bismarck, 20.11.1884, BAP, Rkz 1813. Zur Nachwahl 1882 in WK 7: Meißen, vgl. Dönhoff, 18./26.5.1882, 12./21.6.1882; PAAAB, Deutschland 102, Vol. 6.

gesetz um weitere zwei Jahre zu verlängern. »Eventuell möge das Sozialistengesetz scheitern«, so sagte er zu Robert Lucius, »damit die liberale Bourgeoisie von ihren fortschrittlichen Neigungen durch die Furcht vor der Sozialdemokratie geheilt werde.« Am Vorabend der Wahl 1884 war Bismarck erneut auf das Schlimmste gefasst. Die Reichstagssession von 1885/86 war nicht weniger angespannt: Sowohl das Sozialistengesetz als auch das Heeres-Septennat standen zur Verlängerung an. Bismarck, der mit Widerstand, wiederholten Auflösungen und Neuwahlen des Reichstags bis hin zur »Säbelherrschaft« rechnete, war voller Feuer.[208] Wieder einmal äußerte er freimütig Zweifel, ob selbstherrliche Reichstagsabgeordnete und diejenigen, die das Sozialistengesetz zu großzügig anwandten, geduldet werden könnten. So berichtete der württembergische Ministerpräsident über das folgende Gespräch mit Bismarck: »Der Reichstag, fuhr der Fürst fort, zeige ein recht übles Gesicht. Wenn es so fortginge, hätte man keinen Rechtsboden mehr unter den Füßen. Schließlich könnten die deutschen Fürsten finden, daß es eine Illusion gewesen, Deutschland parlamentarisch regieren zu können. Den Reichstag könnte man eher entbehren als die Armee. Wenn der Kanzler einmal für die Monarchie fürchten müßte, würde er kalten Blutes die Lunte an das Faß legen.«[209]

Auch die sächsischen Konservativen waren davon überzeugt, dass Bismarck nicht scherzte. Im Wahlkampf von 1887 nahmen sie seine Andeutungen, dass die Niederlage des Heeresgesetzes das Ende des allgemeinen Wahlrechts bedeuten würde, durchaus ernst: Bismarck würde »die Spielerei wegnehmen«, die er Deutschland 1867 gegeben hatte. »Ich habe mit vielen Konservativen darüber gesprochen«, berichtete der britische Gesandter Strachey, »und die Antwort war in jedem Fall – ›Es wird eine *Charte Octroyée* geben, und es wird ein Reichstag gewählt, der die Heeresgesetze und Bismarcks andere Lieblingsmaßnahmen verabschieden wird‹. Sie waren sich alle einig, dass sich der Reichskanzler durch keine Zweifel oder Skrupel stören lassen würde.« Die sächsischen Liberalen sahen keine solche unmittelbare Gefahr; aber Strachey sagte voraus, dass sie ihre Prinzipien sofort aufgeben würden, sollte es zum Showdown kommen: »Sollten die bestehenden Institutionen untergraben werden, würde zu ihrer Verteidigung kaum ein Wort gesprochen und kein Schuss abgegeben werden.«[210]

Doch ebenso wie die Sozialisten ließ es Bismarck nie zum Äußersten kommen. Der Erfolg der Kartellparteien bei den Reichstagswahlen 1887 entzog ihm – bis zur nächsten Krise im Jahr 1890 – den Boden für seine Behauptung, dass es drastischer Maß-

---

[208] Lucius, Bismarck-Erinnerungen, 1921, S. 280 (Tagebuchnotiz 10.1.1884), S. 304 (27.10.1884).
[209] Hermann Freiherr von Mittnacht, Unterredung mit Bismarck vom 9.12.1885, O. von Bismarck, Werke in Auswahl, Bd. 7, 2001, S. 340.
[210] Strachey, 28.1.1887, TNA, FO 68/171. Einen Monat zuvor berichtete Württembergs Ministerpräsident: »Ob der Reichstag wegen Nichtverlängerung des Sozialistengesetzes, was der Kaiser als eine Frage der persönlichen Sicherheit ansehe, aufzulösen wäre, sei dem Kanzler noch fraglich. Man könnte ja die Berliner auch einmal wieder ohne Sozialistengesetz lassen. Aber, wenn nötig, sechsmal hintereinander müßte aufgelöst werden wegen Nichtverlängerung des militärischen Septennats.« Mittnacht, Unterredung vom 9.12.1885, O. von Bismarck, Werke in Auswahl, Bd. 7, 2001, S. 341.

nahmen gegen den »demokratischen« Reichstag bedurfte. Nach seinem Ausscheiden aus dem Amt bekräftigte Bismarck seine Auffassung, dass die Sozialdemokratie eine kriminelle Verschwörung und eine militärische Bedrohung sei. Der Sozialismus hätte sich gerüstet, um »dem Staat und der bürgerlichen Gesellschaft den Hals abzuschneiden«.[211]

> Die Sozialdemokratie will den Umsturz, ihre Führer fahren nun einmal auf diesem Bahnstrange und streben nach Herrschaft. Wenn sie die haben, werden sie alles umwerfen. Wer also einen geordneten Staat will, der muß die Sozialdemokratie bekämpfen. Als Deichhauptmann mußte ich nach dem Satze verfahren: Wer nicht will mitdeichen, muß weichen. [...] Man müßte die Sozialdemokratie ähnlich behandeln, ihr die politischen Rechte, das Wahlrecht nehmen. So weit würde ich gegangen sein. *Die sozialdemokratische Frage ist eine militärische.*[212]

Eine Bilanz

Die Frage, wie die deutsche Sozialdemokratie die zwölf Jahre Repression nach 1878 überstanden hat, wird landläufig beantwortet, indem man auf die Bedeutung von August Bebel, Wilhelm Liebknecht und die SPD-Reichstagsfraktion als Stimme der Bewegung verweist. Dennoch lässt sich auch die Wichtigkeit einer damit verbundenen Entwicklung kaum überbetonen: die Entstehung einer nahtlosen sozialistischen Organisation an der Basis. Die Existenzberechtigung für diese Organisation waren Wahlen – von der Nominierung der Kandidaten bis zur flächendeckenden Versorgung ganzer Wahlkreise mit gedruckten Stimmzetteln und Flugblättern; von der lokalen Rekrutierung von Aktivisten und der Vorbereitung von Treffen bis zur Integration der Aktivisten in regionale Parteinetzwerke (und in einigen Fällen sogar in Bündnisse mit Gruppen außerhalb der Partei). Um Wahlkämpfe zu führen, mussten die Funktionäre der Arbeiterklasse ihr Denken ändern. Sie mussten aus ihren engen, vertrauten Zirkeln ausbrechen (z. B. dem Stammtisch unter ihresgleichen). Und sie mussten Verbindungen zu anderen Berufsgruppen und Menschen in anderen Teilen des Wahlkreises aufbauen. Damit trugen Wahlkämpfe und die damit verbundene Notwendigkeit, sich zu organisieren, zur Fundamentalpolitisierung der deutschen Gesellschaft bei.[213]

Wir haben gesehen, wie weit- und tiefgehend die Diskriminierung war, der die Sozialisten vonseiten der Behörden auf allen Regierungsebenen und von den ande-

---

211 Hermann Hofmann, Fürst Bismarck 1890–1898 (1914), zitiert in: R. AUGST, Stellung, 1917, S. 130.
212 Bismarck (Herbst 1892), Heinrich von Poschinger, Also sprach Bismarck (1911), zitiert in: R. AUGST, Stellung, 1917, S. 129 f. (Hervorhebung d. Verf.).
213 Dieser Absatz stützt sich auf die Analyse von W. SCHRÖDER, Wahlkämpfe, 1998, S. 59.

ren politischen Parteien ausgesetzt waren. Wir haben auch gesehen, dass sich diese Gruppen weder untereinander noch intern immer einig waren, als sie erkannten, dass der Kampf gegen den Sozialismus nicht gewonnen werden konnte. Die föderale Struktur Deutschlands bestimmte alle Facetten der antisozialistischen Repression in den 1880er-Jahren. Die Spielregeln wurden durch die Gegner der Sozialisten definiert, wie August Bebel erkannte:

> Unser Verhalten wird an dem Verhalten unserer Gegner gar nichts ändern. Um einigermaßen zu wirken, müßten wir alles abschwören und verleugnen, unser [Presse-] Organ vernichten, unsere Reden im Reichstag und Landtag kastrieren, kurz, wir müßten alles unterlassen, was unseren Gegnern auch nur im geringsten mißfallen könnte. Und wenn wir das alles täten, würde man noch immer mehr verlangen und schließlich – uns doch nicht glauben, sondern erklären, das alles sei nur Heuchelei, auf Düpierung berechnet, und jetzt müsse man erst recht vorsichtig sein. [...]
> Das einzige, was wir tun können und müssen, ist, nicht unnötig provozieren und kaltes Blut behalten, obgleich das bei den gegen uns ständig verübten Schweinereien verflucht schwer ist [...].
> *So ist also unsere Taktik [...] uns weit mehr durch unsere Feinde vorgeschrieben, als daß wir sie uns selbst vorschreiben könnten.*[214]

Die Empörung in Bebels Worten erinnert uns daran, dass es zu verstehen gilt, was die Zeitgenossen durch das Sozialistengesetz erreicht zu haben *glaubten*. Betrachten wir dazu zum Abschluss dieses Kapitels einige Überlegungen von drei führenden politischen Persönlichkeiten Sachsens in den 1880er-Jahren.

Im Oktober 1880 war der sächsische Kultusminister Carl von Gerber (siehe Abbildung 4.2) darauf erpicht, dem preußischen Gesandten Dönhoff sein Herz auszuschütten. Das Sozialistengesetz hatte Gerbers Erwartungen so weit übertroffen, dass er hoffte, es würde dauerhaft werden. Doch in Gerbers Beschreibung von der Bedrohung durch die Sozialdemokratie fand sich nichts von Bismarcks Rhetorik über deren kriminelle, internationale und militärische Aspekte. Gerbers Gedanken gingen in eine derart andere Richtung, dass es lohnt, sie ungekürzt zu zitieren.

> Der Sozialismus erscheine ihm [Gerber] wie der Typhus, bei dem die Ärzte zunächst bestrebt sein müßten das Fieber zu heben, damit der Körper die Krankheitsstoffe von selbst abstoßen könne. Die Krankheitsstoffe der sozialistischen Bewegung seien allerdings im Volke vorhanden, das Fieber aber wären die Agitatoren und das Bestreben der Regierung müsse dahin gehen, letztere unschädlich zu machen, dann würde der gesunde

---

[214] Bebel an Ignaz Auer, 4.1.1882, International Institute of Social History, Amsterdam, ARCH00029, August Bebel Papers, A. Briefe von August Bebel, Inv. nr. 2, Ignaz Auer (online) (Hervorhebung d. Verf.).

Volkskörper jene Krankheitsstoffe von selbst abstoßen. Dies sei durch das Gesetz erreicht, es bekämpfe und unterdrücke die öffentliche und, soviel als möglich, auch die geheime Agitation und seine Erfahrungen während der Dauer dieses Gesetzes hätten ihm zu seiner Freude bewiesen, daß, sobald das Agitationsfieber, wie es durch die Bestimmungen des Gesetzes thatsächlich erreicht wird, entfällt, die verbleibenden ungesunden Wirkungen derselben durch das Volk selbst abgestoßen werden. Der Herr Minister erzählte mir mehrere frappante Beispiele aus dem reichen in seinem Ministerium gesammelten Material, wie schädlich vor Erlaß des Gesetzes die sozialistische Agitation auf die Moralität der Bevölkerung gewirkt und wie die Bewegung durch Hinanziehen der heranwachsenden Generation im Fortschreiten begriffen gewesen wäre.

Abbildung 4.2: Sächsischer Kultusminister Carl von Gerber. Quelle: K. STURMHOEFEL, Illustrierte Geschichte, o. J., S. 534.

Da sei z. B. ein Knabe in die Schule gekommen, in dessen Lehrbuch das Wort ›Gott‹ von seinem Vater überall mit roter Tinte durchstrichen gewesen und dem Knaben die Instruktion ertheilt worden sei, bei der ersten Erwähnung dieses Wortes durch den Lehrer laut zu erklären, daß es keinen Gott gebe. Da sei ferner ein Bäcker gewesen, der, weil der Pfarrer nicht von ihm den Brotbedarf nahm, aus der Landeskirche getreten und von [einem] bekannten Agitator [...] in Dresden sofort überredet worden sei, seine Söhne in dessen Privatschule nach sozialistischen und atheistischen Prinzipien erziehen zu lassen. Auch bei den sächsischen Bergleuten, welche angesichts der mit ihrer unterirdischen Arbeit verbundenen Gefahren einen tief religiösen Sinn mit der ihnen eigenen ernsten Zähigkeit Jahrhunderte lang bewahrt gehabt hätten, sei durch die Agitation, welche die Lohnfrage geschickter Weise zu ihren Zwecken ausgebeutet hätte, vollständige Umstimmung zur Irreligiosität eingetreten. Der vor einigen Jahren erfolgte Massenaustritt aus der Landeskirche in diesen und anderen Handwerker- und Arbeiterkreisen sei bekannt. Von allen diesen Symptomen sei seit Erlass des Gesetzes nichts mehr zu spüren und in seinem Ministerium konstatire man mit Befriedigung, daß seit Unterdrückung der Agitation Ruhe und Beruhigung in die Bevölkerung wieder eingekehrt seien und die Anzeichen der moralischen Besserung sich mehrten. Es erfolgen bereits Wiedereintritte der damals Ausgeschiedenen in die evangelische Kirche und da, wo eine falsche Scham die Leute noch von solchem Schritte abhalte, ließen dieselben wenigstens ihre Kinder ruhig in die christliche Schule, zum Konfirmandenunterricht und zur Konfirmation ge-

General von Fabrice.
Kgl. Sächsischer Kriegsminister.

Abbildung 4.3: Sächsischer Kriegsminister Alfred Graf von Fabrice. Quelle: K. STURM-HOEFEL, Illustrierte Geschichte, o. J., S. 441.

hen. Die Unterlassungen der kirchlichen Taufen und Trauungen nehmen immer mehr ab.²¹⁵

Eine zweite Einschätzung erfolgte durch den sächsischen Kriegsminister Alfred von Fabrice (siehe Abbildung 4.3). Man hatte ihn am Vorabend der Reichstagswahl 1890 gefragt, ob er glaubte, das Sozialistengesetz würde zum fünften Mal verlängert und wenn ja, welchem Zweck das diene. Fabrice räumte ein, dass viele Sachsen die politische Prämisse des Gesetzes ablehnten: Die Verlängerung des Gesetzes am Vorabend einer allgemeinen Parlamentswahl war selbst denjenigen unwillkommen, die seine Bestimmungen billigten. Die Konservativen fühlten sich nicht in der Lage, die öffentliche Meinung an der Basis einzuschätzen, und wollten auf Nummer sicher gehen. Deshalb spekulierte Fabrice, dass die Verlängerung des Gesetzes im Ausschuss verzögert und erst nach den Wahlen verabschiedet würde. Als nächstes wurde er gefragt, ob die Reichsregierung und der Bundesrat bei der »Behandlung der Sozialisten als geächtete Klasse« die öffentliche Meinung auf ihrer Seite hätten. Er bejahte und meinte, der »Wunsch nach dauerhafter Zwangsausübung wäre ziemlich allgemein verbreitet«. Der »Schwachpunkt des Systems« sei jedoch die Ausweisungsklausel (§ 28). Laut Fabrice »war es eine heftige Sache, einen Mann, der nicht wegen eines tatsächlichen Vergehens verurteilt worden war, von seinem Wohnsitz zu vertreiben, und es gab viele, die diese Praxis für unhaltbar erachteten«.²¹⁶

Unser dritter Zeuge ist der sächsische Justizminister Christian von Abeken – Sachsens »Torquemada«.²¹⁷ Seiner Ansicht nach sei das Sozialistengesetz wirksam gewesen – zumindest am Anfang. Zu seiner Umsetzung hätte es keine Alternative gegeben. Im Laufe der Zeit habe es jedoch nicht vermocht, die sozialistische Bewegung »rückgängig zu machen«, geschweige denn ganz zu »vernichten«. Was also solle man tun? Abeken war der Auffassung, in Deutschland »wäre aber eine stärkere Abwehr, wie das jetzige Sozialistengesetz sie gewähre, dringend geboten«. Das Schicksal der Massen »läge in

---

215 Unterredung mit Gerber in: Dönhoff, 14.10.1880, PAAAB, Sachsen 48, Bd. 4.
216 Fabrices Bemerkungen in: Strachey, 8.11.1889, TNA, FO 68/174.
217 Die folgenden Bemerkungen von Abeken in: Dönhoff, 16.1.1890, PAAAB, Europa Generalia Nr. 82, Nr. 1, Nr. 1, Geheim, Bd. 2.

den Händen verhältnismäßig weniger geschickter Führer«, die ihnen »Versprechungen bezüglich der Verbesserung des Loses der arbeitenden Classen« vorgaukelten. Deshalb müssten diese Führer »unschädlich gemacht« werden, idealerweise durch entsprechend strengere Bestimmungen im Reichsstrafgesetzbuch. Wenn die Führer wiederholt und für längere Zeit inhaftiert werden könnten und ihnen das Recht verweigert würde, im Reichstag zu sitzen, dann könnte es möglich sein, den »führerlosen Massen« Aufklärung angedeihen zu lassen. Dieser Weg, so Abeken, sei einem unwirksamen Gesetz vorzuziehen, das bei jeder Verlängerung eine unbequeme öffentliche Debatte auslöste. Auf die Frage, ob er wirklich erwarte, dass der Reichstag eine solche Überarbeitung des Strafgesetzbuches beschließen würde, antwortete Abeken, dass nur ein Reichstag, in dem die Konservativen eine Mehrheit hätten, dies tun könne. Aber auch die erfolgreiche Revision des Strafgesetzbuches würde das Problem der Sozialdemokratie nicht lösen. »Hand in Hand« mit dieser Revision müsste eine Neuordnung der deutschen Justiz erfolgen. Abeken war der Ansicht, dass den deutschen Richtern mehr Unabhängigkeit und Freiheit bei der Verkündung von Urteilen zu gewähren sei: Zu oft begrenzten sie ihre Urteile zu sehr auf den Buchstaben des Gesetzes. Zukünftig sollten die angehenden Richter sorgfältiger ausgewählt werden. Auch die deutschen Staatsanwälte sollten sich mehr Gedanken über die größeren Zusammenhänge machen, in denen die Strafverfolgung betrieben werden konnte und sollte.

*

Diese Einschätzungen des Sozialistengesetzes konvergieren und divergieren in einer Weise, die es im Folgenden weiter zu untersuchen gilt. Sie legen auch nahe, warum die deutsche Politik im Winter 1889/90 richtungslos schien und die »Ordnungsparteien« vor politischen Herausforderungen standen, die sie sich noch in den 1870er-Jahren kaum hätten vorstellen können. Die Reichstagswahlen vom Februar 1890 versetzten der deutschen politischen Kultur einen seismischen Schock – den zweiten innerhalb von zwölf Jahren. Dennoch war der Schlachtruf »Wider dem Umsturz!« nicht der einzige, mit dem in den 1870er- und 1880er-Jahren die Wähler aktiviert wurden. Lenken wir daher als Nächstes unser Augenmerk auf die Mobilisierungsaufrufe, denen zufolge die größte Bedrohung für Deutschland von den Liberalen und Juden ausginge.

5 »Gegen Liberale und Juden«

»Zwei Worte gibt es, die vor dem Sachsen nicht ausgesprochen werden können, ohne dass er in Aufregung gerät: Jesuit und Jude« – so behauptete Friedrich Ferdinand von Beust, Sachsens Regierungschef von 1849 bis 1866.[1] Die Juden lieferten ein Feindbild, gegenüber dem die sächsischen Konservativen ihre Partei und ihr Programm definierten.[2] Aber war dieses Feindbild für die Entwicklung des sächsischen Konservatismus in gleichem Maße prägend wie die Darstellungen von »unzuverlässigen« Liberalen und »bedrohlichen« Sozialisten, mit denen konservative Anhänger mobilisiert wurden? Die Antwort darauf scheint »Ja« zu lauten. Das Schicksal der deutschen Juden war untrennbar mit dem Schicksal des deutschen Liberalismus verbunden. Erst an zweiter Stelle wurden die Juden mit der sozialistischen Bedrohung in Verbindung gebracht. Der Fall Sachsen zeigt, wie regionale Machtkämpfe nicht nur geprägt waren durch den Vormarsch einer Massenbewegung wie der Sozialdemokratie, sondern auch durch den Erfolg rechter Eliten, die neue Mitglieder und Wähler gewannen, indem sie die sozialistischen, liberalen und jüdischen »Bedrohungen« in einen gemeinsamen Topf warfen.

Bevor wir uns dem sächsischen Antisemitismus zuwenden, zeichnet dieses Kapitel die relative Schwäche des Linksliberalismus und des Nationalliberalismus ab Mitte der 1870er-Jahre bis 1890 nach. Die Fragen nach dem »Was« sind in diesem Kontext leichter zu beantworten als die Fragen nach dem »Warum«. Nach wie vor lässt sich schwer sagen, warum die sächsischen Liberalen bereit waren, nach der Pfeife der Konservativen zu tanzen. Klar ist, dass Geschäftsleute, Kaufleute, Fabrikanten und höhere Beamte den Konservativen Landesverein als ihren legitimen Vertreter im Parlament sahen. Klar ist auch, dass der Konservatismus in Sachsen weniger aristokratisch und mehr bürgerlich, weniger ländlich und mehr städtisch, weniger agrarisch und mehr industriell war als in anderen Regionen des Kaiserreichs. Die Frage, warum sich die sächsischen Liberalen freiwillig der konservativen Führung unterworfen haben, gibt aber weiterhin

---

[1] F. F. v. BEUST, Aus drei Viertel-Jahrhunderten, Bd. 1, 1887, S. 178. Beust fügte hinzu: »Thatsächliche Vorgänge geben davon Zeugnis. Die Zeit liegt nicht allzu weit zurück, wo in Sachsen den Juden das Betreten gewisser Städte, nämlich der Bergstädte, verboten war. Man hielt es nicht für möglich, dass ein Jude an einer Erzstufe vorübergehen könne, ohne sie einzustecken. Und so war auch der Jesuit der leibhaftige Gottseibeiuns.«
[2] Ich habe bereits in früheren Aufsätzen die konservativen und antisemitischen Bewegungen in Sachsen und Baden miteinander verglichen; dort finden sich auch detailreichere Schilderungen einiger Entwicklungen, die in diesem Kapitel nachgezeichnet werden. Vgl. J. RETALLACK, Herrenmenschen und Demagogentum, 2000; DERS., Conservatives and Antisemites, 1999.

Rätsel auf. Dieses Kapitel schlägt zwei vorläufige Antworten auf diese Frage vor. Erstens überzeugte Sachsens Rolle als Wiege der Sozialdemokratie sowohl die Linksliberalen als auch die Nationalliberalen davon, dass nur ein enges Bündnis mit den Konservativen und dem konservativen Beamtentum Schutz vor den »Roten« gewährte. Zweitens machte das sozioökonomische Profil der Konservativen Partei sie als politische Verbündete attraktiv für diejenigen sächsischen Liberalen, die sich nicht von der Welt der Wirtschaft und des Handels verabschieden wollten. Das galt für die Führungsebene der beiden liberalen Parteien ebenso wie für die Mitglieder an der Basis. Die liberale Parteispitze in Sachsen bewegte sich unweigerlich in die von ihren Wählern bevorzugte Richtung, was in den 1880er-Jahren nach rechts bedeutete. Egal ob bei Reichstags- oder Landtagswahlen, die Nachteile der Opposition gegen Bismarck und die Vorteile einer Allianz mit den Konservativen waren zwei Seiten derselben Medaille. Wo das protestantische Bürgertum in anderen Bundesstaaten die Liberalen unterstützte, fand es in Sachsen zahlreiche Gründe, die Konservativen zu unterstützen.

Liberalismus ohne Kompass

> Wenn ich denke, wie damals, nach dem bitteren Durchgangspuncte des Jahres 1866, die Parteien in Sachsen sich gegenüber standen, und wie dagegen heute Nationalliberale und Conservative zusammengehen im Interesse des Vaterlandes und der gesellschaftlichen Ordnung, da muß man sagen: Durch solche Thatsachen scheint das deutsche Reich in seinen Grundfesten besser gekräftigt, als es jemals durch papierene Verfassungsbestimmungen correctester Art hätte gekräftigt werden können.
> — Redner bei der ordentlichen Generalversammlung des Nationalliberalen Vereins im Königreich Sachsen, 1889[3]

> We know what happens to people who stay in the middle of the road. They get run down.
> — Aneurin Bevan, britischer Labour-Politiker, 1953

In Bismarcks politischem Universum teilte sich die liberale Bewegung in Insider und Outsider. Die Realität war komplizierter, aber keine der beiden Gruppen profitierte von den Differenzierungsprozessen, die zum Wandel des sächsischen Liberalismus beitrugen. Nach 1878 bewegten sich die Nationalliberalen stetig weiter nach rechts – nicht um die Konservativen herauszufordern, sondern um als deren Juniorpartner im Kampf gegen den Umsturz zu fungieren. Bereits 1887 waren die Nationalliberalen fester Bestandteil der »Ordnungsparteien« in Sachsen. Der Stern der sächsischen Linksliberalen war im Sinken begriffen, nachdem sie sich in einen fortschrittlichen und einen freisinnigen Flügel gespalten hatten. Erstere gaben dem gemeinsamen Kampf gegen den Sozialismus den Vorrang, und in den 1880er-Jahren galten die Fortschrittler als Teil der »staatserhaltenden Parteien« in Sachsen. Das bewahrte sie nicht davor, als »Sächsischer Kammerfortschritt« verspottet zu werden, was darauf hindeutete, dass auch sie sich den Konservativen in der Zweiten Kammer des Landtags untergeordnet hatten. Die Freisinnigen hingegen galten als verkappte Sozialisten. So drifteten linke und rechte Liberale immer weiter auseinander. Die Stärke und Geschlossenheit, die sie

---

3   NLVKS, Bericht über die ordentliche Generalversammlung [...] 1889, S. 6.

in der Landtags-Session von 1869/70 bewiesen hatten, standen im krassen Gegensatz zu ihrer Schwäche und Desorganisation nach 1884.

Die Nationalliberalen und das sächsische Kartell

Bei den sächsischen Nationalliberalen war die Wachablösung nach der Reichseinigung bis Mitte der 1880er-Jahre weitgehend abgeschlossen. Karl Biedermanns Dienstzeit als sächsischer Landtagsabgeordneter endete 1877.[4] Die Nationalliberalen, die 1884 und 1887 in den Reichstag gewählt wurden, erarbeiteten sich kein markantes Profil, genauso wenig wie ihre in den Landtag gewählten Kollegen. Ausnahmen waren der Leipziger Bürgermeister Carl Tröndlin, der 1884 und 1887 im WK 12: Leipzig-Stadt gewählt wurde, und Otto Georgi, der von 1871 bis 1877 den WK 22: Auerbach vertreten hatte und dann von 1877 bis 1899 als Leipziger Oberbürgermeister amtierte, bevor er die Amtskette an Tröndlin übergab. Die Leipziger bildeten weiterhin den Kern der sächsischen Nationalliberalen, wohingegen die Partei in der Dresdner Politik nahezu keine Rolle spielte.[5] In anderen deutschen Städten dominierten die Nationalliberalen die Stadtverordnetenkollegien, Stadträte und Rathäuser; für die Popularität eines sächsischen Bürgermeisters spielte Parteizugehörigkeit aber fast keine Rolle: Er konnte ebenso gut Konservativer wie Nationalliberaler sein.

Die sächsischen Nationalliberalen unterstützten nachdrücklich die Verabschiedung des Sozialistengesetzes im Jahre 1878. Auch jeder Verlängerung des Gesetzes stimmten sie begeistert zu. Nur wenige schlossen sich 1880 der Sezession von der Nationalliberalen Partei an.[6] Als sich die Sezessionisten im Frühjahr 1884 mit den Fortschrittlern zur Deutschen Freisinnigen Partei zusammenschlossen, hatten Biedermann und andere Nationalliberale dem Freisinn praktisch den Krieg erklärt; in ihren Augen waren die Freisinnigen zu sehr darauf bedacht, parlamentarische Vorrechte zu verteidigen, und zu zögerlich, sich dem Kampf gegen den Sozialismus anzuschließen.[7] Auf einem Parteitag der sächsischen Nationalliberalen im Juli 1884 gab Biedermann deutlich zu verstehen, dass seine Partei Kompromisskandidaten für die kommenden Reichstagswahlen nur zusammen mit den Konservativen nominieren würde. Ziel der Nationalliberalen sei es, die Fortschrittler und die Zentrumspartei daran zu hindern, eine Mehrheit im Reichstag zu bilden.[8]

---

4   K. BIEDERMANN, Mein Leben, Bd. 2, 1886, S. 345–361; DERS., Conservative und Liberale, 1900, Abschnitt I–II; H. BLUM, Lebenserinnerungen, Bd. 2, 1907, S. 28–99. Zu Biedermann vgl. auch Kap. 1.
5   Vgl. Nationalliberaler Reichsverein zu Dresden, Jahresberichte […] 1894/95–1909/10, SLUB, H. Sax. G. 364, 60.
6   J. HEYDERHOFF/P. WENTZCKE, Deutscher Liberalismus, Bd. 2, 1925, S. 355–357; K. BIEDERMANN, Fünfzig Jahre, 1892, Kap. 14.
7   Pr. Gesandter Dönhoff, 30.4.1884, PAAAB, Deutschland 102, Bd. 6; vgl. K. BIEDERMANN, Mein Leben, Bd. 2, 1886, S. 347–354.
8   Kommissarischer pr. Gesandter Waldenburg, 7.7.1884, PAAAB, Deutschland 102, Bd. 7.

Bei den Reichstagswahlen im Oktober 1884 verbesserten die sächsischen Nationalliberalen ihren Anteil an den Wählerstimmen gegenüber 1881 von 14 auf fast 18 Prozent. Der Reichstagswahlkampf von 1887 bescherte den sächsischen Nationalliberalen ihren größten Wahltriumph seit den 1870er-Jahren. Siege in 10 von 23 sächsischen Wahlkreisen – d. h. doppelt so viele Mandate wie 1884 – und mehr als 30 Prozent der Stimmen schienen ein Beleg dafür zu sein, dass ihre Partei in Sachsen so lange gedeihen würde, wie sie sich an die Konservativen als Mitstreiter hielt. Biedermann schrieb später: »Dieses Ergebniß war so glänzend, aber auch [...] so überraschend, daß man Alles zu bieten zu müssen glaubte, um ein ähnliches Ergebniß womöglich auch für künftige Wahlen zu sichern. Dazu gehörte [...], daß in der Zeit zwischen diesen [Reichstags-] Wahlen das Cartel in seiner ganzen Festigkeit erhalten bliebe. Dies bedingte aber eine Uebertragung desselben auch auf die Landtagswahlen.«[9]

Die Nationalliberalen waren allerdings nicht ganz konsequent, was den besten Weg zur Bildung einer Einheitsfront gegen den Sozialismus anging. Auf dem Parteitag 1888 befürworteten sie die Abschaffung von Stichwahlen. Obgleich diese Initiative stillschweigend begraben wurde, war Biedermann zusammen mit anderen der Ansicht, sie könnte den Schlüssel zu künftigen Siegen über die Sozialdemokraten darstellen. Vor der Gemeinnützigen Gesellschaft Leipzigs erklärte er:

> [I]ch halte die Stichwahlen für die allerschlechteste Einrichtung in unserem Wahlsystem. [...] Doppelt verderblich ist das Stichwahlsystem da, wo es so viele Parteien giebt wie bei uns, denn es verleitet, ja zwingt beinahe diese Parteien zu unnatürlichen und geradezu unsittlichen Coalitionen. [...] Hätten die Ordnungsparteien 1878 ebenso gleich bei der ersten Wahl zusammengehalten wie diesmal [1887], so wären damals statt 6 nur 2 Socialdemokraten aus Sachsen in den Reichstag gekommen. Das möge man sich für alle künftigen Wahlen merken![10]

Ähnliche Motive standen hinter der Begeisterung der Nationalliberalen für eine Verlängerung der Legislaturperiode des Reichstags von drei auf fünf Jahre. Sie argumentierten, dass diese Reform das Ansehen der deutschen Verfassungsordnung im Vergleich zu der Belgiens oder Italiens verbessern würde.[11] Bis 1888 schien das Kartell gut geeignet, moderate Liberale und Konservative in Sachsen *und* im Reich hinter sich zu vereinen. Noch im Dezember 1888 schrieb Biedermann an Bismarck in der Hoffnung, ihn davon

---

9 K. BIEDERMANN, Conservative und Liberale, 1900, Abschnitt II. Vgl. Karte S. 5.2 im Online-Supplement, welche die sächsischen Parteihochburgen in der Reichstagswahl von 1887 zeigt. Kartellkandidaten gewannen mindestens 60 Prozent der Stimmen in 18 von 23 sächsischen RT-Wahlkreisen. Vgl. K. BIEDERMANN, Fünfzig Jahre, 1892, S. 143 f.; DERS., Rückblick, [1888], S. 6.
10 K. BIEDERMANN, Fünfzig Jahre, 1892, S. 150 f.
11 NLVKS, Bericht [...] 1889, S. 7–8.

zu überzeugen, dass die sächsische Nationalliberale Partei ihre Pflicht als eine der Mittelparteien im Reichstag erfüllen würde.¹²

Im April 1887 wurde die Mitgliederzahl der Nationalliberalen Partei in Sachsen infolge der Wahlkampfbegeisterung einige Monate zuvor mit 900 angegeben. Die Reichstagswahl 1893 trug dazu bei, die Mitgliederzahl bis Mai 1895 auf 1 530 zu erhöhen.¹³ In der östlichen Kreishauptmannschaft Bautzen hatte die Partei 1889 insgesamt 14 zahlende Mitglieder, in der Kreishauptmannschaft Dresden nur 142. Die mit Abstand stärkste Anhängerschaft wies die Kreishauptmannschaft Leipzig mit 536 Mitgliedern auf, während Zwickau 227 Mitglieder zählte.¹⁴ Fast alle Mitglieder des Parteivorstands lebten in Leipzig oder Dresden, wo Akademiker, Juristen, Unternehmer und Kommunalbeamte den Ton angaben. Chemnitz, Zwickau, Zittau und Meerane wurden typischerweise eher durch Fabrikanten und Fabrikbesitzer vertreten.

Das soziologische Profil der einfachen Mitglieder war nur minimal breiter gefächert. Nach Schätzungen eines Historikers gehörten Anfang der 1890er-Jahre etwa 3 Prozent der Parteimitglieder den unteren Schichten an; die Oberschichten stellten etwa 45 Prozent der Mitglieder, während das Klein- und Großbürgertum ca. 35 bzw. 16 Prozent der Mitglieder repräsentierte.¹⁵ In der Partei gab es nur wenige Bauern – insgesamt etwa 4 Prozent – und Arbeiter fehlten nahezu gänzlich. Rund 30 Prozent der Mitglieder waren in der Industrie tätig, etwa 10 Prozent in Banken, Versicherungen und Handel und etwa 18 Prozent im öffentlichen Dienst, in der Kirche oder ehrenamtlich in Vereinen. Die sächsische Nationalliberale Partei blieb in den 1880er-Jahren eine überwiegend bürgerliche Partei – eine Partei der Honoratioren und der Wohlhabenden.

Fortschrittler und Freisinnige

Die Polarisierung der sächsischen Parteipolitik in den 1880er-Jahren brachte die Linksliberalen in eine missliche Lage. Aber man sollte der Vorstellung entgegentreten, dass die Linksliberalen hartnäckig an Prinzipien festhielten, während die Nationalliberalen die Kunst des Kompromisses perfektionierten. Wie anderswo im Reich standen auch in Sachsen alle Parteien vor dem Problem, den Anschein doktrinärer Reinheit zu wahren und gleichzeitig der nationalen Sache, natürlich aus ihrer jeweiligen Perspektive, zu dienen.

Auch wenn es die Nationalliberale Partei war, die 1880 eine Sezession erlebte und bei den Wahlen von 1881 starke Verluste erlitt, fanden sich mit dem Inkrafttreten des

---

12 Biedermann an Bismarck (Auszug) (Abschrift), o. J. [18.12.1888], BAP, Rkz 673.
13 NLVKS, Bericht [...] 1885/1887/1888/1889; NLVKS, Mitglieder-Verzeichniss [...] 1888/1892/1895.
14 NLVKS, Bericht [...] 1889, 27.
15 K. H. Pohl, Nationalliberalen, 1991, S. 198 f. Vgl. ders., Politischer Liberalismus, 1997, S. 106.

Sozialistengesetzes auch die deutschen Fortschrittler an einem Scheideweg wieder. Auf einem Parteitag im November 1878 verabschiedeten sie ein überarbeitetes Programm, das die klassischen liberalen Forderungen neu bekräftigte. Aber es skizzierte auch einen neuen Kurs, wie der Professor und Pathologe Rudolf Virchow in seiner Grundsatzrede signalisierte: »Wir müssen uns als unabhängige Männer, nach oben gegen die Regierung, nach unten gegen die Massen, welche die Gesellschaft bedrohen, hinstellen. [...] Ich meine daher, dass wir unsere Unterstützung nach rechts suchen müssen in den unabhängigen Männern, in dem arbeitsamen Volke, in den Besitzenden, in Mitten des guten alten deutschen Bürgertums.«[16] Im Winter 1880/81 äußerte der sächsische Innenminister Hermann von Nostitz-Wallwitz die zuversichtliche Feststellung, dass den sächsischen Fortschrittlern die Zähne gezogen worden seien. Bezüglich »der sächsischen Fortschrittspartei, wie sie zur Zeit noch besteht«, sah Nostitz nur eine geringe Wahrscheinlichkeit, »sie in das Lager der Demokraten und Sozialisten zu treiben«. Diese Partei, fügte er hinzu, sei »bei weitem ›zahmer‹, wie die den gleichen Namen tragende in Preußen«.[17] Während der sich überschneidenden Landtags- und Reichstagswahlkämpfe 1881 machte die »radikale« Bedrohung durch den Linksliberalismus anderen Parteien und Regierungsministern in Sachsen jedoch durchaus Sorgen.[18] Die Nationalliberalen kritisierten Ton und Taktiken der Linksliberalen mit den gleichen Begriffen, die sie auf die Sozialdemokraten anwandten, und es war von Wahltricks, Intrigen und unlauteren Machenschaften die Rede.[19] Kriegsminister Alfred von Fabrice behauptete, in Dresden seien Unterstützer der Fortschrittspartei rekrutiert worden, um Informationen zum Angriff auf die sächsische Militärverwaltung zu sammeln.[20]

Die Reichstagswahlen 1884 warfen ein noch stärkeres Schlaglicht auf die Misere der sächsischen Fortschrittler. Das Jahr begann mit einer bemerkenswerten Rede von Curt Starke im Landtag, in der er signalisierte, der »Sächsische Kammerfortschritt« würde kraftvoll antisozialistisch und entschlossen regierungsfreundlich bleiben. Unter stürmischem Beifall von allen Seiten des Hauses (mit Ausnahme der Sozialdemokraten) erklärte er, dass »das staatsgefährliche Treiben der Sozialdemokratie [...] [es] uns zur Pflicht macht, die Regierung nach allen Richtungen zu unterstützen«.[21] Weder die Abstimmung über die Verlängerung des Sozialistengesetzes noch der erste Parteitag der Deutschen Freisinnigen Partei in Sachsen, beides im Mai 1884, trugen wesentlich dazu bei, die politische Rolle der neuen Partei zu klären. Einige sächsische Fortschrittler im Reichstag stimmten gegen eine Verlängerung des Gesetzes, waren aber froh, dass ihre Nein-Stimmen die Verlängerung des Gesetzes nicht verhinderten. Ihnen war klar,

---

16 U. STEINBRECHER, Liberale Parteiorganisation, 1960, S. 184 f.
17 Dönhoff, 6.4.1881, PAAAB, Sachsen 48, Bd. 5.
18 Dönhoff, 10.6.1881, 17.7.1881, PAAAB, Deutschland 102, Bd. 3 bzw. Sachsen 48, Bd. 6.
19 Neue Dresdner Nachrichten, 1.5.1881.
20 Dönhoff, 16.5.1883, PAAAB, Sachsen 48, Bd. 8.
21 LTMitt 1883/84, II.K., 1, S. 562 (28.1.1884); vgl. SParl, S. 40.

dass sie ihre eigenen Reichstagsmandate der Einheit der sächsischen »Ordnungsparteien« verdankten, und sie wussten ebenfalls, dass ihnen bei der nächsten Wahl eine Niederlage drohte, falls die Beschränkungen der sozialdemokratischen Agitation aufgehoben würden.[22] Auf dem Parteitag am 22. Mai, an dem zwischen 400 und 500 Anhänger teilnahmen, wurde die Einheit der Partei gewahrt, allerdings nur mit großer Mühe. Nun hatte der sächsische Flügel der Freisinnigen Partei eine eigene Satzung und einen eigenen Vorstand.[23]

Das Ergebnis der Reichstagswahlen von 1884 schockierte die sächsischen Linksliberalen. August Bebel schrieb: »Der bürgerliche Radikalismus ist in Deutschland tot.«[24] Der preußische Gesandte Dönhoff legte nahe, die Linksliberalen hätten ihre wohlverdiente Strafe erhalten: Sie hätten die Furchen gepflügt, aus denen die Sozialdemokraten die Ernte einbrachten.[25] Nach den Landtagswahlen von 1885 schien Sachsen nun in »zwei Heerlager« geteilt – die »staatserhaltenden« und die »staatszerstörenden« Elemente«. Dönhoff weiter: »Der Liberalismus in seiner jetzigen Gestalt scheine unwiderruflich dem Abbröckelungsprozess verfallen.«[26] Bismarck war weniger optimistisch. Genauso wie die sächsischen Konservativen. Laut ihrem neuen Parteiorgan in Leipzig, dem *Conservativen Vereinsblatt*, waren die Differenzen zwischen Nationalliberalen, Freisinnigen und Sozialdemokraten nur graduell. Dönhoff paraphrasierte das Argument des *Vereinsblatts* folgendermaßen:

> »Der Reichkanzler muß«, das sei das politische Programm des gesammten Liberalismus vom rechten bis zum linken Flügel, gezeichnet: von Benda, Eugen Richter, von Vollmar.[27] Der kleine Nachsatz, welcher diesem Muß! anhängt, könne den Konservativen gleichgültig sein. Er laute bei Herrn von Benda: tanzen, wie wir pfeifen – bei Herrn Eugen Richter: abgesetzt werden – bei Herrn von Vollmar: guillotinirt werden![28]

Zwischen 1886 und 1890 war den sächsischen Linksliberalen sowohl von den eigenen Parteiführern in Berlin als auch von vermeintlichen Verbündeten in Sachsen weiterhin ein kühler Empfang beschieden. Die meisten sächsischen Freisinnigen waren nicht einverstanden mit dem entschlossenen Widerstand des Parteichefs Eugen Richter gegen Bismarcks Heeresgesetz Ende 1886, und sie ärgerten sich, dass sie deshalb im Reichstagswahlkampf zu Beginn des darauffolgenden Jahres in eine schwierige Lage gerieten.

---

22   Bayer. Gesandter Rudhart, 15.5.1884, BHStAM II, MA 2853.
23   Waldenburg, 11.10.1884; PAAAB, Sachsen 48, Bd. 12; Rudhart, 25.10.1884; BHStAM II, MA 2853.
24   Bebel an Engels, 24.11.1884, A. BEBEL, Reden und Schriften, Bd. 2/II, 1978, S. 150 f.
25   Dönhoff, 5.11.1884; PAAAB, Sachsen 48, Bd. 13.
26   Dönhoff, 6.10.1885; PAAAB, Sachsen 48, Bd. 14.
27   Robert von Benda war eine führende Persönlichkeit der Nationalliberalen, Eugen Richter Parteiführer der Freisinnigen und Georg von Vollmar Sozialdemokrat.
28   Dönhoff, 7.10.1885; PAAAB, Sachsen 48, Bd. 14.

Die Berliner Parteiführer wiesen die Linksliberalen in Sachsen an, sich der Stimme zu enthalten, als in einer Stichwahl ein Sozialist einem Kandidaten der »Ordnungsparteien« gegenüberstand. Diese Taktik brachte ihnen keine Freunde.[29] Wenn nicht die Konservativen selbst die Peitsche schwangen, übten sich die sächsischen Linksliberalen in Selbstgeißelung. Nur wenige Tage nach der Hauptwahl im Februar 1887 distanzierte sich die linksliberale *Dresdner Zeitung* von der Berliner Führung der Freisinnigen. »Die bisherige Fraktion der deutschfreisinnigen Partei im Reichstag hat es durch eine kurzsichtige und verkehrte Taktik dahin gebracht, den Liberalismus im [sächsischen] Lande zu ruinieren. Letzterer wird sich nicht länger gefallen lassen, daß sich eine Handvoll eigensinniger und unduldsamer Herren, welche zufällig noch ein Mandat erhalten haben, als Inbegriff der freisinnigen Partei des deutschen Vaterlands aufspiele.«[30]

Das war ein Schock. Bei den Landtagswahlen im Herbst 1887 nominierte Richters Parteiflügel in nur wenigen sächsischen Wahlkreisen Kandidaten; diese Männer waren so obskur, dass nicht einmal die linksliberale *Zittauer Morgenzeitung* es schaffte, sie attraktiv wirken zu lassen.[31] Etwa zur gleichen Zeit wurde ein Deutschfreisinniger Landesverein für Sachsen gegründet. Dies beschleunigte die Aufspaltung der Regionalpartei in »zwei ungleiche Hälften«, zwischen denen viele sächsische Liberale bald »haltlos hin und her flackerten, indem sie je nach augenblicklicher individueller Eingebung bald der einen, bald der anderen Richtung folgten«.[32] Einen weiteren Sieg erzielten die Richter-Anhänger Anfang 1889, als ihr Freisinniger Landesverein eine Generalversammlung in Chemnitz abhielt und beschloss, so viele Kandidaten wie möglich für die Landtagswahl im Herbst aufzustellen. Sollte kein Parteikandidat zur Verfügung stehen und ein Kandidat der »Ordnungsparteien« sich einem Sozialdemokraten gegenübersehen, würden sie dem Nicht-Sozialisten die Unterstützung verweigern. Für die Konservativen war die Chemnitzer Resolution ein weiterer Beweis dafür, dass die Linksliberalen sich über jeden sozialdemokratischen Wahlsieg freuen würden, egal wer der Kandidat sei.

Solche Feindseligkeit erwies sich noch während Bismarcks letztem Kanzlerjahr als zersetzend. Die Richter-Anhänger legten noch nach, indem sie die »Sächsischen Kammerfortschrittler« als »verkappte Conservative« bezeichneten.[33] Nach den Landtagswahlen vom 15. Oktober 1889 sah die Lage nicht vielversprechender aus. Als die stürmische politische Saison 1889/90 näher rückte, bot nur der Landtag selbst einen sicheren Hafen für diejenigen sächsischen Fortschrittler, die mit den Konservativen und

---

29 Rudhart, 16.1.1887, sowie bezüglich anderer Punkte im Folgenden aus den Berichten von 2./10./23./28.2.1887; BHStAM II, MA 2856.
30 Dönhoff, 25.2.1887, PAAAB, Deutschland Nr. 125, Nr. 3, Bd. 4.
31 Dönhoff, 12.10.1887, PAAAB, Sachsen 60, Bd. 1.
32 Dönhoff, 25.9.1889, PAAAB, Sachsen 60, Bd. 2, und zum Folgenden.
33 DZ, 24.9.1889.

Nationalliberalen im Kampf gegen die Sozialdemokratie zusammenarbeiten wollten. Überall sonst trieben sie ohne Segel und Steuer auf hoher See.

Geschäftsmänner und sonstige Parlamentarier

Wie fühlte es sich an, in einem von Vertretern aus Landwirtschaft, Industrie, Handel und Gewerbe dominierten Landtag zu sitzen? Man denke nur an August Bebels Schilderungen seiner Erfahrungen als sächsischer Landtagsabgeordneter. Fünfzehn Jahre nach der Wahlrechtsreform von 1868 erschien ihm die sächsische »Ständeversammlung« noch immer vorsintflutlich:

> Einen sehr erheblichen Bruchteil der Kammer bildeten die ländlichen Abgeordneten, deren politischer Blick über die Grenzen ihres Wahlkreises kaum hinausreichte, Leute, die von dem Wollen der Sozialdemokratie die lächerlichsten Vorstellungen hatten. Ihnen schlossen sich an eine Anzahl Bürgermeister der kleinen Städte, die in einem spießbürgerlichen Milieu lebten und danach dachten. Den Rest der Abgeordneten bildeten eine Anzahl Regierungsbeamte, einige Fabrikanten und ein größerer Teil Juristen. Mit wenigen Ausnahmen war die Kammer im engherzigsten, sächsischen Partikularismus befangen, wobei sich die sogenannten fortschrittlichen Abgeordneten von den Konservativen nicht unterschieden. In einer solchen Kammer zu sitzen, war mir nicht einen Tag ein Genuß, nur das Pflichtgefühl gegen die Partei hielt mich an ihr fest und die Notwendigkeit, von Zeit zu Zeit ein System zu brandmarken, das ich aus tiefster Seele haßte.[34]

Als Otto Freytag und Wilhelm Liebknecht 1877 bzw. 1879 in den Sächsischen Landtag gewählt wurden, brach in den Reihen der Sozialisten eine Kontroverse aus. Es ging um die Frage, ob diese Parteimitglieder den von allen Landtagsabgeordneten geforderten Treueeid auf den sächsischen König leisten könnten. Die Kontroverse kam zu einem ungünstigen Zeitpunkt für Bebel und Liebknecht, die sich innerhalb der eigenen Partei gleich von zwei Seiten herausgefordert sahen: einerseits von den Anarchisten, die selbst die geringste Unterstützung der monarchischen Autorität verurteilten, und andererseits von den Gemäßigten, die glaubten, dass ihre Partei »positive« Beiträge zum parlamentarischen Leben leisten sollte, zum Beispiel indem sie Gesetze zum Wohle der deutschen Arbeiter unterstützte. Mit Marx' Segen entschieden die sächsischen Sozialdemokraten schnell, dass die Eidesleistung ein akzeptabler Preis sei für das Mitspracherecht im Landtag. In den 1880er-Jahren beteiligte sich die kleine sozialdemokratische Fraktion eifrig an der Arbeit des Landtags. In vielen Fragen – Schulgeld, Religionsunter-

---

34 A. BEBEL, Leben, 1961, S. 784, in Bezug auf die LT-Sitzungsperiode 1881/82.

richt, staatliche Feuerversicherung, Frauen- und Kinderarbeit sowie Arbeiterschutz – konnten die Sozialdemokraten im Landtag die Grenzen der reinen Lehre auf eine Weise austesten, wie sie es im Reichstag nicht vermochten.[35]

Wie das soziologische Profil des Landtags zeigt, waren die Sozialdemokraten in fast jeder Hinsicht Außenseiter, obwohl es schwierig ist, Personen zu kategorisieren, die zwei, drei oder mehr Berufe auf einmal ausübten.[36] Ein Landtagsabgeordneter mochte zugleich Industrieller, Gutsbesitzer und Inhaber verschiedener (bezahlter oder unbezahlter) Ehrenämter sein; aus den parlamentarischen Handbüchern ging nicht hervor, ob sie die soziale Stellung der Abgeordneten oder ihre berufliche Tätigkeit erfassten: In der Regel umgingen sie das Problem und taten beides. Die soziologische Analyse wird aussagekräftiger, betrachtet man eine große Anzahl von gewählten Abgeordneten über einen längeren Zeitraum, doch ergibt sich dabei eine zweite Schwierigkeit. Da Sachsen 1868, 1896 und 1909 drei große Wahlrechtsreformen erlebte, sind Schlussfolgerungen über den sozioökonomischen Hintergrund der Landtagsabgeordneten nur für ein oder zwei Wahlsysteme nicht aufschlussreich. Eine breite Kategorisierung aller sächsischen Abgeordneten, die zwischen 1869 und 1918 in der Zweiten Kammer des Landtags saßen, zeigt, dass mehr als 40 Prozent in Industrie, Handel und Gewerbe tätig waren (siehe Abbildung 5.1). Etwa ein Viertel der Abgeordneten hatte einen landwirtschaftlichen Hintergrund, während Beamte und Angehörige der freien Berufe jeweils etwa 15 Prozent der Abgeordneten stellten. Diese Anteile waren je nach Partei sehr unterschiedlich. Besonders bemerkenswert in Abbildung 5.1 ist, dass es sich bei den konservativen Abgeordneten nicht ausschließlich um Landwirte handelte. Mehr als die Hälfte von ihnen kamen aus Industrie und Handel, dem öffentlichen Dienst und den freien Berufen. Diese Berufe waren allesamt auch in den Reihen der Fortschrittler vertreten.

Es mag überraschen, dass nur 25 Prozent der Landtagsabgeordneten einen landwirtschaftlichen Hintergrund hatten. Schließlich waren im achtzigköpfigen Landtag nach 1868 45 Sitze den ländlichen und nur 35 den städtischen Bezirken zugewiesen worden. Außerdem genügte ein winziges Stück Land, auf dem sich unter Umständen nichts weiter als eine heruntergekommene Kate befand, um dem Besitzer das Landtagswahlrecht zu gewähren, während städtische Mieter den Drei-Mark-Zensus für das Wahlrecht erreichen mussten. (Die Währungsreform hatte den Thaler abgeschafft, der drei Mark entsprach.)

---

35 Vgl. V. LIDTKE, Outlawed Party, 1966, S. 222–228; W. LESANOVSKY, Bildungspolitik, 1998.
36 SParl, S. 86–99. Vgl. G. THÜMMLER, Sächsischer Landtag, 1994; DERS., Sozialökonomische Zusammensetzung, 1965; G. SCHMIDT, Sächsischer Landtag, 1977. Neben zeitgenössischen Handbüchern zum RT und LT vgl. W. KREMER, Sozialer Aufbau, 1934; L. ROSENBAUM, Beruf und Herkunft, 1923. Für das PAH vgl. A. PLATE, Handbuch, 1904; B. MANN, Handbuch, 1988; Kühne, Dreiklassenwahlrecht, 1994, Teil 2, Kap. 6; für die bayer. Abgeordnetenkammer, D. ALBRECHT, Sozialstruktur, 1992, inkl. statistische Übersichten S. 431, 441.

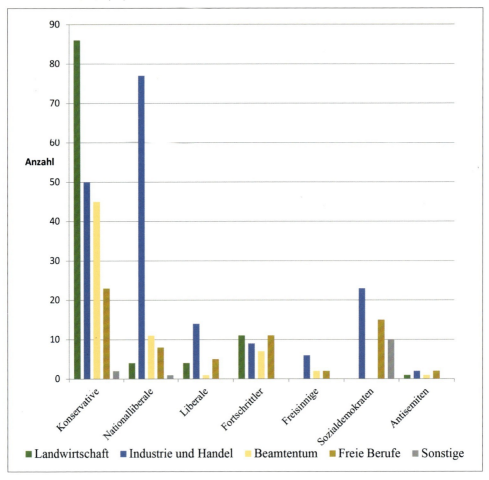

Abbildung 5.1: Sächsische Landtagsabgeordnete nach Berufen und Parteizugehörigkeit, 1869–1918. Quellen: Gezeichnet vom Verfasser basierend auf Daten in E. Döscher/W. Schröder (Hrsg.), Sächsische Parlamentarier, 2001, S. 90, 101, und W. Schröder, Landtagswahlen in Sachsen, 2004. Weitere Differenzierungen innerhalb dieser Kategorien finden sich in Tabelle S.5.1 im Online-Supplement. Für Momentaufnahmen in den Jahren 1869, 1881 und 1895, vgl. Tabelle S.5.2, ebenfalls im Online-Supplement.

Abbildung 5.2 zeigt, dass 1895 nur 15,1 Prozent der Sachsen von der Landwirtschaft abhängig waren, im Vergleich zu 35,8 Prozent im Reich. Damit war die Landwirtschaft im Dresdner Landtag überrepräsentiert. Umgekehrt waren insgesamt 72 Prozent der Sachsen entweder in Industrie und Bergbau (58 Prozent) oder im Bereich von Handel und Verkehr (14 Prozent) beschäftigt – verglichen mit 39,1 bzw. 11,5 Prozent reichsweit. Waren die Interessen von Industrie und Handel im Sächsischen Landtag unterrepräsentiert? Die Liberalen hatten gute Gründe, das zu behaupten. Bezeichnenderweise hielten die Liberalen mit dieser Klage aber hinterm Berg, wenn sich die Herausforderung durch den Sozialismus als akut darstellte.

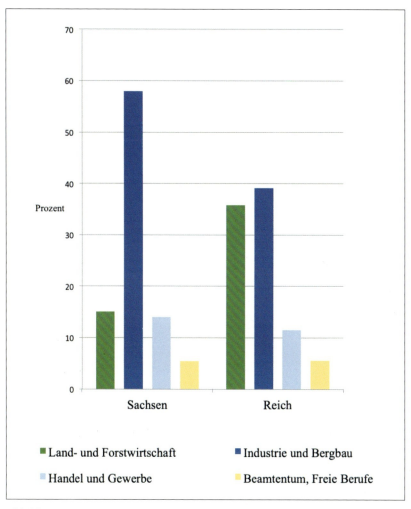

Abbildung 5.2: Berufsprofil der Bevölkerung, Sachsen und das Reich, 1895. Die Zahlen fassen Erwerbstätige, Haushaltungsangehörige und Dienstboten. Gezeichnet vom Verfasser basierend auf Daten in E. Döscher/W. Schröder (Hrsg.), Sächsische Parlamentarier, 2001, S. 87; P. Kollmann, Soziale Gliederung, 1913.

Der Sächsische Landtag war in erster Linie – abgesehen von einer immer kleiner werdenden Gruppe von Groß- bzw. Grundbesitzern – ein Parlament von Fabrikanten, Kaufmännern und anderen Gewerbetreibenden. Er wies einen ungewöhnlich hohen Anteil an »Allround-Unternehmern« und »Multifunktionären« auf.[37] Dies machte es den Abge-

---

37 Zum Folgenden vgl. besonders SParl, S. 86–113; W. Schröder, Struktur der II. Kammer, 1999. Außerdem M. Dittrich, Parlamentarische Almanach, 1878; Landtags-Almanach [...] 1887. Vgl. auch W. Schröder, Unternehmer, 1998, S. 120, Anmerkung 3: »Der Begriff Kaufmann hatte offenbar ein höheres Sozialprestige als der

ordneten im Sächsischen Landtag leichter als ihren Kollegen in anderen deutschen Parlamenten, sich über Parteigrenzen hinweg zu verständigen. Die engen persönlichen und beruflichen Verbindungen zwischen Beamten- und Unternehmertum zwangen die Landtagsabgeordneten, sowohl im öffentlichen als auch im privaten Sektor Beziehungen zu pflegen. Wie wichtig dieses Geflecht wurde, lässt sich daraus ersehen, dass mindestens 43 von 181 Unternehmern – fast jeder Vierte – den Titel Kommerzienrat oder Geheimer Kommerzienrat verliehen bekamen. Ein weiterer Indikator ist, dass diese Unternehmer das gesamte Spektrum der dynamischsten Industriezweige Sachsens repräsentierten, wenngleich die Textilbranche dominierte. Angesichts der Tatsache, dass große Fabriken in Sachsen in den 1880er-Jahren noch die Ausnahme darstellten, waren handwerkliche und andere kleine Werkstätten im Landtag verhältnismäßig schwach vertreten. Diese Unterrepräsentation war eine Chance für Sozialdemokraten und Antisemiten, die beide heftig um die Stimmen des Kleinbürgertums konkurrierten. Lohnarbeiter – d. h. Personen, die keine anderen Einnahmequellen besaßen – wurden durch die für alle Kandidaten erforderliche 30-Mark-Steuergrenze daran gehindert, ein Landtagsmandat zu erringen.

Industrie und Landwirtschaft konkurrierten nicht unter gleichen Bedingungen um den Zugang zur Legislative. Der Rhythmus der Landtagssitzungsperioden begünstigte längere parlamentarische Amtszeiten von Landwirten. Nach den alle zwei Jahre im September oder Oktober stattfindenden Landtagswahlen trat das Parlament in der Regel im November zusammen und tagte bis zum darauffolgenden März oder April. In diesem Zeitraum war es einem Landwirt gut möglich, sich den Landtagsangelegenheiten zu widmen. Fabrikbesitzern und Händlern hingegen stand in diesen Monaten weniger freie Zeit für parlamentarische Angelegenheiten zur Verfügung: Unter anderem beanspruchten die Leipziger Neujahrsmesse und der Jahresabschluss ihre Aufmerksamkeit.

Wie in Abbildung 5.1 zu sehen, waren Vertreter der sächsischen Landwirtschaft überwiegend in den Reihen der Konservativen zu finden. In den Jahren 1869 bis 1918 stellten Landwirte etwa ein Viertel aller Landtagsabgeordneten, von denen sich 80 Prozent der konservativen Fraktion anschlossen. Wer zu den liberalen Parteien tendierte, besaß meist einen bescheidenen landwirtschaftlichen Betrieb – auf einige mag die Bezeichnung Gutsbesitzer zutreffen, bei vielen handelte es sich jedoch um selbstständige Bauern. Gesellschaftlich und ideologisch hatten diese Abgeordneten oft wenig gemein mit Rittergutsbesitzern. Die Angehörigen der freien Berufe waren fast zu gleichen Teilen in der konservativen (23) und der liberalen (26) Fraktion vertreten. Die Konservativen und die sächsische Regierung scheinen die Auffassung geteilt zu haben, dass »staatserhaltende« Beamte der Sache am besten dienlich waren, indem sie ihre Ämter und Dienste ausübten und nicht für das Parlament kandidierten. Diese Auffas-

---

des Fabrikanten. Die Mehrzahl der als Kaufleute ausgewiesenen [sächsischen] Abgeordneten entpuppte sich als Fabrikbesitzer.«

sung mag erklären, warum der Sächsische Landtag insgesamt eine verhältnismäßig geringere Anzahl an Beamten aufwies als der Reichstag und die meisten anderen deutschen Parlamente. Gleichwohl vermochte die Vorstellung, dass alle Beamten der Treue zum Staat verpflichtet waren, die Befürchtungen der Regierung nicht zu zerstreuen, dass die Sozialdemokratie unter den Eisenbahn-, Post- und Telegrafenbeschäftigten auf dem Vormarsch war.

Die Jahre 1869 bis 1881 stellten eine Zäsur dar. Die Zahl der Großgrundbesitzer, die in den 1850er- und frühen 1860er-Jahren im Landtag gesessen hatten, verringerte sich mit der Wahlrechtsreform von 1868. Der im Jahr 1866 gewählte Landtag umfasste 22 Rittergutsbesitzer – über ein Viertel aller Abgeordneten – und neun Adlige. Nach der Wahl von 1869 waren nur noch elf Rittergutsbesitzer und zwei Aristokraten vertreten. Außerdem hatten 57 der 80 Abgeordneten, die 1869 gewählt worden waren, noch nie zuvor im Landtag gesessen. Diese Faktoren trugen dazu bei, dass die Konservativen bei zukünftigen Wahlkämpfen auch in anderen gesellschaftlichen Gruppen nach geeigneten Kandidaten suchen und ihre Attraktivität erhöhen wollten. Zwischen 1869 und 1895 lag das eigentliche Wachstumsfeld der Konservativen bei den Unternehmern (Fabrikbesitzer, Gewerbetreibende, Kaufleute). 1869 stammte nur ein Vertreter der 37 Köpfe umfassenden konservativen Fraktion aus dieser gewerblich-industriellen Gruppe; 1881, als die Fraktion auf 46 Abgeordnete – eine sichere Mehrheit – angewachsen war, waren es sechs. Über einen längeren Zeitraum betrachtet lässt sich sagen, dass die Mitglieder der konservativen Fraktion im Sächsischen Landtag deutlich bürgerlicher, urbaner und stärker im Wirtschaftsbürgertum und den freien Berufen verankert waren als ihre Parteikollegen im Reichstag und im preußischen Abgeordnetenhaus. Auch standen die sächsischen Konservativen ihren nationalliberalen und linksliberalen Kollegen näher als dies in anderen deutschen Parlamenten der Fall war. Dieser Umstand erleichterte die Zusammenarbeit unter den »staatserhaltenden« Parteien.

Hat dies auch zur Entstehung eines »nationalen Lagers« beigetragen?[38] Die Beweislage dazu fällt gemischt aus. Die Kartellparteien kämpften untereinander bis aufs Messer um die Loyalität (und die Stimmen) desselben sozialen Wahlklientels, aus dem viele ihrer Landtagsabgeordneten stammten: Mitglieder des protestantischen Bürgertums. Dazu gehörten mittelständische Handwerker, Gewerbetreibende, Handlungsgehilfen, Landwirte und Bauern, Lehrer, Professoren, Staats- und Privatbeamte und andere Angehörige des Bildungs- und Beamtenbürgertums sowie wohlhabende Industrielle, Bankiers und Großgrundbesitzer, die das Gros des Wirtschafts- bzw. Besitzbürgertums ausmachten. Zwischen 1878 und 1890 stellten die Vertreter dieser Gruppen im Sächsischen Landtag in der Regel ihre Parteilichkeit hintan, wenn es darum ging, sozialdemokratische Herausforderer mundtot zu machen. Die Behauptung, die sächsische

---

38   Dieses Argument findet sich in K. ROHE, Wählertraditionen, 1992.

Wählerschaft ließe sich leicht in ein »staatserhaltendes« und ein »zerstörerisches« Lager unterteilen, war jedoch reines Wunschdenken. Das wussten die sächsischen Minister ebenso wie die Parteiführer. Genau deshalb ließen zwischen 1878 und 1890 ihre Rufe nach mehr Organisation, Disziplin und Wachsamkeit vor dem gemeinsamen Feind auch nicht nach.

Eine letzte Bemerkung zur parlamentarischen Kultur Sachsens in den 1880er-Jahren sei hier angebracht. Als die Sozialdemokraten in den Sächsischen Landtag einzogen, gingen sie direkt zum Angriff über. Bereits 1884, so der britische Gesandte in Dresden, »erfüllten die SPD-Abgeordneten ihre Aufgaben als Volkstribunen mit einer Betriebsamkeit, die sie in keiner früheren Sitzungsperiode an den Tag gelegt hatten. Sie intervenieren in jeder Sitzung mit Fragen, Anträgen, Beschwerden und Erklärungen und verurteilen Sachverhalte und Personen in einer Sprache, die sie, gäbe es nicht die parlamentarische Immunität, in endlose Verfahren wegen Verleumdung und Aufwiegelung verwickeln würde«.[39] Die Sozialdemokraten standen einer Phalanx von Gegnern gegenüber, die ein gemeinsamer Habitus und der Widerstand gegen Veränderungen einte: Die Reden vonseiten der SPD konnten ebenso gut Schweigen wie Verhöhnung hervorrufen. Hören wir, wie der Sozialist Georg von Vollmar seine ersten Eindrücke bei Antritt seines Landtagsmandats 1883 beschrieb. Dabei schloss er sich Bebels Behauptung an, dass sich die Sozialdemokraten in einem Landtag, in dem die politische Feindschaft noch durch soziokulturelle Gräben verstärkt wurde, nie zu Hause fühlen könnten. Vollmar erinnerte sich,

> [...] wie ich am Tage meines Eintritts im Sitzungssaal stand, wie die ringsum aufgesteckten Stearinkerzen und die schwarzgekleidete Versammlung einen wahren Dunstkreis von Feierlichkeit verbreiteten, und wie dann der Präsident den Herren Volksvertretern eine Schülervorlesung über die Heiligkeit des Eides hielt, den wir nachzubuchstabieren hatten. [...]
> Und dann die Sitzungen! Wir waren wie in einer Heringstonne zusammengepfercht, so daß immer die ganze Reihe aufstehen mußte, wenn einer hinausgehen mußte. Vor uns eine Anzahl Nationalliberaler, denen man nicht selten [...] die Mißbilligung und Empörung über unsere entsetzlichen Gespräche ansah.
> Gegenüber die Minister-Exzellenzen in ihrer ganzen Erhabenheit, in die noch kein Strahl modernen Denkens gedrungen war, und vor denen sich die Kammer beim Kommen und Gehen jedes Mal wie ein vom Wind bewegtes Ährenfeld niederbeugte. [...]
> Und dann ringsum die Abgeordneten der anderen Parteien, die uns gegenüber in der Tat nur »eine reaktionäre Masse« waren und die einfachste unserer Darlegungen mit

---

39 Strachey, 23.2.1884, TNA, FO 68/168. Vgl. Dönhoff, 6.11.1881, 9.2.1882, PAAAB, Sachsen 48, Bd. 6 bzw. 7.

dem gleichen Interesse und Verständnis aufnahmen, als wenn wir sie an eine tote Mauer hingeredet hätten. […]

Und meine Bewunderung für die sächsischen Genossen, die es länger als ich in ihr ausgehalten haben, stammt zu guten Teil davon, daß sie dabei weder der Grimm, noch die Langeweile umgebracht hat.[40]

---

[40] [Sozialdemokratische Partei Sachsens], Sozialdemokratischer Parteitag Dresden 1903, o. D. [1903], S. 18–20.

Konservative und radikale Antisemiten

> Die Judenfrage ist berechtigt; und die Zahl der überzeugten Antisemiten ist größer, als man glaubt. [...] Unser Volksleben muß [...] neue Kraft gewinnen aus dem Nährboden des lebendigen Christenthums. Das sind die Ziele der conservativen Partei. [...] Mit dem ernsten Antisemitismus werden wir jederzeit uns freundlich auseinandersetzen.
> — anonymer Beitrag in der konservativen Zeitung *Das Vaterland*, 1889[41]

> That branch of the art of lying which consists in very nearly deceiving your friends without quite deceiving your enemies.
> — Francis M. Cornford über Propaganda, 1922

Die sächsischen Konservativen nutzten die liberale Uneinigkeit offen und gnadenlos aus. Ab Mitte der 1870er-Jahre sorgten sie dafür, dass weder das Gesamtministerium noch das Landtagswahlrecht durch eine weitere »liberale Ära« auf eine neue Grundlage gestellt wurde. Aber verbuchten sie auch positive Errungenschaften, während sie am Ruder waren? Falls ihr Ziel darin bestand, die »Umsturzpartei« in Schach zu halten, fiel ihr Sieg nicht eindeutig aus: Zwar blieb die sozialistische Fraktion im Landtag isoliert, doch die Sozialdemokraten verzeichneten weiterhin Stimmengewinne. Mit der Zeit schüttelten die Konservativen und andere Sachsen ihren traditionellen Partikularismus ab und öffneten sich der Reichsidee – wenn auch stets Zweifel nachklangen. Die größte Veränderung des Konservatismus ergab sich allerdings aus dem Aufstieg des radikalen Antisemitismus. Obwohl der Antisemitismus in Deutschland Mitte der 1880er-Jahre nachzulassen schien, lassen sich in Sachsen von den 1870er- bis in die 1890er-Jahre hinein Kontinuitäten nachweisen. Wie entwickelte sich die konservative Antipathie gegen den Liberalismus in eine konzentrierte, hochwirksame Form des konservativen Antisemitismus? Bei jedem Versuch einer Antwort auf diese Frage gilt es natürlich auch, die intendierten Opfer des Antisemitismus im Blick zu behalten.

---

41 Vaterl, 19.1.1889.

Juden und ihre Feinde

Die in Dresden stationierten Diplomaten prognostizierten 1879, dass sich die neue antisemitische Bewegung auf Sachsen wenig auswirken würde – so wie auch umgekehrt sächsische Antisemiten wenig Einfluss auf reichsweite Entwicklungen haben würden –, da die Anzahl der Juden in Sachsen so gering sei.[42] Lediglich in letztem Punkt hatten die Diplomaten recht. Lebten allein in Berlin über 45 000 Juden, so waren es im gesamten Königreich Sachsen nur etwa 6 500.[43]

Von der Warte des Jahres 1870 aus konnten die sächsischen Juden stolz sein auf das, was sie in den vorangegangenen hundert Jahren erreicht hatten. Sie waren keine marginalisierte gesellschaftliche Gruppierung mehr, sondern eine Sammlung religiöser Gemeinden, von denen die Gemeinden in Dresden und Leipzig zahlenmäßig am stärksten waren. Gesellschaftlicher Erfolg, wirtschaftliche Sicherheit und der Genuss bürgerlicher Freiheiten prägten die bürgerliche Existenz vieler, die sich als gute Juden und gute Deutsche zugleich fühlten.[44]

Doch selbst zu Beginn der »liberalen Ära« beharrten die Landesbehörden immer wieder darauf, dass Sachsen ein christlicher Staat sei. Auch nach der Emanzipation im Dezember 1868 blieben die Juden in Sachsen effektiv vom öffentlichen Dienst und von der Justiz ausgeschlossen.[45] Der Staat tat alles in seiner Macht Stehende, um jüdischen Einwanderern die sächsische Staatsbürgerschaft zu verweigern. Und die jüdischen Religionsgemeinschaften genossen nur wenige der Privilegien, die den Protestanten oder sogar den Katholiken gewährt wurden.[46] Die Juden reagierten mit Petitionen an den Landtag und das sächsische Staatsministerium, in denen sie um Aufhebung der noch bestehenden Barrieren baten. Derartige Initiativen wurden konsequent zurückgewiesen.[47] Anfang der 1880er-Jahre lehnte der Gerichtsvorstand des Leipziger Amtsgerichts die Bewerbung eines jungen Juden ab, der eine Ausbildung zum Gerichtsschreiber beginnen wollte. Ohne solche Anträge völlig auszuschließen, wolle er so wenige wie

---

42 Franckenstein, 20.12.1879, HHStAW, PAV/42; Strachey, 20.12.1879, TNA FO 68/163; vgl. Dönhoff, 24.11.1880, PAAAB, Sachsen 48, Bd. 5.
43 Letztere Zahl stellte nichtsdestoweniger eine bedeutende Zunahme gegenüber 1871 dar, als 3 346 Juden 0,13 Prozent der sächsischen Bevölkerung ausmachten, verglichen mit 512 153 Juden im Deutschen Reich (1,25 Prozent); M. Schäbitz, Juden, 2006, Anhang I–III; G. Hohorst/J. Kocka/G. A. Ritter, Sozialgeschichtliches Arbeitsbuch II, 1978, S. 53 f. Vgl. auch M. Schäbitz, Juden in Sachsen, 2006, S. 315–321; E. Lehmann, Gesammelte Schriften, 1899, S. 201–213; S. Lässig, Emancipation, 2000; J. Segall, Juden, 1914; B. Blau, Entwickelung, [1950]; A. Levy, Geschichte, 1900; und den neuesten Überblick in: C. Lein, Juden, 2016.
44 Vgl. z. B. I. Kirsch, Ringen um die rechtliche Gleichstellung, 1996, S. 25; allgemeiner gefasst bei S. Lässig, Wege, 2004.
45 Das heißt, sieben Monate bevor die Judenemanzipation im Norddeutschen Bund in Kraft trat (3.7.1869).
46 M. Schäbitz, Juden, 2006, S. 400 und passim; vgl. die Schönfärberei in: A. Levy, Geschichte, 1900, S. 101, 108.
47 E. Lehmann, Gesammelte Schriften, 1899, S. 154–169; vgl. »Emil Lehmanns Petition zur Verbesserung der Rechtsverhältnisse der Juden in Sachsen (25. November 1869)«, DGDB Bd. 4, Abschnitt 4.

möglich genehmigen, »damit nicht Leipzig, wie Breslau und Berlin Sammelpunkt junger jüdischer Juristen werde«.⁴⁸ Ein Jahrzehnt später prahlte ein sächsischer Regierungschef mit der positiven Wirkung solcher Diskriminierung. Sie sorge dafür, dass jüdische Jurastudenten schon früh in ihrer Ausbildung »besonders behandelt« wurden: Beamtenstellen seien für sie schlicht unerreichbar.⁴⁹

Die Diskriminierung der sächsischen Juden zwischen 1860 und 1890 wäre noch schlimmer ausgefallen, wäre da nicht Emil Lehmann gewesen (siehe Abbildung 5.3). Lehmann war der erste Jude, der 1865 in das Dresdner Stadtverordnetenkollegium gewählt wurde. Von 1875 bis 1881 hatte er auch einen Sitz für die Fortschrittliche Partei in der Zweiten Kammer des Landtags inne. Bereits zuvor hatte sich Lehmann dem Kampf für jüdische Rechte gewidmet: Im Februar 1869 wurde er zum Oberhaupt der Jüdischen Gemeinde Dresden gewählt.⁵⁰ Anfangs brillierten seine Schriften vor Argumentationsfreude, wenn er aufzeigte, dass die kulturellen Unterschiede zwischen Juden und Nichtjuden gar nicht so groß seien. In späteren Jahren wurde Lehmann verbitterter. Im Wissen um das stillschweigende Einverständnis zwischen Konservativen, Antisemiten und dem sächsischen Staat sah sich Lehmann 1892 dazu genötigt, die Forderung des Konservativen Landesvereins nach Ausschluss der Juden aus verantwortlichen Stellungen zu verurteilen:⁵¹

Abbildung 5.3: Emil Lehmann, Dresdner Rechtsanwalt, Jurist und Stadtverordneter. Öl-Porträt von Leon Pohle (1894), entnommen aus: E. LEHMANN, Gesammelte Schriften, 1899, Titelbild.

---

48 Zitiert in: S. HELD, Antisemitismus, 2004, S. 113.
49 Sächs. MdAA Georg von Metzsch an den pr. MdJ Heinrich von Schönstedt [1896], SHStAD, GsB, Nr. 1820, zitiert in: S. HELD, Antisemitismus, Politik und Justiz, 2004, S. 114. Metzsch fügte hinzu: »Die ablehnende Haltung der Regierung den Juden gegenüber hat übrigens zur Folge gehabt, daß sich in Sachsen nur noch wenige Juden dem Rechtsstudium widmen. Ihre Zahl ist schon seit Jahren verschwindend klein. So ist auch die Zahl der jüdischen Rechtsanwälte in Sachsen sehr mäßig.« Vgl. Theodor Fritsch an Wilhelm Marr, 11.6.1887, mit freundlicher Genehmigung des Staatsarchivs Hamburg, NL Marr, Bestand A, Nr. 67.
50 E. LEHMANN, Ueber die judenfeindliche Bewegung in Deutschland, in: E. LEHMANN, Gesammelte Schriften, 1899, S. 215–224, in Auszügen als »Emil Lehmann spricht zu den Leipziger Juden über die antisemitische Bewegung (11. April 1880)«, DGDB Bd. 4, Abschnitt 4.
51 E. LEHMANN, Gesammelte Schriften, 1899, S. 288–290 (Hervorhebung im Original).

Wo und wie soll sich deren »sich vordrängender und zersetzender Einfluss« geltend gemacht haben? Ihr politischer Einfluß ist Null. Weder in den Kammern, noch in den Kreis- und Bezirksausschüssen, weder im Stadtrath oder im Stadtverordnetenkollegium, noch in der Handelskammer, nicht als Schöffen, nicht als Geschworene, nicht als Handelsrichter sind Bekenner des jüdischen Glaubens in Sachsen tätig. [...] Und im Richter-, im Verwaltungs-, im Lehramt? Wo ist da in Sachsen der Jude [?] [...] *Schutz und Förderung jeder redlichen Arbeit*! So lautet ein weiterer Satz des neuesten konservativen Programms [...]. Und wie sehr wird gerade dieser Satz auch konservativerseits verleugnet durch den vom obersten Landesgerichtshof für strafbar erklärten Boykottruf: »Kauft nicht bei Juden«, der in Flugblättern, in öffentlichen Vorträgen erklang!

Auch demografische Faktoren trieben den Aufstieg des sächsischen Antisemitismus voran. Nach dem Gesetz zur Freizügigkeit (1867) im Norddeutschen Bund und der nationalen Einigung kam es zu einer Migration von Juden nach und durch Sachsen. Diese Entwicklung stützte antisemitische Behauptungen, Sachsen werde von »national unzuverlässigen« Elementen überschwemmt. 1890 lag der Anteil der Juden an der sächsischen Bevölkerung bei nur 0,27 Prozent – viermal niedriger als im Reichsdurchschnitt mit 1,15 Prozent. Allerdings hatte sich der jüdische Anteil in Sachsen seit 1871 (0,13 Prozent) verdoppelt, während er im Reich im gleichen Zeitraum leicht zurückgegangen war. Die Juden verteilten sich ungleich auf die drei größten Städte Dresden, Chemnitz und Leipzig und ergriffen dort auch unterschiedliche Berufe. Nach der Eingliederung einiger Leipziger Vorstädte in das Stadtgebiet zwischen 1889 und 1891 wies Leipzig unter den genannten Städten den höchsten Anteil an Juden auf. Hier lebte fast die Hälfte aller Juden in Sachsen (siehe Tabelle 5.1).

Obwohl die Juden nur einen verschwindend geringen Teil der sächsischen Bevölkerung ausmachten, verrät uns ein Zeitungsausschnitt in den Privatunterlagen des Vorsitzenden des sächsischen Konservativen Landesvereins, Heinrich von Friesen-Rötha, warum er und andere christliche Konservative sich belagert fühlten. Der Ausschnitt war nach eigenen Angaben dazu gedacht, den Bevölkerungszuwachs von Protestanten, Katholiken und Juden während der »liberalen Ära« nach der Reichsgründung zu dokumentieren (siehe Tabelle 5.2). Aufgrund des rasanten Bevölkerungswachstums in Sachsen lagen die Zuwachsraten für alle drei Konfessionen über dem Reichsdurchschnitt. Friesen und andere Konservative hatten wenig Interesse daran, auf die katholische »Bedrohung« in Sachsen aufmerksam zu machen, die auch demografisch zu vernachlässigen war. Stattdessen konzentrierten sie sich auf die Juden. Der Zeitungsartikel zeigt zwischen 1871 und 1885 einen Zuwachs der jüdischen Bevölkerung in Sachsen von 131 Prozent – eine zehnmal höhere Steigerungsrate als in jedem anderen Bundesstaat.[52]

---

52   M. Schäbitz, Juden, 2006, Anhang III, bestätigt einen Zuwachs der jüdischen Bevölkerung von 131,77 Prozent für Sachsen über diesem Zeitraum: von 3 346 Juden im Jahr 1871 auf 7 755 Juden im Jahr 1885. Vgl. auch M. Piefel, Antisemitismus, S. 17; S. Höppner, Migration, 1995; dies., Politische Reaktionen, 2004; dies., »Ostjude«, 1998.

Tabelle 5.1: Jüdische Einwohner in Sachsen und Deutschland, 1849–1890

Gebiet	Jahr	Gesamt-bevölkerung	Jüdische Bevölkerung	Anteil der Juden (%)
Dresden	1849	94.092	672	0,71
	1871	177.089	1.246	0,70
	1880	220.818	2.228	1,01
	1890	276.522	2.595	0,94
Leipzig	1849	62.374	320	0,51
	1871	106.925	1.768	1,65
	1880	149.081	3.179	2,13
	1890*	357.122	4.225	1,18
Chemnitz	1849	30.753	-	-
	1875	78.209	211	0,27
	1880	95.123	294	0,31
	1890	138.954	953	0,69
Sachsen	1849	1.894.431	1.022	0,05
	1871	2.556.244	3.346	0,13
	1880	2.972.805	6.516	0,22
	1890	3.502.684	9.368	0,27
Reich	1848	34.022.000	394.650	1,16
	1871	41.060.000	512.153	1,25
	1880	45.230.000	561.612	1,24
	1890	49.420.000	567.884	1,15

Anmerkungen: Gesamtbevölkerungszahlen abgerundet für Deutschland. *Umfasst in die Stadt Leipzig im Zeitraum vom 1.1.1889 bis 1.1.1892 eingemeindete Vorstädte. Schäbitz führt Leipzigs Bevölkerung ohne diese Vorstädte mit 179.689 (1890) an, darunter 3.796 Juden (2,11 %). Wächter gibt Leipzigs Bevölkerung (1890) mit 295.025 an.
Quellen: B. BLAU, Entwickelung, 1950, S. 181; M. SCHÄBITZ, Juden, 2006, S. 457–459; M. MEYER/M. BRENNER, Deutsch-Jüdische Geschichte, 1996/1997, Bd. 2, S. 59, Bd. 3, S. 13; J. SEGALL, Juden, 1914, S. 40; A. DIAMANT, Chronik der Juden in Chemnitz, 1970, S. 20; G. WÄCHTER, Städte, 1901, S. 188 f.

Tabelle 5.2: Zuwachs der deutschen Bevölkerung nach Konfession und Bundesstaat, 1871–1885

Bundesstaat	Bevölkerungswachstum 1871 bis 1885		
	Protestanten (%)	Katholiken (%)	Juden (%)
Preußen	13,74	16,35	12,58
Bayern	13,30	10,82	5,99
Sachsen	**23,36**	**62,57**	**131,01**
Württemberg	10,36	8,07	7,56
Baden	15,34	6,55	5,45
Hessen	9,90	16,95	2,92
Elsaß-Lothringen	15,60	-2,01	-9,90
Reich	14,82	12,88	9,96

Anmerkungen: Angeblich basierend auf den Volkszählungen vom 1. Dez. 1871 und 1. Dez. 1885. Die Zahlen für Sachsen sind im Original hervorgehoben.
Quelle: »Das Wachsthum des jüdischen Elements«, nicht identifizierter Zeitungsausschnitt unter Bezugnahme auf den »jüdisch-radikalen« *Börsen-Courier* (Berlin); SStAL, RG Rötha, Nr. 1576.

Bereits 1885 wurden solche Statistiken verwendet, um die falschen Behauptungen der Antisemiten über die jüdische »Herrschaft« in Sachsen zu untermauern – d. h. noch bevor in den späten 1890er-Jahren eine noch stärkere jüdische Einwanderungswelle aus Osteuropa einsetzte.

Neuere Forschungen zu den sächsischen Juden haben gezeigt, wie groß ihr Beitrag zu Wissenschaft und Kultur, zur kommunalen Entwicklung und Philanthropie war. Ob es um die Emanzipation von Arbeitern oder Frauen ging, die sächsischen Juden standen häufig an vorderster Front nationaler Bewegungen. Sie fanden viele Möglichkeiten zur Integration – am Arbeitsplatz, im Turnverein, in der Kneipe. Aber sie sahen sich auch mit Ausgrenzung konfrontiert. Der Weg zur Schule war einer von vielen »neuralgischen Punkten«, wo Juden den Aufstieg des Antisemitismus hautnah miterlebten. Friedrich Salzburg, der in diesen Jahren in Dresden aufwuchs, verglich die relative Ruhe im Klassenzimmer mit den Beleidigungen, denen er und seine Schwestern auf dem morgendlichen Weg dorthin ausgesetzt waren. »In Sachsen [...] herrschte grosse Begeisterung fuer [Adolf] Stoecker und [Hermann] Ahlwardt und ihre Bestrebungen, und wir Kinder hatten das zu spuehren. Meine Schwestern konnten in jenen Jahren kaum zur Schule gehen, ohne dass ihnen die Gassenjungen auf dem Schulwege nachriefen: ›Judenmaedel! Hep, hep, hep, itzig‹ oder Aehnliches. Bei uns Jungens ging es nicht viel anders. Es kam dann oft zu Pruegeleien auf der Strasse, bei denen uns unsere Nachbarsjungen [...] halfen und zu uns hielten.«[53]

Eine winzige Gruppe von Juden im Industrie- und Finanzsektor war Teil der sächsischen Oberschicht und des Großbürgertums. Die Bankiersfamilie Arnhold ist ein gutes Beispiel.[54] Geschäftsleute, Ärzte und Anwälte bildeten eine größere bürgerliche Gruppe, während durch die Einwanderung aus dem Osten mittelständische Juden in den Bekleidungshandel, Arbeiterjuden in den Tabakhandel und jüdische Wanderhändler in Dörfer kamen, deren Bewohner vielleicht noch nie einen Juden gesehen hatten. Einige wenige jüdische Familien ließen sich bereits in Ostsachsen – etwa in der Oberlausitz – nieder, fühlten sich aber in dieser überwiegend ländlichen Region selten wohl. Die meisten zogen in die Westhälfte Sachsens, vor allem nach Leipzig.[55] Dort wurde ihnen ein herzlicherer Empfang zuteil als in Dresden.

Die sächsischen Juden waren leichte Zielscheiben für diejenigen, die ihnen die Schuld an den finanziellen Problemen und öffentlichen Skandalen in Deutschland nach 1873 gaben. Wie weit das fragile Gleichgewicht von »Misstrauen und Pragmatismus«[56], das die jüdisch-nichtjüdischen Beziehungen in den vorangegangenen Jahrzehnten

---

53 F. SALZBURG, Mein Leben in Dresden vor und nach dem 30. Januar 1933, 2001, S. 23 f., zitiert in: M. SCHÄBITZ, Juden, 2006, S. 350.
54 Eine Monografie zur Familie Arnhold ist von Simone Lässig geplant; vgl. auch S. LÄSSIG, Wege, 2004, zum Hintergrund vgl. das Themenheft über Juden und Antisemiten in Dresden, Dresdner Hefte 18, H. 61, 2000.
55 M. SCHÄBITZ, Juden, 2006, S. 395 und passim; vgl. B. BLAU, Entwickelung, [1950], S. 186, zu Leipzig.
56 M. SCHÄBITZ, Juden, 2006, Kap. 9.

geprägt hatte, bis 1879 gekippt war, geht aus George Stracheys Bericht aus Dresden deutlich hervor.[57] Juden seien in den Redaktionsstuben der liberalen Zeitungen so stark vertreten, dass ihre Feinde behaupteten, in weiteren zehn Jahren »werde es keinen unbeschnittenen Journalisten im Reich mehr geben«. Doch es sei lächerlich, den Juden vorzuwerfen, sie wollten das deutsche Wirtschaftsleben beherrschen, geschweige denn die deutsche Kultur, Politik oder Presse. Mit einer Ausnahme – Strachey bezog sich hier zweifellos auf Emil Lehmann – spiele kein Jude eine herausragende Rolle im sächsischen öffentlichen Leben. Dennoch hätte diese kleine Minderheit von Juden genug Erfolg und Einfluss, um sie für sächsische Nichtjuden »zutiefst widerwärtig« zu machen.

Allein die *Aussicht* auf wirtschaftliche Verwerfungen reichte oft aus, um die Mehrheitsbevölkerung gegen ihre jüdischen Mitbürger aufzubringen. Im November 1880 kritisierte ein anderer Diplomat im Rückblick auf zwölf Monate antisemitische Spannungen »Mißgunst« und »Brotneid« der christlichen Geschäftsleute, die »durch mangelnde Energie und Erfahrung ihre Geschäfte im Rückgang begriffen und diejenigen der fleißigeren jüdischen Konkurrenten emporblühen sahen«.[58] Als Strachey eben jenes Kleinbürgertum in den Blick nahm, betonte er das Geschick der Konservativen und sächsischen Beamten, Ressentiments auszunutzen und mit ihren eigenen antiliberalen Vorstellungen in Einklang zu bringen. »Das Einsetzen dieser konservativen Reaktion« gegen »das nationalliberale System«, schrieb er, »bot eine offensichtliche Gelegenheit für einen antisemitischen Kreuzzug«. Dieser »Kreuzzug« sei bereits ununterscheidbar vom »Geschrei gegen die Manchester-Lehrmeinungen oder für eine Rückkehr zu den Berufsbeschränkungen oder für schärfere Strafgesetze oder gegen [...] Wucher, die Börse und die ›Goldene Internationale‹«. Dabei spiele die konfessionelle Zusammensetzung Sachsens eine wichtige Rolle: Die Judenhetze in Sachsen werde von »hochprotestantischen Gefühlen« gespeist, die »den Aufschrei zwangsläufig anschwellen lassen mussten«.[59] Selbst die Juden in Leipzig spürten die Eiseskälte, wie in einem 1895 veröffentlichten Rückblick festgestellt wurde: »Man suchte zunächst die Israeliten aus den Ehrenstellen, die sie einnahmen, und in denen sie Leipzig ganz vortreffliche Dienste leisteten, hinauszubugsiren. Das macht nicht schwer. Dann verschloß man alle diese städtischen Ehrenämter vor ihnen gleichsam hermetisch und glaubte damit eine superkluge That zu begehen. Und wie man sich im öffentlichen Leben von ihnen abschloß, so that man es im gesellschaftlichen Leben.«[60]

---

57 Brit. Gesandter Strachey, 20.12.1879, TNA, FO 215/34 (Entwurf), FO 68/163 (Endfassung).
58 Vgl. Dönhoffs langer Bericht vom 24.11.1880, PAAAB, Sachsen 48, Bd. 5.
59 Strachey, 20.12.1879, TNA, FO 215/34 (Entwurf), FO 68/163 (Endfassung).
60 W. NEUMANN, Indiskretionen über Leipzig und die Leipziger, o. D. [1895], zitiert in: M. SCHÄBITZ, Juden, 2006, S. 341.

Mitläufer, I

Der moderne Antisemitismus als politische Bewegung entstand um 1879 herum. In Deutschland hatte der Antisemitismus im vorangegangenen Jahrzehnt vor allem als literarisches Phänomen Fahrt aufgenommen. Doch die organisatorische und programmatische Entwicklung der Deutschkonservativen Partei berief sich auf dieselben Propagandisten, die den wirtschaftlichen Abschwung nach 1873 zum Anlass nahmen für die Behauptung, Deutschlands Misere sei dem Liberalismus, dem Kapitalismus und den Juden anzulasten. Auch Bismarcks Berater Hermann Wagener, von 1848 bis 1854 Herausgeber und Chefredakteur der *Kreuzzeitung*, des Aushängeschilds der Konservativen, ließ antisemitische Töne in sein journalistisches, organisatorisches und wahlbezogenes Wirken einfließen.[61] In der *Kreuzzeitung* sowie in der *Berliner Revue* und im *Kalender* des Preußischen Volksvereins erschienen regelmäßig antisemitische Artikel und Karikaturen. Mitte der 1870er-Jahre stützten sich die frühen Aktivitäten der Deutschkonservativen Partei und ihrer Lobbygruppe, die Vereinigung der Steuer- und Wirtschaftsreformer, stark auf bekannte Antisemiten. Viele Parteimitglieder sympathisierten mit Franz Perrot und seinen »Ära-Artikeln«, die 1875 in der *Kreuzzeitung* erschienen.[62] In dieser Artikelserie griff Perrot Bismarcks führende liberale Minister und dessen jüdischen Bankier Gerson von Bleichröder an. Aufgrund der »Judenpolitik« dieser Männer sei Deutschland leichtes Opfer einer wirtschaftlichen Katastrophe geworden.[63] Der Vorsitzende der Konservativen brachte 1876 die Beziehungen zum Kanzler wieder in Ordnung.[64] Doch der erste De-facto-Sekretär der Partei war Carl Wilmanns, Verfasser des 1876 erschienenen Werks »Die ›goldene‹ Internationale und die Nothwendigkeit einer socialen Reformpartei«. Wilmanns' skurriles Buch erschien im Verlag von Martin Anton Niendorf, dem Generalsekretär der Vereinigung der Steuer- und Wirtschaftsreformer und bekannten Propagandisten für Agrarinteressen.[65] Niendorf veröffentlichte neben Wilmanns auch eigene und andere antisemitische Traktate, und sein 1876 in Berlin gegründeter Deutscher Reformverein war ein Vorläufer des drei Jahre später in Dresden gegründeten gleichnamigen Vereins von Alexander Pinkert.[66] Eine Kombination aus Antisemitismus und Antiliberalismus wurde den treuen Parteianhängern auch durch die anderen führenden konservativen Zeitungen Anfang der 1880er-Jahre vermittelt, darunter das *Deutsche Tageblatt* und Heinrich Engels' stramm

---

61 Vgl. H. ALBRECHT, Antiliberalismus, 2010.
62 J. F. HARRIS, Franz Perrot, 1976; weitere Details und Verweise in: J. RETALLACK, German Right, 2006, Kap. 8.
63 F. PERROT, Bismarck, 1931.
64 Zum anfänglichen Zuspruch für die DKP in Sachsen vgl. Strachey, 29.7.1876 (Entwurf), TNA 215/34; Bayer. Gesandter Gasser, 19.7.1876, BHStAM II, MA 2848; pr. Gesandter Solms, 11./17./27.1.1877, PAAAB, Sachsen 45, Bd. 4.
65 C. WILMANNS, »Goldene« Internationale, 1876.
66 BLHAP, PP, Tit. 95, Nr. 15364; Deutsche Landes-Zeitung, 2.11.1876; SStAL, RG Rötha, Nr. 1575.

protestantischer *Reichsbote*, die beide in Berlin erschienen. Diese Zeitungen griffen regelmäßig Bleichröder und prominente jüdische Nationalliberale wie Eduard Lasker an. Für konservative Leser, die Perrots explizite Angriffe auf Bismarcks »Judenpolitik« nicht goutierten, bedurfte die Forderung nach christlichen Autoritäten in Staat und Gesellschaft keiner näheren Ausführung.[67]

In Sachsen rekrutierten sich die antisemitischen Konservativen sowohl aus nichtadligen als auch aus adligen Kreisen. Der sächsische Konservative Heinrich von Friesen-Rötha äußerte in den 1880er-Jahren in der offiziellen Zeitschrift der Deutschen Adelsgenossenschaft, dem *Deutschen Adelsblatt*, offen seine antisemitischen Ansichten. Die relative soziale Heterogenität des sächsischen Konservatismus scheint dazu beigetragen zu haben, dass Friesen und sein »Adjutant« Arnold von Frege-Weltzien den Antisemitismus als eine Superwaffe in ihrem politischen Arsenal betrachteten.[68] Sie hofften, die unterschiedlichen gesellschaftlichen Gruppierungen dadurch einander soweit näher zu bringen, dass die konservative Politik auf einer neuen, volkstümlichen Grundlage wiederhergestellt werden konnte. Es lohnt der Blick auf einen Brief, den Frege 1880 an einen solchen Konservativen schrieb: Karl Reichsfreiherr von Fechenbach-Laudenbach, dessen Privatvermögen und Intrigeneifer ihn zur Abfassung eines antisemitischen konservativen Programms veranlasste. Frege erklärte, es sei den Reichstagsabgeordneten der Partei nicht möglich, sich offen für eine antisemitische Politik einzusetzen. Die Konservativen, so behauptete er, könnten nicht das Ansehen der jungen Partei in der nationalen Politik gefährden, indem sie populäre Agitation mit Versprechungen und Slogans betrieben, die sich für die preußischen Konservativen, Bismarck oder sogar das liberale Bürgertum als unangenehm erweisen würden.[69]

Heinrich von Friesen-Rötha (siehe Abbildung 5.4) war eher bereit als Frege, sein Fähnchen in den antisemitischen Wind zu hängen. Wie er 1888 schrieb: »Ich bin Conservativer und betrachte *als solcher* die Bekämpfung des Judenthums und seines zersetzenden Einflusses auf unsere nationale Entwicklung für die wichtigste Aufgabe meiner Partei.«[70] Die überwiegend protestantische Bevölkerung Sachsens stünde der »Bedrohung« durch den politischen Katholizismus gegenüber, doch seien die Sachsen noch mit einer unmittelbareren Gefahr konfrontiert: der jüdischen Einwanderung aus Osteuropa. Diese Furcht animierte Friesen zum Entwurf eines unveröffentlichten konservativen Manifests (1879), in dem er seine Loyalität bekannte zu »deutschem Glauben, deutscher Liebe, deutscher Treue, deutscher Wesenheit, deutschem Lied und deutschem Wort, deut-

---

67 Weitere Details und Verweise in: J. RETALLACK, Notables, 1988, Kap. 3–6; DERS., German Right, 2006, Kap. 7–8.
68 Auch bekannt als Frege-Abtnaundorf. Sein Gut Abtnaundorf lag unmittelbar nordöstlich von Leipzig.
69 Frege an Fechenbach, 24.10.1880, BAK, NL Fechenbach, Nr. 38; vgl. zudem Freges Briefe an Friesen in SStAL, RG Rötha, Nrn. 273, 275, 1576.
70 Friesen an Der Kulturkämpfer (Entwurf), 24.9.1888, SStAL, RG Rötha, Nr. 275 (Hervorhebung d. Verf.). Vgl. auch CVbl, 15.1.8188, 30.10.1888; Vaterl, 19.1.1889.

scher Sitte, [...] deutschem Kaiser [und] deutschen Fürsten«.⁷¹ Diese Elemente des Deutschtums »soll uns das liberale Schlaraffenthum an falschen und fremden volksbeglückenden Theorien nicht rauben! [...] Deutsch wollen wir sein, deutsch wollen wir bleiben!« Als er kurz vor seinem Tod im Jahr 1910 seine Erinnerungen veröffentlichte, hatte Friesen keine Energie mehr für Angriffe auf den Liberalismus, doch er kam nochmals auf die Themen Rassenreinheit und Adel des Geistes als Schlüsselelemente seiner Weltanschauung zu sprechen und zitierte zustimmend die Schriften von Houston Stewart Chamberlain.⁷²

Ein weiteres Thema, bei dem Konservative und Antisemiten einer Meinung waren, war der Mangel an Krediten. In Sachsen – aber auch anderswo – war die Kreditvergabe für viele Kernwähler der Konservativen Partei auf dem Land und in den Städten von entscheidender Bedeutung. Letztere umfassten verschuldete Grundbesitzer, Kleinbauern, Handwerker sowie Kleinunternehmer und Ladenbesitzer, die nicht in eine proletarische Existenz abrutschen wollten. Um genau diese Gruppen für die konservative Sache zu mobilisieren, gründete Karl Mehnert 1866 den Landwirtschaftlichen Kreditverein für das Königreich Sachsen.⁷³ Bis Mitte der 1870er-Jahre war die Kreditfrage Teil größerer Debatten über Themen wie Freihandel, Börsenkräche, Eisenbahnskandale, den Schutz der »nationalen Arbeit« und die »moralische Ökonomie« des Kapitalismus. Die Konservativen warfen den Juden und Liberalen vor, das deutsche Wirtschaftssystem durch die Ausbeutung des »kleinen Mannes« zu zerrütten. Georg Strachey berichtete 1884, dass die Konservativen die sächsischen Liberalen »als Pedanten, Professoren und Manchesterianer« verspotteten und sie »als Vertreter der

Abbildung 5.4: Heinrich Freiherr von Friesen-Rötha (1831–1910), Vorsitzender des Konservativen Landesvereins im Königreich Sachsen in den 1880er- und 1890er-Jahren. Undatiertes Porträt aus *Der Leipziger: Illustrierte Wochenschrift*, Nr. 12, 8. Dezember 1906, SStAL, RG Rötha, Nr. 1579.

---

71 »Die sittliche [sic] Aufgaben der Conservativen-Partei, I« (sic, Ms.-Entwurf), o. J. [1879], SStAL, RG Rötha, Nr. 1577.
72 II. v. Friesen-Rötha, Schwert und Pflug, 1907, S. 24.
73 Johann *Karl* Gotthelf Mehnert (1811–85), Mitglied der II.K. von 1864–85, war der Vater von Karl *Paul* Mehnert (1852–1922), der 1885–1909 in der II.K. und 1909–18 in der I.K. saß.

Internationalen Goldliga, des Judentums und des Wuchers« beschimpften.[74] In konservativen Publikationen wurden Antiliberalismus und Antisemitismus – zusammengehalten mit einem Kitt aus Verschwörungstheorien, angeblicher Ausbeutung und sozialer Ungerechtigkeit – seit den frühen 1870er-Jahren immer wieder in dieser demagogischen Weise verwendet, um damit die (wirklichen und angeblichen) Opfer der liberalen Wirtschaftslehre anzusprechen. Doch der Ton wurde von Jahr zu Jahr radikaler.[75]

Bei dem Versuch vieler Parteimitglieder, die Konservative Partei, insbesondere außerhalb Preußens, zu »modernisieren«, ertönten vor allem drei Begriffe lautstark: »christlich«, »sozial« und »Reform«. Der »christliche Konservatismus« hatte die größte Anziehungskraft: seine Standbeine waren die Verteidigung des christlichen Staates, der christlichen Obrigkeiten und der christlichen Presse. Mittels des Begriffs »christlich-sozial« ließen sich Angriffe auf die liberale kapitalistische »Unordnung« mit Argumenten verknüpfen, wonach die Juden maßgeblich für die wirtschaftliche Instabilität verantwortlich seien. Gleichzeitig konnten die Konservativen damit ihre Abscheu vor dem marxistischen Sozialismus kundtun sowie auch ihre Entschlossenheit, dem deutschen Michel in seinem Kampf gegen die unsichtbaren Mächte des Großkapitals und der Hochfinanz zu helfen. So versuchte Hofprediger Adolf Stöcker mit der Gründung der Christlich-Sozialen Partei sowohl antiliberale als auch antisemitische Ziele zu verwirklichen. Bis Mitte der 1890er-Jahre diente diese Partei als Leuchtfeuer für Antisemiten innerhalb der Konservativen Partei, die den preußischen Konservatismus modernisieren und eine Massenbasis für die Bewegung schaffen wollten. Als die Konservativen sich stärker vonseiten der Sozialdemokraten herausgefordert sahen, gewann das dritte Element des Dreiklangs, »Reform«, an Bedeutung. Nur wenige Konservative hätten gegen die Zielsetzungen Einspruch erhoben, die im Titelkopf der *Deutschen Reform*, Dresdens antisemitischster Zeitung, zum Ausdruck kamen: »Organ der Deutschen Reform-Bewegung. Anwalt des werkthätigen Volkes gegenüber dem internationalen Manchestertum und Börsenliberalismus. Tageblatt für Politik, *ehrlichen* Geschäftsverkehr und Unterhaltung«.[76]

Wie diese Beispiele nahelegen, sollten wir uns von der Vorstellung verabschieden, dass die Konservativen den radikalen Antisemitismus »kooptierten«, »instrumentalisierten« oder »zähmten«. Stattdessen gilt es, die zentrale Rolle des Antisemitismus in einem breiten ideologischen *und* praktischen Spektrum anzuerkennen. Dies wurde auch von einem ausländischen Beobachter während des Reichstagswahlkampfes von 1887 hervorgehoben:

---

74   Strachey, 19.3.1884 (Entwurf), TNA, FO 215/37.
75   Vgl. die Polemik in der konservativen Zeitschrift Die socialen Fragen, 31.10.1878.
76   Hervorhebung im Original. Weitere Details und Verweise in: J. Retallack, German Right, 2006, Kap. 8. Vgl. auch den Untertitel von Die Deutsche Wacht (um 1874): »Ein christlich-nationales Volksblatt für Nord- und Süddeutschland und alle deutschen Brüder draußen. Organ der ›Deutschen Gesellschaft der Sonntag- und Arbeiterfreunde‹ und des ›Deutschen Vereins zu Schutz und Trutz gegen die Entchristlichung und Entsittlichung unseres Volkes.‹«

Sachsen hat sehr wenige »Junker« vom bösartigen preußischen Typ. [...] Die durchschnittlichen sächsischen Konservativen wünschen [...] die Abschaffung des allgemeinen Wahlrechts; längere Wahlperioden; weitere Einschränkungen für die Presse; ein gutes Maulkorbgesetz für den Reichstag; einen strengeren Umgang mit der Sozialdemokratie und die Ausweitung des repressiven Gesetzes von 1878 auf die »freisinnige« Partei; die Wiederbelebung der Zünfte; [und] die Einschränkung der »Goldenen Internationale« der Juden.[77]

Erste Welle

Die organisatorische Verzahnung von konservativen und antisemitischen Bewegungen in Sachsen spiegelte diese ideologischen Affinitäten wider. Von 1878 bis 1881 richtete sich Friesen-Röthas und Freges Hauptaugenmerk darauf, die Parteipresse auszubauen, die Sozialdemokratie zu bekämpfen und Reichstagswahlen zu gewinnen. Im Juli 1878 hatte die *Neue Reichszeitung* bereits drei Jahre lang im Namen des Sächsischen Conservativen Landesvereins antisemitische Ansichten propagiert.[78] Ab Januar 1876 tat dies auch das *Conservative Flugblatt für Sachsen*. Die *Neue Reichszeitung* veröffentlichte überschwängliche Rezensionen von Büchern oder Reden führender Antisemiten.[79] Sie reagierte sofort auf jeden Hauch von Kompromiss mit dem Nationalliberalismus.[80] Und sie strebte danach, den deutschen Liberalismus mit der Sozialdemokratie zu identifizieren. Ein Leitartikel attackierte die liberale Presse »im weitesten Sinne des Wortes, von dem steifleinen Organ der Berliner Geheimräthe und Börsenmatadore bis zum socialdemokratischen Winkelblatt in Chemnitz oder Crimmitschau«.[81]

Die antisozialistische Agitation in der zweiten Jahreshälfte 1878 bot den sächsischen Konservativen eine Gelegenheit, ihrem Ärger über das allgemeine Wahlrecht, die Juden und den moralischen und wirtschaftlichen Niedergang Deutschlands unter dem liberalen System Luft zu machen. Diese Polemik vermischte sich zu einem ressentimentgeladenen teuflischen Gebräu. Der Konservative Verein in Dresden hielt kurz nach dem ersten Attentat auf Kaiser Wilhelm I. seine erste Generalversammlung ab.[82] Seine Mitglieder forderten ein neues Gesetz zur Bekämpfung der Sozialdemokratie, betonten aber im gleichen Atemzug die tieferliegenden Gefahren, denen Deutschland ausgesetzt sei: eine schlecht erzogene und undisziplinierte Jugend, »Selbstsucht«, »Glaubenslosigkeit« und das »Jagen nach mühelosem Gewinne«. Sie sprachen sich auch dafür aus, das Wahlalter für die Reichstagswahlen von 25 auf 30 Jahre anzuheben. Eine »lebhafte«

---

77 Strachey, 11.2.1887, TNA FO 68/171.
78 Vgl. NRZ, insb. die programmatischen Artikel vom 31.1.1876, 27.2.1876, 26.3.1876.
79 SStAL, RG Rötha, Nr. 1575 (Tagebucheintrag vom 25.11.1876).
80 NRZ, 22.2.1876; 3.3.1876; 4./6./10.1.1877.
81 NRZ, 2.8.1876.
82 NRZ, 10.5.1878, 27./28.6.1878.

Debatte führte zu einem weiteren Vorschlag zur Einführung eines Zensus für Reichstagswähler. Die Dresdner gingen sogar so weit, einen fünfköpfigen Ausschuss zu bilden, um ein neues Wahlgesetz für den Reichstag zu empfehlen.

Andere erkannten, dass der Kampf nicht gewonnen werden konnte, indem man sich nur auf die Sozialdemokraten konzentrierte. Dr. Friedrich Straumer, ein führender Konservativer in Chemnitz, sagte seinen Dresdner Parteigenossen Mitte Dezember 1878, dass »*nicht*- oder gar *antichristliche Elemente*« für Deutschlands Probleme verantwortlich seien.[83] Freiherr von Friesen-Rötha hatte kurz zuvor seinem Tagebuch ähnliche Gedanken anvertraut:

> [E]ine allgemeine Rathlosigkeit hat sich [...] der deutschen Nation bemächtigt. Man sieht ein, daß wir vor einem Abgrund stehen, der einzige nützliche Weg der Rettung durch die sittliche Umkehr unseres Volkes, scheint aber noch unanerkannt zu werden. [...] Man schiebt alle Schuld auf die Socialdemokratie und [...] hierin liegt ein großer Irrtum. Die gesammten zersetzenden liberalen Theorien, denen Regierungen und Volk stets huldigen – diese tragen die Schuld. [...] Man will den Reichstag auflösen, Neuwahlen ausschreiben. Wird man dadurch bessere Elemente in den Reichstag erhalten? Ich bezweifle es. Man will scharfe polizeiliche Maßnahmen gegen die Socialdemokratie beschließen. [...] Ideen schlägt man nicht mit Flintenkolben nieder! [...] aber die meisten Menschen haben vor lauter Angst den Kopf verloren.[84]

Nach den Wahlen im Juli 1878 versuchte Friesen, aus dem erfolgreichen Widerstand der Sozialdemokraten Lehren zu ziehen. Ihre Kandidaten hätten unerwartet viele Stimmen von sächsischen Bauern und Handwerkern erhalten, die »verbittert und verblendet« waren von dem Pessimismus, den der »gänzliche Bankrott des nationalliberalen Optimismus [...] in einem Theil unserer ländlichen Bevölkerung [...] hervorgerufen« habe. »Die socialdemokratischen Agitatoren wußten diese Stimmung trefflich zu benutzen, indem sie [die] *communistischen* Tendenzen ihrer Partei vollständig verleugneten und uns Besserung der wirtschaftlichen Lage in vollsten Umfange versprachen. Alle Belehrungen gegenüber diesen Versprechen blieben nutzlos.«[85]

Friesens Meinung nach war die Eindämmung des Sozialismus zu diesem Zeitpunkt umso dringlicher, weil die Sächsische Konservative Partei ums Überleben kämpfte. Die regelmäßigen gesellschaftlichen Zusammenkünfte der Leipziger Konservativen waren immer spärlicher besucht; die *Neue Reichszeitung* war tief im Minus; und im gesamten Königreich gab es nur etwa 31 konservative Ortsvereine.[86] Erneut wurde dem allge-

---

83 NRZ, 17.12.1878 (Hervorhebung im Original).
84 Tagebucheintrag Friesen vom 10.6.1878, SStAL, RG Rötha, Nr. 1576.
85 Friesen, Tagebucheintrag vom 25.9.1878, ebenda (Hervorhebung im Original).
86 Vgl. SVfr, 19./26.7.1879; Vaterl, 9.12.1900.

meinen Wahlrecht die Schuld zugeschrieben: Es habe die Wählermassen für liberale Schmeicheleien anfällig gemacht. Friesen behauptete sogar, das allgemeine Wahlrecht sei mit dem monarchischen Prinzip unvereinbar, und sagte voraus, dass die beiden eines Tages kollidieren würden.

*

»Jetzt geht der Zirkus erst richtig los« – so in etwa lautete der Tenor, als im November 1879 ein Antisemitismus neuer Prägung in Dresden die öffentliche Aufmerksamkeit erregte.[87] Das Hauptprogramm ging in Berlin über die Bühne, doch war Dresden im Spätherbst für die Nebenvorstellung bestens gerüstet. Wilhelm Marrs im Februar 1879 erschienene Broschüre »Der Sieg des Judenthums über das Germanenthum« hatte bereits vor Jahresende die achte Auflage erreicht.[88] Adolf Stöcker hatte in einer Rede am 19. September »Unsere Forderungen an das moderne Judentum« präsentiert.[89] Und im Oktober hatte der preußische Landtagswahlkampf dafür gesorgt, dass die antisemitische Rhetorik noch ein paar Takte hochgefahren wurde. Marr sah sich folglich ermutigt, reihenweise Broschüren zu veröffentlichen, deren Titel die Feinde des Liberalismus garantiert ansprachen: »Vom jüdischen Kriegsschauplatz«, »Goldene Ratten und rothe Mäuse« und »Oeffnet die Augen, Ihr deutschen Zeitungsleser!«

Es war kein gerader Weg, der Marr dazu brachte, den Terminus »antisemitisch« durch den damals bekannteren »antijüdisch« zu ersetzen.[90] Marrs Verwendung des neuen Begriffs bedeutete *keine* klare Verschiebung von einem religiös hin zu einem rassisch motivierten Antisemitismus, wie einst argumentiert wurde. Die von der Antisemiten-Liga in Berlin herausgebrachte Propaganda beinhaltete eine unverwechselbar christliche Komponente, ebenso wie Marrs Zeitschrift, die *Deutsche Wacht*. Umgekehrt hatte Hofprediger Stöcker bereits 1876 in seinen Propagandaschriften auf das »jüdische Blut« verwiesen und hatte keine Probleme damit, die Juden als »Stamm« oder »Volk« zu bezeichnen. Letztere Begriffe wurden im Vokabular der Antisemiten dabei eng mit »Rasse« assoziiert (wenn auch nicht synonym gebraucht). Zum großen Missfallen der

---

87 Dieser Abschnitt stützt sich auf M. Piefel, Antisemitismus, Kap. 3. Vgl. den Stimmungsbericht (5.6.1878) aus Dresden von dem stockkonservativen bayerischen Gesandten Gasser, in dem er das frühe Zusammenfließen von Antisozialismus und wirtschaftlich motiviertem Antisemitismus in Sachsen vermerkt: »Das internationale Judenthum, die goldene Internationale, ist nach der Ansicht vieler verständiger Männer viel gefährlicher als die ›rote‹. – Jener verdanken wir die Aufsaugung des Mittelstandes, die traurige Aufeinanderfolge von Schwindel und Krach, das Aufregen der Erwerbsleidenschaft und die künstliche Steigerung der Produktion, denen in natürlicher Konsequenz das Aufhören des Verdienstes, Brotlosigkeit und Verbrechen aller Art sich anweisen.« BHStAM II, MA 2849.
88 W. Marr, Sieg des Judenthums, 1879; M. Zimmermann, Two Generations, 1978, S. 99.
89 A. Stöcker, Christlich-Sozial, 2. Aufl., 1890, S. 359–382.
90 Vgl. M. Zimmermann, Wilhelm Marr, 1986, S. 88–91; ASE, 2005, Bd. 1, S. 24 f.; S. Volkov, Antisemitism as a Cultural Code, 1978, S. 38 f.

Berliner Polizei, die versuchte, all diese Aktivitäten zu überwachen, waren die Kampflinien, welche die antisemitische Bewegung angeblich in religiöse und rassische Gruppierungen zersplitterten, zu verschwommen, als dass sie hätte vorhersagen können, welche der Gruppierungen den längeren Atem haben würden.[91]

In dieser fluiden Situation trat Alexander Pinkert auf die Bühne – ein obskurer Dresdner Blumenfabrikant, der den Juden einen früheren geschäftlichen Misserfolg zur Last legte. Um Ostern 1879 hatte Pinkert einige tausend Exemplare seines »Manifests an die Deutsche Nation« verteilt. Im September 1879 veröffentlichte er unter dem Pseudonym Egon Waldegg eine weitere Broschüre mit dem Titel »Die Judenfrage«, die innerhalb von zwei Monaten vier Auflagen erlebte.[92] Pinkert forderte seine Leser darin auf, eine neue »Mittel- oder Bürgerpartei« zu gründen, die er bereits in seinem »Manifest« als Deutsche Reformpartei charakterisiert hatte. Das Hauptziel dieser Partei würde die »Verdrängung der Angehörigen der semitischen Rasse aus den gesetzgebenden Körperschaften des deutschen Reiches und der Einzelstaaten« sein.[93] In der Zwischenzeit hatte Otto Glagau den Slogan geprägt, der zur Losung des konservativen Antisemitismus wurde: »Die soziale Frage ist die Judenfrage.« Dieses assoziative Couplet fand Anklang bei den konservativen Führern, die sich von rein rassischen Definitionen der »Judenfrage« distanzieren wollten.[94] Doch auch ein rassisch definierter Jude erschien ihnen als wirksames Symbol für einen dysfunktionalen Liberalismus und unchristliche Praktiken. Die Verknüpfung der sozialen Frage mit der »Judenfrage« wirkte auch attraktiv auf überlastete Angehörige des Mittelstands. Auch wenn sie wussten, dass die wirtschaftliche Misere des Mittelstands mehr beinhaltete als den Kampf gegen das Judentum, fanden sie Glagaus einfache Formulierung verlockend.

Am 1. November 1879 gründete Pinkert seinen Reformverein in Dresden. Die von ihm angemietete Halle war brechend voll, der Großteil der Anwesenden waren Sozialdemokraten. Wie zu erwarten, kam es zu Tumulten, und das Treffen wurde von der Dresdner Polizei rasch aufgelöst.[95] Doch lockten die nächsten beiden Treffen am 8. und 23. November erneut viele neugierige Dresdner an. Vor rund 400 Zuhörern forderte Marr den Ausschluss der Juden aus dem Militär, den deutschen Parlamenten und den Gerichten. Zu diesem Zeitpunkt hatte der Reformverein eine Satzung ausgearbeitet, welche die Mitgliedschaft auf Christen beschränkte. Die erste Ausgabe der Vereinszeitschrift *Deutsche Reform* erschien am 27. Dezember 1879. Sie druckte die berühmteste

---

91 Vgl. Polizeiberichte zur Antisemiten-Liga und anderen antisemitischen Organisationen in Berlin in den späten 1870er- und 1880er-Jahren in: BLHAP, PP, Tit. 95, Nr. 14942, 15097, 15224–15225, 15364.
92 E. Waldegg [Pseud. für Alexander Pinkert], Die Judenfrage, 1879, S. 42.
93 Ebenda, S. 3, 45.
94 So skizzierte z. B. ein Prediger namens Seidel in einer Rede vor dem Christlich-Sozialen Verein zu Dresden 1881 »Unsere Stellung zur Judenfrage«: »Ich bin Gegner des modernen, ungläubigen, unser Volk verderbenden Judenthums, aber nicht *Antisemit*.« SVf, 25.6.1881 (Beilage) (Hervorhebung im Original).
95 Franckenstein, 6.12.1879, HHStAW, PAV/42.

Zeile aus Treitschkes Aufsatz, der einige Wochen zuvor in den *Preußischen Jahrbüchern* erschienen war: »Die Juden sind unser Unglück.«[96] Kostenlose Exemplare der Zeitschrift wurden an alle Mitglieder der Ersten Kammer in Sachsen und an Abgeordnete anderer deutscher Parlamente verschickt. Ende 1880 betrug die Auflage der *Deutschen Reform* angeblich 4 000 Exemplare.[97]

Pinkerts Reformverein behauptete, er habe die Unterstützung der Konservativen in der sächsischen Hauptstadt.[98] Solche Äußerungen waren notorisch unzuverlässig; aber ein Beobachter schrieb: »Durch seine Zusammensetzung fiele er [Pinkerts Reformverein] fast der Lächerlichkeit anheim, wenn nicht von conservativer Seite seine Bestrebungen gutgeheißen würden.«[99] Die Bewegung, so der Beobachter weiter, fände bereits Unterstützung, wie die in den sächsischen und preußischen Landtagen eingeführten Gesetzesvorlagen zur Begrenzung des Wandergewerbes zeigten. Die »lästige Concurrenz« der Juden hätte auch Forderungen nach Einschränkungen der Freizügigkeit laut werden lassen sowie nach einer vom Reichstag erlassenen Börsenumsatzsteuer. Doch Pinkerts Anhängerschaft beschränkte sich nicht nur auf die wirtschaftlich prekären Reihen des Mittelstandes. Die *Dresdner Nachrichten* behaupteten, zu den neuen Mitgliedern des Pinkert'schen Reformvereins gehörten die »angesehensten Gewerbetreibenden, Kaufleute, Fabrikbesitzer, Doktoren, Stadtverordnete, Redakteure«.[100]

Der britische Gesandte Strachey berichtete von einer bemerkenswerten neuen Stimmung in der sächsischen Hauptstadt. Seiner Meinung nach waren Konservative und radikale Antisemiten in der Lage, die ganze Bandbreite der antijüdischen Vorurteile abzudecken – vom Kleinbürgertum über die wohlhabenden Geschäftsleute bis hin zu den adligen Gutsbesitzern und Staatsmännern. Unter Bezugnahme auf Marrs antisemitische »Forderungen«, die kurz zuvor in Dresden proklamiert worden waren, berichtete Strachey:

> Diese Ideen mögen für erstaunlich gehalten werden. Vielleicht sind sie es weniger als die Tatsache, dass ihnen 1879 im sogenannten Elbflorenz ein großes und intelligentes Publikum mit Geduld und anscheinend ohne Widerspruch zuhörte. Das führende Blatt [die *Dresdner Nachrichten*] vervielfältigte den Vortrag mit scheinbarer Zustimmung und prangerte erneut mit entsprechenden Beleidigungen und Beschimpfungen Lasker, Bleichröder [und] die »Goldene Internationale« an. [...]

---

96   PrJbb 44, Nr. 5, 1879, S. 559–576; H. v. TREITSCHKE, Deutsche Kämpfe, 1935, S. 1–28; vgl. »Heinrich von Treitschke verkündet, ›Die Juden sind unser Unglück‹ (15. November 1879)«, DGDB Bd. 4, Abschnitt 4.
97   D. FRICKE, Antisemitische Parteien, in: Lexikon, Bd. 1, 1983, S. 79; ebenda, S. 77–88 zu weiteren Details im Verlauf dieses Abschnitts.
98   DR, 21.2.1880, zitiert in: M. PIEFEL, Antisemitismus, S. 27. Vgl. Schmeitzner an Marr, 17.9.1880, zitiert in: M. B. BROWN, Friedrich Nietzsche, 1987, S. 253.
99   Franckenstein, 20.12.1879, HHStAW, PAV/42.
100 DN 23.11.1879, zitiert in: M. PIEFEL, Antisemitismus, S. 25.

Charakteristisch für die deutsche Staatskunst ist, dass [der Innenminister] Herr von Nostitz-Wallwitz eine gewisse Sympathie für diese Bewegung bekennt. Er spricht mit Bedauern über das gute alte »Ghetto« oder »Judenprinzip«, hier bis zum Jahr 1867 [sic] in voller Strenge aufrechterhalten, das die Ortsansässigkeit von Juden im Königreich außerhalb von Dresden und Leipzig verbot. Dies, so der Minister, sei eine ausgezeichnete Regel gewesen, denn sie habe jene Erwerbungen von Eigentum durch jüdische Besitzer verhindert, die anderswo für so verderblich erachtet worden seien.[101]

Die Juden versuchten durchaus, sich selbst zur Wehr zu setzen. Im September 1879 leitete der Deutsch-Israelitische Gemeindebund, der 1869 unter Beteiligung von Emil Lehmann in Leipzig gegründet worden war, eine Verleumdungsklage gegen Pinkert und seinen Verleger ein. In einer Beschwerde an das sächsische Justizministerium machte der Gemeindebund geltend, Pinkert habe gegen das von Sachsen und dem Norddeutschen Bund 1868 bzw. 1869 verabschiedete Emanzipationsgesetz verstoßen.[102] Pinkerts Flugblätter verstießen angeblich nicht nur gegen den Geist der jüdischen Emanzipation, sondern auch gegen § 130 des Reichsstrafgesetzbuches. In einer Entscheidung vom Juli 1880 wies die Staatsanwaltschaft beim Landgericht Dresden den Protest des Gemeindebundes zurück. In einer der bemerkenswertesten juristischen Äußerungen dieser Zeit hieß es, Pinkert habe seine Anschuldigungen in gutem Glauben erhoben. Pinkerts Broschüre habe daher *nicht* gegen das Strafgesetzbuch verstoßen und auch keine konkreten Angriffe auf die jüdische Gemeinde, ihre Institutionen oder ihre Traditionen enthalten. Ganz im Gegenteil: »Die ›Lehren des Talmud‹ […] wurden […] nicht herb genug kritisiert und [müssen] aus Gründen der Erhaltung des Staates und der guten Sitte, mit der grössten Entschiedenheit von Jedermann bekämpft werden […].«[103] Diese Billigung antisemitischer Lehren hatte langfristige Folgen. In den 1880er-Jahren publizierten sächsische Verlage immer mehr und immer radikalere antisemitische Werke. Der Deutsch-Israelitische Gemeindebund verlegte 1882 seinen Sitz von Leipzig nach Berlin. Und die Juden zeigten sich selbst im Falle der ungeheuerlichsten antisemitischen Äußerungen immer weniger geneigt, vor Gericht zu ziehen, um auf Wiedergutmachung zu klagen.

In den Jahren 1880 und 1881 trat Sachsen in den Schatten der Reichshauptstadt, als der »Berliner Antisemitismusstreit« die Fantasie der Deutschen beflügelte. Dieser Konflikt wurde durch Heinrich von Treitschke entfacht und schwelte weiter, während Antisemiten deutschlandweit über 225 000 Unterschriften für eine Petition sammelten,

---

101 Strachey, 20.12.1879 (Hervorhebung im Original); TNA FO 68/163. Vgl. diesen und weitere Berichte in: J. RETALLACK, German Social Democracy, 2022.
102 A. DIAMANT, Chronik der Juden in Leipzig, 1993, S. 113–115.
103 Anklage des Ausschusses des Deutsch-Israelitischen Gemeindebundes (5.11.1879) in: A. DIAMANT, Chronik der Juden in Dresden, 1973, S. 36–38; Beschluss der Staatsanwaltschaft beim Landgericht Dresden (7.7.1880), ebenda, S. 36, auch M. PIEFEL, Antisemitismus, S. 29.

in der die Regierung aufgefordert wurde, in der »Judenfrage« zu handeln.[104] Sachsen geriet kurz ins Rampenlicht dieser antisemitischen Aktivitäten, als Adolf Stöcker 1881 für das Reichstagsmandat in WK 5: Dresden-Altstadt kandidierte. Der konservative *Sächsische Volksfreund* verfolgte diese Entwicklung ebenso genau wie die Debatten im preußischen Abgeordnetenhaus über die antisemitische Petition im November 1880. In einem Beitrag hieß es ominös: »Noch ist es Zeit für die Juden in sich zu gehn und sich auf die Stellung zu besinnen, welche einer kleinen Minderheit innerhalb eines großen Volkes zukommt. Lassen sie sich rathen, so wird ihnen kein Haar gekrümmt werden.«[105] Bei den Landtagswahlen im Juli 1881 und zwei Jahre später bei den Wahlen zum Dresdner Stadtverordnetenkollegium schloss sich der *Volksfreund* den Bemühungen antisemitischer Reformer in Dresden an, Emil Lehmann sein Mandat abzunehmen.[106]

Diese Taktik des »getrennt marschieren, vereint schlagen« war nicht immer erfolgreich. Als Adolf Stöcker bei der Reichstagswahl 1881 nicht in die Stichwahl kam, freute sich die *Allgemeine Zeitung des Judentums*, dass der Judenhass den Scheitelpunkt erreicht habe. Diese Prognose war allerdings zu optimistisch. Eine von Wilhelm Liebknechts verbotenen Wahlbroschüren kam der Sache schon näher. Indem er die Worte »Judenhass« und »Judenhetze« absichtlich zu dem Begriff »Judenhatz« verschmolz, prangerte Liebknecht an, dass nicht die Sozialdemokraten, sondern Mitglieder der »sogenannten ›Ordnungsparteien‹« für das im Laufe des Wahlkampfs vergossene Blut verantwortlich seien.[107] Als sich das Jahr 1881 dem Ende zuneigte, beschlossen die Dresdner Antisemiten, die Enttäuschung über Stöcker zu vergessen und stattdessen auf dem Schwung aufzubauen, den fünf Monate zuvor ihr Landtagssieg über Lehmann ausgelöst hatte. Sie stellten eine Liste von 24 Kandidaten für die Dresdner Kommunalwahlen vor, von denen 16 gewählt wurden. Dieser Durchbruch in Dresden bildete die Grundlage für eine lokale Koalition aus deutschen Reformern, Christlich-Sozialen, Konservativen und dem mächtigen Dresdner Hausbesitzerverein.

Flaute?

In den Jahren 1882 bis 1885 gelang es den sächsischen Konservativen, sich vom bismarckfreundlichen Einfluss des Parteivorsitzenden Otto von Helldorff-Bedra zu befreien und eigene programmatische Schwerpunkte zu setzen. Dennoch waren viele von ihnen nicht geneigt, einen unabhängigen Kurs einzuschlagen: Wie Frege waren sie

---

104 FELIX, Studentische Petition, 1881; W. BOEHLICH, Berliner Antisemitismusstreit, 1965, S. 207 ff.; K. KRIEGER, Berliner Antisemitismusstreit, 2003.
105 SVfr, 27.11.1880.
106 SVfr, 13./16.7.1881.
107 »An die Wähler des 19. sächsischen Reichstagswahlkreises«, SHStAD, KHMS Zwickau, Nr. 2017.

zu ängstlich, den Unmut des Kanzlers auf sich zu ziehen oder alle Verbindungen zu den Nationalliberalen im Reichstag abzubrechen. So blieb der sächsische Konservatismus gespalten zwischen mehr oder weniger regierungstreuen Flügeln. Auch gab es keinen landesweiten Konsens darüber, wie viel und welche Form der Zusammenarbeit mit »radikalen« Antisemiten zulässig sei. Dennoch trugen die Unzulänglichkeiten der Berliner Parteiführung zur Bereitschaft der sächsischen Konservativen bei, neue Wege zu gehen. Wie Helldorff selbst Jahre später feststellte, hatte der Verlust seines Reichstagsmandats 1881 wichtige Auswirkungen auf die Entwicklung der Konservativen Partei.[108] Er war gezwungen, die Führung des Wahlvereins der Deutschen Konservativen an seinen Erzrivalen Wilhelm Freiherr von Hammerstein-Schwartow abzugeben. Hammersteins Machtbasis war verankert in den christlich-konservativen »Ultras« in beiden Häusern des Preußischen Landtags und in seiner Herausgeberschaft der *Neuen Preußischen [Kreuz-]Zeitung*, die sich nun unverhohlen antisemitisch gerierte. In der Kreuzzeitungsgruppe, wie sie genannt wurde, versammelten sich Dissidenten, die glaubten, die Konservative Partei müsse »zeitgemäß« werden und »in Kontakt mit dem Volk« treten.[109]

Die Kreuzzeitungsgruppe tat dies unter anderem durch undifferenzierte Angriffe auf die von ihr so genannte »graue Internationale« – die liberal-jüdische »Verschwörung«. Der Begriff »graue Internationale« steht an prominenter Stelle in Paul de Lagardes Werk »Deutsche Schriften« (1878–1881), von dem es heißt, dass es die »germanische Ideologie« und die »Politik des Kulturpessimismus« mitgeprägt hat. Nicht zufällig entwickelte Lagarde 1884 ein »Programm für die Konservative Partei Preußens«.[110] »Ethos gegen Geld«[111] war nicht nur Lagardes Schlagwort, sondern auch Friesens.[112] Ein 1886 verfasstes Manuskript von Friesen trug den Titel »Ueber die Notwendigkeit des Zusammenwirkens der kirchlichen und der staatlichen Factoren auf dem ethisch-socialen Gebiete«.[113] Beide Männer beschäftigten sich auch mit der Neuausrichtung des deutschen Adels nach christlich-konservativen Geboten.[114] Selbsternannte christliche Konservative spielten auch eine bedeutende Rolle im 1883 gegründeten Verein zur Verbreitung konservativer Zeitschriften, im 1884 gegründeten Verein zur Förderung des Volkswohls, im 1892 gegründeten Verein zur Verbreitung guter volkstümlicher Schrif-

---

108 Vgl. J. Retallack, Glückloser Parteiführer, 1995.
109 Detaillierte Informationen finden sich in: J. Retallack, Notables, 1988, Kap. 4–5.
110 P. Lagarde, Deutsche Schriften, 1994, S. 399–414, zur »grauen Internationale«; vgl. ders., Programm, 1884; U. Sieg, Deutschlands Prophet, 2007, S. 203–227; F. Stern, Politics, 1961, Kap. 1–6.
111 U. Sieg, Deutschlands Prophet, 2007, S. 217.
112 SStAL, RG Rötha, Nr. 1577, unveröffentlichte Manuskripte: Die sittliche Aufgaben der Conservativen-Partei [sic] I, II; Notwendigkeit der Organisation der konservativen Partei auf sittlichen Grundlage; sowie Ethisch-social!
113 H. Friesen-Rötha, Ueber die Notwendigkeit des Zusammenwirkens, 1886.
114 P. Lagarde, Deutsche Schriften, 1994, S. 326–333; SStAL, RG Rötha, Nr. 1577.

ten und im Christlichen Zeitschriftenverein, der die anderen an Umfang und Einfluss überflügelte.[115]

Im Vorfeld der Reichstagswahlen vom Oktober 1884 hatte Friesens Misstrauen gegenüber dem Nationalliberalismus zur Folge, dass sowohl der preußische Gesandte Dönhoff als auch Bismarck ihre Ablehnung von »Ultras« bzw. »Hyperkonservativen« innerhalb der sächsischen Partei zum Ausdruck brachten. Ihrer Ansicht nach waren Friesen und gleichgesinnte sächsische Konservative mit Hammersteins »Ultras« in der nationalen Partei verbündet oder standen ihnen zumindest wohlwollend gegenüber. Bismarck verachtete die »politische Kurzsichtigkeit jener hyperkonservativen Elemente, welche bestrebt sind, auf Grund einseitiger und persönlicher Auffassungen eine jede Vorlage der Regierung zu kritisiren [...] und unabhängig von der Regierung und auf eigene Faust Politik zu machen«. In dieser Richtung lägen »für die Entwicklung nicht nur der preußischen, sondern auch der Verhältnisse des Reiches Gefahren, welche nicht unterschätzt werden dürfen«.[116] Bismarck wandte sich auch gegen die Erklärungen von Anführern der sächsischen Konservativen, bei den Wahlen keine umfassenden Bündnisse mit den sächsischen Nationalliberalen eingehen zu wollen. Das enttäuschende Abschneiden der Konservativen bei den Reichstagswahlen im Herbst 1884 verstärkte nur noch den Zwist innerhalb der Partei. Im Oktober 1885 bekämpften die deutschen Konservativen, die Freikonservativen, die Kreuzzeitungsgruppe und die Christlich-Sozialen einander »so heftig, daß es beinahe den Anschein gewinnt, als hätten sie keine Berührungspunkte«. Und: Die christlich-soziale Partei unter Stöcker »[hat] es leider nicht verstanden [...], sich von unsauberen Elementen frei zu halten«.[117]

*

Mitte der 1880er-Jahre wetteiferten eine ältere und eine jüngere Generation um die Führung der deutschen antisemitischen Bewegung. Dasselbe geschah in Sachsen, als sich der Schwerpunkt der antisemitischen Aktivitäten von Dresden auf andere Teile des Königreichs ausdehnte. Auf Leipzig konzentrierten sich die Aktivitäten zweier Antisemiten, die in den Angelegenheiten der sächsischen Konservativen eine entscheidende

---

115 Der Christliche Zeitschriftenverein wurde im November 1880 als Verein zur Verbreitung christlicher Zeitschriften gegründet und 1893 umbenannt. Krass antisemitische Argumente prägten auch zahlreiche Beiträge zu »Zeitfragen des christlichen Volkslebens«, einer Reihe von Broschüren, die 1876 erschienen. Weitere Serien umfassten »Zeit- und Streit-Fragen und Sammlung von Vorträgen für das deutsche Volk«. Vgl. Sächsischer Volkskalender. Organ des Vereins zur Verbreitung christliche Schriften im Königreich Sachsen (Dresden), Jg. 1 ff., 1878 ff. Dieser Volkskalender hatte 1885 angeblich eine Auflage von 35 000 Stück. Weitere Details und Hinweise in: J. RETALLACK, Herrenmenschen, 2000, sowie DERS., From Pariah to Professional, 1993.
116 [Paul Graf von] Hatzfeld, pr. MdAA [für Bismarck], an Dönhoff, 7.4.1883 (Entwurf), in Reaktion auf Dönhoffs Bericht vom 24.3.1883, PAAAB, Sachsen 50, Bd. 1.
117 Sächs. Gesandter in Preußen, Wilhelm Graf von Hohenthal und Bergen (Berlin), an MdAA Fabrice (Dresden), 26.10.1885, SHStAD, MdAA 3295.

Rolle spielen sollten und die 1885 beide Rezepte zur Wiederbelebung der Bewegung anboten. Einer von ihnen lieferte den Slogan »neue Zeiten, neue Parteien«. Der andere argumentierte ebenso vehement, dass die antisemitische Bewegung nur in Zusammenarbeit mit den sächsischen Konservativen erfolgreich sein könne. Bei den beiden handelte es sich um Max Liebermann von Sonnenberg und Theodor Fritsch. Sie ergänzten sich perfekt. Liebermann war der skrupellose Redner mit der dröhnenden Stimme, der sich nicht um Ideologie scherte, sondern um Macht. Fritsch war der unermüdliche Organisator, der immer die politische Mitte beackerte, tatsächlich jedoch der Fanatischere der beiden war. In den darauffolgenden zwei Jahrzehnten befanden beide, trotz kurzer Phasen des Antagonismus, dass sie Hand in Hand mit den sächsischen Konservativen arbeiten konnten.

Einer der Unterzeichner der antisemitischen Petition, die im April 1881 die Reichskanzlei erreichte – wo sie von Bismarck ignoriert wurde –, war der Chemnitzer Verleger Ernst Schmeitzner.[118] Zu seinen Autoren zählten Friedrich Nietzsche und Wilhelm Marr.[119] Bei dem von Schmeitzner in Chemnitz gegründeten Deutschen Reform-Verein mit rund 200 Mitgliedern handelte es sich um den zweitgrößten Reformverein in Sachsen. Bald war es auch der zweitgrößte politische Verein in Chemnitz nach dem Konservativen Verein. Und darin lag auch das Problem. Die literarisch-philosophischen Ambitionen von *Schmeitzner's Internationaler Monatsschrift* konnten deren Antipathie gegen den christlichen Konservatismus nicht verbergen. Beiträge von Eugen Dühring und Bruno Bauer betonten rassische Definitionen der »Judenfrage«; die Sympathie der Zeitschrift für die etablierten politischen Parteien nahm entsprechend ab.[120]

Schmeitzners ungeteilte Aufmerksamkeit galt bald dem »Großereignis« von 1882: dem Ersten Internationalen Antijüdischen Kongress, der am 11. und 12. September in Dresden stattfand. Die Schlüsselmänner des »Kongresses« waren Pinkert, Schmeitzner und der bayerische Reichsfreiherr von Fechenbach, aber die 200 Teilnehmer repräsentierten ein Who's who der mitteleuropäischen Antisemiten.[121] Mit großem Trara wurden die Reden unter dem provokanten Titel »Manifest an die Regierungen und Völker der durch das Judenthum gefährdeten christlichen Staaten« veröffentlicht. Über 45 000 Exemplare dieses Manifests wurden im deutschen Original und in russischer, tschechischer und ungarischer Übersetzung verteilt. Insofern als der Kongress versuchte, die antijüdische Bewegung doktrinär zu vereinen, international zu koordinieren und in

---

118 BAP, Rkz 679; Schmeitzner's Internationale Monatsschrift (SIM) wurde in der SLUB durchgesehen.
119 Briefwechsel Schmeitzner-Marr (1880) in: M. B. BROWN, Friedrich Nietzsche, 1987, S. 249–252.
120 Vgl. z. B. E[ugen] Dühring, SIM 1, Nr. 7, 1882, S. 401–421.
121 DR, 12./13.9.1882; M. F. ZUMBINI, Wurzeln, 2003, S. 258–262; M. PIEFEL, Antisemitismus, S. 42–46; U. WYRWA, Kongresse, 2009. Materialien im NL Fechenbach und in der Sammlung Fechenbach (BAK) und im NL Stöcker (ZStAM, GStAM, GStAB) decken beide antisemitischen Kongresse ab. Vgl. »Manifest an die Regierungen und Völker der durch das Judenthum gefährdeten christlichen Staaten (Dresden, 11./12. September 1882)«, DGDB Bd. 4, Abschnitt 4.

Schwung zu bringen, scheiterte er kläglich. Während des Treffens versuchte Stöcker, die »reinen« Rassisten in Schach zu halten. Mit wenig Erfolg. Die am Ende des Kongresses veröffentlichte Resolution dokumentierte die gequälten Bemühungen der Antisemiten, einen Kurs zwischen den divergierenden Gruppen zu steuern, indem sie die Juden als Stamm und Rasse, die »Judenfrage« aber als eine kulturelle, historische, politische, soziale, moralische und religiöse Frage bezeichnete.[122]

Nach dem Kongress ließ Schmeitzner aber nicht so leicht ab von seinem Fantasiegebilde einer internationalen antisemitischen Bewegung. Der Erste Antijüdische Kongress richtete ein ständiges Komitee ein, um die öffentliche Aufmerksamkeit aufrechtzuerhalten und Spenden zu sammeln. Bereits im Dezember 1882 fühlte sich Schmeitzner zunehmend entmutigt durch das mangelnde Interesse anderer.[123] Daraufhin gründete er am 5. Februar 1883 in Chemnitz die »Alliance antijuive universelle« (»Allgemeine Vereinigung zur Bekämpfung des Judenthums«). Zu diesem Zeitpunkt gingen er und Pinkert sich schon gegenseitig an die Gurgel.[124] Dieser Streit trug zu dem Fiasko bei, das Schmeitzner mit seinem Zweiten Antijüdischen Kongress erlitt.[125] Bei dem am 26. und 27. April 1883 in Chemnitz stattfindenden Treffen fanden sich nur etwa 35 Teilnehmer ein. Eine jüdische Zeitung traf ins Schwarze, als sie erklärte: »Die Ratten verlassen das sinkende Schiff.«[126] Danach verblasste Schmeitzners Stern rasch. Seine *Internationale Monatsschrift* stellte im Dezember 1883 plötzlich ihr Erscheinen ein. Schmeitzner hatte entdeckt, wie schwierig es war, einen Kurs zwischen konservativen und »radikalen« Antisemiten zu steuern. Wie er an Nietzsche schrieb: »Ja, ich bin in sonderbare Gesellschaft geraten!«[127]

In Leipzig wurde die antisemitische Bewegung in diesen Jahren durch die zentrale Rolle von Theodor Fritsch auf finstere Weise geprägt. Fritsch, der 1852 als Sohn einer armen Bauernfamilie im preußischen Sachsen zur Welt kam, ist einer der wenigen, der noch vor seinem Tod 1933 von Adolf Hitler und den Nazis als Vorläufer der Bewegung gewürdigt wurde.[128] Nach den Reichstagswahlen von 1912, die 110 »Rote« ins Parlament brachten, rief Fritsch offen zu einer heiligen Feme von engagierten Männern auf, um die Führer der revolutionären Bewegung zu ermorden.[129] Keine Geschichte der deutschen völkischen Bewegung wäre komplett ohne Fritsch. Weit weniger bekannt ist die ent-

---

122 ALLGEMEINE VEREINIGUNG ZUR BEKÄMPFUNG DES JUDENTHUMS (Hrsg.), Manifest, 1883, 4.
123 Polizeibericht, 30.12.1882, BLHAP, PP, Tit. 95, Nr. 15226.
124 Berichte in BLHAP, PP, Tit. 95, Nr. 15226; M. LIEBERMANN VON SONNENBERG, Beiträge, 1885; M. B. BROWN, Friedrich Nietzsche, 1987, S. 254 f.
125 Ebenda.
126 Die jüdische Presse 14, Nr. 18 (3.5.1883).
127 Schmeitzner an Nietzsche, Sept. 1883, in: M. B. BROWN, Friedrich Nietzsche, 1987, S. 244.
128 Die beste Quelle ist M. F. ZUMBINI, Wurzeln, 2003, S. 321–422. Vgl. auch R. H. PHELPS, Theodor Fritsch, 1961; M. ZIMMERMANN, Two Generations, 1986; sowie Fritschs eigene Handbücher, Broschüren, Zeitungen und Zeitschriften.
129 Zitiert in: R. S. LEVY (Hrsg.), Antisemitism, 2005, Bd. 1, S. 250; vgl. DERS., Antisemitism, 1991, S. 190–191.

scheidende Rolle, die er nach 1900 mithilfe der sächsischen Mittelstandsbewegung dabei spielte, mittelständischen Wählern konservative Kandidaten schmackhaft zu machen.[130]

Nach seinem Umzug nach Leipzig 1878 gründete Fritsch die erste von vielen Interessengruppen, die vorgaben, sich für die Sache des kleinen Mannes einzusetzen – in diesem Fall von kleinen Mühlenbesitzern. Mit den Einnahmen aus diesen Unternehmungen gelang es ihm, eine führende Rolle beim Aufbau antisemitischer Vereine in Dresden, Chemnitz und Leipzig zu spielen. Wobei »führende Rolle« vielleicht der falsche Ausdruck ist. Fritsch war bekannt für seine Unfähigkeit, vor Publikum zu sprechen. Dieses Defizit erklärt Fritschs konspirative Neigungen, seine Antipathie gegen parlamentarische Methoden und sein Vertrauen in das geschriebene Wort. Fritsch ließ sich von Wilhelm Marr inspirieren, wollte sich aber von dessen Pessimismus und Resignation nicht anstecken lassen. Stattdessen wollte er auf allen Hochzeiten tanzen: Mit den Rassisten stimmte er überein, dass das Judentum der »wahre Quell des Volkselends« sei, »der das Blut des Volkskörpers aussaugt«.[131] Mit denjenigen, welche die »Judenfrage« rein christlich formulierten, bezeichnete er die Juden als »Apostel der Lüge« und »des Teufels echteste Sprossen«.[132] Mit den konservativen Mittelständlern erklärte er, dass die »Judenfrage« vor allem eine wirtschaftliche sei.

Es heißt bekanntlich, dass man die Rhetorik im Bereich der großen Politik nur sparsam als Waffe einsetzen sollte; doch wenn Fritsch zur Erklärung ansetzte, worin das Wesen der jüdischen »Gefahr« bestand und weshalb sie durch Propaganda beseitigt werden könne, bevorzugte er brutale Metaphern. Die »Judenfrage«, schrieb er einmal, sei wie ein »eiterndes Geschwür«, das »aufgeschnitten und ausgedrückt werden« müsse.[133] Die Juden selbst seien »die Inkarnation des Bösen«. Das klingt nach einfach gestrickten Glaubenssätzen, aber für Fritsch waren sie politische Strategie – die »nackte Sprache der Gewalt«.[134] Judenhass bedurfte keiner komplizierten Erklärungen.

Wo Fritsch mit Innuendo nicht weiterkam, wurde Innovation zu seinem Mantra. Er erfand sich ständig neu. Sein *Kleines Mühlen-Journal*, ein Monatsblatt für Mühlenbesitzer, warf genug Geld ab für andere Unternehmungen.[135] Um den Ruf dieser Zeitschrift und des mühlentechnischen Büros zu schützen, das er in Leipzig betrieb, verwendete Fritsch für seine antisemitischen Schriften die Pseudonyme Thomas Frey, Fritz Thor und F. Roderich-Stoltheim. Als »Frey« gab er ab Ende 1881 eine Reihe von Broschüren heraus, die von Friedrich Nietzsche inspiriert zu sein schienen. Fritsch versprach den

---

130 Eine frühe Würdigung dieser Rolle findet sich in: D. STEGMANN, Neokonservatismus, 1993; vgl. M. F. ZUMBINI, Wurzeln, 2003; R. S. LEVY, Downfall, 1975, S. 37 ff., 160 ff.
131 Kleines Mühlen-Journal 2, Nr. 4 (Jan. 1882), S. 51, zitiert in: M. PIEFEL, Antisemitismus, S. 55.
132 Thomas Frey in SIM 2, Nr. 10 (Okt. 1883), S. 622–625, zitiert in: M. PIEFEL, Antisemitismus, S. 55 f.
133 Kleines Mühlen-Journal 2, Nr. 4 (Jan. 1882), S. 52, zitiert in: M. PIEFEL, Antisemitismus, S. 56.
134 M. F. ZUMBINI, Wurzeln, 2003, S. 330; er fügt hinzu: »Die Gleichsetzung von Juden und ›Ungeziefer‹ bleibt bei Fritsch eine Konstante.«
135 Zitiert in: M. PIEFEL, Antisemitismus, S. 55.

Lesern seiner *Leuchtkugeln* – Untertitel: *Altdeutsch-antisemitische Kernsprüche* – einen bequemen Weg, heikle Definitionsfragen zu umgehen.[136] 1883 lancierte er eine neue Reihe mit dem Titel *Brennende Fragen*.[137] Diese kurzen Aufsätze, die ausschließlich der Agitation dienen sollten, wurden von Fritsch selbst als »Mittel-Ding [...] zwischen Zeitung und Broschüre« bezeichnet.[138] Die von nur wenigen hundert Abonnenten gelesenen Essays boten eine radikalere antisemitische Weltanschauung als Fritschs frühere Schriften.

1885 übernahm Fritsch Schmeitzners Verlagsprogramm; bald folgten Marrs *Deutsche Wacht* und weitere antisemitische Traktate aus dem Hause des Berliner Verlegers Otto Hentze.[139] Das wichtigste Produkt dieses Coups war die *Antisemitische Correspondenz*, die sich im April 1890 zu den *Deutsch-Sozialen Blättern* entwickelte. Das Rundschreiben zur Ankündigung dieses neuen Unternehmens wurde im September 1885 nur an die engsten Mitarbeiter von Fritsch geschickt.[140] Der Hauch von Verschwörung trug zum Erfolg von Fritsch bei. Neue Ausgaben erschienen unregelmäßig und waren mit dem Vermerk »Diskret! – Wird nur an zuverlässige Partei-Genossen versandt!« versehen. Die erste Auflage umfasste nur etwa 1 500 Exemplare, aber die zweite Auflage vom Dezember 1885 wurde an etwa 5 000 »Mitläufer« geschickt. Bis Mitte 1888 pendelte sich die Auflage angeblich bei ca. 2 000 Exemplaren ein.[141] Die Nazis selbst erkannten später die Bedeutung der *Antisemitischen Correspondenz* an. Sie stellte einen grundlegenden Generationswechsel dar. In einem Brief an Marr vom Juli 1885 nahm Fritsch diesbezüglich kein Blatt vor den Mund:

> Äußerlich macht der Antisemitismus (oder wenigstens die Antisemiten) immer mehr bankrott. Stöcker ist abgemurkst, die »Volksztg.« erloschen und Liebermann damit vorläufig von der Bildfläche abgetreten, will auswandern; [...] Schmeitzner legt sich auf »Beleuchtungs-Wesen«, nachdem ihm die geistige Erleuchtung seines Jahrhunderts nicht geglückt; Pinkert scheint sich auch kaum noch halten zu können [...]. Glagau's Culturkämpfer erscheint nur noch sporadisch – [Ernst] Henrici schweigt; [Bernhard] Förster ist nur zu einer Gastrolle hier; der »alte Mann« [Marr] redet vom Sterben – da kann ich ja eines Tages als *einziger Antisemit* übrig bleiben und – den letzten beißen die Hunde![142]

---

136 Sie erschien 1881/82 in Leipzig.
137 Brennende Fragen. Nationale Flugblätter zur Erweckung des deutschen Volksbewußtseins, Leipzig, 1883 ff.
138 Fritsch, Wie agitiert man am wirksamsten?, AC Nr. 7 (Sept. 1886), S. 6.
139 Fritsch an Marr, 19.5.1885, zitiert in: M. ZIMMERMANN, Two Generations, 1978, S. 94; M. B. BROWN, Friedrich Nietzsche, 1987, S. 273; M. PIEFEL, Antisemitismus, S. 62.
140 AC Nr. 1 (Okt. 1885), S. 1 f.
141 BLHAP, PP, Tit. 94, Nr. 8679.
142 Staatsarchiv Hamburg, NL Marr, Bestand A, Nr. 67, Fritsch an Marr, 1.7.1885 (Hervorhebung im Original).

Fritschs Fähigkeit, grundlegende Aspekte der Massenpolitik neu zu denken, verdient selbst ohne die historische Verbindung zu Hitler unsere Aufmerksamkeit. Doch beide waren zu Beginn ihrer Karriere bestrebt, die Defizite der radikalen nationalistischen Rechten in Deutschland zu benennen. In den Jahren 1885/86 nutzte Fritsch die *Antisemitische Correspondenz* für die Frage, weshalb antisemitische Agitation und Propaganda die Massen noch nicht erreichten.[143] Wie die Nazis nutzte Fritsch das Prinzip des selbstkorrigierenden Unternehmertums, um der Öffentlichkeit nur das zu geben, wofür sie bezahlen würde.[144] In einem seiner Briefe an Marr erklärte Fritsch, er habe nicht die Absicht, Schmeitzners Prinzip zu folgen und seine Anhänger um Unterstützung zu bitten. »Solange wir als Bettler kommen, gewinnen wir die Liebe des Volkes nicht. [...] ›*Profit*‹ muß sein! – sonst beist [sic] keiner am Antisemitismus an.«[145]

Wie Fritschs Briefe an Marr zeigen, war Propaganda eine unabdingbare Voraussetzung für seinen Erfolg – wie auch später für Hitler. Doch Fritschs Aktivitäten beschränkten sich nicht auf das Verlagswesen. Eine wichtige Rolle spielten auch die vielfältigen Funktionen, die er im Leipziger Vereinsleben innehatte. Die *Antisemitische Correspondenz* war das Produkt des Deutschen Reform-Vereins in Leipzig. Das galt auch für die wöchentlichen Diskussionsabende, die Fritsch im Rahmen des Vereinsprogramms mitorganisierte sowie für die Gründung eines für Mitglieder zugänglichen »Antisemitischen Lesezimmers«. Laut Fritsch würden diese Einrichtungen dazu beitragen, »schlagfertige und sattelfeste Redner« auszubilden, die in jede Art von Schlacht gehen könnten.[146] Für solche Kämpfer produzierte Fritsch 1887 seinen ersten »Antisemiten-Katechismus«. Der Leitfaden, der letztendlich unter dem Titel »Handbuch der Judenfrage« firmierte, ging bis 1944 durch insgesamt 44 Auflagen und gilt bis heute als »Klassiker« der völkischen Literatur.

Im Januar 1885 zählte der Reform-Verein in Leipzig nur 80 Mitglieder. Im Februar waren es 142 Mitglieder.[147] Dieser Anstieg ist nicht nur auf Fritschs Bemühungen zurückzuführen, sondern auch auf die von Max Liebermann von Sonnenberg, der im Revolutionsjahr 1848 geboren wurde. Am 23. Januar 1885 sprach Liebermann im Leipziger Verein vor rund 1 000 Zuhörern zum Thema »Neue Zeiten, neue Parteien«.[148] Als Versammlungsleiter behielt Fritsch eine Zeit lang die Kontrolle über die Veranstaltung, aber schließlich kam es doch zu einem Tumult; die anschließende Presseberichterstattung weckte neues Interesse und die Leipziger Verteidiger des Judentums gründeten

---

143 Vgl. M. Zimmermann, Two Generations, 1978, S. 97.
144 R. S. Levy (Hrsg.), Antisemitism, 2005, Bd. 1, S. 250.
145 Fritsch an Marr, 8.5.1884 (Hervorhebung im Original). Dieser sowie weitere Briefe in Auszügen als »Theodor Fritsch an Wilhelm Marr über neue Taktiken im Kampf gegen die Juden (1884–85)«, DGDB Bd. 4, Abschnitt 7. Zudem M. Zimmermann, Two Generations, 1978, S. 95; M. F. Zumbini, Wurzeln, 2003, S. 329.
146 DR, 5.7.1884, 7.11.1884, zitiert in: M. Piefel, Antisemitismus, S. 59.
147 DR, 28.1.1885, 10.2.1885, zitiert in: M. Piefel, Antisemitismus, S. 60 f.
148 M. Liebermann von Sonnenberg, Neue Zeiten, 1885; ders., Beiträge, 1885, S. 286 ff.

eine Gegenorganisation. Weniger vorhersehbar war zu diesem Zeitpunkt die Entwicklung von Liebermanns eigener Karriere.

War Liebermann ein Radikaler oder moderat? Er war beides – und zwar abwechselnd. Seine Botschaft deckte sich mit den Ansichten der sächsischen Konservativen, in denen rassischer Antisemitismus mit orthodoxeren Ansichten zur Aufrechterhaltung von Religion, Monarchie und Ordnung gepaart war. Liebermanns Vorsicht, seine Ratschläge zur Mäßigung an die Adresse antisemitischer Heißsporne und seine Bemühungen, in der Konservativen Partei eine Rolle zu spielen, wurden auch von der gemäßigten Rechten begrüßt. Dennoch besaß Liebermann auch Stöckers demagogisches Talent. Er konnte Versammlungen so organisieren und anheizen, dass sie die von der Honoratiorenpolitik auferlegten Grenzen sprengten.[149] Und er war bereit, die gleichen antikonservativen Argumente zu verwenden, die sich für Otto Böckel in Hessen bald als so wichtig erweisen würden.[150]

Nachdem sein Deutscher Volksverein in Berlin zusammenbrach, stand Liebermann 1885 an einem Scheideweg. Er verkündete, sich Bernhard Förster in Paraguay anschließen zu wollen.[151] Liebermanns Anhänger hatten bereits seine Abschiedsfeier organisiert, als er von Fritsch unerwartet nach Leipzig eingeladen wurde und einen Redaktionsposten bei der *Antisemitischen Correspondenz* angeboten bekam. Anfang 1886 wurde Liebermann zum Ehrenvorsitzenden des Leipziger Reform-Vereins ernannt, und zur Jahresmitte berichteten Polizeispitzel über Pläne zur Gründung einer nationalen antisemitischen Organisation. Ihr Sitz solle Dresden oder Leipzig sein, weil das sächsische Vereinsgesetz angeblich liberaler sei als das preußische.[152] Liebermanns »von« mag in einem solchen Polizeibericht zu der Bemerkung beigetragen haben, die derzeitigen Leiter des örtlichen antisemitischen Vereins seien »hochachtbare, angesehene Leipziger Bürger«. Im März 1889, so hieß es in den Berichten, hätten die antisemitischen Aktivitäten in Berlin und anderswo dank Liebermanns Führungsrolle wieder zugenommen.[153]

*

Wendet man den Blick wieder nach Dresden, stößt man dort auf den seltsamen Fall von Gustav Emil Leberecht Hartwig. Viele Details von Hartwigs wechselvoller Karriere bleiben im Verborgenen, aber er wurde ein Blitzableiter für konservativ-antisemitische Spannungen in Sachsen. Bevor der gelernte Baumeister nach Dresden kam, arbeitete

---

149 M. LIEBERMANN VON SONNENBERG, Beiträge, 1885, S. 308.
150 Liebermann, Rede vor dem 2. Antijüdischen Congress in Chemnitz, 1883, zitiert in: »Alliance Antijuive Universelle«, 1953. Vgl. U. WYRWA, Kongresse, 2009, S. 8–10.
151 M. LIEBERMANN VON SONNENBERG, Beiträge, 1885, S. I–IV.
152 Polizeiberichte in BLHAP, PP, Tit. 94, Nr. 8679.
153 BLHAP, PP, Tit. 94, Nr. 8679.

Hartwig in Roßwein und Meißen. Als konservativer Hinterbänkler saß er von 1873 bis 1879 in der Zweiten Kammer des Sächsischen Landtags.[154] Während des Kommunalwahlkampfes 1881 in Dresden stieg Hartwigs Stern rasant auf, als es in Zusammenhang mit der neuen Zollpolitik als auch mit der sächsischen Einkommens- und Grundsteuerreform zu wachsenden Steuerbelastungen kam. Sein politisches Instrument war ein lokaler Steueraufstand. Trotz seiner extrem aufgeladenen Sprache forderte Hartwig in seinem »Aufstand« eigentlich nur die »Reformen«, die konservative Antisemiten seit Mitte der 1870er-Jahre befürwortet hatten. Dazu gehörten der Widerstand gegen die »bankrotte« liberale Wirtschaft, gegen die jüdische »Herrschaft« über die Presse und nicht zuletzt gegen Machtmissbrauch in der Politik. Der mächtige Dresdner Hausbesitzerverein sowie die antisemitischen Reformvereine und die Christlich-Sozialen Vereine lieferten die organisatorische Unterstützung, die Hartwig brauchte, um die gesetzte Atmosphäre der Gemeinderatssitzungen etwas aufzumischen. Gewappnet mit Insider-Kenntnissen aus dem Baugewerbe und umfangreichen Statistiken warf Hartwig dem Dresdner Stadtrat und seinem Oberbürgermeister Paul Stübel finanzielle Misswirtschaft in mehreren Fällen vor. Die unbesonnene oder unsachgemäße Vergabe von städtischen Aufträgen, die ungenaue oder unfaire Veranlagung von Grundsteuern, die unnötige oder zeitlich ungelegene Enteignung von Grundstücken, die für die Expansion gebraucht wurden, der verdächtige oder verderbliche Umgang mit Jahresetats – diese Themen leisteten Hartwig in seinem Bemühen, dem »Business as usual« ein Ende zu setzen, gute Dienste. Darüber hinaus griff Hartwig und Pinkerts *Deutsche Reform* Stübel auch noch dafür an, dass er an einer Spendenaktion zugunsten der jüdischen Pogromopfer von 1881 im zaristischen Russland teilgenommen hatte.[155]

Die Ambivalenz der Konservativen gegenüber Hartwig und seinem demagogischen Antisemitismus zeigte sich während des Reichstagswahlkampfs im Oktober 1884 in Dresden-Altstadt. Die Konservativen versuchten, Hartwigs Wahlkampf zu untergraben, um stattdessen die Wahl ihres Kandidaten Kurt von Einsiedel, ehemals Kreishauptmann von Dresden, zu sichern. Sie mobilisierten die Staatsverwaltung, rügten Hartwig, dass er die antisozialistische Einheit zerstöre, und verbreiteten das Gerücht, dass 2 000 vertrauenswürdigen Sozialisten im ersten Wahlgang »befohlen« worden sei, für Hartwig zu stimmen, sodass August Bebel in der zweiten Runde gegen Einsiedel antreten würde. Aber die Dinge liefen nicht wie geplant. Der Wahlgang am 28. Oktober war knapp. Einsiedel wurde mit 7 054 Stimmen Dritter, Hartwig erhielt 7 567 und Bebel 8 620 Stimmen. Kommentarlos verlagerten die Konservativen ihre Unterstützung für die Stichwahl am 11. November auf Hartwig, auch wenn sie große Angst hatten, dass Hartwigs zwei-

---

154 Details im Folgenden aus: O. Richter, Geschichte der Stadt Dresden, 1903–04, S. 84 f.; B. Rackwitz, Biographischer Anhang, 1949, S. 39 f.; M. Dittrich, Parlamentarischer Almanach, 1878, S. 143; SParl, S. 253, 388; M. Piefel, Antisemitismus, S. 38, 48–53.
155 DR, 18.5.1882, zitiert in: M. Piefel, Antisemitismus, S. 40.

felhafter Ruf, sein hetzerischer Stil und die Verlegenheit, die er dem Dresdner Stadtrat bereitet hatte, viele Konservative davon abhalten würden, in der zweiten Runde für ihn zu stimmen. Am Ende gewann Hartwig den zweiten Wahlgang mit einem komfortablen Vorsprung von mehr als 2 500 Stimmen.[156] Hartwigs antisemitische Unterstützer, die damit ihre größte Machtdemonstration seit 1879 feierten, streuten den Konservativen auch noch Salz in die Wunde, indem sie behaupteten, Hartwig hätte trotz der entschlossenen Opposition der Konservativen gesiegt. Dresdner Insider wussten, dass das Unsinn war. »Es scheint mir«, schrieb einer von ihnen, dass »die Linie, die Konservative von den Antisemiten trennt, eine sehr feine ist«.[157] Ein anderer notierte frustriert, dass man Bebel bereits in der ersten Runde mit einer Mehrheit von etwa 6 000 Stimmen hätte schlagen können, wenn man nur einen einzigen antisozialistischen Kandidaten aufgeboten hätte. Hartwig und Einsiedel hätten den nicht-sozialistischen Stimmenanteil unnötig gespalten, »mit ganz gleichem Programme«.[158]

Hartwigs Anklagen gegen das bequeme Dresdner Establishment fanden nicht nur im Rathaus Widerhall, sondern auch auf der Straße. Die Dresdner interessierten sich weniger für die strenge Rechts- und übliche parlamentarische Praxis als für sensationsheischende Vorwürfe wegen Amtsmissbrauch und Bestechung. Hartwig hatte schon 1883 geholfen, das letzte jüdische Mitglied des Dresdner Stadtrates, Emil Lehmann, aus dem Amt zu drängen. Das Ausbleiben eines nennenswerten Aufschreis zeigte den Konservativen, dass es kaum Risiko barg, eine Kampagne zu starten, um den Juden in der sächsischen Hauptstadt die politische Vertretung zu verweigern. Wie die *Allgemeine Zeitung des Judentums* es ausdrückte, ließen die sächsischen Konservativen die Antisemiten nicht »durch die Haupttüre« herein, »aber zur Hintertüre gern.«[159] Nachdem in den 1890er-Jahren der politische Anstand wieder in die Kommunalpolitik zurückgekehrt war, konnte niemand bestreiten, dass sich Hartwig und seine »sozialreformerischen« Unterstützer eine Machtbasis gesichert hatten, die in anderen deutschen Städten ihresgleichen suchte. Die antisemitische Koalition aus Konservativen und Reformern dominierte die Dresdner Politik bis ins frühe 20. Jahrhundert hinein und fand auch Gehör beim sächsischen König, seinen Ministern und den Landtagsabgeordneten. Als die *Dresdner Nachrichten* 1890 erklärten, dass stabile Getreidepreise »von radikalen Juden›ringen‹« bedroht seien, bemerkte der britische Gesandte Strachey: »Soweit ich das beurteilen kann, wird diese politische Ökonomie allgemein als solide akzeptiert.«[160]

---

156 Hartwig errang 13 793 Stimmen, Bebel 11 106; SHStAD, MdI 5381.
157 Strachey, 12.11.1884; TNA 68/168.
158 Dönhoff, 5.11.1884, PAAAB, Sachsen 48, Bd. 13; vgl. Strachey, 29.10.1884, 12.11.1884, TNA 68/160, Rudhart, 5.11.1884, BHStAM II, MA 2853; österr. Gesandter Herbert-Rathkeal, 12.11.1884, HHStAW, PAV/43.
159 AZJ, 25.9.1883, zitiert in: M. Piefel, Antisemitismus, S. 48.
160 Strachey, 7.2.1890, TNA, FO 68/175.

So zeigten die Beziehungen zwischen Konservativen und Antisemiten in Dresden Ende der 1880er-Jahre die gleichen Push-Pull-Tendenzen wie zu Beginn des Jahrzehnts. Liebermann von Sonnenberg plädierte nun für mehr Vertrauen in die »antisemitische« Konservative Partei anstatt das Evangelium von »neuen Zeiten, neuen Parteien« zu predigen.[161] Was hatte sich geändert? Eine Antwort darauf lautet, dass 1885 ein Mann den Vorsitz des Dresdner Konservativen Vereins übernahm, der später zu »Paul I., der ungekrönte König von Sachsen« gesalbt wurde.

*

Dr. Paul Mehnert stammte nicht aus bescheidenen Verhältnissen.[162] Er wurde 1852 als Sohn von Karl Mehnert geboren, Inhaber des 152 Hektar großen Ritterguts Klösterlein bei Aue im Erzgebirge und Gründungsdirektor des Landwirtschaftlichen Kreditvereins für das Königreich Sachsen. Von 1873 bis 1876 studierte Mehnert Rechtswissenschaften an den Universitäten Leipzig und Bonn. Nach seiner Promotion war er als Referendar bei verschiedenen Amtsgerichten und bei einem Rechtsanwalt in Dresden tätig. Inmitten der antisozialistischen Hysterie im Juli 1878 trat er in die Anwaltskanzlei von Gustav Ackermann ein, des einflussreichen Dresdner Hofrats, der kurz zuvor sein Schwiegervater geworden war. Von 1882 bis 1899 war Mehnert Rechtsanwalt ohne Privatpraxis. Inzwischen war er Bevollmächtigter des Direktoriums des Landwirtschaftlichen Kreditvereins seines Vaters geworden und hatte nach dessen Tod 1885 den Vorsitz übernommen – ein Amt, das er bis zu seinem Tod im Juli 1922 innehatte. Mehnert war einer der Strippenzieher, die der liberale Kritiker Rudolf Martin 1910 als »Deutsche Machthaber« porträtierte. Damals wurde Mehnerts Vermögen auf 1,2 Millionen Mark geschätzt; sein jährliches Einkommen betrug rund 140 000 Mark. Nach dem Tod seines Vaters erbte Mehnert Gut Klösterlein und das unweit von Dresden gelegene, 210 Hektar große Gut Medingen. Letzteres war von 1894 bis 1921 sein Domizil. Bereits 1909 erhielt Mehnert, der wie sein Schwiegervater Ackermann den Titel Hofrat trug, das Gut Drehbach bei Wilkenstein sowie den Titel Wirklicher Geheimer Rat mit dem Prädikat Exzellenz von König Friedrich August III.[163] Solche Verbindungen und Titel waren unverzichtbar für einen Mann, der den politischen »Allrounder« verkörperte.

Mehnert, der Geschäftsmann? Auch das war ein legitimes Etikett. Wie so viele Güter in Sachsen umfasste auch das Gut Medingen eine Bierbrauerei, ein Sägewerk und eine Getreidemühle. Da der gesamte Hypotheken- und sonstige Schuldbestand des Landwirtschaftlichen Kreditvereins für das Königreich Sachsen das Jahresbudget des gesamten Bundesstaats überstieg, war Mehnert im Wesentlichen der Leiter einer sehr

---

161 R. S. Levy, Downfall, 1975, S. 38 f.
162 Nachrufe in DN und DTZ, 19.7.1922; SParl, S. 89, 425 f.; R. Martin, Deutsche Machthaber, 1910, S. 517–519.
163 Zu dieser Zeit wurde Mehnert auch in die Erste Kammer gewählt.

Abbildung 5.5: Dr. Paul Mehnert (1852–1922), De-facto-Vorsitzender der sächsischen Konservativen ab 1894, entnommen aus: J. MATZERATH, Aspekte sächsischer Landtagsgeschichte, 2001, S. 77.

großen und mächtigen Kreditbank.[164] Wie Arnold Frege in den 1870er-Jahren wurde Mehnert nach der Jahrhundertwende zum wichtigsten Vertreter Sachsens in verschiedenen landwirtschaftlichen Verbänden und Gremien. Mithilfe dieses engmaschigen Verbindungsnetzes machte er seinen Einfluss weiträumig geltend – von den Agrarkreditverbänden und Gemeinderäten in Medingen, Dresden, Meißen und dem Erzgebirge bis zu den Exekutivorganen des Deutschen Landwirtschaftsrates (1902–1922) und des Landeskulturrates (1899–1922).

Ab 1894 war Mehnert auch De-facto-Vorsitzender des Sächsischen Konservativen Landesvereins, dessen Vorstand er 1889 beigetreten war. Bevor Mehnert den Vorsitz übernahm, glich der Konservative Verein in Dresden noch einem politischen Verein alter Schule. So gab es beispielsweise in dem Vereinsjahr, das im März 1880 endete, nur vier allgemeine Diskussionsabende, aber 23 Sitzungen der Exekutive; die Mitgliederzahl lag bei 760.[165] Bis zum Ende des Jahrzehnts hatte sie sich fast verdoppelt.[166] In den 1870er-Jahren war Mehnert noch zu jung, um als Vater des sächsischen Anti-Sozialisten-Kartells angesehen zu werden, doch schon 1890 hatte er das Kind zu seinem eigenen erkoren. Ob als Vorsitzender der Dresdner Konservativen, als Vorsitzender des Konservativen Landesvereins oder als dessen Vertreter im Elfer- oder Zwölfer-Ausschuss der Deutschkonservativen Partei, Mehnert war – ähnlich wie sein Pendant Ernst von Heydebrand und der Lase, bekannt als »der ungekrönte König von Preußen« – einer der taktisch geschicktesten und hartgesottensten Politiker seiner Zeit.

*

---

164 In einigen zeitgenössischen Quellen wurde er auch als »Bankier« bezeichnet. Im Dezember 1866 hatte der LWSKVS 3 000 Mitglieder, im Dezember 1890 lag die Zahl bei 11 731. LWSKVS, 25 Jahre, S. 6, 13; SVfr, 8.6.1801.
165 SVfr, 20.3.1880, 18.10.1879, 4.10.1879.
166 Schreiben Mehnert an Friesen-Rötha, 19.5.1888, in dem er 1 386 Mitglieder meldet; SStAL, RG Rötha, Nr. 273.

In den 1880er-Jahren sah sich Mehnert mit zwei Fragen konfrontiert: Was tun mit den Juden? Und was tun mit den unabhängigen Antisemiten? Die Dresdner Konservativen hatten darauf andere Antworten als die Konservativen in Leipzig, Chemnitz oder im sächsischen Hinterland. Ein Beitrag in der *Allgemeinen Zeitung des Judentums* bezeichnete Dresden 1884 als »Brutstätte des Antisemitismus« in Deutschland.[167] Bis Ende 1884 war der Dresdner antisemitische Reformverein auf über 800 Mitglieder angewachsen.[168] Mehnerts Rolle als Vorsitzender des Dresdner Konservativen Vereins war folglich ausschlaggebend, um Pinkert, Liebermann und Fritsch in den Dunstkreis der Partei zu ziehen. Mehnert fand es nicht immer leicht, sich sowohl von den Juden als auch von den »Judenhetzern« zu distanzieren. So kursierten Anfang der 1880er-Jahre Gerüchte, dass sein Vater sein Vermögen durch Wucher verdient hätte.[169] Das Gerücht hielt sich – jedenfalls eine Zeit lang –, weil Vater und Sohn es vorzogen, hinter den Kulissen zu agieren. Bereits Ende der 1870er-Jahre hatte der jüngere Mehnert Werke zu Börsen- und Kreditfragen veröffentlicht, die seine gedanklichen Anleihen bei Franz Perrot, Otto Glagau, Carl Wilmanns und anderen Antisemiten deutlich machten.[170] Doch die Beweisführung, dass Paul Mehnert zu den führenden Antisemiten Sachsens zählte, wird erst dann hieb- und stichfest, wenn man sich einen Vortrag ansieht, den er am 17. Februar 1880 vor dem Dresdner Konservativen Verein hielt.

Mehnert ging möglicherweise davon aus, dass seine angekündigte Rede zum Thema »Ursprung und Ziel der antijüdischen Reformbewegung und deren Bedeutung vom Conservativen Standpunkte aus« auf den hinteren Seiten des *Sächsischen Volksfreundes* unter der Rubrik »Vereinsnachrichten« erscheinen würde.[171] Vielleicht war er aus diesem Grund untypisch offenherzig, als er die folgenden Punkte ansprach: Die Französische Revolution habe den deutschen Juden geholfen, zu Einfluss und Macht aufzusteigen. Während Schweden und Norwegen die Rechte der Juden stark einschränkten, habe Deutschland den »Semitismus« als eigenständige »Geldmacht« zugelassen. Die jüdische Presse wage es, böswillig über das Vereinsleben der Christen zu berichten: Sie sei bestrebt, die öffentliche Meinung auf breiter Front zu kontrollieren. Deshalb sei es falsch, unter den gegenwärtigen Umständen von »Judenhetze« zu sprechen: Man sollte stattdessen von »Christenhetze« sprechen.

Mehnert skizzierte die konkurrierenden Ziele, die Vertreter des neuen Antisemitentypus verfolgten. Doch anstatt diesen Punkt näher auszuführen, machte er sein Publikum auf eine »Gesellschaft zur Ausrottung der Juden« in den Vereinigten Staaten aufmerksam. Nachdem Mehnert behauptet hatte, diese »Gesellschaft« wolle

---

167 AZJ, 18.11.1884, zitiert in: M. Piefel, Antisemitismus, S. 51.
168 DR, 9.11.1884, zitiert in: M. Piefel, Antisemitismus, S. 51.
169 Nicht identifizierter Zeitungsausschnitt [1880] und Denkschrift [29.5.1883], BAP, Rkz 679; M. Piefel, Antisemitismus, S. 52 f.; Dönhoff, 27.9.1885, PAAAB, Sachsen 48, Bd. 14.
170 C. P. Mehnert, Wesen, [1879], S. 1; ders., Wider das Actienwesen, 1877.
171 Zum Folgenden, SVfr, 21.2.1880, zu Mehnerts Rede in paraphrasierter Form.

alle amerikanischen Juden nach Jerusalem umsiedeln, zitierte er einen einstimmigen Beschluss dieser Organisation, der in der Forderung nach der »vollständigen Vernichtung« der Juden gipfelte. An dieser Stelle wechselte Mehnert erneut die Gangart und kam auf Pinkerts Dresdner Reformverein zu sprechen. Dessen Forderungen, so Mehnert, stimmten im Wesentlichen mit denen der Konservativen Partei überein, und zwar »seit geraumer Zeit«. Beispiele dafür seien die Rufe nach einer Börsenumsatzsteuer, nach Barzahlungen von jüdischen Geschäftsleuten im Geschäftsverkehr sowie andere Maßnahmen gegen die vorherrschende »Kreditmisswirtschaft«. Zusammenfassend bediente er sich einer kriegerischen Metapher, um zu erklären, warum unabhängige antisemitische Parteien nicht gebraucht würden: »Getrennt marschieren, zusammen schlagen« sei nicht die einzige Formel für den Sieg. »Deutschland habe die hohe Aufgabe, die Friedensmacht der civilisirten Welt zu sein, eine Aufgabe, zu deren Lösung die Schaffung neuer Regimenter allein nicht ausreiche, sondern vor Allem das Wiedererwachen des christlichen Glaubens im deutschen Volke beitragen müsse.«

Nahezu jede wichtige Aussage eines führenden sächsischen Konservativen zwischen 1880 und 1895 – ob in der Presse, im Wahlkampf oder im Parlament – bot Variationen zu Mehnerts Rede vom 17. Februar 1880. Den »guten Kern« des deutschen Antisemitismus erkennen; uralte Mythen wiederaufbereiten, um die konservative Botschaft zu schärfen oder gegnerischen Aussagen den Stachel zu nehmen; mit dem Schreckgespenst der tätlichen Gewalt kokettieren; den Juden die Schuld dafür geben, dass sie die »Herrschaft« über die Presse und die öffentliche Meinung errungen hätten; die Christen auffordern, ihren Glauben zu bekräftigen; die Juden mit der sozialistischen Revolution und der dysfunktionalen liberalen Wirtschaftsform in Zusammenhang bringen; vor allem den Anspruch der Konservativen Partei bekräftigen, die »Rechte der Christen« länger und gewissenhafter als jede andere Partei verteidigt zu haben – diese Punkte steckten den Rahmen ab, innerhalb dessen die Konservativen in den nächsten anderthalb Jahrzehnten mit anderen Antisemiten mal mehr, mal weniger sympathisierten. In der zweiten Hälfte der 1880er-Jahre bekräftigte Freiherr von Friesen-Rötha die Unabhängigkeit der Konservativen Partei von den radikalen Antisemiten. Aber wie Mehnert war auch er der Meinung, dass seine Partei sich im Kampf gegen die Juden durchaus aufrichtig und ausreichend engagierte. Die konservative Armee bräuchte neue Rekruten, aber keine »neuen Regimenter«.

Mitläufer, II

Zwischen 1886 und 1889 konzentrierte sich Friesen-Röthas Aufmerksamkeit auf die Bemühungen seiner Partei, zwischen »legitimen« und »inakzeptablen« Formen des Antisemitismus zu unterscheiden. Als Vorsitzender des sächsischen Konservativen Landesvereins hatte er viele andere Aufgaben, die fast alle dadurch erschwert wurden, dass er von 1887 bis 1890 regelmäßig nach Berlin reisen musste, um dort den Wahlkreis 7: Meißen im Reichstag zu vertreten. In seiner eigenen Partei – und in Berlin – wurde Friesen von manchen als übereifriger Schreiberling angesehen, als tickende Zeitbombe, als jemand, den die Lust am politischen Kampf ins Extreme trieb.[172] Dennoch steuerte er seine Partei in diesen Jahren auf einem relativ stetigen Kurs, um politische Schiffbrüche zu vermeiden.

Von den Untiefen, die er umschiffte, waren drei besonders gefährlich. Die erste erforderte von Friesen, dem sächsischen Kartell mit den Nationalliberalen treu zu bleiben, sich aber gleichzeitig dem Druck auf Konservative und Nationalliberale zu widersetzen, sich zu einer sogenannten »Mischmaschpartei« zusammenzuschließen – d. h. zu einer einzigen willfährigen Partei, wie sie Bismarck seit Mitte der 1870er-Jahre anstrebte. Zweitens musste Friesen den Einfluss seines sächsischen Landesvereins in den inneren Gremien der nationalen Konservativen Partei bewahren, indem er sich einem klaren Bekenntnis zu Otto von Helldorff und dessen staatlichen, »opportunistischen« Konservatismus verweigerte, aber auch zu Wilhelm von Hammerstein und den Mitgliedern der Kreuzzeitungsgruppe, die bis 1888 gegen Bismarck und Helldorff intrigierten. Die dritte Gefahrenzone war die Judenfrage. Friesen wusste, dass eine pauschale Befürwortung oder Ablehnung des Antisemitismus, ohne zwischen verschiedenen Zielen, Methoden und Führungsstilen zu differenzieren, dazu führen würde, dass sich Sympathisanten oder potenzielle Rekruten in dem einen oder anderen Lager von der Partei abwenden würden. Er bestand deshalb weiterhin darauf, dass allein die Konservativen den Wählern und der deutschen Bevölkerung den »richtigen« Antisemitismus anböten, um der »jüdischen Bedrohung« zu begegnen.

Der Wahlerfolg von Bismarcks Kartell bei den Reichstagswahlen im Februar 1887 hatte Sachsen zu nationaler Bekanntheit verholfen. Ein Beitrag in *Das Vaterland*, dem neuen Aushängeschild der sächsischen Konservativen, erinnerte 1889 daran, dass Wilhelm II. den sächsischen Gesandten in Preußen für eine renommierte Auszeichnung ausgewählt hatte, weil Sachsen im Februar 1887 keinen einzigen Sozialdemokraten in den Reichstag entsandt hatte. Und wie Friesens Parteikollege Bernhard Strödel nach einem vertraulichen Treffen mit Karl Biedermann schrieb, würde sich der Wert des nationalliberal-konservativen Kartells erst nach zwei aufeinanderfolgenden Reichstagswahlen (sowie bei den Landtagswahlen 1887 und 1889) zeigen. »Im Uebrigen beschlossen wir möglichst dictatorisch zu verfahren«, schrieb Strödel, »d. h. nicht zu sehr mit den einzelnen Coterien im Lande zu pactiren und sobald die Wahlen ausgeschrieben sind, gesonderte Aufrufe, wenn auch ähnlichen Inhaltes zu erlassen. [...] Wir waren uns Beide darüber vollständig im Klaren, daß wir das Cartell mindestens bis zu den nächsten Reichstagswahlen unter allen Umstanden aufrecht zu erhalten hätten, um bei

---

172 Vgl. u. a. Dönhoff, 6.4.1887, PAAAB, Sachsen 50, Bd. 2.

diesen die Fortschrittler und Socialdemokraten noch vollends zu beseitigen.«[173] In den Landtagswahlkämpfen ließen die sächsischen Konservativen den örtlichen Vereinen mehr Spielraum, aber das Prinzip der Kartell-Solidarität wurde nicht ernsthaft in Frage gestellt. Nach dem Landtagswahlkampf im Herbst 1887 schrieb Strödel mit offensichtlicher Genugtuung, dass die Wahl von August Bebel zwar unvermeidlich, der Wahlkampfplan der Konservativen jedoch »glänzend geglückt« sei: Wilhelm Liebknecht war aus dem Landtag vertrieben worden »und [ich] kann [...] auch über unsere Cartellbrüder durchaus nicht klagen«.[174]

*

Deutschlands antisemitische Bewegung wurde nach 1886 vielgestaltiger und radikaler. Die Schlagzeilen galten nun Männern wie Ludwig Werner in Kassel und Otto Böckel in Hessen, die eine anti-junkerische, anti-konservative Botschaft verkündeten.[175] Im Gegenzug betonten Theodor Fritsch und Max Liebermann von Sonnenberg immer vehementer, dass ihr Ziel darin bestünde, den Antisemitismus allen bestehenden Parteien, vor allem der Konservativen Partei, schmackhaft zu machen. Fritsch vertrat die Ansicht, dass eine antisemitische Ein-Thema-Partei ein Rohrkrepierer sei; stattdessen sollten Antisemiten Anhänger in allen bestehenden Parteien suchen. Aber Fritsch war nur einer von 43 Antisemiten, die sich am 13. und 14. Juni 1886 in Kassel trafen. Trotz tiefer Spaltungen innerhalb der Bewegung führte dieses Treffen zur Gründung einer Allgemeinen Deutschen Antisemitischen Vereinigung.[176] Fritsch glaubte, dass die neue Union die Keimzelle dessen beinhalten könnte, was er (erfolglos) als »Germanen-Allianz« oder »Germanen-Bund« anregte und was schließlich als »deutsch-nationale Reform-Partei« vereinbart wurde.[177] Nach dem Kasseler Kongress konzentrierte sich Fritsch darauf, die antisemitische Propaganda so weit wie möglich zu verbreiten. Dies hielt ihn aber nicht davon ab, der konservativen Sache in Sachsen zu helfen, indem er sie während des Reichstagswahlkampfes im Januar/Februar 1887 mit einer massiven Propagandakampagne unterstützte. Um Weihnachten 1886 überschwemmte er die sächsischen Haushalte mit Flugblättern, die zum Boykott jüdischer Geschäfte aufriefen. Innerhalb von zwei Wochen wurden in Chemnitz rund 30 000 Exemplare einer von ihm verfassten Broschüre verteilt; in Freiberg und Zwickau zirkulierten jeweils 10 000 Exemplare.[178]

---

173 Strödel an Friesen, 4.7.1887, 29.7.1888, SStAL, RG Rötha, Nr. 273.
174 Strödel an Friesen, 10./19.10.1887, SStAL, RG Rötha, Nr. 273.
175 Vgl. D. FRICKE, Antisemitische Parteien, in: Lexikon, Bd. 1, 1983, S. 81–83; M. F. ZUMBINI, Wurzeln, 2003, S. 264–284, 290–300; P. PULZER, Rise, 1988, S. 99–106.
176 Fast von Anfang an wurde »Allgemeine« häufig weggelassen.
177 Vgl. H. PÖTZSCH, Antisemitismus, 2000, S. 82–84; M. PIEFEL, Antisemitismus, S. 66.
178 AC, Nr. 20 (Dez. 1887), S. 16.

Einer Schätzung zufolge druckte Fritschs Verlag für die Wahl 1887 an die 200 000 Flugblätter für die Kandidaten der »reichstreuen« Parteien.[179]

Fritschs Rivalen in der antisemitischen Bewegung wollten um einiges weiter gehen, und dabei auch ein höheres Tempo anschlagen. Insbesondere Otto Böckel brachte keine Geduld für eine Führungsrolle der Konservativen auf. Er war einer der Organisatoren des Allgemeinen Deutschen Antisemitentages, der am 10. und 11. Juni 1889 in Bochum stattfand und über 280 Teilnehmer anzog. Die dort neu gegründete Antisemitische Deutsch-Soziale Partei fand bei fast niemandem Anklang.[180] Noch vor Ende der Tagung hatten Reformer aus Hessen, Hamburg, Berlin, Stettin, Kassel und Dresden den Kongress fluchtartig verlassen. Ihr Abgang erleichterte es den übriggebliebenen Moderaten, das anstößige Wort »antisemitisch« klammheimlich aus dem Parteinamen zu streichen. Von da an bekundeten die Konservativen konsequent ihre Präferenz für die »gemäßigte« Deutsch-Soziale – gegenüber der »radikalen« Deutsche-Reform-Variante des Antisemitismus.

Bereits vor dem Bochumer Antisemitentag im Juni 1889 erhoben die Deutsch-Sozialen um Liebermann und Fritsch in Leipzig einen glaubwürdigen Anspruch, die dominierende Kraft im Königreich Sachsen zu sein. In Westsachsen entstanden Gruppen, die der deutsch-sozialen Sache wohlwollend gegenüberstanden.[181] Programmatische Einheitlichkeit war nicht unbedingt erforderlich: So nannte sich die Gruppe in Zwickau »Deutsch-nationale Vereinigung Germania«. Generell betonten diese antisemitischen Gruppen jedoch eher sozialreformerische als rassische Doktrinen, weil erstere Forderungen weitgehend den Hoffnungen ihrer mittelständischen Mitglieder auf wirtschaftliche Entlastung entsprachen. Frustriert über das Ergebnis des Bochumer Kongresses versuchte der radikale antisemitische Reformer Oswald Zimmermann wieder die Oberhand zu gewinnen. Er gründete einen Antisemitischen Landesverein für das Königreich Sachsen, der vor allem in der östlichen Hälfte des Königreichs stark war. Zimmermann hoffte, die neuen antisemitischen Vereine in Westsachsen auf seine Seite zu ziehen. Doch die Leipziger konterten, indem sie am 11. August 1889 einen eigenen Wahlverein der antisemitischen Deutsch-Sozialen Partei für das Königreich Sachsen gründeten.[182] Keine der beiden Gruppierungen hat über die Planungsphase hinaus viel erreicht.

Liebermann und Fritsch bedurften keiner landesweiten Unterstützung, als sie 1889 ihr bisher kühnstes politisches Hasardspiel – und ihre schwerwiegendste Fehleinschätzung – begingen. Sie hatten die Signale falsch gedeutet, als sich der Konservative Landesverein im Juli 1889 unter dem Vorsitz von Friesen-Rötha zu seiner jähr-

---

179 AC, Nr. 11 (März 1887), S. 1, sowie die in M. Piefel, Antisemitismus, S. 76, zitierten Zahlen.
180 Vgl. AC, Nr. 53 (Juni 1889), S. 9–11; DW, 30.6.1889; AZJ, 27.6.1889; D. Fricke, Antisemitische Parteien, in: Lexikon, Bd. 1, 1983, S. 82 f.; H. Pötzsch, Antisemitismus, 2000, S. 89 f.; M. Piefel, Antisemitismus, S. 76–78.
181 In Zwickau, Glauchau, Reichenbach, Crimmitschau, Döbeln und Werdau; M. Piefel, Antisemitismus, S. 78 f., sowie zum Folgenden.
182 Vaterl, 17.8.1889.

lichen Generalversammlung traf. Friesen wiederholte in seiner Rede, was er und Paul Mehnert seit Jahren gesagt hatten, nämlich »daß die antisemitische Bewegung an sich und gereinigt von den Elementen, die ihre Hauptaufgabe in persönlicher Verdächtigung und Beschimpfung finden, volle Beachtung verdiene. Stelle sie sich aber allein auf den negativen Boden der Bekämpfung des Judentums, so sei dies falsch. Die Judenfrage müsse vom konservativen Standpunkte aus gelöst werden, wenn sie nicht auf demagogische Abwege führen solle.«[183] Um dies zu untermauern, vermeldete Friesen die gute Nachricht, dass die Zahl der konservativen Vereinsmitglieder auf 2 346 gestiegen sei. Liebermann und Fritsch fassten die Botschaft Friesens wohl als Herausforderung auf, ihre eigene Stärke in Sachsen unter Beweis zu stellen. Am 11. November 1889 schickten sie einen Brief an Friesen, in dem sie eine Zusammenarbeit zwischen Deutsch-Sozialen, Konservativen und Nationalliberalen für den bevorstehenden Reichstagswahlkampf im Februar 1890 vorschlugen. Aber die Wahlabsprache, die sie anboten, war kaum geeignet, bei ihren potenziellen Verbündeten Anklang zu finden.[184] Sie enthielt folgende Punkte: Erstens, die Konservativen würden einwilligen, keine Kandidaten in den Wahlkreisen 10: Döbeln, 18: Zwickau und 3: Bautzen zu nominieren und dort stattdessen die deutsch-sozialen Kandidaten zu unterstützen. Zweitens, die Nationalliberalen würden einwilligen, ihren Mandatsinhaber im WK 13: Leipzig-Land, Ferdinand Götz, nicht zu nominieren, »weil für ihn kein Antisemit zu stimmen im Stande sei«.[185] Und drittens, der konservativ-nationalliberale Kartell-Kandidat in WK 12: Leipzig-Stadt hat »die Erklärung abgeben zu lassen, daß er das Vorhandensein einer Judenfrage und die Dringlichkeit ihrer Lösung anerkennt«. Im Gegenzug boten die Deutsch-Sozialen den Kartellparteien nicht allzu viel an. Sie versprachen, in keinem Wahlkreis einen Zählkandidaten aufzustellen – mit Ausnahme von Dresden (da sie, so ihre Erklärung, keinen Einfluss auf die Dresdner Antisemiten hätten). Und sie versprachen, die anderen Kartellkandidaten mit allen Kräften zu unterstützen, solange keiner von ihnen Jude sei.

Die führenden sächsischen Konservativen, die auf Friesens Geheiß zusammenkamen, lehnten die Wahlabsprache der Deutsch-Sozialen kategorisch ab. Die Nationalliberalen folgten ihrem Beispiel. Das Angebot der Antisemiten hätte kaum in größerem Maße »taktlos und ungeschickt« sowie »in hohem Grade überhebend« sein können.[186] Die »Ordnungsparteien« konnten jedoch keine Stimmen entbehren, wollten sie den Erfolg vom Februar 1887 wiederholen. Deshalb musste die Drohung der Antisemiten, Gegenkandidaten aufzustellen oder sich der Stimme zu enthalten, ernst genommen werden. Die Konservativen versuchten sicherzustellen, dass sie vom Interesse der Wähler an der »Juden-

---

183 So zitiert in: Dönhoff, 8.7.1889, PAAAB, Sachsen 60, Bd. 8; vgl. österr. Gesandter in Sachsen, Bohuslav Graf Chotek von Chotkowa und Wognin, 7.7.1889, HHStAW, PAV/45; LZ, 6.7.1889; Vaterl, 6.7.1889 (Beilage).
184 Vgl. Dönhoff, 26.11.1889, PAAAB, Deutschland 125, Nr. 3, Bd. 8.
185 Ebenda, zum Folgenden vgl. auch AC, 8.12.1889, S. 3–6; Vaterl, 22.11.1889.
186 Dabei handelte es sich um Dönhoffs Auffassung in seinem Bericht vom 26.11.1889, PAAAB, Deutschland 125, Nr. 3, Bd. 8.

frage« profitierten. Ihre Erklärung zur Ablehnung des Antisemitenpakts bekräftigte das Recht ihrer Partei, die Judenfrage zu ihren eigenen Bedingungen zu definieren:

> Die Versammlung erkennt die Bekämpfung der das soziale und wirtschaftliche Leben unseres Volkes schädigenden Auswüchse des Judentums als einen hervorragenden Teil des konservativen Partei-Programms an. Sie spricht namentlich den Vertretern des Landes im Reichstag und im Landtag gegenüber die Erwartung aus, daß dieselben in ihrer parlamentarischen Tätigkeit diese wichtige Aufgabe der konservativen Partei nach Kräften zu lösen bemüht sein werden. Bei dieser Sachlage hält sie aber eine besondere Organisation einer antisemitischen Partei im Königreich Sachsen nicht nur für überflüssig, sondern erblickt darin auch die Gefahr einer Zersplitterung der reichstreuen und staatserhaltenden Bestrebungen.[187]

Der preußische Gesandte Dönhoff unterstützte diese konservative Reaktion, berichtete allerdings an Bismarck: Die Herausforderung der Antisemiten »birgt auch eine Gefahr in sich«.[188] Bismarck schien dem zuzustimmen, denn neben einem Hinweis auf die »deutsch-sozialen« Anhänger Liebermanns schrieb er am Rande: »mehr sozial wie deutsch«.

*

Hatten die Konservativen also entschieden, dass die »Judenfrage« mehr Gefahren als Chancen in sich barg? Keineswegs. In ihren öffentlichen Äußerungen folgten viele Konservative ihrem Landesvorsitzenden Friesen-Rötha, indem sie sich von »skrupellosen« Elementen innerhalb der antisemitischen Bewegung distanzierten. In freimütigen Momenten räumte Friesen jedoch ein, dass der Antisemitismus seine gesamte Weltanschauung belebte, und damit stand er nicht allein da.[189]

Wie lässt sich also zwischen »prinzipientreuen« und »opportunistischen« Aussagen zu politischen Grundsätzen unterscheiden? In diesem und im vorhergehenden Kapitel wurde versucht herauszufinden, in welchem Maße die Sozialdemokratie, der Liberalismus und die Juden im kaiserlichen Deutschland als echte Bedrohung wahrgenommen wurden. Dabei hat das Thema »Mitläufer« immer mehr an Bedeutung gewonnen. In Ermangelung von Wählerbefragungen und anderen modernen Methoden der Meinungsforschung galt es, andere Quellen zu nutzen, um die Motive der Hauptakteure

---

[187] Resolution vom 14.11.1889 zitiert in: Dönhoff, 26.11.1889, zuvor zitiert, und in: H. Pötzsch, Antisemitismus, 2000, S. 167.
[188] Dönhoff, 26.11.1889, zuvor zitiert, mit Bismarcks Marginalien.
[189] Vgl. das vorangegangene Zitat von Friesen an die Herausgeber des Kulturkämpfers, 24.9.1888, sowie die in Kap. 6 zitierten Schriften Friesens.

je nach Zeit, Ort und Sachlage abzuschätzen. Dabei ließ sich mit einer Reihe von Faktoren erklären, warum Linksliberale, Nationalliberale, Konservative und sogar Staatsminister der Unterdrückung der Sozialdemokraten nach 1871 Grenzen gesetzt haben; doch ließen sich mehr Gelegenheiten belegen, bei denen sich diese Gruppen veranlasst sahen, gemeinsam gegen die sozialistische Bedrohung vorzugehen. Die Sozialdemokratie in den 1870er- und 1880er-Jahren entwickelte sich gerade erst zu einer Massenbewegung, daher sollte es nicht überraschen, dass gesellschaftliche Gruppen (wie das Bürgertum) und politische Bewegungen (wie der Liberalismus) Schwierigkeiten hatten, eine einheitliche Antwort auf den sozialistischen Protest zu formulieren, geschweige denn einen dauerhaften Konsens. Eine ähnliche Ambivalenz kennzeichnete die konservativen Reaktionen auf den Aufstieg des radikalen Antisemitismus nach 1878. Auch wenn sich die konservativen Lager bei dem Versuch, die Führung der antisemitischen Bewegung für sich zu beanspruchen und damit Stimmen und Wahlen zu gewinnen, oft mehr gegenseitig angriffen als die Juden, so zogen sie doch meist an einem Strang.

Das soll aber nicht heißen, dass sich im kaiserlichen Parteiensystem nicht zwischen Insidern und Outsidern unterscheiden ließ. Alle der in diesen beiden Kapiteln untersuchten Gruppierungen waren Teil eines Beziehungsgeflechts, das sich im Wandel befand. Sächsische Liberale, Konservative und Antisemiten neigten mal mehr, mal weniger zu antisozialistischem, antidemokratischem und hypernationalistischem Gedankengut, und das nicht immer auf vorhersehbare Weise. Dabei unternahmen sie die gleichen Sondierungs- und Rückzugsbewegungen, Zermürbungs- und Verteidigungskampagnen, wie sie Armeen auf dem Schlachtfeld vollziehen. Die sächsische Parteipolitik wirkte manchmal wie ein chaotisches Gerangel. Bei genauerem Hinsehen zeigt sich jedoch, dass meist die Konservativen im Zentrum des Gefechts standen.

Noch vor Bismarcks Sturz im März 1890 waren die Konservativen mit der Aufgabe konfrontiert, ihre traditionelle Obrigkeitstreue in Einklang zu bringen mit der Suche sowohl nach Sündenböcken als auch nach Verbündeten, die ihnen dabei helfen würden, sich an die neuen Formen der Massenpolitik anzupassen. Abgesehen von denjenigen Antisemiten, die am extremen Rand der Bewegung angesiedelt waren – und davon gab es auch einige in Sachsen –, standen die meisten Antisozialisten und Antisemiten vor der gleichen Herausforderung. Der Punkt ist nicht, dass Konservative den Liberalismus »zähmten« oder den Antisemitismus »kooptierten«. Stattdessen gilt es wahrzunehmen, dass der sächsische Konservatismus in diesen Übergangsjahrzehnten versuchte, sich sowohl prinzipientreu als auch radikal zu geben. Klar ist: Wahlkämpfe spielten weiterhin eine zentrale Rolle bei allen konservativen Plänen, den sozialistischen, liberalen und jüdischen »Bedrohungen« zu begegnen. Diese Bedrohungen würden sich nicht durch Willensstärke allein, nicht durch Organisation, nicht durch Propaganda ausmerzen lassen; nein, die Konservativen hofften, durch die Mobilisierung neuer sozialer Schichten – oder die Neumobilisierung alter Schichten – Mitläufer an sich zu binden, Wahlen zu gewinnen, den Marxismus auszurotten und damit die deutsche Gesellschaft vor existenziellen Bedrohungen zu bewahren. Betrachtet man diese Bestrebungen vor dem Hintergrund einer späteren Periode der deutschen Geschichte, lässt sich die historische Bedeutung der konservativen Strategien im 19. Jahrhundert – zur Verteidigung christlicher Prinzipien, zur Förderung grundlegender sozialer Reformen, zur Überwindung eines gescheiterten liberalen Experiments und zur Sicherung des Deutschtums in der Welt – besser verstehen.

Teil II
Krisenzeiten

6   Konservative im Belagerungszustand

In den ersten zwei Jahren nach Bismarcks Ausscheiden im März 1890 änderte sich nichts an der Bereitschaft der sächsischen Verteidiger des Obrigkeitsstaates, bei jeder sich bietenden Gelegenheit gewaltsam gegen die Sozialdemokratie vorzugehen. In den Jahren 1892 und 1893 wurde die Deutsch-Konservative Partei jedoch von doktrinären Auseinandersetzungen und Palastrevolten erschüttert. Ihre Anführer sahen sich gezwungen, eine neue politische Vision zu formulieren, deren Fokus nicht länger auf der sozialistischen Revolution, sondern nunmehr auf der jüdischen »Bedrohung« lag. Es war unklar, wie sich diese Vision an den Wahlurnen auswirken würde, und sie zwang die Konservativen außerdem dazu, sich gegen ihre antisemitischen Verbündeten abzugrenzen. Als Letzteren bei den Wahlen von 1893 der Durchbruch gelang, schlug ihnen vonseiten der Konservativen wachsendes Misstrauen und Verachtung entgegen. Dennoch entzündete sich die Kritik der Konservativen und anderer rechtsstehender Kreise an den radikalen Antisemiten weniger daran, dass sie falsche Ansichten vertraten, als dass sie Radau machten.

»1.427.298 sozialdemokratische Wähler!«

> Die führenden Persönlichkeiten Sachsens – im Bereich der Ministerien, Verwaltung und Industrie – in der gesamten Konservativen und Nationalliberalen Partei, [...] haben nie aufgehört zu beteuern, dass unter dem bewundernswerten System der gemeinsamen Ächtung und Schmeichelei [...] die Arbeiterklassen des Königreichs und des Reiches langsam aber sicher von der sozialistischen Ketzerei entwöhnt würden. [...] Der gestrige Urnengang hat mit diesen Illusionen unsanft aufgeräumt. [...] Die gegenwärtige Situation ist eine rechnerische.
> — George Strachey, britischer Gesandter in Sachsen über die Reichstagswahlen vom 20. Februar 1890[1]

> [A]ll the King's horses and all the King's men cannot put Humpty Dumpty together again.
> — Friedrich Engels über die Niederlage von Bismarcks parlamentarischem Kartell, 26. Februar 1890[2]

1878 ging mit der Verabschiedung des Sozialistengesetzes ein seismischer Schock durch die deutsche Wahlkultur. 1890 verschob sich das politische Terrain, auf dem die Wahlkämpfe geführt wurden, erneut – diesmal zugunsten der »inneren Feinde« des Reiches. Das wichtigste Ereignis war der Durchbruch der Sozialdemokratie bei den Reichstagswahlen. Die Nichtverlängerung des Sozialistengesetzes im Januar, der Zerfall des Kartells im Februar, die Entlassung Bismarcks im März, die Vorbereitungen auf den ersten Maifeiertag – all diese Ereignisse wurden vor dem Hintergrund des atemberaubenden Wahlsiegs der Sozialdemokraten gedeutet, die reichsweit fast 1,5 Millionen Stimmen erhielten, eine halbe Million mehr als drei Jahre zuvor.[3] »Der 20. Februar 1890 ist der Tag des Beginns der deutschen Revolution«, schrieb Friedrich Engels. »Es mag noch ein paar Jahre dauern, bis wir eine entscheidende Krise erleben. Aber die alte Stabilität ist für immer

---

[1] Strachey (Dresden), 21./24.2.1890, TNA, FO 68/175. In diesem Kapitel zitiere ich, falls nichts anders angegeben, Stracheys Berichtsentwürfe in TNA, FO 215/40; wo möglich, vergleiche ich diese mit Endfassungen in FO 68/175–178.
[2] Engels an Marx' Tochter Laura Lafargue, 26.2.1890, in: K. MARX/F. ENGELS, Werke, Bd. 37, 1967, S. 359–361 (Englisch im Original).
[3] SD, 8.3.1890, verkündete verfrüht »1.341.587 sozialdemokratische Wähler!«

dahin.«⁴ Engels' Äußerung spiegelte nicht den tatsächlichen Stand der Dinge nach dem Sturz Bismarcks wider. Richtig lagen die Beobachter jedoch mit der Feststellung, dass die Sozialdemokraten nun ein Viertel der sächsischen Mandate im Reichstag innehatten.⁵

Wahlkampf an der Basis

Die wöchentlichen Wahlkampfberichte, die von den sächsischen Kreishauptleuten an den Innenminister versandt wurden, sind aufschlussreich nicht nur im Hinblick darauf, was sie hervorhoben, sondern auch, was sie verschwiegen.⁶ Das Hauptaugenmerk lag auf der Nominierung oder dem Ausscheiden bestimmter Kandidaten, ihrer Chancen in der Hauptwahl und in möglichen Stichwahlen sowie ihren Verbindungen vor Ort. Hin und wieder wurde angemerkt, dass sich die kaiserlichen Erlasse, antisemitischen Störungen und linksliberalen Kandidaturen negativ auf den Wahlkampf auswirkten. Allgemein lässt sich aus den Berichten herauslesen, dass mit näher rückendem Wahltag die Anspannung wuchs und kurz vor den Stichwahlen die Bedenken noch einmal größer wurden. Den *Inhalten* der Wahlprogramme der Parteien schenkten die Berichte keine Beachtung, und nur selten lieferten sie ein Stimmungsbild der Wähler. Diese Informationslücken ermöglichten den sächsischen Behörden keinerlei Prognosen, welche Wahlkreise die Kartellparteien gewinnen könnten.⁷

Bereits im Januar 1890 hatte Heinrich Freiherr von Hausen, der Kreishauptmann von Zwickau (1883–90), vorhergesagt, dass die Sozialisten in seiner Region mindestens drei Mandate gewinnen würden. Nach dem Ergebnis der Landtagswahl von 1889 zu urteilen, so fügte er hinzu, könnten es aber durchaus auch fünf werden. Schon als Amtshauptmann in Glauchau (1878–83) hatte er oft das Schlimmste vorhergesagt; das änderte sich auch nicht, als er später das Amt des Kreishauptmanns von Dresden (1891–94) übernahm. Doch seine Warnungen stießen meist auf taube Ohren. Kriegsminister Alfred von Fabrice erwartete Ende Januar 1890 noch ein positives Wahlergebnis; er bemerkte lakonisch, dass »doch ein oder der andre« Sozialdemokrat in den Reichstag entsandt würde. Eine Woche später prognostizierte Innenminister Hermann von Nostitz-Wallwitz, dass in Sachsen »mehrere« Sozialisten gewählt würden.⁸

---

4 Engels an Laura Lafargue, 26.2.1890, zuvor zitiert.
5 Pr. Gesandter Carl von Dönhoff, 21.2.1890, 3.3.1890, PAAAB, Deutschland 125, Nr. 3, Bd. 10; österr. Gesandter Bohuslav Graf Chotek, 1.3.1890, HHStAW, PAV/46; bayer. Gesandter Friedrich Freiherr von Niethammer, 4.3.1890, BHStAM II, MA 2859.
6 SHStAD, MdI 5383; außerdem MdI 10988, 11039; AHMS Annaberg, Nr. 36; KHMS Zwickau, Nr. 568.
7 Pr. MdI Ludwig Herrfurth an Bismarck, 4.2.1890, PAAAB, Deutschland 125, Nr. 3, Bd. 9; BAP, RAdI 14682, Bd. 1; BAP, Rkz 1816; sächs. Gesandter in Preußen Wilhelm von Hohenthal und Bergen (Berlin) an Nostitz-Wallwitz, 8.2.1890, SHStAD, MdI 5383.
8 Dönhoff, 30.1.1890, 5.2.1890, PAAAB, Deutschland 125, No. 3, Bd. 9. Die Kartellparteien erwarteten, insgesamt »4 bis 5« Sitze zu verlieren, so Niethammer, 12.2.1890, BHStAM II, MA 2859.

Im Wahlkampf von 1890 konnten die Kartellparteien nicht mit den Sozialdemokraten mithalten, was die Mobilisierung an der Basis anging.[9] Besonders schwierig gestaltete sich die Suche nach geeigneten Kandidaten. Oft weigerten sich gerade die talentiertesten und erfahrensten Lokalhonoratioren, sich dem Odium eines Wahlkampfes auszusetzen. Ein zweites Problem war, dass die Kartellparteien zu lange warteten, um ihre Kandidaten zu benennen und den Wahlkampf auf Touren zu bringen.[10] Drei Wochen vor der Wahl enthielt ein Lagebericht gerade mal einen Eintrag für die Wahlkreise 4: Dresden-Neustadt, 5: Dresden-Altstadt und 6: Dresden-Land: »Die Agitation hat noch nirgends eine besondere äußerlich spürbare Lebhaftigkeit gezeigt. […] In Dresden gedenkt man aber schon [sic!] in den nächsten Tagen mit der Agitation für die Cartellkandidaten in die Öffentlichkeit zu treten.«

In Bezug auf Organisation und Elan zeigte sich die SPD besonders in Westsachsen überlegen. Im WK 16: Chemnitz betrieben die Sozialdemokraten flächendeckend einen energischen Wahlkampf – sie gingen von Haus zu Haus, statteten Kneipen einen Besuch ab, gingen während der Frühstückspausen in die Fabriken.[11] Mit jeder Woche nahm sich Kreishauptmann Hausen mehr redaktionelle Freiheiten und legte nahe, dass die Sozialdemokraten für den von ihnen entfesselten Wahl-»Terror« zur Verantwortung gezogen werden müssten.[12] Es sei an der Zeit, der Gewalt mit Gewalt zu begegnen; mit halben Sachen sei es nicht getan. Um die von ihm empfundene Dringlichkeit hervorzuheben, verfasste Hausen seinen Bericht vom 4. Februar 1890 in sehr kurzen Absätzen. So führte er aus, dass

> die Sozialdemokraten in der gegenwärtigen Wahlencampagne […] eine Sprache führen, wie sie noch nie von ihnen gehört worden ist.
> Denn nicht nur, daß sie sich siegesgewisser wie je zeigen, sollen sie auch zum großen Theil geradezu Revolution predigen.
> Und auch ich bekenne offen, daß ich mir kaum eine andere Lösung der jetzigen gespannten Verhältnisse weiß, als die gewaltsame.
> Ich glaube, nur dann und nicht eher wird Ruhe.
> Ist man aber einmal auf diesen Standpunkt angelangt, so möchte es sich bei der […] [derzeitigen] […] Gefährdung nahezu aller öffentlichen Interessen […] doch auch fragen können, ob es gar so freventlich wäre, sich jene Lösung so bald als möglich herbeizuwünschen.

---

9   Zum Folgenden »Uebersicht über den dermaligen Stand der Wahlagitation in den Wahlkreisen des Königreichs Sachsen«, 30.1.1890, SHStAD, MdI 5383.
10 »Uebersicht«, ebenda; vgl. Vaterl, 7.2.1890.
11 P. Göhre, Fabrikarbeiter, 1891, S. 88–108. Vgl. »Paul Göhre beschreibt einen Wahlkampf der Sozialisten in Chemnitz (1890)«, DGDB Bd. 4, Abschnitt 7.
12 KHM Hausen (Zwickau) an MdI, 26.1.1890, 4.2.1890 (Zitat), 14.2.1890. Zum Folgenden KHM Koppenfels (Dresden) an MdI, 7.2.1890, und andere Berichte in SHStAD, MdI 5383.

Hausen war nicht der Einzige, der Alarm schlug. Kreishauptmann Max von Koppenfels aus Dresden schrieb am 7. Februar: »Die Agitation der Sozialdemokratie ist fast in allen Wahlkreisen eine hochgradig erregte. [...] [U]nd es kann wohl mit Recht gesagt werden, daß die socialdemocratische Aufwiegelung, die übrigens meiner Ueberzeugung nach keineswegs bloß die Reichstagswahlen, sondern und immer mehr und mehr das Ziel gewaltsamen Umsturzes ins Auge faßt, noch niemals in solcher Blüthe gestanden hat, als jetzt.«

Vergleicht man die Partei-»Hochburgen«, in denen eine Partei im ersten Wahlgang mehr als 60 Prozent der abgegebenen Stimmen erlangte, so sieht man, wie massiv die intensive Agitation der Sozialdemokraten zu einem Rückschlag für die »Ordnungsparteien« beitrug. Im Jahr 1887 hatten Kartellkandidaten 18 der 23 sächsischen Wahlkreise mit über 60 Prozent der Stimmen gewonnen. Drei Jahre später waren es nur noch drei Wahlkreise.[13] Umgekehrt stieg die Anzahl der sozialdemokratischen Hochburgen von null (1887) auf drei (1890) und dann auf vier im Jahr 1893. Sachsen war 1890 der erste Bundesstaat, in dem die Sozialdemokraten mehr als 40 Prozent der insgesamt abgegebenen Stimmen erhielten. Auch in anderer Hinsicht stellte das Jahr eine Zäsur dar: Von 1890 bis 1912 lag die sächsische Wahlbeteiligung immer etwa 5 Prozent über dem Reichsdurchschnitt.[14]

Die sächsische Regierung und die Kartellparteien fanden das Wahlergebnis »geradezu verblüffend«.[15] Die Sozialdemokraten errangen sechs Mandate im ersten Wahlgang, davon einige mit erdrückenden Mehrheiten. Innenminister Nostitz war vom Ergebnis in WK 13: Leipzig-Land so erschüttert, dass er sofort nach Leipzig aufbrach, um selbst die Lage zu sondieren.[16] Friedrich Geyer, der die Sozialdemokraten bereits sowohl im Landtag als auch im Reichstag vertrat, hatte im ersten Wahlgang über 30 000 Stimmen und damit eine 61-prozentige Mehrheit erreicht. Dieser Wahlkreis sollte den Sozialisten längere Zeit nicht mehr entrissen werden. Doch er wurde auch zu einer Cause célèbre. König Albert schloss sich der vorherrschenden Deutung der Ereignisse an: Die »wilden Ausschreitungen« und das »wüste Treiben« der Sozialdemokraten in den Leipziger Arbeitervierteln hätten die Anhänger der »Ordnungsparteien« schockiert. Doch hätte sie dieser Schock noch rechtzeitig vor den Stichwahlen in anderen Wahlkreisen davon überzeugt, ihre Differenzen hintanzustellen. Dieser Silberstreif am Horizont solle nicht ignoriert, die Lektion nicht vergessen werden. Laut Nostitz hatte der »Terrorismus«, den die gesetzestreuen Leipziger Bürger erlebt hätten, zur Folge, dass die bürgerlichen Wähler anderswo in Sachsen »ängstlich und stutzig« wurden und über ihre Optionen für

---

13   Zum Vergleich Karte S. 5.2 und Karte S. 6.2 im Online-Supplement, welche die sächsischen Hochburgen 1887 bzw. 1890 zeigen.
14   S. LÄSSIG, Reichstagswahlen, S. 34 und Tabelle 6.
15   Chotek, 22.2.1890, HHStAW, PA V/46; Niethammer, 4.3.1890, BHStAM II, MA 2859; Strachey, 21.2.1890.
16   Chotek, 22.2.1890, zuvor zitiert; DJ, 22.2.1890.

die Stichwahlen nachdachten. Mit Hinweisen auf Ausschreitungen, »die aller Beschreibung spotten« – gute Bürger würden wissen, was damit gemeint war –, appellierten die Kartellparteien kurz vor den Wahlen an die Angst der Bürger.[17]

Das Ausmaß des Sieges

Die Niederlage von Bismarcks Kartellparteien bei der Reichstagswahl vom 20. Februar 1890 verschärfte die Krisenstimmung in Berlin. Vier Wochen später, am 20. März, wurde Bismarck aus dem Amt gedrängt. In Dresden führte Bismarcks Weggang zu »keinerlei Anzeichen öffentlicher Erregung und Bestürzung«, berichtete der britische Gesandte Strachey. »Bisher [...] nicht die geringste Aufregung oder Betroffenheit [...] keine Versammlungen [...] keine besorgten Gespräche.«[18] Doch deutschlandweit planten sowohl die sozialdemokratischen Parteiführer als auch die Behörden alsbald ihre nächsten Schritte. Wie würden sich die Solidaritätskundgebungen der Arbeiter am 1. Mai zunutze machen lassen? Beide Gruppen fürchteten, dass es zu gewalttätigen Ausschreitungen kommen würde, doch diese Befürchtungen traten nicht ein. Auch die sozialdemokratischen Feiern anlässlich des Auslaufens des Sozialistengesetzes am 30. September 1890 um Mitternacht zeichneten sich durch eine eher getragene Stimmung aus. Folglich waren die Antisozialisten, die einen Showdown mit »den Revolutionskräften« provozieren wollten, gezwungen, nach 1890 eine Krisen- und Konfrontationsstimmung heraufzubeschwören. In Sachsen wurde dies dadurch erleichtert, als dass man sich dort durch die Sozialdemokratie und den radikalen Antisemitismus doppelt bedroht sah. Die Aussicht, dass Deutschland in eine Spirale von Revolution und Demagogie geraten könnte, schien plausibel, ja sogar unmittelbar bevorstehend.

Auf Reichsebene erlitten die Kartellparteien im Februar 1890 eine verheerende Niederlage. Die für die beiden konservativen Parteien zusammen abgegebenen Stimmen fielen von 35 Prozent (1887) auf 19 Prozent. Der Anteil der Nationalliberalen sank von 22 Prozent auf 16 Prozent. Proportional verloren die Nationalliberalen mehr Mandate: ihre Reichstagsfraktion schrumpfte von 99 (1887) auf 42 Mitglieder, während sich die konservative Fraktion von 121 Abgeordneten auf 93 verkleinerte. Damit verloren die drei Kartellparteien insgesamt 85 Mandate. Die klaren Gewinner waren 1890 die Nicht-Kartellparteien – Bismarcks »Opposition« – wenngleich sie auch nicht vereint waren. Die Linksliberalen erhöhten ihren Stimmenanteil gegenüber 1887 um fast 50 Prozent. Die antisemitischen Parteien gewannen weniger als 50 000 Stimmen, doch bedeutete dies eine Vervierfachung gegenüber 1887. Beide Fraktionen erhöhten die Zahl ihrer Parlamentsvertreter deutlich: die Linksliberalen von 32 auf 76, die Antisemi-

---

17 Dönhoff, 3./5.3.1890, PAAAB, Deutschland 125, Nr. 3, Bd. 10; SHStAD, MdI 10988, T. 1.
18 Strachey, 21.3.1890 (Entwurf). Vgl. Niethammer, 27.3.1890; BHStAM II, MA 2859.

ten von einem auf fünf (siehe Tabelle 6.1).[19] Die größte Aufmerksamkeit galt freilich dem Durchbruch der Sozialdemokraten: Ihre Stimmenzahl verdoppelte sich nahezu, von 763 000 im Jahr 1887 auf über 1,4 Millionen im Jahr 1890. Auch ihr Anteil an den abgegebenen Stimmen verdoppelte sich, von 10 auf 20 Prozent, und sie entsandten nun 35 Abgeordnete in den Reichstag. Erstmals erhielten die Sozialdemokraten mehr Stimmen als jede andere Partei. Dies sollte ihnen in der Folge bei jeder Reichstagswahl bis 1932 gelingen.

Tabelle 6.1: Reichstagswahlen in Sachsen und im Reich, 1887 und 1890

	21. Februar 1887			20. Februar 1890		
	Stimmen	Stimmen (%)	Mandate	Stimmen	Stimmen (%)	Mandate
Sachsen						
Konservative	178.517	34,4	12	160.407	28,0	13
Nationalliberale	161.348	31,1	10	112.514	19,7	3
Linksliberale	29.873	5,7	1	52.776	9,2	1
Antisemiten	-	-	0	4.788	0,9	0
Sozialdemokraten	149.270	28,7	0	241.187	42,1	6
Gesamt	522.025		23	574.974		23
Wahlbeteiligung (%)	79,6			82,0		
Reich						
Deutschkonservative	1.147.200	15,2	80	895.103	12,4	73
Reichspartei	736.389	9,8	41	482.314	6,7	20
Nationalliberale	1.677.979	22,2	99	1.177.807	16,3	42
Linksliberale	1.061.922	12,9	32	1.307.485	18,0	76
Antisemiten	11.593	0,2	1	47.536	0,7	5
Sozialdemokraten	763.128	10,1	11	1.427.298	19,7	35
Gesamt	7.570.710		397	7.261.659		397
Wahlbeteiligung (%)	77,5			71,6		

Anmerkungen: Nur Hauptwahl. Die Gesamtzahl der abgegebenen Stimmen umfasst gültige und ungültige Wahlzettel. Für das Reich: Fraktionsgesamtzahlen umfassen Hospitanten und nicht zur Fraktion Gehörige. Das Zentrum, ethnische Minderheiten und weitere kleinere Gruppen sind zur besseren Übersichtlichkeit ausgelassen worden. Vgl. auch die Tabellen zu RT-Wahlergebnissen von Valentin Schröder: http://www.wahlen-in-deutschland.de/krtw.htm.
Quellen: SBDR, 7. LP (1887), Anlage 73; SBDR, 8. LP, I. Session (1890–91), Anlage 35; G. A. Ritter, Wahlgeschichtliches Arbeitsbuch, 1980, S. 40, 89; S. Scheil, Entwicklung, 1999, S. 275 (zu Antisemiten, 1887, ohne Stöcker).

---

[19] Vgl. Karte S. 6.1 zu den RT-Wahlen in Sachsen im Jahr 1890, sowie Karte S. 6.6, die alle 397 Wahlkreise im Reich zeigt, veröffentlicht vom Kaiserlichen Statistischen Amt, im Online-Supplement.

Zwei Wochen vor der Entlassung Bismarcks im März 1890 schrieb August Bebel, der damals in Plauen bei Dresden wohnte, einen langen Brief an Friedrich Engels in London. Bebel erkannte, dass der Wahlsieg seiner Partei im Februar ein zweischneidiges Schwert sein würde.[20] Die Sozialdemokraten hatten in den Stichwahlen weniger Sitze erhalten als erwartet: »Ich rechnete auf zwanzig bis fünfundzwanzig Mandate. Statt dessen haben wir nur fünfzehn« – was zusammen mit den 20 im ersten Wahlgang gewonnenen Sitzen insgesamt 35 Mandate ergab.[21] Ergo würden sich die Sozialdemokraten bei zukünftigen Wahlen einem bekannten Dilemma gegenübersehen: Wenn das »Philistertum aller Parteischattierungen« aufgrund der sozialdemokratischen Siege im ersten Wahlgang einen »furchtbaren Schrecken« erlebte, hätte es einen zwingenden Grund, im zweiten Wahlgang an einem Strang zu ziehen. Berichte über den Untergang der Kartell*idee* seien daher verfrüht. Dies war Bebels erste Erkenntnis. Zweitens habe das Wahlergebnis dafür gesorgt, dass das Bürgertum und die leitenden Staatsmänner der deutschen Bundesstaaten nun mehr Angst vor der »Unberechenbarkeit« und »Hartnäckigkeit« des Kaisers hätten. Wilhelms Bestreben, ein »großer Sozialreformer« zu sein, verunsichere die bürgerlichen Wähler. »Uns schadet dieser Ehrgeiz nicht, er kommt uns vielmehr sehr bedeutend zustatten«, schrieb Bebel. Drittens verhindere der »gloriose Wahlsieg« der Sozialdemokraten die Wiedereinführung des Sozialistengesetzes. Bis jetzt hätten viele Deutsche geglaubt, dass eine erneute Kartellmehrheit es Bismarck erlauben würde, ein neues Gesetz einzubringen.

In dieser Situation hielt Bebel eine Arbeitsniederlegung oder eine andere demonstrative Aktion am 1. Mai für zu gefährlich. Ein solches Vorgehen wurde vom »jungen grünen Holz«[22] der sozialdemokratischen Bewegung befürwortet, zu denen auch der sächsische Heißsporn Max Schippel als Vertreter von WK 16: Chemnitz gehörte. Bebel und Liebknecht aber wollten davon nichts wissen. Provokative Maidemonstrationen würden den Feinden des Sozialismus die Gelegenheit zu Vergeltungsmaßnahmen geben. Ein Showdown würde das an den Wahlurnen Erreichte zunichtemachen, die Opfer schmälern, die unzählige Sozialdemokraten seit 1878 erbracht hatten, und den Vorwand für einen Staatsstreich gegen den Reichstag und die Verfassung liefern. Zur Beschreibung der damit verbundenen Risiken und Chancen griffen sozialdemokratische Anführer gern auf martialische Metaphern zurück: Die Arbeiter müssten am 1. Mai ihre Pflicht mit der Art Disziplin erfüllen, die man von einem guten Fußvolk erwartete; der Sieg sei jedoch bereits auf dem Schlachtfeld der Wahlen errungen worden. Da der Aufmarsch der Wähler im Februar erfolgreich gewesen sei, bräuchte die Partei im Mai keine Heerschau abzuhalten.[23]

---

20 Bebel an Engels, 7.3.1890, A. BEBEL, Reden und Schriften, Bd. 2.2, 1978, S. 353.
21 SD, 12.1.1890, erklärte, der Erfolg der Partei würde 1890 an der Zahl der Reichstagssitze gemessen.
22 P. GÖHRE, Fabrikarbeiter, 1891, S. 104.
23 Bebel an Engels, 31.3.1890, Bebel an Hermann Schlüter, 19.6.1890, A. BEBEL, Reden und Schriften, Bd. 2/2, 1978, S. 356 f., 363; SD, 19.4.1890; V. LIDTKE, Party, S. 305; Engels an Liebknecht, 9.3.1890, W. LIEBKNECHT, Briefwechsel mit Marx und Engels, 1963, S. 366; Engels an Laura Lafargue, 26.2.1890, zuvor zitiert.

Bebel lag mit seiner Einschätzung, was die damaligen Befürchtungen der sächsischen Staatsminister und antisozialistischen Politiker anging, richtig. Aber nur weil man dieselben Ängste teilte, hieß das nicht, dass man sich über das weitere Vorgehen einig war. Hinsichtlich der Frage, was der Wahldurchbruch der Sozialdemokratie tatsächlich bedeutete und wie man am besten zum Gegenangriff übergehen könnte, zeigten sich die sächsischen Antisozialisten weiterhin gespalten. Die »Ordnungsparteien« hatten vor der Wahl sehr wohl gewusst, dass es ihnen an schlagkräftigen Wahlparolen mangelte. Die Mandatsträger der Kartellparteien hatten in der Legislaturperiode 1887/90 wenig erreicht, was für ihre Wiederwahl gesprochen hätte. Durch die vom vorherigen Reichstag beschlossenen Zollerhöhungen für Getreide waren die Preise für Brot, Fleisch und andere Lebensmittel stark gestiegen. Und von den erhöhten Abgaben auf Eisen und Stahl, welche die Schwerindustrie in derselben Legislaturperiode durchgesetzt hatte, hatte Sachsen mit seiner auf Export ausgerichteten Leichtindustrie ebenfalls nicht profitiert.[24]

Die Geringschätzung des britischen Gesandten für die »trägen politischen Gewohnheiten« der deutschen Bourgeoisie machte ihn blind dafür, mit welchem Eifer die sächsischen Sozialdemokraten über Monate hinweg Wahlkampf betrieben hatten.[25] Reichsweit sank die Wahlbeteiligung zwischen 1887 und 1890 um fünf Punkte von 77 auf 72 Prozent.[26] Sachsen hingegen trotzte dem nationalen Trend. Dort stieg die Wahlbeteiligung von 80 auf 82 Prozent. Hatten 1887 noch die Kartellkandidaten von der hohen Wahlbeteiligung profitiert, war es 1890 umgekehrt: jeder dritte Wahlberechtigte in Sachsen wurde von den Sozialdemokraten mobilisiert (zum Vergleich: reichsweit war es jeder siebte).[27]

Die sächsischen bürgerlichen Parteien hatten während des Wahlkampfs die Zeichen der Zeit erkannt und versucht, das Schlimmste zu verhindern. Das galt auch für den sächsischen König. In Erwartung ungünstiger Wahlergebnisse hatte König Albert zusammen mit Justizminister Abeken heimlich ein eigenes Sozialistengesetz entwickelt. Sein Plan wurde angesichts der Kanzlerkrise im März 1890 Makulatur. Andernfalls hätte er Bismarcks Ausnahmegesetz durch ein Gesetz ersetzt, dessen Grundprämisse »strenge bürgerliche Ehrenrechtsentziehungen gegen die Hetzer« waren. Diese bürgerlichen Ehrenrechte hätten mit ziemlicher Sicherheit das Wahlrecht, möglicherweise auch Koalitions-, Versammlungs- und Bürgerrechte umfasst. Als sein Plan »durch des jungen Kaisers rasches übereiltes Vorgehen« zugunsten des Arbeiterschutzes »durch-

---

24 Vgl. [A. BEBEL], Die Tätigkeit des Deutschen Reichstages von 1887 bis 1889, 2. Aufl. (Berlin, 1909), Neudruck in: A. BEBEL, Reden und Schriften, Bd. 2.1, 1978, S. 631–724; BAP, Rkz 1816, Bd. 7.
25 Strachey, 24.1.1890.
26 Diese sowie einige weitere Zahlen sind gerundet.
27 In Zahlen ausgedrückt: 22,7 % (1887) und 34,4 % (1890) in Sachsen, 7,8 % (1887) und 14,1 % (1890) reichsweit.

kreuzt« wurde, war König Albert außer sich.²⁸ Er teilte Bismarcks Ansicht, dass man letztlich womöglich doch drastisch vorgehen müsse und ein blutiger Showdown zwischen Arbeitern und Soldaten unvermeidbar sei, um die existenziellen Fragen zu beantworten, mit denen der deutsche Staat konfrontiert sei: »Mit der Eventualität einer feindseligen Majorität muß man ja immer rechnen; man kann drei-, viermal auflösen, zuletzt muß man doch die Töpfe zerschlagen. Diese Fragen, wie die der Sozialdemokratie, wie die des Verhältnisses zwischen Parlamenten und Einzelstaaten werden nicht gelöst ohne Bluttaufe [...].«²⁹

Gewehre auf Sozialisten

Sobald sie erkannten, dass die Reichstagswahl 1890 die letzte Wahl unter dem Sozialistengesetz sein würde, griffen die selbsternannten Verteidiger von Staat und Gesellschaft zu neuen Taktiken. Die sächsischen Minister und die »Ordnungsparteien« führten kurzerhand die Wahlergebnisse als Beweis dafür an, dass der Kampf gegen den Umsturz fortzusetzen sei. Nach Darstellung der Konservativen hatte der Wahlkampf im WK 13: Leipzig-Land alle bestehenden Grenzen des Anstands überschritten. *Das Vaterland* berichtete von einer öffentlichen Versammlung, die durch die »*unglaublich rüde Gassenbubenart der socialistischen Schreier*« gesprengt worden sei.³⁰ Der Vorsitzende des konservativen Landesvereins, Heinrich von Friesen-Rötha, gab eine Bekanntmachung heraus, wonach es sich bei den sozialdemokratischen Methoden um »ein System der Unwahrheit, Täuschung, Wahlbeeinflussung, Bedrohung der Gegner [und] Mißhandlung derselben« handle.³¹ Er appellierte an loyale Sachsen, Beweise für den sozialdemokratischen »Terrorismus« zu sammeln, damit diese dem Reichstag unmittelbar nach seiner Einberufung vorgelegt werden könnten. Es gelte keine Minute zu verlieren.

Sachsen war nicht der einzige Bundesstaat, der nach 1890 den Krieg gegen die Sozialdemokratie vorantrieb.³² Dass sich der Schwerpunkt der »Umsturzpartei« nach 1890 verlagerte, zeigte sich daran, dass Bebel und Liebknecht, die bereits nicht-sächsische Wahlkreise im Reichstag vertraten, nun auch nach Berlin umzogen. Wie der spätere

---

28 König Albert zitiert in: Chotek, 7./11.3.1890, HHStAW, PAV/46.
29 Bismarck zitiert in: H. SPITZEMBERG, Tagebuch, 1989, S. 266 (7.12.1889). Vgl. J. C. G. Röhl, Wilhelm II, Bd. 2, 2004, S. 286 f.
30 Vaterl, 7.2.1890 (Hervorhebung im Original).
31 Vaterl, 28.2.1890; Dönhoff, 6.3.1890, PAAAB, Deutschland 125, Nr. 3, Bd. 10. Vgl. Berichte in SHStAD, MdI 10988, T. 1.
32 Vgl. Materialien in PAAAB, Europa Generalia, Nr. 82, Geheim, Bd. 2–7; Europa Generalia, Nr. 82, Geheim, Nr. 1, Bd. 8–12 (einschließlich der Berichte Dönhoffs, 8./20.4.1890, 8.7.1890, 13.10.1890 (Abschrift), sowie anderer Berichte); Europa Generalia, Nr. 81, Nr. 1, Nr. 1, Bd. 3; Deutschland 152, Geheim, Bd. 1–2. Weitere Hinweise in K. SAUL, Staat, 1972; K. E. BORN/H. HENNING/M. SCHICK (Hrsg.), Quellensammlung, 1996; K. E. BORN, Staat, 1957, Kap. 2–4; SHStAD, KHMSL 249. Schilderung der sächsischen Bemühungen in: Chotek, 6.9.1890, HHStAW, PAV/46.

Parteivorsitzende Paul Singer schrieb (und Engels pflichtete ihm darin bei), gehörten die beiden in die Reichshauptstadt – die »Höhle des Löwen« und »Brennpunkt des öffentlichen Lebens in Deutschland«. Singer beharrte darauf, dass sie nicht »ihre Zeit und Kraft in dem sächsischen Froschteich verpuffen« lassen sollten. Bebel fand Singers Argumente überzeugend. »Leipzig ist eine Provinzialstadt wie 50 andere in Deutschland und hat als politischer Zentralplatz *gar keine Bedeutung*«, schrieb er.[33] Bis zum Spätsommer 1890 waren sowohl Bebel als auch Liebknecht mit ihren Familien in den Norden gezogen.

Innenminister Nostitz war froh, sie ziehen zu sehen; dennoch forderte er in Sachsen eine verschärfte Unterdrückung der »Umstürzler«. »Die Behörden werden ständig von der Angst vor Tumulten heimgesucht«, berichtete Strachey nach London.[34] Doch die staatlichen Repressionen waren *nicht* dazu gedacht, die Ängste der Öffentlichkeit zu beruhigen. Ganz im Gegenteil. Es gab durchaus einige Mitglieder des sächsischen Gesamtministeriums – neben Kriegsminister Fabrice –, welche die Aussicht auf eine Schießerei begrüßten. Unmittelbar nach der Wahl versuchte König Albert, sich in diejenigen Wähler hineinzuversetzen, die zur Wahl von sechs Sozialdemokraten beigetragen hatten, obwohl sie selbst nicht der Arbeiterklasse angehörten. Nicht der Glaube an die sozialistische Doktrin hätte sie dazu gebracht, behauptete Albert, sondern unter anderem die folgenden Motive: »die den Deutschen angeborene Lust an der Opposition oder eine Kränkung, eine Zurücksetzung, die sie vermeintlich von ihren Vorgesetzten erfahren hätten, Unzufriedenheit mit ihrem Lose; Wunsch der Verbesserung desselben, vermeintliche Verletzung eines Privatinteresses durch eine amtliche Verfügung, Sorgen des kleinen Beamtenstandes«. Albert war überzeugt, dass der größte Teil der unteren Beamten in den Bahn- und Postämtern »sozialdemokratisch gestimmt habe, ohne zu dieser Partei zu gehören«.[35]

Die Minister des Königs konnten sich nicht einmal zu so viel Empathie durchringen. Kriegsminister Fabrice, so berichtete der österreichische Gesandte, »sieht [...] sehr schwarz in die Zukunft und fürchtet wegen der socialen Gefahren sich der Besorgnis von blutigen Ruhestörungen nicht entschlagen zu können«. Und die Reaktion des Staats? »Gerüstet sei man.«[36] Sollten die preußischen Behörden beschließen, Maikundgebungen mit Gewalt zu sprengen, würde man in Sachsen, so der britische Gesandte, mit »Elan« ihrem Beispiel folgen. »Die offizielle Kaste spricht in allen Rangstufen von

---

33 Engels an Natalie Liebknecht, 19.6.1890, obwohl er Berlin als »die Metropole der märkischen Sahara« titulierte; Singer an Engels, 13.5.1890, beides in: W. LIEBKNECHT, Briefwechsel mit Marx und Engels, 1963, S. 369 f.; Bebel (Plauen bei Dresden) an Natalie Liebknecht (Leipzig), 2.6.1890, A. BEBEL, Reden und Schriften, Bd. 2.2, 1978, S. 358–361 (Hervorhebung im Original).
34 Strachey, 24.2.1890 (Entwurf).
35 Strachey, 6.6.1890 (Entwurf), Dönhoff, 5.3.1890, zuvor zitiert.
36 Chotek, 19.3.1890, HHStAW, PAV/46; Dönhoff, 24.9.1890, 2.10.1890 (inkl. Zeitungsausschnitt Germania, 14.8.1890), PAAAB, Europa Generalia, Nr. 82, Geheim, Nr. 1, Bd. 9.

Streikenden und Sozialisten, als wären sie ausländische Feinde [...]. Die Sprache, die ich höre, lautet: ›Die Zeit ist nicht weit hin, wenn diese Menschen mit der Artillerie niederkartätscht werden müssen.‹ Die Kapitalisten- und Ladenbesitzerklasse ist gleichermaßen unbeherrscht.«[37]

Als Fabrice im April 1890 von einer Reise nach Berlin zurückkehrte, berichtete er, dass alle Militärkommandanten in Deutschland den Befehl erhalten hätten, bei der »geringsten Störung der öffentlichen Ordnung nicht bloß die energischsten Repressiv-Maßregeln« anzuwenden. Sie waren auch ermächtigt, »nach Bedarf den Belagerungszustand zu erklären, mit allen damit zusammenhängenden Einschränkungen als da sind: Aufhebung des Versammlungsrechtes, Suspendirung der Preßfreiheit etc. etc.«.[38] Sachsens Prinz Georg, als kommandierender General des XII. Armeekorps, gab Befehle an seine Truppen heraus, die keinen Zweifel daran ließen, was der Obrigkeitsstaat und die deutschen Bürger voneinander erwarteten:

> Die sozialen Verhältnisse können, wenn z. B. auch bestimmte Anzeichen dafür nicht vorliegen, doch möglicherweise zu einem Konflikt mit der Arbeiterbevölkerung führen, zu dessen Niederwerfung das Eingreifen der Truppen notwendig werden kann. [...]
> Das Wohl des Staates erfordert, den staatserhaltenden und besitzenden Parteien die Garantie zu bieten, daß der Staat sie, soweit immer möglich, vor allen Vergewaltigungen der Arbeiter schützen werde. Diesen wiederum muß gezeigt werden, daß sie nicht Herren der Situation sind. [...]
> Tritt die bewaffnete Macht eben in Tätigkeit, so muß dies so entschieden und wuchtig geschehen, daß ein sicherer und rascher Erfolg unter allen Verhältnissen gewährleistet ist; also starke Kräfte, entschiedenes Auftreten der Führer [...]. *Muß* von der Schußwaffe Gebrauch gemacht werden, so hat dies energisch zu erfolgen.[39]

Der 1. Mai verlief friedlich. Dennoch waren sächsische Industrielle und Verwaltungsbeamte nach wie vor der Meinung, dass den Arbeitern, »wenn sie widerspenstig seien«, der Weg zur Vernunft mit »Bajonetten und Kartätschen« gezeigt werden müsse.[40]

Nach der Aufhebung des kleinen Belagerungszustands über Leipzig am 29. Juni 1890 und dem Auslaufen des Sozialistengesetzes am 30. September waren die sächsischen Behörden gut aufgestellt, um die Repressionen der 1880er-Jahre fortzusetzen.[41] Ihre schärfste Waffe blieb das Sächsische Vereins- und Versammlungsgesetz

---

37 Strachey, 17./25.4.1890 (Entwürfe). Vgl. Dönhoff, 3./16./24./27.4.1890, 2./7./21.5.1890, PAAAB, Europa Generalia, Nr. 82, Geheim, Bd. 2–4.
38 Chotek, 24.4.1890, HHStAW, PAV/46.
39 »Geheimer Erlaß des Kommandierenden Generals des XII. AK, General d. Inf., Georg, Herzog zu Sachsen, vom 26. April 1890«, Neudruck in H. MEHNER, Militärkaste, 1963, S. 229 f. (Hervorhebung im Original).
40 Strachey, 2.5.1890 (Entwurf); vgl. Niethammer, 30.4.1890; BHStAM II, MA 2859.
41 Niethammer, 10.7.1890, 20.11.1890; BHStAM II, MA 2859.

vom 22. November 1850. Die Klarheit dieses Gesetzes, auch als »sächsisches Juwel« bekannt, war beispiellos – genauso wie sein Schliff.[42] Seine Bestimmungen erlaubten es den Kommunalverwaltungen, sozialdemokratische Versammlungen zu verbieten – zum Beispiel, wenn die Organisatoren die vorgeschlagenen Sprecher nicht namentlich benannten (§ 2) – und neue Verbandsgründungen zu verhindern. Doch würde das sächsische Gesetz von 1850 ausreichen? Ein aufgewühlter Fabrice zeigte sich im September 1890 alarmiert: »Also die wenig beruhigende, näherrückende Aussicht in unseren inneren Zuständen ist, daß wir in weniger als vier Wochen uns ohne Socialistengesetz zu behalten haben werden!« »Das Schlimmste an der Sache sei«, fuhr er fort, dass die »klügeren, weitblickenderen, gemäßigten Führer der Socialdemokratie« seit dem 1. Mai ihr eigenes Ansehen in der Partei verbessert hätten, während diejenigen wie Max Schippel, die »exzessiv-revolutionäre« Aktionen predigten, ihren Einfluss verloren hätten. Fabrice betrachtete *beide* Entwicklungen als Rückschlag für seine Pläne. Darüber hinaus seien der »junge Kaiser« und seine Berater bereit, die Sozialisten sich selbst zu überlassen. Innenminister Nostitz teilte die Frustration von Fabrice in diesen Punkten. Die vorsichtige Politik der Sozialdemokraten mache es schwierig, einen Showdown einzuleiten. »Höchst unwillkommen sei auch ihm [Nostitz] Bebels Mäßigung und gewachsene Autorität, da dadurch die Möglichkeit materieller Ausschreitungen immer unwahrscheinlicher werde, welche noch allein Aussicht geboten hätten, im Reichstage und preußischen Landtag eine zur Verschärfung des Vereins- und Strafrechtes gefügige Mehrheit zu finden.«[43]

In den letzten drei Monaten des Jahres 1890 waren einige Beobachter der Ansicht, dass die Sozialdemokratie desorganisiert sei.[44] Doch auch solche Nachrichten konnten Fabrice nicht davon überzeugen, dass Toleranz oder Nachlässigkeit nützliche Waffen im Kampf gegen die Sozialdemokratie seien. Als George Strachey ihn fragte, was die sächsische Regierung vorhabe, antwortete Fabrice, dass ihr Ziel darin bestehe, die heterodoxe Meinung »zum Schweigen zu bringen und auszurotten«. Deshalb dürfe man »nicht mit Flohstichen operieren, sondern müsse Maßnahmen der drastischsten Art ergreifen«. Strachey daraufhin: »Sie meinen Schießen?« – und »der General deutete an, dass er dies meinte«. Ein solcher Weg sei natürlich gegenwärtig nicht möglich, beklagte Fabrice. Der Kaiser »würde sich strengen Maßnahmen widersetzen«. Doch das könnte sich in Zukunft ändern.[45]

---

42 Vgl. M. SCHMIDT, Organisationsformen, 1969, S. 352.
43 Vorangegangene Kommentare zitiert in: Chotek, 61A und 61B, beide 6.9.1890, HHStAW, PAV/46.
44 Dönhoff, 12.11.1890, 5.4.1891, PAAAB, Europa Generalia, Nr. 82, Geheim, Nr. 1, Bd. 10; Chotek, 2.3.1892, HHStAW, PAV/48; Niethammer, 1.2.1892, BHStAM II, MA 2861.
45 Strachey, 11./25.10.1890 (Entwürfe).

Nachkalibrierung

Im Herbst 1891 reflektierte der preußische Gesandte Dönhoff die Bedeutung der jüngsten Wahlergebnisse in Sachsen und listete dabei alle Faktoren auf, die aus seiner Sicht die Bildung einer einheitlichen antisozialistischen Front in weite Ferne rücken ließen. Dazu gehörten:

1. die demografische Unausweichlichkeit der sozialistischen Zugewinne bei den Wahlen, es sei denn, die Vereinsgesetze und Abstimmungsregeln würden rigoros durchgesetzt oder überarbeitet;
2. das Talent der SPD hinsichtlich Rekrutierung, Organisation, Disziplin, Propaganda und Rhetorik;
3. die moralischen Siege der SPD, selbst wenn sie die Wahlen knapp verloren oder ihre Reichstagsfraktion weiterhin relativ klein blieb;
4. das Schamgefühl der sächsischen Bürger, die im Parlament durch SPD-Abgeordnete von zweifelhaftem Rang und Charakter vertreten waren;
5. die mangelnde Bereitschaft der Antisemiten, einem antisozialistischen Block beizutreten, sowie ihre Präferenz für unabhängige Kandidaten (insbesondere in den Großstädten);
6. die Apathie und Kurzsichtigkeit der Kartellwähler;
7. die organisatorische Inkompetenz der »Ordnungsparteien« und ihre Unfähigkeit, konkurrierende Kandidaturen in gefährdeten Wahlkreisen zu vermeiden;
8. der oft extrem kleine Stimmenvorsprung, aufgrund dessen die Kartellkandidaten unterlagen oder in eigentlich unnötige Stichwahlen gezwungen wurden;
9. die verspätete Erkenntnis der Kartellparteien, dass sie ihren Niedergang selbst zu verantworten hatten; und
10. die Wahrscheinlichkeit, dass die aus einer Wahl gezogenen Lehren bei der nächsten Wahl wieder vergessen würden.[46]

Aufgrund derartiger Unzulänglichkeiten verzeichneten die sächsischen Konservativen in den Jahren 1890 bis 1893 mehr Wahlniederlagen als Siege im Kampf gegen die Sozialdemokraten und die radikalen Antisemiten. Diese Schlachten erschütterten den deutschen Autoritarismus bis ins Mark. Die sächsischen Konservativen scheuten sich nicht, dabei eine Vorreiterrolle zu übernehmen – trotz der zweifelhaften Erfolgsaussichten gegen diese doppelte Bedrohung.

In den ersten beiden Amtsjahren von Reichskanzler Leo von Caprivi wurde das sächsische Gesamtministerium umgebaut. In rascher Folge (1890–91) starben vier Minister im Amt: Finanzminister Könneritz, Justizminister Abeken, Kriegsminister Fabrice

---

46 Paraphrasiert aus Dönhoff, 14.10.1891, PAAAB, Sachsen 60, Bd. 3.

Abbildung 6.1: Georg Graf von Metzsch-Reichenbach, sächsischer Regierungschef, 1891–1906. Dieses Porträt stellt Metzsch als Minister des Königlichen Hauses dar. Gemälde von Johannes Mogk, 1908. Öl auf Leinwand. Quelle: I. Kretschmann/A. Thieme, »Macht euern Dreck alleene!«, 2018, S. 118.

und Kultusminister Gerber.[47] Innenminister Hermann von Nostitz-Wallwitz ging am 1. Januar 1891 in den Ruhestand, ein Vierteljahrhundert nachdem er 1866 dem Gesamtministerium von Richard von Friesen beigetreten war. Er wurde durch einen Mann ersetzt, der nach Fabrices Tod zwei Monate später zusätzlich zum Innenministerium auch das Ressort Außenpolitik übernahm. In den nächsten anderthalb Jahrzehnten war dieser Mann de facto Regierungschef in Sachsen. Georg Graf von Metzsch (siehe Abbildung 6.1) war Besitzer eines Ritterguts in Reichenbach im westsächsischen Vogtland.[48] Zeitgenossen beschrieben ihn als kühlen, zurückhaltenden, manchmal rücksichtslosen Herrn, der Sachsen nach dem Vorbild seines Ritterguts verwalten wollte. Die sächsische Kronprinzessin Luise schrieb, er sei eine »elegante, vornehme, gewinnende Erscheinung«, kenne »aber weder Ritterlichkeit noch Dankbarkeit, wo seine persönlichen Interessen in Betracht kommen«.[49] Metzsch war mit dem Kleinkrieg gegen die Sozialdemokratie bestens vertraut: Er war in den 1880er-Jahren Amtshauptmann in Dresden-Neustadt gewesen. Bei seiner Ernennung wurden Zweifel laut, ob er der Aufgabe gewachsen sei, sich mit dem gleichen Elan wie sein Vorgänger Nostitz-Wallwitz mit den Sozialdemokraten im Landtag zu duellieren.[50] Doch er hatte eine ausgezeichnete persönliche Beziehung zum preußischen Gesandten Dönhoff, und er genoss das Vertrauen der gekrönten und ungekrönten Könige von Sachsen: Metzsch war »König Alberts [...] unentbehrliches zweites Ich«, und er arbeitete bis 1900 eng mit Paul Mehnert zusammen, um die sozialistische Flut zurückzuhalten.

---

47 PAAAB, Sachsen 56, Bd. 1.
48 SHStAD, FNL von Metzsch; T. Klein, Sachsen, 1982, S. 106–116; G. Schmidt, Zentralverwaltung, 1980, S. 119–121; E. Venus, Amtshauptmann, 1970, S. 21.
49 Luise von Toskana, Lebensweg, 1911, S. 132, 135.
50 Dönhoff, 2.10.1889, 7./15.1.1891, 1.2.1891, 25.3.1891, PAAAB, Sachsen 55, Nr. 2, Bd. 1.

Ende September 1891, drei Wochen vor den Landtagswahlen, schienen die »Ordnungsparteien« in Sachsen auf dem Weg in die Katastrophe, wie der preußische Gesandte Dönhoff feststellte:

> Das Publikum der Ordnungsparteien zeigt sich zur Zeit abgespannt und wahlmüde und verhält sich bis jetzt den bevorstehenden Wahlen zum heimathlichen Landtage gegenüber umso gleichgültiger, als der Reichstag das politische Interesse mehr und mehr an sich zieht und die neueren Fragen der eignen Heimat zurücktreten läßt. In manchen Wahlbezirken sind noch nicht einmal die Wahlkomités der einzelnen Parteien gebildet, in anderen wieder hat der Mangel an einheitlicher Leitung und an Einigung unter den Ordnungsparteien zur Aufstellung bis zu fünf verschiedenen Candidaten geführt und dadurch einer gefährlichen Zersplitterung der Stimmen Vorschub geleistet.[51]

Die Sozialdemokraten hingegen hatten alle ihre Kandidaten bereits im vorangegangenen März ausgewählt. Es wurde befürchtet, dass beide Dresdner Wahlkreise an die SPD fallen würden. Das könnte auch bei anderen Wahlkreisen passieren, es sei denn, die Rechtsparteien »treten bald mit *vereinten* Kräften in die Wahlbewegung ein«.

Bei den vorangegangenen Landtagswahlen von 1889 war die Fraktion der Sozialdemokraten auf sieben Mitglieder angewachsen (ein achtes Fraktionsmitglied kam 1890 in einer Nachwahl hinzu). Die Konservativen verzeichneten einen starken Rückgang ihres Stimmenanteils gegenüber 1887, wohingegen der Anteil der Sozialdemokraten von 20,5 auf 26,8 Prozent anstieg. Diese Urnengänge fanden noch unter dem Wahlrecht von 1868 statt, wonach Einkommen von über 600 Mark mit einer jährlichen Steuer von drei Mark belegt wurden. Allerdings besaßen 600 Mark in den 1890er-Jahren einen anderen Wert als 1868. Die Löhne waren rasant gestiegen, und die Inflation war beträchtlich. War 1868 nur etwa jeder zehnte Sachse zur Landtagswahl zugelassen, so war es 1895 jeder siebte – also rund 536 000 Wähler bei einer Gesamtbevölkerung von ca. 3,75 Millionen.[52]

Der Effekt dieses zahlenmäßigen Anstiegs der Wahlberechtigten wurde noch verstärkt durch die erfolgreiche Mobilisierung der sozialdemokratischen Wähler. 1889 lag die Wahlbeteiligung bei 44 Prozent, zwei Jahre später stieg sie um zehn Punkte auf 54 Prozent.[53] Zum Unbehagen der Kartellparteien und der Regierung war die Breite des sächsischen Wahlrechts selbst zum Gegenstand von Diskussionen geworden, in denen sich Sozialdemokraten und Freisinnige auf der gleichen Seite wiederfanden.

---

51 Dönhoff, 24.9.1891, PAAAB, Sachsen 60, Bd. 3, sowie für das folgende Zitat (Hervorhebung im Original).
52 Trotz dieses Anstiegs waren nach wie vor ungefähr dreißig Prozent der sächsischen Männer, die für die RT-Wahlen wahlberechtigt waren, von der Landtagswahl ausgeschlossen. Etwa jeder fünfte Sachse war für die RT-Wahlen wahlberechtigt; SLTW, S. 16, 46.
53 Vgl. Karte S. 6.5 im Online-Supplement für die drei sächsischen LT-Wahlen von 1889, 1891 sowie 1893 (ländlich und städtisch).

Ein Wahlflugblatt der Freisinnigen von 1891 veranschaulichte die Bedeutung dieses Themas. Die ersten vier Forderungen lauteten: 1. Einführung eines Einkammer-Parlamentssystems; 2. allgemeines, gleiches und direktes Wahlrecht nicht nur für den Landtag, sondern für alle lokalen Parlamente; 3. Schutz der geheimen Stimmabgabe und der »Wahlfreiheit«; und 4. Neuordnung der Landtags-Wahlkreise.[54]

Die sächsischen Behörden waren entsetzt über das Ergebnis der Landtagswahlen vom Oktober 1891. Gegenüber 1889 hatten sich die Stimmen für die sozialdemokratischen Kandidaten mehr als verdoppelt.[55] Mit der Eroberung von drei neuen Landtagsmandaten zählte die SPD-Fraktion nun elf Mitglieder. Regierungschef Metzsch machte für die Verdoppelung der SPD-Stimmen den Wegfall des Sozialistengesetzes im Vorjahr verantwortlich sowie die »freche« Presse der Sozialisten und das Überlaufen von schlecht bezahlten Unterbeamten. Wichtiger noch war, dass es den Sozialdemokraten gelungen war, vielen Arbeitnehmern über die für die Wahlberechtigung ausschlaggebende Steuerschwelle von drei Mark zu helfen. Indem sie Sparkassen und Kreditinstitute nutzten, Neuankömmlinge ermutigten, die sächsische Staatsbürgerschaft zu beantragen, aber auch, so Metzsch, »anrüchige Machenschaften« betrieben, war es den Sozialisten gelungen, die Zahl der Wahlberechtigten stark anzuheben. Laut Metzsch war die Drei-Mark-Schwelle zu niedrig angesetzt.

Nach den Landtagswahlen 1891 erklärte Metzsch, dass das sächsische Vereinsrecht nun relevanter sei denn je. Doch war die Sache nicht so einfach. Das 1850 verabschiedete Gesetz arbeitete mittlerweile zugunsten derer, die es am meisten treffen sollte. Zur Jahresmitte 1891 schenkte Bebel dem »sächsischen Juwel« in seiner Broschüre »Zu den Landtagswahlen in Sachsen« besonderes Augenmerk – so wie es der *Vorwärts* und selbst bürgerliche Zeitungen in ganz Deutschland bereits seit Monaten getan hatten.[56] Ein besonders strittiger Punkt war § 20 des Vereins- und Versammlungsgesetzes von 1850, das alle Vereine verbot, »in deren Zweck es liegt, Gesetzesübertretungen oder unsittliche Handlungen zu begehen, dazu aufzufordern, oder dazu geneigt zu machen«.[57] Nachdem der Maifeiertag 1890 ruhig verlaufen war, sah sich Metzsch außer Stande, die Anwendung des § 20 zum grundsätzlichen Verbot aller sozialdemokratischen Versammlungen zu verteidigen.[58] Er glaubte auch, dass der allgemeine wirtschaftliche Abschwung von 1891 bis 1893 die Sozialdemokraten »vorsichtiger« machte und es daher jetzt »für die Behörden nicht an der Zeit sei, Strenge zu zeigen«. Stattdessen soll-

---

54 Zur Landtagswahl, SHStAD, KHMS Zwickau 569.
55 Von ca. 15 000 im Jahr 1889 auf etwa 34 000 im Jahr 1891.
56 A. BEBEL, Landtagswahlen, Neudruck in: A. BEBEL, Reden und Schriften, Bd. 3, 1995, S. 161–188; Vw, 2./3.4.1891, 14./16.10.1891; BLHAP, PP, Tit. 94, Nr. 12853.
57 Dönhoff, 6.2.1891, PAAAB, Europa Generalia, Nr. 82, Geheim, Nr. 1, Bd. 10; Gesetz über das Vereins- und Versammlungsrecht für das Königreich Sachsen […] 1850, 1899, S. 47.
58 Dönhoff, 15./21.4.1891, 5.5.1891, sowie Rundschreiben an alle KHMS, 20.4.1891 (Abschrift), PAAAB, Europa Generalia, Nr. 82, Geheim, Bd. 5; Dönhoff, 16.4.1892, 4.5.1892, ebenda, Bd. 6.

ten sie bis auf Weiteres abwarten, bis »die Sozialdemokraten, durch günstige Geschäftslage veranlaßt, wieder anmaßender und herausfordernder werden würden«. Metzsch fügte hinzu: »Strenge zur unrichtigen Zeit zu zeigen, halte er für ebenso bedenklich und aufreizend, wie eine verschiedenartige Handhabung der Abwehrmaßregeln in den einzelnen Bundesstaaten.«[59] Aus Sicht Berlins waren solche Aussagen ein Anzeichen dafür, dass Metzsch schwach war – ein Zauderer. Das Etikett blieb haften. Wie wir noch sehen werden, wollte Metzsch 1905, als es in Dresden zu blutigen sozialistischen Demonstrationen kam, mit seiner Familie in einer Nacht- und Nebelaktion aus der Stadt fliehen. Der Reichskanzler befahl ihm, auf seinem Posten zu bleiben.

*

Die vierjährige Amtszeit von Reichskanzler Leo von Caprivi (1890–1894) führte zu Verunsicherung in den Reihen der Deutsch- und Freikonservativen, der National- und Linksliberalen. Die jeweiligen Parteiführer waren vor allem um Antworten auf drei ineinander greifende Fragen bemüht: Würden ein Kanzler und ein Kaiser, denen beide die Erfahrung eines Bismarcks fehlte, in der Lage sein, die nationale Politik kohärent zu formulieren? Würde der Kampf gegen die Revolution stärker sein können als der Reformdruck und die moralischen Skrupel der Verteidiger bürgerlicher Freiheiten? Und würden sich die Mobilisierungserfolge der Sozialdemokraten in den 1880er-Jahren von den »staatserhaltenden« Parteien in den 1890er-Jahren nachahmen lassen? Diese Fragen bildeten den Rahmen, innerhalb dessen man eine zustimmende oder ablehnende Haltung zur »Massenpolitik« einnahm. Die erste und zweite Frage lassen sich relativ kurz abhandeln; die dritte Frage war heikler und die Antwort darauf interessanter.

Die Deutsch-Konservativen waren zutiefst verprellt von Reichskanzler Caprivis »Neuem Kurs«.[60] Die bitterste Pille, die sie zu schlucken hatten, war die Entscheidung der Regierung zugunsten einer Zollsenkung auf Industrie- und Agrarerzeugnisse im Handel mit den Nachbarländern. Im März 1894 verweigerten sie daher Caprivis vorgeschlagenem Handelsvertrag mit Russland ihre Unterstützung.[61] Plötzlich sah sich eine oppositionelle Konservative Partei einem »liberalisierenden« Kanzler gegenüber. Die Konservativen riefen zum Kampf gegen Caprivi auf und trachteten danach, ihn schnellstmöglich zu stürzen. Bereits zwei Jahre zuvor hatte dieser Kampf zwischen Partei und Kanzler ein erstes Opfer gefordert: den regierungsfreundlichen Parteivorsitzenden Otto von Helldorff-Bedra. Er wurde im Frühjahr 1892 durch eine lose Koalition von Parteidissidenten, die sich auf die Unterstützung seitens der Basis außerhalb des alten

---

59 Dönhoff, 20.5.1891, PAAAB, Europa Generalia, Nr. 82, Geheim, Nr. 1, Bd. 10.
60 Vgl. J. A. Nichols, Germany, 1958; J. C. G. Röhl, Germany, 1967; außerdem R. Weitowitz, Politik, 1978.
61 H-J. Puhle, Interessenpolitik, 1975, S. 23–37, 226–237; J. Retallack, Notables, 1988, Kap. 8.

Preußens stützten, aus den Vorstandsgremien der Konservativen Partei gejagt.[62] Mit der Amtsenthebung Helldorffs wollten diese »Reformer« die Volkstümlichkeit ihrer Partei demonstrieren. Angeführt von Wilhelm Freiherr von Hammerstein von der *Kreuzzeitung* und Hofprediger Adolf Stöcker, war diese Gruppe der Ansicht, Helldorffs Gouvernementalismus und seine Angriffe auf den »demagogischen« Antisemitismus hätten der Partei bei den Wahlen geschadet. Sie befürworteten die Aufnahme einer explizit antisemitischen Erklärung in das offizielle Programm der DKP, das seit 1876 nicht mehr überarbeitet worden sei. Zu diesem Zweck forderten sie – beispiellos in der Geschichte der Partei – die Abhaltung eines allgemeinen Parteitags.

Die sächsischen Konservativen hatten sich nie ausschließlich der Kreuzzeitungsgruppe angeschlossen. Freiherr von Friesen-Rötha gab sich größte Mühe, einen Kurs zwischen Kaiser und Bismarck zu steuern, zwischen den Interessen von Landwirtschaft und Industrie, zwischen dem Ruf nach Reform von unten und dem Aufruf zur Vorsicht von oben sowie zwischen moderaten und radikalen Strömungen des Antisemitismus. Bis zu einem gewissen Grad war er in der Lage, den unterschiedlichen Meinungen innerhalb seines Landesvereins zu jedem dieser Themen Rechnung zu tragen. Anfang 1893 bekundeten die sächsischen Konservativen ihre Ambivalenz gegenüber einer neuen, von preußischen Junkern angeführten Interessengruppe, dem Bund der Landwirte.[63] Obwohl der Bund den Konservativen bei Wahlkämpfen wichtige Hilfestellungen leistete, waren die sächsischen Konservativen zu sehr von Handel und Industrie abhängig, um dessen Ziele uneingeschränkt zu unterstützen.

Die sächsischen Konservativen begrüßten Caprivis Bemühungen um Unterstützung für ein umfassendes Heeresgesetz, dessentwegen der Reichstag schließlich aufgelöst und im Juni 1893 eine allgemeine Reichstagswahl durchgeführt wurde. Noch vor Beginn dieses Wahlkampfs hatten die sächsischen Konservativen erkannt, dass sie ihre antisemitischen Rivalen nicht in Schach halten konnten. Entsprechend wuchsen die internen Meinungsverschiedenheiten. Es ist müßig zu fragen, ob die erneute Bedeutung der »Judenfrage« Ursache oder Folge konservativer Unzulänglichkeiten war – sie war beides. Die brennende Frage, in welcher Beziehung die beiden Gruppen zueinander standen, ließ sich nicht mehr umgehen.

---

62 J. RETALLACK, Notables, 1988, Kap. 6–7; DERS., Parteiführer, 1995; DERS., German Right, 2006, S. 331–344.
63 Vaterl, 24.2.1893, 24./31.3.1893; H-J. PUHLE, Interessenpolitik, 1975; G. ELEY, Anti-Semitism, 1993; J. RETALLACK, Notables, 1988, Kap. 8, 10.

Radaumacherei

> Erst der Radau in Versammlungen versetzte die Menge in jene Trunkenheit, für welche jedes gesprochene Wort nur ein äußerer Ton, aber keine innere Bedeutung ist. [...] Ob man versprach auf derselben [einer Versammlung] ein lebendes Kalb mit 6 Füßen oder den unvermeidlichen »Juden« vorzuführen, blieb sich gleich.
> — [Heinrich Freiherr von Friesen-Rötha], Der Wahrheit die Ehre!, Januar 1893[64]

> Terror [...] often arises from a pervasive sense of disestablishment; that things are in the unmaking.
> — Stephen King, Danse Macabre, 1981

Die Antisemiten hatten während des Reichstagswahlkampfes 1890 in den westlichen Gebieten Deutschlands mehr Kandidaten aufgestellt und besser abgeschnitten als in Sachsen. Ein intensiver Wahlkampf an der Basis und die Unterstützung durch Organisationen wie Otto Böckels Mitteldeutschen Bauernverein brachten Erfolge in Hessen und Westfalen. Adolf Stöcker und Max Liebermann von Sonnenberg blieben der Konservativen Partei enger verbunden als die vier anderen gewählten Antisemiten. Die sächsischen Antisemiten versuchten 1890, die richtigen Lehren aus ihren Erfolgen und Misserfolgen zu ziehen. Mit Blick auf die nächsten Parlamentswahlen standen sie jedoch vor demselben Dilemma: Die Konservativen waren nicht ohne Weiteres von ihren Kartellpartnern loszueisen, und die antikonservative Rhetorik erwies sich in Sachsen meist als kontraproduktiv. Die Gründung der neuen Antisemitischen Partei in Erfurt im Juni 1890 unter der Leitung von Böckel und Oswald Zimmermann war nicht dazu angetan, die sächsischen Konservativen für sich einzunehmen. Das Programm der neuen Partei sprach sich im ersten Punkt dafür aus, die jüdische Emanzipation juristisch wieder rückgängig zu machen – diese Forderung war den meisten Konservativen zu radikal, die außerdem auch keine Sympathien für die von der Partei geforderten Arbeitnehmerschutzmaßnahmen und Arbeitszeitbegrenzungen hatten. Selbst die allmähliche Abkehr der Antisemiten von Caprivis »Neuem Kurs« führte vor allem zu Unzufriedenheit und politischer Orientierungslosigkeit, wie Zimmermann im April 1891 einräumte.[65] Den-

---

64 [H. Freiherr von Friesen-Rötha], Der Wahrheit die Ehre!, S. 17 f., Kopie in SStAL, RG Rötha, Nr. 1576.
65 DW, 5.4.1891; M. Piefel, Antisemitismus, S. 82–90; R. S. Levy, Downfall, 1975, S. 70–73 sowie Kap. 3 im vorliegenden Band.

noch verfolgten Konservative und radikale Antisemiten das gleiche Ziel, nämlich die Ausschaltung des jüdischen Einflusses in der deutschen Politik. Gegenseitige Schuldzuweisungen mochten sie des Öfteren von diesem Ziel ablenken, doch geschah dies immer nur für kurze Zeit.

Publizisten

Sachsen blieb auch in den 1890er-Jahren ein Zentrum des antisemitischen Verlagswesens in Deutschland.[66] Sowohl Zimmermanns *Deutsche Wacht* als auch Theodor Fritschs *Deutsch-Soziale Blätter* richteten sich an ein überregionales Publikum; zwei der drei einflussreichsten antisemitischen Organe Deutschlands wurden also in Sachsen herausgegeben.[67] Weniger bekannt ist, dass Sachsen und speziell Dresden nach 1890 eine bemerkenswerte Anzahl von Autoren beheimatete, die mit ihren Schriften dazu beitrugen, Brücken zwischen dem Konservatismus, dem radikalen Antisemitismus und der im Entstehen begriffenen völkischen Bewegung zu schlagen.

Einer dieser Autoren war Julius Langbehn, der Verfechter einer neuen »germanischen Ideologie«[68]. Doch auch zahlreiche andere, in Dresden lebende völkische Schriftsteller schufen Romane, Karikaturen, Gedichte, Plakate, Broschüren und Zeitschriften, die ein Gefühl des Untergangs vermittelten, gleichzeitig aber auch Hoffnung auf Erlösung vor der jüdischen »Bedrohung«. Langbehns Verleger Ferdinand Woldemar Glöß druckte von 1892 bis 1901 eine Serie von 33 sogenannten *Politischen Bilderbogen*, die landesweit Bekanntheit erlangten. Diese fanatisch antisemitischen Publikationen waren karikaturesk, aber alles andere als lachhaft. In Wort und Bild entfalteten sie ein Narrativ jüdischer Vorherrschaft, Ausgrenzung und Vernichtung. Spätere Folgen zeigten eine Welt, die entweder vollständig vom Judentum überrollt worden oder aus der jeder Jude eliminiert worden war.[69] Ihr anonymer Autor war Max Bewer, der sich 1890 im Dresdner Stadtteil Laubegast niedergelassen hatte. Bewers Sichtweise, eine der tragenden Säulen der deutschen völkischen Bewegung, spiegelte die Ansichten vieler sächsischer Konservativer in den frühen 1890er-Jahren wider.[70]

In *Politischer Bilderbogen No. 12, Deutscher Totentanz!* (siehe Abbildung 6.2) schrieb Bewer den Juden die Rolle des Todes und dem deutschen Volk die Rolle des Schlachtopfers zu. Basierend auf jüngsten Sensationsmeldungen über angebliche jüdische Ritual-

---

66 Vgl. M. LANGE, Elements, 2007, Kap. 4.
67 Die *Staatsbürger-Zeitung* (Berlin) war das dritte.
68 F. STERN, Politics, 1961, Kap. 7–10.
69 Vgl. T. GRÄFE, Antisemitismus, 2008; DERS., Antisemitismus, 2005 (zu Glöß' *Bilderbogen*, einschl. S. 109 zum *Deutschen Totentanz!*); DERS., Antisemitismus, 2007. Vgl. S. LEHR, Antisemitismus, 1974, S. 60 ff.; B. SUCHY, Antisemitismus, 1984, S. 260; M. STIBBE, Publicists, 1993, S. 36–38.
70 U. PUSCHNER, Bewegung, 2001, S. 65.

Abbildung 6.2: »Deutscher Totentanz!« Politischer Bilderbogen No. 12, Dresden: Druck und Verlag der Druckerei Glöß, 1894. Es handelt sich um einen von 33 Politischen Bilderbogen, angefertigt von Max Bewer in den 1890er-Jahren. Sie kosteten jeweils 30 Pfennig und erschienen in einer Auflage zwischen 5 000 und 10 000 Exemplaren. Textseiten ergänzten jedes Bild. Aus der Sammlung des Verfassers.

mordpraktiken bildete Bewer eine Prozession ab, die von zwei kopflosen Gestalten und einem Juden mit einem gigantischen Schlachtmesser angeführt wird. Es folgen Vertreter verschiedener Stände: Geistliche, Juristen, Professoren, Handwerker, Künstler, Studenten, Soldaten, Bauern und Arbeiter. Bewer zeigt prominente Gegner des Antisemitismus, zum Beispiel den Linksliberalen Rudolf Virchow: sie alle unterwerfen sich den Juden (Bismarck hingegen sitzt hoch zu Pferde). Unten links ist der sozialdemokratische Vorsitzende Paul Singer mit einem Geldsack im Arm dargestellt und bietet der knienden Gestalt der Germania eine »sozialistische Ehe« an. Im Hintergrund zeichnete Bewer den Hamburger Hafen infiziert mit der von osteuropäischen Juden eingeschleppten Cholera. Bauernfamilien verlassen Deutschland, während Juden ihre Kühe melken und Wälder fällen. In Bewers Begleittext werden diese Bedrohungen für das Deutschtum miteinander verknüpft: Der deutsche Protestantismus leide an Toleranz, Liberalismus und Philosemitismus; er irre, wenn er den Katholizismus anstelle der Juden als existenzielle Bedrohung für Deutschland ansieht. »Auf Tod und Leben stehen sich heute christlicher und jüdischer Geist in Deutschland gegenüber; die Juden sind siegesgewisser, als sie es jemals seit Christi Tod in der Weltgeschichte waren; der Protestantismus in seiner christlichen Kraft scheint machtlos zersplittert; mögen die katholischen Geister den Kampf gegen Juda mit der Wucht des Mittelalters wieder aufnehmen; dann wird es den Juden nicht gelingen, dem deutschen Volk zum *Todtentanz* [sic] aufzuspielen.«[71]

Der Liste antisemitischer Publizisten in Sachsen lassen sich ein halbes Dutzend weitere Namen hinzufügen. Zwischen 1890 und 1896 zog die Redaktion der antisemitischen Zeitschrift *Das Zwanzigste Jahrhundert* von Berlin zuerst nach Leipzig und dann nach Dresden. Der Herausgeber Erwin Bauer hatte enge Kontakte zu Fritschs Deutsch-Sozialem Reformverein. In den Jahren 1892/93 befand sich Bauer im Zentrum antisemitischer Stürme – dazu gehörten unter anderem der Ritualmordprozess in Xanten und erneute Angriffe auf Bismarcks jüdischen Bankier Gerson von Bleichröder. 1893 begann Bauers Stern zu sinken, als er aus dem sächsischen Ableger der Deutsch-Sozialen Partei ausgeschlossen wurde: Als Gegenleistung für die finanzielle Unterstützung der sächsischen Konservativen hatte er bei deren Reichstagswahlkampf mitgeholfen. Kurzzeitig übernahm Heinrich Mann, der Bruder von Thomas Mann, die Redaktion von *Das Zwanzigste Jahrhundert* in Dresden, verkehrte dort mit den Konservativen und sog das antisemitische Dogma der Zeitschrift in sich auf. Mann gelang es, diese Episode geheim zu halten, bis er in den 1950er-Jahren »geoutet« wurde. In seinen Artikeln beschrieb Mann die Arbeiter als »geistlosen Mob«. Darüber hinaus lobte er den Mittelstand, die Heimatbewegung und die Evangelische Kirche und führte somit Antiliberalismus, Antisemitismus, Nationalismus und Imperialismus auf neue Weise zusammen. Im August 1895 forderte Mann sogar eine Überarbeitung des allgemeinen Reichstagswahlrechts zugunsten eines auf Berufsständen basierenden Wahlrechts.[72]

Ottomar Beta, der in Wirklichkeit Bettziech hieß, war ein freier Schriftsteller mit Verbindungen zu einigen von Fritsch's verlegerischen Aktivitäten. Beta bombardierte die Reichskanzlei mit seinen Plänen zur Verquickung konservativer, nationalistischer und antisemitischer Botschaften, aber er mehrte auch den Ruf Dresdens als kongenialer Heimat für Deutschlands völkische Schriftsteller. Eine ähnliche Rolle spielte Felix Boh, ein Propagandist der Konservativen Partei. Boh wurde vom Dresdner Konservativen Verein (unter Mehnerts Vorsitz) beauftragt, eine Broschüre zum Thema »Der Konservatismus und die Judenfrage« (1892) zu verfassen. Boh griff unabhängige Antisemiten an, weil sie den Massenhass schürten, behauptete aber auch, dass sich »nichts Gründliches gegen die verirrte und verführte Sozialdemokratie ausrichten [ließe]«, falls man es versäume, die »Uebermacht des Judenthums« zu bekämpfen.[73] Das deutsche Staatswesen

---

71 *Deutscher Totentanz!*, [S. 6] (Hervorhebung im Original).
72 S. RINGEL, Mann, 2000, S. 81–93; R. THIEDE, Stereotypen, 1998; M. LANGE, Elements, 2007, S. 207–214.
73 F. BOH, Konservatismus, 1892, S. 5; vgl. DERS., Wider den Boycott, 1895; DERS., Sozialpolitik, 1898; vgl. außerdem D. NIEWYK, Problem, 1990, S. 347.

sei im Vergleich zu dem Frankreichs »Gott sei Dank *vorläufig* noch unabhängig vom *direkten* Einfluß der jüdischen Hand«. Doch »fast alle unsere sonstigen Verhältnisse stehen nicht minder unter der Herrschaft des Judenthums als in Oesterreich-Ungarn und Frankreich«, und die Liste, die Boh heraufbeschwor, war lang:

> Jüdischer Kornwucher und Kohlenringe, Getreidevertheuerung und Getreideverfälschung, unehrliche Börsengeschäfte und stets erneute Versuche zur schlauen Einführung gefährlicher russischer und unsicherer anderer Anleihen, talentvolle Riesenbankrotte und kolossale Depotbetrügereien, unerhörte Börsen- und Finanzskandale an allen Orten und Enden, Auswanderungsschwindel, ländlicher Wucher und Vernichtung des Handwerkerstandes durch unzählige jüdische Kunstgriffe und Kniffe versumpfen unser ganzes *wirtschaftliches* Leben, während der grobmaterialistische, verneinende, undeutsche, unmonarchische, antichristliche, revolutionäre Geist des ewig unruhigen, unzufriedenen Reform-Judenthums durch Presse, Literatur, Bühne, Kunst und Agitation unser gesamtes Leben mit seinen giftigen Bazillen durchseucht.[74]

Die seltsamste Gestalt von allen war Heinrich Pudor, dessen Vater als Direktor des Königlichen Konservatoriums Dresden amtierte.[75] Heinrich ließ sich 1890 in Dresden-Loschwitz nieder und übernahm in der Folge das Konservatorium seines Vaters. Inspiriert von Richard Wagners antisemitischem Essay »Das Judentum in der Musik« versuchte Pudor, dessen Botschaft umzusetzen. Bald darauf wandte er sich anderen, ebenso unoriginellen Kreuzzügen zu, wie z. B. der Freikörperkultur, dem Vegetarismus und der Kleiderreform, produzierte aber weiterhin antisemitische Tiraden.

Es kann nicht genug betont werden, dass diese antisemitischen Publizisten nicht einfach nur Sonderlinge und Außenseiter waren, sondern in sächsischen konservativen Kreisen durchaus an Prominenz und Einfluss gewannen. Altgediente Antisemiten halfen den sächsischen Konservativen, ein neues Publikum zu erreichen und Wahlen zu gewinnen, und ihre Schriften erregten nationale Aufmerksamkeit. Der ehemalige Herausgeber der *Neuen Reichszeitung* der sächsischen Konservativen, Eduard Freiherr von Ungern-Sternberg, gab 1892 seine aktuellen Gedanken zur »Judenfrage« zum besten.[76] Georg Oertel, zu Beginn der 1890er-Jahre ein unbekannter Lehrer, war ein enger Freund und Mitarbeiter des Freiherrn von Friesen-Rötha und verfasste 1893 das bedeutende Werk »Der Konservatismus als Weltanschauung«.[77] Die sächsischen Konservativen luden diese Autoren als Redner zu ihren Kundgebungen ein und baten sie manchmal

---

74 F. Boh, Konservatismus, 1892, S. 5 (Hervorhebung im Original).
75 T. Adam, Pudor, 1999; U. Puschner/W. Schmitz/J. Ulbricht, Handbuch, 1996, S. 921 f.
76 E. v. Ungern-Sternberg, Judenfrage, 1892.
77 G. Oertel, Konservatismus, 1893; SStAL, RG Rötha, Nr. 1577; R. Needon, Oertel, 1917, bes. S. 21–38; H.-J. Puhle, Interessenpolitik, 1975.

auch, eine führende Rolle zu übernehmen, wenn es darum ging, auf lokaler Ebene antisemitische, agrarische und konservative Vereine zusammenzuführen. Das parteiamtliche »Konservative Handbuch« (1892) lieferte Handreichungen für die entsprechenden Ansichten. Es beschrieb Juden als einen »Stamm«, der das Gefühl der christlichen Bevölkerung für Recht und Moral untergrabe: »Der Jude, sei es als Wucherer und Ausbeuter oder umgekehrt als sozialdemokratischer Agitator, [sei] immer dort zu finden [...], wo man an der Zersetzung und Vernichtung unseres Volksthums arbeite.«[78] Kurzum, der »aufrührerische Antisemitismus« war *nicht* auf den extremen Flügel der Konservativen Partei beschränkt.[79] Der Titel einer von Heinrich Pudors Zeitschriften suggeriert, auf welchen neuen ästhetischen Wegen diese Botschaft die alten und neuen konservativen Anhänger erreichte: *Dresdner Wochenblätter. Für Wiedergeburt! Für geistige Freiheit! Für sittliche Wahrheit! Für künstlerische Schönheit! Und streng deutsch auf allen Wegen!*[80]

In den Clubs

Was hatten die Antisemiten und die anderen Parteien in Sachsen angesichts der bevorstehenden Reichstagswahl im Juni 1893 zu gewinnen oder zu verlieren? Kreishauptmann Hausen (Dresden) glaubte die Antwort zu kennen, als er im Januar 1893 seinen Neujahrsbericht verfasste. Die Lokalpolitik sei in den vergangenen zwölf Monaten von einer starken Zunahme antisemitischer Aktivitäten und einem Prozess der Auflösung innerhalb der Konservativen Partei geprägt gewesen.[81] Jeder einzelne seiner Amtshauptmänner hätte bestätigt, dass die antisemitischen Anschauungen in allen Klassen und Berufen, insbesondere unter Landwirten und Handwerksmeistern, ungewöhnlich stark zugenommen hätten. Nicht einmal die Sozialdemokraten hätten mit den Aktivitäten und Erfolgen der Antisemiten Schritt gehalten.

Die Jahre 1890 bis 1894 waren eine Zeit der Umbrüche für die deutsche antisemitische Bewegung. Es kam zu dramatischen Veränderungen, was Parteistrukturen, Programme und Personalien anging, und immer spielten die sächsischen Antisemiten eine wichtige Rolle. Die Deutschreformer bildeten den radikaleren und explizit antikonservativen Flügel der Bewegung. Vier der fünf Antisemiten, die 1890 gewählt wurden, gehörten zu dieser Gruppe. Auch wenn weder Max Liebermann von Sonnenberg noch Oswald Zimmermann in einem sächsischen Wahlkreis gewählt wurden, so waren sie doch die Anführer des »gemäßigten« deutsch-sozialen beziehungsweise des »radika-

---

78 DEUTSCH-KONSERVATIVE PARTEI UND REICHS- UND FREIKONSERVATIVE PARTEI (Hrsg.), Handbuch, 1892, S. 15–23. Vgl. C. SCHUBBERT, Rezeption, 1998, S. 68 f.
79 So die Behauptung des ansonsten aufschlussreichen Aufsatzes von D. NIEWYK, Problem, 1990, S. 348.
80 Zitiert in: M. PIEFEL, Antisemitismus, S. 90.
81 Vgl. Berichte (1892–93) der KHMS Dresden und verschiedener AHMS in SHStAD, MdI 5384.

len« Deutschreform-Flügels des sächsischen Antisemitismus. Um ihre neue Stärke zu unterstreichen, trafen sich die Reformer im Juli 1890 in Erfurt zur Gründung der Antisemitischen Partei, die im Mai 1891 auf dem Magdeburger Parteitag in Antisemitische Volkspartei umbenannt wurde. Das Parteiprogramm forderte die Rücknahme der jüdischen Emanzipation, eine progressive Einkommenssteuer, den Schutz der Arbeiter, eine tägliche Höchstarbeitszeit und garantierte Rede-, Koalitions- und Versammlungsfreiheit. Es enthielt auch zwei Bestimmungen, die im Falle ihrer Umsetzung die deutsche Wahlkultur grundlegend verändert hätten. Zum einen forderte die Partei die Wahl von ausschließlich »christlich-deutschen Männern (nichtjüdischer Abkunft)« in gesetzgebende Körperschaften und Staats- und Gemeindeämter.[82] Zum zweiten verlangte sie die Ausdehnung des allgemeinen, geheimen und direkten Wahlrechts auf alle deutschen Landtage. Letztere Forderung richtete sich zum Teil gegen Preußens Dreiklassenwahlrecht, bereitete aber – wie auch andere Wahlreformforderungen der Antisemiten – auch den sächsischen Konservativen Sorgen.[83]

Unterdessen waren Adolf Stöckers Christlich-Soziale Partei und die Deutsch-Soziale Partei nicht untätig. Obwohl Stöcker seinen Anhängern 1888 mitteilte, dass die Partei in Sachsen, insbesondere in Dresden, besser abgeschnitten habe als in Berlin[84], verlagerte sich die Dynamik Anfang der 1890er-Jahre zugunsten Stöckers Rivalen. Max Liebermann von Sonnenberg und Theodor Fritsch setzten sich mithilfe des Leipziger Deutsch-Sozialen Reformvereins für die Verbreitung einer antisemitischen Botschaft ein, die radikaler war als die Stöckers, aber moderater als die Zimmermanns (der Begriff »Reform« war im Vereinsnamen streng genommen fehl am Platz). Sie organisierten regelmäßige Vortragsabende und andere öffentliche Kundgebungen – 44 an der Zahl zwischen Sommer 1890 und Sommer 1891. Die Mitgliederzahl des Vereins erhöhte sich bis Ende 1891 auf über 1 000, und es kam zur Gründung neuer antisemitischer Ortsvereine in der Westhälfte des Königreichs. Unterstützt wurden diese Bemühungen durch einen großen Deutsch-Sozialen Parteitag, der im Mai 1891 in Leipzig stattfand.[85] Nach parteiinternen Schätzungen umfassten die rund 2 000 Teilnehmer etwa 1 000 Vertrauensmänner, die 100 Reichstagswahlkreise vertraten.

Der Leipziger Parteitag erleichterte die Zusammenarbeit mit den sächsischen Konservativen sowohl in programmatischer als auch organisatorischer Hinsicht.[86] Die Neugründung eines Deutsch-Sozialen Vereins in Chemnitz 1891 war nur ein Beispiel für die Resonanz, die dieses Signal hervorrufen sollte. Der neue Verein wurde von einem antisemitischen Chemnitzer Kurzwarenhändler namens Eduard Ulrich geleitet, der

---

82 Zitiert in: D. Fricke, Antisemitische Parteien, in: Lexikon, Bd. 1, 1983, S. 84.
83 Zu Wahlrechtsfragen und verwandten Reformen, DSBl, 19.10.1893, 23.5.1895, 30.5.1895, 24.10.1895.
84 AZJ, 19.1.1888, zitiert in: M. Schäbitz, Juden, 2006, S. 357.
85 Bericht über den deutsch-sozialen (antisemitischen) Parteitag, 1891; vgl. R. S. Levy, Downfall, 1975, S. 67.
86 ZStAM, NL Stöcker, XV 2, Aufruf (22.4.1891); vgl. D. Fricke, Antisemitische Parteien, 1983, S. 83.

bereits dem Konservativen Ortsverein angehörte. 1891 reüssierte Ulrich mit dem Vorschlag, die Mitgliedschaft in beiden Vereinen zu erleichtern, indem er den internen Statuten des Chemnitzer Konservativen Vereins eine neue antisemitische »Interpretation« gab.[87] Doppelte Loyalitäten wurden selten auf diese Art und Weise formalisiert; das war jedoch auch nicht erforderlich, wenn zwei Regimenter gegen ein und denselben Gegner marschierten.

Es lässt sich schwer sagen, ob zu diesem Zeitpunkt die Deutschsozialen oder die Deutschreformer in Sachsen die Oberhand hatten. Anzahl und Größe der antisemitischen Vereine in Sachsen gaben Anlass zu sehr unterschiedlichen Schätzungen.[88] Nach Angaben eines 1893 erschienenen illustrierten Führers waren fast ein Drittel der etwa 200 antisemitischen Vereine im Deutschen Reich in Sachsen angesiedelt.[89] Diese Vereine schöpften das Gros ihrer Mitglieder aus dem Kreis der Gewerbetreibenden, Landwirte, Handwerker (insbesondere Meister), niedrigen Beamten und Handlungsgehilfen. Auch Frauen waren durchaus empfänglich für die antisemitische Botschaft. Wie Fritsch bemerkte: »Die stete Anwesenheit von Damen habe [...] bewirkt, daß in dem Vereine stets ein durchaus vornehmer und höflicher Ton geherrscht hat, zur Verwunderung für viele Auswärtige, die da glaubten, in der Politik ginge es nicht ohne Grobheiten ab.«[90]

Anfang 1892 schien es, als wäre die Frage, ob in Sachsen die moderaten oder die radikalen Antisemiten in den Vordergrund treten würden, eine rein akademische. In einer »Ausgleichs-Konferenz« am 4. Dezember 1891 wurde festgelegt, dass die Bezirke östlich von Dresden und Meißen zum Agitationsbereich der Deutschreformer gehörten. Westsachsen fiel an die Deutschsozialen.[91] Führende Mitarbeiter des *Vaterlands*, des Hauptorgans des Konservativen Landesvereins, räumten ein, das organisatorische Wachstum einer unabhängigen antisemitischen Bewegung würde zwangsläufig ihre eigene Partei stark beeinträchtigen. Doch sollte dieses »Zugeständnis« nicht überbewertet oder missverstanden werden. Die älteren, wohlhabenderen und besser vernetzten Grandseigneurs des sächsischen Konservativen Landesvereins spielten in der Debatte darüber, wie auf diese Entwicklungen zu reagieren sei, nahezu keine Rolle. Die von Schönbergs, von Zehmens und von Burgks waren nicht zu vernehmen. Andererseits mussten sich Freiherr von Friesen-Rötha, Arnold Frege, Paul Mehnert und Georg Oertel nicht auf unabhängige antisemitische Gruppen verlassen, um ihren Stimmen sowohl in Sachsen als auch im Reich Gehör zu verschaffen. Friesen-Rötha sorgte mit seinen öffentlichen Forderungen nach einer antisemitischen Programmreform im Dezember

---

87 DSBl, 7.12.1890; Vaterl, 14.8.1891, 4.9.1891; M. Piefel, Antisemitismus, S. 93.
88 ASCorr, 27.10.1889; DSBl, 13.3.1892 und passim; H. Pötzsch, Antisemitismus, 2000, S. 111 f.; D. Fricke, Antisemitische Parteien, 1983, S. 84; M. Piefel, Antisemitismus, S. 90.
89 P. Westphal, Illustrierter Führer durch die antisemitische Litteratur, zitiert in: H. Pötzsch, Antisemitismus, 2000, S. 94 f.
90 DSBl, 14.6.1891, zitiert in: H. Pötzsch, Antisemitismus, 2000, S. 118.
91 DW, 6.12.1891, und weitere Quellen zitiert in: M. Piefel, Antisemitismus, S. 93.

1891 und Juni 1892 für nationale Schlagzeilen. Das *Deutsche Adelsblatt*, die Hauszeitschrift der Deutschen Adelsgenossenschaft, hatte seit Jahren seine antisemitischen Artikel publiziert.[92] Arnold Frege spielte nach wie vor eine führende Rolle in nationalen Agrarorganisationen, in der Reichstagsfraktion der Konservativen und (später) als Vizepräsident des Reichstags. Paul Mehnert war ein früher Fürsprecher des Alldeutschen Verbandes, der tot geborenen Nationalen Partei und anderer quasi-oppositioneller Gruppen, die nach 1890 entstanden. Und innerhalb eines Jahres verließ Georg Oertel den Mitarbeiterstab des *Vaterlands* in Sachsen und zog nach Berlin, wo er sich schnell einen nationalen Ruf als Chefredakteur der dezidiert antisemitischen *Deutschen Tageszeitung* des Bundes der Landwirte erwarb.[93] Vor allem aber setzten die sächsischen Konservativen gleich zwei ihrer führenden Persönlichkeiten (Friesen-Rötha und Frege) in die neunköpfige Kommission ein, die im Juni 1892 mit der Ausarbeitung eines neuen, »breiteren« Programms für die Deutsch-Konservative Partei beauftragt wurde.[94] Dies verlieh ihnen noch größeren Einfluss in den nationalen Parteigremien, als sie es bereits durch den ständigen Sitz Sachsens im Elfer-Ausschuss der Partei hatten. So verfügten die sächsischen Konservativen über beeindruckende Ressourcen an Menschen und Material, um gegen Antisemiten vorzugehen, mit denen sie nicht übereinstimmten.

Die Konservative Partei überschritt eine historische Schwelle, als sie am 8. Dezember 1892 auf ihrem Tivoli-Parteitag einen antisemitischen Programmpunkt unterstützte. Die sächsischen Konservativen beanspruchten – nicht ohne Grund – eine führende Rolle auf der Tivoli-Tagung.[95] Sie richteten vor den Reichstagswahlen vom Juni 1893 aber auch eine »babylonische Verwirrung« in den Reihen der Partei an. Der »Ikarusflug« von 1892 trug dazu bei, dass sie bei den Wahlen abstürzten.[96] Doch vergessen wir nicht, dass es noch eine andere Gestalt mit Wachsflügeln gab,, die es im Tiefflug über das Meer schaffte: Dädalus. Auch er war listenreich und ein großer Blender.

»Die älteste antisemitische Partei in Deutschland«

In einer Hinsicht waren die sächsischen Konservativen 1892 radikaler als die »aufhetzerischen« Antisemiten. Es war nicht ihr taktisches Auftreten, sondern der umfassende Anspruch der konservativen Forderungen nach sozialen, wirtschaftlichen, politischen

---

92 Ausschnitte in SStAL, RG Rötha, Nr. 1577.
93 H-J. Puhle, Interessenpolitik, 1975.
94 Vorstand des Wahlvereins der deutschen Conservativen, Beschluß vom 22.6.1892, Vaterl, 1.7.1892; [H. Freiherr von Friesen-Rötha], Wahrheit, [1893], S. 34 f. Vgl. G. Oertel, Konservatismus, 1893; Vaterl, 20.1.1893, 3.2.1893.
95 H. Freiherr von Friesen-Rötha, Conservativ!, 1892, S. i; F. Boh, Konservatismus, 1892, S. 19; vgl. R. S. Levy, Downfall, 1975, S. 76.
96 Zitierte Wendungen in: Allgemeine Konservative Monatsschrift 49 (Juli 1892), S. 756 f.

und moralischen Reformen, den es so auf der rechten Seite des politischen Spektrums noch nie gegeben hatte. Bill Ayers, der Anführer der Weathermen[97], sagte einmal (mit Marx), ein »Radikaler« sei »jemand, der versucht, an die Wurzeln der Dinge zu gehen«. Die Konservativen wollten zeigen, dass die antisemitischen Parteien Ein-Thema-Parteien seien. Derartige Parteien, so argumentierten sie, könnten die Missstände in Deutschland per definitionem nicht an der Wurzel fassen. Auch könnten sie nicht den Interessen der deutschen Wähler dienen, die von ihren Abgeordneten erwarteten, dass sie sich in effektiven Gremien organisierten und praxistaugliche Gesetze verabschiedeten.

In den Überlegungen derjenigen Sachsen, die eine neue konservative Weltanschauung entwickeln wollten, spielten Wahlkämpfe und die Fundamentaldemokratisierung Deutschlands eine große Rolle. Andere Herausforderungen mochten dringlicher sein – der Kampf um die Kontrolle über die konservative Partei, deren Entfremdung von der Regierung sowie die Notwendigkeit, die öffentliche Debatte über die »Judenfrage« in »staatserhaltende« Kanäle zu lenken – aber letztendlich waren sie zweitrangig. So überzeugend diese Reformgründe auch sein mochten, noch wichtiger war der umfassendere Wunsch, die aus den 1860er-Jahren stammenden Kämpfe gegen den Liberalismus und die Demokratie wiederaufleben zu lassen. Die Anführer der sächsischen Konservativen konzipierten diese Kämpfe auf einer so breiten Front, dass sich daraus Veränderungen für die Funktion von politischen Parteien und Parlamenten ergeben sollten. Schon Ende Januar 1893 brachten sie eine Vision zu Papier, die den Anspruch erhob, den Konservatismus selbst neu zu definieren.

Diese neue Weltanschauung kann unter fünf Gesichtspunkten betrachtet werden, von denen uns hier nur der erste und letzte genauer beschäftigen sollen: Verteidigung des Christentums; Verteidigung der Mittelstands- und Agrarinteressen; Kampf gegen die Revolution; Unabhängigkeit von den Kartellpartnern und der Regierung; und der Wunsch, das allgemeine Wahlrecht zu »überwinden«. Der Antisemitismus war für jede Facette dieser Vision entscheidend. Die jeweiligen Stränge der von den sächsischen Konservativen konzipierten Weltanschauung waren nicht neu. Doch was die konservativen Parteiführer in Sachsen auszeichnete, war ihr Beharren darauf, dass allein der Antisemitismus diese Stränge zusammenführen und verstärken konnte. Im Gegensatz zu einfachen Aktivisten konnten die Anführer realistischerweise hoffen, ihre Theorie in die Praxis umzusetzen – zum Beispiel indem sie antisemitische Gesetzesinitiativen mit einbrachten. Sie behaupteten, die »Judenfrage« lösen zu können, indem sie die deutschen Herzen und Köpfe änderten. Und gelangte man erst einmal »an die Wurzel der Dinge«, würde der deutsche Obrigkeitsstaat nicht mehr unter Belagerung stehen.

Der Grund, warum die Konservativen die Verteidigung des Christentums ganz oben auf ihre politische Agenda setzten, war nicht, dass sie »christlich« als »nicht jüdisch«

---

97 Eine amerikanische linksradikale Organisation, die 1969 als Splittergruppe aus Students for a Democratic Society (SDS) hervorging.

definierten. Mit jeder neuen rhetorischen Auslassung zur christlich-konservativen Thematik, derer sich die Reformbefürworter bedienten, wurden diese Aussagen zunehmend selbstreferenziell. Konservative Autoren und Redner plagiierten sich schamlos gegenseitig. Friesen-Rötha griff zur Abrundung seiner Argumentation auf eigene unveröffentlichte Manuskripte aus den 1880er-Jahren zurück.[98] Andere sächsische Konservative machten großzügig von den Phrasen radikaler Antisemiten Gebrauch, deren agitatorischen Stil sie andernorts als demagogisch abkanzelten.

Die Folge war die Radikalisierung des konservativen Antisemitismus. Man denke an Felix Bohs Buch »Der Konservatismus und die Judenfrage«, das im Oktober 1892 auf Geheiß von Paul Mehnert veröffentlicht wurde. Ohne die rechtliche Emanzipation der Juden im Jahr 1869 ausdrücklich zu erwähnen, beklagte Boh, dass die Juden das ihnen gegebene »edelmüthige Geschenk«, nämlich »das gleiche Recht für Alle«, missbraucht hätten. Als Zeuge der Anklage zitierte Boh den nicht praktizierenden Anwalt, für den er als Mandant und Schreiber tätig war: »[W]ie der Reichstagsabgeordnete Dr. Mehnert auf dem konservativen Parteitage zu Dresden[99] sich treffend ausdrückte, ›*ist aus der Judennot eine Christennot geworden*‹, und darum ertönt täglich lauter in allen deutschen Gauen der Feldruf: ›*Befreiung vom drückenden Übergewicht des Judentums*‹.«[100] Etwa zur gleichen Zeit veröffentlichte der Konservative Landesverein im Königreich Sachsen eine Broschüre mit dem Titel »Die Konservativen im Kampfe gegen die Übermacht des Judentums und für die Erhaltung des Mittelstandes«. Der anonyme Autor behauptete auf Seite eins, dass in keinem konservativen Ortsverein in Sachsen auch nur ein Jude zu finden sei, und fügte hinzu, dass die sächsischen Konservativen die Juden persönlich nicht ausstehen konnten und keine Geschäfte mit ihnen machten. Ein Beitrag im *Vaterland* bekräftigte, dass seit Gründung der Deutsch-Konservativen Partei im Jahr 1876 kein Jude hätte Mitglied werden können, weil die christliche Grundprämisse der Partei dies unmöglich mache.[101]

Heute würde man sagen, dass der »Judenfrage« ein neues Image verpasst wurde. Aber sie wurde auch auf einen neuen Zweck hin ausgerichtet: Die Konservativen passten sich dem Zeitgeist an *und* kalibrierten ihr Ziel neu. Dass das Christentum den Kern des konservativen Selbstverständnisses bildete, zeigte sich in dem neuen Parteiprogramm, das im Dezember 1892 auf dem Tivoli-Parteitag vereinbart wurde. In den Eröffnungs- und Schlusszeilen von § 1 heißt es dort: »Wir wollen die Erhaltung und Kräftigung der christlichen Lebensanschauung in Volk und Staat und erachten ihre praktische Betätigung in der Gesetzgebung für die unerläßliche Grundlage jeder gesunden Entwicklung.

---

98 Vgl. Friesens Gesichtspunkte (1891), BAK, Sammlung Fechenbach, Bd. XIX; DERS., Conservativ!, 1892; [H. FREIHERR VON FRIESEN-RÖTHA], Wahrheit, [1893]; sowie frühere Mss., in SStAL, RG Rötha.
99 Abgehalten am 13. Juni 1892.
100 F. BOH, Konservatismus, 1892, S. 2 (Hervorhebung im Original).
101 KONSERVATIVER LANDESVEREIN IM KÖNIGREICH SACHSEN (Hrsg.), Konservativen im Kampf, 1892, S. 1; Vaterl, 5./26.8.1892.

[...] Wir verlangen für das christliche Volk eine christliche Obrigkeit und christliche Lehrer für christliche Schüler.«[102]

Das Tivoli-Programm war nur eine von vielen praktischen »Lösungen«, die von denjenigen sächsischen Konservativen unterstützt wurden, die das Ideal des christlichen Staates verwirklichen wollten. Den Sachsen wurde allerdings vorgeworfen, in zwei Fragen zu zurückhaltend zu sein. Richtiger wäre es zu sagen, dass sie gespalten und inkonsequent waren. Die erste Frage betraf die Rückgängigmachung der jüdischen Emanzipation. Die Sachsen räumten zu ihrem Bedauern grundsätzlich ein, dass dieses »Geschenk« nicht zurückgenommen werden könne. Aber ihre Schriften waren gespickt mit kaum verschleierten Andeutungen, wonach die jüdische Emanzipation den Grundstein für Deutschlands dysfunktionale liberale Ära gelegt habe. Die Emanzipation sei einer der schwersten Fehler Bismarcks gewesen und würde rückgängig gemacht werden, sobald die Umstände es erlaubten. Die zweite Frage war, ob die Juden eine eigene Rasse bildeten. Die sächsischen Konservativen weigerten sich, die Juden ausschließlich nach rassischen Gesichtspunkten zu definieren. Doch nach 1890 fand sich ein zunehmend völkisches Vokabular in ihren Reden und Veröffentlichungen. »Jedes christliche Volk hat immer die Juden, die es verdient«, schrieb Felix Boh; den Deutschen werde aber langsam bewusst, dass die Juden die »orientalische Vergewaltigung« des Deutschtums verübten: »Auf die *Einigung* des Volkskörpers folgt dessen *Reinigung*.«[103]

Vom Herbst 1891 bis zum Frühjahr 1893 waren die sächsischen Konservativen konsequent in ihren Bemühungen, den »inneren Feinden« Deutschlands die Bürgerrechte und damit auch das Wahlrecht zu entziehen. Zu diesen Reichsfeinden zählten sie nicht nur die Sozialdemokraten und die Juden, sondern – mit jedem weiteren Monat mehr – auch die radikalen Antisemiten. Nach Ansicht der Konservativen mussten alle drei Gruppen gleichzeitig bekämpft werden. In einer Ausgabe des *Vaterlands* wurde die Agitation radikaler Antisemiten und Sozialisten mit den leeren Heilsversprechungen gleichgesetzt, die ein »Wunderdoktor« aus dem amerikanischen Wilden Westen von sich gab.[104] Unterstützung fanden die sächsischen Konservativen bei Mitgliedern des

---

102 Vgl. »Deutsche Konservative Partei, Gründungsaufruf (7. Juni/12. Juli 1876)«, DGDB Bd. 4, Abschnitt 7; »Die Konservativen machen sich den Antisemitismus zu eigen: Das Tivoli-Programm der Deutsch-Konservativen Partei (1892)«, DGDB Bd. 5, Abschnitt 5.
103 F. Boh, Konservatismus, 1892, S. 9–10, 13 f. (Hervorhebungen im Original). Boh fügte hinzu: »So beräth die Nation jetzt mit Recht auch darüber, was mit dem Judenthum zu thun sei, das als fremdes, nicht einverleibbares, dem Deutschthum hinderliches Beigemisch sich erwiesen hat. [...] Das deutsch-christliche Volk tritt auf den Plan zu einem Kulturkampf, der dieses Mal die tiefste, innerste Berechtigung hat.« Vgl. Vaterl, 27.11.1891, 11.12.1891.
104 Vaterl, 14.8.1891, Sequahs Oil und Prairie Flower. In derselben Nummer werden Liebermann und Fritsch folgendermaßen beschrieben: »Das Auftreten der Antisemiten in Sachsen ist größtenteils sympathisch; freilich auf mancherlei politische Alfanzereien verzichten sie auch hier nicht. Th. Fritsch ist ein maßvoller, persönlich nicht unliebenswürdiger Herr, der mit seinem ruhigen Auftreten und seinen sachlichen Ausführungen im Allgemeinen mehr Eindruck macht, als Liebermann von Sonnenberg, bei dem man hier etwas Ruhe und Gelassenheit vermisst. Eine große agitatorische Kraft ist aber letzterer ohne Zweifel.« Zu »falschen Versprechungen« vgl. [H. Freiherr von Friesen-Rötha], Wahrheit, [1893], S. 52.

Landtags, Vertretern des Mittelstands, sächsischen Verwaltungsbeamten und Richtern, die aktiv dazu beitrugen, diese Feinde über einen Kamm zu scheren. 1892 reagierte das sächsische Innenministerium wohlwollend auf ein unwahrscheinliches, aber wirksames Bündnis zwischen sächsischen Mittelständlern, Antisemiten und Tierschützern, die das Ministerium davon überzeugten, das Schächten in Sachsen zu verbieten. Obwohl die Juden umgehend gegen diese offensichtliche Diskriminierung protestierten, gelang es ihnen erst 1910, eine Aufhebung des Verbots zu erwirken.[105]

*

Drei programmatische Aussagen des Vorsitzenden der sächsischen Konservativen, Heinrich von Friesen-Rötha, vom Dezember 1891, Juni 1892 und Januar 1893 verdeutlichen, dass diese Entrechtungsstrategien nahtlos an den jahrzehntelangen Kampf gegen die Sozialdemokratie anknüpften.

Die erste der drei Aussagen spielte eine wichtige Rolle dabei, den Ball für den Tivoli-Kongress der Konservativen Partei im darauffolgenden Jahr ins Rollen zu bringen. Friesens »Gesichtspunkte für ein revidiertes konservatives Programm«, ursprünglich eine eineinhalbstündige Rede, die er in Meißen gehalten hatte, fand anschließend weite Verbreitung als großformatiges Flugblatt. Darin forderte er klipp und klar eine »gründliche Revision« des Reichstagswahlrechts. In welche Richtung? Alle Nichtchristen sollten vom Wahlrecht ausgeschlossen werden.[106] Friesen plädierte darüber hinaus für die Abschaffung eines Wahlsystems, das »Ergebnisse von in vielen Fällen ganz zufälligen Majoritäten liefere«. Die Alternative? Ein System, durch das »den intelligenten Elementen unserer Bevölkerung und socialen Minoritäten durch Berücksichtigung der natürlichen socialen und wirtschaftlichen Kreise eine gleiche Teilnahme an der Volksvertretung zugesichert« wird. Friesens antisemitische Botschaft fand Ende Dezember 1891 viel Anklang unter den rund 2 000 Teilnehmern einer Versammlung des Dresdner Konservativen Vereins, bei der Adolf Stöcker als Hauptredner firmierte. Vereinsvorsitzender Paul Mehnert stellte Stöcker vor »als den Mann [...], der ohne nach rechts und links zu blicken, sein Ziel geraden Weges verfolge, die fremden Elemente in unserem Volke zu bannen und der deutschen Nation ihr christliches deutsches Vaterland wiederzugeben«.[107]

Im Juni 1892 erreichte die antisemitische Welle in Deutschland ihren Höhepunkt. Die sächsischen Konservativen fühlten sich (zu Recht) unter Druck gesetzt, ihre Position

---

[105] Verbot vom 1.10.1892; SHStAD, Ministerium für Volksbildung, Nr. 11136. Vgl. A. DIAMANT, Chronik der Juden in Leipzig, 1993, S. 127 f.; D. BRANTZ, Bodies, 2002; R. JUDD, Rituals, 2007, S. 86.
[106] H. FREIHERR VON FRIESEN-RÖTHA, Gesichtspunkte, 1891; Vaterl 4.12.1891, Beilage. Reaktionen in Vw, 20./25.12.1891, die Friesen als »sächsischen Krautjunker« bezeichnen; NZ 10, Nr. 29 (1891–92), Bd. 2, S., 84–88; DresdN, 6.12.1891; KZ, 2.12.1891.
[107] Vaterl, 25.12.1891.

in der »Judenfrage« darzulegen. Darüber hinaus wurden sie aufgefordert, ihr Verhältnis zu den »radikalen« Antisemiten zu definieren und diejenigen Passagen im Programm der Konservativen Partei zu benennen, die überarbeitet werden müssten. Auf einem sächsischen konservativen Parteitag am 13. Juni 1892 in Dresden hielt Friesen-Rötha die Grundsatzrede. Weder vor Ort noch landesweit zeigte man sich begeistert von seiner weitschweifenden, zweieinhalbstündigen Rede, in der er den dringlichsten Problemen auswich, mit denen sich die Partei konfrontiert sah. »Radikale« Antisemiten wie der Chemnitzer Kurzwarenhändler Ulrich waren entsetzt über Friesens Kritik an ihren Methoden, während Männer wie Gustav Ackermann und Glauchaus Amtshauptmann Anselm Rumpelt (der spätere Wahlrechtsexperte von Regierungschef Metzsch) Friesens warnende Worte als unzureichend ansahen. »Leicht bindet man das Fähnlein an die Stange«, erklärte Rumpelt, »aber schwer ist es wieder herabzunehmen. [...] Den Parteien, welche die Judenfrage ganz speciell ausbeuten, können wir doch keine Concurrenz machen, denn wir können ihre der Socialdemokratie entlehnten Mittel nicht anwenden.«[108] Unbeeindruckt von der Kritik hörte Friesen stattdessen auf das Lob, das er aus Briefen von Kollegen herauslas, und veröffentlichte binnen kurzem eine erweiterte Version seiner Rede mit einer Erstauflage von 1 000 Exemplaren unter dem Titel »Conservativ! Ein Mahnruf in letzter Stunde«.[109] Friesens allzu bekannte Warnungen bedürfen hier keiner Wiederholung, doch er verfolgte auch noch zwei andere Ziele. Erstens wollte er zeigen, dass die Konservative Partei »die älteste antisemitische Partei« in Deutschland sei. Zweitens war der Angriff auf das allgemeine Wahlrecht und die Sozialdemokratie für ihn Teil eines größeren Schlachtplans, der sich paradoxerweise gleichzeitig gegen die Juden *und* die radikalen Antisemiten richten sollte.

Was das erste Ziel anging, nahm Friesen in seiner Rede vom 13. Juni 1892 kein Blatt vor den Mund. Er verwies auf die Passagen im Gründungsprogramm der Konservativen Partei von 1876, die in verschleierter Form christliche Prinzipien verteidigt und sich gegen die politische Emanzipation der Juden ausgesprochen hatten.[110] Dann lobte er die sächsischen Konservativen dafür, erfolgreich den »jüdischen Strom« eingedämmt zu haben. Den sächsischen Staatsbeamten, die unter den Zuhörern zahlreich vertreten waren, versicherte er, dass ihre Kooperation sehr geschätzt werde. Gleichzeitig erklärte er, unabhängige antisemitische Parteien seien überflüssig – und gefährlich.

---

108 LZ, 16.6.1892.
109 H. Freiherr von Friesen-Rötha, Conservativ!, 1892. Eine Kopie dieses 62-seitigen Pamphlets befindet sich in den Beständen der University of Toronto Library und ist auch in digitaler Form verfügbar. Vgl. die Reaktionen auf Friesens Rede in DJ, 13.6.1892, Beilage; LZ, 13.–16.6.1892; DSBl, 29.6.1892; Vaterl, 10.6.1892–29.7.1892; Niethammer, 20.6.1892, BHStAM II, MA 2861. Briefe an Friesen in SStAL, RG Rötha, Nr. 1577.
110 Aus dem Programm von 1876: »4. Das religiöse Leben unseres Volkes, die Erhaltung und Wiedererstarkung der christlichen und kirchlichen Einrichtungen, die seine Träger sind – vor allem die konfessionelle, christliche Volksschule erachten wir für die Grundlage jeder gesunden Entwicklung und für die wichtigste Bürgschaft gegen die zunehmende Verwilderung der Massen und die fortschreitende Auflösung aller gesellschaftlichen Bande.«

> In der Wahrung des Christenthums, des Königthums, des Deutschthums, – wie sie in dem Programme vom Jahre 1876 deutlich Ausdruck gefunden hat, – hat die conservative Partei ihren Antisemitismus seit ihrer Begründung bethätigt. Sie ist deshalb noch heute die älteste, thatkräftigste, mächtigste, einflußreichste antisemitische Partei.
>
> Namentlich ist den sächsischen Conservativen mit zu danken, daß das Judenthum im Verhältniß zu anderen Staaten sich in weit geringerem Maße in Sachsen hat einbürgern können.
>
> Unser Richterstand hat sich davon freigehalten, in unserem Lehrerstand bilden Juden nur Ausnahmen, in unserer landständischen Vertretung haben dieselben ebensowenig wie in dem Beamtenstand Eingang gefunden.
>
> Die Gründung von soliden Creditinstituten hat unseren Grundbesitz vor der Ausbeutung durch Juden gesichert, während die Gründung der städtischen Sparkassen mit ihrem Gesammtvermögen von 500 Millionen sowohl Einlegern, als Creditbedürftigen große Erleichterungen gewähren und für unsere niederen Bevölkerungsklassen ein unendlicher Segen geworden sind. Der größte Theil unserer öffentlichen Bankinstitute, von angesehenen, unbescholtenen Persönlichkeiten geleitet, erfreut sich des Rufes größter Solidität und Reellität. Das sind Verhältnisse, auf die namentlich die conservative Partei in Sachsen mit Genugthuung blicken kann. Und wenn eine neue antisemitische Partei, ohne bisher den mindesten positiven Erfolg aufweisen zu können, den conservativen Antisemitismus nur deshalb zu verdächtigen sucht, um eine neue Parteiorganisation an seine Stelle zu setzen, so müssen wir die Verdächtigung mit aller Entschiedenheit zurückweisen.[111]

Friesens Freund Georg Oertel riet ihm, die Passagen, in denen er das allgemeine Wahlrecht attackierte, in der gedruckten Version seiner Rede auszulassen, damit sie nicht noch länger und unschärfer werde. Friesen ging jedoch den umgekehrten Weg: Er erweiterte diesen Teil seines »Programms« um einen zehnseitigen Anhang.[112] Die Sozialdemokraten hätten das allgemeine Wahlrecht genutzt, um die deutschen Wähler einem regelrechten Wahlterror auszusetzen: »Mit jeder Wahl wächst die Verrohung, die Entsittlichung des Volkes, jede Wahl führt das Volk eine Stufe tiefer hinab in den Sumpf des Materialismus. Möchten die Regierungen dies erkennen, bevor es zu spät wird, bevor der Sumpf über ihren Köpfen zusammenschlägt.« Wie weit eine Revision des allgemeinen Wahlrechts tatsächlich gehen würde, blieb unklar. Felix Boh war der Meinung, der Reichstag brauche ein neues Wahlrecht auf der Grundlage von Berufsständen.[113] Heinrich von Erdmannsdorf, Kamenzer Amtshauptmann und Vorstandsmitglied des sächsischen konservativen Landesvereins, riet Friesen, seinen Kampf auch

---

111 H. FREIHERR VON FRIESEN-RÖTHA, Conservativ!, 1892, S. 23; vgl. F. BOH, Konservatismus, 1892, S. 14 f.
112 H. FREIHERR VON FRIESEN-RÖTHA, Conservativ!, 1892, S. 26 f., 47–57.
113 F. BOH, Konservatismus, 1892, S. 17.

gegen widrige Umstände fortzusetzen: »[Ihr] Vorschlag bezüglich des Wahlrechts hat im Lande allerwärts Blasen gezogen [...]. Daß er nicht allenthalben Anklang finden würde, war zu erwarten. Ob wir freilich eine Aenderung des Wahlgesetzes erleben werden? Zu wünschen wäre es.«[114]

Diese vertrauten Tropen wurden weiter ausgearbeitet in Friesens »Mahnruf« und in einer Serie von Artikeln im *Vaterland*[115] und in den *Dresdner Nachrichten*[116] sowie in einer Broschüre des Konservativen Landesvereins zum Thema »Kampf gegen die Übermacht des Judentums«. In diesen Publikationen lieferten die sächsischen Konservativen auch eine klarere Definition von »Demagogie« und wie man sie bekämpfen könne. In seiner anonym veröffentlichten Broschüre mit dem Titel »Der Wahrheit die Ehre!«[117] attackierte Friesen Demagogen jeglicher Couleur.[118] Seiner Meinung nach stelle das Reichstagswahlrecht eine kontinuierliche Volksabstimmung dar, der sich nur eine Republik, nicht ein monarchisches System unterwerfen könne. Es fördere eine profitorientierte, skandalheischende Presse und ein literarisches Proletariat, das sich von Sensationsgier und Nörgeleien ernährte. Man schmeichelte den Massen, beschwatzte und belog sie, nur um ihre Stimmen zu gewinnen. Darüber hinaus seien diese Massen fälschlicherweise zu der Annahme gelangt, dass die Einheit des Reiches auf den Entscheidungen des Reichstags fuße, während sie tatsächlich nur von den Landesfürsten garantiert würde. Es wäre ein schwerer Fehler, nur flickschusterhafte Änderungen am Reichstagswahlrecht vorzunehmen, beispielsweise eine Anhebung des Wahlalters auf 30 Jahre. Stattdessen stünde Deutschland vor der Stunde der Wahrheit. »Das Demagogenthum, [...] zur höchsten Machtentfaltung gelangt, rüstet sich zum einstigen Entscheidungskampf. Nicht ob, sondern *wann* derselbe stattfinden wird, ist die große Frage der Zeit. [...] Ueberall die höchste Gährung!«[119]

Inwiefern aber hatten die jüdische »Übermacht« und der Aufstieg des radikalen Antisemitismus die vom allgemeinen Wahlrecht ausgehenden Gefahren noch verstärkt? Zum einen liege die Schuld bei der auf liberalen Theorien basierenden »semitischnaturalistischen Weltanschauung«: »Unzufriedenheit, Mißtrauen, kalte Berechnung, Pessimismus haben die gehetzte Volksseele ergriffen. [...] Die Früchte dieser wilden Hetzjagd aber erntet das Judenthum.«[120] Zum anderen verspreche der Antisemitismus,

---

114 Erdmannsdorf an Friesen, 13.9.1892, SStAL, RG Rötha, Nr. 1577.
115 Vaterl, 12.8.1892, zur Wahlrechtsrevision.
116 Zur starken Auflage und dem rabiaten Antisemitismus der Dresdner Nachrichten vgl. Hohenthal (Berlin) an Metzsch (Dresden), 29.12.1892, SHStAD, MdAA, GsB, Nr. 3302. Die sächsische Regierung war mit dem Versuch gescheitert, die antijüdische Polemik der Zeitung zu mäßigen.
117 [H. Freiherr von Friesen-Rötha], Wahrheit, [1893].
118 [H. Freiherr von Friesen-Rötha], Wahrheit, [1893]. Der Sozialdemokrat Wilhelm Hasenclever hatte 1881 (unter dem Pseudonym Wilhelm Revel) ein Werk mit dem Titel »Der Wahrheit die Ehre!« veröffentlicht, in dem er Hofprediger Adolf Stöcker und andere Antisemiten angriff.
119 [H. Freiherr von Friesen-Rötha], Wahrheit, [1893], S. 56 (Hervorhebung im Original).
120 Ebenda, S. 12.

unter der richtigen Führung, die Rettung der deutschen Nation vor dem Liberalismus und Mammonismus. Das Problem sei, dass das allgemeine Wahlrecht nicht nur die Liberalen und Sozialisten, sondern auch Bismarck selbst verführt habe. Friesen drückte es folgendermaßen aus: »Sind denn das allgemeine Wahlrecht, die unbegrenzte Freiheit der Presse, das freie Versammlungsrecht nicht *demagogische* Faktoren mitten in unserer Reichsverfassung? [...] Verdankt das allgemeine Wahlrecht nicht seine Entstehung der Absicht Bismarcks, die Demagogie in den außerpreußischen Einzelstaaten gegen den conservativen Partikularismus zu verwerthen?« Mit Bezug auf Bismarcks antikatholischen Kulturkampf in den 1870er- und 1880er-Jahren fügte Friesen hinzu: »Hat die gouvernementale Presse nicht damals in allen Tonarten in das demagogische Horn geblasen?«[121] Laut Friesen boten weder der monarchische Absolutismus noch der auf »Abstraktionen« basierende Parlamentarismus eine Lösung für Deutschlands Missstände, aber auch das allgemeine Wahlrecht tat dies nicht: »Die erstrebenswerthe Wahrheit liegt hier wirklich einmal in der Mitte, im *corporativ gefügten, von ständischer Repräsentation getragenen, von dem patriarchalischen Königthum regierten Staat mit zweifellos ausgebildetem christlichen Character.*«[122]

Tivoli und seine Spindoktoren

Am 8. Dezember 1892 hielt die Deutsch-Konservative Partei schließlich ihren lang erwarteten Parteitag ab.[123] Die Geschichte der turbulenten Versammlung im Festsaal der Berliner Tivoli-Brauerei ist bekannt und schnell erzählt.[124] Wie Stöcker später bemerkte: »Es war kein Parteitag im schwarzen Frack und weißen Glacéhandschuhen, sondern im Rock. Es war die Konservative Partei unter der Geltung des allgemeinen gleichen Wahlrechts.«[125] Stöckers Äußerung rückt eine der berühmtesten Aussagen aus dem Tagungsplenum in den Kontext. Der Chemnitzer Antisemit Eduard Ulrich, der sich als »ein Mann des Volkes« vorstellte, erklärte, dass die Konservative Partei »ein wenig mehr ›demagogisch‹« werden müsse. Die von Ulrich befürwortete Demagogie sollte die altmodische, verstaubte, abgehobene Honoratiorenpolitik »unserer verehrten Abgeordneten« überwinden: »Meine Herren: [...] Es ist heute bei den führenden Kreisen in der konservativen Partei Sitte, dass alles, was aus dem Herzen kommt, was sich aus dem Herzen in klaren Worten auf die Zunge drängt, alles, was das Volk begeistert, sehr leicht mit der Redensart ›demagogisch‹ abgefertigt wird. (Sehr richtig!) Ich möchte unsere

---

121　Ebenda, S. 38 (Hervorhebung im Original).
122　Ebenda, S. 58 (Hervorhebung im Original).
123　Deutschkonservative Partei, Bericht [...] Parteitag [...] 1892, 1893.
124　Weitere Details und Hinweise in: J. Retallack, Notables, 1988, Kap. 7; ders., German Right, 2006, Kap. 9.
125　Stöcker in einer Bielefelder Rede (28.2.1893) zitiert in: W. Frank, Stoecker, 1935, S. 233. Vgl. Theodor Fritsch in: DSBl, 13.11.1892–11.12.1892.

verehrten Abgeordneten bitten, daß sie ein wenig mehr ›demagogisch‹ – aber nicht etwa im schlechten Sinne, sondern im guten Sinne – werden. (Bravo!)«[126]

Der Tivoli-Kongress sorgte für eine politische Sensation, die bis hinauf ins Gefolge der Berater, Minister und Jagdgefährten des Kaisers wahrgenommen wurde. Wilhelms Antwort auf die Forderungen nach antijüdischer Gesetzgebung war ambivalent.[127] Er und seine Berater sahen viele Gefahren voraus: die Eliminierung von regierungsfreundlichen und älteren Abgeordneten aus einflussreichen Parteipositionen; die zukünftige Instabilität des Kartells; die scheinbare Transformation der Konservativen Partei in eine Gruppierung radikaler Antisemiten; und das revolutionäre Potenzial eines jeden Appells an die Massenstimmung. Der Konsens war, dass die konservative Parteiführung »vor dem Mob, vor diesem wüsten Antisemitismus« kapituliert habe.[128] Der regierungsfreundliche frühere Parteivorsitzende Otto von Helldorff schrieb folgende Warnung an Philipp Graf zu Eulenburg, den Freund des Kaisers: »Wir stehen vor einer erschreckenden Verwilderung der öffentlichen Stimmen.« »Diese Bewegung«, fügte er hinzu, ist »die sichere Vorfrucht der Sozialdemokratie« (siehe Abbildung 6.3).

Kurz nach dem Tivoli-Parteitag sprach Sachsens Gesandter in Preußen, Wilhelm Graf von Hohenthal und Bergen, beim Abendessen am 13. Dezember 1892 mit Reichskanzler Caprivi.[129] Dabei äußerte dieser die gleiche Verärgerung über die Tivoli-Konservativen, die er bereits am Vortag in einer leidenschaftlichen Reichstagsrede zum Ausdruck gebracht hatte. Aber zu Hohenthals Erleichterung trennte Caprivi privat zwischen preußischen und sächsischen Konservativen. Die preußischen Konservativen, so Caprivi, hätten ihre alten Traditionen und Pflichten gegenüber dem Staat aufgegeben und nicht gelernt, ihre demagogischen Elemente zu zügeln.[130] »Anders seien die Verhältnisse allerdings in Sachsen. Dort bestehe eine feste zielbewußte Regierung, an der es hier [in Preußen] [...] lange Jahre gefehlt habe. In Sachsen«, so Caprivi, »habe noch nie ein konservativer Mann persönliche Opposition gegen seinen König getrieben.« Auf die Frage Hohenthals nach einem »etwaigen Konflikt« in der Zukunft, womit der sächsische Gesandte eine Blockade zwischen der Regierung und einem renitenten Reichstag

---

126 Deutschkonservative Partei, Bericht [...] Parteitag [...] 1892, 1893, S. 12. Zu Demagogie und Populismus vgl. J. Retallack, German Right, 2006, Kap. 2.
127 Vgl. Hohenthal (Berlin) an Metzsch (Dresden), 7./13./14.12.1892, SHStAD, MdAA 3302. Hohenthal stellte dies wie folgt dar: »Der Kaiser äußerte, daß Er gern dazu bereit sei, die Hand zu einer Revision derjenigen Gesetze zu bieten, von denen man Ihm nachweisen könne, daß sie den Kapitalismus begünstigten oder unter einem unberechtigten jüdischen Einflusse entstanden seien; dagegen werde Er niemals dulden, daß man Seiner jüdischen Unterthanen ihrer staatsbürgerlichen Rechte entkleide.«
128 Dazu und zum Folgenden, Helldorff an Philipp zu Eulenburg, 11.12.1892, P. zu Eulenburg-Hertefeld, Politische Korrespondenz, Bd. 2, 1979, S. 990; vgl. andere Reaktionen, ebenda, S. 988–998, sowie J. C. G. Röhl, Wilhelm II, Bd. 2, 2004, S. 465–472.
129 Graf von Hohenthal, von 1885 bis 1906 sächsischer Gesandter in Berlin, wurde anschließend Sachsens Regierungschef (1906–09).
130 Womit Caprivi mit ziemlicher Sicherheit nicht primär die Antisemiten meinte, sondern radikale Agrarier, die gegen seine Handelsverträge agitierten und im Februar 1893 den Bund der Landwirte gründeten.

Abbildung 6.3: »Eine Berliner Wahlversammlung: Entfernung der Ruhestörer.« Nach einer Zeichnung von E. Hosang. Quelle: Illustrirte Zeitung, Bd. 94, Nr. 2433 (15.2.1890), S. 154.

meinte, antwortete Caprivi, »daß derselbe, wenn er, ›was Gott verhüten wolle‹, einträte, nicht auf das Gebiet der Militärvorlage beschränkt bleiben könne, sondern sofort auf dasjenige der Beseitigung des Reichstags-Wahlrechts in seiner jetzigen Form ausgedehnt werden müsse«. »Unter dieser Voraussetzung«, fügte Caprivi hinzu, »würde er den Konflikt für durchführbar halten; namentlich dann, wenn derselbe durch Straßenkrawalle von der anderen Seite unterstützt würde«.[131] Der Bericht Hohenthals wurde umgehend unter den Mitgliedern des sächsischen Gesamtministeriums verbreitet und König Albert vorgelegt. Es war nicht das letzte Mal, dass Caprivi (und seine Nachfolger) die Sachsen darauf hinwiesen, dass ihre Unterstützung für einen erfolgreichen Staatsstreich gegen den Reichstag unerlässlich sei.

---

131 Hohenthal (Berlin) an Metzsch (Dresden), 14.12.1892, SHStAD, MdAA GsB 3302. Vgl. Hohenthal an Metzsch, 1.12.1893 bezüglich Caprivis Vorwurf (30.11.1893) »daß sie [die Konservativen] den Antisemiten groß gemacht hatten«. Hohenthal schrieb: »Ich bin, wie Euer Excellenz wissen, weit davon entfernt, den Reichskanzler deswegen zu tadeln, weil er der konservativen Partei zuweilen die Faust zeigt.« Hohenthal fragte sich dennoch, ob es klug von Caprivi war, sich so harsch und unumwunden geäußert zu haben. SHStAD, MdAA GsB 3305.

Das Schwert, das Tivoli den Parteiführern der sächsischen Konservativen in die Hände legte, war zweischneidig. Sie akzeptierten das Urteil des Parteitags mit gemischten Gefühlen. Obwohl sie pikiert waren ob der rüpelhaften Durchführung des Kongresses, begrüßten sie das Ergebnis. Friesens anonyme Broschüre »Der Wahrheit die Ehre!« – offensichtlich wurde sie im Januar oder Februar 1893 veröffentlicht – kam einer nachträglichen Rechtfertigung der Geschichte der Konservativen Partei seit 1876 gleich: Tivoli sei der angemessene Höhepunkt dieser Geschichte, denn der Kongress habe mit Helldorffs »prinzipienlosem« Gouvernementalismus gebrochen und gezeigt, dass die Konservative Partei die »älteste antisemitische Partei« in Deutschland sei. In den Wochen und Monaten nach dem Parteitag beteiligten sich Konservative aller Stände als Spindoktoren und bemühten sich, Tivoli den richtigen Dreh zu geben. Georg Oertel schickte »Der Konservatismus als Weltanschauung« druckfrisch an die Reichskanzlei.[132] Eduard Ulrich schrieb an Kanzler Caprivi, um zu erklären, was er mit »Demagogie im guten Sinne« gemeint hatte. Und er publizierte eine Breitseite mit dem Titel »Staatserhaltende Demagogie und staatsgefährdende Leisetreterei« bei demselben Dresdner Verlag, der auch Max Bewers *Politische Bilderbogen* unter die Leute brachte.[133]

Diese Erwiderungen trugen nichts zur Klärung bei. Die Fragen, die Friesens »Der Wahrheit die Ehre!« seinen Lesern stellte, waren nicht einfach zu beantworten. Wo war die Grenze zwischen rüpelhaftem Radauantisemitismus einerseits und umsichtig und besonnen agierenden antisemitischen Parteiorganisationen andererseits?[134] Was genau war Demagogie »im schlechten Sinne«? Wie hörte sie sich an? Wie *fühlte* sie sich an? Friesen hatte keine klaren Antworten darauf. Seine Darstellung lohnt, ausführlich zitiert zu werden, weil sie keinen Unterschied macht zwischen den »hetzerischen« Taktiken von Sozialdemokraten, Juden und radikalen Antisemiten. Selbst die Stammtischpolitik von Alldeutschen, Studentenkorps und Kriegerverbänden waberte durch seine Dystopie, die all die Anmaßungen und politischen Vorurteile seiner gesellschaftlichen Schicht widerspiegelte:[135]

---

[132] G. Oertel, Konservatismus, 1893: »Eine Demagogie im guten Sinne giebt's nicht. [...] Demagogisch heißt nicht ›volkstümlich‹, sondern ›volksverführend‹« (S. 11). »Die Demagogie hetzt und schürt den Haß; der Konservatismus warnt und mahnt zu christlicher Liebe. Es giebt keinen schärferen Gegensatz« (S. 105).

[133] Ulrich an Caprivi, 14.12.1892; BAP, Rkz 673, Bd. 3; E. Ulrich, Demagogie, 1893; Dönhoff an Caprivi, 20.12.1892, PAAAB, Sachsen 48, Bd. 16.

[134] Friesen folgte hier den »immer wiederkehrenden Strategien« von »vernünftigen« Antisemiten im Kaiserreich, die die »affektive Umkodierung von Hass auf eine emotional kontrollierte Haltung« zum Ausdruck brachten. Vgl. W. Bergmann, Niederungen des Hasses, 2013, S. 444, 449.

[135] [H. Freiherr von Friesen-Rötha], Wahrheit, [1893], S. 17–19 (Hervorhebung d. Verf. im letzten Absatz). Vgl. G. Oertel, Konservatismus, 1893, S. 61 f.: »Von demagogischen Gepflogenheiten wird sich der Konservatismus immer fern halten müssen; aber er kann manches vom Gegner lernen.«

Der »*Radau*« ist ein eigner Sport der ungebildeten Massen. [...] Es giebt eben Leute, denen es ein gewisses Bedürfniß ist, sich für die Gleichförmigkeit und Langeweile des alltäglichen Lebens durch Lärmen und Schreien zu entschädigen, wenn sie in größerer Anzahl versammelt sind. Man schreit, man trampelt mit den Füßen und gewährt sich auf diese Weise eine gewisse Heilgymnastik, die man dem eignen Wohlbefinden schuldig zu sein glaubt. [...]

Erst der Radau in Versammlungen versetzte die Menge in jene Trunkenheit, für welche jedes gesprochene Wort nur ein äußerer Ton, aber keine innere Bedeutung ist. [...] So bewies die bloße Ankündigung einer antisemitischen Radau-Versammlung bereits ihre Anziehungskraft.

Ob man versprach, auf derselben ein lebendes Kalb mit 6 Füßen oder den unvermeidlichen »Juden« vorzuführen, blieb sich gleich.

Es wurde Comment, den Redner mit einem Radau-Beifall zu empfangen, und schon hier bot sich Gelegenheit, Lungen, Hände, Füße und die Deckel der Biertöpfchen in die gewünschte Bewegung zu versetzen. Bestellte Claqueurs mußten dafür sorgen, daß diese Bewegung erhalten blieb. Der Genuß geistiger Getränke, der Alkohol-Gehalt der Luft vermehrten dies Bedürfniß zu schreien und zu toben. Ertönte dann das Wort »Jude«, so hatte der Jubel darüber kein Ende. Insbesondere am Ende der Rede that man sich dafür, daß man doch zeitweise hatte stillschweigen müssen, eine wahre Güte in allerlei dem niederen Thierreich entnommenen Tönen, die als »begeisterter Beifallsturm« von der Presse registriert wurden.

Der Redner war tief gerührt von dem Beifall [...] den Zustimmungen [...] dem Jubel. [...] Nach jeder Versammlung wurde seine weitere Rede immer begeisterter, fühlte er sich immer sicherer, daß jeder Unsinn, den er vorbrachte, beklatscht würde.

Der »Radau« ist aber ansteckend. Bald verlangte man an allen Orten derartige Radau-Versammlungen. [...] Immer neue Versammlungen. [...] Die Führer [fühlen] [...] sich selbst als die Vertreter des Volkes, von denen die Regierungen in stummer Bewunderung sich Rath zu erholen gezwungen erklären.

An und für sich konnte man diesen »Radau« für ungefährlich erklären. Aber in dem Umstand, daß derselbe eine *große Lüge* ist, auf Täuschung beruht und Täuschungen verursacht, liegt bereits eine nicht zu unterschätzende Gefahr.

Politik in einer schiefen Tonart

> [Es ist heute] eine Kunst, *nicht* Antisemit zu sein.
> — Theodor Fritsch, Januar 1893[136]

> An all-pervading restless pessimism exhibits itself, now in a beautiful impractical idealism, now in a carping cynicism.
> — W. E. B. Du Bois während seiner Zeit als Student in Berlin über den Reichstagswahlkampf vom Juni 1893

Die sächsischen Konservativen sahen sich im Januar 1893 als Wächter des *echten* Antisemitismus, dessen Ambitionen auf hohen moralischen Prinzipien fußten. Die meisten Historiker hingegen sehen die Konservativen nach der Reichstagswahl im Juni eher als Opfer des radikalen Antisemitismus, die unwissentlich die Büchse der Pandora geöffnet hatten.[137] Die Wahrheit liegt irgendwo dazwischen. Die Theorie, dass die Konservativen wegen der Antisemiten eine verheerende Wahlniederlage erlitten, enthält ein Körnchen Wahrheit. Alle sechs sächsischen Wahlkreise, die im Juni 1893 an einen Antisemiten fielen, waren zuvor von einem Konservativen vertreten worden. Doch betrachtet man alle sächsischen Wahlkreise zusammen, sehen wir, dass beide Lager, Konservative und Antisemiten, intern gespalten und inkonsequent waren.[138] Vor allem aber waren sie pragmatisch – sie waren weder bittere Rivalen noch unverbrüchliche Verbündete.

Was die Reichstagswahl angeht, lassen sich drei allgemeine Aussagen treffen. Erstens ist es unmöglich, klar zwischen den Kandidaten der Deutschen Reform-, der Deutsch-Sozialen und der Konservativen Partei zu unterscheiden, da viele von ihnen von mehr als einer Partei unterstützt wurden. Zweitens wurde in Sachsen die »Judenfrage« viel heftiger diskutiert als die Heeresvorlage. Dies erschwerte es den Konservativen, sich nach alter Karteiltradition mit den Nationalliberalen und Fortschrittlern zu verbünden. Drittens, selbst nachdem die »radikalen« Deutschen Reformer in Sachsen die Oberhand über die »moderaten« Deutsch-Sozialen erlangt hatten, unterschieden

---

[136] AC, 5.1.1893 (Hervorhebung d. Verf.); vgl. DSBl, 5.1.1893; DSBl, 26.6.–20.7.1893.
[137] P. G. J. PULZER, Rise, 1988, S. 114 f., sowie R. S. LEVY, Downfall, 1975, S. 85, bieten im Gegensatz zu vielen anderen Arbeiten differenziertere Einschätzungen.
[138] Für Details zu allen 23 sächsischen RT-Wahlkreisen und ihren Kandidaten im Juni 1893, vgl. Tabelle S. 6.1 im Online-Supplement.

sich ihre Parteiprogramme hinsichtlich der »Judenfrage« nicht wesentlich von denen der konservativen Kandidaten. Folglich ist es schwierig, die Empfänglichkeit der Wähler für den Antisemitismus nach Partei, Klasse, Beruf oder Ort zu filtern.

Wahlbündnisse, Propaganda, Agitation

Seit 1891 hatte Kaiser Wilhelm II. Reichskanzler Caprivi gedrängt, im Reichstag eine Heeresvorlage einzubringen. Im Januar 1893 ging sein Wunsch in Erfüllung. Rasch wurde klar, dass sowohl die zur Deckung der gestiegenen Militärausgaben notwendigen Steuererhöhungen als auch das Festhalten des Kaisers am dreijährigen Militärdienst bei den Parteien und Wählern unbeliebt waren. Am 6. Mai 1893 lehnte der Reichstag die Heeresvorlage der Regierung ab. Als Caprivi das Haus betrat, führte er bereits die rote Attaché-Tasche mit sich, worin sich das von Wilhelm II. unterzeichnete Dekret zur Auflösung des Reichstags befand. Reichsweite Neuwahlen wurden für den 15. Juni 1893 angesetzt.

Überall im Reich sahen sich die Konservativen mit einem harten Kampf konfrontiert. Besonders gedrückt war die Stimmung in Sachsen. Quer durch alle Parteien – Sozialdemokraten, Freisinnige und Antisemiten – verschaffte sich der Unmut der Handwerker, Kaufleute, Kleinunternehmer, Kleinbauern, Lehrer und anderer Mittelständler Ausdruck und vereinigte sich zu »einem Chor der allgemeinen Unzufriedenheit«.[139] Die allgemeine Konjunkturabschwächung, eine Dürre, die für katastrophale Ernten sorgte, und die Zurückhaltung der Nationalliberalen, sich mit »extremen« Konservativen des Typs Tivoli zu verbünden, schwächte die Erfolgsaussichten der Konservativen zusätzlich.[140]

Heinrich von Hausen, Kreishauptmann aus Dresden und nach wie vor Insider der Konservativen Partei, vermerkte zu Beginn des Wahlkampfes, dass er nicht vorhersagen könne, wie die Wahl in seiner Region ausgehen würde. Er schrieb, dass »jedes Zurückgreifen auf die frühere Statistik unzutreffend wird«. Und weiter, »daß es zu einer Kraftprobe für den Anhang der Reichsregierung kaum einen ungeeigneteren Zeitpunct geben konnte«.[141] Die Amtshauptmänner, die an Hausen Bericht erstatteten, hätten ihn davon überzeugt, dass es viele Stichwahlkämpfe geben würde: »Die Lage ist also in Summa in der That recht mißlich […].« Die Unentschlossenheit, die den konservativen Wahlkampf in den ersten Wochen kennzeichnete, hielt an, ebenso wie die internen Kämpfe zwischen den bürgerlichen Parteien. Die Konservativen lehnten die von den sächsischen

---

139 Strachey, 4.1.1893, TNA, FO 68/178.
140 Dönhoff, 20.4.1893, PAAAB, Sachsen 48, Bd. 17; Strachey, 25.2.1893 (Entwurf); Paul Mehnert an Karl Reichsfreiherr von Fechenbach, 24.2.1893, BAK, NL Fechenbach, Mappe »1890er Jahre«.
141 KHM Hausen (Dresden) an MdI, 25.5.1893, SHStAD, MdI 5385; vgl. Strachey, 10.6.1893, TNA, FO 68/178.

Nationalliberalen angebotene landesweite Einigung entschieden ab, während die antisemitischen Reformer zuversichtlich waren, ihre konservativen Gegner in der östlichen Hälfte des Königreichs besiegen zu können. Jetzt über »Kompromisse und Kartelle« zu reden, so der Anführer der Reformer, Oswald Zimmermann, auf einer Wahlkampfkundgebung, wäre »Verrat an unserer eigenen Sache«. Es sei »merkwürdig«, fügte er sarkastisch hinzu, »daß jetzt die hohen Herren alle mit antisemitischem Öl gesalbt sein wollen«.[142] *Das Vaterland* und Freiherr von Friesen-Rötha räumten ein, dass die Betonung der Judenfrage darauf abziele, weitere Überläufer der Konservativen in das antisemitische Lager zu verhindern und letztere Bewegung in »die richtigen Bahnen« zu lenken.[143] Aber mit den Kandidaten, die bereit waren, unter dem Banner der Konservativen zu marschieren, könne keines dieser Ziele erreicht werden. Hausen berichtete: »Schuld daran trägt, namentlich auch hier die unglückliche Taktik der Ordnungspartheien, die erst einen Candidaten aufstellen, dann ihn fallen lassen und ihn schließlich wieder auf den Schild heben, damit aber allen Anlaß zu dem Schluße geben, daß sie nicht wissen, was sie wollen und selbst kein Vertrauen zu ihrer Sache haben […].«[144]

Die Beobachtung von Hausen macht deutlich, wie schwierig es speziell bei dieser Wahl war, die »Ordnungsparteien« zu definieren. Widersprüchlichkeiten und Meinungsverschiedenheiten ergaben sich in drei Punkten. Erstens zählten die meisten Beobachter die Deutschsozialen, nicht aber die Deutsche Reformpartei zu den »Ordnungsparteien«. Diese Unterscheidung war insofern plausibel, als letztere es explizit auf die konservativen Wahlkreise in Sachsen (1–8) abgesehen hatten, wohingegen erstere im Allgemeinen die Konservativen im westlichen Sachsen unterstützten (oder als deren Stellvertreter dienten). Doch auch die Deutschsozialen wurden von vielen Vertretern der Obrigkeit, bis hin zum Kaiser selbst, als völlig inakzeptabel angesehen. Umgekehrt zeigte sich die Berliner Polizei überrascht, dass selbst radikale Antisemiten wie Hermann Ahlwardt bei konservativen Parteikundgebungen in Berlin auftraten.[145] Der afroamerikanische Historiker W. E. B. Du Bois, der damals in Berlin studierte, stellte fest, dass die Konservativen »sich durch eine Art natürliche Trägheit dazu hergegeben haben, sich […] [mit] dem Neo-Antisemitismus […] zu verbinden«.[146]

Zweitens sorgte die Spaltung der Linksliberalen über das Armeegesetz für Verwirrung. Die meisten sächsischen Linksliberalen sympathisierten mit der Freisinnigen Vereinigung, deren Mitglieder die regierungs- und kartellfreundliche Politik der sächsischen Fortschrittspartei fortsetzen wollten. Dass diese Liberalen weiterhin »sächsischer Kammerfortschritt« genannt wurden, zeigte, dass ihre Hauptstärke im Landtag lag und

---

142 DW, 21.5.1893; vgl. M. Piefel, Antisemitismus, 2004, S. 108.
143 Vaterl, 28.4.1893; Dönhoff, 11./19./22.5.1893, PAAAB, Sachsen 48, Bd. 16; Deutschland 125, Nr. 3, Bd. 12.
144 KHM Hausen (Dresden) an MdI, 9.6.1893, SHStAD, MdI 5385.
145 Polizeibericht vom 10.6.1893, BLHAP, PP, Tit. 95, Nr. 15546.
146 W. E. B. Du Bois, Present Condition, 1998, S. 174 f.

nicht in Wahlkampfauftritten. Eine ähnliche Situation kennzeichnete die Haltung der Antisemiten zur Heeresvorlage. Während die Deutschsozialen und die Konservativen sie von Beginn des Wahlkampfs an unterstützten, wurde sie von Oswald Zimmermann und anderen Mitgliedern der Reformpartei abgelehnt.

Drittens gab es wenig Einigkeit darüber, wer zu den »staatserhaltenden Parteien« gehörte. Wie sollte »der Staat« von zwei Gruppen von Kandidaten »erhalten« werden, die kaum zu unterscheiden waren: antisemitische Konservative und konservative Antisemitz? Die *Dresdner Nachrichten* listeten viele Kandidaten der »Ordnungsparteien« als »antisemitisch-conservativ« oder »conservativ-antisemitisch«.[147] Ebenso hielten es die wöchentlichen Wahlkampfberichte von Amtshauptmännern und Wahlplakate für die einzelnen Kandidaten. In diesem Sinne setzte sich sogar *Das Vaterland* in letzter Minute für die konservativen Kandidaten in WK 3: Bautzen und WK 4: Dresden-Neustadt ein (beide verloren am nächsten Tag gegen radikalere Antisemiten): »[Ferdinand] Graf zur Lippe und Landrichter [Martin] Rosenhagen sind als energische Antisemiten allgemein bekannt; ersterer gehört dem konservativen Landesvereine nicht an, weil er ihm zu wenig antisemitisch ist, und letzterer steht den bekannten Dresder [sic] Antisemiten sachlich und persönlich ganz nahe.«[148] Zimmermanns *Deutsche Wacht* hatte keine Geduld mit Konservativen, die auf den antisemitischen Zug aufspringen wollten, und verkündete in einer ihrer Schlagzeilen: »Machet Bahn!«[149]

Mussten antisemitische Konservative ihre Verbindungen zum sächsischen Establishment aufgeben, um die jüdische Bedrohung heraufzubeschwören? Riskierten sie, unter ihren potenziellen Wählern eine beträchtliche Gruppe von pro-jüdischen Sachsen zu vergraulen? Auf keinen Fall. Der britische Gesandte Strachey stellte zu Recht fest, »die Monomanie von Ahlwardt [...] infiziert fast die gesamte konservative Wählerschaft« in Sachsen. Doch es ging noch weiter, hin zur Mitte des politischen Spektrums. »Die Missgunst gegenüber den Juden als Ungläubige, als Kapitalisten, welche die Börse kontrollieren, als Mittelsmänner, die sich zwischen Produzent und Käufer drängeln, als liberale Journalisten und Parlamentsführer, bleibt nicht ohne Auswirkungen auf die Nationalliberale Partei.« In seinem Berichtsentwurf an London schrieb Strachey:

> In diesem Königreich sind die ~~unwissenden~~ unintelligenten Klassen – ich meine den ~~gesamten~~ Adel und die Adelsgeschlechter, und den Hof (die Königsfamilie ausgenom-

---

147 Dönhoff, 18.5.1893 (inkl. Zeitungsausschnitt DN, 18.5.1892), PAAAB, Deutschland 125, Nr. 3, Bd. 12. Zu den von den DN »antisemitisch-conservativ« gelisteten Kandidaten zählten Lippe (im RT-WK 3: Bautzen), Rosenhagen (WK 4), Wetzlich (WK 5). Zu den als »conservativ-antisemitisch« gelisteten Kandidaten zählten Mehnert (WK 7) und Opitz (WK 22). Andere Spielarten waren »Cartellverein« (WK 1), »Cartellparteien« (WK 19), »antisemitisch-Landwirthspartei« (WK 11), »deutsch-social-conservativ« (WK 12 und Eduard Ulrich im WK 15: Chemnitz), »antisemitisch-Volkspartei« (WK 8) sowie »Landwirthspartei-conservativ« (WK 23).
148 Vaterl, 14.6.1893; vgl. KHM Hermann Freiherr von Salza und Lichtenau (Bautzen) an MdI, 3.6.1893, SHStAD, MdI 5385; O. RICHTER, Geschichte, 1903/04, S. 94.
149 DW, 14.5.1893, zitiert in: M. PIEFEL, Antisemitismus, 2004, S. 107.

men) – zusammen mit dem Militär und dem öffentlichen Dienst, sowie nicht wenige Händler und bäuerliche Grundbesitzer mit dem »Juden-Hetzer« [Ahlwardt] völlig einverstanden. [...] In den sozialen Kreisen, zu denen ich hier ordnungsgemäß gehöre, ist die Zustimmung zum »Juden-Hetzer« absolut universell: Ich habe gerade von einem [höheren Beamten] die Meinung gehört, dass »da wahrscheinlich etwas dran ist«.[150]

Ein anderer Diplomat berichtete, dass antisemitische Reformkandidaten »alle jene unzufriedenen Bestandtheile der Sächsischen Mittelstände, die nicht in die Sozialdemokratie passen und ihr nicht angehören wollen«, auf ihre Seite gebracht hätten. Die Anziehungskraft der antisemitischen Deutschen Reformpartei im Jahr 1893 bestätige den »in der sächsischen Bevölkerung ganz besonders ausgebildeten Judenhaß«. Dieser reiche aber bis in die höchsten Etagen. Am Wahltag versammelte ein Chef der Dresdner Prinzlichen Hofhaltungen Beamte und Bedienstete des Hofes und wies sie an, von ihrem Wahlrecht Gebrauch zu machen. Er erklärte, er wolle keinen Wahleinfluss ausüben, ihnen jedoch mitteilen, dass er beabsichtige, für den Kandidaten der Konservativen zu stimmen. »Hierauf habe ihm ein großer Theil seiner Untergebenen erwidert, daß sie dem Bewerber der Reformpartei ihre Stimmen geben würden, weil die Konservativen nicht energisch genug gegen die Juden vorgingen.«[151]

Während des neuntägigen Intervalls zwischen der Hauptwahl und den Stichwahlen im Juni 1893 veröffentlichte Friesen-Rötha ein vertrauliches Rundschreiben, das sich auf diejenigen Wahlkreise konzentrierte, in denen die Reformer drauf und dran schienen, konservative Mandate zu »stehlen«.[152] Die Reformer, so behauptete er, hätten den sächsischen Mittelstand mit den Idealen der Sozialdemokratie infiziert, sie hätten die aus dem Jahr 1848 bekannte »alte demokratische Rhetorik« angewandt und nun würden sie die bestehende soziale und politische Ordnung bedrohen. Sollten es die Umstände erfordern, müssten sich die Konservativen als »patriotische Notwendigkeit« eventuell enthalten, selbst wenn es zu einer Stichwahl zwischen einem Reformer und einem Sozialdemokraten kommen sollte. Aber das waren hohle Worte. Eine Karikatur zeigt Friesen, wie er mit würdevoller Miene eine Ziege füttert. Wie im zweiten Bild zu sehen ist, verbirgt sich dahinter Hermann Ahlwardt, der sich jedoch weigert, domestiziert zu werden (siehe Abbildung 6.4).

---

150 Strachey, 10.12.1892, TNA, FO 215/40 (Entwurf), FO 68/177 (Endfassung); für den ganzen Bericht vgl. J. RETALLACK, German Social Democracy, 2022, S. 235 f.
151 Dönhoff, 20.6.1893, PAAAB, Deutschland 125, Nr. 3, Bd. 13.
152 »Gesinnungsgenossen!« Rundschreiben (16.6.1893) in SStAL, RG Rötha, Nr. 1576. Vgl. Vaterl, 23.6.1893: »*Ist nun diese Bewegung bedenklich?* Ja und Nein! Der radikale Antisemitismus ist eine Vorfrucht des demokratischen Radikalismus. Jetzt verhüllt noch das Mäntelchen des Antisemitismus die Bluse des Demokraten, aber der Mantel wird fallen, wenn man den Zeitpunkt für gekommen erachtet. Es kann nicht anders sein. [...] Nur tüchtig weiter arbeiten! *Dann gehört die Zukunft dem entschiedenen, besonnenen Konservatismus* – trotz alledem« (Hervorhebungen im Original).

Abbildung 6.4: Zwei Antisemiten: Hermann Ahlwardt (1846–1914) und Heinrich Freiherr von Friesen-Rötha (1831–1910). Offensichtlich in Bezug auf Ahlwardt lautet die Bildunterschrift: »Er ist nun mal so!« Man beachte die Ähnlichkeit der Beine und Füße beider Figuren. Quelle: Nicht identifizierte Karikatur in SStAL, RG Rötha, Nr. 1576.

Wie gut funktionierte das sächsische Kartell im Juni 1893? Wie bereits erwähnt, hängt die Antwort davon ab, wie die damaligen Zeitgenossen als auch in der Folgezeit die Historiker das Kartell definierten. Allgemein ging man davon aus, dass das sächsische Kartell sowohl beide Typen von Linksliberalen (Fortschrittler und Freisinnige) umfasse als auch – unter Vorbehalt – beide Typen von unabhängigen Antisemiten (die Deutsch-Sozialen und die Deutsch-Reformer). Alle diese Parteien wurden 1893 als »bürgerlich« und »staatserhaltend« beschrieben. Doch die Zeitgenossen waren sich einig, dass das Kartell im Wahlkampf so gut wie keine Rolle spielte: die »staatserhaltenden« Wähler sollten stattdessen für die »Ordnungsparteien« stimmen; diese Parteien würden mehr als nur eine Art von »Unordnung« bekämpfen, nämlich den »revolutionären« Sozialismus *und* das »zersetzende« Judentum. Insgesamt war die antisozialistische Einheit 1893 ein rares Gut: sie kam lediglich in acht Wahlkreisen zum Tragen, von denen die SPD fünf gewann. Zwar vermieden Konservative und Nationalliberale in fast allen Wahlkreisen konkurrierende Kandidaturen, doch nahezu überall traf eine dieser beiden Parteien auf einen Sozialdemokraten *und* einen unabhängigen Antisemiten, manchmal auch einen Linksliberalen. In den östlichen Kreishauptmannschaften Bautzen und Dresden (Sachsen 1–9) demonstrierte keiner der Wahlkreise antisozialistische Einheit. Etwas anders sah es in den Stadtteilen in und um Leipzig aus. Nur in der Kreishauptmannschaft Zwickau spielte die Uneinigkeit unter den »Ordnungsparteien« keine bzw. nur eine recht geringe Rolle. Dort zwangen die sozialdemokratischen Hochburgen die bürgerlichen Parteien zur Nominierung von »Opferlämmern«, deren Wahlchancen äußerst gering waren.

Der Schock des Juni 1893

Wahlsiege und Wahlniederlagen sind in der Regel relativ und werden auch entsprechend bewertet – wenn z. B. eine lokale Niederlage durch einen nationalen Triumph wettgemacht wird oder aber Stimmengewinne nicht so hoch ausfallen wie erhofft. Aus diesem Grund lässt sich der Schock von 1893 aus verschiedenen Blickwinkeln betrachten.[153] Es wäre vorschnell, nur auf die Meinung des Redakteurs der *Kreuzzeitung*, Wilhelm von Hammerstein, zu hören, wonach sich die falschen Antisemiten mit der Beute abgesetzt hatten. Die Londoner *Times* schrieb, dass den Konservativen ihre »nicht unbefriedigende gerechte Strafe« in Gestalt der unabhängigen Antisemiten zuteil geworden sei, welche die Konservativen zu ihrem eigenen Verderben »an ihrer Brust gesäugt« hätten.[154] In Dresden hingegen hörte man häufiger eine andere Ansicht: Es hätte schlimmer kommen können.

In der Tat. Reichsweit fielen die Veränderungen im Jahr 1893 weniger dramatisch aus als 1890. Die ehemaligen Kartellparteien machten einen Teil ihrer Verluste wett. Gegenüber 1890 erhöhte sich die Wahlbeteiligung nur leicht: In Sachsen lag sie nur etwa 7 Prozent über dem Reichsdurchschnitt (1890 hatte die Differenz noch 10 Prozent betragen). Und auch wenn die Sozialdemokraten starke Zugewinne verzeichneten, hatte sich die Steigerungsrate abgeschwächt. Nachdem die Sozialdemokraten im Jahr 1890 rund 1,4 Millionen Stimmen im Reich und rund 241 000 Stimmen in Sachsen gewonnen hatten, waren es 1893 »nur« 1,8 Millionen bzw. 270 000 Stimmen (siehe Tabelle 6.2).[155]

Die dramatischste Veränderung betraf die nationale Prominenz und den potenziellen Einfluss der antisemitischen Bewegung. Sie erhöhte ihre Reichstagmandate von fünf im Jahr 1890 auf 16 im Jahr 1893. Das machte Schlagzeilen. Liebermann, Fritsch und andere beklagten, dass weit mehr als 16 Abgeordnete ihre Wahl den Antisemiten verdankten. Wie der Fall Sachsen zeigt, stellte ihre Klage keineswegs eine unbedeutende

---

153 Vgl. R. S. Levy, Downfall, 1975, S. 93–101; S. Scheil, Entwicklung, 1999, S. 85–95; J. Sperber, Kaiser's Voters, 1997, S. 212–223.
154 The Times, 18.6.1893, zitiert in: P. G. J. Pulzer, Rise, 1988, S. 115.
155 Vgl. Karte S. 6.3 (RT-Wahlen) und Karte S. 6.4 (Hochburgen in Sachsen 1893) im Online-Supplement. Bei den Reichstagswahlen 1887 waren 18 von 23 sächsischen Wahlkreisen Hochburgen der Kartellparteien; 1893 gab es in Sachsen nur noch 4 Parteihochburgen, allesamt in der Hand von Sozialdemokraten. Vgl. auch Karte S. 6.7 (Wahlergebnisse 1893 in allen 397 RT-Wahlkreisen), veröffentlicht vom Kaiserlichen Statistischen Amt, im Online-Supplement.

Tabelle 6.2: Reichstagswahlen in Sachsen und im Reich, 1890 und 1893

	20. Februar 1890			15. Juni 1893		
	Stimmen	Stimmen (%)	Mandate	Stimmen	Stimmen (%)	Mandate
Sachsen						
Konservative	160.407	28,0	13	147.772	24,9	6
Nationalliberale	112.514	19,7	3	49.554	8,4	2
Linksliberale	52.776	9,2	1	30.203	5,1	2
Antisemiten	4.788	0,9	0	93.364	15,8	6
Sozialdemokraten	241.187	42,1	6	270.654	45,7	7
Gesamt	574.974		23	594.506		23
Wahlbeteiligung (%)	82,0			79,9		
Reich						
Deutschkonservative	895.103	12,4	73	1.038.353	13,5	72
Freikonservative	482.314	6,7	20	438.435	5,7	28
Nationalliberale	1.177.807	16,3	42	996.980	13,0	53
Linksliberale	1.307.485	18,0	76	1.091.677	14,2	48
Antisemiten	47.536	0,7	5	263.861	3,4	16
Sozialdemokraten	1.427.298	19,7	35	1.786.738	23,3	44
Gesamt	7.261.659		397	7.702.265		397
Wahlbeteiligung (%)	71,6			72,5		

Anmerkungen: Nur Hauptwahl. Die Gesamtzahl der abgegebenen Stimmen umfasst gültige und ungültige Wahlzettel. Für das Reich: Fraktionsgesamtzahlen umfassen Hospitanten und nicht zur Fraktion Gehörige. Das Zentrum, ethnische Minderheiten und weitere kleinere Gruppen sind zur besseren Übersichtlichkeit ausgelassen worden. Vgl. auch die Tabellen zu RT-Wahlergebnissen von Valentin Schröder: http://www.wahlen-in-deutschland.de/krtw.htm.
Quellen: SBDR, 8. LP, I. Session (1890–91), Anlage Nr. 35; SBDR, 9. LP, II. Session (1893–94), Anlage Nr. 46; Vierteljahrshefte zur Statistik des Deutschen Reichs, Jg. 2, H. 4 (1893), S. 1–3, 40–43; G. A. Ritter, Wahlgeschichtliches Arbeitsbuch, 1980, S. 40, 89; S. Scheil, Entwicklung, 1999, S. 276–303.

Fußnote zur Wahl dar. Die offizielle Statistik machte zu geringe Angaben zum antisemitischen Stimmenanteil, weil sieben gewählte Abgeordnete, die unter dem Banner der Deutschsozialen kandidiert hatten, sich der Reichstagsfraktion der Konservativen anschlossen. Nach einer Berechnung erhielten die deutschen Reformer, die Deutschsozialen und die Christlich-Sozialen – die unabhängigen Antisemiten – 342 425 Stimmen bzw. 4,4 Prozent der Gesamtstimmen im Reich. Fritsch schätzte die »wahre Stärke« der Antisemiten optimistisch auf 400 000 Stimmen.[156] So oder so hatten die Antisemiten laut offizieller Statistik in Sachsen sehr gut abgeschnitten. Nachdem sie 1890 nur 4 788 Stimmen oder weniger als 1 Prozent der Gesamtzahl gewonnen hatten, errangen sie drei Jahre später 93 364 Stimmen, fast 16 Prozent. Dieser Erfolg steigerte das Ansehen

---

[156] J. Sperber, Kaiser's Voters, 1997, S. 217, folgt R. S. Levy, Downfall, 1975, S. 90.

der sächsischen Antisemiten auf Reichsebene.[157] Von 16 Antisemiten im Reichstag vertraten sechs sächsische Wahlkreise, und alle sechs gehörten zum radikaleren Reformflügel der Bewegung.

Antisemitische Zugewinne können nicht eins zu eins gegen konservative Verluste aufgerechnet werden. Zugegeben: Die Reichstagsfraktion der sächsischen Konservativen halbierte sich von zwölf auf sechs Abgeordnete, während die antisemitischen Mandate in Sachsen von null auf sechs stiegen. Die Parallelität schien exakt. Jedoch wurden viele der Stimmen, welche die Konservativen in Ostsachsen an die Antisemiten verloren, dadurch wettgemacht, dass die Konservativen den liberalen Parteien anderswo im Königreich wiederum Stimmen abnahmen, manchmal mit antisemitischer Hilfe. Insgesamt verzeichneten die Konservativen in Sachsen nur einen moderaten Rückgang ihrer Stimmenanteile: von 28 Prozent (1890) auf 25 Prozent (1893). Im Vergleich dazu waren die nationalliberalen und die linksliberalen Verluste viel gravierender. Der Stimmenanteil der Nationalliberalen betrug weniger als die Hälfte dessen von 1890. Linksliberale verloren mehr als zwei Fünftel ihrer Stimmen. Der sozialdemokratische Stimmenanteil stieg in Sachsen von 1890 bis 1893 um neun Prozent, doch im Reich wuchs er mit 18 Prozent gegenüber 1890 doppelt so schnell.[158] Natürlich lag der Anteil der sozialdemokratischen Stimmen an den Gesamtstimmen in Sachsen weit über dem Reichsdurchschnitt – mit 46 Prozent in Sachsen und 23 Prozent reichsweit war er fast doppelt so hoch. Doch blieb die Anzahl der sächsischen SPD-Vertreter im Reichstag mit sieben Mandaten gleich.

Die Konservativen zeigten sich in den ersten Bewertungen nach den Wahlen demütig.[159] Sie leckten ihre Wunden. Doch nachdem sie die Zahl der sächsischen Abgeordneten aufaddierten, die wahrscheinlich eine neue Heeresvorlage unterstützen würden, stellte sich ihnen die Lage wieder erfreulicher dar. Es war außerdem zu erwarten, dass bei der nächsten Sitzungsperiode des Reichstags neue Initiativen gegen die jüdische Einwanderung auf den Tisch kommen würden, ohne dass ihnen das Odium anhaften müsste, diese selbst zu initiieren. Und sie hatten einen flüchtigen Eindruck davon bekommen, wie ihnen die Agitatoren des Bundes der Landwirte eventuell in Zukunft nützlich sein könnten, um »gute« Wahlergebnisse zu erzielen, »schlechte« Handelsverträge abzulehnen und dabei alles auf die Juden zu schieben.

Ebenso interessant ist der Gleichmut, mit dem unter anderem König Albert und Regierungschef Metzsch die sechs antisemitischen Wahlsiege akzeptierten. Für Metzsch und den sächsischen König waren die Abgeordneten der Reformpartei den Sozialdemo-

---

[157] Bei den RT-Wahlen 1890 wurde in Sachsen jede zehnte Stimme für antisemitische Kandidaten abgegeben, 1893 war es jede dritte.
[158] Der Stimmenanteil der SPD stieg von 42,1 Prozent auf 45,7 Prozent in Sachsen und von 19,7 Prozent auf 23,3 Prozent im Reich.
[159] »An die Mitglieder des Conservativen Vereins zu Dresden«, 25.6.1893; StadtAD, Kap. 136.

kraten eindeutig vorzuziehen. Hinsichtlich der Verabschiedung der Heeresvorlage im Reichstag hielt Metzsch eine Zusammenarbeit mit den Abgeordneten der Reformpartei für möglich, eine Kooperation mit den anderen Oppositionsparteien dagegen nicht. Ähnlich äußerte sich auch der König, als er die neue Situation zusammenfasste: Die Reformer, so zeigte er sich zuversichtlich, seien offen für Überzeugungsarbeit. Alles in allem zeigte er sich zufrieden, dass »seine Leute in Sachsen« ihre Pflicht erfüllt hätten.[160]

Der österreichische Gesandte pflichtete ihm bei. Obwohl die Konservativen einen Rückschlag erlitten hatten, habe die antisemitische Bewegung »ein beträchtliches Anwachsen der Sozialdemokraten verhindert [...], weil dieselbe bis in tiefstliegende Gesellschaftskreise Anhänger zu gewinnen wußte«. Als Beweis verwies er auf das unterschiedliche Schicksal der Antisemiten in Berlin und Dresden. In der Reichshauptstadt mit ihrer viermal größeren Bevölkerung gewannen die Antisemiten rund 9 000 Stimmen, in Dresden erhielten sie rund 24 600 Stimmen und die Sozialdemokraten etwa 29 000.[161] August Bebel kam zu demselben Schluss. Ihn überraschten nicht nur die Statistiken, sondern auch das, was er auf der Wahlkampftour gehört hatte. Zwei Tage nach den Stichwahlen schrieb er in einem Brief an Hermann Schlüter: »Über den Ausfall der Wahlen sind Sie mittlerweile ausführlich unterrichtet, wir sind nicht mit ihm zufrieden. Weder haben wir an Stimmen, was erwartet wurde, noch an Mandaten [hinzugewonnen]. [...] Wir waren durch die Erfolge von 1890 etwas verwöhnt [...]. Ferner hat die Tatsache, daß diesmal ungewöhnlich viele Kandidaten aufgestellt waren und so jede Schicht einen Mann hatte, der ihre speziellen Interessen zu befördern vorgab, uns nicht Stimmen genommen, wohl aber viele Stimmen, die sonst für uns zu haben waren, abgehalten.«[162] Bebel mochte dabei durchaus an die Wahlkämpfe in Ostsachsen gedacht haben, in denen sich Sozialdemokraten und Deutsch-Reformer gegenüberstanden – und wo jeder versuchte, die Bauern und Mittelständler (und gegebenenfalls auch widerspenstige Hofbedienstete) auf seine Seite zu ziehen: »Ich hörte Handwerker sagen: Ihr erklärt ja rundheraus, daß Ihr uns nicht helfen könntet; wir wollen aber nicht untergehen, und da wählen wir antisemitisch, die Antis[emiten] versprechen, uns zu helfen. Ähnlich steht's mit den Kleinbauern.«[163]

Die schweren Verluste der sächsischen liberalen Parteien im Jahr 1893 signalisierten den Beginn eines Rechtsrucks unter den protestantischen bürgerlichen Wählern, der auch bei späteren Wahlen anhielt. Aber das Kleinbürgertum und die nicht-sozialdemokratischen Arbeiterklassen in Sachsen scheinen mindestens ebenso viel, vielleicht sogar mehr zum relativ stabilen Stimmergebnis der Konservativen und zum Erfolg der Antise-

---

160 Chotek, 21./26.6.1893, HHStAW, PAV/48; Strachey, 29.6.1893 (Entwurf), äußerte stärkere Zweifel über eine Zusammenarbeit Caprivis mit den gewählten Reformern.
161 Chotek, 16./26.6.1893, HHStAW, PAV/48.
162 Bebel an Hermann Schlüter (New York), 26.6.1893; A. BEBEL, Reden und Schriften, Bd. 5, 1995, S. 38.
163 Bebel an Engels, 25.6.1893, in: W. BLUMENBERG (Hrsg.), Bebels Briefwechsel mit Engels, 1965, S. 697.

miten beigetragen zu haben. Die politische Wanderung derjenigen Wähler, die 1887 (als Patrioten) und 1890 (aus Protest) erstmals mobilisiert worden waren, beschleunigte sich 1893. Laut einer Analyse, die durch Bebels anekdotische Belege untermauert wird, wählten 12 Prozent der deutschen Wähler, die 1890 sozialdemokratische Kandidaten unterstützt hatten, drei Jahre später entweder die Konservativen oder die Antisemiten – »die größte Bewegung von der extremen Linken nach rechts, die es je bei zwei Wahlen in der Geschichte des Reiches gegeben hat«.[164] Diese Verschiebung war in nicht-preußischen Gebieten (16 Prozent) deutlich ausgeprägter als in den preußischen Hochburgen der Junker (3 Prozent). Paradoxerweise spiegelten die Reichstagswahlen 1893 damit in Sachsen sowohl einen nationalen Trend als auch eine regionale Besonderheit wider. Doch sei hier noch einmal die Zufriedenheit des sächsischen Königs erwähnt, wonach »seine« Sachsen 1893 ihre Pflicht getan hätten, denn besagte treue Wähler hatten mehr als die Hälfte (zwölf) aller sächsischen Mandate an die beiden Parteien überantwortet, die erklärtermaßen antisemitisch waren: Konservative und Reformer. Diese zwölf Abgeordneten hatten zusammen über 240 000 Stimmen geholt, was über 40 Prozent der in Sachsen abgegebenen Gesamtstimmen entsprach.

Schuldzuweisungen

In der zweiten Jahreshälfte 1893 und im darauf folgenden Jahr verschärften Friesen-Rötha und andere konservative Parteiführer ihre Kritik an der antisemitischen Reformpartei. Im August 1893 bezeichnete Paul Mehnert die Deutsch-Reformer als »wilde Anarchisten«.[165] (Die Agitatoren der Reformpartei revanchierten sich, indem sie den Bund der Landwirte als »Bund der Bauernfänger« und als Interessenvertretung von »konservativen Manschettenbauern« titulierten.)[166] Wenige Monate später verurteilte eine offizielle konservative Bekanntmachung die Reformpartei für ihr »demagogisches Treiben« und für »maßlose und unerfüllbare Forderungen, die den Lärm und den Skandal fördern und die allgemeine Unzufriedenheit noch steigern«.[167] Diese Klagen waren nicht neu, doch die sächsischen Konservativen verwiesen zunehmend auf die »Zwillinge der Anarchie«, wobei sie die Sozialdemokraten und unabhängige Antisemiten über einen Kamm scherten. Sie sorgten damit für eine »Sensation«.[168] Kein Wunder. Die sächsische Rechte schien eine Kehrtwende vollzogen zu haben. Während die Sozialdemokra-

---

164 J. SPERBER, Kaiser's Voters, 1997, S. 219.
165 Mehnert an Stöcker, 5.8.1893, zitiert in: D. FRICKE, Antisemitische Parteien, 1983, S. 85.
166 Zitiert (o. J.) in: ebenda, S. 85.
167 Kons. Resolution vom 7.12.1893; Dresdner Anzeiger, 7.12.1893; Dönhoff, 9.12.1893, PAAAB, Sachsen 48, Bd. 17.
168 Chotek, 7.12.1893, HHStAW, PAV/48.

tie ihr Hauptfeind blieb, nahmen nun nicht die Juden, sondern deren radikalste Gegner die Rolle des zweitärgsten Widersachers ein.

Der Versuch der Konservativen, sich von der »maßlosen« Reformpartei zu distanzieren, hätte sie ihren alten Kartellverbündeten, den Nationalliberalen und den Fortschrittlern, näherbringen können. Von der sächsischen Regierung wäre diese Entwicklung begrüßt worden. Doch drei Faktoren sorgten dafür, dass die antisozialistische Einheit nach 1893 zerbrach. Zunächst tobte im Winter 1893/94 ein Konflikt zwischen den Konservativen und dem sächsischen Gesamtministerium. Regierungschef Metzsch bezichtigte die Konservativen der »Demagogie« – ein Vorwurf, den sie ihrerseits gegen die Deutsch-Reformer erhoben. Die Konservativen hatten die Regierung wegen ihrer angeblichen Tatenlosigkeit gegenüber den Sozialdemokraten und ihrer Weigerung, sich auf Ausnahmegesetze zu berufen, heftig angegriffen. Im *Vaterland* warnten die Konservativen Graf Metzsch sogar, ihre Geduld sei erschöpft: »Das Bewußtsein der Machtfülle ist gut, aber es genügt nicht, daß es vorhanden ist, es muß auch bemerkbar sein. Die erste Pflicht des Staates ist die Selbsterhaltung. Verminderter Selbsterhaltungstrieb ist ein Zeichen der Schwäche. Unsere Zeit verlangt harte Männer, eiserne Grafen. Werde hart, Landgraf, werde hart!«[169]

Zweitens erwiesen sich die »Ordnungsparteien« im Wahlkampf zu den Landtagswahlen vom 19. Oktober 1893 erneut desorganisiert.[170] Obwohl das sächsische Kartell einige Wochen zuvor wieder zum Leben erweckt worden war, zeigte sich Metzsch ernsthaft besorgt darüber, dass jede Partei ihren eigenen Wahlaufruf vorbereitete. Die Konservativen, die weitere Überläufer in die Reihen der Antisemiten befürchteten, verkündeten erneut ihre Entschlossenheit, die Judenfrage zu lösen, indem sie ein Verbot der jüdischen Einwanderung anstrebten. Besonders empört war Metzsch, dass er sich im laufenden Wahlkampf gezwungen sah, das sächsische Vereinsgesetz gegen Angriffe von links *und* rechts zu verteidigen. Unterdessen waren die Antisemiten untereinander zerstritten, und die Sozialdemokraten konzentrierten sich auf ein Fairnessthema, von dem sie hofften, dass es in Zukunft Stimmen abwerfen würde: Sachsens Landtagswahlrecht. Die SPD plädierte für die Abschaffung des Drei-Mark-Zensus für die Wahlberechtigung, die Ausweitung des passiven Wahlrechts auf alle Männer über 25 Jahre (unabhängig vom Einkommen) und die Aufhebung der Unterscheidung zwischen städtischen und ländlichen Wahlkreisen. Ginge es nach der SPD, sollte bei allen Kommunalwahlen sowohl in den Städten als auch auf dem Land das gleiche Wahlrecht eingeführt werden.

Als die Wahllokale im Oktober 1893 schlossen, hatten die Antisemiten – und das ist der dritte Punkt – ihr Landtagswahlergebnis gegenüber 1891 mehr als verdoppelt und 4 053 Stimmen gewonnen. Wieder einmal hatten die »Ordnungsparteien« das

---

169 Dönhoff, 9./22./28.12.1893, PAAAB, Sachsen 48, Bd. 17. Vgl. Dönhoff, 9.1.1894, ebenda.
170 Zum Folgenden Dönhoff, 29.9.1893, 21.10.1893, 9./22./28.12.1893, PAAAB, Sachsen 48, Bd. 17; Dönhoff, 15.11.1893, PAAAB, Sachsen 60, Bd. 3.

Schlimmste abgewendet.[171] Obwohl die Landtagsfraktion der SPD im achtzigköpfigen Landtag von elf auf 14 Mitglieder angewachsen war, war ihr Stimmenanteil geringfügig gesunken.[172] Die Antisemiten »stahlen« nur zwei Sitze von den Konservativen. Doch hatten sie in einer Reihe von Wahlkreisen, darunter auch in Dresden, erneut den Weg für SPD-Siege geebnet. Nicht nur sächsische Patrioten klagten darüber, »daß ein Wahlkreis innerhalb der Sächsischen Haupt- und Residenzstadt nunmehr die zweifelhafte Ehre genießt, im Landtage während sechs Jahre von einem unbekannten sozialdemokratischen Töpfer vertreten zu werden«.[173]

Regierungschef Metzsch und die Konservativen waren sich einig, dass die antisemitische Reformpartei eine »Vorkämpferin der Sozialdemokratie« unter dem Deckmantel der Königstreue sei.[174] Die Reformer schienen immun gegen die Argumente, die Reichskanzler Caprivi, Regierungschef Metzsch und andere Staatsmänner regelmäßig anführten, um die Konservativen von der Schwelle zur Opposition zurückzuzerren. Als Metzsch Friesen-Rötha für die jüngsten Angriffe der Konservativen auf die Regierung abkanzelte, versprach der Vorsitzende des Konservativen Landesvereins, seine Anhänger zu zügeln. Als Metzsch dagegen den prominenten Dresdner Reformer Gustav Hartwig zu einer persönlichen Audienz einbestellte, zeigte sich Hartwig ungerührt: »Die Sozialdemokraten«, erklärte er ominös, »sind bei Weitem noch nicht die Schlimmsten.«[175]

*

Zu Beginn des Jahres 1894 befand sich der sächsische Konservatismus – wie der deutsche Autoritarismus überhaupt – bereits vier Jahre lang, seit Bismarcks Rücktritt, im Belagerungszustand. Krisen und Zweifel hatten sein Erscheinungsbild verändert. Doch war er gerüstet, alte Schlachten mit neuen Waffen zu schlagen. Sächsische Politiker und Staatsmänner formten bereits einen Plan, der die Aufmerksamkeit erneut auf die Bedrohung durch die »revolutionäre« Sozialdemokratie lenkte. Dieser Plan wurde weder bei Wahlkampfveranstaltungen noch im Plenarsaal des Landtags diskutiert, sondern reifte in geheimen Kommuniqués und Treffen zwischen Parteiführern und höheren Beamten in Dresden und Berlin. Selbst Paul Mehnert hätte nicht vorhersehen können, welche Gelegenheit sich 1895 ergeben würde, um den Vormarsch der Sozialdemokratie zu stoppen. Als es so weit war, stand der zukünftige Kurs der politischen Demokratisierung Deutschlands auf des Messers Schneide.

---

171 Zu den drei sächsischen LT-Wahlen 1889, 1891 und 1893 vgl. Karte S. 6.5 im Online-Supplement.
172 Von 34 Prozent im Jahr 1891 auf 32 Prozent im Jahr 1893.
173 Dönhoff, 21.10.1893, zuvor zitiert; Niethammer, 25.10.1893, BHStAM II, MA 2862.
174 Dönhoff, 29.11.1893, 9.12.1893, zuvor zitiert; Dresdner Anzeiger, 7.12.1893.
175 Dönhoff, 21.10.1893, zuvor zitiert.

7 Wahlrechtsreform als Staatsstreich

Die Sachsen, die sich seit vielen Jahren der Niederschlagung der »inneren Feinde« Deutschlands verschrieben hatten, begrüßten den Aufruf Kaiser Wilhelms II. im September 1894 zum »Kampf für Religion, Sitte und Ordnung«. Dieser Kampf sollte die Ängste und die Aufmerksamkeit des Bürgertums wieder auf die Bedrohung durch den Sozialismus lenken – weg von den lästigen Fragen, die der radikale Antisemitismus aufwarf. Außerdem wäre er unabhängig von Aspekten wie dem Ausgang von Reichstagswahlen, der Neuorganisation der rechten Parteien an der Basis und dem Einsatz von demagogischen Mitteln. Mithilfe einer Wahlrechtsreform und eines Staatsstreichs gegen den Reichstag sollten der radikale Antisemitismus gezähmt und der revolutionäre Sozialismus besiegt werden.

In dieser brisanten politischen Situation waren die führenden Politiker Sachsens – die Staatsminister, ihre Berater und die Parlamentarier sowie auch König Albert selbst allesamt der Ansicht, dass sie dem restlichen Deutschland besondere Einsichten anbieten könnten. Das übergeordnete Ziel ihrer Überlegungen galt der Entwicklung eines neuen Wahlsystems, das die Sozialdemokraten daran hindern sollte, die Mehrheit im Parlament zu erringen.

Die Sachsen zeigten, dass die Ausweitung des Stimmrechts verlangsamt, ja sogar rückgängig gemacht werden konnte. Im Jahr 1896 erließ die sächsische Regierung ein neues Wahlgesetz, das eine Antwort auf die Frage lieferte, die auch in den Berliner Ministerien und am kaiserlichen Hof die Runde machte: Was tun?[1] Bis 1901 hatten die Konservativen im sächsischen Landtag die Oberhand gewonnen. Ihr Erfolg blieb in anderen Teilen des Reiches nicht unbemerkt, denn sie hatten eine wichtige Lektion gelernt – und vorgeführt: Der Sieg im Kampf gegen die Demokratie würde nur mit einem koordinierten Angriff auf lokaler, regionaler und nationaler Ebene möglich sein.

---

[1] Vgl. J. RETALLACK, Germany's Second Reich, 2015, Kap. 11, wo ich dank der großzügigen Anregung von John Röhl den Ansichten und Entscheidungen in Berlin mehr Aufmerksamkeit geschenkt habe als dies hier möglich ist.

»Für Religion, Sitte und Ordnung«

> Revolutionär heißt allen diesen Männern [den Liberalen] die Abschaffung alter, verjährter Einrichtungen und Übel; Contrerevolution heißt ihnen die Herstellung jener oder anderer Mißbräuche. Ihre Widersacher verstehen dagegen unter Revolution den Inbegriff aller begangenen Torheiten und Verbrechen; unter Contrerevolution, die Herstellung der Ordnung, des Gehorsams, der Religion usw.
> — Friedrich von Raumer, Briefe aus Paris und Frankreich im Jahre 1830[2]

> Das Diskursuniversum [...] legt Wert und Dringlichkeit auf kurzfristige Ereignisse. [...] Es neigt auch dazu, einfache Erklärungen für komplexe Ereignisse zu liefern – für jede Wirkung eine Ursache. Das Ergebnis ist ein pulsierendes Verlangen, unsere Investitionen an das Weltgeschehen anzupassen. Zu handeln.
> — Tom Bradley über Pierre Bourdieu und die Börse, 2016

Die Frage, ob die »reaktionären 90er-Jahre« vielleicht doch nicht so reaktionär waren wie weithin angenommen, ist die falsche Frage. Laut gängigem Narrativ gelang es den Liberalen, die reaktionärsten Pläne des Kaisers zu vereiteln bzw. radikal zu untergraben. Ohne Zweifel verdient der Erfolg der Liberalen bei der Verteidigung der Volksrechte unsere Aufmerksamkeit. Dennoch lässt sich der Ausgang dieser Kämpfe mit dem Ausdruck legislatives »Patt« nicht angemessen beschreiben.[3] Das mag auf Reichsebene leidlich gut zutreffen; doch kann ein Patt langfristig politische Lähmung und Stillstand aufgrund verlorener Chancen bedeuten. Unterhalb der Reichsebene überzeugt die Vorstellung eines Patts (oder Unentschiedens) noch weniger. In Sachsen waren die Anführer der bürgerlichen Parteien als auch König Albert bereit, sich mit der »Umsturzpartei« einen Kampf bis aufs Messer zu liefern. Ihr Rat an den Reichskanzler und Kaiser Wilhelm II. lautete, einen solchen Showdown lieber heute als morgen anzustreben.

---

2   Zitiert in: R. Michels, Soziologie des Parteiwesens, 1970 [1911], S. 4.
3   E. Turk, Holding the Line, 1979, S. 316.

Nationale Agenden, legislativer Stillstand?

Bismarck bemerkte einmal, Kaiser Wilhelm II. sei wie ein »Ballon«: Wenn man die Schnur nicht fest im Griff habe, wisse man nie, wohin er fliegen werde.[4] Der Vergleich ist vielsagend. Zwischen 1894 und 1900 ließ Wilhelm II. viele Versuchsballons steigen, die in durchaus beunruhigende Richtungen trieben: Straßenschlachten mit Sozialdemokraten, die aus dem Ruder laufen und Blutvergießen oder gar Bürgerkrieg nach sich ziehen konnten; reihenweise Auflösungen des Reichstags, die womöglich zu einer Revision des allgemeinen Wahlrechts führten; und neue strenge Bestimmungen im Strafgesetzbuch bzw. Vereins- und Versammlungsrecht, die potenziell den Einfluss von Kirche, Zensur und Polizei erhöhten. Das Schicksal dieser Versuchsballons hing davon ab, wo und wie sie in der deutschen politischen Kultur verankert waren (in Preußen, in den Gerichten, in Lokalverwaltungen, in der öffentlichen Meinung).

Wenn Konservative ihr Missfallen über den neuen Kurs von Reichskanzler Caprivi kundtaten, benutzten sie gern eine apokalyptische Sprache. Voller moralischer Entrüstung unterstützten sie die Lex Heinze – dahinter verbergen sich ein Skandal, eine Reihe von Gesetzesvorlagen und eine öffentliche Debatte, die sich von 1892 bis 1900 hinzog. Der Mordprozess gegen einen Berliner Zuhälter namens Heinze hatte die Caprivi-Regierung veranlasst, einen Gesetzentwurf einzubringen, der eine Reihe moralisch anstößiger Praktiken, meist sexueller Natur, mit harten Strafen belegte. Die Gesetzesvorlage wurde vom katholischen Zentrum und von Moralaposteln gekapert, die ihren Einflussbereich auch auf die Zensur von Theaterstücken ausdehnen wollten. Aus Sicht liberaler Wissenschaftler, Schriftsteller, Künstler und Journalisten war die Lex Heinze ein Lackmustest, ob der deutsche Rechtsstaat die künstlerische und wissenschaftliche Freiheit schützen oder den repressiven Instinkten des Kaisers dienen würde. Die Opposition sorgte dafür, dass 1900 nur ein Rumpfgesetz verabschiedet wurde.

Etwaige Wunschträume, dass Wilhelm II. ein »soziales Königtum« einführen würde, waren bereits 1894, mit Beginn der sogenannten Ära Stumm, gescheitert. Benannt nach dem saarländischen Industriellen Karl Ferdinand Freiherr von Stumm-Halberg, einem einflussreichen Mitglied der Freikonservativen Partei, war die Ära durch harte arbeitsrechtliche Maßnahmen gekennzeichnet, die darauf abzielten, dem Wachstum der sozialdemokratischen Gewerkschaftsbewegung einen Riegel vorzuschieben und das Herr-im-Haus-Modell in den Arbeitgeber-Arbeitnehmer-Beziehungen zu bewahren. Sowohl im Betrieb als auch in der Armee müsse strenge Disziplin für alle Klassen herrschen, wie es ein Vertreter der Schwerindustrie formulierte.[5] Kompromisslose Konservative neigten dazu, allein den Gedanken an Sozialreformen als fanatisches Gutmenschentum abzu-

---

4 Zitiert in: J. C. G. RÖHL/N. SOMBART (Hrsg.), Wilhelm II, 1982, S. 155.
5 Wilhelm Beumer (1890) zitiert in: D. STEGMANN, Interests, 1993, S. 163.

tun.⁶ Noch Ende der 90er-Jahre klang die Ära Stumm in der im Mai 1899 im Reichstag eingebrachten Zuchthausvorlage nach. Der Entwurf sah eine Zuchthausstrafe für Personen vor, die Arbeiter zur Teilnahme an Streiks oder zum Gewerkschaftsbeitritt zwangen, und hätte somit die Organisationsmöglichkeiten der Arbeiter, eingeschränkt. Er wurde von Reichskanzler Chlodwig zu Hohenlohe-Schillingsfürst (1894–1900) nur widerwillig unterstützt. Erneut gelang es den Sozialisten und Liberalen, die Konservativen zu isolieren und das Gesetz abzuschmettern.

Das Fehlen konkreter Maßnahmen gegen die Sozialdemokraten und unabhängige Antisemiten nach der Reichstagswahl 1893 sowie Caprivis laue Reaktionen auf Appelle seitens der Agrarier versetzten die Konservativen in die richtige Stimmung, um im Herbst 1894 positiv auf das Friedensangebot von Wilhelm II. zu reagieren. Im Mai und Juni 1894 wurden die europäischen Hauptstädte von einer Welle anarchistischer Anschläge erschüttert, darunter der Attentatsversuch auf den italienischen Ministerpräsidenten Francesco Crispi und die Erdolchung des französischen Präsidenten Sadi Carnot durch einen italienischen Revolutionär am 24. Juni 1894. In London und Paris, Pilsen und Prag wurden Bomben gezündet. Barcelonas Gouverneur wurde erschossen, in den USA wurde der Bürgermeister von Chicago in seinem Haus ermordet. Als in Europa, Großbritannien und den Vereinigten Staaten Anarchisten ins Visier von Gesetzgebungsmaßnahmen gerieten, wollte der Kaiser bezeichnenderweise, dass Deutschland die Führung übernahm.

Wilhelm ordnete Kanzler Caprivi telegrafisch an, in größter Eile eine antianarchistische Gesetzesvorlage für den Reichstag vorzubereiten.⁷ Die Sozialdemokraten, so Wilhelms Warnung, seien aus dem gleichen Holz geschnitzt, auch wenn sie versuchen würden, sich von den Anarchisten zu distanzieren.⁸ Im Oktober 1894 unterstützte das preußische Staatsministerium jedoch Caprivis gemäßigtere Pläne, die von einem neuen Sozialistengesetz Abstand nahmen. Zu diesem Zeitpunkt hatte sich der Kampf gegen den Umsturz bereits hoffnungslos in höfische und ministerielle Intrigen verstrickt, was Ende Oktober zur Ernennung des 75-jährigen Hohenlohe zum Kanzler führte. Die Frustration des Kaisers bestand zum Teil darin, dass seine Minister so lange brauchten, um konkrete Pläne zur Bekämpfung der Sozialdemokratie auszuarbeiten. Je energischer gegen die Gefahr revolutionärer Gewalt vorgegangen werde, »umso lieber sei es Ihm«.⁹

Hohenlohe ließ wenig Enthusiasmus erkennen, als er den ursprünglichen Plan des Kaisers in Teilen wieder aufgriff und im Dezember 1894 eine sogenannte Umsturzvorlage im Reichstag einbrachte. Wieder einmal halfen linke Kritiker, den Gesetzentwurf

---

6   Wilhelm Freiherr von Minnegerode-Rositten (Jan. 1893), zitiert in: J. A. NICHOLS, Germany, 1958, S. 258.
7   Entsprechende Dokumente in: BAP, Rkz 755/1.
8   Vgl. E. T. GABRIEL, Assassins, 2014, bes. Kap. 5–6.
9   Sächs. Gesandter in Preußen Hohenthal (Berlin) an sächs. MdAA und Regierungschef Metzsch (Dresden), 14.9.1894, 29.10.1894, SHStAD, MdAA, GsB 3305.

im Mai 1895 zu Fall zu bringen. Der Kaiser bebte vor Zorn. In einem Telegramm, das er nach Erhalt der Nachricht an Hohenlohe abfeuerte, schrieb er: »Besten Dank für Meldung. Es bleiben uns somit noch die Feuerspritzen für gewöhnlich, und Kartätschen für die letzte Instanz übrig!«[10] Im Laufe des Jahres 1895 eskalierten die Spannungen zwischen dem Kaiser und den Sozialdemokraten an vielen Fronten. Wilhelm beauftragte seinen Innenminister Ernst von Köller, im Rahmen des preußischen Vereinsgesetzes alles in seiner Macht Stehende zu veranlassen. Er schien den richtigen Mann gefunden zu haben: Gegenüber Gesandten aus den liberalen süddeutschen Bundesstaaten rühmte er Köller als einen seiner strammsten preußischen Konservativen.[11] Im August 1895 wies Wilhelm Köller an, alle ihm zur Verfügung stehenden Mittel anzuwenden, um das »Feuergefecht« mit der Sozialdemokratie zu eröffnen. Er solle mit »schonungslosester Derbheit« vorgehen.[12] In der Zwischenzeit war unter den Hamburger Hafenarbeitern ein Streik ausgebrochen, und der ehemalige Chef des preußischen Generalstabs, Alfred Graf von Waldersee, sandte eine Denkschrift nach der anderen, in der er mit immer größerem Nachdruck darauf hinwies, dass die entscheidende Kraftprobe eingeleitet werden sollte, bevor es zu spät sei. Diese Entwicklungen gossen zusätzliches Öl ins Feuer von Wilhelms öffentlicher Ankündigung, die Kräfte des Umsturzes müssten ein für alle Mal besiegt werden. Das Ergebnis all dieses Getöses war die Zuchthausvorlage, die 1899 abgelehnt wurde.

Aufgrund der liberalen Erfolge beim Abschmettern reaktionärer Gesetzesvorlagen zwischen 1894 und 1900 kam ein Historiker zu dem Schluss, die Öffentlichkeit sei zwar aufgerüttelt gewesen, es habe aber keinen Konsens gegeben – auch nicht unter den rechten Parteien –, dass der Staat hart gegen den »inneren Feind« zuschlagen solle. Angeblich hatte es sogar den gegenteiligen Effekt: »Die Furcht vor der Revolution war nichts, wovor das deutsche Volk vorrangig Angst hatte oder was es dazu bringen würde, Unterdrückung oder Manipulation zu akzeptieren.«[13] Hält diese Behauptung einer genaueren Überprüfung stand?

Sachsen weist den Weg

Die Sachsen führten den Angriff gegen den Umsturz an mehreren Fronten an. Mit ungewohnter Konsequenz versicherten der sächsische König und seine Minister ihren Amtskollegen, dass sie zu einem Staatsstreich gegen den Reichstag und zur Revision des

---

10 Telegramm Wilhelms II. vom 11.5.1895, C. zu Hohenlohe-Schillingsfürst, Denkwürdigkeiten der Reichskanzlerzeit, 1931, S. 63.
11 Bericht des badischen Gesandten in Preußen, Eugen von Jagemann (Berlin), an badisches MdAA, 26.10.1894, zitiert in: J. C. G. Röhl, Germany, 1967, S. 123.
12 Telegramm Wilhelms II., 24.8.1895, PAAAB, Europa Generalia, Nr. 82, Nr. 1, Nr. 1 (Geheim), Bd. 5.
13 R. W. Lougee, Bill, 1982, S. 240; vgl. M. Krug, Civil Liberties, 1995, S. 354 f.

allgemeinen Wahlrechts bereit waren. Mit ungewohnter Einmütigkeit forderten sächsische Beamte, Polizeidirektoren, Parteisprecher und Lokalhonoratioren die sächsischen Staatsmänner auf, das »sächsische Juwel« – das Vereins- und Versammlungsgesetz von 1850 – beizubehalten und nach Möglichkeit durch neue Verordnungen oder kreative Deutungen des Reichsstrafgesetzbuches zur Bekämpfung der Sozialdemokratie zu ergänzen. Mit ungewohntem Eifer überarbeiteten die Sachsen Wahlrechtsbestimmungen, um sozialdemokratische Kandidaten bei den Landtags- und Kommunalwahlen zu benachteiligen. Und mit ungewohntem Erfolg zeigte sich in Sachsen, dass eine bundesstaatliche Regierung, insofern sie die öffentliche Meinung und die Parteiführer hinter sich wusste, die legislativen und verfassungsrechtlichen Hindernisse überwinden konnte, an denen sich die Reaktionäre in Preußen und im Reich die Zähne ausbissen. Betrachtet man, wie eng diese Entwicklungen auf verschiedenen politischen Ebenen miteinander verflochten waren, so lässt sich erkennen, wie sich die Furcht vor der Revolution in verschiedenen Regionen Deutschlands ausgestaltete – und welch unterschiedliche Ergebnisse sie mit sich brachte.

Die Sachsen verstanden, dass Staat und Bürgertum an einem Strang ziehen mussten. Wenn es nicht gelang, in einer breit angelegten Offensive gegen den »inneren Feind« die Öffentlichkeit auf die eigene Seite zu ziehen, so wäre kein Staatsstreich gegen das Parlament, keine Aushebung von Umstürzlern, keine Abschaffung des allgemeinen Wahlrechts möglich, auch nicht mit Bajonetten und Kartätschen. Ende der 1890er-Jahre war ein Showdown mit Anarchisten, Sozialdemokraten und dem Reichstag – das »Traumland«, von dem Kriegsminister Fabrice sagte, es übersteige sein Vorstellungsvermögen[14] – in weite Ferne gerückt. Doch Mitte des Jahrzehnts war er durchaus im Rahmen des Möglichen.

Als Erstes gilt es mit der Vorstellung aufzuräumen, dass der im September angekündigte kaiserliche »Kampf für Religion, Sitte und Ordnung« durch einen anarchistischen Attentäter im Juni 1894 ausgelöst wurde. Bereits ein Jahr zuvor, am Morgen des 6. Mai 1893, nur wenige Stunden bevor Caprivi den Reichstag auflöste und damit den Anstoß für den Reichstagswahlkampf 1893 gab, führte der Kanzler ein Vieraugengespräch mit dem sächsischen Regierungschef Georg von Metzsch.[15] Caprivi wollte verschiedene »Abhilfemaßnahmen« gegen das Reichstagswahlrecht erörtern, darunter die Überarbeitung des gleichen, des direkten oder des geheimen Stimmrechts. Caprivi wollte auch erklären, welchen Weg er »in absehbarer Zeit« einschlagen könnte, falls der neu gewählte Reichstag auf stur schalten sollte. Sollte sich dieser weigern, die Erhöhung

---

14 Strachey, 25.10.1890, TNA, FO 68/175. Für Berichte von weiteren Gesprächen zwischen Strachey und Fabrice zu dieser Zeit, vgl. J. RETALLACK, German Social Democracy, 2022, Teil III.
15 Metzsch, Promemoria, 6.5.1893, SHStAD, MdAA 1078a. Dieses Dokument trübt Caprivis ansonsten verdienten Ruf, sich während seiner Kanzlerschaft gegen die reaktionärsten Vorschläge von Wilhelm II. und anderen zur Wehr gesetzt zu haben.

der Militärausgaben zu genehmigen, dann würde er wieder aufgelöst werden. Caprivi zufolge würde sich seine Regierung an dieser Stelle in einer »prinzipiellen Meinungsverschiedenheit« mit dem Reichstag befinden, die »nur als Grundlage für einen Konflikt beschrieben werden kann«.

Ließ sich Deutschland mit dem Reichstag »in seiner dermaligen Zusammensetzung« überhaupt regieren? Im Mai 1893 beantwortete Caprivi seine eigene Frage mit »Nein«. Man müsse sich überlegen, so Caprivi zu Metzsch, »auf welcher Grundlage man die Gewinnung einer Volksvertretung für das Reich sich versprechen könne, die [...] Garantie dafür böte, daß man von derselben die Bewilligung für die Verwaltung des Reichs von allem benötigthen Mittel sowie auch die Gutheißung der sonst zu ergreifenden legislatorischen Maßregeln erwarten könne«. Caprivi erläuterte, durch welche Wahlrechtsänderungen es zur gewünschten parlamentarischen Vertretung kommen könnte. Es sei z. B. möglich, »eine Art Gruppen- oder Interessen-Vertretung zu schaffen; derart beispielsweise, daß Gewerbe, Handel, Industrie, Landwirthschaft (Agrarier) ihre besondere Vertretung im Reichstage, immerhin unter möglicher Beibehaltung des allgemeinen Stimmrechts, finden würden«. Caprivi merkte außerdem an, dass sich das kürzlich in Belgien eingeführte Pluralwahlrecht dafür eignen könnte.

Doch Caprivi hatte auch einen Plan B. Ein anderer Weg zur Lösung der gegenwärtigen Schwierigkeiten sei es, »einen förmlichen Konflikt zu schaffen, der darin seinen Ausdruck zu finden hätte, daß Seine Majestät der Kaiser die Krone des deutschen Reichs nieder legte und daß mit diesem Acte, der sich natürlich nur unter Zustimmung der Bundesfürsten vollziehen könne, die Reichsverfassung als das grundlegende Gesetz [Deutschlands] aufgehoben würde, wodurch vor allem erreicht würde, daß die in der Reichsverfassung enthaltenen Bestimmungen über das allgemeine Stimmrecht aufgehoben würden«. Dieser Plan würde es den Bundesfürsten ermöglichen, die notwendigen »Garantien« in die neue Verfassung aufzunehmen, um sicherzustellen, dass der Reichstag Gesetze im besten Interesse des Reiches erließe.[16] Eine Revision des Reichstagswahlrechts oder der Reichsverfassung wäre nur mit Hilfe einer »Octroyirung« möglich. Caprivi beendete das Gespräch mit der Feststellung, dass diese vertraulichen Überlegungen »vorläufig als unbearbeitetes Material anzusehen« seien. Nichtsdestotrotz bat er Metzsch, sie an den sächsischen König Albert zu übermitteln.[17]

---

16 Vgl. auch J. C. G. Röhl, Wilhelm II, 2004, Bd. 2, S. 286–288.
17 Anknüpfend an dieses Treffen vom 6.5.1893 traf Caprivi eine Woche später mit dem sächsischen Gesandten in Preußen zusammen. Hohenthal teilte Caprivi mit, der sächsische König Albert glaube, dass »die Erörterung der Frage wegen Abänderung des Wahlgesetzes unaufschiebbar sei«, falls sich der bald zu wählende Reichstag mit Blick auf die militärischen Erfordernisse des Reiches »nicht [...] willfähig erweisen sollte«. Caprivi zeigte sich erfreut zu erfahren, dass er und der sächsische König übereinstimmten. Caprivi sagte Hohenthal, er habe bereits die Abfassung von Wahlrechtsgesetz-Entwürfen [man beachte den Plural!] veranlasst. Die Vorbereitungen seien »keineswegs« als abgeschlossen oder »maßgebend« zu betrachten. Caprivi führte aus, er müsse mit großer Sorgfalt vorgehen: nicht nur wegen der Mehrheitsreaktion im Reichstag, sondern auch weil die Zustimmung vonseiten Bayerns und Badens alles andere als sicher sei und »auch Württemberg« sowie andere kleinere

Weder Metzsch noch Caprivi hatten Grund, vonseiten des Königs Widerstand zu erwarten.[18] Der Kaiser war froh, dass oppositionelle Mitglieder des Reichstags die Situation 1893 geklärt hatten. »Es schade gar nichts, wenn recht viele Sozialdemokraten in den Reichstag kämen«, notierte er privat; »die Philister bekämen dann Angst und würden schließlich die Regierung selbst bitten, sie von dem unmöglichen Wahlsystem zu befreien [...]. Und das werden wir schon zuwege bringen mit dem Bundesrat!«[19] Unabhängig davon, ob die sächsischen Konservativen von Metzschs Gespräch mit Caprivi wussten oder nicht, lockerten derartige Pläne während des Reichstagswahlkampfes 1893 ihre Zunge. Sie erlitten »durch unvorsichtige Äußerungen über angebliche Unvermeidlichkeit eines Staatsstreiches und einer Beschränkung des allgemeinen Wahlrechts« Stimmenverluste.[20]

In der zweiten Jahreshälfte 1893 verstärkten Verwaltungsbeamte in Preußen und Sachsen ihre Bemühungen zur Koordinierung antisozialistischer Initiativen. Am 20. Juli wies der preußische Innenminister Botho zu Eulenburg seine Oberpräsidenten an, ihre Wachsamkeit gegenüber sozialdemokratischen Aktivitäten zu erhöhen; er erinnerte sie aber auch daran, dass ohne die Unterstützung loyaler Bürger kein Erfolg zu erwarten sei. Etwa zur gleichen Zeit bat Preußen alle bundesstaatlichen Regierungen, ihre Erfahrungen im Kampf gegen die Sozialdemokratie zusammenzufassen.[21] Metzsch antwortete als einer der Ersten.[22] Er stellte fest, dass die sozialdemokratische Bewegung in Sachsen nicht abnehme, ja, dass »es vielmehr nicht geleugnet werden kann, daß die Parthei fortwährend gewachsen ist, und daß ein weiteres Wachsen derselben zu fürchten steht, wenn nicht die Füglichkeit geschaffen wird, sie mit wirksameren Mitteln zu bekämpfen, als sie zur Zeit zu Gebote stehen«. Und weiter: »Zwar läßt sich wohl annehmen, daß nicht alle, vielleicht sogar nur der kleinere Theil der Partheianhänger sich entschließen würden, den Führern auch auf Wegen der offenen Gewalt zu folgen; aber auch das bloße Anwachsen der socialdemokratischen Gesinnung und der socialdemo-

---

Bundesstaaten »nicht ohne weiteres« für derartige Pläne zu haben seien. Caprivi äußerte Bedauern, dass viele alte Parlamentarier, darunter Konservative aus Sachsen und Zentrumsmänner aus Schlesien (z. B. Karl Freiherr von Huene), nicht erneut für die Wahlen vom Juni 1893 kandidieren würden: er erwarte eine weitere »Verschlechterung des Reichstages«. Am 19.7.1894 berichtete Hohenthal, dass Caprivi »für seine Person einem Spezialgesetz [in der Anarchistenfrage] den Vorzug geben würde«. Hohenthal schlug vor, Sachsen solle eine Denkschrift für Caprivi vorbereiten, die »etwa nur mündlich« übermittelt werden könnte, hinsichtlich der »etwaigen Bereitwilligkeit [der sächsischen Regierung], einen Staatsstreich mitzumachen«. Hohenthal (Berlin) an Metzsch (Dresden), 13.5.1893, mit der Überschrift »Caprivi Pläne Änderung des Reichstags-Wahlgesetzes betr.« [sic], SHStAD, MdAA GsB 3305b. Vgl. im Folgenden das Schriftstück, bei dem es sich wahrscheinlich um die betreffende Denkschrift handelte, 18.8.1894 (Abschrift), BAP, Rkz 755/1.
18 Vgl. J. A. Nichols, Germany, 1958, S. 253; J. C. G. Röhl, Wilhelm II, Bd. 2, 2004, S. 461–463.
19 Bericht des badischen Gesandten in Preußen, Arthur von Brauer, an Großherzog Friedrich I. von Baden, 7.5.1893, in: W. P. Fuchs (Hrsg.), Friedrich I., Bd. 3, 1981, S. 237.
20 Bayer. Gesandter Friedrich von Niethammer, 23.6.1893, BHStAM II, MA 2862.
21 Erlass (Entwurf), 8.9.1893, PAAAB, Europa Generalia 82, Nr. 1, Bd. 13.
22 Metzsch an Dönhoff, (»Geheim!«), 25.10.1893; GStAB, GsD, VI, C, Nr. 6; Dönhoff an Caprivi, 31.10.1893 (Entwurf), ebenda, Endfassung in BAP, RAdI 13687.

kratischen Stimmen bei Wahlen ist sehr bedenklich.« Langfristige Erfolge seien nur durch eine »äußerliche Verstärkung der Staatsautorität durch Aenderung der Gesetzgebung« zu erwarten. Letztere Formulierung war mit ziemlicher Sicherheit bewusst uneindeutig gehalten: Sie konnte sich auf neue Gesetze beziehen oder auf eine Reform des Gesetzgebungsapparats, womöglich einschließlich der Abschaffung des allgemeinen Wahlrechts. Wie dem auch sei, die »staatserhaltenden« Klassen müssten aus ihrer politischen Lethargie erwachen: »Bei der ungenügenden Unterstützung, welche der Staat jetzt gewähren kann, läßt sich nicht erwarten, daß die Ordnungsparteien auf die Dauer Stand halten.«

Anfang 1894 deuteten auch andere Nachrichten aus Sachsen darauf hin, dass »loyale« Bürger und die »Ordnungsparteien« bestrebt waren, mit ihrem König und seinen Ministern zusammenzuarbeiten, um das zu erreichen, was der Obrigkeitsstaat allein nicht vermochte. Im Januar 1894 planten die sächsischen Konservativen »das schärfste Vorgehen gegen die extrem radikalen und socialistischen Parteien«.[23] Bald schickten 42 Gemeinderäte außerhalb Dresdens eine Petition an den Landtag. Darin forderten sie Entlastung vom »terroristischen Treiben« der SPD in ländlichen Gebieten und Vorstädten, z. B. durch Schutz vor SPD-Boykotten und Verstärkung der Landgendarmerie. Die *Leipziger Zeitung* brachte ausführliche Auszüge aus dem »Nothruf« der Gemeinderäte und beschwor durch ihre Art der Darstellung eine Stimmung des nationalen Notstands herauf:

> Bei Beginn der Dunkelheit durchzögen junge Burschen, oft in größeren Trupps, die Orte, suchten anständige Leute, ›vermuthliche Gegner des Umsturzes, anzurempeln‹, und erwiderten Worte abwehrender Kritik mit Schimpf- und Drohreden, auch wohl mit thätlichen Beleidigungen. Für Frauen, welche auch nur auf kurze Strecken Ortstheile allein passirten, erwüchse die Gefahr der schwersten Ehrverletzungen. Trupps, oft zu vielen Hunderten von Personen, zögen an Sonn- und Festtagen, nach vorheriger Aufforderung durch die Presse, von Ort zu Ort, revolutionäre Lieder singend, sperrten die Straßen und zwängen Entgegenkommende zum Ausweichen auf die Materialhaufen oder in die Seitengräben. Von den Tanzwirthen und deren Musikchören würde das Aufspielen revolutionärer Lieder gefordert. Im Weigerungsfalle werden dann ›wie auf Commando‹ der Genuß von Speise und Trank eingestellt, man beginne, unter Pfeifen und Singen solcher Lieder, die Tanzflächen zu beengen, verhöhne und bedrohe die Tanzenden und zwinge sie endlich, zur Vermeidung allgemeinen Aufstandes, ›den Rüpeleien sich fügend‹ die Tanzstätte zu verlassen. ›Diese Schädigung der Wirthe und Musikchöre erfolge stets planmäßig. In der Regel werde dies Manöver an ein und demselben Sonntage auf verschiedenen Sälen unternommen. Es sei fast ebenso unmöglich, an den Geburtstagen

---

23 Österr. Gesandter Chotek, 13.1.1894, HHStAW, PAV/48.

Sr. Majestät des Kaisers oder des Königs seiner monarchischen Gesinnung oder seiner Vaterlandsliebe durch Flaggenschmuck oder sonst Ausdruck zu geben, als für Viele, namentlich für Geschäftsleute, der Besuch des Gottesdienstes.‹[24]

Noch bevor die sächsische Erste Kammer die Petition mit ihrer »wärmsten Befürwortung« an die Regierung weiterleitete, schreckte eins ihrer konservativen Mitglieder, Arthur Dathe Freiherr von Burgk, nicht vor drastischen Vergleichen zurück:

Wir befinden uns nicht mehr in der Vorbereitung, wir haben auch nicht darüber zu sprechen, wie die Sozialdemokratie und Demagogie jetzt in ihren Vornahmen und in ihren Einrichtungen zu bemängeln und anzugreifen ist, wir befinden uns bereits in der Ernte der Frucht, die gesät worden ist, und die Saat geht zurück auf den Anfang der 70er Jahre. Daß die Saat so schnell aufgegangen ist, untermischt von Disteln und Unkraut, haben wir allerdings nicht für möglich gehalten, es ist aber der Fall. [...] Ich betrachte den ganzen jetzigen Zustand als eine Krankheit der Zeit, als eine schwere Krankheit, die uns von auswärts zugebracht worden ist. [...] Wie man gegen Epidemien mit Ernst und mit Strenge von ärztlicher Seite vorgehen muß, so möchte ich auch sagen, ist hier, wo wir es mit den Früchten, mit den Ausschreitungen und mit den Folgen einer Zügellosigkeit zu thun haben, ebenfalls nur durch Strenge möglich, einen Zügel anzulegen und den Bach, den Fluß, welcher zum Strome geworden ist, einzudämmen.[25]

Metzsch stimmte zu, »daß die Schilderung über die Zustände in der betreffenden Gegend und die Schilderung über das Auftreten der staatszersetzenden Elemente innerhalb der Bevölkerung in den betreffenden Ortschaften in der Eingabe durchaus nicht mit zu grellen Farben aufgetragen ist (Hört! Bravo!)«. Begleitet von weiteren »Bravo!«-Rufen erklärte Metzschs Vorgänger als Innenminister, Hermann von Nostitz-Wallwitz, dass einfache Bürger die Initiative ergreifen müssten, zum Beispiel mit einem »besonderen Sicherheitskommissarius für die ›bedrohten‹ Vororte von Dresden«. »Muth«, bemerkte er, »steckt ebenso gut an wie die Furcht, der Muth noch vielmehr, wie man aus vielen Fällen im Kriege sehen kann, und ich wüßte nicht, warum man nicht diesen Muth auch in unseren zunächst bedrohten Landschaften nach und nach sollte wecken können.«[26]

---

24   LZ, 16.1.1894, Beilage, »Ein Nothruf gegen die Ausschreitungen der Socialdemokratie«, beigefügt zu Chotek, 17.1.[1894], HHStAW, PAV/48. Zitate innerhalb der Beilage stammen aus der Petition.
25   LTMitt 1893/94, I.K., S. 107 (18.1.1894). Sein Kollege Kammerherr Karl Graf von Rex rief die sächsische Regierung auf, »ein allerdings verbessertes, aber auch in vielen Beziehungen verschärftes Sozialistengesetz wieder ins Leben zu rufen«. Ebenda, S. 113.
26   LTAkten 1893/94, I.K., Drucksachen, Nr. 34, S. 255; SHStAD, MdI 10989; LTMitt 1893/94, I.K., S. 104–118 (S. 104–106 zu Berichterstatter Kammerherr Otto von Schönberg, S. 110–113 zu Metzsch, S. 117 zu Nostitz) (18.1.1894).

Fünf Wochen später wurde die Petition in der Zweiten Kammer erörtert. Zwischen dem Sozialdemokrat Friedrich Geyer und dem Konservativen Paul Mehnert entspann sich ein Rededuell.[27] Geyer ging zum Frontalangriff über und zerpflückte die Petition in ihre Einzelteile. Sie sei nichts anderes als ein »Schaustück«, um das Polizeibudget aufzustocken, argumentierte Geyer. Er verspottete die Bittsteller dafür, dass sie in den Melodien, die in Tanzlokalen gesungen wurden, das Gespenst der Revolution sahen bzw. hörten. Nostitz' Vorschlag für einen Sicherheitskommissarius war für ihn »nichts anderes als der kleine Belagerungszustand in neuer Auflage«. Die Konservativen hofften einfach auf mehr Gewalt, mehr Unterdrückung und bürgerliche Angst: »Diese Petition bezeichnet sich als ein Nothruf. Ein Nothruf ist sie jedoch nicht. [...] In Wahrheit klingt aus ihr der Ruf zwischen den Zeilen heraus: Rettet uns vor dem Volke!«[28] Geyer beendete seine Polemik, indem er die Verfasser der Petition aufforderte, Beweise für die von ihnen genannten Verstöße zu liefern.

Genau das tat Mehnert. In einem Augenblick, der mit ziemlicher Sicherheit auf maximale Wirkung hin vorbereitet war, unterbrach er seine Rede und sagte: »Es wird mir eben ein Zettel hergereicht, der auch ein Beispiel für den Wohlanstand der Sozialdemokratie enthält. Der Zettel lautet: ›Der Bürgermeister Förster von Hohnstein erhielt in einer sozialdemokratischen Versammlung, deren Auflösung erklärt wurde, vier Messerstiche und wurde dadurch dauernd dienstunfähig. Geschehen bei der ersten Wahl Bebel's in den Reichstag.‹« Ein weiteres Beweisstück sollte den unmenschlichen Umgang der SPD mit Frauen zeigen. Eine gewisse Witwe Kosche sei von einem sozialistischen Funktionär angesprochen und angewiesen worden, bei der Beerdigung ihres Mannes keinen Geistlichen zuzulassen: Wenn sie sich weigerte, würde sie keine Zuwendungen aus dem Witwenfonds der Sozialisten erhalten. Schließlich willigte sie ein, woraufhin sie zehn Mark erhielt – »seitdem hat sie keinen Pfennig mehr gesehen«. Neben vielen weiteren Geschichten von Verrat, Gewalt und Bebels angeblicher Befürwortung des Partnertauschs (»O je! o je! bei den Sozialdemokraten«) hob Mehnert noch ein drittes Beispiel hervor. Er wollte sein Publikum wissen lassen, auf welch verabscheuungswürdige Weise die SPD ihre Boykotte umsetzte. Im Oktober 1892 sei der Fleischwaren- und Produktenhändler Andreas Schulz in Pieschen von zwei SPD-Mitgliedern besucht worden, die darauf bestanden, dass er ihrer Partei beitrete. »Diese Zumutung lehnte Schulz nun ab, und was geschah? Am nächsten Morgen waren auf der Herrmannstraße Zettel angeklebt mit der Aufforderung, bei Schulz überhaupt nichts mehr zu kaufen; außerdem war das Schaufenster in niederträchtigster Weise mit Menschenkoht beschmutzt, der Zaun war abgesprengt und dergleichen mehr.« Mehnert forderte in seiner Ansprache das sächsische Gesamtministerium dringend auf, den »staatserhaltenden« Parteien »einen

---

27 Zum Folgenden LTMitt 1893/94, II.K., S. 767–781 (Geyer), S. 788–796 (Mehnert am 27.2.1894) (Hervorhebungen im Original).
28 LTMitt 1893/94, II.K., S. 772, 781 (Geyer).

lauten Mahn- und Weckruf« zu verpassen. »Meine Herren! *Leben heißt kämpfen, und wenn irgendwo das Leben ein Kampf ist und dieser angezeigt erscheint, so ist es im politischen Dasein der gegenwärtigen Zeit! [...] Um so mehr aber ist es eine Pflicht für uns, jene Elemente wieder herüber zu holen, jene Elemente zu stärken in ihrer guten Gesinnung, damit sie jene elende Angst und Furcht vor dem rothen Gespenste, die sie jetzt befallen hat, abschütteln und muthig wieder eintreten in die Reihen, die die unseren sind!*«[29]

Die sächsische Ungeduld mit Berlin wuchs. In einer Sitzung des Gesamtministeriums am 24. April 1894, an der auch König Albert teilnahm, erntete Metzsch einhellige Zustimmung für seinen Plan, »beim Bundesrathe den Antrag zu stellen, mit den allerschärfsten Massregeln dem Umsichgreifen der Sozialdemokratie entgegenzutreten«. Er »gab zwar zu, daß nach der Parteizusammenstellung des dermaligen deutschen Reichstages und der Nachgiebigkeit der Reichsregierung wenig Aussicht auf Erfolg für einen derartigen Schritt zu gewärtigen sei«. Doch werde die Politik nicht allein in Berlin gemacht: »Gleichwohl müsse mit der äussersten Entschiedenheit von den Einzel-Regierungen auf eine wesentliche Verschärfung der Reichsstrafgesetzgebungen bestanden und namentlich die höchste Bemessung von Freiheitsstrafen angestrebt werden.«[30] Metzsch prognostizierte, dass ein solches Vorgehen »wohl erst im Frühherbst zur Ausführung gelangen können« würde.

Gemeinsam mit anderen Deutschen forderten die Sachsen nach den anarchistischen Morden zur Jahresmitte 1894 ein schnelles Vorgehen gegen den »inneren Feind«: Die Sozialdemokratie sei die richtige Zielscheibe, aber man müsse mit Bedacht vorgehen. Laut einer vom sächsischen Gesamtministerium vereinbarten Denkschrift, die über Sachsens Berliner Gesandtschaft in den Reichskanzleiakten landete, seien »besondere gesetzgeberische Maßnahmen lediglich gegen die Anarchisten [...] für Deutschland nicht Bedürfnis«. Ein furchtsamer Reichstag könnte einen aggressiven Gesetzentwurf der Reichsregierung abschmettern, doch die Sachsen sahen darin sogar einen möglichen Silberstreif am Horizont. »In diesem Falle ist wenigstens *ein* Erfolg gesichert, eine Discreditirung des jetzigen Parlaments in weiten bürgerlichen Kreisen und für die Eventualität, daß doch einmal die Ereignisse zu außergewöhnlichen Maßnahmen drängen sollen, die Constatirung, daß mit dem Reichstage eine Vereinbarung zur Beseitigung eines dringenden Nothstandes unmöglich gewesen ist.« Dennoch sei es möglich, der gegenwärtigen Gefahr mit neuen Rechtsvorschriften zu begegnen. »Man darf die Forderungen nicht zu weit stellen, aber auch nicht zu eng. Ein reines Anarchistengesetz würde zu wenig bieten und gerade das nicht treffen, was gegenwärtig in Deutschland nach Hülfe schreit. Ein Sozialistengesetz käme jetzt zu spät, es könnte die weit vorgeschrittene Organisation [der SPD] nicht wieder zerstören, würde ein dauernder widerwärtiger Zankapfel in den Parlamenten und auch manchen bürgerlichen Kreisen nicht

---

29 LTMitt 1893/94, II.K., S. 792–796 (Mehnert) (Hervorhebungen im Original).
30 Metzsch zitiert in: Chotek, 26.4.1894, HHStAW, PAV/48.

sympathisch sein.«[31] Das Ministerium Metzsch wollte daher zuvor gescheiterte Gesetzesvorlagen wieder aufgreifen: gegen die Pressefreiheit (1874) und für Änderungen des Strafgesetzbuches (1876, 1889). Seiner Meinung nach wäre die Sozialdemokratie kaum so weit vorangekommen, wenn die Reichstagsabgeordneten von bestimmten Paragrafen des Preußischen Strafgesetzbuches von 1851[32] und des Sächsischen Strafgesetzbuches von 1868[33] Gebrauch gemacht hätten. Nun jedoch seien selbst diese Gesetze der Bedrohung durch die SPD nicht mehr gewachsen: »man würde noch nach weiteren Mitteln suchen müssen, um ihre immer bedrohlicher werdenden Angriffe auf die politische und gewerbliche Freiheit [...] abzuweisen«. Besonders dringlich sei die Notwendigkeit, SPD-Boykotte zu bekämpfen.[34]

Paul Mehnert und sein Dresdner Conservativer Verein gehörten zu den ersten, die sich für rigoroses Handeln in diese Richtung aussprachen. Am 3. Juli 1894, knapp eine Woche nach dem tödlichen Attentat auf den französischen Präsidenten, formulierten die Dresdner Konservativen eine Petition, die sie nach der öffentlichen Unterschriftensammlung an die sächsische Regierung, den Reichstag und den Bundesrat weiterleiten wollten. »Mit unbegreiflicher Milde«, hieß es in der Petition, »hat man es jahrelang geduldet, daß die Sozialdemokratie die Ausrottung der christlichen und vaterländischen Gesinnung [...] zielbewußt betreiben konnte!«[35] Mehnerts Petition wiederholte Forderungen, die das sächsische Staatsministerium bereits befürwortet hatte: harte Strafen für diejenigen, die Klassenhass in jeglicher Form schürten (nicht nur für jene, die zu Gewalt aufriefen), Schutz für boykottierte Unternehmen und härtere Strafen für Pressevergehen. Diese Forderungen klangen wie ein Wahlprogramm. Doch im Juli 1894 war keine Wahl in Sicht. Das eigentliche Ziel der Petition bestand darin, die reichsweite Aufregung über den Anarchismus zu nutzen, um einen Angriff gegen den anderen »inneren Feind« einzuleiten. Es sei klar, dass »*ohne die internationale Socialdemokratie eine nennenswerthe anarchistische Bewegung nicht vorhanden sein würde*«. Der Staat müsse zuerst gegen den Sozialismus zuschlagen und dadurch gegen den Anarchismus. »*Vielleicht ist es noch nicht zu spät!*«[36]

Nach Ansicht von Reichskanzler Caprivi würde der Reichstag nie und nimmer ein Gesetz verabschieden, das dem Sozialistengesetz von 1878 ähnelte. Der klügere Weg, so sein Vorschlag am 16. Juli 1894, führe über einzelne Landtage. Im Preußischen Abge-

---

31 Sächs. MdAA, Denkschrift der sächs. Gesandtschaft [Berlin], 18.8.1894, Abschrift in BAP, Rkz 755/1.
32 §§ 100, 101, 102, 135.
33 §§ 127, 128, 130, 232.
34 PAAAB, Europa Generalia, Nr. 82, Nr. 1, Nr. 3, einschließlich Dönhoff, 2./8.11.1894, 31.12.1894, sowie andere Berichte zum erfolgreichen Boykott der SPD gegen die Waldschlößchen-Brauerei unweit Dresdens. SAZ, 28.8.1894; DN und DJ, beide 18.6.1894.
35 »Petition betr. Abwehr-Maßregeln gegen die Socialdemokratie, Aenderung des Preßgesetzes und der Gewerbeordnung« (3.7.1894), Abschriften in HHStAW, PAV/48 und PAAAB Europa Generalia, Nr. 82, Nr. 1, Nr. 1 (Geheim), Bd. 4. (Hervorhebungen im Original.)
36 Vgl. auch Dönhoff, 8./12.7.1894, PAAAB, Europa Generalia, Nr. 82, Nr. 1, Nr. 1 (Geheim), Bd. 4.

ordnetenhaus läge eine verlässliche Mehrheit vor, und »Sachsen ist ähnlich vorgegangen«. Eine Ablehnung im Reichstag »würde anarchistische Agitation nur hervorrufen«, die »Auflösung des Reichstags aber schlechtere Wahlen zur Folge haben«.[37] Am selben Tag diktierte Wilhelm II. eine Notiz an Caprivi, in der auch die sächsischen Erfolge Erwähnung fanden. Bis zur Vorbereitung der Gesetzgebung müssten die Polizeiverordnungen streng durchgesetzt werden. »In Sachsen hat man versuchten Boykott energisch unterdrückt«, merkte der Kaiser an. Aus Berlin hatten ihm sein Innenminister und sein Polizeichef mitgeteilt, dass man diese Maßnahmen dort nicht umsetzen könne. Das sei inakzeptabel, meinte Wilhelm: »Es *muß* eben etwas gemacht werden«, und weiter: »Die augenblickliche ängstliche Stimmung der Bourgeoisie muß ausgenutzt, erhalten, beziehungsweise erhöht werden.«[38] Eine Woche später erkannte er, wie schwierig es sein würde, eine Umsturzvorlage im Reichstag durchzubringen: »Hingegen erscheint es Mir möglich, auf dem Wege der Gesetzgebung in *Preußen* vorläufig einmal dasjenige zu erreichen, was Sachsen bereits besitze. [...] Absolute Geheimhaltung ist Erfordernis.«[39] Aller Geheimhaltung zum Trotz wusste August Bebel, was bevorstand. »Wenn jetzt in Deutschland irgendeine große Dummheit passierte, kommt man uns mit einem neuen Ausnahmegesetz auf den Hals [...].«[40]

*

Der sächsische König Albert traf am Morgen des 4. September 1894 im ostpreußischen Königsberg ein – zwei Tage bevor der Kaiser dort seine berühmte Rede gegen die Sozialdemokratie hielt. Wilhelm lud Albert zu einem Mittagessen mit dem preußischen Innenminister Botho zu Eulenburg. Beide Preußen stimmten Alberts Idee von einer großangelegten Initiative gegen »Umsturzbestrebungen« zu; mehr noch: Entgegen den im Juli geäußerten Plänen sollte die Initiative nun nicht mehr nur in Preußen, sondern aufs Reichsebene ergriffen werden.[41] »Im Laufe der Königsberger Tage«, schrieb Wilhelm später,

---

37 Telegramm (Entwurf), Pr. MdAA an Alfred von Kiderlen-Wächter (Entwurf), 16.7.1894, PAAAB, Europa Generalia, Nr. 82, Nr. 1, Nr. 1 (Geheim), Bd. 4.
38 »Diktat Seiner Majestät des Kaisers [...] Notiz für den Herrn Reichskanzler«, 16.7.1894, PAAAB, Europa Generalia, Nr. 82, Nr. 1, Nr. 1 (Geheim), Bd. 4. (Hervorhebung im Original.)
39 Wilhelm II. (Hervorhebung im Original) zitiert in einer Depesche von Philipp zu Eulenburg an Botho zu Eulenburg, 24.7.1894, Maschinenschrift, BAK, in: P. EULENBURG-HERTEFELD, Korrespondenz, Bd. 2, 1979, S. 1333, und zitiert in: J. C. G. RÖHL, Wilhelm II., Bd. 2, 2001, S. 679.
40 Bebel an Liebknecht, 7.8.1894, A. BEBEL, Reden und Schriften, Bd. 5, 1995, S. 52. Bebel schrieb außerdem: »Das Geheul nach Ausnahmegesetzen gegen uns hat nun doch eine Wirkung erzielt, die sächs[ische] Vereins- und Versammlungsgesetzgebung wird preuß[isches] Ideal. Oh, diese Ochsen!«
41 Vgl. Philipp zu Eulenburg an Wilhelm II., 30.8.1894 (Hervorhebungen im Original), der über eine lange Unterredung mit seinem Vetter Botho zu Eulenburg am 29.8.1894 berichtet: »[Botho] erklärte mir, daß die Anarchisten- und Sozialisten-Gefahr viel zu ernst sei, um anders als durch den *Reichstag* dagegen vorgehen zu können. Nur ein scharfes Sozialistengesetz könne die dringend *notwendige* Handhabe liefern. [...] Es müsse

habe Ich Gelegenheit gehabt, mit dem König von Sachsen über die eventuellen Vorlagen dieses Winters zu sprechen. Ich habe Mich gefreut zu sehen, wie klar der König die politische Situation beherrschte und durchschaute und daß seine Ansichten sich völlig mit den Meinigen deckten. Bezüglich des Vorgehens gegen die Umsturzparteien kam er zu folgendem Resultat.

Die Angelegenheit müsse unter allen Umständen im Reich geregelt werden. Nicht durch ein Ausnahmegesetz [...]. Auch nicht durch ein Reichs-Vereinsgesetz, weil das eine reine Unmöglichkeit sei, indem es ein völliges Umwerfen der Vereinsgesetzgebung sämmtlicher Bundesstaaten zur Voraussetzung habe. Vielmehr müsse die bestehende Gesetzgebung durch verschärfte Paragraphen [des Reichsstrafgesetzbuchs] ausgebaut werden. [...] Der [sächsische] König verhehlte sich nicht, daß es sich hierbei um eine Reichstagsauflösung handeln könne, vielleicht auch um zwei. Er erklärte jedoch bestimmt, daß wenn der Reichstag sich wiederholt gegen Maßnahmen zum Schutz der bürgerlichen Gesellschaft ablehnend verhalte, er seine Existenzberechtigung verwirkt habe. Es sei dann der Moment gekommen, wo die Bombe platzen müsse und der Bundesrath (d. h. die deutschen Fürsten) ein neues Wahlgesetz einbringen bezw. octroyieren müßten. Mit anderen Worten, die ultima ratio ein coup d'état.[42]

Bis zu diesem Punkt scheint das Gespräch mit dem König die allgemeine Auffassung zu unterstützen, dass ein Staatsstreich ausschließlich »von oben« kommen würde. Doch lässt sich das Versprechen Alberts, wonach sich im Falle einer entscheidenden Kraftprobe die sächsischen Bürger als ebenso zuverlässig erweisen würden wie die deutschen Monarchen, nicht so einfach abtun. Alberts Ansichten spiegelten die Meinungen wider, die in Sachsen auf den verschiedensten politischen Ebenen zu finden waren: in Gemeinderäten, in konservativen Clubs, in der Ersten Kammer des Landtags und bei konservativen, nationalliberalen und fortschrittlichen Abgeordneten der Zweiten Kammer.

»Die ordnungsliebenden Theile des Volkes«, so Albert zu Wilhelm in dessen nachträglicher Zusammenfassung, »deren Angst vor der Revolution täglich zunehme, würden einen solchen [Staatsstreich] als eine Erlösung begrüßen. Er [König Albert] stände mit seinen Sachsen vollkommen zu meiner [sic] Verfügung.« König Albert »hege nicht den geringsten Zweifel, daß der Bundesrat in toto dafür zu haben sei«. Auf Bayern

---

jedenfalls ein neuer Reichstag (in Fall des Widerstandes) *auch* aufgelöst werden und die Regierung bei *wiederholter* Ablehnung alsdann ein *neues Wahlrecht* bringen. Es ginge in dieser Frage auf Biegen und Brechen. [...] Der Gedanke einer Änderung des Vereinsgesetzes durch den [preußische] Landtag sei [...] eine *schwache* Maßregel [...], ein Schlag ins Wasser – nichts anderes.« Vgl. auch Botho zu Eulenburg an Philipp zu Eulenburg, 9.9.1894; beide in: P. EULENBURG-HERTEFELD, Korrespondenz, Bd. 2, 1979, S. 1334–1336, 1340–1342.

42 Telegramm, Wilhelm II. an Caprivi, 9.9.1894, BAP, Rkz 755/1; vgl. Telegramm, Botho zu Eulenburg an Caprivi, 8.9.1894, in: E. ZECHLIN, Staatsstreichpläne, 1929, S. 189–192; J. A. NICHOLS, Germany, 1958, S. 340; J. C. G. RÖHL, Germany, 1967, S. 114.

angesprochen, erwiderte er, »bestimmt auch Bayern, dafür werde er schon sorgen; so könne es nicht mehr weiter gehen. Ich [Wilhelm] konnte Mich nur mit allem einverstanden erklären. Seine Majestät hat sich in demselben Sinne dem Ministerpräsidenten [Botho] Grafen zu Eulenburg gegenüber geäußert.[43] [...] Der König von Württemberg denkt gerade so, den Ausdruck brauchend, Niemand von Uns habe die Reichsverfassung beschworen, also könne sie geändert werden.«

Ende September 1894 entwarf Philipp zu Eulenburg, Botho zu Eulenburgs Vetter und Freund des Kaisers, ein Aide-Mémoire, in dem er die Vor- und Nachteile eines Staatsstreichs darlegte.[44] Energisches Handeln hätte viele Vorteile. Der Wahlruf »Kampf gegen den Umsturz« könnte Anziehungskraft haben, meinte Eulenburg. Darüber hinaus sei das Timing aufgrund der damals amtierenden Bundesfürsten günstig: »König Albert von Sachsen ist zuverlässig, König Wilhelm von Württemberg gleichfalls, und der alte Prinz-Regent von Bayern befindet sich unter dem Druck einer großen Sozialistenfurcht.« Doch: »In einigen Jahren kann das Bild ein total anderes sein. Die 3 Königreiche werden sich binnen absehbarer Zeit in der Hand von Fürsten befinden, deren Gesinnung nicht absolut fest steht und eine fruchtbare Aktion ausschließen kann.« In seiner Denkschrift verwies Eulenburg aber auch auf die Gefahren, die mit diesem Kurs verbunden waren. Ein Staatsstreich gegen den Reichstag, die Verfassung und das allgemeine Wahlrecht könnte die liberalen Parlamentarier in Bayern und Württemberg dazu veranlassen, ihre Staatsminister anzuklagen. (Für den sächsischen König und seine Minister sah Eulenburg in dieser Hinsicht keine Probleme voraus.)[45] Obwohl sich Eulenburg weder dafür noch dagegen aussprach, schien der Kaiser bereit, die Sache voranzutreiben: »der Reichstag müsse vollkommen *überrascht* werden«, meinte er, »und die Reichstagsauflösung müsse alsbald erfolgen«. Als Caprivi vor einem Staatsstreich warnte, »entwickelte [Wilhelm] in längerer lebhafter Ausführung das ganze Staatsstreichprogramm, wie er es mit dem König von Sachsen verabredet habe«.[46]

Die Ereignisse, die Ende Oktober 1894 zur gleichzeitigen Entlassung von Caprivi und Botho zu Eulenburg führten, brauchen hier nicht nachgezeichnet zu werden. Die wichtigere Frage ist: Warum machten König Albert, die sächsischen Konservativen und die anderen Befürworter eines Showdowns mit dem »inneren Feind« einen Rückzieher? Die kurze Antwort lautet, dass sie den Glauben an die Entschlossenheit der preu-

---

43 Zu dieser Zeit waren die Ämter des Reichskanzlers (Caprivi) und des preußischen Ministerpräsidenten (Botho zu Eulenburg) getrennt.
44 Aufzeichnung Philipp zu Eulenburgs, 27.9.1894, P. zu EULENBURG-HERTEFELD, Korrespondenz, Bd. 2, 1979, S. 1353–1355; vgl. J. C. G. RÖHL, Wilhelm II, Bd. 2, 2004, S. 611–613.
45 Vgl. Beratungen des PrStMin vom 12./19.10.1894; AB-PrStMin, Bd. 8.I, 2003, S. 163–165; E. ZECHLIN, Staatsstreichpläne, 1929, Anhang 10.
46 Beide Zitate aus Adolf Freiherr Marschall von Bieberstein (SSdAA) an Philipp zu Eulenburg, 6.10.1894, P. zu EULENBURG-HERTEFELD, Korrespondenz, Bd. 2, 1979, S. 1366 f. (Hervorhebung im Original); vgl. K. E. BORN/ P. RASSOW (Hrsg.), Akten, 1959, S. 50.

ßischen Regierung bzw. der Reichsregierung in Berlin verloren.[47] Bis zum 26. Oktober wusste niemand, wer in der Reichshauptstadt wirklich regierte. Danach machte der neue Kanzler Chlodwig zu Hohenlohe seine Position deutlich: »Einschreiten gegen die Sozialdemokratie ist nötig«, schrieb er, »aber nur dann, wenn sie Anlaß dazu gibt.«[48] Hohenlohe bestand darauf, dass er zu einer anderen Aufgabe berufen worden sei, nämlich »[...] um Beruhigung zu schaffen, nicht aber um Konfliktpolitik zu treiben«.[49] Jedes Mal, wenn der Entwurf der Umsturzvorlage im Winter 1894/95 geändert wurde, distanzierten sich König Alberts sächsische Minister weiter von einer Gesetzgebung, die das Übel nicht »an der Wurzel packen« würde. Im Januar 1895 schließlich hielt es Albert für unklug, einen Showdown über die Umsturzvorlage oder andere »extreme Maßregeln« zu initiieren. »Dem Gedanken des Kaisers, [den Reichstag] auf Grund eines agrarischen Programmes aufzulösen und dadurch konservative Wahlen zu bekommen«, stand er skeptisch gegenüber. Und er hatte dem Kaiser »den Rat erteilt, nicht fremde Leute zu Rat zu ziehen, sondern nur die verantwortlichen Minister«.[50] Zu diesem Zeitpunkt hatten Albert und seine Minister bereits erkannt, dass Hohenlohe kein »Konfliktkanzler« war.

Das Urteil, wonach die öffentliche Meinung einen Kurs zur Ausmerzung der Sozialdemokratie nicht billigen würde, wurde von den »staatserhaltenden« Parteien Sachsens nicht akzeptiert. Vielmehr verstärkten sie ihre Bemühungen, Deutschland als am Rande der Katastrophe darzustellen. Die sächsischen Konservativen sowie auch die bürgerlichen Abgeordneten im Sächsischen Landtag schickten sich an, eigene Lösungen für das Umsturz-Problem zu entwickeln. Sie taten dies auf politischen Bühnen, in denen Sachsen nicht auf Preußen oder das Reich angewiesen war. Als der Frust der sächsischen Konservativen über Berlins Untätigkeit immer größer wurde, erregte die Möglichkeit, dass sie im Alleingang antisozialistische Initiativen einleiten könnten, auch in nationalen Parteikreisen Aufmerksamkeit. So schrieb etwa der konservative *Reichsbote* mit Blick auf Sachsen: »Etwas Blutvergießen am Anfang bei sofortiger Energieenthaltung ist das humanste Vorgehen, welches ein umfassenderes Unglücke und allgemeine, schreckliche Opfer fordernde Umwälzungen vielleicht noch aufhalten könnte, was daher«, dem Autor des Beitrags zufolge, »so abstoßend es klingen mag, beinahe zu wünschen wäre.«[51]

Nach Ansicht der Konservativen ging die verwässerte Umsturzvorlage nicht weit genug. Dieser Meinung waren auch die sächsischen Nationalliberalen. Doch wie im Falle Caprivis und Hohenlohes auf Reichsebene ernteten auch die sächsischen Liberalen keinen Dank dafür, dass sie in die antisozialistische Rhetorik einstimmten bzw. sich von

---

47 V. STALMANN, Hohenlohe, 2009, S. 231–241; vgl. E. TURK, Thwarting the Imperial Will, 1988.
48 Einen Anlass, den Bebel nicht liefern sollte; A. BEBEL, Reden und Schriften, Bd. 5, 1995, S. 56 f.
49 Undatierte Aufzeichnungen [Dez. 1894], C. ZU HOHENLOHE-SCHILLINGSFÜRST, Denkwürdigkeiten der Reichskanzlerzeit, 1967, S. 21 f.
50 Tagebucheintrag, o. J. [Jan. 1895], C. ZU HOHENLOHE-SCHILLINGSFÜRST, Denkwürdigkeiten der Reichskanzlerzeit, 1931, S. 32.
51 Berichtet in: Chotek, 7.7.1894, HHStAW, PAV/48.

Abbildung 7.1: Thomas Theodor Heine, »Der Ausweg der Konservativen«, 1910. Text: »Wenn Deutschland schon rot sein soll, so sei es rot vom Scheine der Kriegsfackel!« Thomas Theodor Heine unterstrich seine apokalyptische Darstellung durch die Verwendung eines grellen Rottons, sowohl für die Fackel des Krieges als auch für die sozialdemokratischen Stimmzettel (in Form roter Gestalten, die einer Wahlurne entsteigen). Quelle: Simplicissimus 15, Nr. 21 (22.8.1910), S. 341. Simplicissimus Online, Herzogin Anna Amalia Bibliothek Weimar.

älteren liberalen Prinzipien verabschiedeten. Wie der britische Gesandte George Strachey in Dresden bemerkte: »Die Sozialisten und Liberalen werden von den deutschen Adels- und Beamtenkasten für gewöhnlich als Hunde oder Schlimmeres bezeichnet«, der Reichstag weiterhin als eine Versammlung »bloßer Lumpen«.[52] Der Tenor der sächsischen öffentlichen Meinung lasse sich auch an den Reaktionen auf ein Pamphlet ablesen, das Ende 1894 von einem der ehemaligen »Pressbanditen« Bismarcks, Constantin Rößler, veröffentlicht wurde.[53] Um der »Krankheit der Zeit« zu begegnen, habe sich Rößler für eine Diktatur ausgesprochen. Falls der Reichstag nicht »eine umfassende, wirksame Gesetzgebung gegen die Sozialdemokratie« verabschiedete, so solle nach Rößlers Meinung die Verfassung ausgesetzt, der Reichstag vor die Tür gesetzt werden und »der Kaiser [...] für die Dauer von Jahren die höchste Macht übernehmen«. Rößlers Aufruf zu Notstandsmaßnahmen fände bei den sächsischen Bürgern großen Anklang. »Bei einem lokalen Treffen, an dem hauptsächlich Adlige, Militärs, Beamte und private Bürger teilnahmen, hielt ein preußischer Kammerherr [...] eine Rede nach dem Vorbild des Pamphlets [Rößlers]. Seine lärmende Rhetorik wurde allenthalben mit großem Beifall aufgenommen, der zu einem Crescendo anschwoll, als er empfahl, dass alle Sozialisten, die im Rahmen der [von Rößler] vorgeschlagenen Gesetzgebung verurteilt wurden, nach ihrer Bestrafung durch Inhaftierung in Deutschland auf das Bismarck-Archipel oder nach Kamerun transportiert werden sollten.« Dem nationalliberalen *Dresdner Anzeiger* zufolge sei es eine »sehr staatsmännische und wichtige« Rede gewesen.[54]

Paul Mehnerts Konservativer Verein in Dresden war ebenso eifrig darauf bedacht, den Druck auf die »Zauderer« aufrechtzuerhalten. Die von ihm im Juli 1894 verfasste Petition hatte bis November Tausende von Unterschriften gesammelt und war bereit für die Übergabe an den Reichstag und den Bundesrat.[55] Eines der Manifeste, das Mehnert zur Krönung dieser Petitionskampagne zirkulierte, begann mit einem Ruf zu den Waffen: »*Es kann so nicht weitergehen!*« Es verurteilte »die Verrufserklärung (Boykott), [...] die Aufreizung zum Klassenhaß, [und] die gegen Monarchie und Religion gerichtete Agitation«. Und es legte nahe, dass die Deutschen alles andere als desinteressiert seien an der Gefahr der Revolution: »*Allgemein sehnt sich der gute und tüchtige Kern unseres Volkes nach einer strengeren Zucht. Das System des Abwartens und Geschehenlassens ist gegenüber dem zielbewußten Vorgehen einer revolutionären Partei schon längst nicht mehr am Platz.*« In einem anderen Rundschreiben wurde der Staat aufgefordert, auf den

---

52   Strachey, 15.12.1894, TNA, FO 68/179, und für das Folgende zu Rößler.
53   Rößler war als Chef des Pressebüros des pr. MdAA kurz zuvor durch Otto Hammann ersetzt worden. Zu Rößler und seiner Broschüre *Die Sozialdemokratie* (Berlin, 1894), vgl. sächs. Legationssekretär in Berlin, von Stieglitz, an Metzsch (Dresden), 6.10.1894, inkl. Zeitungsausschnitte, SHStAD, MdAA GsB 3305.
54   Strachey, 15.12.1894, zuvor zitiert. Der Bismarck-Archipel ist eine Inselgruppe vor der Nordostküste Neuguineas im Westpazifik.
55   Konservativer Verein zu Dresden, Dr. Mehnert, I. Vorsitzender, »Hochgeehrter Herr!«, 10.10.1894; »An unsere Mitbürger!« o. D.; »An den hohen Bundesrath des Deutschen Reiches zu Berlin«, o. D. [Okt. 1894], StadtAL, Kap. 1, Nr. 46 (Hervorhebungen im Original).

»Vernichtungskampf« der Sozialdemokratie gegen den Mittelstand in gleicher Weise zu reagieren. Die eindeutige und akute Gefahr wurde in einem den sächsischen Bürgern inzwischen vertrauten Refrain beschworen: Das »Vertrauen in die Zukunft des Vaterlandes« erfordere »das Vertrauen in die Macht und die Thatkraft der Staatsgewalt«.

Als sich bei den Landtagswahlen 1895 sozialistische Siege abzuzeichnen begannen, leugneten die Sozialdemokraten keineswegs den Zusammenhang zwischen dem Ausgang künftiger Wahlen und der berühmten Erklärung des Kaisers vom 2. September 1895, sie seien »eine Rotte von Menschen, nicht werth, den Namen Deutscher zu tragen«.[56] In einem der sächsischen Wahlaufrufe der SPD hieß es: »*Der Ausfall der sächsischen Landtagswahlen wird als eine zutreffende Antwort angesehen werden auf die Frage: ›Kann die sozialdemokratische Arbeiterbewegung mit Gewaltmaßregeln unterdrückt werden oder nicht‹.*« Nachdem die *Sächsische Arbeiterzeitung* feststellte, wie schonungslos das »sächsische Juwel« in den letzten zwei Jahren zur Auflösung sozialistischer Versammlungen und Vereine angewandt worden war, was zu »Festorgien von Reaktionären« geführt hätte, betonte sie die besondere Stellung des Königreichs als am stärksten industrialisierter Staat Deutschlands. »*Sachsen ist daher so gewissermaßen das Probierland für Alles, was in Bezug auf die Arbeiter geschieht. [...] Würde sich das Unterdrückungssystem der sächsischen Regierung als bewährt erweisen, die Regierungen der übrigen Bundesstaaten und die Reichsregierung würden keinen Augenblick versäumen, um dieses System in ganz Deutschland durchzuführen. Der Unterstützung der gesammten bürgerlichen Parteien wären sie dann sicher.*«[57]

---

56 Vw, 4.9.1895.
57 SAZ, 7.9.1895; Vw, 20.10.1895 (Hervorhebungen im Original). Die antisozialistische Stimmung in Sachsen, die zu diesem Zeitpunkt besonders auf das Thema der SPD-Boykotte fokussiert war, wird bestätigt in: Chotek, 4.10.1895, HHStAW, PAV/49, sowie Dönhoff, 20.10.1894, PAAAB, Europa Generalia, Nr. 82, Nr. 1, Nr. 1, Bd. 4. Zu den Berliner und sächs. Brauereiboykotten 1894, vgl. PAAAB, Europa Generalia, Nr. 82, Nr. 1, Nr. 3.

Kampfansage

> Ein konservativer Kandidat, der sich vor seine Wähler hinstellen würde, um ihnen zu erzählen, daß er sie für nicht befähigt halte, die Geschicke des Landes aktiv mitzubestimmen, und daß sie deshalb seinem Dafürhalten nach vom Wahlrecht ausgeschlossen werden müßten, wäre ein menschlich kreuzehrlicher, aber politisch kreuztörichter Mann.
> — Robert Michels, Zur Soziologie des Parteiwesens in der modernen Demokratie, 1911[58]

> Democracy is the theory that the common people know what they want, and deserve to get it good and hard.
> — H. L. Mencken, 1916[59]

Bei der feierlichen Eröffnung der sächsischen Landtagssession Mitte November 1895 standen die Zeichen auf Sturm.[60] Als der Konservative Gustav Ackermann erneut zum Präsidenten der Zweiten Kammer gewählt wurde und den üblichen Treueeid auf den sächsischen König forderte, verließen die vierzehn sozialdemokratischen Abgeordneten eilig das Haus. Auch wenn Regierungschef Metzsch der Meinung war, dass sich die SPD-Abgeordneten mit dieser fruchtlosen Geste »lächerlich« machten, sah er doch eine schwierige Session voraus. Dass der Leipziger Polizeidirektor Rudolf Bretschneider kurz zuvor Ziel eines Attentats geworden war, verschärfte die Spannungen nur noch.[61]

Bereits zwei Tage nach der Parlamentseröffnung brachte die SPD-Fraktion einen Antrag auf ein allgemeines Wahlrecht bei Landtags- und Gemeinderatswahlen ein.[62]

---

58 R. MICHELS, Soziologie des Parteiwesens, 1970 [1911], S. 6 f.
59 H. L. MENCKEN, A Little Book in C major, 1916. Mencken schrieb häufig über die Unzulänglichkeiten der Demokratie und bezeichnete das amerikanische Publikum als »booboisie«. Menckens Familie hatte Deutschland im Jahr 1848 verlassen und sich im deutschen Viertel von Baltimore niedergelassen. Viele der Beobachtungen Menckens aus dem Amerika der 1920er-Jahre treffen auch auf das Deutsche Kaiserreich zu. Vgl. A. COOKE, Vintage Mencken, 1958; W. H. A. WILLIAMS, Mencken Revisited, 1998.
60 Das Folgende basiert – außer auf Landtags-Mitteilungen – auf paraphrasierten Reden und Betrachtungen aus Dönhoff, 13./14.11.1895, 4./5./12./15./19.12.1895, PAAAB, Sachsen 60, Bd. 3; Dönhoff, 21.11.1895, PAAAB, Sachsen 48, Bd. 18; V. C. DIERSCH, Entwicklung, 1918, S. 189 ff.
61 Dönhoff, 24.10.1895, PAAAB, Sachsen 48, Bd. 18.
62 Die SPD war damals sehr zuversichtlich, weitere Landtagswahlen zu gewinnen; vgl. dazu E. FISCHER, Landtagswahlen, 1895.

Die Sozialdemokraten hatten dies seit jeher zu Beginn jeder Landtagsperiode getan; die »Ordnungsparteien« waren stets zu anderen Tagesordnungspunkten übergegangen. Dieses Mal reagierten sie anders: Sie gingen in die Offensive. Da Freiherr von Friesen-Rötha im Mai 1894 als Parteivorsitzender zurückgetreten war[63], leitete der De-facto-Chef der sächsischen Konservativen, Paul Mehnert, höchstpersönlich den Gegenangriff. Als am 10. Dezember 1895 der SPD-Antrag zur Debatte stand, stellte Mehnert seinen Gegenantrag, der kurz zuvor von allen Mitgliedern der konservativen, nationalliberalen und fortschrittlichen Fraktionen unterzeichnet worden war. In einer eineinhalbstündigen polemischen Rede verkündete Mehnert, dass die Kartellparteien endlich ihre Verantwortung angenommen hätten, auf eine Notsituation zu reagieren.

Seiner Darstellung zufolge hatten die »Ordnungsparteien« eine Erleuchtung gehabt. Die ständigen Versuche der SPD, das Reichstagswahlrecht auf den Landtag zu übertragen, müssten gestoppt werden, weil dies das Parlament zu einem Forum für Demagogen reduzieren würde: »[...] auf der Basis des allgemeinen Wahlrechts hat *der den größten Erfolg, [...] der die extremste Richtung vertritt, der am rücksichtslosesten ist in der Wahl seiner Mittel, der am gröbsten aufträgt, und der den Volksinstinkten,* wenn ich so sagen soll, *am besten zu schmeicheln versteht!* (Bravo!)«[64] Die »Ordnungsparteien« hatten zudem einen furchtbaren Schrecken bekommen: Wie Dickens' Scrooge hatten sie einen Blick in die Zukunft geworfen. Laut Mehnert unterstrichen die sozialdemokratischen Siege bei den Landtagswahlen vom Oktober 1895 und die »wilde Hetze« der SPD während dieser Kampagne den dringenden Handlungsbedarf. Würde man keine entschiedenen Maßnahmen ergreifen, wäre die »Umsturzpartei« drauf und dran, nach der nächsten Wahl eine Landtagsmehrheit zu gewinnen.[65] Sie wäre dann in der Lage, den sozialistischen »Zukunftsstaat« einzuführen.

Die »Ordnungsparteien« im Landtag hatten es aufgegeben, auf die Staatsmänner in Berlin oder Dresden zu warten. Sie hatten daher eine Reihe von allgemeinen Grundsätzen aufgestellt, auf denen eine sächsische Vorlage für eine Wahlrechtsreform basieren sollte: (1) Niemand, der derzeit das Landtagswahlrecht besäße, solle es verlieren; (2) die Unter-

---

63 Friesen-Röthas formaler Nachfolger als Vorsitzender des Konservativen Landesvereins war der österreichisch-ungarische General-Konsul Dr. Maximilian Schober, ein Königl. sächsischer Ober-Regierungs-Rath a. D. und »hochgeachteter Industrieller« in Leipzig. »Die Energie und Initiative seines Vorgängers [Friesen-Rötha] geht ihm jedoch ab, er dürfte sich daher wohl mehr treiben lassen als selbst treiben.« Regierungschef Metzsch war erfreut über die Wahl Schobers, da die angestammte Rolle eines Konservativen »Abwehr« und nicht »Angriff« sei. Obwohl Friesen geholfen hätte, die »Indolenz« seiner Kollegen im Landesverein zu überwinden, indem er sie zu »neuer Thätigkeit und Wachsamkeit« antrieb, hätte seine »Streitsucht« ihn auf »falsche Wege« bei der Gegnerschaft zur Reichsregierung, zur sächsischen Regierung und sogar zu den »verbündete[n] Parteien« in Sachsen geführt. Dönhoff, 21.5.1894, PAAAB, Sachsen 48, Bd. 18.
64 LTMitt 1895/96, II.K., Bd. 1, S. 163–175 (10.12.1895), S. 166 (Mehnert) (Hervorhebungen im Original); Dönhoff, 12.12.1895, PAAAB, Sachsen 60, Bd. 3.
65 Vergleiche Karte S. 6.5 der sächsischen LT-Wahlen von 1889, 1891 und 1893 mit Karte S. 7.1 (beide im Online-Supplement), welche die sächsischen LT-Wahlen von 1895 abbildet. Die (ein Drittel der Wahlkreise betreffende) LT-Wahl von 1895 war die letzte, die nach dem Wahlrecht von 1868 abgehalten wurde.

scheidung zwischen städtischen und ländlichen Wahlkreisen solle beibehalten werden; (3) es solle keine komplette Neuwahl des Parlaments geben; vielmehr solle das System der teilweisen Erneuerung alle zwei Jahre bestehen bleiben; und (4) anstelle der direkten und einfachen Abstimmung für Abgeordnete solle ein System der indirekten Mehrklassenwahl nach dem Vorbild des preußischen Dreiklassenwahlrechts eingeführt werden.

Mehnerts Geschichte von einer plötzlichen Erleuchtung war plausibel. Sie überzeugte das Gros des sächsischen Bürgertums – und viele Historiker.[66] Doch es handelte sich um eine kunstvoll konstruierte Fiktion. Falls ein »Attentat« auf das sächsische Landtagswahlrecht von 1868 verübt werden sollte, so würde dies nicht von den Sozialdemokraten ausgehen, sondern in böswilliger Absicht von den Ordnungsparteien selbst. Neue Erkenntnisse zeigen, wie eifrig sich die antisozialistischen Politiker in Sachsen auf diesen Moment vorbereitet hatten – nicht über Tage oder Wochen, sondern über Monate und Jahre hinweg. Mehnert wählte die erste ganztägige Debatte während der Landtagssession, um den Fehdehandschuh hinzuwerfen. Er bemühte sich um maximale Dramatik, indem er beispielsweise schaurige Diffamierungen heraufbeschwor, welche die Deutschen von den Sozialdemokraten zu erwarten hätten, wenn im Januar 1896 der 25. Jahrestag der Reichsgründung gefeiert würde. Auch seine Landtagsrede legte er als Provokation an. Sie erfüllte ihren Zweck. Die Sozialdemokraten waren darauf nicht gefasst gewesen und aufrichtig entrüstet.

Einige der Vorbereitungen für diese dramatische Ankündigung einer sächsischen Wahlrechtsreform 1896 geschahen im Licht der Öffentlichkeit. Anderes spielte sich hinter verschlossenen Türen ab. Da war zum einen die Reform des Leipziger Kommunalwahlrechts. Zum anderen gab es eine Reihe von geheimen Denkschriften und Treffen zwischen Parlamentariern, Beamten und Staatsmännern in Berlin und Dresden.

Hinter verschlossenen Türen

In der Landtagssitzungsperiode 1893/94 hatten die »Ordnungsparteien« Sachsens ihre Position gefestigt. Als die erste Session im März 1894 endete, war das sächsische Kartell bestätigt worden. Und man hatte sich noch etwas Neues einfallen lassen: Paul Mehnert war die treibende Kraft hinter der Gründung eines »Seniorenkonvents« zur Förderung der antisozialistischen Kooperation außerhalb des Landtages. Die Zusammensetzung des »Konvents« – vier Konservative, zwei Nationalliberale und zwei Fortschrittler – machte deutlich, wie die Machtverhältnisse lagen.[67]

---

66 E. O. SCHIMMEL, Entwicklung, 1912; A. PACHE, Geschichte, 1907; E. OPPE, Reform, 1910; und K. RUDOLPH, Sozialdemokratie, 1995. Ein Historiker, der sich nicht von Mehnert täuschen ließ, ist Wolfgang Schröder; vgl. SParl, S. 46.
67 Dönhoff, 18.3.1894, PAAAB, Sachsen 60, Bd. 3. Mehnert fungierte als Geschäftsführer des Seniorenkonvents.

Die antisozialistische Front war nicht geschlossen. Die Berliner Führung des Bundes der Landwirte war notorisch unzuverlässig, was ihre Unterstützung lokaler Absprachen zwischen den konservativen Vereinen und den Nationalliberalen anging. Ein Beispiel: Als sich die Konservativen bei einer Reichstagsnachwahl im Mai 1894 bereit erklärten, den Kandidaten der Nationalliberalen zu unterstützen, erzwangen die Führer des Bunds eine unnötige Stichwahl gegen einen Sozialisten, indem sie diesem Arrangement ihre Unterstützung verweigerten und ihre Mitglieder stattdessen aufforderten, für den antisemitischen Kandidaten zu stimmen. Diese Intervention veranlasste den Kaiser, »diese Esel!« an den Rand des Berichts seines Gesandten Dönhoff zu schreiben.[68] Auch die antisemitischen Reformer legten den »Ordnungsparteien« weiterhin Steine in den Weg: Gustav Hartwig teilte sich bei einer Reichstagsnachwahl im April 1895 die bürgerlichen Stimmen mit einem konservativ-nationalliberalen Kompromisskandidaten und verhalf damit einem Sozialdemokraten zum Sieg.[69]

Bei der Landtagswahl im Oktober 1895 hatte die SPD nur einen Sitz hinzugewonnen und einen verloren, so dass ihre Delegation unverändert bei vierzehn Abgeordneten blieb.[70] Erneut war das sächsische Kartell gerade noch einmal davongekommen. Das Wahlergebnis war »so gut, daß ich noch kaum daran glauben kann«, erklärte Metzsch. Mehnert rief aus, dass die Antisemiten »*keinen einzigen* ihrer Kandidaten durchgebracht« hätten. Und auch die letzten beiden Linksliberalen seien aus der Zweiten Kammer »hinaus befördert« worden. Mehnerts Bemerkung im privaten Kreis, er sei »mit dem Ausfall überaus zufrieden«, strafte seine spätere Behauptung, das Wahlergebnis von 1895 habe das sächsische Kartell in Zugzwang gebracht, Lügen.[71]

Dennoch erhielten die Sozialdemokraten im Oktober 1895 über 13 000 Stimmen mehr als 1889 in denselben Wahlkreisen. Da viele Anhänger anscheinend zum ersten Mal mobilisiert worden waren, schien die Fortsetzung dieses Aufschwungs gesichert. Schon damals stellten die Sozialdemokraten im Dresdner Landtag mehr als ein Drittel der sozialistischen Abgeordneten in *allen* deutschen Landtagen. Noch stärker stieg allerdings der antisemitische Stimmenanteil: Nachdem sie sechs Jahre zuvor in keinem der betreffenden Wahlkreise vertreten gewesen waren, kamen sie nun auf 10 742 Stimmen, also rund elf Prozent der Gesamtstimmen. Einige Konservative glaubten, dass ein eingeschränktes Landtagswahlrecht die Antisemiten mindestens ebenso benachteiligen würde wie die Sozialdemokraten, da die radikalen Antisemiten angeblich den Großteil ihrer Unterstützung aus den ärmsten und am wenigsten sesshaften Elementen des Mittelstandes zogen. Außerdem forderten die Antisemiten, das Reichstagswahlrecht

---

68 Dönhoff, 26.5.1894, PAAAB, Deutschland 125, Nr. 3, Bd. 14.
69 Dönhoff, 15./17./21.4.1895, PAAAB, Deutschland 125, Nr. 3, Bd. 14.
70 Berichte der AHMS und KHMS in SHStAD, MdI 5342. Ein 15. MdLT der SPD kam in einer Nachwahl im Winter 1895/96 hinzu.
71 Chotek, 18.10.1895, inkl. Mehnert an Chotek, o. J. (Abschrift); HHStAW, PAV/49; Dönhoff, 18.10.1895, PAAAB, Sachsen 60, Bd. 3 (Hervorhebungen im Original).

dahingehend zu ändern, dass alle wahlberechtigten Bürger zur Stimmabgabe verpflichtet seien. Die Konservativen waren sich in Bezug auf die Wahlpflicht nicht einig, lehnten sie aber im Großen und Ganzen ab, da sie ihrer Meinung nach einen demagogischen Umgang mit der Wählerschaft befördern würde.[72]

Leipzig weist den Weg

Zwischen dem 1. Januar 1889 und dem 1. Januar 1892 wurden 17 Vororte in das Leipziger Stadtgebiet eingegliedert. Dabei handelte es sich meist um dicht besiedelte Gebiete mit einem hohen Arbeiteranteil. Als Folge dieser Eingemeindungen stieg die Einwohnerzahl der Stadt von etwa 170 000 im Jahr 1885 auf etwa 400 000 im Jahr 1895.[73] Leipzig war damit nach Berlin, Hamburg und München die viertgrößte Stadt Deutschlands. Die sächsischen Sozialdemokraten und ihre Gegner wussten, dass diese Entwicklung sich auch auf die Wahlen auswirken würde. Der von Bürgermeister Otto Georgi beherrschte Stadtrat war sich durchaus bewusst, dass nun weit mehr Wähler aus der Arbeiterklasse an den Leipziger Kommunalwahlen teilnehmen würden.[74] Die Ratsmitglieder hofften, dass die Gewinnung neuer Flächen der Industrie und somit dem wirtschaftlichen Aufschwung der Stadt förderlich wäre, der es wiederum ermöglichen würde, auf kommunaler Ebene umfangreichere soziale Dienste anzubieten.[75] Für die bundesstaatlichen und die nationalen Wahlen waren unterschiedliche Ergebnisse vorherzusehen.[76] Ohne größeres Aufhebens wurden 1892 den bestehenden drei Leipziger Landtagswahlkreisen zwei neue hinzugefügt, wodurch die Gesamtzahl der Landtagsmandate von 80 auf 82 stieg.

Noch vor Abschluss dieser Eingemeindungen nutzte die Leipziger SPD die politische Chance, die das bestehende sächsische Kommunalwahlrecht bot. Im Herbst 1890 erhielt die Leipziger SPD rund 20 Prozent der Stimmen. Das *Leipziger Tageblatt* der Nationalliberalen behauptete, die Sozialdemokraten beabsichtigten in Leipzig »eine Art [Pariser] Kommune ins Werk zu setzen«.[77] Die nächsten vier Jahre waren geprägt von einer Kampagne, die Arbeiter davon überzeugen sollte, in Leipzig das Bürgerrecht zu beantragen, obwohl die lokalen Behörden versuchten, das Antragsverfahren so schwierig wie möglich zu gestalten.[78] Das rasante Wachstum der Sozialdemokratie in

---

72 Vaterl, 18.10.1895, 6.3.1896; vgl. H. v. Schorlemer, Landtagswahlrecht, 1895; [ders.], Talmi-Antisemitismus, 1895, S. 28–31; F. Stölting, Wahlrecht, 1910, S. 28; V. C. Diersch, Entwicklung, 1918, S. 191 f.
73 G. Wächter, Städte, 1901, S. 203, Tabelle 5; K. Pontow, Kommunalpolitik, 1981, S. 105.
74 Vgl. O. Georgi, Reden, 1899.
75 K. Pontow, Kommunalpolitik, 1981, S. 101; K. Czok, Stellung, 1973, S. 8.
76 Vgl. auch Kap. 11. Für eine Diskussion dieser Wahlkreisschiebungen (*Gerrymandering*) auf lokaler und bundesstaatlicher Ebene als antisozialistische Strategie vgl. J. Retallack, Mapping the Red Threat, 2016.
77 Der Wähler, 13.11.1890, zitiert in: K. Czok, Stellung, 1973, S. 36.
78 Dönhoff, 11./26.10.1894, PAAAB, Sachsen 48, Bd. 18, sowie zu einigen der folgenden Aspekte.

Leipzig spiegelte sich auch in anderen Indikatoren wider. Zwischen 1893 und 1896 stieg die Mitgliederzahl der fünf Leipziger Bezirksvereine fast um das Doppelte, von 872 auf 1 584 Mitglieder (davon 59 Frauen).[79] Auch das SPD-Netzwerk aus Kultur-, Bildungs- und Freizeitvereinigungen wuchs in diesen Jahren rasant.[80] Die 15 Arbeiterturnvereine der SPD in Leipzig z. B. hatten 1892/93 rund 1 000 Mitglieder.[81] 1892 verfügte die SPD über mehr als 70 Wirtshäuser, und zwei Jahre später konnten Parteimitglieder die Vorteile von zwölf Konsumgenossenschaften mit rund 12 000 Mitgliedern nutzen. Erschien das SPD-Hauptorgan *Der Wähler* 1887 noch in einer Auflage von rund 3 000 Exemplaren, so hatte sich diese bis 1894 mit der Umbenennung in *Leipziger Volkszeitung* vervierfacht.[82] Leipzig bildete auch die Operationsbasis für diejenigen Sozialisten, welche die Agitation in die ländlichen Gegenden hineintrugen.[83] Entsprechend wuchs der Erfolg der Sozialdemokraten bei den Stadtverordnetenwahlen in Leipzig. Sollte sich dieser Trend fortsetzen, schien es wahrscheinlich, dass die Sozialdemokraten schließlich das Leipziger Stadtverordnetenkollegium dominieren würden (siehe Tabelle 7.1).

Tabelle 7.1: Leipziger Stadtverordnetenwahlen, 1889–1893

Jahr	Zugelassene Wahlberechtigte insgesamt	Abgegebene Stimmen insgesamt	Für bürgerliche Parteien abgegebene Stimmen	Für die Sozialdemokratie abgegebene Stimmen
1889	13.061	6.809	6.795	-
1890	17.697	11.520	9.191	2.329
1891	21.706	14.674	10.361	4.313
1892	22.245	15.245	10.341	4.904
1893	24.308	15.770	9.835	5.935

Quelle: Leo Ludwig-Wolf, Leipzig, in: Verein für Sozialpolitik (Hrsg.), Verfassungs- und Verwaltungsorganisation der Städte, Bd. 4, Nr. 1, Königreich Sachsen (Leipzig 1905, Neudruck Vaduz 1990) (= Schriften des Vereins für Socialpolitik, 120/I), S. 124–161, hier S. 137.

---

79 Die Leipziger SPD war damit größer als der Nationalliberale Verein in Leipzig (957 Mitglieder im Jahr 1890) und der Landesverein der freisinnigen Partei in Sachsen (827 Mitglieder im Jahr 1892). Dönhoff, 28.5.1892, PAAAB, Sachsen 48, Bd. 16. Tabelle S. 7.1 im Online-Supplement zeigt die Geschlechterverteilung der Mitgliedschaft in den Leipziger Arbeitervereinen und freien Gewerkschaften (1893–98); vgl. auch Tabelle 12.3 in diesem Band für den Männer- und Frauenanteil der SPD-Mitglieder reichsweit (1908–14).
80 T. Adam, Arbeitermilieu, 1999.
81 M. Rudloff/T. Adam, Leipzig, 1966, S. 61.
82 K. Czok, Stellung, 1973, S. 13–25; B. Rosonsky, Entwicklung, 1981.
83 Nach Angaben der Leipziger Polizei saßen insgesamt 160 Sozialdemokraten in 83 sächsischen Kommunalparlamenten (davon 78 außerhalb großer Städte). »Übersicht über die politische und gewerkschaftliche Arbeiterbewegung im 12. und 13. sächsischen Reichstagswahlkreise im Jahre 1895«, Leipzig, 1.1.1896; SHStAD, KHMSL 253. Diese und spätere Berichte des Criminal-Oberwachtmeisters (später Polizei-Inspektor) Förstenberg werden künftig als Fö »Übersicht ... [Jahr]« zitiert.

Um dies auszuschließen, schlug der Leipziger Stadtrat ein neues Dreiklassenwahlsystem vor, wie der preußische Gesandte erklärte: »Mit der Einverleibung der Vororte, die eine sehr starke gewerbliche Bevölkerung in sich bergen, erachtet die Ratsbehörde infolge der außerordentlich leichten Erwerbung des Bürgerrechtes die Gefahr als immer mehr vergrößert, daß das jetzt geltende Wahlsystem zu einer reinen Herrschaft der Massen führen wird.«[84] Mit der am 24. Oktober 1894 in Kraft getretenen Wahlordnung kopierten die Leipziger in mehrfacher Hinsicht das preußische Dreiklassenwahlrecht. Sie übernahmen ein System, das den quantitativen Beitrag der Wähler zum Staat – ihre Leistung – bewertete und belohnte. So war das Dreiklassenwahlrecht zwar allgemein, aber ungleich, denn nicht alle Wähler hatten das gleiche Gewicht bei der Wahl ihrer Parlamentsvertreter. In der obersten Stimmrechtsklasse waren diejenigen Leipziger, die gemeinsam fünf Zwölftel des jährlichen Steueraufkommens entrichteten (bei den preußischen Landtagswahlen betrug dieser Anteil ein Drittel). Die zweite Wählerklasse umfasste die nächsten 15 Prozent der Steuerzahler. Die restlichen Personen auf der Liste sowie alle wahlberechtigten Nicht-Steuerzahler bildeten die dritte Wählerklasse – rund 80 Prozent aller Wähler. Dieses System spiegelte die landläufigen Vorstellungen vom Staat als einer Art Aktiengesellschaft wider, wonach die Stimmen den »Aktionären« auf der Grundlage ihrer jeweiligen »Investition« (in Form von Steuern) in das Unternehmen Staat zugeteilt wurden. Die Betonung auf Selbstständigkeit, Intelligenz und Sorge um das Gemeinwohl entsprach dem zeitgenössischen Verständnis von Philanthropie.[85]

Die Verteidiger des neuen Leipziger Kommunalwahlrechts behaupteten, alle drei Klassen von Wählern hätten bei der Wahl der 72 Stadtverordneten mindestens das gleiche Gewicht. Das war reine Augenwischerei. Eine in Klasse I abgegebene Stimme hatte etwa 16-mal mehr Gewicht als eine Stimme in Klasse III.[86] Die Nationalliberalen dominierten die erste Stimmrechtsklasse, zu der Vertreter von Handel und Industrie sowie die oberen Ränge der Bürokratie gehörten. Der konservative Leipziger Hausbesitzerverein beherrschte, zusammen mit mittelständischen und antisemitischen Gruppen, die zweite Stimmrechtsklasse.[87] Mit der Einführung eines Dreiklassenwahlrechts mit direktem Stimmverfahren[88] war quasi garantiert, dass *einige* Sozialdemokraten in das Leipziger Stadtverordnetenkollegium einziehen würden.[89] Man erwartete, dass die Sozialdemokraten in der dritten Klasse alle Mandate gewinnen würden. Mit zwei Bestimmungen wurde jedoch versucht, dieses Ergebnis hinauszuzögern bzw.

---

84   Dönhoff, 11.10.1894, PAAAB, Sachsen 48, Bd. 18.
85   Weitere Details in: J. RETALLACK, German Right, 2006, Kap. 6; DERS., Mapping the Red Threat, 2016.
86   StadtAL, Kap. 7, Nr. 36, Bd. 1; L. LUDWIG-WOLF, Leipzig, 1905, bes. S. 137–140; M. SCHÄFER, Burg, 1998, S. 273–275; T. ADAM, Arbeitermilieu, 1999, S. 293–298.
87   StadtAL, Kap. 35, Nr. 100, Bd. I. Vgl. P. BRANDMANN, Leipzig, 1998, S. 51 f.; M. SCHÄFER, Burg, 1998; DERS., Bürgertum, Arbeiterschaft, 1998; DERS., Bürgertum in der Krise, 2003.
88   D. h. im Gegensatz zum indirekten Stimmverfahren des preußischen und des späteren sächsischen Landtagswahlrechts.
89   K. CZOK, Stellung, 1973, S. 21; T. ADAM, Arbeitermilieu, 1999, S. 296.

zu verhindern. Erstens wurden die Mandate fortan im Zweijahresrhythmus und nicht mehr jährlich neu vergeben. Der zweite und wichtigere Punkt war, dass Leipzig in vier Wahlkreise aufgeteilt wurde, allerdings *nur* für die dritte Wählerklasse. Die Grenzen für diese Bezirke mussten von Grund auf neu gezogen werden, und sie spiegelten das gleiche politische Kalkül wider, mit dem zwei Jahre zuvor die Grenzen der fünf Bezirke für die Landtagswahlen gezogen worden waren. Als das neue Wahlrecht im Jahr 1894 das erste Mal zum Einsatz kam, wurden vier Sozialdemokraten in das Leipziger Stadtverordnetenkollegium gewählt. Ein Jahr später erhöhte sich ihre Zahl durch die Wahl von sechs weiteren Sozialdemokraten auf zehn. Dieses Ergebnis wurde vom Leipziger Wahlexperten im Stadtrat, Leo Ludwig-Wolf, und vom preußischen Gesandten für vertretbar befunden: Letzterer bemerkte, die Wahlen in den ersten beiden Klassen seien ein »Gegengewicht gegen die etwa im Sinne des Umsturzes ausfallenden Wahlen der 3. Abtheilung«.[90]

Die sächsischen Antisozialisten sahen sofort ein, dass ein restriktives Wahlrecht, das in Leipzig sein angestrebtes Ziel erreichte, auch anderswo funktionieren könnte. Womöglich würde es auch dazu beitragen, die Forderungen von August Bebel zu widerlegen, die er 1895 in seiner Schrift »Die Sozialdemokratie und das Allgemeine Stimmrecht« veröffentlichte.[91] Die plutokratische Reform des Leipziger Wahlrechts bereitete den Weg für die Landtagswahlreform von 1896 und die in den kommenden Jahren in anderen sächsischen Städten eingeleiteten Wahlrechtsreformen.[92]

»Was tun?«

Als die »Ordnungsparteien« im Dezember 1895 eine Reform des Landtagswahlrechts vorschlugen, mussten sie die Zweifel von Regierungschef Metzsch und sogar von König Albert überwinden. In seinem Berichtsentwurf für München verwies der bayerische Gesandte auf die »zögernde und mit Recht bedenkliche [sächsische] Regierung«.[93] Er fügte hinzu: »[...] nur schweren Herzens hat S[eine] Maj[estät] der König das Minis-

---

90 Stadtrat Leo Ludwig-Wolf (Leipzig) an Geheimer Regierungsrat Bruno Oswin Merz (MdI Dresden), 27.12.1895, SHStAD, MdI 5414; Dönhoff, 29.11.1895, PAAAB, Sachsen 48, Bd. 18. Dönhoff beklagte trotzdem wie üblich, dass die »Ordnungsparteien« die Siege der SPD ermöglicht hätten, da es ihnen nicht gelungen war, sich auf ihre bevorzugten Bewerber zu einigen.
91 A. Bebel, Reden und Schriften, Bd. 3, 1995, S. 613–691, bes. S. 656–659. Die Broschüre hatte den Untertitel »Mit besonderer Berücksichtigung des Frauen-Stimmrechts und Proportional-Wahlsystems«.
92 K. Czok, Klassenkampf, 1973, zu Böhlen bei Grimma im Jahr 1893; R. Heinze, Dresden, 1905; J. Hübschmann, Chemnitz, 1905. In Dresden und Chemnitz berücksichtigten die Reformer nicht nur das Einkommen und die Steuerbelastung der potenziellen Wähler, sondern auch deren Beruf und Bildungsniveau. Somit ließen sie Optionen wiederaufleben, welche die Leipziger als sozialdemokratischen Zugewinnen zu förderlich erachtet hatten. Vgl. Kap. 9 und 11 im vorliegenden Band. Preußens Dreiklassenwahlrecht basierte auf Kölns Kommunalwahlrecht von 1845; vgl. H. Boberach, Wahlrechtsfragen, 1959.
93 Niethammer (Entwurf), 11.12.1895, BHStAM II, Ges. Dresden 953.

terium ermächtigt, eine entgegenkommende Erklärung abzugeben, und an dem seit 60 Jahren zur Befriedigung funktionierenden Wahlrecht zu rütteln«. Die unabhängigen Antisemiten seien vehement gegen die Reform. Auch würden »manche Stimmen laut, welche trotz ihrer conservativen monarchischen Gesinnungen diese optimistische Auffassung nicht ganz [teilten] und ernste Bedenken [äußerten]«. Dennoch: »Die Führer der Ordnungsparteien sind von Optimismus begeistert für die Rettungsthat und schmeicheln sich nicht nur zum Heile Sachsens gewirkt sondern auch ein Vorbild zur Nachahmung für das Wahlrecht im Reiche und anderen deutschen Bundesstaaten gegeben zu haben.«

Der konservative Parteiführer Paul Mehnert agierte bereits seit mehr als einem Jahr hinter den Kulissen. Im Dezember 1894 – nicht erst ein Jahr später, als er angeblich eine Erleuchtung hatte – schickte er eine umfangreiche Denkschrift an Regierungschef Metzsch. Seine Argumentation verband taktische Flexibilität mit der festen Entschlossenheit, der sozialistischen Bedrohung zu begegnen, allerdings zu den Bedingungen der Konservativen. Mehnerts Denkschrift mitsamt seinem Schlachtplan zum Sieg über den »inneren Feind« ist mindestens ebenso aufschlussreich wie die endgültige Wahlrechtsreform vom März 1896 selbst.[94]

Das Ergebnis der Landtagswahl im Herbst 1893, das Mehnert seiner Denkschrift anhing, »hat mich selbst erschreckt«, schrieb er. Mehnert gab sich erstaunt, dass die sichere Kartellmehrheit in der Zweiten Kammer auf solch »schwachen Füßen« stehe. Die aktuelle Zweidrittelmehrheit könnte bei den nächsten Landtagswahlen im Oktober 1895 eine »*nicht einmal sicher einfache* Majorität« werden. Dies wäre eine Verschiebung der Parteiverhältnisse, welche die »Ordnungsparteien« daran hindern könnte, in Zukunft eine Verfassungsreform durchzuführen. (Verfassungsänderungen bedurften der Zustimmung von zwei Dritteln des Hauses.) Folglich schlug Mehnert vor, einen außerordentlichen Landtag einzuberufen – der irgendwann vor den Wahlen von 1895 zusammentreten sollte –, um das Wahlrecht von 1868 zu ändern.

Mehnert hatte seine Ideen bereits vor seinem Schreiben an Metzsch mit einer Reihe von Parlamentariern besprochen. Dazu gehörten Freiherr von Friesen, der sich im Ruhestand auf sein Rittergut Rötha zurückgezogen hatte; die Landtagsabgeordneten Karl Uhlmann und Gustav Philipp von der Fortschrittspartei; Lothar Streit, der Vizepräsident der Zweiten Kammer und Bürgermeister von Zwickau, ebenfalls ein Fortschrittler; der nationalliberale Abgeordnete Arthur Georgi und sein Bruder Otto Georgi, Oberbürgermeister von Leipzig; sowie Otto Beutler, ein aufstrebender Konservativer und zukünftiger Oberbürgermeister von Dresden. Angesichts des Vormarsches der Sozialdemokratie war die Stimmung dieser Männer »geradezu trostlos« geworden. Sie stimmten mit Mehnerts Prognose und seinem Plan überein.

---

94 Zum Folgenden: Mehnert an Metzsch, 26.12.1894, SHStAD, MdI 5414 (alle Hervorhebungen im Original).

Die Grundlage für Mehnerts Coup gegen den bestehenden Landtag – bereits im Dezember 1894 – war ein neues Wahlrecht, das auf folgenden Prinzipien basierte: Die Steuerschwelle (Zensus) von drei Mark sollte nicht angehoben werden. Das war eine »Concession an Fortschrittler und Nationalliberale«. Doch sie sollte auch nicht abgeschafft werden. Was die Frage der Wahlpflicht anging, wollte sich Mehnert nicht festlegen. Er war auch unentschlossen, ob der Zensus für das passive Wahlrecht, d. h. für die zur Wahl Stehenden, angehoben werden sollte. Aber er wollte ein klassenbasiertes Wahlrecht einführen, »um die Uebermacht [!] der Wähler mit geringem Census zu beseitigen«. Das preußische Dreiklassenwahlrecht habe »sich sehr bewährt« und auch das kurz zuvor eingeführte Leipziger Dreiklassensystem habe den Nutzen eines Klassenwahlsystems für Kommunalwahlen gezeigt. Mehnert betonte jedoch, dass es keine direkten Wahlen geben dürfe wie in Leipzig, sondern indirekte Wahlen wie in Preußen. Die Leipziger hätten in dieser Hinsicht zweifellos einen Fehler gemacht, behauptete Mehnert, weil die sozialdemokratischen Abgeordneten direkt von der dritten Klasse gewählt werden könnten. Unter Mehnerts System könne man davon ausgehen, »daß Socialdemokraten in den Landtag künftig kaum mehr einziehen werden«.

Für ein Pluralwahlrecht – ein System, das bestimmte Wähler mit zusätzlichen Stimmen belohnte – zeigte Mehnert kein Interesse. »Die Berücksichtigung verschiedener anderer Factoren, wie selbstständiger Beruf, Grundbesitz, höhere Bildung u.s.w. zur Einstellung in bestimmte Classen dürfte unzweckmäßig sein. Die Erfahrungen hierüber andererwärts können noch nicht als abgeschlossen gelten.«[95] Außerdem schien weder das preußische noch das Leipziger System richtig, was die genaue Einteilung in die Klassen I, II und III anging: »das richtige wird wohl *in der Mitte* liegen«. Was Mehnert dann aber anregte, lag überhaupt nicht in der Mitte zwischen dem Leipziger und dem preußischen System. Seinem Vorschlag nach sollte Klasse I etwa zehn Prozent der Wähler, Klasse II etwa 35 Prozent und Klasse III die restlichen 50 Prozent umfassen. Mehnerts Vorschlag, »nur« 50 Prozent der Wähler in die dritte Klasse der Wähler aufzunehmen, mag überraschen. Immerhin waren sowohl im preußischen als auch im Leipziger System etwa 80 Prozent der Stimmberechtigten in die unterste Klasse eingeordnet. Dieser Aspekt von Mehnerts Plan sollte jedoch durch andere Bestimmungen gestärkt – und die sozialdemokratische Repräsentation auf ein Minimum reduziert – werden. Die wichtigste dieser Bestimmungen war das indirekte Abstimmungsverfahren, gefolgt von der Tatsache, dass, ebenfalls wie in Preußen, die Stimmabgabe sowohl für Delegierte als auch für Abgeordnete öffentlich sein sollte. Solange die Abstimmung indirekt war, könnten die von den ersten beiden Klassen gewählten Wahlmänner bei der Auswahl der eigentlichen Abgeordneten immer die Delegierten der dritten Klasse überstimmen. Indem Mehnert nachdrücklich auf Präzedenzfälle verwies, versuchte er Metzsch davon

---

95 Wie wir noch sehen werden, sollte Mehnert seine Position aus Gründen der Zweckmäßigkeit später revidieren; 1909 akzeptierte er ein Pluralwahlrecht.

zu überzeugen, dass die Logik seines Arguments unangreifbar sei: »Die *öffentliche* Wahl hat sich in Preußen *durchaus bewährt*; wie denn überhaupt das preußische Wahlrecht bis jetzt so wohlthätig gewirkt hat, *daß die Socialdemocratie an der Wahl sich gar nicht betheiligt!* Das Preußische Abgeordnetenhaus hat *nicht einen Socialdemocraten* in seiner Mitte!«

Mehnerts Aufteilung der Wahlklassen kann nicht isoliert betrachtet werden. Auch andere Elemente wären ausschlaggebend für den Erfolg seines Plans. Im Gegensatz zu 1869, als der gesamte Sächsische Landtag auf der Grundlage des Wahlrechts von 1868 gewählt wurde, verwies Mehnert auf einen weiteren Fehler, den die Leipziger begangen hätten, indem sie mit dem neuen Wahlrecht von 1894 das Stadtverordnetenkollegium en bloc gewählt hatten. Für den Landtag sei es unerlässlich, dass das neue Wahlrecht schrittweise bei jeder der nächsten (für 1895, 1897 und 1899 anberaumten) Ein-Drittel-Wahlen eingeführt würde. Mehnert behauptete, dass die amtierenden Landtagsabgeordneten eher eine Wahlreform verabschieden würden, wenn sie wüssten, dass sie ihre Mandate bis 1897 bzw. 1899 behalten könnten, anstatt bei einer Gesamtwahl 1895 eine mögliche Niederlage zu erleiden. Dieses Argument ergibt auf den ersten Blick keinen Sinn. Man würde erwarten, dass Mehnert begierig gewesen wäre, die Sozialdemokraten durch eine Integralerneuerung des gesamten Landtags so schnell wie möglich loszuwerden – anstatt im Verlaufe dreier Teilwahlen. Vielleicht ahnte er, welch heftige Gegenreaktion ein so dramatischer Umschwung hervorrufen würde. Wie dem auch sei, Mehnert versprach Metzsch, diese Ideen zu gegebener Zeit, im Idealfall bis Mitte Januar 1895, weiter auszuführen. Da er Metzsch die Initiative nicht einmal bis dahin überlassen wollte, legte Mehnert eine Liste von elf »Probe-Wahlkreisen« vor, anhand derer der sächsische Staatsdienst prüfen könne, wie das wahrscheinliche Ergebnis des von ihm vorgeschlagenen Dreiklassensystems aussehen würde. Diese Liste, so behauptete er, würde es Beamten im Innenministerium ermöglichen zu entscheiden, welcher Prozentsatz der Wahlberechtigten in jede Wahlklasse aufgenommen werden sollte. Mehnert nannte zuletzt noch zwei Maßnahmen, die seiner Meinung nach eingeführt werden müssten, um sicherzustellen, dass die Sozialdemokraten aus dem Landtag vertrieben würden. Der Treueeid aller Landtagsabgeordneten zu Beginn jeder Sitzung solle »eine sehr *precise* Fassung« erhalten, die es für die Sozialdemokraten »*absolut unmöglich*« machen würde, dieses Gelöbnis abzulegen. Darüber hinaus sollte dem vorgeschlagenen außerordentlichen Landtag ein neues Vereinsrecht vorgelegt werden. Dieses Gesetz würde es ermöglichen, »Vereine und Versammlungen, deren Tendenzen *irgendwie* der monarchischen Treue widersprechen«, zu verbieten.

Für Mehnert war im Dezember 1894 Eile geboten: Sofortige Maßnahmen seien notwendig, solange die Erinnerung an die anarchistischen Morde im vorangegangenen Sommer noch frisch sei. Doch hatte Reichskanzler Hohenlohe in seinen ersten beiden Amtsmonaten (November und Dezember 1894) gezeigt, dass er nicht bereit war, den extremen Kurs weiterzuverfolgen, der von Botho zu Eulenburg und anderen Befürwortern eines Staatsstreichs vertreten wurde. Die Aussichten für die Umsturzvorlage im Reichstag hatten sich bereits getrübt. So meinte Mehnert, »daß gerade aber in der Unsicherheit der Verhältnisse im Reiche eine doppelt *dringliche Mahnung* enthalten ist, wenigstens bei uns im Hause die Zügel in der Hand zu behalten *und das Nöthige dafür zu thun, so lange es noch möglich ist*«. Man könne nicht darauf warten, bis Berlin endlich handele. »Ich möchte auch gern unserem König, der ja einer wahren Volksthümlichkeit in *besten Sinne des Wortes* sich erfreut, für Seine späteren Regierungsjahre einen Staatsreich ersparen, zu dem aber kurz oder lang doch geschritten werden *müße*, wenn – die Gelegenheit zur Abänderung des Wahlrechts *auf verfassungsmäßigem Wege* nicht mehr vorhanden ist.«

*

Mehnerts Denkschrift vom Dezember 1894 war nicht das einzige Rezept für eine Wahlrechtsreform, das dem sächsischen Innenminister übermittelt wurde. Ein anderer Vorschlag war noch vor der Königsberger Rede des Kaisers vom 6. September 1894 eingegangen. Verfasser dieser anonymen Denkschrift mit dem einfachen Titel »Allgemeines Wahlrecht« war Hans von Bosse, konservatives Mitglied der sächsischen Zweiten Kammer, der seit Januar 1894 als Geheimrat im Innenministerium tätig war. Bosse plädierte in seiner Denkschrift für ein Pluralwahlrecht.[96] Sein Wahlrecht basierte weitgehend auf dem, das kurz zuvor in Belgien eingeführt (wenn auch noch nicht erprobt) worden war.[97] Es stützte sich außerdem auf Vorschläge für ein neues Kommunalwahlrecht, das im Reichsland Elsaß-Lothringen eingeführt werden sollte. Im Laufe des Jahres 1895 wurden dem sächsischen Innenministerium dann noch weitere Reformvorschläge – einige kurze, einige sehr umfangreiche – zugestellt. Die bemerkenswertesten waren neben denen Mehnerts die von Otto Beutler, Otto Georgi und Georgis Bruder Arthur, einem wohlhabenden Geschäftsmann aus Mylau. Nachdem Mehnert in einer Rede im Dezember 1895 grob umrissen hatte, in welche Richtung die Wahlrechtsreform gehen würde, erhielt das sächsische Innenministerium auch Anmerkungen und Vorschläge

---

[96] Bosses »Allgemeines Wahlrecht« in StadtAL, Kap. 2, Nr. 90. Bosse hatte zuvor als AHM in Dippoldiswalde und Meißen gedient und war von 1895 bis 1898 KHM in Bautzen. Vgl. auch [Arthur] Georgi, »Bemerkungen zu der Denkschrift ›Allgemeines Wahlrecht‹«, 4.9.1894, sowie [Arthur] Georgi an Metzsch, 16.9.1895, inkl. seiner eigenen Denkschrift mit dem Titel »Zu der Frage einer Änderung des sächs. Landtagswahlrechts«, in: SHStAD, MdI 5414, die andere Vorschläge enthält.

[97] Nach einer Parlamentskrise übernahm Belgien Anfang 1893 ein Pluralwahlrecht, das eine Wahlpflicht für Männer über 25 vorsah. Es wurde erstmals im Oktober 1894 erprobt. Die Wahlrechtsreform erhöhte die Anzahl der belgischen Wahlberechtigten von etwa 116 000 im Jahr 1892 auf nahezu 1,2 Millionen Wahlberechtigte im Jahr 1894, die ca. 1,94 Millionen Wahlstimmen abgaben. Ein Wahlberechtigter hatte eine Grundstimme und maximal zwei Zusatzstimmen. Die Katholische Partei erlangte 100 Mandate im Abgeordnetenhaus, die Liberale Partei 20 Mandate und die 1885 gegründete und noch nie zuvor im Parlament vertretene Belgische Arbeiterpartei (*Parti Ouvrier Belge*) eroberte 28 Mandate. Vgl. auch Kap. 9 im vorliegenden Band.

von prominenten Agrariern in Preußen, vom Architekten der vorjährigen Leipziger Wahlrechtsreform und vom sächsischen Gesandten in Berlin, Hohenthal. Letzterer legte einen Artikel des früheren preußischen Innenministers Ludwig Herrfurth mit dem Titel »Reichstags-Wahlrecht und Wahlpflicht« bei.[98]

Besonders aufschlussreich sind zwei Dokumente, die in den Akten des sächsischen Innenministeriums landeten. Sie ermöglichen eine Beurteilung, welche Vorschläge von Regierungschef Metzsch und seinem Chefberater in Wahlfragen, Geheimrat Bruno Oswin Merz, Zustimmung erfuhren. Das erste dieser Dokumente enthält Vortragsnotizen, die Metzsch bei einer Konferenz der sächsischen Kreishauptmänner am 30. Oktober 1894 verwendete. Das zweite Dokument ist eine von Merz vorbereitete Denkschrift vom 17. Oktober 1895. Diese Dokumente flankieren eine einjährige Debatte, die der öffentlichen Offensive der Kartellparteien im Dezember 1895 *vorausging*. Sie zeigen, dass der sächsische Staat kein Interesse daran hatte, die Initiative zur Revision des sächsischen Landtagswahlrechts zu ergreifen. Stattdessen waren es die Anführer der drei »Ordnungsparteien«, welche die Regierung zum Handeln drängten und ihr ihre eigenen Lösungen für das sächsische Wahlrechtsdilemma aufoktroyierten.

Am grünen Tisch

Als Metzsch sich am 30. Oktober 1894 mit seinen Kreishauptmännern traf, sagte er ihnen zunächst, die »Ordnungsparteien« seien nicht überzeugt, »daß der geringe Census von 3 M eine genügende Schranke mehr bildet, um das entscheidende Gewicht bei den Wahlen nicht in die Hände der Massen zu legen«.[99] Zwischen den drei Ergänzungswahlen 1877–1881 und 1889–1893 war die Zahl der für die sozialdemokratischen Kandidaten abgegebenen Stimmen um über 525 Prozent von 14 859 auf 92 384 gestiegen.[100] »Diese Zahlen sprechen deutlich genug für die Nothwendigkeit einer Reform des Wahlgesetzes freilich im entgegengesetztem Sinne wie es die Sozialdemokraten anstreben.« Deshalb »erscheint ein weiterer Aufschub der Reform nicht ratsam«. Wie seine Bemerkungen an seine Untergebenen deutlich machen, sah Metzsch die Wahlrechtsreform nicht in erster Linie als taktische Frage, sondern als eine grundsätzliche:

---

98 Deutsche Juristen-Zeitung 1, Nr. 1 (1.1.1896), S. 3–6; Deutsche Juristen-Zeitung 1, Nr. 2 (15.1.1896), S. 23–25.
99 »Zur Reform des Landtagswahlgesetzes«, handschriftliche Vortragsnotizen – mit ziemlicher Sicherheit vorbereitet vom Geheimen Regierungsrat Merz – für eine Zusammenkunft mit sächsischen Kreishauptleuten, 30.10.1894, SHStAD, MdI 5414.
100 Metzsch bemerkte außerdem Folgendes: Die Zahl der LT-Stimmberechtigten war von 244 594 im Jahr 1869 auf 495 673 im Jahr 1893 angewachsen (ein Anstieg von 102,66 Prozent). »Bei Wegfall [des 3-Mark-Zensus] würden die jetzigen 495 673 Stimmberechtigen um vielleicht 150 000 sich erhöhen.« Die Zahl der SPD-Stimmen war um 527,74 Prozent angestiegen. Und der Stimmenanteil der SPD an den insgesamt abgegebenen Stimmen hatte sich von 28,28 Prozent (1889) auf 33,85 Prozent (1891) und dann auf 35,37 Prozent (1893) erhöht.

Es erscheint mir überhaupt nicht richtig, nur von einem Wahlrechte zu sprechen, die Wahlordnung lediglich vom Standpunkte der Berechtigung des Einzelnen zur Wahl zu betrachten, demgegenüber muß vielmehr betont werden, daß es im modernen Staate weniger Rechte als vielmehr Pflichten giebt, daß das Wählen weniger ein Recht als eine Pflicht ist, daß das Wahlresultat dem allgemeinen Besten, dem Staatsrecht entsprechen soll, daß die Gewählten die nötige Befähigung zum Regieren u. Rathen besitzen sollen. Stellt man sich auf diesen Standpunkt, so wird man eine Einschränkung des Wahlrechts nur gerechtfertigt finden.

Laut Metzsch standen drei Optionen für eine Reform offen: »Entweder man beschränkt das Wahlrecht mehr als es jetzt der Fall ist oder man hebt das gleiche Wahlrecht auf oder endlich man beschränkt das Wahlrecht u. hebt gleichzeitig auch das gleiche Wahlrecht auf.«

Mit Blick auf die Abschaffung des Gleichheitsgrundsatzes erwähnte Metzsch zunächst ein Pluralwahlsystem.[101] »Der Gedanke, die Stimmen zu wägen, nicht zu zählen, hat etwas Bestechendes u. es entspricht nur der Gerechtigkeit u. Billigkeit, wenn den Staatsbürgern, welche in engen u. festen Beziehungen zum Staate stehen u. ein erhöhtes Interesse an der dauernden Wohlfahrt des Staates haben, welchen der Staat ein größeres Maß von Pflichten auferlegt, auch größere Rechte eingeräumt werden.« Um zu beurteilen, welche Auswirkungen die Bereitstellung mehrerer Stimmen für bestimmte Bürger auf die Landtagswahlen hätte, waren eine Reihe von Testfällen ausgewählt worden. Hier war die Annahme der Regierung, dass jeder Wähler mindestens eine Wahlstimme haben würde; dass Immobilienbesitzer und selbstständige Unternehmer zwei Stimmen erhalten würden; und dass Wähler, die jährlich mehr als 30 Mark an direkten Steuern zahlten, drei Stimmen erhalten würden.[102] Metzsch erklärte jedoch, dass diese Berechnungen kaum Belege dafür lieferten, dass die Sozialdemokratie ausreichend benachteiligt sein würde, um die meisten Befürworter einer Wahlrechtsreform zufriedenzustellen. Ein Klassenwahlsystem hingegen versprach, das sächsische Wahlrecht mit dem des größten deutschen Bundesstaates in Einklang zu bringen.[103] Metzsch hielt es für vorteilhaft, wenn sowohl Preußen als auch Sachsen ihre Landtage unter einem

---

[101] Metzsch fügte hinzu: »[...] wie solches für Gemeindewahlen in Westfalen u. in der Landgemeindeordnung für die 7 östlichen Provinzen Preußens u. neuerdings in Belgien für die Wahlen zu den gesetzgebenden Körperschaften eingeführt ist«.
[102] Die Entrichtung von 30 Mark Steuern pro Jahr war die Schwelle für das passive Wahlrecht, d. h. für das Recht, als Landtagsabgeordneter zu kandidieren. Bebel machte geltend, dass dies einem Jahreseinkommen von 2 200 bis 2 500 Mark entsprach. Aus einer sächsischen Bevölkerung von 3 503 000 (1890) zahlten nur 118 942 Personen einen Steuerbetrag von 30 Mark oder mehr; von diesen seien einige nicht wählbar, da es sich bei ihnen um Frauen oder Personen ohne sächsische Staatsbürgerschaft handele. A. BEBEL, Die Sozialdemokratie und das Allgemeine Stimmrecht (1895), Neudruck in: A. BEBEL, Reden und Schriften, Bd. 3, 1995, S. 613–691, hier S. 657.
[103] Den Vortragsnotizen zufolge wäre es nicht vorzuziehen gewesen, drei Klassen gleichmäßig aufzuteilen, »sondern vielleicht [...] die 1. Klasse mit 5/12, die 2. mit 4/12 u. die 3. mit 3/12 der Gesamtsteuerzuschüssigen«.

Dreiklassenwahlrecht wählen würden; der Nachteil wäre, dass dies einen »vollständigen Bruch« mit dem derzeitigen sächsischen System darstellen würde. Deshalb könne er auch das Dreiklassensystem nicht unterstützen.

Wie stand es also mit der zweiten Option, einer »Einschränkung des Wahlrechts«? Metzsch begann mit einem Frontalangriff auf eine der grundlegendsten Voraussetzungen der Demokratie: »Das Allgemeine Wahlrecht, dem sich unser Landtagswahlrecht bedenklich nähert, ist das überhastete Werk einer unruhigen Zeit.«[104] Keiner seiner Zuhörer konnte an der Tiefe von Metzschs antidemokratischer Gesinnung zweifeln, als er erklärte: »Die bloße Existenz eines Menschen giebt ihm keinerlei Anspruch darauf, mitzuregieren, sondern nur darauf, vernünftig regiert zu werden.« Zu den möglichen Einschränkungen des Wahlrechts, die Metzsch aufführte, gehörten die Anhebung des Wahlalters auf 30 Jahre, eine verlängerte Wohnsitzdauer, das Hinzufügen weiterer Ausschlussgründe und die Erhöhung des Zensus für die Wahlberechtigung. Letzteres betrachtete er als das einfachste und wahrscheinlichste Mittel, um die Ziele der Reformer zu erreichen. Im Jahr 1868 war der von der Regierung bevorzugte Zensus von zwei Talern (sechs Mark) von den Abgeordneten in der Zweiten Kammer des Landtags halbiert worden. Würde man nun den gleichen Maßstab anlegen wollen, so müsse man die Inflation der letzten drei Jahrzehnte berücksichtigen. Daher wäre allein ein Zensus von zehn Mark akzeptabel. Die sächsischen Beamten hatten auch die Auswirkungen dieser Reform berechnet, basierend auf Daten aus Chemnitz und ausgewählten ländlichen Gemeinden. Metzsch zeigte sich nicht verwundert ob des dramatischen Ergebnisses, welches das Anheben des Zensus auf zehn Mark nach sich ziehen würde. So zeigten Beispielrechnungen aus verschiedenen Städten, dass die Zahl der Wähler z. B. von 103 auf zehn, von 69 auf neun oder von 315 auf 57 fallen würde. Diese Auswirkungen waren vielversprechender als alles, was bei einem Pluralwahlrecht zu erwarten war. Warum? Weil bei Berücksichtigung des Wohneigentums in einem Pluralsystem viele Sozialdemokraten eine zweite Wahlstimme erhalten würden. Metzsch war sich jedoch bewusst, dass eine Anhebung des Zensus von drei auf zehn Mark zu reaktionär erscheinen könnte, als dass sie von der Zweiten Kammer akzeptiert werden würde.

Obwohl die Einführung einer zweijährigen Mindestwohndauer von Vorteil gewesen wäre, tendierte Metzsch eher dazu, Neuerungen wie indirekte Wahl, öffentliche Stimmabgabe und Wahlpflicht in Betracht zu ziehen. Doch jede dieser Optionen warf potenzielle Probleme auf. So könnte beispielsweise die Verhängung einer Geldstrafe gegen Nichtwähler einige Anhänger der »Ordnungsparteien« dazu bringen, beim nächsten Mal aus Protest für die oppositionellen Parteien zu stimmen. Ihnen das Wahlrecht bei zukünftigen Wahlen zu entziehen, wäre schlicht und einfach absurd. Metzsch ging auch

---

104 Metzsch fügte hier hinzu: »[...] u[nd] selbst [Albert] Schäffle, ein Anhänger des allgemeinen, direkten u[nd] geheimen Stimmrechts, sagt: das bloße allgemeine Stimmrecht führt langsam vielleicht, aber sicher zur Massenherrschaft«.

davon aus, dass es durch die Einführung von indirekten Wahlen oder der öffentlichen Stimmabgabe notwendig sein würde, den Landtag in einer allgemeinen Wahl zu wählen, nicht durch Teilwahlen (mit jeweils einem Drittel der Mandate) alle zwei Jahre. Alle Landtagsmandate gleichzeitig zur Wahl zu stellen war 1894 nicht attraktiver als 1868: Es würde zur Politisierung und Mobilisierung der »Massen« beitragen, mit unvorhersehbaren Folgen. Wie Bebel um diese Zeit bissig bemerkte, bevorzugten die sächsischen Behörden Teilwahlen »aus volkshygienischen Gründen«.[105]

Viele der Kreishauptleute, die Metzschs Ansprache im Oktober 1894 lauschten, waren entweder Mitglieder oder Sympathisanten des Konservativen Landesvereins. Paul Mehnert blieb daher natürlich nicht in Unkenntnis über den zukünftigen Weg, den die Regierung bevorzugte. Dies unterstreicht nur die Bedeutung von Mehnerts Entschlossenheit, weniger als acht Wochen später, im Dezember 1894, eine Wahlrechtsreform vorzuschlagen, die so grundlegend von den von Metzsch skizzierten Vorschlägen abwich. Mehnert verwarf die Bedenken der Regierung, als »zu reaktionär« zu erscheinen. Und er wollte keine Zeit verlieren. Die Tatsache, dass das sächsische Innenministerium noch ein Jahr nach Metzschs Treffen mit seinen Kreishauptleuten Wahlreformvorschläge sammelte, erhöhte nur den Frust der Konservativen.

*

Als der Geheime Regierungsrat Bruno Merz im Oktober 1895 seine umfängliche Denkschrift für Metzsch verfasste, fügte er die von Dritten erhaltenen Vorschläge bei und verknüpfte ihre Argumente mit seinen eigenen Schlussfolgerungen.[106] Die Regierung könne einen von zwei Wegen gehen, argumentierte Merz. Sie könne (a) das bestehende Landtagswahlrecht geringfügig ändern. Oder sie könne (b) einen umfassenden Systemwechsel befürworten, der ein »vollständiges« oder »teilweises Verlassen« des Wahlgesetzes von 1868 darstellen würde. Merz plädierte für die erste Option. Dennoch widmete er den größten Teil seiner Denkschrift der Erläuterung der Nachteile und Gefahren, die beide Optionen mit sich brachten. So öffnete seine Schlussfolgerung den »Ordnungsparteien« eine Tür, um im Dezember 1895 die Initiative zu ergreifen: Die Regierung, so Merz, solle warten, bis die Mehrheitsparteien in der Zweiten Kammer des

---

[105] A. Bebel, Die Sozialdemokratie und das Allgemeine Stimmrecht (1895), in: A. Bebel, Reden und Schriften, Bd. 3, 1995, S. 657.
[106] »Die Aenderung des Saechsischen Wahlrechtes betreffend. Vorschlag: Merz«, 17.10.1895, SHStAD, MdI 5414. Vgl. auch Notizen von Merz, o. J. [ca. Nov.–Dez. 1895], tituliert als »Grundsätzliche Fragen, bezüglich deren es eine Einigung zwischen Regierung und Ständen brauche bevor an Ausarbeitung eines neuen Wahlgesetzes herangetreten werden kann.« Der Bestand MdI 5414 enthält zudem frühere Briefwechsel und Vorschläge (1894–95) von u. a. dem preußischen Statistiker Georg Evert (Berlin), KHM Otto von Ehrenstein (Leipzig), Arthur Georgi (Leipzig) und Stadtrat Leo Ludwig-Wolf (Leipzig).

Landtags ermittelt hätten, welche Reform sowohl praktikabel sei als auch mit größter Wahrscheinlichkeit das gewünschte Ergebnis brächte.

Ebenso aufschlussreich wie Merz' Fazit war seine Argumentation zu den einzelnen Reformvorschlägen. In Kategorie A behandelte er acht »kleine« Änderungen des bestehenden Wahlrechts, in Kategorie B befasste er sich mit fünf umfassenderen Reformen.

Im Gegensatz zu Metzschs Aussage vor seinen Kreishauptmännern ein Jahr zuvor empfahl Merz keine Anhebung des Zensus von drei auf zehn Mark. Dies war seine erste »kleine« Änderung (A1), obwohl sie alles andere als klein war: Eine Anhebung des Zensus auf zehn Mark hätte die Zahl der Wahlberechtigten um etwa die Hälfte reduziert.[107] Merz lehnte eine solche radikale Veränderung vor allem deshalb ab, weil sie vielen Wahlberechtigten, die »noch nicht dem Umsturz huldigen«, das Wahlrecht entziehen würde. Als Nächstes ging Merz auf Vorschläge (A2) ein, die sich für »die Einführung der allgemeinen Wahlpflicht als Correlat des allgemeinen Wahlrechts« aussprachen. Er rekapitulierte das bekannte Argument, wonach eine Wahlpflicht die Fähigkeit der »Umsturzparteien« (man beachte den Plural!), durch ihre »scharfe Parteidisciplin« und »Rührigkeit« eine maximale Wahlbeteiligung zu erreichen, wettmachen würde. Dieses Argument war durchaus stichhaltig, da die ohnehin geringe Wahlbeteiligung der Anhänger der »Ordnungsparteien« in letzter Zeit noch weiter gesunken war. Doch dann zitierte Merz die bekannten Einwände gegen die Wahlpflicht – dass sie Nichtwähler in die Hände der Sozialdemokratie treiben würde, wenn ein Verstoß gegen die Wahlpflicht mit Geldstrafen oder Haft belegt würde. Er kam zu dem Schluss, dass die obligatorische Stimmabgabe »in Sachsen kaum ernstlich in Betracht gezogen werden könne«.

Merz hatte eine Reihe von Vorschlägen erhalten, die Abhilfe (A3) für ein weiteres »Problem« versprachen, nämlich die Aufforderung der Sozialdemokraten an ihre Anhänger, kurz vor Landtagswahlen die sächsische Staatsbürgerschaft zu beantragen und somit die Wahlberechtigung zu erlangen. Um dies zu verhindern, sollte für die Wahlberechtigung eine mindestens zweijährige sächsische Staatsbürgerschaft erforderlich sein. Merz kam zu dem Schluss, dass zukünftige Landtagsabstimmungen durch eine solche Einschränkung nicht wesentlich beeinträchtigt würde. Die Zahl der Stimmen, welche die Sozialdemokraten mit ihrer Staatsbürgerinitiative gewonnen hatten, war vernachlässigbar. Die Einführung neuer Staatsbürgerschaftsanforderungen könne zwar »zur Mehrung des politischen Anstandes« der wählenden Öffentlichkeit führen und damit die sozialdemokratische Flut verlangsamen. Dasselbe gelte auch für den Vorschlag (A4) einer Mindestaufenthaltsdauer von sechs Monaten im eigenen Wahlbezirk. Aber Merz hatte kein Verständnis (A5) für diejenigen, die für eine Rückkehr zu dem Bezirkszwang plädierten, der vor 1868 von den zur Wahl Antretenden verlangt worden war.

---

107 Merz schätzte die Zahl der zugelassenen LT-Wahlberechtigten je nach Zensusschwelle auf 69 000 (6 Mark), 109 700 (3 Mark) und 300 000 (kein Zensus).

Bis Oktober 1895 waren die Konservativen und einige Nationalliberale zu der Ansicht gelangt, dass ihnen die Einführung der öffentlichen Stimmabgabe in Sachsen zugute kommen würde (A6). Merz war anderer Meinung. Seines Erachtens waren es die Sozialisten, die von dem durch die öffentliche Abstimmung eingeleiteten Wahl-»Terrorismus« profitieren würden. Eine solche Reform würde auch die Zahl der Nichtwähler und die Wahrscheinlichkeit von »ungünstigen« Wahlergebnissen erhöhen. Genauso wenig Sympathie zeigte er für Vorschläge (A7) im *Vaterland* und anderen konservativen Zeitungen, das Mindestwahlalter auf 27 oder 30 Jahre anzuheben. Auf Grundlage der Volkszählung von 1890 hatte Merz die Zahl der Wahlberechtigten im Alter zwischen 25 und 30 geschätzt und war zu dem Schluss gekommen, dass durch diese Maßnahme nicht nur viele junge Anhänger der Sozialdemokratie das Wahlrecht verlieren würden, sondern auch viele »gutgesinnte Wähler«. Daher sei sie bestenfalls ein »zweischneidiges Schwert«. Sie wäre in liberalen Kreisen sehr unbeliebt und dem Vorreiterruf Sachsens unter den anderen Bundesstaaten nicht zuträglich.

Was die letzte »kleine« Reform betraf, das Pluralwahlrecht (A8), so zitierte Merz zwei Vorschläge: Der erste basierte auf Karl Gageurs 1893 erschienener Studie »Reform des Wahlrechts im Reich und in Baden«[108]; der zweite war Anfang 1895 in der *Leipziger Zeitung* veröffentlicht worden. Gageur hatte vorgeschlagen, dass die Stimmen von Wählern über 50 doppelt gezählt werden sollten. Der andere Vorschlag sah vor, dass Wähler zwischen 40 und 50 einen zweiten Wahlzettel bekamen und Wähler über 50 noch einen dritten. Merz' Diskussion des Pluralwahlrechts ist vor allem mit Blick auf spätere Wahlrechtsreformen, die nach der Jahrhundertwende umgesetzt wurden, historisch bedeutsam. Eine zusätzliche Stimme für Wähler über 50 war in der Tat eine Komponente des 1909 verabschiedeten Pluralwahlrechts. Wie dachte Merz 1895 darüber? Er würdigte das Argument, dass jeder Wähler, auch ohne Reichtum oder Hochschulbildung, hoffen könne, 40 oder 50 Jahre alt zu werden und somit eine zweite Wahlstimme zu erhalten. Daher sei dies ein natürlicheres Kriterium für die Wahlberechtigung als andere. Aber würde die »Altersabstimmung« das gewünschte Ergebnis erzielen? Es mag stimmen, schrieb Merz, dass die meisten Anhänger der Sozialdemokraten junge Erwachsene waren, wohingegen die »Ordnungsparteien« eher ältere Menschen ansprachen. »Aber wird das immer so bleiben, wenn die jetzige zielbewusste Jugend in ein reiferes bez. höheres Alter eingetreten sein wird?« Zudem würden ältere Wahlberechtigte stets anfälliger sein für den »Terrorismus der Jugend«. Daher würde, »wenn nicht der Hydra nach anderem Wege das Haupt abgeschnitten wird«, die Zuweisung von zusätzlichen Wahlstimmen an ältere Wahlberechtigte »der Sozialdemokratie vielleicht schon jetzt, mindestens aber in Zukunft fortschreitend vermehrte Wahlstimmen zuführen«.

---

[108] K. GAGEUR, Reform, 1893, bes. S. 294.

Bis zu diesem Punkt hatte Merz überzeugende Argumente gegen sechs der acht Variationen vorgebracht, die er als »geringfügige« Änderungen des bestehenden Wahlrechts bezeichnete. Die restlichen beiden hielt er für *zu* geringfügig, um sie einer Prüfung zu unterziehen: Beide würden die antirevolutionären Ziele, die sich Metzsch und andere gesetzt hatten, nicht erreichen.

Was die fünf umfassenderen Vorschläge für ein grundlegend neues Wahlsystem anging, so begann Merz seine Diskussion mit dem Pluralwahlsystem nach belgischem Vorbild (B1). Seiner Meinung nach gebe es keine überzeugenden Beweise dafür, dass Mehrfachstimmen die Sozialdemokraten daran hindern würden, in immer größerer Anzahl in die sächsische Zweite Kammer einzuziehen. Die Erfahrung habe stattdessen gezeigt, »daß die kleinen Hausbesitzer und zahlreiche nothleidende kleine Handwerker mehr und mehr in das Lager der Socialdemokratie übergehen und der von der Letzteren bei den Wahlen und außerhalb derselben geübte Terrorismus auch viele gutgesinnte Handwerker von [der] Ausübung des Wahlrechts abhält«. Auch ein Zensus von 30 Mark biete keine Garantie, dass diejenigen, die dadurch drei Wahlstimmen erhielten, die zur Abwehr des Feindes notwendige »Gesinnungstüchtigkeit« besaßen.

Merz ging als Nächstes auf einen Vorschlag zur Wahlrechtsreform ein, der in den 1890er-Jahren selten diskutiert wurde: das Verhältniswahlrecht (B2). Dieses System würde den Nachteilen der meisten Wahlsysteme in Deutschland entgegenwirken, behauptete er. Unter den Ländern, die ein solches System hatten, nannte Merz Italien, Spanien und Frankreich; auch in Hamburg sei es eingeführt worden, wenn auch nicht ohne Streit. Wie seine detaillierte Erklärung zeigte, schätzte Merz die Vorteile des Verhältniswahlsystems, zu denen auch die mögliche Abschaffung von Stichwahlen gehörte. Aber auch hier kam er zu dem Schluss, dass »das Proportionalsystem« – aufgrund der Präsenz der Sozialdemokratie in allen Teilen Sachsens, verbunden mit ihrer geballten Stärke in einzelnen Stadtteilen – »mit der Zeit den vollständigsten Sieg der Sozialdemokratie auf allen Linien bedeuten« würde.

Fast zehn Seiten seiner Denkschrift widmete Merz einem Vorschlag (B3)[109], der eine »gemischte Vertretung durch allgemeine Wahlen und durch Wahlen oder Delegationen von örtlichen und beruflichen Körperschaften und Organisationen« hervorbringen würde. Unter Berufung auf die *Leipziger Zeitung* stellte Merz fest, dass diese gemischten Parlamente für eine »Korrektur« des allgemeinen Wahlrechts »durch ›ständischen Zusatz‹« sorgen würden. »Alle diese Vorschläge haben auf den ersten Blick etwas ungemein Ansprechendes«, bemerkte Merz; zudem schienen sie die Zustimmung Albert Schäffles zu genießen, eines angesehenen Verfassungswissenschaftlers. Leider bereiteten sie eine Vielzahl von Schwierigkeiten. Ein solches Wahlsystem für die Zweite Kammer würde sofort Fragen nach der Zusammensetzung und Funktion der Ersten

---

[109] [Anon.], Das Wahlrecht zum Reichstage, 1895, bes. S. 9 ff., 17 ff., 22 ff., 27 ff.

Kammer Sachsens aufwerfen, in der bereits viele dieser Körperschaften (wie z. B. Kirchen und Universitäten) vertreten waren. Die Festlegung der Anzahl der im Parlament zu vertretenden körperschaftlichen Gruppierungen und der Anzahl der Stellvertreter pro Gruppe würde ein breites Konfliktfeld zwischen konkurrierenden Interessen eröffnen. Die organisierten Innungen würden eine eigene Vertretung fordern; Grundschullehrer und Lehrer an Privatschulen, Gymnasien und Hochschulen würden so gut wie nie einer Meinung sein; und andere Gruppen (wie z. B. Ärzte) würden sich zwangsläufig unterrepräsentiert fühlen.

Wie würde ein solches System im Landtag bewertet werden, fragte Merz, wenn »so viele Interessen sich kreuzen!?« Merz konnte sich bereits die undankbare Aufgabe vorstellen, die sich bei der Entwicklung eines solchen Systems stellen würde. Als Beispiel erwähnte er die Tatsache, dass die Bevölkerungszahl und somit die Zahl der Wahlberechtigten in den sächsischen Landtagswahlkreisen stark variierte.[110] »Die Wahlkreisgeometrie ist ein Wespennest, an das man nicht ohne Noth rühren soll.«[111] Ein weiterer Punkt sei ebenfalls bedenkenswert. Indem man kommunale Interessen so unmittelbar in einen reformierten Landtag einbrachte, würde man unweigerlich der Politisierung der lokalen Verwaltungen Vorschub leisten. Kurzum, so attraktiv dieses System in der Theorie auch erscheinen mochte, es träten praktische Umsetzungsprobleme auf, wohin man auch schaute. Und was noch wichtiger sei: Das Ziel jeder Reform – die Eindämmung der Sozialdemokratie – würde nicht erreicht werden.

Als Nächstes untersuchte Merz ein Dreiklassenwahlrecht auf der Grundlage von Direktwahlen (B4), wie es ein Jahr zuvor für die Kommunalwahlen in Leipzig eingeführt worden war. Abgesehen vom plutokratischen Charakter des Wahlrechts war Merz der Ansicht, das Dreiklassenwahlrecht in dieser Form berge so viele »Schwierigkeiten und Gefahren«, dass es vom jetzigen Landtag nicht verabschiedet werden könne. Deshalb zog Merz zu guter Letzt ein Dreiklassenwahlrecht mit *indirekten* Wahlen (B5) in Betracht – denselben zweistufigen Prozess, der seit 1849 in Preußen vorherrschte. Merz räumte ein, dass jedes Dreiklassenwahlrecht »im Widerspruch zum Grundsatz der Gleichheit steht«. Doch nicht alle Dreiklassenwahlrechte seien gleich.[112] Der Erfolg würde »natürlich von der Aufteilung der verschiedenen Klassen abhängen«. Die Logik war offensichtlich: »Zieht man die Grenzen sehr hoch, so ist man des Ausschlusses der Socialdemokratie ziemlich sicher, giebt aber dem System einen zu plutokratischen

---

110 In konkreten Zahlen ausgedrückt: von 16 000 bis 77 000 (Bevölkerungszahl) und von 5 000 bis 22 000 (Zahl der wahlberechtigten Bürger).
111 Stadtrat Ludwig-Wolf in Leipzig war zeitgleich genau entgegengesetzter Meinung; vgl. J. Retallack, Mapping the Red Threat, 2016.
112 Die Abgrenzung von Klassen wie in Leipzig – nach der Reform seines Wahlrechts im Oktober 1894 – sei »zu plutokratisch«. »Es ist deshalb vorgeschlagen worden für Klasse I die ersten 15 oder 10 % der Gesammtheit der Wähler eines Wahlkreises mit dem relativ höchsten Steueraufkommen, Klasse II die nächstfolgendes 35 oder 25 %, Klasse III die restlichen 50 oder 65 %.«

Charakter; setzt man sie zu weit herab, so öffnet man der Socialdemokratie die Möglichkeit, zahlreich in das Landhaus einzuziehen!«

An diesem Punkt begann Merz, sich selbst zu hinterfragen, obwohl seine lange Denkschrift dem Ende zuging. Er kam zu dem Schluss, dass die derzeitige sächsische Regierung sich nicht an den von ihr 1868 gebilligten Grundsatz der Direktwahlen halten würde, wenn sie sich nun dafür entschied, diese durch indirekte Wahlen zu ersetzen. (Hier signalisierte Metzsch seine Zustimmung mit einer Randbemerkung.) Doch welche Alternative blieb übrig? Wie seine Denkschrift zeigte, wies jeder der bislang vorgelegten Vorschläge zur Wahlrechtsreform erhebliche Mängel auf. Daraus schloss Merz: »[...] so wird die Regierung überhaupt [...] kaum die Initiative in der Sache ergreifen können« (auch hier stimmte Metzsch zu). Da die Parteien im Landtag vom Ergebnis der Wahlrechtsreform unmittelbarer betroffen seien als die Regierung selbst, riet Merz Metzsch dazu, direkt bei den Fraktionsvorsitzenden der bedeutenden Parteien Klärung zu suchen. Die Regierung solle sie nicht nur darüber informieren, dass sie von ihnen erwarte, die Initiative zu ergreifen, sondern sie auch bitten, die Details eines tragfähigen Wahlrechts darzulegen sowie »eine zweifelsfreie Bezeichnung des Wegs, auf welchem die Wahlreformfrage gelöst werden soll«.

Damit schloss Merz seine Überlegungen zu dreizehn verschiedenen Wahlsystemen. Fühlte sich Metzsch, sein Vorgesetzter, durch diesen uneindeutigen Rat im Stich gelassen? Keineswegs. Metzsch hielt sich in allem, was er bis zum März 1896 tat, an Merz' abschließende Empfehlung. An jedem Punkt, an dem die sächsische Wahlrechtsreform einen anderen Weg hätte einschlagen können, ließen Metzsch – und König Albert – die »Ordnungsparteien« die Richtung vorgeben.[113] Diese Parteien aber hatten kein Verständnis für die zögerliche Politik ihres eigenen Regierungschefs und seines nach Möglichkeit »Wahlexperten«. Stattdessen leisteten sie Paul Mehnert Gefolgschaft.

»Mehnerts Gesetz«

Als Paul Mehnert am 10. Dezember 1895 seine geplante Reform im Landtag vorstellte, vergaß er nicht, das Positive für alle politischen Lager zu betonen. So werde das Mindestwahlalter von 24 Jahren aus dem Wahlrecht von 1868 übernommen. Die Oppositionsparteien im Landtag sollten zufrieden sein, sagte Mehnert, dass die »Ordnungsparteien« nicht den reaktionären Weg einer Anhebung des Wahlalters gegangen seien. Auch der Zensus von drei Mark, welche die Wahlberechtigung für Arbeiter unerreichbar gemacht habe, sei über Bord geworfen worden. Die Mehrheitsparteien würden das Wahlrecht also in Wirklichkeit ausweiten. Späteren Schätzungen zufolge würden etwa 150 000

---

113 Vgl. Mehnert an Metzsch, 25.11.1895: Randbemerkungen signalisieren König Alberts Zustimmung. SHStAD, MdI 5414.

Sachsen die Wahlberechtigung neu erlangen.[114] Mehnert betonte, dass keinem Sachsen ein verfassungsmäßiges Privileg entzogen werde, das er zuvor genossen habe. Formaljuristisch hatte er recht. Dies erlaubte es auch den beiden Antisemiten in der Kammer, das Gesetz zu unterstützen und sich als auf der Seite »des Volkes« darzustellen.[115] Zu dem Vorwurf, ihre Reform sei regressiv, erklärten Mehnert und seine Mitstreiter, sie wollten verhindern, dass aus Sachsen ein zweites Hamburg werde, das im Reichstag nur von sozialistischen Abgeordneten vertreten war. Konservative und Nationalliberale, Fortschrittler und Antisemiten – sie alle behaupteten, ihr Königreich vor der »Diktatur des Proletariats« schützen zu wollen. Mittlerweile mögen uns solche Äußerungen nicht weiter bemerkenswert erscheinen. Doch der österreichische Gesandte war der Meinung, dass die Entscheidung Sachsens, gegen den Strom der Demokratisierung zu schwimmen, in anderen deutschen Staaten und darüber hinaus gebührende Beachtung finden sollte: »Die Erscheinung, daß ein seit Einführung des Parlamentarismus, somit seit 65 Jahren, bestehendes Wahlsystem, nicht im Sinne der Anbahnung des *suffrage universel*, sondern in jenem der Restringierung des Wahlrechts modificirt wird, mag schon des Curiosum's halber ein gewisses allgemeines Interesse beanspruchen.«[116]

Als am 10. Dezember im Landtag ein Rededuell zwischen Mehnert und dem Sozialdemokraten Hermann Goldstein losbrach, wurde Sachsens Vorreiterrolle noch deutlicher. »Meine Herren!«, erklärte Mehnert. »Die Socialdemokratie, welche die Wahlfrage als eine Machtfrage von jeher behandelt hat, darf sich am allerwenigsten wundern, wenn Diejenigen, die glücklicher Weise die Macht *jetzt noch* haben, ihren eigenen Anschauungen mit dem erforderlichen Nachdruck in der Weise Ausdruck geben, daß dieselben zur Geltung gebracht werden müssen. [...] Meine Herren! *Wir wünschen es geradezu*, daß die Augen von ganz Deutschland hierher auf unsere Kammer, auf unser Sachsenland gerichtet sind. Wir möchten, daß man *auch anderwärts den Mut finde,* den Aspirationen der Sozialdemokratie *mit derjenigen Energie, mit derjenigen Konsequenz vor Allem entgegen zu treten, die jene Aspirationen geradezu herausfordern.*«[117] Auch Goldstein betonte die nationalen Dimensionen der an diesem Tag beginnenden Schlacht. »Sachsen ist [...] der politische *Experimentiertiegel*, in welchem alle *politischen Verschlechterungen* in Deutschland zuerst erprobt werden. [...] Gerade die sächsische Reaktion erfreut sich in Preußen einer großen Anerkennung. Wenn man wissen will, was künftig im Reiche kommen wird, so blickt man zuerst nach Sachsen. Das ist kein Ruhm für uns, für jeden freiheitsliebenden Menschen ist es gerade das Gegenteil.«

---

114 Nicht ganz. Die Zahl der zugelassenen LT-Wahlberechtigten stieg von etwa 536 000 im Jahr 1895 auf 659 863 nach dem neuen Wahlgesetz von 1896. ZSSL 54, H. 2 (1905), S. 170.
115 Vaterl, 6.3.1896.
116 Der kurz zuvor ernannte österr. Gesandte in Sachsen, Heinrich Graf Lützow von Drey-Lützow und Seedorf, 1.2.1896, HHStAW, PAV/49.
117 LTMitt 1895/96, II.K., Bd. 1, S. 175 f. dazu und zum Folgenden (10.12.1895) (Hervorhebungen im Original).

Die Liberalen hatten Mehnerts Antrag wenig hinzuzufügen – und das aus gutem Grund: Das Ganze war bereits zuvor von den konservativen und liberalen Mitgliedern in Mehnerts Seniorenkonvent ausgearbeitet worden.[118] Zunächst hatten sich die Kartellparteien nicht darauf einigen können, welche Art beschränktes Wahlrecht umsetzbar sei und hatten Regierungschef Metzsch aufgefordert, zu vermitteln. Diese Sitzung hatte am 4. Dezember 1895 stattgefunden.[119] Zu diesem Zeitpunkt waren sich die Kartellparteien noch nicht sicher, welche Bestimmungen sie in ein neues Wahlrecht aufnehmen wollten – ob beispielsweise der Zensus angehoben oder ganz abgeschafft werden sollte. Einig waren sie sich hingegen in der Frage, dass die Regierung die notwendigen Gesetze einführen sollte, indem sie den Antrag der SPD mit einer offiziellen Erklärung widerlegte, wonach noch in der laufenden Landtagssitzung mit einem Regierungsentwurf zu rechnen sei. Doch Metzsch hielt sich exakt an Merz' Ratschläge. Er lehnte dieses Ansinnen ab und bestand stattdessen darauf, dass die Parteien das »Odium« der negativen öffentlichen Meinung auf sich nehmen müssten, indem sie mit dem Vorschlag einer Änderung des bestehenden Wahlrechts vorangingen. Unmittelbar nach der Sitzung erklärte Metzsch unter vier Augen, dass den Nationalliberalen und Fortschrittlern der Mut fehle, die Initiative zu ergreifen: Sie fürchteten die Rache der Wähler. Das machte den Konservativen weniger Sorgen. Doch auch sie wollten nicht allein voranpreschen. Daher beschlossen die Mitglieder des Seniorenkonvents, dass die Konservativen einen gemeinsamen Antrag im Namen des Kartells einbringen würden, in dem sie die Regierung aufforderten, die entsprechende Gesetzgebung auszuarbeiten. Es war klar, dass die Regierung praktisch jede Wahlrechtsänderung unterstützen würde, welche bereits die Zustimmung einer solchen dominanten Mehrheit erhalten hatte. Doch behauptete Metzsch nach seinem Treffen mit den Kartellführern am 4. Dezember, er sei noch völlig im Dunkeln, auf welche Art von Wahlreform sich die Parteien einigen würden.[120]

Bis zum Abend des 10. Dezember hatte die Wahlrechtsreform ihre erste Hürde genommen. Metzsch war nun davon überzeugt, dass durch die von Mehnerts Seniorenkonvent vorgeschlagene Reform »die Vertretung der sozialdemokratischen Partei im Landtag zur Bedeutungslosigkeit herabgedrückt werden dürfte«. Jegliche Bedenken, ob Sachsen einen Schritt mit solch offensichtlichen Auswirkungen auf die Reichspolitik machen sollte, schienen sich »nicht nur angesichts der Einmüthigkeit der sächsischen Parteien, sondern auch im Hinblick auf das gegenwärtig wieder schärfere Vorgehen Preußens und des Reiches gegen die sozialistischen Parteibestrebungen« über Nacht in Luft aufgelöst zu haben.[121] Metzsch war darüber hinaus im Glauben, dass sein gewählter Kurs just an dem Tag das Berliner Plazet erhalten hatte. Am 10. Dezember nämlich

---

118 Mehnert an Metzsch, 25.11.1895, zuvor zitiert.
119 Dönhoff, 4./5.12.1895, PAAAB, Sachsen 60, Bd. 3.
120 Chotek, 9.12.1895, HHStAW, PAV/49. Ebenda, 11.12.1895, zum Folgenden.
121 Chotek, 11.12.1895, HHStAW, PAV/49.

reagierte Reichskanzler Hohenlohe im Reichstag auf Vorwürfe der Freikonservativen, wonach die Reichsangelegenheiten von Uneinigkeit und Orientierungslosigkeit gekennzeichnet seien. Wie lange noch, fragte Hohenlohe das Haus, könnten die Regierung und der »ruhige Bürger« eine Bewegung tolerieren, die sich gegen das Vaterland stellte? Ohne explizit auf das Durchgreifen Preußens gegen die Sozialdemokraten hinzuweisen, erklärte Hohenlohe: »Wenn wir seit diesem Sommer die Zügel etwas straffer angezogen haben, so sind wir den Gefühlen aller Wohlgesinnten im Deutschen Reich gerecht geworden. (*Bravo!* rechts.)«[122]

Die nächsten Schritte zur Reform des Landtagswahlrechts in Sachsen wurden zügig umgesetzt. Am 19. Dezember reiste Geheimrat Merz nach Berlin, um mit seinem preußischen Amtskollegen Ernst von Philipsborn Rücksprache zu halten, der beauftragt worden war, Merz bei den »sehr eiligen« technischen Details eines neuen Wahlrechts für Sachsen zu unterstützen. Diesem Besuch folgte ein intensiver Briefwechsel, bei dem ein Entwurf einer Regierungsvorlage ausgearbeitet und verfeinert wurde.[123] Am 5. Februar 1896 stellte die sächsische Regierung ihren Gesetzentwurf in der Zweiten Kammer des Landtages vor. Nach nur zweitägiger Debatte wurde der Entwurf dem Ausschuss übermittelt.[124] Am 17. Februar wurden Metzsch und Merz zur ersten wichtigen Sitzung dieses Ausschusses eingeladen. Zwar gelang es ihnen, die Ausschussmitglieder von der Überarbeitung bestimmter Punkte des Gesetzentwurfs der Regierung abzuhalten; doch mussten sie einige Änderungen akzeptieren, die ihnen missfielen. Vom 5. bis 6. März wurde der überarbeitete Gesetzentwurf erneut zwei Tage im Plenum diskutiert. Am 18. März – einem in der deutschen Geschichte nicht unbedeutenden Datum – wurde er von der Ersten Kammer genehmigt und am 28. März 1896 in Kraft gesetzt.[125]

Auf dem Weg zu diesem Erfolg zeigten die Ordnungsparteien beträchtliche Disziplin, wenn es darum ging, strittigen Fragen auszuweichen.[126] Die Nationalliberalen hatten zunächst den Wunsch geäußert, die Wahlkreiseinteilung zwischen Stadt und Land neu zu gestalten, und sich für ein System ausgesprochen, bei dem der gesamte Landtag auf einmal gewählt würde. Und sie hatten die Debatte dahingehend ausweiten wollen, dass auch über die Möglichkeit einer umfassenden Reform der Ersten Kammer diskutiert werden sollte. (Alle diese Forderungen würden nach 1900 wieder auftauchen.) Am 10. Dezember 1895 räumte der Nationalliberale Albert Niethammer jedoch ein, dass

---

[122] SBDR 1895/97, Bd. 143, S. 40 (10.12.1895).
[123] Briefwechsel (21.12.1895–24.3.1896), SHStAD, MdI 5414. Vgl. SParl, S. 49.
[124] Ausschussprotokoll (14.2.–28.2.1896), Plenardebatten etc., SHStAD, Ständeversammlung 10277.
[125] LTMitt 1895/6, II.K, Bd. 1, S. 799–863 (5.3.1896), Bd. 1, S. 865–892 (6.3.1896); LTAkten 1895/6, II.K., Berichte, Nr. 113, 119 (beide 28.2.1896). Vgl. LTMitt 1895/6, I.K., Bd. 1, S. 397–406 (18.3.1896); LTAkten 1895/6, I.K., Berichte, Nr. 92; Ständische Schrift Nr. 12 (19.3.1896); E. O. Schimmel, Entwicklung, 1912; A. Pache, Geschichte, 1907, S. 7–15; E. Oppe, Reform, 1910.
[126] Vgl. Dönhoffs Berichtsentwürfe, 21.11.1895; 4./5./12./15.12.1895; 9./18.1.1896, 6./10./13.2.1896, 3./6./8.3.1896, GStAB, HA I, Rep. 81, VI, A, Nr. 1, Bd. II; einige Endfassungen in PAAAB, Sachsen 60, Bd. 3–4.

seine Partei auf keinem dieser Punkte bestehen würde, falls dies den Regierungsentwurf gefährden würde.

Die Reaktionen auf den endgültigen Gesetzentwurf zur Wahlrechtsreform waren alles andere als durchgängig positiv, auch in der bürgerlichen Öffentlichkeit.[127] Hunderte von Protesten und Petitionen landeten in den Akten des Sächsischen Landtags und des Innenministeriums. Mitte Dezember 1895 berichtete der preußische Gesandte Dönhoff, dass es absolut typisch sei für die sächsischen Bürger, dass sie staatlichen Schutz vor den Sozialisten forderten, sich aber sofort besorgt zeigten, sobald konkrete Maßnahmen vorgeschlagen würden. Die moderaten Liberalen, denen der offensichtliche Kontrast zwischen Freiheit und Reaktion Unbehagen bereitete, griffen die Regierung aus dem Hinterhalt an.[128] Die freisinnige *Dresdner Zeitung* argumentierte, dass die SPD nur mit »geistigen Waffen« bekämpft werden sollte.[129] Die linksliberale Presse zitierte auch Bismarcks Kritik (aus den 1860er-Jahren) am preußischen Dreiklassenwahlrecht. Als durch diese Taktik das sächsische Bürgertum immer mehr gegen die Reform aufgebracht wurde, schickte der Eigner der konservativen *Dresdner Nachrichten*, Kommissionsrat Julius Reichardt, ein Telegramm an den ehemaligen Kanzler. Er erhielt umgehend eine Antwort, in der Bismarck der Reform seinen Segen erteilte.

Den ganzen Januar und Februar 1896 über äußerten eine Reihe liberaler Universitätsprofessoren und Industrieller die Besorgnis, dass die vorgeschlagene Wahlrechtsreform zu plutokratisch oder zu reaktionär (oder beides) sei. »Wir wollen den sozialen Frieden«, erklärte ein »neuer Liberaler« in der sächsischen Nationalliberalen Partei. Dennoch fanden die Konservativen und die Mehrheit der sächsischen Liberalen einen wichtigen gemeinsamen Nenner: Unter dem Dreiklassenwahlrecht würde die Sozialdemokratie aufhören, die Kammer zu beflecken. Bei den meisten sächsischen Bürgern stießen die Proteste daher auf taube Ohren. Der britische Gesandte Strachey schrieb: »Wenn der durchschnittliche Wähler auch vor dem reaktionären Charakter des Gesetzesvorschlags zaudert, so sieht er doch in der Anwesenheit von 15 Sozialdemokraten im Landtag ein politisches Ärgernis, das zu einer Gefahr werden kann und behandelt werden sollte.«[130] Auch die unabhängigen Antisemiten lehnten die vorgeschlagene Reform ab.[131] Die *Deutsche Wacht* von Oswald Zimmermann bezeichnete Mehnerts Plan als »Attentat« auf das sächsische Wahlrecht – ein Begriff, der auch von den Sozialisten verwendet wurde – und rief die Sachsen zum Widerstand auf. Es kam zu Protestveranstaltungen in Chemnitz, Stolpen, Dresden, Nossen und anderen Städten mit starken

---

127 Petitionen und andere Proteste in SHStAD, MdI 5409; SHStAD, Ständeversammlung 10278–10286. Vgl. M. Beyer, Kampf, 1970, S. 123 ff., sowie A. Müller, Presse, 1986.
128 Dönhoff, 15.12.1895, PAAAB, Sachsen 60, Bd. 3.
129 LVZ, 3.1.1896, Beilage; M. Beyer, Kampf, 1970, S. 212.
130 Strachey, 28.2.1896, TNA, FO 68/181.
131 Niethammer (Entwurf), 11.12.1895, BHStAM II, Ges. Dresden 953. Zur Opposition gegen die vorgeschlagene Reform vgl. auch den langen Bericht Dönhoffs, 15.12.1895, PAAAB, Sachsen 60, Bd. 3.

antisemitischen Vereinen.¹³² Doch als das erste Votum über Mehnerts Antrag durchging, blieben die beiden antisemitischen Abgeordneten still und heimlich dem Landtag fern. Im März 1896 lehnten sie die endgültige Gesetzesvorlage ab – möglicherweise zu ihrem Bedauern: Beide schieden 1897 aus dem Landtag aus.

Unter den Sozialdemokraten herrschte zunächst Verwirrung.¹³³ Sie hatten nicht erwartet, dass Mehnert und seine Kollegen so plötzlich in die Offensive gehen würden. Und just zu Beginn der Weihnachtszeit war es nicht einfach, Protestkundgebungen zu organisieren. Bald jedoch rief ihre Parteipresse zu Massenprotesten auf. Ende Dezember 1895 organisierten die Sozialisten öffentliche Kundgebungen (einige davon mit über 5 000 Teilnehmern) und verteilten Tausende von Flugblättern. Zwei große Kundgebungen in Dresden am 15. Januar 1896 mit rund 9 000 Teilnehmern weiteten die Proteste noch weiter aus. Wilhelm Liebknecht warnte sein Publikum, die Wahlrechtsreform in Sachsen sei der Auftakt zu einem Frontalangriff auf das allgemeine Wahlrecht des Reichstags.¹³⁴ August Bebel heizte die Vorstellungskraft seiner Zuhörer an, als er die Erfahrungen seiner Partei mit dem preußischen Dreiklassenwahlrecht in den düstersten Farben schilderte und auf die »augenblicklich in hohen Kreisen gefallene Äußerung: ›Es müssen 100 000 Köpfe springen‹«¹³⁵ verwies. Nach Bebels Rede wurde die Versammlung von der Polizei aufgelöst. Das gleiche Schicksal ereilte die Wahlrechtsliga, die in der ersten Januarwoche gegründet worden war; sie wurde am 20. Januar 1896 per polizeilicher Anordnung unterdrückt.¹³⁶ Dies verhinderte jedoch nicht, dass, so der preußische Gesandte, die »Wühlereien« und »Brandagitation« der SPD durch den Februar hindurch anhielten, in denen sie die »Entrechtung des Volkes«, die »Herrschaft des Feudalismus und des Geldsackes« und die »Erniedrigung der arbeitenden Bevölkerung zur Helotenklasse« anprangerten.¹³⁷

Die konservative Presse schwärmte natürlich von der Reform, während sie im Ausschuss diskutiert wurde.¹³⁸ Ein Mitarbeiter des *Vaterland* hoffte, der Rest Deutschlands wisse es zu schätzen, dass »ein kleines Parlament den Muth hatte zum Entscheidungskampf gegen die Sozialdemokratie zu schreiten und bestimmt auszusprechen, was das Herz des Volkes ersehnt, die Befreiung von dem lähmenden Terrorismus der Umsturz-

---

132 DW, 6./9.10.1895.
133 Vw, 21./23./24.12.1895; Dönhoff, 9./18.1.1896; 6./10./13./15.2.1896, PAAAB, Sachsen 60, Bd. 4; M. BEYER, Kampf, 1970; E. FISCHER, Widerstand, 1904.
134 LNN, 13.12.1895.
135 Dönhoff, 18.1.1896, zuvor zitiert.
136 LVZ, 9.1.1896, 20./22.1.1896; Vw, 7./21./30.1.1896, sowie andere Berichte in BLHAP, PP, Tit. 94, Nr. 12854. Rund 1,4 Millionen Flugblätter wurden angeblich von der Anti-Wahlrechtsreformkampagne der SPD verteilt. Insgesamt 422 Sozialdemokraten nahmen an dieser Agitation teil; sie organisierten 160 Protestaufmärsche und sammelten 160 000 Unterschriften für ihre Petitionen. Vaterl, 10.4.1896, wo auf den im April 1896 abgehaltenen Parteitag der sächsischen SPD verwiesen wird; vgl. auch E. FISCHER, Widerstand, 1904, S. 815.
137 Wie berichtet in Dönhoff, 10.2.1896, PAAAB, Sachsen 60, Bd. 4.
138 Zum Folgenden Dönhoff, 15./19.12.1895, PAAAB, Sachsen 60, Bd. 3; Dönhoff, 10./21./27.2.1896; 3./6./8./18./20./28.3.1896; 24.4.1896, PAAAB, Sachsen 60, Bd. 4.

partei«. Ein neues Zeitalter würde anbrechen, und niemand könne bezweifeln, dass die Kraftprobe »zwischen Ordnung und Revolution« begonnen habe – zumindest in Sachsen.[139] Ein Beitrag in den konservativen *Dresdner Nachrichten* warnte vor Kompromissen und halben Sachen. Solche Aussagen sollten allerdings nicht immer für bare Münze genommen werden. Schließlich mussten selbst die Mitglieder und Landtagsabgeordneten der rechtsstehenden Parteien in Sachsen zugeben, dass ihnen das Wahlrecht von 1868 gute Dienste geleistet hatte, um die konservative Vorherrschaft im Landtag zu erhalten. Zudem waren die Landtagswahlen 1895 für sie besser ausgefallen als die von 1893, auch weil sich die »Ordnungsparteien« in letzter Minute in vielen gefährdeten Wahlkreisen auf einen gemeinsamen Kandidaten einigen konnten (Wilhelm II.: »Die Sachsen sind viel einsichtiger wie die Preußen«).[140] Daher mochten sich die Sachsen durchaus fragen: Warum jetzt eine Wahlrechtsrevision? Genau diese Frage hatte Metzsch den Mitgliedern des Seniorenkonvents am 4. Dezember 1895 gestellt. Er erhielt zur Antwort, dass der erfolgreiche Ausgang der Landtagswahl 1895 »nur auf Zufälligkeiten beruhe«.[141] Wichtiger sei die Aussicht auf zukünftige Niederlagen. König Albert lieferte im Prinzip dieselben Begründungen – wenn auch mit leichten Abwandlungen. Der König merkte an, dass es durchaus sein könne, dass die SPD früher oder später in die Landtagsausschüsse aufgenommen werden müsse und hielt rechtzeitiges Handeln daher für unerlässlich. Dies »sei Pflicht des staatserhaltenden Theils der Volkvertretung, solange die Mehrheit noch nicht auf die vereinten Sozialdemokraten und Antisemiten übergegangen sei«. Doch sah der König auch (wenngleich nur undeutlich) die Auswirkungen eines erfolgreichen »Notgesetzes« voraus – Auswirkungen, die Sachsen nach 1900 in eine politische Krise stürzen sollten:

> Freilich hätte, so bemerkte Seine Majestät weiter, das Bestehen einer starken sozialdemokratischen Landtagsfraction die gute Wirkung gehabt, daß sie die bürgerlichen Fractionen fest zusammen gefügt habe, woraus der Regierung eine starke Mehrheit erwachsen sei, die in allen Fragen zu ihr stehe und einmüthig Front gegen die sozialdemokratischen Angriffe und Bestrebungen mache. Aus diesem Grunde würde es erwünscht sein, daß auch unter dem neuen Wahlgesetz einige Sozialdemokraten in die Kammer gelangten. Denn wenn die bürgerlichen Parteien ganz unter sich blieben, so stände zu befürchten, daß sie sich unter einander vereinigen und der Regierung durch Zerwürfnisse innerhalb der Kammer ihre Aufgabe erschweren würden.[142]

---

139 Vaterl, 13.12.1895; vgl. Dönhoff, 15.12.1895, zuvor zitiert.
140 Randbemerkung zu Dönhoff, 18.10.1895, PAAAB, Sachsen 60, Bd. 3.
141 Dönhoff, 15.12.1894, ebenda.
142 Dönhoff, 13.2.1896, PAAAB, Sachsen 60, Bd. 4, in dem über eine Unterredung vom 12.2.1896 berichtet wird.

Der Regierungsentwurf, der am 12. und 13. Februar 1896 diskutiert wurde, entsprach allen von der Kammermehrheit am 10. Dezember geäußerten Wünschen. Danach wurden die Spaltungen sowohl innerhalb des linksliberalen als auch des nationalliberalen Lagers ausgeprägter.[143] Der angesehene Leipziger Sozialreformer, Statistiker und Professor Dr. Victor Böhmert veröffentlichte am 19. Februar eine Broschüre, in der er die nationalliberalen Einwände darlegte.[144] Böhmert entblößte die reaktionären Macher des neuen Wahlrechts und gab sie dadurch wiederum Attacken von links preis. Eine seiner Behauptungen traf freilich ins Schwarze. Die Regierung habe in der Präambel zu ihrem Gesetzentwurf das Verfahren zur Aufteilung der Wahlberechtigten in drei Klassen gemäß ihrer direkten Steuerlast erläutert. Aber sie habe keinen Hinweis darauf gegeben, welche Wähleranteile tatsächlich in die Klassen I, II und III eingeteilt würden. Dies habe bei bestimmten Bevölkerungsgruppen zu Reaktionen geführt, die von Unsicherheit bis Empörung reichten.[145] Eine ernsthaftere Bedrohung skizzierte der nationalistische Publizist Hans Delbrück, als er in seinen *Preußischen Jahrbüchern* zur sächsischen Wahlrechtsfrage Stellung nahm.[146] Kompromisslos in seiner Kritik an den Konservativen, forderte Delbrück prinzipientreue Liberale auf, das zu tun, was liberale Politiker in Sachsen nicht tun konnten: mit den Konservativen und der sächsischen Regierung zu brechen und als »politisch aufgeklärter gebildeter Mann« seinem eigenen Gewissen zu folgen. Andernfalls prophezeite Delbrück das Schlimmste, nicht nur für Sachsen, sondern für die »Ordnungsparteien« überall. »Aus der Kammer wird man die Sozialdemokratie los – um im Lande ihre Kraft zu verdoppeln. In Sachsen kann der Mammonismus sich seines Triumphes freuen – im Reiche werden wir es auszubaden haben.« Diese Prognose war durchaus glaubhaft: Die Sozialdemokraten ließen nicht nach, die Aussicht auf einen »Staatsstreich« und eine »Vergewaltigung« der Wahlfreiheit zu verurteilen.[147]

Nachdem Metzsch mit einem Gesetzentwurf, für den er eine reibungslose Passage erhofft hatte, in schweres Fahrwasser geraten war, vermied er am 3. März 1896 erneut politischen Schiffbruch, als zwei der acht Ausschussmitglieder auf der Veröffentlichung eines Minderheitenberichts bestanden. Der Angehörige der Fortschrittler glaubte, dass eine substanzielle Reform des Wahlrechts weder notwendig noch klug sei, aber damit stand er sogar innerhalb seiner eigenen Fraktion allein da. Der Angehörige der Nationalliberalen Partei forderte ein Pluralwahlrecht. Dabei erhielt er Unterstützung vom Reichsverein in Dresden und vielen Leipziger Nationalliberalen. Eine Generalversammlung der landesweiten Organisation der Nationalliberalen am 9. Februar 1896 distanzierte sich jedoch von den Abweichlern. Mit der ironischen Behauptung, dass die

---

143 Niethammer (Entwurf), 6.2.1896, BHStAM II, Ges. Dresden 954; Niethammer, 20.1.1896, BHStAM II, MA 2864; Dönhoff, 10./13.2.1896, PAAAB, Sachsen 60, Bd. 4.
144 V. Böhmert, Wahlgesetzentwurf, 1896, S. 1, 3–5.
145 Ebenda; LVZ, 15.1.1896, 2. Beilage, zitiert in: M. Beyer, Kampf, 1970, S. 117; Dönhoff, 6.2.1896, zuvor zitiert.
146 PrJbb 83 (Jan.–März 1896), S. 592 f.
147 Lützow, 1.2.1896, HHStAW, PAV/49; NZ 14, Bd. 1, H. 23 (26.2.1896), S. 705–708.

Nationalliberale Partei in Sachsen nicht ausreichend regierungsfreundlich sei, drohte der Elder Statesman der Partei, Karl Biedermann, mit dem Austritt aus der Partei, falls diese ihre Einwände gegen den Gesetzentwurf geltend machte. Biedermann setzte sich durch.

Spätestens im März 1896 waren die Proteste der Sozialdemokraten und die Zweifel der Liberalen hinfällig. Eine nur zweitägige Debatte (am 12. und 13. März) lieferte den dafür nötigen Beweis. Die überfüllten Galerien des Landtages rechneten damit, die Fetzen fliegen zu sehen, doch die Zuhörer wurden enttäuscht. Die bürgerlichen Sprecher wärmten alle dieselben Platitüden auf. Auch die SPD-Abgeordneten ließen das nötige Feuer vermissen und zeigten sich großteils resigniert. Die einzige Mini-Kontroverse entzündete sich, als ein Redner die sächsischen Partikularisten erzürnte, indem er behauptete, dass das Wahlgesetz ihr Königreich auf eine Provinz Preußens reduzierte. Bei der entscheidenden Abstimmung am 6. März fiel der Sieg eindeutig aus: 56 Ja-, 22 Nein-Stimmen, wobei eine Handvoll Abgeordneter nicht anwesend war.[148] Die anschließende Debatte in der Ersten Kammer setzte den ermüdenden Schlusspunkt der Geschichte. Ein letztes Mal waren Metzschs Lotsendienste gefragt, als einige Adlige dafür plädierten, das Wahlalter anzuheben und einen Zensus von zehn Mark einzuführen.[149] Doch wollten die Mitglieder dieser Kammer ein Boot, das sich dem sicheren Hafen näherte, keinesfalls ins Wanken bringen. Das Gesetz wurde einstimmig verabschiedet und trat am 28. März in Kraft. Bereits zu diesem Zeitpunkt war das neue sächsische Landtagswahlrecht schlicht unter dem Namen »Mehnerts Gesetz« bekannt.

*

In den Reihen der sächsischen SPD kam es unverzüglich zu Meinungsverschiedenheiten. Sollten die Landtagsabgeordneten der Partei aus Protest ihre Mandate niederlegen? Die Leipziger Sozialisten befürworteten einen solch demonstrativen Schritt. Aber die gemäßigteren Sozialdemokraten, welche die Dresdener und Chemnitzer Vereine dominierten, bestanden darauf, dass nur ein Generalkongress die Frage entscheiden könne. In der ersten Aprilwoche 1896 votierten die sächsischen Sozialisten gegen den Boykott zukünftiger Landtagswahlen.[150] In diesem Sinne äußerte sich einige Monate später auch August Bebel: »Mehr wählen! Je häufiger, desto besser!«[151] Doch die Leipziger weigerten sich nachzugeben und trugen so zu ihrem späteren Ruf als Radikale bei. Sie hielten an

---

148 Mit Nein stimmten 15 Sozialdemokraten, 4 Nationalliberale (hauptsächlich Industrielle), 1 Konservativer und 2 Antisemiten.
149 LMitt 1895/6, I.K., Bd. 1, S. 398–406 (18.3.1896); Dönhoff, 18./20.3.1896, PAAAB, Sachsen 60, Bd. 4.
150 LVZ, 7./8.4.1896; vgl. S. Lässig, Wahlrechtskampf, 1996, S. 81–87; K. Rudolph, Sozialdemokratie, 1995, S. 54 f.
151 Zitiert in: F. L. Carsten, Bebel, 1991, S. 169. Bebel fügte hinzu: »Man könne den Gegnern keinen größeren Gefallen tun, als auf ›das Wahlrecht zu pfeifen‹.«

ihrem Boykott fest und forderten die beiden Leipziger Landtagsabgeordneten auf, ihre Mandate niederzulegen. Der Revisionist Eduard Bernstein stimmte mit Bebel überein, dass der Boykott der Leipziger unklug sei. Aber er beklagte auch, dass die Sozialdemokraten anderswo in Sachsen keine wirkliche Leidenschaft an den Tag legten, um das neue Gesetz anzuprangern. Mit Blick auf die erfolgreiche Mobilisierung der öffentlichen Meinung durch die englischen Mittelschichten im Jahr 1832, die zum Ersten Reformgesetz führte, schrieb Bernstein in der *Neuen Zeit*, dass die Partei nicht damit geizen sollte, das Gespenst der Revolution an die Wand zu malen.[152] Bernsteins Ruf zu den Waffen fand keinen Widerhall. Das sächsische Volk blieb nach seinem Wahlrechtsentzug mucksmäuschenstill, wie es Edmund Fischer, der revisionistische Redakteur des *Armen Teufel aus der Oberlausitz*, später formulierte.[153]

Als Vater des sächsischen Dreiklassenwahlrechts[154] konnte Mehnert bald damit prahlen, dass seine Initiative den Segen anderer deutscher Beobachter erhalten habe. Genau das hatte Arthur Georgi im September 1894 vorhergesagt, als er schrieb, »daß eine gewisse Übereinstimmung der Wahlsysteme in den einzelnen deutschen Staaten schließlich auch den Weg bahnen dürfte, um aus den Gefahren des allgemeinen gleichen und direkten Wahlrechts im Reich herauszukommen«.[155] Im April 1896 blickte die bayerische Regierung »voller Neid nach Dresden«. Für Bayerns Regierungschef Friedrich Krafft Freiherr von Crailsheim, der an der Verabschiedung der Wahlrechtsreform gezweifelt hatte, war sie ein »großer Sieg«, den er als »Fortschritt nach rückwärts« bezeichnete.[156] Regressive Wahlrechtsreformen wurden um diese Zeit auch in den Bundesstaaten Sachsen-Anhalt, Hamburg und Braunschweig durchgeführt. König Albert seinerseits war der Meinung, dass das Gesetz »dem gesunden Sinne der Bevölkerung alle Ehre mache«. Es stelle »einen sehr nützlichen Damm gegen das Überhandgreifen der Sozialdemokratie« dar, denn deren Mitglieder, »die hier im Landhause säßen, seien halbgebildete Mediocritäten«, darauf bedacht, die Oberhand zu gewinnen.[157] Dennoch waren der König und sein erster Minister auch bitter enttäuscht, dass die Opposition zum Gesetzentwurf keineswegs nur von der kleinen aber lautstarken sozialdemokratischen Fraktion ausgegangen sei.[158] Ergraute Gelehrte an der Universität Leipzig, alles andere als Revolutionäre, seien »doctrinär« und »tactlos« gewesen. Regierungschef

---

152 NZ 14, Bd. 2, H. 32 (29.4.1896), S. 181–188; K. RUDOLPH, Sozialdemokratie, 1995, S. 55.
153 E. FISCHER, Widerstand, 1904. Fischer war Redakteur der *Sächsischen Arbeiterzeitung* (Dresden, 1893–1898) und des *Armen Teufel aus der Oberlausitz* (1898–1908) sowie Mitglied des Reichstags für 1: Zittau (1898–1907, 1912–1918).
154 Dönhoff, 24.4.1896, PAAAB, Sachsen 60, Bd. 4.
155 Georgi, 16.9.1894, SHStAD, MdI 5414, zuvor zitiert. Vgl. SParl, S. 50.
156 Bericht des sächs. Gesandten in Bayern [Oswald Freiherr von Fabrice], 10.4.1896, zitiert in: M. BEYER, Kampf, 1970, S. 212.
157 Lützow, 15.2.1896, HHStAW, PAV/49.
158 Lützow, 29.2.1896, HHStAW, PAV/49.

Metzsch war entmutigt von diesen »Rübengelehrten«, die seiner Ansicht nach völlig den Bezug zur öffentlichen Stimmung in Sachsen verloren hatten.

Die Meinungen darüber, was genau erreicht worden war, gingen auseinander. Einige prominente Konservative behaupteten, dass die sächsische Sozialdemokratie »einen Schlag erhalten habe, von dem sie sich nicht erholen werde«.[159] Metzsch war sich nicht so sicher: Der erste Test des neuen Wahlrechts könne für die Regierung schlecht ausfallen.[160] Ein sächsischer Staatsminister bemerkte privat, er wäre schon zufrieden, wenn das neue Wahlrecht verhindern würde, dass die derzeitige SPD-Fraktion bei zukünftigen Wahlen größer würde. Er erwarte nicht, dass die Sozialisten aus dem Landtag eliminiert würden.[161]

In Berlin war die Freude größer. Der Kaiser zollte »dem gesunden politischen Sinn des sächsischen Volkes alles Lob«. Er fügte hinzu, »daß Sachsen diesfalls in Deutschland vorangehe, und zeigte sich über die Details der bezüglichen Action der sächsischen Ordnungsparteien genau informirt«.[162] Im März 1896 sagte er dem sächsischen Gesandten in Berlin, »daß Er hoffe, das Sächsische Beispiel werde auch im Reiche einmal befolgt werden. Allerdings werde Er hierüber wohl ›alt und grau werden‹.«[163] Wilhelm zeigte sich auch erfreut, als Mehnert anlässlich des Geburtstages von König Albert am 23. April bekannt gab, das sächsische Kartellbündnis der »Ordnungsparteien« sei am Vortag erneuert worden. Diese Vereinbarung, die auch den Seniorenkonvent und das Bekenntnis zur Einheit gegen die Sozialdemokratie erneuerte, war von 108 Abgeordneten aus beiden Häusern des Sächsischen Landtages unterschrieben worden.[164] Der Kaiser konnte seine Begeisterung kaum zügeln, als er über die konterrevolutionären Möglichkeiten nachdachte, die sich aus einer solchen Parteienkonstellation ergaben. »Bravo! Saxonia!« schrieb er. »Wo sind wir?! […] Das müßte bei uns versucht werden […]! Wer könnte das am besten in die Hand nehmen?«[165]

---

159 Strachey, 30.5.1896, TNA, FO 68/181.
160 Dönhoff, 22.9.1897, PAAAB, Sachsen 60, Bd. 5.
161 Strachey, 30.5.1896, TNA, FO 68/181. Vgl. auch Lützow, 29.2.1896, HHStAW, PAV/49.
162 Chotek, 29.12.1895, HHStAW, PAV/49.
163 Hohenthal (Berlin) an Metzsch (Dresden), 9.3.1896, SHStAD, MdAA GsB 3308.
164 DJ, 22.4.1896; Vaterl, 1.5.1896.
165 Dönhoff, 24.4.1896, PAAAB, Sachsen 60, Bd. 4; vgl. SParl, S. 50; W. Schröder, Wahlrecht, 1997, S. 129. Dabei handelte es sich um eine typische Reaktion. Ein Jahr früher, nachdem der pr. MdI Ernst von Köller Wilhelm über die sächsische Unterdrückung sozialdemokratischer Turnvereine berichtet hatte, schrieb der Kaiser: »Warum geht das bei uns nicht?« Zitiert in: Hohenthal (Berlin) an Metzsch (Dresden), 18.3.1895, SHStAD, MdAA GsB 3305.

Höhenflug

> [Es m]ochten nun diese parlamentarischen Erfolge dem verhältnißmäßig jungen Mann zu Kopf gestiegen sein, oder [er] fühlte [...] das Bedürfniß, nachdem die sozialdemokratische Fraktion durch die auf seine Initiative zurückzuführende Wahlreform bedeutungslos geworden war, seine Kampfeslust anderweitig zu befriedigen [...].
> — Preußischer Gesandter Carl von Dönhoff über Paul Mehnert (1899)[166]

> In einer Tyrannei sind die Privilegien der Starken Rechte und die Rechte der Schwachen Privilegien.
> — Unbekanntes Zitat

Die sächsischen Landtagswahlen 1897, 1899 und 1901 zeigten den Erfolg von »Mehnerts Gesetz« – und zwar überraschend deutlich. Bei jeder Wahl wurden sozialdemokratische Mandatsinhaber besiegt. Saßen zum Zeitpunkt der Verabschiedung der Wahlrechtsreform noch 15 Sozialisten im Landtag, so sank diese Zahl im Folgenden rapide: nach 1897 auf acht, nach 1899 auf vier und nach 1901 auf null. Auch 1903 wurde kein Sozialist gewählt. Der einzige 1905 gewählte Sozialdemokrat, Hermann Goldstein, behielt 1907 seinen Sitz, blieb aber allein auf weiter Flur. Sozialdemokratische Verluste führten zu konservativen Gewinnen. Nach den Wahlen von 1901 verfügten die Konservativen über eine Zweidrittelmehrheit im Landtag, die ausreichte, um jegliche Verfassungsänderung zu blockieren (siehe Tabelle 7.2).

Das Ausscheiden der Sozialdemokraten aus dem Landtag war vorhersehbar, wenn man bedenkt, wie viele Wahlberechtigte jeder Stimmklasse zugeordnet waren. Diese Zahlen kamen den Schätzungen nahe, die Geheimrat Merz vorgelegt hatte. Wie die Verfasser des Wahlrechts von 1896 erhofft und erwartet hatten, sank die Wahlbeteiligung unter den potenziellen sozialdemokratischen Wählern der Klasse III drastisch.[167] Betrachtet man alle drei Klassen zusammen, lag die Wahlbeteiligung bei diesen drei Wahlen bei je rund 36 Prozent. Nur wenige Zeitgenossen hatten diese Daten zur Verfügung, da die

---

[166] Unterredung zwischen Dönhoff und Metzsch in: Dönhoff, 8.11.1899, PAAAB, Sachsen 60, Bd. 5.
[167] In den Jahren 1897 bis 1901 betrug die Wahlbeteiligung in Klasse I durchschnittlich 66,1 Prozent; in Klasse II 50,8 Prozent; in Klasse III 32,2 Prozent; ZSSB 49 (1903), S. 10 f.

Tabelle 7.2: Parteifraktionen im sächsischen Landtag, 1889–1907

Jahr	Konservative	National-liberale	Liberale	Fortschritt	Freisinn	Antisemiten	SPD	Gesamt
1889	48	12	1	11	1	0	7	80
1891	45	10	1	11	2	0	11	80
1893	43	14	0	8	1	2	14	82
1895	44	16	0	6	0	2	14	82
Einführung des Dreiklassenlandtagswahlrechts (März 1896)								
1897	50	21	0	3	0	0	8	82
1899	52	22	1	3	0	0	4	82
1901	58	21	1	2	0	0	0	82
1903	57	22	1	0	1	1	0	82
1905	54	23	1	0	2	1	1	82
1907	46	31	0	0	3	1	1	82

Anmerkungen: Die folgenden Änderungen resultierten aus Nachwahlen: 1890 ersetzte ein Deutschfreisinniger einen Nationalliberalen; 1890 ein Sozialdemokrat einen Nationalliberalen; 1892 ein Konservativer einen Fortschrittler; 1896 ein Sozialdemokrat einen Konservativen; 1906 ein Deutschfreisinniger einen Liberalen.
Quellen: Statistisches Jahrbuch für das Königreich Sachsen 40 (1912), S. 273; G. A. Ritter, Wahlgeschichtliches Arbeitsbuch, 1980, S. 172; SParl, S. 212.

sächsischen Statistiker erst ab 1903 ihre Ergebnisse veröffentlichten.[168] Für die Sozialdemokraten und ihre Feinde zählte nur eins: das rasche Ausscheiden der Sozialisten aus dem Landtag. Erst der atemberaubende Sieg der SPD bei der Reichstagswahl 1903 hauchte der Bewegung zur Revision des Wahlrechts von 1896 wieder neues Leben ein. Im Vergleich dazu waren die Reichstagswahlen von 1898 ein Blindgänger, bei denen sich nur geringe Empörung über den im März 1896 verübten »Wahlrechtsraub« Luft machte.

Die Gefechtslinie wird gehalten, Juni 1898

Von 1890 bis 1898 wurde der Kampf gegen die Sozialdemokratie und den Anarchismus ohne ein Sozialistengesetz geführt. Würden die Reichstagswahlen 1898 denen von 1890 ähneln, als die Sozialisten in Sachsen und im Reich ihren Durchbruch erzielten? Oder würden sie eher wie die von 1893 aussehen, als durch die antisemitischen Störenfriede die Unterscheidung zwischen »staatserhaltenden« und »revolutionären« Parteien ins Wanken geriet?

---

[168] Zu den drei LT-Wahlkämpfen von 1897, 1899 und 1901 vgl. AHMS-Berichte in SHStAD, MdI 5343, 5345, 5346.

Die antisozialistische Rhetorik während des Reichstagswahlkampfes 1898 in Sachsen und im Reich war eine verständliche Antwort auf die weit verbreitete Auffassung, dass die Sozialdemokratie immer noch ein mächtiger Feind sei. In den Jahren 1895 bis 1898 dokumentierten Polizeiberichte ein Nachlassen des sozialdemokratischen Wachstums und Selbstbewusstseins, warnten aber auch vor übermäßigem Optimismus.[169] Eine 1897 unter August Bebels Namen veröffentlichte Broschüre zeichnete ein Bild, das sich von diesen Polizeiberichten deutlich unterscheidet. »Die Handhabung des Vereins- und Versammlungsrechts im Königreich Sachsen« listete von Oktober 1894 bis Oktober 1896 Fälle auf, in denen sozialdemokratische Versammlungen und Vereine auf der Grundlage des sächsischen Vereinsrechts von 1850 unterdrückt wurden.[170] Bei Erscheinen dieser Broschüre im Jahr 1897 wies August Bebel einen Parteigenossen an, Beweise für Polizeischikanen in anderen Bundesstaaten zu sammeln. Die Daten müssten systematisch und »gewissenhaft« erhoben werden, betonte Bebel, um zu veranschaulichen, wie rücksichtslos die Polizeikräfte selbst gegen die kleinsten sozialdemokratischen Vereine und Versammlungen vorgingen.[171] Bebel erwartete, dass diese Sammlung einen tiefen Eindruck bei den Lesern hinterlassen würde; auch für SPD-Redner wäre sie bei Wahlkampfauftritten während der Kampagne von 1898 von unschätzbarem Wert.

Zeitgenossen nannten das Vorgehen der sächsischen Polizei gegen die »revolutionäre« Bewegung »Nadelstichpolitik«. Doch Bebel stellte zu Recht fest, dass der Obrigkeitsstaat mittlerweile über Waffen verfügte, die den reaktionären Regierungschef Friedrich von Beust in den 1860er-Jahren verblüfft hätten. Die Liberalen hätten sich in früheren Jahrzehnten entschieden gegen das repressive Vereinsrecht Sachsens ausgesprochen. Jetzt billigten die Nationalliberalen und Fortschrittler diese Taktiken. »Herr v. Beust«, schrieb Bebel, »stünde er heute aus dem Grabe auf, würde vor Verwunderung einen Luftsprung machen, sähe er, was unter einem seiner Nachfolger Alles möglich ist, und er würde mit dem Bewusstsein in's Grab zurückkehren, das Alles, was er auf diesem Gebiete geleistet, elende Stümperei und jammervolle Pfuscherei gewesen ist.«[172] Wie schon in den 1880er-Jahren sei auch in den 1890er-Jahren die Vorstellung, dass man die Oppositionsparteien während des »verzauberten Intervalls« der »Wahlzeit«

---

169 Für das Bild außerhalb Sachsens basiert die folgende Analyse auf den jährlichen »Übersichten der Berliner politischen Polizei über die Allgemeine Lage der sozialdemokratischen und anarchistischen Bewegungen« in: D. FRICKE/R. KNAACK (Hrsg.), Dokumente, Bd. 2, 1989, S. 23–73 für 1896 (datiert auf den 1.1.1897) und Bd. 2, 1989, S. 117–167 für 1898 (o. J.), Originale im BLHAP. Für Sachsen liegen die Unterlagen des Innenministeriums vor, die mit demselben »Problem« befasst sind. Für den 12. und 13. Reichstagswahlkreis (Leipzig-Stadt und Leipzig-Land) liegen vor die Förstenberg »Übersichten 1895–1903«, SHStAD, KHMS Leipzig, Nr. 253; Fö »Übersichten 1899–1905«, SHStAD, MdI 10991–10993; und Fö »Übersicht 1902«, SHStAD, KHMS Leipzig, 241.
170 A. BEBEL, Handhabung, 1897.
171 Bebel an Bruno Greiser, 25.1.1897, in: A. BEBEL, Reden und Schriften, Bd. 5, 1995, S. 89 f.
172 A. BEBEL, Handhabung, 1897, S. 2 (Einleitung).

ungehindert Wahlkampf betreiben ließ¹⁷³ – ähnlich der Verkündung eines Waffenstillstands –, aus Sicht der sächsischen Sozialisten ein grausamer Scherz.

Als die Berliner Polizei am 1. Januar 1897 den Fortschritt der sozialdemokratischen Bewegung untersuchte, bemerkte sie Anzeichen von »Erschlaffung und Stagnation«, aber auch von »heftigen inneren Kämpfen«.¹⁷⁴ Diese Probleme hatten sich unmittelbar nach den Wahlen von 1893 eingestellt. Die Schwierigkeiten der SPD in diesen Jahren sind bekannt: Dazu zählten u. a. die Unfähigkeit, sich auf ein praktikables Agrarprogramm zu einigen, sowie die Herausbildung reformistischer und revisionistischer Ansätze unter Georg von Vollmar und Eduard Bernstein. Die Berliner Polizei war sich bewusst, dass Bebel und die Parteiführung dadurch in große Dilemmata gestürzt wurden.¹⁷⁵ Auch der Mitgliederzuwachs der Partei und ihrer angeschlossenen Gewerkschaften schien Mitte des Jahrzehnts nach dem Auslaufen des Sozialistengesetzes 1890 zu schwächeln, ebenso wie die Zahl der Parteizeitungsabonnenten und die Bereitschaft der Mitglieder, ihre Parteibeiträge zu entrichten. Darüber hinaus konnten die Berliner Informanten auch keine Beweise für eine bedeutsame anarchistische Bedrohung in Deutschland finden. Dies strafte aufgeregte Behauptungen im Jahr 1894 Lügen, wonach eine gewalttätige Revolution kurz bevorstand. Größere Sorgen bereitete der Berliner Polizei die Agitation in Österreich zur Wahlrechtsreform 1896, von der befürchtet wurde, dass sie auf Deutschland übergreifen könne. Zwei Jahre später vermerkte der Berliner Polizeibericht von 1898 anhaltende Meinungsverschiedenheiten innerhalb der SPD: zum Beispiel über die radikalen Positionen von Clara Zetkin und Rosa Luxemburg und über die Frage, ob man an den preußischen Landtagswahlen teilnehmen sollte.

»Trotz aller dieser Zwistigkeiten«, von denen die Berliner Polizei meinte, sie würden ausreichen, um »eine weniger festgefügte politische Partei vollständig zu zersetzen«, »gewinnt die Sozialdemokratie in Deutschland ständig an Umfang; und sie hat neuerlich gerade in Gegenden Anhänger gewonnen, die bisher von ihren Irrlehren verschont geblieben waren«. Das Jahr 1898 zeigte erneut,

> daß es der Parteileitung im geeigneten Moment doch immer wieder gelingt, alle Anhänger der Partei um sich zu scharen und zu gemeinsamem Kampf gegen die staatliche Ordnung zusammenzubringen. In ganz auffälliger Weise trat dies gelegentlich der 1898er Reichstagswahlen in Erscheinung. Wenn das Resultat derselben auch in keinem Verhältnis zu den ruhmredigen Ankündigungen der Parteipresse steht und die einsichtigeren Führer keineswegs befriedigt hat und wenn auch der Partei manche herbe Enttäuschung

---

173 M. L. ANDERSON, Practicing Democracy, 2000, S. 289–291.
174 D. FRICKE/R. KNAACK (Hrsg.), Dokumente, 1989, Bd. 2, S. 23 (1.1.1897).
175 G. A. RITTER, Staat, 1980; F. L. CARSTEN, Bebel, 1991, S. 145–174.

nicht erspart blieb [...], so muß das Gesamtergebnis doch als ein durchaus günstiges bezeichnet werden.[176]

Was die Berliner Polizei im Reich beobachtete, konstatierte Kriminal-Oberwachtmeister Förstenberg auch in Leipzig. Seiner Ansicht nach hatte die dortige sozialdemokratische Bewegung 1896 ein Plateau erreicht. Zu den Kriterien, an denen er den Fortschritt der Bewegung maß, gehörten die Partei- und Gewerkschaftszugehörigkeit, Zeitungsabonnements, die Häufigkeit und Größe von Parteikundgebungen, die Anzahl der Verhaftungen und Hausdurchsuchungen, der Erfolg oder die Niederschlagung von Streiks, die Auflage von Drucksachen und vieles mehr. Die Tatsache, dass der Chefredakteur der *Leipziger Volkszeitung*, Bruno Schönlank, ein Agrarprogramm befürwortete, hatte die meisten Leipziger Sozialdemokraten kalt gelassen, wohingegen Vorwürfe wegen Veruntreuung zur Verschlechterung der Stimmung beitrugen. Die sozialistische Unterwanderung der Armee schien für Förstenberg kein großes Problem mehr zu sein, und selbst die Leipziger Kommunalwahlen Ende 1895 verliefen glatter als frühere Wahlen. Auch seine Berichte für die Jahre 1896 und 1897 vermeldeten nur einen bescheidenen Anstieg in der Zahl der Leipziger Parteimitglieder, die Ende 1897 bei 1 897 lag (darunter 90 Frauen). Unterdessen versuchte die Leipziger SPD, das sächsische Vereinsgesetz zu umgehen bzw. dessen Auswirkungen abzumildern. Sie tat dies durch eine Änderung ihrer Organisationsstruktur und gab den Bezirksverbänden neue Namen, die ein polizeiliches Verbot erschweren sollten. Trotz dieser Namensänderungen, so versicherte Förstenberg seinen Vorgesetzten, sei praktisch die gesamte Mitgliedschaft in den elf Verbänden, die er für 1898 aufführte, sozialdemokratisch.[177]

Obwohl die Leipziger Sozialdemokraten die ersten Landtagswahlen (1897) unter dem neuen Wahlrecht boykottierten, lagen die Wahlkampfkosten im restlichen Königreich »sehr hoch« – zwischen 600 und 2 000 Mark pro Wahlkreis. (Die Reichstagswahlen 1898 waren weitaus kostspieliger: Nach Förstenbergs Schätzung gab die SPD allein in den Reichstagswahlkreisen 12: Leipzig-Stadt und 13: Leipzig-Land über 15 000 Mark für den Wahlkampf aus.)[178] Die Landtagsergebnisse von 1897 blieben hinter den Erwartungen der SPD zurück. Dennoch gewannen die Sozialdemokraten in sieben der 26 Landtagswahlkreise mehr als 50 Prozent der Stimmen im ersten Wahlgang. Im Vergleich zu den letzten Landtagswahlen (1891) in denselben Wahlkreisen hatten die Sozialdemokraten in fünf Wahlkreisen mindestens 2 000 Stimmen und in weiteren fünf Wahlkreisen 1 000 Stimmen dazugewonnen. Die Zahl der öffentlichen Versammlungen

---

176 D. Fricke/R. Knaack (Hrsg.), Dokumente, 1989, Bd. 2, S. 124.
177 Zur Mitgliedschaft in der SPD und in den freien Gewerkschaften in Leipzig (1893–1898) vgl. Tabelle S. 7.1 im Online-Supplement.
178 Fö »Übersicht 1898«, zuvor zitiert. Förstenberg zählte insgesamt 124 Kundgebungen der SPD für die RT-Wahl 1898: 32 in Leipzig-Stadt und 92 in Leipzig-Land. Die nichtsozialistischen Parteien veranstalteten nur 32 Kundgebungen: 23 in Leipzig-Stadt und 9 in Leipzig-Land.

mit »rein« sozialdemokratischem Charakter stieg von 159 im Jahr 1897 auf 203 im darauf folgenden Jahr. Dennoch warnte Förstenberg davor, rechtsgerichtete Beschwerden über den sozialdemokratischen »Terrorismus« für bare Münze zu nehmen. 1898 wurden in Leipzig bei nur 18 Versammlungen die Redner von der Polizei gezwungen, ihre Ausführungen abzubrechen; in lediglich zwei Fällen wurde die Versammlung aufgelöst.[179]

Als Förstenberg seine Ergebnisse in einen größeren Zusammenhang einzuordnen versuchte, schrieb er, dass die Sozialdemokraten ihr potenzielles Wählerreservoir so gut wie ausgeschöpft hätten. Zudem merkte er an, dass die Fähigkeit der Partei, ihre Anhänger in der dritten Wählerklasse des Leipziger Kommunalwahlrechts zu mobilisieren, abnehme. Doch gerade weil die Sozialdemokraten nun sowohl bei den Landtags- als auch bei den Kommunalwahlen durch gewichtete Wahlen benachteiligt wurden, kam Förstenberg zu dem Schluss, dass sich der Aufstieg der Partei unter dem allgemeinen Wahlrecht fortsetzen dürfte. Förstenbergs Aufforderung zu einem Staatsstreich gegen das Reichstagswahlrecht war nur dünn verschleiert. Die Reichstagswahlen von 1898 zeigten erneut, so Förstenberg, dass die »Ordnungsparteien« gegenüber der SPD an Boden verlören – zumindest solange das aktuelle Reichstagswahlrecht in Kraft bliebe.[180] Förstenberg pflichtete der Berliner Polizei bei, dass die Sozialdemokratie in Bevölkerungsschichten Wurzeln schlage, die sich bis dato von ihr distanziert hatten. Die Zahlen untermauern Förstenbergs Schlussfolgerungen, was die Auswirkungen der Fundamentaldemokratisierung der deutschen Gesellschaft angeht, und zeigen auch die mobilisierende Wirkung des Reichstagswahlkampfes 1898. Von Mitte 1897 bis Mitte 1898 stieg die Mitgliederzahl der Leipziger SPD von unter 2 000 auf 4 024 Mitglieder (davon 141 Frauen). Auch die Freien Gewerkschaften in Leipzig verzeichneten einen Mitgliederzuwachs.[181]

*

Die sächsischen Konservativen gaben sich alle Mühe, um Antisemiten und andere Protestwähler von 1893 in den Schoß ihrer Partei zurückzulocken. Die Antisemiten protestierten 1896 gegen die Landtagswahlreform, konnten sie aber nicht zu Fall bringen. Daraufhin begannen sächsische Anhänger der Deutsch-Sozialen Reformpartei in die Konservative Partei abzuwandern, aber auch in radikale nationalistische Gruppen, die gegen Ende des Jahrhunderts in Sachsen immer mehr Anhänger fanden. Dazu zählten z. B. der Deutschnationale Handlungsgehilfen-Verband, der Allgemeine Deutsche

---

179 Vgl. M. KRUG, Reports, 2000; DERS., Civil Liberties, 1995.
180 Fö »Übersicht 1898«, zuvor zitiert. Vgl. außerdem Niethammers besorgte Vorhersage, 7.11.1897 (Entwurf), BHStAM II, Ges. Dresden 955.
181 Von 18 789 (Ende 1897) auf 22 296 (Ende 1898).

Schulverein zur Erhaltung des Deutschtums im Auslande und der von Friedrich Lange gegründete Deutschbund. Noch zehrender für die unabhängige antisemitische Bewegung war der anhaltende Führungskampf in Sachsen zwischen Max Liebermann von Sonnenberg und Oswald Zimmermann, der zu einem allmählichen Zerfall der Parteiorganisation und -aktivität im Königreich beitrug. Hatte es in Sachsen Anfang 1895 noch etwa 100 antisemitische Vereine gegeben, so sank ihre Zahl bis zum Frühjahr 1898 auf 32.[182] Für die Reichstagswahl im Juni 1898 stellten die unabhängigen Antisemiten nur elf Kandidaten auf, von denen einige von den Konservativen und vom Bund der Landwirte unterstützt wurden. Aber Zimmermann ermahnte in seinem Wahlprogramm seine Anhänger, weder an »sozialdemokratische Irrlehren« noch an »konservative Versprechungen« zu glauben.[183] Die Führer der sächsischen Antisemiten konnten nur hoffen, dass einige ihrer Wähler von 1893 immun bleiben würden gegen die Appelle, mit denen sie jetzt von beiden Seiten bombardiert wurden.

Kaiser Wilhelms Königsberger Rede im September 1894 hatte nicht dazu beigetragen, die Feindseligkeit zwischen den preußischen Agrariern und der Reichsregierung in Berlin aufzulösen. Aufgrund der zunehmenden Stärke und des wachsenden Selbstvertrauens des Bundes der Landwirte blieben die Spannungen auch in den kommenden Jahren bestehen. In Sachsen vermieden es sowohl die Regierung als auch die Konservative Partei aus guten Gründen, in eine Position gezwungen zu werden, in der sie sich in Krisenzeiten entweder auf die Seite des Kaisers oder der preußischen Agrarier stellen müssten. Mehnert und andere Parteiführer bekräftigten daher oft, die Interessen von Industrie, Handel und Landwirtschaft gleichermaßen zu vertreten.[184] Alles in allem begrüßten die sächsischen Konservativen den Mittelweg, den Otto von Manteuffel, nationaler Vorsitzender der Deutsch-Konservativen Partei, in der zweiten Hälfte der 1890er-Jahre steuerte. Manteuffel und sein innerer Kreis, zu dem nun auch Mehnert als Mitglied des Elfer-Ausschusses gehörte, wehrten sich erfolgreich gegen die Bemühungen des Bundes der Landwirte, die Konservative Partei zu ihrer Hilfstruppe zu machen.[185] Diese symbiotische Beziehung zeigte sich deutlich, als Dresden zum Veranstaltungsort für den ersten offiziellen Parteitag seit Tivoli am 2. Februar 1898 gewählt wurde.[186] Manteuffel und andere nationale Führungspersönlichkeiten lobten die Zurückhaltung und den gesunden Menschenverstand der sächsischen Konservativen; sie feierten sie dafür, mithilfe der Landtagswahlreform von 1896 die Flut der Demokratie erfolgreich eingedämmt zu haben; und sie waren sich mit ihnen einig, dass die »Judenfrage« nichts von ihrer Bedeutung verloren hatte. Wann immer zwischen 1898

---

[182] Antisemitisches Jahrbuch 1 (1898), S. 190–192, zitiert in: M. PIEFEL, Antisemitismus, 2004, S. 134.
[183] DW, 13.2.1898, zitiert in: M. PIEFEL, Antisemitismus, 2004, S. 135.
[184] Vaterl, 21.1.1898.
[185] DN, 20.2.1898; Donhott, 4./20.2.1898, PAAAB, Sachsen 48, Bd. 19; J. RETALLACK, Notables, 1988, S. 131–139.
[186] WAHLVEREIN DER DEUTSCH-KONSERVATIVEN (Hrsg.), Unkorrigierter Stenographischer Bericht über die Verhandlungen des Allgemeinen konservativen Parteitages zu Dresden am 2. Februar 1898. Berlin 1898.

und 1903 die Forderung nach energischeren Maßnahmen gegen das allgemeine Wahlrecht oder gegen die »inneren Feinde« Deutschlands ertönte, wurden die sächsischen Konservativen als Wegbereiter zitiert.

Reichskanzler Hohenlohe und seine Kollegen im preußischen Staatsministerium versuchten, die »staatserhaltenden« Parteien zu einem koordinierten Vorgehen gegen die Sozialdemokratie in Vorbereitung auf die Reichstagswahl 1898 zusammenzuführen.[187] Sie versuchten auch die Enthüllungen von SPD und Zentrumspartei zu zerstreuen, wonach die Rechtsparteien eine Revision des allgemeinen Reichstagswahlrechts anstrebten.[188] In einem Brief, der vom Staatssekretär des Reichsamts des Innern, Arthur Graf von Posadowsky, absichtlich an die Presse durchgestochen werden sollte, hieß es, »daß sich meines Erachtens die bürgerlichen Parteien über ihre Haltung bei den bevorstehenden Wahlen nicht zweifelhaft sein können«. Jeder patriotische Deutsche, der sich nicht entsprechend zum Wahlkampf stelle, leide unter »politischer Kurzsichtigkeit« oder »Mangel an Muth«. Die »staatserhaltenden Parteien« sollten alles Spaltende hintansetzten und alles »der *einen* politischen Pflicht unterordnen, *dem gemeinschaftlichen Kampf gegen den Umsturz*!«[189] Das war starker Tobak und wäre noch stärker gewesen, wenn Hohenlohe Posadowsky nicht angewiesen hätte, mit keiner Silbe anzudeuten, dass ein »neues Umsturzgesetz« in Planung sei.[190] Doch in der preußischen Staatsministerialsitzung vom 19. April 1898 argumentierte Hohenlohe, dass die völlige Beseitigung der Sozialdemokratie das Endziel der Regierung bleiben müsse. »Der künftige Reichstag werde voraussichtlich, wie der gegenwärtige, unter der Knechtschaft des Stimmrechts der Massen bleiben«, sagte er seinen Ministern. »Mahnungen und Belehrungen würden wenig helfen.« »Drohungen würden die Sozialdemokraten verlachen«, fügte er hinzu, und »[g]roße Worte der Bekämpfung subversiver Tendenzen würden den Nachtheil haben, daß die besitzenden Klassen in Sicherheit gewiegt würden«. Um eine solche Eventualität zu vermeiden, sei es besser, wenn »die Regierung scheinbar unthätig« bleibe. Dennoch hoffte Hohenlohe, dass die in den Jahren 1893 und 1894 aufgekommenen Ängste vor einem gewaltsamen Aufstand zurückkehren und die deutschen Bürger zum Handeln antreiben würden: »[…] man müsse sie [die Sozialdemokratie] zu geeigneter Zeit nicht halb, sondern ganz vernichten«.[191] Trotz seiner bekannten Sympathie für Sozialreformen schien Staatssekretär Posadowsky mit dieser Einschätzung einverstanden zu sein. In einem Vieraugengespräch im Juni 1898 fragte der säch-

---

187 PrStMin-Sitzungen vom 23.2.1898, 4.3.1898, 19.4.1898, 8.6.1898, BAP, Rkz 1817; vgl. B. FAIRBAIRN, Democracy, 1997, S. 92–99.
188 Zum RT-Wahlrecht vgl. Zeitungsausschnitte in BAP, RLB-PA 5849.
189 Telegramm von Posadowsky (Berlin) an Hohenlohe (Paris), 5.6.1898, mit dem Entwurfstext des Briefes, BAP, Rkz 1817; vgl. auch B. FAIRBAIRN, Democracy, 1997, S. 97 f.; Dönhoff, 13.6.1898, PAAAB, Deutschland 125, Nr. 3, Bd. 15.
190 Telegramm von Hohenlohe (Paris) an Posadowsky (Berlin), 6.6.1898, BAP, Rkz. 1817.
191 Ebenda.

sische Regierungschef Metzsch Posadowsky: »Was werden Sie thun, wenn Sie einmal das erste Hundert Socialdemokraten im Reichstage haben?« »»Das ist schwer zu sagen‹, lautete die sibyllinische Antwort, ›aber *so* wird es nicht weiter gehen können.‹«[192]

Im Mai und Juni 1898 kam es unter den »Ordnungsparteien« Sachsens zu Meinungsverschiedenheiten. Die Landtagssession 1897/98, die nur drei Monate vor der Reichstagswahl endete, war zänkisch und unproduktiv gewesen. Metzsch' Gesamtministerium erlitt mit vielen seiner Vorschläge Schiffbruch, weil die Nationalliberalen (gelegentlich) und die Konservativen (häufig) Widerstand leisteten. Metzsch entschied sich sogar gegen die übliche Thronrede zum Abschluss der Session: Seine Regierung habe so wenig erreicht, dass die Minister nicht gewusst hätten, was sie in die Rede einsetzen sollten. Wie schon 1890 war dieser mangelnde gesetzgeberische Erfolg für die Mandatsinhaber der »Ordnungsparteien« ungünstig. Der preußische Gesandte Dönhoff stellte fest, dass die bürgerlichen Parteien wertvolle Zeit mit nutzlosen Streitereien verlören. Darüber hinaus nominierten sie Kandidaten, die politisch unbelehrbar waren.[193] Über den »nicht erfreulichen« Wahlkampf berichtete Dönhoff:

> Als gäbe es keinen gemeinsamen Feind, der gegen Thron und Altar, gegen staatliche und gesellschaftliche Ordnung anstürmt und dessen voller Manneszucht und rücksichtsloser Kampfesweise gegenüber nur festes Zusammenhalten und gemeinsames Vorgehen der ordnungsliebenden Gesellschaft Erfolg verbürgen kann, verlieren die bürgerlichen Parteien ihre Zeit in zwecklosem Gezänke. Die Eigenthümlichkeit des deutschen Charakters, sich auf Sonderstellungen und Sondermeinungen mit Eigensinn zu steifen, tritt hierbei in einer für den Endpunkt bedenklichen Weise hervor.[194]

Dönhoff hatte Recht. Der Nationalliberale Reichsverein bestand darauf, einen eigenen Kandidaten in Dresden-Neustadt zu nominieren. Auch Friedrich Naumanns Nationalsoziale und die Antisemiten verursachten Kopfschmerzen. Wie auch die Linksliberalen hofften sie, Mittelstandswähler von den »Ordnungsparteien« abzuwerben.[195] Doch es waren die unabhängigen Agrarier, welche die antisozialistische Einheit am meisten erschwerten. Der Bund der Landwirte, der zum ersten Mal voll einsatzfähig war, stellte sich hinter jeden bürgerlichen Kandidaten, der versprach, die Interessen der Landwirtschaft zu verteidigen – nicht nur hinter diejenigen, die den »Ordnungsparteien«

---

[192] Unterredung, o. J. [Juni 1898], gemeldet in Lützow, 23.6.1898, HHStAW, PAV/50 (Hervorhebung im Original).
[193] Dönhoff, 26.5.1898, PAAAB, Deutschland 125, Nr. 3, Bd. 15.
[194] Ebenda.
[195] Die Uneinigkeit und Apathie unter den »gebildeten Klassen« wurden auch in anderen Wahlkampfberichten angeführt, die in Berlin eintraten; vgl. die Berichte der pr. Gesandten Karl Eduard von Derenthall (Stuttgart), 7.6.1898, und Alexander Graf von Monts de Mazin (München), 21.6.1898, beide in: PAAAB, Deutschland 125, Nr. 3, Bd. 15.

angehörten. Ansonsten verlautbarten die bürgerlichen Parteien die üblichen düsteren Warnungen; so hieß es z. B. am Tag vor der lokalen Stichwahl in einer Dresdner Zeitung: »Morgen soll es sich entscheiden, ob dies- und jenseits der Elbe siegreich die rothen Sturmfahnen der Revolution über Sachsens Hauptstadt wehen und die Schmach künden sollen, daß Vaterlandsliebe und Königstreue in Dresden nicht mehr stark genug sind, um dem Ansturme derer zu widerstehen, die Kaiser und Reich, König und Staat durch blutigen Umsturz beseitigen wollen.«[196]

In Sachsen konnten die »Ordnungsparteien« das Schlimmste abwenden, weil Konservative und Nationalliberale in nur zwei Wahlkreisen miteinander konkurrierten. Am effektivsten wurde die antisozialistische Solidarität in den SPD-Hochburgen Westsachsens aufrechterhalten. Andernorts verkomplizierten unabhängige Antisemiten, Fortschrittler, Freisinnige, Nationalsoziale und der Bund der Landwirte die Lage zu sehr, als dass sich ein »Wir-gegen-die«-Szenario herausbilden konnte. Besonderes problematisch war die Anziehungskraft der Antisemiten bzw. Sozialdemokraten unter den Dresdner Kleinbürgern. Beide Dresdner Wahlkreise, die 1893 den Antisemiten zugefallen waren, wurden 1898 von den Sozialdemokraten gewonnen. Dönhoff verwies auf die »für Sachsen beschämende Tatsache [...], daß die Landeshauptstadt in den nächsten fünf Jahren im Reichstag durch einen Cigarrenmacher [August] Kaden, den der Herr Minister von Metzsch als einen rohen Burschen bezeichnet, und einen jüdischen Zeitungsredakteur [Georg] Gradnauer vertreten sein wird, der, abgesehen von seinen zahlreichen Strafen wegen Preßvergehen, seiner Zeit wegen sozialdemokratischer Umtriebe unter den Soldaten während einer Reservedienstleistung bestraft wurde«.[197] Als die landesweite Wahlbeteiligung auf unter 74 Prozent fiel, klagten die »Ordnungsparteien«, dass viele Wahlkreise nur wegen der Trägheit der Wähler an die Sozialdemokratische Partei fielen. Der österreichische Gesandte zeigte sich nur teilweise verständig: »[...] es haben somit über ein Viertel der Wähler von ihrem Rechte überhaupt keinen Gebrauch gemacht«, berichtete er nach Wien, es »hat sich aber noch kein Xerxes kenntlich gemacht, der die Wähler mit Ruten zur Urne treiben würde!«[198] Da 49,4 Prozent aller abgegebenen Stimmen auf sozialdemokratische Kandidaten entfielen, war dies »ein Resultat, das keine Wahlarithmetik abschwächender beschönigen kann«.[199]

---

196 Zitiert in: Lützow, 23.6.1898, HHStAW, PAV/50.
197 Dönhoff, 10.7.1898, PAAAB, Deutschland 125, Nr. 3, Bd. 15. Lützow, 2.7.1898, berichtete »ein relativ günstigeres Resultat als Herr von Metzsch sich erwartet hatte; immerhin ist es bemerkenswerth, daß alle Dresdner Wahlbezirke durch Sozialdemokraten vertreten sind, und speziell Dresden-Altstadt – der Sitz der wohlhabenden Bourgeoisie und des kleinen Adels – durch einen hier ganz unbekannten Berliner Juden«. HHStAW, PAV/50.
198 Bei dem Versuch, auf seinem Griechenlandfeldzug den Hellespont zu queren, wurde der persische König Xerxes I. (486–465 v. Chr.) durch die raue See bei seinem Brückenbau behindert. Er befahl seinen Soldaten, das Wasser mit Ruten zu züchtigen, bis es sich beruhigte. Für dieses Sakrileg wurde er mit einer Niederlage bestraft.
199 Lützow, 16.7.1898, HHStAW, PAV/50.

Tabelle 7.3: Reichstagswahlen in Sachsen und im Reich, 1893 and 1898

	15. Juni 1893			16. Juni 1898		
	Stimmen	Stimmen (%)	Mandate	Stimmen	Stimmen (%)	Mandate
Sachsen						
Konservative	147.772	24,9	6	109.437	18,1	5
Nationalliberale	49.554	8,4	2	89.060	14,7	4
Linksliberale	30.203	5,1	2	31.160	5,2	0
Antisemiten	93.364	15,8	6	73.427	12,1	3
Sozialdemokraten	270.654	45,7	7	299.190	49,5	11
Gesamt	594.506		23	607.444		23
Wahlbeteiligung (%)	79,9			73,9		
Reich						
Deutschkonservative	1.038.353	13,5	72	859.222	11,0	56
Reichspartei	438.435	5,7	28	343.642	4,4	23
Nationalliberale	996.980	13,0	53	971.302	12,5	46
Linksliberale	1.091.677	14,2	48	862.524	11,1	49
Antisemiten	263.861	3,4	16	284.250	3,7	13
Sozialdemokraten	1.786.738	23,3	44	2.107.076	27,2	56
Gesamt	7.702.265		397	7.786.714		397
Wahlbeteiligung (%)	72,5			68,1		

Anmerkungen: Nur Hauptwahl. Die Gesamtzahl der abgegebenen Stimmen umfasst gültige und ungültige Wahlzettel. Für das Reich: Fraktionsgesamtzahlen umfassen Hospitanten und nicht zur Fraktion Gehörige. Das Zentrum, ethnische Minderheiten und weitere kleinere Gruppen sind zur besseren Übersichtlichkeit ausgelassen worden. Vgl. auch die Tabellen zu RT-Wahlergebnissen von Valentin Schröder: http://www.wahlen-in-deutschland.de/krtw.htm.
Quellen: SBDR, 9. LP, II. Session (1893–94), Anlage Nr. 46; SBDR, 10. LP, I. Session (1898–1900), Anlage Nr. 77; G. A. Ritter, Wahlgeschichtliches Arbeitsbuch, 1980, S. 41, 89; S. Scheil, Entwicklung, 1999, S. 296 f., 319 f.

Auch hier zeigte das Wahlergebnis, wie die Situation in Sachsen zum einen typisch war für die nationalen Trends, zum anderen jedoch davon abwich (siehe Tabelle 7.3).[200] Von allen Reichstagswahlen im Kaiserreich waren die vom Juni 1898 die langweiligsten.[201] Es waren Übergangs-, nicht Transformationswahlen. Die Fragmentierung des bismarckschen politischen Universums hatte in den Jahren 1890 und 1893 stattgefunden. Nach 1900 stieg die Wahlbeteiligung wieder an und es begannen sich neue Parteikonstellationen herauszubilden.[202] In Sachsen hingegen war die Wahlrechtsreform von 1896

---

[200] Vgl. Karte S.7.2 (Reichstagswahlen in Sachsen 1898) und Karte S.7.3 (Parteihochburgen in Sachsen 1898) Online-Supplement.
[201] J. Sperber, Kaiser's Voters, 1997, S. 225, 229 f. Für farbige Karten der Reichstagswahlen 1890, 1893 und 1898 im gesamten Reich, veröffentlicht im Statistischen Jahrbuch für das Deutsche Reich, vgl. Karte S. 6.6, Karte S. 6.7 bzw. Karte S. 7.4, alle im Online-Supplement.
[202] B. Fairbairn, Democracy, 1997.

tatsächlich transformativ, aber in eine antidemokratische Richtung. Das neue Dreiklassenwahlrecht Sachsens konnte die Sozialdemokratisierung Deutschlands nicht aufhalten. Aber es behinderte mehr als ein Jahrzehnt lang die politische Demokratisierung Sachsens.

Hybris

Die beiden Stars unter den fünf Abgeordneten, welche die sächsischen Konservativen nach 1898 in den Reichstag entsandten, Arnold von Frege und Georg Oertel, waren bekennende Agrarier und Antisemiten. Beide Männer gaben sich alle Mühe, um sicherzustellen, dass die konservative Fraktion in Berlin weiterhin von Freiherr von Friesens antiliberalen, antisemitischen und ultranationalistischen Ansichten aus den 1880er- und früheren 1890er-Jahren geprägt wurde. Im Sächsischen Landtag übernahm Paul Mehnert, wenn auch in einer anderen Tonlage, diese Aufgabe.

Bereits im November 1897 sahen sich die Agrarier in der Fraktion durch die konservative Dominanz im Landtag ermutigt, ihren Forderungen nach einer Bevorzugung der Landwirtschaft gegenüber Industrie und Handel stärker Ausdruck zu geben.[203] Zwei Jahre später äußerte die *Leipziger Zeitung* Besorgnis, dass das »gebildete Bürgerthum der sächsischen Städte und Industriebezirke« mit der Zeit seine konservativen Ansichten verleugnen und womöglich seine politischen Farben wechseln würde. Das könnte dazu führen, dass der Einfluss der Konservativen Partei auf das Königreich allgemein geringer würde oder dass städtische und ländliche Konservative getrennte Wege gingen.[204] Beide Befürchtungen wurden noch verstärkt durch den Konflikt zwischen Kaiser Wilhelm II. und den preußischen Konservativen bezüglich des Baus des Mittellandkanals im Jahr 1899.[205] Hinzu kam der schwere wirtschaftliche Abschwung, den das Königreich Sachsen, wie auch andere Teile Deutschlands, von 1900 bis 1902 erlebte.[206] Spekulationen und Konkurse brachten das Finanzwesen in Verruf – ein ganzes Buch widmete sich dem Thema »Die Bankkatastrophen in Sachsen im Jahre 1901«[207] – und das Wirtschaftsklima wurde immer volatiler. Unterdessen waren die sächsische Landwirtschaft und Industrie in die reichsweite Debatte über die mögliche Verlängerung oder Revision der zwischen 1891 und 1894 vereinbarten und bald auslaufenden Caprivi-Zölle ver-

---

203 Dönhoff, 19.11.1897, PAAAB, Sachsen 60, Bd. 5.
204 LZ (o. D.) paraphrasiert in: Dönhoff, 11.10.1899, PAAAB, Sachsen 60, Bd. 5. Dieser Bericht erörtert auch die Anstrengungen der sächsischen Konservativen, sich von der konservativen Opposition gegen die Krone in Preußen zu distanzieren, ohne sie zu desavouieren.
205 Vgl. J. Retallack, Notables, 1988, S. 134–139.
206 Das Folgende basiert auf D. Warren, Red Kingdom, 1964, S. 33–36; O. Richter, Geschichte, 1903–04, S. 164–166; SParl, S. 53 f.
207 A. Schulze, Bankkatastrophen, 1903.

wickelt. Nach fast fünfjähriger, höchst kontroverser Debatte wurde im Dezember 1902 im Reichstag ein Kompromiss ausgearbeitet. Dieser Kompromiss war für die Landwirte sehr vorteilhaft, ihrer Meinung nach aber nicht vorteilhaft genug, wodurch sie sich neuen Vorwürfen des agrarischen Extremismus aussetzten.

Dieses Drama hatte sein Pendant in Sachsen, wo eine anstehende Steuerreform die Feindseligkeiten zwischen Vertretern der Landwirtschaft und der Industrie verstärkte. Dank ihrer unanfechtbaren Mehrheit verpassten die sächsischen Konservativen den Nationalliberalen und dem Staatsministerium Metzsch einen Schlag ins Gesicht. Sie warfen Finanzminister Werner von Watzdorf Inkompetenz im Umgang mit dem Staatsdefizit vor und gaben der sächsischen Regierung und den Juden die Schuld für das wirtschaftliche Elend Sachsens. Watzdorf musste zurücktreten, und sein Nachfolger Conrad Rüger[208] – einer der konservativsten Staatsminister, die Sachsen je hatte – leitete eine extreme Sparpolitik ein. An diesem Spiel mit hohen Einsätzen war Mehnert an vorderster Front beteiligt.[209]

Die unverhüllte Interessenpolitik der Konservativen wurde zum Teil einer jüngeren Generation sächsischer Gutsbesitzer angelastet, die großteils nicht dem Hochadel angehörten. Die Zeit war vorbei, in der Sachsens Grandseigneurs für ein »juste milieu« in der konservativen Politik sorgten. Wie Regierungschef Metzsch bemerkte: »Die Vertreter der alten sächsischen Adelsgeschlechter, die jetzt in der Ersten Kammer säßen, wie die Könneritz, Rex, Planitz, Schönberg, Nostitz-Wallwitz, Trützschler u.s.w. seien alte Herren, zumeist über 70 Jahre alt, betheiligten sich aber mit Fleiß und Hingebung an den Arbeiten der Kammer. Die jetzige Generation dagegen sei indolent, gleichgültig gegen Politik und Staatspflichten und scheue die Unbequemlichkeit der Betheiligung an den Landtagsarbeiten.«[210] Auch die Hybris der Konservativen wurde beklagt. Als der Zeitpunkt gekommen war, um zu entscheiden, wie man die nötigen 38 Millionen Mark zur Tilgung der auf fast eine Milliarde Mark gestiegenen Staatsschulden aufbringen wollte, kaperten die Konservativen den Steuervorschlag der Regierung, der eine gestaffelte Einkommensteuer mit einem Spitzensteuersatz von bescheidenen fünf Prozent vorsah. Als Leiter des einflussreichen Landtagsausschusses zur Verwaltung der Staatsschulden war es Mehnert, der das Sagen hatte. Dieser Ausschuss tat sein Bestes, um die Steuerlast der Industrie und nicht der Landwirtschaft aufzubürden. Sein komplexer Steuervorschlag beinhaltete eine Bestimmung, die das in landwirtschaftliche Unternehmen investierte Betriebskapital von der Veranlagung für andere Formen von Besitz befreite.[211] Mehnerts taktischer Sieg spiegelte auch seine strategische Überlegenheit wider: Als »Allrounder«

---

208 »Von« Rüger nach dem 25.5.1907. Vgl. auch Kap. 11 und 12 im vorliegenden Band.
209 Zu den sächsischen Finanzen vgl. Dönhoffs Berichte (1901–04) in: PAAAB, Sachsen 53, Bd. 4.
210 Dönhoff, 17.10.1901; zudem 14.11.1901 für das Folgende; PAAAB, Sachsen 60, Bd. 5.
211 Details in: D. WARREN, Red Kingdom, 1964, S. 36.

gelang es ihm, auch zwanzig Mitglieder der konservativen Fraktion, die hauptsächlich mit dem Gewerbe oder der Industrie verbunden waren, auf seine Seite zu ziehen.

In seiner Eigenschaft als Leiter des Landwirtschaftlichen Kreditvereins im Königreich Sachsen hatte Mehnert seinen Einfluss in Agrarkreisen seit den 1880er-Jahren erheblich ausgebaut. Im Jahr 1900 zählte der Verein mehr als 15 000 Mitglieder; sein ausstehendes Kreditvolumen belief sich auf über 321 Millionen Mark; seine Anleihen und Akkreditive überstiegen 277 Millionen Mark; und er verfügte über Reserven von fast 3,3 Millionen Mark. Nicht nur Bauern und Gutsbesitzer, sondern ganze Gemeinden gerieten in eine abhängige Beziehung, weil sie auf die von Mehnert angebotenen Darlehen – und damit auf dessen politische Überzeugungsarbeit – angewiesen waren. 1899, im Alter von nur 47 Jahren, trat Mehnert die Nachfolge seines Schwiegervaters Gustav Ackermann als Präsident der Zweiten Kammer des Landtages an.

Kurz nachdem Mehnert seinen Rachefeldzug gegen Finanzminister Watzdorf begonnen hatte, tauschten Regierungschef Metzsch und der preußische Gesandte Dönhoff ihre Gedanken darüber aus, was der Aufstieg eines Mannes wie Mehnert für die Zukunft Sachsens bedeutete.[212] Laut Dönhoff war Mehnerts Aufstieg durch seine beißenden Angriffe auf die SPD, sein rhetorisches Talent und seine langjährigen Bemühungen um den Zusammenschluss der bürgerlichen Parteien befeuert worden. Nicht minder wichtig sei, dass er als Sachsens vorrangigster »All-Rounder« überall seine Finger im Spiel hatte. »Der Genannte bekleidet, außer den Vertrauensposten eines Vorsitzenden des hiesigen [Dresdner] Conservativen Vereins, des Bürgerausschusses für patriotische Kundgebungen und der mehrere Hundert Jahre bestehenden, konservative Bürgerelemente umfassenden Bogenschützengilde, das Amt eines Direktors des über ganz Sachsen verbreiteten landwirthschaftlichen Kreditvereins. Er besitzt hierdurch einen großen Einfluß, nicht nur in den städtischen konservativen Kreisen, sondern auch unter den ländlichen Grundbesitzern, der dadurch auch bis in die erste Kammer hineinreicht.«

Die Warnzeichen ließen sich nicht übersehen: »Mochten nun diese parlamentarischen Erfolge dem verhältnißmäßig jungen Mann zu Kopf gestiegen sein, oder fühlte er das Bedürfniß, nachdem die sozialdemokratische Fraktion durch die auf seine Initiative zurückzuführende Wahlreform bedeutungslos geworden war, seine Kampfeslust anderweitig zu befriedigen« – so oder so stand Ungemach bevor. »[J]edenfalls trat er in der letzten Tagung [des Landtags] in manchen Fragen in Opposition gegen die Regierung und wurde insbesondere dem Herrn Finanzminister sehr unbequem, dessen in der vorigen Tagung eingebrachtes Steuerbouquet er arg zerpflückte. [...] Hierdurch hat er sich das Mißfallen der beiden verschmähten Herrn Minister von Watzdorf und von Metzsch zugezogen. Es mußte sie daher unangenehm berühren, daß die Konservative

---

212 Zum Folgenden, Dönhoff, 8.11.1899, PAAAB, Sachsen 60, Bd. 5.

Fraktion gerade diese Persönlichkeit zum Präsidenten wählte.« Als Dönhoff Metzsch fragte, ob er meine, Mehnert würde zum Kammerpräsidenten gewählt werden, antwortete er ja, »leider«, in einem Ton, der die Kluft zwischen den beiden unterstrich. Dönhoff vermutete, dass Sachsens Regierungschef eine Kraftprobe mit Mehnert nicht gewinnen konnte. Er kam zu dem Schluss, es solle Metzsch gut »geraten sein, trotz der eingetretenen Erkältung der Beziehungen, wieder zu einem *modus vivendi* mit dem neuen Kammerpräsidenten zu gelangen«.

Paul Mehnert war zu heiß gelaufen, um sich nicht irgendwann abkühlen zu müssen. Doch auf kurze Sicht erreichte sein antidemokratisches Vorgehen beide Ziele, für die es konzipiert war: Das sächsische Dreiklassenwahlrecht versetzte den »Roten« einen verheerenden Schlag, und es band die Nationalliberalen und Fortschrittler stärker an das antisozialistische Kartell. Als Mehnert und die sächsische Konservative Partei um 1900 den Höhepunkt ihrer Macht erreichten, hatten die anderen Parteien Sachsens kaum noch Karten in der Hand. Das traf auch auf Georg von Metzsch zu, den Mann, der verfassungsmäßig damit betraut war, Sachsen in ein neues Jahrhundert zu führen.

*

Fixiert man den Blick zu sehr nach vorn auf die Geburtsstunde des roten Königreichs im Jahr 1903, übersieht man, was in den 1890er-Jahren geschah. In Sachsen waren die Anführer aller bürgerlichen Parteien und ihre überwiegend bürgerlichen Wähler bereit, sich mit der »Umsturzpartei« einen Kampf bis aufs Messer zu liefern. Das Gleiche galt für die sächsischen Staatsmänner. Beide Gruppen rieten der Regierung und den »staatserhaltenden« Bürgern in Preußen und im Reich, mit wachen Augen auf einen solchen Showdown hinzuarbeiten. Es kam nicht zu einem Staatsstreich gegen den Reichstag, die deutsche Verfassung oder das allgemeine Wahlrecht. Aber der »Kampf für Religion, Sitte und Ordnung«, mit dem die seit 1890 laufende Neudefinition der konservativen Politik fortgesetzt wurde, gewann ab Mitte der 1890er-Jahre immer mehr Anhänger unter den ängstlicheren Teilen des deutschen Bürgertums. Deshalb sollten wir den Fehler vermeiden, zu hoch zu bewerten, was in diesem Jahrzehnt *nicht* geschehen ist. Der Höhepunkt des sächsischen Konservatismus um 1900 und die von seinem »ungekrönten König« an den Tag gelegte Hybris legen nahe, dass die politische Modernisierung Deutschlands in der zweiten Hälfte des 19. Jahrhunderts durchaus kein *fait accompli* war. Entsprechend ist Vorsicht geboten vor allzu optimistischen bzw. teleologischen Interpretationen, was die langfristige Demokratisierung Deutschlands angeht.[213]

In den 1890er-Jahren lässt sich auch beobachten, wie Sachsens führender Staatsmann (Metzsch), sein Wahlexperte (Merz) und führende Persönlichkeiten der bür-

---

213 Vgl. H. Richter, Wahlen, 2017; dies., Demokratie, 2020.

gerlichen Parteien (wie Mehnert) große Mühe hatten, das Für und Wider unzähliger Wahlsysteme abzuwägen. Viele der von ihnen in Betracht gezogenen Optionen sollten in späteren Jahren wieder auftauchen. Diese Männer gaben das Muster vor, wonach die Machbarkeit und Attraktivität eines jeden Wahlrechts lediglich anhand eines einzigen Maßstabes beurteilt wurde: Würde es eine sozialdemokratische Mehrheit im Parlament verhindern? Noch im Oktober 1918 war der letzte sächsische Regierungschef von genau dieser Frage besessen.

Die Berechnungen von Regierungschef Metzsch und dem Geheimen Regierungsrat Merz sind schon für sich genommen aufschlussreich, doch noch erstaunlicher ist ihre Weigerung, die Führung zu übernehmen und das Wahlrecht vorzuschlagen und zu verteidigen, das ihrer Definition nach das beste für ihr Königreich war. Wo sonst findet sich vor dem Hintergrund der Wahlrechtsreformen im übrigen Deutschland und Europa ein ähnlicher Fall, in dem die Staatsgewalt in einer Angelegenheit von so großer Bedeutung für den sozialen Frieden und die politische Stabilität ihrer Verantwortung nicht gerecht wurde?

In Sachsen gelang es einer Koalition von Parlamentariern, den Staatsbeamten – die zwar die Demokratie nicht verteidigten, aber doch vorgaben, an das Prinzip der Fairness bei Wahlen zu glauben –, eine regressive beziehungsweise reaktionäre Gesetzgebung abzunötigen. Konservative und Liberale konspirierten hinter verschlossenen Türen und manipulierten die parlamentarische Praxis, um das Prinzip des Parlamentarismus selbst zu überwinden. Da es fast keinen Widerstand vonseiten der bürgerlichen Öffentlichkeit gab, ignorierten und desavouierten die Anführer dieser Parteien die von ihren eigenen Staatsministern entwickelten Wahlsysteme. Stattdessen erarbeiteten sie ein Wahlrecht, das ihrem eigenen Kreuzzug gegen Sozialismus und Demokratie diente, und setzten es dann mit einzigartiger Entschlossenheit durch. Sie machten das Landtagswahlrecht zum wichtigsten Thema auf der politischen Agenda des Königtums im neuen Jahrhundert. Kurzfristig mochte das zu ihrem Vorteil sein, aber langfristig sollten sie es bedauern.

8   »*Das rote Königreich!*«

Es hätte kaum schlimmer kommen können. Der lange Vorlauf bis zur Reichstagswahl vom Juni 1903 entfesselte in Sachsen einen politischen Sturm, dem die Gegner der Sozialdemokratie nicht gewachsen waren. Natürlich gab es Warnzeichen, aber welche waren entscheidend? Die Sozialdemokraten errangen ihre Siege aus eigener Kraft – dank ihrer überlegenen Organisation, Propaganda und Mobilisierung an der Basis. Die Anhänger des sächsischen Kartells agierten selbstgefällig; darüber hinaus fehlten ihnen der Zusammenhalt und das Know-how, um die Probleme anzugehen, die den Wählern am wichtigsten waren: »Wahlrechtsraub«, die Arroganz der politischen Elite, die hohe Steuerlast, ein königlicher Skandal, Brotteuerungen. Nur wenige Staatsmänner oder Parteiführer reagierten mit der nötigen Flexibilität, als die Protestflut genau im falschen Moment den Scheitelpunkt erreichte.

Nach dem Schock vom Juni 1903 schalteten viele Verteidiger von Staat und Gesellschaft auf stur oder spielten auf Zeit. Andere spürten, dass der deutsche Obrigkeitsstaat wie bereits Mitte der 1890er-Jahre mit einer Legitimationskrise konfrontiert war, und ergriffen die Initiative. Im Folgenden soll gezeigt werden, wie der »Dreimillionensieg« der SPD die Wahlrechtsreformdebatten früherer Jahrzehnte wiederbelebte und in eine potenziell transformative Bewegung verwandelte. Vor dem Hintergrund des atemberaubendsten sozialdemokratischen Wahlerfolgs der Kaiserzeit gingen die Sachsen auf die Suche nach einem neuen, in ihren Augen gerechten und sicheren Landtagswahlrecht. Wahlrechtsreformer holten Abstimmungssysteme, die 1866/68 und 1894/95 erstmals vorgelegt worden waren, aus der Mottenkiste, entwickelten aber auch neue Modalitäten, für die es keine historischen Präzedenzfälle gab. Wie schon bei früheren Versuchen, die Demokratie in Schach zu halten, rangen sie darum, die widersprüchlichen Zwänge hinsichtlich Fairness, Sicherheit und guter Regierungsführung miteinander in Einklang zu bringen.

Hoher Einsatz, 1903

> Der Ausfall der Wahlen ist das glänzendste Vertrauensvotum, das der bisherigen Taktik
> und Kampfweise der Sozialdemokratie ausgestellt werden konnte. [...]
> Alle Anklagen, alle Verdächtigungen, die dieses Mal das gesamte Bürgertum
> mit einer Vehemenz wie nie zuvor gegen uns ins Feld führte,
> sie sind an der Sozialdemokratie zersplittert wie Glas an Granit.
> — August Bebel, Juni 1903[1]

> A majority is always the best repartee.
> — Benjamin Disraeli, Tancred, 1847

Die sächsischen Kartellparteien ließen ein gehöriges Maß an Hybris erkennen, als sie im Februar 1903 die 23 Reichstagswahlkreise des Königreichs unter sich aufteilten.[2] Das sächsische Kartell war deutlich heterogener als in den 1880er-Jahren. Selbst im Vergleich zu 1893 war der Kontrast unverkennbar. Radikale Antisemiten, Vertreter des Bundes der Landwirte und Hypernationalisten ließen sich nicht mehr länger als Eindringlinge bezeichnen – sie hatten es sich unter den »Ordnungsparteien« bequem gemacht.[3] Ein Zeichen dafür, dass sich die konservativen Bedenken gegenüber Mitläufern verflüchtigt hatten, war eine Meldung in den *Dresdner Nachrichten*, wonach das sächsische Kartell die Grundlage sei, auf der sich »eine allgemeine nationale und staatserhaltende *Reichs-Sammlungspolitik* zur entschiedenen Bekämpfung des Umsturzes für die bevorstehenden Reichstagswahlen wirksam vorbereiten und durchführen lasse«. Als er las, dass die sächsischen »Ordnungsparteien« ihr Kartell erneuert hatten, fragte Kaiser Wilhelm II.: »Wann werden die preußischen es tun?«[4]

---

1   NZ 21 (1902/03), Bd. 2, H. 40, S. 425.
2   Die Konservativen kandidierten in Sachsen 2, 4, 6, 9, 11, 14, 20, 22 und 23; die Nationalliberalen in 1, 12, 13, 15, 16, 17 und 21; die antisemitischen Reformer in 3, 5, 7 und 8; und der Bund der Landwirte in 18 und 19. Nur für den Wahlkreis 10: Döbeln konnte keine Einigung erzielt werden, obwohl die Konservativen den Antisemiten Oswald Zimmermann unterstützten. DJ, 28.2.1903; Vaterl, 7.3.1903; RHRT, Bd. 2, S. 1121 f.; vgl. pr. Gesandter in Sachsen, Carl von Dönhoff, 1.3.1903, PAAAB, Deutschland 125, Nr. 3, Bd. 16; sowie der neue österr. Gesandte in Sachsen, Ludwig Vélics von Lászlofalva, 15.4.1903, HHStAW, PAV/52.
3   Vgl. M. PIEFEL, Antisemitismus, 2004, S. 174.
4   Dönhoff, 1.3.1903 (Hervorhebung im Original, mit Randbemerkungen), PAAAB, Deutschland 125, Nr. 3, Bd. 16.

Wahlbündnisse, Propaganda, Agitation

Aus der Perspektive von Bernhard von Bülow, der sich der ersten Reichstagswahl seiner Kanzlerschaft gegenübersah, nahm der Reichstagswahlkampf von 1903 drei Gegner ins Visier: Sozialdemokraten, Anhänger der katholischer Zentrumspartei und radikale Agrarier.[5] Bülows Wunsch, den Bund der Landwirte von den »staatserhaltenden« Parteien auszuschließen, ließ sich in Sachsen nicht umsetzen.[6] Als Bülow informiert wurde, dass ein Wahlkampf gegen den Bund der Landwirte die sächsische Kartellvereinbarung zerstören würde, lenkte er widerstrebend ein. Die Lageberichte der sächsischen Amts- und Kreishauptmänner, die er bald darauf zu lesen bekam, dokumentierten die Fragilität der antisozialistischen Einheit. Es handelte sich dabei nicht um ein ausschließlich sächsisches Problem.[7] Als Bülow einen Bericht erhielt, demzufolge es reichsweit in 25 Wahlkreisen, darunter in vier sächsischen Wahlkreisen, konkurrierende Kandidaturen der »Ordnungsparteien« gegeben hatte, war er entsetzt.[8] Zusammen mit dem sächsischen Regierungschef Georg von Metzsch versuchte er hinter den Kulissen rechtsgerichtete Koalitionen und Wahlbündnisse zu schmieden. Das strebte auch der Vorsitzende der Konservativen Partei, Paul Mehnert, an. Wie auch später, im Jahr 1909, wirkte er auf die Führer des Bundes der Landwirte in Berlin ein, ihre Forderungen abzumildern.[9] Beide Male hatte Mehnert nur teilweise Erfolg. Beide Male dankte ihm Reichskanzler Bülow für seinen Einsatz. Beide Male dankten es ihm die sächsischen Wähler nicht.

Der Wahlaufruf der sächsischen Konservativen bot wenig, um neue Wähler anzuziehen oder unzufriedene Kernwähler zu halten.[10] Das Wahlprogramm der Nationalliberalen war ähnlich blass und defensiv; auch bei ihnen ging es nur um vage Themen, z. B. die Verteidigung »nationaler Interessen« und »nationaler Arbeit«. Zudem wurden die Reichstagswahlkämpfe nach der Jahrhundertwende hauptsächlich von Themen geprägt, die den Geldbeutel betrafen. In erster Linie ging es um die gegensätzlichen Interessen von Produzenten und Konsumenten. Von Mitte 1900 bis zur endgültigen Verabschiedung eines Gesetzes am 13. Dezember 1902 nahmen Zolltarifdebatten die Aufmerksamkeit der Öffentlichkeit in Beschlag. Der sogenannte Kardorff-Kompromiss, benannt nach dem Führer der Freikonservativen, Wilhelm von Kardorff, kam der deutschen Landwirtschaft weit mehr zugute als der Industrie. Reichskanzler Bülow hatte sich den Maximalforderungen der preußischen Agrarier widersetzt; dennoch stellte die

---

5   Bülow, Rundschreiben (Entwurf) an die pr. Gesandten, 18.5.1903, a. a. O.
6   Dönhoff, 25.5.1903; Antworttelegramm, 26.5.1903, a. a. O.
7   Vgl. z. B. pr. Gesandter in Baden, Carl von Eisendecher, an pr. MdAA, 9.6.1903, a. a. O.
8   Staatssekretär des RAdI Arthur von Posadowsky an Bülow, 27.6.1903, PAAAB, Deutschland 125, Nr. 3, Bd. 16, der die vier Wahlkreise 9: Freiberg, 11: Oschatz-Grimma, 12: Leipzig-Stadt und 14: Borna anführt.
9   Sächs. Gesandter in Preußen, Wilhelm von Hohenthal und Bergen (Berlin), an MdAA Metzsch (Dresden), 20.3.1903, SHStAD, MdAA 3316.
10   Vaterl, 16.5.1903; vgl. KdBdL, 23.5.1903.

SPD habgierige Junker erfolgreich als »Brotwucherer« dar und August Bebel beschrieb das Zollgesetz als »eine Schärfung der Interessen- und Klassengegensätze, wie sie bisher kein zweites Gesetz in Deutschland hervorgerufen hat«.[11] Die Sozialdemokraten kritisierten darüber hinaus die indirekten Steuern, zum Beispiel auf Tabak und Bier. Wie auch die Zölle auf ausländisches Getreide strapazierten diese Steuern die Budgets von Arbeiterhaushalten heftig.

Die SPD verteidigte die politischen Rechte des deutschen Michel. Wie schon 1898 wurde gemunkelt, das Reichstagswahlrecht sei bedroht. Im Rahmen seiner Auflistung jahrzehntelanger konservativer Beschwerden über das allgemeine Wahlrecht bekräftigte der sächsische Sozialdemokrat Hermann Goldstein die Forderungen der SPD nach einer Wahlrechtsreform auf Landes- und Kommunalebene und rief die Anhänger seiner Partei dazu auf, sich in beispielloser Zahl an den Wahlen zu beteiligen und damit eine Art »Truppenschau« zu veranstalten.[12] Wenn neun Millionen Deutsche, d. h. drei Viertel der Wählerschaft, von ihrem Wahlrecht Gebrauch machten, so Goldstein, dann hätte die Sozialdemokratie eine Chance, ein Viertel aller abgegebenen Stimmen zu gewinnen. (Seine Prognose sollte sich als zu bescheiden erweisen.) Zu guter Letzt griffen die Sozialdemokraten auch die Militärausgaben im Allgemeinen und den Marineausbau im Besonderen an. Im Juni 1903 kamen viele SPD-Wähler gerade aus den Parteien, die diese Ausgaben normalerweise unterstützten: Linksliberale und Zentrum. Warum? Für viele Deutsche war 1903 eine Protestwahl am ehesten dadurch zu erreichen, dass sie ihre Stimme der einzigen verbliebenen Oppositionspartei gaben – den Sozialdemokraten.

In Sachsen setzte der Wahlkampf von 1903 die »Ordnungsparteien« von verschiedenen Seiten unter Druck. Während sie daheim den politischen Status quo zu verteidigen versuchten, klagten sie gleichzeitig über die schlechte Führung in Berlin. In diesem Zusammenhang kam drei Themen besondere Bedeutung zu.

Zum einen missbilligten die sächsischen bürgerlichen Parteien die Nichtinterventionspolitik von Bülow während des Burenkriegs. In ihren Augen war die Rolle Deutschlands auf der Weltbühne dadurch unnötig geschwächt worden. Die bürgerliche Presse in Sachsen wetterte gegen Bülows »kraftlose«, »nonchalante«, »kleinmütige« Weigerung, sich auf die Seite der Buren zu stellen. In »Orgien der Anglophobie« wurden britische Generäle und Soldaten als »Söldner-Raufbolde« bezeichnet, die sich im Gefecht als Feiglinge erwiesen. »All die alten Geschichten über Dumdumgeschosse und britische Gräueltaten« wurden wieder breit gewalzt; die britischen Truppen wurden »gewohnheitsmäßig beschuldigt«, »die Verwundeten auszuplündern [...] und Frauen bei allen möglichen und unmöglichen Gelegenheiten zu schänden«.[13] Der britische Gesandte in

---

11 Bebel an Johannes Semler, 13.12.1902, A. BEBEL, Reden und Schriften, Bd. 9, 1997, S. 52.
12 H. GOLDSTEIN, Reichstagswahlrecht, 1903, bes. S. 26 f.; SStAL, Sammlung Vetter, Nr. 265.
13 Sir Condie Stephen, 14.3.1900, TNA, FO 30/301.

Dresden, Sir Condie Stephen, erinnerte London daran, dass »Sachsen die Heimat des Alldeutschen Verbandes ist«. Als solche sei das Königreich »eine bedeutende Hochburg einer sehr virulenten Form des Antisemitismus«, und seine meistgelesenen Zeitungen äußerten des Öfteren die Hoffnung, »dass die deutsche Politik bald zu einer ›bismarckschen‹ und ›wahrhaft nationalen‹ Linie zurückkehren würde«.[14] Das Jahr 1903 markierte in Sachsen die Anfänge einer nationalen Opposition aus Alldeutschen, radikalen Antisemiten, Mittelstandsgruppen und anderen.

Zweitens beklagten sich die sächsischen Ordnungsparteien über Bülows Bereitschaft, durch die Einführung von Wahlkabinenvorhängen die geheime Stimmabgabe zu schützen. Es traf Regierungschef Metzsch aus heiterem Himmel, als Bülow im Januar 1903 im Reichstag ankündigte, dass seine Regierung die entsprechende Forderung unterstützen würde.[15] Den Wählern wurden 1903 im Wahllokal auch Umschläge ausgehändigt. Die historische Forschung ist sich nicht einig, ob diese technischen Änderungen des Wahlreglements weitreichende Auswirkungen hatten.[16] In den Augen der sächsischen Konservativen jedenfalls war diese Konzession ein Sieg für die Demokratie. Sie versteckten ihre Angst vor dem Verlust von Reichstagsmandaten hinter fadenscheinigen Argumenten – indem sie zum Beispiel behaupteten, die Wahlumschläge seien nicht einfach zu handhaben für Menschen, deren Hände von der schweren Arbeit ganz schwielig waren.

Drittens lieferte der Dresdner Hof Europa den größten königlichen Skandal des frühen 20. Jahrhunderts.[17] In der zweiten Dezemberwoche 1902 musste Sachsens junger Kronprinz Friedrich August entdecken, dass seine Frau, die österreichische Erzherzogin Luise von Toskana, nach Salzburg gereist war, um dort ihren belgischen Geliebten André (»Richard«) Giron zu treffen (siehe Abbildung 8.1.). Letzterer war der Privatlehrer der fünf Kinder des Königspaares; ein weiteres Kind, dessen Vaterschaft unbekannt war, war unterwegs. Laut Luise war der Auslöser für ihre Flucht die Drohung König Georgs, sie in die Heilanstalt Sonnenstein einweisen zu lassen. (Die psychiatrische Einrichtung wurde 1940/42 Teil der NS-Euthanasie-Aktion T4.). Sechs Monate lang waren ganz Sachsen und weite Teile Deutschlands eine große Gerüchteküche. Alle Bemühungen zur Schadensbegrenzung vonseiten der Kamarilla um König Georg schlugen fehl.

---

14 Stephen, 8.1.1901, TNA, FO 30/305. Seiner Meinung nach gingen die Drohungen, denen sich britische Frauen in Dresden ausgesetzt sahen, die reißerischen Postkarten, die britische Soldaten verleumdeten, und vieles mehr auf das Konto sächsischer »Politiker«, »Journalisten« und »berufsmäßiger Agitatoren«.
15 Hohenthal (Berlin) an Metzsch (Dresden), 21.1.1903; SHStAD, MdI 5444.
16 Vgl. M. L. ANDERSON, Lehrjahre, 2009, S. 310–321; R. ARSENSCHEK, Kampf, 2003; RHRT.
17 Vgl. neben den im Weiteren zitierten Werken auch folgende Abhandlungen jüngeren Datums: M. FETTING, Selbstverständnis, 2013, S. 243–303; F. L. MÜLLER, »Our Louise«, 2014; DERS., Thronfolger, 2019, S. 124–134; I. KRETSCHMANN/M. HUTH, Skandal bei Hofe!, 2017.

Abbildung 8.1: Sächsische Kronprinzessin Luise von Toskana und André Giron. Dieses »Kopf-an-Kopf-Foto« wurde zur Sensation und diente als Beweismittel im Scheidungsprozess. Links: Foto vom 29. Dezember 1902, entnommen aus: I. Kretschmann/M. Huth, Skandal bei Hofe!, 2017, S. 61. Rechts: Kronprinzessin Luise von Toskana, entnommen aus: Luisa of Tuscany, My Own Story, 1911, Titelbild.

Luises »Insiderstory« fand ihren Nachhall auch in Berichten an das Auswärtige Amt, das Berliner Polizeipräsidium und ausländische Regierungen.[18] Kronprinzessin Luise machte keinen Hehl daraus, dass ihr Erzfeind, abgesehen von ihrem Schwiegervater, Georg von Metzsch war, den sie gleichermaßen als Tyrann (ihr gegenüber) und als Schwächling (dem Kartell gegenüber) bezeichnete. Luise zitierte Metzsch mit den Worten: »Ich will dieses Weib verderben, aber ich will es langsam verderben!«[19] König Georg wurde nicht minder hart kritisiert. Unter sächsischen Protestanten kursierte das Gerücht, hinter der »Entfernung« der Prinzessin aus Dresden stecke eine Jesuitenintrige: die Kronprinzessin sei einfach zu liberal und zu beliebt.[20] Der Kaiser war über-

---

18 Vgl. Materialien in SHStAD, MdI 11060a; Berliner Polizei-Präsidium an Hohenthal (Entwurf), 16.1.1904, zu konfiszierten Broschüren, BLHAP, PP, Tit. 94, Nr. 12856; Stephen, 22.12.1902 (zwei Berichte), TNA, FO 30/309; brit. Gesandter in Sachsen, Lord Hugh Gough, 13.1.1903, TNA, FO 30/313.
19 Luise von Toskana, Mein Lebensweg, 1911, Kap. 13, hier S. 135; vgl. Luisa of Tuscany, My Own Story, 1911, S. 165.
20 Badischer Gesandter in Preußen [Eugen von Jagemann] (Berlin), an badisches Außenministerium, 19.3.1903: »Daß solche Märchen geglaubt werden, zeigt wie phantastisch angespannt die öffentliche Meinung ist.« GLAK, Abt. 49, IV. Gesandtschaften, Fasz. 2036.

zeugt, dass Nietzsches Lehren an allem schuld waren. Kronprinz Friedrich August ging aus dem Skandal relativ unbeschadet hervor: Er und seine Berater starteten eine Charmeoffensive, die ihn als gekränkten, aber hingebungsvollen alleinerziehenden Vater darstellte. Nach Meinung von Luises amerikanischem Verleger jedoch zeigte sich darin bereits die Charakterschwäche des gehörnten »Kürbis«, für die er bald bekannt werden sollte.²¹ Luise erinnerte sich später daran, wie vorurteilsbehaftet – gegen die Sozialisten, die Engländer, die Juden – ihr Mann zum Zeitpunkt der Geburt ihres ersten Kindes im Jahr 1893 gewesen war.

Die sächsischen Konservativen scheuten sich nicht, der königlichen Affäre die Schuld für das Wahlergebnis zu geben, und tatsächlich war es den Sozialdemokraten ein Leichtes, Kapital daraus zu schlagen. War der Skandal für die Konservativen ein Schlag gegen Staat und kirchliche Autorität, so war er für die Sozialdemokraten eine Frage von Heller und Pfennig. Letztere erinnerten die sächsischen Wähler daran, dass »Georg der Greuliche« 1902 kaum zwei Wochen nach seiner Thronbesteigung als König von Sachsen – und Nachfolger von König Albert, dem Volkshelden von 1866 und 1870 – gefordert hatte, die Zivilliste um erstaunliche 3,5 Millionen Mark zu erhöhen – und dies zu einer Zeit, in der Bankenpleiten, Steuererhöhungen und steigende Lebensmittelpreise Schlagzeilen machten.²² So trübte sich 1903 die Stimmung der sächsischen Wähler zum für die »Ordnungsparteien« denkbar schlechtesten Zeitpunkt. Reichskanzler Bülow war sich dessen durchaus bewusst. Eine Woche vor der Wahl forderte er Metzsch auf, seine Bemühungen zur Abwendung konkurrierender Kandidaturen unter den Kartellparteien zu verstärken. »Ein etwaiger großer Sieg der Sozialdemokraten in Sachsen«, schrieb er, »werde zweifellos [...] als Demonstration gegen die dortige Dynastie aufgefaßt werden. Solches würde [...] aufs Tiefste zu beklagen sein.«²³

Es war nicht der einzige medienwirksame Skandal im wilhelminischen Zeitalter, der die Aufmerksamkeit von Historikern auf sich zog.²⁴ Der sächsische Fall untermauert das Argument, der Obrigkeitsstaat habe seine Fähigkeit zur Steuerung der öffentlichen Meinung verloren. Während der sächsische Hof den Kronprinzessinnenskandal hinter sich lassen wollte, nutzten die sächsischen Parteien die öffentlichen Ressentiments für ihre Zwecke. Antijüdische Tiraden, antisozialistische Polemik, Warnungen vor katholischen Verschwörungen, Streitschriften gegen die neue industrielle Ordnung – all das war 1903 fester Bestandteil der Propaganda der Kartell-Kandidaten. Als wolle es Clausewitz' »Nebel des Krieges« vertreiben, beschrieb *Das Vaterland* Konservative, Agrarier und

---

21 H. W. FISCHER, Secret Memoirs, 1912, S. xv–xvi, 4, und zum Folgenden. Der »Kürbis« spielt auf ein bekanntes Zitat der französischen Kurtisane Ninon L'Enclos (1620–1705) an.
22 Vaterl, 28.2.1903, 7.3.1903; F. L. MÜLLER, »Our Louise«, 2014.
23 Bülow an Dönhoff (Entwurf), 9.6.1903, PAAAB, Deutschland 125, Nr. 3, Bd. 16.
24 Vgl. u. a. M. KOHLRAUSCH, Monarch im Skandal, 2005; F. BÖSCH, Öffentliche Geheimnisse, 2009; P. WINZEN, Ende der Kaiserherrlichkeit, 2010.

Antisemiten als mutige Kämpfer für traditionelle deutsche Ideale, während es Linksliberale, Katholiken und Sozialdemokraten als unmännlich und verlogen darstellte:

> Überragt von sturmerprobten, uralten Feldzeichen, in glänzendem Schmucke ihrer und ihrer Vorfahren Taten für das Vaterland, rücken die riesigen Geschwader der Konservativen, – voll jugendlichem Kampfesmut die mannhaften Scharen der Landbündler, – bedächtiger geworden durch die gemachten Erfahrungen die Reformer heran. Verwandt durch gemeinsame Grundsätze, aber getrennt durch parteitaktische und parteipolitische Anschauungen, einer Anzahl von Offizieren gleich, die in der Schlacht ihre Mannschaften verloren, gehen die zersprengten Häuflein der Liberalen vor. [...] Unter dem Banner der heiligen Jungfrau und geleitet vom Segen des römischen Bischofs fechten die Männer des Zentrums. [...] Jeder Kenner der Verhältnisse weiß, daß das Gefolge der sozialdemokratischen Führer keineswegs zum größeren Teil aus überzeugten Anhängern der Marx-Engelschen Phantastereien, sondern aus Unzufriedenen besteht. [...] Erkennen diese Massen erst, wie unfruchtbar die Sozialdemokratie in der praktischen Politik ist, so wird sich das Heer dieser Mitläufer ebenso schnell verflüchtigen, wie es anschwoll.[25]

*

Die Geburt des »roten Königreichs« im Juni 1903 verdankte sich nicht der Illoyalität anderer Parteien, geschweige denn den wechselhaften Launen von politischen Mitläufern, sondern in erster Linie der Tatsache, dass die sozialdemokratische Bewegung so mächtig geworden war. Das gab auch die konservative Presse in Sachsen zu: »Die Macht der Sozialdemokratie wurzelt in der Organisation, der inneren Einheit, in dem Solidaritätsgefühl der Arbeiter und vor allem in einer stetigen, durch Opfermut geförderten Wirksamkeit für ihre Parteizwecke. Die aus den mittleren Ständen hervorgegangenen Parteien sind zersplittert.«[26] Die Berichte von Polizeidirektoren und Beamten in Berlin, Dresden und Leipzig dokumentieren die sorgfältige Vorbereitung der Sozialdemokraten auf die Wahlen, mit denen es ihnen gelang, aus der (relativen) Flaute der späten 1890er-Jahre herauszukommen.[27] Reichsweit wurden Mitgliederstatistiken für die Partei erst ab 1905/06 erhoben, als die SPD 384 327 Mitglieder und die sächsische Landespartei 58 305 Mitglieder zählte. Bezeichnenderweise begann die sächsische SPD jedoch bereits früher mit der Erhebung (und Veröffentlichung) ihrer Mitgliederzahlen. Zwischen 1901 und 1904 wuchs die sächsische SPD von rund 25 000 auf über 48 000 Mitglieder.[28]

---

25 Vaterl, 13.6.1903.
26 Dönhoff, 21.6.1903; PAAAB, Deutschland 125, Nr. 3. Bd. 16. Neben diesem Zitat aus dem freikonservativen *Dresdner Anzeiger* findet sich eine Randbemerkung [Wilhelms II.]: »korrekt«.
27 »Übersicht« (1903/04), in: D. FRICKE/R. KNAACK (Hrsg.), Dokumente, Bd. 2, 1989, S. 352–380.
28 K. SCHRÖRS, Handbuch, 1914, S. 63. Die Zahlen für die größten Bundesstaaten im Jahr 1906, zusammengestellt nach dem Bericht des Parteivorstandes an den SPD-Parteitag 1907, lauteten wie folgt: Preußen 173 683;

Zwischen 1898 und 1903 stieg die Mitgliederzahl der Freien Gewerkschaften in Sachsen von ca. 51 000 auf ca. 95 000.[29] Der Mitgliederzuwachs der SPD fiel in den 23 sächsischen Reichstagswahlkreisen unterschiedlich aus: In 14 Wahlkreisen nahm die Zahl der Mitglieder um mehr als 50 Prozent zu, in sieben davon um mehr als 100 Prozent (siehe Tabelle 8.1).[30]

Tabelle 8.1: Mitgliederzahlen der sächsischen SPD nach Wahlkreisen, 1901–1904

Nr.	Wahlkreis	Mitgliederzahlen der Sozialdemokratischen Partei				Prozentualer Anstieg
		1901	1902	1903	1904	1901–1904
1	Zittau	541	733	871	878	62%
2	Löbau	600	613	713	716	19%
3	Bautzen	264	305	344	426	61%
4	Dresden-Neustadt	1.405	2.133	2.802	4.024	186%
5	Dresden-Altstadt	1.230	1.620	1.900	2.162	76%
6	Dresden-Land	1.837	2.188	3.434	4.927	168%
7	Meißen	751	898	1.400	1.526	103%
8	Pirna	910	775	1.209	1.152	27%
9	Freiberg	224	210	265	327	46%
10	Döbeln	824	1.169	1.500	1.300	58%
11	Oschatz-Grimma	233	279	427	715	207%
12	Leipzig-Stadt	742	1.300	1.630	1.681	127%
13	Leipzig-Land	4.890	5.557	7.000	11.743	140%
14	Borna	539	900	1.000	1.000	86%
15	Mittweida	1.139	1.486	2.077	2.108	85%
16	Chemnitz	1.580	2.000	3.000	3.970	151%
17	Glauchau-Meerane	1.068	942	1.750	1.490	40%
18	Zwickau	2.460	2.022	2.277	2.210	-10%
19	Stollberg	1.351	1.430	1.437	1.680	24%
20	Marienberg	328	348	438	638	95%
21	Annaberg	300	350	450	400	33%
22	Auerbach	1.266	1.543	1.744	1.737	37%
23	Plauen	1.099	1.117	1.196	1.370	25%
Gesamt		25.581	29.918	38.864	48.180	88%

Quellen: [SOZIALDEMOKRATISCHE PARTEI SACHSENS], Protokoll [...] Landesversammlung [...] August 1909, S. 29; nachgedruckt in: K. SCHRÖRS, Handbuch, 1914, S. 63. Geringfügige Abweichungen in den Spaltensummen korrigiert.

Bayern 35 000; Sachsen 58 305; Württemberg 13 400; Baden 10 608; Hessen 14 404; D. FRICKE, Handbuch, Bd. 1, 1987, S. 312 f.

29 D. FRICKE, Handbuch, Bd. 2, 1987, S. 974 f., listet zudem die Mitgliederzahlen der Gewerkschaften auf (1896–1906), und zwar in allen fünf sächsischen KHMS und allen deutschen Bundesstaaten.

30 18: Zwickau war der einzige Wahlkreis, der sinkende Mitgliederzahlen (minus zehn Prozent) verbuchte.

Auch andere Indikatoren zeigen, warum die »Ordnungsparteien« im Juni 1903 mit enormen Schwierigkeiten zu kämpfen hatten. Polizei-Kommissar Förstenberg berichtete von einer erstaunlichen Stärkung der Leipziger SPD zwischen Dezember 1902 und Dezember 1903, die vor allem auf ihre Mobilisierungsanstrengungen während des Reichstagswahlkampfes zurückzuführen war. Die Mitgliedschaft der Leipziger SPD verdoppelte sich innerhalb eines Jahres von 3 537 auf 7 069 (darunter 331 Frauen). Im gleichen Zeitraum stieg die Zahl der Gewerkschaftsmitglieder in Leipzig von 27 481 auf 34 003 (darunter 2 450 Frauen). Auch die Zahl der Abonnenten der SPD-Zeitungen – die Gewerkschaftspresse nicht mitgezählt – stieg in Sachsen schnell an: von fast 58 000 (1897) auf über 105 000 (März 1903, d. h. vor der Wahl).[31]

Die Erinnerungen eines ungelernten Fabrikarbeiters vermitteln einen Eindruck davon, wie der Frust über »Mehnerts Gesetz« in den Wahlerfolg von 1903 umgewandelt wurde. Otto Krille verdiente 18 Mark pro Woche in einer Strohhutfabrik in Dresden. Kurz nachdem 1896 das sächsische Dreiklassenwahlrecht verabschiedet worden war, schrieb Krille: »[I]ch hatte mir eingebildet, es müßte ein wahrer Volkssturm ausbrechen. Das geschah nicht [...]. Damit fand sich mein Kopf schwer zurecht. Das Volk hatte ich mir vorgestellt als einen geharnischten Wächter, jederzeit bereit, seine Rechte zu verteidigen, und nun mußte ich sehen, wie eine einzige Abstimmung im Parlament Hunderttausende von Staatsbürgern minderen Rechts schuf [...], [so] daß eine starke Depression [bei Krille] nicht ausbleiben konnte.« Die Reichstagskampagne von 1898 beflügelte Krilles Stimmung etwas.[32] Doch noch 1899 war den Partei-Insidern klar gewesen, wie schwer es sein würde, ein »revolutionäres Feuer« zu entfachen. Wie ein Dresdner Journalist an August Bebel schrieb: »Gewiß wäre es schön, wenn wir die Massen zum revolutionären Protest selbst ohne Aussicht auf Erfolg an die Urne bringen, wenn wir die notwendigen psychologischen Nachwirkungen der Ereignisse der letzten Jahre durch Protest und Propaganda kompensieren könnten, aber so weit sind wir [...] selbst in Sachsen noch nicht.«[33]

Doch bis 1903 waren die organisatorischen und propagandistischen Bemühungen der SPD so erfolgreich, dass sie Tausende von Sozialdemokraten – Männer und Frauen[34] – in eine Stimmung der Aufregung und Selbstaufopferung versetzten. Krille erinnerte sich an eine große SPD-Kundgebung in Dresden, bei der Bebel als Redner fungierte[35]:

---

31 Dönhoff (Abschriften), 20.4.1900, 15.4.1901, und [Sozialdemokratische Partei Sachsens], Protokoll [...] Landesversammlung [...] 1901, S. 34, 76; alle BLHAP, PP, Tit. 94, Nr. 12855; Fö »Uebersicht 1903« (Jan. 1904) in SHStAD, KHMSL 253; K. Schrörs, Handbuch, 1914, S. 84 (für 1904).
32 Vgl. Polizeiberichte in SHStAD, PPZ, Nr. 1302; S. Lässig, Wahlrechtskampf, 1996, S. 87–92.
33 Konrad Haenisch an Bebel, 20.10.99, zitiert in: S. Lässig, Wahlrechtskampf, 1996, S. 96. Vgl. [Sozialdemokratische Partei Sachsens], Protokoll [...] Landesversammlung [...] 1899, S. 46–83.
34 Vgl. z. B. O. Baader, Weg, 1921, S. 95–97.
35 O. Krille, Joch, 1975 [1914], S. 108–115. Krilles Schilderung bezieht sich auf den RT-Wahlkampf von 1898, doch könnte sie auch auf 1903 zutreffen: vgl. Fö »Uebersicht 1903«, SHStAD, KHMSL 253 zu einer riesigen Kundgebung, bei der Bebel sprach.

Als ich um siebeneinviertel Uhr an die »Güldene Aue« kam, hatte die Polizei den angeblich schon überfüllten Saal abgesperrt. [...] Die Polizei trieb uns [...] vom Eingang bis auf die andere Seite der Straße an die Zäune. [...] Die Fenster des zu ebener Erde gelegenen Saales standen weit offen. [...]

Der Markthelfer der Hutfabrik, ein zweiundzwanzigjähriger mit allen Ränken ausgestatteter Mensch, stand neben mir und sagte: »Nun paß mal auf!« In einigen Sprüngen setzte er über die Straße, sprang ab und war im Nu durchs Fenster.

Der Polizeileutnant raste, schimpfte auf die beiden Schutzleute. Der eine mußte sich umdrehen, sein Lachen zu verbergen. [...]

Kurz darauf klang es von weitem: trab, trab. Berittene Polizei kam in scharfem Tempo heran. [...] Die Polizisten zu Pferde ritten unter die Leute und verfolgten einzelne, bis sie ganz verschwanden. Neben mir stand ein älterer Mann. Er wurde überrannt und stürzte auf das Pflaster. [...] Wie scheugewordene Stiere stürzten die Schutzleute auf jeden Mann. Inzwischen war Bebel erschienen, von Polizisten nach dem Saal geleitet. Während er drinnen redete, ging außen die große Säuberung weiter. Die Polizisten ritten auf den Trottoirs entlang [...].

Wozu hatte man eigentlich die Attacke unternommen? Das Resultat war, daß der Sozialdemokrat schon in der Hauptwahl einen starken Vorsprung hatte und in der Stichwahl siegte.

Nach diesem gewaltsamen Zusammenstoß ergriff Krille der »dumpfe Haß der brutalen Gewalt gegenüber«. Am Tag der Stichwahl stand Krille auf der Dresdner Albertbrücke und verteilte ein Gedicht des »Arbeiterdichters« Ernst Klar. Darin gab es »keine Statistiken über Steuern und Volkslasten für Armee und Marine, keine Kritik der in Sachsen so unheilvollen konservativen Politik«. Stattdessen begann es mit »Ihr Männer der Arbeit, ihr Kinder der Not,/Nun gilt das letzte Aufgebot,/Den letzten Sturm in der heißen Schlacht/Um unsren Teil des Reiches Macht«. Das Gedicht traf den richtigen Ton unter den Dresdner Arbeitern, erinnerte sich Krille, »denn es hatte Trommelklang in den Strophen«.

Krilles Erinnerungen vermitteln die – wenn auch durchlässige – politische, soziale und kulturelle Kluft, welche die »Roten« vom Rest der Dresdener Bevölkerung trennte. »Das Wahlfieber grassierte im Bürgertum natürlich wie in der Arbeiterschaft [...]. Man knurrte bisweilen, schlug mir die Tür vor der Nase zu, ohne das Flugblatt zu nehmen.« Die Einstellung der Ladenbesitzer faszinierte und amüsierte ihn: »Ich machte mir fast stets den Spaß, in ihren Augen und Mienen ihre wahre Gesinnung zu ergründen.« Da sie ihre Beziehungen zu den Kunden auf beiden Seiten des politischen Grabens nicht gefährden wollten, nahmen einige Ladenbesitzer die Flugblätter stillschweigend an. Ein Dresdner Metzger tat dies nicht: Nachdem Krille ein Flugblatt auf seine Theke gelegt hatte und zur Tür hinausging, »sauste hart an meinem Kopfe vorbei ein großer Knochen auf die Straße«. Als ein sozialistischer Sieg vermeldet wurde, traf Krille auf verstreute

Gruppen von Menschen, von denen einige den Sieger bejubelten. Doch »bemerkte ein vorübergehender Herr: ›Es ist zum Weinen, wie rapide die Sozis zunehmen!‹« Ja, so mischte sich Krille in die Unterhaltung des Mannes, »nun wird's bald anders werden in der Welt!« »Was ich darauf zur Antwort bekam, klang wie ›Lausejunge‹ und ›Ohrfeigen haben‹. Aber ich war trotzdem fröhlich.«

In der für das Berliner Polizeipräsidium erstellten Übersicht über den Wahlkampf von 1903 wurde behauptet, dass der Ton der SPD-Propaganda noch »erbitterter und zügelloser« sei als bei allen anderen Wahlen zuvor. Die Partei habe wie nie zuvor die Hilfe von gewerkschaftlichen Vertrauensmännern, Jugendlichen und Frauen in Anspruch genommen. Angeblich verteilte die SPD in den beiden Leipziger Wahlkreisen 6 885 Plakate, 90 100 Handzettel und 1 022 000 Flugblätter.[36] Ein großer SPD-Sieg sei aufgrund des »unentschlossenen und lässigen Verhalten[s] der anderen Parteien und bei dem oft nur geringen Nachdrucke, mit dem sie die Wahlagitation führten«, fast unvermeidlich.[37] Von den 145 Wahlveranstaltungen aller Parteien in den beiden Leipziger Wahlkreisen waren 82 von der SPD organisiert. Bei ihren Kundgebungen kam es nie zu Störungen. »Dagegen nahmen diejenigen Wahlversammlungen der bürgerlichen Parteien«, so (der frisch beförderte) Polizei-Inspektor Förstenberg, »oftmals einen tumultarischen Verlauf.« Manchmal geschah dies, weil Sozialdemokraten die Kartell-Versammlungen infiltriert hatten, »aber auch infolge des zwischen den Kartellparteien und den Liberalen vorhandenen Gegensatzes kam es in den Versammlungen beider Parteirichtungen, sobald Gegner zugegen waren und sich an den Verhandlungen beteiligten, einige Male zu recht lebhaften Auseinandersetzungen«.[38]

*

Im Juni 1903 geriet die antisozialistische Einheit in acht der dreiundzwanzig sächsischen Wahlkreise ernsthaft in Gefahr – genau so wie es in den 1880er- und 1890er-Jahren der Fall gewesen war.[39] Im WK 9: Freiberg trat ein Kandidat der Nationalliberalen gegen Georg Oertel an, den Hauptredakteur der *Deutschen Tageszeitung*, dem Presseorgan des Bundes der Landwirte. Oertel vertrat die radikalen Flügel des deutschen Agrariertums, Antisemitismus und Konservatismus; folglich konnten die Nationalliberalen (und Linksliberalen) sich nicht dazu durchringen, ihn zu unterstützen.[40] Im WK 10: Döbeln stand

---

36 LVZ, 21.8.1903, zitiert in: C. Georgi, Wirken, 1984, S. 85.
37 D. Fricke/R. Knaack (Hrsg.), Dokumente, Bd. 2, 1989, S. 353 f.
38 Fö »Uebersicht 1903«, SHStAD, KHMSL 253; C. Georgi, Wirken, 1984, S. 82.
39 In Sachsen 1, 3, 9, 10, 11, 12, 14, 23. Meine Gesamtzahlen sind höher als die in G. A. Ritter, Wahlen, 1997, S. 69; vgl. allerdings RHRT, Bd. 2. Vgl. auch Kap. 3–6 im vorliegenden Band.
40 DZ (o. D.), beigefügt in Dönhoff, 21.6.1903, PAAAB, Deutschland 125, Nr. 3. Bd. 16. Die linksliberale DZ plädierte dafür, bei der Stichwahl für die SPD, nicht für Oertel, zu stimmen. Vgl. KHM Schmiedel (Dresden) an MdI sowie KHM Ehrenstein (Leipzig) an MdI, beide 19.5.1903, SHStAD, MdI 5388.

ein Nationalliberaler Oswald Zimmermann, dem Anführer der Deutschen Reformpartei, gegenüber. In den meisten anderen Fällen, in denen sich die antisozialistischen Parteien uneinig zeigten, war der Störenfried ein Linksliberaler.

Zeitgenössische Beobachter schenkten den linksliberalen oder katholischen Kandidaten, die Sozialdemokraten zum Sieg verhalfen, wenig Beachtung. Wie schon seit den 1880er-Jahren wurden diese Konkurrenten im sächsischen Parteiensystem noch immer als Randerscheinung abgetan. Ihre Kandidaten waren wenig mehr als Ablenkungen und Ärgernisse – Haare in der Kartellsuppe. Ebenso wenig Notiz nahmen die Zeitgenossen von dem Umstand, dass in einem breiten Wahlkreisstreifen in Mittelsachsen, der sich von WK 3: Bautzen im Osten bis WK 12: Leipzig im Nordwesten erstreckte, das Kartell entweder durch radikale Antisemiten vertreten wurde oder durch Konservative und Nationalliberale, die vor Antisemitismus nur so sprühten. Die sächsischen Beamten und deutschen Diplomaten schienen sich vorsätzlich blind zu stellen angesichts der antisemitischen Substanz, derer sich das Kartell im sächsischen Kernland aus Zweckmäßigkeit bediente. Die Tatsache, dass es den antisemitischen Parteien nicht gelungen war, den von ihnen in den Jahren 1890 bis 1893 erzeugten Schwung aufrechtzuerhalten, verhinderte nicht, dass der radikale Antisemitismus im Mainstream Einzug hielt. Diese Entwicklung lässt sich in Sachsen deutlicher ablesen als anderswo im Reich. In der Zahl der abgegebenen Stimmen für »unabhängige« antisemitische Kandidaten in Sachsen drückte sich kein Niedergang aus. Im Gegenteil: 1898 und 1903 gewannen sie jeweils über 73 000 Stimmen. Die Beziehungen zwischen Antisemiten und anderen Gegnern der Sozialdemokratie in Sachsen wurden immer enger. Dies zeigte sich deutlich im Reichstagswahlkampf 1903.

Andere zentrale Faktoren, die 1903 zu den sozialdemokratischen Siegen beitrugen, waren vom preußischen Gesandten Carl von Dönhoff und seinen Kollegen seit Jahren angeführt worden.[41] Die Kartellparteien hätten sich durch den späten Beginn ihres Wahlkampfs selbst ausgebremst, sie legten größeres Vertrauen in das geschriebene Wort als in das gesprochene, und sie schafften es nicht, Sozialdemokraten, die ihre Kundgebungen infiltrierten und Tumulte verursachten, zum Schweigen zu bringen. Weniger als einen Monat vor dem Wahltag zeigte sich der Dresdner Kreishauptmann Johann Theodor Schmiedel von diesen Defiziten besonders frustriert:

> Der Stand der Vorbereitungen für die bevorstehende Reichstagswahl ist für die Ordnungsparteien bis jetzt ein wenig befriedigender. Die Agitation ist überhaupt noch schwach[,] aber die Sozialdemokratie hat einen wesentlichen Vorsprung durch die Vorbereitung von langer Hand. Durch Flugblätter ist stets, so bald sich ein Punkt ergab, der bei der Wahl als Agitationsmittel benutzt werden konnte, sogleich die Aufmerksamkeit

---

41 Vgl. z. B. Dönhoff, 3./11.6.1903, PAAAB, Deutschland 125, Nr. 3, Bd. 16.

der Parteigenossen darauf gelenkt worden, sodaß nur die Erinnerung daran geweckt zu werden braucht; der Agitationsplan steht fest, an Geldmitteln fehlt es dieser Partei nie, die Kandidaten sind bestimmt, die Organisation der Agitation ist geschlossen. Demgegenüber auf der anderen Seite Not um Kandidaten (namentlich geeignete), Unentschlossenheit, Lauheit, Mangel an Opferwilligkeit bezüglich der nötigen Geldmittel, Unbotmässigkeit und Rechthaberei einzelner Parteigruppen (z. B. in Freiberg). In einem Teile des Regierungs-Bezirkes werden die Säle von den Inhabern *keiner* Partei zur Verfügung gestellt, weil diese einerseits den Boycott, andererseits das Militärverbot fürchten. Dies ist der Fall in den Amtsgerichtsbezirken Radeberg und Dresden. Die Wirkung ist wahrscheinlich den Ordnungsparteien nachteiliger, als den Sozialdemokraten.[42]

In einigen Bezirken zog das Verbot von sozialdemokratischen Treffen im Freien keine Komplikationen nach sich. In anderen Bezirken mussten Polizei und Beamte behutsamer vorgehen, um sozialdemokratische Beschwerden und Wahlproteste zu vermeiden.[43]

Der Leipziger Kreishauptmann Otto von Ehrenstein lieferte eine Beschreibung des Wahlkampf-»Terrorismus«, der nicht nur von den Sozialdemokraten entfesselt wurde, sondern auch von anderen »unzuverlässigen« Parteien, welche die allgemeine Unzufriedenheit ausnutzen wollten. »Die Wahlagitation wird überall auf das lebhafteste [sic] betrieben. An der Spitze stehen in dieser Hinsicht, wie immer, die Socialdemokraten, deren Angriffe und Ausdrucksweise an Heftigkeit und Ausfälligkeit das Dagewesene, soweit es möglich ist, überbieten. Aber auch die Liberalen, soweit sie sich dem Kartell der Ordnungsparteien nicht angeschlossen haben, die Nationalsocialen und die Vertreter der freisinnigen Volkspartei führen in ihren Wahlaufrufen und sonstigen Aeusserungen eine Sprache, wie man sie von Männern der betreffenden Berufsarten und des betreffenden Bildungsgrades nicht erwarten sollte.« Die »Ordnungsparteien« waren in der Defensive: »Sie tun aber [...] (nach Ansicht der Kreishauptmannschaft) das mögliche.« Ein Untergebener dieses Kreishauptmanns war jedoch der Meinung, dass die Kartellanhänger im WK 13: Leipzig-Land deutlich an Einsatz vermissen ließen. Ein anderer klagte ebenfalls: »Die Amtshauptmannschaft Rochlitz berichtet, daß in Rochlitz und dessen näheren Umgebung, ebenso wie in Geithain, sich eine auf die Wegnahme der Garnison zurückführende Gleichgültigkeit und Lauheit eines Teiles der an und für sich in der Hauptsache konservativ gesinnten Wählerschaft der Bürgerkreise bemerkbar mache.«[44]

---

42 KHM Schmiedel (Dresden) an MdI, 19.5.1903 (Hervorhebung im Original), SHStAD MdI, 5388; vgl. KHMS Zwickau, »Uebersicht« (4.6.1903), a. a. O.
43 KHM Ehrenstein (Leipzig) an MdI, 19.5.1903; vgl. KHM Schmiedel (Dresden) an MdI, 6.6.1903, beide SHStAD, MdI 5388. Vgl. Dönhoffs Bericht, der die meisten dieser Probleme anführt, 3.6.1903, zuvor zitiert.
44 KHM Ehrenstein (Leipzig) an MdI, 12.6.1903, SHStAD, MdI 5388.

Die Suche nach Kandidaten, die bereit waren, sich unter den Bedingungen des allgemeinen Wahlrechts den Herausforderungen des Wahlkampfes zu stellen, war, wie so oft zuvor, das größte Problem, mit dem die Kartellparteien 1903 konfrontiert waren. Einige Wahlkreise, die einer Kartellpartei »zugewiesen« worden waren, wurden letztendlich durch eine andere vertreten. In einem Wahlkreis musste man an nicht weniger als zwölf potenzielle Kandidaten herantreten, bevor einer von ihnen schließlich einwilligte, sich zur Wahl zu stellen. Im WK 17: Glauchau-Meerane wurde ein Geheimer Regierungsrat im Ministerium des Innern von den Konservativen nominiert, obwohl man diesen Wahlkreis den Nationalliberalen zugewiesen hatte. Nach einigen Wahlkampfreden hatte dieser »einen Auslandsurlaub angetreten und das Feld seinem rührigen sozialdemokratischen Gegner [Ignaz] Auer überlassen«. Der preußische Gesandte Dönhoff machte aus seiner Empörung keinen Hehl, als er berichtete: »Die Agitation der Ordnungsparteien ist dort infolge dessen auf Null gesunken.«[45] Auer errang mit 71 Prozent der Stimmen den Sieg in der Hauptwahl.

Während des Wahlkampfs von 1903 sprossen die ersten zarten Knospen eines neuen nationalliberalen Selbstvertrauens. Dies veranlasste einige lokale Wahlausschüsse der Nationalliberalen, sich ihren regionalen Parteiführern zu widersetzen. Das war vor allem der Fall, wenn sie von Letzteren aufgefordert wurden, radikale Agrarier oder radikale Antisemiten zu unterstützen. Selbst die Antisemiten waren anfällig für Flügelkämpfe. Obwohl sie formal noch in einer Partei vereint waren, nahmen sie im März 1903 wieder die Bezeichnungen »Deutsch-Soziale« (für die Anhänger von Max Liebermann von Sonnenberg) und »Deutsche Reformer« (für die Anhänger von Oswald Zimmermann) an. Im Wahlkreis 12: Leipzig-Stadt wollte keiner der beiden Flügel die Nominierung an den anderen abtreten. Obwohl etwa zwei Drittel dieser Konflikte rechtzeitig überwunden wurden, um in der Hauptwahl einen gemeinsamen Kandidaten gegen einen Sozialdemokraten aufzustellen, brodelte es im sächsischen Kartell. Regierungschef Metzsch blieb kaum anderes übrig, als Ausreden für die Unfähigkeit der Konservativen zu finden, die Rechte zu mobilisieren.[46] Die Reichstagswahl von 1903 war die einzige in der Geschichte des deutschen Kaiserreichs, die eine insgesamt steigende Wahlbeteiligung *und* einen Sieg der Linken verzeichnete.[47]

Die selbsternannten Verteidiger von Thron und Altar hätten eigentlich nicht überrascht sein müssen, als am späten Abend des 16. Juni 1903 das vorläufige Wahlergebnis bekannt wurde. Dass sie es dennoch waren, zeigt, dass sie das Wachstum der Sozialde-

---

45   Der besagte Kandidat war Anselm Rumpelt. Dönhoff, 11.6.1903, zuvor zitiert.
46   Dönhoff (11.6.1903) schrieb: »Als Entschuldigung für seinen Beamten führte Herr von Metzsch an, daß die Wahl der Kartellkandidaten von vornherein völlig aussichtslos gewesen sei.« Die doppelten Ausrufezeichen am Rand von Dönhoffs Bericht zeigen, dass der Leser [Wilhelm II.] dieser Erklärung ebenso wenig abgewinnen konnte wie Dönhoff selbst.
47   Vgl. J. Sperber, Voters, 1997.

mokratischen Partei und das Engagement von Mitgliedern wie Otto Krille unterschätzt hatten. Für politische Insider war absehbar gewesen, dass die 56 Mitglieder zählende SPD-Fraktion (1898) wachsen würde: »Man rechnet in Berlin auf einen Zuwachs von 10 sozialdemokratischen Abgeordneten, während in Dresden man sich auf 20 bis 30 gefaßt macht.«[48] Karl Kautsky hoffte auf 2,5 Millionen Stimmen und rund 70 Reichstagsmandate.[49] In Sachsen, wo die Sozialdemokraten bereits 12 von 23 Reichstagsmandaten innehatten, hielten Amts- und Kreishauptmänner es für möglich, dass die Zahl der sächsischen SPD-Abgeordneten auf die 20 zugehen würde.[50]

Selbst diese Schätzung griff zu niedrig. Bei der Hauptwahl am 16. Juni 1903 eroberte die SPD auf Anhieb 18 sächsische Mandate. Neun Tage später gewannen die Sozialdemokraten in vier der fünf übrigen Wahlkreise auch noch die Stichwahlen – und lagen damit weit über ihrer durchschnittlichen Erfolgsquote im Reich. Als der 26. Juni 1903 heranbrach, hatten die Sozialdemokraten 22 von 23 sächsischen Wahlkreisen gewonnen. Der einzige bürgerliche Sieger (in WK 3: Bautzen) war der Antisemit Heinrich Gräfe.[51] Insgesamt gaben 1903 fast drei Fünftel der sächsischen Wähler ihre Stimme einem Sozialdemokraten. Im Berliner Reichstag stellten die sächsischen Sozialdemokraten, mit 22 von 81 Abgeordneten, über ein Viertel der SPD-Fraktion (siehe Tabelle 8.2.). Noch vor den Stichwahlen veröffentlichte die *Sächsische Arbeiterzeitung* eine Siegeshymne auf das »rote Königreich Sachsen«.[52]

---

48 Bezogen auf die gesamte Reichstagsfraktion der SPD. GLAK, Abt. 49, IV. Gesandtschaften, Fasz. 1 ff. Bayern, Fasz. 64, Bericht vom 4.5.1903 zu Clemens Freiherr von Podewils' Besuch in Berlin und Dresden. Vgl. K. LERMANN, Chancellor, 1900, S. 83.
49 D. FRICKE/R. KNAACK (Hrsg.), Dokumente, Bd. 2, 1989, S. 354.
50 Berichte der KHMS in SHStAD, MdI 5388; LZ, 14.5.1903; Dönhoff, 25.5.1903, PAAAB, Deutschland Nr. 125, Nr. 3, Bd. 16; Vélics, 17.6.1903, HHStAW, PAV/52.
51 Emil Heinrich Gräfe war Blumenfabrikant, Kaufmann, Weinhändler und Stadtverordneter in Bischofswerda. Zu seinem Wahlkampf vgl. KHM Schlieben (Bautzen) an MdI, 8.6.1903, sowie andere Berichte in SHStAD, MdI 5388; RHRT, Bd. 2, S. 1130–1133. In der Stichwahl schöpfte Gräfe seine Unterstützer aus dem Lager der Konservativen, Nationalliberalen, Agrarier und Antisemiten, die bei der Hauptwahl zu Hause geblieben waren. Die Wahlbeteiligung in WK 3: Bautzen stieg von 53,7 Prozent (1898) auf 73,2 Prozent (in der Hauptwahl 1903) und auf 83,4 Prozent (in der Stichwahl 1903). Gräfe behielt den Sitz für WK 3: Bautzen bis zu seinem Tod 1917. Zur Nachwahl von 1917 vgl. Kap. 14 im vorliegenden Band.
52 SAZ (o. D.) als Anhang zu Dönhoff, 18.6.1903, zuvor zitiert; vgl. Vw (o. D.), zitiert in: D. WARREN, Red Kingdom, 1964, S. 41. Vgl. Karte S.8.1 für die Reichstagswahlen in Sachsen 1903 und Karte S.8.2 für die acht Parteihochburgen in Sachsen 1903 (alle SPD) im Online-Supplement.

Tabelle 8.2: Reichstagswahlen in Sachsen und im Reich, 1898 und 1903

	16. Juni 1898			16. Juni 1903		
	Stimmen	Stimmen (%)	Mandate	Stimmen	Stimmen (%)	Mandate
Sachsen						
Konservative	109.437	18,1	5	85.321	11,4	0
Nationalliberale	89.060	14,7	4	97.869	13,0	0
Linksliberale	31.160	5,2	0	29.586	3,8	0
Antisemiten	73.427	12,1	3	73.656	9,8	1
Sozialdemokraten	299.190	49,5	11	441.764	58,8	22
Gesamt	607.444		23	754.894		23
Wahlbeteiligung (%)	73,9			83,0		
Reich						
Deutschkonservative	859.222	11,0	56	948.448	10,0	54
Reichspartei	343.642	4,4	23	333.404	3,5	21
Nationalliberale	971.302	12,5	46	1.317.401	13,9	51
Linksliberale	862.524	11,1	49	872.653	9,2	36
Antisemiten	284.250	3,7	13	244.543	2,6	11
BdL, WV, Bayr. Bauernbund*	250.693	3,2	11	230.134	2,4	8
Sozialdemokraten	2.107.076	27,2	56	3.010.771	31,7	81
Gesamt	7.786.714		397	9.533.826		397
Wahlbeteiligung (%)	68,1			76,1		

Anmerkungen: Nur Hauptwahl. Die Gesamtzahl der abgegebenen Stimmen umfasst gültige und ungültige Wahlzettel. Fraktionsgesamtzahlen umfassen Hospitanten und nicht zur Fraktion Gehörige. *BdL = Bund der Landwirte, WV = Wirtschaftliche Vereinigung. Ergebnisse für das Zentrum und weitere Gruppen sind zur besseren Übersichtlichkeit ausgelassen worden. Vgl. auch die Tabellen zu RT-Wahlergebnissen von Valentin Schröder: http://www.wahlen-in-deutschland.de/krtw.htm.
Quellen: SBDR, 10. LP, I. Session (1898–1900), Anlage Nr. 77; Vierteljahrshefte zur Statistik des Deutschen Reichs, Ergänzungsheft zu 1903, Teil IV (1904), S. 1–7, 45–47; G. A. Ritter, Wahlgeschichtliches Arbeitsbuch, 1980, S. 41, 89; S. Scheil, Entwicklung, 1999, S. 296 f., 319 f.; ZSSL 54, H. 2 (1903), S. 173.

Wie gehabt war die SPD in großen Ballungszentren und Industriegebieten überproportional stark (siehe Tabelle 8.3). In den Großstädten selbst stand die Partei vor Herausforderungen, die ihre Attraktivität auf bestimmte Wählergruppen begrenzten.[53] Im Handelszentrum Leipzig, in der Landeshauptstadt Dresden und in der jungen Metropole Plauen sorgte der relativ große Anteil an Beamten und Angestellten für enge Kopf-an-Kopf-Rennen. Im Gegensatz dazu waren benachbarte Wahlkreise – vor allem WK 6: Dresden-Land

---

53 G. A. Ritter, Wahlrecht, 1990, S. 64–70, für einige der folgenden Zahlen und Analysen.

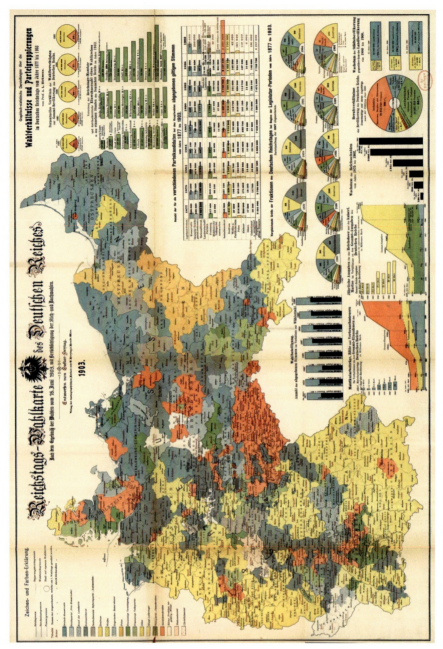

Karte 8.1: G. Freytag, Reichstags-Wahlkarte des Deutschen Reiches, mit graphisch-statistischen Darstellungen über die Wahlverhältnisse und Parteigruppierungen im Deutschen Reichstage vom Jahre 1877 bis 1903 von A.L. Hiekmann, Wien 1903. Quelle: Staatsbibliothek zu Berlin – Preußischer Kulturbesitz, Kartenabteilung, Kart. L 5032.

und WK 13: Leipzig-Land – fest in der Hand der Arbeiter und somit uneinnehmbare sozialdemokratische Hochburgen.[54]

In ländlichen und halbstädtischen Regionen schnitt die SPD reichsweit, mit einem Zuwachs von zwei bis drei Prozentpunkten, besser ab als 1898. In Sachsen aber fiel der Stimmenzuwachs der SPD in diesen Regionen deutlich höher aus als anderswo. Es war die überraschende Stärke der Sozialdemokratie *außerhalb* der sächsischen Großstädte, die in Berlin, Dresden und sogar in Wien die Alarmglocken schrillen ließ.[55]

Tabelle 8.3: Reichstagswahlen nach Gemeindegröße, Sachsen und das Reich, 1898 und 1903

	16. Juni 1898			16. Juni 1903		
	Bevölkerung	Wahl-beteiligung (%)	Stimmen-anteil der SPD (%)	Bevölkerung	Wahl-beteiligung (%)	Stimmen-anteil der SPD (%)
Sachsen						
a) Weniger als 2.000 Einwohner	1.302.000	71,4	40,0	1.289.000	82,4	50,9
b) 2.000 bis 9.999 Einwohner	1.056.000	73,1	56,8	1.118.000	83,9	64,4
c) 10.000 bis 99.999 Einwohner	514.000	77,0	49,7	651.000	84,1	59,2
d) 100.000+ Einwohner (Großstädte)*	915.000	76,6	53,5	1.144.000	82,1	61,9
Sachsen gesamt a)–d)	3.788.000	73,9	49,5	4.202.000	83,0	58,8
Reich						
a) Weniger als 2.000 Einwohner	27.568.000	66,9	14,2	25.686.000	75,6	17,1
b) 2.000 bis 9.999 Einwohner	9.197.000	66,9	32,8	10.895.000	74,9	35,0
c) 10.000 bis 99.999 Einwohner	8.218.000	72,5	38,2	10.334.000	78,6	41,9
d) 100.000+ Einwohner (Großstädte)*	7.298.000	69,1	52,6	9.444.000	75,9	55,1
Reich gesamt a)–d)	52.280.000	68,1	27,2	56.367.000	76,1	31,7

Anmerkungen: *Großstädte (100.000+ Einwohner) in Sachsen: Leipzig, Dresden, Chemnitz. Einwohnerzahlen in Spalten 2 und 5 sind abgerundet.
Quelle: G. A. Ritter, Wahlrecht, 1990, Tabelle 2, S. 58–59.

---

54 Zur nationalliberalen, antisemitischen und sozialdemokratischen Stärke in mehr oder weniger dicht bevölkerten Wahlbezirken um Leipzig (WK 13: Leipzig-Land) vgl. Tabelle S.8.1 im Online-Supplement.
55 Vélics, 17.6.1903, HHStAW, PAV/52.

Tabelle 8.4: Stärke der Sozialdemokratischen Partei in Sachsen nach Wahlkreis, 1903

Nr.	Wahlkreis	Insgesamt abgegebene Stimmen*	(%)	SPD-Stimmen**	(%)	SPD-Mitglieder Gesamt 1903	Anteil an allen Wählern (%)	Anteil an SPD-Wählern (%)	Abonnenten von SPD-Presseorganen	Kosten der Reichstagswahlen Gesamtsumme im Wahlkreis (Mark)	Im Wahlkreis gesammelt (Mark)
1	Zittau	22.397	83,3	11.265	50,3	871	3,9	7,7	5.200	3.759,53	2.259,53
2	Löbau	21.349	80,6	11.334	53,1	713	3,3	6,3	2.680	3.553,50	1.126,50
3	Bautzen	23.625	73,2	9.191	38,9	344	1,5	3,7	1.347	6.012,00	2.558,00
	Stichwahl	26.926	83,4	11.333	42,1						
4	Dresden-Neustadt	47.666	84,7	28.379	59,5	2.702	5,7	9,5	6.630	5.564,92	8.164,92
5	Dresden-Altstadt	39.535	80,0	21.569	54,6	1.900	4,8	8,8	5.400	3.600,00	8.400,00
6	Dresden-Land	51.802	85,5	33.781	65,2	3.434	6,6	10,2	10.087	6.107,75	6.107,75
7	Meißen	27.779	85,8	15.191	54,7	1.400	5	9,2	3.308	4.761,00	4.761,00
8	Pirna	27.093	82,0	15.905	58,7	1.209	4,5	7,6	2.568	2.990,00	3.490,00
9	Freiberg	22.658	84,7	10.848	48,5	265	1,2	2,4	1.207	6.696,47	1.546,47
	Stichwahl	22.899	86,7	11.835	51,7						
10	Döbeln	24.326	87,4	13.162	54,1	1.500	6,2	11,4	2.790	3.783,03	4.589,47
11	Oschatz-Grimma	22.587	85,7	10.060	44,5	427	1,9	4,2	2.112	9.475,97	2.666,64
	Stichwahl	23.419	88,8	11.697	50,0						
12	Leipzig-Stadt	34.581	82,0	16.140	46,7	1.630	4,7	10,1	35.000	20.061,20	33.357,00
	Stichwahl	36.453	86,4	19.839	54,4			12,8			
13	Leipzig-Land	79.706	82,2	54.819	68,9	7.000	8,8				
14	Borna	22.481	83,4	10.403	46,3	1.000	4,4	9,6	4.000	9.749,29	3.631,13
	Stichwahl	23.617	87,7	12.698	53,7						
15	Mittweida	30.947	88,6	19.270	62,3	2.077	6,7	10,8	5.200	4.070,00	4.670,00
16	Chemnitz	51.392	83,7	34.266	66,7	3.000	5,8	8,8	11.000	3.900,00	6.500,00

Nr.	Wahlkreis	Insgesamt abgegebene Stimmen*	(%)	SPD-Stimmen**	(%)	SPD-Mitglieder Gesamt 1903	Anteil an allen Wählern (%)	Anteil an SPD-Wählern (%)	Abonnenten von SPD-Presseorganen	Kosten der Reichstagswahlen Gesamtsumme im Wahlkreis (Mark)	Im Wahlkreis gesammelt (Mark)
17	Glauchau-Meerane	26.047	79,4	18.349	70,4	1.750	6,7	9,5	3.066	3.965,01	3.965,01
18	Zwickau	37.962	82,4	25.335	66,7	2.277	6,0	9,0	7.325	4.816,40	4.306,40
19	Stollberg	29.830	84,0	20.096	67,4	1.437	4,8	7,2	4.139	2.863,41	2.422,53
20	Marienberg	23.647	85,4	13.616	57,5	438	1,9	3,2	1.410	3.900,00	900,00
21	Annaberg	23.608	81,5	13.273	56,2	450	1,9	3,4	1.500	2.927,92	1.142,74
22	Auerbach	32.294	86,3	19.106	59,2	1.744	5,4	9,1	3.981	6.968,58	4.423,27
23	Plauen	31.882	77,8	16.406	51,5	1.196	3,8	7,3	1.800	4.013,47	4.329,84
	Gesamt Sachsen	754.894	83,0	441.764	58,5	38.764	5,1	8,8	5.293,48	5.371,28	5.013,83
	Gesamt Reich	9.533.826	76,1	3.010.771	31,7						

Anmerkungen: *Nur gültige Stimmen; Wahlbeteiligung. **SPD-Anteil an allen abgegebenen Wahlzetteln (gültig und ungültig).
Quellen: G. A. RITTER, Wahlrecht, 1990, S. 58 f., 65–68; G. A. RITTER, Wahlgeschichtliches Arbeitsbuch, 1980, S. 34, 41; ZSSL 54, H. 2 (1908), S. 172–180; Vorwärts, 13.3.1904; [SOZIALDEMOKRATISCHE PARTEI SACHSENS], Protokoll [...] Landesversammlung [...] Zwickau [...] 1906, S. 29; F. SPECHT/P. SCHWABE, Reichstagswahlen, 2. Aufl., 1904, Nachtrag S. 65–70; RHRT, Bd. 2.

Es muss betont werden, dass die sächsischen Städte und Dörfer völlig anders waren als die ländlichen ostelbischen Provinzen, denen Friedrich Engels 1890 irrtümlicherweise prophezeit hatte, dass sie bald von einem sozialdemokratischen Flächenbrand erfasst werden würden. In Sachsen lag der Anteil der Bevölkerung in Industrie, Handel und Gewerbe in *allen* Wahlkreisen über dem Reichsdurchschnitt – von mindestens 57 Prozent im WK 11: Oschatz-Grimma bis maximal 85 Prozent im WK 16: Chemnitz (diese Zahlen stammen aus der Volkszählung von 1907). Selbst Oschatz-Grimma lag in puncto Industrialisierung über dem Reichsdurchschnitt von 55 Prozent (der sächsische Durchschnitt lag bei 75 Prozent). Die fortschreitende Industrialisierung und Urbanisierung Sachsens ließ die Sozialdemokratie wachsen und gedeihen.[56]

Welches Bild ergibt sich also aus der Zusammenschau all dieser Daten zur sozioökonomischen Struktur, Wahlbeteiligung, SPD-Mitgliedschaft und der für die SPD-Kandidaten abgegebenen Stimmen im Jahr 1903?

Zwischen der Anzahl der Parteimitglieder in einem Wahlkreis und der Anzahl der dort von einem SPD-Kandidaten gewonnenen Stimmen scheint nur eine geringe Korrelation zu bestehen. In einigen Wahlkreisen mit starken SPD-Organisationen – zum Beispiel WK 19: Stollberg und WK 23: Plauen – lag der Anteil der SPD-Mitglieder an den SPD-Wählern deutlich unter dem sächsischen Durchschnitt. Doch der Zusammenhang zwischen stark urbanisierten und industrialisierten Bezirken einerseits und Bezirken mit großen SPD-Organisationen und hohen Gesamtstimmenzahlen andererseits ist stark ausgeprägt. Es war kein Zufall, dass die SPD ihre einzige Niederlage in einem der ländlichsten, landwirtschaftlich geprägten Wahlkreise Sachsens (3: Bautzen) erlitt und in einem ähnlichen Wahlkreis (11: Oschatz-Grimma) nur einen knappen Stichwahl-Sieg erringen konnte.

Kaum waren die Wahllokale im Juni 1903 geschlossen, versuchten Zeitgenossen das Geschehene zu erklären, indem sie die Wahlergebnisse studierten – und als Orakel nutzten. Wer, so fragten sie, sei dem »Sirenenruf« der SPD gefolgt – Parteimitglieder, Anhänger, Opportunisten, Nörgler, Einfaltspinsel? August Bebel räumte ein, dass die Partei auf dem Weg zum Sieg viele Mitläufer angezogen habe.[57] In den folgenden Jahren kam es sowohl unter SPD-Insidern als auch Parteigegnern zu heftigen Diskussionen über dieses Thema. Nicht alle Sozialdemokraten stimmten mit Bebel überein, dass bei zukünftigen Wahlen gegebenenfalls abtrünnige Mitläufer durch engagiertere Sozialisten ersetzt werden sollten, die dann auch der Partei beitreten würden. Auf der Landesversammlung der sächsischen SPD im April 1906 stellte Friedrich Geyer fest, dass die Partei in Sachsen im Jahr 1903 zwar über 440 000 Stimmen gewonnen hatte, ihre

---

56 Vgl. S. Lässig, Reichstagswahlen, 1998, S. 38 f. Die dort abgedruckten Karten bilden das hohe Maß an Industrialisierung und Verstädterung in Sachsens Südwesten zwischen Chemnitz und Plauen (WK 16–23) ab.
57 Bebel (17.9.1903), [Sozialdemokratische Partei Deutschlands], Protokoll [...] Parteitag [...] 1903, S. 301.

Mitgliedschaft in den letzten fünf Jahren aber nur von ca. 28 000 auf 54 000 gestiegen war. Dieser Anstieg sei kein Grund zum Feiern, beklagte Geyer, denn nur jeder achte SPD-Wähler sei ein »organisiertes« Parteimitglied. Er kam zu dem Schluss, dass »unsere Organisation nicht so funktioniert, wie sie funktionieren sollte«.[58]

Es wurde angenommen, dass neben der Arbeiterschaft auch viele andere gesellschaftliche Gruppen für SPD-Kandidaten gestimmt hatten: Kaufleute, Handwerker, Schankwirte, Eisenbahnarbeiter, Lehrer und andere niedere Beamte wurden dabei am häufigsten genannt. Zumindest ansatzweise war den Zeitgenossen auch klar, mit welchen Druckmitteln sie dazu gebracht worden waren. Doch welche Missstände hatten diese unterschiedlichen Wählergruppen wirklich zu Gehör bringen wollen und wie würde es den »Ordnungsparteien« gelingen, zukünftige Proteste in sichere Kanäle zu lenken? Die Antworten auf diese Fragen waren schwer zu fassen.

Regierungschef Metzsch kam zu dem Schluss, dass eine Art Wahlrechtsreform notwendig sei, um »den großen Kübel der Unzufriedenheit« zu leeren, der solch »fürchterliche« Wahlen hervorgebracht hätte.[59] Die sächsischen Konservativen schlugen umgehend vor, zu diesem Zweck das allgemeine Wahlrecht für die Reichstagswahlen aufzuheben. Andere Stimmen sprachen sich für Verhältnis- und Pluralwahlsysteme aus. Es war nicht nur der Neid, der die Konservativen darüber klagen ließ, dass die guten sächsischen Bürger ihrer Vertretung im Berliner Reichstag »beraubt« worden seien: Angesichts zweiundzwanzig sozialdemokratischer und eines antisemitischen Abgeordneten seien ihre Stimmen anscheinend vergebens gewesen. Was den Landtag betrifft, so stellte sich dort das umgekehrte Problem: Wie könnte man einer kleinen Anzahl von Sozialdemokraten Zutritt zur unteren Kammer gewähren, damit sie dort die Interessen der Arbeitnehmer verträten, ohne dass die »Partei des Umsturzes« gleich die ganze Kammer überflutete? Wie konnten die Regierung und die sie unterstützenden Parteien die unzufriedene Öffentlichkeit beruhigen, ohne zum Status quo ante zurückzukehren, nämlich zur Krisensituation von 1896, die überhaupt erst zur Einführung des verhassten Dreiklassenwahlrechts geführt hatte? Nach dem Juni 1903 war eine andere Art des Krisenmanagements gefragt. Erneut galt es, die polarisierende Frage der Landtagswahlreform wieder aufzugreifen; der Preis würde hoch sein, wenn man die Schwellen für ein faires und gleiches Wahlrecht zu niedrig – bzw. zu hoch – ansetzte.

---

58 Geyer (17.4.1906), [SOZIALDEMOKRATISCHE PARTEI SACHSENS], Protokoll [...] Landesversammlung [...] 1906, S. 41. Zu Recht monierte Geyer die niedrigen Mitgliederzahlen der SPD in Sachsen 3, 9, 20 und 21. Vgl. Tabelle 8.1.
59 Metzschs Rede in Pirna, zitiert in: Gough, 8.7.1903, TNA, FO 30/313.

Reaktionen

Während der globalen Finanzkrise im November 2008 sagte Rahm Emanuel, Stabschef von US-Präsident Barack Obama, bekanntlich in einem Interview: »Lass niemals eine schwere Krise ungenutzt verstreichen.« Jede Krise sei »eine Chance, Dinge zu tun, die man vorher nicht für möglich gehalten hätte«. Sowohl für die Linke als auch für die Rechte bot die politische Krise von 1903 die Chance, die Bedrohung durch die Demokratie auf eine Weise neu zu definieren, wie es bisher unmöglich erschienen war. Wie zuvor bereits die Wahlen zog auch die Krise die Aufmerksamkeit ausländischer Beobachter, von der Schweiz bis nach Amerika, auf sich, obwohl nur wenige von ihnen verstanden, welch tiefe Kluft sich zwischen den Herrschenden und den von ihnen verunglimpften »Wählermassen« aufgetan hatte.

Aus Sicht der Sozialdemokraten setzte ihr Wahlsieg eine ältere Debatte über die »unversöhnliche« Feindschaft der Partei gegenüber der bestehenden sozialen und politischen Ordnung erneut in Gang. Auf dem SPD-Parteitag im September 1903 (der in Dresden tagte, um die Geburt des »roten Sachsens« einige Monate zuvor zu feiern) erreichte diese Debatte ihren Höhepunkt.

Auf der einen Seite standen August Bebel und andere Verteidiger der marxistischen Orthodoxie, auf der anderen Seite Parteireformer und Revisionisten.[60] Letztere wurden von Georg von Vollmar bzw. Eduard Bernstein angeführt und zählten in ihren Reihen auch sächsische Reichstagsabgeordnete wie Ignaz Auer, Georg Gradnauer, Edmund Fischer, Max Schippel und Paul Göhre (siehe Abbildungen 8.2 und 8.3.).[61] Das Gros der sächsischen Sozialdemokraten stand hinter Bebel. Im Gegensatz zu ihren Genossen in Süd- und Westdeutschland waren sie nie in der Lage gewesen, sich mit bürgerlichen Parteien zu verbünden oder mit ihnen zusammenzuarbeiten. Folglich neigten sie dazu, Revisionisten und Reformer als »Opportunisten« zu betrachten.

Sowohl vor als auch nach diesem Parteitag sah sich die SPD gezwungen, ihren politischen Kurs klarer zu formulieren, um die Angriffe ihrer Gegner abzuwehren. Ende 1902 hatten sozialistische Abgeordnete im Reichstag versucht, die Verabschiedung der Bülow-Zölle durch eine Verschleppungstaktik zu verhindern. In der Folge kam es am 27. November und 1. Dezember zu »skandalösen Szenen« im Sitzungssaal des Reichstags, deren Eskalation dem Kaiser sehr gelegen gekommen wäre. Im anschließenden Wahlkampf verwiesen die »Ordnungsparteien« auf die Bedrohung der zivilisierten parlamentarischen Praxis durch die SPD, um damit von den Zöllen selbst abzulenken. Bebel

---

60   [Sozialdemokratische Partei Deutschlands], Protokoll [...] Parteitag [...] 1903.
61   Berichte zum Parteitag in PAAAB, Europa Generalia Nr. 82. Nr. 1, Bd. 19; bayer. Gesandter in Sachsen, Eduard de Garnerin Graf von Montgelas, 2./28.3.1904 (Entwürfe), BHStAM II, Ges. Dresden 962; Dönhoff, 19.11.1903, 2./26.3.1904, PAAAB, Deutschland 125, Nr. 3, Bd. 17. Zum Revisionismus in der sächsischen SPD vgl. S. Lässig, Wahlrechtskampf, 1996, S. 93–98.

war sich sicher, dass unter diesen Umständen ein SPD-Sieg bei den nächsten Wahlen eine Revision des allgemeinen Wahlrechts bewirken würde.[62] Folglich ging er in die Offensive.

In einer Reichstagsrede am 22. Januar 1903 griff Bebel den Kaiser wegen seiner unverantwortlichen und aufgeblasenen Rhetorik scharf an. Bebel wollte die antimonarchistische Stimmung unter den deutschen Arbeitern in Worte gießen, gleichzeitig aber auch der Unzufriedenheit über Wilhelms Interventionen Ausdruck geben, die auch von vielen bürgerlichen Wählern geteilt wurde. Ob es verwunderlich sei, dass »nun [...] ein besonderer Grad der Erbitterung, ja [...] des *Hasses* gegen die Person des Kaisers unter den Angegriffenen erwächst [...]?« – so Bebels Frage an seine Zuhörer und zugleich indirekte Antwort auf den Vorwurf des Kaisers, die SPD säe den Klassenhass. Dreizehn Jahre lang, so Bebel weiter, sei seine Partei als »innerer Feind« angeprangert worden. Sie sei bereits »weitaus die stärkste Partei Deutschlands«. Bald würde sie noch stärker sein, und »wir werden nach und nach die Mehrzahl der deutschen Wähler für uns haben und vielleicht einst auch die Mehrheit der Abgeordneten [im Reichstag]«.[63] Bebels »Kaiserrede« schlug ein wie eine Bombe, wie Hellmut von Gerlach später erinnerte: »Die Rechte wütete, die Sozialdemokratie jauchzte, die Regierungsvertreter zitterten, das ganze Haus stand im Banne.«[64]

Während des Dresdner SPD-Parteitags im September 1903 ging Bebel erneut in die Offensive.[65] Er verwandelte – erst in der *Neuen Zeit*, dann in einer Reihe von Reden während des Kongresses – den Parteitag in ein Tribunal gegen die Revisionisten.[66] Wofür aber standen Letztere? Mit Blick auf den »Dreimillionensieg« der SPD bei den Wahlen argumentierte Eduard Bernstein, dass die Partei ihren Wählern konkrete Errungenschaften bieten müsse, die dem Potenzial und der Machtnähe der Partei angemessen seien.[67] Im selben Monat erklärte Vollmer, dass die Partei positiv »reformierend« handeln müsse, um »an den großen nationalen Kulturaufgaben mitarbeiten zu können«. Dies würde eine »Machterweiterung der Partei« *jenseits* dessen bedeuten, was am 16. Juni 1903 erreicht worden sei.[68] Bebels vehemente Reaktion bestand in der Leugnung, dass die Kluft zwischen der Sozialdemokratie und dem Rest der deutschen

---

62 Bebel an Hermann Schlüter, 31.12.1902, zitiert in: D. Groh, Emanzipation, 1999, S. 344. Der ehemalige Chef des Generalstabs Alfred von Waldersee vertraute seinem Tagebuch an (4.1.1903): »Eine Politik, die nicht die Beseitigung des jetzigen Reichstagswahlrecht fest im Auge hat [...] und dementsprechend mehr oder weniger, je nach den Umständen, kräftige Maßregeln trifft, macht sich schwer verantwortlich. Zur Zeit könnten wir selbst mit rohem Gewaltakt die Änderung noch durchsetzen.« A. v. Waldersee, Denkwürdigkeiten, Bd. 3, 1922, S. 198–206.
63 SBDR, 22.1.1903, S. 7467–7489; A. Bebel, Reden und Schriften, Bd. 7.1, 1997, S. 287–340, bes. S. 328–330.
64 H. v. Gerlach, Bebel, 1909, S. 47. Diese Beobachtung datiert aus dem Jahr 1909, als Gerlachs berühmter Wechsel »von rechts nach links« fast abgeschlossen war.
65 Vgl. U. Herrmann/V. Emmrich, Bebel, 1989, S. 564–585; W. H. Maehl, Emporor, 1980, S. 371–382.
66 A. Bebel, Reden und Schriften, Bd. 7.2, 1997, S. 432–501.
67 SM 7, H. 7 (Juli 1903), S. 478–486. Immer noch lesenswert: P. Gay, Dilemma, 1962 [1952].
68 LVZ, 29.7.1903, Vw, 30.7.1903, zitiert in: U. Herrmann/V. Emmrich, Bebel, 1989, S. 568.

Abbildung 8.2: »Zur Erinnerung an die Reichstagswahl 1903.« Quelle: Archiv der sozialen Demokratie, Friedrich-Ebert-Stiftung, Bonn, Postkartensammlung.

politischen Gesellschaft geschlossen werden könne. Er wollte aber auch darauf aufmerksam machen, dass nach dem Juni 1903 sowohl über seiner Partei als auch über dem Reichstagswahlrecht das Damoklesschwert hing. In einer Passage, die später unzählige Male von den Gegnern des Sozialismus zitiert wurde, erklärte Bebel: »Ich will der Todfeind dieser bürgerlichen Gesellschaft und dieser Staatsordnung bleiben, um sie in ihren Existenzbedingungen zu untergraben, und sie, wenn ich kann, beseitigen.«[69] Es war nicht das erste Mal, dass Bebel sich entschieden hatte, heftig auf die revolutionäre Trommel zu schlagen, wie Bernstein es einmal formulierte. Doch Bebel glaubte keine andere Wahl zu haben. Verweise auf seine »tyrannische« Parteiführung, mit denen Bülow die »terroristischen« Wahlkampfmethoden der SPD angriff, konnten Bebel nicht von seinem eingeschlagenen Kurs abbringen.[70] Seine höchste Priorität galt dem Erhalt der Einheit der Partei. Wie er in Dresden erklärte: »Ohne Einheit der Grundsätze und Überzeugungen, ohne Einheit der Ziele keine Einigkeit und keine Begeisterung für den Kampf, keine Möglichkeit, die Regimenter, Brigaden und Armeekorps ins Gefecht zu bringen, in die Schlacht zu führen und Siege zu erfechten […].«[71]

---

69 [SOZIALDEMOKRATISCHE PARTEI DEUTSCHLANDS], Protokoll […] Parteitag […] 1903, S. 313.
70 SBDR, 10.12.1903, Bebel (S. 38–54); Bülow (S. 54–61, bes. S. 58).
71 [SOZIALDEMOKRATISCHE PARTEI DEUTSCHLANDS], Protokoll […] Parteitag […] 1903, S. 228 f.

Ein Thema, das auf dem Dresdner Parteitag zur Sprache kam, war der politische Massenstreik. Aus Sicht der Feinde des Sozialismus handelte es sich dabei um eine Angriffswaffe – um im Kriegsfall die Mobilisierung von Wehrpflichtigen zu verhindern. Bebel zog es vor, dieses Thema nicht offen zu diskutieren, da sonst bekannt werden könnte, unter welchen Umständen die Partei eventuell von diesem Mittel Gebrauch machen würde. Die SPD-Führung hingegen betrachtete den politischen Massenstreik

Abbildung 8.3: Die 22 sozialdemokratischen Reichstagsabgeordneten von Sachsen, 1903.
Quelle: Archiv der sozialen Demokratie, Friedrich-Ebert-Stiftung, Bonn, Postkartensammlung.

als *Abwehr*waffe, die nur eingesetzt werden sollte, falls Reaktionäre konkrete Maßnahmen zur Revision des Reichstagswahlrechts ergriffen. Als Karl Liebknecht – Wilhelm Liebknechts Sohn – auf dem Bremer Parteitag der SPD (1904) dazu aufrief, einen »Militärstreik« in Erwägung zu ziehen, machte er die Sache nur verworrener, unter anderem weil diesem Aufruf ein gescheiterter Streik der Arbeiter in der sächsischen Textilstadt Crimmitschau voranging.[72] Die Antisozialisten waren umso mehr davon überzeugt, dass unter den »Roten« eine riesige Verschwörung ausgebrütet wurde: Vorsichtige Aussagen der SPD-Anführer sollten ihrer Meinung nach lediglich einen Umsturzplan verbergen, der jederzeit in Gang gesetzt werden konnte.[73]

*

Der Verlauf der Wahlrechtsreform in Sachsen nach dem Juni 1903 wurde maßgeblich dadurch bestimmt, welch unterschiedliche Schlussfolgerungen Konservative, Nationalliberale, Regierungsführer und selbst die regierenden Monarchen in Dresden und Berlin aus dem nahezu vollständigen Triumph der SPD bei den sächsischen Reichstagswahlen zogen.[74]

Wie schon Mitte der 1890er-Jahre zeigte sich der Kaiser wankelmütig, was einen Staatsstreich gegen den Reichstag und einen endgültigen Showdown mit der Sozialdemokratie anging. Trotz Reichskanzler Bülows Ansicht, das deutsche Staatswesen sei robust genug, um das sozialdemokratische Gift mit der Zeit auszustoßen, war Wilhelm nicht davon abzubringen, dass die Sozialdemokratie mit Stumpf und Stiel ausgerottet werden müsse.[75] Im Dezember 1903 bemerkte Wilhelm, er hätte nie Bismarcks Fehler begangen, den Massen das allgemeine Wahlrecht zu gewähren: Wie konnte es sein, dass »Leute, die Jahre lang von Almosen gelebt hätten, [...] nun auf einmal gleiches Recht wie die Höchsten haben« sollten? In derselben Unterredung räumte Wilhelm jedoch auch ein, dass er nicht die Absicht habe, das allgemeine Wahlrecht abzuschaffen, sondern vielmehr der Auffassung sei, »dass dem Wahlrecht auch die Wahlpflicht entsprechen müsse«.[76]

Zwischen den Reichstagswahlen vom Juni 1903 und Januar 1907 reichte die Hoffnung auf eine Zusammenarbeit aller bürgerlichen Parteien aus, um die Überzeugung des Kaisers zu nähren, die »sozialdemokratische Bande müßte mit Feuer und Schwert

---

72 Nach Beendigung des Arbeiterstreiks in Crimmitschau im Januar 1904 erschien der Sieg der SPD im Juni 1903 in einem neuen Licht: »Sächsische Verhältnisse« wurde erneut zu einem Ausdruck, der Düsteres verhieß. SM 8, H. 1 (Feb. 1904), S. 157, zitiert in: D. WARREN, Red Kingdom, 1964, S. 44 f.
73 Vgl. D. GROH, Emanzipation, 1999, S. 359–371.
74 Vgl. Abb. 8.1, auch als Karte S. 8.3 im Online-Supplement.
75 Bülow an Otto Hammann, 27.9.1903, und Bülow an Philipp zu Eulenburg, 29.8.1903, beide zitiert in: K. LERMAN, Chancellor, 1990, S. 83 f.
76 Aus einer Audienz vom 23.12.1903 mit Siegfried Sommer, zitiert in: J. C. G. RÖHL, Wilhelm II., Bd. 3, 2009, S. 196.

vertilgt werden«.⁷⁷ Wilhelm gab sich nicht mehr zufrieden mit ritualhaften Beschwörungen der Entschlossenheit des Staates, den »großen Kampf gegen die Feinde der Monarchie und des Friedens« zu gewinnen. Er rügte Bülow ungehalten: »Diese Phrase ist bis zur Übelkeit bereits abgebraucht und hat keinen Curs mehr, da es nach wie vor eine reine Phrase ist.« Bülows Formulierung sei »so entsetzlich abgedroschen durch ihre permanente Anwendung in Briefen, Noten und Ihren Reden, daß sie gar keinen Klang mehr hat«. Doch Wilhelm fügte hinzu: »Wenn Sie mir erst die Ordre für eine Gesamthinrichtung dieser Schufte vorgelegt haben werden, dann werde ich die obige Phrase selbst für wahr halten, eher nicht!«⁷⁸

Solche Maßnahmen fanden viele Unterstützer im rechten Lager. Der ehemalige Kriegsminister Julius von Verdy du Vernois brachte die Stimmung in diesen Kreisen zum Ausdruck, als er sich beschwere, dass der Wahlsieg der SPD in Berlin nur eine schwache, unentschlossene Reaktion hervorrief. »Doch was bedeutet Verfassung und Parlament«, fragte Verdy, »wenn es sich darum handelt, Volk und Vaterland vor der Guillotine zu bewahren!« Die Reichsführung verstehe nicht, dass Deutschland »mit beiden Füßen schon auf revolutionairem Boden stehe, dessen Rieselfelder: Allgemeines Wahlrecht und Coalitions-Rechte befruchtet haben, um Giftpflanzen zu erzeugen!« Er habe in jüngster Zeit über die Lehren der Französischen Revolution nachgedacht. Deutschland schien das gleiche Schicksal beschieden zu sein. »Was jetzt noch mit Unterdrückung einiger Emeuten noch zu beherrschen wäre, was leicht geschehen könnte, wird in wenigen Jahren viel Blut kosten und einige Zeit darauf überhaupt nicht mehr überwältigt werden. [...] Ich suche mich zu orientieren, wie es in den betreffenden Volksklassen steht. Jedenfalls bereits *viel* schlechter, als die Meisten glauben.«⁷⁹ Auch Feldmarschall Waldersee sah Parallelen zu 1789⁸⁰ – ebenso wie Udo Graf zu Stolberg-Wernigerode, Vizepräsident des Reichstags und ehemaliges Mitglied des geschäftsführenden Ausschusses des Alldeutschen Verbands. Im Dezember 1903 fragte Stolberg-Wernigerode heimlich bei Bülow an, die Initiative zu ergreifen, um die Flut des Sozialismus einzudämmen, und zwar gemäß dem in seinen Worten »bismarckschen Modell«.⁸¹ Stolberg beklagte, dass die deutschen Arbeiter durch Sozialreformen nie zufrieden gestellt werden könnten und dass die SPD niemals so behandelt werden sollte, als wäre sie eine legitime Vertreterin der Interessen der Arbeitnehmer. Diese Fehler hätten zu ihrem Reichstagswahlsieg im Juni 1903 beigetragen. Nachdem angesichts Bebels Haltung auf

---

77 Wilhelms Randbemerkungen vom 13.7.1903, zitiert in: ebenda, S. 192.
78 Wilhelms Randbemerkungen in einer Denkschrift Bülows vom 27.12.1903, zitiert in: ebenda, S. 197.
79 Verdy an Waldersee, 20.11.1903 (Hervorhebung im Original), zitiert in: ebenda, S. 193.
80 A. v. WALDERSEE, Denkwürdigkeiten, 1922, Bd. 3, S. 194 (5.12.1903), Bd. 3, S. 198 f. (4.1.1903); Bd 3, S. 216 f. (20.3.1903). Vgl. auch K. SAUL, Staat, Industrie, Arbeiterbewegung, 1974, bes. S. 13 10; DERS., Staat und die »Mächte des Umsturzes«, 1972; DERS., Staatsintervention, 1974; D. GROH, Emanzipation, 1999, S. 344–371.
81 Stolberg an Bülow, 27.12.1903, BAK, NL Bülow, Nr. 107; Antwort vom 7.1.1904 (Abschrift), BAK, Rkz 2005; vgl. G. ELEY, Reshaping, 1980, S. 228.

dem Dresdner Parteikongress eine friedliche Lösung des Konflikts zwischen SPD und Staat nicht in Frage käme, sei es unerlässlich, dass der Staat die gesetzgeberische Initiative ergreife. Es liege an Reichskanzler Bülow, »Mut zu machen«. Auch Stolberg führte die Französische Revolution (und die Pariser Kommune) ins Feld: Die Girondisten und Jakobiner seien uneins gewesen, schrieb er, aber das hätte sie nicht davon abgehalten, den französischen König aufs Schafott zu bringen.

*

Wie sah es in Sachsen aus? In einem Brief an Reichskanzler Bülow, den er am Tag nach der Hauptwahl im Juni 1903 verfasste, machte Paul Mehnert alle außer sich selbst für die verheerende Niederlage verantwortlich.[82] Er weigerte sich anzuerkennen, dass das sächsische Dreiklassenwahlrecht von 1896 den Sozialdemokraten Munition für ihren Reichstagswahlkampf geliefert hatte, und behauptete, dass konkurrierende bürgerliche Kandidaturen für das Ergebnis belanglos gewesen seien. Stattdessen nannte er als Gründe die jüngste Zusammenarbeit der Regierung mit der Zentrumspartei im Reichstag; die Bereitstellung von Wahlkabinenvorhängen und -umschlägen (das sogenannte »Klosettgesetz«); Andeutungen der Regierung, dass das »Jesuitengesetz« abgemildert werden könne; und die Flucht von Kronprinzessin Luise mit ihrem belgischen Geliebten. Die »Preßorgien« in der Kronprinzessinnenaffäre hätten das monarchische Ideal in Sachsen untergraben, schrieb Mehnert, ebenso wie die mangelnde Beherztheit der sächsischen Polizei, die sensationsheischenden Darstellungen des Skandals zu verbieten oder zu beschlagnahmen. In der Summe dienten diese Faktoren nur zur Beruhigung des politischen Gewissens eines Mannes, der glauben wollte, dass der Sieg der SPD lediglich Ausdruck der schlechten Stimmung und des mangelnden Urteilsvermögens der Wähler gewesen sei. Mehnert gab Bülow zu verstehen, dass keine Änderung an der Politik der Konservativen Partei erforderlich sei. Im Gegenteil: Das Wahldebakel habe gezeigt, dass das Landtagswahlrecht von 1896 weder jetzt noch in Zukunft aufgegeben werden könne. Ohne das Dreiklassenwahlrecht würden die für Herbst 1903 vorgesehene sächsische Landtagswahlen zu einer SPD-Mehrheit führen – einer Mehrheit, die nie wieder mit verfassungsmäßigen Mitteln überwunden werden könnte.

Auch wenn Mehnert wenig Mühe hatte, Sündenböcke zu finden, ließ er andere Faktoren unerwähnt, die aus Sicht der ausländischen Gesandten in Dresden für den Erdrutschsieg der SPD ausschlaggebend waren. Ein Gesandter stellte die Theorie auf, das Kartell sei in Wirklichkeit kontraproduktiv. Die SPD habe sich geschickt als »Volkspartei« präsentiert: Viele kleinbürgerliche Wähler sähen ihre Reichstagsstimme inzwischen als das »*einzige* ihnen belassene Mittel zur Bekundung ihrer Unzufriedenheit«.

---

82 Zum Folgenden Mehnert an Bülow, 17.6.1903, BAP, Rkz 1792; vgl. Dönhoff, 18.6.1903, PAAAB, Deutschland Nr. 125, Nr. 3, Bd. 16; Dönhoff, 7.6.1903, 2.7.1903, 19.9.1903; PAAAB, Sachsen 60, Bd. 6.

Auch weil mittelständische Handwerker und Kaufleute die SPD-Angriffe auf das »Großkapital« als Angriffe auf das »jüdische Kapital« interpretierten, sei es von den Kartellparteien unklug gewesen, die Sozialdemokraten als die einzigen Staatsfeinde zu definieren. »Immerhin hätte *ohne* die Cartellverpflichtungen«, so dieser Gesandte weiter, »eine regere Entwicklung des politischen Kampfes seitens der einzelnen Parteien stattfinden können und die stark oppositionelle Stimmung der Wählermassen hätte dabei ihre natürliche Ableitung, auch außer der Gefolgschaft der Socialdemokratie gefunden«. Ohne einen solchen Blitzableiter für ihre Wut über Steuern, Zölle und Militärausgaben seien »viele tausende kleinbürgerliche Wähler« und die »breite Schicht der kleinsten Steuerzahler« – die sonst »politischen Kämpfen verständnißlos und kühl gegenüberstanden« – in die Arme der Sozialisten getrieben worden.[83]

Der Lösungsansatz dieses Gesandten wurde achtzehn Monate später vom konservativen *Vaterland* gutgeheißen. Um mehr Anhänger zu mobilisieren, sollte jede Kartellpartei für den ersten Wahlgang eigene Kandidaten aufstellen, die sich in der Stichwahl dann hinter dem Nichtsozialisten sammelten.[84] Der preußische Gesandte Dönhoff zeigte sich jedoch skeptisch gegenüber dieser Argumentation. Die Kartell-Idee sei nicht falsch; sie sei einfach nur gescheitert, weil die veralteten Praktiken der Honoratiorenpolitik weitergeführt wurden: »Die festzusammengeschlossene, einheitlich geleitete, vom Geiste der Solidarität durchdrungene sozialdemokratische Organisation hat über die innerlich zerrissenen, zu Wahlzwecken zeitweise zusammengeführten, lose organisierten Gruppen der bürgerlichen Parteien und über den Indifferentismus eines von der Wahlurne ferngebliebenen starken Prozentsatzes bürgerlicher Wähler gesiegt.«[85]

In seinem Antwortschreiben verweigerte sich Reichskanzler Bülow Mehnerts Analyse, was im Juni 1903 falsch gelaufen war. Stattdessen sah er die Schuld bei den Hypernationalisten in Sachsen und ihrer mangelnden Unterstützung der Reichspolitik.[86] Ihre Presseorgane, so schrieb er, »führen gegen Kaiser und Reichsregierung nun so perfide, systematisch gehässige und rohe Schimpfe, daß selbst sozialdemokratische Blätter es nicht viel ärger hätten treiben können. [...] Alles, was die Regierung tut, wird der kleinlichsten Kritik und Nörgelei unterzogen. Alle großen Fragen der Gegenwart werden vom [hinzugefügt: beschränktesten] Standpunkt der Bierbank aus gehandelt.« Als Beispiel führte Bülow das »Schimpfen und Toben« der nationalliberalen und konservativen Zeitungen in Sachsen während des Burenkriegs an. Darüber hinaus beschuldigte er sie auch der »konfessionellen Hetzereien« und merkte an, dass die Zusammenarbeit

---

83 Vélics, 30.6.1903, HHStAW, PAV/52.
84 Vaterl (o. D.) paraphrasiert in: Dönhoff, 25.11.1904, PAAAB, Sachsen 60, Bd. 7. Der für die nächste Wahl vorgeschlagene Slogan versuchte die Entscheidung der Nationalliberalen schönzureden: »Kein Kartell, sondern Bahn frei für die Hauptwahl, baldigst abzuschließendes, festes und loyales Kartell – mit gemeinsamen Aktionsprogramm – zur Herbeiführung nationaler Stichwahlergebnisse.«
85 Dönhoff, 18.6.1903, zuvor zitiert.
86 Bülow an Mehnert (Entwurf), 24.–26.6.1903, BAP, Rkz 1792.

zwischen loyalen Protestanten und loyalen Katholiken »die Vorbedingung für einen erfolgreichen Kampf gegen die Sozialdemokratie« sei. Bülow kam zu dem Schluss, dass Sachsens alldeutsche und partikularistische Zeitungen gezügelt werden müssten: Sie müssten »aufhören, in der bisherigen Weise die Autorität der Reichs-Regierung zu untergraben & die Ehrfurcht vor der Kaiserkrone zu erschüttern«. (In seinem Antwortschreiben an Stolberg wiederholte Bülow die gleichen Punkte.)

Kurz nachdem er an Mehnert geschrieben hatte, wies Bülow seinen Pressechef Otto Hammann an, den Regierungsanalysen zur jüngsten Reichstagswahl genau diesen Spin zu geben. Danach sollte in der Presse »auf das allernachdrücklichste, an möglichst vielen Stellen & immer wieder darauf hingewiesen werden, daß fast dreißig Wahlkreise [im Reich] lediglich durch die Uneinigkeit der Ordnungs-Parteien an die Sozialdemokraten gefallen sind«. Er wies Hammann auch an, die Gründe für das sächsische Desaster zu benennen: »Giron-Affaire, Krach der Leipziger Bank, ungeschickte sächsische Finanzverwaltung, rohe Ton der sächs. sogen. nationalen Presse u.s.w.«[87] Und in einem Brief an den Kaiser versuchte Bülow, die auffällige Zurückhaltung seiner Regierung während des Wahlkampfs zu rechtfertigen. »Nichts hat die Parteien mehr geärgert«, schrieb er, »als daß die Regierung ihnen nicht den Gefallen erwiesen hat, sich als Uhu auf die Krähenhütte zu setzen, um sich dann in dieser Position von den Fraktionsraben auf den Kopf sch... zu lassen.«[88]

König Georg und seine sächsischen Staatsminister trugen andere Scheuklappen. Der sächsische König räumte ein, dass die SPD wegen der wirtschaftlich schwierigen Zeiten die Stimmen vieler Nichtparteimitglieder gewonnen habe. Aber er vermochte nicht zu verstehen, wie selbst unzufriedene Wähler nicht erkennen konnten, dass die Sozialdemokratie nichts als »Negieren, Verhetzen und Zerstören« anzubieten hatte. Wie lange würde es dauern, bis diesen Mitläufern »die Augen aufgehen und sie die Unproductivität derjenigen Partei erkennen würden, die sie zu ihrem Anwahlt wählten?« In seiner Unterredung mit dem König schlug der preußische Gesandte Dönhoff ein Gedankenspiel vor: »man könne fast auf den Gedanken kommen, der Sozialdemokratie zeitweise die Regierung zu überlassen, damit ihre Impotenz dem Volke klar werde«. Der König wollte davon nichts hören. »Sie würde in dieser Zeit«, so erwiderte er, »so viele wertvolle Güter unserer jetzigen staatlichen und gesellschaftlichen Ordnung zerstören, ohne etwas anderes dafür zu schaffen, daß es später kaum gelingen würde, den Schaden wieder gut zu machen. Das Experiment sei daher zu gefährlich.«[89] Einen ähnlichen Standpunkt vertrat der sächsische Gesandte in Berlin, Graf Hohenthal, als er hörte, dass

---

87 Bülow an Hammann, 27.6.1903, PAAAB, Deutschland 125, Nr. 3, Bd. 16. Vgl. Dönhoff, 26.6.1903, PAAAB, Deutschland 125, Nr. 3, Bd. 17.
88 Bülow an Wilhelm II., 19.6.1903, zitiert in: K. LERMAN, Chancellor, 1990, S. 88, und J. C. G. RÖHL, Wilhelm II., Bd. 3, 2009, S. 192.
89 Dönhoff, 23.6.1903, PAAAB, Deutschland 125, Nr. 3, Bd. 16.

die Reichsregierung kühler auf das Wahlergebnis reagierte, als es die Schwarzseher in Sachsen für richtig hielten. Es mag stimmen, räumte Hohenthal ein, dass die Couleur des Reichstags im Juni 1903 nicht dramatisch verändert worden sei. Doch merkte er in Richtung Reichsregierung an: »Hoffentlich übersieht man hierbei nicht die Mahnung, die in dem unerhörten Anschwellen der überhaupt abgegebenen sozialdemokratischen Stimmen u. in den sehr erheblichen Minderheiten liegt, die die Sozialdemokratie in solchen Kreisen errungen hat, in denen sie früher nur von Hörensagen bekannt war.«[90] Im weiteren Verlauf jenes Sommers stellte der Leipziger Kreishauptmann Ehrenstein fest, dass »der Hauptgegenstand des öffentlichen Lebens der Gegenwart« sich inzwischen um »die sociale oder vielmehr die socialdemokratische Frage« drehe. Da das Dreiklassenwahlrecht von 1896 »eine bedenkliche Isolierung der [sächsischen] Regierung« nach sich gezogen und die II. Kammer der Ständeversammlung »nicht das Volk hinter sich« habe, war Ehrenstein der Ansicht, dass »man auf einem Vulkan steht«.[91]

---

90 Hohenthal (Berlin) an Metzsch (Dresden), 24.6.1903, SHStAD, GsB, Nr. 259.
91 KHM Ehrenstein an Metzsch, 24.8.1903, SHStAD, MdI 5465, zitiert in: SLTW, S. 57.

Ein Ausweg?

> Die sozialistische Arbeiterschaft [kann] – trotz ihrer enormen Überzahl in der Bevölkerung des Landes – ihre Wünsche und Anliegen im Landtage selbst niemals zum Ausdruck bringen [...] und [sieht] sich deshalb veranlaßt [...], zur Besprechung und Entscheidung lokalsächsischer Fragen den Reichstag in Berlin anzurufen.
> — Sächsischer Regierungschef Georg von Metzsch, Juni 1903[92]

> Reformen kommen von unten. Niemand, der vier Asse in der Hand hält, heult nach einem neuen Blatt.
> — unbekanntes Zitat

Trotz seiner späteren Beteuerung gegenüber dem österreichischen Gesandten, das sächsische Dreiklassenwahlrecht sei ihm 1896 »gegen seinen eigentlichen Willen [...] aufoktroyiert« worden, schloss sich Regierungschef Metzsch der Reaktion der Kartellparteien auf die »Bedrohung« durch die sozialdemokratischen Zugewinne bei der Landtagswahl an. Wie wir im letzten Kapitel gesehen haben, hatte Metzsch keinerlei Wahlrechtslösungen in petto, die »Mehnerts Gesetz« Einhalt geboten hätten. Ihm fehlte der politische Mut, sich für ein Wahlsystem einzusetzen, das eine angemessene Vertretung der sächsischen Arbeiterklasse im Landtag ermöglicht hätte. Dennoch leitete Metzsch am 10. Juli 1903 eine Sitzung des sächsischen Staatsministeriums, bei der eine weitere Wahlrechtsreform beschlossen wurde. Sie ging in eine ganz andere Richtung als »Mehnerts Gesetz«, wenn auch nicht in die entgegengesetzte. Zwei Tage später teilte das Regierungsblatt mit, dass das Dreiklassenwahlrecht von 1896 unbeabsichtigt dazu geführt habe, das Wahlrecht der Wähler in der dritten Abteilung illusorisch zu machen, was dem Grundsatz der Fairness widerspreche.[93] Um den Reformprozess einzuleiten,

---

92 Zitiert in Vélics, 17.6.1903, HHStAW, PAV/52; ebenda auch das folgende Zitat bzgl. der »Aufoktroyierung« des Wahlrechts.
93 DZ, 12.7.1903; V. C. Diersch, Entwicklung, 1918, S. 216. Wie Metzsch es später in der II. Kammer formulierte: »Meine Herren! Es ist nun allerdings nicht zu verkennen, daß angesichts des 96er Wahlgesetzes der, wenn auch nicht gewollte, aber doch tatsächlich eingetretene Erfolg in Erscheinung tritt, daß die dritte Wählerabteilung – das ist also, meine Herren, diejenige, die die größte Zahl der Steuerzahler und mit ihr den Arbeiterstand umfaßt – tatsächlich zu der Ausübung eines selbständigen Wahlrechts in gewissem Sinne nicht gelangt ist.« LTMitt 1903/04, II.K., 552 (3.2.1904). Eine abweichende Einschätzung findet sich in Gough, 8.7.1903, TNA, FO 30/313, der Metzschs jüngste Rede in Pirna sinngemäß wie folgt wiedergab: »[...] ein Teil der Bevölkerung, von

würde die Regierung die Meinung einer Kommission von »Experten« einholen, die Ende August 1903 einberufen werden sollte. Diese verblüffende Ankündigung wirbelte die sächsische Politik gehörig durcheinander.

»Der Mensch denkt ...«

Der Aufruhr um Metzschs Ankündigung war beispiellos. Am 25. Juli 1903 schrieb ein Mitarbeiter des konservativen *Vaterlands*, dass die sächsische Regierung zu zaghaft sei, um eine Revision des allgemeinen Wahlrechts zu unterstützen, und nun stattdessen Palliativmaßnahmen im Inneren ergreife. »Die sächsische Regierung hat jetzt unseres Erachtens keine dringendere Pflicht, als der Sozialdemokratie tatkräftig und zielbewußt entgegenzutreten. Im gegenwärtigen Falle hat die Kraft hierzu – oder vielleicht auch der Wille – leider völlig versagt!«[94] Einige Tage später vermerkte ein Leitartikel in derselben Zeitung: »Es ist ein starkes Stück, von einer Parlamentsmehrheit zu fordern, sie solle selbst die Hand zu ihrer Vernichtung bieten.«[95] Das *Zittauer Morgenblatt* erklärte die anhaltende Antipathie der Linksliberalen gegenüber der Sozialdemokratie mit demselben Argument. Könne man von der gleichen Parteienmehrheit, die 1896 das Dreiklassenwahlrecht verabschiedet hatte, nun Begeisterung für eine weitere Reform erwarten? »Sie sollen also nun ihr eigenes Kind umbringen und ein neues erzeugen?«[96]

Die Sozialdemokraten waren unsicher, wie sie am besten reagieren sollten. Einige wollten die Wahlrechtsliga von 1896 wiederbeleben. Die Leipziger SPD-Spitze meinte, damit würde man sicherstellen, dass die »Welle« der in Sachsen bei der Reichstagswahl vom Juni 1903 abgegebenen roten Stimmen auch den Landtag flutete. Andere gaben zu bedenken, dass eine derartige Liga die Sozialisten in eine Zusammenarbeit mit den oppositionellen bürgerlichen Parteien verstricken würde; der zwei Monate später stattfindende Dresdner Parteitag verurteilte diese Art von Zusammenarbeit. Man argumentierte, dass ein breit angelegter Angriff auf Sachsens repressive Polizeimaßnahmen, Zölle, hohe Steuern und niedrige Löhne das wichtigste Agitationsmittel bleiben sollte, nachdem sich diese Taktik bei den Reichstagswahlen so gut bewährt hätte. So lautete denn auch der sozialdemokratische Wahlaufruf für den Landtagswahlkampf im

---

Agitatoren auf Abwege geführt, hatte [in der RT-Wahl] in einer Weise abgestimmt, die alle öffentlichen Einrichtungen zu bedrohen schien. Man darf jedoch nicht den Mut verlieren, sondern muss in Zukunft entsprechende Maßnahmen treffen.« Vgl. auch Dönhoff, 2.7.1903, 19.9.1903; kommissarischer pr. Gesandter Wedel an pr. MdAA, 15.7.1903, PAAAB, Sachsen 60, Bd. 6.
94 Vaterl, 25.7.1903.
95 Vgl. Vaterl, 2.8.1903.
96 Zittauer Morgenblatt, 16.7.1903, zitiert in: S. Lässig, Wahlrechtskampf, 1996, S. 105.

Oktober 1903. Wie die geringe Wahlbeteiligung jedoch zeigte, hatte die Überzeugungskraft dieser Botschaft seit Juni bereits nachgelassen.[97]

Metzsch behauptete, die Initiative seiner Regierung vom 12. Juli sei *keine* Folge der Reichstagswahlen knapp einen Monat zuvor. Das war nur die halbe Wahrheit.[98] Der Zeitpunkt von Metzschs »Bekehrung« war durchaus von Bedeutung und wurde zu einem Streitpunkt zwischen ihm und den Konservativen – und das aus drei Gründen.

Während, erstens, die Konservativen das Landtagswahlrecht weiterhin als ein wesentliches Bollwerk gegen die sozialistische Bedrohung ansahen, behauptete die Regierung im Juli 1903, aus ihrer Sicht sei das Dreiklassenwahlrecht von 1896 *stets* unvollkommen gewesen und deshalb nicht unveränderlich. Obwohl Metzsch vor Juli 1903 nur wenige Andeutungen gemacht hatte, dass er über eine so dramatische Umkehr der Politik nachdachte, hätte er die Notwendigkeit einer Reform bereits vor diesem Zeitpunkt erkannt. Im Rückblick datierte Metzsch den Sinneswandel der Regierung noch vor seine erste Audienz bei König Georg nach dessen Thronbesteigung im Juni 1902, wie der preußische Gesandte Dönhoff berichtete[99]:

> [N]achdem Ihm Herr von Metzsch auseinandergesetzt hatte, daß unter dem jetzigen Wahlgesetz nach der Wahlstatistik 80 Prozent der Wähler auf die Wahl der Abgeordneten keinen Einfluß hätten, mithin im Landtage unvertreten seien, was den Grundsätzen der Gerechtigkeit nicht entspräche, daß ferner zu diesen 80 Prozent nicht nur Sozialdemokraten sondern auch zahlreiche Geistliche, Lehrer, niedere und mittlere Beamte u.s.w. gehörten, die wegen dieser Zurücksetzung erbittert seien, daß endlich, als eine Folge dieses Zustandes, der Reichstag zum Forum für innerpolitische Angelegenheiten Sachsens gemacht würde, die lediglich vor den sächsischen Landtag gehörten, – habe der König Sein Einverständnis ausgesprochen, daß die Regierung an die Wahlreform herantrete.

In seiner Argumentation gegenüber König Georg und in seinem Entwurf der Denkschrift vom April 1903 räumte Metzsch ein: »Ein großer Teil dieser Arbeiterschaft wählt keine anderen Vertreter und wird Angehörige anderer Parteien nicht als ihre Vertreter anerkennen.« Eine Veränderung dieser unglücklichen Situation sei nur von innen zu erhoffen. Damit wollte Metzsch nicht die Idee gutheißen, dass sich die Sozialdemokratie von einer revolutionären zu einer reformistischen Partei entwickeln würde. Viel-

---

97 In fünf LT-Wahlkreisen betrug die Wahlbeteiligung in der dritten Wählerabteilung unter 20 Prozent; in sieben lag sie unter 30 Prozent. Erneut konnte die SPD kein einziges Landtagsmandat gewinnen.
98 Die wichtigsten MdI-Denkschriften und sonstige Dokumente (1903–04) befinden sich in SHStAD, MdI 5454; das allererste Schriftstück im Aktenband ist Metzschs Aide-Mémoire aus seiner Unterredung mit König Georg im April 1903.
99 Dönhoff, 19.9.1903, PAAAB, Sachsen 60, Bd. 6. Vgl. G. A. Ritter, Wahlgeschichtliches Arbeitsbuch, S. 169; G. A. Ritter, Wahlrecht, 1990, S. 80–84; S. Lässig, Wahlrechtskampf, 1996, S. 91.

mehr verwies er auf Beweise aus dem Ausland, um nahezulegen, dass Arbeiter zur Teilnahme an der »positiven Arbeit« des Regierens angeregt werden könnten, ohne rein *sozialdemokratischen* Forderungen nachzugeben. Sicherlich könnten die restriktiven Maßnahmen noch nicht aufgehoben werden, aber »die Mitarbeit von Sozialdemokraten [könnte] vielleicht auch dazu beitragen, die Sozialdemokratie selbst zu überwinden«.[100] Die Überzeugung, mit der Metzsch König Georg seinen Vorschlag unterbreitete, lässt sich an den Bemühungen messen, mit denen er seine Ministerkollegen an Bord holen wollte. Finanzminister Conrad Rüger war der Hauptgegenspieler von Metzsch. Der den Konservativen nahestehende und von den Nationalliberalen gehasste Minister schrieb, dass »die Sozialdemokratie als Gegner des monarchischen Staates – wie überhaupt jeder denkbaren Staatsform – so wenig in eine politische Körperschaft [gehört] wie ein Atheist in eine kirchliche«.[101]

Der zweite Grund für die Wichtigkeit der Datierung von Metzschs Sinneswandel besteht darin, dass Mehnert der Regierung einen groben Fehltritt vorwarf, indem sie ihre Absichten nicht vor der Reichstagswahl im Juni 1903 erklärt hätte. Der Zeitpunkt der Reform ließ es erscheinen, als hätte der Wahlsieg der SPD entscheidend dazu beigetragen, die Veränderung einzuleiten. Dies allein sei ein Rückschlag für das Obrigkeitsprinzip als Voraussetzung für gute Staatskunst und staatsmännische Entschlossenheit. Mehnert zufolge wäre das Wahlergebnis viel günstiger ausgefallen, wenn die sächsische Wählerschaft bereits im Vorfeld gewusst hätte, dass in Regierungskreisen eine Revision des Landtagswahlrechts vorbereitet worden sei. Sowohl Metzsch als auch Reichskanzler Bülow zeigten sich von Mehnerts Argumentation nicht unbedingt überzeugt.

Der dritte Konfliktpunkt zwischen Mehnert und Metzsch entzündete sich daran, dass beide den Anschein erwecken wollten, als Erster die Notwendigkeit einer Wahlrechtsreform eingeräumt zu haben. Metzsch weigerte sich bewusst, Mehnert bis wenige Tage vor der Ankündigung vom 12. Juli 1903 über die Pläne der Regierung zu informieren, aus Angst, Mehnert würde ihm die Schau stehlen.[102] Er wollte damit seine Entschlossenheit demonstrieren, im Kampf gegen die in seinen Augen ärgerliche Ungerechtigkeit des Landtagswahlrechts auch die konservative Dominanz des Landtags zu untergraben. Doch dann überraschte Metzsch den preußischen Gesandten Dönhoff mit der Mitteilung, dass er zum Ende der kommenden Landtagssession zurückzutreten beabsichtige.

---

100 »Denkschrift über das Wahlrecht zur zweiten Kammer der Ständeversammlung im Königreich Sachsen« (Entwurf), o. D. [Anfang April 1903] – 78 Druckseiten mit ausgiebigen Einfügungen und Randbemerkungen – in SHStAD, MdI 5454. Die Denkschrift zirkulierte im April und Mai 1903 zur Begutachtung unter allen Mitgliedern des Gesamtministeriums. Vgl. S. Lässig, Wahlrechtskampf, 99.
101 Rügers Bemerkungen zur Denkschrift, 17.4.1903, SHStAD, MdI 5454. Nach den RT-Wahlen vom Juni 1903 waren Rügers Denkschriften an Metzsch (29.6.1903, 12.7.1903) noch pessimistischer. Vgl. komissarischer pr. Gesandter Wedel, 15.7.1903, PAAAB, Sachsen 60, Bd. 6.
102 Dönhoff, 2.7.1903, zuvor zitiert.

Die aktuelle innenpolitische Situation in Sachsen habe bei ihm »tiefen degout« hervorgerufen. Er habe es satt, mit einem Mann – Mehnert – zu kämpfen, der die Konservative Partei komplett »in seiner Tasche« habe, dessen »Einfluß bis weit in die Reihen der Nationalliberalen reiche und dem auch die größte Hälfte der ersten Kammer folge«. Mehnerts Taktiken seien außerdem »gescheidt und rücksichtslos«, er sei »demagogisch veranlagt«, und von »seiner persönlichen Eitelkeit« motiviert.[103] Sollten Mehnert diese Bemerkungen jemals zu Ohren gekommen sein, hätte er garantiert Blut gerochen. In den darauf folgenden Monaten machte Metzsch in seinem Auftreten und Handeln jedenfalls den Eindruck eines verwundeten Beutetiers. Das blieb Dönhoffs Spürnase nicht verborgen. Er prognostizierte, dass der konservative Führer aus dieser »Machtfrage Metzsch-Mehnert« siegreich hervorgehen würde, denn der sächsische Regierungschef sei »weichherzig, sehr empfindlich und nimmt sich alles sehr zu Herzen«. Aufgrund seines »concilianten, liebenswürdigen und taktvollen Wesen[s]« sei er bei einigen Landtagsabgeordneten beliebt gewesen. Doch der Aufgabe als Regierungschef, wo es galt den Sozialdemokraten die Stirn zu bieten, sei Metzsch nicht gewachsen.[104]

Der neue bayerische Gesandte stimmte dem zu. Eduard de Garnerin Graf von Montgelas lieferte von 1903 bis 1916 scharfsinnige Berichte aus Dresden.[105] Der sozial gut aufgestellte Montgelas konnte nicht umhin, Mehnerts bürgerliche Qualitäten zu kommentieren: »Im Umgange ist der Herr Hofrath angenehm aber nicht sehr gewandt in Handhabung der gesellschaftlichen Formen; ›ein conservatives Rauhbein‹ sagte mir einer der ersten adeligen Großgrundbesitzer Sachsens.« Wie diese Beobachtung zeigt, befand sich Mehnert nicht immer auf Augenhöhe mit den sächsischen Aristokraten im Oberhaus, und doch war er »unumschränkter Herr der 2ten Kammer, [und] diese abnorme Stellung nutzt er rücksichtslos aus«. Mehnert hatte die II. Kammer mit seinen eigenen »Kreaturen« bevölkert: »zahlreiche Agenten des [Landwirtschaftlichen] Kreditvereins [waren] ebenso viele Wahlagenten«. Er »hat sich freien Zugang zu allen Ministerialbureau's verschafft, verlangt bei jeder wichtigeren Regierungsmaßregel vorher befragt zu werden u. bringt andernfalls alle Vorschläge der Regierung zu Fall«. Montgelas' Vorhersage war eindeutig. Weil Metzsch den konservativen Führer vor der Ankündigung seines Wahlplans nicht eingeweiht habe, »rächte sich [Mehnert] durch den kategorischen Ausspruch, ›aus dieser Reform wird nichts‹ – u. hiermit war […] im voraus das Urteil gesprochen«.

Die Nationalliberalen saßen bei dieser Kraftprobe zwischen zwei Stühlen. Ihre Argumentation verlief einigermaßen parallel zur Begründung der sächsischen Regie-

---

103 Dönhoff, 19.9.1903, zuvor zitiert.
104 Ebenda.
105 Zum Folgenden, Montgelas, 23.2.1904 (Entwurf), BHStAM II, Ges. Dresden 962; zur Versammlung der konservativen Landtagsfraktion vom 12.8.1903 vgl. Mehnert an Finanzminister Rüger, 14.8.1903; SHStAD, MdI 5454.

rung. Aus Sicht der Technokraten, die im sächsischen Innenministerium mit der Ausarbeitung von Wahlreformvorschlägen beschäftigt waren, musste jeder Entwurf für ein zukünftiges sächsisches Wahlsystem auch die Interessen von Handel, Gewerbe, Industrie sowie der Großstädte repräsentieren. Die Nationalliberalen erkannten allmählich, dass sowohl politische als auch wirtschaftliche Macht denjenigen zufiel, denen es gelang, dort, wo im Staat die Entscheidungen gefällt wurden, effektive Lobbyarbeit zu betreiben.

In den fünf Jahren zwischen den Reichstagswahlen von 1898 und 1903 fühlten sich die sächsischen Nationalliberalen jedoch immer weniger zum Kartell hingezogen. Zögerlich begannen sie den politischen Status quo in Frage zu stellen, sich aus ihrer Abhängigkeit von den Konservativen zu befreien und ihre Partei als ernsthafte Machtanwärterin im Landtag zu positionieren. Anfang 1902 hatten einige einflussreiche Geschäftsleute Gustav Stresemann, den späteren Anführer der Nationalliberalen Partei und Weimarer Staatsmann, angeworben, um den Verband Sächsischer Industrieller (VSI) zu gründen und mit ihm ihre wirtschaftlichen Forderungen durchzusetzen. Innerhalb von zwei Jahren übten Stresemann und die in seiner neuen Lobbygruppe organisierten 4 000 Geschäftsleute direkten Einfluss auf den linken (und jüngeren) Flügel der sächsischen Nationalliberalen Partei aus.[106] Sie versuchten, die führenden Parteimitglieder davon zu überzeugen, dass ein neues System der Mitgliederauswahl für beide Kammern des Parlaments unabdingbare Voraussetzung für den zukünftigen Wohlstand der Industrie sei. Sie argumentierten auch, dass eine rücksichtslose Antigewerkschafts- und Antireformpolitik im »roten Königreich« nicht mehr tragfähig sei. Die wirtschaftlichen und politischen Zielsetzungen von Stresemanns Verband ließen sich nicht säuberlich trennen. Die Behauptung des VSI, er sei unpolitisch, war eine hohle Phrase. Wie ein Historiker bemerkte, war »Lobbyist« zwar noch nicht Teil von Stresemanns Wortschatz, doch beschrieb der Begriff die politische Funktion seiner Vereinigung genau: Sie folgte dem Prinzip Saint Simons, das da lautete: »Ote-toi, que je m'y mette.«[107]

Unmittelbar nach der Reichstagswahl 1903 ließen die Zeitungen der Nationalliberalen die Ansichten von Hans Delbrück aufklingen. In seinen *Preußischen Jahrbüchern* schrieb Delbrück, der Wiedereinzug der Sozialdemokraten in den Sächsischen Landtag würde wie ein Ventil wirken und die Ordnungsparteien bei zukünftigen Reichstagswahlen massiv entlasten.[108] Auf einer Generalversammlung der sächsischen Nationalliberalen Anfang September 1903 akzeptierten die Parteiführer ein Wahlprogramm, das sich gegen das Kartell aussprach. Darin enthalten waren Forderungen nach einer

---

106 Dönhoff, 1.7.1905, PAAAB, Sachsen 48, Bd. 20; D. WARREN, Red Kingdom, 1964, S. 36 ff., 52 ff. und passim. Zu Stresemanns sächsischer Karriere vgl. K. H. POHL, Stresemann, 2015, sowie DERS., Sachsen, 1992; DERS., Emanzipationsprozeß, 1994; DERS., Nationalliberalen, 1995; DERS., Sachsen, 1998
107 »Entferne dich, damit ich dort Platz nehmen kann.« Stresemann (1911) zitiert in: D. WARREN, Red Kingdom, 1964, S. 38.
108 PrJbb 113, Nr. 3 (1903), S. 374.

Umverteilung der Landtagsmandate auf dem Land und in den Städten sowie nach einem neuen, auf Pluralwahlen basierenden Wahlrecht (wonach bestimmten privilegierten Wählern zusätzliche Stimmen gewährt würden). Während des Landtagswahlkampfes 1903 stellte ein Beobachter fest, dass sich Liberale aller Couleur von den Konservativen abwandten und vor allem die konservativen Kandidaten in Dresden und Leipzig mit besonderer Vehemenz angriffen. Tatsächlich gewannen die Nationalliberalen bei den Wahlen im Herbst zwei Sitze von den Konservativen.[109] Der Gegenschlag ließ nicht lange auf sich warten. Am Eröffnungstag der neuen Landtagssession im November 1903 schlossen die Konservativen die liberalen Abgeordneten aus allen fünf ständigen Ausschüssen der Zweiten Kammer aus.

Metzsch war inzwischen zu der Überzeugung gelangt, dass eine Wahlrechtsreform in naher Zukunft möglich sei, »ohne« den Landtag der Sozialdemokratischen Partei »zu opfern«.[110] Er war im Sommer nach Berlin gereist und hatte mit Bülow im Detail über eine geplante Reform gesprochen. Jeder wusste, dass Metzsch ohne den Segen des Kanzlers nicht willens bzw. in der Lage sein würde, die Wahlrechtsreform fortzusetzen. Die im Juli von den »Ordnungsparteien« geäußerte Entrüstung, dass Metzsch überhaupt über eine Reform nachdachte, war ebenso abgeklungen wie die öffentliche Diskussion über die Kronprinzessinnenaffäre. Zu guter Letzt hatte der Parteitag der Sozialdemokraten im September 1903 angeblich zur Folge, dass viele SPD-Wähler ihre Entscheidung vom Juni bedauerten. Es schien der richtige Zeitpunkt, um Metzschs Wahlrechtsreform ernsthaft zu diskutieren.

Die Konservativen hatten es nicht ganz so eilig. Die Kommission bzw. Vorkonferenz von »Experten« zur Erörterung der Reform tagte erst nach Abschluss des Landtagswahlkampfs im Oktober 1903. Die siebzehn Delegierten wurden von Metzsch so strategisch wie möglich ausgewählt. Dennoch konnte Mehnerts Gefolgschaft nicht ausgeschlossen werden. Unter den Teilnehmern befanden sich die Hauptakteure der »Ordnungsparteien« aus beiden Landtagskammern, die Bürgermeister der Großstädte, die Vorsitzenden der wichtigsten Industrie- und Handelskammern, Vertreter der Stadtverordnetenkollegien von Dresden und Chemnitz sowie Metzschs Vorgänger als Innenminister, Hermann von Nostitz-Wallwitz.[111] Als das Forum Ende Oktober endlich tagte, hatten der bittere Wahlkampf und die Gerüchte über den bevorstehenden Rücktritt Metzschs die Erfolgsaussichten bereits eingetrübt.[112] Metzsch hatte tatsächlich seinen Rücktritt angeboten. Doch der König überredete ihn, zumindest bis zum Ende der laufenden Land-

---

[109] Dönhoff, 19./26.9.1903, 2./17./21./23./30.10.1903, PAAAB, Sachsen 60, Bd. 6; Vélics, 17.11.1903, HHStAW, PAV/52.
[110] Dazu und zum Folgenden vgl. kommissarischer österr. Gesandter Graf von Lederer, 29.7.1903, Vélics, 22.9.1903, 6./31.10.1903; HHStAW, PAV/52.
[111] Dönhoff, 30.10.1903, zuvor zitiert; Forumsteilnehmer aufgelistet in SHStAD, MdI 5454.
[112] Angeblich würde der sächsische Gesandte in Berlin (Hohenthal) Metzsch ersetzen, während der konservative Oberbürgermeister von Dresden, Otto Beutler, Finanzminister Rügers Platz einnehmen würde.

tagsperiode im Amt zu bleiben. Sowohl König Georg als auch Metzsch betrachteten das Expertenforum – und die letztlich daraus resultierende Wahlrechtsreform – als »Gebot der politischen Gewissenhaftigkeit«.[113] Finanzminister Rüger war anderer Meinung. Er warnte vor den Folgen, wenn man den Anschein erweckte, sich der Umsturzpartei zu beugen. Dies jetzt zu tun, indem man sich ernsthaft für die Landtagswahlreform interessierte, würde das vereiteln, was Rüger (und Mehnert) für ein weitaus wichtigeres Ziel hielten: die »Abänderung des völlig widersinnigen Reichstagswahlrechts«. »Mit dem jetzigen Wahlgesetze«, schrieb Rüger, »geht das deutsche Reich seinem Untergange entgegen.«[114] Diese apokalyptische Vision eines demokratischen Deutschlands war nicht etwa ein hohles Hirngespinst eines politischen Außenseiters. Rüger blieb bis 1910 sächsischer Finanzminister und übernahm 1906 de jure die Nachfolge von Metzsch als Vorsitzender des Staatsministeriums.

*

Die Regierung stellte den »Experten« bereits im Vorfeld ihres Treffens am 26. Oktober 1903 einen Entwurf ihrer Denkschrift zur Verfügung; dieser fand aber keine Unterstützung. Alle Forumsteilnehmer waren besorgt, dass ein neues Wahlgesetz ihre eigene Partei benachteiligen würde. Ihre teils widersprüchlichen Ansichten boten keine Grundlage für einen Konsens, außer dass sie alle »Vorsichtsmaßnahmen« (Kautelen) forderten, um den Sozialdemokraten die Hände zu binden. Metzsch und sein neuer Wahlrechtsexperte, Dr. Anselm Rumpelt, hatten diese Reaktion antizipiert.[115] Aus diesem Grund begann Metzsch das Treffen mit einem Hinweis auf den Elefanten im Raum: »Will man den in weiten gutgesinnten Kreisen bestehenden Wünschen auf Änderung des Wahlrechts Rechnung tragen selbst auf die Gefahr hin, daß einige Sozialdemokraten in die Kammer einziehen?«[116] Wie Metzschs einleitende Bemerkungen deutlich machten, akzeptierte er die Möglichkeit, dass es im Rahmen seiner Reformvorschläge »einige« sozialdemokratische Wahlsiege geben würde. (Privat äußerte Metzsch, dass zwölf bis achtzehn Sozialdemokraten »für die II. Kammer nur von Nutzen sein könnten«.[117]) Doch auch in dieser Frage fand sich keine Übereinstimmung. Der Präsident der Ersten Kammer, Richard Graf von Könneritz, erklärte, im Landtag sei kein einziger Sozialdemokrat

---

113 Vélics, 9.11.1903, HHStAW, PAV/52; vgl. Metzsch an Rumpelt, 15.8.1903, SHStAD, MdI 5454. Zur folgenden Schilderung des Treffens von »Experten« vgl. die »Niederschrift« (41 MS-Seiten) in SHStAD, MdI 5463, mit Anselm Rumpelts Hauptbedenken; Zusammenfassung in: V. C. DIERSCH, Entwicklung, 1918, S. 218.
114 Rüger an Metzsch, 29.6.1903, SHStAD, MdI 5454.
115 Der Geheime Regierungsrat Dr. jur. Rumpelt diente als AHM in Glauchau (1891–93) und Chemnitz (1893–98) sowie als KHM in Dresden (1906–09). Er war jener zuvor erwähnte Kartellkandidat, der im Reichstagswahlkampf 1903 einen zeitlich ungelegenen Auslandsurlaub angetreten und daraufhin seinen Wahlkreis verloren hatte. In den Jahren 1903 bis 1905 war er Metzschs Wahlrechtsexperte im MdI.
116 »Niederschrift«, 6.
117 Montgelas, 6.2.1904 (Entwurf), BHStAM II, Ges. Dresden 962.

akzeptabel. Andere pflichteten bei, dass sie sich »echte« Arbeiter als Abgeordnete im Unterhaus vorstellen könnten, aber keine Sozialdemokraten. Wiederum andere verkündeten, es sei sowohl verfassungsrechtlich als auch moralisch inakzeptabel, dass Sozialdemokraten dem sächsischen König die Treue schwören, wohlwissend, dass sie nicht die Absicht hatten, ihren Eid zu respektieren. Die Momente, in denen Sozialdemokraten in früheren Landtagsperioden ihren Treueeid abgelegt hatten, so Mehnert, gehörten zu den »widrigsten in seinem Leben«.[118] Andere Teilnehmer taten ihre Sympathie mit der Regierung durch Schweigen kund. Da sich die Mitglieder des Forums nicht einig waren, *ob* Sozialdemokraten überhaupt in den Landtag einziehen sollten, bestand keine Hoffnung auf eine Einigung darüber, *wie* sie dies tun könnten.

Metzsch war außer sich. Er führte »das allerdings verblüffende Factum« an, dass die derzeit im Landtag sitzenden Abgeordneten tatsächlich von weniger als 20 Prozent der Wahlberechtigten gewählt worden seien. (Dies lag daran, dass nach den Regeln des indirekten Dreiklassenwahlsystems die in der ersten und zweiten Stimmabteilung gewählten Wahlmänner die in der dritten Abteilung gewählten Wahlmänner überstimmten.) Angesichts der Tatsache, dass mehr als 80 Prozent der Wähler in der Kammer nicht vertreten waren, würde es, so Metzsch, »deshalb zur vollständigen Gesundung der inneren Situation des Landes vor Allem nothwendig sein, daß die sächsischen Konservativen der Verantwortung klarer bewußt werden, welche diese von ihnen selbst geschaffene Lage ihnen auferlege, und daß sie nicht davor zurückschrecken, die Regierung bei dem Werke der Wahlreform auch um den Preis von Opfern an der eigenen, privilegirten Stellung zu unterstützen«.[119] Eine Woche später, nachdem die Expertenkommission keinen Fahrplan für die Reform vorgelegt hatte, machte Metzsch erneut deutlich, wer die Schuld trug. »Der konservativ-agrarischen Landtagsmehrheit des Jahres 1896, die behufs Zurückdrängung der Socialisten in der Landesvertretung das eben erwähnte Kampfgesetz [sic] geschaffen hatte, habe die Regierung damals nach Kräften Beihilfe geleistet, um nicht dem Umsturz zur Herrschaft zu verhelfen; umso mehr komme ihr jetzt die Pflicht zu, ihre Verantwortung zu degagiren und auf die Bahn hinzuweisen, welche aus der anormalen heutigen Lage hinausführe.«

Metzsch gab sich abwechselnd philosophisch und konspirativ. »[Er tröstete] sich bei dem Gedanken an das – möglicherweise vieljährige – Inderschwebebleiben der Wahlreform mit der Erwägung, daß insbesondere in dem parteipolitisch so zerrissenen Sachsen ein gut Ding auch längere Weil brauche, und daß beispielsweise auch der bairische Nachbar mehr als drei Jahrzehnte dazu benöthigt habe, um seine Wahlreform

---

118 »Niederschrift«, S. 9, zuvor zitiert.
119 Metzschs Bemerkungen im Bericht von Vélics, 1.11.1903, HHStAW, PAV/52. Zum Folgenden vgl. auch Vélics' Bericht vom 9.11.1903, a. a. O., in dem er anmerkt, dass die Konservativen den Regierungsplan ablehnten, weil sie sich »der Stellung der beati possidentes erfreuen« konnten, die durch das vorige Stimmrecht geschaffen worden war.

unter Dach zu bringen.«[120] Metzsch war allerdings nicht bereit, darauf zu warten, dass sich die Dinge von selbst entwickelten. Er und Rumpelt versuchten Kapital zu schlagen aus Andeutungen von führenden Mitgliedern der konservativen Fraktion, dass sie Mehnerts dogmatische Position ablehnten. Einer davon war Gottfried Opitz-Treuen, ein Interessenvertreter der Industrie im Konservativen Landesverein. Opitz fungierte zudem als Mehnerts rechte Hand im Parlament. Doch auch als Sozialistenhasser war er nach Angaben der *Sächsischen Arbeiterzeitung* unübertroffen.[121] Metzsch schätzte den Mann falsch ein: Opitz blieb loyal. Der zweite mögliche Verbündete war der Dresdner Bürgermeister Otto Beutler. Beutler traf sich mehrmals mit Rumpelt.[122] Aber auch die private Korrespondenz mit Opitz und Beutler führte zu nichts. Mehnert sei entschlossen, so Opitz, seinen »diktatorischen Einfluß« auf Staatsfragen – »auch auf höchste Stellen« – in einer Weise auszuüben, die einer »krankhaften sich steigernden Sucht« ähnelte. Er beabsichtigte, »durchaus mit ungeschwächten Kräften den Feldzug gegen die Regierung fortzusetzen«.[123]

Auch den Leipziger Rechtsanwalt Otto Schill wollten Metzsch und Rumpelt zur Teilnahme an der Reformarbeit bewegen. Wieder scheiterten sie.[124] Metzsch war ernsthaft überrascht von dem Widerstand, den er in liberalen bzw. nationalliberalen Kreisen vorfand. Das wirft allerdings die Frage auf, weshalb er glaubte, die sächsischen Liberalen würden eine Reform begrüßen, mit der ein plutokratisches Wahlsystem abgeschafft werden sollte. Die sächsischen Liberalen machten kein Hehl aus ihrer Forderung, dass jede Wahlrechtsreform das Bürgertum und die »unabhängigsten« Männer darin bevorzugen müsse, obwohl sie gleichzeitig vorgaben, ein Wahlrecht abzulehnen, das den reichsten und ärmsten Schichten bzw. den Berufsständen besondere Repräsentation zuteilte.[125] Nach der Zusammenkunft des Expertenforums erschwerten die Linksliberalen Metzschs Aufgabe ferner, indem sie zwei Vorschläge zur Reform der Ersten Kammer des Landtages einbrachten.[126] Sie strebten dort eine stärkere Vertretung für Handel, Gewerbe und Industrie an. Die Nationalliberale Fraktion stellte sich hinter diese Forderung und spitzte sie noch zu. Nicht nur sollten diese Wirtschaftszweige gleichberechtigt mit der Landwirtschaft vertreten sein, auch Juristen, Ärzte, pädagogische und technische Berufe sollten mehr Einfluss in der Ersten Kammer erhalten. Außerdem sei die Zahl der im Parlament vertretenen Städte zu erhöhen. Zuvor hatte Stresemanns Verband der Sächsischen Industriellen das Innenministerium ersucht, die Grenzen

---

120 Vélics, 10.1.1904, HHStAW, PAV/53.
121 SAZ, 3.2.1904, zitiert in: S. Lässig, Wahlrechtskampf, 1996, S. 119.
122 Rumpelt an Metzsch, 10.8.1903, SHStAD, MdI 5454.
123 Opitz an Metzsch, 27.7.1903, SHStAD, MdI 5454; Montgelas, 11.1.1904 (Entwurf), BHStAM II, Ges. Dresden 962; S. Lässig, Wahlrechtskampf, 1996, S. 109.
124 Rumpelt an Metzsch und Rumpelt an Schill (Abschrift), beide 1.8.1903; [Alfred von] Nostitz-Wallwitz (Berlin) an Metzsch (Abschrift), 2.8.1903, sowie weiterer Briefwechsel in SHStAD, MdI 5454.
125 [Alfred von] Nostitz-Wallwitz, 2.8.1903 (Abschrift), zuvor zitiert.
126 LTAkten 1903/04, II.K., Berichte, Antrag Nr. 21 (15.12.1903), Antrag Nr. 26 (18.12.1903).

der Landtagswahlkreise neu zu ziehen, um der Verlagerung der Bevölkerung (und der Steuereinnahmen) von den ländlichen in die städtischen Gebiete Rechnung zu tragen.[127] Wie wir noch sehen werden, sollten diese Forderungen unweigerlich auftauchen, wann immer Liberale in Zukunft über die Reform des Wahlrechts diskutierten. Vom Herbst 1903 bis zum Herbst 1918 bildeten sie die Kernelemente dessen, was die sächsischen Liberalen unter einem modernen, »fairen« parlamentarischen System verstanden. Aber in diesen eineinhalb Jahrzehnten waren die sächsischen Konservativen nie gezwungen, ihnen in diesen Punkten entgegenzukommen.

Auf die liberalen Forderungen nach einer Reform des Oberhauses hatten Mehnerts Konservative mit der Behauptung gekontert, dass die Reform beider Kammern miteinander verknüpft werden müsse. Sie wussten, dass die Erste Kammer keine umfassende Reform ihrer eigenen Zusammensetzung verabschieden würde. Auch würde sie keine bedeutsame Reform des Wahlrechts für die Zweite Kammer befürworten. Die Strategie der Konservativen – laut Dönhoff »ein geschickter Schachzug« – war solide.[128] Angesichts dieses Widerstands veröffentlichte die Regierung am 31. Dezember 1903 ihre Denkschrift in leicht überarbeiteter Form[129] Mehnert bezeichnete sie umgehend als »unannehmbar«.[130] Der bayerische Gesandte nannte das Dokument »eigentlich eine gute u. interessante Arbeit«. Doch für die meisten politischen Kommentatoren war die Denkschrift »ganz aussichtslos«.[131]

» ... Gott lenkt«

In der Präambel der veröffentlichten Denkschrift der Regierung und bei der Verteidigung seiner Vorschläge im Landtag Anfang Februar 1904 wiederholte Regierungschef Metzsch seine Auffassung, dass das Dreiklassenwahlrecht von 1896 unvorhergesehene, unerwünschte Folgen gehabt habe. Die überzeugendsten Argumente für eine Reform lieferten die folgenden Themen, derer man sich dringend annehmen müsse: die jüngsten Veränderungen in der sächsischen Steuerstruktur; die ungerechte Verteilung der ländlichen und städtischen Mandate; die Abwertung der Stimmen in der dritten Wählerabteilung; und das unfaire System der indirekten Wahl, in der zunächst für Wahlmänner und erst dann für Landtagsabgeordnete gestimmt wurde. Die Denkschrift ging auf verschiedene bereits vorgelegte Reformvorschläge ein und stellte fest, dass prak-

---

127 VSI an MdI, 25.8.1903, SHStAD, MdI 5454.
128 Dönhoff, 21.12.1903, PAAAB, Sachsen 60, Bd. 6.
129 LTAkten 1903/04, II.K., Dekrete, Nr. 24 (2.1.1904), zum Folgenden.
130 Dönhoff, 10.1.1904, PAAAB, Sachsen 60, Bd. 6; vgl. Dönhoff, 8./11./17./31.1.1904, a. a. O.; Vélics, 10.1.1904, HHStAW, PAV/53.
131 Montgelas, 11.1.1904 (Entwurf), BHStAM II, Ges. Dresden 962.

tisch keiner von ihnen die Beibehaltung des alten Wahlrechts oder die Einführung einer öffentlichen (d. h. nicht geheimen) Abstimmung empfahl.

Genau wie Bruno Merz, Metzschs ehemaliger Wahlexperte, es Ende 1895 getan hatte, widmeten auch Metzsch und Rumpelt in ihrer Ende 1903 entworfenen Denkschrift allen Wahlverfahren, die sie für nicht praktikabel oder für inakzeptabel hielten, bemerkenswert viel Aufmerksamkeit. Die Regierung lehnte das allgemeine, gleiche Wahlrecht kategorisch ab, weil es die Zweite Kammer der Sozialdemokratie überlassen würde. Doch auch ein Zensuswahlrecht fand nicht ihren Zuspruch. Eine niedrige Schwelle würde den Einzug der Sozialdemokraten ins Parlament nicht verhindern. Eine hohe würde jedoch viele der derzeit wahlberechtigten Sachsen ausschließen – möglicherweise weite Teile des Mittelstandes. Ähnliche Bedenken wurden auch hinsichtlich der Anhebung des Wahlalters von 25 auf 30 Jahre geäußert. Eine Wahlpflicht wurde aus zwei Gründen abgelehnt: Für ihre Durchführung wäre eine ausfernde Bürokratie notwendig; und eine kategorische Bestrafung aller Nichtwähler würde viele ansonsten staatstreue Wähler in die Arme der SPD treiben. Die Verhältniswahl wurde mit dem Argument abgelehnt, dass sie nur dazu diene, den negativen Einfluss der »Parteiinteressen« im Parlament zu verstärken. Dasselbe galt für den Vorschlag, die Abgeordneten ausschließlich durch die Gemeinderäte wählen zu lassen – die Gemeinden würden ihren (angeblich) »unparteiischen« Politikstil verlieren und zur Parteipolitik gezwungen werden, außerdem würde das unerwünschte System der zweistufigen Abstimmung beibehalten werden. Die gleichen Argumente führte man gegen ein System ins Feld, bei dem alle Landtagsabgeordneten auf der Grundlage von Berufsständen gewählt würden. Ein ähnliches System hatte zu Schwierigkeiten bei den Kommunalwahlen in Chemnitz geführt, und die Regierung argumentierte, dass es unmöglich sei, eine weitaus größere Bevölkerung nach fairen und logischen Kriterien in Berufsstände aufzuteilen. Zu guter Letzt lehnte die Denkschrift auch ein Pluralwahlsystem ab, bei dem bestimmte Wähler aufgrund von Bildung, Militärdienst, Eigentum, Alter und anderen Kriterien zusätzliche Stimmen erhielten. Mit Verweis auf wissenschaftliche Studien und das belgische Pluralwahlrecht wurde argumentiert, dass die Gewährung von nur ein oder zwei zusätzlichen Stimmen nicht die gewünschte Wirkung haben würde, eine sozialdemokratische Dominanz des Landtags zu verhindern. Die Gewährung einer großen Anzahl von zusätzlichen Stimmen würde – ebenso wie ein hoher Zensus – den Einfluss der Unterschichten bei Wahlen »illusorisch« machen.

Wie wollte die Regierung Metzsch also die abträglichsten Elemente des Wahlrechts von 1896 beseitigen und gleichzeitig die den Alternativen innewohnenden Fallstricke vermeiden? Sie schlug ein gemischtes Wahlsystem vor: 48 Abgeordnete würden durch ein direktes Dreiklassenwahlrecht gewählt, weitere 35 Abgeordnete durch Abstimmung nach Berufsständen. Der Landtag würde sich von derzeit 82 auf 83 Sitze vergrößern. Für die Wahl der 48 Abgeordneten würde das Königreich in 16 Wahlkreise für jede der drei Wahlabteilungen aufgeteilt; die frühere Unterscheidung zwischen städtischen und ländlichen Wahlkreisen würde dadurch aufgehoben werden. Abteilung I würde alle Männer über 25 Jahre umfassen, die mindestens 300 Mark pro Jahr an direkten Steuern entrichteten oder einen höheren Schulabschluss hatten. Abteilung II sollte Wähler umfassen, deren jährlicher Steuerbetrag zwischen 38 und 300 Mark betrug oder die Anspruch auf einen einjährigen Freiwilligendienst in der Armee hatten. Abteilung III würde alle anderen erwachsenen Männer umfassen, insofern diese in irgendeiner Form staatliche Steuern zahlten.

Die berufsständische Wahl von 35 Abgeordneten sah die Wahl von drei Abgeordnetengruppen vor: (A) 15 Vertreter der Landwirtschaft, (B) 10 Vertreter von Handel und Industrie und (C) 10 Vertreter von Kleinhandel, Handwerk und Kleingewerbe. Wahlberechtigt wären in Kategorie A alle Männer, die auch zur Stimmabgabe für die Mitglieder des Sächsischen Landeskulturrates berechtigt waren; in Kategorie B alle Männer, die zur Wahl von Mitgliedern einer Handwerkskammer berechtigt waren; und in Kategorie C alle, die einer Zunft angehörten oder mindestens einen Mitarbeiter beschäftigten. Bei der ersten Wahl unter einem solchen gemischten Wahlrecht würde der gesamte Landtag auf einmal zur Wahl stehen. Anschließend würde jeweils ein Drittel der Abgeordneten wie gehabt im Zwei-Jahres-Turnus gewählt werden. Das Prinzip der geheimen Wahl, die Bestimmung, dass in der Hauptwahl eine absolute Mehrheit und in der Stichwahl eine relative Mehrheit erforderlich war, sowie die bestehenden Voraussetzungen für das passive Wahlrecht ließ der Regierungsvorschlag unangetastet.

Die in der Denkschrift vom Dezember 1903 enthaltenen Vorschläge zeigten so wenig Ähnlichkeit mit der 1909 beschlossenen Wahlrechtsreform, dass die anschließende parlamentarische Schlacht schnell zusammengefasst werden kann.[132] Die linksliberale *Dresdner Zeitung* war nicht die Einzige, die diese Reform als das schwächste und schlimmste Machwerk bezeichnete, das die Regierung hätte vorschlagen können. Auch der österreichische Gesandte bemerkte in seinem Bericht nach Wien, dass von vornherein feststand, wie die Sache ausgehen würde: »Kaum ist der sächsische Landtag in die Reihe jener Einzelparlamente des deutschen Reichs getreten, welche sich mit dem schwierigen Problem einer zeitgemäßen Wahlreform zu befassen haben, so droht auch schon diese Frage zu einem Erisapfel zwischen den Parteien, und ebenso auch zwischen den beiden Kammern der Legislative zu werden.«[133] Einige Landtagsabgeordnete seien bereit, den Regierungsvorschlag aus realpolitischen Erwägungen zu unterstützen. Aber die Parteien selbst hielten, ganz abgesehen von ihrem taktischen Kalkül, an ihren Maximalforderungen fest und produzierten ein »Chaos der Meinungen«. Auf den säch-

---

132 LTMitt 1903/04, II.K., Bd. 1, S. 549–609 (3.2.1904), Bd. 2, S. 1658–1703 (28.4.1904); vgl. annotierte Entwürfe der Denkschrift sowie andere Materialien in SHStAD, MdI 5461–5465; Überblicke in: V. C. DIERSCH, Entwicklung, 1918, S. 220–242, und S. LÄSSIG, Wahlrechtskampf, 1996, S. 118–127. Dönhoff, 8./11./17./31.1.1904, 5.2.1904, PAAAB, Sachsen 60, Bd. 6; Dönhoff, 29.4.1904, 21.5.1904, a. a. O., Bd. 7. Für die während der Beratungen des Ausschusses angefragten statistischen Studien vgl. SHStAD, MdI 5447, 5463.
133 Vélics, 11.2.1904, HHStAW, PAV/53.

sischen Landtag treffe, so der Gesandte, wahrlich das Sprichwort *Quot capita tot sensus* zu.[134]

Unter den »Experten«, die das Thema hinter verschlossenen Türen diskutiert hatten, war kein Mitglied der Freisinnigen Partei gewesen. Umso stärker kritisierte die parteieigene *Zittauer Morgenzeitung* diejenigen Nationalliberalen, die nichts zur Verteidigung liberaler Prinzipien getan hätten. In einem Beitrag hieß es hämisch, dass diese »Wetterfahnenpolitiker in dem Wahlrechtssturm Schiffbruch erleiden könnten, wenn ihnen die Regierung nicht schleunigst die Windrichtung angibt, nach der sie sich drehen können«.[135] Die Kritik der Sozialdemokraten fiel noch ätzender aus. Die von der Regierung vorgeschlagene Reform sei eine »wertlose Flickarbeit« und ein »Faustschlag in das ehrliche Gesicht der Arbeiter«.[136] In der zweiten Januarhälfte 1904 kam es in vielen sächsischen Städten zu Protestkundgebungen. Einige von ihnen umfassten zwar an die 300 bis 400 Teilnehmer, doch befanden sich darunter nur treue Parteianhänger. Eine Volksprotestbewegung, die diesen Namen verdient hätte, konnte nicht »von oben« verordnet werden. Knapp ein Jahr nach dem »Dreimillionensieg« der SPD bei den Reichstagswahlen im Juni 1903 hatte sich in den Reihen der Partei erneut eine unbestreitbare Lethargie breit gemacht.

Im Landtag führte Gottfried Opitz den konservativen Angriff auf die Denkschrift der Regierung. Die Debatte vom 3. Februar 1904 dauerte fast sieben Stunden. Laut Opitz hätte eine vollständige Erneuerung des Landtags zur Folge, dass die Gemüter von »Demagogen« und »Profis« im Zeitalter der Massenpolitik erhitzt anstatt abgekühlt würden. Die Konservativen rechneten nicht nur damit, dass die Sozialdemokraten alle sechzehn Wahlkreise in Abteilung III gewinnen würden; auch die berufsständische Wahl würde den Sozialisten zu mehr Wahlsiegen verhelfen, ebenso wie die zweite Wählerabteilung: Der Mittelstand, so Opitz' Behauptung, würde dem SPD-»Terrorismus« nicht standhalten können. Die Nationalliberalen gaben ihm Recht.[137] Ihrer Einschätzung nach würden die Sozialisten 25 Mandate, also fast ein Drittel der Gesamtmandate im neuen Landtag erhalten, sollte der Vorschlag der Regierung umgesetzt werden. Schließlich legte Opitz die Karten auf den Tisch und gab offen zu, dass die Konservativen keinen Plan unterstützen würden, bei dem die Aussicht bestand, dass auch nur ein Sozialdemokrat ein Landtagsmandat gewinnen würde.[138] Interessanterweise fragten weder die Nationalliberalen noch die Konservativen die Regierung, ob sie überhaupt entsprechende Berechnungen

---

134 »So viele Köpfe, so viele Meinungen.« Vélics, 11.2.1904, a. a. O.
135 Zittauer Morgenzeitung, 26.7.1903, zitiert in: S. LÄSSIG, Wahlrechtskampf, 1996, S. 110.
136 SAZ, LVZ, Vw (Jan. 1904) und andere SPD-Organe zitiert in: S. LÄSSIG, Wahlrechtskampf, 1996, S. 121–127; ebenda teilweise zum Folgenden.
137 Die Linksliberalen bevorzugten das allgemeine Wahlrecht bzw. die Rückkehr zum Wahlrecht von 1868 mit einem höheren Zensus; ein antisemitischer Abgeordneter plädierte für die Wahlpflicht.
138 Protokolle der Gesetzgebungs-Deputation der II.K. in SHStAD, MdI 5447; Bericht in LTAkten 1903/04, II.K., Berichte, Nr. 232 (21.4.1904); SHStAD, MdI 5463.

angestellt hatten. In jedem Fall drängten die Nationalliberalen vehement auf eine Pluralwahl und verwiesen dabei auf das in Belgien praktizierte Pluralwahlrecht. Ihrer Ansicht nach würde ein solches System die Besitz- und Bildungseliten begünstigen. Sie hofften auch, dass König Georg mehr für die Wahlreform tun würde, als Metzsch einfach nur im Amt zu halten: Um die Popularität der Dynastie wiederherzustellen und den Egoismus der Konservativen Partei im Zaum zu halten, bedürfe es der persönlichen Initiative des Königs. Doch dieser verhielt sich weiterhin passiv.

Aus den langwierigen Diskussionen im Ausschuss – die Metzsch als »Komödie« bezeichnete – ging nur in zwei Punkten ein Konsens hervor. Erstens würde ein berufsständisches Wahlsystem niemals eine Mehrheit im Landtag finden. Die Regierung hatte es in Betracht gezogen, weil es 1898 bei den Kommunalwahlen in Chemnitz eingeführt worden war, um eine sozialdemokratische »Überflutung« des Chemnitzer Stadtverordnetenkollegiums zu verhindern.[139] Aber im Landtag fand Metzsch so gut wie keine Unterstützung für die Idee. Stattdessen – und das war der zweite Punkt – befürworteten sowohl die nationalliberale Minderheit als auch die konservative Mehrheit ein Pluralwahlrecht. Das Problem bei der Mehrfachstimmabgabe bestand natürlich darin, dass jede Fraktion unterschiedliche Prioritäten hatte, nach welchen Kriterien zusätzliche Stimmen gewährt werden sollten. Einige wollten die bevorzugte Behandlung an den an den Staat gezahlten Steuern festmachen. Andere favorisierten Kriterien wie Alter, Bildung, Eigentum, Wehrpflicht (mit Unterscheidung der Ränge), wieder andere »praktische Erfahrungen«, familiäre Situation (ledig, verheiratet, verwitwet, Anzahl der Kinder), Anzahl der Angestellten oder Dienst in öffentlichen oder ehrenamtlichen Ämtern. Um die Dinge noch komplizierter zu machen, sahen einige bis zu sieben zusätzliche Wahlstimmen voraus, während andere das neue System unbedingt auf der Grundlage von Voll-, Halb-, Eindrittel- und Einviertelstimmen gestalten wollten. Man kann sich leicht vorstellen, welch fruchtlose Debatten derartige Vorschläge nach sich zogen.

Als die Denkschrift der Regierung am 28. April 1904 vom Landtag abgelehnt wurde, brüstete sich Mehnert damit, dass er den Sieg davongetragen habe (Metzsch »war nicht in rosiger Stimmung«.).[140] Der Bund der Landwirte feierte »des totgeborenen Kindes Begräbnis«.[141] Die Sozialdemokraten taten sich keinen Gefallen, indem ihre nationale Presse darüber diskutierte, welche der beiden Wahlreformen (1896 und 1904) für ihre Partei nachteiliger sei. Ein Beitrag von Edmund Fischer (der WK 1: Zittau im Reichstag vertrat) in der Oktoberausgabe 1904 der revisionistischen *Sozialistischen Monatshefte* rief beim *Vorwärts*-Redakteur Georg Gradnauer (WK 5: Dresden-Altstadt) ein

---

[139] Vgl. J. HÜBSCHMANN, Chemnitz, 1905.
[140] Dönhoff, 29.4.1904, zuvor zitiert. Ursprünglich wollte Mehnert nicht einmal, dass der Regierungsvorschlag ernsthaft im Landtag debattiert wurde: König Georg intervenierte, um seinem Staatsministerium diese Peinlichkeit zu ersparen; Montgelas, 19.12.1905 (Entwurf), BHStAM II, Ges. Dresden 963.
[141] DTZ, 29.4.1904; vgl. FZ, BTbl, LNN, alle 30.4.1904.

verächtliches Stirnrunzeln hervor. Fischer schrieb, dass seine Partei, anstatt angesichts der Rückschläge von 1896 und 1904 »Passivität« zur Schau zu stellen, eine positivere Einstellung zum Parlamentarismus erkennen lasse sollte. Dann wäre es möglich, die Menschen für »*bürgerliche* Freiheiten, für eine *bürgerliche* Demokratie« zu gewinnen.[142] Fischer hatte zuvor gegenüber Clara Zetkin ähnlich revisionistische Ansichten vertreten. Wie Zetkin später Karl Kautsky berichtete: »An mir hat jeder Nerv gezittert und zittert noch, wenn ich daran denke.«[143] In der *Neuen Zeit* attackierte Gradnauer Fischers »Taktik der parlamentarischen Sanftmut«. Er tat dies zum Teil, weil die angebliche Passivität der sächsischen Sozialdemokraten bereits die Aufmerksamkeit des italienischen Sozialisten Filippo Turati als auch, auf dem Amsterdamer Kongress der Zweiten Internationale, des französischen Sozialistenführers Jean Jaurès auf sich gezogen hatte. Dennoch unterstützte Gradnauer nach wie vor den Attentismus, die Politik des Abwartens, und hielt diese selbst für Sachsen geeignet, das »Probierland der Reaktion«. Durch ihre Bemühungen und Siege bei den Reichstagswahlen 1898 und 1903, so Gradnauer, hätten die Massen erfahren, dass Wahlraub auch »ohne Einschlagen von Schädeln« gerächt werden könne.[144]

Der Erfolg der Konservativen im April 1904 war ein Pyrrhussieg. Die Wahlrechtsfrage war keineswegs begraben.[145] Kurz vor Ende der Legislaturperiode sprachen sich dreiundzwanzig industrienahe Konservative im Gegensatz zu ihren Fraktionsvorsitzenden gegen einen Gesetzentwurf aus, der eine neue Produktionssteuer vorschlug (der Entwurf war im Landtagsausschuss unter dem Vorsitz von Mehnert erarbeitet worden). Das Gesetz wurde abgelehnt und die Unternehmerlobby von Stresemann verkündete ihren ersten Sieg über die sächsische Landwirtschaft.[146] Bevor die Frage der Wahlrechtsreform vorübergehend beigelegt wurde, verabschiedete man auf Grundlage des Minderheitsberichts der Nationalliberalen mit 43 zu 30 Stimmen noch eine Resolution: Diese forderte die Regierung auf, in der nächsten Session neue Vorschläge zur Prüfung vorzulegen. Zudem wiesen die Abgeordneten – Historiker können es ihnen danken – der Regierung die Aufgabe zu, umfassendere und zuverlässigere Statistiken zu erstellen, um eine fundierte Debatte über zukünftige Vorschläge zu ermöglichen.

*

---

142 E. FISCHER, Widerstand, 1904 (Hervorhebung im Original); G. GRADNAUER, Probe, 1904/05.
143 Zetkin an Kautsky, 4.3.1900, zitiert in: S. LÄSSIG, Wahlrechtskampf, 1996, S. 125.
144 G. GRADNAUER, Probe, 1904/05, S. 116, 118.
145 Dennoch würde Metzsch nicht derjenige sein, der sie wieder zum Leben erweckte, wie Dönhoff sofort erkannte: »In der Sache selbst schien mir der Herr Minister [Metzsch] die Absicht zu haben, sich lediglich von den durch die gestrigen Abstimmungen festgelegten Wünschen der Kammermehrheit und ihres Führers [Mehnert] leiten und in diesem Sinne einen Gesetzentwurf ausarbeiten zu lassen, ohne die Energie zu finden, die Führung mit fester Hand zu ergreifen und die Frage nach seiner Überzeugung zu lösen.« Dönhoff, 29.4.1904, zuvor zitiert. Der bayerische Gesandte Montgelas äußerte noch beißendere Kritik an Metzschs Führungsdefiziten.
146 DTZ, 30.3.1904; LNN, 1.4.1904; D. WARREN, Red Kingdom, 1964, S. 55.

Da der sächsische Landtag nur jeden zweiten Herbst zusammentrat, kam es zwischen Mai 1904 und November 1905 zu einer Zwangspause in der Diskussion über die Reform des Wahlrechts. Bis Mitte 1905 hatten sich die wirtschaftsnahen Nationalliberalen mehr denn je den Konservativen entfremdet.[147] Im Herbst 1904 hatte die sächsische Nationalliberale Partei verkündet, ihr Wahlkartell mit den Konservativen sei am Ende. Nun forderten sie, die Konservativen bei den Wahlen mit den gleichen Methoden zu bekämpfen wie die Sozialdemokraten. Die tatsächliche Bedeutung der Konservativen für das Königreich stehe so sehr in »schreiendstem Mißverhältniße« zu ihrer Zweidrittelmehrheit im Landtag, dass es »de facto zu einer Eliminierung der anderen Parteien in der Gesetzgebung und Verwaltung des Landes geführt hat.«[148] Die Parteistreitigkeiten vor der Landtagswahl am 2. Oktober 1905 gehörten zu den bittersten der jüngsten Vergangenheit – nicht wegen des Aufruhrs unter den Wählern, sondern wegen der Presseschlachten zwischen den beiden stärksten Parteien. Anstelle der üblichen ein oder zwei Kartellkandidaten traten diesmal in den 29 Wahlkreisen drei, vier und manchmal auch mehr Kandidaten gegeneinander an.

Paul Mehnert tat sein Möglichstes, um diesen liberalen Ansturm abzufangen. Anfang des Jahres hatte er sich mit dem Vorsitzenden des Verbandes der Sächsischen Industriellen, Franz Hoffmann, getroffen, um ihn davon zu überzeugen, dass die sächsischen Konservativen »industriefreundlich« seien. Mehnert machte auch unverhohlene Bestechungsangebote. Hoffmann lehnte ein »garantiertes« Landtagsmandat ab, weil er es auf keinen Fall aus den Händen des konservativen Parteiführers annehmen wollte. Auch Mehnerts Angebot, die Aufnahme von vier oder fünf Mitgliedern aus Industriekreisen in die Erste Kammer des Landtags zu unterstützen, erteilte er eine Absage: Hoffmann erklärte, dass Industrievertreter dort mindestens die Hälfte der Sitze einnehmen sollten.[149] Wo er mit Bestechungsversuchen nicht weiterkam, verfiel Mehnert auf geheime Machenschaften: Er schleuste einen konservativen Maulwurf in die Führungsgruppe des VSI ein.[150]

Die Konflikte, die in den Reihen der Nationalliberalen brodelten, machten die Situation noch unübersichtlicher. Parteiführer Otto Schill vertrat die alte Garde mit Sitz in Leipzig, die weiterhin mit Mehnerts Konservativen zusammenarbeitete. Immer mehr Nationalliberale begannen jedoch, mit Stresemanns Gruppe in Dresden zu sympathisieren, die behauptete, sie könnte städtische Arbeiter für die Partei gewinnen und das konservative Joch abschütteln. Diese Entwicklung spiegelte sich in dem Antrag, die Par-

---

147 Dazu und zum Folgenden vgl. Dönhoff, 29.10.1904, 25.11.1904, 13.3.1905, 23.5.1905, 3.6.1905, PAAAB, Sachsen 60, Bd. 7; Vélics, 29.5.1905, 26.6.1905, 12.7.1905, HHStAW, PAV/53; D. WARREN, Red Kingdom, 1964, S. 57 f.
148 Vélics, 26.6.1905, zuvor zitiert.
149 Bayer. Konsul Reichel (Dresden), Denkschrift an Montgelas, 7.3.1905, BHStAM II, Ges. Dresden 963.
150 Dönhoff, 13.3.1905, zuvor zitiert. Nach den Wahlen von 1907 konnte der VSI behaupten, dass 28 Landtagsabgeordnete – vorwiegend Nationalliberale – sich auf sein Programm verpflichtet hatten. K. H. POHL, Sachsen, Stresemann und die Nationalliberale Partei, 1992, S. 206.

teizentrale von Leipzig nach Dresden zu verlegen: Die Partei galt »im Westen [als] *national*-liberal, im Osten eher national-*liberal*«.[151] Der Antrag wurde nur knapp abgelehnt.

Während des Landtagswahlkampfs 1905 waren sich drei scharfsinnige Beobachter – Carl von Dönhoff, Paul Mehnert und der Herausgeber der *Sächsischen Arbeiterzeitung*, Hans Block – einig, dass die Nationalliberalen weit davon entfernt seien, auch tatsächlich die von ihnen beanspruchten politischen Prinzipien zu verfechten. Der Preuße Dönhoff schrieb (missbilligend), dass Stresemann und die Jungen Liberalen (»Linksnationalliberalen«) mit ihren wirren Ideen und »lärmender Propaganda« der grundlegenden Interessenkonvergenz zwischen den sächsischen Nationalliberalen und Konservativen in den letzten beiden Jahrzehnten ein Ende gesetzt hätten.[152] Selbst der Verband der Sächsischen Industriellen schien keine klare Linie zu verfolgen. Einerseits befürwortete er bereitwillig Kandidaten aller Parteien, wenn sie sich nur zur Unterstützung von Unternehmerinteressen verpflichteten. Andererseits veröffentlichte er eine schwarze Liste von Abgeordneten, die angeblich nicht gewillt waren, im Landtag die Interessen der Industrie zu vertreten: An der Spitze dieser Liste standen Mehnert und Opitz.[153] Dönhoff zeigte sich von keiner dieser Vorgehensweisen beeindruckt.[154]

Ähnlich skeptisch äußerte sich der Sozialdemokrat Hans Block wenige Wochen vor den Wahlen im Herbst 1905 in der *Neuen Zeit*.[155] Block behauptete, dass die hochtrabende Kampfansage der Nationalliberalen an die Konservativen bisher nichts bewirkt habe, denn Vereine auf Wahlkreisebene hätten keine unabhängigen Wahlkämpfe durchführen können. Die »männermordende Schlacht gegen das sächsische Agrariertum«, schrieb Block, sei nichts anderes als eine »zahme Balgerei« um einige Landtagsmandate. In dieser Auseinandersetzung gehe es nicht um liberale Prinzipien, sondern lediglich um die bedrohten Interessen der sächsischen Industrie. Block prophezeite, dass wirtschaftlicher Eigennutz und die anhaltende Angst vor dem Sozialismus die Nationalliberalen letztendlich wieder in Mehnerts Kartell zurücktreiben würden, auch wenn rein politische Forderungen und die Frage der Wahlrechtsreform sie vorübergehend noch auf Umwege lenken könnten. Diese Prognose entsprach auch Mehnerts Einschätzung der Situation. Er glaubte, dass selbst die Jungen Nationalliberalen im Landtag bald den Wert des Kartells erkennen würden – spätestens sobald sie herausfanden, dass ihre Unabhängigkeit den Linksliberalen und Sozialdemokraten in die Hände spielte und eine »positive Arbeit« im Parlament nur in Zusammenarbeit mit den Konservativen möglich sei.

Diese Einschätzungen der nationalliberalen Schwächen waren korrekt. Die Kandidaten der Jungen Nationalliberalen erlitten bei den Landtagswahlen vom Oktober

---

151 Montgelas, 2.3.1904 (Entwurf), BHStAM II, Ges. Dresden 962 (Hervorhebungen im Original).
152 Dönhoff, 13.3.1905, zudem 23.5.1905, 3.6.1905, 19.9.1905, 3./4./26.10.1905, PAAAB, Sachsen 60, Bd. 7.
153 VSI-Wahlaufruf, etc., zitiert in: Vaterl, 5.8.1905.
154 Dönhoff, 13.3.1905, 3.6.1905, und Vélics, 26.6.1905, alle zuvor zitiert.
155 H. Block, »Wiedergeburt«, 1904/05, S. 697. Vgl. ders., Landtagswahlen, 1905/06.

1905 eine Schlappe.¹⁵⁶ Die Fraktion der Nationalliberalen gewann lediglich einen Sitz hinzu. Mit Hermann Goldstein, der den 37. ländlichen Wahlkreis gewann, zog wieder ein SPD-Abgeordneter in den Landtag ein. Sein Erfolg kam unerwartet, zumindest für die Sozialdemokraten, denn dieses Bergbaugebiet im Erzgebirge war so verarmt und »politisch rückständig«, dass es zu den »›schwarzen‹ Winkeln des roten Königreichs« gezählt wurde.¹⁵⁷ Regierungschef Metzsch war mit diesem Ergebnis nicht unzufrieden: Stresemanns lästige Gruppe war hinter ihrem Ziel zurückgeblieben; die konservative Fraktion hatte es versäumt, ihre Zweidrittelmehrheit zu erneuern; und die Wahl eines Sozialdemokraten könnte den öffentlichen Druck auf eine Wahlreform verringern und die Debatten im Landtag beleben. Dennoch sagte Metzsch einem Gesandten gegenüber erneut, dass er im Sommer 1906 zurücktreten wolle.¹⁵⁸ Metzschs Entscheidung dürfte auch durch den Beschluss des Jenaer SPD-Parteitages vom September 1905 veranlasst worden sein, wonach der Massenstreik als Waffe gegen den »Wahlrechtsraub« zu befürworten sei.¹⁵⁹

Als die neue Landtagssession im November 1905 eröffnet wurde, waren die sächsischen Abgeordneten jäh gezwungen, ein Auge auf Russland und den sich dort zusammenbrauenden Sturm zu richten. Nach der Niederlage Russlands gegen Japan und dem Ausbruch revolutionärer Gewalt versprach das Oktobermanifest des Zaren ein Vierklassenwahlrecht. Würde dies auch in Mitteleuropa ein Echo finden? Großdemonstrationen in Wien für ein allgemeines Wahlrecht deuteten in diese Richtung.

*

Nachdem es den Sozialdemokraten 1891, 1893 und 1895 gelungen war, ihre Landtagsfraktion zu vergrößern, antworteten die »Ordnungsparteien« 1896 mit einer drakonischen Revision des sächsischen Wahlrechts. Mehnerts Gesetz war eine Reaktion auf eine »Ausnahmesituation«. Dass es sich um eine Überreaktion handelte, wurde bei den drei Landtagswahlen 1897, 1899 und 1901 deutlich, als schließlich auch noch der letzte Sozialdemokrat aus dem Dresdner Landtag verdrängt wurde. Der Siegeszug der »Reaktion« in Sachsen war vollkommen. Aber er war nur von kurzer Dauer. In weniger als zwei Jahren wendete sich das Blatt – oder so schien es zumindest. Die Landtagssession 1903/04 begann mit einem Frontalangriff auf konservative Privilegien. Die Attacke wurde aber nicht von den Sozialisten eingeleitet. Überraschenderweise ging sie stattdessen von der sächsischen Regierung aus, mit Zustimmung des sächsischen Königs.

---

156 Kommissarischer österr. Gesandter Lederer, 4.10.1905, HHStAW, PAV/53; Bayer. Konsul Reichel (Entwurf), 7.10.1905, BHStAM II, Ges. Dresden 963; Dönhoff, 28.9.1905, PAAAB, Sachsen 48, Bd. 20; Dönhoff, 19.9.1905, 3./4./26.10.1905, PAAAB, Sachsen 60, Bd. 7.
157 SAZ (o. D.) zitiert in: H. BLOCK, Landtagswahlen, 1905/06, S. 97 f.
158 Vélics, 12.7.1905, HHStAW, PAV/53.
159 Vgl. [SOZIALDEMOKRATISCHE PARTEI DEUTSCHLANDS], Protokoll [...] Parteitag [...] 1905, S. 285–343.

Diese Situation hätte zu einem Kuriosum führen können – einem gemischten Wahlsystem. Die von Metzsch und seinem Wahlexperten Rumpelt vorgeschlagene Reform stellte aber niemanden zufrieden.

Es lassen sich keine klareren Beweise für das enge Wechselspiel von Wahlen und Wahlrechtsreform finden. Aber auf diesen Seiten ist auch die enge Beziehung zwischen der Politik auf Landes- und auf Reichsebene deutlich geworden. Mitte der 1890er-Jahre hatten die Sachsen gezeigt, wie sich eine vermeintliche Pattsituation auf Reichsebene auflösen ließ, indem sie anstelle des in Berlin ausbleibenden Staatsstreichs eine Wahlrechtsreform in Sachsen durchführten. 1903 hingegen war es eine nationale Wahl, die auf Landesebene für Aufsehen sorgte. Auch Reichskanzler Bülow produzierte ein Kuriosum.

Wie wir noch sehen werden, überzeugten die Reichstagswahlen vom Juni 1903 viele Sozialistengegner davon, dass angesichts der »revolutionären« Gefahr weder das Reich noch die sächsische Regierung die Einheit und Sicherheit der Nation gewährleisten konnte. Innerhalb weniger Monate bildete sich eine nationalistische Opposition heraus. Die nächsten Entwicklungsstufen vollzogen sich in den Wintermonaten 1905/06 und 1906/07.[160] Im Dezember 1905 trieben gewaltsame Straßendemonstrationen Regierungschef Metzsch an den Rand der Amtsniederlegung, bis Reichskanzler Bülow ihm einen derartigen Schritt definitiv verbot. Zu diesem Zeitpunkt begannen die Pläne für ein praktikables Wahlrecht zu reifen – zumindest praktikabler als das Mischsystem, das die sächsische Regierung 1903 vorgeschlagen hatte. Bei den Reichstagswahlen im Januar 1907 gelang es den Sozialistengegnern, die sozialistische Flut im Reich zurückzudrängen. Aber beide Male folgte auf die Krise keine Phase der politischen Ruhe. Jeglicher Anspruch, dass das deutsche Bürgertum nach den Reichstagswahlen 1907 politisch an einem Strang ziehen würde, schwand dahin, als ein stark angeschlagener Bülow im Juli 1909 vom Kaiser entlassen wurde.

Alle diese Entwicklungen hatten ihren Ursprung in dem dramatischen Ausgang der Reichstagswahl vom Juni 1903. Die sozialdemokratische Eroberung aller sächsischen Wahlkreise bis auf einen erschien damals schier unvorstellbar: Die Niederlage der sächsischen Ordnungsparteien und die Geburt des »roten Königreichs« hatten immense Symbolwirkung. Aber Paul Mehnert gab die Hoffnung nicht auf. Er war fest davon überzeugt, dass die bestehende politische Ordnung nach wie vor beharrlich verteidigt werden konnte. Damit lag er zur Hälfte richtig. Die Fundamentaldemokratisierung konnte nicht gestoppt werden. Auch die Sozialdemokratie nicht – zumindest nicht unter einem breiten Wahlrecht mit gleichen Wettbewerbsbedingungen. Trotzdem: Ein ausgeprägt wilhelminischer Politikstil[161] und abweichende Interpretationen wahlpolitischer »Fairness« boten den rechtsstehenden Parteien und den nationalen Verbänden die Möglichkeit, mit aller Härte zurückzuschlagen.

---

160 Vgl. Kap. 10 in diesem Band.
161 D. LANGEWIESCHE, Politikstile, 2002.

9   Bollwerke gegen die Demokratie

José Ortega y Gasset schrieb in »Der Aufstand der Massen« (1932): »Das Heil der Demokratien, von welchem Typus und Rang sie immer seien, hängt von einer geringfügigen technischen Einzelheit ab: vom Wahlrecht. Alles andere ist sekundär.«[1]

Wahlrecht, Wahlverfahren, Wahlordnung, Wahlsystem. Das sind nur einige der vielen Begriffe für all die Regeln und Vorschriften, die festlegen, wer an Wahlen teilnehmen darf, wie die Stimmen gezählt werden und wie Wahlen die zukünftige Entwicklung eines Gemeinwesens bestimmen. Betrachten wir nicht die »reine« Demokratie, sondern ineinander verflochtene Demokratisierungsprozesse, gelingt es uns, viele dieser Regeln im historischen Kontext einzuordnen.[2] Im Falle einiger Nationen ist der Zeitpunkt, an dem der Startschuss in Richtung Demokratie fiel, mehr oder weniger unstrittig: 1688 in England, 1789 in Frankreich, 1867/71 in Deutschland. Schwieriger ist es nachzuvollziehen, aufgrund welcher Ereignisse und Wendungen die Wählerschaft in einzelnen Nationen wuchs, schrumpfte oder sich auffächerte. Noch schwieriger ist es, den Blick weiter einzuengen auf subnationale Besonderheiten – z. B. unter den fünfzig US-amerikanischen Bundesstaaten oder den fünfundzwanzig deutschen Staaten – oder ihn hin zu einer vergleichenden bzw. transnationalen Perspektive zu erweitern. Demokratie aus der Vogelperspektive? Die *longue durée* der Demokratisierung? Es scheint schier unmöglich, eine befriedigende Geschichte der Demokratie zu schreiben, trotz Ortega y Gassets Versuch, das Thema auf eine »technische Einzelheit« zu reduzieren.

In Politik und Soziologie ist viel über Demokratie, Wahlsysteme, Wähler, Parteien und politischen Aktivismus geschrieben worden.[3] Die historische Forschung hat das theoretische Gerüst von Parteiensystemen und Wählerverhalten mit empirischer Substanz unterfüttert. Darauf aufbauend argumentiert das vorliegende Kapitel, dass sich der Diskurs über politische Reformen in Deutschland nach 1903 nicht länger darum drehte, ob die Wahlregeln faire und freie Wahlen gewährleisteten. Das Thema Wahl-

---

[1] J. Ortega y Gasset, Aufstand, 1932, S. 173.
[2] Einige aktuelle Studien zur deutschen Wahlgeschichte offerieren durch ihre starke Betonung auf Wahlverfahren einen unnötig engen Blick auf die reichhaltigen (und sich überschneidenden) Geschichten der sozialen und politischen Demokratisierung. Vgl. z. B. H. Richter, Moderne Wahlen, 2017; dies., Demokratie, 2020; und das Themenheft »Demokratiegeschichten« von Geschichte und Gesellschaft 44, H. 3 (2018).
[3] Vgl. die mehrbändigen Reihen »Oxford Handbooks of Political Science« bzw. »Oxford Handbooks of Sociology«. Zu den Namen, die hier genannt werden müssen, gehören Stein Rokkan, Ralf Dahrendorf, M. Rainer Lepsius, Karl Rohe und Peter Steinbach.

gerechtigkeit ging nun in eine andere Richtung. Dieses Kapitel konzentriert sich auf die Demokratieschwellen, deren Überschreiten für die in einem Staatswesen lebenden Menschen – und für Historiker und Historikerinnen – eine wichtige Rolle spielten. Die Deutschen suchten sowohl im In- als auch im Ausland nach Lektionen, wie die Demokratisierung durch den Abbau bestimmter Barrieren beschleunigt bzw. durch die Errichtung neuer Barrieren behindert werden könnte. Oft handelte es sich bei diesen Lektionen um politische Nebeneffekte langwieriger und unaufhaltsamer gesellschaftlicher Transformationsprozesse. In den nachfolgenden Seiten liegt mein Augenmerk auf der Art und Weise, wie derartige politische Nebeneffekte antizipiert, ignoriert, missverstanden, vergessen und im Nachhinein neu interpretiert wurden.

»Anstand und Achtung«

> Es ist merkwürdig, dass die sächsischen Sozialisten, die im Deutschen Reichstag Sitze gefunden haben, aus dem Sächsischen Landtag ausgeschlossen werden sollten.
> – Notiz zu einem Bericht des britischen Gesandten in Dresden, 1907[4]

> Thomas Jefferson betete, dass unser Amerika für immer ein Bollwerk der Demokratie sein würde, gestützt auf einen nationalen, staatsbürgerlichen Geist gegenseitigen Respekts, einer nationalen Debatte, an deren Ende die aufgeklärte Zustimmung der Regierten steht, die wiederum in eine Politik mündet, die in ihrer Güte und Weisheit an das appelliert, was er Anstand und Achtung für die Meinungen des menschlichen Geschlechts nannte. Der gesunde Menschenverstand dieser Überlegungen ist offensichtlich.
> – Brent Budowsky, 2011

Die sächsische Regierung war durchaus empfänglich für internationale Modelle der Wahlgerechtigkeit; das zeigte sich unter anderem darin, dass sie in ihrem Vorschlag zur Wahlrechtsreform vom 31. Dezember 1903 Aristoteles und Montesquieu, das britische Unterhaus und den österreichischen Reichsrat zitierte. Um diesen Gedanken eines transnationalen Gesprächs- und Meinungsaustauschs über das Wahlrecht der Zukunft weiter zu entwickeln, möchte ich im Folgenden einen Blick auf relevante Aspekte der Demokratisierung in Frankreich, Großbritannien und den Vereinigten Staaten werfen. Diese Modelle wurden in Deutschland selten erwähnt. Stattdessen verwies man dort häufig auf die Parlamentsdebatten und Straßenproteste, welche die Wahlrechtsreformen in Österreich und Belgien, später auch in Schweden und dem zaristischen Russland, begleiteten.

Auch der innerdeutsche Austausch gewann genau zu dem Zeitpunkt, als Sachsen mit seiner Wahlrechtsreform ernst machte, an Resonanz. Die Wahlrechtsreformen in Bayern, Baden, Württemberg und Hessen, in Hamburg, Lübeck, Frankfurt am Main und Braunschweig sowie in den sächsischen Städten Leipzig, Chemnitz und Dresden dienten

---

4 Notiz (»minute«) von G. H. Villiers zum Bericht von Mansfeldt de Cardonnel Findlay, Dresden, 1.10.1907, TNA, FO 371/262, BFO-CP, Rolle 16/33969, mit der Anweisung, diesen Bericht an die britische Botschaft in Berlin zu senden.

als Maßstab für die Einschätzung, welche Gefahren und Chancen eine Ausdehnung des Wahlrechts in Sachsen nach sich ziehen würde. Um zu verstehen, wie diese Maßstäbe kalibriert wurden, hilft uns eine Unterscheidung, welche die Soziologen Jürgen Gerhards und Jörg Rössel in ihrer Analyse der preußischen Wahlrechtsreform vorgeschlagen haben.[5] Sie teilten die Argumente für und wider die Reform in zwei Kategorien ein, die sie »weil«- und »um-zu«-Argumente nannten. »Weil«-Argumente verweisen auf Prinzipien und Präzedenzfälle, aus denen sich eine neue Norm ableiten lässt. Weil zum Beispiel alle Menschen von Natur aus gleich sind, sollen folglich alle das gleiche Stimmrecht erhalten. »Um-zu«-Argumente gehen von einer akzeptierten Norm aus und nutzen sie als Mittel zur Erreichung bestimmter Zwecke. Diese Zwecke liegen in der Zukunft, doch die zu ihrer Realisierung hilfreiche Norm ist bereits festgelegt. Ein gleiches Wahlrecht soll beispielsweise die Bereitschaft der Menschen erhöhen, für ihr Land zu kämpfen und zu sterben.

Häufig lässt sich schwer bestimmen, welche Art von Argument in den deutschen Wahlrechtsreformbewegungen nach 1903 benutzt wurde. Oft machten die Personen, die neue Wahlgesetze vorschlugen oder entwarfen – Verfassungsrechtler, Ministerialberater, Politiker, Staatsmänner –, keinen Unterschied zwischen den Normen, von denen ihre Wahlrechtsvorhaben abhingen, und den Zielen, denen sie dienen sollten. In Sachsen wurden »um-zu«-Argumente am häufigsten in Bezug auf die Sozialdemokratie und ihren Einfluss auf die Arbeiterklasse verwendet. Eine Wahlrechtsreform sei notwendig, um Volksunruhen zu unterdrücken, um die Sozialdemokraten davon abzuhalten, eine parlamentarische Mehrheit zu erlangen, und um einen Umsturz zu vermeiden. »Weil«-Argumente wurden ebenfalls verwendet, jedoch weniger klar artikuliert.

In dieser Hinsicht war Sachsen kein Einzelfall. Man beachte zum Beispiel folgende Aussage eines ausländischen Besuchers, der sich 1916 rückblickend daran erinnerte, welch tiefen Eindruck die in weiten Teilen des deutschen Kleinbürgertums vorherrschende antisozialistische Gesinnung auf ihn gemacht hatte: »Der rheinische Kaufmann, der Schwarzwälder Uhrmacher, der pommersche Bauer – alle schauderten sie gleichermaßen vor der wachsenden Macht und dem Einfluss der Sozialdemokratie und betrachteten fast jedes Mittel als heilig, das ihren endgültigen Erfolg zunichtemachen würde.«[6] *Weil* sie die Rechtsstaatlichkeit respektierten und das allgemeine Männerwahlrecht für die Reichstagswahlen befürworteten, sahen manche Deutsche in der Wahlrechtsreform eine Alternative zur Vernichtung der Sozialdemokratie. Andere Deutsche hingegen zeigten sich aufgrund ihrer Angst vor einer Revolution geneigt, Landtags- und Kommunalwahlen zu manipulieren, *um* die Arbeiterklasse an den Wahlurnen zu benachteiligen und zu verhindern, dass die Sozialdemokraten eine Parlamentsmehrheit gewannen. Wie die folgende Analyse der Wahlrechtsvorschläge nahelegt, ist eine kate-

---

5   J. GERHARDS/J. RÖSSEL, Interessen, 1999, bes. S. 26–27.
6   R. H. FIFE, JR., German Empire, 1916, S. 195.

gorische Unterscheidung zwischen diesen beiden Gruppen unklug und vielleicht auch unmöglich.

Ein transnationales Gespräch

Historiker der britischen, französischen und amerikanischen Geschichte stellten oft erstaunt fest, dass diese Länder vor 1918 als Demokratien bezeichnet wurden. Die Reform Acts von 1832, 1867 und 1884/85 leiteten in Großbritannien nicht die Demokratie ein. Das trifft ansatzweise erst auf den vierten Reform Act von 1918 zu: Er erweiterte die Wählerschaft um rund 200 Prozent und bezog erstmals auch Frauen ein.[7] Deutsche Reformer verwiesen so gut wie nie auf die ersten drei britischen Wahlrechtsänderungen – vielleicht weil sie ihnen allzu vertraut waren: Stadt und Land wurden unterschiedlich gewichtet; die Steuerschwellen für die Wahlberechtigung wurden schrittweise gesenkt; und die (zumindest bis 1872) vorherrschende Auffassung, dass eine geheime Wahl »heimlich« und »unenglisch« sei, wurde beibehalten.[8] Auch nach dem dritten Reform Act von 1884/85 war noch etwa ein Drittel aller erwachsenen Männer vom Stimmrecht ausgeschlossen, vor allem aufgrund häufiger Arbeitsplatzwechsel oder weil sie die zwölfmonatige Aufenthaltsbedingung nicht erfüllten.[9] Wie es ein britisches Handbuch von 1892 formulierte, war das Wahlrecht auch nach dem (dritten) Reform Act von 1884/85 »so voll von Formalitäten, Komplikationen und Anomalien […], dass jegliche Hindernisse aufgestellt werden, um eine Eintragung in die Wählerliste zu verhindern und jegliche Hilfsmittel vorhanden sind, aus ebendieser gestrichen zu werden«.[10] Zwar waren die Wahlrechtsgesetze sowohl in Großbritannien als auch in Deutschland vorgeblich den Prinzipien des Liberalismus verhaftet; sie wurden aber durch praktische Erwägungen in ihrer Funktionsweise untergraben und folgten alten und uneinheitlichen Gepflogenheiten.

Auch das Pluralwahlrecht bestand in Großbritannien fort. Wenn ein Wähler in mehr als einem Wahlkreis Eigentum besaß oder Miete zahlte oder in einem Wahlkreis wählen wollte, in dem er ein Geschäft betrieb oder einen Universitätsabschluss erworben hatte, durfte er mehr als eine Stimme abgeben. Die immensen Verluste im Ersten Weltkrieg führten dazu, dass die britischen Reformer sich nur zögerlich der »vollen« Demokratie verschreiben wollten. Revolutionäre Veränderungen galt es zu vermeiden, »unpatriotische« Wähler sollten nicht belohnt werden. Zwar wurde das Frauenwahlrecht einge-

---

7   H. C. G. Matthew/R. I. McKibbin/J. A. Kay, Franchise Factor, 1976.
8   B. Whitfield, Extension, 2001, S. 206–207.
9   N. Blewett, Franchise, 1965, S. 27, schätzt, dass noch 1911 40 % der erwachsenen Männer nicht im Wählerverzeichnis standen.
10 S. Buxton, A Handbook to Political Questions of the Day, 9. Aufl. (1892), zitiert in: N. Blewett, Franchise, 1965, S. 28; für die nachfolgende Beobachtung, S. 27 f.

führt, aber durch Beschränkungen sollte verhindert werden, dass Frauen die Mehrheit der Wahlberechtigten stellten. Kriegsdienstverweigerer wurden ab 1921 für den Zeitraum von fünf Jahren vom Wahlrecht ausgeschlossen. Gemessen an britischen Maßstäben war der deutsche Weg der Demokratisierung damals nichts »Besonderes«.

In Kanada, Australien, Neuseeland und anderen ehemaligen britischen Kolonien hatten die Konflikte im Kontext von Wahlrechtsreformen unterschiedliche Ursachen und Ausprägungen. Während in Europa die Frage, wer wählen durfte, in der Regel eine Frage der ökonomischen Schicht, des Eigentums und des Geschlechts war, ging es in den Kolonien vor allem darum, ob die indigene Bevölkerung oder Immigranten wählen dürften und welches Ausmaß an rassischer Diskriminierung akzeptabel sei. Dem Mutterland Großbritannien war zweimal – 1776 von den dreizehn amerikanischen Kolonien und 1837 von Aufständen in Ober- und Niederkanada – vorgeführt worden, dass Kolonisten schnell Anstoß nahmen, wenn sie vom politischen Prozess ausgeschlossen wurden. Die Briten hatten wenig Lust auf eine Wiederholung solcher Unruhen. Folglich schritt die Ausweitung des Wahlrechts in den Kolonien häufig zügiger voran als im Mutterland.

Dennoch bildete in diesen Ländern genauso wie in den Vereinigten Staaten die Kategorie »Rasse« die Grundlage, um diejenigen auszuschließen, denen es angeblich an »Nationalgefühl« oder nationalem »Streben« mangelte. Die lange, düstere Geschichte derartiger Ausgrenzungen in den Vereinigten Staaten ist in der historischen Forschung hinlänglich beschrieben worden, ebenso wie die äußerst vielfältigen Hindernisse, die potenziellen Wählern in den Weg gelegt wurden. Diese Barrieren wurden primär von den einzelnen Staaten, Provinzen und Territorien gesteuert, nicht auf nationaler Ebene. Wo Verfassungsänderungen auf verschiedenen Regierungsebenen ineinandergriffen, spielten Eigentumsqualifikationen eine geringere Rolle als in Europa. In keinem neuen Bundesstaat, der nach 1790 den Vereinigten Staaten beitrat, war der Besitz von Eigentum eine notwendige Voraussetzung für die Wahlberechtigung.

Frühe amerikanische Einwände gegen das allgemeine Wahlrecht wurden trotz ihrer angeblichen Überzeugungskraft in Deutschland meistens nicht rezipiert. So war beispielsweise der 1821 in New York abgehaltene Verfassungskonvent in der Frage des allgemeinen Wahlrechts gespalten. Einige Delegierte argumentierten, dass es Chaos nach sich ziehen würde, würde man Entscheidungen über eine noch junge Wirtschaft an arme und ungebildete Wähler überantworten. »Das allgemeine Wahlrecht neigt dazu, die Eigentumsrechte und die Prinzipien der Freiheit zu gefährden.«[11] Ein Delegierter erklärte, das Stimmrecht solle nur denjenigen gewährt werden, die »einen Anteil an der Gesellschaft« hätten, doch er wurde überstimmt. Parallel zum Wegfall der Eigentumsqualifikationen blieben aber die bestehenden Steuergrenzen für die Wahlberechtigung

---

11   Zitiert in: K. N. Vines/H. R. Glick, Impact, 1967.

unangetastet bzw. wurden noch weiter angehoben. Nach der Ära der Reconstruction (1865–1877) wurden die Rechte der Afroamerikaner (sowie der Chinesen und der amerikanischen Ureinwohner) zurückgedrängt, meist mit Verweis auf die Rechte der Einzelstaaten.[12] In Deutschland berief man sich nach 1900 jedenfalls nicht auf Beispiele aus Amerika, wenn es darum ging, dass lokale oder regionale Gegebenheiten mit einem angeblichen nationalen Konsens kollidierten. Und auch wenn man dies mühelos hätte tun können, nutzte man die Vereinigten Staaten auch nicht als Anschauungsbeispiel dafür, wie sich die Flut der Demokratisierung durch neue Ausschlussgesetze aufhalten ließe.

Auch in Frankreich hielt die Demokratie nur etappenweise Einzug. Aus deutscher Sicht galt es, im eigenen Land die Umbrüche, Gewaltausbrüche und plötzlichen Verfassungsänderungen zu vermeiden, welche die französische Demokratisierung begleitet hatten. Die Französische Revolution brachte die Terrorherrschaft. In der Zweiten Republik schrumpfte die französische Wählerschaft sogar um 30 Prozent, nachdem durch die Wahlrechtsreform vom Mai 1850 eine dreijährige Residenzpflicht eingeführt worden war. Und auch das Zweite Kaiserreich unter Napoleon III. war nicht darauf erpicht, dass in beiden Kammern des Parlaments tatsächlich echte Gesetzgebungsarbeit geleistet wurde. Darüber hinaus hatte es den Anschein, als würde die französische Demokratie die Ambitionen bonapartistischer Herrscher unterstützen. Selbst die Dritte Republik inklusive Senat und Abgeordnetenhaus (*Chambre des députés*) bot nützliches Anschauungsmaterial dafür, was die Deutschen vermeiden wollten.[13] In gemischten Wahlsystemen gab es Vertreter von Kommunalbehörden und Wahlkreise, die von mehreren Abgeordneten vertreten wurden; darüber hinaus überarbeiteten Monarchisten, Radikale und Republikaner die Wahlgesetze häufig zu ihrem eigenen Vorteil. Zu Beginn des 20. Jahrhunderts gaben einige deutsche Antidemokraten sowohl dem allgemeinen Wahlrecht als auch der Aufnahme von Sozialisten in französische Kabinette die Schuld an den »umstürzlerischen Bestrebungen«, der »antimilitaristischen Propaganda« und dem »Streikterrorismus« in Deutschland.[14]

*

Weitaus mehr Aufmerksamkeit erregten in Deutschland die Wahlrechtsreformen in Belgien und Österreich. In den 1880er-Jahren war das ungerechte Wahlgesetz für den belgischen Nationalkongress aus dem Jahr 1830 Gegenstand einer öffentlichen Debatte

---

12   Vgl. J. Grinspan, Age of Acrimony, 2021.
13   K.-P. Sick, Parlament, 1999, S. 104–120; M. Hewitson, Identity, 2000; ders., Kaiserreich, 2001.
14   Z. B. G. v. Below, Wahlrecht, 1909, S. 49; über »Gegenmittel gegen die Gefahren des gleichen Wahlrechts«, S. 73–84. Vgl. A. Caruso, »Blut und Eisen«, 2021, S. 39 f. zur antigewerkschaftlichen Propaganda in Deutschland, die sich gegen die »*terreur socialiste*« und die »*terreur syndicale*« in Frankreich und Belgien richtete.

geworden.[15] Die 1885 gegründete Belgische Arbeiterpartei sah sich als Vertreterin der Arbeitnehmer, deren Ausbeutung in Belgien so brutal war, dass Marx das Land »die Hölle des Proletariats« nannte.[16] Spätestens 1890 hatten die Parteiführer mit den Plänen für einen Generalstreik begonnen, um die Regierung zur Verabschiedung eines neuen Wahlgesetzes zu zwingen. Im August 1890 gingen bei einer Wahlrechtsdemonstration in Brüssel rund 75 000 Menschen auf die Straße. Doch die Reform wurde fast drei Jahre lang im Parlament verschleppt. Im Frühjahr 1893 kam es erneut zu gewalttätigen Protesten. Angeführt von Grubenarbeitern randalierten in Gent 2 000 Demonstranten. »Brüssel im Belagerungszustand«, verkündete *Le Peuple*. Rosa Luxemburg bemerkte, der belgische Generalstreik lehre die Zweite Internationale »belgisch zu reden«.

Hastig wurde ein neues belgisches Wahlrecht ausgearbeitet und im April 1893 verabschiedet. Um ein Gegengewicht zu den sozialistischen »Horden« zu schaffen, wurde ein Pluralwahlrecht eingeführt. Männer über 34 Jahre erhielten eine zweite Stimme.[17] Männer, die einen freien Beruf ausübten, einen Hochschulabschluss hatten oder Eigentum im Wert von mehr als 2 000 Belgischen Francs besaßen, erhielten eine dritte Stimme. Damit verfügten 853 000 Wähler über eine Stimme, 293 000 Wähler über zwei und 223 000 Wähler über drei Stimmen.[18] Obwohl die Wähler mit zwei oder drei Stimmen nur zwei Fünftel der belgischen Wählerschaft ausmachten, überwogen ihre kombinierten Stimmen (ca. 1 240 000) zahlenmäßig die rund 850 000 Stimmen der Wahlberechtigten, die nur über eine Stimme verfügten.[19] Die Zahl der Wahlberechtigten verzehnfachte sich: von knapp 138 000 auf über 1,3 Millionen (bei einer Gesamtbevölkerung von knapp 6,3 Millionen im Jahr 1893).[20] Die Arbeiterführer bliesen den Generalstreik ab, aber ihre Anhänger waren über die Zuteilung von Mehrfachstimmen außer sich.

Im Jahr 1894 wurde das neue belgische Wahlrecht zum ersten Mal in der Praxis getestet. Die Deutschen sahen im Wahlergebnis ein abschreckendes Beispiel. Selbst der belgische Sozialistenführer Emile Vandervelde räumte ein, dass der Wahlkampf von 1894 »ungezügelt, verrückt« gewesen sei, obwohl er im selben Atemzug den Heldenmut seiner Partei lobte. Niemand hatte erwartet, dass die belgischen Sozialisten mehr als ein oder zwei Mandate gewinnen würden; doch die Belgische Arbeiterpartei gewann 28 Mandate – eine Sensation, die in ganz Europa Aufmerksamkeit erregte. Die Liberalen gewannen lediglich 20 Mandate. Beide Gruppen wurden von der Katholischen Partei in den Schatten gestellt, die 104 Sitze gewann. 1899 gab es weitere kleine Veränderungen

---

15   Die folgenden Ausführungen stützen sich hauptsächlich auf E. WITTE/K. CRAEYBECKX/A. MEYNEN, Political History, 2009, und J. L. POLASKY, Revolution, 1992.
16   Dieses und folgende Zitate finden sich in: J. L. POLASKY, Revolution, 1992, S. 449–453.
17   Voraussetzung war, dass sie einem Haushalt vorstanden und Grundsteuern zahlten.
18   H. V. GOETHEM, Belgium, 2011, S. 62.
19   E. WITTE/K. CRAEYBECKX/A. MEYNEN, Political History, 2009, S. 114.
20   G. HAND/J. GEORGEL/C. SASSE (Hrsg.), Electoral Systems, 1979, S. 2.

am Wahlrecht, die, wie die Liberalen feststellen mussten, das Verhältniswahlrecht noch mehr zugunsten der Katholischen Partei gestalteten. Vandervelde bemerkte, dass die Liberalen »zum allgemeinen Wahlrecht gezerrt werden mussten, fast wie verurteilte Männer zum Schafott«.[21]

In Belgien war weder der soziale noch der politische Frieden leicht zu erreichen. 1902 und 1905 brachen erneut Streiks aus, gefolgt von Bombenanschlägen, Großdemonstrationen und weiteren Todesopfern. Ein zehntägiger Generalstreik im April 1913, an dem bis zum Ende der ersten Woche 400 000 Arbeiter teilnahmen, brachte die Zusicherung, dass das Wahlrecht erneut reformiert werden würde. Vandervelde räumte ein, dass die Kampagne zur Erreichung des allgemeinen Wahlrechts sowohl »mehr als auch weniger als eine Revolution« sei. Wäre Belgien im August 1914 nicht durch den deutschen Einmarsch abgelenkt worden, hätte in diesem Jahr das allgemeine Männerwahlrecht in Kraft treten können. So kam es stattdessen erst im Jahr 1919. Fast 28 Prozent der Bevölkerung waren nun wahlberechtigt.[22] Dazu gehörten Frauen, die von den Deutschen inhaftiert worden waren, Kriegswitwen, die nicht wieder geheiratet hatten, und Mütter von Söhnen, die im Krieg gefallen waren. Die übrigen belgischen Frauen mussten bis 1948 auf das Wahlrecht warten.

Eine Fülle von Arbeiten existiert zu den Wahlrechtsreformen für den österreichischen Reichsrat und das Wiener Stadtparlament.[23] Aufgrund von Konflikten unter Polen, Tschechen, Cisleithanen (Deutschen) und anderen Untertanen des Reichs waren Spannungen und Blockaden im Reichsrat ein andauerndes Problem. (Der Ausgleich von 1867 sah ein eigenes Parlament für den ungarischen Teil der Doppelmonarchie vor.) Als der tschechische Nationalismus immer stärker wurde, hofften die österreichischen Staatsmänner, den Mittelstand als Gegengewicht in die Waagschale legen zu können. Konservative Politiker wollten sogar die »niederen, politisch unbestechlichen Klassen« bei Wahlen bevorzugen.[24] Diese Menschen seien »tadellos«, da sie nicht den irredentistischen Führern folgten, sondern der Habsburger Monarchie treu ergeben seien. 1882 erhielten sie eine bevorzugte Behandlung, als die Steuerschwelle für die Wahlberechtigung auf fünf Gulden gesenkt wurde. Kaiser Franz Josef hoffte, dass eine breitere, »österreichischere« Wählerschaft die Wahlrechtsreform begrüßen und in der Folge

---

21 Emile Vandervelde an Karl Kautsky, 30.4.1902, zitiert in: J. L. POLASKY, Revolution, 1992, S. 458; das folgende Zitat (1902), S. 463.
22 Genauer gesagt, 2 102 710 Wähler bei einer Gesamtbevölkerung von 7 577 027; G. HAND/J. GEORGEL/C SASSE (Hrsg.), Electoral Systems, 1979, S. 1 f.
23 Vgl. u. a. W. A. JENKS, Reform, 1950; F. ADLGASSER, Kontinuität, 2005. Zu Wien vgl. M. SELIGER/K. UCAKAR, Wahlrecht, 1984, bes. S. 52–55. Zu den Christlich-Sozialen vgl. J. W. BOYER, Culture, 1995; zur SPD J. S. BENEŠ, Workers, 2016, bes. Kap. 3 zu den Ereignissen von 1905–07; zum Hintergrund P. M. JUDSON, Exclusive Revolutionaries, 1996, Kap. 8; und DERS., Habsburg Empire, 2016, Kap. 7. Ein großer Dank an Pieter Judson, der mir geholfen hat, die Argumentation dieses Abschnitts zu verfeinern.
24 Emil Steinbach, ein Staatsminister unter Eduard Graf Taaffe, zitiert in: W. SIMPSON/M. DESMOND, Europe, 2000, S. 315.

keine beschränkten ethnischen Nationalismen verfolgen würde. Mitte der 1890er-Jahre mussten er und seine Ministerpräsidenten einsehen, dass sie sich verkalkuliert hatten. Der national gesinnte tschechische und polnische Mittelstand unterstützte die nationalistischen Bestrebungen ihrer jeweiligen Anführer. Eine weitere Ausdehnung des Wahlrechts im Jahr 1897 fügte den bestehenden vier Kurien eine fünfte hinzu: Sie wählte 72 von 425 Mitgliedern des Reichsrats. Diese fünfte Kurie umfasste praktisch alle männlichen Personen über 24 Jahre mit einer sechsmonatigen Residenzpflicht und zählte 610 140 Mitglieder.[25] Gleichzeitig erhielten die Mitglieder der anderen vier Kurien in der fünften Kurie eine zweite Stimme. Damit gaben rund 40 Prozent der männlichen Bevölkerung Österreichs zwei Stimmen ab.

Unter dem Einfluss der 1888 gegründeten Sozialdemokratischen Partei Österreichs und der Christlich-Sozialen Partei unter der Leitung des antisemitischen Wiener Bürgermeisters Karl Lueger wurde eine weitere Wahlrechtsreform in Österreich verabschiedet. Ähnlich wie Adolf Stöckers Christlich-Soziale Partei in Deutschland sprach auch die österreichische Christlich-Soziale Partei mittelständische und nichtsozialdemokratische Arbeiter an. Nach jahrelangem Brodeln – angeheizt durch den Wiener »Wahlrechtsraub« vom März 1900[26] – kochte die Agitation im Volk schließlich über. Die Sozialdemokraten gingen in Wien (und Dresden[27]) auf die Straße. Am 28. November 1905 zog ein gespenstischer Protestzug von 200 000 sozialdemokratischen Sympathisanten die Wiener Ringstraße entlang. Kaiser Franz Josef und Karl Lueger reagierten ähnlich auf diese Provokation, wenn auch aus unterschiedlichen Gründen. Lueger kalkulierte, dass seine Partei mithilfe des allgemeinen Wahlrechts die Möglichkeit hätte, die Sozialdemokraten mit ihren eigenen Waffen zu schlagen – wenn nicht auf der Ringstraße, dann an den Wahlurnen. Der habsburgische Kaiser hingegen war bestrebt, den politischen Ballast loszuwerden, der seine Regierung, sein Parlament und seine Monarchie seit Jahren behinderte. Eine Systemstabilisierung war auch der Wunsch des sächsischen Königs Friedrich August III.

Die Wiener Wahlrechtsdemonstration vom 28. November war ein Scheingefecht, das sich in den nächsten zwei Monaten in Sachsen, Hamburg und anderen Bundesstaaten wiederholte. Dem Marsch gingen wochenlange Verhandlungen zwischen Arbeitern, Polizei, Kommunalbehörden und Sozialdemokraten voraus, um sicherzustellen, dass er ohne Blutvergießen über die Bühne gehen würde. Die »Macht der Straße« war jedoch keine Täuschung.[28] Im November 1905 verkündeten konservative Bürger in Österreich den bevorstehenden Weltuntergang – den »Kladderadatsch« –, sollte es zur

---

25 G. P. STEENSON, Marx, 1991, S. 176; S. BARTOLINI, Mobilization, 2000, S. 213.
26 J. W. BOYER, Culture, 1995, S. 39–59, 77 f., für dieses und die folgenden Zitate; außerdem D. LEHNERT, Institutionen, 1994, Kap. 7–8; J. S. BENEŠ, Workers, 2016, insbes. Kap. 3.
27 Vgl. Kap. 10 im vorliegenden Band.
28 J. W. BOYER, Culture, 1995, S. 75: »Alle Beteiligten wussten genau, was auf dem Spiel stand und welche Rollen zu spielen waren. Auch das Straßentheater in Wien musste geprobt werden.«

Einführung des allgemeinen Wahlrechts kommen. Die sozialistischen Führer drohten, das österreichische Proletariat würde lernen »russisch zu reden«, sollte die Reform verzögert werden. Speziell die Juden wurden in Wien für ihre angebliche Rolle bei der Förderung der Wahlreform und der Unterstützung sozialdemokratischer »Revolutionäre« mit besonderer Härte an den Pranger gestellt. Karl Lueger, dem offenkundig die Kontrolle über Wien entglitten war, warnte die Juden, dass österreichische Schützen durchaus zu einer Reinszenierung des russischen Blutsonntags in der Lage wären: falls sie, die Juden, das Vaterland bedrohten, würde man ihnen keine Gnade erweisen. Kaiser Franz Josef gerierte sich weniger dramatisch, aber im Dezember 1906 gingen er und seine Regierung ein immenses Vabanquespiel ein: Sie drückten das allgemeine Männerwahlrecht durch den Reichsrat. Gleichzeitig schafften sie das kuriale System der indirekten Abstimmung ab und führten die geheime Wahl ein.[29] Die Christlich-Sozialen und andere versuchten, das neue Wahlrecht auszuhöhlen, indem sie einige Elemente eines »idealen« Wahlrechts hinzufügten, die zu der Zeit auch in Sachsen diskutiert wurden. Dazu gehörten ein Pluralwahlrecht, ein berufsständisches Wahlrecht und andere Kautelen, die einen sozialdemokratischen Erdrutschsieg bei den nächsten Wahlen verhindern sollten. Die österreichischen Minister akzeptierten das von den Antisemiten in beiden Ländern angestrebte »Heilmittel«: die Wahlpflicht. Darüber hinaus zogen sie in Zusammenarbeit mit den Christlich-Sozialen die Wahlkreisgrenzen so, dass die Sozialdemokraten stark benachteiligt wurden.

Der erste Test für das neue österreichische Wahlrecht fand im Mai 1907 statt. Während die Wahlkampfmaschinerie der Sozialdemokraten ihre Leistungsfähigkeit unter Beweis stellte, waren Zeitgenossen der Ansicht, dass es mithilfe der Wahlpflicht gelungen war, apathische nichtsozialdemokratische Wähler zur Wahlurne zu bringen und Luegers Christlich-Sozialen Wechselwähler zuzuführen. Das Ergebnis zeigte aber, dass Wien weiterhin von zwei gegensätzlichen Lagern dominiert wurde. Im österreichischen Reichsrat taten sich andere klerikale Parteien nach und nach mit Luegers Christlich-Sozialen zusammen und schufen eine neue Reichspartei nach dem Vorbild der sozial vielfältigen Deutschen Zentrumspartei.

Die österreichische Regierung zeigte sich über dieses Ergebnis in zweierlei Hinsicht erfreut. Die Legitimation des Staates war durch den Zusammenprall der mächtigen politischen Blöcke nicht untergraben und die sozialdemokratische »Bedrohung« von Staat und Gesellschaft abgewendet worden.[30] Österreich sah sich nicht mehr der Gefahr ausgesetzt, dass Sozialdemokraten das Parlament »erobern« würden. Das wahr-

---

29 Details in: W. A. Jenks, Reform, 1950, passim; vgl. auch J. W. Boyer, Culture, 1995, S. 72–81.
30 Die Christlich-Sozialen und die Sozialdemokraten waren die am wenigsten nationalistischen aller Parteien. Der Fokus dieses Abschnitts liegt auf dem österreichischen Reichsrat, doch behielten in den Landtagen des Kronlands und in den Gemeinderäten, wo weiterhin ein ungleiches und beschränktes Wahlrecht galt, die Nationalisten – insbesondere die polnischen Nationalisten – die Oberhand.

scheinlichere Szenario war, dass die Reichspartei auch die Loyalität von Bauern, Mittelständlern, niederen Beamten, nichtsozialdemokratischen Arbeitern und Wechselwählern gewinnen würde. Aus diesen Gründen bewerteten sächsische Parlamentarier und Staatsmänner ab 1907 die Strategien der Sozialistengegner in Österreich positiv und versuchten, es ihnen gleichzutun.

*

Eines der Hauptthemen in diesem transnationalen Gespräch über das »Wahlrecht der Zukunft« war das Verhältnis von Liberalismus und Privilegien – d. h. die Privilegien, die bestimmten Gruppen von Wahlberechtigten aufgrund von »Sachkenntnis«, »Leistung«, »Verstand« und »Unabhängigkeit« gewährt wurden. Dieses Thema war nicht neu. Verweise auf die individuelle »Leistung« waren in hohem Maße dem »Aufstieg der professionellen Gesellschaft« und der »Autorität der Experten« geschuldet.[31] Die Liberalen behaupteten, dass sie im Laufe des 19. Jahrhunderts Eigentum, Hierarchie und die Privilegien der Geburt erfolgreich vom Sockel gestürzt und durch Bildung, Fachwissen und Leistung als Garanten für Kompetenz ersetzt hätten. In ihren Augen waren ungleiche Wahlrechtssysteme nicht anachronistisch, sondern hochgradig modern.

Die Betonung der »Leistung« und des »Fachwissens« erfolgte im 19. Jahrhundert häufig, um Demokratiediskussionen einen Riegel vorzuschieben. Die Befürworter des Pluralwahlrechts nach 1900 hätten folgender Beobachtung von Émile Boutmy, dem Gründer der *École libre des sciences politiques,* aus dem Jahr 1878 zugestimmt: »Privilegien existieren nicht mehr, die Demokratie wird nicht zurückweichen. Die Klassen, die sich die Oberschicht nennen, können ihre politische Vorherrschaft nur behalten, wenn sie sich auf das Recht der Tüchtigsten berufen. Es ist notwendig, dass die demokratische Flut hinter der bröckelnden Mauer der Tradition und ihrer Vorrechte auf einen zweiten Wall trifft, der sich aus eindrucksvollen und nützlichen Verdiensten zusammensetzt, aus Überlegenheiten, deren Prestige sich durchsetzen wird, aus Leistungen, deren Nichtanerkennung töricht wäre.«[32] Während die Liberalen sich schon längst dieser Idee verschrieben hatten, taten dies nun auch immer mehr Konservative. Der konservative Gelehrte Georg von Below schrieb 1909, dass »die demokratische Überflutung« durch ein Pluralwahlrecht eingedämmt werden könne.[33] Die sächsischen Konservativen stimmten zu.

*

---

[31] H. PERKIN, The Rise of Professional Society, 2002; T. HASKELL, The Authority of Experts, 1984.
[32] Zitiert in: A. S. KAHAN, Liberalism, 2003, S. 194.
[33] G. V. BELOW, Wahlrecht, 1909, S. 160–163, hier S. 160.

Im Frühjahr 1914 gelangte der Rechtswissenschaftler Friedrich Wilhelm von Rauchhaupt zu der Überzeugung, dass die Deutschen ein neues Handbuch benötigten, das über die Vielfalt der Wahlgesetze im Reich informierte.[34] »Ein frischer Zug der Neuerungen«, schrieb er, »ist seit dem Beginn dieses Jahrhunderts durch das Verfassungsleben der deutschen Einzelstaaten gegangen.« Rauchhaupt zitierte eine lange Liste von Wahlrechtsreformen, angefangen von Braunschweigs Reform im Jahr 1899 bis hin zu den Reformen in den Thüringischen Staaten in den Jahren 1912/13.[35] Dazwischen fielen die Reformen in Baden (1904), Lübeck (1905) sowie in Hamburg[36], Württemberg und Bayern (alle 1906). »Die Entwicklung ist damit nicht abgeschlossen«, schrieb Rauchhaupt. Auch die beiden mecklenburgischen Großherzogtümer »werden endlich dem Geist der Zeit ihren Tribut darbringen müssen«. Zur Untermauerung seiner Argumentation zitierte Rauchhaupt das Programm des neuen Reichswahlreform-Vereins, wonach die in den Kolonien lebenden Auslandsdeutschen in die Wählerlisten des Mutterlandes aufgenommen werden sollten.

Rauchhaupts Katalog wies eine bemerkenswerte Auslassung auf: die sächsische Wahlrechtsreform von 1909.[37] Doch einerlei: »Wahlgesetze und Geschäftsordnungen [...] und ihr vergleichendes Studium«, schrieb er, »[haben] einen besonderen Reiz«, teils deshalb, weil sie »Resultat politischer Kraftproben« waren, die davon abhingen, »was gesagt und was nicht gesagt worden ist«. Demokratisierung, nicht Demokratie, war Rauchhaupts eigentliches Interesse. Die schiere Anzahl von Kombinationsmöglichkeiten und Variationen unter den seit 1900 verabschiedeten Wahlgesetzen sei so erstaunlich, schrieb er, dass eine gewisse Normierung empfehlenswert sein könnte. Rauchhaupt misstraute jedoch jedem Wahlrechtsreformvorschlag, der sich als Allheilmittel ausgab. »Jede Lösung dieses *perpetuum mobile* Problems will das Heil bringen, und jede Zeitrichtung ist vertreten.«

*

Georg Meyers posthum erschienenes Werk »Das Parlamentarische Wahlrecht« (1901) war *die* maßgebliche Grundsatzerklärung zu den Parlamentswahlrechten im ersten Jahrzehnt des 20. Jahrhunderts. Meyer glaubte zwar fest an ungleiche Wahlrechte, hielt aber das preußische Dreiklassenwahlrecht in der modernen Zeit für nicht länger vertretbar.[38] Er sah im Pluralwahlrecht das kleinste Übel für die deutschen Bundesstaaten, doch müsse es im Falle seiner Einführung merklich ungleich sein. Die gebildeten und

---

34 Für dieses Zitat sowie die folgenden, Fr. W. v. Rauchhaupt (Hrsg.), Handbuch, 1916, S. III–IV.
35 Vgl. z. B. R. Gerhardt, Entwicklung, 1929, für Sachsen-Weimar-Eisenach.
36 Zu Hamburg vgl. H. W. Eckardt, Herrschaft, 2002, und F.-M. Wiegand, Notabeln, 1987, Abschnitt IV.1–IV.2.4.
37 N.-U. Tödter, Klassenwahlrechte, 1967, bes. S. 67–86, 94–119.
38 G. Meyer, Wahlrecht, 1901, S. 451, zum Folgenden S. 441–453, 620–653, bes. S. 445 (Hervorhebung im Original) und S. 627.

besitzenden Klassen, so Meyer, vertraten einen so kleinen Teil der Wählerschaft, dass die Gewährung von zwei oder drei zusätzlichen Stimmen geringen Einfluss auf das Wahlergebnis haben würde. Um diesen Klassen tatsächlichen Einfluss zu sichern, müsse privilegierten Wählern eine weitaus größere Zahl an Zusatzstimmen zugewiesen werden.

Meyer behandelte auch das Für und Wider des Verhältniswahlrechts. Schon in den 1880er-Jahren hatten deutsche Politiker und Publizisten argumentiert, die Verhältniswahl sei die beste Waffe gegen die »faule Gärung« des Sozialismus.[39] In der Praxis hatte das Verhältniswahlrecht aus Meyers Sicht – sowie aus Sicht der Nationalliberalen Partei, die er im Preußischen Landtag und im Reichstag vertrat – jedoch mehr Nach- als Vorteile. Laut Meyer zerrüttete das Verhältniswahlrecht das Vertrauensverhältnis zwischen den Wählern und ihren Abgeordneten. Es ignoriere lokale Affinitäten, beseitige das nützliche Konzept der geografisch eingegrenzten Wahlkreise und sei zu kompliziert. Die Mehrheit der deutschen Wahlrechtsreformer stimmte Meyers ablehnendem Urteil zu.[40] Die Verhältniswahl lieferte keine Antwort auf eine der verzwicktesten politischen Fragen im deutschen Kaiserreich: Wie ließ sich das notorisch ungleiche Dreiklassenwahlrecht Preußens reformieren?

Elefant im Reich

Als sich die preußische Wahlrechtsdebatte nach 1903 zuspitzte – wenn auch langsamer als die sächsische –, scharten sich die Reformer zunehmend hinter ein Pluralwahlrecht. Der preußische Innenminister Theobald von Bethmann Hollweg bat seinen Berater in Wahlfragen, Regierungsrat Dr. Meineke, um eine gründliche, aber »ungefährliche« Überarbeitung des Dreiklassenwahlrechts. Beiden ging es darum, sowohl linke Forderungen nach dem allgemeinen Wahlrecht als auch rechte Forderungen nach berufsständischer Repräsentation abzuwehren.[41] Meinekes Ansichten deckten sich großteils mit denen der preußischen Nationalliberalen Partei, die seit 1900 ein Pluralwahlrecht gefordert hatte. Publizisten wie Hans Delbrück und Oskar Poensgen, die sich auch als Wahlexperten gerierten, unterstützten diesen Reformweg.[42]

1906 beschloss der preußische Landtag eine kleine Reform des Dreiklassensystems. Die Nationalliberalen scheiterten mit dem Versuch, zwei Bestimmungen an die Gesetzgebung der Regierung zu knüpfen. Die erste Bestimmung sah ein Pluralwahlrecht vor, was zu einem System geführt hätte, bei dem die Wahlberechtigung nach wie vor auf

---

39 D. J. Ziegler, Prelude, 1958, S. 18 f.
40 Z. B. L. v. Savigny, Wahlrecht, 1907, Kap. X; E. Cahn, Verhältniswahlsystem, 1909, Kap. 4.
41 T. Kühne, Dreiklassenwahlrecht, 1994, S. 458–513. Vgl. A. Röder, Reichstagswahlrecht, 1896; E. Leo, Wahlrecht, 1907.
42 Vgl. Delbrück in: PrJbb 123 (1906), S. 193–195, 402–406.

der Steuerbelastung des Wählers basierte, das aber auch Alter und Ausbildung berücksichtigt hätte. Die zweite Bestimmung forderte, die indirekte Wahl durch die direkte Wahl zu ersetzen. Keiner der beiden Vorschläge setzte sich durch, denn die Hauptforderung der Nationalliberalen war eine (bescheidene) Umverteilung der städtischen und ländlichen Wahlkreise, und diese erreichten sie. Diese »pragmatische Stabilisierung« des bestehenden Wahlrechts befriedigte allerdings so gut wie niemanden.[43] Selbst das preußische Staatsministerium war gespalten in der Frage, ob zukünftig einige Sozialdemokraten in den Landtag einziehen sollten. Falls ja – darin waren sich die Minister einig – dann sollten sie nur eine »decorative Funktion« haben. Ein führender Politiker der Freikonservativen meinte, dass ein »politisches Ventil« geschaffen würde, wenn einige »Renommiersozialdemokraten« im Parlament säßen.[44] In Sachsen wurde mit diesem Argument nahegelegt, dass selbst unter »Mehnerts Gesetz« einige wenige Sozialisten in den Landtag einziehen sollten. Doch standhafte Gegner der Sozialdemokratie ließen sich davon nicht überzeugen.

Die nachfolgenden Reformvorhaben in Preußen nahmen einen unvorhersehbaren Verlauf. Die Entwicklung wurde durch Straßendemonstrationen in Belgien und Österreich und durch Wahlrechtsreformen in anderen deutschen Bundesstaaten beeinflusst.[45] Durch die Teilung der bevölkerungsreichsten Wahlkreise in Preußen, die zehn neue Sitze schuf, zogen bei den Wahlen von 1908 fünf Sozialdemokraten in den preußischen Landtag ein. Für einige kompromisslose Demokratiegegner war dies mitnichten eine »Alibi«-Zahl – selbst *ein* Hecht im Karpfenteich sei einer zu viel.[46] Aber die Nationalliberalen in Preußen begannen, sich von der konservativen Blockadehaltung zu lösen und über eine Zusammenarbeit mit den Linksliberalen nachzudenken, auch wenn Friedrich Naumann mit dem Vorschlag, das Reichstagswahlrecht auch für den Preußischen Landtag einzuführen, einen Sturm auslöste.

Die Nationalliberalen erklärten, die bescheidene Wahlrechtsreform von 1906 sei nur eine »Abschlagszahlung« für eine umfassendere Reform, und sie fuhren fort, weitere Reformen des bestehenden preußischen Wahlrechts zu diskutieren und zu befürworten.[47] Als im Frühjahr 1908 die sächsische Wahlrechtsreform in die entscheidende Phase trat, sprachen sich der Parteichef der Nationalliberalen Partei, Ernst von Bassermann, und sein Wahlexperte Paul Krause für die direkte, geheime Wahl in Preußen aus. Ein weiterer einflussreicher Nationalliberaler, Eugen Schiffer, wies darauf hin, dass

---

43 T. Kühne, Dreiklassenwahlrecht, 1994, S. 479–492; K. Wulff, Deutschkonservativen, [1921], Kap. II/5; J. Rössel, Mobilisierung, 2000.
44 Oktavio von Zedlitz-Neukirch (RFKP) zitiert in: T. Kühne, Dreiklassenwahlrecht, 1994, S. 485–486.
45 Vgl. D. Schuster, Dreiklassenwahlrecht, 1958, S. 76–269.
46 Montgelas, 27.10.1905 (Entwurf), BHStAM, MA II, Ges. Dresden 963.
47 C. Nonn, Populismus, 1996, S. 145. Vgl. Pr. MdI Theobald von Bethmann Hollweg an Reichskanzler Bülow, 22.3.1907, zitiert in: T. Kühne, Dreiklassenwahlrecht, 1994, S. 492, und zum Folgenden; vgl. auch W. Gagel, Wahlrechtsfrage, 1958, Kap. IV.

seine Partei und Preußen im Dezember 1909 einen Scheideweg erreicht hätten: »In der schwierigen Lage, in der wir uns befinden, kulminiert die Politik des Reiches in Preußen, die Preußens in der Wahlrechtsfrage, die der Wahlrechtsfrage in der des geheimen Stimmrechts.«[48]

Bethmann Hollwegs Wahlexperte arbeitete bei der Entwicklung eines neuen Wahlrechtsreformplans für Preußen eng mit Beamten des sächsischen Innenministeriums und des Königlich Sächsischen Statistischen Landesamtes zusammen. Meineke studierte die Vorzüge und Mängel des Dreiklassen- und Pluralwahlrechts sowohl aus historischer als auch theoretischer Perspektive. Zudem untermauerte er seinen Vorschlag mit einer langen Reihe von Statistiken und Gesetzentwürfen.[49] Die Details brauchen uns hier nicht zu interessieren, denn sein Wahlreformplan wurde auf Eis gelegt, als Bethmann Hollweg im Juni 1907 durch den erzkonservativen Friedrich von Moltke als preußischer Innenminister abgelöst wurde. Der neue Minister ersetzte Meineke rasch durch seinen eigenen, konservativeren Wahlexperten, Arthur von Falkenhayn. Meinekes Hinweis, dass sein Pluralwahlrecht Einwänden seitens der Linken, es sei übermäßig plutokratisch standhalten könne,, stimmte der konservative Falkenhayn nicht zu: für ihn war es »übermäßig demokratisch«.[50]

Wie sich in Kapitel 13 zeigen wird, offenbarte der gescheiterte Reformversuch der preußischen Regierung von 1910, dass sie als Regierung nicht in der Lage war, der Blockade durch die Mehrheitsparteien im Landtag die Stirn zu bieten.[51] Es gibt noch weitere Gemeinsamkeiten zwischen Meinekes preußischem Wahlrechtsreformplan von 1907 und dem im Juli 1907 angekündigten überarbeiteten Wahlrechtsentwurf der sächsischen Regierung.[52] Beide verkörperten einen Kompromiss: zwischen liberalen und konservativen Prinzipien sowie zwischen der Fundamentalpolitisierung der deutschen Gesellschaft und der Honoratiorenpolitik. Die Staatsmänner in Preußen und Sachsen glaubten, auf der Grundlage dieses doppelten Kompromisses ein Pluralwahlrecht aufbauen zu können. Innenminister Bethmann Hollweg legte dieses Argument in einer umfassenden Denkschrift vom 22. März 1907 an Reichskanzler Bülow dar: »Der Gedanke, daß jeder, der ein gewisses Eigen zu verteidigen hat, der ein größeres Maß von Opfern auf seine Bildung verwendet und die Jahre der Unbedachtsamkeit überwunden hat, auch ein höheres Wahlrecht beanspruchen darf, möchte allgemein menschlichen Begriffen so weit gerecht werden, daß er sich zu einer gewissen Volkstümlichkeit

---

48 Eugen Schiffer an Bogdan von Hutten-Czapski, 19.12.1909, zitiert in: C. Nonn, Populismus, 1996, S. 146.
49 Denkschrift erörtert in: T. Kühne, Dreiklassenwahlrecht, 1994, S. 500–509.
50 Zitiert in: ebenda, S. 510.
51 Zur gescheiterten Gesetzesvorlage von 1910 vgl. die Arbeiten von K. Wulff, Deutschkonservativen, [1921]; T. Kühne, Dreiklassenwahlrecht, 1994; J. Rössel, Soziale Mobilisierung, 2000; J. Gerhards/J. Rössel, Interessen, 1999; B.-J. Warneken, Deutschen, 1986; und T. Lindenberger, Straßenpolitik, 1995.
52 Letzteres wird in Kap. 11 im vorliegenden Band erörtert.

durchringen wird.«⁵³ Auch in anderen Fragen waren sich Bethmann Hollweg in Preußen und die sächsische Regierung einig: Das Dreiklassenwahlrecht könne auf lange Sicht nicht verteidigt werden; ein kluger Staatsmann dürfe den richtigen Zeitpunkt für eine Reform nicht verpassen; und ein neuer Wahlreformplan könne den Konservativen helfen, sich an den »politischen Massenmarkt« anzupassen.

Von März bis September 1907 berechnete Dr. Meineke anhand von Statistiken aus den preußischen Landtagswahlen von 1903 und den Reichstagswahlen von 1907, wie viele Sozialdemokraten davon profitieren würden, wenn man bestimmte Privilegien in ein neues Wahlrecht aufnähme. Genau das tat auch sein sächsischer Amtskollege Dr. Eugen Würzburger. Tatsächlich begann Meineke mit den zwölf preußischen Landtagswahlkreisen, die bereits untersucht worden waren, um dem Sächsischen Statistischen Landesamt zu helfen, die Wirkung der Einführung einer zusätzlichen altersbezogenen Wahlstimme abzuschätzen.⁵⁴ Meineke kam zu dem Schluss, dass das Kriterium Alter allein nicht ausreichen würde, um den Einfluss »der staatserhaltenden Parteien in fühlbarer, geschweige denn ausschlaggebender Weise zu stärken«.⁵⁵ Deshalb argumentierte er, dass das preußische Wahlrecht über die bloße Privilegierung älterer Wähler hinausgehen müsse: Um ein akzeptables Ergebnis zu erzielen, müsse es auch Eigentums- und Einkommenskriterien einbeziehen. Das Resultat war ein Pluralwahlrecht, das jedem Wähler zehn oder zwölf Stimmen zugewiesen hätte. Auf dieser Grundlage kalkulierte Meineke, wie viele preußische Landtagsmandate jede politische Partei unter verschiedenen Bedingungen gewinnen würde.⁵⁶ Meineke – und mit ziemlicher Sicherheit auch Bethmann – kamen zu dem Schluss, dass nur ein »sehr stark differenziertes Pluralwahlsystem«⁵⁷ eine ausreichend starke Waffe im Kampf gegen die Sozialdemokratie sein würde. Doch sie schlugen bewusst eine grundlegende Reform

---

53 Bethmann Hollweg an Bülow, 22.3.1907, zitiert in: T. KÜHNE, Dreiklassenwahlrecht, 1994, S. 497–500, hier S. 498.
54 In den untersuchten zwölf preußischen Wahlkreisen fiel der Anteil der SPD-Wähler mit zunehmendem Alter immer mehr ab (für Meineke nicht stark genug): 30–40 Jahre (39,9 %); 40–50 (25,1 %); 50–60 (14,9 %); 60–70 (7,6 %). Vgl. T. KÜHNE, Dreiklassenwahlrecht, 1994, S. 503, Tabelle 34.
55 Dazu und zum Folgenden vgl. die »Denkschrift über ein Mehrstimmenwahlrecht« (o. D.) [1907], zitiert in: T. KÜHNE, Dreiklassenwahlrecht, 1994, S. 500. Diese Denkschrift wurde ausgearbeitet und unterschrieben von Regierungsrat Meineke. Obwohl sie im Nov. 1909 von Bethmann Hollwegs Nachfolger, Friedrich von Moltke, dem Preußischen Staatsministerium vorgelegt wurde, wurde sie mit ziemlicher Sicherheit früher konzipiert und spiegelte Auffassungen wider, die Bethmann und Meineke im Jahr 1907 teilten.
56 Die Tabelle zeigte die tatsächliche Anzahl der Mandate, die jede Partei aktuell innehatte; die wahrscheinliche Verteilung der Mandate, wenn das Reichstagsstimmrecht für die preußischen Landtagswahlen (ohne Neuziehung der Wahlkreisgrenzen) angewandt worden wäre; und das Ergebnis unter Anwendung des Pluralwahlrechts. T. KÜHNE, Dreiklassenwahlrecht, 1994, S. 508, Tabelle 35.
57 Der Ausdruck stammt von T. KÜHNE, Dreiklassenwahlrecht, 1994, S. 506, auf Grundlage der »Denkschrift über die Reform des preußischen Wahlrechts« (o. D.) [1907] von Reg.-Rat Dr. Meineke, ebenda, S. 502–509. 1907 saß kein SPD-Abgeordneter im PAH. Bei Übernahme des RT-Wahlrechts prognostizierte Meineke, dass im PAH 31 bzw. schlimmstenfalls 38 sozialdemokratische MdLT sitzen würden. Bei einem Pluralwahlrecht würde es jedoch nur zehn oder schlimmstenfalls vierzehn SPD-Mandate geben. Meineke kalkulierte, dass die SPD noch schlechter abschneiden würde, wenn gleichzeitig die Grenzen der PAH-Wahlkreise manipuliert würden. Doch

des bestehenden Dreiklassenwahlrechts vor, welche die Konservativen und den preußischen Staat zwingen würde, im Zeitalter der Massenpolitik eine Massenbasis zu suchen. Aus ihrer Sicht hing die Wahlrechtsreform nicht, wie Ortega y Gasset es formuliert hatte, von einer geringfügigen technischen Einzelheit ab, sondern von der Suche nach einer erfolgreichen politischen Formel mit langfristigem Nutzen. Meineke zitierte die preußischen Reformen von 1808, 1848/49 und 1872[58], um die Bedeutung eines vierten Wendepunktes zu unterstreichen:

> Das Dreiklassensystem in seiner jetzigen Form birgt die Gefahr in sich, daß die Konservativen die Fühlung mit den breiten Massen des Volkes verlieren. […] Anders beim Pluralwahlrecht. Obschon die Stimme des kleinen Mannes auch dort nur wenig ins Gewicht fällt, so ist sie doch immerhin nicht bedeutungslos; sie zählt mit und nötigt dadurch die Klassen des größeren Besitzes, mit der übrigen Bevölkerung zusammenzuarbeiten und sich mit ihr zu verständigen. Dadurch wird die Kluft zwischen den verschiedenen Schichten verringert und der Untergrund des Staates gefestigt. Außerdem wird eine derartig modernisierte konservative Partei ebenso wie es in England der Fall ist, auf die gesamten Anschauungen des Volkes einen viel nachhaltigeren Einfluß ausüben können als jetzt. Eine derartige Wandlung würde einen großen Nutzen für den Staat und namentlich auch einen unschätzbaren Gewinn für die Krone bedeuten.[59]

*

Diese weitreichenden Pläne zur Wahlreform in Preußen fielen zum einen der Ablehnung durch Innenminister von Moltke nach dem Sommer 1907 zum Opfer, zum anderen der »Politik der Diagonale« des Reichskanzlers Bethmann Hollweg, nachdem dieser im Juli 1909 das Kanzleramt übernommen hatte.[60] In der Zwischenzeit schlugen einzelne Personen weiterhin wahlrechtstechnische Luftschlösser vor, die sie als »ideale Wahlsysteme« bezeichneten. Einige glaubten damit vermeintlich anachronistische Dinge zu beseitigen. Ein Autor merkte an, dass politische Parteien als solche nicht mehr in die verrückte Welt der modernen Politik gehörten: Vertreter von Randgruppen wie Bimetallisten, Tierversuchsgegner und Abstinenz-Ligen »konnten in anderen Belangen durchaus vernünftig sein; denn jeder hat wahrscheinlich eine Schraube locker, und wer

---

eine solche Manipulation würde nicht notwendig sein, um Bethmanns Zielsetzung zu erfüllen, eine LT-Mehrheit aus Konservativen, Freikonservativen und Nationalliberalen zu bilden.
58 Im Jahr 1872 wurde die Kreisordnung gegen den Widerstand der Konservativen verabschiedet.
59 Zitiert in: T. KÜHNE, Dreiklassenwahlrecht, 1994, S. 500.
60 In Kap. 13 werden wir sehen, wie der November 1909 den Wendepunkt im Denken der preußischen Minister hinsichtlich der Wahlrechtsreform darstellt. Bis dahin sahen die Preußen die Vorteile des im Januar 1909 verabschiedeten sächsischen Pluralwahlrechts. Doch nachdem die Sozialdemokraten bei den sächsischen Landtagswahlen Ende Oktober und Anfang November 1909 unerwartet 25 Sitze gewannen, verlor das Pluralwahlrecht plötzlich an Attraktivität.

daran zweifelt, wohl zwei«.[61] Andere glaubten aus der »Politik in einer neuen Tonart« gewisse Muster herauslesen zu können, und manchmal hatten sie Recht. Im Januar 1906 stellte der britische Außenminister Sir Edward Grey fest, dass es in vielen deutschen Staaten »ein weit verbreitetes Gefühl der Unzufriedenheit mit dem System der ›indirekten‹ Wahlen« gab, »das darauf abzielte, eine Repräsentation der unteren (›arbeitenden‹) Klassen auszuschließen. [...] Die Verabschiedung eines liberaleren Gesetzes in Bayern wird sicherlich dazu führen, die wachsende Agitation in Preußen zu beflügeln.«[62]

Grey hatte Recht, dass die Zeichen der Zeit auf der Ablösung indirekter durch direkte Wahlen und öffentlicher durch geheime Stimmabgabe standen, aber ansonsten lassen sich nur wenige Verallgemeinerungen anstellen. In Süddeutschland wurde das Schicksal der Landtagswahlrechtsreformen häufiger durch (oft konfessionsbasierte) Parteibündnisse bestimmt als im Norden, wo (z. B. in Hamburg, Lübeck und Berlin) die »Macht der Straße« stärker war. Während die Regierungen in Süddeutschland zeitgemäße Reformen befürworteten bzw. Parteibündnisse tolerierten, die diese unausweichlich werden ließen, waren im Norden entschlossenere Reaktionen üblich. Preußen war hier das naheliegende Beispiel. Die künftige Rolle der Sozialdemokratie im politischen Leben Deutschlands war eine weitere Frage, die in allen Wahlrechtsreformdebatten zur Sprache kam, die jedoch von Bundesstaat zu Bundesstaat und innerhalb der »Ordnungsparteien« unterschiedlich beantwortet wurde. Würde die SPD weiter wachsen? Würde sie ihre Politik mäßigen? Würde sie Wahl- oder Gesetzgebungsbündnisse mit bürgerlichen Parteien eingehen? Zu guter Letzt gab es kaum Fortschritte, was die Forderungen der Reformer nach einem allgemeinen Männerwahlrecht auf bundesstaatlicher Ebene anging – und keinerlei Fortschritte, was das Wahlrecht für Frauen betraf. Befürworter gemischter Systeme ernteten mehr Kritik als Unterstützung: »zu kompliziert« und »nicht praktikabel« lauteten die üblichen Reaktionen. Auch Rufe nach direkter Wahl und geheimer Stimmabgabe brachten die Debatten über Pluralwahlrecht, Verhältniswahl, Wahlkreisschiebungen, Stichwahlen, Steuerschwellen oder Residenzpflicht nicht zum Verstummen. Ein »modernes« Wahlsystem lag im Auge des Betrachters.

Im Januar 1906 war August Bebel weniger zuversichtlich als Edward Grey, dass Preußen sozusagen indirekt dazu gezwungen würde, dem Dreiklassenwahlrecht gesetzgeberisch den Garaus zu machen. Nachdem der älteste Sohn des bayerischen Prinzregenten für Stirnrunzeln gesorgt hatte, als er Bayerns Herrenhaus aufforderte, die Notwendigkeit einer Wahlrechtsreform anzuerkennen, erklärte Bebel: »Wenn wir eine Reichsverfassung hätten, nach der der Kaiser vom Volk gewählt würde, und in der die Vorschrift enthalten wäre, der Kaiser muß aus einem der regierenden Fürstenhäuser

---

61 Erwin Cuntz und H. Matzat, beide 1907, zitiert in: D. J. Ziegler, Prelude, 1958, S. 20 f. Vgl. H. U. Kantorowicz, Demokratie, 1910; T. Petermann, Individualvertretung, 1906.
62 Notiz Grey, 20.1.1906, zum Bericht des brit. Gesandten in Württemberg, Reginald Tower (Stuttgart), 14.1.1906, TNA, FO 371, BFO-CP, Rolle 6, Nr. 2489.

Abbildung 9.1: Thomas Theodor Heine, »Zu den Wahlrechtskrawallen«, 1908. Links: »Das Kind ist ruhig. Es braucht nichts.« Rechts: »Das Kind schreit. Es kriegt nichts.« Quelle: Simplicissimus 12, Nr. 45, S. 733 (3. Februar 1908). Simplicissimus Online, Herzogin Anna Amalia Bibliothek Weimar.

gewählt werden – ich gebe Ihnen mein Wort, Prinz Ludwig hätte die größte Aussicht, deutscher Kaiser zu werden.«[63]

Es geht hier nicht darum, ob Grey oder Bebel die Zukunft klarer gesehen haben. Beide verstanden, dass in Nord- und Süddeutschland unterschiedliche politische Traditionen vorherrschten und dass die Fundamentalpolitisierung Deutschlands nicht auf-

---

63 Bebel sagte dies anscheinend am »Roten Sonntag« (21.1.1906) in Berlin vor 2 000 Zuhörern, obwohl seine Worte häufig als Teil einer RT-Rede zitiert werden. Vgl. Münchener Fremdenblatt, 22.1.1906; Augsburger Postzeitung, 28.1.1906; Tower an brit. Außenministerium, 25.1.1906, TNA, FO 371/76, BFO-CP, Rolle 6, Nr. 2489; F. L. Müller, Royal Heirs, 2017, S. 206. Mein Dank gilt Frank Lorenz Müller, der mir den deutschen Originaltext zur Verfügung gestellt hat.

gehalten werden konnte.[64] Dies wiederum legt nahe, weshalb Sachsen ein gutes Laboratorium für die Untersuchung innovativer Wahlrechtsvorschläge ist. Die sächsischen Rezepte für eine »ungefährliche« Wahlrechtsreform spiegelten die geopolitische Lage des Königreichs zwischen Nord und Süd wider – aber auch die Entschlossenheit des deutschen Bürgertums, ein Bollwerk gegen die Demokratie zu bilden.

---

64 Zu subnationalen Wahlrechtsreformen vgl. auch P. Kritzer, Wahlrechtsreform, 1985; D. Thränhardt, Wahlen, 1973, S. 116–119 (für Bayern); R. Menzinger, Verfassungsrevision, 1969, S. 141–173 (für Württemberg); R. Ehrismann, Liberalismus, 1993, S. 516–522 (für Baden); sowie allgemein M. Niehuss, Configurations, 1990; B. Vogel/D. Nohlen/R.-O. Schultze, Wahlen, 1971; N.-U. Tödter, Klassenwahlrechte, 1967.

Sächsische Modelle

> Ausserordentlich zahlreiche Vorschläge, teils unmittelbar, teils durch die Presse,
> von polit. Körperschaften, Vereinen, Privater (in- u. ausserhalb Sachsens).
> [...] Welch neues lebhaftes Interesse!
> – Geheimer Regierungsrat Dr. Anselm Rumpelt, Wahlrechtsexperte im sächsischen
> Innenministerium, Denkschrift [August 1903][65]

> One cannot have everything one wants –
> not only in practice, but even in theory.
> – Isaiah Berlin, 1994

Befürworter und Gegner einer Wahlrechtsreform in Sachsen stützten sich auf eine Flut von schriftlichen Vorschlägen, die von wissenschaftlichen Studien bis hin zu persönlichen Tiraden reichten. Regierungschef Georg von Metzsch war im Juni 1902 verzweifelt und naiv zugleich, als er »jedermann, der daran Interesse hat« ermutigte, an der Wahlrechtsreformdiskussion »mitzuwirken, mitzuarbeiten, mitzudenken«.[66] Anfang 1903 war Metzsch der Auffassung, das Dreiklassenwahlrecht von 1896 sollte für einige weitere Legislaturperioden beibehalten werden, um seine Vor- und Nachteile unter Beweis zu stellen. Der sozialdemokratische Erdrutschsieg bei der Reichstagswahl im Juni 1903 überzeugte ihn vom Gegenteil. Im sächsischen Innenministerium trafen bereits vor der Reichstagswahl Reformvorschläge ein. Metzschs Wahlexperten, dem Geheimen Regierungsrat Anselm Rumpelt, wurde fast schwindlig angesichts der Materialien, mit denen er jetzt arbeiten musste, als er sich an den Neuentwurf des Regierungsplans machte. Anschließend nannte er die wichtigsten Punkte, die in diesen Vorschlägen angesprochen wurden: »Keine Stimmung *für* die Beibehaltung des jetzigen Wahlrechts. *Keine* Anfechtung der geheimen Wahl, allgemeines Verlangen nach *direkten* Wahlen.«[67]

Dass die Wahlrechtsdenkschrift der Regierung im April 1904 von der konservativen Landtagsmehrheit kurzerhand begraben wurde, widerlegt keineswegs die Über-

---

[65] [Rumpelt] Denkschrift [für Regierungschef Georg von Metzsch], o. D. [Aug. 1903], SHStAD, MdI 5463.
[66] LT Mitt 1901/02, II.K., Bd. 2, S. 1651 (4.6.1902). Dieser Satz prangte auch als Motto auf der Titelseite von H. Wiechel, Berufsklassen-Wahlkreise, 1903.
[67] Zuvor zitierte Denkschrift [Aug. 1903], SHStAD, MdI 5463 (Hervorhebungen im Original).

zeugung von Rumpelt und Metzsch, dass die öffentliche Stimmung den Wandel befürwortete. Aber wie sich in den darauffolgenden fünf Jahren herausstellte, reichte es nicht aus, auf das Volksinteresse zu verweisen oder sich auf internationale Standards von Fairness bei Wahlen zu berufen, um eine eigenständige Lösung für Sachsens politische Krise zu finden. Nach Ansicht von Metzsch sollte man den nach Reformen verlangenden sozialdemokratischen Stimmen keinerlei Beachtung schenken. Andere waren sich dessen nicht so sicher. In Deutschland begann man, die Unterscheidung zwischen den Gruppen an den Enden des sozialen Spektrums – »Umstürzler« und »der Pöbel« auf der einen Seite, »staatserhaltende Bürger« und »gutdenkende Leute« auf der anderen Seite – neu zu überdenken. Die Trennlinien zwischen diesen Kategorien wurden mit jeder Neuwahl weniger offensichtlich: *Das Volk* wählte nicht so, wie es »gutdenkende Leute« tun sollten. Und immer mehr begannen sich auch zu fragen, weshalb Frauen von der politischen Nation ausgeschlossen sein sollten.[68]

»Was tun?«

Viele der Personen, die Vorschläge zur sächsischen Wahlrechtsreform formulierten, waren einflussreiche politische Akteure auf kommunaler, regionaler oder nationaler Ebene. Die von ihnen vorgeschlagenen Wahlsysteme, ebenso wie die öffentlichen Debatten im Parlament und in der Presse, hingen weitgehend davon ab, wie ihre Antwort auf zwei Fragen ausfiel. Erstens: Sollten Sozialdemokraten überhaupt in den Landtag einziehen, und wenn ja, könnte ihnen eine »faire« oder »legitime« Zahl an Mandaten zugewiesen werden? Zweitens: Welche Arten von Reformdruck sollten ernst genommen werden? Was bot die besten Chancen für Fortschritte: die besonnene Abwägung konkurrierender Reformvorschläge in Lobbygruppen oder im Landtag – oder war es wichtig, den Protesten auf der Straße Gehör zu schenken?

Was den zweiten Punkt angeht, ist sich die Forschung uneins. Manche Historikerinnen und Historiker sind der Ansicht, dass Lobbygruppen wie der (liberale) Verband Sächsischer Industrieller oder der (konservative) Landwirtschaftliche Kreditverein für das Königreich Sachsen das Schicksal der Wahlrechtsreform entschieden haben.[69] Andere führen die sächsischen Unruhen auf die Unzufriedenheit der Verbraucher nach 1900 zurück und verweisen auf die erfolgreichen SPD-Angriffe auf Steuern, Zölle und hohe Lebensmittelpreise. Wieder andere betonen die Auswirkungen der SPD-geführten Straßendemonstrationen auf die Forcierung der Reformen. Die Sozialdemokraten,

---

[68] E. Altmann-Gottheiner, Parteien, 1910; G. Bock, Frauenwahlrecht, 1999; B. Clemens, Kampf, 1991; U. Rosenbusch, Weg, 1998; K. Wolff, Stimme, 2018; A. Schaser, Einführung, 2009.
[69] Vgl. die Schriften von K.-H. Pohl, v. a. ders., Emanzipationsprozeß, 1994; C. Nonn, Radicalism, 1996; S. Lässig, »Terror der Straße«, 1997; dies, Wahlrechtskampf, 1996, S. 137–196.

die nur mit einem Abgeordneten im Landtag vertreten waren, hatten wenig Hoffnung, dass sich der Landtag selbst reformieren könnte. Doch unvereinbare oder unpopuläre Wahlsystemkombinationen waren kein klarer Wegweiser für Parteipolitiker und Staatsminister. Diese strittigen Aspekte der Wahlrechtsreform erklären, warum die sächsische Erfahrung als einzigartig und doch als Impulsgeber bzw. Indikator für gesamtdeutsche Entwicklungen angesehen werden kann.

Gegen Ende seines Entwurfs der Regierungsdenkschrift vom 31. Dezember 1903 fügte Geheimrat Rumpelt einen warnenden Hinweis hinzu. Er zitierte den französischen Antidemokraten Charles Benoist, der mit der *Action française* sympathisierte und 1899 »La crise de l'état moderne« veröffentlicht hatte. Benoists Formel zur Behebung der Mängel des allgemeinen Wahlrechts schien in die Richtung zu weisen, der Rumpelt und Metzsch folgen wollten. Der moderne Staat, so Benoist, sei

> Opfer der Krankheit des unorganischen allgemeinen Wahlrechts, des anarchischen allgemeinen Wahlrechts, des allgemeinen Wahlrechts, des allgemeinen Wahlrechts mit Ausstechformen. Daraus ergibt sich eine Gesetzgebung [...] voller Konflikte und Staatsstreiche [und] eine Regierung, die nicht mehr regieren kann. [...] Die Lösung dieses Problems? Es gibt nur eine. Die Beendigung dieser Krise? Nur eine. Das Heilmittel gegen diese Krankheit? Nur eines: [...] das unorganische allgemeine Wahlrecht durch *das universelle organisierte Wahlrecht* zu ersetzen [...]. Nicht die Bestandteile als minderwertig abzulehnen – alles muss verwendet werden – sondern neu zu gestalten und wieder zusammenzusetzen.[70]

Indem sie Benoists Reformrezept verfolgten, fabrizierten Rumpelt und Metzsch, wie wir im vorherigen Kapitel gesehen haben, lediglich ein Durcheinander – ein kompliziertes Mischsystem, das niemanden zufriedenstellte. Im April 1904 wurde es vom Landtag abgelehnt. In welche Richtung sollte es also nun gehen?

Besonders in den Jahren 1906/07 beteiligten sich auch die sächsischen Reformer an transnationalen, nationalen und subnationalen Gesprächen über die Reform des Wahlrechts – und über die Demokratie an sich.[71] Einige ihrer Reformmodelle betörten durch ihre Einfachheit; andere wirkten ob ihrer Komplexität abschreckend.[72] Einige stammten aus der Feder der wissenschaftlichen Berater der Regierung, andere wurden unaufgefordert eingereicht und waren dilettantisch, wieder andere wurden von Beamten und Oberbürgermeistern »vom grünen Tisch aus« verfasst. Zu den interessantesten Modellen gehörten diejenigen, deren Empfehlungen an die neuen politischen Gegebenheiten angepasst und somit im Laufe der Zeit weiterentwickelt wurden.

---

70   C. BENOIST, Crise, [1899], S. 28 f.
71   Vgl. bes. SHStAD, MdI 5488, mit Ausschnitten und Berichten aus Budapest, Wien, Kopenhagen und Schweden.
72   Vgl. zahlreiche Broschüren und andere Schriftstücke, in SHStAD, MdI 5485–5486.

Ein typisches Beispiel sind die wechselnden Standpunkte zur Verhältniswahl.[73] Dabei spielte der allmähliche Niedergang der Honoratiorenpolitik eine wichtige Rolle. Sollten Parlamentsmandate denjenigen zugeteilt werden, die auf der Parteiliste ganz oben standen, aber dem einzelnen Wähler unter Umständen völlig unbekannt waren? Oder sollte dem Wähler die Möglichkeit gegeben werden, eine Verbindung zu seinem Wunschkandidaten aufzubauen? Zwei der führenden deutschen Verfassungsexperten, Richard Siegfried und Georg Jellinek, verfassten gegensätzliche Ansichten zur Eignung des Verhältniswahlrechts für Sachsen. Sie reisten sogar nach Dresden, um sich für die von ihnen bevorzugte Option einzusetzen. Sachsen war ihr Versuchslabor, mit dem sie sich in Forschung, Lehre und Dienstleistung gleichermaßen zu profilieren suchten.

Professor Siegfried aus dem ostpreußischen Königsberg war ein überzeugter Verfechter des Verhältniswahlrechts. Zwischen 1898 und 1907 verfasste er eine Reihe von Büchern und Artikeln, in denen er sich nicht nur für die Einführung des Verhältniswahlrechts in Sachsen und Schweden, sondern auch in Bayern, Württemberg und anderen deutschen Mittelstaaten aussprach.[74] Im Jahr 1906 schlug er auch Änderungen am preußischen Dreiklassenwahlrecht vor.[75] In einem Schreiben an Regierungschef Metzsch vom Januar 1906 berichtete er, dass er seit vielen Jahren Zeitungsausschnitte über die sächsische Wahlrechtsreform gesammelt habe. Er habe seine Dienste bereits im Vorjahr angeboten, jetzt sei er bereit, weiteren Rat zu erteilen.[76] Bald darauf landete eine Übersichtsrezension relevanter Werke auf Metzschs Schreibtisch im Innenministerium – oder besser gesagt auf dem Schreibtisch seines Nachfolgers, Wilhelm Graf von Hohenthal und Bergen, des früheren sächsischen Gesandten in Preußen, der sein Amt als Regierungschef am 1. Mai 1906 angetreten hatte. Hohenthal bestimmte einen neuen »Wahlexperten«, Georg Heink.[77] Wie sein Vorgänger Rumpelt – der nun Dresdner Kreishauptmann wurde – hatte auch Heink zuvor als Amtshauptmann gedient. 1906 nahm er nun die Aufgabe in Angriff, ein neues Wahlgesetz zu erarbeiten.

Georg Heink nahm einige von Siegfrieds Ideen zum Verhältniswahlrecht in den Reformplan der Regierung auf, der im Juli 1907 verkündet wurde. Siegfrieds Gutachten betraf zwar nicht ausschließlich das Verhältniswahlrecht, doch war es sein Hauptanliegen. Hohenthal bat Siegfried im Oktober 1907, »für ein paar Tage« nach Dresden zu

---

73   D. J. Ziegler, Prelude, 1958, S. 9 und passim.
74   R. Siegfried, Proportionalwahl, 1905; ders., Organisation, 1904; ders., Entwurf eines Wahlgesetzes für das Königreich Bayern, MS (o. D.), SHStAD, MdI 5494. Eine Erblindung beendete 1908/09 Siegfrieds Laufbahn frühzeitig.
75   R. Siegfried, Wahlkreise, 1906; ders., Benachteiligung, 1908.
76   Siegfried an sächs. MdI, 4.1.1906, mit beigefügter Schrift »Zur Frage der Umgestaltung des sächsischen Landtagswahlrechts«, SHStAD, MdI 5466; a. a. O. für Siegfried an MdI, 27.9.1907; Hohenthal an Siegfried, 14.10.1907. Vgl. auch MdI 5494.
77   Erich Friedrich Albert *Georg* Heink diente vor 1897 als Regierungsrat und jur. Hilfsarbeiter bei der KHMS Zwickau; von 1897 bis 1900 als AHM von Annaberg; von 1901 bis 1906 als AHM von Leipzig; als Vortragender Rat im MdI und ab 1908 als Ministerialdirektor; T. Klein, Sachsen, 1982, S. 380, 390; SParl, S. 65.

kommen, um Heink zu beraten. Aber spätestens im Mai 1908, als die sächsische Zweite Kammer bei der Wahlrechtsreform völlig festgefahren war, hatte Siegfried viel von seiner Zuversicht verloren, dass der Landtag einen praktikablen Vorschlag erarbeiten würde. In einem Schreiben an Heink im April 1908 regte er an, dass Hohenthal auf dem Verhältniswahlrecht bestehen müsse: »sonst bleibt es stets bei den Zänkereien zwischen Stadt und Land«.[78] Doch bald verlor Siegfried an Glaubwürdigkeit. Im Mai 1908 schlug er vor, die legislative Sackgasse zu umgehen, indem man ein neues Wahlrecht für einen Ad-hoc-Landtag ausarbeitete, der nur einmal als eine Art konstituierende Versammlung tagen würde. Neben diesen Vorschlag schrieb jemand die Randbemerkung »Unsinn!«.[79] Zu diesem Zeitpunkt hatten die Mehrheitsparteien im Landtag sich bereits gegen ein Verhältniswahlrecht und für ein Pluralwahlrecht als einzige praktikable Alternative zum Dreiklassenwahlrecht von 1896 ausgesprochen.

Die Abgeordneten des Landtags verweigerten sich auch den Argumenten von Professor Georg Jellinek, einem der wichtigsten Verfassungsrechtler in Mitteleuropa. Jellinek, der bereits in den 1880er-Jahren als »*der* Vertreter des öffentlichen Rechts in Österreich« galt[80], hatte durch die Veröffentlichung seiner »Allgemeinen Staatstheorie« (1900) seinen internationalen Ruf weiter gefestigt.[81] In dem Buch behandelte er unter anderem die »nivellierenden« und »demokratisierenden« Kräfte, welche die wilhelminische Gesellschaft veränderten. In anderen Werken griff er auch verfassungsrechtliche Themen auf, die für die zeitgenössischen Reformdebatten von zentraler Bedeutung waren. Dazu gehörten die Reform des Wahlrechts in Österreich, den Vereinigten Staaten und verschiedenen deutschen Bundesstaaten; die Wahlprüfungskommission des Reichstags; die parlamentarische Obstruktion; die Rolle des Kaisers in einer konstitutionellen Monarchie; das Prinzip der Ministerverantwortlichkeit; sowie Menschen- und Frauenrechte.[82]

Am 18. März 1905 hielt Jellinek einen Vortrag vor Mitgliedern der Gehe-Stiftung in Dresden. Diese Stiftung diente als Treffpunkt für einige der einflussreichsten Fachexperten Sachsens.[83] Die Vorträge der Gehe-Stiftung richteten sich an ein Publikum, das alle Parteien für ihre eigenen Zwecke mobilisieren wollten: Kaufleute, Kleinunternehmer, Arbeiter, Beamte und Rentner. In seiner Rede sprach Jellinek über »Das Pluralwahlrecht

---

78 Schreiben vom 11.4.1908, SHStAD, MdI 5494, mit Nachdruck von R. SIEGFRIED, Pluralvotum und Proportionalwahl.
79 Die Handschrift scheint die Heinks zu sein. Randbemerkungen zu Siegfried an MdI, 18.5.1908, SHStAD, MdI 5494.
80 Jellinek an seine Frau Camille, 7.8.1886; G. JELLINEK, Schriften, 1970 [1911], Bd. 1, S. 46.
81 G. JELLINEK, Staatslehre, 1960 [1900].
82 G. JELLINEK, Schriften, 1970 [1911], bes. Bd. II, Abschnitte VI und VII; vgl. weitere in der Bibliografie zitierte Werke von G. Jellinek. Vgl. auch C. SCHÖNBERGER, Liberaler, 2000; D. KELLY, Rights of Man, 2004.
83 Darunter z. B. Dr. Victor Böhmert, Dr. Theodor Petermann und Dr. Eugen Würzburger, alle beim Königlich Sächsischen Statistischen Bureau (ab 1905 Landesamt); und Dr. Leo Ludwig-Wolf, Rechtsanwalt, Leipziger Stadtrat und Wahlexperte.

und seine Wirkungen«.[84] Bei seiner Erörterung der Wahlrechtsvorschläge, die seit 1903 in Sachsen vorgelegt worden waren, stellte er sich auf die Seite der sächsischen Nationalliberalen und Sozialdemokraten und ihren Einwand, dass das Pluralwahlsystem aufgrund der Beibehaltung der Stadt-Land-Unterscheidung auch als »Ruralwahlsystem« bezeichnet werden könnte. Er wandte sich gegen Charles Benoists »organische« Theorie des allgemeinen Wahlrechts, weil diese die Sozialdemokraten aus dem Parlament zu vertreiben suchte. Die Sachsen hätten nach dem Juni 1903 erkennen sollen, dass es ein Fehler war, alle Vertreter einer Oppositionspartei aus dem Parlament auszuschließen: Dies veranlasse sie dazu, »dann ihre oft viel bedenklicheren außerparlamentarischen Kämpfe mit umso größerer Heftigkeit fortzusetzen«. Jellinek war sich bewusst, dass die Sachsen vor einer schwierigen Entscheidung standen. Mit einem Federstrich, so schrieb er, könne ein Gesetzgeber Tausenden von Wählern eine zusätzliche Wahlstimme verleihen und damit den Wahleinfluss derjenigen, die Anspruch auf weniger Stimmen hätten, willkürlich verringern. Auch das Pluralwahlrecht sei »ein Instrument, dem man nach Belieben die verschiedenartigsten Melodien entlocken kann«.

Jellinek fragte sein Publikum, wie die Leistung eines Wählers hinsichtlich seines Rechts auf politische Teilhabe gemessen werden sollte. »Auch der zwanzigmal Klügere kann schwerlich einen zwanzigmal besseren Abgeordneten wählen. [...] Sowenig man sagen kann, dieses Mädchen ist viermal so schön wie jenes, sowenig kann man die geistige Größe eines Mannes in ein Mehrfaches von Mittelmäßigkeiten verwandeln.« Für Jellinek waren ein Ständewahlrecht, ein Pluralwahlrecht, eine Wahlpflicht und ein Verhältniswahlrecht allesamt zu weit vom demokratischen Ideal entfernt: *Keines* dieser Wahlrechte sollte für den Sächsischen Landtag in Betracht gezogen werden. Ohne das Wort »Demokratie« zu erwähnen, forderte Jellinek sein Publikum auf, alle komplizierten Wahlsysteme abzulehnen: »Es gibt keine halbe oder Drittelbefähigung: entweder der Wähler ist ganz für die ihm zugedachte Funktion geeignet oder gar nicht.« Deshalb sprächen sowohl die politische Theorie als auch die praktischen Erfordernisse des sächsischen Staates dagegen, mithilfe eines Pluralwahlrechts Bürger erster und zweiter – geschweige denn vierter – Klasse zu schaffen:

> Ein Staat [...], der seine Aktivbürger in solche größeren oder geringeren Rechtes derart einteilt, daß er den einen es ziffernmäßig fühlen läßt, daß er nur einen Bruchteil des Wertes anderer besitzt, der läuft stets Gefahr, sich die Herzen breiter Schichten seines Volkes derart zu entfremden, daß sie teilnahmslos jedem Enteignungsversuch zuzusehen geneigt sein könnten, der von übermächtiger Seite her, in welcher Form auch immer, der Einzelstaatsgewalt gegenüber unternommen wird.

---

84 G. JELLINEK, Pluralwahlrecht, 1905, zum Folgenden S. 6, 15, 29, 32, 34, 39, 43 f., 46; vgl. auch DERS., Schriften, 1970 [1911] Bd. 2, S. 220–231.

Zwei weitere prominente Wissenschaftler hatten die sächsischen Wahldebatten mitverfolgt: Georg Meyer und Dr. Theodor Petermann. Nach einer langen Karriere als Reichstagsabgeordneter der Nationalliberalen kam Meyer bezüglich des Verhältniswahlrechts zu den gleichen Schlussfolgerungen wie sein Freund Jellinek.[85] Petermann, ein Rechtsanwalt und Statistiker aus Sachsen, war trotz seiner angeblichen Sympathien für die Sozialdemokratie »ein fester Bestandteil der sächsischen Wirtschafts- und Geisteselite«. Im März 1906 sprach Petermann in der Gehe-Stiftung zum Thema Individual- und Gruppenvertretung.[86] Er wandte sich gegen die Erniedrigung der Wählerschaft zum reinen »voting cattle« [sic] und gegen die »Umbildung der parlamentarischen Bühne zu einem Schlachtfeld für die Ausfechtung von Klassenkämpfen«.[87] Petermann hatte aber nichts Vergleichbares zu Jellineks Verteidigung der Demokratie anzubieten; seine Ausführungen gingen in die andere Richtung und betonten stattdessen, wie wichtig es sei, dass das Wahlsystem Bildung und Leistung belohne.

Der Teufel im Detail

Der Fall Hugo Wiechel veranschaulicht eine weitere wichtige Facette der Wahlrechtsdebatten in Deutschland: die Kombination von hochfliegender Theorie mit kleinteiligen Berechnungen über deren praktische Umsetzung. Wiechel war staatlich geprüfter Bauingenieur und ein Wegbereiter der Volkskunde in Sachsen. Seine breitgefächerten Interessen gaben ihm das Handwerkszeug, eine Reihe von Vorschlägen zur Reform des Wahlrechts zu erarbeiten, die er an sächsische und preußische Minister weiterleitete. Sie zeigen, wie sich in Sachsen ein »Jedermann« – wenn auch ein gut ausgebildeter und hochmotivierter »Jedermann« – als Teil eines Reformprojekts fühlen konnte, das für die Zukunft Deutschlands von großer Bedeutung war.

Einige Monate vor dem Juni 1903 entwickelte Wiechel ein Kartogramm für die bevorstehenden Reichstagswahlen. Mithilfe zweier Wahlkarten und Dutzender von statistischen Tabellen polemisierte Wiechel gegen die seit 1867 versäumte Neuziehung der Reichstagswahlkreise. Diese Unterlassungssünde hatte Reichstagswahlkreise mit sehr unterschiedlichen Zahlen von Wahlberechtigten hervorgebracht, und sie benachteiligte die (vor allem sozialdemokratischen) Wähler in den größten Städten Deutschlands massiv. Sächsische Leser erfuhren aus seinen Berechnungen, dass ihr Königreich sieben Reichstagsabgeordnete mehr haben sollte als seine derzeit dreiundzwanzig Abgeordne-

---

85 G. Meyer, Wahlrecht, 1901, bes. S. 445–449. Jellinek verhalf dem Werk zur posthumen Veröffentlichung.
86 T. Petermann, Individualvertretung, 1906. Petermann war auch Herausgeber des einflussreichen Werks »Die Großstadt« (Dresden, 1903), zu dem Gustav Schmoller und Friedrich Ratzel wegweisende Aufsätze beisteuerten.
87 T. Petermann, Individualvertretung, 1906, S. 13, 31 und passim. Vgl. H. Triepel, Wahlrecht, 1900.

ten.⁸⁸ Die *Neue Zeit* der SPD pflichtete Wiechels Aufstellung wärmstens bei: »Sie beweist klarer als die eindringlichsten Reden die schreiende Ungleichheit des Wahlrechts zum Deutschen Reichstag.«⁸⁹

Kurz bevor Sachsen 1903 »rot« wurde, veröffentlichte Wiechel einen zweiten Vorschlag, der zeigte, wie der Reichstag und der sächsische Landtag in Zukunft aussehen könnten.⁹⁰ Wiechel teilte die 82 sächsischen Landtagssitze entlang zweier Achsen auf. Die erste Achse halbierte die Gesamtzahl der Abgeordneten zunächst (in links und rechts), um sie dann nochmals zu halbieren, was ein Industrieviertel, ein Gewerbeviertel, ein Centralviertel und ein Landwirtschaftsviertel ergab. Die zweite Achse teilte dieselben 82 Sitze in drei Klassen ein: A, B und C.⁹¹ In beiden Fällen basierten die Wahlkreise nicht auf geografischen Einheiten, sondern auf einer Kombination von Beruf und Klassenzugehörigkeit. Innerhalb jedes Berufs wurden Untergruppen aufgelistet, insgesamt zwölf an der Zahl. Auf dieses ohnehin schon komplizierte System setzte Wiechel dann ein Pluralwahlrecht auf. Es wies allen Berufsuntergruppen bis auf die unterste zusätzliche (bis zu maximal vierzehn) Wahlstimmen zu. Zudem privilegierte es Wähler, die über fünfzig Jahre alt waren, die im Militär (oder in der Reserve) gedient hatten, deren Eigentum oder Einkommen einen bestimmten Schwellenwert überschritt oder die eine Realschule, ein Gymnasium oder eine Universität absolviert hatten. Wiechels ganzer Stolz war es, die genaue Zusammensetzung des sächsischen Landtags zeigen zu können, sollte sein Plan umgesetzt werden.⁹²

Wiechel glaubte jedes Landtagsmandat einer bestimmten Kombination von Berufsuntergruppe und Unterklasse zuordnen zu können. Seine Prämisse für diese Vorgehensweise war, dass das Zeitalter der traditionellen politischen Parteien vorbei sei. Doch widersprach er sich umgehend selbst. Basierend auf seiner grafischen Darstellung eines künftigen Landtags sah er am Horizont »eine Industriepartei, eine Gewerbepartei, eine centrale Partei, Beamte, Verkehr, Unterricht, gelehrte Berufe und Handel umfassend, eine Landwirtschaftspartei, eine Unterklassenfraktion, eine Mittelstandsfraktion und eine Oberklassenfraktion«. Wiechel schätzte, dass ein Fünftel der Wähler in Klasse C und vier Fünftel der Wähler in Klasse B sich »mit bewußter Entschiedenheit etwaigen

---

88 H. Haack/H. Wiechel, Kartogramm, 1903, S. 9–10, SHStAD, MdI 5388. Auf der Titelseite erschien auch die Parole »Nicht die Fläche, die Einwohnerzahl entscheidet!«
89 NZ 21, Bd. 2, H. 37 (1903), S. 348.
90 H. Wiechel, Berufsklassen-Wahlkreise, 1903, SHStAD, MdI 5465.
91 Diesen Klassen wurden 27 (A), 28 (B) und 27 (C) Mandate zugewiesen.
92 In Wiechels Vision umfasste Klasse C 572 000 zugelassene Wahlberechtigte mit jeweils ein, zwei oder drei Wahlstimmen, was insgesamt 906 000 abzugebende Wahlstimmen ergäbe. Arbeiter und niedrige Beamte hätten nur eine Stimme; doch Alter oder Militärdienst würden eine Art Arbeiteraristokratie bestehend aus Wählern mit zwei oder drei Stimmen schaffen. Klasse B, die in nur zwei Teile gegliedert wäre, würde 210 000 Wahlberechtigte mit vier oder fünf Wahlstimmen umfassen, also insgesamt 936 620 Wahlstimmen. Klasse A würde in neun Untergruppen eingeteilt, die zwischen sechs und vierzehn Wahlstimmen abgeben sollten. Insgesamt 102 000 zugelassene Wahlberechtigte in Klasse C würden insgesamt 906 000 Wahlstimmen für die LT-Wahlen abgeben. H. Wiechel, Berufsklassen-Wahlkreise, 1903, S. 9.

Ausschreitungen der Sozialdemokratie entgegensetzen würden« und deshalb »steht zusammen mit Klasse A zwei Drittel des Landtages als feste Mauer gegen jedweden Umsturz«.[93]

Was hoffte Wiechel mit seinem Vorschlag zu erreichen? Sein erstes Argument war, dass sein Vorschlag durch Statistiken gestützt wurde und dadurch *keinen* Sprung ins Ungewisse darstelle. Zweitens hoffte er, dass Meinungsunterschiede zwischen Berufsgruppen und Klassen »Hass und Spaltung« aus dem Sächsischen Landtag verdrängen würden. Drittens versprach seine Kombination aus beruflicher und klassenbasierter Wahl, die Wähler und ihre Parlamentsvertreter einander näher zu bringen. Wiechel sehnte sich nach der Ära des Aufstiegs der Nationalliberalen um 1870 – nach »einer Zeit, als ohne Zentrum und Sozialdemokratie das Deutsche Reich aufgerichtet wurde auf dem hoffentlich unwandelbaren Grunde des deutschen Schwertes und des treuen deutschen Herzens«. Doch nun, im Jahre 1903, gebe es »nur *einen* Weg zu diesem Ziele: die Umlegung der Bezirkswahlkreise in – Berufsklassenwahlkreise«.[94]

Wiechel war der Überzeugung, dass alle seine Vorschläge für den Sächsischen Landtag auch für einen reformierten Deutschen Reichstag umgesetzt werden könnten und belegte dies mit weiteren Tabellen und Grafiken.[95] Doch selbst ein beiläufiger Betrachter vermag die Absurdität seiner Berechnungen zu erkennen. So prognostizierte Wiechel beispielsweise, dass nur ein einziger katholischer Geistlicher in »seinen« Reichstag gewählt werden würde. Ein nicht namentlich genannter Beamter im preußischen Außenministerium äußerte sich vernichtend über Wiechels kompliziertes System. »Der Verfasser glaubt aber auf die vorhandenen politischen Parteien und auf das Bedürfnis der Wähler, eine Stimme auch nach politischen Motiven abzugeben, nicht die geringste Rücksicht nehmen zu brauchen.« Der betreffende Beamte kam zu folgendem Schluss: »So lange Sachsen die Probe auf das Exempel nicht gemacht hat, liegt kein Anlaß vor, sich von Reichsseite mit dem Vorschlag zu beschäftigen, und von einer Vorlegung der Broschüre an allerhöchster Stelle könnte daher abgesehen werden.«[96]

---

93   Ebenda, S. 17. Wiechels Schätzungen zufolge würde die »rechte Hälfte« des Landtags (42 Mandate) von Wählern aus den Berufsgruppen Landwirtschaft, Verpflegung, Handel, Verkehr und Beamte gewählt. Die »linke Hälfte« des Parlaments würde 40 Abgeordnete umfassen, Gewerbe und Industrie vertraten.
94   Ebenda, S. 40 (Hervorhebung im Original).
95   Ebenda, Tafel II, nach S. 29. Zum einen kartierte Wiechel den Reichstag von 1895 nach den Berufen der deutschen Wähler. Zum anderen zeigte er durch seine Unterteilung der Reichstagsmandate nach Berufsklassen-Wahlkreisen, wie ein zukünftiger Reichstag aussehen würde. Der Einfachheit halber gab er die Mandatsverteilung unter den drei Berufsklassen nicht an; daher war die Symmetrie seines imaginären Parlaments perfekt. Der »rechte Flügel« (»A«) umfasste fünf Untergruppen der Landwirtschaft und vertrat 170 Mandate. Das »Zentrum« (»B«) war ein buntes Gemisch, aber auch es umfasste fünf Untergruppen und repräsentierte 110 Mandate. Der »linke Flügel« (»C«) umfasste fünf Untergruppen der Industrie und repräsentierte 117 Sitze. Insgesamt ergab das also 397 Mandate – die damalige Größe des Reichstags.
96   Nicht identifizierte Notiz, 16.6.1903, PAAAB, Deutschland 125, Nr. 3, Bd. 16. Wiechels Broschüre war am 1.6.1903 (in Dresden) veröffentlicht worden.

Wiechels Rolle bei den sächsischen Wahlrechtsdebatten war damit noch nicht beendet. Im Frühjahr 1906 machte er sich an eine vollständige Überarbeitung seiner Ausführungen von 1903. Diesmal lautete sein Vorschlag »Dreiwahlkreise und Zusatzstimmen: Ein neuer, praktischer Vorschlag zur Lösung der Wahlrechtsfrage in Sachsen«. Bezogen auf die anfangs angeführte Unterscheidung zwischen »um-zu«- und »weil«-Argumenten verdienen hier nur zwei Aspekte dieses Vorschlags Beachtung: sein oberstes Ziel und die ihm zugrunde liegenden Prinzipien. Wiechels neues Wahlrecht sollte den Sozialdemokraten ein *gewisses Maß* an Repräsentation im Landtag ermöglichen – aber nicht zu viel. Die Wahl von »bis zu« 25 Sozialdemokraten in einen 82-köpfigen Landtag sei akzeptabel.[97] Nicht diskussionswürdig hingegen sei jedwedes Vorhaben, das die bürgerlichen Abgeordneten ihrer Zweidrittelmehrheit berauben würde. Zweitens wollte Wiechel eine goldene Mitte finden zwischen den beiden Wahlsystemen, die es einerseits ermöglicht hatten, dass die SPD im Jahr 1903 zweiundzwanzig sächsische Reichstagssitze gewann, andererseits jedoch alle SPD-Abgeordneten aus dem Landtag verdrängt hatte. Drittens wollte er die angeblich ungleiche Stimmengewichtung in Stadt und Land in Angriff nehmen. Viertens würde sein Vorschlag den Einfluss der SPD auf die Arbeiterklasse lockern, die »frei, nicht frech« sein sollte.[98]

Wiechel kehrte zu der Idee zurück, dass die geografischen Wahlkreise die Grundlage für sein aktualisiertes Wahlrechtssystem darstellten. Doch basierte sein System auf zwei Modalitäten des Pluralwahlrechts: der Möglichkeit, dass in jedem Wahlkreis mehr als ein Abgeordneter gewählt würde[99], und der Bereitstellung zusätzlicher Stimmen für bestimmte bevorzugte Wähler[100]. Mit diesem System, so Wiechel, würden die Sozialdemokraten nicht einmal die Hälfte der sächsischen Landtagswahlkreise gewinnen. Andere Pläne, die nicht zum gewünschten Ergebnis führten, lehnte Wiechel ab. Ohne

---

97 H. Wiechel, Dreiwahlkreise und Zusatzstimmen, [1906], S. 15 f.
98 Ebenda, S. 39.
99 Ebenda, S. 14 f. In jedem der 23 bestehenden Reichstagswahlkreise in Sachsen würden drei MdLT gewählt werden, insgesamt also 69 Abgeordnete. Dreizehn weitere MdLT würden in den (sieben) Wahlkreisen mit einer unverhältnismäßig hohen Anzahl von Wahlberechtigten gewählt. Der größte von ihnen, 13: Leipzig-Land, würde sieben Abgeordnete erhalten. Den Wahlkreisen 16: Chemnitz, 6: Dresden-Land und 4: Dresden-Neustadt würden jeweils fünf Abgeordnete zugewiesen. 5: Dresden-Altstadt, 18: Zwickau und 12: Leipzig-Stadt würden je vier Abgeordnete bekommen. Die restlichen 16 RT-Wahlkreise würden durch je drei LT-Abgeordnete vertreten. Für die zweite Auszählung schlug Wiechel vor, dass in Wahlkreisen mit drei bis fünf MdLT die Kandidaten mit den meisten Stimmen zu Abgeordneten gewählt würden; nur in 13: Leipzig-Land wäre eine Sonderregelung erforderlich.
100 Wiechels statistische Tabellen sollten aufzeigen, welche Folgen die Vergabe von Zusatzstimmen an bestimmte Wähler haben würde und wie viele Zusatzstimmen an sozialistische Parteigänger fallen würde – was für das sächsische MdI von großem Interesse war. Wahlberechtigten im Alter von 25–40, 41–55 und 56+ Jahre teilte er null, zwei bzw. vier »Zusatz-«Stimmen zu. Je nach ihrer Steuerbelastung teilte er drei Gruppen von Wahlberechtigten null, zwei oder vier »Zusatz-«Stimmen zu. Schließlich wurden noch zusätzliche Stimmen basierend auf Grundbesitz vergeben. Wiechel ignorierte Wahlberechtigte mit Hochschulabschluss oder Militärdienst. Hier wie anderswo bezog sich der Begriff »Wahlberechtigte« auf erwachsene Männer, die zu den LT-Wahlen zugelassen waren und somit *potenzielle* Wähler darstellten.

zusätzliche Stimmen läge der Anteil der bürgerlichen Wähler nur geringfügig über dem der SPD-Wähler.[101] Würden die Zusatzstimmen lediglich nach Alter vergeben, so würden die »Ordnungsparteien« nach Wiechels Prognose 47 Mandate, die Sozialdemokraten 35 Mandate gewinnen. Nur Wiechels Vorschlag würde das erhoffte Ergebnis bringen: 57 Mandate für die Ordnungsparteien, 25 Mandate für die SPD. Dieser Plan, schrieb Wiechel zuversichtlich, würde von allen Seiten breite Unterstützung finden – »*wenn nicht die voraussichtliche Zahl von 25 sozialdemokratischen Abgeordneten Bedenken erregen sollte*«.[102] Laut Wiechel würde sein Pluralwahlrecht verhindern, dass sich die Sozialdemokraten und ihre Gegner im Wahlkampf gegenseitig zerstörten; stattdessen würde eine neue Mittelpartei Mitglieder aus den Reihen der Sozialdemokratie abziehen. Daraufhin würde das neue Wahlrecht »sozusagen automatisch« wieder »Ruhe und Besonnenheit« in den Landtag bringen: selbst sozialdemokratische Abgeordnete würden »unbedrohlich« gemacht werden.[103]

Indizien deuten darauf hin, dass Wiechels Vorschläge zur Gestaltung der im Juli 1907 verkündeten Wahlrechtsvorlage der sächsischen Regierung beigetragen haben.[104] Wie schon 1903 versuchte der Gesetzentwurf der Regierung erneut, zwei Stimmrechtsprinzipien zu einem Mischsystem zusammenzuführen. Nach der Verabschiedung der Reform im Januar 1909 brachte die erste Erprobung des neuen Wahlrechts im Oktober 1909 genau die Zahl der Sozialdemokraten (25) hervor, die laut Wiechel in den Landtag einziehen könnten bzw. sollten. Unklar ist, ob Regierungschef Hohenthal und sein Wahlexperte Heink auch der letzten Empfehlung Wiechels folgten, um den Landtag wieder funktionsfähig zu machen. Er riet ihnen, »›Kanzlei‹-Tinte« mit einem »Tropfen Herzblut« zu mischen.

Insider

Neben Wiechels zweitem Vorschlag wurden in der ersten Jahreshälfte 1906 noch weitere Modelle für eine sächsische Wahlrechtsreform vorgelegt. Das Timing ist von Bedeutung. Die Reformbewegung war an einem Wendepunkt angekommen. Lübeck, Hamburg und Württemberg erließen neue Wahlgesetze. Auch anderswo lag Reform in der Luft. In Sachsen war die Regierung in einem desorganisierten Zustand und hatte keine eigenen positiven Vorschläge anzubieten.[105] Somit stand die Tür offen für andere, die es taten.

---

101 338 975 zugelassene Wahlberechtigte im bürgerlichen Lager, 317 670 zugunsten der SPD.
102 H. Wiechel, Berufsklassen-Wahlkreise, 1903, S. 24 (Hervorhebung d. Verf.).
103 Ebenda, S. 41 f., und zum Folgenden.
104 Wiechel veröffentlichte zudem einen neuen Vorschlag auf der Grundlage des Wahlgesetzes der Regierung vom Juli 1907; vgl. H. Wiechel, Freie Wahlen, [1907].
105 Metzsch wurde am 1. Mai 1906, nach Abschluss der LT-Session, durch Hohenthal ersetzt. Die Wahlrechtsdeputation des LT brachte in ihren Sitzungen von Anfang Februar bis Ende März 1906 keine nützlichen Ideen

Abbildung 9.2: Kreishauptmänner: links Otto von Ehrenstein (Leipzig) und rechts Anselm Rumpelt (Dresden). Quelle: T. KLEIN (Hrsg.), Sachsen (Grundriß zur deutschen Verwaltungsgeschichte 1815–1945, Reihe B, Bd. 14), 1982, Anhang.

Metzschs Denkschrift vom 31. Dezember 1903 war in der Landtagssession 1903/04 vom Tisch gefegt worden. Im Dezember 1905 war auf Dresdens Straßen sozialdemokratisches Blut geflossen (vgl. Kap. 10). Und es kursierten (wahre) Gerüchte, dass Metzsch bald zurückträte, auch wenn niemand wusste, wann es so weit sein würde. In diesem Vakuum nutzten drei prominente Sachsen ihren Insider-Status, um den Weg zu einer Reform wieder freizumachen.

Der erste, Otto Georgi, war von 1876 bis 1899 (allererster) Oberbürgermeister von Leipzig gewesen. Sein Vater Robert hatte während der Revolution von 1848/49 als Sachsens Finanzminister gedient, und Otto war von 1894 bis 1896 eng an der Überarbeitung der Leipziger und sächsischen Wahlgesetze beteiligt gewesen. Als Leipziger wusste er, wo die Berührungspunkte zwischen Nationalliberalen und Konservativen lagen. Der zweite Insider war Otto von Ehrenstein (siehe Abbildung 9.2), von 1887 bis 1906 Leipziger Kreishauptmann. Wie sein Vorschlag zugunsten eines Verhältniswahlsystems zeigte, war sein Antisozialismus noch genauso virulent wie in den 1880er-Jahren. Nach der Reichstagswahl 1903 hatte Ehrenstein Metzsch gewarnt, dass »man auf einem Vulkan steht«.[106] In seiner 1906 verfassten Broschüre zitierte er eine Bemerkung

---

hervor; im Vorfeld hatte sich der SPD-MdLT Goldstein aus der sogenannten »Wahlrechtsverschleppungskommission« zurückgezogen; SHStAD, MdI 6467.
106 Ehrenstein an Metzsch, 24.8.1903, SHStAD, MdI 5465.

aus der Hamburger Wahldebatte: »Der Staatsmann, der immer erst Beweise verlangte, würde stets zu spät kommen.«[107] Der dritte Insider war Alfred von Nostitz-Wallwitz. Sein Onkel (Hermann) hatte als Innenminister das sächsische Wahlrecht von 1868 mitgestaltet und den Kampf gegen die Sozialdemokratie unter dem Sozialistengesetz angeführt. Sein Vater (Oswald) war von 1873 bis 1885 Gesandter Sachsens in Preußen gewesen. Der junge Nostitz arbeitete 1906 als Legationsrat im Dresdner Außenministerium. Sein Durchbruch auf Sachsens politischer Bühne kam im Juli 1907, als er Paul Mehnerts strengkonservativen Einfluss in Sachsen als »Nebenregierung« bezeichnete.[108] Damals schlug Nostitz für seine unverhohlenen Worte eine Woge der Entrüstung entgegen; achtzehn Monate zuvor, im Januar 1906, hatte er zu denjenigen gehört, die ein neues Landtagswahlrecht vorschlugen.[109]

Die genannten drei Männer gehörten 1906 nicht nur zur politischen Elite Sachsens, sie waren auch auffallend weltläufig. Otto Georgi regierte fast zweieinhalb Jahrzehnte lang die intellektuell lebendigste Stadt Sachsens. Leipzig war zudem ein Knotenpunkt des sich globalisierenden Handels. Ehrenstein, Sohn eines sächsischen Finanzministers, verfügte ebenfalls über einen weiten Horizont. Seine Frau Mathilde war die Tochter eines bedeutenden Hamburger Bankiers und die Schwester eines der reichsten Getreideimporteure Hamburgs, des Kunstmäzens Henry P. Newman. Nostitz-Wallwitz hatte in die Familie Hindenburg eingeheiratet. Helene von Nostitz-Wallwitz war eine ausgewiesene Schönheit – sie stand einst Rodin Modell – und sie und ihr Mann führten einen lebendigen Salon.[110] Kurzum, diese Männer waren Ausnahmeerscheinungen – und zudem ausnehmend gut positioniert, um die sächsischen Bürokraten zu beeinflussen, die 1906/07 die neue Wahlrechtsreform der Regierung entwickelten. Ihre Anregungen – darüber, wie ein neues Wahlrecht aussehen könnte und welche Grundsätze der Fairness es widerspiegeln sollte – finden sich im Reformvorschlag der Regierung vom Juli 1907 wieder. Durch ihre Augen nahm das Wahlrecht der Zukunft allmählich Konturen an.

Scheinbar widersprüchlich begann Otto Georgi seine Broschüre »Zur Reform des Wahlrechts für die Zweite Sächsische Kammer« mit einem Verweis auf den Essay »Was ist Demokratie?« des revisionistischen Sozialdemokraten Eduard Bernstein.[111] Laut Georgi habe Bernstein selbst die Antwort auf seine Frage geliefert: Demokratie sei keine »Volksherrschaft«, sondern die »Abwesenheit von Klassenherrschaft«. Ausgehend von dieser Prämisse argumentierte Georgi, dass sogar die Sozialdemokraten das allgemeine Wahlrecht für den Sächsischen Landtag nicht befürworten sollten. Georgi wies eine lange Liste anderer Wahlreformvorschläge seit 1903 zurück, darunter die von Richard

---

[107] O. v. Ehrenstein, System, 1906, S. 35.
[108] Vgl. Kap. 10 in diesem Band.
[109] Nostitz-Wallwitz an Metzsch, 31.1.1906, zusammen mit seinen »Gedanken zur Reform des Sächsischen Landtagswahlrechtes« (MS), SHStAD, MdI 5466.
[110] Vgl. E. Venus, Amtshauptmann, 1970, S. 34 ff.
[111] E. Bernstein, Voraussetzungen des Sozialismus, zitiert in: O. Georgi, Reform, 1906, S. 11–12.

Siegfried, Georg Jellinek, Charles Benoist und Albert Schäffle.[112] Seine Zielsetzung spiegelte nationalliberale Theorie, wenn auch nicht nationalliberale Praxis wider, denn er wollte ein Wahlsystem, das »möglichst billig gegen alle Klassen der Bevölkerung ist, ein möglichst vollständiges Bild des Staatsorganismus in der Repräsentation des Staates zum Ausdruck bringt, dem politischen Leben des Volkes Befriedigung schafft und zugleich die tunlichste Gewähr dafür bietet, daß Intelligenz und Sachkenntnis der Volksvertretung zugeführt werden«.[113] Georgi nahm weder explizit auf die Reichstagswahl vom Juni 1903 noch auf den »Terror« der SPD Bezug. Sein Vorschlag war somit nicht so offensichtlich antisozialistisch wie die meisten anderen Wahlrechtspläne jener Zeit.

Georgi wünschte sich ein aus vier Teilen bestehendes Wahlsystem, das einen 90-köpfigen Landtag hervorbringen sollte. (Im Gegensatz zu den meisten anderen Nationalliberalen schenkte Georgi der Ersten Kammer des Landtags keine Beachtung.) Sein Vorschlag sah vor, (a) 42 Abgeordnete in allgemeiner, gleicher und direkter Wahl, abgemildert durch ein Verhältniswahlrecht, zu wählen; (b) 15 Abgeordnete mittels Berufswahl zu wählen[114]; (c) 24 Abgeordnete indirekt von Stadtverordnetenkollegien und Gemeinderäten wählen zu lassen[115]; und (d) je ein oder zwei Abgeordnete von Anwälten, Ärzten, Geistlichen, Grund- und Hochschullehrern sowie Beamten und anderen Berufen wählen zu lassen. Ein Mischsystem mit weniger als vier Komponenten würde laut Georgi die Kriterien Fairness, Vollständigkeit, Sicherheit und Objektivität nicht erfüllen.

Otto von Ehrenstein glaubte, seine beiden Ziele – »tunlichst alle Bevölkerungskreise zur Mitarbeit am politischen Leben zu berufen und doch dem übermächtigen Eindringen der Umsturzpartei einen Damm entgegenzustellen« – mittels Berufswahlen zu erreichen.[116] Er befürchtete, dass die Einführung des Verhältniswahlrechts den Sozialdemokraten »nahezu die Hälfte aller Kammersitze« einbringen würde. Selbst ein Viertel der Landtagssitze wäre »noch bei weitem zu groß«. Mit Verweis auf die sozialistischen Mandate im Reichstag von 1903 (81 von 397) und im Sächsischen Landtag von 1895 (14 von 82) kam Ehrenstein zu dem Schluss, dass die Möglichkeit, dass die Sozialdemokraten ein Fünftel des Landtags besetzen könnten, die Schwelle sei, die »in keinem Falle überschritten werden [darf]«. Doch bei der Berechnung der Zahl der SPD-Abgeordneten, die er in einem reformierten Landtag tolerieren konnte, rundete er *ab*: von 16 (ein Fünftel von 80) auf 12 Mandate.

Im Verlauf seines Vorschlags lieferte Ehrenstein weitere Argumente für die Begrenzung des sozialdemokratischen Einflusses im Landtag, sei es in Sachsen oder anderswo.

---

112 O. Georgi, Reform, 1906, S. 11 f., 35–37, 39 f., 42 ff., 54 f., 79–81.
113 Ebenda, S. 81.
114 Die Abgeordneten würden die Bereiche Landwirtschaft (5), Handel und Gewerbe (5) sowie Kleinunternehmen (5) vertreten.
115 Je zwei Mandate wurden Dresden und Leipzig zugewiesen, ein Mandat Chemnitz, drei Mandate der (relativ ländlichen) KHMS Bautzen und je vier Mandate den KHMS Chemnitz, Dresden, Leipzig und Zwickau.
116 O. Ehrenstein, System, 1906, S. 3, zum Folgenden S. 16–20, 36–38.

Es sei falsch zu glauben, die SPD werde »Zurückhaltung und Sachlichkeit« üben, wenn sie an der Regierungsarbeit teilhaben dürfe. Es sei auch falsch, sich auf die Frage zu konzentrieren, welches Wahlrechtssystem praktikabel sei: Das viel wichtigere Thema sei, »ob man das gebotene Mittel anwenden, oder auf Abwehr der drohenden Gefahr überhaupt verzichten will«. Andernfalls könnte der Gleichheitsgrundsatz ad absurdum geführt werden, sodass man auch Kriminellen und Wahnsinnigen – ja, gar Frauen – das Stimmrecht geben müsste.

In Ehrensteins künftigem, aus achtzig Abgeordneten bestehendem Landtag würden vierzig Abgeordnete in direkter, geheimer Abstimmung gewählt (wiederum abgemildert durch eine Form des Verhältniswahlrechts). Die Wähler würden ein bzw. zwei Wahlstimmen für diese vierzig Abgeordneten abgeben. Achtundzwanzig Abgeordnete würden von wohlhabenderen Wählern gewählt, die, weil sie mehr als 2 500 Mark an jährlichen Steuern zahlten, zwei Wahlstimmen abgeben würden. Zwölf Abgeordnete wären von Wählern zu bestimmen, die aufgrund niedrigerer Steuerabgaben nur eine Wahlstimme besäßen. Von den restlichen vierzig zu wählenden Abgeordneten würden sechzehn durch die Mitglieder der Stadtverordnetenkollegien in den fünf größten Städten Sachsens gewählt werden und vierundzwanzig durch die Mitglieder der Gemeinderäte in den fünf sächsischen Kreishauptmannschaften.[117] Ehrenstein bemühte sich gar nicht erst um einen statistischen Nachweis, dass sein System die Zahl der sozialdemokratischen Abgeordneten auf die gewünschte Höchstzahl von zwölf beschränken würde. Das brauchte er auch nicht. Die Leser verstanden auch so, dass eine derartige Bevorzugung von wohlhabenden gegenüber ärmeren Wählern und von ländlichen gegenüber städtischen Wählern das gewünschte Ergebnis bringen würde.

*

Unser dritter Insider, Alfred von Nostitz-Wallwitz, schickte im Januar 1906 seinen Wahlrechtsreformvorschlag privat an Regierungschef Metzsch. Das von Nostitz angeregte System unterschied sich von den anderen Vorschlägen nicht nur in den Details, sondern auch in seiner Zielsetzung.[118]

Nostitz-Wallwitz benutzte die österreichischen Kategorien der »Kurie« zur Bezeichnung der drei Hauptkomponenten seines Schemas. Kurie I umfasste zwanzig Volksvertreter. Im Gegensatz zu allen anderen Reformvorschlägen koppelte Nostitz' System das Stimmrecht für jeden einzelnen dieser Abgeordneten an eine bestimmte Gruppe von Wählern. Der erste Kandidat sollte nur von ordentlichen Professoren an einer Universität gewählt werden, der zweite von ordentlichen Professoren an einer Technischen Universität und so weiter. Die Kandidaten 7 bis 10 sollten von Mitgliedern spezifischer

---

117 Vgl. Karte S.1.2 im Online Supplement.
118 Nostitz-Wallwitz, »Gedanken [...]«, zuvor zitiert.

Berufsgruppen gewählt werden: Ärzte, Rechtsanwälte, Handwerker, Arbeiter. Die Kandidaten 11 bis 20 würden die fünf sächsischen Kreishauptmannschaften vertreten, wobei jeweils ein Kandidat von ländlichen Wählern und einer von städtischen Wählern gewählt würde. Kurie II, die dreißig Abgeordnete umfasste, sollte nach einem Wahlverfahren mit drei Klassen gewählt werden, die sich weder durch Steuerzahlung noch Einkommen, sondern durch ihren Bildungsstand definierten. Nostitz' Liste der Wählertypen, die er für »ausreichend« gebildet hielt, umfasste auch Handwerksmeister, die mehr als einen Gesellen unter sich hatten, sowie Vorarbeiter in großen Fabriken. Kurie III würde dreißig Abgeordnete über ein allgemeines Wahlrecht gemäß dem Verhältniswahlprinzip wählen. Zu diesem Zweck wäre das gesamte Königreich als ein einziger Wahlkreis zu betrachten.

Nostitz benötigte nur zwei Textseiten (»Vorschlag«), um sein Wahlsystem zu skizzieren. Den Rest seiner umfangreichen Denkschrift verwandte er auf die »Begründung«. Laut Nostitz sei es notwendig abzuwägen: zwischen der allgemeinen politischen Teilhabe, der Achtung der öffentlichen Meinung und dem ordentlichen Funktionieren von Parlamenten einerseits sowie der doppelten Bedrohung durch den Sozialismus und die Demokratie andererseits. Sein Vorschlag, wie ein solches Gleichgewicht zu erreichen sei, ist historisch deshalb wichtig, weil es die Ansichten von Regierungschef Hohenthal widerspiegelte.[119] Wie auch sein Vorgesetzter hielt es Nostitz für wichtig, »daß wir [Konservative] unsere Anker vor uns herwerfen in die Zukunft«.[120]

Nostitz beklagte sich über das geringe politische Bildungsniveau in Deutschland und über gesellschaftliche Gruppen, die sich entweder aus dem politischen Leben zurückgezogen hätten oder es behinderten. Bezeichnenderweise schwieg sich Nostitz darüber aus, welche Personen, Parteien oder Politik für diese trostlose Situation verantwortlich waren. Bismarck glänzte in seiner Aufstellung durch Abwesenheit, ebenso wie Staatsminister, Linksliberale, Katholiken und Antisemiten. Lediglich die Blockadetaktiken der Sozialdemokraten im Landtag und den einseitigen Agrarlobbyismus des Konservativen Landesvereins in Sachsen nahm er explizit ins Visier. Stattdessen zeichnete er ein umfassenderes Bild der Demokratisierung und ihrer Folgen. Die Sicherheit und das Wohlergehen des Staates erforderten, dass ein künftiges Wahlrecht (für Sachsen) »dem allgemeinen directen Wahlrechte Concessionen machen müsse«. Er fuhr fort: »Die öffentliche Meinung und der Zug der allgemeinen politischen Entwickelung (Nachbar-

---

119 Vgl. DN, 12.7.1907; pr. Gesandter in Sachsen, Prinz Hans zu Hohenlohe-Oehringen, 20.7.1907, PAAAB, Sachsen 60, Bd. 8. Von 1903 bis 1905 hatte Nostitz als sächsischer Legationssekretär in Berlin unter Hohenthal gedient, als dieser sächsischer Gesandter in Preußen war. Zuvor hatte Nostitz unter dem AHM Kamenz gedient. Nach seiner Rückkehr aus Berlin wurde er 1906 zum Regierungsassessor beim Oberverwaltungsgericht in Dresden ernannt und war Vortragender Rat und Hilfsarbeiter im Dresdner MdAA (1906–08), AHM in Auerbach (nach 1911) und AHM in Leipzig (nach 1914).
120 Vgl. Kap. 10 im vorliegenden Band; diese Formulierung ebenfalls zitiert in: S. Lässig, Wahlrechtskampf, 1996, S. 212.

staaten!) sind allen Beschränkungen des Wahlrechtes offenbar wenig günstig.« Mit Verweis auf »Mehnerts Gesetz« von 1896 und dessen Wahlrechtsverkürzung schrieb Nostitz, dass die »Verbitterung breiter Volksschichten« und die »unverkennbare Abnahme des ererbten Autoritätsgefühls« zum »näher und näher rückenden Augenblicke des endgültigen Zusammenbruchs der alten Stütze« beitrügen. Wie also ließe sich eine Katastrophe verhindern? Indem man die Prinzipien der Selbstverwaltung pflegt und den »Parlamentarismus« fördert, so Nostitz' Antwort. Das wäre die einzige Möglichkeit, den politisch aktiven Bürgern ein Gefühl der Mitverantwortung zu vermitteln. »Auch im Wasser lernt sich das Schwimmen nicht von heute bis morgen«, schrieb Nostitz, »aber auf dem Trocknen lernt es sich nie.«

Nach Nostitz' Ansicht hatte die Kluft zwischen der Sozialdemokratie und allen anderen Parteien die Nationalliberalen gezwungen, sich auf die Seite der Konservativen zu stellen. Außer wenn Agrar- und Industrieinteressen direkt aufeinanderprallten, besäßen die Nationalliberalen kaum noch Unabhängigkeit. Dies sei ein Verlust für die sächsische Wahlkultur. Da auch die linksliberalen Freisinnigen und die antisemitischen Reformer in der Bedeutungslosigkeit versunken seien, könnten sich die »überaus werthvolle[n] Elemente, die keineswegs revolutionär gesinnt, aber aus wirthschaftlichen oder sozialen Gründen oder auch nur aus solchen des Temperaments einer grundsätzlich konservativen Politik abgeneigt sind«, nirgendwo hinwenden außer an die Sozialdemokratie. Das Verschwinden der Mittelparteien verschärfe die politischen und sozialen Konflikte, verärgere diejenigen, die nicht zu extremen Positionen neigten, und treibe sie in die Arme der Sozialdemokratie. Wie schon andere vor ihm machte Nostitz das Kartell für die »geistige Stagnation« der sächsischen Politik verantwortlich. Da sich die Kartellparteien allmählich zu einer »compacten Masse« zusammengeschlossen hätten, verlören alle Parteiideale außer denen der Sozialdemokratie ihre Anziehungskraft. Die Kartellpolitik habe sich lediglich einmal bewährt, und zwar bei den Reichstagswahlen 1887. Nostitz kam zu dem Schluss, dass Gruppen wie die Jungen Liberalen, die Nationalsozialen um Friedrich Naumann und monarchistische christliche Arbeiter nur »Licht und Luft« erhalten müssten, damit der gesunde Kern des deutschen politischen Lebens wachsen und gedeihen könne.

In Bezug auf die beiden Schlüsselthemen, die den Erfolg einer Wahlrechtsreform für den Landtag entscheiden würden, fragte Nostitz: »1. Wo liegt die äußerste Grenze, bis zu der man ein Vordringen der Sozialdemokratie zulassen will? Und 2. Auf welchem Wege sind jene Garantien am Besten zu erzielen?« Nostitz' Antwort auf die erste Frage lautete, dass der SPD zwischen zwanzig und dreißig Mandate im Landtag eingeräumt werden könnten. Um dieses Ziel zu erreichen, lehnte Nostitz die von Georgi und Ehrenstein befürworteten Wahlsysteme ab. Es solle keine Präferenz für bestimmte Berufe geben. Auch sollten sich die Organe der kommunalen Selbstverwaltung nicht in Landtagswahlen verstricken: das hieße »das Pferd verkehrt aufzäumen«. Die Kommunalverwaltungen trügen eine große politische Verantwortung, aber diese sei von begrenztem, lokalem Umfang und habe bei der Wahl der Landtagsabgeordneten keine Rolle zu spielen. Nostitz war auch überzeugt, dass ein klassenbasiertes Wahlrecht nur den Grad der Bildung, nicht »die Grösse des Geldbeutels« gewichten solle. Die Stimmabgabe sollte der Verteidigung von Idealen, nicht von materiellen Interessen dienen. Alle zwanzig Abgeordneten in Kurie I, so betonte er, verträten »werthvolle Capacitäten«, nicht »Interessen«. Akademische Bildung, Fachkenntnis, kaufmännische Qualifikationen, kulturelle Begabungen – diese Qualitäten sollten den allgemeinen Tenor und die Funktionsweise des Landtags verbessern. Kein Verständnis hatte er für ein Wahlrecht, das älteren Wählern zusätzliche Wahlstimmen gewährte.

Was wollte Nostitz mit seinem Wahlrechtsentwurf erreichen? Er hoffte, damit die Chancen für die Bildung einer »lebensfähigen liberalen Mitte« und sogar »einer nicht sozialdemokratischen Arbeiterbewegung« zu erhöhen. Auch die Kandidaten kleiner Minderheitenparteien verdienten zumindest eine Chance, in den Landtag einzuziehen. Sollte das zukünftige Wahlrecht seine eigene Partei, die Konservativen, schwächen, so würde er dies akzeptieren, denn in einem Industrieland wie Sachsen würde ein solches Wahlrecht dem größeren Allgemeinwohl dienen.

Wenn Nostitz hier wie ein Demokrat klingt, sollte uns das zu denken geben, denn er hatte bestenfalls ein ambivalentes Verhältnis zur Demokratie. Die Mängel der Zweiparteiensysteme in Großbritannien und Amerika, wo sich zwei Parteien die Beute untereinander aufteilten, waren ihm eine Warnung: Die Deutschen sollten nicht zu viel von der freieren Äußerung unabhängiger Meinungen im Parlament erwarten. Laut Nostitz ging es vor allem darum, den *Stil* der Politik zu ändern. »Es mag sein, dass auch ohne den Druck des parlamentarischen oder demokratischen Regierungsprinzips – vor denen der Himmel uns noch auf lange hinaus bewahre – allmählich eine wirkliche – nicht nur scheinbare – Konsolidierung unseres Parteilebens eintreten kann.« Nostitz wollte seine Reform als Etappe in der politischen Entwicklung verstanden wissen und bemerkte, »dass mit der Gefahr einer weiteren Demokratisierung des Wahlrechts nach wie vor zu rechnen ist«. Es sei möglicherweise unumgänglich, Sozialdemokraten in die Parlamentsausschüsse aufzunehmen; auch Reformen im öffentlichen Dienst seien notwendig, ebenso die »ethische und intellektuelle Erziehung […] des künftigen Staatsbürgers« in den Schulen, so wie in England und Nordamerika. Staatsbürger müssten nicht zwangsläufig nur Männer sein, fügte Nostitz zuversichtlich hinzu und konstatierte mit Verweis auf die Primrose League der Konservativen in Großbritannien: »Auch für die Gegenwart schon ist nicht recht einzusehen, warum bei uns […] nur gerade die Sozialdemokratie den Einfluss der Frau als politischen Machtfactor ausnützen soll.«

Alfred von Nostitz-Wallwitz war nicht der einzige Reformkonservative, der den Wandel als unvermeidlich ansah, gleichzeitig aber auch den deutschen Obrigkeitsstaat verteidigte. Es gab noch andere, die ähnliche Ansichten über Sozialismus und Demokratie vertraten. Es waren nicht viele, doch sie hätten ihren Teil dazu beitragen können, dass die Deutschen den Herausforderungen der sozialen und politischen Demokratisierung mit mehr Flexibilität und Großzügigkeit begegneten..

Zitadellen gegen die Massenpolitik

1905 veröffentlichte der Verein für Sozialpolitik in seiner Reihe über die deutsche Kommunalverwaltung einen Band über die Einführung klassenbasierter Wahlrechtssysteme in Leipzig, Chemnitz und Dresden.[121] Jedes dieser Systeme hatte zum Ziel, die Beteiligung von Sozialdemokraten an der Kommunalverwaltung einzuschränken oder auszuschließen. Die Reform des Leipziger Gemeindewahlrechts von 1894 wurde bereits diskutiert.[122] Chemnitz und Dresden überarbeiteten 1898 bzw. 1905 ihre Wahlsysteme, und die Leipziger überlegten 1906 ernsthaft, dies erneut zu tun.

Diese Überarbeitungen fanden vor dem Hintergrund des seit den 1880er-Jahren anhaltenden Konflikts zwischen Liberalen und Sozialdemokraten statt. Das liberale Machtmonopol in den deutschen Kommunalverwaltungen sowie sein allmählicher Niedergang sind inzwischen hinlänglich analysiert.[123] Gleiches gilt für die Bemühungen der SPD, eine eigenständige Kommunalpolitik zu entwickeln.[124] Der Kampf Sachsens gegen den Sozialismus in den 1890er- und 1900er-Jahren wirkte sich unmittelbar auf den Zeitpunkt und die Richtung der Reform in diesen drei Städten aus. Ähnlich der Leipziger Reform von 1894, die den Einzug einiger weniger Sozialdemokraten in das Stadtverordnetenkollegium vorhersah, brachen auch die in Dresden und Chemnitz verabschiedeten neuen Wahlgesetze mit der Vorstellung, dass kein einziger Sozialdemokrat ins Parlament einziehen dürfe. Dennoch war die antisozialistische Stoßrichtung aller drei Wahlrechtsreformen offenkundig.

Das 1898 in der Industriestadt Chemnitz verabschiedete Wahlrechtsgesetz basierte auf Staatsangehörigkeit und Berufsstand.[125] Die Wähler wurden in sechs Klassen einge-

---

[121] VEREIN FÜR SOZIALPOLITIK (Hrsg.), Königreich Sachsen, 1905, u. a. mit Aufsätzen von L. LUDWIG-WOLF, J. HÜBSCHMANN und R. HEINZE, die im Literaturverzeichnis aufgelistet sind.
[122] Vgl. L. LUDWIG-WOLF, Leipzig, 1905, S. 137 f.
[123] Da die Liberalen seit Anfang der 1870er-Jahre sowohl auf nationaler als auch regionaler Ebene an relativer Macht einbüßten, wuchs entsprechend ihre Entschlossenheit, in denjenigen deutschen Städten, in denen sie die Kommunalpolitik bis ins 20. Jahrhundert hinein dominierten, die für sie vorteilhaften Wahlsysteme zu bewahren. Auf Sheehans und Croons wegweisende Aufsätze – J. J. SHEEHAN, Liberalism, 1971; H. CROON, Vordringen, 1971 – folgten u. a. H. POGGE VON STRANDMANN, Monopoly, 1992; M. NIEHUSS, Configurations, 1990; K. H. POHL, Power, 2000 (der München und Dresden vergleicht); M. SCHÄFER, Bürgertum, 2003 (der Leipzig und Edinburgh vergleicht). Vgl. J. RETALLACK, German Right, 2006, Kap. 6; DERS., Mapping the Red Threat, 2016.
[124] A. VON SALDERN, Kommunalpolitik, 1977, gibt einen guten Überblick. Die SPD-Zeitschrift *Kommunale Praxis* (1905 ff.) ist eine Goldgrube, bes. für Sachsen. Zu Leipzig vgl. K. CZOK, Stellung, 1973; P. BRANDMANN, Leipzig, 1998; T. ADAM, Arbeitermilieu, 1999.
[125] Die Einwohnerzahl von Chemnitz lag 1905 bei 243 476, von denen etwa 16 500 das Bürgerrecht besaßen; J. HÜBSCHMANN, Chemnitz, 1905, S. 165.

teilt, die insgesamt 57 Stadtverordnete wählten. Alle Bürger, die weniger als 2 500 Mark verdienten, gehörten zu Klasse A.[126] Alle Bürger, die in die Pensions- und Invalidenversicherung einzahlen mussten, gehörten zu Klasse B. Beamte, Lehrer, Ärzte und Geistliche waren in Klasse C zusammengefasst. Klasse D bestand aus Personen, die in Handel und Industrie tätig waren und jährlich mehr als 2 500 Mark verdienten. Klasse E umfasste alle Eigentümer und Aktionäre von Produktionsunternehmen und Aktiengesellschaften, deren Jahreseinkommen 2 500 Mark überschritt.[127]

Im Jahr 1905 folgte das Dresdner Stadtverordnetenkollegium diesem Modell und entwarf ein berufsständiges Wahlsystem. Die Wähler wurden in fünf Abteilungen eingeteilt, die insgesamt 84 Volksvertreter wählten. Abteilung A bestand aus denjenigen Personen, »die keinerlei Beruf ausüben oder keiner der vier anderen Abteilungen zugehören (Rentner, Pensionäre, usw.)«. Abteilung B umfasste diejenigen, die in die Pensions- und Rentensysteme einzahlten; Abteilung C schloss Beamte, Priester, Anwälte, Ärzte und Intellektuelle ein; Abteilung D beinhaltete Handel- und Gewerbetreibende, die nicht Mitglieder der Handelskammer waren; Letztere wiederum fanden sich in Abteilung E. Die Dresdner fügten einige neue Feinheiten hinzu. Ihr neues Wahlrecht privilegierte diejenigen, die seit mehr als zehn Jahren im Besitz des Bürgerrechts waren. So enthielt jede Abteilung zwei Gruppen von Wählern: diejenigen, die seit mehr als einem Jahrzehnt Dresdner Bürger waren, und diejenigen, die es nicht waren.[128]

Es gilt den bürgerlichen Charakter dieser Reformen zu betonen. Sowohl auf lokaler als auch bundesstaatlicher Ebene schien eine Mehrheit der sächsischen Bürger der Ansicht zu sein, dass die Sozialisten in die kommunalen Parlamente eindringen, diese dominieren und dann tyrannisieren würden. Dies war Teil des »bürgerlichen Wertehimmels«.[129] Als das deutsche Bürgertum lokale Führungspositionen für sich beanspruchte, meldete es seinen Anspruch auf überproportionalen Einfluss bei Wahlen an. Doch funktionierte dieses Wertesystem in den Wahlkulturen auf lokaler, bundesstaatlicher und nationaler Ebene genauso? Trotz der ausgiebigen Bürgertumsforschung seit den 1980er-Jahren bleibt diese Frage offen.[130] Ließen sich beispielsweise bürgerliche Landtagsabgeordnete im Jahr 1907 durch die Erfahrungen mit der Leipziger Reform von 1894 davon überzeugen, dass eine teilweise Öffnung gegenüber den Sozialisten keine Katastrophe nach sich ziehen würde?

---

[126] Mit einer weiteren Aufteilung – A1 und A2 – je nachdem, ob sie mehr oder weniger als 1 900 Mark verdienten.
[127] J. Hübschmann, Chemnitz, 1905, S. 165–169.
[128] 14. Nachtrag zum Ortsstatute der Stadt Dresden, 15.7.1905, R. Heinze, Dresden, 1905, S. 115–121, 181–185. Zur Dresdner Kommunalpolitik zu dieser Zeit vgl. H. Starke, Dresden, 2002, der die Frage stellt: »Liberalismus in einer konservativen Stadt?«
[129] Vgl. M. Hettling/S.-L. Hoffmann, Wertehimmel, 2000.
[130] Vgl. ebenda inkl. ausführlicher Bibliografie.

Wohlhabende Stadtbewohner untermauerten ihre Argumente für Wahlprivilegien mit Hinweisen auf ihr wohltätiges und öffentliches Engagement: Sie trügen am meisten zum Wohl und Gedeihen der Gemeinschaft bei und wüssten dieses am besten sicherzustellen.[131] Vernünftigerweise sollten die Unterschichten, die sich ihrer Führung im Wohltätigkeitsbereich beugten, dies auch politisch tun. Hier lohnt ein Blick auf die Meinung des Chemnitzer Stadtrats Dr. Johannes Hübschmann, der auch einen Beitrag zu der vom Verein für Sozialpolitik in Auftrag gegebenen Studie geliefert hatte. Laut Hübschmann waren die Chemnitzer Bürger der Meinung, dass Besitz und Geist nicht reinen Zählverfahren zum Opfer fallen sollten – oder der Möglichkeit, dass eine einzige Partei das Stadtverordnetenkollegium dominieren könnte.[132] Chemnitz' Berufswahlrecht, so Hübschmann, »macht die verschiedensten Schichten der Bevölkerung nach Maßgabe ihrer Interessen am Gemeinwesen und ihrer Bedeutung für dieses wahlberechtigt und eröffnet den einsichtigsten und tüchtigsten Männern die Aussicht, gewählt zu werden«.[133] Die Erfahrungen der Chemnitzer Bürger mit dem neuen Wahlrecht seien »durchaus befriedigend« gewesen, so Hübschmann in seinem 1905 veröffentlichten Text.

Angesichts dieser Anschauungen sollte es nicht verwundern, dass der sächsische Innenminister noch 1906/07 bereit war, berufsständische Wahlen in das gemischte Landtagswahlrecht aufzunehmen, das damals von seinen Untergebenen entworfen wurde. Die Chemnitzer Erfahrung wurde zu diesem Zeitpunkt auch von den Leipziger Stadtvätern positiv beurteilt. Die Debatten über eine mögliche zweite Reform des Kommunalwahlrechts führten aber zu keinem greifbaren Ergebnis. Dennoch ist ein Reformvorschlag von Leo Ludwig-Wolf, Leipzigs hauseigenem Wahlexperten, aufschlussreich. Sein Vorschlag hätte das Leipziger Dreiklassenwahlrecht durch sechs Stimmrechtsklassen ersetzt.[134] Ludwig-Wolf ging davon aus, dass in zwei dieser sechs Klassen die Sozialdemokraten alle Mandate gewinnen würden. Damit hätte sich die Zahl der SPD-Abgeordneten im Leipziger Stadtverordnetenkollegium fast verdoppelt. Ironischerweise schien der konservativere Stadtrat bereit zu sein, den Vorschlag von Ludwig-Wolf anzunehmen. Aber die »staatserhaltenden Parteien« im Stadtverordnetenkollegium wollten sich nicht noch weiter auf gefährliches Terrain vorwagen. Sie stimmten gegen eine erneute Reform des Leipziger Wahlrechts.[135]

*

---

[131] Vgl. J. Retallack/T. Adam, Philanthropy, 2001.
[132] J. Hübschmann, Chemnitz, 1905. Vgl. M. Niehuss, Strategien, 1989.
[133] J. Hübschmann, Chemnitz, 1905, S. 168–169.
[134] Vgl. J. Retallack, German Right, 2006, S. 213.
[135] Vgl. StadtAL, Kap. 7, Nr. 36, Bd. 1; vgl. L. Ludwig-Wolf, Leipzig, 1905.

Was lässt sich also aus der Vielzahl der in diesem Kapitel untersuchten Wahlrechtsmodelle ableiten? Welche historische Bedeutung hatten sie im lokalen, regionalen und nationalen Kontext?

Sozialwissenschaftliche Modelle und Gleichungen können den unterschiedlichen Gesprächsebenen, auf denen diese Vorschläge eine Rolle spielten, nicht gerecht werden. Ebenso wenig können sie vermitteln, in welchem Ausmaß die Gestalter der sächsischen Wahlrechtsreform von 1907 aus den unterschiedlichsten Quellen schöpften. Regierungschef Hohenthal und sein Wahlexperte Heink bedienten sich einer Vielzahl von Materialien, die im sächsischen Innenministerium landeten, und griffen die überzeugendsten Argumente daraus auf. Es ist daher notwendig, die Verbindungsgeflechte und Kommunikationslinien zu skizzieren, die es diesen Beamten ermöglichten, mithilfe sowohl theoretischer als auch praktikabler »moderner« Wahlrechtsmodelle ihren im Juli 1907 verkündeten Gesetzentwurf zu entwickeln. Diese Ankündigung war nur der Auftakt zu einem langwierigen parlamentarischen Ringen um ein »faires«, aber »ungefährliches« Wahlrecht für das sächsische Parlament. Der Vorschlag der Regierung Hohenthal erwies sich als Blindgänger: Die »Ordnungsparteien« straften den Vorschlag umgehend mit Verachtung und setzten zur Ausarbeitung eines eigenen Wahlrechtsentwurfs an.

Diese Reaktion kam nur zum Teil überraschend. Einerseits setzten die »Ordnungsparteien« kein Vertrauen auf Empfehlungen von Akademikern und anderen »Schreiberlingen«, sondern legten ihren eigenen Kurs fest. Andererseits konnten sie ihre Wahlrechtsgesetzgebung auf dem gleichen Fundament aufbauen, das auch den hier skizzierten verfassungsrechtlichen, ethischen und philosophischen Überlegungen zugrunde lag. Wie wir noch sehen werden, waren die Parteien in vielen Schlüsselfragen weder untereinander noch mit der sächsischen Regierung einer Meinung. Doch in den Monaten und Jahren, in denen der Landtag und seine Ausschüsse über das Wahlrecht debattierten, tasteten sich die »Ordnungsparteien« langsam an eine Kompromisslösung heran. Diese Lösung musste das gleiche Spannungsfeld austarieren, das auch eine zentrale Rolle für die Argumentation der genannten Vorschläge war: Wie erkennt man die demokratischen Zeichen der Zeit und verhindert gleichzeitig, die bestehende soziale und politische Ordnung dem »revolutionären« Sozialismus auszuliefern?

In den Jahren 1903 bis 1907 gestaltete sich das Problem für Wahlrechtsreformer oft als eine Frage von Polaritäten: Kontinuität/Diskontinuität, Industrie/Landwirtschaft, Stadt/Land. Ein weiteres Gegensatzpaar wurde gebildet von denjenigen, die »genug« zum Gemeinwohl beitrugen und somit zusätzliche Stimmen verdienten, und denen, die dies nicht taten. Diese Art von »Entweder-oder-Denken« war wenig befriedigend für diejenigen Reformer, die es für möglich hielten, eine *abgestufte* Bevorzugungsskala zu entwickeln. Ihre Vorschläge sahen vor, die Wahlberechtigten in bis zu elf Berufsgruppen aufzuteilen oder privilegierten Wählern bis zu zwanzig zusätzliche Wahlstimmen zuzuteilen. Sowohl Berufs- als auch Pluralwahlen wurden weiterhin nicht nur »am grünen Tisch« der Regierungen, sondern auch in der Praxis als durchaus brauchbar angesehen.

Bei unserer Betrachtung der Diskussionen im Vorfeld der sächsischen Wahlrechtsreform von 1868 haben wir festgestellt, dass die Deutschen zwiegespalten waren in der Frage, ob die gesellschaftlichen Stände durch Klassen ersetzt worden waren. Das war auch noch zu Beginn des 20. Jahrhunderts der Fall. Obwohl die Wahlrechtsdiskussionen multidimensionaler und transnationaler geworden waren, hielten es manche nach wie vor für möglich, Stimmzettel auf berufsständischer Grundlage zu gewichten. Bemerkenswert ist auch Georg Jellineks Ablehnung eines Pluralwahlrechts, des einzigen Wahlrechts, das die politischen Kämpfe in Sachsen von 1903 bis 1909 tatsächlich überlebte. Außerhalb der Reihen der Sozialdemokraten stand Jellinek mit seiner Ablehnung, bestimmten Wählergruppen zusätzliche Wahlstimmen zu gewähren, auffallend allein da. Weshalb haben die sächsischen Staatsmänner und Parlamentarier Jellineks Argumentation zugunsten eines demokratischen Wahlrechts so offenkundig ignoriert, wenn doch etwa die Hälfte aller sächsischen Wähler die SPD bei Reichstags- und Landtagswahlen unterstützte? Weshalb wurde sie von der SPD, aber nicht von den Liberalen verteidigt? In diesem Kapitel wurde versucht, einige Antworten darauf zu geben, doch keine von ihnen ist endgültig.

Einige Erkenntnisse lassen sich aus der eingangs angeführten Unterscheidung zwischen »weil«- und »um-zu«- Prämissen für die Wahlrechtsreform ziehen. Die »um zu«-Prämisse enthält ihr eigenes Spannungsverhältnis. Die hier untersuchten Wahlrechtsreformvorschläge hatten eine doppelte Zielsetzung: ein Mittel zur Wahl einer Volksvertretung zu finden, ohne die Vorherrschaft der Sozialdemokratie zu ermöglichen. Diese Spannung resultierte aus der Tatsache, dass die Sozialdemokraten zu den unbestreitbaren Vertretern der Arbeiterklasse avanciert waren (welche 70 bis 75 Prozent der Bevölkerung ausmachte), aber von den restlichen 25 bis 30 Prozent der Bevölkerung als unversöhnliche Feinde angesehen wurden. Daher wiesen »um-zu«-Argumente nicht den Weg zur Lösung von Wahlrechtsproblemen. Aber auch »weil«-Argumente boten keine wirkliche Grundlage für einen Konsens. Das Prinzip »ein Mann, eine Stimme« wurde auch deshalb abgelehnt, weil es von den Sozialdemokraten hochgehalten wurde. Die Kluft zwischen der »Umsturzpartei« und den »Ordnungsparteien« blieb auch deshalb ein Hindernis für Reformen, weil das sächsische Bürgertum sich nicht vorzustellen vermochte, wie sich diese überhaupt überwinden lasse. Deutsche Wahlrechtsordnungen änderten sich auch deshalb nur langsam und schrittweise, weil die »volle« Demokratie bis 1905 nirgendwo die Probe bestanden hatte – folglich war sie für die politischen Bedingungen in Deutschland ungeeignet.

Aus diesen Annahmen ließ sich leicht schlussfolgern, dass die Demokratie der Bedrohung durch revolutionäre Heißsporne nicht standhalten könne. Dennoch sollten wir, wie Professor Rauchhaupt bereits 1914 bemerkte, den Debatten über die Reform des deutschen Wahlrechts aufmerksam zuhören – sowohl dem, »was gesagt«, als auch dem, »was nicht gesagt worden ist«. Nur wenige Zeitgenossen[136] gestanden der SPD eine zukünftige Rolle im parlamentarischen Leben zu. Nur wenige hielten es für bedeutsam, dass die Ersten Kammern der Parlamente unreformiert blieben und das Frauenwahlrecht außen vor gelassen wurde. Und nur wenige hätten sagen können, welcher Bundesstaat eine Vorreiterrolle bei der politischen Modernisierung Deutschlands spielte. 1907 schien Sachsens Vorschlag eines gemischten Wahlsystems auf der Grundlage unvereinbarer Prinzipien und Verfahren der Zeit hinterherzuhinken. 1909, als sich der Landtag auf ein *relativ* einfaches System von Mehrfachstimmen einigte, war Sachsen einmal mehr zum Vorreiter geworden. Doch war es nicht die sächsische Regierung, welche die Lorbeeren dafür erntete, die beste Alternative zur Demokratie gefunden zu haben – sie hätte sie auch nicht verdient.

In den Jahren 1908/09 gelang es der Konservativen Partei und der Nationalliberalen Partei, Regierungschef Hohenthal das Heft aus der Hand zu nehmen, so wie sie es zuvor (bereits zweimal) mit seinem Vorgänger Metzsch getan hatten.[137] Weder die Regierung noch diese Mehrheitsparteien entwarfen ihre Wahlrechtsmodelle auf einer Tabula rasa. Doch entwickelte Anfang 1909 eine bemerkenswert kompakte Gruppe von antidemokratischen Landtagsabgeordneten ein Pluralwahlrecht nach eigenem Ermessen. Nur wenige Sachsen hätten 1903 vermutet, dass just dieses Wahlrecht bis 1918 Bestand haben würde. Noch weniger wussten, dass die Wahlreformer den Einzug von fünfzehn bis fünfundzwanzig Sozialdemokraten in den Sächsischen Landtag voraussagten. »Die konservativste aller deutschen Volksvertretungen«[138] war dabei, sich zu wandeln.

---

136 Gemeint sind hier diejenigen Zeitgenossen, die ein konkretes Interesse an der sächsischen Wahlrechtsreformbewegung 1903–1909 hatten oder dabei eine wichtige Rolle spielten.
137 1895/96, als sie das Dreiklassenwahlrecht für Sachsen vorschlugen, und 1903/04, als sie die Denkschrift der Regierung vom 31. Dezember 1903 und deren gemischtes Wahlrecht ablehnten.
138 Pr. Gesandter Carl von Dönhoff, 17.10.1901, PAAAB, Sachsen 60, Bd. 5.

10 Rückschläge

Der atemberaubende Sieg der sächsischen Sozialdemokraten bei den Reichstagswahlen 1903 verlieh den sächsischen Wahlrechtsdebatten neue Dringlichkeit. Von 1905 bis 1907 war die Dynamik die gleiche, der Ausgang jedoch umgekehrt. Statt dass ein SPD-Sieg einen neuen Wahlgesetzentwurf seitens der Regierung erzwang, folgte auf die Straßengewalt im Dezember 1905 bei der darauffolgenden Reichstagswahl ein Sieg der sächsischen Kartellparteien. Das vorherige Kapitel behandelte die transnationalen Debatten über ein »faires« bzw. »modernes« Wahlrecht. In diesem Kapitel liegt der Fokus auf Straßendemonstrationen, dem Aufstieg des radikalen Nationalismus und anderen Triebfedern des Wandels, die zu einem Umdenken in Sachen Wahlrechtsfragen und Wahlkampfführung beitrugen.

Als Zehntausende Sachsen auf die Straße gingen, Hunderte mit Polizeisäbeln und Pferdehufen traktiert wurden und Dutzende im Krankenhaus oder Gefängnis landeten, läutete das eine neue Art von Machtkampf ein. Würden Gewalt und die Androhung eines Massenstreiks die Reform des Wahlrechts beschleunigen? Oder würden die Verteidiger des Obrigkeitsstaates die Bremse ziehen und den keimenden Aufstand mit aller Härte niederschlagen?[1] Beides schien denkbar. In der Hitze des Gefechts war eine rote Linie schwer zu erkennen, und keine Seite wusste, welche Waffen die andere einsetzen würde.

Im Dezember 1905 sank die Autorität des sächsischen Gesamtministeriums auf einen neuen Tiefstand. Regierungschef Georg von Metzsch bewies, dass seine Kritiker Recht hatten: Ihm fehlte sowohl die Einsicht als auch der Mut, die Krise zu bewältigen. Aus Sicht der damaligen Beobachter hatte die Entwicklung in Sachsen direkte Auswirkungen auf Preußen und auf Deutschland, sowohl 1905 als auch während des Reichstagswahlkampfs im Januar 1907. Beide Male verhandelte der Parteiführer der Konservativen, Paul Mehnert, direkt mit Reichskanzler von Bülow und dessen leitenden Beratern in Berlin, um die Ereignisse so gut er konnte zu steuern. Was die normalen Kommunikationskanäle zwischen Reich und Staatsbeamten anging, nutzte oder umging er sie, je nachdem wie es den Interessen seiner eigenen Partei zugutekam.

Als Metzsch im April 1906 schließlich sein Amt niederlegte, war nicht jeder überzeugt, dass sein Nachfolger, Wilhelm Graf von Hohenthal und Bergen, die Empörung der Bevölkerung über das langsame Tempo der Wahlrechtsreform würde zerstreuen

---

1 Vgl. J. Retallack, German Right, 2006, S. 3, 6.

können. Doch wie der Zufall es wollte, erhielt Hohenthal 1906 den Handlungsspielraum, den er brauchte. Die Mobilisierung der außerparlamentarischen Rechten verlieh dem antisozialistischen Kreuzzug neue Mittel und neuen Schwung, und die Reichstagswahl 1907 bot die perfekte Gelegenheit, dies unter Beweis zu stellen. Diese Entwicklungen schufen die Voraussetzungen für den legislativen »Tanz« im Jahr 1908, der schließlich Anfang 1909 ein neues Wahlgesetz hervorbrachte.

Die Macht der Straße

> Einem Teil [der Menge] gelang es, bis zum Altstädter Brückenkopf vorzudringen. Ein Gendarmeriekommando stellte sich ihnen jedoch entgegen und schlug mit dem Seitengewehr auf die Demonstranten ein, die sich zu wehren versuchten und ihrer Empörung Luft machten durch Rufe wie ›Bluthunde!‹, ›Kosaken!‹. Es gelang der Polizei, die Brücke wieder in ihre Hand zu bekommen.
> — Polizeibericht über die Dresdner Wahlrechtsdemonstration vom 3. Dezember 1905[2]

> In der Politik geht es um reale Dinge […]. Menschen bluten und sterben. […] [P]olitisches Handeln greift in die Fülle des menschlichen Lebens und ist voller Heldentaten und doppeltem Spiel. Um es zu verstehen, muss man sich seiner Vielfalt bewusst sein, zu dieser Zeit, an jenem Ort.
> — Kenneth Minogue, 1994

Als in Dresden, Leipzig, Chemnitz und anderen sächsischen Städten Massenkundgebungen und Straßendemonstrationen losbrachen, wurden diese Proteste vor dem Hintergrund der damaligen Wahlrechtskämpfe in St. Petersburg, Prag, Wien und anderen Teilen Europas gesehen.[3] Folgte Sachsen einem internationalen Trend? So sahen es jedenfalls die marxistischen Historiker in der Deutschen Demokratischen Republik. Sie feierten die sächsischen »Revolutionäre« für ihren Mut, die russische Revolution von 1905 bei sich zu Hause nachahmen zu wollen.[4] Viele Jahre später legte der *Cultural Turn* westdeutschen Wissenschaftlern eine andere Betrachtungsweise nahe. Das Augenmerk

---

2 Dresdner Polizei-Direktor Paul Koettig (»Geheim!«) an MdI, 3.12.1905, SHStAD, MdI 11043. Mit »Seitengewehren« waren Säbel und Schlagstöcke gemeint, nicht Pistolen oder Gewehre.
3 Vgl. K. Ucakar, Demokratie, 1985, S. 219–268; S. Lässig, Wahlrechtskampf, 1996, S. 142; D. Groh, Negative Integration, 1973, S. 58.
4 U. Herrmann, Kampf, 1955; D. Fricke, Aufschwung, 1957; L. Stern (Hrsg.), Auswirkungen, 1955–56; ders. (Hrsg.), Despotie, 1967; K. Czok, Auswirkungen, 1963; und die in der Bibliografie gelisteten Werke von H. Dörrer. Vgl. E. Mörl, Aufschwung, 1965, S. 132–191; für Leipzig, U. Baer, Aufschwung, 1967. Unter den nichtmarxistischen Historikern ist R. W. Reichard, Working Class, 1953, veraltet; fesselnde Darstellungen bieten C. Nunn, Radicalism, 1996; A. Caruso, »Blut und Eisen«, 2021, S. 65–79; und R. Evans, »Red Wednesday«, 1979; C. E. Schorske, Social Democracy, 1955, S. 28–58, liefert den Kontext; den Maßstab setzt S. Lässig, Wahlrechtskampf, 1996, bes. S. 181 ff.; dies. »Terror der Straße«, 1997; dies., Stagnation, 1997.

lag nun auf den preußischen Wahlrechtsdemonstrationen im Jahr 1910 – »als die Deutschen demonstrieren lernten«.[5] Beide Perspektiven sind hilfreich, um die Gewalt der Straße im Besonderen und die Wahlkultur im Allgemeinen in eine größere Perspektive zu rücken. Die sozialdemokratischen Demonstranten wollten mehr erobern als sächsische Straßen und Plätze. Aber die Deutschen lernten nicht erst 1910 zu demonstrieren. Sie lernten es 1905, und zwar auf blutige Weise in Sachsen.

In Wallung

Als die sächsischen Sozialdemokraten im November 1905 erstmals zu Demonstrationen für eine Wahlrechtsreform aufriefen, erinnerten sie sich daran, dass sie exakt zehn Jahre zuvor auf dem falschen Fuß erwischt worden waren. Als die sozialdemokratischen Abgeordneten im November 1895 das allgemeine Wahlrecht für den Sächsischen Landtag forderten, mussten sie entdecken, dass Paul Mehnert bereits das Dreiklassenwahlrecht in der Hinterhand hatte. Auch aus einem zweiten Grund wollten die sächsischen Sozialisten 1905 rasch handeln. In Russland, einem Land mit einer winzigen Arbeiterbewegung, hatte »die Revolution die Bestie des Absolutismus geworfen« und wurde als wegweisend verkündet.[6] Folglich beschloss die SPD-Führung, Massenkundgebungen zu organisieren, um der sächsischen Regierung und den »Ordnungsparteien« zuvorzukommen.[7] SPD-Ortsvereine organisierten für das Wochenende vom 18. und 19. November Massenveranstaltungen und rekrutierten innerhalb weniger Tage Redner und Ordner für 130 Kundgebungen. Laut Beschluss der Parteiführer sollten die Demonstranten nach den Reden gemeinsam zu den zentralen Plätzen in den jeweiligen Städten marschieren. Rechtlich gesehen hatten die staatlichen Behörden keinen Grund zum Eingreifen, doch wie weit würden sie gehen, um dem zivilen Ungehorsam Einhalt zu gebieten? Bald kursierten Gerüchte, wonach die sächsischen Soldaten in Bereitschaft versetzt und mit scharfer Munition – 40 Patronen pro Mann – ausgerüstet worden seien.[8]

Die Leipziger Innenstadt war das Zentrum der Demonstrationen, die am Sonntag, den 19. November, gegen 12 Uhr Mittag begannen. An den Kundgebungen in Leipzig nahmen rund 10 000 Personen teil. Als sie auf dem Augustusplatz zusammenkamen, war ihre Zahl (laut Schätzung der Polizei) auf 20 000 bis 30 000 Demonstranten ange-

---

5   B. J. WARNEKEN ET AL., Deutschen, 1986; B. J. WARNEKEN (Hrsg.), Massenmedium, 1991; T. LINDENBERGER, Straßenpolitik, 1995.
6   R. ILLGE, Zehn Jahre, 1906, S. 26.
7   »An die Parteigenossen Sachsens!« SAZ, 11.11.1905. Vgl. auch PAAAB, Europa Generalia Nr. 82, Nr. 1, Bd. 20; SHStAD, MdI 11042–43, 10993; Fö, »Übersicht […] 1905«, SHStAD, KHMSL 250 und KHMSD 124; und BAP, RLB-PA 944. Sofern nicht anders angegeben, stützt sich die folgende Darstellung auf diese Quellen und die in Fußnote 4 zitierte Fachliteratur.
8   Vgl. H. DÖRRER, Kämpfe, 1958, S. 46.

schwollen; die SPD-Presse sprach von 30 000 bis 40 000 Teilnehmern. Unter der Leitung des Leipziger Reichstagsabgeordneten Friedrich Geyer verlief die Straßendemonstration friedlich. Die strategischen Ziele der Menge unterstrichen jedoch die Neuartigkeit des Ganzen.[9] Die Demonstranten marschierten, skandierten und sangen vor dem Amtssitz des Kreishauptmanns und vor den Wohnsitzen des kommandierenden Generals und des Oberbürgermeisters. Sie wagten es sogar, an der Thomaskirche vorbeizuziehen, wo sächsische Soldaten zu einem Sonntagsgottesdienst versammelt waren. In Dresden fanden sechs Protestveranstaltungen statt. Jubel, der »wie heiliges Gelöbnis« klang, begrüßte einen sozialistischen Redner, der erklärte, »daß auch die sächsischen Proletarier *russisch, österreichisch* reden können, wenn es an der Zeit ist«.[10] Doch die Menschenmengen verhielten sich ruhig und gaben der Polizei keinen Anlass zum Eingreifen.[11]

Am 27. November 1905 antwortete Regierungschef Metzsch auf eine Interpellation im Landtag. Die Frage lautete, ob die Regierung in der laufenden Legislaturperiode eine Überarbeitung des Wahlrechts plane. Metzsch erwiderte unbekümmert, dass er nichts Neues zu bieten habe.[12] Er behauptete, dass die statistischen Untersuchungen noch nicht abgeschlossen seien – obwohl der Direktor des Sächsischen Statistischen Landesamtes ihm achtzehn Monate zuvor Szenarien auf der Grundlage verschiedener Wahlgesetze vorgelegt hatte.[13] Laut Metzsch sah die Regierung nach wie vor keine Vorzüge in Wahlsystemen, die auf Plural- bzw. Verhältniswahlrecht oder Wahlpflicht basierten.[14] Nach den Beratungen des Tages stellte der preußische Gesandte Carl von Dönhoff fest, dass Metzschs nichtssagende Erklärung »das Blut des deutschen Arbeiters in Wallung bringen« würde.[15] In einem Gespräch mit Dönhoff bemerkte Metzsch missmutig: »Ich habe die Sache satt bis hierher« und deutete mit der Hand eine Linie über dem Kopf an. Der bayerische Gesandte Eduard von Montgelas zeigte trotz seiner persönlichen Freundschaft mit Metzsch kein Mitgefühl für den sich im Wind drehenden Minister. Er äußerte sich entsetzt darüber, dass die sächsische Regierung keine neue Initiative beabsichtigte: »die Regierung lehnt es aber rundweg ab, die logische Consequenz jener Verurteilung des geltenden Wahlrechtes zu ziehen, schiebt vielmehr die Verantwortung und Initiative in dieser Lebensfrage des Staates der Kammer zu, hierdurch […] als ›Regierung‹ im

---

9 Vgl. C. Nonn, Radicalism, 1996, S. 189.
10 SAZ, 20.11.1905, geringfügig anders zitiert in: P. Gesandter Carl von Dönhoff, 21.11.1905 (Hervorhebung im Original) und in: C. Nonn, Radicalism, 1996, S. 189; vgl. Dönhoff zum folgenden Zitat über die Demonstrationen in Dresden; PAAAB, Europa Generalia Nr. 82, Nr. 1, Bd. 20. Vgl. SAZ, 18./22.11.1905, zitiert in: S. Lässig, Wahlrechtskampf, 1996, S. 143.
11 Fö, »Übersicht […] 1905«, zuvor zitiert. Pol.-Dir. Koettig (Dresden) an MdI, 21.11.1905, SHStAD, MdI 11043; vgl. D. Fricke/R. Knaack (Hrsg.), Dokumente, Bd. 2, 1989, S. 476–544, bes. S. 492–494.
12 LTMitt 1905/06, II.K., Bd. 1, S. 373 (27.11.1905); vgl. SHStAD, MdI 5466.
13 Eugen Würzburger an sächs. MdI, 29.8.1904 (Abschrift), PAAAB, Sachsen 60, Bd. 7.
14 Vgl. Kap. 9 in diesem Band.
15 Dönhoff, 29.11.1905, PAAAB, Sachsen 60, Bd. 7. Selbst die »Ordnungsparteien« hatten seine Bemerkungen kühl entgegengenommen.

wahren Sinn des Wortes abdicirend«. Metzsch baue auf die Unterstützung Preußens – »sonst wäre es in Sachsen schon zur Katastrophe gekommen«. Montgelas zufolge tat er das, um die Sache zu verschleppen; Metzsch müsse aber verstehen, dass man »auch mit größter Bundesmacht im Rücken […] nicht langfristig ohne Mitwirkung u. gegen den Willen von ¾ der Bevölkerung regieren« könne.[16]

Die Sache nahm bald hässliche Züge an. Befeuert von Zeitungsberichten über die Demonstranten, die am 28. November die Wiener Ringstraße »eroberten« – wobei es rund 100 Verletzte gab –, gingen die Sozialdemokraten in die Offensive.[17] Die Aktion begann am Sonntag, den 3. Dezember, um 11 Uhr in Dresden. Es kam zu sieben Protestkundgebungen mit rund 15 000 Teilnehmern allein in den Versammlungshallen, während die Nachzügler in den umliegenden Straßen und Lokalen warteten.[18] Bei allen Versammlungen vermieden die SPD-Parteiführer, sich selbst strafrechtlich zu belasten: Sie waren zuversichtlich, dass ihre Anhänger »das Richtige zur rechten Zeit« tun würden, ohne ihre Wortführer ins Gefängnis zu bringen. Die Tatsache, dass an den Straßenprotesten keine Frauen teilnahmen, deutet darauf hin, dass man mit einer möglichen gewalttätigen Konfrontation mit der Polizei rechnete. Einer Schätzung zufolge ging zwischen einem Sechstel und einem Viertel der erwachsenen männlichen Einwohner Dresdens auf die Straße.[19]

Nach Ende der Versammlungen marschierte die Menge – vom bayerischen Konsul nach wie vor auf 15 000 geschätzt – durch die Dresdner Neustadt in Richtung Elbbrücken. Diese wurden von Polizeireihen und berittenen Patrouillen bewacht. Zum ersten Zusammenstoß kam es, als die Demonstranten die Polizeilinie am nördlichen Ende der Augustusbrücke durchbrachen und der Polizei am südlichen Brückenende gegenüberstanden, hinter dem sich der Schlossplatz in der Altstadt öffnete. Die Menge hielt an, weigerte sich jedoch umzukehren. Nach etwa zwei Minuten ertönte ein Ruf aus der Menge und drängte sie, nach vorne zu stürmen. Zweimal wurde die Linie der Gendarmen fast durchbrochen, doch sie hielt. Auch an der Marienbrücke und der Carolabrücke konnte die Polizei den Durchmarsch der Demonstranten stoppen.

In den darauffolgenden drei Stunden (bis 15.00 Uhr) machten sich die Demonstranten über Seitenstraßen auf den Weg zum Marktplatz und Umgebung. Die Straßenbahnfahrer waren angewiesen worden, am Altmarkt nicht anzuhalten, wurden aber von »ein paar hundert« Leuten dazu gezwungen, die anschließend mit Rufen nach »Revolution!«

---

16   Bayer. Gesandter Eduard de Montgelas, 29.11.1905 (Entwurf), BHStAM II, Ges. Dresden 963.
17   Pol.-Dir. Koettig (»Geheim!«) an MdI, 3./21.12.1905, SHStAD, MdI 11043, und teilweise zum Folgenden. Vgl. ebenda für Berichte von Polizeidirektoren oder KHM in anderen sächsischen Städten.
18   SAZ, 4.12.1905.
19   C. Nonn, Radicalism, 1996, S. 194 und passim. Vgl. auch Montgelas (Entwurf) und Memorandum von Konsul Reichel (Abschrift), beide 4.12.1905, BHStAM II, Ges. Dresden 963; österr. Gesandter in Sachsen, Baron Karl von Braun, 5.12.1905, und die späteren Berichte vom 13.12.1905, 10./24.1.1906, 21.2.1906, HHStAW, PAV/53. Der britische Gesandte in Dresden, Lord Hugh Gough, 4.12.1905, berichtete fälschlicherweise: »Keine schweren Verletzungen […] von Personen auf beiden Seiten.« TNA, FO 30/323.

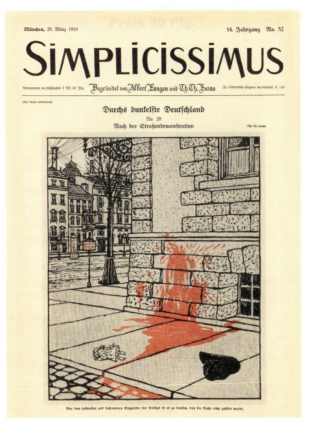

Abbildung 10.1: Thomas Theodor Heine, »Nach der Straßendemonstration«, 1910. Text: »Nur dem taktvollen und besonnenen Eingreifen der Polizei ist es zu danken, daß die Ruhe nicht gestört wurde.« Diese von Heine gezeichnete Karikatur gilt als eine seiner beißendsten Kritiken an der deutschen Obrigkeit. Quelle: Simplicissimus 14, Nr. 52 (28. März 1910), S. 899. Simplicissimus Online, Herzogin Anna Amalia Bibliothek Weimar.

und »Nieder mit der Polizei!« auf das königliche Schloss marschierten. Ihr Ziel war es, den Schlossplatz einzunehmen und unter ihre Kontrolle zu bringen. Die Täuschungsmanöver und das ungestüme Vorpreschen auf den Dresdner Straßen und Plätzen ähnelten einem Katz- und Mausspiel. Eine Gruppe, die sich dem königlichen Schloss näherte, rief: »Raus mit dem Wahlrecht!« und schlug mehrere Fenster kaputt. Dies und das Absingen der Marseillaise in Hörweite ihres Monarchen ging den versammelten Polizisten zu weit. Etwa 200 von ihnen hatten den Schloßplatz besetzt, doch nun wurden sie umzingelt und angegriffen. Die Demonstranten schlugen mit Fäusten und Stöcken auf sie ein, die Polizisten schlugen mit Säbeln und Reitpeitschen zurück: ein Demonstrant wurde durch sieben Säbelstiche in den Rücken verwundet, ein anderer verlor ein halbes Ohr. Schließlich gelang es der Polizei den Schloßplatz zu sichern – und, mit Hilfe von rund 100 Wohlfahrtsbeamten, auch den Altmarkt und die Wiener Straße vor Metzschs Residenz. Wie so oft in solchen Fällen lassen sich die genauen Umstände nicht exakt bestimmen. Waren die Menschen im Durcheinander und Gedränge ohnmächtig geworden oder waren sie von den Polizisten bewusstlos geschlagen worden? Was des einen revolutionäre Militanz, war des anderen Zivilcourage, wie auch spätere Kommentare zeigten (siehe Abbildung 10.1).

Die Vorkommnisse vom 3. Dezember riefen überschwängliches Lob für den sozialdemokratischen Heldenmut hervor. Am 4. Dezember berichtete die *Sächsische Arbeiter-Zeitung* detailliert und mit vorhersehbarer Übertreibung über die Ereignisse des Vortages. Allerdings stellte sie die Dresdner Gewalt auch in einen breiteren Kontext: »Der Feuerbrand der russischen Revolution, das begeisternde Beispiel des österreichischen Proletariats, die brutale Verweigerung des höchsten Staatsbürgerrechts durch den Landtag und die Regierung Sachsens, die Mißwirtschaft im Land, die drohenden Zeichen des Kommenden im Lande, das alles hatte die Seelen entzündet, das alles hatte die Stimmung geschaffen, aus der heraus das entsprang, was als Unerhörtes bisher in Sachsen galt.«[20] Die sächsischen Bürger waren in ihrer eigenen Hauptstadt mit der Aussicht auf eine Rebellion konfrontiert worden. Das Blutvergießen habe alle überrascht, berichtete der bayerische Gesandte in Dresden.[21] Sein österreichischer Amtskollege pflichtete bei und fügte hinzu: »Was in den gegenwärtigen Zeitläuften nahezu überall in die Erscheinung tritt: das ungestüme Streben nach einer Demokratisierung und Radikalisierung der Wahlrechte, das zeigt sich jetzt recht handgreiflich auch in Sachsen.«[22]

Rasch übertrafen die Prognosen über zukünftige Gewaltausbrüche die Realität. So behauptete die *Dresdner Zeitung* ohne jegliche Beweise, dass 60–70 Prozent der Arbeiterklasse bereit seien, zur Durchsetzung ihrer Forderungen nach einer Wahlrechtsreform den politischen Massenstreik zu entfesseln.[23] Der Blick ging auch in die jüngere Vergangenheit. Nur wenige Wochen vor Ausbruch der Demonstrationen war das Dresdner Berufswahlrecht, mit dem man die Sozialdemokraten lahmlegen wollte, erstmals erprobt worden. Die Wähler setzten nicht nur die konservativ-antisemitische Koalition ab, die seit den 1880er-Jahren die Dresdner Stadtpolitik dominiert hatte, sondern wählten auch mehr Sozialisten als erwartet. Die Festung Dresden gab es nicht mehr: »Ein Vorwerk des herrschenden Systems ist zu Bruch gegangen«, schrieb ein Beobachter, »u. somit bewiesen, dass künstliche Wahlrechtsstrategien nicht geeignet sind, tiefe Unzufriedenheit weitester Bevölkerungskreise zu beschwichtigen«.[24] Auch international erregten die Demonstrationen Aufmerksamkeit. Die Londoner *Times* tadelte Reichs-

---

20 SAZ, 4.12.1905.
21 Montgelas, 4.12.1905, zuvor zitiert; Bericht vom 17.12.1905, zitiert in: S. Lässig, »Terror der Straße«, 1997, S. 222.
22 Braun, 5.12.1905, zuvor zitiert.
23 DZ, 8.12.1905, SHStAD, MdI 11144; D. Fricke, Aufschwung, 1957, S. 787; U. Herrmann, Kampf, 1955, S. 867.
24 Montgelas, 1.12.1905 (Entwurf), BHStAM II, Ges. Dresden 963. Vgl. Dönhoff, 6.1.1906, PAAAB, Sachsen 48, Bd. 20.

kanzler Bülow, weil er die drei Millionen Wähler, die im Juni 1903 sozialdemokratisch gestimmt hatten, wie »Verräter« behandelte.[25]

Für Mitte Dezember 1905 waren weitere Wahlrechtskundgebungen geplant.[26] Bis dahin war die SPD-Führung zu der Auffassung gelangt, sie hätte bei einer weiteren gewalttätigen Auseinandersetzung mit der Polizei oder gar bewaffneten Truppen mehr zu verlieren als zu gewinnen.[27] Der SPD-Landtagsabgeordnete Hermann Goldstein hatte unterdessen eine Interpellation an die Regierung gestellt, in der er das brutale Vorgehen der Polizei gegen die Demonstranten anprangerte. Als Goldsteins Antrag am 14. Dezember diskutiert wurde, erklärte Metzsch, dass die Polizei mit voller Zustimmung seiner Regierung gehandelt habe. Diese Aussage genügte, um die sächsischen Linksliberalen, welche die Sozialdemokraten zaghaft unterstützt hatten, auf die Regierungsseite zu ziehen. Auch wenn Metzsch lediglich andeutete, dass Bewegung in der Wahlrechtsfrage sei, war das den konservativen und nationalliberalen Abgeordneten zu viel: Am späten Nachmittag brachen sie die weitere Debatte ab, allerdings nicht ohne zuvor zu erklären, dass die sächsische Polizei für ihren Mut gelobt und nicht getadelt werden sollte.[28]

Am Sonnabend, den 16. Dezember, marschierten erneut Menschenmengen durch die Dresdner Straßen, ungeachtet des Aufrufs der SPD zur Zurückhaltung. Wieder brach sich die Gewalt Bahn.[29] Doch dieses Mal war die Menge ohne Führung; sie war zögerlicher und weniger kompakt. Die meisten Demonstranten brachten ihre Wut zum Ausdruck, indem sie der Polizei Obszönitäten anstatt Gegenstände an den Kopf schleuderten. Gegen Mitternacht versammelten sich gut 2 000 Menschen vor der Villa von Metzsch. Ihnen gegenüber standen knapp 100 Polizisten, darunter fünfzehn zu Pferd. Als die vordere Reihe der Demonstranten kaum siebzig Schritte von der Polizei entfernt war, setzten sie zum Sturm auf diese an. Mit nicht mehr Vorwarnung als »Vorwärts drauf!« erscholl ein Schuss aus der Menge. Eine Kugel verletzte einen berittenen Polizisten an der linken Wange. Drei Minuten später fielen zwei weitere Schüsse, diesmal ohne jemanden zu verletzen. (An die Polizei waren keine Schusswaffen ausgegeben worden, sodass sich spätere Behauptungen der SPD, die Polizei hätte Warnschüsse auf die Menge abgegeben, als falsch herausstellten.) Die berittene Polizei rückte vor und trieb den größten Teil der Menge von der Straße auf den Bürgersteig. Während einige

---

[25] Zitiert (o. D.) in: deutscher Botschafter in Großbritannien, Paul Graf von Wolff-Metternich (London), an pr. MdAA, 11.12.1905, PAAAB, Europa Generalia Nr. 82, Nr. 1, Bd. 20.
[26] SAZ, 15.12.1905. Neben den bereits zitierten Quellen sowie S. LÄSSIG, Wahlrechtskampf, 1996, S. 160, vgl. Leipziger Pol.-Dir. Bretschneider an KHMSL, 17.12.1905; SHStAD, MdI 11043; Dönhoff, 18.12.1905, PAAAB, Europa Generalia Nr. 82 Nr. 1 Bd. 20. C. NONN, Radicalism, 1996, nennt die Berufe der Dresdner Demonstranten. Vgl. dazu pr. MdI Bethmann Hollweg, Rundschreiben an pr. Oberpräsidenten, 16.12.1905, PAAAB, Europa Generalia 82, Nr. 1, Bd. 21.
[27] SAZ, 15.12.1905.
[28] LTMitt 1905/06, II.K., Bd. 1, S. 624–633 (Goldstein) und S. 633 f., 639 f. (Metzsch) (14.12.1905); vgl. SPN, 13.12.1905.
[29] Vgl. Pol.-Dir. Koettig an MdI, 21./22.12.1905, SHStAD, MdI 11043; vgl. DN, 18.12.1905.

Demonstranten weiterhin Schmähungen gegen die Polizei ausstießen – »Reißt die Hunde vom Pferd!« –, versuchten andere zu fliehen. Aber die Polizei verfolgte sie; viele Demonstranten erlitten Hieb- und Schnittwunden. Ein Mann wurde verhaftet, nachdem er wiederholt dazu aufgerufen hatte, die Polizisten zu erstechen: Wie sich herausstellte, trug er einen Dolch bei sich. Die Kämpfe dauerten bis nach 2 Uhr morgens, als Erschöpfung einsetzte. Außer sich vor Angst hatte Metzsch seine Frau und seinen dreizehnjährigen Sohn in ein Nachbarhaus geschickt. Insider waren überzeugt, dass Metzsch seinen Posten so schnell wie möglich aufgeben würde: Er war mit den Nerven am Ende. Am 18. Dezember reichte Metzsch sein Rücktrittsgesuch ein. Friedrich August III. akzeptierte es zunächst ohne viel Federlesens oder freundliche Worte für seinen langjährigen Minister. Doch dann ließen sich beide Männer davon überzeugen, dass Metzschs Rücktritt gefährlich sei.[30]

*

Auf Metzsch beruhigend einzureden und ihn vom Abgrund zurückzuziehen, wurde vom bayerischen Gesandten als »Farce« bezeichnet. Aufgeführt wurde diese Inszenierung von Reichskanzler Bülow, seinem Gesandten in Dresden (Dönhoff), dem sächsischen Gesandten in Berlin (damals noch Hohenthal) sowie den Präsidenten der Ersten und Zweiten Kammern des Landtages (Friedrich Graf Vitzthum von Eckstädt[31] und Paul Mehnert[32]). Mit täglichen Berichten informierte Dönhoff Bülow über die heftige Landtagsdebatte am 14. Dezember, den »Ansturm der brüllenden, durch Alkohol erhitzten Menge« zwei Tage später und den prekären Geisteszustand von Metzsch.[33] Zu Dönhoffs Berichten fügten Bülow und der Kaiser Randbemerkungen hinzu, und der Kanzler untermauerte diese noch mit strengen Anweisungen an Metzsch, auf seinem Posten zu bleiben. Bülow antwortete auch auf hektische Depeschen von Mehnert aus Dresden, der behauptete, die »[s]ächsische Wahlrechtsfrage sei nur ein Aushängeschild für die in die Erscheinung tretende revolutionäre Bewegung«. Es war einfach, Bülow davon zu überzeugen, dass die Dresdner Gewalt nicht nur eine lokale Angelegenheit sei, son-

---

30 Montgelas, 18.12.1905 (Telegramm, Abschrift), BHStAM II, Ges. Dresden 963; vgl. Montgelas, 19./22./31.12.1905 (Entwürfe), BHStAM II, Ges. Dresden 963, und 13./25.1.1906 (Entwürfe), Ges. Dresden 964; auch Friedrich August III. an Wilhelm II., 12.1.1906, PAAAB, Sachsen 55, Nr. 2, Bd. 3.
31 Nicht zu verwechseln mit dem zukünftigen Regierungschef Christoph Graf Vitzthum von Eckstädt.
32 Mehnerts zynische, undurchsichtige Rolle wurde vom bayerischen Gesandten Montgelas am 31.12.1905 (Entwurf, zuvor zitiert) wie folgt kommentiert: »Im Volk gärt es weiter, aber Mehnert, der alles eingebrockt hat, wird sich wieder aus der Affäre ziehen und alles auf die Regierung schieben.«
33 Hierzu und zum Folgenden Dönhoff an Bülow, 21.12.1905; Dönhoffs weitere Berichte vom 22./23./25.12.1905; und Bülows Notizentwurf, 23.12.1905, PAAAB, Sachsen 55, Geheim, Nr. 2. Auch Hohenthal (Berlin) an Metzsch, 19./22.12.1905, SHStAD, MdAA 3316a-c, Nachdruck in: L. STERN (Hrsg.), Auswirkungen, 1955/56, Bd. 2, Teil 2, S. 261–263. Zu Dönhoffs früheren und späteren Berichten, 12./21.11.1905, 15./18./30.12.1905, 2./3./13./19./24.1.1906, 1.2.1906, sowie das Original von Mehnert an Bülow, 22.12.1905, PAAAB, Europa Generalia 82, Nr. 1, Bd. 20.

dern der »Probierstein für das ganze Reich«.[34] Wie der Reichskanzler (indirekt an die Adresse von Metzsch) schrieb: »Erlebe die Sozialdemokratie jetzt den Triumph, daß sie nur auf die Straße zu gehen brauche, um einen hochverdienten, bei ihr allerdings mißlibigen deutschen Minister zu stürzen, so könnten sich in den übrigen Teilen des Reichs Demonstrationen abspielen, die noch weit ernster wären wie die Dresdner.«

Bülow wies Metzsch an, die Demonstranten mit allen ihm zur Verfügung stehenden Mitteln zu unterdrücken. Kaiser Wilhelm II. schaltete sich mit einem weiteren Hinweis ein. Die Russische Revolution habe gezeigt, dass es für Militärtruppen gefährlich und demoralisierend sei, wenn sie aufgefordert würden, Polizeifunktionen zu übernehmen, gleichzeitig aber daran gehindert würden, »sofort scharf« gegen den Feind vorzugehen. Der deutsche Soldat sei zu edel, um Gewehr bei Fuß zu stehen, wenn Unrat und Steine auf ihn geworfen werden. Die Truppen sollten durchaus als letztes Mittel eingesetzt werden, allerdings mit der Anweisung, »dann aber auch sofort von der Schußwaffe Gebrauch zu machen und nicht etwa zu warten, bis die revoltierende Menge, wie sie dies so häufig tue, Weiber und Kinder in das erste Treffen vorgeschoben hätte«.[35] Bülow gab den Wink nach Dresden weiter. Unternehme Metzsch nicht die »energische, zielbewußte Unterdrückung aller etwaigen weiteren Versuche, die Politik auf der Straße zu machen«, dann würde er den »geschworenen Feinden« des Staates einen Erfolg bescheren, der »ihre kühnsten Erwartungen übertreffen« würde. Politisch wäre es ein schwerer Fehler, würde die sächsische Staatsregierung nun ankündigen, dass sie über eine Initiative zur Reform des Wahlrechts nachdenke; vielmehr sprach er sich dafür aus, dass »[...] nichts, auch nicht das geringste von seiten der Regierung geschehen möchte, bis nicht die volle Ruhe wiedereingekehrt sei«.[36]

Mehnert behauptete, dass Bülows »energische Intervention« in der sächsischen Ministerkrise »Wunder«[37] bewirkt habe. Metzsch würde nicht »das Opfer einer Pöbel-Demonstration« werden.[38] Doch die letzten Wochen im Dezember 1905 waren von einem Krisengefühl geprägt. Die SPD-Führung hatte offenbar ihre Macht eingebüßt, »die Massen« zu kontrollieren. Metzsch versuchte, seine Nerven während eines Landaufenthalts wiederherzustellen. Selbst auf den sächsischen König konnte man nicht zählen. Die preußischen und bayerischen Gesandten waren sich einig, dass Friedrich August III. die Situation nicht richtig durchschaute. Der König vertraue zu sehr auf seine Beliebtheit, er sei über die neuesten Entwicklungen nicht *au fait* und habe die Lage nicht »verdaut«. Folglich betrachte er die Demonstranten als »Luder«, die »man niederschlagen muss« und zeige sich erfreut über die Verschiebung der Wahlrechtsreform

---

34 Hohenthal (Berlin) an Metzsch, 19.12.1905, zuvor zitiert, sowie für das folgende Zitat.
35 Wilhelm II. zitiert in: Hohenthal (Berlin) an Metzsch, 22.12.1905, zuvor zitiert.
36 Hohenthal (Berlin) an Metzsch, 19./22.12.1905, zuvor zitiert.
37 Mehnert an Bülow, 22.12.1905 (Abschrift), zuvor zitiert.
38 Bülows Bemerkung zitiert in: Hohenthal (Berlin) an Metzsch, 22.12.1905, zuvor zitiert.

auf die Landtagssession 1907/08.[39] Unterdessen fühlten sich die preußischen Behörden gegen weitere Gewalt gut gewappnet.[40] Der Berliner Polizeipräsident Georg von Borries jun., beeindruckt von dem moderaten Ton der SPD-Flugblätter, entschied sich, im Januar 1906 das Militär nicht einzusetzen: Er habe »größere Furcht vor der Rauflust der Soldaten als vor den Sozialdemokraten«.[41]

Der Respekt, den die SPD für Recht und Ordnung zeigte, brachte ihr keine Freunde. Als der erste Jahrestag des Blutsonntags in Russland heranrückte, waren für den »Roten Sonntag« (21. Januar 1906) deutschlandweit Demonstrationen geplant.[42] In der preußischen Provinz Brandenburg nahm ein Militärkommandant in seinen Tagesbefehl folgenden Passus auf: »[…] sollten Barrikaden entstehen, so sind sie durch Granaten zu beschießen, bevor die Infanterie sie stürmt.«[43] Das war nicht nötig: Die einzigen Barrikaden, die es in deutschen Städten gab, waren von der Polizei selbst errichtet worden. In Berlin fanden 90 Protestkundgebungen statt, aber die einzige Provokation kam vom Staat: Truppen wurden in Baracken zusammengezogen und marschierten in zeitlichen Abständen durch die Stadt. »Trotz der Ängste in offiziellen und bürgerlichen Kreisen geschah nichts Aufregendes – nicht einmal ein Marsch durch die Straßen.«[44]

Die sächsischen Behörden blieben nervös. Der Dresdner Polizeidirektor verbot eine Wahlrechtsversammlung des nur dreißig Mitglieder zählenden (linken) Liberalen Vereins in Dresden.[45] In Wurzen, nicht unweit von Leipzig, wurden Polizisten in Uniform und Zivil »morgens, mittags und abends« in die Fabriken geschickt, um die Verteilung von Handzetteln und Flugblättern zu verhindern. Lokale, in denen Kundgebungen stattfinden sollten, wurden hermetisch abgeriegelt – in einigen Fällen wartete die Polizei in den Räumlichkeiten selbst auf den Aufruf zum Einsatz. Und im örtlichen Schützenverein trafen sich 400 Gendarmen, um »über aktuelle Ereignisse ›zu diskutieren‹«.[46] Unterdessen sprachen sächsische Richter unter dem Beifall der bürgerlichen Presse nach Gutdünken Recht.[47]

---

39 Dönhoff, 2.12.1905, zuvor zitiert; Montgelas, 20./22.12.1905 (Entwürfe), zuvor zitiert.
40 Am 8.1.1906 debattierte das PrStMin über die für den 21.1.1906 geplanten Demonstrationen; AB-PrStMin, Bd. 9, S. 165 f.; Hohenthal (Berlin) an Metzsch, 11.1.1906 (Entwurf), SHStAD, GsB, Nr. 985 T. 1; K. A. Lerman, Chancellor, 1990, S. 301. Zu den Vorbereitungen in Sachsen, SHStAD, MdI 11043 und in anderen Ländern PAAAB, Europa Generalia 82, Nr. 1, Bd. 20; auch BLHAP, PP, Tit. 94, Nr. 12857.
41 Notiz vom 12.1.1906 (Abschrift), SHStAD, MdI 11043.
42 Zu den offiziellen Reaktionen auf den »Roten Mittwoch« in Hamburg (17.1.1906) vgl. Tschirschky, 18.1.1901, und Dönhoff, 19.1.1906, PAAAB, Europa Generalia 82, Nr. 1, Bd. 20; vgl. R. Evans, »Red Wednesday«, 1979.
43 Tagesbefehl (19.1.1906) zitiert in: D. Fricke, Aufschwung, 1957, S. 787.
44 Brit. Botschafter in Deutschland Sir Frank Lascelles an brit. Außenministerium, 26.1.1906, TNA, FO 371, BFO-CF, Rolle 6, Nr. 3438, S. 401–406 (auch zu Bülows Anti-SPD-Rede im PHH).
45 SHStAD, MdI 11042; S. Lässig, Wahlrechtskampf, 1996, S. 178 f. Vgl. Gough, 23.1.1906, TNA, FO 371, BFO-CF, Rolle 6, Nr. 3131, S. 322–324.
46 E. Mörl, Aufschwung, 1965, S. 147–156. Fö, »Übersicht […] 1906«, SHStAD, MdI 10994.
47 Noch vor dem 21.1.1906 verurteilten sie 25 »Täter« zu 19 Jahren, 11 Monaten und 27 Wochen Gefängnis. Gegen den Herausgeber der LVZ wurde ein spektakuläres Urteil gefällt: Franz Mehring beschrieb es als Teil der

Die Berliner Polizei stellte fest, dass die sächsischen Präzedenzfälle dazu beitrugen, die Proteste gegen das Dreiklassenwahlrecht in Preußen im Januar und März 1906 klein und »harmlos« zu halten.[48] Nicht einmal ein blutiger Vorfall in Breslau am 19. April, der als »Geschichte mit der abgehackten Hand«[49] die Runde machte, war dazu angetan, das Blut der preußischen und sächsischen Arbeiter in Wallung zu halten. Die Polizei kam zu folgendem Schluss: »Es scheint übrigens fast so, als wenn ein großer Teil der sozialdemokratischen Gefolgschaft, insbesondere in den Gewerkschaftskreisen, der steten Versammlungsreden über das Dreiklassenwahlrecht allmählich müde geworden ist.« Sie zitierte sogar Franz Mehring, um nahezulegen, dass die Krise vorbei sei: »Man hat sich jetzt entschlossen, auf revolutionäre Mätzchen zu verzichten und, wie Mehring so schön sagte, den Gegner ›am langsamen Feuer zu braten‹.« Metaphernreich wurde erklärt, warum den Sozialdemokraten 1906 das Heft aus der Hand glitt. Die sächsischen SPD-Parteiführer glaubten, das Revolutionsfeuer nun auf »Sparflamme« nähren zu können – und das aus gutem Grund: Zwar heizte sich die Wahlrechtsreformbewegung in Preußen auf, aber die lange Sitzungspause im Sächsischen Landtag – von April 1906 bis Oktober 1907 – machte es unmöglich, das Feuer vor Ort geschürt zu halten. Für einige Kritiker in der Partei war das Versäumnis der sächsischen SPD, ihren strategischen Durchbruch von 1905 zu nutzen, nicht minder vernichtend als ihre lammfromme Reaktion auf den »Wahlraub« von 1896. Andere prophezeiten, dass die Partei, indem sie vor Gewalt zurückwich, noch mehr Mitläufer aus »ehrbaren« Kreisen anziehen würde als bei der Reichstagswahl im Juni 1903. Beide schossen über das Ziel hinaus: Die Kritik war zu hart, die Prognose zu rosig.

Die Kultur des Arbeiterprotests

Bei dem Fokus auf die gewalttätigen sächsischen Wahlrechtsdemonstrationen im Dezember 1905 sollte nicht übersehen werden, dass die Arbeiterklasse die öffentlichen Räume im kaiserlichen Deutschland auch auf ruhigere Art und Weise besetzte. Die »Partei des Umsturzes« hatte gezeigt, dass sie in der Lage war, ihre Macht – ihre Märsche, ihre Lieder, ihre physische Stärke – auf das politische Terrain des Staates zu verlagern. Die SPD-Demonstranten eroberten geografisches und symbolisches Neuland,

---

staatlichen Strategie von Furcht und Schrecken; seit Jahren hatten die Sozialdemokraten kein so strenges Urteil verbüßen müssen. NZ 24, Bd. 1 (1906), H. 21, S. 673–676; LVZ-Flugblatt gegen diese Urteile, SHStAD, MdI 11043; LVZ, 13.5.1908; vgl. Zeitungsausschnitte in BAP, RLB-PA 944; H. Dörrer, Kämpfe, 1958, S. 63; S. Lässig, Wahlrechtskampf, 1996, S. 179.

48   Dies sowie das Folgende in: Fö »Übersicht [...] 1905/06«, D. Fricke/R. Knaack (Hrsg.), Dokumente, Bd. 2, 1989, S. 493 f. Vgl. sonstige Materialien in PAAAB, Europa Generalia 82, Nr. 1, Bd. 21.

49   Es handelte sich dabei um einen Polizeieinsatz, bei dem »ein Schutzmann mit einem Säbelhieb die linke Hand des Arbeiters Franz Biewalt glatt abschlug. Das Schlagwort der abgehackten Hand entwickelte sich in der Folge zur Metapher für Polizeigewalt.« A. Caruso, »Blut und Eisen«, 2021, S. 172–173.

als sie sich aus den »profanen« Arbeitervororten aufmachten, hinein zu den ikonischen Zentren der Macht: zentrale Plätze, Rathäuser, Polizeipräsidien, Parlamente, Ministerwohnungen, Königspaläste. Letztere waren nicht nur physische Räum- und Örtlichkeiten, sondern auch die symbolischen Machtsitze des Obrigkeitsstaates: Falls dieser seine Legitimität bewahren wollte, mussten sie verteidigt werden – freilich im Rahmen dessen, was das Gesetz und die öffentliche Meinung zuließen. Also brachte man Polizeisäbel zum Einsatz; Kanonen sollten, wie Kaiser Wilhelm es formuliert hatte, für echte Ernstfälle aufgespart werden. Auf diese Weise gelang es, die Revolution bis November 1918 in Schach zu halten – allerdings zu einem hohen Preis.

Bürgerliche Ängste vor dem Proletariat und das Bedürfnis der Arbeiter nach Selbstdarstellung bestimmten den ästhetischen Charakter einer Demonstration.[50] Demnach konnte eine friedliche Demonstration als Warnung vor Zukünftigem dienen; eine eindrucksvolle Machtdemonstration konnte druckvoll werden.[51] Man nehme als Beispiel Lily Brauns Beschreibung eines Wahlrechtsprotests in Berlin. Was harmonisch begann, endete kämpferisch: »Sie singen. Niemand hat den Taktstock geschwungen, sie sehen einander nicht einmal, und doch ist es dasselbe Lied, das aus den Kehlen aller dringt, das die Bastille gestürmt hat und die Barrikaden: die Marseillaise. Es schlägt gegen die Mauern der Kirche und der Paläste. [...] Hoch über dem Königsschloß fluten seine Töne zusammen, – es klingt wie das Klirren scharfer Klingen, – wie Wotans gespenstisches Heer.«[52]

Die Arbeiterklasse provozierte ihre »Bessergestellten« bewusst durch bürgerliches Benehmen. Auch das war etwas Neues. Bis Ende des 19. Jahrhunderts hatten die »Ordnungsparteien« mit Vorliebe das würdelose Benehmen, Aussehen oder Verhalten ihrer Gegner angeführt und sie so als Bedrohung der etablierten Ordnung identifiziert. Die Angehörigen des »Pöbels« zeichneten sich durch ihre schmutzige Kleidung, ihre schlechte Grammatik, ihren betrunkenen Gang aus.[53] Ebenso stachen sie in der Öffentlichkeit durch ihre wilden Forderungen und Träume bezüglich der künftigen sozialistischen Utopie hervor. Nach der Jahrhundertwende veränderte sich das Antlitz des Sozialismus. Wahlrechtsdemonstranten zogen nun ihre Sonntagskleidung an: Männer trugen dunkle Anzüge, saubere Mäntel, Filzhüte (statt Mützen), Regenschirme (siehe Abbildung 10.2); Frauen trugen schöne Kleider, dazu manchmal blumengemusterte Hüte. Das waren Menschen, von denen »niemand annehmen konnte, sie würden ein Verbrechen begehen«.[54] Gut angezogen zu sein, diente auch anderen Zwecken: Es war weniger wahrscheinlich, dass man von der Polizei angegangen wurde. Und symbolisch

---

50   B. J. Warneken (Hrsg.), Massenmedium Straße, 1991; T. Lindenberger, Straßenpolitik, 1995.
51   B. J. Warneken, »Gewalt«, 1991, S. 97 f.
52   Lily Braun, zitiert in: B. J. Warneken, »Gewalt«, 1991, S. 105. Vgl. W. Kaschuba, »Rotte«, 1991, S. 92.
53   Vgl. B. J. Warneken, Schritte, 2010, S. 93 und passim, sowie ders., »Gewalt«, 1991, zu einigen der folgenden Punkte.
54   VossZ, 7.3.1910, zitiert in: B. J. Warneken, »Gewalt«, 1991, S. 111.

Abbildung 10.2: Wahlrechts-Demonstration vom 1. November 1908 auf der Radrennbahn Dresden. Quelle: Verlag Dresdener Volkszeitung, Postkarte, 1908. Stadtmuseum Dresden.

stand der Sonntagsstaat für die kulturellen und politischen Ideale, für die die Demonstranten zu kämpfen bereit waren.

Nach 1900 wurde das Wort »Spaziergang« – zuvor ein konspirativer Begriff für einen Marsch, eine Kundgebung oder ein geheimes Treffen – ironisch verwendet, um das Eindringen der Arbeiter in den öffentlichen Raum des Bürgertums zu beschreiben und zu betonen, wie nutzlos Polizeiverbote waren.[55] Die Arbeiter machten sich nun, uneingeladen, auf den Weg zu den »Kulturstätten der Nation«: Stadtparks (vor allem deren Bänke), Promenaden, Museen, wohlhabende Viertel.[56] Ein weiteres Zeichen des Anstands war es, bei Wahlrechtsdemonstrationen nur eine Straßenseite zu benutzen, den Verkehr auf der anderen Seite ungehindert rollen zu lassen und somit keinen Grund zur Beanstandung zu liefern. Die konservativ-nationalistische *Tägliche Rundschau* beschrieb eine dieser Demonstrationen anerkennend als Beispiel für »den preußischen Militarismus in Zivil«.[57] Die sozialdemokratischen Anführer der Wahlrechtsreformbewegung waren erpicht darauf, den Zusammenhang zwischen sozialer und politischer Reife herzustellen. Anders als frühere Aufstände und Tumulte bekräftigten gut

---

55 B. J. WARNEKEN, Schritte, 2010, bes. S. 00.
56 Zu Parks vgl. L. ABRAMS, Workers' Culture, 1992, S. 158–163.
57 Tägliche Rundschau, 11.4.1910, zitiert in: B. J. WARNEKEN, »Gewalt«, 1991, S. 101.

organisierte, friedliche Demonstrationen, was den neuen Typus des Sozialdemokraten ausmachte: Er [sic] habe bereits sein »politisches Reifezeugnis« erworben; deshalb verdiene er auch faire und gleiche Wahlen.

Die Demonstranten der Arbeiterklasse gaben sich nicht mit Körpersprache und Gesten zufrieden, um ihren Standpunkt klarzumachen. Sie unterwarfen Obrigkeitssymbole (z. B. das Dresdner Bismarck-Denkmal) großen und kleinen Demütigungen. Sie verglichen sogar militärischen Gleichschritt mit musterhaftem »Massentritt« – ohne beides gleichsetzen zu wollen.[58] Eines lässt sich mit Gewissheit sagen: Die Theatralik des Ganzen blieb beiden Seiten nicht verborgen.[59] Otto Rühle, der in der sächsischen SPD ganz links stand, malte in seinen Erinnerungen ein Bild von einem Maifeier-Demonstranten und den Bürgern, die, erfüllt von »Angst und Schrecken«, von ihren Fenstern und Balkonen auf ihn und die vorbeiziehenden Massen hinabblickten. Besagter Demonstrant war alles andere als eingeschüchtert. »Seht her«, rief er den Bürgern zu, »so stark an Zahl sind wir, soviel Macht und Mut verkörpern wir! – Wenn wir wollten, wir könnten Euch zu Brei zerschlagen und Eure Fabriken, Eure Reichtümer in Nichts zerschmettern. Noch schonen wir Euch, großmütig und anständig wie wir sind, noch ist unser Tag nicht gekommen.«[60] Das war keine Fantasterei. Den Sozialdemokraten verlangte die Würde und Ernsthaftigkeit der Inszenierung viel Disziplin ab. Die liturgischen Elemente aus den Trauerumzügen des 19. Jahrhunderts waren noch nicht verschwunden. Doch nun wurde die Unterscheidung zwischen Realität und Inszenierung bewusst verwischt: Die Generalprobe diente nicht mehr nur für den ersten Akt.

In den Lageberichten der sächsischen Behörden aus dem Jahr 1905 findet sich keine entsprechende Subtilität. Polizeidirektoren, Militärkommandanten, Amts- und Kreishauptleute – sie alle zeigten kein Verständnis, geschweige denn Sympathie für die größeren Ziele, auf welche die Sozialdemokratie hinarbeitete. Als Kreishauptmann Georg von Welck, ein alter Freund des konservativen Anführers Baron von Friesen-Rötha, am 3. Dezember 1905 über die Wahlrechtsdemonstrationen aus Chemnitz berichtete, war es für ihn selbstverständlich, dass der Staat mit aller Kraft auf diese Bedrohung reagieren sollte. »Dass Tausende, um politisch zu demonstrieren, die Stadt durchziehen, den Verkehr stören, weite Kreise beunruhigen, durch ihr Auftreten eine politische Pression auszuüben versuchen, *kann nicht* geduldet werden, und finden die bezüglichen Aufforderungen, Mahnungen, Warnungen der Polizei kein Gehör, droht mithin eine Art zeitweiliger Ausschaltung der polizeilichen Autorität, so muss deren Aufrechterhaltung *erzwungen* werden.«[61]

---

[58] Für eine Diskussion dieses Vergleichs, mit Bildern, vgl. B. J. WARNEKEN ET AL., Deutschen, 1986, S. 93–100.
[59] Zum Folgenden T. LINDENBERGER, Straßenpolitik, 1995, S. 334; B. J. WARNEKEN, »Gewalt«, 1991, S. 107–114.
[60] O. Rühle, Kultur- und Sittengeschichte des Proletariats, Bd. 2 (Lahn-Gießen, 1977), S. 307, zitiert in: B. J. WARNEKEN, »Gewalt«, 1991, S. 108.
[61] KHM Welck (Chemnitz) an MdI, 5.12.1905, SHStAD, MdI 11043 (Hervorhebung im Original).

Für manche Anhänger der »Ordnungsparteien« boten die Wahlrechtskundgebungen und ihr friedlicher Charakter Anlass zum Spott: sie zogen sie schon fast ins Banale. Um die Forderungen der Arbeiter nach politischer Integration zu delegitimieren, bedienten sich die Kritiker genderspezifischer Zuschreibungen von Vertrautheit und Routine und verglichen die preußische Wahlrechtsdemonstration im Treptower Park 1910 mit einem Familienausflug. Selbst die liberale *Vossische Zeitung* verwies auf das »gleichförmige Alle-Jahre-Wieder der Frauentags-Demonstrationen«, die angeblich nichts erreicht hätten.[62] Pessimisten warnten jedoch davor, auf die Inszenierung der Sozialdemokraten hereinzufallen. Am 3. Mai 1910 bezeichnete ein konservativer Abgeordneter im preußischen Abgeordnetenhaus die Wahlrechtsdemonstrationen als »eine *Vorübung* für die allgemeine Anwendung roher Gewalt«. Ein anderer beschrieb einen solchen Protest als »viel mehr als eine *Heerschau*. Es ist das Manöver, die Einübung der großen Masse für den Gebrauch im Ernstfall. Das ist der leitende Gedanke, der der *Veranstaltung* solcher Demonstrationen zugrunde liegt.«[63]

Im Schwebezustand

Die Bilanz des sächsischen Flirts mit dem »Umsturz« im Jahr 1905 war nicht eindeutig. Kurzfristig ermöglichten das Ende des Blutvergießens und die Ablehnung des Massenstreiks durch die SPD den Mehrheitsparteien im Landtag, die Initiative zu ergreifen. Ihr völliger Vertrauensverlust in Metzsch zeigte bald Wirkung. Am 1. Mai 1906 legte Metzsch seine Ministerposten nieder und verschwand in der Versenkung.[64] Die *Sächsische Arbeiter-Zeitung* war in ihren Abschiedsworten schonungslos: Metzsch sei »mit der Wahlrechtsschmach [von 1896] behaftet« gewesen, die »in der Hauptsache sein Werk war«. Er sei ein »Reaktionär«, der als »Polizeimann auf dem Ministersessel« gedient habe.[65]

Während der Sitzungspause des Landtags – von Mai 1906 bis Oktober 1907 – ließen die sächsischen Nationalliberalen erkennen, dass sie trotz ihrer Meinungsverschiedenheiten zu vielen untergeordneten Fragen mit den Konservativen zusammenarbeiten wollten, um ein »ungefährliches« Wahlrecht zu schaffen.[66] Zum Zeitpunkt der Straßenproteste im Dezember 1905 waren viele Nationalliberale noch unsicher gewesen, wo der wahre Feind stand. Trotz intensiver Bemühungen konnte Gustav Stresemann die Mehrheit der Nationalliberalen im Landtag nicht dazu bringen, die Wahlrechtsreform uneingeschränkt zu unterstützen. Wie ein wohlwollender Redakteur es am 7. Dezember

---

62   VossZ, 3.3.1913, zitiert in: T. LINDENBERGER, Straßenpolitik, 1995, S. 334.
63   Von Brandenstein und Oktavio von Zedlitz und Neukirch, zitiert in: B. J. WARNEKEN, »Gewalt«, 1991, S. 108 (Hervorhebungen d. Verf.). Vgl. DTZ, 3.11.1908, zu den sächsischen Straßendemonstrationen vom 1.11.1908.
64   Seine neue Bezeichnung als Minister des Königlichen Hauses war nur ein Ehrentitel; vgl. Abbildung 6.1.
65   SAZ zitiert in: Braun, 10.4.1906, HHStAW, PAV/53.
66   Die detaillierte Analyse in D. WARREN, Red Kingdom, 1964, S. 58–76, braucht hier nicht wiederholt zu werden.

1905 in einer Notiz an Stresemann formulierte, war die Gewaltanwendung der Sozialdemokraten ein zweischneidiges Schwert. Die Liberalen dürften sich die Chance, die Unterstützung der Bevölkerung für die Wahlrechtsreform zu gewinnen, nicht entgehen lassen. Die Reaktion der zurückhaltenderen Mitglieder von Stresemanns Verband Sächsischer Industrieller (VSI) und der sächsischen Nationalliberalen Fraktion würde jedoch entscheidend sein. (Die Jahresversammlung des VSI stand unmittelbar bevor.)[67] Wie sie in den nächsten Tagen reagierten, so dieser Redakteur weiter, würde zeigen, ob die unentschlossenen Mitglieder die Partei nach links neu ausrichten wollten: Wirklich liberal zu sein gelte in Sachsen immer noch nicht als »fair«.[68] Enttäuscht darüber, dass die sächsischen Industriellen die reformistische Sache so schnell aufgaben, vermied Stresemann in seinen öffentlichen Äußerungen 1906 größtenteils die Wahlrechtsfrage. Hans Delbrück hingegen ließ nicht locker. In seinen *Preußischen Jahrbüchern* merkte er an, dass die Nationalliberalen seit 1903 wertvolle Zeit verloren hätten, indem sie nicht nachdrücklicher auf eine Wahlreform gedrängt hatten; nun seien viele Deutsche aus den besten Kreisen der Ansicht, dass sich weder die preußische noch die sächsische Regierung hinsichtlich des vergossenen Blutes reinwaschen könne. Die einzige Lösung war Delbrück zufolge die schnellstmögliche Einführung des Pluralwahlrechts bei Landtagswahlen – in Sachsen und in Preußen.[69]

Von Metzschs Nachfolger war keine Eile zu erwarten. Während der sächsischen Ministerkrise vom Dezember 1905 hatte Mehnert an Bülow geschrieben: »Die gutgesinnte Bürgerschaft unseres Landes lechzt geradezu nach einem Mann, der furchtlos und klaren Blickes den ihm durch die gegenwärtigen Verhältnisse vorgezeichneten Weg ruhig vorwärts schreitet.«[70] Das leitende Organ des Bundes der Landwirte stellte damals fest, dass der erzkonservative Finanzminister Rüger ein Staatsmann mit »starken Nerven« sei. Auch wurde gemunkelt, dass Mehnert selbst zum Innenminister ernannt werden könnte. Insider hatten jedoch Recht mit ihrer Vermutung, dass Mehnert kein Interesse an einer solchen Position hatte: Er konnte als Anführer der antisozialistischen Landtagsmehrheit mehr Einfluss ausüben.[71] Metzschs Nachfolger, Graf von Hohenthal und Bergen, sei, so der bayerische Gesandte Montgelas, »ein vornehmer, einsichtiger,

---

67 Vgl. Montgelas, 12.12.1905 (Entwurf), BHStAM II, Ges. Dresden 963; Dönhoff, 1.7.1905, PAAAB, Sachsen 48, Bd. 20.
68 H. A. Günther an Stresemann, 7.12.1905, PAAAB, NL Stresemann, Nr. 3053, zitiert in: D. WARREN, Red Kingdom, 1964, S. 69 f.
69 PrJbb 123 (1906), S. 193–195. Zu Delbrücks Wahlrechtsreformplänen vgl. A. THIMME, Delbrück, 1955, S. 69–77. Für das preußische Abgeordnetenhaus hatte er schon im Januar 1904 ein Pluralwahlrecht mit höchstens vier Mehrstimmen vorgeschlagen; PrJbb 115 (1904), S. 22–32.
70 Mehnert an Bülow, 21.12.1905 (Abschrift), zuvor zitiert.
71 Dönhoff, 22./23.12.1905; Montgelas, 13./25.1.1906 (Entwurf), zuvor zitiert, und für einige der folgenden Punkte. Nachdem Metzsch die Möglichkeit der Ernennung von Mehnert zum MdI besprochen hatte, sagte er Montgelas: »Es ist zwar traurig [...], daß man in der sächsischen inneren Politik oft auf Personen angewiesen ist, deren einzige Triebfeder Egoismus und Strebertum ist.« Montgelas, 10.4.1906 und 5.5.1906 (Entwürfe), zuvor zitiert.

verlässlicher und fester Ratgeber an der Seite des Königs«.[72] Hohenthal hatte seit 1885 als sächsischer Gesandter in Berlin gedient, und er war der Schwager des konservativen Präsidenten der sächsischen Ersten Kammer, Friedrich Vitzthum von Eckstädt. Er habe Eigenschaften – »diplomatisches Geschick, Weltläufigkeit, etc.« –, die dem sächsischen König eklatant fehlten. Wie Metzsch vor ihm kam auch Hohenthal bald zu dem Schluss, dass man mit Friedrich August III. anders umgehen müsse als »mit dem klarblickenden, klugen und schnell das Richtige erfassenden König Albert«.

Als Hohenthal im März 1906, kurz vor seiner Abreise nach Dresden, bei einem Berliner Empfang private Bemerkungen machte, beging er zwei Kardinalfehler.[73] Zum einen wagte er es, eine zukünftige Wahlrechtsreform zu erwähnen. »Als die Hauptaufgabe meiner neuen Stellung betrachte ich es«, erklärte er, »dem Lande ein neues Wahlrecht zu geben, das auch den arbeitenden Klassen eine Vertretung in der Kammer gewährt, nicht aber eine Überflutung der zweiten Kammer durch die Sozial-Demokratie zur Folge hat. [...] Ich hoffe, daß mein Plan, der bereits die allgemeine Zustimmung des Königs gefunden hat, der großen Mehrheit der Gemäßigten gefallen wird, auf die sich die Regierung in einem industriereichen Lande wie Sachsen notwendig stützen muß.« Zum anderen merkte Hohenthal an, dass Metzsch sein Amt als Ergebnis der Straßendemonstrationen vom Dezember 1905 niedergelegt hatte. Aus Sicht der hartgesottenen Dresdner Polizisten und eingefleischten Konservativen widersprach dies völlig ihrer Behauptung, die »Macht der Straße« sei stets in den Händen des Staates geblieben. Auch die Sozialisten verurteilten Hohenthals Charakterisierung ihrer Straßendemonstrationen, während sich die Konservativen besorgt zeigten, dass er überhaupt einen Reformplan hatte.[74] Sogar Friedrich August III., der ansonsten »feu et flame« für seinen neuen Minister war, bezeichnete die Ausführungen Hohenthals als »nicht besonders glückliche«.

Von der Amtsübernahme Hohenthals (1. Mai 1906) bis zur Ankündigung des neuen Wahlrechtsreformplans der Regierung (7. Juli 1907) köchelte die sächsische öffentliche Meinung vor sich hin, kochte aber nicht über. Im Innenministerium werkelte Hohenthals Wahlrechtsadlatus Georg Heink an den Details des neuen Vorschlags. Wie vor ihm Anselm Rumpelt war auch Heink im ständigen Austausch mit seinen preußischen Kollegen, um die Pläne zur Reform des Wahlrechts miteinander zu vergleichen. Zudem las er Berichte aus anderen Bundesstaaten über deren Wahlrechtsgesetzgebung – begleitet von einer Unmenge an gedruckten Parlamentsdebatten.[75] Sowohl die politische Presse als auch die Öffentlichkeit warteten gespannt auf die nächsten Schritte. Vor dem Hinter-

---

72 Montgelas, 13./25.1.1906, 5.5.1906 (Entwürfe), BHStAM II, Ges. Dresden 964, sowie für die folgenden Zitate.
73 Der Empfang fand am 26.3.1906 statt. Hohenthals Bemerkungen werden sinngemäß wiedergegeben in: Braun, 10.4.1906, HHStAW, PAV/53.
74 Braun, 10.4.1906, zuvor zitiert.
75 Es stellt sich die Frage, wie viel von diesem Material selbst der »nicht unkluge« Heink, geschweige denn Hohenthal, hätte abarbeiten können. SHStAD, MdI 5466; SHStAD, MdI 5425–5426, Bde. 1–2.

grund der Gewalt im Dezember 1905 fragten sich einige, ob eine Reform des Wahlrechts jemals sozialen Frieden bringen könnte. Andere kamen zu dem Schluss, dass der Sozialdemokratie ein empfindlicher Schlag versetzt worden sei. Wieder andere nahmen eine Position dazwischen ein. Sie *hofften*, dass es möglich sei, ein dauerhaftes Gleichgewicht zwischen Reform und Unterdrückung zu finden; doch waren ihre Hoffnungen auch in der Vergangenheit schon enttäuscht worden.

Als Hohenthal die Verantwortung als sächsischer Regierungschef übernahm, zeigte er sich dem Prinzip *quieta non movere* gewogen. Es wurde gemunkelt, man würde zur Verabschiedung eines Wahlgesetzes eine Sondersitzung des Parlaments anberaumen, doch erteilte Hohenthal diesen Plänen eine klare Absage. Er wäre verrückt, sagte er, das Parlament früher als nötig einzuberufen.[76] Hohenthal war sich des Ausmaßes der anstehenden Aufgabe bewusst. Innerhalb weniger Tage nach seiner Ernennung erkundigte sich der neue Regierungschef nach den jüngsten Wahlrechtsentwicklungen in der Schweiz. Der österreichische Gesandte war sich sicher, dass Hohenthal mit einem Reformvorschlag »in die Arena treten« müsse: Im Herbst 1907 würde der »Tanz« im »Wahlreform-Landtag *par excellence*« beginnen.[77]

Bevor er seinen Wahlrechtsreformplan vom Juli 1907 enthüllte, musste Hohenthal weniger die öffentliche Meinung aufweichen als vielmehr eine gemeinsame Basis mit den Mehrheitsparteien im Landtag finden. Er konnte es sich nicht leisten, die geografische und politische Lage Sachsens zwischen Süd- und Norddeutschland zu ignorieren. Im Januar 1906 fragten Konservative im Preußischen Herrenhaus Bülow, ob die Regierung es für möglich halte, die Sozialdemokratie mit den bestehenden Gesetzen »erfolgreich« zu bekämpfen. Als Antwort spuckte Bülow Feuer und Schwefel: Er kritisierte die bürgerlichen Parteien für ihre mangelnde Einheit und verwies dabei besonders auf Wahlbündnisse zwischen den Nationalliberalen und Sozialdemokraten in Baden.[78] Die Folge war eine scharfe Replik der nationalliberalen *Badischen Landeszeitung*. Warum, so wurde dort gefragt, sollte sich Bülow Sorgen machen, wenn andere Parteien mit Sozialdemokraten Wahlvereinbarungen abschlössen? Die Art von Sozialdemokraten, die der Kanzler im preußischen Landtag verunglimpfte, seien nicht die gleichen Sozialdemokraten wie in Baden: Dort würde man den »vernünftigen« Forderungen der SPD mit »vernünftigen« Antworten begegnen, nicht mit Kartätschen. Als er dies las, war der Kaiser außer sich. »Unerhört!« schrieb er. Im »liberalen« Baden »geht die Autorität zum Teufel«. Er fuhr fort: »man hat scheint's in Baden vergessen, daß dort schon einmal

---

76 Braun, 17.5.1906, ebenso die Berichte vom 27.2.1906, 10.4.1906 (Nr. 14B und 14C), HHStAW, PAV/53.
77 Zur Hervorhebung schrieb der Gesandte »*par excellence*« in altgriechischen Buchstaben: *kat' exochén*. Braun, 10.4.1906 (Nr. 14B), zuvor zitiert.
78 Rede von Bülow im PHH vom 25.1.1906.

Revolution war!⁷⁹ Mein Großvater mußte einrücken und den Thron wieder aufrichten und Ordnung machen! Soll das nochmal geschehen?«

Die Sachsen fanden sich in einer schwierigen Lage. Die Art und Weise, wie die badische Regierung mit den »Roten« umging – sei es durch eine Wahlrechtsreform oder indem sie ihnen die Beteiligung am Gesetzgebungsverfahren zugestand – war nicht nach ihrem Geschmack. Doch nachdem sie gerade den Gewaltsturm in den Dresdner Straßen überstanden hatten, hatten sie auch wenig Lust auf die Polemik des Kaisers. In einem Sylvesterbrief an Bülow vom Dezember 1905 hatte Wilhelm II. die Möglichkeit eines Krieges mit Frankreich oder Großbritannien verworfen, weil die Sozialdemokraten »offen Aufruhr predigen und vorbereiten«. Bekanntlich schrieb er: »Erst die Sozialisten abschießen, köpfen und unschädlich machen – wenn nötig per Blutbad – und dann Krieg nach außen! Aber nicht vorher und nicht a tempo.«⁸⁰ In Sachsen hatten die Gegner der Sozialdemokratie andere Prioritäten. Sie wollten das »beschämende« Ergebnis der Reichstagswahl 1903 umkehren. Und sie wollten verhindern, dass es zur Verabschiedung eines ernsthaft transformativen Wahlgesetzes für den Sächsischen Landtag käme. Keines dieser Ziele würde erreicht werden, indem man den Sozialdemokraten drohte oder ihnen die Köpfe abschlug. Ebenso wenig würde es ihrer Agenda nützen, wenn Friedrich August III. oder Hohenthal auf die »radikalen Parteien« auf der Linken hörten. Die Situation erforderte taktisches und strategisches Geschick, das mit Fingerspitzengefühl und gleichzeitig mit brutaler Entschlossenheit eingesetzt werden musste.

*

In diese Bresche sprang »der ungekrönte König Sachsens«, Paul Mehnert. Wichtig ist der Zeitpunkt, zu dem er das tat: der 17. Januar 1907.⁸¹ Der Sächsische Landtag hatte Sitzungspause, aber vier Wochen zuvor war eine vorgezogene Reichstagswahl anberaumt worden. Reichskanzler Bülow hoffte, die »staatserhaltenden Parteien« gegen die »schwarzen« (katholischen) und »roten« Feinde des Reiches mobilisieren und eine zuverlässigere Mehrheit für die Gesetzgebung im Reichstag schaffen zu können. Mitte Januar 1907 unterhielten Mehnert und Bülow eine eifrige Korrespondenz darüber, welche sächsischen Wahlkreise man von der SPD zurückgewinnen könnte. Umso bemerkenswerter war es, dass Mehnert eine lange Denkschrift nach Berlin schickte, die sich *nicht* mit dem laufenden Wahlkampf, sondern mit der relativ latenten Frage der

---

79 Wilhelm II. meinte damit die Badische Revolution von 1848/49. Sein Großvater – wegen seines militärischen Einsatzes in Baden »Kartätschenprinz« genannt – wurde 1861 preußischer König und 1871 deutscher Kaiser Wilhelm I. Pr. Gesandter in Baden Carl von Eisendecher an pr. MdAA, 27.1.1906 mit Ausschnitt vom 26.1.1906 sowie Wilhelms Randbemerkung; PAAAB, Europa Generalia Nr. 82, Nr. 1, Bd. 20
80 Wilhelm an Bülow, B. v. BÜLOW, Denkwürdigkeiten, 1930, Bd. 2, S. 197 f.; K. A. LERMAN, Chancellor, 1990, S. 144; J. C. G. RÖHL, Wilhelm II., Bd. 3, 2009, S. 459.
81 Das heißt, nur acht Tage vor dem Hauptwahlgang bei der Reichstagswahl (25.1.1907).

Wahlrechtsreform befasste. Mehnerts Denkschrift war knapp, aber mit großer Sorgfalt angefertigt. Sie zeigte die begrenzte aber machtvolle Vorstellungskraft des Autoritarismus[82] – in Sachsen, im Bürgertum und in der Parteipolitik.

Mehnerts Denkschrift wurde an Bülow über den Reichskanzleichef Friedrich Wilhelm von Loebell übermittelt, der früher dem Elfer-Ausschuss der Deutsch-Konservativen Partei angehört hatte.[83] Selbst in der Hitze des Wahlkampfs wollte Mehnert Bülow davon überzeugen, dass jegliche Gesetzgebung zur Wahlrechtsreform in Sachsen – so sorgfältig sie auch gestaltet sein möge – eine nationale Katastrophe wäre. Hohenthals voreiliges Versprechen, »dem Land ein neues Wahlrecht zu geben«, war Mehnert nicht nur unliebsam; es könne alles zunichtemachen, was die Gegner des Sozialismus erreicht hatten, seit sie im Dezember 1905 die Gewalt auf den Straßen Dresdens unterdrückt hatten.[84]

Der sächsische König habe Mehnert über die Weihnachtsferien mitgeteilt, dass ein neuer Wahlrechtsentwurf fertig sei und seine Zustimmung erhalten habe. Der König erwarte von den sächsischen Konservativen, dass sie die notwendigen Opfer brächten, wenn die Gesetzgebung im November 1907 im Landtag behandelt würde. Mehnerts reaktionärer Verbündeter im Staatsministerium, Finanzminister Rüger, hatte Einwände gegen den Gesetzentwurf erhoben; tatsächlich hatte er darüber sogar sein Abschiedsgesuch eingereicht. Doch der König erwartete von Rüger, sich den Wünschen von Regierungschef Hohenthal und seinem Wahlexperten Georg Heink zu beugen, und genau das war für Mehnert der Kern des Problems. Er wollte Bülow warnen, dass das sächsische Wahlgesetz alles andere als sorgfältig ausgearbeitet, sondern von Männern entworfen worden sei, die für die Aufgabe gänzlich ungeeignet waren.

Als Erstes nahm er Heink ins Visier, der, so teilte er Bülow mit, erst »seit knapp Jahresfrist im Ministerium des Inneren« und »mit den parlamentarischen Verhältnissen Sachsens so gut wie nicht vertraut« sei. Heink gelte als »ein nicht ungeschickter Macher«. Doch hätte er einen Großteil seiner Arbeit »aus dem Handgelenk« erledigt, ohne tiefes oder gründliches Verständnis des Materials und der zu berücksichtigenden relevanten Faktoren. Heinks Dilettantismus in Sachen Wahlrechtsreform sei umso gravierender, als auch Hohenthal aufgrund seiner »erst kurzen Amtierungszeit« – tatsächlich war er bereits mehr als acht Monate im Amt – die sächsische Innenpolitik noch nicht verstanden habe. Da Hohenthal oft mit dem König unterwegs sei, verließe er sich »wohl fast nur auf den Rat seiner Direktoren und Räte, von denen die jüngeren grösseren Einfluss zu haben scheinen, als die älteren Herren, die gewissermassen die Kontinu-

---

82 Der Verweis bezieht sich auf den Untertitel von J. Retallack, The German Right: Political Limits of the Authoritarian Imagination, 2006.
83 Vgl. die von Peter Winzen herausgegebene wichtige Studie: F. W. v. Loebell, Erinnerungen, 2016.
84 Zum Folgenden vgl. die zwölfseitige, maschinengeschriebene Denkschrift (o. D.) [Januar 1907] mit Mehnerts verschlüsselter Unterschrift, »–ooOoo–« (Hervorhebungen im Original), BAP, Rkz 1698; und Mehnert an Loebell, 17.1.1907, BAP, Rkz 1796.

ität der Regierung repräsentieren«. Aus diesen Gründen fasse Hohenthal »die Situation, wie sie sich bei dem künftigen Landtage gestalten wird, *zu leicht* auf, und als sei er der Meinung, durch persönliche Intervention viel erreichen zu können«. Mehnerts Prognose, dass Hohenthal Jahre brauchen würde, um die Funktionsweise des Landtags zu verstehen, sollte offenkundig so verstanden werden, dass dieser erst dann einen Wahlrechtsentwurf einführen sollte, wenn ihm dies gelungen sei.

In der Annahme, dass Bülow zu hören wünschte, was er von anderen Mitgliedern des sächsischen Gesamtministeriums halte, verwies Mehnert auf die begrenzten Horizonte der Justiz- und Kultusminister und fügte hinzu, dass Kriegsminister Max von Hausen für die Wahlrechtsfrage nicht von Bedeutung sei. Warum diese Verurteilung der Minister der zweiten Riege? Weil Justizminister Viktor von Otto und Kultusminister Joachim von Schlieben die Machtbalance zwischen Hohenthal und Rüger hielten, zumindest falls die Wahlrechtsgesetzgebung im Gesamtministerium zur Abstimmung kam.

Mit Blick darauf, was er bisher über den Gesetzentwurf der Regierung erfahren hatte, stellte Mehnert fest, dass der Entwurf »eine starke Tendenz nach der liberalen Seite verfolge«, und zwar in dreifacher Hinsicht: Das »1896 erst« eingeführte Dreiklassenwahlrecht solle abgeschafft werden, ebenso wie das Prinzip der Einteilung in städtische und ländliche Wahlkreise. Und die Verfasser des Gesetzentwurfs wären wieder der Auffassung, dass die Aufnahme von »20 Sozialdemokraten« in die Zweite Kammer eine »versöhnende Wirkung« haben würde. Indem er diese Annahmen als falsch zurückwies, erinnerte Mehnert Bülow daran, dass das sächsische Wahlgesetz von 1896 die »meisten Härten« des preußischen Dreiklassenwahlrechts beseitigt hätte, dass die Aufteilung zwischen Stadt und Land seit ihrer Verkündigung im Jahr 1832 ein wesentliches Merkmal der sächsischen Verfassung sei und dass er, Mehnert, »mit absoluter Bestimmtheit« sagen könne, dass der jetzt in Betracht gezogene Gesetzentwurf nicht einmal eine einfache Mehrheit in der sächsischen Zweiten Kammer erhalten würde.

Die Idee, dass sich die Aufnahme einiger Sozialdemokraten in den Landtag positiv auswirken würde, sei falsch, so Mehnert. Sie gehe zurück auf Metzschs unselige Denkschrift vom 31. Dezember 1903, die wiederum – als wüsste Bülow dies nicht ohnehin – unter dem Einfluss des Wahlsiegs der SPD vom Juni 1903 konzipiert worden sei. Dass SPD-Landtagsabgeordnete zur »Beruhigung oder Befriedigung der Massen« beitragen würden, sei schlicht und einfach falsch, behauptete Mehnert. Der Landtag bzw. der Reichstag brauche in diesen Zeiten keine »»Männer der sozialen Versöhnung««, schrieb er – und bemerkte dann süffisant: »Es müsste ja geradezu ein beneidenswerter Zustand im Reichstage herrschen, wenn die Anschauungen solcher Wahlrechtsreformer richtig wären.«

Mehnert schlug im Januar 1907 in dieselbe Kerbe, in die er bereits im Dezember 1905 geschlagen hatte, als er Bülow über die Straßenunruhen Bericht erstattet hatte. »Die Folgen der Einbringung eines wie oben geschilderten Wahlgesetzentwurfes werden sich sowohl auf die innersächsischen Gebiete, wie ausserhalb Sachsens in recht wenig erfreulicher Weise bemerkbar machen.« Im Königreich werde die Reform des Wahlrechts, so seine Behauptung, zu »harten und scharf zugespitzten« Konflikten zwischen Regierung und Landtag führen, wobei sich die Erste Kammer an die Seite des ebenfalls widerständigen Unterhauses stellen werde. Sollte Letzteres den Entwurf der Regierung »*mit starker Mehrheit*« ablehnen – was zu erwarten sei –, dann wäre die Regierung gezwungen, das Parlament aufzulösen. Das durch die Neuwahlen hervorgebrachte Parlament wäre aber vom gegenwärtigen kaum zu unterscheiden. Sachsen habe seit dem unglücklichen Jahr 1849 keine Parlamentsauflösung erlebt – in der jetzigen Zeit, so Mehnert, enthalte dies »für jeden Einsichtigen die dringende Mahnung«, dass die »staatserhaltenden Parteien« zusammenstehen und alles vermeiden müssten, was sie zu trennen vermochte. Im Moment gäbe es nichts Schlimmeres als einen Verfassungskonflikt zwischen den »staatstreuen Parteien« und der Regierung. Ein solcher Kampf würde nur der Sozialdemokratie nützen; sie würde »ihre helle Freude« haben.

Er, Mehnert, verstehe, dass Bülow besorgt sei über die Auswirkungen, die eine mögliche sächsische Reform auf andere Teile Deutschlands hätte. »Es macht mir oft den Eindruck«, schrieb Mehnert, »als seien gewisse führende Persönlichkeiten nur mit grün-weissen Scheuklappen versehen[85] und als verstünden sie überhaupt nicht, dass jede Maßnahme, die auf das Wahlrecht eines *einzelnen deutschen* Staates Bezug hat, auch für andere deutsche Staaten gewisse Konsequenzen *haben muss*.« Die süddeutschen Bundesstaaten hätten dieser Verpflichtung nicht genügend Beachtung geschenkt, zumindest nicht in dem »dem Reichsgedanken entsprechenden Sinne«. Diese Staaten konnten ihren eigenen Weg gehen, weil sie wussten, dass ihre Reform kaum Auswirkungen auf das preußische Wahlrecht haben würde. Aber Sachsen habe diesen Luxus nicht: Man müsse es als »*nord*deutschen Staat« betrachten. Um seinen Standpunkt klar zu machen, stellte Mehnert fest, dass das sächsische Wahlrecht von 1896 »*erst vor 10 Jahren aus Preussen* übernommen« worden sei.

In seinem Fazit wiederholte Mehnert den Punkt, der bei Bülow am ehesten Widerhall finden würde. »Es kann für das Königreich Preussen nicht gleichgültig sein, dass die Regierung des benachbarten Staates plötzlich nach 10jähriger Probezeit das von Preussen geholte Wahlrecht wieder über Bord wirft und völlig beseitigt.« Eine solche Entscheidung würde zwangsläufig auch die Wahlrechtsreformbewegung in Preußen befeuern und könnte »höchst unliebsame Konsequenzen« haben. Mehnert wollte Bülows aktuelle Gedanken über mögliche zukünftige Revisionen des preußischen Wahlrechts sondieren, indem er behauptete, er habe erfahren, dass Bülows Staatsministerium keine grundlegende Änderung geplant habe. Er habe jedoch, wie er »streng vertraulich noch hinzufügen« wollte, gehört, dass der preußische Innenminister Bethmann Hollweg sich positiv über die Aussicht auf eine Wahlrechtsreform in Sachsen geäußert hätte und bald

---

85 Grün und Weiß waren die dynastischen Farben Sachsens.

eine »entsprechende Aenderung des Wahlrechts« in Preußen durchführen wollte.[86] Mehnert erwartete, dass eine solche Überarbeitung nicht mit den Auffassungen der wahren »Leitung der preussischen Politik« – sprich: Bülow – übereinstimmen würde.[87]

Mehnerts Ansichten im Januar 1907 – und die Art und Weise, wie er sie kommunizierte – sprechen Bände. Wahlkampf und Wahlrechtsreform waren eng miteinander verknüpft. Die sächsischen Entwicklungen wurden als entscheidende Mittlerin bzw. Barriere zwischen den politischen Traditionen und Optionen im Norden und Süden Deutschlands angesehen. Der bürgerliche Parteichef ermunterte zur direkten (aber heimlichen) Opposition gegen die Staatsminister, die das Vertrauen der sächsischen Krone genossen. Darüber hinaus verunglimpfte er die Fachkenntnis und den politischen Scharfsinn der höheren Beamten, auf die sich diese Minister stützten. Für Mehnert war die Hingabe an seine »engere Heimat« und das monarchische Ideal durchaus vereinbar mit einem Appell an Preußen, in dem er zu untergraben versuchte, was von der politischen Autonomie Sachsens übrig geblieben war. Diese Denkschrift beweist auch, dass Mehnert sich 1907 seiner Macht genauso bewusst war wie Ende der 1890er-Jahre. Es wird erstaunlich deutlich, dass Mehnerts Hybris unvermindert war. Doch entgingen er und seine sächsischen Parteifreunde einem tragischen Schicksal. Im Jahr 1909 einigten sie sich mit den sächsischen Nationalliberalen auf ein neues Wahlrecht, das den Landtag vor einer sozialdemokratischen »Überflutung« schützen sollte. Mehnerts Berufung in die sächsische Erste Kammer kurz darauf spiegelte seine eigene Überzeugung und die seines Königs wider, dass er seinem Königreich gut gedient habe.

---

86   Bethmanns diesbezügliche Pläne (1907) wurden im vorliegenden Band in Kapitel 9 erläutert.
87   Vorangegangene Zitate auch aus Mehnerts Denkschrift [17.1.1907], BAP, Rkz 1698.

Stellung halten, Januar 1907

> Derjenige, welcher vor dem 25. Januar sich zu der Prophezeiung verstiegen hätte,
> daß die Reichstagswahlen in Sachsen eine Verminderung der sozialdemokratischen
> Mandate um mehr als die Hälfte erfahren würden, wäre unweigerlich reif für das
> Narrenhaus erklärt worden.
> — Karl Freiherr von Braun an das österreichische Außenministerium, Februar 1907[88]

> Sometimes I wonder
> Just what am I fighting for?
> I win some battles
> But I always lose the war.
> — There Must Be a Better World Somewhere,
> Songtext von Doc Pomus und Malcolm John Rebennack (Dr. John), 1981

Anfang 1907 fanden am selben Tag zwei Ereignisse in Mitteleuropa statt, die sowohl den Anbruch der Moderne als auch die Beharrungskraft der Tradition widerspiegeln.

Am 5. Februar 1907 wurde in Wien Arnold Schönbergs I. Streichquartett op. 7 uraufgeführt. Schönberg blieb dem treu, was er am besten konnte. Sein d-Moll-Streichquartett kam mit nur vier Instrumenten aus und bestand aus nur einem Satz. Dennoch ging es an die Grenzen der Tonalität, die seit der Spätromantik vorgeherrscht hatte, und es war ein weiterer Schritt auf dem Weg zu seiner revolutionären Zwölftonmusik. Schönbergs Werk bot ein zusammenhängendes Narrativ, das er »musikalische Prosa« nannte. Diese Prosa bestand darin, asymmetrische Phrasen zu kohärenten »Sätzen« zusammenzufassen. Einer Beschreibung zufolge bot Schönbergs Komposition »eine kleine Sammlung von Themen, die in vielen verschiedenen Formen immer wieder auftauchen«.[89] Der Komponist Gustav Mahler, zu jener Zeit Direktor der Kaiserlichen Oper in Wien, tat sich schwer mit diesem unbekannten Stil: »Ich habe die schwierigsten Wagner-Partituren dirigiert; ich habe selber komplizierte Musik in Partituren von dreißig

---

[88] Braun, 7.2.1907, HHStAW, PAV/53.
[89] Vgl. W. Frisch, Works, 1993, S. 181–219.

und mehr Liniensystemen geschrieben: und hier ist eine Partitur mit nur vier Systemen, und ich kann sie nicht lesen.«⁹⁰

Ebenfalls am 5. Februar 1907 fanden deutschlandweit Stichwahlen statt, um das Endergebnis eines nationalen Wahlkampfes zu ermitteln, der die Wähler elektrisiert hatte wie kein anderer zuvor. Am 13. Dezember 1906 hatte Reichskanzler Bülow eine Reichstagswahl anberaumt, um diejenigen Parteien zu besiegen, die seine Kolonialpolitik am lautesten kritisierten: die katholische Zentrumspartei und die Sozialdemokraten. Die SPD schnitt schlecht ab: Ihre Reichstagsfraktion schrumpfte um fast die Hälfte. In Sachsen behielten die Sozialdemokraten nur acht der 22 Sitze, die sie im Juni 1903 errungen hatten. »Das rote Königreich ist verschwunden«, verkündete eine nationalistische Zeitung, »aus ihm ist ein nationales Land entstanden!«⁹¹ Die unerwartete Ansetzung der Wahl durch Bülow traf alle Parteien unvorbereitet, und der Wahlkampf schien ungewöhnlich kurz. Bülows Vabanquespiel zahlte sich aus: Im Februar 1907 war er auf dem Höhepunkt seiner Laufbahn.

Die auffälligste Parallele zwischen diesen beiden Ereignissen war, dass sowohl Schönberg als auch Bülow der Öffentlichkeit eine zusammenhängende Erzählung mit Themen boten, die »in vielen verschiedenen Formen immer wieder« auftauchten. Bülow betonte, dass die deutsche Ehre durch die beiden Oppositionsparteien bedroht sei. Aber die Kohärenz eines Narrativs – ob einer Partitur oder einer politischen Strategie – kann täuschen. 1907 wurden neue Wahlkampfformen um unkomplizierte Slogans herum aufgebaut; doch für traditionelle Parteiführer wie Paul Mehnert erwiesen sie sich als schwierig zu lesen, geschweige denn zu dirigieren.

Ton und Tempo

Man hat die Reichstagswahl 1907 als Wendepunkt in der politischen Kultur Deutschlands bezeichnet, aber auch als kurioses Zwischenspiel – als Rückfall in die Bismarckzeit.⁹² Einer Lesart zufolge kam es zu einer Neuformierung der deutschen Rechten dank des ungewohnten populistischen Tons und der modernen Wahlkampftechniken von Gruppen wie dem Reichsverband gegen die Sozialdemokratie, dem Deutschen Flottenverein, dem Evangelischen Bund und dem Alldeutschen Verband.⁹³ Eine andere Lesart hält dagegen, dass diese nationalen Verbände zwar auf die Wahlen von 1907 Einfluss ausübten, aber bei den Reichstagswahlen von 1903 und 1912 (bestenfalls)

---

90 Aus Schönbergs Vorlesung von 1937 mit dem Titel »Wie man einsam wird«: A. Schönberg, Stil und Gedanke, 1976, S. 348.
91 Braun, 28.1.1907, HHStAW, PAV/53.
92 J. Sperber, Voters, 1997, S. 247, 252 f.; C. Nonn, Verbraucherprotest, 1996, S. 220–229.
93 G. Eley, German Right, 1980.

eine untergeordnete Rolle spielten.⁹⁴ Beide Sichtweisen haben etwas für sich. Das Beispiel Sachsen zeigt, weshalb.⁹⁵

Ton und Tempo der modernen Politik beunruhigten manche Verteidiger des Obrigkeitsstaates. Andere sahen sich dadurch ermutigt und mit Tatkraft erfüllt. Nach 1903 fragten sich beide Gruppen, ob der Staat die Entschlossenheit habe, die Revolutionskräfte zu bekämpfen und zu besiegen. Der »ungekrönte König von Preußen«, Ernst von Heydebrand und der Lase, sprach nicht nur den preußischen Konservativen aus der Seele, als er nach der Reichstagswahl vom Juni 1903 die Warnzeichen zu erkennen glaubte. Heydebrand übte Kritik an »der völlig passiven Reichsregierung, die gänzlich kopflos und untätig dieser Entwicklung, welche sich der Zeit vor der großen französischen Revolution immer erschreckender ähnlich zeigt, gegenüberstand«. Solche Aussagen – und die allgemeinere Entwicklung der deutschen Rechten – schwächen die Behauptung, die etablierten Parteien hätten bei der Entstehung einer nationalen Opposition nach 1903 eine untergeordnete Rolle gespielt. Viele Zeitgenossen waren skeptisch, was die Fähigkeit nicht nur der (eher traditionellen) Deutschkonservativen Partei, sondern auch des (radikal-nationalen) Bundes der Landwirte anging, Massenunterstützung unter den Wählern zu finden. Auch Philipp Eulenburg, der Freund des Kaisers, stand auf der Rechten mit seinen Überlegungen zu den Auswirkungen der Wahlen von 1903 nicht allein da. Die deutsche Elite müsse ihre gesellschaftliche Basis verbreiten – das sei der einzige Weg aus der Krise. Sie müsse den »Nichtsatisfaktionsfähigen« – d. h. jenen, die nicht würdig seien, sich zu duellieren – die Hand reichen und »*alle* Kräfte in den Dienst der sozialen Ordnung und des Staates stellen«.⁹⁶

Weder Heydebrand noch Eulenburg waren in der Lage, anderen auf diese Weise die Hand zu reichen, doch andere Persönlichkeiten im rechten Lager vermochten es sehr wohl. Dazu gehörte z. B. Generalleutnant Eduard von Liebert, der Gründer des Reichsverbands gegen die Sozialdemokratie (1904). Lieberts Mischung aus Elitestatus, nationalen Verdiensten und populistischem Touch rief in Sachsen, wo er 1907 als Freikonservativer kandidierte, und im ganzen Reich Verwunderung hervor. In einem Bericht über eine Rede Lieberts zeigte sich der *Bochumer Anzeiger* überrascht, dass ein solcher Mann im Zeitalter des allgemeinen Wahlrechts aufgefordert wurde, den deutschen Wählern seine Referenzen vorzulegen: »Ein General, eine Excellenz als Agitator am Rednerpult, einer von den höheren Zehntausend, einer von den Begünstigten, einer von den wirklich Besten der Nation, ein alter Offizier, ein bewährter Kämpe, verbrannt von der afrikanischen Sonnenglut im Dienste des Vaterlandes, ein solcher Mann, der es fürwahr nicht nötig hat, sich abzuquälen als Wanderredner, ja ist denn

---

94 A. Griessmer, Massenverbände, 2000.
95 Es würde allerdings den Rahmen dieses Kapitels sprengen, den Aufstieg einer nationalen Opposition und anderer außerparlamentarischer Gruppen in Sachsen detaillierter zu dokumentieren.
96 Heydebrand und Eulenburg, beide 1903, zitiert in: K. Saul, Staat, 1974, S. 13 (Hervorhebung d. Verf.).

die Welt anders geworden?«[97] Während sich einerseits die *soziale* Demokratisierung Deutschlands beschleunigte, halfen andererseits die außerparlamentarischen Gruppen auf der Rechten, die von dieser Entwicklung profitierten, den etablierten Parteien, die *politische* Demokratisierung zu verlangsamen oder zu stoppen. Die bestehende Gesellschaftsordnung konnte nicht aufrechterhalten werden, der Obrigkeitsstaat schon.

*

Sechs Tage nach der Auflösung des Reichstags erhielt Bülow eine Denkschrift vom Reichskanzleichef Loebell, ebenfalls Gründungsmitglied des Reichsverbands gegen die Sozialdemokratie. Loebell hatte kurz vorher mit Ernst von Bassermann, dem Vorsitzenden der Nationalliberalen Partei, über die Perspektiven antisozialistischer Solidarität in verschiedenen Teilen Deutschlands gesprochen. »Das Königreich Sachsen wird beinahe den Ausschlag geben bei den Wahlen«, berichtete er Bülow und fügte hinzu: »Es kommt alles darauf an, daß dort richtig procediert wird.« Loebell hatte bereits selbst mit der Planung begonnen. »Der Entwurf für einen Brief an den Grafen Vitzthum wird Euerer Durchlaucht noch heute vorgelegt werden«, meldete er an Bülow und fügte hinzu: »Vielleicht empfiehlt es sich, daß ich mich auch persönlich mit dem mir lange bekannten Herrn Mehnert und anderen Herren in Dresden in Verbindung setze.«[98] Loebell hielt Wort. Noch am gleichen Tag ging ein Schreiben mit der Grußformel »Mein lieber Friedrich« an Friedrich Graf Vitzthum von Eckstädt, den Präsidenten der Ersten Kammer Sachsens.[99] Bülow unterstrich noch die von Bassermann und Loebell entwickelten Ansichten: »Die sozialdemokratische Fraktion verdankte ihr Übergewicht im Reichstag vor allem ihren Wahlerfolgen im Königreich Sachsen.«[100] Ein anderer Beobachter definierte die Dominanz präziser: Ein Viertel der SPD-Reichstagsfraktion vertrat sächsische Wahlkreise.[101]

Die nationalen Konturen des Reichstagswahlkampfs 1907 und das Propaganda-Feuerwerk der politischen Parteien und nationalen Verbänden vor, während und nach den Wahlen sind hinlänglich erforscht.[102] Dieser Abschnitt widmet sich drei spezifischeren Themen. Zunächst gilt es zu untersuchen, was nach Auffassung von Parteiführern, Staatsmännern und Beamten während des Wahlkampfs in Sachsen geschah – und was nach ihrem Dafürhalten geschehen *sollte*. Zweitens soll die Breite und Vielfalt der Gruppen beleuchtet werden, die gegen die Sozialdemokratie kämpften. Ob ein Linksliberaler,

---

97 Zitiert in: A. GRIESSMER, Massenverbände, 2000, 79.
98 Notiz, Loebell an Bülow, 19.12.1906, PAAAB, Deutschland 125, Nr. 3, Bd. 18.
99 Es sei daran erinnert, dass Graf Vitzthum von Eckstädt Bülow geholfen hatte, Regierungschef Metzsch davon zu überzeugen, im Dezember 1905 auf seinem Posten zu bleiben.
100 Bülow an Friedrich Vitzthum von Eckstädt, »vertraulich!«, 19.12.1906 (Entwurf), BAP, Rkz 1794.
101 Braun, 9.1.1907, HHStAW, PAV/53.
102 Zur Einführung G. D. CROTHERS, Elections, 1968; A. GRIESSMER, Massenverbände, 2000.

ein Antisemit oder ein Mittelständler gegen einen Sozialdemokraten besser abschnitt als ein Konservativer oder ein Nationalliberaler, hing von den jeweiligen Persönlichkeiten und Gegebenheiten vor Ort ab. Aber durch diese Vielfalt gingen oft Mandate verloren, die durch Einheit hätten gewonnen werden können. Drittens beeinflussten die Wahlen von 1907 das Schicksal der sächsischen Wahlrechtsreform. Als am 5. Februar die endgültigen Wahlergebnisse bekannt wurden, jubelten die »staatserhaltenden« Parteien. Aber nicht alle zogen die gleichen politischen Lehren aus dem erbitterten Wahlkampf. Würden die Feinde der Sozialdemokratie das Enigma der Wahlrechtsreform entschlüsseln, um eine neue Partitur hervorzubringen – womöglich einen Antisozialismus in einer neuen Tonart? Die Wahlrechtsreform in Sachsen blieb auch nach Januar 1907 auf der Tagesordnung, aber der politische Kontext, in dem um sie gerungen wurde, hatte sich dramatisch geändert.

Der Reichstagswahlkampf 1907

Erfahrungen, Wahrnehmungen und Erwartungen sind wichtig. Selbst wenn man auf der gleichen nationalen Seite stritt, nahm man Timing und Tempo des Wahlkampfs von 1907 unterschiedlich wahr.[103] Einige Beobachter meinten, die Agitation im Namen von König und Vaterland würde zu spät beginnen und sich zu langsam entfalten. Ende Dezember 1906 beklagte der Chemnitzer Kreishauptmann Curt von Burgsdorff: »Die Konservativen sind, wie immer, langsam u. in ihren Zeitungsartikeln etc. langatmig u. ohne packende Redewendungen; sie haben sich anscheinend auch durch den ersten Schlachtruf ›gegen Zentrum und Sozialdemokratie‹ einschüchtern lassen.«[104] Andere verwiesen auf ruhige Ecken des Königreichs, wo keine Gruppe große Zugkraft entwickelte oder wo der Sieg einer Gruppe bereits vorherbestimmt schien. Der Amtshauptmann von Löbau, Walter von Pflugk, formulierte es folgendermaßen: »[Es] muß festgestellt werden, daß außer der Sozialdemokratie von keiner der Ordnungsparteien nur einigermaßen auf die ursprünglich für das Jahr 1908 anstehende Reichstagswahl Vorbereitung getroffen worden war.« Zudem war er entsetzt über den Geiz der regierungsfreundlichen Parteien. »Denn wenn man bedenkt, daß sozialdemokratische Arbeiter jährlich bis zu 40 M und darüber hinaus für ihre Partei bezahlen, ohne daß sie davon

---

[103] Seit 1904 führten deutsche Kolonialtruppen einen genozidalen Krieg gegen die Herero und Nama in Deutsch-Südwestafrika, dem heutigen Namibia. Die Europäer bezeichneten diese Gruppen allgemein als »Hottentotten«. Da das Deutsche Zentrum und die Sozialdemokratische Partei die Kolonialpolitik von Reichskanzler Bülow angriffen und ihn damit zur Auflösung des Reichstags im Dezember 1906 veranlassten, wurden die Wahlen vom Januar 1907 als »Hottentottenwahlen« bekannt.

[104] KHM Curt von Burgsdorff (Chemnitz), 30.12.1906, SHStAD, MdI 5389. Dieser Bericht betraf die sächsischen Wahlkreise 15–21, in denen nur Oswald Zimmermann (Antisemit) und Gustav Stresemann (NLP) die SPD vom Gewinn eines kompakten Sieben-Sitze-Blocks abhielten. Burgsdorff sagte voraus, dass Sachsen so viele sozialdemokratische Abgeordnete in den Reichstag schicken würde wie 1903.

greifbare Vorteile haben, sondern dieses sehr erhebliche Kapital einer ihnen oft wider ihren Willen aufgenötigten Idee opfern, so muß es beschämend wirken, wenn in Vereinen der Ordnungsparteien es Schwierigkeiten macht, die Erhöhung eines Jahresbeitrages von 4 auf 5 Pf. durchzubringen, wie dies beim hiesigen Bezirksverband der Militärvereine unlängst vorgekommen ist.«[105]

Wiederum andere hatten das Gefühl, dass ihnen die Entwicklung davoneilte. An dem Tag, an dem der Reichstag aufgelöst wurde, fragte Bülow den ultrakonservativen Preußen Elard von Oldenburg-Januschau, wie die Wahl seiner Ansicht nach ausgehen würde. »Verlassen Sie sich darauf«, antwortete Oldenburg zuversichtlich: »Wenn der Preuße einen Ruck in die Kandare bekommt, geht der Schwanz in die Höh!«[106] In Sachsen zeigte sich Hohenthal weniger optimistisch. Mitte Januar 1907 forderte er Bülow auf, mehr dafür zu tun, um zwei Narrative miteinander zu verknüpfen: Deutschlands Kampf gegen seine »inneren Feinde« und die Notwendigkeit, anderen Großmächten gegenüber Stärke und Entschlossenheit zu zeigen. »Der deutsche Spießbürger wird erst aufgerüttelt, wenn er merkt, daß es ihm selbst an den Kragen gehen könnte und deshalb kann ihm nicht eindringlich genug zur Erkenntnis gebracht werden, daß diejenigen, welche den *äußeren* Frieden ernstlich wollen und friedliche Wege zu gehen entschlossen sind, nicht blinde Schalmeienbläser sein dürfen, in welcher Rolle sich die Sozialdemokratie bezüglich der äußeren Politik gefalle.«[107]

Die Reichskanzlei erkannte sehr wohl die Dringlichkeit der Angelegenheit, obwohl Bülow zu lange wartete, um seine besten Karten auszuspielen.[108] Einer seiner ersten Schritte bestand darin, Ludwig Asch um Hilfe zu bitten, den Wahlkampf der Regierung zu koordinieren. Asch war Chefredakteur der *Allgemeinen Zeitung* in Berlin. Loebell empfahl ihn als »äußerst gewandten Arbeiter«, als jemanden »mit eigenen Ideen« und »in Wahlbewegungen sehr geübt«.[109] Asch wurde seinem Ruf gerecht. Am Tag nach der Reichstagsauflösung übergab er dem Kanzler eine lange Denkschrift mit dem Titel »Vorschläge zur Führung des Wahlkampfes durch die Regierung«.[110] Aschs einleitender Absatz erläuterte, was 1907 auf dem Spiel stand. Bei den beiden vorangegangenen Wahlen von 1898 und 1903 seien es die »*Parteien*« gewesen, die Siege oder Niederlagen erlebt hätten; diesmal würde die »*Regierung*« gewinnen oder verlieren, und deshalb

---

[105] AHM Pflugk (Löbau), Geschäftsbericht [...] 1906 (Auszug), SHStAD, MdI 5390.
[106] Zitiert in: D. FRICKE, Regierungswahlkampf, 1978, S. 485.
[107] Hohenthal an Bülow, 14.1.1907, BAP, Rkz 1795 (Hervorhebung im Original).
[108] Sylvesterbrief (31.12.1906) an RvgSD und Rede vor dem Kolonialpolitischen Aktionskomitee (19.1.1907), B. v. BÜLOW, Reden, Bd. 2, 1907, S. 451–455; Bd. 3, 1909, S. 233–240. Zu Ersterem vgl. »›Sylvesterbrief‹ des Reichskanzlers Bülow (31. Dezember 1906)«, DGDB, Bd. 5, Abschnitt 5.
[109] Loebell an den Parteiführer der RFKP, Oktavio von Zedlitz-Neukirch, 3.1.1907, BAP, Rkz 1795.
[110] Asch, Vorschläge zur Führung des Wahlkampfes durch die Regierung, 14.12.1906 (Abschrift), BAP, Rkz 1794. Original in PAAAB, Deutschland Nr. 125, Nr. 3, Bd. 18 (Hervorhebung im Original). Auszüge in: D. FRICKE, Regierungswahlkampf, 1978, S. 487–493.

müsse sie den Wahlkampf »möglichst offensiv führen«.[111] Die nachfolgenden Vorschläge von Asch wurden von Bülow mit Begeisterung aufgenommen und an andere Behörden weitergeleitet. Sie veranschaulichen, dass Außenseiter – Freibeuter und Demagogen – nicht die einzigen waren, die der deutschen Politik einen schärferen Ton verliehen. Asch war ein erfahrener Insider: Aber er war nicht minder unduldsam gegenüber den biederen Wahlkampfpraktiken von gestern, nicht minder zynisch bei der Suche nach Zuspruch unter den Massen, nicht minder überzeugt, dass die patriotische Botschaft selbst im kleinsten Provinzkaff gehört werden musste. In den rückblickenden Berichten des Reichsverbandes gegen die Sozialdemokratie[112] und der Dresdner Ortsgruppe des Alldeutschen Verbandes[113] über die Kampagne von 1907 findet sich im Arsenal der modernen Politik fast nichts, was Asch Bülow nicht bereits am zweiten Wahlkampftag empfohlen hatte.

Entscheidend war die Umsetzung. Die beiden genannten Organisationen konnten zu Recht das Verdienst für einen Teil der intensiven politischen Kleinarbeit beanspruchen, die dazu beitrug, den Sozialdemokraten dreizehn sächsische Wahlkreise zu entreißen. Im heutigen Baseballjargon ausgedrückt, konnten sie sehr gut »small ball« spielen – sprich: sich um die kleinteiligen Aufgaben kümmern, die einen Sieg ausmachen. Im Falle der Dresdner Alldeutschen gehörten dazu vierzehn Diavorträge zu kolonialen Themen, das Aufstellen von vierzig verschiedenen Plakaten innerhalb von zwölf Tagen und das Anwerben von zwanzig Fahrzeugen des Sächsischen Automobilclubs, damit »900 freiwillige Schlepper« – angeblich »aus den verschiedensten Ständen« – regierungsfreundliche Wähler zu den Wahllokalen befördern konnten.[114] Die Baseball-Analogie ist jedoch nicht perfekt: In jedem sächsischen Wahlkreis, in dem der Reichsverband einen antisozialistischen Kandidaten unterstützte, waren zwei, drei oder vier Spieler auf dem Feld, die für die gleiche Mannschaft spielten, aber ständig übereinander stolperten. Und die Alldeutsche Gewinnserie war nicht von Dauer: Der Dresdner Ortsverband konnte nach 1907 nicht an seinen Erfolg anknüpfen.

Die Suche nach geeigneten Kandidaten war die erste Aufgabe, bei der sich wichtige Meinungsverschiedenheiten darüber offenbarten, wie sich der Wahlkampf entwickeln sollte. Es war auch eine Aufgabe, die sich zwischen Beginn und Ende des aktiven Wahlkampfbetriebs veränderte. Asch, Loebell, Bülow und andere waren anfangs

---

111 Vgl. Hohenthals Bemerkungen zitiert in: Braun, 28.1.1907, HHStAW, PAV/53.
112 Reichsverband gegen die Sozialdemokratie, 10 Jahre, 1914; ders., Reichsverband […] 1907, o. J. [1907] (S. 22–25 zu Sachsen); ders., Handbuch, 2. Aufl., 1907; F. Wegener, Politik, 1907, bes. S. 74–84.
113 Vgl. G. Kolditz, Rolle, 1994, S. 225–230, der sich wiederum stützt auf Ortsgruppe Dresden des Alldeutschen Verbandes, Jahresbericht […] (1906/07), 1907, S. 22–26; Wahlkampf in Dresden, [1907]; sowie Friedrich Eugen Hopf an Bülow, 6.12.1907, BAP, Rkz 1799.
114 Diese und andere vom Dresdner Nationalen Ausschuss gesponserten Veranstaltungen (12.1.–25.1.1907) gelistet in: StadtAD, Privatakten, 231.01, ADV, Nr. 33. Vgl. ebenda für ein Plakat, das die Reichsgründungsfeier vom 18.1.1907 ankündigt; »Die Tätigkeit des Dresdner Nationalen Ausschusses im Reichstagswahlkampfe 1907: eine Aufklärung und Abwehr«, o. D. [1910], sowie Hopf an sächs. MdI, 8.4.1910, SHStAD, MdI 5390.

der Meinung, ein einzelner Kandidat, der für alle bürgerlichen Parteien akzeptabel sei, sollte von einer zentralen Behörde benannt und so schnell wie möglich zum »nationalen« Kandidaten erkoren werden. Zögere die Regierung, schrieb Asch, würden lokale und regionale Parteiführer sich beeilen, das politische Vakuum zu füllen. Dies würde die Möglichkeit einer Einigung auf einen einzigen Kandidaten, geschweige denn auf den besten Kandidaten ausschließen. Als Asch einige Tage später eine zweite lange Denkschrift an die Reichskanzlei übergab, räumte er ein, dass es bereits zu spät sei, diese Strategie umzusetzen, selbst in den vielversprechendsten Wahlkreisen, auf die er Bülows Aufmerksamkeit gelenkt hatte.[115] Unter den nationalen Parteien herrsche nach wie vor Streit und es gebe häufig mehr als einen Kandidaten.

Manchmal wurde Eile mit nationalem Eifer gleichgesetzt. Typisch war in diesem Zusammenhang ein Rundschreiben, mit dem die Mitglieder des Dresdner Nationalen Ausschusses zu einer Sitzung am 22. Dezember eingeladen wurden. »Die Zeit drängt ungemein, die Sozialdemokratie steht fertig gerüstet zum Kampfe da, ihre wunderbar organisierte Partei hat schon den Kampf begonnen. [...] Das Reich ist in Gefahr! Der Gegner ist stark! Die Zeit der Vorbereitungen zur Schlacht ist kurz!«[116] Mehnert bestätigte jedoch Aschs Einschätzung, dass die Parteien die ihnen zur Verfügung stehende Zeit nutzen würden, um ihre eigenen Favoriten zu nominieren. Erst am 4. Januar 1907 – etwa zur Halbzeit des Wahlkampfs – schloss Mehnert die schwierige Aufgabe ab, die Kandidatenfragen in Sachsen zu klären. Aber Mehnert war Teil des Problems, nicht der Lösung. Wie andere Parteiführer in Sachsen verwendete er viel Zeit und Energie darauf, die Interessen seiner eigenen Partei gegen die Notwendigkeit einer einheitlichen Front abzuwägen. Dieser Balanceakt war heikel: Gelang er im Dezember an einer Stelle, misslang er unter Umständen im Januar an anderer Stelle. Die »geschlossene Phalanx«, die Asch in seiner Denkschrift vom 14. Dezember 1906 anführte, war eine Schimäre – selbst in Sachsen, wo so viel auf dem Spiel stand.[117]

*

Auch Sachsens »Ordnungsparteien« entwarfen einen Schlachtplan, der erfolgreich zu sein versprach – wenn sie sich nur enger an ihn gehalten hätten. Die Sozialistengegner in Sachsen errangen ihre Siege häufig nicht wegen, sondern trotz dieses Plans. Er bestand aus drei Teilen.

Erstens schürten Konservative, Nationalliberale und die Freisinnige Partei antikatholische Ressentiments. Hierbei übernahmen die liberalen Parteien die Führung, so

---

115 Asch, Bemerkungen zur Wahlagitation, 19.12.1906; BAP, Rkz 1794.
116 Zitiert in: G. KOLDITZ, Rolle, 1994, S. 225.
117 Asch, Vorschläge [...], 14.12.1906, zuvor zitiert: Diese »geschlossene Phalanx« sollte vom BdL und den Konservativen auf der Rechten bis zur Deutschen Volkspartei auf der Linken reichen.

wie sie es bereits während des Kulturkampfes getan hatten. Sie benutzten den Widerstand des Zentrums gegen Kolonialausgaben als Vorwand, um reichsweit die Agenda des Wahlkampfs festzulegen. Ein Kommentar in der freisinnigen *Dortmunder Zeitung* stand stellvertretend für andere liberale Äußerungen: »Möge von Lutherzorn und Luthermut ein Hauch durch unser Volk wehen. Los von der Romknechtschaft, der Wahrheit und der Freiheit entgegen!«[118] Aber der Antikatholizismus, so wichtig er für den Evangelischen Bund und die Liberalen auch sein mochte, war in Sachsen lediglich Mittel zum Zweck. Da die Bevölkerung des Königreichs überwiegend protestantisch war, wusste jeder, dass die Zentrumspartei in Sachsen nur wenige Stimmen erhalten würde, obwohl der Hauptkritiker der Regierung im Reichstag, Matthias Erzberger, in allen 23 Wahlkreisen Zählkandidat für das Zentrum war. Die sächsischen Parteien griffen das Zentrum trotzdem an, nicht als solches, sondern weil es angeblich mit der Sozialdemokratie verbündet war. Der mächtige sächsische Landesverein des Evangelischen Bundes schloss sich diesem Argument an: »Sachsen! Ihr habt euch so oft als Stütze des Deutschen Reiches erprobt. Tretet jetzt für seine Zukunft ein! Keiner komme aus unserem Lande in den Reichstag, der ein Lakai des Zentrums, keiner, der deutschem Patriotismus verschlossen ist.«[119]

Zweitens kündigten konservative und nationalliberale Zeitungen »aus zuverlässiger Quelle« an, dass die sächsische Regierung einen neuen Vorschlag zur Reform des Wahlrechts habe, der fast fertig zur Vorlage im Landtag sei. Diese Behauptung entsprach nur halb der Wahrheit. Doch die »Ordnungsparteien« waren entschlossen, das zu vermeiden, was Mehnert (gegenüber Bülow) als größten Fehler des Reichstagswahlkampfs von 1903 bezeichnet hatte – nämlich, dass Metzsch es versäumt habe, den sächsischen Wählern zu sagen, dass er an einem Wahlrechtsreformplan arbeitete. Angesichts der Tatsache, dass Mehnert im Januar 1907 Bülow anflehte, den Reformplan Hohenthals zu *stoppen*, war diese Taktik nicht nur widersprüchlich, sondern rundweg verlogen.

Drittens spielten die »staatserhaltenden« Parteien die nationale Karte so aggressiv wie möglich. Sie brandmarkten jeden Angriff auf die Regierung wegen ihrer Misswirtschaft in Kolonialangelegenheiten als unpatriotisch. Sie verteidigten den brutalen Krieg der Schutztruppen gegen die Herero und Nama in Deutsch-Südwestafrika (und betrachteten den ersten deutschen Völkermord tatsächlich kaum mehr als einen Kollateralschaden). Und sie gaben sich alle Mühe, die SPD-Propaganda zu widerlegen, wonach Millionen von Mark für die Armee, Marine und die deutschen Kolonien aufgewendet wurden. Auf diese Weise verschwammen die Grenzen zwischen Nationalismus, Imperialismus und Kolonialismus. Deutschlands Chancen, sich von einer europäischen Macht zu einer Weltmacht zu entwickeln, hingen von der Verteidigung seiner »nationalen Ehre« ab.

---

118 Zitiert in: W. Loth, Katholiken, 1984, S. 121; vgl. W. Becker, Kulturkampf, 1986; H. W. Smith, Nationalism, 1995, S. 141–146.
119 Sächs. Landesverein des Evangelischen Bundes, Wahlflugblatt, StadtAD, Privatakten, 231.01, ADV, Nr. 33.

Man ließ nichts unversucht, um konkurrierende Kandidaturen zwischen Konservativen und Nationalliberalen in Sachsen zu vermeiden, auch wenn das Kartell von 1903 formal nicht mehr existierte. Bülow intervenierte über Loebell und Mehnert, wann immer seine Unterstützung zu einem respektablen Ergebnis beitragen konnte. Aber die Ambitionen der sächsischen Konservativen und Nationalliberalen gingen noch weiter: Sie wollten die Rolle Sachsens als Vorbild für die antisozialistische Einheit auf nationaler Ebene wieder aufleben lassen und damit das Desaster vom Juni 1903 umkehren. Falls ihnen das gelänge, hätten sie bessere Chancen, ihr zweites, bescheideneres Ziel zu erreichen: die Aushandlung einer für beide Parteien gefälligen Wahlrechtsreform. Bereits 1907 planten sie eine Wahlrechtsreform, die dem Sozialismus keine konkreten und der Demokratie nur kosmetische Zugeständnisse machte. Diese Zielsetzungen wurden miteinander verknüpft. Ließe sich im Sächsischen Landtag eine entsprechend vorsichtige Wahlreform aushandeln, könnte Sachsen die demokratische Flut, die aus Süddeutschland her im Ansteigen war, tatsächlich stoppen. Auch diese Leistung würde nationale Anerkennung verdienen.

Unmittelbar zu Beginn des Wahlkampfes schlossen die sächsischen Parteien Wahlbündnisse, um die Sozialdemokratie zu besiegen. In vier Wahlkreisen versprachen die Nationalliberalen, die Kandidaten der Konservativen zu unterstützen.[120] Die Konservativen leisteten entsprechende Gegendienste in sechs weiteren Wahlkreisen.[121] Im WK 20: Marienberg erhielt Oswald Zimmermann, der antisemitische Anführer der Deutschen Reformpartei, für seine Kandidatur die Unterstützung beider Parteien. Natürlich kämpften diese Kandidaten für ihre jeweiligen Parteien und Plattformen. Kämpften sie auch zugunsten der Regierung? Nach Ansicht von Reichskanzler Bülow ja. Der Vorstand der Dresdner Ortsgruppe des Alldeutschen Verbands war sich weniger sicher, wer wen lenkte. In einem Anfang Januar 1907 an seine Mitglieder verschickten Rundschreiben schrieb er: »Die Ursache der Reichstagsauflösung ist für uns Alldeutsche eine stolze Genugtuung. Endlich beginnt die Reichsregierung, Bahnen zu wandeln, die ihr unsere Wünsche schon seit Jahren gewiesen hatten. Nun heißt es aber auch ›Alle Mann auf Deck!‹ ›Alles an die Gewehre!‹ Treten wir als starke Gefolgschaft für die Forderungen einer erstarkten Regierung ein!«[122]

*

---

[120] In Sachsen 8, 9, 14, 19. Wahlbündnisse und einige Statistiken aus RHRT, Bd. 2, S. 1120–1197, hier Bd. 2, S. 1122.
[121] In Sachsen 2, 6, 12, 13, 17 und 22.
[122] StadtAD, Privatakten, 231.01, ADV, Schriftwechsel, Nr. 33, o. J. [Jan. 1907].

Der Wahlkampf im Wahlkreis 14: Borna zeigte, dass Parolen allein nicht ausreichten, um den Sieg davonzutragen.[123] Eigentlich hätte der Vorsitzende des Reichsverbands gegen die Sozialdemokratie, Eduard von Liebert, freie Bahn bekommen »sollen« bei dem Versuch, das Mandat von der SPD zurückzugewinnen. Doch kaum war die Wahl angekündigt, warf der Kaufmann und Gutsbesitzer Curt Fritzsche seinen Hut in den Ring.[124] Er war einer von fünf antisemitischen Kandidaten für die Deutsche Reformpartei in Sachsen.[125] Die Konservativen übten Druck auf Fritzsche aus, seine Kandidatur zurückzuziehen. Aber er weigerte sich und wehrte sich erfolgreich gegen die Unterstützungsbemühungen von Mehnert und August Keim vom Flottenverein für Liebert, der in einem Telegramm klagte: »Nebenkandidatur Fritzsche wird immer unbequemer. Erregt die kleinen gut gesinnten Leute demagogisch. Kann Mittelstandsvereinigung und Reformpartei nicht veranlaßt werden, Kandidatur noch zurückzuziehen? Sonst Stimmung guenstig.«[126] Unerschrocken schrieb Fritzsche persönlich an Bülow und beschwerte sich, dass der Sylvesterbrief[127] des Kanzlers an Liebert eine offizielle Einmischung in die Wahl bedeute. Er versprach, alles in seiner Macht Stehende zu tun, um Liebert zu besiegen, wenn dieser die Stichwahl erreichen sollte, und er drohte sogar mit einem Protest an die Wahlprüfungskommission des Reichstags, wenn Liebert oder der sozialdemokratische Kandidat gewänne.

Mehnerts Antwort? »Die Minderwertigkeit der nationalen Gesinnung dieses Mannes [Fritzsche] kennzeichnet sich hierdurch zur Genüge.«[128] Mehnert fügte hinzu, dass Fritzsche »schon seit Jahresfrist den Wahlkreis für sich bearbeitet hat und in *stark demagogischer* Weise agitiert«. Als er dies las, fragte Bülow verärgert: »Läßt sich einem solchen Skandal nicht durch Liebermann von Sonnenberg [...] ein Ende machen?!«[129] Liebermanns Einfluss auf die sächsischen Reformer hatte sich allerdings schon längst verflüchtigt. Doch um zu verstehen, warum auch Mehnerts Bemühungen zugunsten von Liebert scheiterten, müssen wir genauer hinsehen.

---

123 Zum Folgenden: Fritzsche an Bülow, 3.1.1907, sowie Antwortentwurf von Loebell, o. D.; Vitzthum an Bülow, 5.1.1907; Mehnert an Rkz, 4.1.1907, mit einer umfassenden zweiteiligen Denkschrift: »A. Allgemeine Bemerkungen« und »B. Der Stand in den einzelnen Wahlkreisen«; alle in BAP, Rkz 1795; AHMS Rochlitz, 24.12.1906; AHMS Borna, 3.1.1907; sowie andere Berichte in SHStAD, MdI 5389.
124 Nicht zu verwechseln mit dem prominenteren Antisemiten Theodor Fritsch, der in Kap. 5 vorgestellt wurde.
125 Zu Curt Fritzsche und anderen Antisemiten im Jahr 1907, M. Piefel, Antisemitismus, 2004, S. 157–160. Die DRP stellte reichsweit 14 Kandidaten auf. Die RT-Mandate von Liebermanns DSP verdreifachten sich ab 1903 in Verbund mit der CSP und dem BdL.
126 Liebert, Telegramm an Keim, 20.1.1907; vgl. Loebell an Mehnert, 21.1.1907 (Entwurf); Mehnert an Loebell, 23.1.1907; BAP, Rkz 1807.
127 Zuvor zitiert. Vgl. den stark überarbeiteten Entwurf (o. D.) [Dezember 1906] in BAP, Rkz 1794.
128 BAP, Rkz 1795, Mehnert-Denkschrift vom 4.1.1907, zuvor zitiert, »B. Der Stand in den einzelnen Wahlkreisen [...] 14. Borna« (Hervorhebung im Original).
129 Liebermann von Sonnenberg war der Parteiführer der weniger radikal antisemitischen Deutsch-Sozialen Partei.

»Nationaler Geist«, ebenso wie antisozialistische Solidarität, lag eben im Auge des Betrachters. Die Amts- und Kreishauptleute, die über den Wahlkampf berichteten, zollten Fritzsche mehr als nur widerwilligen Respekt für die sorgfältige Kultivierung der lokalen Wählerschaft. Er habe seit mehr als *drei* Jahren lokale Gruppen getroffen, Geld gesammelt und Reden im Wahlkreis gehalten, berichteten sie. Die Sächsische Mittelstandsvereinigung, die nominell unter Mehnerts Einfluss stand – über den antisemitischen Theodor Fritsch, den Vorsitzenden der Vereinigung, und über Ludwig Fahrenbach, ihren Generalsekretär –, verhielt sich neutral und sprach sich weder für Fritzsche noch für Liebert aus. Fahrenbach hatte Mitte 1906 begonnen, die Reformer offen zu kritisieren, doch die Antisemiten waren stets auf die Beschwerden des Mittelstandes eingegangen, die bei diesem Wahlkampf eine wichtige Rolle spielten. Die von der SPD-Kreisorganisation gewählte Strategie machte Lieberts Aufgabe noch schwieriger: Sie versuchte, es so aussehen zu lassen, »als wiche ihre politische Anschauung nur um ein weniges von der der Ordnungsparteien, insbesondere der der Reformer, ab«.[130] Die Linksliberalen im WK 14: Borna spielten weiter mit dem Gedanken, ihren eigenen Kandidaten zu nominieren.

Mehnerts Best-Case-Szenario war, dass die Mittelstandsvereinigung ihren Unterstützern freie Hand lassen würde. Mehnert war beeindruckt von den finanziellen Mitteln und den Rednern, die der Reichsverband gegen die Sozialdemokratie in Lieberts Kampagne einsetzte. Aber er wollte Bülow wissen lassen, dass die Aktivitäten des Reichsverbands nicht überall gut ankamen: »Nebenbei will ich hier bemerken, daß die Hilfskräfte des Reichsverbandes zu einem starken Teile nicht gerade erfolgreich im Wahlkampfe in Sachsen zu verwenden sind.«[131] Im Anschluss an die Nachwahl im WK 10: Döbeln im Oktober des Vorjahres, als der Vorsitzende des Alldeutschen Verbandes, Ernst Hasse, gegen einen Sozialdemokraten unterlag, hatte Mehnert »starke Klagen über die Minderwertigkeit der Redner des Reichsverbandes« erhalten.[132]

Bei der Wahl im WK 14: Borna waren die »Ordnungsparteien« uneinig. Fritzsche zwang Liebert zu einer unliebsamen Stichwahl gegen einen Sozialdemokraten.[133] So waren zwei weitere kostspielige Wochen Wahlkampfarbeit erforderlich, bevor Liebert mit fast 57 Prozent der Stimmen die Stichwahl gewann. Bezeichnenderweise wurde in

---

130 AHMS Borna, 3.1.1907, zuvor zitiert.
131 Mehnert-Denkschrift vom 4.1.1907, zuvor zitiert (14. Borna). Vgl. auch die maschinengeschriebene Denkschrift, »Nachtrag zu dem Bericht über den Stand der Wahlen im Königreiche Sachsen«, o. D. [19.1.1907], die mit ziemlicher Sicherheit auch von Mehnert stammte und aktualisierte Informationen über diejenigen Wahlkreise lieferte, die er besonders scharf beobachtete; SHStAD, MdI 5389. Dort heißt es mit Blick auf WK 14: Borna: »Die unfaire Agitationsweise des Antisemiten Fritzsche und dessen stark demagogische Mittel erschweren dem Kandidaten Liebert den Kampf; doch nehme ich immer noch mit Sicherheit an, dass Liebert, – trotzdem er Preusse und ›Excellenz‹ ist – in die Stichwahl kommen wird«.
132 Mehnert-Denkschrift vom 4.1.1907, zuvor zitiert (14. Borna).
133 Die Stimmen in der Hauptwahl verteilten sich wie folgt: 42,6 Prozent für Liebert (RFKP), 18,7 Prozent für Fritzsche (DRP) und 38,7 Prozent für Schöpflin (SPD).

der Stichwahl nur *eine* Stimme mehr abgegeben als in der Hauptwahl: anderswo führten Stichwahlen fast immer zu höherer Wahlbeteiligung. Liebert und Fritzsche hatten anscheinend so viele nationale Wähler desillusioniert, dass viele von ihnen am 5. Februar zu Hause blieben. Patrioten murrten, dass Lieberts Sieg nie in Frage hätte stehen dürfen.

Im Eifer des Gefechts und im Staub, den der Wahlkampf zwangsläufig aufwirbelte, mussten sich wahlpolitische Strategien schnell ändern. Folglich ist es wichtig zu unterscheiden, was während des Wahlkampfs tatsächlich geschah und was nach Meinung der Regierenden geschehen *sollte*, damit die »Ordnungsparteien« den Sieg errangen. Zu Beginn des Wahlkampfes waren sich Asch, Bülow, Mehnert und andere Parteiführer im Großen und Ganzen einig, dass in jedem Wahlkreis nur ein einziger nationaler Kandidat nominiert werden solle.[134] »Die Verhandlungen mit den Parteien«, schrieb Asch, »müssen *sofort* stattfinden, denn wenn etwa erst Konservative und Freisinnige im Lande gegeneinander loszuschiessen begonnen haben, ist eine Verständigung unmöglich.« Auf die Parteien vor Ort sei wenig Verlass – außer wenn es darum gehe, die Einschätzung der Reichskanzlei zu ignorieren, welche von ihnen in gewinnbaren Wahlkreisen die besten Chancen hatte. Also überarbeitete Asch seine Erfolgsformel.[135] Er begann, dem politischen Profil einzelner Wahlkreise mehr Aufmerksamkeit zu schenken. So müsse seiner Meinung nach beispielsweise im WK 2: Löbau ein Konservativer nominiert werden, weil es einer der wenigen sächsischen Wahlkreise mit einem relativ hohen Anteil an großen landwirtschaftlichen Betrieben sei. In WK 7: Meißen, WK 8: Pirna und WK 9: Freiberg seien Siege nur möglich, wenn sich die Parteien darauf einigten, im ersten einen Antisemiten, im zweiten einen Konservativen und im dritten einen Nationalliberalen aufzustellen. Mit Verweis auf diese drei Wahlkreise zog Asch es vor, das Positive zu sehen: Diejenigen, die dieses Mal den Wahlkampf der Regierung führten, sollten sich von den SPD-Siegen im Jahr 1903 nicht entmutigen lassen; damals hätte die Kronprinzessinnenaffäre den Sozialdemokraten Zehntausende von Stimmen eingebracht. Asch übertrieb es noch weiter mit der Zuversicht, als er über die Perspektiven im WK 11: Oschatz-Grimma berichtete: »Dieser Wahlkreis hat so viel ländliche Bevölkerung, daß seine Rückeroberung leicht möglich sein muss.« Die komplizierten Verhandlungen zwischen den konkurrierenden bürgerlichen Parteien in diesem Wahlkreis zeigten allerdings, dass dies leichter gesagt war als getan.[136]

---

134 Asch, Vorschläge [...], 14.12.1906, zuvor zitiert, sowie zum folgenden Zitat.
135 Vgl. Aschs »Schlachtplan« vom 14.12.1906 (»Vorschläge [...]«), seine Wahlkreisliste unter der Überschrift »Vom Centrum/Sozialdemokraten zu erobern« (17.12.1906), seine »Bemerkungen zur Wahlagitation« (19.12.1906) sowie die Denkschrift »Außerpreußische zu gewinnende Wahlkreise«, die als Anlage von Bülow an Vitzthum geschickt wurde, 22.12.1906; BAP, Rkz 1794. Vgl. auch Mehnerts Denkschriften vom 4.1.1907, BAP, Rkz 1795, und 19.1.1907, SHStAD, MdI 5389.
136 Neben Mehnerts Denkschriften vom 4./19.1.1907 vgl. A. GRIESSMER, Massenverbände, 2000, S. 134, der die LVZ, 22./24./27.12.1906, zitiert; RHRT, Bd. 2, S. 1157 f. Am 19.1.1907 war Mehnert überzeugt vom Sieg des konservativen Kandidaten Ernst Giese, fügte jedoch hinzu: »[...] wenngleich die Haltung des Bundes der Landwirte

Andere Beobachter hielten Asch in der Tat für zu optimistisch. Rückblickend berichtete der Dresdner Kreishauptmann Rumpelt, dass Mitte Dezember 1906 einige Regierungsanhänger hofften, Freiberg von der SPD zurückerobern zu können; allerdings gebe es »wenig Aussicht«, dass dies auch in Pirna geschehen würde, und »an einen Sieg im 7. (Meißen) und 10. Wahlkreis (Döbeln) wagte die kühnste Phantasie kaum zu denken«.[137] Beflügelt von ebendieser kühnen Fantasie verfolgte der Alldeutsche Vorsitzende Ernst Hasse die Nominierung im WK 11: Oschatz-Grimma weiter, die ihm die Führung der sächsischen Nationalliberalen im Dezember angetragen hatte. Doch die Konservativen und der Bund der Landwirte weigerten sich, diesen »Rivalen« zu unterstützen. Sie stellten Hasses Wählbarkeit in Frage und behaupteten, »auf dem Lande wisse man von Professor Dr. Hasse nur, daß er in Leipzig [im Juni 1903] durchgefallen sei, in Döbeln [im Oktober 1906] durchgefallen sei und hier nun auch wieder durchfallen solle«. Im Januar 1907 ließen die Nationalliberalen Hasse schließlich fallen: Sie nominierten den eher links orientierten Fabrikanten Max Langhammer, den Mehnert aus dem Landtag gut kannte. Mehnert betrachtete ihn, ebenso wie Gustav Stresemann, als »extremen« Kandidaten und daher als unliebsam. Kurz vor der Hauptwahl entschieden sich die Konservativen für Oberjustizrat Dr. Ernst Giese. Am Wahltag waren auch hier die »Ordnungsparteien« zerstritten. Doch in der Stichwahl setzte sich erneut die nationale Sache durch, wobei Giese fast 58 Prozent der abgegebenen Stimmen errang.

Obwohl Asch seine Taktik weiter revidierte, beharrte er auch auf seiner Überzeugung, dass die regionalen Parteiführer bzw. ihre zentralen Wahlkomitees in Berlin ihren Einfluss geltend machen sollten, um lokale Akteure »auf Linie zu halten«. Er listete drei Möglichkeiten auf, wie dies zu bewerkstelligen sei. (1.) Die Parteiführer sollten ihren lokalen Wahlkomitees nur antisozialistische und antikatholische Flugblätter zur Verfügung stellen. (2.) Sie sollten die Ausgaben ihrer Partei fest im Griff behalten und lokale Wahlausschüsse nur dann finanzieren, wenn sie gegenüber den anderen regierungsfreundlichen Parteien ein »verständiges Verhalten« angenommen hatten.[138] Und (3.) sie sollten bezahlte Redner für die Wahlkämpfe an der Basis nur dann genehmigen, wenn sie »jede Gehäßigkeit gegen die anderen Parteien des neuen Kartels [sic] zu unterlassen« versprachen. »Auf diese Weise läßt sich wenigstens ein loses, den einzelnen Parteien genügend Spielraum bietendes Kartell herstellen, das bei den Stichwahlen erfolgreich funktionieren kann.« Da Asch bei den Wahlen 1907 »weit mehr als 100 Stichwahlen«

---

in diesem Wahlkreise der nationalen Sache nicht förderlich war. Es ist mir vor wenigen Tagen gelungen, den ursprünglich vom Bunde der Landwirte in Aussicht genommenen Kandidaten, früheren Abgeordneten Hauffe zu bewegen, nunmehr persönlich energisch in den Wahlkampf für Giese einzutreten.« Vgl. auch AHM Heinrich von Leipzig (Oschatz) an KHM Johann Freiherr von Welck (Leipzig), 23.12.1906, SHStAD, MdI 5389.
137 KHM Rumpelt (Dresden), Geschäftsbericht [...] für 1906 (Auszug), 11.3.1907, SHStAD, MdI 5390.
138 Als Leiter des Komite Patria folgte der RFKP-Chef Zedlitz-Neukirch dem Rat von Asch. Zedlitz an Bülow, 19.12.1906, BAP, Rkz 1794; Auszug in: D. FRICKE, Regierungswahlkampf, 1978, S. 494 f.

erwartete, würden diese zweiten Abstimmungen »die eigentliche Entscheidung über die Zusammensetzung des neuen Reichstags bringen«.[139]

Als Mehnert Bülow am 4. Januar 1907 auf den neuesten Stand brachte, schrieb er, dass er seiner ursprünglichen Strategie gefolgt sei, die Nationalen so weit wie möglich hinter einem Kandidaten zu vereinen. Doch zu diesem Zeitpunkt lag Mehnerts Schlachtplan bereits in Trümmern. Also versuchte er noch das Beste daraus zu machen. Wie Hohenthal, der sich auf das alte Prinzip »getrennt marschieren, vereint schlagen« berufen hatte, änderte er den Kurs.[140] Seine Argumentation lautete wie folgt: An der Hauptwahl – und damit vermutlich auch an der Stichwahl – würden sich mehr nationale Wähler beteiligen, wenn sie die Möglichkeit hätten, in der ersten Runde aus einer Reihe von bürgerlichen Kandidaten auszuwählen. Auf diese Weise könnten die »Ordnungsparteien« Wähler insbesondere aus der Mittel- und Oberschicht mobilisieren, die, »wenn sie nicht ihrem speziellen Candidaten wenigstens bei der Hauptwahl ihre Stimmen geben könnten«, zu Hause bleiben würden.

Obwohl sich Asch und Mehnert langsam für die Idee erwärmten, mehrere nationale Kandidaten für den ersten Wahlgang aufzustellen, behinderte die antisozialistische Uneinigkeit die nationale Sache in neun von 23 sächsischen Wahlkreisen.[141] Diese Zahl ähnelt in bemerkenswerter Weise dem Grad der antisozialistischen Uneinigkeit in früheren Reichstagswahlen. Doch 1907 konnte die SPD nur zwei dieser neun Wahlkreise für sich entscheiden. In beiden Fällen – WK 4: Dresden-Neustadt und WK 6: Dresden-Land – gewannen die Sozialisten das Mandat im ersten Wahlgang. Entsprechend hatten sich die antisozialistischen Parteien in der Vergangenheit den Luxus konkurrierender Kandidaturen vor allem in nicht zu gewinnenden Wahlkreisen erlaubt: in den stark industrialisierten, scheinbar »bombensicheren« SPD-Hochburgen (Sachsen 15–21). 1907 boten die »Ordnungsparteien« in diesen Wahlkreisen in der Regel nur ein Opferlamm dar; zu antisozialistischer Uneinigkeit kam es häufiger in hart umkämpften Wahlkreisen. Die darin liegende Gefahr war so groß, dass sie als strategischer Fehler angesehen worden wäre, wenn die »Ordnungsparteien« 1907 ein schlechtes Ergebnis eingefahren hätten. Aber sie schnitten sehr gut ab.

*

1907 war »der Nichtwähler« in aller Munde. Er hätte, so hieß es, die »schlechten« Reichstagswahlen von 1903 zu verschulden. Was also tun? Wieder lag die Antwort in der »Kleinarbeit« – d. h., sich um das Tagesgeschäft zu kümmern und alles Notwendige zu erledigen, wie zum Beispiel die Wähler zu den Wahllokalen zu befördern. Oder auch

---

139 Asch, »Bemerkungen zur Wahlagitation«, 19.12.1906, BAP, Rkz 1794.
140 Braun, 9.1.1907, HHStAW, PAV/53, sowie zum folgenden Kommentar über »ihren speziellen Kandidaten«.
141 Sachsen 4, 5, 7, 10, 11, 14, 15, 21, 23.

die regierungsfreundliche Propaganda neu auszurichten, damit sie so viele nationale Wähler wie möglich erreiche.

Ludwig Asch wusste, dass die Regierung mit den »Ordnungsparteien« Hand in Hand arbeiten musste, um mit ihrer gedruckten Propaganda erfolgreich zu sein.[142] Selbst das kleinste Bezirksblatt, schrieb er, müsse offen in die Schlacht ziehen. Diese Zeitungen sollten sich, genauso wie die lokalen Beamten, die oft als deren Redakteure dienten, »um das Geschrei über Wahlbeeinflussungen und dergleichen nicht kümmern«. Die Regierung könne sich nicht mehr auf die *Norddeutsche Allgemeine Zeitung* verlassen, um ihre Botschaft zu vermitteln. Die Masse der Wähler sei aufgrund einer »deutschen Erbeigentümlichkeit« misstrauisch gegenüber jeder dort veröffentlichten Meldung. Stattdessen müssten die Wähler durch Nachrichten informiert werden, die »unter Deckadresse« verschickt würden. Auch was den unwirksamen Einsatz von Wahlflugblättern anging, müsse man mit Tricks arbeiten und mit alten Traditionen brechen. »Die Schriften des Major Keim«, so Asch, »die von der Regierung nach der Reichstagsauflösung 1893 verbreitet wurden, sind zu Zehntausenden auf Landratsspeichern verfault.« Die »staatserhaltenden« Parteien seien nicht gut genug organisiert, um dieses Hindernis zu überwinden. Es ist unklar, ob Asch der Ansicht war, dass auch die nationalen Verbände nicht ausreichend genug organisiert waren. In jedem Fall »müssen [die Flugblätter] den Kandidaten selbst direct angeboten werden, wieder von einem fingierten Ausschuß«.

Asch wusste um die Bedeutung eines lokal geführten Massenwahlkampfs, als er Ratschläge erteilte zu Flugblättern und anderen Publikationen, die den »kleinen Mann« während des Wahlkampfs beeinflussen könnten. (»Gebildete Wähler« würden ihnen keine Beachtung schenken.) Es sei wichtig, in derartiger Printpropaganda keinen kindlichen Ton anzuschlagen, aber ebenso wichtig, »keine Zahlen« zu nennen. Stattdessen »konkrete, anschauliche Erzählung, je blutiger, desto besser, denn das melodramatische Bedürfnis der Massen verlangt immer nach Kolportageliteratur. Wenn sich ein paar gute Bilder aus dem afrikanischen Soldatenleben auftreiben lassen, – umso besser« (siehe Abbildung 10.4). Damit würden sich Wähler in kleinen abgelegenen Dörfern mobilisieren lassen, die zwar möglicherweise außerhalb der Reichweite sozialdemokratischer Agitatoren lägen, aber womöglich auch zu faul seien, um sich auf den Weg zum nächsten Wahllokal zu machen. »Sowas schneiden die Leute in den Heckendörfern sich aus«, schrieb Asch, »kleben es an die Wand und die Suggestion beginnt zu wirken.«

Angesichts der Befürchtung, dass die deutsche »Ehre« auf dem Spiel stehe, warnte Asch davor, dass es den schlimmsten Eindruck hinterlassen würde, »wenn ehemalige Reiter der Schutztruppe [...] gegen die Regierungspolitik aufträten«. Wenn der fragliche Neinsager ein bekannter Sozialdemokrat oder gar ein Mitglied der Freien Gewerkschaften sei, sollte ihm unverhohlen eine Bestechung angeboten werden, etwa in der

---

142 Zum Folgenden Asch, »Vorschläge [...]«, 14.12.1906 (zuvor zitiert), BAP, Rkz 1794.

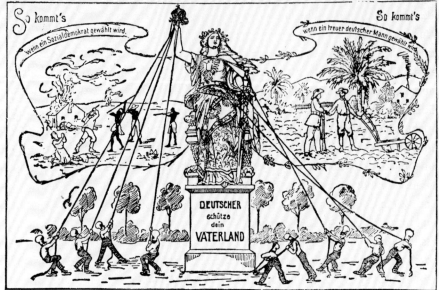

Abbildung 10.3: »Wählt zur Ehre des Vaterlandes gegen seine Zerstörer!«, 1907. Illustriertes Flugblatt Nr. 55 des Reichsverbandes gegen die Sozialdemokratie für die Reichstagswahlen vom Januar 1907. Text oben links: »So kommt's wenn ein Sozialdemokrat gewählt wird.« Man sieht ein Haus in Flammen, vergebens verteidigt von einem Siedler, dessen Frau betend hinter ihm kniet und dessen Kind tot auf dem Boden liegt. Afrikanische Eingeborene richten Gewehre und Speere auf ihn. Oben rechts: »So kommt's wenn ein treuer deutscher Mann gewählt wird.« Zu sehen ist ein fruchtbares Feld, das von einem Siedler gepflügt wird, der einem Angehörigen der kolonialen Schutztruppe die Hand schüttelt. Große Palmen spenden dem Haus im Hintergrund Schatten. Quelle: M. KLANT (Hrsg.), Der rote Ballon, 1988, S. 87.

folgenden Art: Nun, da er aus den Kolonien zurückgekommen sei, könne es ja sein, dass »ihm mit einer Geldunterstützung behufs besseren Fortkommens jetzt in der Heimat gedient sei«. Wiederum müsse dafür List angewendet werden: »Natürlich muß das von keiner *Wahl*organisation ausgehen, sondern von einem humanitären Ausschuß.« »Die Annahme des Geldes oder auch die Bereitwilligkeit dazu wird, falls der Betreffende sich mausig macht, dem aussichtsvollsten Kandidaten der Regierungsseite mitgeteilt.«

Diese Strategie hatte ihre logische Ergänzung. »Sofort anregen, dass in Kirchen und ev. auf Kriegerdenkmälern der Gemeinden in den Dörfern die Namen der in Afrika Gefallenen angebracht werden.« Auch die Enthüllung solcher Tafeln oder Denkmäler müsse in höchstem Maße inszeniert werden und im Beisein hochrangiger Offiziere und Verwaltungsbeamten erfolgen. »Landrat oder Präsident muß die Eltern des zu Ehrenden am frühen Morgen schlicht, ohne Begleitung, aufsuchen und fragen, ob er der einzige Ernährer war.« Sollte dies der Fall sein, wäre sein Opfer für die Ehre Deutschlands natürlich umso größer. Aber: »Bei der Feier selbst die Hauptsache: kein Wort von Politik! Je weniger von oben ermahnt wird, desto bessere Wahlen.«

Wurden Aschs Empfehlungen tatsächlich von der Regierung oder den »staatserhaltenden Parteien« übernommen? In den Berichten der sächsischen Amtshauptmänner finden sich keinerlei Hinweise auf Wahlmanipulationen oder Inszenierungen dieser Art, aber das wäre auch kaum zu erwarten. Auch Aschs Liste der Wahlkreise, die von den Sozialdemokraten oder dem Zentrum zurückgewonnen werden könnten, deckte sich nicht mit den Berechnungen, die Mehnert und die nationalen Verbände angestellt hatten. Unter den von Asch aufgelisteten Wahlkreisen, die später in Notizen von Bülow und Loebell zitiert wurden, befanden sich nicht weniger als elf in Sachsen.[143] Unterdes führte ein offenbar vom Flottenverein gedrucktes Flugblatt 34 solcher Wahlkreise auf, doch nur sechs davon befanden sich in Sachsen.[144] Arbeiteten diese Wahlkampfmanager überhaupt nach dem gleichen Drehbuch?[145]

Als Friedrich Vitzthum am 5. Januar 1907 an »Mein lieber Bernhard« antwortete, berichtete er, dass Regierungschef Hohenthal ein Treffen seiner fünf Kreishauptmänner einberufen und sie über die Marschbefehle des Reichskanzlers informiert hätte.[146] Er habe auch Bülows Anweisungen an »unseren gemeinsamen Freund« Mehnert weitergegeben, der meldete, dass er bereits einige der von Asch empfohlenen Schritte unternommen habe. Mehnert und Hohenthal seien der Ansicht, dass der SPD in Sachsen nur drei oder vier Sitze abgenommen werden könnten: »Auf mehr wird nicht gerechnet, trotz lebhafter Agitation.« Weshalb so wenige? Vitzthum wiederholte Mehnerts Wahlkampfleier: Die Linksliberalen seien schuld. »Die Uneinigkeit der Ordnungsparteien wird hauptsächlich durch das schroffe und unpolitische Vorgehen der Linksliberalen hervorgerufen, die ihren gemäßigten Führern über den Kopf gewachsen sind. Es werden viele Stichwahlen erwartet, aber auf mehr wie im Ganzen 5–6 Ordnungsparteiler rechnet man nicht.«

Es fanden sich noch andere Haare in der nationalen Suppe. Historiker haben betont, in welchem Maße die radikalen nationalen Verbände den Wahlkampfton bestimmten und die Agitationsarbeit an der Basis übernahmen. Für einige Wahlkreise stimmte das gewiss. Im WK 5: Dresden-Altstadt zum Beispiel stand die Alldeutsche Ortsgruppe unter Friedrich Hopf an der Spitze des Dresdner Nationalen Ausschusses. Letzterer fungierte als Dachverband von vierundzwanzig nationalen Verbänden, darunter die Ortsverbände des Alldeutschen Verbandes, des Deutschen Flottenvereins, des Reichsverbandes gegen

---

[143] Sachsen WK 1, 2, 7, 8, 9, 10, 11, 12, 14, 21, 23; Bülow an Vitzthum, 22.12.1906, BAP, Rkz 1794.
[144] Sachsen WK 9, 11, 12, 14, 20, 21.
[145] Erläuterung, o. D., BAP, Rkz 1794.
[146] Vitzthum an Bülow, 5.1.1907, BAP, Rkz 1795.

die Sozialdemokratie, des Evangelischen Bundes, des Deutschnationalen Handlungsgehilfenverbandes, des Vereins der Bodenreformer, des Wahlvereins der Privatbeamten, anderer Bürger- und Bezirksvereine und der Studentenverbindungen.[147] Aber eine derartige Zusammenarbeit und Koordination fand eher sporadisch statt. Im WK 14: Borna war niemand überrascht, dass der Reichsverband gegen die Sozialdemokratie den Wahlkreis mit Flugblättern, Broschüren, Wanderrednern und Wahlschleppern zur Unterstützung ihres Vorsitzenden Eduard von Liebert überschwemmte. Im Gegensatz dazu legte sich der Sächsische Landesverein des Evangelischen Bundes im sächsischen Osten, wo katholische Sorben das Ergebnis mitbestimmten, mehr ins Zeug als in WK 10: Döbeln, wo sein Direktor Otto Everling kandidierte. Bei Gustav Stresemanns Kandidatur in WK 21: Annaberg führte mit ziemlicher Sicherheit der von ihm gegründete Verband der Sächsischen Industriellen die Regie, wenngleich dies in den Berichten der Amtshauptleute nicht erwähnt wurde.

Diese drei Wahlkreise mit ihren prominenten nationalen Kandidaten gehörten zu den am härtesten umkämpften in Sachsen – wobei der eigentliche Kampf nicht zwischen ihnen und der Sozialdemokratie stattfand, sondern unter den »staatserhaltenden« Lagern selbst. In allen drei Wahlkreisen mussten sich die Anführer einer mächtigen nationalen Vereinigung das Recht erkämpfen, sich zum gemeinsamen Kandidaten der »Ordnungsparteien« zu erklären. Analysiert man die Wahlkämpfe in den sächsischen Wahlkreisen, lassen sich noch viele andere Fälle finden, wo der Wahlkampf in erster Linie von etablierten Parteiführern koordiniert, von Parteizeitungsredakteuren für die Öffentlichkeit »verpackt« und von Parteifunktionären geführt wurde. Nicht selten machten diese Anführer, Publizisten und Aktivisten die Pläne von Bülow *und* der radikalen Nationalen zunichte.

Jubel

Als im Januar 1907 die Wahllokale schlossen, war die Zahl der für SPD-Kandidaten abgegebenen Stimmen in Sachsen von 441 000 im Jahr 1903 auf 418 000 gesunken. Dies bedeutete einen Rückgang von 59 auf 48 Prozent der Stimmen. Bei den acht sächsischen Stichwahlen am 5. Februar fiel das Ergebnis noch dramatischer aus: Die SPD verlor sie alle. Von den 22 sächsischen Mandaten, die die SPD 1903 gewonnen hatte, blieben ihr nur acht (siehe Tabelle 10.1).[148] Sechs davon waren Teil eines soliden Blocks um Chemnitz und Zwickau, Sachsens am stärksten industrialisierter Region. Die beiden anderen

---

147 Vgl. StadtAD, Privatakten, 231.01, ADV, Nr. 33; sowie »Die Tätigkeit des Dresdner Nationalen Ausschusses im Reichstagswahlkampfe 1907«, zuvor zitiert. Die SPD verspottete Hopfs Dachorganisation als einen »Misch-Maschausschuß«.
148 Vor der RT-Auflösung vom 13.12.1906 hatte die SPD eine sächsische Nachwahl verloren.

Tabelle 10.1: Reichstagswahlen in Sachsen und im Reich, 1903 und 1907

	16. Juni 1903			25. Januar 1907		
	Stimmen	Stimmen (%)	Mandate	Stimmen	Stimmen (%)	Mandate
Sachsen						
Konservative	85.321	11,4	0	92.206	10,6	3
Nationalliberale	97.869	13,0	0	225.034	26,1	6
Linksliberale	46.769	6,2	0	44.405*	5,2	2
Antisemiten	73.656	9,8	1	59.678	6,9	3
BdL, WV**	0		0	18.548	2,1	1
Sozialdemokraten	441.764	58,8	22	418.570	48,5	8
Gesamt	754.894		23	866.571		23
Wahlbeteiligung Haupt-/Stichwahl (%)	83,0	/	86,5	89,7	/	91,9
Reich						
Deutschkonservative	948.448	10,0	54	1.060.209	9,4	60
Freikonservative	333.404	3,5	21	471.863	4,2	24
Nationalliberale	1.317.401	13,9	51	1.637.048	14,5	54
Linksliberale	872.653	9,2	36	1.233.933	10,9	49
Antisemiten	244.543	2,6	11	248.534	2,2	16
BdL, BB, WV**	230.134	2,4	8	300.105	2,7	14
Sozialdemokraten	3.010.771	31,7	81	3.259.029	28,9	43
Gesamt	9.533.826		397	11.303.483		397
Wahlbeteiligung (%)	76,1			84,7		

Anmerkungen: Nur Hauptwahl. Gesamtzahl der abgegebenen Stimmen beinhaltet gültige und ungültige Wahlzettel. Gesamtzahlen der RT-Fraktionen beinhalten Hospitanten und nicht zur Fraktion Gehörige.
*Die Stimmen gliedern sich in Freisinnige Vereinigung (6.533) und Freisinnige Volkspartei (37.872).
**BdL = Bund der Landwirte, BB = Bauernbund, WV = Wirtschaftliche Vereinigung. Die Deutsche Zentrumspartei, Polen und weitere kleinere Gruppen sind zur besseren Übersichtlichkeit ausgelassen worden.
Quellen: Vierteljahrshefte zur Statistik des Deutschen Reichs, Ergänzungsheft zu 1903, Teil IV (1904), S. 1–7, 45–47; Ergänzungsheft zu 1907, Heft I (1907), S. 44–47, 66–69, Heft III, Zweiter Teil (1907), S. 8–9, 121–124. Verschiedene Gruppierungen und Gesamtzahlen für Linksliberale, Agrarier und Antisemiten finden sich in: ZSSL 54, Nr. 2 (1908), S. 173, sowie in den Tabellen zu den RT-Wahlergebnissen von Valentin Schröder: http://www.wahlen-in-deutschland.de/krtw.htm. Vgl. auch G. A. RITTER, Wahlgeschichtliches Arbeitsbuch, 1980, S. 41, 89; S. SCHEIL, Entwicklung, 1990, S. 296 f., 319 f.

vertraten die Dresdner Vororte und das teilweise ländliche Umland im Dresdner Norden und Süden.[149]

Vor der Wahl hatten die meisten Insider erwartet, dass die Zentrumspartei reichsweit genauso viele Abgeordnete in den Reichstag entsenden würde wie 1903; tatsächlich erhöhte sich die Zahl ihrer Fraktionsmitglieder um fünf Mandate auf 105. Als sie

---

[149] Sachsen 13, 15, 16, 17, 18, 19; und Sachsen 4, 6. Vgl. Karte S.10.1 zu den Reichstagswahlen 1907 in Sachsen. Nur zwei Parteihochburgen blieben 1907 übrig, wie in Karte S.10.2 dargestellt. Für das gesamte Reich vgl. Karten S.10.3, S.10.4 und S.10.5. Alle Karten im Online-Supplement.

davon erfuhren, vollführten Bülow und Kaiser Wilhelm eine abrupte Kehrtwende. Beide behaupteten nun, die Wahl sei in Wahrheit einzig und allein gegen die SPD gerichtet gewesen. Wie der österreichische Gesandte in Preußen berichtete, verloren beide Männer kein Wort darüber, dass das Zentrum nicht geschwächt, sondern zahlenmäßig gestärkt in den Reichstag einziehen würde.[150] Nach Ansicht des Kaisers seien die Sozialdemokraten »so empfindlich aufs Haupt geschlagen worden«, dass die Zukunft rosig aussähe.[151] Auch bezüglich des allgemeinen Wahlrechts änderte er seine Meinung: »Das bestehende Wahlrecht hatte sich nach Ansicht des Kaisers als zufriedenstellend erwiesen und seine Majestät war besonders erfreut über das Ergebnis der Wahlen in Sachsen.«[152] Der sächsische König Friedrich August III. war – in geradezu peinlichem Maße – euphorisch. Sein Telegramm an den Dresdner Oberbürgermeister Otto Beutler schloss mit dem Satz: »*Es ist ein Vergnügen, jetzt zu leben.*« Das Glückwunschtelegramm des Königs an Regierungschef Hohenthal war »so überschwänglich gehalten«, dass dessen Veröffentlichung im halbamtlichen *Dresdner Journal* unterbleiben musste.[153] Egal welchen Ausdruck sie fand, die »Ueberraschung über den Ausgang der Hauptwahl in Sachsen war ungeheuer, *niemand* hatte Derartiges erwartet«.[154]

Obwohl die Sozialdemokraten »gedrückt und verbittert«[155] waren, wurde das Erstaunen über das Wahlergebnis in einigen Kreisen durch die Unsicherheit über seine Auswirkungen gedämpft. »Ein merkwürdiges Jagdergebnis«, hieß es in einem Beitrag in einer sächsischen Zeitung, »daß auf schwarze Sauen zog die Regierung aus, und Rotwild hat sie zur Strecke gebracht!«[156] Nachdem einstweilen nur der erste Wahlgang abgeschlossen war, fand Eyre Crowe im britischen Außenministerium, es sei »ziemlich früh für die Regierung, den Sieg auszurufen! [...] Die Sozialisten haben Mandate verloren, aber es bleibt ungewiss, ob sie nicht tatsächlich mehr *Stimmen* erhalten haben als zuvor.« Nach Abschluss der Stichwahlen berichtete Fairfax L. Cartwright aus München nach London, dass der »Jubel« anhielte und die offiziellen Kreise in Berlin mit den Ergebnissen »mehr als zufrieden« seien. Der Kaiser habe sich aus seinem Schlossfenster an die jubelnde Menge gewandt und erklärt, dass die Regierung nun in der Lage sei, die Opposition umzureiten, egal aus welcher Ecke sie auch kommen möge. »So sprach der Kaiser«, berichtete Cartwright. »Doch hat er die Zahlen der abgegebenen Stimmen studiert?« Der Sieg über die Sozialdemokraten wirke eher

---

150 Österr. Gesandter in Preußen, Ladislaus Graf von Szögyényi, an österr. MdAA, 5.2.1907, zitiert in: K. A. LERMAN, Chancellor, 1990, S. 171.
151 Ebenda.
152 Brit. Botschafter Sir Frank Lascelles (Berlin), 6./7./21./28.2.1907, BFO-CP, FO 371/257, Rolle 11, Nr. 545, hier 28.2.1907.
153 Braun, 6./9.2.1907, HHStAW, PAV/53 (Hervorhebung im Original).
154 Montgelas, 12.2.1907 (Entwurf), BHStAM II, Ges. Dresden 965 (Hervorhebung im Original).
155 KHM Rumpelt (Dresden), Geschäftsbericht [...] 1906 (Auszug), zuvor zitiert.
156 Zitiert in: Braun, 6.2.1907, zuvor zitiert.

wie ein »unentschiedener Kampf« und nicht als hätte man »ihnen eine vernichtende Niederlage zugefügt«.[157]

Als man zu erklären versuchte, warum das »rote Königreich« 1907 zu einem »nationalen Land« wurde, deckten sich die Einschätzungen der Beobachter sowohl in als auch außerhalb Sachsens.[158] In ungefähr dieser Reihenfolge nannten sie folgende Gründe für den überraschenden Umschwung: Die »einfache, nationale Wahlparole« habe die »Ordnungsparteien« begünstigt. Tausende sozialdemokratische Mitläufer von 1903 – eine Quelle bezifferte diese auf 43 000 – hätten sich von der Partei abgewandt: Angeblich hätten sich Handwerker und Kleingewerbetreibende, sogar einige Arbeiter, dem SPD-»Terrorismus« widersetzt. Regierungschef Hohenthal genösse das »Vertrauen weiter Kreise« der Menschen, die sich einen »frischen Zug« in Regierungsangelegenheiten erhofften; er sei klug gewesen, sein Versprechen zur Durchführung der Wahlrechtsreform am 15. Januar, also zehn Tage vor der Hauptwahl, zu bekräftigen. So würde niemand behaupten können, dass Hohenthal, wie sein Vorgänger Metzsch, nach der Wahl ein »*Angstprodukt*« geliefert habe. Auch herrsche im Volk allgemein eine positivere Stimmung, gegenüber der königlichen Familie und weil sich die Wirtschaft verbessert hätte.[159] Dem bayerischen Gesandten zufolge hätten sich frühere Nichtwähler – er bezifferte sie auf 97 000 – diesmal zur Stimmabgabe begeben, »und zwar sämtlich antisozialistisch«.[160]

Eine im evangelischen Sachsen oft geäußerte Ansicht war, dass der Hass auf die Katholiken erfolgreich gegen die Sozialdemokratie gelenkt worden sei. Angeführt vom Alldeutschen Paul Liman in den *Leipziger Neuesten Nachrichten,* hatte die sächsische Presse dieses Thema mit jeder Woche stärker in den Vordergrund gestellt. Nach Aussage eines Kreishauptmanns war diese Strategie aufgegangen: »Vor allem zog in Sachsen der Kampf gegen das Zentrum auch die hartnäckigsten und gleichgültigsten Nichtwähler zur Wahlurne, und manche Stimme ist der Sozialdemokratie nur deshalb verloren gegangen, weil diese ihre Oppositionsstellung an der Seite des Zentrums nehmen mußte.«[161] Der bayerische Gesandte Montgelas stimmte zu, dass Sachsens *furor protestanticus* förderlich gewesen sei: Mit einer Abstimmung gegen die »Roten«, so behauptete er, wollte der Wähler »seinen Hass gegen die ›Schwarzen‹ kanalisieren, da letztere direct nicht zu erreichen waren«.[162] Dank des Anti-Katholizismus und Anti-Sozialismus in

---

[157] Berichte von Lascelles (Berlin), 27.1.1907, mit Eyre Crowes »*minute*« vom 29.1.1907; von Lord Hugh Gough (Dresden), 6.2.1907; von Fairfax Cartwright (München), 9.2.1907; und von anderen; BFO-CP, FO 371/257, Rolle 11, Nr. 545, S. 114–256, passim. Für die brit. Berichterstattung über die Reichstagswahl 1907 und die Wahlrechtsreformbewegungen in Sachsen und Preußen vgl. J. RETALLACK, German Social Democracy, 2022, Teile IV–V.
[158] Zum Folgenden vgl. unter anderem KHM Rumpelt (Dresden), Geschäftsbericht [...] 1906 (Auszug), zuvor zitiert; Montgelas, 12.2.1907 (Entwurf), zuvor zitiert; Braun, 28.1.1907, 6./9.2.1907 HHStAW, PAV/53.
[159] Die Kronprinzessinnenaffäre war vergessen, Steuererhöhungen und »Wahlraub« dagegen weniger.
[160] Montgelas, 12.2.1907 (Entwurf), zuvor zitiert.
[161] KHM Rumpelt (Dresden), Geschäftsbericht [...] 1906 (Auszug), zuvor zitiert.
[162] Montgelas, 12.2.1907 (Entwurf), zuvor zitiert.

Sachsen konnten die »Ordnungsparteien« flexibel entscheiden, wann es an der Zeit war, das eine oder das andere Wahlkampfthema stärker zu betonen (die Rede war sogar von der Gründung eines »Reichsverbands gegen den römischen Beichtstuhl«).[163] Nach Wien wurde die Lektion von 1907 folgendermaßen gemeldet: »Daß das Zentrum tatsächlich nicht – wie es so vielfach behauptet hat – der wirksamste Damm gegen das Überfluten der Sozialdemokratie sei, darauf wird hier in Sachsen, wo das Zentrum gar keine Rolle spielt, seitens der ›nationalen‹ Parteien, die dieses Verdienst jetzt ausschließlich für sich in Anspruch zu nehmen allerdings berechtigt sind, ganz besonders hingewiesen.«[164]

In drei weiteren Punkten schließlich verknüpften Beobachter die Niederlage der Sozialdemokratie im Jahr 1907 mit den Zukunftsperspektiven für sozialen Frieden und politische Reformen. In allen Fällen war unklar, welche Bedeutung die »Hottentottenwahl« haben würde. Erstens verwendeten viele Antisozialisten Begriffe wie »gut gesinnte Bürger«, »breite Volkskreise« und »ehemals Wahlmüdige« als Synekdochen für die sächsische Gesellschaft. Doch als er seinen Berichtsentwurf an München verfasste, ahnte der bayerische Gesandte, dass er nicht vorgeben sollte, die Stimmung des »Volkes« zu verstehen oder den nationalen Sieg überzubewerten. »Es ist nicht leicht sich alle Ursachen des großen Umschwunges in der öffentl. Meinung Sachsen's/klar zu machen, welcher die Socialdemocratie in Sachsen so vollständig/überraschend/zu Boden gestreckt hat.«[165] Viele politische Beobachter waren überzeugt, dass die unterschiedlichen Ergebnisse von 1903 und 1907 vor allem den Wählern der unteren Mittelschicht zuzuschreiben seien. Ein Beobachter schrieb, dass diese Wähler zwar einmal ihre Stimme für die SPD abgegeben hätten (1903), aber nie wirklich »im Herzen« etwas mit der Sozialdemokratie gemein hätten. Er fügte hinzu: »Angesichts jener großen Zahl von Leuten, die früher socialistisch und jetzt antisocialistisch gestimmt haben, vermag ich der Characterfestigkeit u. pol[itischen] Verlässlichkeit des Sachsen kein besonderes Zeugniß auszustellen. Die vielberufene ›Sachsentreue‹ erscheint da in ganz eigenthümlicher Beleuchtung.«[166] Diese Skepsis bildete die Mindermeinung. Die meisten Beobachter glaubten, dass der Mittelstand 1907 einen echten Sinneswandel erlebt und die Option einer Protestwahl zugunsten der SPD aufgegeben hätte.

Damit ist auch bereits der zweite Punkt angesprochen. Obwohl Amtshauptleute, Kreishauptleute, Polizeidirektoren und andere, die im Januar 1907 nahe dran am Geschehen waren, den nationalen Vereinen und ihren neuartigen Wahlkampftaktiken große Aufmerksamkeit schenkten, waren sie diesen Gruppen gegenüber nicht unkritisch, und sie neigten dazu, die Rolle der etablierten politischen Parteien positiver hervorzuheben. Bülow und Mehnert beispielsweise widersetzten sich beide den Bemühun-

---

163 Becker, »Kulturkampf«, 76.
164 Braun, 6.2.1907, HHStAW, PAV/53.
165 Hierzu sowie zum Folgenden, Montgelas, 12.2.1907 (Entwurf), zuvor zitiert (Durchstreichungen im Original).
166 Ebenda.

gen von Alldeutschen und anderen radikalen Nationalen, die von diesen im Dezember 1906 gebildeten »Nationalen Ausschüsse« in feste Bestandteile rechter Politik umzuformen. Zwar betonten diese Ausschüsse und ihre übergeordneten Organisationen immer wieder, dass sie während bzw. zwischen den Wahlen nicht die Arbeit der wichtigsten Parteien übernehmen wollten, doch ließen sich diese Bedenken unter den Führern der sächsischen Kartellparteien nicht zerstreuen.

Niemand brachte diese Bedenken besser zum Ausdruck als der Dresdner Kreishauptmann Anselm Rumpelt – derselbe Rumpelt, der 1903 Metzschs Wahlrechtsexperte gewesen war.[167] Rumpelt führte die gegensätzlichen Meinungen über die Rolle der nationalen Interessengruppen zu einem einheitlichen Bild zusammen. Er lobte die Arbeit von Gruppen wie dem Reichsverband gegen die Sozialdemokratie, sagte aber voraus, dass die von ihnen während des Wahlkampfs erzeugte Aufregung nicht von Dauer sein würde. Er sprach sich dafür aus, die traditionellen politischen Parteien beizubehalten, sie von radikal-nationalen Einflüssen abzuschotten und ihnen bei der Modernisierung ihrer Wahlkampftaktiken zu helfen, und gab damit auch die Meinung anderer hochrangiger Mitglieder der sächsischen Politszene wieder.

Rumpelt zufolge seien die Kandidaten der »Ordnungsparteien« im Laufe des Wahlkampfs 1907 entschiedener und selbstbewusster geworden. »Der Reichsverband zur Bekämpfung der Sozialdemokratie entfaltete« im Gegensatz dazu »durch Verteilung von Flugblättern, Entsendung von Wanderrednern und dergl. eine fast unheimliche, auch nicht immer ganz einwandfreie Tätigkeit«. Er fuhr fort: »Wenn bei früheren Gelegenheiten die Kandidaten der Ordnungsparteien in den Wahlversammlungen ihre Sache meist allein führen und sich auf die Einwürfe ihrer Gegner fast wie Angeklagte rechtfertigen mußten, erschien der nationale Kandidat diesmal [1907] oft mit einem ganzen Stab – mehr oder weniger gewandter – Debattenredner, die als Schwurzeugen für ihn eintraten und deshalb einen viel nachhaltigeren Einfluß auf die Versammlung hervorbrachten.« Ja, »die nationalen Kandidaten gingen mit ihren Anhängern selbst in die sozialdemokratischen Versammlungen und traten dort den sozialdemokratischen Wortführern entgegen«.

Doch Rumpelt hielt diese Strategie für falsch und auf lange Sicht zum Scheitern verurteilt. Nachdem ihm zu Ohren gekommen war, dass die Ortsgruppe des Alldeutschen Verbandes ihren Dresdner Nationalen Ausschuss am Leben erhalten wollte, witterte er Gefahr: »Die auch unter den bürgerlichen Parteien vorhandenen Interessen- und Anschauungsgegensätze lassen sich ohne Schaden nicht übersehen, gerade die entschiedeneren und bewußteren Elemente, die im politischen Kampfe das beste leisten, ziehen sich verstimmt von Parteigestaltungen zurück, bei denen alle Grundsätze verwaschen werden.« Deshalb war Rumpelt der Auffassung, dass die lokalen Vereine der Konservati-

---

167 Zum Folgenden KHM Rumpelt (Dresden), Geschäftsbericht [...] 1906 (Auszug), zuvor zitiert.

ven, antisemitischen Reformer, Nationalliberalen und Freisinnigen »mit ihrem engeren Zusammenschluß der Gesinnungsgenossen« bestehen bleiben sollten. *Sie* sollten »die Cadres für die Mobilmachung einer Wahlbewegung« bilden, welche die Honoratiorenpolitik modernisieren würden. Anstatt langweilige Parteireden bei schlecht besuchten Kundgebungen herunterzuspulen und den bereits Bekehrten »doktrinäre Parteigrundsätze zu predigen«, seien die bestehenden Parteien bereits am Umlernen, indem sie beispielsweise den Fokus auf »die Verbreitung von Flugblättern und die öftere Abhaltung von öffentlichen Versammlungen zur Besprechung aktueller Fragen« richteten.[168] Bei alledem müsse die sächsische Regierung mithelfen. Analog zu dem, was der Bund der Landwirte und andere Verbände längst geschaffen hätten, empfahl Rumpelt dem sächsischen Innenministerium die Einrichtung eines »Preßbureaus«, mit dem »Schlag auf Schlag jede falsche oder verdrehte Preßäußerung widerlegt [...] würde«.

Der dritte und letzte Punkt, der von Zeitgenossen diskutiert wurde, war eine Verschiebung des relativen Einflusses der sächsischen politischen Parteien. Die Nationalliberalen hatten seit 1887 kein so gutes Ergebnis eingefahren. Nach Meinung vieler Berichterstatter würde ihr Reichstagswahlsieg 1907 ihnen neue Kraft und neuen Einfluss im Sächsischen Landtag geben. Zudem würden sie Hohenthal gegenüber diejenigen Konservativen unterstützen, die entschlossen waren, jedwede Reform des Wahlrechts zu blockieren. In diesem Punkt waren sich die ausländischen Beobachter jedoch uneins. Der österreichische Gesandte zeigte sich skeptisch. Der Bayer Montgelas hingegen war überzeugt, dass die Niederlage der SPD im Januar und Februar 1907 die Aussichten auf eine Wahlreform in Sachsen »erheblich gestärkt« und »den allzu ängstlichen Gemütern [...] ihr Lieblingsargument entzogen« habe. Die Reichstagswahl habe »den Beweis erbracht, daß selbst in Sachsen ein geschlossenes Vorgehen der nichtsocialistischen Parteien erfolgreich genügt[,] um eine Ueberflutung des Landtages durch die Socialisten wirksam zu verhindern«.[169] Von all den »Lehren« aus dem Wahlkampf 1907 beeinflusste diese am unmittelbarsten die Verhandlungen zur sächsischen Wahlrechtsreform im Jahr 1909.

Es gab nach wie vor eine große Kluft zwischen denen, die das Fortschreiten der Sozialdemokratie in Sachsen als gestoppt ansahen, und denen, die noch mehr Wachsamkeit forderten. Letztere argumentierten wie folgt: Die Reichstagswahlen vom Januar 1907 hätten die Sozialdemokratie nicht an den Rand gedrängt; niemand könne zu früh den Sieg ausrufen, weil die SPD versuchen würde, sich für die Wahl von 1907 zu revanchieren. Fast jeder zweite Wähler hätte seine Stimme für die »Umsturzpartei« abgegeben. Deshalb dürften die Sozialistengegner nicht wie in den 1890er-Jahren und nach 1903 selbstgefällig werden oder in ihren Angriffen auf die SPD nachlassen. Dieser

---

168 Friedrich August III. notierte hierzu an den Rand: »ist zu erwägen«.
169 Montgelas, 15.2.1907 (Entwurf), BHStAM II, Ges. Dresden 965. Vgl. auch S. Lässig, Wahlrechtskampf, S. 197–213.

Standpunkt wird in einem Bericht von Maximilian Mehnert – dem jüngeren Bruder von Paul – perfekt zum Ausdruck gebracht.[170]

Max Mehnert war 1907 Amtshauptmann eines kleinen Landkreises unweit von Plauen. Exakt eine Woche nach den Stichwahlen vom 5. Februar schickte er einen Bericht nach Dresden, der ganz im Stil seines Bruders verfasst war. Vermutlich war sich Max der Feindseligkeit seines Bruders gegenüber Hohenthals Wahlexperten Georg Heink bewusst. Das hinderte ihn allerdings nicht daran, 1908 Heinks Tochter Josepha zu heiraten.[171] Anfang 1907 hätte vermutlich niemand vorhersagen können, dass diese Partie ausgerechnet diese beiden Familien zusammenbringen würde. Doch der Familienname Mehnert war dem sächsischen König gewiss ein Begriff. Neben die Abschnitte, in denen sein Amtshauptmann gegen die Sozialdemokratie wetterte und davor warnte, ihren Einfluss zu unterschätzen, schrieb Friedrich August III.: »Sehr richtige Auffassung. Ist Mehnert für höhere Posten in Aussicht genommen?«[172]

Max Mehnert berichtete über die maßgebliche Unterstützung, die die nationalen Kandidaten in seinem Bezirk von Lehrern, lokalen Schulinspektoren und anderen Staatsbediensteten erhalten hatten. Zügig richtete er jedoch seinen Blick nach vorne – vom gewonnenen Wahlkampf hin zu den noch zu bestreitenden. Laut Mehnert würde das Schicksal der kommenden Wahlen von zwei Dingen abhängen: »die Wähler in Atem zu halten« und »sich über die Gefährlichkeit der Sozialdemokratie als einer unser staatliches, Wirtschafts- und Kulturleben bedrohenden Partei keiner Täuschung hinzugeben«. Der erste Punkt sei ordnungsgemäß Sache der Beamten. Ganz im Sinne von Bülows und Mehnerts Korrespondenz bezüglich des jüngsten Wahlkampfs schrieb auch der jüngere Bruder, dass die Beamten am Wahltag ihre Pflicht erfüllen müssten. Doch sie müssten auch »ein Interesse für das politische Leben« zeigen und aktiv daran teilnehmen, »wenn nicht direct und öffentlich, so doch indirekt und im Stillen«. Beamtenposten, schrieb er, sollten »unter Berücksichtigung dieser wichtigen politischen Seite« besetzt werden. In den Städten und Dörfern würde diese Strategie zwangsläufig erfolgreich sein. Aber es müssten auch andere hoch angesehene Personen angeworben werden sowie Einfluss gewonnen werden »auf die Kreise der Intelligenz, auf Lehrer, Gelehrte, Künstler, Techni-

---

170 Zum Folgenden AHM [Max] Mehnert (Dippoldiswalde), Geschäftsbericht [...] 1906 (Auszug), 12.2.1907, mit Randbemerkungen des Königs (transkribiert), SHStAD, MdI 5390. Dr. Wilhelm *Maximilian* Mehnert war AHM in Dippoldiswalde 1903–09, AHM in Plauen 1909–19 und später MdLT. Vgl. auch Kap. 12 im vorliegenden Band.
171 SParl, S. 425.
172 Der sächsische König schenkte den Berichten, in denen den Konservativen entweder eine gute oder eine schlechte Wahlkampfführung attestiert wurde, ungewöhnlich viel Aufmerksamkeit. In einem Bericht von Karl Dost, seinem AHM in Flöha, stand zu lesen, dass die Uneinigkeit unter den Ordnungsparteien sie das Mandat im WK 15: Mittweida gekostet hatte: »Es fehlt den Konservativen [...] vielfach an Rührigkeit und wohl auch an Mut, Farbe zu bekennen und offen herauszutreten.« Hier schrieb Friedrich August: »Sind denn die Konservativen vom lieben Gott ganz verlassen? Geben sie sich denn gar keine Mühe, überhaupt noch eine Rolle zu spielen? Auf die Weise kommen sie immermehr unter den Schlitten.« AHM Dost (Flöha), Geschäftsbericht [...] 1907 (Auszug), mit Randbemerkung des Königs (transkribiert), SHStAD, MdI 5390.

ker, Ärzte, usw.« Diese Menschen mochten zahlenmäßig wenige sein, »aber gerade von ihnen geht ein starker Einfluß auf weite Bevölkerungskreise aus, die nicht so unmittelbar wie die Arbeiterklasse in der Sozialdemokratie ihre Vertretung erblicken«. Von der »unausgesetzten Agitation und Werbung für die nationale Sache von Person zu Person« wäre viel zu gewinnen, vorausgesetzt sie werde von diesen bürgerlichen Gruppen durchgeführt.

Einflussreiche Individuen seien auch aus einem anderen Grund wichtig. Es gelte, jede »Begriffsverwirrung« über die Sozialdemokratie zu beseitigen, die Mehnert der »Urteilslosigkeit der Massen« zuschrieb. Die SPD müsse auch weiterhin »als eine revolutionäre Partei gekennzeichnet« bleiben. Man müsse alles unternehmen, um die Mitläufer aus den Reihen der Sozialdemokratie zurückzugewinnen und zu verhindern, dass der Mittelstand ihren Reihen beitrete. Es gelte, die »verführten und verbitterten Volksklassen auszusöhnen, doch auf keinen Fall dürfe »von einer Versöhnung, von einem Paktieren mit der Partei selbst die Rede sein«. Neben diese letzten Zeilen schrieb der sächsische König »Bravo!«.

Kurzum, die Brüder Mehnert waren geschickte Repräsentanten des bürgerlichen Antisozialismus in Sachsen. Ihrer Meinung nach spiegelte es nur die »Verwirrung« der Regierung wider, wenn diese mit der SPD einen vernunftgeleiteten Umgang pflegen wollte, genauso wie es auch nur ein Zeichen der Verwirrung der Wähler sei, wenn diese die Sozialdemokratie unterstützten. Zwar gab es auch in der politischen Elite Sachsens optimistischere, pragmatischere Stimmen, die der Meinung waren, die Dynamik, die der nahezu vollständige Durchmarsch der SPD in den sächsischen Wahlkreisen 1903 erzeugt hatte, sei umgekehrt worden. Das sei »das Wichtigste«, schrieb Rumpelt im März 1907, »daß von den bürgerlichen Kreisen endlich einmal der lähmende Glaube genommen worden ist, als ob das Vordringen der Sozialdemokratie unaufhaltsam und in Sachsen gegen sie kein Erfolg mehr zu erzielen sei«.[173] Dennoch waren diese beiden Standpunkte miteinander vereinbar. In Sachsen fanden Hardliner und Pragmatiker eine gemeinsame Basis, auf der sie die Sozialisten im Rahmen von Wahlen und der Entwicklung eines neuen Wahlrechts für den Landtag bekämpfen wollten.

*

Vor Dezember 1905 bekundeten die Sozialdemokraten ihr Wohlwollen gegenüber den Wahlrechtsreformern in Belgien, Österreich und Russland, indem sie behaupteten, die deutschen Arbeiter hätten gelernt, deren Sprache zu sprechen. Im Dezember 1905 lehrten die Demonstranten in Leipzig und Dresden die deutschen Arbeiter, »sächsisch zu reden«. Bereits vor 1905 veränderte sich die Protestkultur der Arbeiterklasse, ebenso

---

[173] KHM Rumpelt (Dresden), Geschäftsbericht [...] 1906 (Auszug), zuvor zitiert.

wie die revolutionären und reformerischen Ziele, die von den sozialdemokratischen Parteiführern verfolgt wurden. Doch als Zehntausende von Arbeitern zu den symbolischen Herrschaftszentren Dresdens vordrangen, stürzten sie den sächsischen Staat in eine Krise. Wenige Monate später kam es zum Rücktritt des sächsischen Regierungschefs; sein Nachfolger – der ehemalige Gesandte Sachsens in Berlin –, stand den preußischen Einwänden gegen eine sinnvolle demokratische Reform positiv gegenüber. Während seiner Amtszeit als führender sächsischer Politiker, die nur von 1906 bis 1909 dauerte, versuchte Graf Hohenthal, sein Mandat zur Verabschiedung einer Wahlrechtsreform zu erfüllen, die den Unruhen in Sachsen ein Ende setzen sollte. Aber noch bevor Hohenthals Gesetzentwurf Anfang Juli 1907 dem Landtag vorgelegt werden konnte, setzte sich Sachsens »ungekrönter König« Paul Mehnert in Berlin dafür ein, Hohenthals Autorität zu untergraben und eine sinnvolle Reform zu verhindern. Sowohl das Blut als auch die Tinte, die im Winter 1905/06 vergossen wurden, ermöglichten es Mehnert, auf eine günstigere Gelegenheit zu warten, um die schwierige Aufgabe der Wahlrechtsreform anzugehen.

Für die Sozialistengegner hätten 1907, wie schon 1887, die Sterne nicht besser stehen können. Die Gemeinsamkeiten sind frappierend: Eine außerplanmäßige Wahl erwischte die SPD unvorbereitet; der Reichskanzler vermischte im Wahlkampf erfolgreich Militärausgaben, die Furcht vor inneren Feinden und Fragen der nationalen Ehre; und der »Ansturm auf die Urnen« kam der Rechten zugute. Der Sieg von 1907 war jedoch anders gelagert. Erstens demonstrierte er die Macht der außerparlamentarischen Rechten, sowohl die Kernwählerschaft der bürgerlichen Parteien als auch die bisher ungebundenen bzw. apathischen Wähler zu mobilisieren. Zweitens hatten die Anführer dieser nationalen Interessengruppen nicht die Absicht, wieder in der Versenkung zu verschwinden. Mit der Feststellung, dass Berlin »endlich« ihre Auffassung von Außenpolitik als richtig anerkannt habe, drängten sie der Öffentlichkeit und der Regierung radikalere Programme auf. In der Formulierung eines Historikers beanspruchte die nationale Opposition – im Namen des »deutsch-nationalen Volkes« – die »Aufsichtshoheit über das Gesamtgeflecht der nationalen Symbole (einschließlich der Monarchie)«.[174] Ihre antidemokratischen, antisozialistischen und antisemitischen Pläne waren bald radikaler als die des Kaisers und seiner Regierung.[175]

Diese nationale Opposition hatte etappenweise Form angenommen – nach 1890, nach 1900 und nach 1903. Vor 1907 fehlte ihr ein fester Rückhalt und sie blieb an den Rändern zerfranst. Doch bis 1911 war sie zu etwas zusammengewachsen, das den Namen »nationale Opposition« verdiente. Weder setzte sie sich an die Stelle derer, die der Führung durch die Krone weiterhin die Treue hielten, noch drängte sie deren Einfluss in den Hintergrund. Am Vorabend der Reichstagswahl 1912 war Reichskanzler

---

174 Vgl. R. CHICKERING, We Men, 1984, S. 304.
175 Vgl. Kap. 13 im vorliegenden Band.

Bethmann Hollweg jedoch zu Recht besorgt, dass sein Vorgänger Bülow die Büchse der Pandora geöffnet hatte. Die nach 1900 freigesetzten Geister infiltrierten das, was George Mosse einst das »ineinander verflochtene Direktorat der Rechten« nannte.[176] Sie bildeten eine ideologische Avantgarde, ohne die pragmatische alte Garde zu verdrängen. Wie sich auch später in den 1920er-Jahren zeigen sollte, mussten die Gruppierungen an den Rändern der deutschen Rechten mit deren Kern kooperieren und umgekehrt; es war der einzige Weg, der Mobilisierung »der Massen« gerecht zu werden und die Fundamentalpolitisierung Deutschlands in Wahlsiege zu kanalisieren, weg von sozialistischen Umwälzungen.[177] Das gemeinsame Ziel der Rechten blieb das gleiche: die politische Demokratisierung Deutschlands zu verlangsamen, zu stoppen oder umzukehren.

---

[176] Mosses Formulierung zitiert in: ASE, Bd. 2, S. 422. Dieses Argument wird weiterentwickelt in: J. Retallack, German Right, 2006, bes. Einleitung und Kap. 1.
[177] Vgl. L. E. Jones, German Right, 2020; ders. (Hrsg.), German Right, 2014.

Teil III
Berechnungen

11 Tanz

Stimmzettel sind Kugeln – »ballots are bullets« – lautet ein altes englisches Bonmot, aber eine »Stimme« kann auch eine individualisierte Form der Sprachkommunikation bedeuten oder eine artikulierte Meinungsäußerung, wie es im Deutschen etwa auch im Begriff der »Volksstimme« zum Ausdruck kommt. Ein Wort mit demselben Stamm – »stimmig« – bedeutet so viel wie schlüssig und harmonisch, und auch ästhetische »Schönheit« klingt darin an. Stimmig ist aber genau das, was die sächsische Wahlrechtsreform *nicht* war.

Die zwischen 1903 und 1909 in Sachsen zur Prüfung vorgelegten Abstimmungssysteme waren alle komplex, viele waren inkohärent, keines wirklich in sich geschlossen. Zwischen den Mehrheitsparteien und der Regierung mangelte es sichtlich an Harmonie. Und was dabei herauskam, war mitnichten schön. Das Pluralwahlrecht, das schließlich 1909 verabschiedet wurde, wies jedem Wahlberechtigten eine, zwei, drei oder vier Stimmen zu, gemäß Kriterien, die auf Eigentum, Einkommen, Bildung und Alter basierten. Aber große Teile des neuen Gesetzes waren voller Löcher und Kanten und hastig zusammengeschustert. Konnte die Masse der sächsischen Wähler, nachdem der parlamentarische »Tanz« im Januar 1909 endete, wirklich mitbestimmen, wie sie regiert wurde?

Regierungschef Hohenthal stand mit seinem guten Namen dafür ein, die sächsische Wahlrechtsreformkrise zu beenden. Das Gesetz von 1909 wich radikal von den bisherigen Systemen ab. Die Verschmelzung verschiedener Wahlrechtsmerkmale wurde als »Sprung in's Dunkle« bezeichnet.[1] Die Sache war jedenfalls alles andere als erbaulich. Der Teufel steckte, wie so oft, im Detail. Eine genaue Überprüfung der Gesetzesbestimmungen – und ihrer intendierten Wirkung – zeigt, wie die sächsische politische Kultur in antiliberale, antisozialistische und antidemokratische Bahnen gelenkt wurde, die noch aus früheren Tagen bekannt waren. In jenen Jahren wurden das Festhalten am Alten und das Eintreten für Reformen als miteinander unvereinbare Alternativen charakterisiert. Was letztendlich den Sieg davontrug, waren Reformen, die nicht wesentlich vom Status quo abwichen und in gewisser Hinsicht rückschrittlich waren. Moderne Studien haben unisono die Auffassung vertreten, dass der gewundene Weg Sachsens zur Wahlrechtsreform im Januar 1909 zu kompliziert sei, um eine detaillierte Betrachtung zu verdienen.[2]

---

1 Vgl. u. a. österr. Gesandter in Sachsen, Karl von Braun, an österr. MdAA, 3.2.1909, HHStAW, PAV/54.
2 Darunter auch die bahnbrechendsten und besten Analysen, z. B. G. A. Ritter, Wahlrecht, 1990, S. 85.

Damit liegen sie falsch. Wie wir in der zweiten Hälfte dieses Kapitels sehen werden, ist es notwendig, die Berechnungen zu untersuchen, mit denen ermittelt wurde, wie viele »akzeptable« Stimmen und Mandate nach der Wahlrechtsreform angeblich an die SPD fallen würden. Diese Berechnungen sprechen Bände – allerdings nur, wenn wir hinter die parlamentarische Rhetorik schauen.

In der Debatte über die Wahlrechtsreform finden sich klar gezogene Linien zwischen Insidern und Outsidern. Es findet sich auch Rhetorik, mit der erklärt wurde, wie eine Außenseiterpartei in einem modernen Verfassungsstaat zu behandeln sei. Diese Rhetorik war aber nicht einheitlich. Deshalb gilt es genau hinzuhören, wenn Argumente über die Legitimität der Sozialdemokratie in geschlossenen Ausschusssitzungen, in Regierungsdenkschriften, in parlamentarischen Berichten, in Landtagsdebatten und in der Presse vorgebracht wurden. Die Argumentation wurde vor allem von Einzelpersonen und Gruppen geprägt, die sich selbst als besonders wertvoll für Staat und Gesellschaft erachteten. Auf dieser Grundlage definierten sie auch die Kriterien, nach denen die sächsischen Wähler eine, zwei, drei oder vier Stimmen erhalten sollten.

Dass die Reform erfolgreich sein würde, war nicht selbstverständlich. Dass ein Pluralwahlsystem dabei herauskommen würde, war auch nicht das wahrscheinlichste Ergebnis. Nur beim Blick auf statistische Prognosen, die nie an die Öffentlichkeit gelangten, nur unter Berücksichtigung alternativer Ergebnisse, die in Betracht gezogen und dann wieder verworfen wurden, lässt sich erkennen, dass das deutsche Bürgertum zutiefst verunsichert war, wie sich ihre Gesellschaft in einer repräsentativen politischen Körperschaft am besten abbilden ließe. Nur dann lässt sich verstehen, wie bürgerliche Codes die verfassungsmäßigen Parameter bedingten, innerhalb derer es möglich war, politisch am Alten festzuhalten. Wie bereits in den Jahren 1868 und 1896, als ebenfalls große Wahlrechtsreformen umgesetzt wurden, schlugen die sächsischen Gesetzgeber auch 1909 eine neue Seite auf: Sie begannen ein neues Kapitel in ihrer Geschichte. Aber die Haupterzählung war die alte – die Geschichte von der aufgeschobenen Demokratie.

Ein geteiltes Haus

> Staaten [gehen] nur durch die Schuld der Regierungen zu Grunde [...].
> So lange die höchste Region rein und fest steht, bleibt es beim Schwirren in den
> unteren Regionen; geräth die obere Schichte [sic] einmal in Bewegung,
> so ist das Gegengewicht verschwunden, und die Gebäude stürzen entweder in sich
> selbst zusammen, oder sie fallen auf die Nachbarn.
> — Österreichischer Außenminister Klemens Fürst von Metternich
> in seiner Kritik an Großbritanniens erstem Reform Act, 1832[3]

> Let every eye negotiate for itself
> And trust no agent; for beauty is a witch
> Against whose charms faith melteth into blood.
> — William Shakespeare, Much Ado about Nothing, Akt II, Szene 1

»Krise« ist ein dehnbarer Begriff. Die Krisenphase des sächsischen Reformdramas schien endlos, und es waren mindestens ein Dutzend Hauptakteure beteiligt. Die »gefährliche Frage« des Wahlrechts hing wie ein Damoklesschwert über jedem anderen Thema.[4] Zeitgenossen konnten durchaus an der Kernfrage verzweifeln: Wie sollte es gelingen, den ursprünglichen Vorschlag der Regierung – »so kompliziert, dass er fast unverständlich ist«[5] – in eine praktikable und umsetzbare Gesetzgebung umzuwandeln?

Wir wollen dazu zunächst die wichtigsten Akteure vorstellen und einen kurzen Überblick über den unsteten Verlauf der Verhandlungen zwischen Juli 1907 und Januar 1909 geben. Danach gilt unser Augenmerk dem »Fluch der Hybridität« – d. h. dem unglücklichen Versuch, verschiedene Wahlsysteme zu einem organischen Ganzen zusammenzufügen. Dieser Weg wurde von der Regierung des sächsischen Regierungschefs Hohenthal mit der gleichen Beharrlichkeit verfolgt, mit der er von den National-

---

3 Klemens von Metternich an Karl Philipp Fürst Wrede, 27.5.1832, in: W. Siemann, Metternich's Britain, 2012, S. 28.
4 Die Anspielung ist auf Antonia Frasers Buch »Perilous Question« über den First Reform Act.
5 So die Worte des brit. Gesandten in Sachsen, Mansfeldt de Cardonnel Findlay (Entwurf), 16.4.1908, TNA, FO 215/55.

liberalen abgelehnt wurde. Woher kam Hohenthals sture Weigerung, den gordischen Knoten der Wahlrechtsreform zu durchtrennen, wie andere es von ihm verlangten? Saß er zwischen zwei Stühlen: auf Auf der einen Seite seine Berater, die theoretisch komplexe Wahlsysteme bevorzugten; auf der anderen Seite die Mehrheitsparteien, die sich für einfachere (wenn auch unterschiedliche) Wahlrechtssysteme aussprachen, die ihnen zum Vorteil gereichen würden? Oder war er zu ermattet und frustriert, um Prinzipien zu verfechten, als es hart auf hart kam?[6]

Das Gedeck

Wenn Hohenthal nie weit vom Zentrum der Handlung entfernt war, so traf dies auch auf Paul Mehnert von den Konservativen zu. Mehr als einmal hing nach Ansicht von Beobachtern der Wahlrechtskonflikt von den Entscheidungen dieser beiden Männer ab – als würden sie jeder zu diesem Zweck ein in sich geschlossenes Titanenheer befehligen. Doch das taten sie nicht.

Hohenthal versammelte drei Gruppen von Männern um sich herum. In dem von ihm geleiteten Staatsministerium spielte nur noch ein weiteres Mitglied eine wichtige Rolle: Finanzminister Conrad Rüger. Er war bekanntlich Mehnerts Vertrauter und glaubte, dass er, Rüger, nicht Hohenthal, die besondere Gunst von König Friedrich August III. genießen sollte. Die zweite Gruppe umfasste die Kreis- und Amtshauptleute, denen Hohenthal als Innenminister vorstand. Dazu gehörte auch Anselm Rumpelt, Metzschs früherer Wahlrechtsexperte: Er amtierte inzwischen als Dresdner Kreishauptmann und galt als aussichtsreichster Kandidat für Hohenthals Nachfolge.[7] Die dritte Gruppe war am unmittelbarsten in den Kampf um die Wahlrechtsreform verwickelt. Primus inter pares war der Geheime Regierungsrat Georg Heink. Auch wenn Mehnert Heinks (und Hohenthals) Fähigkeiten im Januar 1907 verunglimpft hatte, so entwarf Heink die Wahlgesetze der Regierung doch teilweise, um den konservativen Auffassungen Rechnung zu tragen und sich bewusst von den Forderungen der Nationalliberalen abzugrenzen. Als er im Sommer 1908 als »Privatarbeit« mit der Aufgabe betraut wurde, die Landtagswahlkreise neu zu ziehen, entpuppte er sich als konservativer Parteigänger. In jenem Sommer fand auch die Hochzeit zwischen Heinks Tochter Josepha und dem Plauener Amtshauptmann Maximilian Mehnert, Pauls jüngerem Bruder, statt.[8] Georg Heink arbeitete eng mit zwei Männern zusammen, die ebenfalls Hohenthals Gunst genossen: Der erste war Dr. Eugen Würzburger, der Leiter des Königlich Sächsischen Statistischen Lan-

---

[6] Pr. Gesandter in Sachsen, Hans Fürst zu Hohenlohe-Oehringen, 13.2.1909, PAAAB, Sachsen 55, Nr. 2, Bd. 3; Braun, 3.2.1909, HHStAW, PAV/54.
[7] Bayer. Gesandter in Sachsen, Eduard von Montgelas, 5.10.1907 (Entwurf), BHStAM II, Ges. Dresden 965.
[8] Vgl. Kap. 10 im vorliegenden Band.

desamtes, der sich häufig mit Landtagsabgeordneten traf. Manchmal verlangten diese Abgeordneten innerhalb weniger Stunden zu wissen, wie viele Sozialdemokraten unter dem von ihnen erkorenen Wahlrecht gewählt werden würden.[9] Der zweite war Alfred von Nostitz-Wallwitz, ein politischer Senkrechtstarter, dem wir bereits in Kapitel 9 begegnet sind.

Die Nationalliberalen und die Konservativen wurden durchweg als die »Mehrheitsparteien« im Landtag bezeichnet – in Anerkennung der Tatsache, dass für eine erfolgreiche Gesetzgebung ihr gegenseitiges Einvernehmen notwendig sein würde. Dieser Begriff übertünchte allerdings ihre teils unvereinbaren Prinzipien und Ziele. Beide Parteien hatten einen erklecklichen Anteil an Hinterbänklern, doch aufgrund ihrer politischen Stars in den vorderen Reihen war es schwierig zu sagen, was die eigentliche nationalliberale oder konservative Position war. Mehnerts rechte Hand in der konservativen Fraktion war Gottfried Opitz, der Leiter der Außerordentlichen Wahlrechtsdeputation. Zur gleichen Fraktion gehörten der Großgrundbesitzer Georg Andrä, der im Bund der Landwirte einflussreich war, sowie der Getreidehändler Friedrich Kühlmorgen, dem unter anderem nachgesagt wurde, ein Verhältnis mit seiner Haushälterin zu haben und den Kauf von Stimmen zu betreiben. Diese Freigeister waren tickende Zeitbomben im konservativen Lager; aber sie repräsentierten die unterschiedlichen sozialen und wirtschaftlichen Interessen, vorwiegend bürgerlicher Prägung, innerhalb des sächsischen Konservatismus. Auch Dresdens Oberbürgermeister Otto Beutler, der in der Ersten Kammer saß, wich gelegentlich von der Parteilinie ab. Beutler galt als »eine bedeutsame Persönlichkeit von fast überreichlicher Energie, ein ständiger und eloquenter Redner bei allen öffentlichen Anlässen«.[10] Wie Mehnert bewegte er sich mühelos in alldeutschen und anderen radikal-nationalen Kreisen: Er half, die Kluft zwischen Männern wie Mehnert und Gustav Stresemann zu überbrücken, die er vom Ego her womöglich sogar noch übertraf. Wie der Chemnitzer Antisemit Eduard Ulrich, der ebenfalls in die Wahlrechtsdeputation gewählt wurde, setzte er sich häufig zugunsten des städtischen Mittelstands ein.

Auf der nationalliberalen Seite begann Stresemanns Kampfansage an die alte Garde bereits 1908 zu erlahmen. Zwar stand die Diskussion über die Reform des Wahlrechts weiterhin ganz oben auf der Agenda von Stresemanns Verein Sächsischer Industrieller. Doch als die Wahlrechtsreform in die akute Phase eintrat, hatte er bereits den Sprung in die nationale Politik vollzogen, und die ernsthaften Befürworter der Reform des Oberhauses waren allmählich verstummt.[11] Der linke Flügel der Partei war im Parlament und

---

9 Z. B. Würzburger an MdI, 3.10.1908, SHStAD, MdI 5489; Würzburger an MdI, 30.12.1907, MdI 5491.
10 Brit. Gesandter in Sachsen, Lord Hugh Gough, 16.2.1907, FO 371/259, BFO-CP, Rolle 13, Nr. 10711, S. 228 233.
11 H. STARKE, Dresden in der Vorkriegszeit, 2002; K. H. POHL, Stresemann, 2015; T. H. WAGNER, Krieg, 2007, S. 49–74.

in der Wahlrechtsdeputation durch Max Langhammer und Franz Hettner vertreten, die beide nicht besonders erpicht darauf waren, sich der von Paul Vogel, dem sächsischen Parteivorsitzenden und Mitglied des nationalen Parteivorstands, vorgegebenen Linie unterzuordnen. (Hettner übernahm 1909 die Nachfolge Vogels als sächsischer Parteichef, als dieser Mehnert im Amt des Präsidenten der Zweiten Kammer ablöste.)

Zwischen den Nationalliberalen und den links von ihnen stehenden Landtagsabgeordneten klaffte ein tiefer politischer Graben. Die Freisinnige Partei wurde von dem mürrischen Oskar Günther geleitet, einem Plauener Kaufmann, der sowohl im Reichstag als auch im Landtag saß. Seine Landtagsfraktion zählte 1907 bis 1909 nur drei Abgeordnete, darunter Michael Bär, ebenfalls ein prominenter Kaufmann und Ziegeleibesitzer aus Zwickau. Gemeinsam brachten Günther und Bär klassische linksliberale Forderungen vor und versuchten stets, sich von der Sozialdemokratie zu distanzieren. Angesichts ihrer kleinen Fraktionsgröße spielten die Linksliberalen in der Wahlrechtsdeputation über die Maßen weit oben mit. Ihr Einfluss auf den Ausgang der Beratungen war jedoch gering.

Die SPD war leichter einzuschätzen, teils auch weil ihr Eintreten für das allgemeine, gleiche, geheime und direkte Wahlrecht von allen anderen Parteien kategorisch als reiner Dogmatismus abgetan wurde. Die Sozialdemokraten waren in der Wahlrechtsdeputation durch ihren einzigen Landtagsabgeordneten Hermann Goldstein vertreten. Wir wissen nicht, was Goldstein erreicht hätte, wäre er nicht 1908 schwer erkrankt – zu schwer, um an den Beratungen der Wahlrechtsdeputation während der letzten Monate teilzunehmen. Wie auch Hohenthal erlebte Goldstein die erste Wahl unter dem Wahlrecht, gegen das er mutig und eloquent kämpfte, nicht mehr: Er starb am 14. Juni 1909, Hohenthal am 29. September.

*

Über die frühen Entwicklungen in der Krise der sächsischen Wahlrechtsreform haben wir bereits einen Überblick gegeben. Sie begannen im Juli 1903, als die Regierung Georg von Metzschs eine Reform des Wahlrechts ankündigte. Diese sollte die allgemeine Unruhe dämpfen, die sich im Vormonat in der Wahl von 22 sozialdemokratischen Reichstagsabgeordneten ausgedrückt hatte. Metzschs Plan wurde im Winter 1903/04 diskutiert und abgeschmettert, noch bevor der Landtag im Frühjahr seinen natürlichen Abschluss fand. Der Landtagswahlkampf vom Herbst 1905 verschärfte die Spannungen zwischen den Nationalliberalen und den Konservativen. Im Dezember 1905 wurde er vom Blutvergießen in den Straßen Dresdens und anderer sächsischer Städte überschattet. Metzsch wurde von einer wütenden Menge von Demonstranten zur Flucht aus seiner Residenz gezwungen (man erinnere sich, dass er von Reichskanzler Bülow angewiesen worden war, die Stellung zu halten). Als die Landtagssession 1905/06 endete, ohne dass es Fortschritte bezüglich der Wahlrechtsreform gegeben hätte, wurde Metzsch von

Wilhelm von Hohenthal und Bergen abgelöst. Letzterer erhielt achtzehn Monate Schonzeit, um zu erwägen, wie er die Wahlrechtsfrage zu lösen gedenke. Dies war die *einzige* wichtige Aufgabe, die er in seiner Amtszeit zu erledigen hatte.

Der Schlussakt begann im Juli 1907, als Hohenthal der Öffentlichkeit ein gemischtes Wahlsystem vorstellte. Er wollte den Parteien noch vor Beginn der Landtagssession im November Zeit geben, darüber nachzudenken. Die Zeit schien reif für einen Neuanfang: Im November 1907 zogen die sächsischen Abgeordneten aus den beengten Verhältnissen, in denen sie seit den 1830er-Jahren getagt hatten, in den von Paul Wallot entworfenen schmucken Landtagsneubau (der sich bis heute an der Brühlschen Terrasse befindet). Hohenthals Gesetzentwurf wurde von der ersten Lesung am 4. und 5. Dezember 1907 sofort an die Außerordentliche Wahlrechtsdeputation übersandt – letztere ähnelte eher einer königlichen Kommission –, die zur Lösung der Reformkrise gebildet worden war.[12] Wie in der ersten Sitzung der Wahlrechtsdeputation Mitte Dezember vereinbart, waren deren Beratungen streng vertraulich. Im März 1908 zwang sie jedoch der öffentliche Unmut über ihre mangelnden Fortschritte, einen ersten Bericht über ihre Beratungen vorzulegen; ein zweiter folgte im Juni.[13] In der ersten Aprilwoche 1908 verkündete die Presse, dass sich die Mehrheitsparteien auf einen »Kompromiß« geeinigt hätten. Jener Kompromiss basierte auf dem gleichen Prinzip, das im Frühjahr 1904 mehrheitlich unterstützt worden war: einem einheitlichen System mit Pluralwahl. Im Mai erklärte Hohenthal jedoch, dass dieser Kompromiss nicht nur für seine Regierung und den König, sondern auch für die sächsische Öffentlichkeit unannehmbar sei. Er unternahm den beispiellosen Schritt, den Landtag von Juni bis Oktober 1908 vorübergehend zu vertagen. Die Wahlrechtsdeputation, die Parteien und die Presse fuhren fort, unzählige Wahlrechtsschemata zu diskutieren.[14]

Am 1. November 1908 organisierte die SPD eine Reihe von öffentlichen Demonstrationen für das allgemeine Wahlrecht und gegen die Verzögerungstaktik des Landtags. Man könnte meinen, dass die Wahlrechtsreform und der damit verbundene öffentliche Druck die einzigen Probleme waren, welche die Abgeordneten beschäftigten, als der Landtag einige Wochen später seine Arbeit wieder aufnahm. Allerdings war damals ganz Deutschland einschließlich Sachsen von der Nachricht über das unbedachte Daily-Telegraph-»Interview« des Kaisers aufgewühlt.[15] In dieser landesweit aufgeheizten Atmosphäre fand eine dreitägige Plenardebatte über die Wahlrechtsvorlage der Regierung

---

12 LTAkten 1907/08, I.K., Dekrete, Bd. 3, Teil 1, Dekret Nr. 12; LTMitt 1907/08, II.K. (4.–5.12.1907), Bd. 1, S. 905 ff.
13 LTAkten 1907/09, II.K., Berichte, Bd. 2, Bericht Nr. 331, »Vorbericht [...]« (16.4.1908), der den Zeitraum vom 16.12.1907 bis 17.3.1908 abdeckt; ebenda, Bd. 3, Bericht Nr. 487, »Anderweiter Vorbericht [...]« (4.6.1908), der den Zeitraum vom 30.4.1908 bis 30.5.1908 abdeckt.
14 SHStAD, MdI 5485–5487. Vgl. auch ebenda, MdI 5466 und Kap. 9 im vorliegenden Band.
15 Hohenlohe, 19.11.1908, PAAAB, Sachsen 60, Bd. 8; Findlay, 10./12./18.11.1908 und 9.12.1908 (Entwürfe), TNA, FO 215/55. Zur Daily-Telegraph-»Affäre« vgl. die detaillierte Darstellung in J. C. G. RÖHL, Wilhelm II, Bd. 3, 2014, S. 662–695.

statt.¹⁶ Als die Nationalliberalen und die Konservativen keine Einigung erzielten, strichen letztere die fortschrittlichen Merkmale der Vorlage, beriefen sich auf ihre knappe Mehrheit und übersandten der Ersten Kammer einen überarbeiteten Gesetzentwurf, der für die Regierung (und nahezu alle anderen) noch immer unannehmbar war. Die nationalliberalen Mitglieder der Wahlrechtsdeputation hatten bereits empört einen Minderheitenbericht verfasst, in dem sie behaupteten, die Konservativen wären dem früheren Kompromiss untreu geworden, und sich weigerten, in der Frage der Neuziehung der Wahlkreisgrenzen nachzugeben.¹⁷

Im Dezember 1908 und Anfang Januar 1909 diskutierte ein neu zusammengesetzter Ausschuss (bestehend aus Mitgliedern der beiden Landtagskammern) die vier verbleibenden Reformoptionen, die tragfähig zu sein schienen.¹⁸ Zeitgleich wurde ein Neuner-Ausschuss gebildet, um die Parteiführer aus beiden Häusern zusammenzubringen und eine endgültige Vereinbarung auszuarbeiten. Diese Diskussionen wurden nicht aufgezeichnet; es lässt sich nicht einmal sicher sagen, wer die neun Ausschussmitglieder waren. Doch am 20. Januar 1909 gelangte die formelle Gesetzgebung in die Erste Kammer. Der Sprecher des Neuner-Ausschusses, Professor Adolf Wach, betonte, dass man in Sachsen einen Wendepunkt erreicht habe. Er spielte nur indirekt auf das Blutvergießen an, zu dem es drei Tage zuvor bei den gewalttätigen Straßenprotesten der SPD gekommen war: »Die Situation ist überaus ernst.« Die Dezemberdebatten in der Zweiten Kammer hätten eine »schwere [...] Spannung« entstehen lassen, »wir können fast sagen gewitterschwangere Spannung [...]. Es ist Tatsache, daß wir am Ende unserer Weisheit sind.«¹⁹ Diese unheilvollen Worte veranlassten den jungnationalliberalen Abgeordneten Georg Zoephel und den bayerischen Gesandten, den endgültigen Entwurf als ein weiteres »Notstandsgesetz« zu bezeichnen.²⁰ Hohenthal räumte in seiner Ansprache vor der Ersten Kammer ein, dass das Gesetz »das Beste aus einer Pfuscharbeit gemacht habe«.²¹ Diese Versuche der Offenheit hinderten die Erste Kammer nicht daran, Wachs Warnung ernst zu nehmen und das Gesetz zu verabschieden. Die Zweite Kammer ratifizierte es am 22. Januar, und die königliche Zustimmung wurde drei Tage später erteilt.²² Nach

---

16 LTMitt 1908/09, II.K., Bd. 5, S. 4109–4344 (30.11.–2.12.1908).
17 LTAkten 1908/09, II.K., Berichte, Bd. 3, Bericht Nr. 550, »Bericht der Minderheit [...] vom 4. Juni 1908 bis zum 6. November 1908« (23.11.1908).
18 LTAkten 1907/08, I.K., Berichte, Bd. 1, Bericht Nr. 493, »Bericht der verstärkten ersten Deputation der ersten Kammer [...]« (16.1.1909); E. Oppe, Reform, 1910, S. 319 f., 399–405.
19 LTMitt 1908/09, I.K., S. 1358.
20 Bereits das Wahlrecht von 1896 war so bezeichnet worden. Montgelas, 25.1.1909 (Entwurf), BHStAM II, Ges. Dresden 967.
21 Honorar-Attaché E. C. Trench an brit. FO, 28.1.1909, TNA, FO 371/671, BFO-CP, Rolle 23, Nr. 2326.
22 I.K. Debatte vom 10.12.1908 in SHSTAD, MdI 5493. LTMitt 1908/09, I.K., S. 1358–1365 (20.1.1909), 1427 (25.1.1909); LTMitt 1908/09, II.K., Bd. 5, S. 5117–5165 (22.1.1909), Abstimmung 77:5 Stimmen; LTAkten 1907/08, Ständische Schriften, Nr. 107 (25.1.1909), S. 207–238.

Hinzufügung des notwendigen Kleingedruckten trat das neue sächsische Wahlrechtsgesetz am 5. Mai 1909 formell in Kraft.²³

Diesen langen und gewundenen Prozess in separate chronologische Scheibchen aufzuteilen, wie es ein Chirurg tun würde, wäre unklug. Die sächsischen Politiker, die diese Geschichte von Woche zu Woche schrieben, verließ oft der Glaube, dass der Patient jemals geheilt werden könnte. Ausländische Gesandte kamen wiederholt zu dem Schluss, dass das Band zwischen den Konservativen und den Nationalliberalen gerissen sei: Die Wahlrechtsreform habe einen »toten Punkt« erreicht.²⁴ Für Historiker gilt es, gegenüber der rückblickenden Einsicht gebührende Distanz zu halten – aber nicht mehr.

*

Glaubt man den zeitgenössischen Betrachtungen, dass die meisten Mitglieder des Sächsischen Landtags Männer von mittelmäßiger Begabung waren und nicht dazu neigten, die Initiative zu ergreifen, lässt sich besser verstehen, warum die Außerordentliche Wahlrechtsdeputation der Dreh- und Angelpunkt war, auf dem die politische Zukunft Sachsens balancierte. Was hatten diese Männer gemein? Tatsächlich jede Menge. Waren sie sich gegenseitig gewogen? Nicht unbedingt. Waren sie parteiischer als Parlamentarier anderer Zeiten und Orte? Ja. Lassen sich ihre wahren Motive erforschen, warum sie die politische Nation auf diese und nicht jene Weise definierten? Das ist die schwierigste Frage von allen.

Aus dem Ton des Austausches hinter verschlossenen Türen lässt sich erahnen, dass diese Männer oft nur Vorteile für ihre eigene Partei suchten. Die hitzigen Rededuelle im Plenarsaal des Landtags fanden ihre Entsprechung in nicht minder heftigen Diskussionen hinter verschlossenen Türen.²⁵ Während einer besonders turbulenten Landtagssitzung (11. März 1908) wurden der Sozialdemokrat Goldstein und der Linksliberale Bär wiederholt von Mehnert, in seiner Funktion als Präsident der Zweiten Kammer, unterbrochen. Der bayerische Gesandte Montgelas berichtete, was als nächstes geschah:

> Den Abg[eordneten] Bär unterbrach Mehnert […] zweimal in barscher Weise; als Bär, hierdurch gereizt, mit Stentorstimme die Forderung voller Öffentlichkeit in den Saal schmetterte, antwortete brausendes Bravo auf den Tribünen. Dies gab dem Präsidenten Mehnert den vielleicht erwünschten Anlass, sofort alle Tribünen räumen zu lassen. Die

---

23 GVBl 1909, »Wahlgesetz […] vom 5. Mai 1909«, S. 339–378; E. Oppe, Reform, 1910, Anlage G, S. 405–409. Englische Übersetzung des Gesetzes im Anhang des Berichts des brit. Gesandten in Sachsen, A. C. Grant Duff, 15.2.1912 (Entwurf), TNA, FO 215/60; Auszug in Anhang S.1 im Online Supplement.
24 Berichtet z. B. von Montgelas; LTMitt 1908/09, II.K., Bd. 5, S. 4126 (30.11.1908).
25 Die Wahlrechtsdeputation trat zwischen Dezember 1907 und Januar 1909 45 Mal zusammen; das Folgende basiert auf »Protokolle über die Sitzungen der Wahlrechtsdeputation der I. und II. Ständekammer«; SHStAD, MdI 5493.

sonst stets übliche vorherige Verwarnung hatte Mehnert auffälliger Weise unterlassen. Da auch ich mich unter den ›Geräumten‹ befand, kann ich über den weiteren Verlauf der Sitzung nicht als Augenzeuge berichten.[26]

Und dennoch: Das soziale Profil der Wahlrechtsdeputation war bemerkenswert homogen. Im Vergleich zum Landtag insgesamt waren ihre Mitglieder wohlhabender, gebildeter und gesellschaftlich und wirtschaftlich besser vernetzt. Unter den 23 Mitgliedern der Deputation befand sich nur ein »von« – Hans von Querfurth, konservativer Eigentümer eines Hüttenwerks in Schönheiderhammer. Sechs Mitglieder der Deputation (vier Konservative und zwei Nationalliberale) trugen einen Doktortitel.[27] Sie ließen dem Linksliberalen Bär, geschweige denn dem Sozialdemokraten Goldstein, wenig Gelegenheit für Opposition.

Der konservative Vorsitzende der Deputation, Gottfried Opitz, war Mehnerts scharfzüngiger Vertreter sowohl im übertragenen Sinne (da er nie ein Blatt vor den Mund nahm) als auch im wörtlichen Sinne (er war Vizepräsident der Zweiten Kammer). Dr. Kühlmorgen, ein weiterer Konservativer, war der offizielle Berichterstatter des Ausschusses. Franz Hettner von den Nationalliberalen spielte als Mitberichterstatter eine unklare Rolle: War er Kühlmorgen gleichgestellt oder untergeordnet? Den Nationalliberalen wurde früh klar, dass die Konservativen ihre überwältigende Mehrheit in der Deputation ins Feld führen konnten, um jeden beliebigen Antrag zu verabschieden (vorausgesetzt, sie waren sich einig). Viele nationalliberale Geschäftsmänner waren jedoch auch Landbesitzer und viele konservative Grundherren waren gleichzeitig Anwälte, Kaufleute, Fabrikanten oder Grubenbesitzer. Im Großen und Ganzen verteidigten die Nationalliberalen tatsächlich die Interessen der Industrie und der Großstädte, während die Konservativen die agrarischen und ländlichen Interessen vertraten. Doch darf man deshalb nicht den Fehler machen, Kausalzusammenhänge zu sehen, wo in Wahrheit nur grobe Korrelationen bestanden. Die einzelnen Deputationsmitglieder hatten ihre jeweils eigenen, teils feinkörnig gemischten Motivationen und zogen entsprechend die Trennlinien zwischen politischer Inklusion und Ausgrenzung.

Man muss auch die persönliche Stellung von Deputationsmitgliedern wie z. B. des Großgrundbesitzers Georg Andrä berücksichtigen, die skurrilerweise ihre eigenen Wahlrechtsentwürfe vorbrachten. Lange nachdem er damit auf verlorenem Posten stand, plädierte Andrä weiterhin für das veraltete ständische Wahlrecht sowie für weitere Regelungen, die den fragilen konservativ-nationalliberalen Kompromiss sprengten.

---

[26] Montgelas, 15.3.1908 (Entwurf), BHStAM II, Ges. Dresden 966; LTMitt 1907/09, II.K., Bd. 3, S. 2058–2063; Findlay, 16.3.1908 (Entwurf), TNA, FO 215/55. Ein hoher Beamter des sächsischen Außenministeriums wurde ebenfalls von der Galerie verwiesen.
[27] Der ursprünglich 23-köpfige Ausschuss (11.12.1907) umfasste 13 Konservative (darunter der Antisemit Eduard Ulrich), 8 Nationalliberale, 1 Linksliberalen und 1 Sozialdemokraten. Bericht 331, S. 44.

Er brachte Mehnert, dem er in der konservativen Fraktion und im Vorstand des Sächsischen Landwirtschaftlichen Kreditvereins unterstand, zur Verzweiflung – allerdings ohne dass dies Konsequenzen gehabt hätte. Das Anwesen von Andrä in Braunsdorf bei Tharandt umfasste 216 Hektar und generierte ein Jahreseinkommen von 1,2 Millionen Mark. Andrä und seinesgleichen konnten es sich leisten, auf verschiedenen Hochzeiten zu tanzen.

Die knappe konservative Mehrheit in der Wahlrechtsdeputation – 13 von 23 Mitgliedern – machte die Sache nicht einfacher. Regierungschef Hohenthal und König Friedrich August III. ließen verlauten, dass eine Überstimmung der Nationalliberalen – hinter verschlossenen Türen oder im Landtag – allein nicht ausreichen würde, um eine gefällige Wahlrechtsreform hervorzubringen. Und die Nationalliberalen wussten, dass sich auch im anderen Lager einige finden würden, die der Industrie und den Städten wohlgesonnen waren. Keine dieser Argumentationslinien reichte aus, um im Dezember 1908 das heikelste Problem von allen zu lösen: die Neuaufteilung der städtischen und ländlichen Wahlkreise.[28] Ab diesem Zeitpunkt funktionierte die Wahlrechtsdeputation, ebenso wie die Zweite Kammer des Landtags, nicht mehr als effektive parlamentarische Institution. Am 2. Dezember stellte ein linker Nationalliberaler fest, dass sich »der Grenzgraben zwischen Liberalen und Konservativen, zwischen Industrie und Landwirtschaft in einer Weise vertieft, daß man fürchten muß für die Zukunft im sächsischen Vaterlande. (Lebhafte Unruhe rechts.) Das kann keinen Frieden bringen.« Dies könne nur Feindschaft unter den Bürgerlichen säen, fügte er hinzu, und ihre Interessen bei künftigen Reichstagswahlen bedrohen.[29] Die Lords der Ersten Kammer mussten zum Tanz aufgefordert werden.

Der Fluch der Hybridität

Als die Nationalliberalen erklärten, dass sie nur ein einheitliches Wahlrechtssystem unterstützen würden, war unklar, welche Elemente eines hybriden Wahlrechts sie ablehnten. Es lassen sich zwei Vermutungen anstellen, warum sie an diesem Mantra festhielten.

Den Nationalliberalen war bewusst, dass sie sich damit direkt gegen die Pläne von Regierungschef Hohenthal wandten. Sie hatten das Gleiche getan, als Hohenthals Vorgänger Metzsch am 31. Dezember 1903 seine Denkschrift zur Wahlrechtsreform vor-

---

28 Die Schlüsseldokumente (SHStAD, MdI 5489–5490) enthalten keine einzige Karte der neuen LT-Wahlkreise (WKe), sondern nur vorläufige Skizzen, die Gisela Petrach vom SHStAD und Simone Lässig vom Deutschen Historischen Institut in Washington DC freundlicherweise ausfindig gemacht und mir in Kopie zur Verfügung gestellt haben. Vgl. Karte S.11.2 im Online-Supplement, auf denen Sachsens Landtags- und Reichstagswahlkreise übereinanderliegend dargestellt sind. Vgl. auch J. RETALLACK, Mapping the Red Threat, 2016.
29 LTMitt 1908/09, II.K., Bd. 5, S. 4278–4280 (Robert Merkel).

gelegt hatte. Beide Male konnten die Nationalliberalen mit Recht erwarten, dass ihre Opposition ein gewisses Maß an öffentlicher Würdigung erfahren würde. Eine Kombination von Abstimmungsmodellen, wie sie von Metzsch und Hohenthal vorgeschlagen wurde, lief angeblich dem Zeitgeist zuwider. Das Pluralwahlrecht sei das Wahlrecht der Zukunft. Als solches verdiene es, unbehelligt zu bleiben – unverfälscht durch Zusätze, Kautelen, Nachträge bzw. alles, was darauf angelegt war, X zu erreichen oder Y zu verhindern. Dieses Streben nach einem einheitlichen Wahlrecht war unaufrichtig. Die Nationalliberalen behaupteten, ein Wahlrecht finden zu wollen, das fair und langlebig sei. Das ist ihnen kaum übel zu nehmen. Doch es bleibt ein Rätsel, warum so viele Sachsen sie mit der Behauptung davonkommen ließen, das einfachste Wahlrecht sei auch das beste.

Die Nationalliberalen hatten sich darüber hinaus seit der Aufklärung dem Ideal einer »klassenlosen Gesellschaft« verschrieben. Eine solche Gesellschaft war Teil eines bürgerlichen Modells, in dem Bildung und Leistung sehr viel zählten, vor allem wenn es darum ging, die »würdigen« Elemente der Gesellschaft in einem Parlament wie dem Landtag zu vertreten. Sie wurde als moderne nationale Gesellschaft konzipiert, befreit von mittelalterlichem und frühmodernem Ballast wie z. B. sozialen Ständen und religiösem Humbug.[30] Die Nationalliberalen sahen das Pluralwahlrecht zudem als Gegenmittel zu anderen Systemen, in denen lokale Gemeinschaften – und der »Lokalismus« als Idee – im Vordergrund standen. Das Pluralwahlrecht bot außerdem ein Mittel, um sich konservativen und antisemitischen Forderungen nach einer unverhältnismäßigen Vertretung des Mittelstands zu widersetzen; es lieferte eine direkte Gegenargumentation gegen die Befürworter eines auf Berufen und sozialen Ständen basierenden Wahlrechts; und es konnte als Hebel zur Beseitigung der Unterschiede zwischen städtischen und ländlichen Wählern genutzt werden. Indem es all diese Argumente zusammenfasste und als rhetorischer Schleier diente, würde das einheitliche Pluralwahlrecht »gerade genug« Sozialdemokraten den Einzug in den Landtag ermöglichen. Bei einem hybriden System könnten es zu viele sein.

Hohenthal und sein Berater Heink beschlossen 1907, sich den Wünschen der Nationalliberalen offen zu widersetzen. Ihr Wahlrechtssystem behielt die wesentlichen Merkmale des hybriden Vorschlags bei, der drei Jahre zuvor gescheitert war. Die Regierung teilte den Wunsch der Nationalliberalen, die Macht der Konservativen im Landtag zu schwächen, aber in ihren Augen war der beste Weg dorthin eine Kombination aus Verhältnis-, Kommunal- und Pluralwahlsystemen. Sie stützte sich bei dieser Kalkulation auf die neue politische Situation in Sachsen und Deutschland nach den Reichstagswahlen vom Januar 1907. Die bürgerlichen Landtagsabgeordneten erkannten, dass das Block-Experiment von Reichskanzler Bülow im Reichstag, das er als eine Vermählung

---

30 Vgl. dazu K. M. Brown, Participation, 2016.

liberaler und konservativer Seelen bezeichnete, eine merkwürdige Mischehe geschaffen hatte. Beobachter prognostizierten, der Block würde nur schwächliche Nachkommen oder Gelegenheitsliaisons hervorbringen, bevor beide Partner die Scheidung einreichten. Hohenthal hingegen war überzeugt, dass er aus den konservativen und nationalliberalen Fraktionen im Landtag am ehesten eine Mehrheit zusammenschustern könnte, indem er ein hybrides Wahlrecht vorschlug. Die *Leipziger Volkszeitung* der Sozialdemokraten hatte die Blockkandidaten während des Reichstagswahlkampfs 1907 als »Mischmasch-Kandidaten« verspottet, die eine unglückliche Mischung aus agrarindustriellen, liberal-konservativen und jüdisch-antisemitischen Zielen verfolgten.[31] Die »Ordnungsparteien« triumphierten 1907 trotz solcher Giftigkeiten. Doch ihr Reichstagserfolg vom Januar 1907 entwand ihnen das wirksamste Argument gegen die sächsische Wahlrechtsreform: die soziale Revolution stand doch nicht unmittelbar bevor. Diese Situation ermöglichte es Hohenthal und seinen Wahlrechtsexperten, ihren hybriden Reformplan in einer relativ ruhigen Atmosphäre vorzubereiten und ihren Vorschlag unter günstigen Bedingungen einzureichen. Dies, so hofften sie, würde den Fluch der Hybridität brechen.

Hohenthal fühlte sich durch die Nachrichten aus Berlin zudem in seiner Ansicht bekräftigt, dass die preußischen Behörden nichts gegen die sächsischen Pläne einzuwenden hätten. Zur Jahresmitte 1907 wusste Hohenthal, dass die preußischen Beamten ihre eigenen Reformvorschläge zur Neugestaltung des preußischen Landtagswahlrechts vorbereiteten. Bülow hatte den Konservativen gesagt, das Dreiklassenwahlrecht sei auf Dauer unhaltbar. Auch der Chef der Reichskanzlei Loebell riet seinen Parteigenossen in Preußen, dass sie den Konservativen in Sachsen erlauben sollten, die den sächsischen Umständen angemessenste Reform zu akzeptieren. Anders als sein Freund Mehnert hielt Loebell es im Mai 1907 für richtig, »die Abänderung [des Wahlrechts] in einem Zeitpunkte vorzunehmen, wo die Konservativen die Majorität im [sächsischen] Parlament hätten, um dadurch einer zu radikalen Abänderung des Wahlrechts vorzubeugen«.[32] Also wusste Hohenthal, dass Berlin weder ernsthafte Einwände gegen die Wahlrechtsreform in Sachsen erheben noch die eingefleischten Konservativen unterstützen würde, die jeglicher Wahlrechtsreform ablehnend gegenüberstanden.

Die Sachsen trieben ein heikles Spiel. Preußische Junker wie Elard von Oldenburg-Januschau konnten sich nicht vorstellen, geschweige denn akzeptieren, dass es in Preußen zu einer Wahlrechtsreform kommen könnte. Der britische Gesandte in Mün-

---

31 LVZ, 19.12.1906, zitiert in: G. D. CROTHERS, Elections, 1968, S. 165.
32 Eine detaillierte Schilderung einer Unterredung mit Loebell findet sich in: sächs. Gesandter in Preußen, Christoph Graf Vitzthum von Eckstädt (Berlin), an Regierungschef und MdAA Hohenthal (Dresden), 13.5.1907, SHStAD, MdAA 4535, nachgedruckt in: L. STERN (Hrsg.), Auswirkungen, Bd. 2, Teil II, 1956, S. 265. Vgl. auch Staatssekretär des Auswärtigen Amts Heinrich von Tschirschky und Bögendorff an Bülow (Abschrift), 29.10.1908, PAAAB, Sachsen Nr. 60, Bd. 8. Zu Bethmann Hollweg vgl. Vitzthum (Berlin) an Hohenthal (Dresden), 11.1.1908, SHStAD, MdAA 1504, und Kap. 10 im vorliegenden Band.

chen, Sir Fairfax Cartwright, verstand diese Befürchtungen und erkannte, dass Sachsen eine zentrale Rolle spielen würde, wenn es um Erfolg oder Misserfolg des demokratischen Fortschritts in Deutschland ging. Die Reform des Dreiklassenwahlrechts mochte als »eine rein preußische Frage« erscheinen, berichtete Cartwright nach London, doch der Schein trüge:

> Liberale Ideen fassen südlich des Mains leichter Fuß, wie die Tatsache zeigt, dass alle süddeutschen Staaten [...] ihre Wahlgesetze im liberalen Sinne geändert haben. Preußen, fast allein, klammert sich an sein Wahlsystem und fürchtet den Vormarsch liberaler Ideen aus dem Süden [...]. Jetzt hat das Reformfieber den Main überquert und Sachsen erfasst, das ein ähnliches Wahlsystem wie Preußen hat. Damit rückt die Frage der Reform vor die Tore Berlins.[33]

Trotz der nationalen Auswirkungen einer möglichen Wahlrechtsreform 1907 wurde im Sächsischen Landtag und seinen Ausschüssen über den »Vormarsch liberaler Ideen aus dem Süden« diskutiert. Der britische Gesandte in Dresden schloss sich seinem Kollegen in München an: »Sachsen ist geographisch gesehen der Ort, an dem sich die gegensätzlichen Strömungen der politischen Meinung treffen – die reaktionäre ultra-konservative Strömung aus dem Norden und die liberale Strömung aus dem Süden.« Er würzte britisches Understatement mit Geringschätzung: »Das Zusammentreffen dieser beiden Strömungen sorgt gelegentlich für eine gewisse Unruhe im meist ruhigen Teich der sächsischen Politik.«[34] Aber die »gewisse Unruhe«, die 1907 einsetzte, war nicht nur ein provinzielles Familiendrama: Es verdiente die nationale Aufmerksamkeit, die es erhielt.

Im Januar 1908 erklärte Reichskanzler Bülow, der auch preußischer Ministerpräsident war, im Preußischen Herrenhaus, dass seine Regierung nach wie vor darüber nachdenke, Preußens Dreiklassenwahlrecht zu revidieren. Bülows Erklärung, in der er mehr oder weniger die Prinzipien festlegte, nach denen die sächsische Reform von 1909 schließlich verlaufen würde, wurde von denselben Parteien begrüßt, die im Sächsischen Landtag den Ton angaben. »Jede gesunde Reform des preußischen Wahlrechts«, so Bülow, »wird den Einfluß der breiten Schichten des Mittelstandes auf das Wahlergebnis aufrecht erhalten und sichern, sowie auf eine gerechte Abstufung des Gewichts der Wahlstimmen Bedacht nehmen müssen.« Allein diese Aussage löste auf der Rechten Jubel aus, doch Bülow fuhr fort: »Deshalb wird geprüft, ob dieses Ziel erreicht werden kann lediglich unter Zugrundelegung von Steuerleistungen, oder ob und inwieweit das Stimmrecht auch nach anderen Merkmalen wie Alter, Besitz, Bildung und dergleichen

---

33 Brit. Gesandter in Bayern, Sir Fairfax Cartwright (München), 5.8.1907, BFO-CP, FO 371/261, Rolle 15, Nr. 26391. Vgl. R. VOGEL, Career, 1954.
34 Findlay, 1.10.1907, BFO-CP, FO 371/262, Rolle 16, Nr. 33969; vgl. E. BÖCKSTIEGEL, Volksrepräsentation, 1998.

zweckmäßig abgestuft werden kann.«[35] Bis zu diesem Punkt konnten alle Mitglieder des Bülow-Blocks zufrieden sein. Doch dann zog der Kanzler die Bremse. Er sagte dem Haus, es bestehe keine Aussicht, in der laufenden Legislaturperiode ein Reformgesetz zu verabschieden. Auf diese Ankündigung folgte lautes Zischen auf der Linken und lauter Jubel auf der Rechten.

*

Warten war für die Sachsen keine Option. Die Regierung griff in ihrer Vorlage von 1907 auf das gleiche Mischsystem zurück, das Metzschs Vorschlag 1904 zum Scheitern gebracht hatte, und empfahl einen neuen Landtag mit 82 Mitgliedern.[36] Zweiundvierzig Abgeordnete würden durch geheime und direkte Abstimmung gewählt, unter Einbindung einer Verhältniswahl und durch ein moderates System von Pluralstimmen, bei dem keinem Wähler mehr als zwei Stimmen gewährt würden. Die restlichen vierzig Abgeordneten würden durch die Organe der Kommunalverwaltung – Bezirksverbände, Stadtverordnetenversammlungen und Stadträte – gewählt werden. Indem sie dieses System mitsamt seinem sehr bescheidenen zahlenmäßigen Anstieg der städtischen Wahlkreise vorschlug, führte die Regierung unter anderem die Argumente von Albert Schäffle an. Der renommierte Soziologe und politische Beobachter hatte 1890 argumentiert, dass die Vertretung lokaler Interessen ein Gegengewicht zur direkten und gleichen Wahl bilde.[37] Die Regierung erklärte zudem ihre frühere Kritik an der indirekten Wahl für irrelevant. Die im ersten Wahlgang nach dem Dreiklassenwahlrecht gewählten Delegierten waren als bloße »Stimmzettelträger« gebrandmarkt worden, d. h. als unnötige Abgesandte, da jeder wisse, welche Partei sie unterstützten. Jetzt würden die Mitglieder der Kommunalkörperschaften eine andere Rolle spielen. In der Präambel des Hohenthal-Vorschlags hieß es, die Stadtverordneten und Stadträte hätten andere öffentliche Funktionen zu erfüllen und stünden deshalb ipso facto über der Parteipolitik.[38]

Hohenthal versuchte die Nationalliberalen davon zu überzeugen, dass sich ihre Stärke in den sächsischen Rathäusern möglicherweise in Macht im Landtag umsetzen ließe. Da seit 1890 in Dutzenden von sächsischen Städten plutokratische Wahlen eingeführt worden waren, hatten sich die Nationalliberalen bei den Kommunalwahlen gut geschlagen. Dennoch ignorierte die Regierung die Tatsache, dass um die Jahrhun-

---

35 NAZ, 11.1.1908; Lascelles (Berlin) an brit. Außenministerium, 13.1.1908, BFO-CP, FO 371/457, Rolle 18, Nr. 2015.
36 Heinks Denkschrift vom 1.11.1906, SHStAD, MdI 5455; LTAkten 1907/09, Dekrete, Dekret Nr. 12; E. Oppe, Reform, 1910, S. 374–409.
37 A. Schäffle, Bekämpfung, 1890, bes. S. 263, zitiert in: Heink-Denkschrift, 1.11.1906. Vgl. A. Schäffle, Aussichtslosigkeit, 1893.
38 »Entwurf zum Wahlgesetz für die Zweite Kammer der Ständeversammlung« (Juli 1907), S. 6 f., Anhang zum Bericht des kommissarischen österr. Gesandten in Sachsen, Erwein Freiherr von Gudenus, an österr. MdAA, 18.7.1907, HHStAW, PAV/53.

dertwende bereits 805 Sozialisten in sächsischen Kommunalkörperschaften saßen. Bis 1909 waren es schon rund 1 600, und das Interesse der SPD an der Kommunalpolitik zeigte kein Nachlassen.[39] Die Nationalliberalen hatten gemischte Gefühle, was die Einbeziehung der Kommunalverwaltung in die Landtagswahlen anging, aber unterm Strich standen sie der Idee ablehnend gegenüber.[40]

Als Geste an die Konservativen führte die Regierung das fadenscheinige Argument an, dass die Sitzverteilung in einem reformierten Landtag nicht nur nach Bevölkerung (Recht des Menschen), sondern auch nach Territorialität (Recht der Fläche) bestimmt werden sollte.[41] Dieses rhetorische Geschenk wurde von Andrä und anderen konservativen Hardlinern bereitwillig angenommen, was bei den Linksliberalen im Haus spöttische Kommentare hervorrief. Der Fortschrittler Günther fragte sich, ob dem konservativen Vorredner »vielleicht die nordafrikanische Wüste oder die Kolonie Südwestafrika vorgeschwebt hat? (Große Heiterkeit.) Da konnte man von einem Rechte der Fläche sprechen.« Doch, so fügte Günther hinzu: »Wir können in einem industriellen, dicht bevölkerten Staate die Wahlkreise nicht nach der Fläche abgrenzen, nicht nach der Zahl der Ochsen, die sich auf der großen Fläche herumtummeln. (Große Heiterkeit.)«[42] Die Regierung schlug nochmals einen konservativen Ton an, als sie das normale System des Verhältniswahlrechts, das auf Parteilisten basierte, ablehnte. Sie behauptete, dass die Wähler korrumpiert würden, wenn sie für eine Partei und nicht für einen bestimmten Kandidaten stimmen müssten. Stattdessen schlug sie ein viel komplizierteres Verhältniswahlrecht vor, wonach die Kandidaten in einzelnen Wahlkreisen kandidieren sollten: Jede Partei würde nur die Anzahl der Abgeordneten – diejenigen mit den höchsten Gesamtstimmen – entsenden, die ihr nach Abschluss der Wahl zugewiesen wurden.

Das Novum des Verhältniswahlsystems wurde mit dem Argument verteidigt, dass 1903 – als die SPD 22 sächsische Sitze gewonnen hatte – einer großen Zahl bürgerlicher Wähler nach der einfachen Mehrheitsformel die gebührende Repräsentation im Reichstag vorenthalten worden sei. Die sächsischen Konservativen hatten dieses Argument ohne jegliche Ironie unmittelbar nach der Wahl 1903 vorgebracht. Überraschender war, dass Hohenthals Vorschlag ihren Standpunkt bestätigte: »so kann es unter der Herrschaft des Systems der Mehrheitswahl geschehen, daß eine politische oder wirtschaftliche Partei nicht einen einzigen Vertreter in die Kammer entsendet, obschon sich ein großer Teil der Bevölkerung zu ihr bekennt«.[43] Laut Heink war das Verhältniswahlrecht der Schlüssel zur Mobilisierung der »staatserhaltenden« Wähler, die 1903 ohne Vertretung im Reichstag geblieben waren und deren politische Unzufriedenheit 1907 die

---

39 D. FRICKE, Handbuch, 1987, Bd. 2, S. 777 (1899); kommissarischer pr. Gesandter Heyl an pr. MdAA, 22.8.1909, PAAAB, Sachsen Nr. 60, Bd. 8.
40 Vgl. Bericht 487, zuvor zitiert, S. 4–6 (30.4.1908–11.5.1908).
41 Vgl. dazu R. HAGEN, Wahlreform, o. J. [ca. 1908].
42 LTMitt 1908/09, II.K., Bd. 5, S. 4129 (30.11.1908).
43 »Entwurf zum Wahlgesetz [...]« (1907), zuvor zitiert, »Allgemeine Begründung«.

Forderung nach einer Reform des Landtagswahlrechts schürte. Diese Begründung überzeugte die Nationalliberalen nicht. Nur in einem System des allgemeinen Wahlrechts, so glaubten sie, könnten Verhältniswahlen »ausgleichend« wirken, nach dem von ihnen befürworteten Landtagswahlrecht dagegen »rissen sie die Schutzwehren nieder, die durch die Pluralstimmen errichtet würden«.[44]

Zu einem späteren Zeitpunkt sah sich Hohenthal genötigt, ein Wahlsystem zu verteidigen, bei dem 84 Landtagsabgeordnete durch Pluralwahlrecht und 12 durch Verhältniswahl gewählt würden. In seiner Denkschrift an den König, in der er diesen Kompromiss beschrieb, brachte Hohenthal seine Frustration über die Nationalliberalen und ihre Forderung nach einem einheitlichen Wahlrecht zum Ausdruck. Er wetterte gegen die »vielgepriesene« Einheit des von den Nationalliberalen favorisierten Wahlsystems, das die Wähler, wie er behauptete, in nur zwei »Klassen« unterteilte. Nach den großen Protestdemonstrationen in Leipzig am 1. November 1908[45] klagte Hohenthal erneut über die »tiefbedauerliche« Forderung der Nationalliberalen nach einem einheitlichen System: »Trotz aller Verhandlungen«, schrieb er, seien sie »mehr und mehr auf ein künstlich aufgebautes Pluralsystem« fixiert.[46] Gelänge es den Konservativen oder der Ersten Kammer des Landtags nicht, die Fraktion der Nationalliberalen zur Einsicht zu bringen, so wäre Hohenthal in einer guten Position, um das Parlament aufzulösen und Neuwahlen anzuordnen, die sich direkt gegen die Nationalliberalen richteten. Die sächsische Regierung würde wie in einen gut vorbereiteten Feldzug in den Wahlkampf gehen, nicht nur mit gutem Gewissen, sondern auch »Schulter an Schulter mit der Konservativen Partei, dem Bund der Landwirte und der Mittelstandsvereinigung«.[47]

Kurzum, Hohenthal und seine Berater favorisierten ein hybrides System und lehnten jede Vorstellung ab, dass ein »Fluch« darauf laste. Indem sie ein kompliziertes System vorschlugen, das den Wünschen vieler politischer Lager entsprach, machten sie nicht nur aus der Not eine Tugend. Im Gegenteil: Sie waren der Meinung, dass die Folgen der Einführung eines einheitlichen Systems zu unvorhersehbar seien, um das wesentliche Erfordernis der staatlichen Sicherheit zu erfüllen.

Hohenthal bleibt standhaft

Hohenthal präsentierte seinen Wahlrechtsvorschlag im Juli 1907 nicht in der Landeshauptstadt Dresden, sondern beim jährlichen Gemeindetag im südostsächsischen Bautzen.[48] Wie Metzsch vor ihm wollte er Mehnert keine Gelegenheit geben, ihm die Schau

---

44   Bericht 487, S. 9.
45   Vgl. weiter unten in diesem Kapitel.
46   MdI an MdAA, 2.11.1908, SHStAD, MdI 5455.
47   Hohenthal an Friedrich August III., 16.9.1908, SHStAD, MdI 5455.
48   »Entwurf zum Wahlgesetz [...]« (1907), zuvor zitiert.

zu stehlen und das Thema Reform von der Agenda zu nehmen, bevor er nicht selbst die Hauptrolle gespielt hatte. Noch wenige Wochen zuvor hatte der österreichische Gesandte berichtet: »der Regierungsentwurf [...] ruht noch immer als Mysterium in den Aktenschränken des Cabinets«.[49] Die Konservativen hatten jedoch einen Blick auf das Skript erhascht. Ihre Empörung nahm zu, nachdem der Plan offiziell bekannt gegeben wurde. Die Gruppe um Mehnert versprach, der Regierung den Kampf anzusagen, nachdem sie vorher bereits erklärt hatte, dass sie die Unterscheidung zwischen städtischen und ländlichen Wahlkreisen nie aufgeben würde.[50] Der Sozialdemokrat Hermann Fleißner zitierte diese Aussagen als Beweis für »die in sächsischen Regierungskreisen herrschende Mißstimmung gegen die extrem-konservativ-agrarische Clique«.[51]

Die sächsischen Konservativen waren bereit, sich mit aller Macht gegen jedwede Reform des Landtagswahlrechts zu wehren. Im Mai 1907 traf Hohenthal fast der Schlag – und nicht etwa, weil er an einem »Nikotin-Herzen« litt –, als er erfuhr, dass mehr als die Hälfte aller Landtagsabgeordneten sich schriftlich (und bei ihrer Ehre) verpflichtet hatten, jeden von ihm vorgeschlagenen Wahlrechtsplan abzulehnen. Wie ein Gesandter anmerkte: »Das Stärkste dabei ist, daß die Herren gar nicht wissen, was in diesem Entwurf steht.«[52] Besagter Gesandter wusste auch, wer diesen Präventivschlag angeordnet hatte: »Mehnert scheint es also, wie seiner Zeit bei dem Metzsch'en Entwurf, auf eine Kraftprobe ankommen lassen zu wollen.«[53]

Hohenthal weigerte sich bis zum letzten Moment, im Dezember 1908, sein gemischtes Wahlsystem aufzugeben. Noch während sein Gesetzentwurf im Landtag zerpflückt wurde, bestand er weiterhin darauf, dass ein Pluralwahlrecht die schlimmsten plutokratischen Merkmale des Dreiklassenwahlrechts beibehalten würde. Hohenthal lehnte auch einen Vorschlag der Wahlrechtsdeputation ab, der einen mindestens zweijährigen Aufenthalt in Sachsen als Bedingung für die Wahlberechtigung forderte. Diese Bestimmung zielte nicht auf Vagabunden ab, wie die Konservativen behaupteten, sondern auf die eher mobilen Reihen junger Arbeiter. Die Regierung Hohenthal weigerte sich auch, Kompromisse bei der Frage einer alle sechs Jahre stattfindenden Integralerneuerung des Landtags einzugehen, obwohl die Konservativen beharrlich behaupteten, dass die Landtagswahlen damit so »leidenschaftlich« und »demagogisch« werden würden wie die Reichstagswahlen. Nicht weniger überraschend argumentierte die Regierung gegen zwei Schlüsselkriterien für die Vergabe zusätzlicher Stimmen an bestimmte

---

49 Braun, 29.5.1907, HHStAW, PAV/53.
50 Montgelas, 13.7.1907 (Entwurf), BHStAM II, Ges. Dresden 965; vgl. auch Montgelas, 14.7.1907 (Entwurf), ebenda; DJ, 6.7.1907.
51 NZ 25, Bd. 2, Nr. 43 (Juli 1907), »Wahlrechts›reform‹ in Sachsen«, S. 561. Vgl. LVZ, 5.7.1907.
52 Montgelas, 15.5.1907 (Entwurf), BHStAM II, Ges. Dresden 965. Vgl. Braun, 29.5.1907, HHStAW, PAV/53.
53 Montgelas, 15.2.1907, 15.5.1907 (Entwürfe), BHStAM II, Ges. Dresden 965. In letzterem Bericht merkte Montgelas an: »Die Anzahl der auf diese Weise gebundenen Stimmen betraegt [sic] die absolute Mehrheit des Hauses; hier kann man sagen ›auch eine Nebenregierung und was für eine‹!« Zur »Nebenregierung« vgl. den nächsten Abschnitt dieses Kapitels.

Wähler: Alter und wirtschaftliche »Selbständigkeit«. Letzteres Kriterium wurde von den Nationalliberalen und Konservativen befürwortet, um Geistlichen, Lehrern, Akademikern, Ärzten und Juristen mehr Einfluss zu geben – wohlgemerkt nur denjenigen mit einem Jahreseinkommen von mindestens 1 800 Mark. Die Regierung erklärte, dass Alter und wirtschaftliche Unabhängigkeit keinerlei Garantie dafür brächten, dass ein Wähler sowohl seine erste als auch seine zweite Stimme »zuverlässig« abgeben würde.[54] In diesen Punkten war der Wahlrechtsplan von Hohenthal tatsächlich fortschrittlicher als es sowohl die Nationalliberalen als auch die Konservativen hinnehmen konnten.

War die sächsische Regierung also von besonders edler Gesinnung? Waren alle ihre Ideen umsetzbar? Nein. Betrachten wir einen der umstritteneren Vorschläge der Regierung genauer. Zu einer Zeit, als ihr ursprünglicher Plan bereits in Trümmern lag, skizzierte die Regierung ein Pluralwahlsystem, bei dem jeder Wähler entweder eine oder vier Stimmen haben würde – aber niemand zwei oder drei. Hohenthal behauptete, dieses System wäre technisch viel einfacher zu implementieren als andere Optionen; es wäre auch dem Mittelstand gegenüber fairer.[55] Diesem offenkundig *un*fairen Vorschlag wollte die Regierung ein Verhältniswahlsystem aufpfropfen, das »leider« nur für die fünf größten Städte Sachsens gelten sollte.[56] Diese Bestimmung sollte die Nationalliberalen für den Plan der Regierung gewinnen: Ein hoher Anteil der nationalliberalen Stimmen wurde in Städten abgegeben, in denen sozialistische Siege aus dem einfachen Mehrheitssystem resultierten. Doch weder die Konservativen noch die Nationalliberalen schlossen sich dieser Argumentation an.

Das Ein-und-Vierstimmen-System Hohenthals ist aus einem weiteren Grund interessant. Es wirft Licht auf die zugrunde liegende Unterscheidung der Regierung zwischen »loyalen« Wählern und allen anderen. Nur Erstere sollten durch ein Pluralwahlrecht privilegiert werden. Ein solches Privileg solle, so Hohenthal, offen sichtbar sein, damit das Gros der sächsischen Bürger seine Logik zu schätzen wisse – und das Kind beim rechten Namen genannt würde –, auch ohne das Schreckgespenst der Sozialdemokratie explizit heraufzubeschwören. Wenn alle Wähler entweder eine oder vier Stimmen hätten, wären sie angeblich immun gegen eine der sieben Todsünden: Neid. Ein solches System würde die Wahrscheinlichkeit verringern, dass sich ein Wahlberechtigter durch kleine wirtschaftliche und soziale Ungleichheiten – und damit auch durch die Kriterien für die Gewährung einer zweiten oder dritten Stimme – benachteiligt fühlte.[57] Würde ein solcher Wähler seinen sozialen Rang und seinen Einfluss bei Wahlen

---

54 Vgl. insbesondere die Argumente von Hohenthal und Heink in der Wahlrechtsdeputation vom 15.10.1908; SHStAD, MdI 5493.
55 Hohenthals gedruckte »Erklärung« an die Wahlrechtsdeputation (14.10.1908), SHStAD, MdI 5455; Bericht 549, S. 88–89; Bericht 550, S. 12.
56 Hohenthal, »Erklärung«, zuvor zitiert; vgl. S. Lässig, Wahlrechtskampf, 1996, S. 218; Bericht 549, S. 101; V. C. Diersch, Entwicklung, 1918, S. 288–289; G. A. Ritter, Wahlrecht, 1990, S. 87.
57 Bericht 550, S. 11–15; Bericht 549, S. 90–98, 172 f.; auch V. C. Diersch, Entwicklung, 1918, S. 289–295.

auf einer abgestuften Skala von eins bis vier vergleichen, würde er sich gewiss über seine eigene Lebenssituation und die Zuweisung von Stimmen auf dieser feinen Skala beklagen. Im Gegensatz dazu wäre er bei einer klaren Trennlinie zwischen Insidern und Outsidern eher bereit – so die Logik der Regierung –, sowohl die bestehende soziale und politische Ordnung als auch das neue Wahlrecht zu akzeptieren, selbst wenn ein ihm Nahestehender (ein Freund, ein Nachbar, ein Mitarbeiter) berechtigt wäre, vier Stimmen abzugeben und er nur eine.

Wo wollte die Regierung diese dicke Linie quer durch die Wahlberechtigten ziehen? Um für vier Stimmen (Gruppe A) anstelle von nur einer Stimme (Gruppe B) in Frage zu kommen, müsste ein Wähler mindestens eines der folgenden Kriterien erfüllen: a) Eigentum im Wert von 100 oder mehr Steuereinheiten, Besitz von mindestens vier Hektar land- oder forstwirtschaftlichen Flächen bzw. Besitz von mindestens einem Hektar Gartenanbauflächen oder Weinbergen; b) ein steuerpflichtiges Jahreseinkommen von mehr als 2 200 Mark in den letzten zwei Jahren vor der Wahl; c) ein Jahresgehalt von mehr als 1 900 Mark im Dienste des Reiches, des Staates oder der Gemeinde bzw. als Privatbeamter; d) Wahlberechtigung für die Gewerbekammer; oder e) einen Schulabschluss, der den einjährigen Freiwilligendienst beim Militär ermöglichte.[58]

Besondere Aufmerksamkeit verdienen hier weder die Logik der Regierung bezüglich des Neid-Aspektes noch ihre Bemühungen, das Wahlprivileg weit zu streuen, als vielmehr ihre Entschlossenheit, die Arbeiterklasse zu benachteiligen.[59] Die offenkundige Ungerechtigkeit des Regierungsvorschlags brachte die Nationalliberalen in eine missliche Lage: Zwar stimmten sie der antidemokratischen Prämisse zu, aber ihre Unterstützung würde den Anspruch ihrer Partei auf Volkstümlichkeit untergraben. In der Wahlrechtsdeputationssitzung vom 20. Oktober 1908 argumentierte der Sprecher der Nationalliberalen (und Fraktionsvorsitzende) Paul Vogel, dass eine Privilegierung nach dem von seiner Partei vorgeschlagenen Vierstimmen-System – d. h. die Wähler in vier (nicht in zwei) Gruppen einzuteilen und ihnen eine, zwei, drei oder vier Stimmen zuzuweisen – den Arbeitern gegenüber »versöhnlicher« wäre als der Plan der Regierung. Sein linksgerichteter Parteikollege Max Langhammer nannte den Vorschlag der Regierung »ein Klassenwahlrecht schlimmster Art«.[60]

Langhammer hatte Recht. Das zeigte sich auch in der Art und Weise, wie Heink die Frage der Neuziehung der Wahlkreise im Sommer 1908 untersuchte und wie er seine Ergebnisse im September der Wahlrechtsdeputation präsentierte.[61] Heinks Entwurf

---

58 Bericht 549, S. 101, § 10.
59 Unter dem Ein-oder-Vierstimmen-Wahlsystem der Regierung würden die geschätzten 660 000 Wahlberechtigten insgesamt 1,35 Millionen gültige Stimmen abgeben: 920 000 Stimmen von 230 000 Vierstimmenwählern und 430,000 Stimmen von Einstimmenwählern. 34,8 Prozent aller Wähler würden also deutlich bevorzugt sein und mehr als doppelt so viele Stimmen abgeben als die weniger privilegierten Wähler.
60 SHStAD, MdI 5493 (20.10.1908).
61 Bericht 549, S. 3–57. Zum Wahlkreis-Neuaufteilungsplan der NL, ebenda, S. 136–141. Vgl. SHStAD, MdI 5489.

sah insgesamt 96 Landtagswahlkreise vor und listete die Namen aller Dörfer, Ortschaften und Städte im Einzelnen auf. Für jeden Ort, über den Statistiken verfügbar waren, enthielt die Heink'sche Tabelle zwei Spalten mit Zahlen. Die erste listete die ungefähre Anzahl der wahlberechtigten Wähler bei den Reichstagswahlen von 1907 auf, die zweite die ungefähre Anzahl der Arbeiter in größeren Industrieunternehmen. Diese Übung veranschaulichte, dass der Vorschlag der Regierung nur auf zwei statistisch wichtigen Kategorien beruhte: Arbeiterwähler und alle anderen. Trotz der Unterscheidungen, die es einem Wähler erlaubten, eine oder vier Stimmen zu beanspruchen, ging die sächsische Regierung eindeutig davon aus, dass die meisten Wähler der Arbeiterklasse nur ein Viertel des Stimmgewichts der privilegierteren Wähler haben würden. Mit dieser radikalen Unterscheidung zwischen Insidern und Outsidern, die in der Öffentlichkeit gewiss mit Empörung aufgenommen werden würde, erhielt der Plan der Regierung weder von den Nationalliberalen noch von den Konservativen Unterstützung.[62] Das Pluralwahlsystem, das schließlich von diesen Parteien verabschiedet wurde, stellte zwar auch sicher, dass soziale Distinktion und Leistung an der Wahlurne privilegiert wurden; aber im Vergleich zum Regierungsplan verteilte das Pluralwahlrecht von 1909 die Privilegien auf subtilere und politisch genehmere Art und Weise.

»Nebenregierung«

Hohenthals Entschlossenheit, einen eigenständigen Kurs zu verfolgen, zeigte sich auch in einer Rede, die Alfred von Nostitz-Wallwitz (siehe Abbildung 11.1) am 11. Juli 1907 vor einer Versammlung des Dresdner Konservativen Vereins hielt.[63] Hohenthal hatte Nostitz ein Jahr zuvor aus den unteren Reihen der sächsischen Justizverwaltung ausgewählt, um ihn zu seinem informellen Berater im sächsischen Auswärtigen Amt zu machen.[64] Der damals erst 36 Jahre alte Nostitz befand sich eindeutig auf dem Weg nach oben. Als er sich an die Dresdner Konservativen wandte, wurden seine Worte zu Recht so verstanden, dass sie die Position der Regierung zum Ausdruck brachten.

Es gibt noch andere Gründe, diesen jungen Mann der historischen Obskurität zu entreißen. Nostitz verkörperte den kultivierten Literaten, den seltenen Konservativen, der sich der Moderne nicht verschloss. Sein Name taucht häufig in den Memoiren von Harry Kessler, dem »roten Grafen«, auf, der Nostitz und dessen Frau Helene zu seinen

---

62 Bericht 549, S. 74–78; SHStAD, MdI 5493.
63 Berichtet von allen Gesandten, darunter dem kommissarischen österr. Gesandten Gudenus, 18./31.7.1907, HHStAW, PAV/53; vgl. Zusammenfassung in: A. PACHE, Geschichte, 1907, S. 100–132.
64 Aus Kapitel 9 kann man sich ins Gedächtnis rufen, dass Nostitz am 31.1.1906 einen umfassenden Wahlrechtsentwurf an Metzsch geschickt hatte; SHStAD, MdI 5466.

Abbildung 11.1: Der konservative Reformer Alfred von Nostitz-Wallwitz um 1914 in seinem Arbeitszimmer in Leipzig (wo er damals als Amtshauptmann fungierte). Quelle: H. von Nostitz, Aus dem alten Europa, hrsg. von O. von Nostitz, 1978, Bild 7.

engen Freunden zählte.[65] (Kessler und Nostitz gehörten in Leipzig derselben Studentenverbindung an.) In Dresden, dann Auerbach, dann Leipzig, bewegten sich Alfred und Helene mühelos in künstlerischen Kreisen, darunter auch denen um Hugo von Hofmannsthal und Max Klinger. Auch der »Nostitz Armchair«, den Alfred 1904 bei Henry van de Velde in Auftrag gab, zeugt von seinem zukunftsorientierten Ausblick: Die schlanken Linien des Sessels nehmen das Bauhaus vorweg (siehe Abbildung 11.2).[66] »Baron Nostitz ist viel gereist und sehr belesen«, berichtete der britische Gesandte. Er fügte hinzu, dass der jüngere Mann »als liberaler Konservativer bezeichnet werden könnte; er ist intelligent und ein guter Redner und hat seinem Chef die größte Unterstützung erwiesen. Er kommt mir wie ein Mann vor, der eine Karriere vor sich hat«.[67] Ein anderer Gesandter stimmte zu, Alfred von Nostitz-Wallwitz sei »ein Mann der Zukunft. Es frägt sich nur, wann seine Zeit gekommen ist«.[68] Er war auch niemandes Lakai. Für den erzkonservativen Anführer Mehnert bedeutete dies, dass Nostitz in doppelter Hinsicht gefährlich war.

Um Unterstützung für den Wahlrechtsentwurf Hohenthals zu mobilisieren, den er wahrscheinlich mitentwickelt hatte, teilte Nostitz den Dresdner Konservativen am 11. Juli 1907 mit, dass sie einen Teil ihrer unverhältnismäßigen Macht abgeben müssten, bevor es zu spät sei. »Mit der Devise: ›Kampf gegen den Umsturz‹«, erklärte Nostitz,

---

65   Helenes Großmutter war eine russische Prinzessin, ihr Vater war ein Vetter von Feldmarschall Paul von Hindenburg, und bekanntlich saß sie auch Modell für eine Rodin-Skulptur.
66   Bilder des »Nostitz Armchair« sind über eine Internetsuche leicht zu finden.
67   Findlay, 1.10.1907, BFO-CP, Rolle 16, Nr. 33969.
68   Braun, 30.10.1907, HHStAW, PAV/53 (und für die folgende Formulierung). Vgl. Oswalt von Nostitz' Biographie seiner Mutter (O. v. Nostitz, Muse und Weltkind, 1991, S. 60): »Die Tochter aus gutem Hause wurde damals nicht zur Frauenrechtlerin, […] aber sie nahm immer stärkeren Anteil an dem Aufbegehren ihrer Generation gegen den Konformismus einer alternden Epoche und war aufgeschlossen für Zukunftsträchtiges.«

Abbildung 11.2: Arbeits- und Wohnzimmer von Alfred von Nostitz-Wallwitz, 1911, in Auerbach im Vogtland (wo er damals als Amtshauptmann fungierte). Zu sehen sind die Möbel von Henry van de Velde und die Rodin-Büste von Helene von Nostitz. Quelle: H. VON NOSTITZ, Aus dem alten Europa, hrsg. von O. von Nostitz, 1978, Bild 8.

»locke man heute keinen Hund mehr vom Ofen.«[69] Stattdessen würden gesetzestreue Bürger durch das ungerechte Wahlrecht von 1896 in die Arme der SPD getrieben. An diesem Punkt blieb den Konservativen die Sprache weg. Doch Nostitz war noch nicht fertig. Er bot seinem Publikum weitere ketzerische Ratschläge, nämlich Sozialdemokraten wieder im Landtag zuzulassen und sie sogar in dessen Ausschüsse einzuladen. Eine parlamentarische Mehrheit, »die sich nicht getraut, mit 15 oder allerschlimmstenfalls auch einmal mit einigen 20 Sozialdemokraten fertig zu werden«, sagte Nostitz, hätte es nicht verdient, die Macht zu besitzen. Ohne Mehnert namentlich zu nennen, erklärte er, dass »seit Jahren auf den Gang unserer Staatsmaschine Einflüsse geübt worden sind, die [...] nicht hätten geübt werden sollen, weil ihnen nur die parlamentarische Macht – kein Rechtstitel und vor allem kein Amt als Grundlage diente, das der Krone und der Öffentlichkeit verantwortlich gewesen wäre.« Das brachte Nostitz zur gefeiertsten Stelle in seiner Rede. »Was diese Nebenregierung bei vielen unserer Besten – Würdenträgern so gut wie schlichten Bürgern – an Groll und Bitterkeit gezeitigt hat, wie viele sie an der konservativen Sache hat irre werden lassen [...], das wissen Sie so gut wie ich. Und Sie

---

69 Zum Folgenden, nicht identifizierter Zeitungsausschnitt, Beilage zu Gudenus' Bericht, 18.7.1907, HHStAW, PAV/53.

werden mir auch nicht widersprechen, wenn ich weiter sage, daß die konservative Partei an Vertrauen beim Volk und damit an innerlicher Kraft [...] in demselben Verhältnis gewinnen wird, wie sie sich ihres künstlichen und insoweit unberechtigten Übergewichtes begibt.«

Der Schleier, der das Ziel von Nostitz' Bemerkungen verbarg, war hauchdünn. Mehnert hatte die Rede nicht persönlich gehört, aber er führte den Chor der Pressekritik an, der Nostitz wegen seiner Unverfrorenheit scharf kritisierte. Nostitz' provokante Verwendung des Begriffs »Nebenregierung« heizte einen politischen Sturm an, der die Sachsen monatelang beutelte.[70] Hugo von Hofmannsthal schrieb an seine Freundin Helene von Nostitz: »Ich freute mich sehr über diese Rede Ihres Mannes [...]. [I]ch konnte sehr wohl fühlen, dass es keine bloße Rede war, sondern eine Handlung.«[71] Nostitz' Ansprache offenbarte, wie brüchig die Beziehungen zwischen dem sächsischen Gesamtministerium und den Konservativen geworden waren. Indem er Ansichten zum Ausdruck brachte, die andere Konservative teilten, aber nicht in der Öffentlichkeit zu äußern wagten, enthüllte Nostitz auch die Spaltung innerhalb der konservativen Landtagsfraktion.[72] Wie ein Beobachter es ausdrückte, hatten durch Nostitz' Rede und die damit entfesselte Wut »der Einfluß und die Machtstellung der unerbittlichen und prinzipiellen Gegner einer jeden Wahlreform in liberalerem Sinn einen Stoß erlitten und dadurch eröffnet sich für die Berathung des Hohenthal'schen Wahlgesetzentwurfs zweifellos eine günstigere Situation«.[73]

Der bayerische Gesandte Eduard von Montgelas berichtete, dass Nostitz »mit einem Schlage unter die vordersten Reihen der sächs[ischen] Politiker gestellt« sei. In dem Punkt lag Montgelas allerdings falsch: Nostitz' Karriere geriet durch diese Rede in den freien Fall. Dennoch schätzte Montgelas die Bedeutung des Ereignisses wie folgt ein: »Wir stehen an einem Wendepunkt des öffentl[ichen] Lebens in Sachsen, wenn auch der alte Sauerteig noch lange nicht ausgetrieben ist, so darf man doch das frisch pulsierende neue Leben im Lande mit Genugtuung und Hoffnung begrüßen.«[74] Auch hier war Montgelas eher von Wunschdenken geleitet, hoffte er doch seit Jahren, dass Mehnerts Flügel von einem verantwortungsvollen und entsprechend starken Staatsmann gestutzt würden. Doch ein weiterer Insider mit makellosen konservativen Referenzen bestätigte Montgelas' Fazit. Als die sächsischen Konservativen am 27. September 1907 ihre Jahreshauptversammlung abhielten und die Gelegenheit nutzten, Nostitz wegen

---

70 A. PACHE, Geschichte, 1907, S. 100–132.
71 Brief vom 15.10.1907; H. v. HOFMANNSTHAL/H. v. NOSTITZ, Briefwechsel, 1965, S. 43; vgl. Helene von Nostitz' Antwort, 19.10.1907, ebenda.
72 Vgl. KHM Rumpelt (Dresden) an MdI, 5.8.1907, SHStAD, MdI 5350; Gudenus, 31.7.1907, HHStAW, PAV/53. Zur Besorgnis über mögliche Wahlverluste der Konservativen, Montgelas, 5.10.1907 (Entwurf), BHStAM II, Ges. Dresden 965.
73 Gudenus, 31.7.1907, HHStAW, PAV/53.
74 Montgelas, 9.4.1907 (Entwurf), BHStAM II, Ges. Dresden 965; S. LÄSSIG, Wahlrechtskampf, 1996, S. 211.

seiner Unverschämtheit in Stücke zu reißen – Nostitz weigerte sich zu widerrufen –, sprang ihm der Dresdner Kreishauptmann Anselm von Rumpelt zur Seite. Als einer der angesehensten höheren Beamten Sachsens wiederholte er Nostitz' Behauptungen »in schonendster Form«. Hohenthal stellte mit einiger Genugtuung fest: »Rumpelt hat ja eigentlich ganz dasselbe gesagt wie Nostitz.«[75] Innerhalb weniger Monate hatten somit drei der höchsten sächsischen Beamten geholfen, den seit 1896 brodelnden öffentlichen Groll gegen Mehnert wieder aufkochen zu lassen. Montgelas brachte auch Mehnerts Dominanz über Finanzminister Rüger ins Spiel, der hinter den Kulissen versuchte, Hohenthals Wahlpläne zu torpedieren: »Rüger ist Mehnert's Freund, die Wahlreform ist ihm ebenso gegen den Strich wie diesem selbst. Nostitz mit seinen beiden Reden vom April u. Juli hat der Katze sozusagen die Schelle angehängt; sein Name ist zu einer Art Schlachtruf geworden.«[76] All das wirft jedoch die Frage auf: Warum sollte ein Mann von Montgelas' gesellschaftlicher Stellung und politischer Position es auch *nicht* begrüßen, dass dem politischen Konservatismus neues Leben eingehaucht wurde – wenn es letzterem half, in einer Zeit der Demokratisierung zu überleben?

Alfred von Nostitz' Coming-out als Führer des reformistischen Konservatismus in Sachsen hatte eigentlich schon einige Monate zuvor begonnen, als er im April 1907 – mit mehr Umsicht als im Juli – ebenfalls vor dem Dresdner Konservativen Verein sprach. Für einen nachgeordneten Beamten wäre es kurz zuvor noch undenkbar gewesen, sich für eine flexiblere Art des Konservatismus einzusetzen. (Im April forderte auch der konservative Dresdner Oberbürgermeister Otto Beutler seine Kollegen auf, eine Überarbeitung des Parteiprogramms in Betracht zu ziehen, und umriss sechs Punkte, in denen er es auf den neuesten Stand bringen wollte.)[77] Auch blieb Nostitz nicht für immer Persona non grata. Nach seiner schockierenden Rede im Juli 1907 wurde er degradiert und in das Großherzogtum Sachsen-Weimar versetzt; aber schon 1910 begann seine Rehabilitation und er kehrte zunächst als Amtshauptmann in Auerbach und ab 1913 in Leipzig nach Sachsen zurück. 1916 wurde Nostitz zum sächsischen Gesandten in Wien ernannt. Zu diesem Zeitpunkt bezeichnete Hohenthals Nachfolger Nostitz als »meinen besten Beamten« und bedauerte, dass seine Rede vom Juli 1907 so negative Auswirkungen auf seine Karriere gehabt hatte.[78] Im Oktober und November 1918 bekleidete Nostitz dann zwei Wochen lang das Amt des sächsischen Kultusministers – in gewisser Hinsicht ein kläglicher Schlussakkord, andererseits aber doch ein bemerkenswertes Comeback.

Von größerer Bedeutung ist das Echo, das Nostitz' Worte andernorts in Deutschland hervorriefen. Seine Erwähnung einer »Nebenregierung« fügte sich 1908 nahtlos ein in

---

75 Montgelas, 5.10.1907 (Entwurf), BHStAM II, Ges. Dresden 965. Hohenthal rückte von keinem seiner Protegés ab.
76 Montgelas, 1.11.1907 (Entwurf), BHStAM II, Ges. Dresden 965.
77 Vaterl, 6.4.1907; DTZ, 9./14.4.1907; Montgelas, 9.4.1907 (Entwurf), BHStAM II, Ges. Dresden 965.
78 Regierungschef Vitzthum, zitiert in: Montgelas, 7.3.1916 (Entwurf), BHStAM II, Ges. Dresden 974.

die nationale Debatte über unzulässige Einflüsse am Hof Kaiser Wilhelms II. Im Mittelpunkt der öffentlichen Aufmerksamkeit stand die angebliche Nebenregierung des Grafen Philipp zu Eulenburg und anderer, die in eine Reihe von Homosexualitätsprozessen verwickelt waren. Die sächsischen Liberalen ließen sich die Chance nicht entgehen. Die Nationalliberalen listeten die vielen Beispiele von Machtmissbrauch seit der Verabschiedung von Mehnerts Gesetz im Jahr 1896 auf – Missbräuche, die ihrer Behauptung nach im Namen von »Paul & Co., G.m.b.H.« und unter dem »System Mehnert-Opitz-Oertel« verübt worden waren.[79] Sächsische Industrielle und Geschäftsleute fühlten sich ermutigt, dass ihre Kampfansage an die konservative Hegemonie nun eventuell von einer Regierung unterstützt wurde, die bereit war, die parlamentarischen Angelegenheiten Sachsens auf eine dem veränderten sozialen und wirtschaftlichen Profil angemessenere Grundlage zu stellen.

Als ob dies nicht ausreichen würde, um Nostitz' Bemerkungen umsichtig erscheinen zu lassen, überzeugte Kaiser Wilhelms Daily-Telegraph-»Interview« zum Zeitpunkt der Eröffnung des sächsischen »Wahlrechtslandtages« im November 1908 viele Deutsche, dass »ungekrönte Könige« wie Paul Mehnert nicht die Einzigen waren, deren Einfluss »durch die Verantwortlichkeiten des öffentlichen Amtes« nicht ausreichend begrenzt waren. Der neue Vorsitzende der Alldeutschen, Heinrich Claß, sprang auf diesen Zug auf. Bei einer Rede im November 1908 auf einer Mitgliederversammlung des Alldeutschen Verbandes in Leipzig erklärte Claß, dass die deutsche höhere Bürokratie »unter dem herrschenden Günstlingssystem litt« und dass dieses »abgeschafft werden muss«. Es brauche, so Claß, Männer, nicht Günstlinge, um »den Fortschritt des Sozialismus zu stoppen, der auf die Fäulnis an hohen Stellen zurückzuführen war«.[80] Als selbsternannte Männer der Zukunft hätten Alfred von Nostitz und Heinrich Claß kaum unterschiedlicher sein können; aber jeder von ihnen sprach auf seine Weise für diejenigen Deutschen, die mit der Dominanz von Männern wie Paul Mehnert aufräumen wollten.

Zielgerade

Die Sozialdemokraten sahen von dem Moment an, als Hohenthal im Juli 1907 seinen Wahlrechtsreformplan ankündigte, keinen Grund, ihn zu unterstützen. Der Entwurf der Regierung, so behaupteten sie, »will für Gold erklären, was nicht einmal Talmi ist, sie will *Versöhnung* herbeiführen, wo sie neue Gegensätze schafft, sie will Frieden ernten, wo sie Sturm gesäet hat«.[81] In der *Neuen Zeit* zeigte der sächsische SPD-Vorsitzende

---

79 Unter Bezugnahme u. a. auf Georg Oertel, den antisemitischen Redakteur der DTZ des BdL, in der häufig Mehnerts Berichte aus Sachsen erschienen. Zu Oertel vgl. Kap. 6 im vorliegenden Band.
80 Paraphrasiert in: Findlay, 23.11.1908 (Entwurf), TNA, FO 215/55.
81 Sächsisches Volksblatt (Zwickau), 10.7.1907 (Hervorhebung im Original).

Hermann Fleißner keine Sympathie für einen Plan, der für jeden etwas bot: »Die Liberalen erhalten das Pluralsystem, die kleinen reaktionären Korporationen (Mittelstand, nationale Arbeitervereine u.s.w.) die Verhältniswahl, die Sozialdemokratie einen Brocken freies Wahlrecht, den Löwenteil werden nach wie vor die Konservativen bekommen [...].«[82]

Einige der schärfsten Angriffe der SPD zielten auf die Teilwahl von Landtagsabgeordneten durch Stadtverordnetenkollegien und Stadträte. Wie sozialdemokratische Autoren bemerkten, hatte Sachsen mit seinen Wahlrechtsreformen ausschließlich schlechte Erfahrungen gemacht. Nach Angaben aus 310 Fragebögen, die an den sächsischen SPD-Zentralausschuss zurückgeschickt worden waren, wurden zwischen 1895 und 1905 in Sachsen nicht weniger als 79 Wahlrechtsreformen verabschiedet, die alle auf die Benachteiligung von Sozialdemokraten abzielten.[83] Da die Kommunalwahlen so sehr zuungunsten der Sozialdemokraten verzerrt waren, würde kein Sozialist eines der 40 Landtagsmandate gewinnen, die nach Hohenthals Schema von diesen Gremien gewählt würden. Hermann Goldstein und seine Parteigenossen wussten, dass das allgemeine Wahlrecht für den Landtag – ihre Maximalforderung – weder der Regierung noch den Mehrheitsparteien abgerungen werden konnte; doch sie waren auch nicht bereit, sich mit dem halben Kuchen zufrieden zu geben. Sie teilten Hohenthal mit, dass er vergeblich nach öffentlicher Unterstützung suchen würde, wenn die Regierung jetzt nicht mehr zurückgäbe, als sie 1896 weggenommen hatte.[84]

Hohenthals Timing im Sommer und Herbst 1907 war zugegebenermaßen ungünstig. Zu dem Zeitpunkt stritten sich die Nationalliberalen und Konservativen heftiger als je zuvor (1909 sollte es noch schlimmer kommen). Hohenthal spielte mit hohem Einsatz, und er hatte durchaus ein gutes Ausgangsblatt. Wie die Nationalliberalen nutzte er die SPD-Proteste, um die Mehrheitsparteien zum Kompromiss zu bewegen. Er deutete mehrmals seinen Rücktritt an, sollte sein Plan nicht genehmigt werden. Vielleicht würde er auch den Landtag auflösen und Neuwahlen ausrufen: Die Mitglieder der bürgerlichen Parteien hätten, wie er es ausdrückte, Angst, mit leeren Händen in einen Wahlkampf zu ziehen.[85] Selbst Friedrich August III. war, getreu seinem Ruf, die Zuneigung seiner Untertanen zu suchen, entschlossen, einer Wahlrechtsreform nur dann zuzustimmen, wenn sie versprach, das Volk ruhig zu halten. Am Ende brachten weder Drohungen noch

---

82 NZ 25, Bd. 2, Nr. 43 (Juli 1907), S. 563.
83 E. Nitzsche, Gemeindepolitik, o. J. [1913], S. 48–56, ebenfalls zitiert in: G. A. Ritter, Wahlrecht, 1990, S. 76.
84 Zitiert in: S. Lässig, Wahlrechtskampf, 1996, S. 207 f.
85 Diese und die folgenden Details stammen aus Hohenlohes Berichten vom 20.7.1907, 27.9.1907, 13.3.1908, 13.4.1908, 6.6.1908, 19.11.1908, 4.12.1908, PAAAB, Sachsen 60, Bd. 8; Brauns Berichten vom 29.5.1907, 2./30.10.1907, 2./27.11.1907, 11.12.1907, HHStAW, PAV/53; Braun, 16./21.3.1908, 15.4.1908, 15.6.1908, 9.12.1908, 22.1.1909, 3.2.1909, sowie dem Bericht des Braun-Nachfolgers Karl Emil Prinz zu Fürstenberg, 19.5.1909, HHStAW, PAV/54.

Versprechungen Hohenthal den Sieg. Jedes Blatt, das er spielte, wurde von den Konservativen übertrumpft, auch sein letztes Blatt – im Januar 1909.

Die Wahlrechtsreform kam auf einem Weg zustande, den im Juli 1907 niemand hätte vorhersagen können. Während der ersten Beratungen der Wahlrechtsdeputation von Dezember 1907 bis März 1908 hielten die »Ordnungsparteien« ihre Erörterungen erfolgreich geheim: Sie befürchteten die Folgen, sollten sächsische Arbeiter erfahren, dass sie Wahlrechtsmodelle erwogen, die noch reaktionärer waren als die Regierungsvorlage. Auch einige von der Regierung angeregte Zeitungsartikel zeigten Wirkung, als beispielsweise einer von ihnen die Klage des *Chemnitzer Tageblatts* wiederholte, dass »die Kommission den Dampfkessel ihres Arbeitseifers etwas mehr erhitzen möge«; momentan laufe er auf Sparflamme.[86] In gewisser Weise profitierte Hohenthal von dieser Zeit der Ruhe.[87] In den ersten drei Monaten des Jahres 1908 verwendeten die Sozialdemokraten und Linksliberalen mehr Energie auf Wahlrechtsdemonstrationen in Preußen als in Sachsen. Aber schließlich verlor Hohenthal die Geduld. Er teilte den Parteien im Frühjahr 1908 mit, dass nun Schluss sein müsse mit Diskussionen über individuelle Abgeordnetenentwürfe, die bis dato die meiste Aufmerksamkeit in Anspruch genommen hätten. Stattdessen verlangte er von ihnen, den regierungseigenen Vorschlag zu diskutieren, den sie bislang ostentativ ignoriert hatten. Um seine Forderung zu untermauern, zog sich Hohenthal zur Kur nach Meran in Tirol zurück. Er kündigte an, dass er noch vor seiner Rückkehr Fortschritte bei der Verwirklichung seines Plans zu sehen wünsche.

Die Führer der Konservativen und der Nationalliberalen reagierten, indem sie sich heimlich außerhalb des Parlaments trafen. Bald darauf arbeiteten sie zusammen mit Hohenthals Wahlrechtsexperten Heink einen Deal aus. Zu diesem Zeitpunkt begann die Regierung Hohenthals, die Kontrolle über den Reformprozess zu verlieren. Nur die Fiktion, dass Heink eine »persönliche Initiative« verfolgte, erlaubte es der Regierung, sich hinter dem Feigenblatt der verfassungsmäßigen Korrektheit zu verstecken. Mehnerts Hybris war unmöglich zu übersehen, als er eine Nachricht an Hohenthal nach Meran schickte, in der er über die Fortschritte der Mehrheitsparteien berichtete. Jetzt, so Mehnert triumphierend, sei nur noch Hohenthals »Amen« zu ihrem Plan vonnöten, und die sächsische Verfassungskrise sei vorbei.[88]

Doch Hohenthal spielte nicht mit. Er kehrte aus dem Urlaub zurück und erklärte, er könne den erhofften Segen nicht erteilen. Die Regierung und ihre Statistiker bräuchten zunächst einmal Zeit, um die politischen Auswirkungen der Reformvorschläge der Parteien und die statistische Wahrscheinlichkeit, dass sächsische Sozialdemokraten zehn, fünfzehn oder mehr Sitze gewännen, zu durchdenken. Darüber hinaus waren die Natio-

---

86 Text eines Artikels, der eingesandt wurde an die LZ und das DJ, 7.12.1908, in SHStAD, MdI 5455.
87 Hohenthals Bemerkungen zitiert in: Findlay, 16.3.1908 (Entwurf), TNA, FO 215/55.
88 Braun, 15.4.1908, HHStAW, PAV/54.

nalliberalen und die Konservativen immer noch gespalten und zu vage, was die Frage der Neuaufteilung der ländlichen und der städtischen Wahlkreise anging.[89] Dem britischen Gesandten in Dresden zufolge beschwerte sich Hohenthal, dass »ihm morgens unterbreitete Vorschläge in der Regel vor dem Abend zurückgezogen oder geändert wurden«.[90]

Folglich war mehr als ein einfaches »Amen« nötig, »um die Sache perfekt zu machen«.[91] Die Zustimmung der öffentlichen Meinung lag für die Regierung in weiterer Ferne als im Sommer 1907 – so glaubte sie zumindest. Was war geschehen? Zum einen hatten die Berge von statistischem Material, die das Statistische Landesamt Sachsens in den vorangegangenen Jahren angehäuft hatte, die Konservativen und die Nationalliberalen davon überzeugt, dass sie beurteilen konnten, welche Wählergruppen für die sozialdemokratische Botschaft empfänglich waren.[92] Hohenthal und seine Berater dachten, sie wüssten es besser. Hohenthal zeigte sich standhaft gegen das Pluralwahlrecht, das er weiterhin als »plutokratisch« bezeichnete, und glaubte, dass konkurrierende Vorstellungen über »Wahlkreisgeometrie« zu einer »unüberbrückbar[en]« Kluft zwischen den Mehrheitsparteien im Landtag geführt hätten.[93] Würde er ihrem Kompromiss zustimmen, würde er das Vertrauen der Bevölkerung in die Regierung erschüttern und den Reformgegnern Auftrieb geben. Hohenthal verfügte daher von April bis Oktober 1908 eine parlamentarische Vertagung. Wie der österreichische Gesandte bemerkte: »Die Situation ist also jetzt die, dass im Herbst der Tanz von Neuem losgeht.«

Hohenthal spielte auf Zeit. Unklar ist, ob er dachte, dass die Parteien den Vorschlag der Regierung in gutem Glauben wieder aufgreifen oder ihre verbleibenden Differenzen selbst ausklamüsern würden. Hohenthal vertagte den Landtag nicht, weil er das Pluralwahlrecht für zu drakonisch oder undemokratisch hielt. Im Gegenteil, er argumentierte, ein neues Wahlrecht müsse den Plan der Regierung beibehalten, einige Landtagsabgeordnete durch die Kommunalverbände wählen zu lassen – bezüglich der genauen Anzahl wäre er flexibel. Er war der Meinung, dass das Pluralwahlrecht allein kein Bollwerk gegen die Überflutung der Kammer durch die Sozialdemokraten darstelle.[94] Deshalb hielt er an der Idee eines hybriden Wahlrechts fest, bei dem auch Kommunalkörperschaften eine Rolle spielten. Hätte er seine Kreis- und Amtshauptmänner gefragt, hätte Hohenthal zu hören bekommen, dass diese lokalen Gremien weitaus weniger konservativ waren als er annahm.[95] Schätzten die konservativen und nationalliberalen Abgeordneten die Lage also womöglich realistischer ein?

---

89 Vgl. Hohenthal an Friedrich August III, 16.8.1908, SHStAD, MdI 5455, und zum Folgenden.
90 Findlay, 16.4.1908 (Entwurf), TNA, FO 215/55.
91 Braun, 15.4.1908, HHStAW, PAV/54.
92 Der wichtigste Aktenband ist SHStAD, MdI 5491; vgl. auch MdI 5454–5455.
93 Braun, 15.6.1908, HHStAW, PAV/54, und für das folgende Zitat.
94 Braun, 15.4.1908, zuvor zitiert.
95 Vgl. z. B. KHM Welcks »Jahresbericht [...] 1907« (Auszug), 8.3.1908, und ähnliche Berichte in SHStAD, MdI 5455.

Abbildung 11.3: Wahlrechts-Umzug in Dresden, 1. November 1908. Quelle: Dresdner Volkszeitung, 1.11.1908.

Während die Konservativen und Nationalliberalen im Sommer 1908 weiter um kleine und große Details stritten, forderten die Sozialisten mittels einer stetigen Propagandaflut weiterhin das allgemeine Wahlrecht. Im September 1908 sah es nicht besser aus als im April. Hohenthal berichtete an Friedrich August III., dass die Mehrheitsparteien durch die Entscheidung für ein Pluralwahlrecht selbst unter den »gutgesinnten Bevölkerungsschichten«, zu denen er auch Anhänger der sächsischen Mittelstandsbewegung zählte, »Mutlosigkeit« hervorgerufen hätten. »Diese Mutlosigkeit«, schrieb Hohenthal an den König, »würde wie eine zersetzende Säure auf die patriotische Gesinnung des Sächsischen Volkes einwirken [...].«[96]

*

Kaum war der Landtag wieder zusammengetreten, organisierte die SPD Massendemonstrationen. Die größte davon fand am Sonntag, den 1. November 1908 statt. Die (wahrscheinlich zu großzügigen) Schätzungen nannten für Leipzig 70 000, für Dresden 50 000 (siehe Abbildung 11.3) und für Chemnitz 20 000 Teilnehmer.[97]

---

96 Hohenthal an Friedrich August III., 16.8.1908, zuvor zitiert.
97 Diese Zahlen aus S. Lässig, Wahlrechtskampf, 1996, S. 222, basieren auf Polizeiberichten und der SPD-Presse. Hohenlohes Bericht an Reichskanzler Bülow vom 2.11.1908, PAAAB, Sachsen 60, Bd. 8, nannte niedrigere Zahlen: 50 000 für Leipzig, 20 000 für Dresden und nur 3 000 bis 4 000 für Chemnitz.

Abbildung 11.4: Wahlrechtsdemonstranten auf dem Leipziger Dittrichring, 1. November 1908. Quelle: Wahlrechtsdemonstration in Leipzig am 1. November 1908. Ein Gedenkblatt für die arbeitende Klasse im Kampfe für das allgemeine gleiche geheime und direkte Wahlrecht in Sachsen 1896–1908, o. J. [1908].

Die Kundgebungen waren gut organisiert, die Menge blieb ruhig, und die Polizei sah keinen Anlass einzugreifen.[98] Allein in Leipzig setzte die SPD rund 300 Ordner ein, um sicherzustellen, dass die Demonstrationen geordnet und friedlich verliefen (siehe Abbildung 11.4).[99]

Die Demonstranten wurden angewiesen, sich um 9 Uhr in bestimmten Lokalen zu treffen und sich dann auf dem Freigelände des Leipziger Meßplatzes zu versammeln.[100] SPD-Abgeordnete und -redakteure verteilten sich auf sechs Podien auf dem Platz. Ihre Reden sollten pünktlich um 10.30 Uhr beginnen; sie verfehlten diese Vorgabe um lediglich fünfzehn Minuten. Wie Polizeiinspektor Förstenberg bemerkte, konnten ohne Verstärkung nur die Zuhörer in der Nähe der sechs Redner deren Worte hören; ohnehin sei das Treiben der versammelten Massen für die Teilnehmer interessanter als die Reden selbst. Die »Abstimmung« über eine gemeinsame Resolution fand kurz nach 11.00 Uhr statt. Die Resolution war zuvor als Flugblatt verteilt worden. Im vereinbarten Moment wurde auf allen sechs Podesten ein großes Schild mit dem Wort »Abstimmung!« hochgehalten, und Zehntausende Hände schossen nach oben (siehe Abbildung 11.5).

All dies vorbildliche Verhalten wurde von Fotografen auf Film gebannt – im Unterschied zu den gewalttätigen und blutigen Ereignissen vom Dezember 1905, von denen

---

98 MdI an MdAA, 2.11.1908, SHStAD, MdI 5455, liefert niedrigere Schätzungen, betont aber ebenfalls die Organisation, Disziplin und Ruhe der Demonstranten.
99 Vgl. Förstenberg, »Übersicht [...] 1908«, S. 2–8 (20.3.1909), zu den Veranstaltungen des Tages und der besonderen Landesversammlung der SPD am 14.12.1908; SHStAD, MdI 10994.
100 Mein Dank an Simone Lässig für die Bereitstellung von Kopien von SPD-Plakaten; vgl. LVZ, 30.10.1908.

Abbildung 11.5: Wahlrechtsdemonstration auf dem Leipziger Meßplatz, 1. November 1908. Quelle: Wahlrechtsdemonstration in Leipzig am 1. November 1908. Ein Gedenkblatt für die arbeitende Klasse im Kampfe für das allgemeine gleiche geheime und direkte Wahlrecht in Sachsen 1896–1908, o. J. [1908].

es nur wenige verschwommene Bilder gibt.[101] Die Fotos von 1908 zeigen eine erstaunliche Disziplin – zum Beispiel in Leipzig, wo die Demonstranten wie Sardinen zusammengedrängt eine schmale Brücke überqueren (siehe Abbildung 11.6).

Die »freiwillige Disziplin der Massen« in Leipzig im November 1908 – wie auch im November 1918 und im Herbst 1989 – kann auf mehr als eine Weise interpretiert werden. Die Demonstrationen in Leipzig, Dresden und Chemnitz waren erst genehmigt worden, nachdem die SPD-Anführer versprochen hatten, die Polizeiverordnungen einzuhalten, welche die Kundgebungen auf bestimmte Gebiete am Stadtrand beschränkten.[102] Solche Verordnungen machten die polizeiliche Überwachung leichter als wenn es zu Straßenumzügen und verstreuten Protesten in der Nähe öffentlicher Gebäude im Stadtzentrum gekommen wäre. Eine Neuauflage des symbolischen Siegs vom Dezember 1905 gelang im November 1908 nicht: Zu viele Mitläufer der SPD waren abgedriftet und die Furcht der Parteiführung vor Straßenprotesten war noch größer geworden.

---

101 Vgl. zwei weitere Bilder vom selben Tag: Abbildung S.11.1 und Abbildung S.11.2 im Online-Supplement, auch verfügbar als »Leipziger Demonstration gegen das Dreiklassen Wahlrecht in Sachsen (1. November 1908)«, DGDB Bd. 5, Abschnitt 5.
102 In Leipzig auf dem Meßplatz, in Dresden auf der Radrennbahn und in Chemnitz im Küchwald; S. LÄSSIG, Wahlrechtskampf, 1996, S. 221.

Abbildung 11.6: Wahlrechtsdemonstranten in Leipzig, 1. November 1908. Quelle: Wahlrechtsdemonstration in Leipzig am 1. November 1908. Ein Gedenkblatt für die arbeitende Klasse im Kampfe für das allgemeine gleiche geheime und direkte Wahlrecht in Sachsen 1896–1908, o. J. [1908].

Also lobte die sächsische Arbeiterpresse die »Würde und Disziplin der Massen« und die »Kraft der Organisation«.[103] Der Stolz der Sozialdemokraten auf diese imposanten Aktionen hatte nicht nur Auswirkungen auf Sachsen. Ein Autor prognostizierte im *Vorwärts*, dass das neue sächsische Wahlrecht auch das Feuer unter der Wahlrechtsreform in Preußen neu entfachen würde, während der österreichische Gesandte in Dresden feststellte, es sei »für die Staatsgewalt, angesichts der ganzen Situation, nach wie vor recht schwer, die richtige Mitte zwischen nachsichtigem Gewährenlassen und energischem Draufgehen zu finden«.[104] Es mag sein, dass die preußische Reformbewegung von 1909/10 diejenige in Sachsen an Intensität und Zahl überflügelte, doch kulturell und politisch war die sächsische Erfahrung innovativer.[105]

---

[103] Zwickauer Volksblatt, 21.11.1908; SAZ, 2.11.1908; LVZ, 2.11.1908; DVZ, 2.11.1908, zitiert in: S. Lässig, Wahlrechtskampf, 1996, S. 222–223 (und für die folgende Formulierung), vgl. Wahlrechtsdemonstrationen in Leipzig am 1. November 1908, [1908].
[104] Braun, 22.1.1909, HHStAW, PAV/54.
[105] Wie überzeugend argumentiert in: S. Lässig, Wahlrechtskampf, 1996, S. 231.

Demokratie in Geheimtinte

> Anbei die gewünschte Wahlkreisaufstellung. Aenderungen u[nd] Verschiebungen lassen sich selbstverständlich noch vornehmen, aber, wie man die Sache auch macht: ein positives günstiges Resultat läßt sich in keinem Falle vorhersagen, da der ganze Pluralwahlmodus ein Sprung in's Dunkle ist u[nd] man gar keinen Anhalt hat, wie derselbe wirken wird. Meine politische Wetterprognose habe ich mit Rotstift an die Wahlkreisziffer notiert; ob sie zutrifft? Qui vivra verra![106]
> — Stadtrat Leo Ludwig-Wolf, Leipzig, an den Geheimen Regierungsrat Georg Heink, Dresden, 5. September 1908[107]

> *Pizarro (zu den Offizieren):*
> Drei Schildwachen an den Wall, sechs auf den Turm [...]. Die Depeschen!
> *Rocco:* Hier.
> *Pizarro (öffnet die Papiere, schaut sie durch):*
> Empfehlungen! Vorwürfe!
> — Fidelio, Oper von Ludwig van Beethoven (Opus 72), Akt 1, Szene 5, Rezitativ

Warum beharrte Hohenthal so dogmatisch auf seiner bevorzugten Wahlrechtsreform? Wenn uns als Historiker die Antwort auf diese Frage schwer fällt, sollten wir uns damit trösten, dass sich die Zeitgenossen ebenso schwer taten, die Auswirkungen komplexer und unerprobter Wahlrechtsmodelle zu entwirren. Wie wir verstanden auch sie, dass es bei der Reform des Wahlrechts nicht nur um Formalitäten – um »geringfügige technische Einzelheiten« – ging. Wahlrechtsgesetze legen fest, wie die Macht geteilt wird und wie sozialer Druck durch die Parlamente nach oben auf den Staat übertragen werden kann.

Es ist argumentiert worden, dass die sächsische Regierung und die Mehrheitsparteien im Landtag durch ihren langwierigen Kampf um ein neues Wahlrecht Spannungen und Dynamiken hervorgerufen hätten, die das Tempo der Demokratisierung erhöht und die Legitimität von Volksvertretungen gestärkt hätten. Gemäß dieser Interpretation

---

106 »Die Zukunft wird es zeigen!«
107 SHStAD, MdI 5489. Ludwig-Wolf schickte zwei Entwürfe, die Leipzig in sechs bzw. sieben Landtagswahlkreise aufteilten. Vgl. J. Retallack, Mapping the Red Threat, 2016.

zwang die sächsische Wahlrechtsreform alle Parteien, die Kunst des Ausgleichs zwischen wirtschaftlichen Interessen und ideologischen Imperativen zu verfeinern. Dabei erhielten sie eine Lektion in Demokratie, genauer gesagt darin, wie sich innerhalb des bestehenden parlamentarischen Systems Konsens herstellen lässt.[108]

Obwohl diese Sichtweise zu Recht die Wechselwirkung zwischen den Wahlrechtsreformbewegungen und der Fundamentalpolitisierung Deutschlands unterstreicht, ist im Hinblick auf die Frage der politischen Demokratisierung eine alternative Erklärung überzeugend. Hohenthal und Heink waren bereit, eine begrenzte Anzahl von Sozialdemokraten in einen reformierten Landtag einziehen zu lassen. Dennoch blieben sie beharrlich bei der Verfolgung des antidemokratischen Kurses, den Sachsen und Deutschland seit den 1860er-Jahren eingeschlagen hatten. In ihrer Entschlossenheit, die Sozialisten nicht in die Nähe der Machthebel gelangen zu lassen, spiegelten Hohenthal und Heink die bürgerliche Meinung wider. In einer vertraulichen Denkschrift vom 1. November 1906[109] brachte Heink diese Position klar zum Ausdruck:

> Das Landtagswahlgesetz vom 3. Dezember 1868 krankte an zwei Übeln. Es schützte die staatserhaltenden Elemente der Zweiten Kammer nicht gegen eine Majorisierung durch die staatsfeindlichen und hatte den anderen Nachtheil, daß die Minoritäten der einzelnen Kreise nicht zu ihrem Rechte kamen. [...]
>
> Das Gesetz vom 28. März 1896 hat nun zwar fürs Erste [...] Abhilfe dagegen gebracht, [...] hat aber nicht den anderen Nachteil beseitigt [...] und hat zu diesem alten Übel noch zwei neue hinzugefügt [...]. Erstens den Umstand, daß die Wähler der 3. Abteilung zur Ohnmacht verurteilt scheinen und zweitens die Tatsache, daß die Wähler den Abgeordneten nicht direkt, sondern nur durch Wahlmänner wählen können, welche ihrerseits [...] zu bloßen Zettelträgern erniedrigt worden sind.
>
> Es wird also die Aufgabe eines neuen Wahlgesetzes sein, diese drei Übelstände aus der Welt zu schaffen und *dabei den Vorteil, welcher durch das Gesetz vom 28. März 1896 gewonnen wurde, nicht nur nicht preiszugeben, sondern im Gegenteil besser zu sichern.*
>
> Es erscheint sehr nötig, sich dieses Ziel klar vor Augen zu halten und sich nicht durch allerlei Vorschläge und Diskussionen von dieser einzigen Aufgabe abbringen zu lassen. Man verirrt sich sonst zu leicht auf den aussichtslosen Versuch, ein absolut gerechtes und absolut befriedigendes Wahlsystem entdecken zu wollen [...].
>
> Das *loyale* Volk [...] verlangt nichts Anderes als von den drei erwähnten Übelständen befreit zu werden.

---

[108] Zu diesem Schluss kommt die führende Expertin auf diesem Gebiet: S. Lässig, Wahlrechtskampf, 1996, bes. S. 214.
[109] Heink-Denkschrift, 1.11.1906, SHStAD, MdI 5455 (Hervorhebung d. Verf., außer ursprüngliche Hervorhebung von »loyal«).

Auf das illoyale Volk aber Rücksicht zu nehmen, wäre das Törichtste, was die Regierung tun könnte. Denn dieses illoyale Volk will das allgemeine, gleiche, geheime und direkte Wahlrecht für männliche und weibliche Personen, und hätte es dieses, so würde es die Altersgrenze herunterdrücken wollen und nicht eher ruhen, bis es seine Forderungen nicht bloß für die Wahlen zum Landtag, sondern auch für die Stadtverordneten-, Gemeinderats-, Bezirks- und alle sonstigen Wahlen durchgesetzt haben würde. [...]
Forderungen zur Ausführung sozialistischer Grundsätze dürfen natürlich nicht erfüllt werden. Wenn aber die Regierung von jeder Reform absehen wollte, welcher die Sozialdemokratie zustimmt, so würde sie sich sehr bald selbst lahm legen und enormen Schaden anrichten. Man wird also bei einem gesetzgeberischen Vorgehen darauf, ob mit der beabsichtigten Maßnahme die Sozialdemokratie einverstanden oder nicht einverstanden ist, überhaupt keinerlei Rücksicht, weder nach der einen noch nach der anderen Seite, zu nehmen haben.

Es besteht kein Zweifel, dass Hohenthal die Wahlrechtsreformkrise so lösen wollte, dass der sächsische Landtag unter der Bevölkerung wieder an Legitimität gewann – so wie es Regierungschef Richard von Friesen und Innenminister Hermann von Nostitz-Wallwitz in den Jahren 1866/68 getan hatten. In beiden Fällen stammten diese Beamten aus adeligen Kreisen, dienten aber vorwiegend bürgerlichen Interessen. Hohenthal und sein bürgerlicher Wahlrechtsadlatus Heink sahen 1908 einen reformierten Landtag voraus, in dem auf Jahre hinaus nur ein »loyaler« Teil des sächsischen Volkes, noch dazu in begrenztem Umfang, vertreten sein würde. Zu einer Zeit, als sie (zu Recht) schätzten, dass mehr als 50 Prozent der sächsischen Wähler die Sozialdemokratie unterstützten, akzeptierten sie die Demokratie nicht einmal dem Anschein nach, geschweige denn deren Grundprämisse.

Öffnung der Schleusentore?

Das Königlich Sächsische Statistische Landesamt trug von 1897 bis 1909 so umfassende Wahldaten zusammen, dass sein Direktor, Eugen Würzburger, fast alle Fragen beantworten konnte, die die Landtagsabgeordneten stellten. Nur einige dieser Antworten gewähren neue Einblicke in die breit angelegte Wirkung der sächsischen Wahlrechtsreformen 1868, 1896 und 1909. Der *Ausgang* der Landtagswahl 1909 wird im nächsten Kapitel genauer untersucht werden. Hier wollen wir drei Arten von Wahl*inputs* betrachten: (1) die Änderungen im Erscheinungsbild der sächsischen Wählerschaft; (2) die Änderungen in der Art und Weise, wie Stimmen in Landtagsmandate übersetzt wurden; und (3) die Kluft – vergrößerte oder verkleinerte sie sich? – zwischen dem sozioökonomischen Profil der sächsischen Bevölkerung und ihrer Vertretung im Landtag.

(1) Wer in die Landtagswahlen einbezogen oder von ihnen ausgeschlossen war, hing nach 1868 im Wesentlichen von der Drei-Mark-Steuerschwelle ab, nach 1896 vom Dreiklassen-Wahlsystem und nach 1909 von den Stimmen, die jeder Wähler nach dem Pluralwahlrecht abgab. Unter den Wahlgesetzen von 1896 und 1909 lässt sich das effektive Stimmgewicht einer gesellschaftlichen Gruppe im Vergleich zu einer anderen messen. Diese Gruppen wurden definiert durch Kriterien wie Grundbesitz oder andere Arten von Eigentum, Steuerbelastung, Staatsbürgerschaft und Wohnsitz sowie die Art der wirtschaftlichen Tätigkeit, Bildungsstand und Alter. Wir müssen allerdings nicht nur diese sozioökonomischen Kriterien für die Zuteilung von Zusatzstimmen unter einem Pluralwahlrecht betrachten, sondern auch die historische Geografie ernst nehmen. Sowohl bei der Entwicklung des neuen Wahlrechts als auch bei der Auswertung der Wahlresultate nahmen die Politiker bzw. Statistiker räumliche Unterscheidungen vor. Sie teilten die sächsische Gesellschaft – bzw. genauer gesagt die sächsische Wählerschaft – in drei klar voneinander abgegrenzte Gruppen: die Wähler in den Großstädten, die Wähler in kleineren Städten und Gemeinden sowie die Wähler »auf dem platten Land«.

(2) Wie wir bislang gesehen haben, waren alle gesellschaftlichen Gruppen, die parteipolitisch nicht von der SPD vertreten waren, der Ansicht, das Prinzip »ein Mann, eine Stimme« würde den Sächsischen Landtag mit Sozialisten überschwemmen. Besonders nach 1903 schlugen diese Parteien und die Regierung Wege vor, um eine solche »Flut« zu verhindern. Aufgrund der schieren Anzahl der von ihnen vorgeschlagenen Wahlrechtssysteme war der Weg, der im Frühjahr 1909 zu einem Pluralwahlrecht führte, mit Irrwegen und Sackgassen durchsetzt. Die dadurch angestoßenen Verhandlungen und Intrigen grenzten schier ans Okkulte. Die Rhetorik war abwechselnd apokalyptisch und geistlos. Sozialdemokraten und ihre Feinde fanden keinen gemeinsamen Nenner, welche Art von Wahlrecht wirklich »repräsentativ« für die sächsische Gesellschaft sein könnte. Als sich ein Pluralwahlrecht als wahrscheinlichste Lösung der politischen Krise Sachsens abzeichnete, stellte die Gewichtung der Stimmen nach sozialem Rang und Leistung (etc.) ein Grundprinzip der »guten Staatskunst« dar, aber es war ein Prinzip, dem die Sozialdemokraten niemals zustimmen konnten.

(3) Von welchen Merkmalen wurde angenommen, dass sie ein wirklich »repräsentatives« Wahlrecht auszeichneten? Sozioökonomische Gemeinsamkeiten? Individualrechte? Vermögen? Bildung? Leistung? Je nach Kontext wurden alle diese Kriterien als Indikatoren für Gruppen und Einzelpersonen genannt, die als politisch urteilsfähig angesehen werden konnten – sprich: die wissen würden, was das Beste für ihr Land wäre. Urteilsfähigkeit wurde Männern zugeschrieben, die über ein höheres Bildungsniveau, größeren Wohlstand, eine längere Ansässigkeit, Geschäftserfahrung oder einfach nur Lebensjahre verfügten (die zusätzliche »Altersstimme«). Es wurde auch angenommen, dass diese Männer den größten Anteil an der bestehenden Ordnung hatten.

Aber wie stand es mit den Sachsen, die jünger oder weniger privilegiert waren? Die leistungs- und urteilsfähig waren, aber nicht in einer vom Pluralwahlrecht vorgesehenen Art und Weise? Sollten auch sie ihre eigene Zukunft gestalten dürfen? Wenn ihre Stimmen nicht direkt im Sächsischen Landtag gehört würden, könnten sie dort dennoch durch ein Wahlgesetz vertreten sein, das, wenn auch nicht unbedingt demokratisch, aber umfassender wäre als das bisherige Wahlrecht? Und warum wurden Frauen zu dieser Zeit nie ernsthaft als geeignete Wählerinnen in Betracht gezogen?[110]

Erstaunlicherweise wurden diese Fragen im Laufe der Diskussionen über die Wahlrechtsreform selten gestellt. Ein Grund dafür mag sein, dass die sächsische Regierung sie in der Präambel ihres Wahlrechtsvorschlags vom Juli 1907 so explizit gemacht hatte, dass sie keiner weiteren Erläuterung bedurften. Die Regierung ging noch einen Schritt weiter, indem sie unter anderem durch Verweise auf Graf Mirabeau und Albert Schäffle signalisierte, dass ihr Vorschlag auf einer soliden Verfassungslehre beruhte. An Sachsens Zweite Kammer, so führte sie aus, »sind, wie an jede gute Volksvertretung, zwei Grundforderungen zu stellen. Sie muß erstens *alles*, was im Volke vertretungsbedürftig ist, auch wirklich zur Vertretung bringen und dies muß zweitens durch tüchtige und unabhängige Männer in einer Weise geschehen, welche dafür bürgt, daß die Kammer ihre wichtigen Befugnisse zum Wohle der *gesamten* Bevölkerung ausübt.«[111]

Als »staatserhaltende« Patrioten versuchten diese Abgeordneten auch, ein Wahlrecht zu finden, das Männer ihres Schlags in einen zukünftigen Landtag entsenden würde. Das zu vertreten, was der Vertretung »würdig« war und den Status quo zu stärken, war der Weg, der ihnen am vertrautesten war. Angewidert kommentierte Hohenthal, dass Mitglieder der Zweiten Kammer und der Wahlrechtsdeputation »sich bei allen ihren Entschließungen von nichts anderem als von der zum Prinzip und Leitmotiv erhobenen Sorge um die Sicherung ihrer Wiederwahl leiten lassen«.[112] Aber wie sonst könnten die »Ordnungsparteien« der guten Sache dienen? Gewiss nicht durch die Demontage (oder auch nur Infragestellung) der bestehenden Schutzwälle gegen »Revolutionäre«, die sich dem Sturz des Staates und seiner regierenden Klassen verschrieben hatten.

Sehen wir uns im Folgenden jede Art von wahltechnischem Input genauer an.

*

---

110 Bereits in einem frühen Stadium der Beratungen der Wahlrechtsdeputation wurde das männliche Geschlecht zu einer der Voraussetzungen für das Wahlrecht; dies ersetzte die negative Formulierung in den Wahlgesetzen von 1848 und 1896, die Frauen – zusammen mit Kriminellen, Bankrotteuren, Menschen auf Armenfürsorge und (geistig) Behinderten – das Wahlrecht verweigert hatten; Bericht 487, S. 11; Bericht 549, S. 101. Am 1.12.1907 sprach Katharine Scheven zu einer Versammlung des Sächsischen Vereins für Frauenstimmrecht. Der Verein protestierte in einem Schreiben an die Zweite Kammer gegen die Einbeziehung von Frauen in die Gruppe derjenigen, denen das Stimmrecht verweigert wurde; Briefe an die II.K., 10.1.1908, SHStAD, MdI 5467. Scheven hatte 1902 einen Dresdner Ortsverband der International Abolitionist Federation gegründet. Vgl. dazu auch Kapitel 12 und 13 im vorliegenden Band.
111 »Entwurf zum Wahlgesetz [...]« (1907), zuvor zitiert. (Hervorhebungen im Original.)
112 MdI an MdAA, 2.11.1908, SHStAD, MdI 5455. Auch Hohenlohe, 4.12.1908, PAAAB, Sachsen 60, Bd. 8.

(1) Die *Größe* der wahlberechtigten Bevölkerung in Sachsen war der am wenigsten umstrittene Aspekt der Wahlrechtsreform von 1909: Sie änderte sich kaum. Mit der Einführung des Dreiklassenwahlrechts im Jahr 1896 war die Steuerschwelle von drei Mark aufgehoben worden. Die Zahl der Wahlberechtigten stieg damit von rund 536 000 auf fast 660 000.[113] Nach einem langsamen Anstieg, der proportional zum sächsischen Bevölkerungswachstum verlief, besaßen 1907 insgesamt 730 000 Sachsen das Wahlrecht – das entsprach 16,3 Prozent der sächsischen Gesamtbevölkerung (verglichen mit etwa 10 Prozent im Jahr 1869). Für die Wahl im Oktober 1909 nach dem neuen Wahlrecht waren 773 116 Sachsen stimmberechtigt: 16,2 Prozent der auf fast 4,8 Millionen Menschen angewachsenen Bevölkerung.[114] Tabelle 11.1 zeigt die Veränderungen in der Zahl und dem Anteil der wahlberechtigten Sachsen bei den Landtags- und Reichstagswahlen von 1869 bis 1912. Bei den Reichstagswahlen vom Januar 1907 waren rund 966 000 sächsische Männer (21,4 Prozent der Gesamtbevölkerung) stimmberechtigt.[115] Zur Wahl des eigenen Landtags im Oktober 1909 waren fast 200 000 Sachsen weniger zugelassen. Anders ausgedrückt: Noch immer durfte etwa ein Fünftel der sächsischen Reichstagswähler bei den Landtagswahlen nicht abstimmen.

(2) Weniger einfach ist zu beschreiben, wie sich die *Gestalt* der sächsischen Wählerschaft veränderte, als 1909 das Dreiklassenwahlrecht durch das Pluralwahlrecht ersetzt wurde. Wissenschaftler haben unterschiedliche Maßstäbe angewandt, um die Einteilung der sächsischen Wähler in verschiedene Kategorien zu erfassen. (Sie haben also Äpfel mit Birnen verglichen und noch ein paar Pflaumen hinzugefügt, und wir müssen es ihnen gleichtun.) Die Wählereinteilung unter dem Dreiklassenwahlrecht von 1896 verschleierte markante Unterschiede bezüglich Alter, Beruf und Wohnort (Großstadt, andere städtische Gebiete oder Land). Viele dieser Disparitäten blieben nach 1909 bestehen.

Vor 1909 war der Anteil der wahlberechtigten Zivilbevölkerung in Dresden, Leipzig und Chemnitz (13,8 Prozent) geringer als der Anteil der auf dem Land lebenden Wahlberechtigten (16,7 Prozent).[116] Nach der Reform hatte sich an dieser Disparität nicht viel verändert. Einem anderen Maßstab zufolge lässt sich erstens ersehen, warum die Nationalliberalen darauf drangen, dass die Stadtbewohner einen gebührenden Anteil erhielten, und zweitens, wie es aufgrund der erfolgreichen Opposition durch die Konser-

---

113 ZSSL, 1909, S. 11, 170. Die folgenden Zahlen wurden gerundet.
114 ZSSL 1909, S. 223; SParl, S. 67.
115 Im Jahr 1900 waren etwa 71 Prozent der sächsischen Männer über 25 für Reichstagswahlen wahlberechtigt, 1909 rund 76 Prozent.
116 In den Jahren 1897 bis 1901; G. A. RITTER, Wahlgeschichtliches Arbeitsbuch, 1980, S. 175. Ich beziehe mich hier und an anderer Stelle auf »Wahlberechtigte« – also zu den Wahlen zugelassene stimmberechtigte Personen –, um sie von Wählern zu unterscheiden, die tatsächlich eine Stimme abgaben. »Wahlberechtigte« sind nicht zu verwechseln mit »Wahlmännern«, die in indirekten Dreiklassenwahlsystemen eine Mittlerfunktion zwischen den Wählern (Urwählern) und den Abgeordneten hatten.

Tabelle 11.1: Stimmberechtigte in Sachsen: Landtags- und Reichstagswahlen, 1869–1912

Wahljahr	Jahr der Volkszählung	Sächsische Bevölkerung	Zugelassene Wahlberechtigte in Sachsen (Anzahl)	(% der Bevölkerung)	Sächs. Wahlbeteiligung (%)	Wahlbeteiligung Reich (%)
Sächsischer Landtag						
1869	1869	2.476.100	244.594	9,9	39,8	
~	~	~	~	~	~	
1889/1891/1893	1890	3.502.684	493.832	14,1	43,5/53,6/50,7	
1895	1895	3.755.802	*536.000*	14,3	51,2	
1897/1899/1901	1900	4.202.216	659.863	15,7	38,9/29,8/39,6	
1903/1905/1907	1905	4.476.670	729.944	16,3	38,9/42.8/48,3	
1909		*4.715.118*	773.116	16,4	82,6	
Deutscher Reichstag						
1871	1871	2.556.244	472.874	19,4	45,1	51,0
~	~	~	~	~	~	~
1890	1885	*3.182.000*	701.230	22,0	82,0	71,6
1893	1890	*3.503.000*	742.636	21,2	79,6	72,5
1898	1895	*3.788.000*	822.050	21,2	73,9	68,1
1903	1900	4.202.216	909.846	21,7	83,0	76,1
1907	1905	4.476.670	965.658	21,6	89,7	84,7
1909		*4.715.118*	*1.017.500*	21,6	-	-
1912	1910	4.806.661	1.055.921	21,9	88,8	84,9

Anmerkungen: Geschätzte Zahlen kursiv. Die geschätzte sächsische Bevölkerung 1909 umfasst vier Fünftel des Anstiegs zwischen den Volkszählungen von 1905 und 1910. Im Zeitraum 1897–1901 war der Anteil der bei den Landtagswahlen stimmberechtigten Bevölkerung in Preußen (19 Prozent im Jahr 1898) höher als in Sachsen (15,7 Prozent).
Quellen: ZSSL (1905, 1909/10); SBDR 1907/09, Anlagen 573, S. 3579; Statistisches Jahrbuch für das Königreich Sachsen 38 (1910), S. 292; 40 (1912), S. 275; 41 (1913), S. 283–285; Statistik des Deutschen Reichs 250 (1912), S. 73; SParl; SLTW; W. Schröder, Landtagswahlen, 2004; G. A. Ritter, Wahlrecht, 1990, S. 88; ders., Wahlen, 1997; ders., Wahlgeschichtliches Arbeitsbuch, 1980. Einige Zahlen vom Verfasser geschätzt bzw. korrigiert.

vativen bei dieser Verzerrung der sächsischen Wählerschaft blieb. Mit der Reform von 1909 erhöhte sich die Gesamtzahl der Landtagsmandate von 82 auf 91. Dabei wurden neue Wahlkreise sowohl für städtische als auch für ländliche Gebiete geschaffen. Die fünf größten Städte erhielten nun 20 Mandate (vorher 13), die »übrigen Städte« 23 (vorher 24) und die ländlichen Gebiete 48 (vorher 45). Da viele Wahlkreisgrenzen nicht neu gezogen wurden, blieb es bei großen Unterschieden, was die durchschnittliche Anzahl der Wahlberechtigten pro Wahlkreis in den drei Wahlkreistypen anging (siehe Tabelle 11.2). Während etwa 1,51 Millionen großstädtische Wahlberechtigte durch 20 Abgeordnete und weniger als eine Million Kleinstadtbewohner durch 23 Abgeordnete vertreten wurden, konnten sich etwa zwei Millionen Landbewohner darauf verlassen, dass ihre

Tabelle 11.2: Stimmberechtigte Bevölkerung nach Wahlkreistyp: Sächsischer Landtag, 1909

Wahlkreistyp (Anzahl)	Gesamtbevölkerung	Stimmberechtigte Bevölkerung	Stimmberechtigte Bevölkerung (%)	Gesamtbevölkerung pro Wahlkreis (Durchschnitt)	Stimmberechtigte Bevölkerung pro Wahlkreis (Durchschnitt)
Großstädte (20)	1.513.426	234.975	15,5	75.671	11.749
Sonstige städtische (23)	979.792	172.550	17,6	42.600	7.502
Ländliche (48)	1.973.540	365.591	18,5	41.115	7.616
Sachsen gesamt (91)	4.466.758	773.116	17,3	49.085	8.496

Anmerkungen: Basierend auf der Volkszählung 1905 und Wählerlisten von 1909; die tatsächliche Bevölkerung würde niedrigere Verhältniszahlen für Stimmberechtigte ausweisen. Großstädtische Wahlkreise: Dresden (7), Leipzig (7), Chemnitz (4), Zwickau (1), Plauen (1).
Quellen: ZSSL 1909, S. 222 f. Einige Zahlen vom Verfasser berechnet.

Interessen von 48 Abgeordneten – weit über die Hälfte des Landtags – wahrgenommen wurden. Oder anders ausgedrückt, und wohlgemerkt ohne Rücksicht auf die Zuteilung von Zusatzstimmen: Die Stimme eines auf dem Land lebenden Wahlberechtigten zählte mehr als das Eineinhalbfache der Stimme eines in der Großstadt wohnhaften Wahlberechtigten.

Selbst diejenigen Leserinnen und Leser, die mit der schwarzen Magie der Wahlkreisschiebung (*Gerrymandering*) vertraut sind, könnten einen historisch wichtigen Punkt übersehen, nämlich dass das Wahlrecht von 1909 die gleiche Mischung aus räumlichen und demografischen Ungleichheiten fortsetzte, durch die es seit 1868 zu einer Bevorzugung der ländlichen Wähler kam. (Natürlich hatten die Sozialdemokraten auch Unterstützer auf dem Land, ebenso wie die Konservativen Anhänger in den Städten hatten.) Die Rufe derer, die diese Ungerechtigkeiten anprangerten, stießen jedoch auf taube Ohren. Reformer, die sich dafür einsetzten, die Unterscheidung zwischen städtischen und ländlichen Wahlkreisen aufzuheben, fanden bei den Konservativen nie ernsthaft Gehör.

(3) Die *Zuteilung* von Mehrfachstimmen hatte zwangsläufig Auswirkungen auf diese wahltechnischen Disparitäten. In mancherlei Hinsicht wurden diese verschärft, in anderer Hinsicht wiederum abgemildert. Von 1897 bis 1907, als in Sachsen das Dreiklassenwahlrecht galt, befanden sich 80,7 Prozent der Wahlberechtigten in der dritten, am wenigsten privilegierten Stimmrechtsklasse, 15,8 Prozent in der zweiten und 3,4 Prozent in der ersten Klasse. Auch zwischen den verschiedenen Altersgruppen waren deutliche Unterschiede zu erkennen. Was die Verteilung der Wahlberechtigten nach Beruf und Grad der Selbstständigkeit betrifft, so wird ersichtlich, warum einige Gruppen mehr Grund hatten als andere, sich für Veränderungen einzusetzen.[117] Betrachtet man

---

[117] Vgl. G. A. Ritter, Wahlgeschichtliches Arbeitsbuch, 1980, S. 178, 181.

beispielsweise selbstständige Handwerker, so waren nach 1896 nur noch 17,7 Prozent von ihnen in Klasse I oder II wahlberechtigt. Nach der Reform von 1909 verwendeten die sächsischen Statistiker andere Berufsbezeichnungen und Unterkategorien, aber in zwei Wirtschaftszweigen – Gewerbe bzw. Handel und Verkehr –, stellten die selbstständigen Wähler, die privilegiert genug waren, drei oder vier Stimmen abzugeben, 36,9 Prozent bzw. 23,5 Prozent der Wahlberechtigten. Ein zweites Beispiel ist noch bemerkenswerter. Nach der Wahlrechtsreform von 1909 waren 13,6 Prozent aller Arbeiter zur Abgabe von drei Stimmen und 2,4 Prozent zur Abgabe von vier Stimmen berechtigt. Demgegenüber erhielten 77,1 Prozent der Wahlberechtigten der Arbeiterklasse auch nach dem neuen Wahlrecht nur eine Stimme.

Die unter dem Dreiklassenwahlrecht erhobenen Statistiken dokumentieren noch andere Arten von Ungleichheiten, die in Teilen des Bürgertums Unzufriedenheit und in der Arbeiterklasse Empörung hervorriefen; doch wenden wir uns nun zu guter Letzt der Frage zu, wie die Macher des neuen Wahlrechts voraussagten, wie viele Stimmen und Landtagsmandate die Sozialdemokraten künftig erhalten würden. Diese (Fehl-)Kalkulationen rühren an den Kern der Frage, wie nach Ansicht der Sachsen (und vieler anderer Deutscher) die Demokratie in Schach gehalten werden konnte. Sie dokumentieren auch mit bemerkenswerter Genauigkeit die Spaltungen zwischen den sozialen Gruppen, die nach Meinung der sächsischen Beamten entweder »staatserhaltend« oder bereits durch die Sozialdemokratie verdorben waren. Ob mithilfe komplexer Berechnungen oder einfacher Tabellen – die von Hohenthals Beratern erstellten Pläne zeigen nicht nur, *dass* sozialer Rang und politische Zuverlässigkeit belohnt werden sollten, sondern auch, *wie* sie belohnt werden sollten. Umgekehrt zeigen sie des Weiteren, wie politisch Andersdenkende benachteiligt werden sollten – ebenfalls im Namen der Fairness.

Am grünen Tisch (Reprise)

Noch während er die Wahlrechtsvorlage der Regierung von 1907 entwarf und zu einer Zeit, als Mehnert noch an seiner konservativen Zuverlässigkeit zweifelte, erklärte Georg Heink in einer Denkschrift an seinen Chef Hohenthal, warum die Regierung die Verhältniswahl und maximal zwei Stimmen pro Wähler in ihre Gesetzgebung aufnehmen sollte. Zum ersten Punkt war Heink der Ansicht, das Verhältniswahlrecht würde dem Bürgertum und der Regierung selbst zugute kommen. Bezüglich des zweiten Punktes hätte Heink seine Entschlossenheit, die sozialdemokratische Vertretung im Landtag einzuschränken, nicht deutlicher ausdrücken können.[118]

---

[118] Zum Folgenden, Heink-Denkschrift, 1.11.1906, zuvor zitiert,, SHStAD, MdI 5455.

Das Verhältniswahlrecht, so Heink im November 1906, hätte den unmittelbaren Vorteil, dass es nicht zu Stichwahlen und den von ihnen beförderten »unnatürlichen Wahlbündnissen« kommen könne. Zudem würde es die »Übermacht« der »großen und extremen Parteien« einschränken. Die Verhältniswahl würde den Interessen der Wähler dienen, deren politische Standpunkte durch keinen Kandidaten in einem bestimmten Wahlkreis vertreten wurden oder die mit großer Wahrscheinlichkeit nirgendwo eine Mehrheit erringen würden (»z. B. die protestantischen Arbeitervereine«). Indem es kleineren Parteien dabei helfe zu überleben, würde das Verhältniswahlrecht auch die Regierung Hohenthal von dem Druck durch die Konservativen und die Nationalliberalen entlasten. »Für parlamentarisch regierte Länder«, schrieb Heink, »mögen mächtig starke Parteien erstrebenswert sein; für unseren monarchischen Staat sind sie es meiner Ansicht nach nicht, weil sie einerseits für die Regierung unbequem sind und andererseits durch ihren übermäßigen Einfluß die Minoritäten im Lande unzufrieden machen.« Die Verhältniswahl wurde zu einem späten Zeitpunkt der Wahldebatte vom Verhandlungstisch gewischt. Weshalb genau lässt sich nicht sagen. Im Dezember 1908 scheinen Heink und Würzburger berechnet zu haben, dass die Einführung des Verhältniswahlrechts den Sozialdemokraten bis zu 36 Sitze im neuen Landtag einräumen könnte.[119] Seltsamerweise hielt Heink etwa zur gleichen Zeit die Verhältniswahl für unerlässlich. Er drückte es so aus: »Ein Pluralsystem *ohne* Verhältniswahl ist wie ein Dampfkessel ohne Sicherheitsventil. Fehlt nämlich dieses Ventil, durch welches sich die Unzufriedenheit der künstlich geschaffenen Minoritäten Luft machen kann, so entsteht unbedingt die Gefahr einer Explosion.«[120]

Ein günstiges Ergebnis gäbe es laut Heink auch, wenn man denjenigen Wählern, die aufgrund von Eigentum oder Bildung bevorzugt wurden, eine zweite Stimme gewähren würde – aber nicht mehr. Im November 1906 hatte Heink das von ihm angestrebte Ergebnis klargestellt:

> [D]ie Wähler […], welche vorwiegend sozialdemokratisch stimmen, [werden] nur eine Stimme, die Wähler aller derjenigen Wählerkategorien, die vorwiegend nicht sozialdemokratisch stimmen, je zwei Stimmen haben. Da nun von den rund 660 000 Wahlberechtigten Sachsens etwa 300 000 zu keiner der unter a, b, c und d genannten vier

---

119 Würzburger an MdI, 15.12.1908, mit Heinks handschriftlichen Berechnungen, SHStAD, MdI 5491. Heinks Begründung für die Ablehnung das Verhältniswahlrechts war prägnant: »Bei *Verhältniswahl* 54 Abgeordnete der Ord[nung] und 36 Abgeordnete des Sozialismus.« (Hervorhebung im Original)

120 Würzburger an MdI, 19.12.1908, mit handschriftlichen Randbemerkungen von Heink und Reg.-Rat Dr. Adolph vom 22.12.1908 bzw. 7.1.1909; SHStAD, MdI 5491. Adolphs Kommentar spiegelte die Zweifel der Experten wider, welcher Weg zu dieser Zeit am besten sei. Unter Heinks langen Kommentar schrieb er: »Ich kann mich dem Vorstehenden nur anschließen und bemerken, daß ich die Einführung eines ausgebauten Pluralwahlsystems überhaupt für untunlich halte.« Heink wurde mit unangeforderten Vorschlägen für Verhältniswahlrechtssysteme bombardiert: vgl. z. B. Max Schneider an Hohenthal, 27.5.1909, SHStAD, MdI 5469, sowie M. SCHNEIDER, Untersuchung, 1912.

Kategorien gehören und vorwiegend sozialdemokratisch stimmen, so würden 300 000 sozialdemokratischen Stimmen 2 x 360 000 = 720 000 nichtsozialdemokratische Stimmen gegenüberstehen. Rechnet man aber mit der Möglichkeit, daß auch unter den Wählern mit doppeltem Stimmenrecht noch etwa 60 000 Sozialdemokraten sind, so würden im allerungünstigsten Falle noch immer 600 000 nichtsozialdemokratische Stimmen gegenüber 420 000 sozialdemokratischen Stimmen bleiben. Das würde bedeuten 14 Sozialdemokraten unter 84 Abgeordneten, also einen immer noch erträglichen Zustand.[121]

Solche Aussagen sprechen eine deutliche Sprache: Hohenthals Berater waren vorprogrammiert, die sozialdemokratische Gefahr binär zu betrachten. Für die letzten drei Wahlen nach dem alten Wahlrecht zwischen 1903 und 1907 machte sich die Regierung nicht einmal mehr die Mühe, die von allen Parteien gewonnenen Stimmen tabellarisch darzustellen. Sie stellte in Tabellenform nur die sozialistischen und die nichtsozialistischen Stimmen auf und setzte sie in zwei Spalten nebeneinander auf eine Seite. Diese scharfe Trennung war nicht nur eine Frage administrativer Bequemlichkeit. Auch die Wahlergebnisse wurden in dieser Form veröffentlicht, was in der Öffentlichkeit das Gefühl »wir gegen sie« nur noch verstärkte.[122]

Spätestens im Dezember 1908 gingen Hohenthals Wahlexperten bei ihren Berechnungen davon aus, dass mehr als 50 Prozent aller Wähler die Sozialdemokraten unterstützen würden.[123] Als die Erste Kammer in der zweiten Januarwoche 1909 über die letzte Phase der Reform beriet, hatte Sachsens Spitzenstatistiker Eugen Würzburger zwei Szenarien ausgearbeitet. Das erste zeigte das wahrscheinliche Ergebnis der Pluralwahl, falls 55 bis 56 Prozent der stimmberechtigten Wähler mit der Sozialdemokratie sympathisierten. Nach einiger Abwägung, die sich als richtig erwies, wurde diese Schätzung auf 52 bis 53 Prozent gesenkt. Würzburger berechnete unter jedem Szenario, wie viele Gesamtstimmen für die sozialistischen und nichtsozialistischen Parteien von Wahlberechtigten mit insgesamt einer, zwei, drei oder vier Stimmen abgegeben würden. Für eine Analyse dieser statistischen Tabellen braucht es Freude am Umgang mit Zahlen und ein Verständnis dafür, was bestimmte Einkommens- und Vermögensqualifikationen wirklich über einen Wähler aussagten. Für unsere Zwecke ist es ausreichend,

---

121 Heink-Denkschrift, 1.11.1906, zuvor zitiert. In einem LT mit 91 Sitzen wäre dies gleichbedeutend mit 15 SPD-Abgeordneten – genau so viele wie im Oktober/November 1909 tatsächlich gewählt wurden.
122 Die Urwahlen […] 1903 bis 1907, ZSSL 54, Nr. 2 (1908), S. 168–171; vgl. korrigierter Korrekturbogen für die nächste Ausgabe der ZSSL und ein Sonderabdruck aus dem Statistischen Jahrbuch für das Königreich Sachsen 36 (1908), S. 1–5, mit Würzburger an Heink, 12.11.1908, SHStAD, MdI 5350. Dieser Aktualisierung zufolge sank der Stimmenanteil der SPD über die drei Wahlen 1903, 1905 und 1907 von 50,4 Prozent auf 47,4 Prozent auf 43,8 Prozent. Die Wahlbeteiligung stieg unterdessen von 38,9 Prozent auf 42,8 Prozent auf 48,3 Prozent. Dieses umgekehrte Verhältnis bekräftigte die Auffassung der SPD, dass unter dem Dreiklassenwahlrecht keine Fortschritte möglich seien.
123 Diese allgemeine Schätzung schloss Dutzende von genaueren Berechnungen ein, die im Jahr 1908 noch im Fluss waren.

sich die wichtigsten Schlussfolgerungen der sächsischen Statistiker anzusehen. Man beachte, dass sowohl ihre Prämissen als auch ihre endgültigen Berechnungen von den Mitgliedern der Wahlrechtsdeputation als zuverlässig akzeptiert wurden.

Ganz oben auf seiner Tabelle (siehe Tabelle 11.3) listete Würzburger alle Unterkategorien der Bevorzugung unter einem Pluralwahlrecht auf, die einem Stimmberechtigten vier Stimmen gewähren würden.[124] Basierend auf Statistiken, die nach dem Dreiklassenwahlrecht (1897–1907) erhoben wurden, schätzte er, wie viele Wahlberechtigte wahrscheinlich zu jeder Untergruppe und der »angenommenen Prozentziffer der sozialdemokratischen Wähler« gehören würden. Darunter listete er die gleichen Unterkategorien auf, die einem Stimmberechtigten drei oder zwei Stimmen geben würden. In allen Fällen sonderte er Stimmberechtigte aus, die nur deshalb eine zusätzliche Stimme erhielten, weil sie über 50 Jahre alt waren. Am Ende seiner Tabelle schätzte Würzburger die Zahl der Stimmberechtigten mit einer Stimme und deren Wahrscheinlichkeit, sozialistisch zu wählen. Auf der rechten Seite der Tabelle multiplizierte er die Anzahl der Stimmberechtigten in jeder Kategorie mit der Anzahl der Stimmen, die sie abgeben durften, um somit die Gesamtzahl der Stimmen zu schätzen, die bei der ersten Wahl unter dem neuen Wahlrecht wahrscheinlich für bürgerliche und sozialistische Kandidaten abgegeben würden.

Sehen wir uns als Beispiel die Unterkategorie der Stimmberechtigten an, die allein aufgrund ihres steuerpflichtigen Einkommens bevorzugt wurden. Laut Würzburger würden nur drei Prozent der Vierstimmen-Wahlberechtigten mit einem Jahreseinkommen von über 2 800 Mark für die SPD stimmen, ebenso wie fünf Prozent der Dreistimmen-Wahlberechtigten mit einem Einkommen von mehr als 2 200 Mark. Weiter unten in Würzburgers Tabelle stieg die Wahrscheinlichkeit der Unterstützung für die Sozialisten sprunghaft an. 17,5 Prozent der Zweistimmen-Wahlberechtigten mit einem Einkommen von über 1 600 Mark würden für die SPD stimmen, aber 39,6 Prozent der Wahlberechtigten, die lediglich aufgrund ihres Alters (über 50) eine zweite Stimme hatten. Von den Wahlberechtigten, die nur eine einzige Stimme hatten, erwartete man bei 86,9 beziehungsweise 82,0 Prozent, dass sie für die »Partei des Umsturzes« stimmen würden.

---

[124] Würzburger an MdI, 8.1.1909, Anlage, Tabelle B, SHStAD, MdI 5491. Ein Faksimile eines Teils dieser (handschriftlichen) Tabelle findet sich als Abbildung S.11.1 im Online-Supplement.

Tabelle 11.3: Erwartete Unterstützung für die Sozialdemokratie, nach Anzahl der zugewiesenen Stimmen, 1909

Personengruppen [Stimmberechtigte]	Geschätzte absolute Zahl 1897, 1899, 1901	Berechnet für 1908 (mit 15 Prozent Zuschlag)	Gesamt-stimmen-zahl	Angenommene Prozentziffer der sozial-demokratischen Wähler	Demnach für 1908 bei Annahme von insgesamt				
					55 bis 56 Prozent (Spalte 6) sozialdemokratischer Wähler		52 bis 53 Prozent (Spalte 7)		
					nicht-soz.-dem. Stimmen	soz. Stimmen	nicht-soz. Stimmen	soz. Stimmen	
[Spalte] 2	3	4	5	6	7	8	9	10	11
A. 4 Stimmen									
I. Nach erworbenen Eigenschaften für die Vierstimmigkeit									
a. letztjährig versteuertes Einkommen über 2.800 M	61.972	71.268	285.072	3	[wie Spalte 6]	276.520	8.552	wie Spalte 8	wie Spalte 9
b. Beamte über 2.500 M Diensteinkommen	3.891	4.475	17.900	2		17.542	358		
c. Gewerbekammerwähler/Landeskulturratswähler über 2.500 M Einkommen aus Gewerbe	4.202	4.832	19.328	5		18.362	966		
d. Grundbesitz 200 Steuereinheiten unter der Voraussetzung eines Gesamteinkommens von über 2.200 M	7.000	8.050	32.200	4		30.912	1.288		
e. oder von über 8 Hektar Land- u. Forstwirtschaft und Obstbau, 2 Hektar Garten- oder Weinbau (ohne Abhängigkeit vom Einkommen)									
zusammen	77.065	88.625	354.500	-		343.336	11.164		
II. Nach Alter (über 50 Jahre alte Wähler) vierstimmige, die sonst dreistimmig wären.									
a. von über 2.200 M bis 2.800 M letztjährig versteuertes Einkommen	5.593	6.432	25.728	5	[wie Spalte 6]	24.442	1.286	wie Spalte 8	wie Spalte 9
b. Beamte mit über 1.900 M Diensteinkommen	1.845	2.122	8.488	5		8.064	424		
c. Gewerbekammerwähler/Landeskulturratswähler mit über 1.900 M Einkommen aus Gewerbe	2.335	2.685	10.740	10		9.666	1.074		
e. Besitz von über 4 Hektar zu Land- u. Forstwirtschaft und Obstbau oder über 1 bis 2 Hektar zu Garten- u. Weinbau	3.777	4.344	17.376	5		16.507	869		
f. Vorbildung	100	115	460	6		432	28		
zusammen	13.650	15.698	62.792	-		59.111	3.681		
[zusammen] A	90.715	104.323	417.292	-	wie Spalte 6	402.447	14.845	402.447	14.845
B. 3 Stimmen									
I. Nach erworbenen Eigenschaften für die Dreistimmigkeit (*unter* 50 Jahre)									
a. letztjährig versteuertes Einkommen über 2.200 M	14.059	16.168	48.504	5		46.079	2.425		
b. Beamte über 1.900 M Diensteinkommen	5.534	6.364	19.092	8		17.565	1.527		

Demokratie in Geheimtinte

	[Spalte] 2	3	4	5	6	7	8	9	10	11
c. Gewerbekammerwähler/Landeskulturratswähler über 1.900 M Einkommen aus Gewerbe		5.831	6.706	20.118	10		18.106	2.012		
d. Grundbesitz 150 Steuereinheiten unter der Voraussetzung eines Gesamteinkommens von über 1.600 M		9.523	10.951	32.853	5		31.210	1.643		
e. oder von über 4 Hektar Land- u. Forstwirtschaft und Obstbau, 1 Hektar Garten- oder Weinbau (ohne Abhängigkeit vom Einkommen)										
f. Vorbildung		2.900	3.335	10.005	6		9.405	600		
zusammen		37.847	43.524	130.572	-		122.365	8.207		
II. Nach Alter (über 50 Jahre alt) dreistimmige, die sonst zweistimmig wären.										
a. letztjährig versteuertes Einkommen über 1.600 bis 2.200 M		9.549	10.981	32.943	10	[wie Spalte 6]	29.649	3.294	wie Spalte 8	wie Spalte 9
b. Beamte mit über 1.400 bis 1.600 M Diensteinkommen		2.100	2.415	7.245	10		6.520	725		
c. Gewerbekammerwähler/Landeskulturratswähler mit über 1.250 bis 1.400 M Einkommen aus Gewerbe		2.806	3.227	9.681	20		7.745	1.936		
e. Grundbesitzer mit über 2 bis 4 Hektar für Land-, Forst- u. Obstbau oder 1/2 bis 1 Hektar für Garten- oder Weinbau		2.000	2.300	6.900	8		6.348	552		
zusammen		16.455	18.923	56.769	-		50.262	6.507		
[zusammen] B		54.302	62.447	187.341	-		172.627	14.714	172.627	14.714
C. 2 Stimmen										
I. Nach erworbenen Eigenschaften für die Zweistimmigkeit (*unter* 50 Jahre)										
a. letztjährig versteuertes Einkommen über 1.600 M		27.301	31.396	62.792	17,5	[wie Spalte 6]	51.804	10.988	wie Spalte 8	wie Spalte 9
b. Beamte über 1.400 M Diensteinkommen		6.407	7.368	14.736	20		11.789	2.947		
c. Gewerbekammerwähler/Landeskulturratswähler über 1.400 M Einkommen aus Gewerbe		7.287	8.380	16.760	30		11.732	5.028		
d. Grundbesitz 100 Steuereinheiten unter der Voraussetzung eines Gesamteinkommens von über 1.250 M		5.000	5.750	11.500	8		10.580	920		
e. oder von über 2 Hektar Land- u. Forstwirtschaft u. Obstbau, 1/2 Hektar Garten- oder Weinbau (ohne Abhängigkeit vom Einkommen)										
zusammen		45.995	52.894	105.788	39,6	37,7	85.905	19.883	85.905	19.883
[zusammen] C		123.949	142.541	285.082			172.190	112.892	177.606	107.476
II. Nach Alter (über 50 Jahre alt) zweistimmige, die sonst einstimmig wären.		169.944	195.435	390.870	86,9	82,0	258.095	132.775	263.511	127.359
D. 1 Stimme		341.684	392.937	392.937	55-56	52-53	51.475	341.462	70.729	322.208
überhaupt		656.645	755.142	1.388.440			884.644	503.796 =36,21%	909.314	479.126 =34,51%

Quelle: SHStAD, MdI 5491, Anlage zu Dr. Eugen Würzburger (Direktor, Königlich Sächsisches Statistisches Landesamt) an MdI, 8.1.1909, Tabelle B. Text und Gestaltung der Tabelle orientieren sich so eng wie möglich am handschriftlichen Original.

Was bedeutete das bezüglich der Gesamtstimmen für und gegen die Sozialdemokraten? Unter der Annahme, dass 52 bis 53 Prozent aller *Wähler* die SPD unterstützen würden, berechnete Würzburger, dass 34,51 Prozent aller *Stimmen* an sozialistische Kandidaten gehen würden. Wie bereits erwähnt, schätzten Würzburger und Heink, dass die SPD im Rahmen des Pluralwahlrechts rund 15 von 91 Landtagsmandaten gewinnen würde. Tatsächlich haben sie ausgehend von diesem Ergebnis – d. h. maximal 15 SPD-Mandate – mehrere Wahlverfahren rückwärts konstruiert (*reverse-engineered*), um das gewünschte Resultat zu erzielen. Die Wahlrechtsdeputation tat das Gleiche.

Die bemerkenswerte Präzision, mit der Würzburger und Heink die sozialdemokratischen Sympathien verschiedener Gruppen einschätzen zu können glaubten, zeigte sich noch deutlicher in einem statistischen Überblick über die erwarteten Ergebnisse der ersten Wahl nach der Reform (siehe Tabelle 11.4). Diesmal teilten sie die Wahlberechtigten nicht nach der Anzahl der von ihnen abzugebenden Stimmen auf, sondern nach den verwendeten Berufsgruppen. Innerhalb jeder Kategorie fügten sie Unterteilungen entsprechend den bereits von der Wahlrechtsdeputation vereinbarten Schwellenwerten für die Bevorzugung hinzu. Dazu gehörten drei Einkommensschwellen (1 600, 2 200 und 2 800 Mark), eine Gehaltsschwelle (1 600 Mark), eine Grundbesitzschwelle (4 Hektar) und eine Altersschwelle (45 Jahre; die endgültige Entscheidung darüber, ob eine zweite Stimme ab 45 oder erst ab 50 Jahren zugewiesen würde, stand noch aus). In Tabelle 11.4 war erneut die Wahrscheinlichkeit aufgelistet, mit der die Wahlberechtigten in jeder Unterkategorie sozialdemokratisch wählen würden.

Heink und Würzburger kamen zu dem Schluss, dass eine beträchtliche Anzahl von Nichtarbeitern die Sozialdemokratie unterstützen würde. Heink glaubte zum Beispiel, dass 10 Prozent der Beamten mit einem Jahresgehalt unter 2 200 Mark sowie 25 bis 30 Prozent der selbstständigen Gewerbetreibenden mit ähnlichem Einkommen sozialistisch wählen würden. 37,7 Prozent aller Wahlberechtigten, die nur die zweite »Alters«-Stimme hätten[125], würden sozialistisch wählen, ebenso wie 92 Prozent der Arbeiter und häuslichen Dienstboten mit nur einer Stimme.[126]

Die Experten lagen bei ihren Vorhersagen in einem Punkt weit daneben, aber bei zwei anderen waren sie bemerkenswert genau. Zum einen wurden im Oktober 1909 nicht 15, sondern 25 Sozialdemokraten in den Landtag gewählt. Wie dieses Ergebnis zustande kam und warum es so erstaunte, wird im nächsten Kapitel behandelt werden. Aber bei der Prognose des Anteils der Wahlberechtigten, welche die SPD unterstützen würden, und der (gewichteten) Gesamtzahl der Stimmen, die sie abgeben würden,

---

125 Wie in Tabelle 11.3 in Spalte 7 zu sehen ist.
126 Einige Zahlen von Würzburger an MdI, 8.1.1909, mit Heinks Randbemerkungen; SHStAD, MdI 5491. Heink erwartete, dass sich ein reformierter LT (mit 87 Mandaten) folgendermaßen zusammensetzte: »38 Kons[ervative], 19 National[liberale], 15 Sozial[demokraten], 11 Fragliche, 3 Freisinn, 1 [antisemitischer] Reformer.« Man beachte die Benennung von elf »fraglichen« Mandaten.

kamen Heink und Würzburger der Realität sehr nahe. Fast eine halbe Million Sachsen – 53,8 Prozent aller Wähler – unterstützten 1909 die Sozialdemokratie. Würzburger und Heink hatten also Recht damit, ihre Schätzung der SPD-Anhänger zwischen November 1908 und Januar 1909 ein bisschen nach unten zu korrigieren.

Wie erwartet war fast die Hälfte (46 Prozent) aller sozialdemokratischen Anhänger zur Abgabe von lediglich einer Stimme berechtigt. Acht Prozent der sächsischen Wähler, die privilegiert genug waren, vier Stimmen abzugeben, unterstützten einen Sozialdemokraten. Zusammen mit den Stimmen der Wähler mit zwei oder drei Stimmen gewann die SPD nur 38,7 Prozent aller Stimmen – ein Wert, der nahe an der zweiten Gesamtschätzung von Würzburger (34,5 Prozent) und noch näher an seiner ersten Schätzung (36,2 Prozent) lag. Mit anderen Worten, Hohenthals Experten sagten ziemlich genau vorher, wie das Pluralwahlrecht eine Mehrzahl von SPD-Wählern in eine Minderzahl von für die SPD abgegebenen Stimmen verwandeln würde. Deshalb können wir sicher sein, dass sie *im Großen und Ganzen* auch mit ihrer Schätzung richtig lagen, welcher Anteil der verschiedenen gesellschaftlichen Gruppen sich als »nicht zuverlässig« erweisen und sozialdemokratisch wählen würde.

Aus Tabelle 11.4 geht hervor, dass Selbstständige in der Landwirtschaft (Kategorie I) sowie Rechtsanwälte, Ärzte, Künstler und andere »freie Berufe« (Kategorie III, Zeile 13–16) an der Spitze ihrer »Zuverlässigkeitsskala« standen. Am unteren Ende der Skala finden sich jüngere, weniger gut bezahlte Arbeiter und häusliche Dienstboten (Kategorie VI/32). Von diesen würden voraussichtlich 92 Prozent »illoyal« wählen. Darüber hinaus sollte man beachten, dass von allen 36 Kategorien, die sie in Betracht zogen, die Kategorie VI/32 bei weitem die zahlreichste war. Sie umfasste 217 575 wahlberechtigte Personen – ein Drittel aller stimmberechtigten Sachsen. Hohenthals Wahlrechtsexperten gingen davon aus, dass die jüngeren und weniger wohlhabenden Wähler in jeder sozialen Gruppe tendenziell eher für die SPD stimmen würden. Das ist keine Überraschung. Doch sie machten sich Sorgen um die »Zuverlässigkeit« anderer Gruppen – wie bspw. schlecht bezahlte Beamte der Kategorie II (z. B. Eisenbahner), Geistliche und Lehrer. Für noch wahrscheinlicher hielten sie es, dass die niedrigen Angestellten in fast allen Berufen, obschon zahlenmäßig eine relativ kleine Gruppe, für einen SPD-Kandidaten stimmen würden. (So beinhaltete Kategorie IV z. B. Handlungsgehilfen und andere Mitglieder des neuen Mittelstands.)

Tabelle 11.4: Erwartete Unterstützung für die Sozialdemokratie nach Beruf, Eigentum, Einkommen, Alter, 1908

1	Personengruppe 2	Geschätzte absolute Zahl [der Stimmberechtigten] 3	Angenommener Prozentsatz der sozial-demokratischen Stimmen 4
	I. Selbständige in Land- und Forstwirtschaft, Gartenbau, Tierzucht und Fischerei		
1	Über 4 ha, über 2.200 M Einkommen und über 45 Jahre alt	4.134	5
2	Über 4 ha, über 2.200 M Einkommen und unter 45 Jahre alt	6.202	5
3	Über 4 ha, unter 2.200 M Einkommen und über 45 Jahre alt	10.133	8
4	Über 4 ha, unter 2.200 M Einkommen und unter 45 Jahre alt	15.200	10
5	Unter 4 ha, über 2.200 M Einkommen und über 45 Jahre alt	9.561	8
6	Unter 4 ha, über 2.200 M Einkommen und unter 45 Jahre alt	14.342	10
	II. Beamte, Geistliche, Lehrer		
7	Über 1.600 M Gehalt, über 2.200 M Einkommen und über 45 Jahre alt	7.449	5
8	Über 1.600 M Gehalt, über 2.200 M Einkommen und unter 45 Jahre alt	11.174	7
9	Über 1.600 M Gehalt, unter 2.200 M Einkommen und über 45 Jahre alt	4.328	10
10	Über 1.600 M Gehalt, unter 2.200 M Einkommen und unter 45 Jahre alt	6.492	10
11	Unter 1.600 M Gehalt und über 45 Jahre alt	12.047	11
12	Unter 1.600 M Gehalt und unter 45 Jahre alt	18.072	12
	III. Rechtsanwälte, Ärzte, Künstler, Privatgelehrte und sonstige freie Berufe		
13	Über 2.200 M Einkommen und über 45 Jahre alt	1.018	3
14	Über 2.200 M Einkommen und unter 45 Jahre alt	1.528	4
15	Unter 2.200 M Einkommen und über 45 Jahre alt	1.142	6
16	Unter 2.200 M Einkommen und unter 45 Jahre alt	1.714	6
	IV. Angestellte in Industrie, Gewerbe, Handel und Verkehr, Land- und Forstwirtschaft, Gartenbau, Tierzucht und Fischerei		
17	Über 1.600 M Gehalt, über 2.200 M Einkommen und über 45 Jahre alt	3.130	10
18	Über 1.600 M Gehalt, über 2.200 M Einkommen und unter 45 Jahre alt	4.695	10
19	Über 1.600 M Gehalt, unter 2.200 M Einkommen und über 45 Jahre alt	2.466	11
20	Über 1.600 M Gehalt, unter 2.200 M Einkommen und unter 45 Jahre alt	3.700	12
21	Unter 1.600 M Gehalt und über 45 Jahre alt	4.371	13
22	Unter 1.600 M Gehalt und unter 45 Jahre alt	6.558	15
	V. Selbständige in Handel und Gewerbe		
23	Über 1.600 M Gehalt, über 2.200 M Einkommen und über 45 Jahre alt	16.004	20
24	Über 1.600 M Gehalt, über 2.200 M Einkommen und unter 45 Jahre alt	24.007	20
25	Über 1.600 M Gehalt, unter 2.200 M Einkommen und über 45 Jahre alt	7.046	25

Personengruppe		Geschätzte absolute Zahl [der Stimmberechtigten]	Angenommener Prozentsatz der sozialdemokratischen Stimmen
1	2	3	4
26	Über 1.600 M Gehalt, unter 2.200 M Einkommen und unter 45 Jahre alt	10.570	30
27	Unter 1.600 M Gehalt und über 45 Jahre alt	40.781	40
28	Unter 1.600 M Gehalt und unter 45 Jahre alt	61.171	55
	VI. Arbeiter, häusliche Dienstboten		
29	Über 2.200 M Einkommen und über 45 Jahre alt	650	70
30	Über 2.200 M Einkommen und unter 45 Jahre alt	1.480	75
31	Unter 2.200 M Einkommen und über 45 Jahre alt	95.597	85
32	Unter 2.200 M Einkommen und unter 45 Jahre alt	217.575	92
	VII. Ohne Beruf		
33	Über 2.200 M Einkommen und über 45 Jahre alt	3.258	10
34	Über 2.200 M Einkommen und unter 45 Jahre alt	4.887	10
35	Unter 2.200 M Einkommen und über 45 Jahre alt	9.665	10
36	Unter 2.200 M Einkommen und unter 45 Jahre alt	14.498	15

Anmerkung: Die hier geschätzte Gesamtpersonenzahl beläuft sich auf 656.645, d.h. sie beträgt annähernd die Zahl der zugelassenen Landtagswahlberechtigten 1897–1901, liegt aber um 116.000 unter der Zahl der im Jahr 1909 Stimmberechtigten.
Quelle: SHStAD, MdI 5491, Beilage von Würzburger an MdI, 14.12.1908.

Besonders beunruhigend für Hohenthals Experten – und die nichtsozialdemokratischen Parteien – waren selbstständige Mitglieder der Kategorie V, die in irgendeiner Form Handel oder Gewerbe betrieben (hauptsächlich Kaufleute, Kleinunternehmer und Handwerker). Dies war der Kern des alten Mittelstands, für dessen Stimmen seit den 1890er-Jahren alle Parteien, einschließlich der SPD, heftig gekämpft hatten. Je nach Einkommen und Alter wurde der Anteil der Wähler in der Kategorie V, von denen eine Unterstützung der SPD erwartet wurde, mit mindestens 20 Prozent bis höchstens 55 Prozent (Kategorie V, Zeile 23–28) angegeben. Nicht minder bedeutsam war, dass die Anzahl der selbstständigen Kaufleute bzw. Gewerbetreibenden, die höchstwahrscheinlich die SPD wählen würden, deutlich höher lag als die Zahl derer, deren »Illoyalität« unter dem Pluralwahlrecht als akzeptabel angesehen werden konnte. Rund 47 000 Sachsen wurden zu den Kategorien V/23, V/24 und V/25 gezählt: Es wurde erwartet, dass 20 bis 25 Prozent von ihnen die Sozialdemokraten unterstützten. Die Kategorien V/26 bis V/28 umfassten rund 112 500 Sachsen – mehr als doppelt so viele –, deren Wahrscheinlichkeit, die SPD zu wählen, auf 30, 40 oder 55 Prozent geschätzt wurde. Kategorie V umfasste Mitläufer und Wechselwähler. Das waren die Wähler, deren Loyalität die »Ordnungsparteien« bei den Reichstagswahlen 1903 verloren und 1907 weitgehend zurückgewonnen hatten. Aber: Eine zahlenmäßig weitaus größere Gruppe waren die noch weniger »zuverlässigen« Arbeiter und Hausangestellten. In den Kategorien VI/31 und VI/32 wurde erwartet, dass 85 bzw. 92 Prozent der Wahlberechtigten mit einem Jahreseinkommen von weniger als 2 200 Mark sozialdemokratisch wählen würden, je nachdem, ob sie über bzw. unter 45 Jahre alt waren. Die Zahl der Wahlberechtigten in diesen beiden Kategorien lag bei über 313 000, d. h. fast die Hälfte der Sachsen, die im Rahmen des Pluralwahlrechts stimmberechtigt sein würden.

Die Mitglieder der Wahlrechtsdeputation und andere Abgeordnete der »Ordnungsparteien« betonten die Notwendigkeit, den Mittelstand mit einem neuen Wahlrechtssystem zu bevorzugen. Die Schwierigkeit bestand darin, zu definieren, warum die unteren Mittelschichten eine Bevorzugung bei Wahlen verdienten. Wie immer lag das Kriterium der »Selbstständigkeit«, das die Nationalliberalen mehr favorisierten als die Regierung, im Auge des Betrachters. Sprecher der Sächsischen Mittelstandsvereinigung, die behaupteten, ihre Organisation habe rund 57 000 Mitglieder, arbeiteten eifrig daran, die Fiktion aufrechtzuerhalten, dass der Mittelstand das zuverlässigste Bollwerk gegen die sozialistische Bedrohung sei. Hohenthal bedankte sich mehr als einmal für die Flut von Petitionen, die von der antisemitischen Führungsspitze dieser Vereinigung – dem Vorsitzenden Theodor Fritsch und dem Generalsekretär Ludwig Fahrenbach – an den Landtag und das Innenministerium übersandt wurden.[127] Insidern war klar, dass diese Petitionskampagne sorgfältig inszeniert und teilweise gefälscht war.[128] Anstatt derartige Vorwürfe zurückzuweisen, forderte Mehnerts Kollege Gottfried Opitz die Linke auf, es dem Lobbyerfolg dieser Mittelständler gleichzutun. Es lässt sich nicht mit Sicherheit sagen, wie eng Fritsch und Fahrenbach mit der Regierung oder den Konservativen zusammenarbeiteten. Ihre langjährige enge Verbindung zu Mehnert, ebenso wie die Energie, mit der sie die Regierung und den Landtag mit schriftlichen Gesuchen bombardierten, legen das durchaus nahe.[129] Hohenthal räumte privat ein, dass die Regierung die Mittelstandsbewegung mit allen ihr zur Verfügung stehenden Mitteln unterstützt habe. Ein Beobachter schrieb, die Vereinigung sei von Hohenthal »besonders poussiert« worden, in der Hoffnung, dass sie eine Vermittlerrolle zwischen den Nationalliberalen und den Konservativen spielen würde.[130] Hohenthal wollte damit Druck auf beide Parteien ausüben – allerdings ohne großen Erfolg.

---

127 Vgl. Kap. 10 in diesem Band. Für Briefwechsel mit der Sächsischen Mittelstandsvereinigung vgl. SHStAD, MdI 5498. Für das »Verzeichnis von Petitionen zur Wahlrechtsvorlage« von der Sächsischen Mittelstandsvereinigung vgl. SHStAD, Ständeversammlung 13188/2. Außerdem Montgelas, 7.3.1907 (Entwurf), BHStAM II, Ges. Dresden 965.
128 LTMitt 1908/09, II.K., Bd. 5, S. 4120 (30.11.1908).
129 SHStAD, MdI 5467. Auf einem sächsischen Mittelstandstag am 10.2.1908 in Dresden fädelte Fritsch einen Beschluss zugunsten des Verhältniswahlrechts, des Pluralwahlrechts und der indirekten Stimmabgabe durch kommunale Organe ein; DJ, 11.2.1908.
130 Kommissarischer pr. Gesandter Heyl an Pr. MdAA, 22.8.1909, PAAAB, Sachsen 60, Bd. 8.

Abbildung 11.7: Thomas Theodor Heine, »Die Entwicklung des Nationalliberalen«, 1903.
Text (von oben links im Uhrzeigersinn): »1848: Der erste Nationalliberale«. »1871«. »20. März 1890«. »Der letzte Nationalliberale: ›Ja, liebe Enkel, es war eine große herrliche Zeit!‹«
Quelle: Simplicissimus 8, Nr. 53, Extra-Nummer, Reichstagswahl (31. Dezember 1903), S. 4.
Simplicissimus Online, Herzogin Anna Amalia Bibliothek Weimar.

Die Nationalliberalen wollten nicht allen Mittelständlern zusätzliche Stimmen gewähren. Der Gesetzentwurf sah vor, die Angehörigen des Mittelstands darüber zu definieren, ob sie für die örtlichen Gewerbekammern und Landeskulturräte stimmberechtigt waren. Selbst wenn man nur die erste Gruppe betrachtet, handelte es sich dabei um einen bedeutenden Wählerblock. Im Jahr 1907 waren 79 192 Handwerker und 80 964 Nichthandwerker in Sachsen für die Wahlen zu den Gewerbekammern stimmberechtigt. Der Minderheitenbericht der Nationalliberalen in der Wahlrechtsdeputation führte aus, dass eine derart breite Berechtigung keine »Garantie für höhere politische Einsicht oder patriotische Gesinnung böte«. Wahrscheinlich weil sie wussten, dass sie die Loyalität der kleinen Kaufleute und Handwerker bereits an die Antisemiten und die Konservativen verloren hatten, erklärten die Nationalliberalen offen, dass sie eine zusätzliche Stimme nur für diejenigen Männer wünschten, die bereits Wohlstand, Sicherheit und soziale

Stellung genossen.¹³¹ Paradoxerweise wollten die Nationalliberalen aber auch Mitglieder des Mittelstandes privilegieren, die durch ihre Arbeitgeber beeinflussbar waren.

*

Hohenthals Wahlrechtsexperten äußerten sich nie zu den weitergehenden Fragen, die das von ihnen verfolgte antidemokratische Projekt aufwarf. Sie nahmen nie dazu Stellung, warum bestimmte Arten von Mittelständlern die Sozialdemokratie unterstützen würden oder was sie von einem solchen »verfehlten« Denken abbringen würde. Auch stellten sie explizit keine Fragen über »zuverlässige« Arbeiter, die sich geweigert hatten, den SPD-geführten Freien Gewerkschaften beizutreten.¹³² Die Wahlrechtsexperten hatten gute Gründe, dafür zu sorgen, dass sich die »patriotischen« Mittelständler und Arbeiter nicht durch ein neues Landtagswahlrecht gekränkt fühlten, da ihre Stimmen bei der Reichstagswahl dringend benötigt wurden. Hätte man in Regierungskreisen offen über solche Fragen diskutiert, hätte das möglicherweise dazu geführt, dass man sich stärker in Richtung Demokratie bewegt hätte. Doch mit Ausnahme von Alfred von Nostitz-Wallwitz wagte es keiner von Hohenthals Beratern, eine derartige Diskussion anzustoßen. Stattdessen konzentrierten sie sich rigoros auf das Ziel, nur etwa fünfzehn Sozialdemokraten in einen reformierten Landtag einziehen zu lassen.¹³³ Sie nahmen zur Kenntnis, dass über die Hälfte der sächsischen Wähler eine Paria-Partei unterstützen würde, deren Anführer behaupteten, den »Umsturz des bestehenden Staates und der Gesellschaft« anzustreben. Doch ihre Reaktion auf die politische Krise Sachsens war schwer durchschaubar. Sie sprachen sich zwar nicht für eine stärkere Unterdrückung der Sozialdemokratie aus, empfahlen jedoch ebenso wenig eine verfassungsmäßige oder rechtliche Duldung, wie wir sie normalerweise mit einem demokratischen System verbinden. Die Vorstellung, dass Arbeiter einen Anspruch auf eine gleichberechtigte Vertretung im Landtag haben sollten, akzeptierten sie nie. Ihre Aufgabe war es, für eine Arithmetik zu sorgen, welche die Dominanz der »staatserhaltenden« Parteien im Sächsischen Landtag weiterhin sicherstellen würde.

Wir wissen nun also, wie die Wahldaten gesammelt und analysiert wurden, um die Demokratie in Schach zu halten. Wir wissen, wie exakt die staatlichen Behörden die Ausbreitung sozialdemokratischer Sympathien in bestimmten sächsischen Gesell-

---

131 Bericht 550, S. 10.
132 Ab 1908 wurden die »nationalen Arbeitervereine« von den Ortsverbänden des VSI gefördert. Als im Juli 1909 der Nationale Arbeiterbund für das Königreich Sachsen gegründet wurde, betrug seine Mitgliederzahl nur rund 10 000. K. Saul, Staat, 1974, S. 133, 170.
133 Sowohl die Regierungsvorschläge vom 31.12.1903 und 5.7.1907 als auch Alfred von Nostitz-Wallwitz' Rede im Juli 1907 und Prof. Wachs Dreiklassenwahlrechtsvorschlag vom Jan. 1909 gaben allesamt das Vorhandensein von 15 bis 20 SPD-Abgeordneten im Landtag als tragbar an. Vgl. E. Oppe, Reform, 1910, S. 394; SParl, S. 70 f.; Braun, 3.2.1909, HHStAW, PAV/54.

schaftsschichten messen konnten. Was wir nicht wissen, ist, was passiert wäre, wenn diese Berechnungen noch vor dem endgültigen Inkrafttreten der Wahlrechtsreform an die Öffentlichkeit gelangt wären. Wie der britische Gesandte im Dezember 1908 berichtete, »war G[raf] Hohenthals ursprünglicher Gesetzentwurf [...] dazu bestimmt, eine begrenzte Anzahl von sozialistischen Abgeordneten (etwa 15) zuzulassen und gleichzeitig die Art und Weise zu verschleiern, wie diese Grenze eingehalten wurde«.[134] Der Sozialdemokrat Gustav Riem warf den Mehrheitsparteien vor, sie hätten die Chance verpasst, den Sächsischen Landtag 1909 deutlich demokratischer zu gestalten.[135] Die Sozialdemokraten hatten gute Gründe, dies zu tun. Doch sie wussten zu keinem Zeitpunkt, wie eifrig Hohenthal und seine Wahlrechtsexperten dafür gesorgt hatten, dass ein solches Parlament außerhalb ihrer Reichweite lag. *Hätten* sie es gewusst, so hätte womöglich das, was Gustav Radbruch die Lebenslüge des deutschen Obrigkeitsstaates, d. h. die Legende seiner Überparteilichkeit, nannte, einen verheerenden Rückschlag erlitten.[136] Dies wäre also nicht erst im November 1918 in Berlin zum Tragen gekommen, sondern bereits zehn Jahre zuvor in Dresden.

Reform und Rückschritt

Die endgültige Wahlrechtsgesetzgebung vom Januar 1909 machte eine außerordentliche gemeinsame Sitzung der Ersten und Zweiten Kammer des Landtags erforderlich. Die Konservativen und die Nationalliberalen einigten sich auf ein Pluralwahlsystem, das bestimmten Wählern bis zu vier Stimmen zuteilte.[137] Nach fünfjährigen Auseinandersetzungen war das verhasste Dreiklassenwahlrecht Sachsens aus dem Weg geräumt. Auf einen Schlag wurde ein indirektes in ein direktes Landtagswahlrecht transformiert, und es blieb für alle Männer über 25 Jahre allgemein und geheim.

Aber es war bei weitem nicht gleich.

In der endgültigen Gesetzgebung vom 5. Mai 1909 erhielten Wähler eine, zwei oder drei zusätzliche Stimmen zu ihrer Grundstimme, wenn sie bestimmte Kriterien erfüllten. Einkommen und Vermögen waren die wichtigsten dieser Kriterien: durch sie wurden die Wahlberechtigten in vier Kategorien unterteilt. Die erste Kategorie basierte auf dem Bruttoeinkommen: Wer ein Jahreseinkommen über 1 600 Mark, 2 200 Mark oder 2 800 Mark hatte, bekam eine, zwei oder drei zusätzliche Stimmen zugewiesen. Die zweite Kategorie stützte sich auf Einkünfte aus dienstlichen oder gewerblichen Tätigkeiten

---

[134] Findlay, 8.12.1908 (Entwurf), TNA, FO 215/55.
[135] NZ 27 (1909), Bd. 1, Nr. 19, S. 680–683 (5.2.1909). Zur sächs. öffentlichen Meinung vgl. Zeitungsausschnitte in BAP, RLB-PA 950–952.
[136] Vgl. G. Radbruch, Parteien, Bd. 1, 1930, S. 289; J. Retallack, Germany's Second Reich, 2015, Kap. 9.
[137] Die allgemeinen Bestimmungen der endgültigen Vereinbarung wurden am 9.1.1909 in der Presse veröffentlicht.

(die Art von Einkommen, die von besoldeten Beamten, Lehrern an Fortbildungsschulen, Anwälten, Ärzten, Ingenieuren und anderen erzielt wurden). Die Schwellenwerte lagen hier niedriger – für eine, zwei oder drei zusätzliche Stimmen reichte ein Jahreseinkommen von 1 400 Mark, 1 900 Mark bzw. 2 500 Mark. Die dritte und vierte Kategorie honorierte Grundbesitz auf unterschiedliche Weise. Wahlberechtigte, die in Land- und Forstwirtschaft sowie im Obstbau tätig waren, erhielten eine, zwei oder drei zusätzliche Stimmen, wenn sie mehr als zwei, vier oder acht Hektar Land bewirtschafteten. Gartenbauer mit Gärtnereien oder Weinbauflächen erhielten eine, zwei oder drei zusätzliche Stimmen, wenn sie mehr als einen halben, einen oder zwei Hektar bewirtschafteten. Die Wahlvorteile, die ländliche Steuerzahler (im Vergleich zu den städtischen) bisher genossen hatten, wurden reduziert, jedoch nicht abgeschafft.[138] Die zwei abschließenden Kategorien umfassten Wähler, denen eine einzige Zusatzstimme zuerkannt wurde: diejenigen, die sich auf der Grundlage eines höheren Schulabschlusses für den einjährig-freiwilligen Militärdienst qualifiziert hatten, und diejenigen, die ihren fünfzigsten Geburtstag erreicht hatten. Kein Wähler konnte mehr als vier Stimmen abgeben.[139]

Der Einfachheit halber wurde das Verfahren des Pluralwahlrechts bisher so erklärt, als würden privilegierte Wähler tatsächlich zwei, drei oder vier Stimmzettel in eine Wahlurne oder einen Wahlkasten schieben. Dem war nicht so. Die Wähler steckten einen einzigen weißen Stimmzettel in einen undurchsichtigen, 12 × 18 Zentimeter großen und mit einem Amtsstempel versehenen Umschlag. Diesen Umschlag brachten sie mit ins Wahllokal, wo ihnen von einem Wahlvorsteher, der an einem Tisch saß, ein weiterer Umschlag ausgehändigt wurde. Dieser Beamte überprüfte die Wählerlisten (und verlangte dazu möglicherweise die Vorlage eines Ausweises), um festzustellen, ob der betreffende Wähler berechtigt war, einen oder mehrere »Stimmzettel« abzugeben. Davon hing ab, welche Umschlagfarbe er ausgehändigt bekam. Ein Wähler, der das Privileg hatte, vier »Stimmzettel« abzugeben, erhielt einen blauen Umschlag mit dem Buchstaben »A«. In diesen blauen Umschlag steckte er seinen einzigen weißen Stimmzettel, auf dem der Name seines bevorzugten Kandidaten stand. Die Wähler, die Anspruch auf drei »Stimmzettel« hatten, erhielten einen grünen Umschlag mit dem Stempel »B«; diejenigen, die Anspruch auf zwei »Stimmzettel« hatten, einen gelben Umschlag mit dem Stempel »C«. Diejenigen schließlich, die Anspruch auf nur einen »Stimmzettel« hatten, bekamen einen unscheinbaren weißen Umschlag ausgehändigt, der mit einem »D« versehen war. Der Wähler übergab dann seinen Umschlag dem Wahlvorsteher. Wenn die Stimmabgabe abgeschlossen war und die Zählung begann, wurden die unterschiedlich farbigen Umschläge und der jeweils darin enthaltene Stimmzettel in separate Stapel sortiert. Jeder Stimmzettel, der aus einem blauen Umschlag mit der Aufdruck »A« ent-

---

138 Zu den »Grundanforderungen« des VSI gehörte der »Abbau« solcher Vorteile; Vaterl, 5.8.1905.
139 »Wahlgesetz für die Zweite Kammer der Stände-Versammlung vom 5. Mai 1909«, und »Verordnung«, GVBl 1909, S. 339–378 und 379–398; Auszug nachgedruckt in: E. Oppe, Reform, 1910, Anhang G.

nommen wurde, ging auf einen Stapel, wo er viermal gezählt wurde, jeder grüne auf einen Stapel, wo er dreimal gezählt wurde – und so weiter.[140]

Eine Redensart besagt, Demokratie sei ein »messy business«. Auch die Umsetzung des neuen sächsischen Pluralwahlrechts war einigermaßen unordentlich – und beunruhigte und frustrierte sächsische Beamte. Zwischen Januar 1909 und der endgültigen Veröffentlichung des neuen Wahlgesetzes im Mai äußerten viele Kreishauptmänner Bedenken, dass der Wortlaut der Gesetzgebung – ganz zu schweigen von ihrer Intention – geklärt werden müsse. Was sollten die Behörden tun, wenn diese Stimmzettelstapel – absichtlich oder unabsichtlich – umkippten oder durch »Luftzug, An- oder Umstossen des Tisches, Berühren mit dem Rockärmel eines Beteiligten« durcheinandergerieten? Würden die Wahlvorsteher in der Lage sein, die Farben bei künstlichem Licht zu unterscheiden: Vielleicht sollte man lieber *dunkel*blaue und *hell*grüne Umschläge verwenden? Sollte man zuerst alle Kuverts einer Farbe öffnen, bevor man zur nächsten Farbe überging? Vielleicht würden für jede Phase des Auszählverfahrens mehr Stempel benötigt? Was wäre, wenn ein Wähler einen Umschlag verwenden wollte, der seiner Stimme *weniger* Gewicht verlieh, als ihm zustand?

Georg Heink wurde dieser Fragen bald leid. Während er sie nacheinander abarbeitete, wurde der Ton seiner Antworten immer verärgerter.[141] Das Gleiche galt für Würzburgers Überlegungen 1910 und 1911, nachdem die erste Erprobung des neuen Wahlrechts abgeschlossen war. Eine gründliche statistische Analyse der Landtagswahlen unter dem Pluralwahlrecht sei unerschwinglich. Der umfangreiche statistische Bericht über die Wahl 1909 in der Zeitschrift des Königlich Sächsischen Statistischen Landesamtes ist für Historiker von allerhöchstem Wert, doch Würzburger glaubte, die geschätzten Kosten von 1 200 bis 2 000 Mark würden das Missfallen der sparsamen sächsischen Bürokraten erregen. Würzburger schlug vor, in Zukunft nur noch die Statistiken ausgewählter Wahlkreise zu erheben.

Darüber hinaus machten die Beamten ungenaue Angaben, welche Kriterien sie bei der Vergabe einer zweiten, dritten oder vierten Stimme zugrunde gelegt hatten. Manchmal ließ sich aus dem komplizierten neuen Wahlrecht auch einfach keine verbindliche Handhabung ableiten; so fragte beispielsweise der Leipziger Amtshauptmann seinen Vorgesetzten: »Hat ein Schriftsteller, der die Berechtigung zum einjährig-freiwilligen Dienste besitzt und ein geschäftliches Einkommen von 2000 M sowie 3 ha Grundbesitz hat, die der Landwirtschaft dienen, 3 oder 4 Stimmen?« Weiter schrieb er: »Die Amtshauptmannschaft ist bisher von der Ansicht ausgegangen, daß jemand, der aus C Zusatzstimmen hat, keine Zusatzstimme aus A und B für sich in Anspruch nehmen darf, und daß jemand, der aus B Zusatzstimmen hat, keine Zusatzstimme aus A beanspru-

---

140 LTAkten 1907/08, Ständische Schriften, Nr. 107, § 22 (25.1.1909), S. 212 f.; »Wahlgesetz [...] 5. Mai 1909«, § 22.
141 Z. B. KHM Friedrich von Craushaar (Bautzen), 5.3.1909; KHM Friedrich Fraustadt (Zwickau), 8.3.1909, KHM Anselm Rumpelt (Dresden), 6.3.1909, alle an MdI, mit Heinks Randbemerkungen, SHStAD, MdI 5455.

chen kann. Demgegenüber ist von den Gemeindevorständen geltend gemacht, daß nicht einzusehen sei, warum in Fällen der vorgetragenen Art dem Rechtsanwalte, Arzte usw. die Zusatzstimme des Grundbesitzes oder der Bildung versagt bleiben soll.«[142] Andere Amtshauptmänner weigerten sich entschieden, in solchen Angelegenheiten eine Klärung einzuholen, da die Antworten in den Wahl- oder Steuerunterlagen nie zu finden wären. Wiederum andere berichteten, es sei ihnen egal, *warum* einem Wähler eine bestimmte Anzahl Zusatzstimmen zugesprochen wurde, solange er die richtige Anzahl bekam.[143]

Es sind bereits Alters-, Geschlechts- und Wohnsitzqualifikationen erwähnt worden, die erfüllt sein mussten, um überhaupt wählen zu dürfen. Das neue Wahlrecht berechtigte alle Männer über 25 Jahren, die in irgendeiner Form staatliche Steuern zahlten, seit mindestens zwei Jahren die sächsische Staatsangehörigkeit besaßen und seit mindestens sechs Monaten in ihrem Wahlkreis wohnhaft waren, zur Stimmabgabe. Für das passive Wahlrecht – das Recht, gewählt zu werden – musste man mindestens 30 Jahre alt sein, seit mindestens drei Jahren die sächsische Staatsangehörigkeit besitzen und seinen Wohnsitz in Sachsen haben. Die bisherige Anforderung, jährlich mindestens 30 Mark an staatlichen Steuern zu zahlen, fiel dafür weg. Andere Änderungen des sächsischen Wahlsystems waren weniger weitreichend. Die Gesamtzahl der Landtagswahlkreise stieg auf 91. Die meisten zusätzlichen Wahlkreise wurden an die größten Städte vergeben. Dresden und Leipzig zählten nun je sieben Wahlkreise, Chemnitz vier und Zwickau sowie Plauen je einen. Die anderen städtischen und ländlichen Wahlkreise blieben weitgehend intakt. Es ist falsch zu behaupten, dass die Forderung des Verbandes der Sächsischen Industriellen nach einer Neuordnung der sächsischen Wählerschaften erfüllt worden wäre.[144] Der »sonstige städtische« WK 5: Dippoldiswalde z. B. umfasste nach wie vor 15 Städte (siehe Karte 11.1). Und diese Städte trieben weiterhin wie 15 Inseln in einem Meer von ländlichen Wahlkreisen.[145] Sie erstreckten sich über eine Länge von fast 60 Kilometer Luftlinie von Lengefeld im Westen (bei Chemnitz) bis Berggießhübel im Osten (bei Dresden).[146] Daher wäre ein Wahlkampf in allen Teilen dieses Wahlkreises nach der Wahlrechtsreform ebenso schwierig gewesen wie zuvor – das heißt, wenn auch andere Merkmale der Landtagswahl unverändert geblieben wären.

Doch das war nicht der Fall. Zwei weitere grundlegende Änderungen wurden eingeführt. Das System, wonach alle zwei Jahre nur ein Drittel des Landtags zur Wahl stand, wurde aufgegeben. Bei der nächsten Wahl würden alle 91 Mandate neu vergeben werden, so wie

---

142 AHM Karl Néale von Nostitz-Wallwitz (Leipzig) an KHMS Leipzig (Abschrift), 26.6.1909, SHStAD, MdI 5456.
143 Würzburger an MdI, 1.3.1910, 4.2.1911, SHStAD, MdI 5492.
144 K. H. POHL, Sachsen, Stresemann und die Nationalliberale Partei, 1992, S. 208 f.
145 Eigentlich vier Meere: die ländlichen Landtagswahlkreise 12: Pirna, 13: Dippoldiswalde, 14: Brand und 33: Zschopau. Vgl. Karte S.11.1, die die ländlichen und städtischen Landtagswahlkreise in Sachsen nach 1909 zeigt, und die hochauflösende Karte S.11.2, beide im Online-Supplement. Vgl. auch die Karten in Kap. 12 in diesem Band.
146 Die 15 Städte sind aufgeführt in: SLTW, S. 108; 34 von 48 ländlichen Landtagswahlkreisen blieben 1909 unverändert.

es auch danach alle sechs Jahre der Fall sein würde. Damit blieb eines der konservativen Gütesiegel der Wahlrechtsgesetze von 1868 und 1896 – d. h. die stufenweise Erneuerung des Landtags – auf der Strecke. Nun konnte also ein abrupter politischer Meinungswechsel zu einer tiefgreifenden Veränderung des Landtags führen. Den Konservativen war es

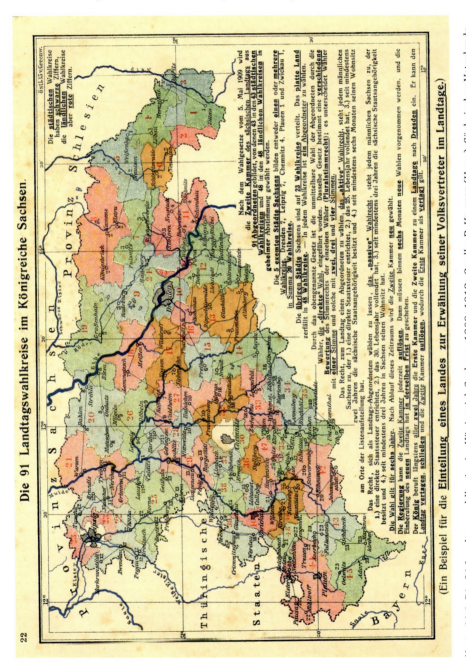

Karte 11.1: Die 91 Landtagswahlkreise im Königreich Sachsen, 1909–1918. Quelle: B. KRAUSE (Hrsg.), Sächsischer Vaterlands-Atlas, 2. rev. Auflage, Dresden o. J. [c. 1912].

zuwider gewesen, die Ein-Drittel-Wahl alle zwei Jahre aufzugeben: Diese »Vorsichtsmaßnahme« sei zu leicht preisgegeben worden, behaupteten sie. Die Parteien und ihre Kandidaten würden nun verpflichtet sein, in jeder Ecke des Königreichs gleichzeitig ihre Unterstützer zu mobilisieren und sich ihren Gegnern zu stellen. Vor diesem Hintergrund hilft es, die Bedeutung der zweiten Veränderung zu verstehen. Zuvor wurden die Landtagswahlkämpfe in Sachsen zugunsten des Kandidaten entschieden, der die relative Mehrheit gewann. Stichwahlen wurden nie abgehalten; sie waren nicht nötig. Doch jetzt wurde, wie schon bei der Reichstagswahl, der Kampf um ein Landtagsmandat erst gewonnen, wenn ein Kandidat mehr als 50 Prozent der abgegebenen Stimmen gewann. Erhielt kein Kandidat im ersten Wahlgang die absolute Mehrheit, kam es zu einer Stichwahl zwischen den beiden Kandidaten mit den meisten Stimmen.

Die Haltung der Konservativen gegenüber diesen Innovationen war verständlicherweise ambivalent: Beide stellten ihre Partei vor neue Herausforderungen. In ländlichen Gebieten oder in weit verstreuten Wahlkreisen wie im WK 15: Dippoldiswalde hatten die Konservativen vor 1909 Landtagsmandate häufig mit wenig oder gar keinem Wahlkampfaufwand gewonnen – manchmal mit Erdrutschsiegen, manchmal mit einer relativen Mehrheit aufgrund niedriger Wahlbeteiligung. Das würde sich künftig ändern. Die Integralerneuerung jedes Landtags, der Verzicht auf das Dreiklassenwahlrecht und das Novum der Stichwahlen – diese Neuerungen des Wahlrechts von 1909 würden mit Sicherheit einen politisierenden Effekt haben und einen größeren Anteil an Wahlberechtigten mobilisieren als zuvor. Darüber hinaus würde die Beibehaltung der geheimen Wahl diese besorgniserregenden Merkmale der modernen Politik noch verschärfen. Dies wurde von dem konservativen Juristen Hugo Hofmann erkannt, der seine Dissertation über die Entwicklung des sächsischen Landtagswahlrechts schrieb. Hofmann kam 1911 zu dem Schluss, dass die Beibehaltung der geheimen Abstimmung von 1909 ein Fehler gewesen sei. Zur Verdeutlichung zitierte er eine obskure Broschüre von 1892 gegen das Reichstagswahlrecht. »Eine Umsturzpartei hat bei allgemeiner, geheimer Wahl 100 000 Stimmen erhalten. Trotzdem aber sind nicht die Hälfte der Wähler Männer des Umsturzes. Den einen hat der Schultheiß, den anderen der Polizeidiener geärgert. Um sich zu rächen, wählen sie den Revolutionär. Bei offener Wahl würden diese Leute diese Handlungsweise unterlassen haben, aber bei der geheimen Wahl kennt ja niemand ihr Tun.«[147]

Eine weitere wichtige Lektion aus den Reichstagswahlkämpfen wurde befolgt: 1907 hatten die Konservativen und andere Nationale die Vorteile erkannt, den Wählern im ersten Wahlgang die Wahl zwischen zwei oder mehr »staatserhaltenden« Kandidaten anzubieten. Die sächsischen Konservativen hingegen räumten 1909 ein, dass die Spaltung der antisozialistischen Stimmen im ersten Wahlgang negative Folgen haben und

---

147 G. Pfizer, Das Reichstagswahlgesetz, 1892, zitiert in: H. Hofmann, Entwicklung, 1911, S. 78.

zu katastrophalen Ergebnissen führen könnte. Aber die Landtagswahlen hatten weit weniger Aufsehen erregt als die Reichstagswahlen, selbst bevor das Dreiklassenwahlrecht das Interesse der Wähler dämpfte. Und die Konservativen verstanden 1909 besser als Anfang der 1890er-Jahre, wie man antisozialistische Gefühle bei den Wählern zu mobilisieren vermochte. Daher konnten sie durchaus hoffen, die Begeisterung der neu politisierten Wähler in Stichwahlsiege über die SPD zu kanalisieren.

Wie wir sehen werden, gewannen die sozialdemokratischen Kandidaten im Oktober 1909 die Loyalität jedes zweiten Landtagswählers. Kam »das Volk« nun in den Genuss einer gerechten Vertretung im Parlament? Ist Sachsen durch die Wahlrechtsreform der Demokratie deutlich näher gekommen? Auf beide Fragen muss die Antwort »Nein« lauten. Das Prinzip »ein Mann, eine Stimme« war von den Mehrheitsparteien im Landtag schroff abgelehnt und von der Regierung sang- und klanglos aufgegeben worden. Ein typischer sozialdemokratischer Wähler hatte nach wie vor keinerlei Aussicht, dass seine Stimme genauso gewichtet würde wie die eines typischen Antisozialisten. Stadtbewohner und die in Industrie, Gewerbe oder Handel Tätigen waren im Parlament noch immer massiv unterrepräsentiert im Vergleich zu den auf dem Land lebenden und in der Landwirtschaft tätigen Wählern. Dies galt unabhängig davon, ob sie zu den Arbeiterklassen gehörten und (wahrscheinlich) nur eine Stimme abgaben, oder ob sie zu den wohlhabenden Klassen gehörten und (wahrscheinlich) drei oder vier Stimmen abgaben. Die nicht reformierte Erste Kammer des Sächsischen Landtages ähnelte dem Preußischen Herrenhaus stärker als es die Oberhäuser in Süddeutschland taten. Die sächsische Zweite Kammer wurde als Resonanzraum der öffentlichen Meinung nur geringfügig effektiver als zuvor. Und die Sachsen gewannen keine größere Kontrolle über die politischen Entscheidungen als in den 1870er-Jahren.

Sachsen war zu Beginn des 20. Jahrhunderts, wie schon vierzig Jahre zuvor, ein Laboratorium, in dem Strategien zur Erhaltung des politischen Status quo ausgebrütet wurden. Tatsächlich sahen einige Demokratiegegner einen Silberstreif am Wolkenhimmel der Wahlrechtsreform. Paul Mehnert hatte in seiner im vorigen Kapitel erörterten Denkschrift an Bülow im Januar 1907 nahegelegt, eine Landtagsreform sei zu diesem Zeitpunkt verfrüht. Auch wenn dieses Schreiben einem Klagelied glich, so war es doch nicht fatalistisch, und gegen Jahresende erkannte Mehnert, dass einige Zugeständnisse erforderlich waren. Sein Kampf für die Unterminierung der Reform trug dazu bei, Sachsen 1907/09 wieder zu einer Vorreiterrolle zu verhelfen: Aus seiner Sicht war das Festhalten am Alten eine geeignete Waffe im Kampf gegen die Demokratie. In diesem Punkt schätzte er die damalige politische Lage in Sachsen durchaus richtig ein.[148]

*

---

[148] Da Mehnert 1909 in das Oberhaus erhoben wurde, wurde er vom Odium des Wahlkampfes unter dem neuen Wahlrecht befreit. Im November 1912 trat er dem Fünferausschuss der Deutsch-Konservativen Partei bei.

Bei der Bestandsaufnahme gilt es im Blick zu behalten, dass die sächsischen Parlamentarier mit unterschiedlichen Beweggründen an die Wahlrechtsfrage herangingen. Sie machten sich Sorgen um ihre eigene Karriere, um ihre Parteifraktion, um sächsische Traditionen, um die Sicherheit des Staates. Diese jeweiligen Beweggründe sorgten dafür, dass einzelne Abgeordnete, ebenso wie ihre Parteifraktionen, unterschiedliche Auffassungen darüber hatten, wie sich ihr Landtag in Richtung eines repräsentativen Parlaments entwickeln könne. Keiner der Beteiligten an diesem Kompromiss war gänzlich zufrieden. Die meisten Zugeständnisse hatte jedoch die sächsische Staatsregierung gemacht.[149] Ihre Vorschläge von 1903 und 1907 waren von den Nationalliberalen und den Konservativen, deren Mitglieder unbedingt ihren eigenen Kurs steuern wollten, vom Tisch gefegt worden.[150]

Als diese Parteien Sachsens berühmt-berüchtigtes Dreiklassenwahlrecht beerdigten, verkündeten sie lautstark, dass selbst der niedrigste Bürger, insofern er 50 Jahre alt und somit für eine zweite Stimme qualifiziert war, mindestens halb so viel Einfluss auf den Ausgang der Wahlen haben würde wie das privilegierteste Mitglied der Gesellschaft. Das war reine Heuchelei. Diejenigen, die so unerhört marginalisiert worden waren – die Sozialdemokraten und Hohenthal selbst – erkannten, wie zynisch, ja verlogen diese Behauptungen waren. Die Sozialisten bezeichneten die Reform als »Vierstimmenungeheuer« und »Wahlrechtsscheusal«: Insbesondere die zweite Stimme für alle über Fünfzigjährigen sei ein »perfider Trick« zuungunsten der Arbeiterklasse, deren Mitglieder eine viel geringere Lebenserwartung hatten als die Bessergestellten.[151] Es war Hohenthal vollkommen klar, dass die Konservativen immer noch das Sagen hatten. Der Kompromissvorschlag – so schrieb er an den König – passe »zweifellos für die Anschauungen der Landwirte und des Mittelstandes wie der Schlüssel ins Schlüsselloch. Aber er befriedigt nicht die Industrie […]«.[152] Hohenthal zeigte wenig Empathie für die wirtschaftlichen Interessen der Arbeiterklasse und schon gar nicht für die politischen Forderungen der Sozialdemokratie. Seine Professionalität, sein Stolz, sein (begrenzter) Sinn für Fairplay – in all dem fühlte er sich von den »staatserhaltenden« Landtagsabgeordneten beleidigt, die seine gesetzgeberische Agenda so unmittelbar bekämpft hatten. Von den Sozialdemokraten hatte er nichts anderes erwartet, als dass sie geschlossen gegen ihn stehen würden. Doch dass sich auch die Mehrheit des Landtags erfolgreich

---

149 Hohenlohe, 23.1.1909, und kommissarischer pr. Gesandter Heyl, 22.8.1909, beide in PAAAB, Sachsen Nr. 60, Bd. 8 (auch für folgende Details).
150 Wie vorhergesehen in Montgelas, 27.10.1905, 29.11.1905 (Entwürfe), BHStAM II, Ges. Dresden 963.
151 LVZ, 11.1.1909, zitiert in: S. Lässig, Wahlrechtskampf, 1996, S. 228, und zu einigen der folgenden Punkte. Würzburger lieferte statistische Daten, um der sächsischen Öffentlichkeit in dieser Hinsicht das Gegenteil zu beweisen; Würzburger, Beschluß der Direktion des Statistischen Landesamtes (9.10.1909), »[…] zur möglichst baldigen Verbreitung in der Tagespresse […]«, SHStAD, MdI 5491. In der Tat waren im Jahr 1909 23,12 Prozent aller stimmberechtigten Arbeiter über 50 Jahre alt, verglichen mit 30,66 Prozent der Stimmberechtigten insgesamt; G. A. Ritter, Wahlgeschichtliches Arbeitsbuch, 1980, S. 181. Beide Seiten hatten also zur Hälfte recht.
152 Hohenthal an Friedrich August III., 2.11.1908, SHStAD, MdI 5455.

gegen seine Vorschläge sperrte, überraschte und verbitterte ihn in den verbleibenden Monaten seines Lebens. Sollten auch wir überrascht sein? Angesichts der Konsequenz und Vehemenz, mit der fast alle bürgerlichen Politiker seit den 1860er-Jahren die Demokratie abgelehnt hatten, wohl kaum. Selbst wenn man die Motive der sächsischen Gesetzgeber lediglich verstehen – nicht werten – will, erscheinen zwei Schlussfolgerungen unanfechtbar.

Erstens lag das sächsische Wahlrecht von 1909 gemessen an demokratischen Kriterien nach wie vor weit hinter dem Reichstagswahlrecht zurück. Darüber hinaus stellte es auch im Vergleich zu dem Wahlsystem, das in Sachsen von 1868 bis 1896 vorherrschte, einen Rückschritt und keinen Fortschritt dar.[153] Falls »Demokratie« im neuen Wahlgesetz zu finden war, war sie mit Geheimtinte geschrieben. Zweitens sorgte die anhaltende Krise der sächsischen Wahlrechtsreform dafür, dass doktrinäre und zunehmend realitätsfremde Denkgewohnheiten überdauerten. Das zeigte sich in den Phrasen, mit denen viele die Wahlkämpfe sowie den Krieg gegen den Umsturz und die Notwendigkeit, das »rote Gespenst« ein für alle Mal zu vernichten, beschrieben.

Solche Reaktionen auf die Demokratie und das Gespenst der Sozialdemokratie basierten auf der notorischen Einteilung der Wählerschaft in nur zwei Gruppen – eine Spaltung, der wir in diesem Kapitel oft begegnet sind. Hannah Arendt hat diese Art von Reaktionen als »Gedankenlosigkeit« angeprangert. In einem Aufsatz, den sie etwa fünfzehn Jahre nach ihrem Buch »Eichmann in Jerusalem« verfasste, thematisierte sie die Gefahr, sich den Routinen und Rezitationen hinzugeben, die für die Durchführung mechanischer Aktionen oder Verrichtungen wichtig sind, die aber dem echten Verstehen zuwiderlaufen. »Klischees, gängige Redensarten, konventionelle, standardisierte Ausdrucks- und Verhaltensweisen«, schrieb sie, »haben die gesellschaftlich anerkannte Funktion, gegen die Wirklichkeit abzuschirmen, gegen den Anspruch, den alle Ereignisse und Tatsachen kraft ihres Bestehens an unsere denkende Zuwendung stellen. Wollte man diesen Anspruch ständig erfüllen, so wäre man bald erschöpft.«[154] Die »Ordnungsparteien« heimsten den Dank sächsischer Bürger ein, indem sie eine sechsjährige Wahlrechtsreformkrise erfolgreich beendeten. Doch das dafür nötige Durchhaltevermögen brachten diese politischen Akteure nur auf, indem sie sich auf ihrem antisozialistischen Kurs von der Beschwörung standardisierter Ausdrucksweisen leiten ließen. Hätten sie die Wirklichkeit der sozialdemokratischen Popularität in ihr Bewusstsein dringen lassen, hätten sie dem Ruf nach politischer Gerechtigkeit ihre »denkende Zuwendung« erteilt, dann hätten sie die Kräfte verlassen, ehe die Aufgabe, ein weiteres Hindernis für die Demokratie zu schaffen, vollbracht worden war.

---

153 So Ritters Schlussfolgerung in G. A. Ritter, Wahlen und Wahlpolitik, 1987, S. 83; vgl. K. H. Pohl, Sachsen, Stresemann und die Nationalliberale Partei, 1992, S. 207.
154 H. Arendt, Vom Leben des Geistes, Bd. 1, 1998, S. 14.

12 Politik in einer neuen Tonart

Im Oktober/November 1909 wurde das Pluralwahlrecht für die Landtagswahlen in Sachsen erstmals erprobt – und es sollte auch das *einzige* Mal sein, bevor das Deutsche Kaiserreich neun Jahre später implodierte. Wie wirkte sich das neue Wahlrecht auf die Wahlkampfstrategien aus? Rechtfertigte das Wahlergebnis das persönliche Opfer von Hohenthal, der knapp drei Wochen vor der Wahl verstarb? Strebten die beiden Wege der Demokratisierung – die die gesellschaftliche und die politische Demokratisierung und die politische Demokratisierung – nun schneller auseinander als zuvor?

Die Zeit allein würde es zeigen. Beobachter aller politischen Schattierungen versuchten sich an einer Bestandsaufnahme dessen, was so derart falsch – bzw. richtig – gelaufen war. Eine Frage erschien dringlicher als alle anderen, weil sie die Unsicherheit bezüglich der Aussichten einer Verfassungsreform über die sächsischen Grenzen hinaus widerspiegelte: Hatte das Pluralwahlrecht die bestehende soziale und politische Ordnung gerettet oder war es eine schwere Fehleinschätzung gewesen?

Praxis, Oktober 1909

> The Vitzthum family are noted for lack of brains.
> — Eyre Crowe, Notiz (»*minute*«) zu einem Bericht
> des britischen Gesandten in Dresden[1]

> Ich hatte die Liebe des Historikers zur Entdeckung von Quellen an unerwarteten Orten und auch die Zuversicht des Historikers, dass die offenkundige Plackerei mit ihrem geringen Ertrag Genauigkeit in ihrer Besonderheit bringen würde.
> — Greg Dening, Islands and Beaches, 1980

Der Kanzler, der Deutschland in den Ersten Weltkrieg führte, war stolz darauf, wie die deutschen Studenten anfänglich auf die »Kriegs«-Erklärung reagierten. »Welch großes Stück Weltgeschichte hat sich in den letzten Tagen vor unseren Augen abgespielt«, schrieb er an seinen liebsten Freund. Der »jämmerliche, kleinliche Geist unter uns«, hoffte er, würde bald einem »einmütigen Zug patriotischer Begeisterung und voller Hingabe an die Sache« weichen. Trotz Trauer und Abscheu darüber, was diese »völlige [...] Regeneration« des deutschen Geistes verursacht hatte, und besorgt über die »israelitische kosmopolitisierende Richtung«, die die Einheit von Volk und Staat untergraben könnte, kam er zu dem Schluss, dass diese »herrlichen Tage [...] vor Kleinmut bewahrten!« Mit diesen Worten beendete er sein emotionales Geständnis, bevor er – charakteristischerweise – gleich am nächsten Tag ein Schreiben folgen ließ, in dem er bedauerte, sich diesen Höhenflügen hingegeben zu haben.[2]

Die Lesenden mögen jetzt denken, dass der Gefühlsausbruch von Theobald von Bethmann Hollweg sich in der ersten Augustwoche 1914 ereignete. Doch Bethmann schrieb diese Zeilen in viel jüngeren Jahren, nach dem zweiten Attentat auf Kaiser Wil-

---

[1] Als Sohn des britischen Konsuls Joseph Archer Crowe hatte Eyre Crowe seine Kindheit in Leipzig verbracht. 1907 verfasste er für das britische Außenministerium eine nicht angeforderte »Denkschrift über den gegenwärtigen Stand der britischen Beziehungen zu Frankreich und Deutschland«, wonach Deutschland die Hegemonie zuerst in Europa und schließlich in der Welt suchte. Dieses Zitat stammt aus Crowes Notiz (19.4.1909) zu einem Schreiben des brit. Gesandten in Sachsen, Mansfeldt de Cardonnel Findlay, an das brit. Foreign Office, 14.4.1909. BFO-CP, FO 371/672, Rolle 24, Nr. 7079.
[2] Theodor von Bethmann Hollweg an Wolfgang von Oettingen, 13.6.1878, BAK, Kleine Erwerbungen Nr. 517, nachgedruckt in: E. VIETSCH, Bethmann, 1969, S. 320–321.

helm I. im Juni 1878. Die »gleichgültige Unempfindlichkeit« und »Frivolität«, auf die sich der damalige Universitätsstudent bezog, waren kein Kommentar zur europäischen Belle Époque vor 1914. Vielmehr meinte er damit die aus seiner Sicht öffentliche Apathie gegenüber der Sozialdemokratie – eine Apathie, die in den 1860er- und 1870er-Jahren gewachsen war, als zeitgleich die SPD in der deutschen Wahlkultur Fuß zu fassen vermochte. Im kommenden Konflikt, der sich bald in Bismarcks Sozialistengesetz konkretisierte, sah Bethmann »einen Markstein unserer inneren Entwicklung« voraus, auf dem sich die »niederträchtigen sozialistischen« und »doktrinären liberalen Bestrebungen« alle »den Schädel zerschmettern« würden.

Der Ausbruch des jungen Bethmann im Jahr 1878 bietet in seiner Vehemenz einen guten Ausgangspunkt, um den sächsischen Landtagswahlkampf von 1909 zu untersuchen. Die Sozialdemokratie war in diesem Jahr gut aufgestellt, um in die Offensive zu gehen.[3] Zwar wählte die SPD nicht das politische Terrain, auf dem der Konflikt ausgetragen werden sollte, so wie sie auch nicht die Voraussetzungen für ihren Triumph vom Juni 1903 geschaffen hatte. Doch 1909 wurden Sachsens »Ordnungsparteien« durch fragile Allianzen und unflexible Taktiken lahm gelegt. Die Unzufriedenheit der deutschen Arbeiterklasse und der SPD-Mitläufer mit dem wirtschaftlichen, sozialen und politischen Status quo trat deutlich zutage. Diese Unzufriedenheit verschaffte den Sozialdemokraten einen Vorteil, als der Kampf begann.

Vorboten

Zwischen der Verabschiedung des neuen sächsischen Wahlrechts im Januar 1909 und seiner ersten Erprobung im darauffolgenden Oktober versuchten zeitgenössische Beobachter zu beurteilen, inwieweit sich die organisatorische Stärke und das Selbstvertrauen der sächsischen Sozialdemokratie seit Januar 1907 erholt hatten. Die SPD war eine andere Partei als noch wenige Jahre zuvor, sowohl auf regionaler als auch auf nationaler Ebene. Die Einschätzung des österreichischen Gesandten, wonach das deutsche politische Leben in den vorangegangenen zwei Jahren eine seismische Veränderung erfahren habe, war typisch. Als die sächsische SPD im August 1909 in Zittau einen außerordentlichen Kongress einberief, beschrieb sie die Situation als »so günstig, wie noch nie«. Die Partei kündigte an, dass ihre Wahlagitation die sächsische Politik und die Reichspolitik »auf's Engste miteinander verknüpfen« werde. Wie ein Redner es formulierte, »die Sozialdemokraten würden geradezu Thoren sein, wenn sie die durch die

---

3   Vgl. [Sozialdemokratische Partei Sachsens], Protokoll [...] Leipzig [...] 1910.

ungeheuere Lebensmittelverteuerung und die neuen Steuern bestehende Unzufriedenheit im Lande nicht nach besten Kräften ausnützen wollten«.[4]

Aus agitatorischen Gründen fassten die Sozialdemokraten alle bürgerlichen Parteien zu einer, wie Hermann Fleißner es nannte, »kompakten reaktionären Masse«[5] zusammen. Die Nationalliberalen waren dabei Bösewichte und Opfer zugleich. »Geschlagen und zugleich am meisten blamiert standen die Nationalliberalen da: Sie hatten dem sächsischen Volke durch ihre Pluralwahl-Anträge eine Grube gegraben, in die sie nun selbst von den Konservativen hineingeschleudert wurden.« Selbst die linksliberale freisinnige Volkspartei, deren Anführer versucht hatten, »sich bei diesen Fragen als Volkstribunen aufzuspielen«, entgingen Fleißners Attacke nicht. Zu allgemeiner Zustimmung erklärte er: »Sie [die sächsischen Linksliberalen] zeichnen sich vor den übrigen Reaktionären durch ein größeres Maß an Heuchelei aus. (Sehr gut!)«[6] Fleißner beklagte auch, dass Regierungschef Hohenthal und seine Kumpanen »kein freies Wahlrecht« geschaffen hätten. »Man hat Berechnungen über Berechnungen angestellt«, erklärte Fleißner, »in den Kanzleien der Großstädte haben sich die Beamten die Finger wund schreiben und die Köpfe zerbrechen müssen, haben sie Zahlen auf Zahlen anmarschieren lassen müssen, um die Unterlagen zu schaffen für ein Wahlrecht, das dem Wunsche der Mehrheitsparteien entspricht.«[7]

Die sächsischen Sozialdemokraten gingen zuversichtlich in den Landtagswahlkampf von 1909. Die Unzufriedenheit der Bevölkerung mit dem Pluralwahlrecht war nicht nur auf die Organisations- und Agitationsanstrengungen der SPD zurückzuführen, sondern auch auf eine veränderte politische Konstellation in Deutschland – zu einer Zeit (Anfang 1907 bis Mitte 1909), als auch die Sachsen ihre eigenen Reformqualen durchlitten. Durch den Untergang des Bülow-Blocks im Juli 1909 kam es zu einem Bruch in der Kontinuität der Parteiausrichtungen in Deutschland. Als die sächsische Reform im Januar 1909 abgeschlossen war, war dieser Bruch noch kaum in Sicht gewesen. Bis Oktober 1909 aber waren die »Berechnungen über Berechnungen«, die den Einzug von 15 Sozialdemokraten in den Landtag vorausgesagt hatten, reine Makulatur geworden.

Der Zerfall des Bülow-Blocks folgte auf die Weigerung der Konservativen und des Zentrums, der Finanzreform zuzustimmen, die der Kanzler zum Kernpunkt seines politischen Programms gemacht hatte.[8] Die Finanzreformkrise von 1908/09 generierte neue Einnahmen in Höhe von 500 Millionen Mark, mit denen die massiven Ausgaben

---

[4] Zitiert in: österr. Gesandter in Sachsen, Karl Emil Fürst zu Fürstenberg, an österr. MdAA, 28.8.1909, HHStAW, PAV/54.

[5] Die Sozialdemokraten verwendeten diese Bezeichnung seit den Tagen Ferdinand Lassalles zur Beschreibung ihrer Gegner.

[6] [SOZIALDEMOKRATISCHE PARTEI SACHSENS], Protokoll [...] Zittau [...] 1909, S. 17, 78–79.

[7] Ebenda, S. 74–75.

[8] P.-C. WITT, Finanzpolitik, 1970; G. VOGEL, Konservativen und Blockpolitik, 1925; H.-J. PUHLE, Interessenpolitik, 1975, S. 261–269; J. BOHLMANN, Deutschkonservative Partei, 2011, Kap. 5; C. E. SCHORSKE, German Social Democracy, 1955, Kap. 6–7; K. A. LERMAN, Chancellor, 1990, Kap. 6; J. C. G. RÖHL, Wilhelm II, Bd. 3, 2014, Kap. 19–27.

für eine kaiserliche Marine wettgemacht werden mussten. Bülow und die liberalen Parteien in seinem Block plädierten für eine Reform, bei der 400 Millionen Mark in Form von indirekten Steuern auf so beliebte Konsumgüter wie Zigaretten und Bier und nur ein kleiner Teil in Form direkter Steuern erzielt worden wären. Obwohl sich alle Bundesstaaten mit Ausnahme von Preußen der Einführung indirekter Reichssteuern widersetzten – seit 1871 fiel das in ihren ausschließlichen Kompetenzbereich –, verweigerten konservative Agrarier in Preußen einer bescheidenen direkten Steuer auf geerbtes Vermögen ihre Unterstützung. Diese, so behaupteten sie, würde Witwen und Waisenkinder gerade dann dem Staat ausliefern, wenn sie am schutzlosesten seien. Zwischen Ende 1908 und Juni 1909 tat sich eine »Koalition der Unwilligen« – katholische Zentrumspolitiker und Konservative – auf eine Weise zusammen, dass sich daraus eine schwere innenpolitische Krise im kaiserlichen Deutschland entwickelte. Bülow und sein Reichskanzleichef, Friedrich Wilhelm von Loebell, hofften bis zur endgültigen Niederlage ihrer Gesetzesvorlage am 24. Juni 1909, dass »ein Meteor vom Himmel falle«.[9] Aber der Bund der Landwirte war der Schwanz, der mit dem konservativen Hund wedelte. Kaiser Wilhelm II. bestand darauf, dass Bülow lange genug im Amt blieb, um die Verabschiedung des Gesetzentwurfs der Konservativen und des Zentrums – abzüglich der Erbschaftssteuer – zu bewerkstelligen. Am 14. Juli 1909 trat dann Bethmann Hollweg die Nachfolge von Bülow als Reichskanzler an.

Der Zusammenbruch des Bülow-Blocks beeinflusste die Perspektiven für die Demokratie und den Kampf gegen den »Umsturz« auf vielfältige Weise. Wilhelm II. wollte nicht anerkennen, dass sich die semi-parlamentarische Monarchie in Deutschland weiterentwickelte. Ungeachtet dessen, was Wilhelm dachte oder tat, hatte die Reichstagsmehrheit, die einen von der vollen Staatsgewalt getragenen Gesetzentwurf ablehnte, ein gewisses Maß an verfassungsmäßiger Macht für sich beansprucht. Wie Bethmann in einem Brief an Bülow bemerkte, »beschleunigt« die konservative Unnachgiebigkeit »unsere Entwicklung auf dem Weg der demokratischen Linie, anstatt sie [...] aufzuhalten«.[10] Die Daily-Telegraph-»Affäre« und die Eulenburg-Skandale 1908/09 trieben nicht nur einen Keil zwischen Kaiser und Kanzler (Wilhelm empfand Bülows Rechtfertigung seiner Indiskretion als halbherzig); sie erschütterten auch das Vertrauen der Öffentlichkeit, dass irgendjemand die volle Verantwortung für die Innen- oder Außenpolitik trug. Wie wir in Kapitel 9 gesehen haben, hatte Bülow nur Platitüden und keine konkreten Maßnahmen anzubieten, nachdem er den Liberalen eine Reform des preußischen Dreiklassenwahlrechts in Aussicht gestellt hatte.

Obwohl der Führer der Nationalliberalen, Ernst Bassermann, glaubte, dass die von den Konservativen und dem Zentrum verabschiedeten »schauderhaften« Steuern den Nationalliberalen »100 000 neue Anhänger« bringen würden, erwies sich die zwei-

---

9 Ernst Bassermanns Bemerkung vom 18.5.1909 zitiert in: T. ESCHENBURG, Kaiserreich, 1929, S. 224.
10 Schreiben vom 14.7.1911, zitiert in: W. GUTSCHE, Aufstieg, 1973, S. 91.

jährige Wartezeit auf die nächste Reichstagswahl als eine verpasste Chance für die deutschen Liberalen. Bereits im August 1909 schrieb Bassermann an einen Parteikollegen: »Große liberale Partei und parlamentarische Regierung erleben wir zwei nicht mehr.« Laut Bassermanns literarischem Nachlassverwalter hatten die Anhänger der Nationalliberalen bis 1911 »viel zu sehr den Glanz und die äußere Macht des Kaiserreichs auf sich wirken [lassen], als daß sie sich zu einer irgendwie gearteten intensiven politischen Betätigung angeregt fühlten«.[11] Umgekehrt kämpfte Bethmann Hollweg darum, das Vertrauen seines Meisters zu erhalten und eventuell die Konservativen auf seine Seite zu ziehen, indem er sein Versprechen wiederholte, keine Kompromisse mit der Sozialdemokratie einzugehen. Eine ähnliche Strategie war innerhalb des Bülow-Blocks sowohl von der linksliberalen Partei als auch von der nationalliberalen Partei verfolgt worden – auch über das Jahr 1909 hinaus. Sie setzten vermehrt auf einen chauvinistischen Imperialismus, um die Spaltungen in ihren eigenen Lagern zu übertünchen und ihre Legitimation als »staatserhaltende« Parteien aufzupolieren.

Im Sommer 1909 war die öffentliche Meinung so vehement antikonservativ und anti-agrarisch wie zu keinem anderen Zeitpunkt im Kaiserreich. Die Konservativen sahen sich im Reichstag, in den Landtagen und in der Presse empörten Gegnern gegenüber – nicht nur wegen ihrer Arroganz, sondern auch wegen der schwierigen Wirtschaftslage im Allgemeinen. Im Sommer 1907 hatte ein Abschwung der deutschen Wirtschaft eingesetzt. Nach einem kurzen Aufwärtstrend Ende 1909 – der allerdings zu spät kam, um die Unzufriedenheit der Arbeiter während des sächsischen Landtagswahlkampfs zu beschwichtigen –, setzte sich die wirtschaftliche Flaute bis 1911 fort (und endete wiederum zu spät, um im Januar 1912 den »staatserhaltenden« Parteien zu helfen).[12] Indirekte Steuern auf Konsumgüter des täglichen Bedarfs sowie Einfuhrzölle auf Getreide ließen die Lebensmittelpreise steigen; dies lieferte den Sozialdemokraten noch mehr Munition für den »Klassenkampf«, von dem sie behaupteten, die Konservativen hätten ihn entfesselt.

Bülows spitze Abschiedsbemerkungen über die Arroganz der Konservativen Partei trafen ins Schwarze. Der Widerstand der Konservativen gegen seine Erbschaftssteuer, schrieb er, würde ein Vermächtnis der »Verwirrung, Erbitterung u(nd) Depression weiter konservativer Kreise [hinterlassen], besonders in Mitteldeutschland, in den Städten, unter Beamten, Kleinbürgern usw.; [...] starkes Überwiegen des (parlamentarisch) viel stärkeren Zentrums über die Konservativen; reelle (nicht imaginäre) Kompensationen an die liberal-demokratischen Ideen in Preußen«.[13] Wie Kassandra hoffte Bülow, dass sich seine Prophezeiungen nicht bewahrheiten würden. Doch seine Abschiedsworte an

---

11   T. Eschenburg, Kaiserreich, 1929, S. 261–267.
12   V. Hentschel, Wirtschaft, 1978, S. 238–252; zu Reallöhnen T. J. Orsagh, Löhne, 1969, S. 479–481; R. Gömmel, Realeinkommen, 1979, S. 25–29.
13   Bülows Randvermerk (8.4.1909) zur Aufzeichnung Loebells vom 6.4.1909, zitiert in: P.-C. Witt, Finanzpolitik, 1970, S. 275. Vgl. SBDR, Bd. 237, S. 8585–8589 (Bülow), 16.6.1909.

die Konservativen, die ein »frivoles Spiel mit den Interessen der Monarchie und des Landes« getrieben hätten, waren unzweideutig: »Bei Philippi sehen wir uns wieder.«[14]

Der Bülow-Block brach in einer Weise zusammen, dass es sowohl die sächsische Politik als auch die Reichspolitik tangierte. Im Frühjahr 1909 hatten Bülow und Loebell um die Unterstützung Paul Mehnerts, des Dresdner Oberbürgermeisters Otto Beutler und anderer Konservativer geworben.[15] Die sächsischen Konservativen erklärten mit viel öffentlichem Trara, dass sie in dieser Stunde der Not eine Erbschaftssteuer unterstützen würden.[16] Nicht zum ersten und nicht zum letzten Mal trieb Mehnert ein doppeltes Spiel. Die sächsischen Konservativen hofften, in der Industrie und beim Mittelstand politische Gunst zu gewinnen, indem sie einen Kompromiss in der Erbschaftsteuerfrage anboten. Dass sie mit ihren preußischen Kollegen im Norden nicht einverstanden waren, schmeichelte dem sächsischen Partikularismus. Allerdings riskierte Mehnert dabei, die Geduld des De-facto-Parteichefs auf Reichsebene, Ernst von Heydebrand, und des Bundes der Landwirte zu erschöpfen. Die Konservative Partei war flexibel genug, Mehnert in diesem Spiel eine Weile lang gewähren zu lassen. Er hatte keineswegs die Absicht, agrarische Interessen zu opfern; schließlich war bei Wahlen die Hilfe des Bundes der Landwirte unerlässlich geworden. Aber die übertriebene Rhetorik der radikalen Agrarier kam zu diesem Zeitpunkt ungelegen.

Im Juli 1909 brach Mehnerts Scharade zusammen. Am 10. Juli berichtete der österreichische Gesandte in Dresden von einem Gespräch, das er kurz zuvor mit dem neuen sächsischen Regierungschef Christoph Graf Vitzthum von Eckstädt geführt hatte.[17] Beide Männer waren sich einig,

> dass die der Erbschaftssteuer freundliche Haltung der sächsischen Agrarier und Konservativen sich nur als ein mit Hinblick auf die vor der Türe stehenden Landtagswahlen wohlüberlegtes Wahlmanöver darstellt, welches auf Stimmenfang gerichtet war. Bisher zollte die gesamte Presse dieser Haltung der sächsischen Konservativen schrankenloses Lob und nur ganz übelwollende Blätter unterlegten dieser Sonderstellung der Sachsen eine eigene Bedeutung. Da sich aber nun in der letzten Zeit in den konservativen Blättern die Stimmen aus dem Lager der sächsischen Agrarier mehrten, die in höchst indiskreter und unvorsichtiger Weise den preussischen Gesinnungsgenossen Dank und Anerkennung für ihre mannhafte Haltung in der Verteidigung der gemeinsamen Interessen

---

14 B. v. Bülow, Denkwürdigkeiten, 1930, Bd. 2, S. 522. In Shakespeares »Julius Caesar«, Akt IV, Szene 3, erzählt der Geist von Julius Caesar Brutus, dass sie (in der Schlacht) bei Philippi aufeinandertreffen würden.
15 BAK, Rkz 211. Weitere Hinweise in: J. Retallack, Conservatives *contra* Chancellor, 1985, S. 224–232; ders., Road to Philippi, 1993, S. 261–271; ders., German Right, 2006, S. 353–360. Wären Mehnerts Einwände gegen Heydebrand und den BdL echt gewesen, hätte sein Porträt 1916 wahrscheinlich nicht das Titelbild des »Konservativen Kalenders« geziert.
16 Vaterl, 15.4.1909, 4.5.1909, 1.8.1909; vgl. Presseduell in NLVBl, 1.8.1909, Vaterl, 1.9.1909, 1.10.1909.
17 Fürstenberg, 10.7.1909, HHStAW, PAV/54.

aussprachen, nützten begreiflicher Weise die liberalen und sozialistischen Blätter dieses unangebrachte Triumphgeschrei weidlich aus, um den Konservativen »die Maske von dem Gesichte zu reissen«.

Wie Otto Beutler bei der Berichterstattung über den Landtagswahlkampf in Dresden feststellte, hätte der Zeitpunkt des Finanzreformdebakels schlechter nicht sein können. Die Auswirkungen von »zahlreichen neuen Steuern« würden sich in den nächsten Wochen bemerkbar machen. Zusammen mit dem Zerfall des Bülow-Blocks und der »heuchlerischen« Behauptung der Liberalen, sie hätten gegen diese Steuern gekämpft, sei zu erwarten, dass sich in Sachsen »zahlreiche« Wähler aus der Arbeiterklasse von der Konservativen Partei abwenden würden.[18] Beutler konnte Vitzthum nur »dringend empfehlen«, den Wählern über die Haltung der sächsischen Konservativen in der Steuerfrage reinen Wein einzuschenken. Tatsächlich wollte er, dass sich die Empörung der Sachsen gegen die sächsische Regierung, nicht gegen seine eigene Partei richtete. Andernfalls würden »zahlreiche Wähler sich infolge der Ergebnisse dieser Haltung in das staatsfeindliche Lager begeben oder doch zur äussersten Linken bekennen«.

*

Im Jahr 1909 zeigten sich die sächsischen Sozialdemokraten immer zuversichtlicher, dass im Zeitalter der Demokratisierung die Zeit für sie arbeitete. Ihre Feinde fürchteten, dass sie Recht hatten.

Obwohl die Wahlkämpfe seit 1903 Zehntausende von Neuanhängern für die SPD (ohne Berücksichtigung von Mitläufern) mobilisiert hatten, schränkte das ungleiche Wirtschaftswachstum in den Jahren 1905 bis 1914 die Expansion der SPD ein. In bestimmten Jahren wogen knappe Familienbudgets die durch die Wahlrechtsreformdebatten hervorgerufene Aufregung mehr als auf. In den zwölf Monaten zwischen dem Sommer 1908 und dem Sommer 1909, als die Auseinandersetzung um die sächsische Wahlrechtsreform ihren Höhepunkt erreichte, wuchs die Parteimitgliedschaft kaum. Im Vergleich: Als Hamburg nach 1904 durch Wahlrechtsreform-Unruhen aufgewühlt wurde, stieg die dortige Parteimitgliederzahl von rund 18 000 im Jahr 1904 auf über 32 000 im Jahr 1907.[19]

Abbildung 12.1 belegt die wachsenden Mitgliederzahlen der Sozialdemokratischen Partei in Sachsen und im Reich. Die obere Hälfte spiegelt die gängige Vorstellung vom unablässigen Wachstum der SPD wider. Die untere Hälfte zeigt die langsamere Expansion in schwierigen Zeiten. Der wichtigere Trend ist das langfristige Wachstum. Die Gesamtzahl der SPD-Mitglieder in Sachsen verdreifachte sich zwischen 1905 und 1914.

---

18   Beutler an MdI, 30.7.1909, SHStAD, MdI 5351.
19   D. FRICKE, Handbuch, 1987, Bd. 1, S. 307–313, S. 309 zu Berlin im Jahr 1910.

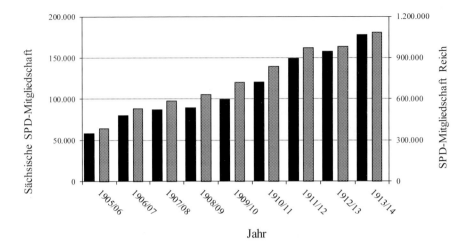

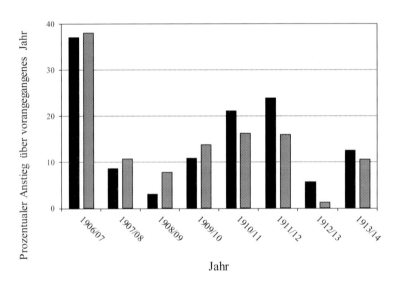

Abbildung 12.1: Anstieg der SPD-Mitgliedschaft, Sachsen und das Reich, 1905–1914. Anmerkung: Zahlen entsprechen dem Ende des Berichtsjahres, gewöhnlich 30. Juni oder 1. Juli. Einige Prozentzahlen vom Verfasser berechnet. Quelle: Bezogen aus Daten in [SOZIALDEMO-KRATISCHE PARTEI SACHSENS], Protokoll ... Landeskonferenz ... Leipzig ... 1914, S. 11 (Sachsen); D. FRICKE, Handbuch, Bd. 1, S. 308–313 (Reich).

Auch der Anteil der sächsischen SPD an der nationalen Parteimitgliedschaft stieg – von elf Prozent 1905/06 auf über 16 Prozent Mitte 1914.[20]

Tabelle 12.1 verdeutlicht die mobilisierende Wirkung des letzten Reichstagswahlkampfs im deutschen Kaiserreich: Die SPD-Mitgliedschaft in Sachsen stieg in nur zwei Jahren (von Mitte 1910 bis Mitte 1912) um 50 Prozent. Die Tabelle zeigt außerdem große Unterschiede zwischen der Größe und den Wachstumsraten der SPD-Organisationen in den 23 sächsischen Reichstagswahlkreisen. Anfang 1907 zählte nur eine Wahlkreisorganisation (13: Leipzig-Land) mehr als 10 000 Mitglieder. Bis Mitte 1914 waren drei weitere Wahlkreise hinzugekommen.[21] Über 50 Prozent aller Parteimitglieder in Sachsen gehörten einer dieser vier Wahlkreisorganisationen an. Allein Leipzig-Land war auf 40 000 Mitglieder angewachsen.

Das Wachstum der sozialdemokratischen Presse zeigt einige der gleichen Merkmale wie die steigende Mitgliederzahl.[22] Wurde die SPD-Leserschaft in Sachsen im Jahr 1896 auf rund 50 000 geschätzt, so hatte sie sich bis 1904 verdreifacht. In den Jahren 1908 bis 1910 lassen sich nur moderate Zuwächse verzeichnen, doch die beiden Reichstagswahlkämpfe im Winter 1906/07 und 1911/12 scheinen die Leserzahl wieder in die Höhe getrieben zu haben. Nach dem ersten dieser Wahlkämpfe hatten die drei Lokalorgane der SPD in Sachsen über 30 000 Abonnenten.[23] Eine dramatischere Expansion fiel mit der Reichstagswahl vom Januar 1912 zusammen, vor allem weil die SPD 1911 das ganze Jahr über ununterbrochen Wahlkampf betrieb. Der Anteil der sächsischen SPD an der nationalen Parteileserschaft sank von rund 20 Prozent um die Jahrhundertwende auf rund 14 Prozent im Jahr 1914.[24]

Für sozialdemokratische Zeitungen waren die Abonnements der Parteimitglieder unerlässlich, und wie im Falle der Mitgliedsbeiträge musste auf sie verzichtet werden, wenn die Arbeiter Mühe hatten, Essen auf den Tisch zu bringen. Zeitungen wie Max Riedels *Volksstimme* in Chemnitz mit einer Auflage von rund 43 000 Exemplaren im Jahr 1907 wurden fast ausschließlich von einzelnen Kolporteuren verteilt, die vom Verlag Abonnentenlisten erhielten und dann Zeitungen von Hand verteilten. So bauten SPD-Funktionäre an der Basis oft eine persönliche Beziehung zu einzelnen Lesern (bzw.,

---

20 1905/06: 58 305 Mitglieder (Sachsen), 384 327 (Reich); 1913/14: 177 655 (Sachsen), 1 085 905 (Reich).
21 Dabei handelte es sich um die Wahlkreisorganisationen in 4: Dresden-Neustadt, 6: Dresden-Land und 16: Chemnitz. D. FRICKE, Handbuch, 1987, Bd. 1, S. 329–331, bietet eine berufliche Aufschlüsselung der Mitglieder der Freien Gewerkschaft in 13: Leipzig-Land (1908–12), gegliedert nach Geschlecht.
22 Vgl. Quellen für Tabelle 12.2.
23 Vgl. Abbildung S.12.1, »Die wichtigsten sozialdemokratischen Parteizeitungen in Sachsen, Abonnements, 1897–1917«, im Online-Supplement. Der Krieg drückte die Zeitungsabonnements der Partei überall. Die beiden sächsischen Leitorgane in Leipzig und Chemnitz hatten 1917 noch rund 50 000 Abonnenten.
24 Dieter Fricke berechnete das Verhältnis zwischen der Anzahl der abgegebenen Stimmen für SPD-Kandidaten und der Anzahl der Abonnenten der Parteipresse bei den RT-Wahlen von 1907 und 1912. Für 1907 fand er heraus, dass die Leser der *Leipziger Volkszeitung* in Sachsens 12. und 13. RT-WK mit etwa doppelt so hoher Wahrscheinlichkeit SPD wählten als Leser des *Vorwärts* in Berlin oder der *Volksstimme* in Braunschweig. D. FRICKE, Handbuch, 1987, Bd. 1, S. 545–546.

Tabelle 12.1: Sächsische SPD-Mitgliedschaft, nach Reichstagswahlkreis, 1901–1914

Nr.	Wahlkreis	1901	1902	1903	1904	1905	1906/07	1907/08	1908/09	1909/10	1910/11	1911/12	1912/13	1913/14
1	Zittau	541	733	871	878	1.016	1.166	1.058	1.057	1.151	1.320	1.877	1.949	2.364
2	Löbau	600	613	713	716	785	987	890	879	1.140	1.612	2.060	2.238	2.496
3	Bautzen	264	305	344	426	480	605	702	857	1.028	1.216	1.375	1.549	1.780
4	Dresden-Neustadt	1.405	2.133	2.802	4.024	4.902	6.636	7.494	8.059	9.258	10.957	13.061	13.487	14.226
5	Dresden-Altstadt	1.230	1.620	1.900	2.162	1.942	3.087	3.153	3.032	3.494	4.696	5.810	5.961	6.331
6	Dresden-Land	1.837	2.188	3.434	4.927	6.001	9.742	10.400	10.832	13.090	15.552	18.606	19.981	21.663
7	Meißen	751	898	1.400	1.526	2.027	3.655	3.701	3.471	4.143	5.128	6.413	6.539	7.361
8	Pirna	910	775	1.209	1.152	1.482	2.491	2.940	3.119	3.359	4.256	5.356	5.882	6.301
9	Freiberg	224	210	265	327	492	949	820	722	835	1.043	1.327	1.688	2.146
10	Döbeln	824	1.169	1.500	1.300	1.380	1.700	2.000	2.000	1.995	2.300	3.393	3.498	3.918
11	Oschatz-Grimma	233	279	427	715	946	1.190	1.159	1.227	1.623	2.235	2.540	2.530	2.796
12	Leipzig-Stadt	742	1.300	1.630	1.681	2.100	3.300	3.375	3.461	3.572	4.263	4.212	4.352	5.032
13	Leipzig-Land	4.890	5.557	7.000	11.743	12.541	20.710	23.702	23.728	24.945	28.690	32.219	33.941	40.017
14	Borna	539	900	1.000	1.000	1.200	1.559	1.471	1.326	1.302	1.823	2.200	2.500	2.507
15	Mittweida	1.139	1.486	2.077	2.108	2.162	2.837	3.042	3.335	3.381	3.798	4.580	4.779	5.556
16	Chemnitz	1.580	2.000	3.000	3.970	4.786	5.652	6.564	7.465	7.850	9.054	14.381	16.408	20.361
17	Glauchau-Meerane	1.068	942	1.750	1.490	1.600	2.570	2.800	2.946	2.661	3.064	3.686	3.792	4.149
18	Zwickau	2.460	2.022	2.277	2.210	2.209	2.633	2.933	3.295	4.040	5.450	6.524	6.658	7.453
19	Stollberg	1.351	1.430	1.437	1.680	1.735	2.691	2.876	3.087	3.292	3.651	4.316	4.176	5.394
20	Marienberg	328	348	438	638	614	852	1.012	1.096	1.392	1.489	1.940	2.017	2.379
21	Annaberg	300	350	450	400	450	1.161	1.251	1.201	1.637	1.983	2.517	2.376	2.663
22	Auerbach	1.266	1.543	1.744	1.737	1.644	1.855	1.906	1.746	1.953	2.900	4.091	4.247	4.866
23	Plauen	1.099	1.117	1.196	1.370	1.550	1.930	1.671	1.701	2.331	4.104	6.841	7.365	5.896
	Gesamt	25.581	29.918	38.864	48.180	54.044	79.958	86.920	89.642	99.472	120.584	149.325	157.913	177.655

Quelle: [SOZIALDEMOKRATISCHE PARTEI SACHSENS], Protokoll ... Zittau... 1909, S. 29; K. SCHRÖRS, Handbuch, 1914, S. 63.

Tabelle 12.2: SPD-Presse in Sachsen und im Reich, Auflagenhöhe, ca. 1890–1914

Jahr	Sachsen		Reich	
1890er-Jahre	50.000	(1896)	254.100	(1890)
1899	72.320		400.000	
1904	121.750		600.000	
1905	134.400			
1906	142.000		837.790	
1907	176.500			
1908	161.370	170.000		
1909	159.640	169.000	1.041.488	
1910	170.201		1.160.016	
1911	183.781		1.306.465	
1912	214.884		1.478.042	
1913	219.364		1.465.212	
1914	215.428		1.488.345	
1915			1.060.891	
1916			900.731	
1917	ca. 240.000		762.757	

Anmerkungen: Zahlen stellen die Gesamtauflagenhöhe dar. Die höhere Zahl für Sachsen 1908 stammt aus Förstenberg, »Übersicht ... 1909«. Abweichende Zahlen für Sachsen 1909 stammen aus [SOZIALDEMOKRATISCHE PARTEI SACHSENS], Protokoll [...] Zwickau [...] 1909, S. 10, 31.
Quellen: [SOZIALDEMOKRATISCHE PARTEI SACHSENS], Protokolle, 1909–14; K. SCHRÖRS, Handbuch, 1914, S. 85; D. FRICKE, Handbuch, 1987, Bd. 1, S. 540, 543; W. SCHRÖDER, Brücke, 1999; B. WINKLER, Statistik, 1918-19, S. 171; Förstenberg, »Übersichten ... 1909–12«, SHStAD, KHMSL, S. 250, 254.

wenn es sich um erwachsene Männer handelte, zu einzelnen Wählern) auf.[25] Riedel bemerkte, die »Übernahme der Kolportage« – die von Antisozialisten als »Hausieren« diffamiert wurde – »setzt [...] voraus, durch eigene Bemühungen sich den Kundenkreis zu erweitern, vor allen Dingen in dem ihm zugewiesenen Bezirk neue Abonnenten zu werben«. Sächsische Behörden wetterten gegen SPD-Funktionäre, die ihre Zeitungen Gastwirten und anderen Kleinunternehmern »aufdrängten«. Max Bartsch, der von 1904 bis 1912 die politische Polizeiabteilung in Dresden leitete, stellte fest, Geschäftsleute in und um Dresden »müssen die Arbeiterpresse halten (das wird ab und zu kontrolliert), müssen darin ihren Neujahrswunsch inserieren (sonst wird nachts geklingelt u. gefragt, warum man es unterlassen habe), müssen Gelder für die Parteikasse geben«.[26]

Auch die freien Gewerkschaften, SPD-Kulturbewegungen und Konsumgenossenschaften trugen zur Mobilisierung der Wähler in Sachsen und im Reich bei, doch würde eine genauere Betrachtung dieser Gruppierungen den Rahmen dieser Studie sprengen. Zwei weitere Faktoren sind als förderlich für den sozialdemokratischen Erfolg in den

---

25 Zum folgenden W. SCHRÖDER, Brücke, 1999, S. 18.
26 Polizeirat Bartsch, undatierte Notizen [1907–11], SHStAD, NL Max Bartsch, F1.

Jahren 1909 und 1912 aber noch besonders hervorzuheben. Auch wenn das Frauenwahlrecht bis 1918 auf sich warten ließ, erlaubte die Reform des deutschen Vereinsrechts 1908 Frauen und Minderjährigen den Eintritt in politische Parteien. Während des Landtagswahlkampfs 1909 versuchten die Konservativen zögerlich, Frauen anzusprechen: »Wer hat der deutschen Hausfrau Kaffee, Tee und Streichhölzer teurer gemacht?« Die Antwort: »Nicht die Konservativen [...] sondern die Liberalen.«[27] Dennoch unternahmen die Konservativen auch in den darauf folgenden drei Jahren keine großen Anstrengungen, Frauen zu mobilisieren. Unterdessen gewann die sächsische SPD an Boden. In den ärmsten sächsischen Wahlkreisen berechnete die Partei Frauen nur 5 Pfennig Mitgliedsbeitrag – die Hälfte dessen, was Männer bezahlten.[28] Tabelle 12.3 zeigt das Wachstum der weiblichen Parteimitgliedschaft in den Jahren vor 1914. Der Frauenanteil in der sächsischen SPD und in der Partei auf Reichsebene variierte nie um mehr als zwei Prozent. 1914 lag er in beiden Fällen bei 16 Prozent – das Doppelte des Frauenanteils in den freien Gewerkschaften.

Tabelle 12.3: SPD-Mitgliedschaft nach Geschlecht, Sachsen und das Reich, 1908–1914

Jahr	Sachsen				Reich			
	Männer	Frauen	Gesamt	Frauen (%)	Männer	Frauen	Gesamt	Frauen (%)
1908	80.512	6.371	86.883	7	557.878	29.458	587.336	5
1909	81.588	8.054	89.642	9	571.050	62.259	633.309	10
1910	90.030	9.442	99.472	9	637.396	82.642	720.038	11
1911	106.820	13.764	120.584	11	728.869	107.693	836.562	13
1912	131.283	18.042	149.325	12	839.741	130.371	970.112	13
1913	136.745	21.168	157.913	13	841.735	141.115	982.850	14
1914	149.131	28.524	177.655	16	911.151	174.754	1.085.905	16

Anmerkung: Die Mitgliederzahl in den SPD-nahen Freien Gewerkschaften im Reich wuchs in den 1890er-Jahren um mehr als das Doppelte und zwischen 1900 und 1910 um mehr als das Dreifache (1910: 2.017.000, davon 151.512 Frauen, d. h. 8 %).
Quellen: [SOZIALDEMOKRATISCHE PARTEI SACHSENS], Protokolle [...] Zittau [...] 1909, S. 29; DERS., Dresden [...] 1912, S. 28; DERS., Plauen [...] 1913; DERS., Leipzig [...] 1914, S. 10; Förstenberg, »Übersichten [...] 1909–12«, SHStAD, KHMSL, S. 250, 254; D. FRICKE, Handbuch, 1987, Bd. 1, S. 439 f.; V. R. BERGHAHN, Kaiserreich, 2003, S. 337; DERS., Imperial Germany, 2005, S. 344; Statistisches Jahrbuch für das Königreich Sachsen 37 (1909), S. 286.

Der Erfolg bei Wahlen hing auch von der Anzahl der politischen Kundgebungen ab, die in einem bestimmten Wahlkreis organisiert wurden, und damit auch von der Anzahl der Lokale, Versammlungssäle und anderer Veranstaltungsorte, die den »Reichsfeinden«

---

27 Vaterl, 1.10.1909.
28 [SOZIALDEMOKRATISCHE PARTEI SACHSENS], Protokoll [...] Dresden [...] 1912, S. 20.

zur Verfügung standen.²⁹ Auch wenn ein Sozialdemokrat in einer Gemeindeversammlung oder einem Gemeinderat saß, konnte das den Weg für eine erfolgreiche Agitation ebnen: Manchmal ließen sich diese Lokalpolitiker selbst als SPD-Kandidaten aufstellen. Diese Vorteile kamen den sächsischen Sozialdemokraten am deutlichsten in den Großstädten Leipzig, Dresden und Chemnitz, aber auch in deren Umland zugute. In den relativ ländlichen Wahlkreisen in den östlichen, westlichen und nördlichen Winkeln des Königreichs mangelte es den SPD-Funktionären an solchen Vorteilen. Dort hatten sie oft wenig Erfahrung mit der Organisation an der Basis oder sahen keinen Sinn darin, Wahlkampf für Mandate zu betreiben, die sie nicht gewinnen konnten.

Vergleicht man die Wahlkampfaktivität der sächsischen SPD für die Reichstagswahlen 1907 und 1912 sowie die sächsische Landtagswahl 1909, so zeigt sich in diesen Jahren ein bemerkenswerter Anstieg an Einsatz und Ausgaben.³⁰ Auch wenn die Wahlkampfkosten in den 23 sächsischen Reichstagswahlkreisen sehr unterschiedlich waren, lässt sich die Fundamentalpolitisierung der deutschen Gesellschaft indirekt an den stetig steigenden Wahlkampfausgaben ablesen. Für die Reichstagswahl 1907 gab die SPD in Sachsen 251 873 Mark aus. Für die Wahl 1912 wendete sie 379 756 Mark auf – eine Steigerung von 50 Prozent in nur fünf Jahren. Für den Landtagswahlkampf 1909 sind die Daten lückenhafter, aber auch dieser war eine teure Angelegenheit.

In den vier Reichstagswahlkreisen (11 bis 14) des Leipziger Agitationsbezirks der SPD gab die Partei 28 180 Mark für den Landtagswahlkampf 1909 aus. (Zum Vergleich: Der Verband Sächsischer Industrieller gab für die Unterstützung nationalliberaler Kandidaten in Leipzig, Dresden und Chemnitz zusammen 60 000 Mark aus.)³¹ In denselben vier Wahlkreisen ließ sich die SPD den Reichstagswahlkampf 1907 bzw. 1912 mehr als 75 000 Mark bzw. 80 000 Mark kosten. Es wäre falsch zu folgern, dass die Leipziger SPD bei der Landtagswahl 1909 im Vergleich zu den beiden Reichstagswahlkämpfen, die sie zeitlich flankierten, nur ein Viertel des Aufwands betrieb. Im Sommer und Herbst 1909 fanden in diesem Bezirk 317 Wahlkundgebungen statt, verglichen mit 265 im Wahlkampf 1906/07 und 350 im längeren Wahlkampf 1911/12. Im Jahr 1909 wurden im Agitationsbezirk Leipzig rund 1,2 Millionen Flugblätter verteilt, verglichen mit über 1,5 Millionen im Jahr 1906/07 und über 2,2 Millionen im Jahr 1911/12. 1909 kamen noch

---

29 Für die Reichstagswahlen 1907 und 1912 und die Landtagswahl 1909 vgl. Abbildung S.12.2, SPD-Presse-, Agitations- und Wahlkosten in Sachsen, nach Wahlkreis, 1907–12, im Online-Supplement.
30 Dieser und der folgende Absatz basieren auf [SOZIALDEMOKRATISCHE PARTEI SACHSENS], Protokoll [...] Dresden [...] 1907; DIES., Protokoll [...] Zittau [...] 1909; DIES., Protokoll [...] Leipzig [...] 1910; DIES., Protokoll [...] Dresden [...] 1912; [AGITATIONSKOMITEE DER SOZIALDEMOKRATISCHEN PARTEI LEIPZIGS], Bericht [...] für das Jahr 1909–1910, 1910, S. 47–51; K. SCHRÖRS, Handbuch, 1914, S. 84–85; Förstenberg, »Übersicht [...] 1909«, SHStAD, KHMSL 250.
31 K. H. POHL, Nationalliberalen, 1991, S. 203; DERS., Stresemann, 2015, S. 167. In diesen vier Leipziger Wahlkreisen zählte die SPD etwa zehnmal so viele Mitglieder (29 742) wie der Leipziger Nationalliberale Verein (3 016); NLVBl, 15.8.1909.

320 000 Handzettel, 13 000 Plakate und fast eine halbe Million vorgedruckte Stimmzettel dazu.

Die Intensität und die Kosten der SPD-Agitation für den Landtagswahlkampf 1909 verstärkten das Gefühl unter ihren Gegnern, dass diese Wahl tatsächlich ein Sprung ins Dunkle sei. Um alle Landtagswahlkreise wurde nun zur gleichen Zeit gerungen – nicht nur, wie es seit 1869 der Fall gewesen war, um ein Drittel des Landtags. Stichwahlen stellten eine weitere beunruhigende Neuerung dar, welche die Wähler in 58 Wahlkreisen dazu zwangen, ein oder zwei Wochen nach dem ersten Wahlgang erneut zu den Urnen zu gehen. Die Wahlbeteiligung schoss in die Höhe. Bei den letzten drei Wahlen unter dem Dreiklassenwahlrecht (1903, 1905, 1907) lag die Wahlbeteiligung in Sachsen im Durchschnitt bei nur 44 Prozent. Im Jahr 1909 betrug sie durchschnittlich fast 83 Prozent, in Leipzig war sie sogar noch höher.[32] Dies lag zum Teil daran, dass die Sozialdemokraten im Unterschied zu allen anderen Parteien auch in der Zeit *zwischen* den Wahlkämpfen agitierten. Im Nichtwahljahr von Mitte 1907 bis Mitte 1908 verteilte die sächsische Partei 997 000 Flugblätter, 295 000 Handzettel und fast 7 000 Plakate. Im gleichen Zeitraum stieg die Parteimitgliedschaft um elf Prozent. Die Mitgliederzahl im WK 13: Leipzig-Land, die ohnehin bereits die der anderen drei SPD-Agitationsbezirke überflügelte, nahm noch weiter zu. Das Leipziger Agitationskomitee sorgte dafür, dass alle wussten, wem die Ehre gebührte.[33]

*

Das Ausmaß, die Leidenschaft und die Unermüdlichkeit der sozialdemokratischen Agitation beunruhigten die sächsischen Behörden. Auf dem Höhepunkt der Finanzreformkrise im Juni 1909 erließ das sächsische Innenministerium ein Rundschreiben an seine Amts- und Kreishauptmänner, in dem diese angewiesen wurden, regelmäßig über den Wahlkampf in ihren Wahlkreisen zu berichten.[34] Nicht alle Berichte schafften es bis nach Dresden – viele Amtshauptmänner waren der Auffassung, sie hätten Wichtigeres zu tun. Wenn Berichte vorgelegt wurden, lagen ihnen ab und zu SPD-Flugblätter, Handzettel und Plakate bei. (Die Übermittlung von Propagandamaterial der »Ordnungsparteien« wurde nicht für lohnenswert befunden.) Diese Berichte spiegelten den Konsens unter den sächsischen Beamten wider, dass die sozialdemokratische Agitation nicht tolerierbar sei – weder in Ton noch Inhalt.[35]

---

32   G. A. Ritter, Wahlgeschichtliches Arbeitsbuch, 1980, S. 176, 181; Fö »Übersicht [...] 1909«, SHStAD, KHMSL 250; vgl. diesen und anschließende Berichte zu einigen der folgenden Details.
33   [Agitationskomitee der Sozialdemokratischen Partei Leipzigs], Bericht [...] 1907–08, 1908, S. 4–5.
34   MdI Verordnung, 22.9.1909 (Entwurf), SHStAD, MdI 5351.
35   Vgl. z. B. Heinks Randbemerkung zu einem Bericht von KHMS Leipzig, 22.7.1909, SHStAD, MdI 5351.

Die Beamten waren sich ebenfalls einig, dass die »Ordnungsparteien« selbstgefällig, unorganisiert und untereinander uneins waren. Ein Amtshauptmann ließ eine geläufige Beschwerde verlauten: »Über die Aussichten für die Kandidaten der einzelnen Parteien läßt sich bei dem Mangel an Erfahrungen mit dem neuen Wahlgesetz und da man in eine eigentliche einigermaßen klärende Wahlbewegung noch gar nicht eingetreten ist, ein zuverlässiges Urteil nicht bilden.« Er fügte hinzu: »Nur die Zahl der Wähler in den 4 Abteilungen (mit 4, 3, 2 und 1 Stimme) könnten in dieser Beziehung vielleicht einen Anhalt bieten.« Die Zahlen gaben keinen Anlass zu Optimismus. »Da die Wähler mit 2 und 1 Stimme zum weitaus größten Teil Anhänger der Sozialdemokratie sind, von den Wählern mit 3 und 4 Stimmen sich aber viele, beeinflußt und verstimmt durch die Vorgänge im Reich (Finanzreform u.s.w.), der Stimme enthalten werden, so steht die Sache für die Ordnungsparteien [...] recht ungünstig.«[36]

Der Amtshauptmann von Meißen stimmte zu. »Jedenfalls wird es außergewöhnlicher Anstrengungen bedürfen, um Kandidaten der Ordnungspartei [sic] durchzubringen«, bemerkte er, »weil unter der breiten Volksmasse und auch unter sonst guten Bürgern jetzt bei dem Einführen der neuen Reichssteuern eine allgemeine Unzufriedenheit über den Ausfall der Steuerreform besteht.« Auch hier schien das Wahlergebnis sich um die Frage zu drehen, wie viele »zuverlässige« Wähler berechtigt wären, zusätzliche Stimmen abzugeben: Der Verfasser merkte an, »daß garnicht [sic] wenige Arbeiter ein mehrfaches Stimmrecht erhalten: Einkommen von 16–1800 Mark sind in der hiesigen Gegend auch unter der Arbeiterbevölkerung nichts gar zu seltenes, und recht erheblich erscheint auch die Zahl der Altersstimmen unter der Arbeiterschaft. Bezüglich der rein ländlichen Bevölkerung«, führte dieser Amtshauptmann aus, »fällt ebenfalls eine große Zahl alter Leute unter den unbemittelten Ständen auf. Es ist allerdings zu hoffen, daß von dieser Seite, wenn überhaupt, gut gewählt wird.«[37] Bedenken, dass sich viele ländliche Wähler vielleicht nicht die Mühe machen würden zu wählen, waren real, aber nicht wirklich gerechtfertigt. Während die Wahlbeteiligung in den 48 sächsischen ländlichen Wahlkreisen bei 80 Prozent lag – und damit fünf Prozentpunkte niedriger als in den großen und mittleren Städten – war sie bei Wählern mit vier Stimmen höher (85 Prozent) als bei Wählern mit nur zwei Stimmen (76 Prozent).[38]

Der Wahlkampf 1909 lieferte wenige Hinweise, dass die Zentralbehörden *direkt* eingegriffen hatten, um »gute« Wahlen zu erzielen. Händeringen war häufiger. Dennoch – und das ist der wichtigere Punkt – hofften Vertreter des deutschen Obrigkeitsstaates aufrichtig auf Wahlsiege der nationalen Parteien – und halfen in einigen Fällen dabei auch nach. Es sei, so ihre Worte, eine starke Zunahme der sozialdemokratischen Stimmen zu »befürchten«; eine Doppelkandidatur von zwei bürgerlichen Parteien sei

---

36 AHMS Dresden-Altstadt an KHMS Dresden, 31.7.1909, SHStAD, MdI 5351.
37 AHMS Meißen an KHMS Dresden, 3.8.1909, SHStAD, MdI 5351.
38 Zahlen gerundet aus StatJbS 38 (1910), S. 292.

zu »bedauern«; und die Verteidigung eines Mandates durch einen Konservativen sollte »unterstützt« oder »allerdings gehofft« werden.[39] Selbst radikalen Mitgliedern des Bundes der Landwirte, die wegen des Fiaskos der Finanzreform in Berlin starken Gegenwind verspürten, wurde Sympathie entgegengebracht.[40]

Da der Wahlkampf in den 91 sächsischen Landtagswahlkreisen unterschiedlich hitzig ausfiel, befürchteten die Beamten, dass eine Kampagne hie und da Funken schlagen könne. Manch aufgeheizter Wahlkampf entging der Aufmerksamkeit der Amts- und Kreishauptmänner oder war zu eng, als dass sie dafür eine Prognose aufstellen hätten können. Andernorts entzündeten sich die erwarteten Feuerwerke nicht und mündeten in langweiligen Wahlkampagnen. Das Problem war, dass niemand wusste, wo die Feuerwehr als nächstes benötigt wurde. Vom 16. sowie 21. städtischen Wahlkreis, zu dem auch Arbeiterstädte wie Crimmitschau gehörten, berichtete der Kreishauptmann neun Tage vor der Wahl, dass es äußerlich wenig den Anschein eines Wahlkampfes machte. »Doch«, fügte er hinzu, »ist auch eine Überraschung nicht ausgeschlossen, da in dem Kreise jedenfalls mit einer großen sozialdemokratischen Stimmenzahl zu rechnen sein wird.«[41] Der betreffende Kreishauptmann bedauerte, dass der Kandidat der sächsischen Mittelstandsvereinigung (ein Pfarrer) und der Kandidat der Freisinnigen Volkspartei (ein Kaufmann) sehr spät als Zählkandidaten nominiert worden waren. Nun gefährdeten sie die Wiederwahl des wohlhabenden Fabrik- und Grundbesitzers Robert Merkel im 22. städtischen Wahlkreis, wo die »industrielle Arbeiterbevölkerung« unter dem neuen Wahlrecht mehr Einfluss haben würde. So fiel der freisinnige Kaufmann nicht bloß unter die Kategorie ›ferner liefen‹: Er verhinderte, dass Merkel im ersten Wahlgang die Mehrheit der Stimmen gewann. Die Stichwahl war einer von zahlreichen Fällen, in denen der SPD-Kandidat die Unterstützung von mehr als der Hälfte (56 Prozent) der Wähler im Wahlkreis erhielt, aber weniger als die Hälfte der abgegebenen Stimmen. Das sächsische Pluralwahlrecht verhalf Merkel zum Sieg.[42]

Egal ob eine drohende Niederlage oder ein sicherer Sieg – nichts hinderte die sächsischen Konservativen und gleichgesinnte Nationalliberale daran, den neuen Stil des Landtagswahlkampfs mit der akuten Bedrohung durch die Sozialdemokratie zu verbinden. Diese Rhetorik eskalierte unmittelbar nach der Hauptwahl am 21. Oktober 1909. »*Noch niemals hat Sachsen einen Wahlkampf erlebt*, wie denjenigen, der in den letzten Wochen hinter uns liegt«, hieß es in einem Beitrag im konservativen *Das Vaterland*.

---

39 KHMS Chemnitz an MdI, 27.7.1909; AHMS Dippoldiswalde an KHMS Dresden, 6.7.1909; SHStAD, MdI 5351.
40 Zum Gutsbesitzer Andrä, der im ländlichen WK 13: Dippoldiswalde für die Konservative Partei kandidierte, vgl. AHM Dr. Georg Böhme (Freiberg) an KHM Rumpelt (Dresden), 23.7.1909, SHStAD, MdI 5351. Andrä wurde mit SPD-Hilfe von einem nationalliberalen Kandidaten besiegt.
41 KHMS Zwickau an MdI, 12.10.1909, und die früheren Berichte vom 24.8.1909 und 17.9.1909; SHStAD, MdI 5351. Merkel saß für WK 22: Auerbach im Reichstag, wo er, wie Stresemann vor ihm, zum VSI gehörte und den linken Flügel der NLP vertrat.
42 ZSSL 1909 (1909), S. 236.

»*Noch niemals zuvor* sind die Leidenschaften der Bevölkerung in solchem Maße erregt und aufgestachelt worden, wie diesmal!« Mit dem Trost, dass die liberalen Parteien in der ersten Abstimmungsrunde schlecht abgeschnitten hatten, wandte sich dieser Autor gegen liberale Anfeindungen, wonach die Rechte auch die Schuld am Sturz von Reichskanzler Bülow trage. »*Und dennoch* müssen wir [...] bei den bevorstehenden Stichwahlen überall [...] Mann für Mann eintreten für die bürgerlichen Kandidaten! [...] Gegenüber dem *gemeinsamen Feind* sind *fest die Reihen zu schließen: jetzt gilt der Kampf auf allen Linien und bis zum letzten Ende der Sozialdemokratie!*«[43]

Die Sozialdemokraten reagierten mit gleicher Münze. »Ein neuer Reichskanzler ist an die Stelle Bülows getreten«, erklärte ein Flugblatt der SPD, »aber das System bleibt dasselbe: *Eroberungspolitik, Militarismus, Flottenwahnsinn, Polizei- und Gewaltpolitik.*« Diese Aspekte der deutschen Politik »*untergraben die Fundamente des Deutschen Reiches*«.[44] Unterdessen schürten auch viele Nationalliberale das Feuer der Unzufriedenheit. Ihr offizielles Organ in Sachsen druckte Polemiken gegen die Konservativen und den Bund der Landwirte und würzte rhetorische Fragen mit apokalyptischen Verkündigungen: »Man griff sich an die Stirne. Ist es denn möglich [...], daß dort in Berlin ein im eigenen Machtbewußtsein schwelgendes Junkertum einfach zur Steuerdiktatur übergeht und mit dem herrschaftslüsternen Zentrum eine grobe Vergewaltigung des deutschen Volkes vornimmt? Ja, wie ist es möglich?«[45]

Das Feuerspucken unter den »staatserhaltenden« Parteien zeigte sich auch in den Einschätzungen, welche Bedeutung die Wahl von 1909 wirklich hatte. Kaum war der Wahlkampf beendet, kommentierte der österreichische Gesandte in Dresden den tiefgreifenden Einfluss des Militarismus auf die deutsche Wahlkultur. Für ihn waren Wahlkämpfe im wahrsten Sinne des Wortes militärische Feldzüge: Die sächsische SPD habe einen »Bombenerfolg« erzielt, berichtete er nach Wien, und die »aussergewöhnliche Organisation der sozialdemokratischen Kräfte« habe in Sachsen den Sieg davongetragen: »Der Wahldrill erwies sich als ein mustergültiger. Staffelweise sandten die Führer die Wähler zur Urne und brachten im letzten Momente unbekannte Reservetruppen auf, die den Sieg entschieden.« Mit offenkundiger Verachtung kam dieser Gesandte zu dem Schluss, dass die sächsischen »Ordnungsparteien« erbärmliche Führungsqualitäten an den Tag gelegt hätten: »Es fehlte ihnen eben in der Verteidigung ihrer Stellung jener Elan, der jeden den Sieg erstrebenden Angreifer auszeichnet.«[46]

---

43 Vaterl, 1.11.1909 (Hervorhebungen im Original).
44 »Arbeiter, Handwerker, Landleute des 10. Reichstagswahlkreises!« (Hervorhebungen im Original), SHStAD, MdI 5351.
45 »Wehren wir uns!«, NLVBl, 15.6.1909.
46 Fürstenberg, 8.11.1909, HHStAW, PAV/54.

Verstört

Was war für die »Ordnungsparteien« so schiefgelaufen? Sie hatten es an vielen Fronten schwer, aber drei Aspekte dieser Wahl boten Lehren für die Zukunft: (1) das Unvermögen, den sozialistischen Gegner mit wahlpolitischer Kleinarbeit zu besiegen; (2) die Kombination von Unentschlossenheit und Heuchelei aufseiten der Liberalen; und (3) Fehleinschätzungen über die Auswirkungen des neuen Wahlrechts. In allen Fällen gilt es auch zu berücksichtigen, mit welchen Erwartungshaltungen die Beteiligten in den Kampf zogen und wie sie auf Sieg bzw. Niederlage reagierten.

(1) Das neue Wahlgesetz zwang die Regierung Vitzthum, die erste Wahlrunde in allen sächsischen Wahlkreisen am selben Tag durchzuführen. Darüber hinaus beugte sich die sächsische Regierung dem Druck der »Ordnungsparteien« und ihrer eigenen Verwaltungsbeamten, die Situation für die Sozialdemokraten so schwierig wie möglich zu gestalten. Die »Nadelstichpolitik« aus den 1890er-Jahren – Schikane mit allen verfügbaren Mitteln – wurde auch 1909 fortgesetzt. Die Regierung von Vitzthum ignorierte die seit langem bestehende Forderung der Sozialdemokraten, Wahlen an einem Sonntag abzuhalten, an dem die Arbeiterklasse leichter (und ohne Lohnausfall) ihre Stimme abgeben konnte, und setzte die Hauptwahl auf den 21. Oktober fest, einen Donnerstag. Vitzthum verzögerte die Terminankündigung absichtlich bis Anfang Oktober. Sowohl die Konservativen als auch die Regierung wollten einen möglichst kurzen Wahlkampf.[47] Paul Mehnert forderte zudem die sächsischen Minister auf, die Stichwahlen so schnell wie möglich abzuhalten, um die SPD-Wahlkampfaktivitäten zu dämpfen – so wie er dies auch Bülow für die Reichstagswahl 1907 geraten hatte.

Das Gesetz sah vor, dass die Wahllokale mindestens vier Stunden geöffnet sein mussten. Obwohl die Möglichkeit bestand, die Wahllokale bereits um 14 Uhr zu schließen, blieben sie in der Regel bis 16 Uhr oder später geöffnet. Der Direktor des Bundes der Landwirte in Sachsen, Oswin Schmidt, gab sich damit nicht zufrieden. Nachdem er sich darüber beschwert hatte, dass für die Bauern, die eine späte Ernte einbrachten, *jeder* Wahltag im Oktober ungünstig sei, ersuchte er die Regierung, die Wahllokale bis 19 Uhr geöffnet zu lassen. Schmidt prognostizierte »eine Gefahr für die Wahlen: Bauern, Handwerker und dergleichen mehr wollen sich gewöhnlich in der Mitte des Tages keine Zeit abmüssigen, sondern erst nach Feierabend wählen gehen. Es wird nicht möglich sein, bis nachmittags 4 Uhr den grössten Teil der gutgesinnten Wähler an die Wahlurne zu bringen. Dadurch erwächst der Sozialdemokratie ein gewaltiger Vorsprung.« Deshalb bat er das Ministerium, die Amtshauptmänner anzuweisen, die Wahllokale morgens »etwas später« aufzumachen und sie bis 7 Uhr abends geöffnet zu halten.[48] Georg

---
47 Dokumente in SHStAD, MdI 5351 und 5456.
48 Schmidt an MdI, 8.10.1909, SHStAD, MdI 5351.

Heink waren die Hände gebunden: Artikel 16 des Wahlgesetzes sah vor, dass die Wahlen um 10 Uhr beginnen mussten – was es allein schon den Arbeitern erschwerte oder unmöglich machte, vor der ersten Schicht des Tages abzustimmen. Es wurde jedoch ein Rundschreiben für Wahlvorsteher speziell in ländlichen Wahlkreisen ausgearbeitet, in dem diese aufgefordert wurden, »Rücksicht auf die Wähler [zu nehmen], die vielfach erst nach Feierabend zur Wahl kommen«. Es sei »die Wahlh[andlung], wenn man sie nicht überhaupt bis 7 Uhr dauern lassen will, keinesfalls vor 6 Uhr zu beendigen«.[49]

Wenige Tage später erhielt das Innenministerium ein Gesuch des Nationalliberalen Deutschen Reichsvereins in Dresden. Unter Hinweis auf einen bei der Reichstagswahl 1907 geschaffenen Präzedenzfall forderte der Verein, Beamten am 21. Oktober »einige Stunden Urlaub« zu gewähren, um sicherzustellen, dass sie Zeit zur Stimmabgabe hätten.[50] Da diese »einigen Stunden« vermutlich gegen Mittag zur Verfügung gestellt würden, wenn ein bürgerlicher Wähler wahrscheinlich seine warme Mahlzeit zu Hause einnahm, anstatt einen schnellen Imbiss in der Fabrikhalle zu essen, wie es viele Wähler aus der Arbeiterklasse tun mussten, zielte auch dieser Antrag darauf ab, die Wahlbeteiligung unter den »gutgesinnten Wählern« zu erhöhen. Das Innenministerium forderte außerdem das Kriegsministerium auf, die militärischen Übungen im Herbst 1909 so zu planen, dass die Soldaten beide Male – am 21. Oktober und bei den Stichwahlen – wählen gehen konnten. Trotz der Sorge, dass sozialdemokratische Sympathien sowohl in den unteren Rängen des öffentlichen Dienstes als auch im Militär zu finden seien, wünschte die Regierung eindeutig, dass die Soldaten im Dienst des Staates diesen auch verteidigten – buchstäblich und im übertragenen Sinne.[51] Indem die höheren Beamten in Sachsen auf Anfragen wie die von Schmidt positiv reagierten, überschritten sie zwar nicht die Grenzen der Legalität, aber es fehlte nicht viel.[52]

Wann eine Stimme abgegeben wurde, war auch noch in anderer Hinsicht bedeutsam. Das neue Wahlgesetz sah vor, dass die Stichwahlen innerhalb von zwei Wochen nach der Hauptwahl stattzufinden hatten. Deshalb mussten sie am oder vor Donnerstag, dem 4. November 1909, abgehalten werden. Für die Regierung Vitzthum und die »Ordnungsparteien« war es schlimm genug, dass am 21. Oktober alle sächsischen Wähler gleichzeitig zur Wahl aufgerufen wurden. Dass sie alle auch noch ein zweites Mal gemeinsam abstimmen sollten, war beunruhigend, zumal in fast zwei Dritteln aller Wahlkreise Stichwahlen erforderlich waren. Daher wurde die zweite Runde so weit wie möglich über die nächsten zwei Wochen gestreut.[53] Der Rat der Stadt Leipzig schickte

---

49 MdI-Denkschriften vom 10./11.10.1909 (Entwürfe) an AHMS, SHStAD, MdI 5351.
50 Vorstand des Nationalliberalen Deutschen Reichsvereins, Dresden, an MdI, 14.10.1909, SHStAD, MdI 5351.
51 Sächs. MdI an sächs. Kriegsministerium (Entwurf), 22.9.1909, SHStAD, MdI 5351.
52 SPD-Plakate forderten die Parteimitglieder auf, derartige Schikanen im Auge zu behalten: »Auf zur Landtagswahl!«, »Zur Landtagswahl«, »Auf zu einer roten Landtagswahl!«, SHStAD, MdI 5351.
53 An folgenden Daten kam es zu Stichwahlen: 28.10.1909 (sechs Stichwahlen), 30.10.1909 (eine), 1.11.1909 (vier), 2.11.1909 (36), 3.11.1909 (zwei) und 4.11.1909 (neun), ZSSL 1909, S. 221.

eine gereizte Mitteilung an die Beamten in Dresden, in der er sich beschwerte, wie schwierig es sei, die Stichwahlen zügig zu organisieren.[54] Doch die Regierung stimmte Mehnert zu: Je kürzer die Zeit zwischen Haupt- und Stichwahl, umso weniger hätte die SPD die Möglichkeit, ihre Botschaft zu bündeln (oder zu verbreiten). So stieß die Beschwerde des Leipziger Stadtrats in Dresden auf taube Ohren.

Die Konservativen waren darüber hinaus verärgert, dass die Linksparteien die Wahlergebnisse mithilfe von Diaprojektoren auf die Fassaden öffentlicher Gebäude warfen, und zwar nicht erst nachdem eine genaue Berichterstattung gewährleistet werden konnte, sondern bereits am Wahlabend selbst (siehe Abbildung 13.5 im nächsten Kapitel). Zwischen den Haupt- und den Stichwahlen appellierten die »Ordnungsparteien« an die sächsische Regierung, diese öffentlichen Diashows zu verbieten, die sie mit Nebenvorstellungen im Zirkus verglichen. Erneut unternahmen die Beamten nichts. Doch als die Zeit gekommen war, eine *Nach*wahl durchzuführen (nach dem Tod eines amtierenden Landtagsabgeordneten), riefen die »Ordnungsparteien« das Innenministerium mit mehr Erfolg an. Ihr Ziel war es, die Nachwahl innerhalb von 365 Tagen nach dem 21. Oktober 1909 stattfinden zu lassen. Wenn nicht mehr als ein Jahr verstriche, wären keine neuen Wählerlisten erforderlich. Diese Frage war insofern bedeutsam, da neue Listen von einem weiteren »Trick« der SPD betroffen waren: Die SPD-Anhänger wurden ermutigt, von einer unangreifbaren sozialdemokratischen Hochburg in einen nahegelegenen Wahlkreis umzuziehen, wo das Ergebnis durch den Zustrom von Wählern der Arbeiterklasse entschieden werden könnte. Dies geschah seit einiger Zeit in und um Leipzig, wo die Arbeiter aus der SPD-Hochburg WK 13: Leipzig-Land (mit seinen Arbeitervororten) in den nationalliberal dominierten Wahlkreis 12: Leipzig-Stadt zogen. 1910 fanden die Nationalliberalen den richtigen Ton, um bei den staatlichen Behörden Gehör zu finden, als sie beantragten, die Landtagsnachwahl in Leipzig V vor dem 21. Oktober anzuberaumen. Es sei bekannt, so schrieben sie, dass Wähler aus anderen Stadtteilen regelmäßig in den 12. Reichstagswahlkreis beordert würden. Die bürgerlichen Parteien, so fuhren sie fort, würden sich eines derart unfairen Gebarens schämen; doch was konnte man tun? Die Nationalliberalen hielten die Antwort für offensichtlich: Die Nachwahl 1910 sollte innerhalb der Einjahresfrist und damit auf der Grundlage der Wählerlisten von 1909 abgehalten werden. Die Beamten des Innenministeriums überzeugte diese Logik. Sie kamen dem Wunsch der Nationalliberalen nach und planten die Nachwahl in Leipzig V für den 18. Oktober 1910.[55] Insgesamt gewannen die Sozialdemokraten nur eine der vier Landtagsnachwahlen, die 1910 und 1911 abgehalten wurden.

*

---

54   Rat der Stadt Leipzig an MdI, 22.10.1909, SHStAD, MdI 5352.
55   Wahlausschuss für die nationalliberale Kandidatur im V. Leipziger Wahlkreise an MdI, 2.7.1910, SHStAD, MdI 5352. Weitere Nachwahl-Details (1910–14) in SHStAD, MdI 5353.

(2) »Eine Bunkermentalität ist es nur, wenn jeder in den Bunker hinein darf.« Wer auch immer diese Worte geprägt hat, könnte ebenso gut die Misere der sächsischen Liberalen – und besonders der Linksliberalen – im Herbst 1909 beschrieben haben. Die Liberalen besetzten die sich verschiebende Mitte zwischen den Extremen von links und rechts. Für die SPD links der Liberalen spielten die Kämpfe zwischen ihren revisionistischen und »orthodoxen« Flügeln in der Landtagskampagne nicht wirklich eine Rolle: August Bebels Besuch in Sachsen sorgte für wenig Aufsehen. Rechts der Liberalen spielte es keine Rolle, ob ein Kandidat ein Konservativer, Freikonservativer, radikaler Agrarier, Antisemit oder Mittelständler war. Das galt allerdings nicht für die Nationalliberalen, deren sächsische Partei zwischen rechtem und linkem Flügel gespalten blieb. Und es galt auch nicht für die Linksliberalen.[56]

Wie sein Vorgänger Graf Hohenthal galt Graf Vitzthum als »gemäßigter« Liberaler, sogar als »liberaler« Konservativer. Doch wie Eyre Crowe und andere bezeugten, waren die Vitzthums nicht für ihre Intelligenz bekannt. Ein nachsichtiger Beobachter mochte mit Vitzthums misslicher Lage sympathisieren: Nach dem Untergang des Bülow-Blocks im Juli 1909 war er unsicher, aus welcher Richtung der politische Wind wehte. In vier Punkten teilte Vitzthum das Dilemma von Reichskanzler Bethmann Hollweg: Wie ließen sich die Konservativen »erziehen« und wieder in den Schoß der Regierung zurückholen? Wie konnte man Liberale davon überzeugen, ihren Reformeifer zu zügeln und eine Alternative zum »schwarzblauen«, d. h. katholisch-konservativen Block, zu bieten? Wie sollte man verhindern, dass die Sozialdemokratie das Debakel der Finanzreform ausnutzte, um mehr Neuanhänger zu gewinnen? Und wie konnte man das Land voranbringen, ohne bestehende staatliche Institutionen zu untergraben?[57] Bei dem Versuch, diese Quadratur des Kreises hinzubekommen, räumte Vitzthum dem Liberalismus nur einen Randplatz ein: Er äußerte vor, während und nach der Wahl Verachtung für beide Flügel des sächsischen Liberalismus.[58] Wir sollten bei der Bewertung seiner Antwort auf diese politische Herausforderung nicht zu viel Nachsicht walten lassen.

Alle erwarteten, dass die Freisinnigen und die Nationalliberalen vom neuen Landtagswahlrecht profitieren würden. (Die Linksliberalen in Sachsen bestritten den Landtagswahlkampf 1909 vorwiegend unter dem Banner der Freisinnigen Volkspartei.) Als liberale Parteien schöpften sie aus dem Bildungs- und Besitzbürgertum; folglich würden ihre Anhänger berechtigt sein, mehr Stimmen abzugeben als die Wähler der Arbeiterklasse und des Mittelstands. Und als Parteien der Mitte würden sie von der Neueinführung der Stichwahlen in Sachsen profitieren. Die eigentliche Überraschung ist, dass es

---

56 Wahlaufruf der Freisinnigen Volkspartei im Königreich Sachsen, SHStAD, MdI 5351. Während des Wahlkampfs wurden sie verschiedentlich als der Freisinn, Fortschrittliche Volkspartei oder Freisinnige Volkspartei im Königreich Sachsen bezeichnet.
57 Vaterl, 15.11.1909; SPN, 11.11.1909.
58 Montgelas, 19.10.1909 (Entwurf), BHStAM II, Ges. Dresden 967. Vgl. auch letzter Abschnitt in diesem Kapital.

anders kam. Im Vergleich zu den Konservativen, die 13 Sitze im ersten Wahlgang erhielten, war das Abschneiden der Nationalliberalen katastrophal: Sie gewannen nur vier Mandate. Ein Aspekt, der zu den liberalen Niederlagen 1909 beitrug, war die antiliberale Stimmung im sächsischen Beamtentum. Die linksliberalen Freisinnigen waren noch unbeliebter als die Nationalliberalen. Man nehme beispielsweise die Ansichten von Moritz Maximilian Freiherr von Beschwitz, Amtshauptmann in Zittau. Die im Südosten Sachsens gelegene Stadt Zittau hatte rund 37 000 Einwohner und eine linksliberale politische Tradition. »In der Stadt Zittau wie auch auf dem platten Lande«, so berichtete Beschwitz, »spielt die freisinnige Richtung, deren Organ die Zittauer Morgenzeitung ist, eine große Rolle. In ihrem Bestreben, alles, was die Regierung tut, herunter zu setzen und herabzuwürdigen, ist diese Partei groß, und ihr Organ unterscheidet sich in seinen Artikeln oft kaum noch von denen der sozialdemokratischen Partei.« Die sozialdemokratische Presse hinterlasse oft einen günstigeren Eindruck als die freisinnigen Zeitungen, weil sie »sich von jenem [d. h. der *Zittauer Morgenzeitung*] durch seine anständigere Art und Weise zu schreiben« abhebe.[59]

Die sächsischen Beamten machten auch nach dem Abschluss der Wahlen von 1909 keinen Hehl aus ihrer Abneigung gegen den Linksliberalismus. Im 13. städtischen Wahlkreis (Rochlitz), der sieben Städte nordöstlich von Chemnitz miteinander verband, kandidierte der Bürgermeister einer dieser Städte für die Linksliberalen: Dr. Friedrich Roth, der Sohn eines Schuhmachermeisters und ehemaliger Lehrer in Fürth (Bayern) und Leipzig, war seit 1902 Bürgermeister in Burgstädt. Roth gewann diesen Wahlkreis 1909 gegen seine konservativen, nationalliberalen und sozialdemokratischen Kontrahenten. Als nahezu exaktes Spiegelbild der sächsischen Durchschnittswerte wurde der Sozialdemokrat im ersten Wahlgang von mehr als 50 Prozent der Wähler unterstützt, erhielt aber nur 38 Prozent aller abgegebenen Stimmen. Daher war eine Stichwahl erforderlich. Roth zog in der Stichwahl die überwältigende Mehrheit der bürgerlichen Stimmen an sich und gewann mit überzeugenden 59 Prozent. Er war so beliebt, dass lokale Mittelständler keinen Sinn darin sahen, einen eigenen Kandidaten zu nominieren (was in der ersten Runde zu einem Fünfkampf geführt hätte). Nach Aussage dieser Unterstützer war Roth, obgleich Kandidat der Freisinnigen Partei, »Mann genug«, gegebenenfalls die Mittelstandsinteressen gegen seine eigene Partei zu vertreten. Roth »stammt aus dem Mittelstand, ist früher Lehrer gewesen und durch rastloses Studium hat er sich emporgearbeitet. Jedenfalls ist er über das Wohl und Wehe und die Wünsche des Mittelstandes sehr gut unterrichtet.« Er verdiente sich dessen Stimmen, weil »er weiss wo demselben der Schuh drückt«.[60]

---

59 AHM Beschwitz (Zittau) an MdI, »Geschäftsbericht [...] 1908« (20.1.1909), Auszug, SHStAD, MdI 5351.
60 Franz Heinze an den Vorsitzenden der Versammlung der Mittelstandsvereinigung zu Narsdorf, 9.9.1909, SHStAD, MdI 5352.

Gegen Roths Wahl wurde ein Protest gestartet. Es schien mehr nationalliberale als sozialdemokratische Beschwerdeführer zu geben, als im Landtag über Vorwürfe der Einflussnahme diskutiert wurde.[61] Roth setzte sich durch. Als er jedoch 1912 zum Bürgermeister von Zittau gewählt wurde, weigerte sich die sächsische Regierung, seine Wahl zu bestätigen (so wie sie es auch in den 1850er-Jahren getan hatte, wenn Liberale als Bürgermeister nominiert worden waren). Kreishauptmann Friedrich von Craushaar erklärte kategorisch, dass ein freisinniger Mann für dieses Amt nicht geeignet sei. Dies war ein Echo auf Kaiser Wilhelms Bemerkung an Bülow, dass Liberale einfach keine Ehrenmänner seien.[62] Das Stadtverordnetenkollegium von Zittau stellte sich einstimmig hinter Roth und legte beim Innenministerium in Dresden einen Protest gegen Craushaars Entscheidung ein, während Roths freisinnige Kollegen die Regierung im Landtag interpellierten. Aber auch Roths Gegner erhöhten den Druck. Sie stimmten mit Beschwitz überein, dass ein Linksliberaler wahrscheinlich unredlich sei, und mit Craushaar, dass ein solcher Mann die Obrigkeit wahrscheinlich nicht respektieren würde. Damit begann die Demontage von Roths moralischem Ruf, die auch Anschuldigungen wegen Spielsucht und mehr beinhaltete. Roth hatte es schließlich satt, erklärte sich zum »Wilden« und verließ die Freisinnige Partei vollends. Doch sein Landtagsmandat gab er nicht auf: Er vertrat Sachsens 13. städtischen Wahlkreis bis über 1918 hinaus.

Während des Wahlkampfes befürchtete Regierungschef Vitzthum, dass die Konservativen und die Nationalliberalen ihre Agitation gegeneinander so weit verschärfen würden, dass nicht die Freisinnigen, sondern die Sozialdemokraten daraus Nutzen ziehen würden. Ein inspirierter Artikel in der *Leipziger Zeitung* versuchte, die metaphorischen Sprengsätze zu entschärfen, die im Zuge der Finanzreformkrise zwischen den beiden größten »Ordnungsparteien« hin- und hergeschleudert wurden. Vitzthum zeigte auch kein Verständnis für liberale Negativität, weder der freisinnigen noch der nationalliberalen Spielart. Es gelte *nach vorne* zu schauen und zu vermeiden, die Menschen mit Reuebekundungen und Schuldzuweisungen anzustacheln, welche die Sozialdemokraten erfolgreich ausnützen würden. Die Folgen einer Missachtung solcher Ratschläge, so Vitzthum, müssten für Liberale, ja für alle »gutgesinnten« sächsischen Wähler deutlich gemacht werden. Wenn die Liberalen wirklich glaubten, sie könnten sich erst um die Sozialdemokratie kümmern, nachdem sie ihren konservativen oder liberalen Gegner vernichtet hatten, schrieb Vitzthum, dann sähe die Zukunft düster aus.[63]

*

---

61 Vgl. Drucksachen aus LTMitt (II.K.) (z. B. 9.5.1910), SHStAD, MdI 5352.
62 Zitiert (o. D.) in: A. P. Thompson, Left Liberals, 2000, S. 55.
63 Maschinengeschriebener Entwurf (3.9.1909) eines Artikels für die LZ, SHStAD, MdI 5352.

(3) Die Landtagswahl 1909 in Sachsen war in vielerlei Hinsicht »arithmetisch«. Nur zwei Dinge ließen sich mit Gewissheit voraussagen. Einundneunzig gleichzeitig stattfindende Wahlschlachten würden dem Landtagswahlkampf den gleichen »leidenschaftlichen« Ton verleihen, der zu einem Markenzeichen der Reichstagswahlen geworden war. Und die Wahlbeteiligung würde mit Sicherheit steigen. Diese Prognose war so sicher wie das Amen in der Kirche: Bayern und Österreich hatten ähnlich sprunghafte Anstiege bei der ersten Erprobung der dort neu verabschiedeten Wahlgesetze erlebt.[64] Doch ein Mitarbeiter des *Nationalliberalen Vereinsblattes* erfasste eine weitere Wahrheit dieses Wahlkampfs. Nachdem er vorüber war, kommentierte er, wie sehr Sachsens »fleißige« Statistiker mit ihren »Wahrscheinlichkeitsrechnungen« das Ziel verfehlt hätten. Alle hätten emsig »addiert, subtrahiert, dividiert, um ja sicher zu sein, dass das neue Wahlgesetz Sicherheit gewähre gegen das Anschwellen des ›roten Faktors‹. Und nun ist es doch anders gekommen.« Die Wahl habe gezeigt: »politische Machtverhältnisse lassen sich schwer im voraus berechnen«. Die »Stimmung« der Wählerschaft, so erinnerte dieser Autor seine Leser in einem Wortspiel auf den Begriff »Stimme«, sei »kein arithmetischer Begriff«.[65]

Während des Wahlkampfes versuchte jede Partei, die Erwartungen zu dämpfen.[66] Auch dies war wenig verwunderlich. Die Sozialdemokraten rieten ihren Getreuen, das Wahlergebnis nicht nach der Anzahl der gewonnenen SPD-Mandate zu beurteilen. Das neue Wahlrecht, so behaupteten sie, würde ihre Partei daran hindern, ein Mandat selbst in denjenigen Wahlkreisen zu erringen, in denen ihre Anhänger 60 oder 70 Prozent aller Wähler ausmachten. Damit hatten sie Recht. Sie merkten auch an, dass die allgemeine politische Stimmung wahrscheinlich nicht mehr so günstig sein würde, wenn das neue Wahlrecht sechs Jahre später zum zweiten Mal erprobt wurde. Die Freisinnigen hatten allen Grund zu der Annahme, dass ihre Kernanhänger im Bildungsbürgertum von der Pluralwahl profitieren würden.[67] Doch dann gelang es ihnen nicht, in der ersten Runde einen einzigen Abgeordneten durchzubringen, und ihre Zuversicht bröckelte – ebenso wie die Einheit der Partei. Einige Anhänger stimmten bei den Stichwahlen für die Sozialdemokraten, andere für die Konservativen. Oskar Günther hatte keine überzeugende Antwort auf den Vorwurf, dass seine Partei sowohl unentschlossen als auch heuchlerisch sei.

---

64 K. Ucakar, Demokratie, 1985, S. 360–361; M. Niehuss, Schichtungsanalyse, 1982, S. 220. So stieg die Wahlbeteiligung bei den bayerischen LT-Wahlen nach der Wahlreform des Jahres 1906 von 39 Prozent (1899) auf 72 Prozent (1907).
65 NLVBl, 15.11.1909.
66 Vgl. S. Lässig, Wahlrechtskampf, 1996, S. 232–233; Wahlflugblätter in SLUB, H. Sax. J. 123, 109w; SPD-Flugblätter und Zeitungsausschnitte in GStAM, Rep. 77, CB S, Nr. 80, Bd. II.
67 E. Langerhans, Wahlrechtskompromiß, [1908], S. 6. Vgl. W. Gagel, Wahlrechtsfrage, 1958; C. Nonn, Populismus, 1996; A. P. Thompson, Left Liberals, 2000, S. 44–53.

Die sächsischen Nationalliberalen erlebten ihrerseits den Ikea-Effekt – demzufolge Menschen dem, was sie selbst mit aufgebaut haben, einen höheren Wert beimessen. Für das von ihnen im Jahr 1908 ausgearbeitete Pluralwahlrecht hatten die Nationalliberalen nichts als Lob übrig; doch sie erwarteten bessere Ergebnisse als sie tatsächlich erzielten. Zwischen den Haupt- und den Stichwahlen machte die Partei gute Miene. Sie äußerte sich zufrieden darüber, dass sich Kandidaten der »Ordnungsparteien« nur in vier Stichwahlen gegenüberstanden. Die Wahl von etwa 40 Liberalen und 20 Sozialisten schien wahrscheinlich: »Daß in einem so stark industriellen Lande unter den jetzigen für sie besonders günstigen Verhältnissen die Sozialdemokratie etwa 2/9 der Mandate erhalten, scheint uns so gar erschrecklich nicht zu sein.«[68] Die Konservativen hofften lediglich, das Schlimmste abzuwenden.[69]

Weniger parteiische Beobachter erstellten ihre eigenen Prognosen. Zwei Monate vor der Wahl meinte der sächsische Regierungschef, dass die SPD »mehr wie 12, allenfalls 13 Mandate im neuen Landtage kaum erlangen« würde.[70] Erhielte die SPD so wenige Sitze, könnte Vitzthum im neuen Landtag seine eigene Blockpolitik verfolgen; es würde auch »von neuem bestätigen, daß die Sozialdemokratie auch in Sachsen […] den Charakter einer rückläufigen Bewegung angenommen hat«. In den letzten zwei Wochen vor der Hauptwahl begann es Vitzthum und Finanzminister Rüger zu dämmern, dass mehr als 13 Sozialdemokraten gewählt werden könnten.[71] Doch auch als 15 »Rote« in der Hauptwahl siegten, erlag Vitzthum erneut einem Übermaß an Selbstvertrauen: Er korrigierte seine Schätzung nicht wesentlich nach oben, um das Endergebnis widerzuspiegeln. Unter der Prämisse, dass sich die »Ordnungsparteien« in den Stichwahlen zusammenschließen würden, und unter Missachtung der Warnungen seiner Amtshauptmänner sagte Vitzthum voraus, dass die SPD zu den 15 gewonnenen Mandaten nur »3 oder 4« weitere hinzugewinnen würde. Die Prognosen der Sozialdemokraten waren genauer: Sie sagten voraus, dass sie »*mindestens zwei Dutzend Mann stark im neuen Landtag vertreten sein*« werden.[72]

Bereits Monate zuvor hatte das britische Außenministerium im fernen London erkannt, dass durch das neue Wahlrecht mehr sächsische Arbeiter zusätzliche Stimmen erhalten würden, als die sächsische Regierung erwartete. Der britische Honorar-Attaché in Dresden hatte in seinem Bericht angemerkt, dass die Pluralwahl »einem großen Teil der Arbeiterklasse ermöglichen würde, zwei, in vielen Fällen sogar drei Stimmen zu

---

68 Nationale Blätter. Deutsche Stimme, 31.10.1909.
69 Z. B. Vaterl, 15.10.1909, das die folgende Aufstellung von Kandidaten vorhersagte: 89 Konservative, BdL, SMVgg oder Reformer, dazu 5 unabhängige Antisemiten; 69 Nationalliberale; 34 Linksliberale; und 91 Sozialdemokraten.
70 Kommissarischer pr. Gesandter Heyl, 22.8.1909, PMDAAB, Sachsen 60, Bd. 8.
71 Fürstenberg, 27.10.1909, HHStAW, PAV/54.
72 LVZ, 3.11.1909 (Hervorhebung im Original), über den 2.11.1909, als erst 11 von 58 Stichwahlergebnissen bekannt waren.

erhalten«.⁷³ Mit gemischten Gefühlen erkannte das britische Außenministerium, dass »das [sächsische] Gesetz, das ein Kompromiss ist, ein beträchtlicher Fortschritt im demokratischen Sinne ist«, denn »die Eigentumsqualifikation, die zu zusätzlichen Stimmen berechtigt, ist sehr niedrig festgelegt«. Warum ›mit gemischten Gefühlen‹? Wie schon 1868 zeigten sich auch 1909 britische Beobachter besorgt, dass sich Sachsen kopfüber ins allgemeine Wahlrecht stürzen könnte. In der Zwischenzeit hatte Großbritannien den (dritten) Reform Act von 1884/85 verabschiedet, der einen großen, aber »besonnenen« Anteil an qualifizierten Arbeitern zur Wahl berechtigte. Den (vierten) Reform Act von 1918 sahen die Briten noch nicht voraus. Der britische Gesandte schrieb aus Dresden, dass das neue Wahlrecht »keineswegs die Wünsche eines Großteils der Bevölkerung zufriedenstellen würde«. Der von den Nationalliberalen und Konservativen ausgearbeitete »Kompromiss« sei nichts anderes als ein »Notbehelf«. Daher könnten die Unruhen in der Bevölkerung anhalten – etwas, was die Briten keinesfalls über den Ärmelkanal hinweg mit ansehen wollten.⁷⁴ Eine Notiz des Londoner Außenministeriums im Anhang zu diesen Berichten klang ausgesprochen unzufrieden. Weit davon entfernt, einen »beträchtlichen Fortschritt« zu sehen, bemerkte der Verfasser: »Die Konservativen haben alles getan, was sie konnten, um eine ernsthafte Reform des Wahlrechts zu verhindern.« Ein anderer fragte sich, wie das neue System überhaupt funktionieren könne: »Zusätzliche Stimmen für Bildung werden einer Prüfung bedürfen!«

Ausländische Beobachter prognostizierten im Januar 1909 zu Recht etwas, was Vitzthum erst im November entdeckte. Die erste Erprobung des neuen Wahlrechts wurde von den Oberschichten mit »Furcht« erwartet: Sie »fürchten die Flut des Sozialismus in Sachsen, die sie scheinbar nicht aufhalten können«.⁷⁵ Obwohl das neue Wahlrecht weniger plutokratisch sei als das alte, seien seine Auswirkungen »unberechenbar, nicht zuletzt wegen der Altersstimme«. Der Mittelstand habe »neue und wertvolle Privilegien« erhalten und die Arbeiterklasse habe zumindest etwas gewonnen. Doch es bliebe »eine offene Frage, wie viele Arbeiter und wie viele einfache Menschen insgesamt – abgesehen von der Altersstimme – eine zusätzliche Stimme erhalten werden«.⁷⁶ Die Sachsen stünden »vor ›dem Sprung ins Dunkle‹«.

Vitzthum stand mit seiner Fehleinschätzung, dass nur in einigen wenigen Wahlkreisen ein einzelner Vertreter der »Ordnungsparteien« gegen einen Sozialdemokraten antreten würde, nicht allein da. Wie schon im Januar 1907 glaubten die Anführer der

---

73   Findlay (14.1.1909) und Trench (19.1.1909), an brit. MdAA, mit Notiz vom 25.1.1909, TNA, FO 371/671, BFO-CP, Rolle 23, Nr. 2326. Trench fügte hinzu: »Die Mehrheit der Facharbeiter hat ein Einkommen über £80 [entspricht 1 600 Mark] und eine beträchtliche Anzahl haben eines zur Verfügung, das £110 [entspricht 2 200 Mark] übersteigt.«
74   Findlay, 14.1.1909, zuvor zitiert. Zu den britischen Ansichten zu Deutschland 1815–1914 vgl. die in J. Retallack, Germany's Second Reich, 2015, Kap. 2, erörterten Werke; vgl. auch ders., German Social Democracy, 2022.
75   Trench, 19.1.1909, zuvor zitiert.
76   Montgelas, 25.1.1909 (Entwurf), BHStAM II, Ges. Dresden 967, und zum Folgenden.

»Ordnungsparteien«, dass sie die bürgerliche Beteiligung maximieren könnten, indem ihre Parteien »getrennt marschierten und gemeinsam schlugen«. Man braucht den Vorteil des Stichwahlsystems für die bürgerlichen Parteien nicht herunterzuspielen. Doch im Oktober und November 1909 waren unter den neuen Wählern, die durch das Novum einer Integralerneuerung des Landtags mobilisiert wurden, viele Arbeiter, Mitläufer und sogar »gutgesinnte Bürger«, die diesmal zu einer Protestabstimmung neigten. Tausende von ihnen taten dies aus wirtschaftlichen Gründen, andere waren empört darüber, dass die bürgerlichen Parteien untereinander zerstrittener waren denn je.

Als die Stichwahlen gerade erst begannen, sagte der bayerische Gesandte Montgelas voraus, »die Sozialdemokraten können aus eigener Kraft nur ein paar Mandate gewinnen«. Die Tatsache, dass überhaupt zahlreiche Stichwahlen notwendig waren, nahmen er und der preußische Gesandte Hohenlohe jedoch mit Sorge zur Kenntnis.[77] Letzterer schrieb, es hätten »viele Stichwahlen vermieden werden können, wenn die bürgerlichen Parteien sich gegenüber den Sozialdemokraten mehr zusammengeschlossen und ihre Stimmen nicht auf Sonderkandidaten zersplittert hätten«. Nach der Wahl stimmten diese Gesandten ein anderes Lied an. Nun waren sie sich einig, dass die unerwarteten Stichwahlsiege der SPD darauf zurückzuführen seien, dass die »freisinnige Minorität bei Stichwahlen für die SPD eingetreten ist«. Dieses Ergebnis sei »umso mehr zu verurteilen, als Freisinn mit bürgerlicher Wahlhilfe alle 8 Mandate in Stichwahl gewonnen hat«. Ein sächsischer Regierungsbeamter, der ein Jahr später das Vermächtnis der konservativ-nationalliberalen Konflikte bewertete, formulierte es so: »Die Reichsfinanzreform [...] [und] die Uneinigkeit der bürgerlichen Parteien, die unter ihnen zu einem leidenschaftlichen, bei den sächsischen Landtagswahlen noch nicht erlebten Wahlkampfe führte und in verschiedenen Wahlkreisen die bürgerlichen Gegner sogar offenkundig und offiziell auf die Sozialdemokratische Seite trieb, hat manches zu deren Erfolge beigetragen.«[78]

Keine Kristallkugel hätte prophezeien können, dass wahlpolitische Kleinarbeit nicht ausreichen würde, um die Sozialdemokratie im Oktober und November 1909 in Schach zu halten. Kein sächsischer Liberaler wurde *prinzipiell* von einer Regierung unterstützt, die sich weiterhin konservativen Ansichten verpflichtet fühlte. Und keine statistischen Prognosen konnten die Dutzende von Kombinationen erfassen, die denjenigen Wählern, die ein Misstrauensvotum gegen »das System« abgeben wollten, zusätzliche Stimmen an die Hand gaben. Der Ausgang der sächsischen Landtagswahl 1909 war vermutlich schwieriger vorherzusagen als der jeder anderen Wahl im deutschen Kaiserreich.

---

77 Montgelas, 24.10.1909, 4.11.1909 (Entwürfe), BHStAM II, Ges. Dresden 967; Hohenlohe, 23.10.1909, 2.12.1909, PAAAB, Sachsen 60, Bd. 8.
78 E. Oppe, Reform, 1910, S. 394.

Verblüfft

> [Das 1896er Wahlrecht] war ein Akt der Bosheit und des Hasses, wie er seinesgleichen in der parlamentarischen Geschichte der ganzen Welt nicht haben dürfte [...]. Die sächsische Sozialdemokratie [...] hat das gegen sie gerichtete Dreiklassenwahlrecht zerbrochen und die Scherben der besitzenden Klasse hohnlachend vor die Füße geworfen.
> — Hermann Fleißner, November 1909[79]

> There was an Old Man who supposed,
> That the street door was partially closed;
> But some very large Rats,
> Ate his coats and his hats,
> While the futile Old Gentleman dozed.
> — Edward Lear, A Book of Nonsense, 1846

Die Antisozialisten sahen die schiere Anzahl der Kandidaten im Oktober 1909 als düsteres Omen. Die Sozialdemokraten schickten in jedem sächsischen Wahlkreis einen Kandidaten ins Rennen. Das Bündnis aus Konservativen und Bund der Landwirte stellte 62 Kandidaten auf, die antisemitischen Reformer 7 und die Sächsische Mittelstandsvereinigung 15. Die Nationalliberalen boten 75 Kandidaten auf und die Freisinnigen 32.

Nach der Hauptwahl am 21. Oktober sah es schlecht aus für die Sozialistengegner. Die extreme Rechte und die extreme Linke befanden sich mit bereits entschiedenen 14 konservativen und 15 sozialdemokratischen Mandaten nahezu in einem Patt.[80] Die Antisemiten und die Freisinnigen hatten in der ersten Runde kein einziges Mandat gewonnen, die Nationalliberalen nur vier. Doch standen bei den sich abzeichnenden 58 Stichwahlen die Chancen für die Sozialdemokraten eher schlecht. Zwar hatten sie Kandidaten in 54 Stichwahlen, aber fast überall mussten sie damit rechnen, dass sich die »Ordnungsparteien« zusammenschließen und den Sieg davontragen würden. Vitzthum erwartete »mit Zuversicht«, dass die SPD nach dem »ersten Ansturme« in den darauf

---

[79] NZ 28 (1909/10), Bd. 1, Heft 7, S. 234–235 (12.11.1909).
[80] Die 14 konservativen Abgeordneten vertraten allesamt ländliche Wahlkreise. Einer von ihnen war ein Reichsparteiler und wird in den Quellen gelegentlich separat aufgeführt.

folgenden Stichwahlen nur noch »wenige mehr [Mandate]« erobern würde.[81] Er sollte sich irren. Am 5. November 1909 – Guy Fawkes Day in Großbritannien – erleuchtete kein Feuerwerk den sächsischen Himmel. Und das war auch gut so: Die guten Bürger hätten ansonsten vielleicht gedacht, dass die Revolution tatsächlich begonnen hatte. Stattdessen zogen die Sachsen Bilanz über das endgültige Wahlergebnis (die letzten Stichwahlen waren am Vorabend abgeschlossen worden).

Die Konservativen und die Nationalliberalen lagen mit je 28 Mandaten im neuen Landtag exakt gleichauf, während die Sozialdemokraten mit 25 fast genauso viele Mandate erreicht hatten. Die Sozialdemokraten hatten zehn ihrer 54 Stichwahlen gewonnen: Sechsmal besiegten sie einen Konservativen, viermal einen Nationalliberalen. »Die Roten« hatten nun über ein Viertel der Landtagsmandate inne. Die Zeitgenossen waren fassungslos über die Siege der Sozialdemokraten in den Stichwahlen – mehr noch als über ihre Erfolge in der Hauptwahl. Die »staatserhaltenden« Parteien waren nicht in der Lage (oder nicht bereit) gewesen, eine einheitliche Front gegen den sozialistischen Gegner zu bilden. Sie waren zudem durch das von ihnen erdachte Wahlrecht überrumpelt worden. Es hatte nicht das gebracht, was sie von ihm erwartet hatten.

Die beiden folgenden Karten bilden das Ergebnis der Landtagswahl 1909 ab.[82] Sie zeigen die 91 Landtagswahlkreise (zuvor 82), die im Rahmen der Reform von 1909 gesetzlich vorgeschrieben wurden. Wie schon seit 1868 wurden die sächsischen Wahlkreise in drei Kategorien eingeteilt: großstädtische Wahlkreise (N=20), übrige städtische Wahlkreise (N=23) und Wahlkreise »des platten Landes« (N=48). Karte 12.1 zeigt die ländlichen Wahlkreise. Der ländliche Wahlkreis 1: Zittau liegt in der südöstlichen Ecke des Königreichs, der ländliche Wahlkreis 48: Plauen im Westen.[83]

---

81 Fürstenberg, 27.10.1909, HHStAW, PAV/54.
82 Auch als Karte S.12.3 und Karte S.12.4 im Online-Supplement zu finden.
83 Die Zahlen folgen keinem einheitlichen Muster von Ost nach West, da mit der Reform von 1909 drei neue ländliche Wahlkreise hinzukamen. So liegen der ländliche WK 10: Dresden, der ländliche WK 24: Dresden-Neustadt und der ländliche WK 46: Dresden-Neustadt-Pirna alle unweit von Dresden.

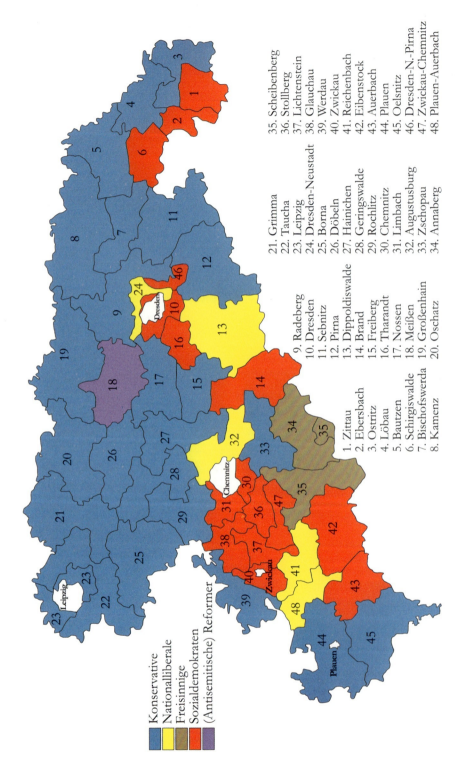

Karte 12.1: Landtagswahlen in Sachsen, 1909 (ländliche Wahlkreise). Kartografie: Mapping Solutions, Alaska, basierend auf Daten des Verfassers. © 2017, 2023 James Retallack. Alle Rechte vorbehalten.

Karte 12.2 zeigt die städtischen Wahlkreise Sachsens. Die auf beiden Karten für Dresden, Leipzig, Chemnitz, Plauen und Zwickau dargestellten weißen (nicht nummerierten) Inseln bildeten die 20 großstädtischen Wahlkreise. Davon entfielen je sieben auf Dresden und Leipzig, vier auf Chemnitz und je einer auf Plauen und Zwickau.[84] Die 23 »übrigen städtischen« Wahlkreise sind von 1: Zittau im Südosten bis 23: Adorf im Südwesten nummeriert. Diese Wahlkreise trieben wie Inseln in einem Meer von ländlichen Wahlkreisen – genau wie nach den Wahlrechtsreformen von 1868 und 1896. Sie verbanden eine Gruppe von Städten und Gemeinden in einem bestimmten geographischen Gebiet miteinander, aber sie unterschieden sich gänzlich von den ländlichen Wahlkreisen in demselben Gebiet (so wie sie sich auch von den großstädtischen Wahlkreisen unterschieden). Die Anzahl der Städte und Gemeinden, die zu einem einzigen »übrigen städtischen« Wahlkreis zusammengefasst wurden, variierte stark: von zwei für WK 16: Crimmitschau bis hin zu 15 für WK 5: Dippoldiswalde.[85]

Jeder Wahlberechtigte – egal ob er über ein, zwei oder drei zusätzliche Stimmen verfügte – war nur in einem Wahlkreis wahlberechtigt. Ein Wahlberechtigter, der beispielsweise in oder um die Stadt Plauen im südwestlichen Teil Sachsens lebte, durfte nur in einem von drei verschiedenen Wahlkreistypen wählen, je nachdem, wo genau er wohnte: im eigentlichen großstädtischen Wahlkreis Plauen, im ländlichen Wahlkreis 44: Plauen oder im »übrigen städtischen« Wahlkreis 22: Netzschkau (wenn sein Wohnort z. B. in Netzschkau, einer der sieben Gemeinden nördlich von Plauen war). Wie in diesem Beispiel war die Stadt, nach der ein »übriger städtischer« Wahlkreis benannt wurde, in der Regel die größte in der Region. Die rund 30 Kilometer südlich von Leipzig gelegene Kleinstadt Borna, die im Jahr 1900 rund 12 000 Einwohner hatte, gab dem »übrigen städtischen« Wahlkreis 12: Borna seinen Namen; zu diesem Wahlkreis gehörten neben Borna auch noch Taucha, Rötha und sechs weitere Gemeinden rund um Leipzig (daher sind auf Karte 12.2 neun Punkte durch den kleinen Kreis »12« südlich von Leipzig miteinander verbunden).[86] Diese neun Gemeinden befanden sich in zwei verschiedenen ländlichen Wahlkreisen (22: Taucha und 25: Borna). Wie in diesem Beispiel wurden die ländlichen

---

84 Karte S.12.5, Karte S.12.6 und Karte S.12.7 im Online-Supplement zeigen das Wahlergebnis (1909) in Dresden I bis VII bzw. Leipzig I bis VII und Chemnitz I bis IV. Zur Landtagswahl 1909 in Leipzig vgl. J. Retallack, Mapping the Red Threat, 2016.

85 Im Falle von WK 16: Crimmitschau wurde die von der Textilindustrie dominierte Stadt nur noch mit der Ortschaft Werdau gekoppelt. Der »übrige städtische« WK 5: Dippoldiswalde hingegen umfasste folgende Orte: Dohna, Rabenau, Dippoldiswalde, Frauenstein, Sayda, Lengefeld, Altenberg, Geising, Bärenstein, Glashütte, Lauenstein, Liebstadt, Gottleuba, Berggießhübel und Brand. Die Zusammensetzung aller 91 LT-WKe nach 1909 ist in SParl, S. 195–197, aufgeführt.

86 Die meisten »übrigen städtischen« Wahlkreise im Jahr 1909 umfassten dieselben Städte wie seit 1868, obwohl die tatsächliche Platzierung der Verbindungslinien auf der Karte von 1909 von denjenigen abweicht, die auf den Farbtafeln in diesem Band und im Online-Supplement dargestellt sind.

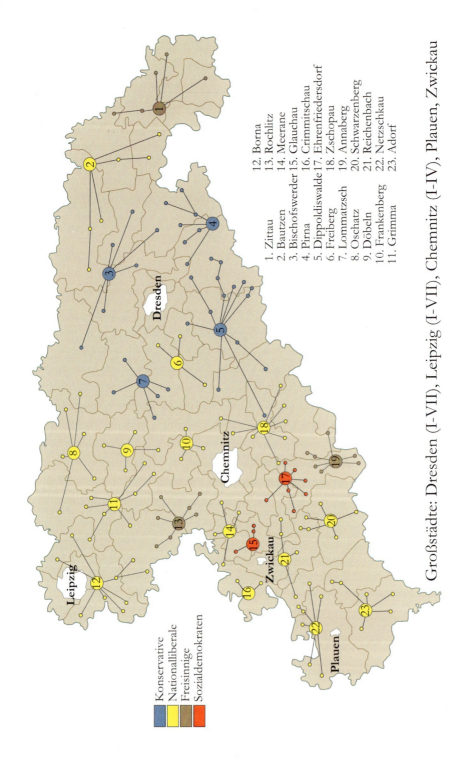

Karte 12.2: Landtagswahlen in Sachsen, 1909 (städtische Wahlkreise). Kartografie: Mapping Solutions, Alaska, basierend auf Daten des Verfassers.
© 2017, 2023 James Retallack. Alle Rechte vorbehalten.

Wahlkreise in der Regel[87] nach der größten Gemeinde der Region benannt, obwohl die Wähler in diesen Gemeinden in einem »übrigen städtischen« Wahlkreis abstimmen würden.

Insofern die Verblüffung unter den »Ordnungsparteien« bei der Bekanntgabe des Wahlergebnisses von 1909 also echt war – wie lässt sich dessen Bedeutung einschätzen? Drei Strategien scheinen fruchtbar zu sein. (1.) Wir können herausfinden, wie oft es den bürgerlichen Parteien nicht gelungen ist, zur Verhinderung eines SPD-Sieges an einem gemeinsamen Strang zu ziehen. (2.) Wir können einen städtischen Wahlkreis untersuchen, um zu beurteilen, welche Bedeutung die Stimmen aus der Arbeiterklasse für den Sieg eines Linksliberalen über einen Nationalliberalen hatten. Und (3.) wir können untersuchen, welche Art Berufe die sächsischen Wähler für zusätzliche, einkommensabhängige Stimmen qualifizierten.

Die Aufgabe, sich mit unangenehmen Wahlergebnissen auseinanderzusetzen, wurde im *Simplicissimus* in einer Karikatur mit dem Titel »Verlesung des Wahlresultats« verspottet (siehe Abbildung 12.2). Als die Wahlergebnisse (in diesem Fall aus einer Reichstagswahl) eintreffen, wird der liberale Bürger immer aufgewühlter, je größer die Anzahl der sozialdemokratischen Stimmen gegenüber den liberalen Stimmen. Seine Schlussfolgerung lautet, dass solche Niederlagen die staatserhal-

Abbildung 12.2: Wilhelm Schulz, »Verlesung des Wahlresultats«, 1912. Text: »600 Liberale, 299 Sozialdemokraten – noch kennt das Bürgertum seine Pflicht!/380 Liberale, 417 Sozialdemokraten! – Allerdings, meine Herren, nicht immer siegen ideale Interessen über materielle!/281 Liberale, 840 Sozialdemokraten! Es stehen aber noch viele Außenbezirke aus,/die allerdings vorwiegend der Arbeiterbevölkerung angehören – 47 Liberale – 1160 Sozialdemokraten –/114 Liberale – 2018 Sozialdemokraten – – Sei's drum, man muß die Stimmen wägen und nicht zählen./Und uns soll auch dieses Ergebnis nicht entmutigen, im Gegenteil, aus solchen Niederlagen werden uns frische Kräfte erwachsen!« Quelle: Simplicissimus 16, Nr. 40 [»Wahlnummer«] (1. Januar 1912), S. 720. Simplicissimus Online, Herzogin Anna Amalia Bibliothek Weimar.

---

87 Der ländliche Wahlkreis 22: Taucha wurde, wie andere ländliche Wahlkreise auch, tatsächlich nach dem/den Landkreis(en) benannt, in dem/denen die Wähler ihren Wohnsitz hatten. In diesem Fall lautete die offiziellere Bezeichnung »Südwestlicher und östlicher Teil der Amtshauptmannschaft Leipzig und angrenzende Teile der Amtshauptmannschaften Borna und Grimma«.

tenden Parteien »nicht entmutigen«, sondern ihnen »frische Kräfte« geben werden, um in Zukunft Wahlkämpfe zu führen – »Sei's drum, man muss die Stimmen wägen und nicht zählen.« Hat das Ergebnis von 1909 den Gegnern eines der bestimmenden Merkmale der Demokratie, der gleichen Wahl, Auftrieb gegeben? Die Kurzantwort lautet Nein – und Ja.

*

(1) *Messung der antisozialistischen Einheit.* Betrachtet man nur die größten bürgerlichen Parteien Sachsens, so waren die Konservativen und die Nationalliberalen in 38 von 91 Wahlkreisen (d. h. 42 Prozent) nicht in der Lage, gemeinsam an einem Strang zu ziehen.[88] In den großstädtischen Wahlkreisen kam es in genau der Hälfte (10 von 20) zu erheblichen Spaltungen. In einem Fall profitierte ein Linksliberaler von dieser Uneinigkeit, in sechs Fällen setzte sich ein anderer bürgerlicher Kandidat durch, und in zwei Fällen gewann ein Sozialdemokrat. Unter Sachsens 23 »übrigen städtischen« Wahlkreisen kam es in sieben (d. h. 30 Prozent) zu einem Bröckeln der antisozialistischen Einheit. In zwei Fällen errang ein Linksliberaler das Mandat, und in einem gewann ein Sozialist. In den »ländlichen« Wahlkreisen zeigte sich die Uneinigkeit zwischen Konservativen und Nationalliberalen in 21 von insgesamt 48 Wahlkreisen (rund 44 Prozent); sieben davon konnten die Sozialdemokraten für sich verbuchen.

Eine quantitative Übersicht über alle Wahlkämpfe in den Wahlkreisen ist in Tabelle 12.4 dargestellt. In den Stichwahlen versuchten die »Ordnungsparteien«, alle Vorteile zu nutzen, die sie unter dem neuen Wahlrecht hatten. Bei einem der Stichwahlsiege der Konservativen handelte es sich um den 5. städtischen Wahlkreis Dippoldiswalde (der wegen seiner 15 weit verstreuten Gemeinden hoch im Erzgebirge bereits unsere Beachtung gefunden hat). Dort gewann der SPD-Kandidat die Unterstützung von 78 Prozent aller Wähler, die sich an der Stichwahl beteiligten; doch weil der konservative Dresdner Rechtsanwalt Dr. Hans Spieß beträchtlich vom Pluralwahlsystem profitierte, gewann der Sozialdemokrat nur 42 Prozent der Stichwahlstimmen und verlor. Eine ähnliche Situation gab es im Großstadtwahlkreis Dresden II, wo der Fraktionsvorsitzende der Nationalliberalen, Franz Hettner, gewann.[89] In dieser Stichwahl unterstützten 81 Prozent aller Wähler den sozialdemokratischen Kandidaten, aber wegen des Pluralwahlrechts gewann dieser nur 30 Prozent der Stimmen – eine weitere schmerzhafte Niederlage. Was die Freisinnige Volkspartei betrifft, so gewann sie alle acht der von ihr bestrittenen Stichwahlen – sieben gegen einen Sozialdemokraten, eine gegen einen Nationalliberalen.

---

88 Vgl. J. Retallack, »What Is to Be Done?«, 1990, wo ich erstmals Kriterien für die Beurteilung antisozialistischer Uneinigkeit angeregt habe; vgl. auch G. A. Ritter, Wahlrecht, 1990, bes. S. 89–97; ders., Wahlen, 1997, S. 77–84; S. Lässig, Wahlrechtskampf, 1996, S. 232–241; G. A. Ritter, Wahlgeschichtliches Arbeitsbuch, 1980; SLTW, 2004; SParl.

89 Dabei handelte es sich um eine von 31 Stichwahlen, an denen die Nationalliberalen teilnahmen, und eine von 24 Wahlen, die sie gewannen.

Tabelle 12.4: Partei-Rivalitäten, sächsische Landtagswahlen, 1909

Partei	Gewonnene Mandate in Hauptwahl (21. Oktober)	Umkämpfte Mandate in Stichwahl (Okt.–Nov.)	Gegnerischer Kandidat in Stichwahl	Gewonnene Mandate in Stichwahl		Gewonnene Mandate gesamt (1909)
				Gewonnen	Gegen	
1	2	3	4	5	6	7
Konservative	14	20	1 BdL, 1 NL, 18 SPD	14	1 BdL, 13 SPD	28
Antisemiten	0	2	2 SPD	2	2 SPD	2
Nationalliberale	4	31	1 Kons., 1 SMVgg, 1 FrVp, 27 SPD	24	1 Kons., 1 MVgg, 22 SPD	28
Freisinnige Volkspartei	0	8	1 NL, 7 SPD	8	1 NL, 7 SPD	8
Sozialdemokraten	15	54	17 Kons., 2 AS, 28 NL, 7 FrVp	10	6 Kons., 4 NL	25
Gesamt	33			58		91

Anmerkungen: Die Gesamtsummen weichen geringfügig von den erstmals in der ZSSL veröffentlichten Zahlen ab. Konservative in Spalte 1 umfassen nicht nur Kandidaten der Deutsch-Konservativen Partei, sondern auch Kandidaten der Reichs- und Freikonservativen Partei, des Bundes der Landwirte sowie der Sächsischen Mittelstandsvereinigung.
Quellen: ZSSL 1909; SParl, S. 69; einige Berechnungen wurden dem Verfasser von Wolfgang Schröder zur Verfügung gestellt.

*

(2) *Liberale und andere Deutsche.* Dieser achte Sieg der Freisinnigen spielte sich im äußersten Südosten Sachsens ab.[90] Der städtische Wahlkreis 1: Zittau kann uns dabei behilflich sein, die Wahlergebnisse andernorts im Königreich besser zu verstehen.[91] Bei der Landtagswahl 1909 wurden von den vier »ländlichen« Wahlkreisen um Zittau herum einer von einem Sozialdemokraten und drei von Konservativen gewonnen.[92] Bei den Reichstagswahlen direkt vor und nach 1909 erzielten Linksliberale, Nationalliberale und Sozialdemokraten allesamt Siege in diesem Teil Sachsens. Kann WK 1: Zittau – politisch komplex und im Wandel begriffen – dabei helfen, einen Zusammenhang zwischen dem sozioökonomischen Status der Wähler und ihrer Bereitschaft, einen Sozialdemokraten oder einen Liberalen im Rahmen des Pluralwahlrechts zu unterstützen, herzustellen? In der Tat.

---

90 Leser können den »ländlichen« WK 1: Zittau auf Karte 12.1 finden und den städtischen WK 1: Zittau auf Karte 12.2; vgl. auch andere Karten im Online-Supplement. Für die LT-Wahlen umfasste der städtische WK 1: Zittau zwei Städte und drei Ortschaften, die sich inmitten des »ländlichen« WK 1: Zittau bzw. des dritten, vierten und fünften »ländlichen« Wahlkreises befanden. Die Anführungszeichen um »ländlich« sind notwendig, weil so viele der ländlichen Wahlkreise Sachsens relativ industrialisiert und dicht besiedelt waren.
91 Vgl. G. A. Ritter, Wahlen, 1997, S. 83, der das relative Gewicht einer einzelnen Stimme für jede Partei im Jahr 1909 nach Wahlkreistyp zeigt.
92 Auf der nationalen Ebene hatte 1907 ein Linksliberaler den RT-WK 1: Zittau gewonnen und ein Nationalliberaler 2: Zittau für den Bülow-Block. Beide WKe gingen bei der RT-Wahl von 1912 für die SPD verloren.

Bei der Landtagswahl 1909 handelte es sich beim Kandidat der Freisinnigen in WK 1: Zittau um Ernst Schwager. Er war vom Schriftsetzer für das linksliberale *Zittauer Morgenblatt* zum Verleger aufgestiegen und saß auch im Stadtrat von Zittau.[93] Schwager schlug den amtierenden Mandatsträger der Nationalliberalen, Philipp Pflug, der an einer der Bürgerschulen Zittaus Buchhaltung unterrichtete und dem Vorstand der sächsischen Nationalliberalen Partei angehörte.[94] Das Schicksal dieser liberalen Kandidaten und ihrer Gegner ist in Tabelle 12.5 dargestellt, die auf den vom Königlich Sächsischen Statistischen Landesamt veröffentlichten Wahlergebnissen auf Wahlkreisebene basiert.[95]

Der Freisinnige Schwager gewann im ersten Wahlgang am 21. Oktober eine knappe relative Mehrheit (38,8 Prozent) der Stimmen. Auch der Nationalliberale Pflug schnitt gut ab. Das Pluralwahlsystem hatte zunächst wenig Einfluss auf die Differenz zwischen der Anzahl der Wähler, die Schwager unterstützten, und der Gesamtzahl der für ihn abgegebenen Stimmen. Schwager wurde von 37 Prozent aller Wähler unterstützt und gewann 39 Prozent aller Stimmen. Pflug hingegen wurde nur von 25 Prozent aller Wähler unterstützt, gewann aber 34 Prozent aller Stimmen.[96] Der sozialdemokratische Kandidat zog 32 Prozent der Wähler auf seine Seite, erhielt jedoch nur 20 Prozent der Stimmen. Mit dem dritten Platz schied er aus der Stichwahl aus.

Im zweiten Wahlgang gewann Schwager die Loyalität eines riesigen Teils (87 Prozent) der Wähler, die über nur eine Stimme verfügten. Tausende dieser Wähler hatten in der ersten Runde sozialdemokratisch gewählt. Es lässt sich nicht sagen, wie viele Wähler genau in der Stichwahl vom sozialdemokratischen Kandidaten zu Schwager wechselten. Allerdings erklärte die SPD-Spitze vor der Stichwahl, dass Pflug als Nationalliberaler und Freund des Pluralwahlrechts um jeden Preis besiegt werden müsse.[97] Die Gesamtzahl der Wähler, die Schwager und den Sozialdemokraten in der ersten Runde unterstützten – unabhängig von der Anzahl der von ihnen abgegebenen Stimmen – entspricht fast genau der Anzahl der Wähler, die Schwager in der Stichwahl unterstützten. Dasselbe gilt für die Zahl der Wähler, die Pflug und den Konservativen im ersten Durchgang und Pflug in der Stichwahl unterstützten.

---

93 »Kandidaten [...] 1909« (o. D.), SHStAD, MdI 5351.
94 KHM Friedrich von Craushaar (Bautzen) an MdI, 12.7.1909, SHStAD, MdI 5351.
95 E. Würzburger, Wahlen [...] 1909, 1912; ZSSL, 1909, S. 225, 232; ZSSL 57, 1911, S. 27 f.
96 Diese Prozentsätze sind gerundet.
97 [Sozialdemokratische Partei Sachsens], Protokoll [...] Leipzig [...] 1910, S. 13.

Tabelle 12.5: Pluralwahl, nach Partei und Anzahl der Stimmen, WK 1: Zittau, 1909

Partei	Insgesamt		Anzahl der Wähler mit ... Stimmen				Insgesamt		Prozentzahl der Wähler mit ... Stimmen				
	gewonnene Stimmen	Gesamt	1	2	3	4	gewonnene Stimmen (%)	Gesamt (%)	1 (%)	2 (%)	3 (%)	4 (%)	
(*Kandidat*)													
Hauptwahl													
Konservative	1.036	382	74	114	42	152	7,0	6,0	3,3	7,1	5,6	8,5	
Nationalliberale	5.080	1.611	152	334	240	885	34,3	25,2	6,8	20,9	32,2	49,6	
Freisinnige Volkspartei	5.747	2.326	627	650	376	673	38,8	36,5	27,8	40,6	50,5	37,8	
Sozialdemokraten	2.949	2.057	1.396	503	85	73	19,9	32,2	62,0	31,4	11,4	4,1	
Sonstige	11	6	3	1	2	-	0,1	0,1	0,1	0,1	0,3	-	
Gesamt	14.823	6.382	2.252	1.602	745	1.783	100	100	100	100	100	100	
Stichwahl													
Nationalliberale (*Philipp Pflug*)	6.124	2.008	263	409	301	1.035	42,2	32,7	12,8	26,0	40,0	58,6	
Freisinn (Sieger) (*Ernst Schwager*)	8.402	4.138	1.790	1.164	452	732	57,8	67,3	87,2	74,0	60,0	41,4	
Gesamt	14.526	6.146	2.053	1.573	753	1.767	100	100	100	100	100	100	

Anmerkungen: Der »übrige städtische« Wahlkreis 1: Zittau umfasste 5 Gemeinden und Städte: Zittau, Bernstadt, Löbau, Ostritz sowie Weißenberg. Er zählte 49.273 Einwohner (basierend auf der Volkszählung vom 1. Dez. 1905), von denen 7.516 (15,25%) wahlberechtigt waren.
Quellen: Basierend auf ZSSL 1909, S. 225, 232; ZSSL 57 (1911), S. 27–28.

Betrachtet man die Wähler, die entweder nur eine oder aber vier Stimmen zu vergeben hatten, sind die Korrelationen besonders markant: Die Konservativen tendierten dazu, in der Stichwahl für den Nationalliberalen Pflug zu stimmen, und die Sozialdemokraten tendierten dazu, für Schwager zu stimmen. Bei Zwei- und Dreistimmen-Wählern ist das Bild undurchsichtiger. Schwager zog 60 Prozent der Wähler mit drei Stimmen auf seine Seite, Pflug nur 40 Prozent. Bei den Wählern mit vier Stimmen war dieses Verhältnis in etwa umgekehrt. Doch die Unterstützung privilegierter Wähler reichte nicht aus, um dem Nationalliberalen Pflug zum Sieg zu verhelfen. Mit sozialdemokratischer Hilfe erhielt Schwager in der Stichwahl fast 58 Prozent aller Stimmen und gewann das Mandat.

Der Wahlkreis 1: Zittau war in vielerlei Hinsicht typisch für die 23 »übrigen städtischen« Wahlkreise in Sachsen. In dieser Kategorie gewannen die Nationalliberalen oder die Freisinnigen die Mehrheit der Landtagsmandate, während die Konservativen nur vier und die Sozialdemokraten nur zwei Mandate eroberten. Allerdings stellten die Arbeiter in Zittau nur 32 Prozent der Wahlberechtigten, während sie in allen »übrigen städtischen« Wahlkreisen durchschnittlich 48 Prozent der Wahlberechtigten ausmachten. Damit rangierte Zittau bei der Messung des Anteils der wahlberechtigten Arbeiter in dieser Art von Wahlkreis ganz unten. Tatsächlich lag der Anteil der Arbeiter unter den Wahlberechtigten in den umliegenden »ländlichen« Wahlkreisen deutlich höher als in den Städten und Gemeinden, aus denen sich WK 1: Zittau selbst zusammensetzte.[98] Außerdem waren über 71 Prozent der Arbeiter dort in keiner Weise privilegiert: Sie hatten nur eine (Grund-)Stimme abzugeben. Etwa 24 Prozent der Arbeiter erlangten eine zweite Stimme nur, weil sie bereits ihren fünfzigsten Geburtstag gefeiert hatten. Umgekehrt hatte WK 1: Zittau einen hohen Anteil an gesellschaftlichen Gruppen, die typischerweise eine der beiden liberalen Parteien unterstützten: Unternehmer, Kaufleute, Angestellte, Beamte, Geistliche, Lehrer und Rentner. In diesen Gruppen waren zahlreiche Wahlberechtigte zur Abgabe von vier Stimmen berechtigt. Wie viele Arbeiter in Zittau durften entweder drei oder vier Stimmen abgeben? Sage und schreibe 72.[99]

Im Idealfall würde man diese Daten über den sozialen Hintergrund der Wahlberechtigten mit den Wahlergebnissen zusammenführen wollen, um herauszufinden, welche gesellschaftliche Gruppe für welche Partei gestimmt hat. Der »ökologische Fehlschluss« macht dies allerdings unmöglich. Zwei Beobachtungen mögen unsere Frustration darüber abmildern. Erstens werden die Berichte der Beamten über die Schwäche der

---

98 Dies gilt für den »ländlichen« WK 1: Zittau, wo Arbeiter 59,2 Prozent der Wahlberechtigten ausmachten, sowie für den »ländlichen« WK 3: Ostritz (50,7 Prozent), den »ländlichen« WK 4: Löbau (44,1 Prozent) und den »ländlichen« WK 5: Bautzen (46,5 Prozent). E. WÜRZBURGER, Wahlen [...] 1909, 1912, S. 368–369.
99 Von denen 68 in der Hauptwahl und 69 in der Stichwahl ihre Stimme abgaben; E. WÜRZBURGER, Wahlen [...] 1909, 1912, S. 265. Vgl. Abbildung S.12.3, Profil der Landtagswahlberechtigten und -wähler nach Beruf und Alter, WK 1: Zittau, 1909, und Abbildung S.12.4, Mehrfachstimmen zugewiesen nach Kategorie, WK 1: Zittau, 1909, beide im Online-Supplement.

Konservativen Partei in und um Zittau durch soziologische Beweise gestützt, die durch das sächsische Pluralwahlsystem zur Verfügung gestellt werden. Die absolute Zahl der privilegierten »Unabhängigen« in der Landwirtschaft war sehr gering – ebenso wie die Zahl der Wahlberechtigten, die zusätzliche Stimmen auf Grundlage eines landwirtschaftlichen, gärtnerischen oder weinbaulichen Unternehmens erhielten. Wie in vielen Wahlkreisen dieses Typs war auch im WK 1: Zittau die Kerngefolgschaft der Konservativen in Form von Agrariern schwach vertreten. Dies begrenzte die Anzahl der Stimmen, die Pflug von konservativen Anhängern in der Stichwahl erhalten konnte. Die liberalen Parteien taten gut daran, einen Zeitungsverleger und einen Lehrer als Kandidaten zu benennen. Ein (konservativer) Landwirt oder ein (sozialistischer) Arbeiter hätte bei den Bürgern in diesem Wahlkreis schlecht abgeschnitten. Zweitens profitierte der Freisinnige Schwager von der polarisierten sächsischen Wahlkultur. Sobald der sozialdemokratische Kandidat die Stichwahl in Zittau nicht erreicht hatte, war klar, wohin sich die meisten Protestwähler wenden würden. Obwohl die überwiegende Mehrheit der Arbeiter nur eine Stimme abgeben durfte, waren die Arbeiter zahlenmäßig stark genug – sie machten fast ein Drittel der Wähler aus –, um zur Wahl eines Vertreters der politisch nächstgelegenen Partei beizutragen.

Dieses Beispiel aus einem nicht allzu verschlafenen Winkel des Reiches veranschaulicht zwei Merkmale der Wahlpolitik, die (spätestens) 1903 im Reich zutage getreten waren. Erstens waren die Linksliberalen im Laufe der Zeit immer weniger in der Lage, aus eigener Kraft Wahlsiege im ersten Durchgang zu erzielen. Bei den Reichstagswahlen 1903, 1907 und 1912 war die oberste Priorität der Linksliberalen, die Stichwahl zu erreichen, wodurch sie die Chance hatten, die Anhänger der ihnen am nächsten stehenden Parteien – sprich: der Sozialdemokraten und der Nationalliberalen – auf ihre Seite zu ziehen. Zweitens hatten die Linksliberalen ihre besten Siegchancen in Städten und Dörfern außerhalb der Großstädte. Das war schon in den 1880er- und 1890er-Jahren der Fall gewesen; aber mit der wachsenden Dominanz der SPD in den deutschen Metropolen und der Stärke des Bundes der Landwirte im ländlichen Raum konnten die Linksliberalen am ehesten in Städten wie Zittau auf Mandatsgewinne hoffen – egal ob unter dem allgemeinen Wahlrecht oder unter einem Pluralwahlsystem.[100]

*

---

100 Vgl. B. FAIRBAIRN, Democracy, 1997; A. P. THOMPSON, Left Liberals, 2000; J. SPERBER, Kaiser's Voters, 1997.

(3) *Arbeiter und andere Deutsche.* Das Beispiel von WK 1: Zittau gibt auch Anlass, darüber nachzudenken, welche Arten von Wahlberechtigten – Arbeiter und andere – ein ausreichendes Einkommen gehabt hätten, um sich für zusätzliche Stimmen nach dem neuen sächsischen Wahlrecht zu qualifizieren.[101]

Ein guter Ausgangspunkt ist die Feststellung, dass ein Großteil der Männer aus dem Bürgertum die Einkommensschwelle von 2 800 Mark pro Jahr erreichte, um sich für vier Stimmen zu qualifizieren. Ein noch größerer Teil erreichte die Einkommensschwellen von 2 500, 2 200 und 1 900 Mark, die für besoldete Beamte (und andere) festgelegt wurden. In der Nähe dieser Schwellenwerte lassen sich zusätzliche Berufe identifizieren.[102] Nahezu alle höheren Beamten im ausgehenden kaiserlichen Deutschland überschritten die sächsische 2 800-Mark-Schwelle für vier Stimmen, die meisten deutlich. Das Besoldungsspektrum für höhere Beamte reichte beispielsweise von einem preußischen Staatsminister (36 000 Mark p.a.) an der Spitze dieser Kategorie bis zu einem Kanzleisekretär (4 000 Mark) am unteren Ende. Auch die meisten Angehörigen der freien Berufe verdienten mehr als 2 800 Mark. Ein Regierungsrat in Preußen beendete seine Karriere typischerweise mit einem Gehalt von rund 7 200 Mark, ein Richter in Preußen mit rund 6 000 Mark, ein Oberlehrer in Preußen, Bayern oder Sachsen mit knapp 5 000 Mark, ein Amtsrichter oder Priester in Bayern mit rund 4 800 Mark, ein Arzt in Sachsen mit rund 3 500 Mark.

Wie stand es mit Berufsgruppen, deren Jahreseinkommen zwischen 1 400 und 2 800 Mark lag und deren Mitglieder in Sachsen Anspruch auf eine, zwei oder drei zusätzliche Stimmen hatten? Die entsprechenden Wahlberechtigten waren entweder gutbürgerlich, zählten zum oberen Mittelstand oder gehörten zum »Adel« der Facharbeiter. Ein Kanzleisekretär mochte ein Gehalt von etwa 3 000 bis 4 000 Mark haben – am oberen Ende einer Gehaltsskala, die bei 1 800 Mark begonnen hatte; als Kanzleidiener mit einem Gehalt von ca. 2 000 Mark hätte er vielleicht ein Einstiegsgehalt von 1 400 Mark gehabt.

---

101 Gerne nehme ich Rückmeldungen von Leserinnen und Lesern entgegen, die alternative Einkommensschätzungen für die unten angeführten Berufsgruppen vorschlagen möchten; bei den von mir bereitgestellten Zahlen handelt es sich um wohl begründete Vermutungen. Abgesehen von den unten genannten Berichten aus dem Vereinigten Königreich und den USA basieren meine Beispiele für Lohn- und Gehaltseinkommen auf einer Vielzahl von deutschen Quellen sowie Internetquellen, deren Daten teils erheblich voneinander abweichen. Zu Dank verpflichtet bin ich Thomas Kühne, Volker Berghahn und Simone Lässig für ihre Hinweise. Vgl. A. Jeck, Wachstum, 1970, S. 140–163 und passim; R. Gömmel, Realeinkommen, 1979, S. 16–29; G. Hohorst/J. Kocka/G. A. Ritter, Sozialgeschichtliches Arbeitsbuch II, 2. Aufl., 1978, S. 107–114; V. R. Berghahn, Kaiserreich, 2003, bes. S. 46–51; ders., Imperial Germany, 2005, S. 308–309; T. Pierenkemper, Einkommensentwicklung, 1983, S. 71; A. Desai, Real Wages, 1968; T. J. Orsagh, Löhne, 1969. Vgl. auch [E. Würzburger], Vergleich, 1900; V. Böhmert, Einkommensteuerstatistik, 1894; L. Niethammer/F. Brüggemeier, Arbeiter, 1976; C. Maus, Professor, 2013, S. 209–219; H. Siegrist, Advokat, 1996, Bd. 1, S. 490; R. Fattmann, Bildungsbürger, 2001, S. 104; R. Jessen, Polizei, 1991, S. 366.

102 Diese sind für den »übrigen städtischen« WK 1: Zittau in Abbildung S.12.4 im Online-Supplement dargestellt. Man beachte, dass sich die Anzahl der zugelassenen Wahlberechtigten, die keine Arbeiter waren und nur eine einzige Grundstimme hatten, auf über 1 000 belief. Diese Wahlberechtigten mochten sich voller Stolz zum alten oder neuen Mittelstand zählen, doch sie erfüllten *keines* der Kriterien (Eigentum, Einkommen, Dienstverhältnis oder Alter), wonach ihnen bei den LT-Wahlen zusätzliche Stimmen zugestanden hätten.

Ein gewöhnlicher Lehrer verdiente gut 2 800 Mark pro Jahr, ein Dorfpfarrer etwa 2 600 Mark, ein angestellter Techniker etwa 2 400 Mark, ein erfahrener Polizeiwachtmeister 2 200 Mark – etwa so viel wie ein höherer Büroangestellter. Weiter unten auf der sozialen Leiter trifft man auf andere Mitglieder des »neuen« Mittelstandes und dann auf den »alten« (wobei es hier zu erheblichen Überschneidungen kam). Ein Handlungsgehilfe, der in der Regel als zum neuen Mittelstand gehörig eingestuft wurde, verdiente knapp 1 800 Mark, ein *angehender* Kanzleisekretär oder ein *angehender* Polizeiwachtmeister etwa 1 650 Mark. Andere Arten von niederen Beamten (z. B. ein Eisenbahnbeamter, ein Postbote oder ein Polizist) bekamen zu Beginn ihrer Karriere ein Gehalt von 1 200 bis 1 400 Mark, vielleicht 1 700 Mark in der mittleren Laufbahn und an die 2 000 Mark zum Zeitpunkt ihrer Pensionierung.

Auch bei den Mittelstandseinkommen und den Einkommen der Arbeiterklasse kam es zu Überschneidungen. Ein Bergarbeiter im Ruhrgebiet verdiente wahrscheinlich etwa 1 400 Mark pro Jahr,[103] ein Metallarbeiter im Südwesten Deutschlands etwa gleich viel, wohingegen ein »durchschnittlicher« deutscher Arbeiter eher um die 1 000 Mark verdiente. Viele Handwerker (eine äußerst vielfältige Kategorie) überschritten kaum die Schwelle, ab der man anfing, überhaupt Steuern zu zahlen. (In Preußen betrug diese Schwelle 900 Mark; in Sachsen begann die niedrigste Steuerklasse bereits bei 400 Mark.) Und ein einfacher Bauer – eine weitere enorm große Kategorie, die es von den wohlhabenderen Guts- und Rittergutsbesitzern zu unterscheiden gilt – verdiente in der Regel weniger als 700 Mark jährlich.

Einige dieser Schätzungen finden sich bestätigt in einer Studie des Kaiserlichen Statistischen Amtes über »Wirtschaftsrechnungen minderbemittelter Familien«.[104] Die Schätzungen können auch mit den Ergebnissen einer ähnlichen Untersuchung (1908) des britischen Handelsministeriums (»Board of Trade«) verglichen werden, welche die fünf größten Städte Sachsens einschloss.[105] In Tabelle 12.6 sind die sozialen Gruppen (z. B. mittlere Beamte) lediglich in groben Umrissen dargestellt. Feinere Abstufungen sind bei den in Tabelle 12.7 aufgeführten 40 Berufen (z. B. »Schmiede«) erkennbar.

---

103 1912 erhielt ein Bergarbeiter in Dortmund einen durchschnittlichen Tageslohn von 4,8 Mark; bei einer Sechstagewoche ergab das ein Jahreseinkommen von knapp 1 500 Mark; vgl. S. PRESS, Blood and Diamonds, 2021, S. 116.
104 Dokumentiert für 852 Familien, die weniger als 3 000 Mark im Jahr verdienten. KAISERLICHES STATISTISCHES AMT, ABTEILUNG FÜR ARBEITERSTATISTIK, Wirtschaftsrechnungen, 1909, S. 6, 44–48. Die deutschen Haushalte dokumentierten vom 1.2.1907 bis 31.1.1908 ihre Einkommen und Ausgaben.
105 GREAT BRITAIN, HOUSE OF COMMONS PARLIAMENTARY PAPERS ONLINE (PROQUEST), BOARD OF TRADE, Cost of Living in German Towns, 1908: zu Chemnitz (S. 138–149), Dresden (S. 189–205), Leipzig (S. 300–314), Plauen (S. 403–414) und Zwickau (S. 480–491).

Tabelle 12.6: Durchschnittliches Einkommen der Haushaltungsvorstände nach Hauptberufsgruppen, 1907–1908

Beruf des Haushaltungsvorstandes	Zahl der Haushaltungen	Durchschnittliches jährliches Einkommen in Mark			
		Haushaltungen gesamt	Arbeitsverdienst des Mannes	Nebenerwerb des Mannes	Gesamteinkommen des Mannes
A. Arbeiter	522	1.835,38	1.507,92	41,05	1.548,97
A.I. Gewerbliche	436	1.865,96	1.536,46	43,05	1.579,51
a. gelernte	382	1.885,68	1.569,46	44,65	1.614,11
b. ungelernte	54	1.726,51	1.303,01	31,80	1.334,81
A.II. Handels- u. Verkehrsarbeiter	53	1.737,31	1.374,20	27,54	1.401,74
A.III. Arbeiter ohne nähere Bezeichnung	33	1.588,81	1.345,65	36,32	1.381,97
B. Privatangestellte	36	2.441,69	2.012,11	32,30	2.044,41
C. Lehrer	79	3.294,32	2.753,05	180,30	2.933,35
D. Mittlere Beamte	139	2.861,72	2.376,71	27,20	2.403,91
E. Unterbeamte	67	2.084,31	1.693,96	41,11	1.735,07
Alle Haushaltungen	852	2.192,08	1.805,35	51,10	1.856,45

Anmerkungen: Die Einsendung der Aufbereitungstabellen und des Urmaterials fand zwischen dem 1. Januar 1907 und dem 1. März 1908 statt. Die Erhebung sollte sich nicht auf Arbeiterhaushaltungen beschränken, es war ein Einkommen von etwa 3.000 M als Obergrenze vorgesehen, auch sollten nur Familien mit 3–5 Kindern berücksichtigt werden.
Quelle: KAISERLICHES STATISTISCHES AMT, ABTEILUNG FÜR ARBEITERSTATISTIK, Bearbeiter, Reichs-Arbeitsblatt, Sonderheft 2, Erhebung von Wirtschaftsrechnungen minderbemittelter Familien im Deutschen Reiche, Berlin 1909, S. 6, 44.

Der bemerkenswerteste Aspekt an diesen Studien ist der hohe Anteil der Arbeiter, deren Verdienst unter die wichtige 1 600-Mark-Schwelle fiel, die sie bei den sächsischen Landtagswahlen 1909 für eine zweite Stimme qualifiziert hätten. Facharbeiter in Industriebetrieben überschritten diese Schwelle – jedoch nur knapp. Ungelernte und andere Arbeiter fielen darunter. Dieser Umstand erklärt ganz maßgeblich die Kalkulation der Regierung, dass sich die meisten Arbeiter allein wegen ihres Einkommens nicht für eine zweite Stimme qualifizieren würden. Allerdings hatten 382 von 522 befragten Familien einen Facharbeiter als Haushaltsvorstand. Ein solcher Arbeiter würde sich auf Grundlage seines Verdienstes für eine zweite Stimme qualifizieren und, wenn er über fünfzig Jahre alt war, auch für eine dritte. Im Vergleich zum übrigen Deutschland war ein hoher Anteil der sächsischen Arbeiter Facharbeiter – vor allem in Leipzig.[106] Weiter unten in Tabelle 12.6 ist ersichtlich, dass der befragte Durchschnittshaushalt (1 856 Mark) zwar etwa 350 Mark unter der zweiten Einkommensschwelle (2 200 Mark) für eine zusätz-

---

[106] Jahreslöhne für Leipziger Arbeiter in: S. DOBSON, Authority, 2001, Anhang 1, S. 299–302.

liche Stimme zurückblieb, Lehrer und mittlere Beamte diese Marke jedoch überschritten. Die niederen Beamten – deren »Zuverlässigkeit« den sächsischen Behörden Sorgen machte – kamen der für sie geltenden 1 400-Mark-Schwelle näher.

In Tabelle 12.7 sind viele weitere Berufe aufgeführt, die die 1 600-Mark-Schwelle für eine zweite Stimme – oft um einen geringen Betrag – über- oder unterschritten. Facharbeiter in der Metallindustrie (in dieser Stichprobe lfd. Nr. 18) verdienten durchschnittlich 1 618 Mark pro Jahr, Schmiede 1 578 Mark (lfd. Nr. 23). Wir sind nicht die Einzigen, die anhand solcher Daten berechnen können, welche Arten von Arbeitern sich 1909 möglicherweise für eine zweite oder dritte Stimme qualifizierten. Wie wir in Kapitel 11 gesehen haben, brüteten die sächsischen Statistiker und andere Wahlrechtsexperten über den gleichen Daten. Indem sie, so gut sie es vermochten, berechneten, welche Wählergruppen für zusätzliche Stimmen infrage kämen – und somit im Falle ihrer Unterstützung für die SPD für den Staat besonders gefährlich sein könnten –, gaben ihre Empfehlungen einem bestimmten Pluralwahlsystem den Vorzug gegenüber anderen.

Die Chancen der Sozialdemokratie, 1909 ein Mandat zu gewinnen, variierten im gesamten Land erheblich. Doch die Industrie Sachsens hatte sich so weit über die Tore seiner Städte – ganz zu schweigen seiner *Groß*städte – hinaus ausgebreitet, dass selbst »ländliche« Landtagswahlkreise den Arbeitern die Möglichkeit boten, die Ungerechtigkeiten der Pluralwahl zu überwinden. Obwohl es sich bei vielen Textilarbeitern, die außerhalb von Chemnitz lebten, um Frauen handelte und diese nicht wählen durften, war die Streuung der Arbeiter eines der wichtigsten Merkmale Sachsens, wie der Bericht des britischen Handelsministeriums bestätigte: »Fast zu jeder Tageszeit sieht man eine Anzahl von Frauen aus den umliegenden Städten und Dörfern des Erzgebirges, wie sie, große Körbe mit Strümpfen rucksackartig über die Schultern geschlungen, entweder zu einer Chemnitzer Strumpffabrik gehen oder von dort kommen […]. [Die Ware] ist auf dem Weg zu einer lokalen Färberei […]. Tatsächlich scheint der größte Teil der aus Chemnitz exportierten Strumpfwaren in einer anderen Stadt im Erzgebirge hergestellt worden zu sein.« Auch Plauen, so der Bericht weiter, sei geprägt von »kleinen Werkstätten – oftmals Teil des Wohnhauses –, die über die umliegenden Dörfer verstreut liegen«.[107]

---

[107] GREAT BRITAIN […] BOARD OF TRADE, Cost of Living, 1908, S. 140, 405.

Tabelle 12.7: Durchschnittliches Einkommen der Haushaltungsvorstände nach Berufsarten, 1907–1908

Lfd. Nr.	Beruf des Haushaltungsvorstandes	Zahl der Haushaltungen	Reihenfolge nach Gesamteinkommen	Haushaltungen gesamt	Durchschnittliches Jahreseinkommen in Mark		
					Arbeitsverdienst des Mannes	Nebenerwerb des Mannes	Gesamteinkommen des Mannes
1	Ingenieure und Bauführer	3	1	3.705,84	3.169,01	56,26	3.225,27
2	Lehrer	79	2	3.294,32	2.753,05	180,30	2.933,35
3	Etatmäßige mittlere Beamte	129	3	2.933,32	2.440,77	17,06	2.457,83
4	Privatangestellte (ohne Handlungsgehilfen)	17	4	2.592,20	2.163,12	60,47	2.223,59
5	Former	11	10	2.083,85	1.966,56	11,91	1.978,47
6	Buch- und Steindrucker	10	8	2.198,87	1.953,55	37,12	1.990,67
7	Selbstständige Gewerbetreibende	4	7	2.208,99	1.932,30	1,25	1.933,55
8	Maschinenbauer, Monteure	6	5	2.429,78	1.929,01	6,42	1.935,43
9	Handlungsgehilfen	19	6	2.307,02	1.877,00	7,10	1.884,10
10	Schriftsetzer	16	15	1.981,35	1.776,86	90,69	1.867,55
11	Unterbeamte	67	9	2.084,31	1.693,96	41,11	1.735,07
12	Schlosser	21	24	1.858,15	1.653,17	23,59	1.676,76
13	Gelernte Arbeiter der Baugewerbe (ohne Maurer; Zimmerer, Maler)	18	14	2.005,93	1.632,08	6,70	1.638,78
14	Gelernte Arbeiter verschiedener Gewerbe	31	19	1.893,23	1.625,83	22,29	1.648,12
15	Zimmerer	20	12	2.018,78	1.624,62	47,65	1.672,27
16	Maurer	41	16	1.943,19	1.600,57	42,66	1.643,23
17	Kai- und Hafenarbeiter	17	18	1.932,49	1.592,94	-	1.592,94
18	Gelernte Arbeiter der Metallindustrie (ohne Former, Klempner, Schmiede, Schlosser)	21	20	1.892,09	1.579,92	37,86	1.617,78
19	Gelernte Arbeiter der Maschinenindustrie (ohne Schiffbauer, Maschinenbauer)	11	25	1.837,46	1.535,68	14,39	1.550,07
20	Nicht etatmäßige mittlere Beamte	10	17	1.938,10	1.550,36	157,97	1.708,33
21	Gärtner	12	21	1.880,94	1.547,59	102,95	1.650,54
22	Gelernte Arbeiter der Nahrungsmittel-Industrie (ohne Bäcker)	7	13	2.013,07	1.522,79	61,08	1.583,87
23	Schmiede	12	26	1.819,03	1.483,42	94,08	1.577,50
24	Klempner	10	23	1.868,48	1.478,39	8,57	1.486,96

Lfd. Nr.	Beruf des Haushaltungsvorstandes	Zahl der Haushaltungen	Reihenfolge nach Gesamteinkommen	Durchschnittliches Jahreseinkommen in Mark			
				Haushaltungen gesamt	Arbeitsverdienst des Mannes	Nebenerwerb des Mannes	Gesamteinkommen des Mannes
25	Tischler	42	27	1.815,13	1.477,05	33,95	1.511,00
26	Maler, Anstreicher	26	29	1.785,62	1.455,40	67,17	1.522,57
27	Sattler	11	30	1.779,36	1.445,93	69,01	1.514,94
28	Bäcker, Konditoren	7	22	1.877,18	1.433,13	179,71	1.612,84
29	Schiffbauer, Schiffszimmerer	10	28	1.793,48	1.423,88	132,55	1.556,43
30	Gelernte Arbeiter der Holzindustrie (ohne Tischler)	15	37	1.632,45	1.422,59	14,56	1.437,15
31	Straßenbahnangestellte	7	31	1.731,53	1.375,16	18,03	1.393,19
32	Schneider	8	36	1.668,62	1.356,42	26,62	1.383,04
33	Arbeiter ohne nähere Bezeichnung	33	39	1.588,81	1.345,65	36,32	1.381,97
34	Textilarbeiter	10	34	1.692,59	1.343,49	6,76	1.350,25
35	Hausdiener, Boten, Markthelfer	9	38	1.596,11	1.310,07	27,69	1.337,76
36	Gelernte Arbeiter der Bekleidungsindustrie (ohne Schneider)	6	35	1.679,94	1.309,51	34,87	1.344,38
37	Ungelernte gewerbliche Arbeiter	54	32	1.726,51	1.303,01	31,80	1.334,81
38	Kutscher, Fuhrleute	7	40	1.473,97	1.220,36	32,01	1.252,37
39	Straßenarbeiter	13	33	1.724,73	1.214,88	66,17	1.281,05
40	Frauen	2	11	2.025,32	-	-	-

Anmerkungen: Die Einsendung der Aufbereitungstabellen und des Urmaterials fand zwischen dem 1. Januar 1907 und dem 1. März 1908 statt. Die Erhebung sollte sich nicht auf Arbeiterhaushaltungen beschränken, es war ein Einkommen von etwa 3000 M. als Obergrenze vorgesehen, auch sollten nur Familien mit 3-5 Kindern berücksichtigt werden.
Quelle: KAISERLICHES STATISTISCHES AMT, ABTEILUNG FÜR ARBEITERSTATISTIK, Bearbeiter, Reichs-Arbeitsblatt, Sonderheft 2, Erhebung von Wirtschaftsrechnungen minderbemittelter Familien im Deutschen Reiche, Berlin 1909, S. 6, 46.

Arbeiter und Sozialdemokraten

> Galt es doch, zum ersten Male das neue Vierklassen-Wahlunrecht auszuprobieren! Und galt es doch auch, zum ersten Male zu erforschen, in welchen sozialen Schichten der Bevölkerung wir unsere Anhänger mustern können.
> — Bericht über die Landtagswahl 1909,
> Zentralkomitee der Sozialdemokratischen Partei Sachsens, 1910[108]

> [D]ie Erfahrung lehrt, daß der gefährlichste Augenblick für eine schlechte Regierung derjenige ist, wo sie sich zu reformieren beginnt.
> — Alexis de Tocqueville, Der alte Staat und die Revolution, 1856

Die Soziologie der sächsischen Wahl 1909 ist einer ihrer markantesten Aspekte. Die sächsischen Sozialdemokraten erkannten dies als eine der ersten, wie der Bericht ihres Zentralkomitees von 1910 bezeugte. Die Wahlergebnisse ermöglichen es uns heute, noch eingehender über die Zusammenhänge zwischen gesellschaftlicher Klasse und politischer Ideologie nachzudenken.

Wer hat für Bebel gestimmt?

Welche Personengruppen *wollten* die Verfasser des Pluralwahlrechts von 1909 privilegieren, und welche Gruppen privilegierten sie *tatsächlich*? Welche gesellschaftlichen Gruppen tendierten dazu, für die »staatserhaltenden« Parteien zu stimmen? Und würden sie das unter allen Umständen tun? Welche Gruppen waren umgekehrt von dem neuen Wahlrecht, der Wirtschaft, den Parteikämpfen oder anderen Missständen so frustriert, dass sie einen symbolischen Schlag gegen den Staat ausführen wollten, der sie (ihrer Meinung nach) im Stich gelassen hatte? Was würde sie dazu motivieren, den Parteien der Mitte den Rücken zu kehren und die extreme Linke zu wählen? Solche Fragen sind für die Spätphase der Weimarer Republik gestellt worden. Aber sie können auch einen früheren Abschnitt der deutschen Geschichte beleuchten. Wer stimmte für

---

108 [Sozialdemokratische Partei Sachsens], Protokoll [...] Leipzig [...] 1910, S. 10.

Hitler, wer für Bebel? War die Wählerbasis der NSDAP nach 1928 tatsächlich »eine Meile breit, aber einen Zoll tief«, wie Thomas Childers einmal schrieb?[109] Stimmt es, dass die NSDAP oder auch die SPD (im Jahr 1909) eine »Volkspartei des Protestes« war? Oder hatten sie zum Zeitpunkt ihrer größten Wahlerfolge bereits die maximale Ausdehnung ihrer Wählerschaft erreicht?[110]

Tabelle 12.8 bietet eine erste Orientierungshilfe, indem sie für das Jahr 1909 das Verhältnis zwischen den Wählern aus der Arbeiterklasse und den sozialdemokratischen Wählern sowie die Anzahl der von diesen Wählergruppen abgegebenen Stimmen darstellt. Die Wahlergebnisse für den Landtag werden nach den drei sächsischen Typen »großstädtische« Wahlkreise, »übrige städtische« Wahlkreise und Wahlkreise »des platten Landes« unterschieden. Die Gesamtsummen in der letzten Zeile von Tabelle 12.8 sind bereits bekannt. 1909 unterstützten 53,8 Prozent der sächsischen *Wähler* die Sozialdemokratie, aber nur 38,7 Prozent der *Stimmen* gingen an SPD-Kandidaten. Der Anteil der SPD-Mandate im neuen Landtag war noch geringer: nur 27,5 Prozent (25 von 91 Mandaten). Zwei miteinander verwandte Punkte sind hier wichtig. Zum einen überstieg die Gesamtzahl der Wähler, welche die SPD unterstützten, die Gesamtzahl der Arbeiter in Sachsen um mehr als 16 000. Auch wenn diese Zahl nicht sehr groß ist, unterstreicht sie doch, dass es sinnvoll ist, die Mitläufer der Sozialdemokratie aufzuspüren, die nicht dem Arbeitermilieu entstammten. Zweitens entfiel der größte Teil dieser Überzahl auf Nicht-Arbeiter in den Großstädten. Während in den 20 großstädtischen Wahlkreisen etwa 95 000 Wähler aus der Arbeiterklasse zu finden waren, wurden dort rund 111 000 Stimmen für SPD-Kandidaten abgegeben. In den beiden anderen Wahlkreistypen hoben sich die viel geringeren Unterschiede gegenseitig auf. In der Kategorie

Tabelle 12.8: Wähler aus der Arbeiterklasse, SPD-Wähler und abgegebene SPD-Stimmen nach Wahlkreistyp, 1909

Wahlkreistyp (Anzahl)	Alle Wähler-arten	Wähler aus der Arbeiterklasse	Wähler			Abgegebene Stimmen für		
			aller Parteien	der Sozialdemokratie		alle Parteien	die Sozialdemokratie	
	(Zahl)	(Zahl)	(Zahl)	(Zahl)	(%)	Stimmen	Stimmen	(%)
1	2	3	4	5	6	7	8	9
Großstädtische (20)	199.512	95.122	198.275	111.139	56,1	432.427	175.035	40,5
Übrige städtische (23)	146.175	70.570	145.323	73.346	50,5	293.236	104.360	35,6
Ländliche (48)	293.189	159.459	291.137	156.911	53,9	548.335	213.127	38,9
Gesamt (91)	638.876	325.151	634.735	341.396	53,8	1.273.998	492.522	38,7

Quellen: ZSSL 1909, S. 227–228. Spalte 2, alle Wähler; Spalte 4, gültige Stimmen; ZSSL 58 (1912), S. 316; G. A. Ritter, Wahlrecht, 1990, S. 90–95.

---

[109] T. Childers, Nazi Voter, 1983, S. 268–269.
[110] Ausländische Kritiker der SPD, darunter der französische Sozialistenführer Jean Jaurès, behaupteten, ihr »Dreimillionensieg« von 1903 hätte sie der Macht kein Stück näher gebracht. Joseph Goebbels notierte am 23. April 1932 in seinem Tagebuch: »Wir müssen in absehbarer Zeit an die Macht kommen. Sonst siegen wir uns in Wahlen tot.« J. Goebbels, Kaiserhof, 1934, S. 87. Vgl. auch D. Lehnert, Soziographie, 1989, sowie zu Sachsen E. Frie, Folgen, 2001.

»übrige städtische« Wahlkreise überstieg die Zahl der SPD-Wähler die Zahl der Arbeiter um weniger als 3 000. In den ländlichen Wahlkreisen lag die Zahl der für die SPD abgegebenen Stimmen um etwa den gleichen Prozentsatz unter der Zahl der Arbeiter. Wann immer möglich, gilt es also zwischen den Erfolgen der Sozialdemokratie in den Großstädten und in den 71 Wahlkreisen außerhalb dieser Städte zu differenzieren.

Die Wahlergebnisse aus den sieben Leipziger Landtagswahlkreisen zeigen, dass von den insgesamt 37 833 Stimmen für SPD-Kandidaten nur 33 291 von Arbeitern abgegeben wurden, was eine Differenz von 4 542 Stimmen ergibt. Da eine beträchtliche Anzahl von Arbeitern nicht gemäß der Parteilinie stimmte und stattdessen einen bürgerlichen Kandidaten unterstützte, könnte bis zu einem Viertel aller SPD-Stimmen in Leipzig von Wählern abgegeben worden sein, die nicht zur Arbeiterklasse gehörten.[111] Zwar vollzog die SPD den Übergang von einer klassenbasierten Partei zu einer Volkspartei ab 1918; es deutet jedoch vieles darauf hin, dass zu den Anhängern der SPD auch viele Bürger gehörten, die mit den Ausschlusspraktiken des Obrigkeitsstaates gegenüber der »Partei des Umsturzes« nicht einverstanden waren. Letztere mag für viele Bürger und Staatsbehörden ein Paria geblieben sein; aber nach der sächsischen Wahl im Jahr 1909 war es schwieriger als zuvor, die SPD als einen *proletarischen* Paria zu präsentieren.

Das in Tabelle 12.9 dargestellte Material wirft erneut die Frage auf, wie die sächsischen Statistiker die Chancen der SPD so massiv unterschätzen konnten. Die Tabelle stellt zwei Vorhersagen über den Ausgang der Wahlen von 1909 dem tatsächlichen Ergebnis der Abstimmung am 21. Oktober 1909 gegenüber. Die erste und die zweite Schätzung stammen von Dr. Eugen Würzburger, dem Direktor des Königlich Sächsischen Statistischen Landesamtes, und wurden Mitte Dezember 1908 bzw. Anfang Januar 1909 erstellt, d. h. kurz bevor das endgültige Wahlgesetz beide Kammern des Landtags passierte. Die beiden Schätzungen weichen deutlich voneinander ab.

Würzburgers Schätzung vom Januar 1909 (»Schätzung 2«) war derart falsch, dass es sinnvoller ist, seine Schätzung vom Dezember 1908 (»Schätzung 1«) mit den Wahlergebnissen vom darauffolgenden Oktober (»Tatsächlich«) zu vergleichen. Es ist Würzburger hoch anzurechnen, dass einige seiner Prognosen ziemlich nahe am Ergebnis lagen. Man vergleiche zum Beispiel die geschätzten und tatsächlichen Anteile der SPD-Wähler unter denjenigen, die entweder eine oder vier Stimmen abgaben; hier lag seine Schätzung vom Dezember 1908 im Großen und Ganzen richtig. Blickt man umgekehrt auf die SPD-Anhänger unter den Wählern mit zwei oder drei Stimmen, so sieht man, dass Würzburgers Berechnungen weit daneben lagen. In seiner besseren (Dezember-)Schätzung prognostizierte Würzburger, dass unter den Zwei- und Dreistimmen-Wählern 43,4 Prozent bzw. 12,8 Prozent der von ihnen abgegebenen Stimmen an die Sozialdemokraten fallen würden. Im Oktober 1909 waren die tatsächlichen Anteile dieser beiden

---

111 Diese Schätzung stammt von T. ADAM, Arbeitermilieu, 1999, S. 301–303; vgl. S. LÄSSIG, Wahlrechtskampf, 1996, S. 238.

Tabelle 12.9: Abgegebene Stimmen für SPD- und Nicht-SPD-Kandidaten, Sachsen 1909: geschätzte und tatsächliche Werte

Schätzung 1

Zugelassene Wahlberechtigte mit ...	Geschätzte Zahl der Wahlberechtigten	Geschätzte abzugebende Stimmen lt. Würzburger (15. Dezember 1908)				
		Gesamtzahl der Stimmen	Nicht-SPD Stimmen	%	SPD Stimmen	%
4 Stimmen	36.500	146.000	129.504	88,7%	16.496	11,3%
3 Stimmen	88.100	264.300	230.352	87,2%	33.948	12,8%
2 Stimmen	248.400	496.800	280.970	56,6%	215.830	43,4%
1 Stimme	382.000	382.000	141.425	37,0%	240.575	63,0%
Gesamt	755.000	1.289.100	782.251	60,7%	506.849	39,3%

Schätzung 2

Zugelassene Wahlberechtigte mit ...	Geschätzte Zahl der Wahlberechtigten	Geschätzte abzugebende Stimmen lt. Würzburger (8. Januar 1909)				
		Gesamtzahl der Stimmen	Nicht-SPD Stimmen	%	SPD Stimmen	%
4 Stimmen	104.323	417.292	402.447	96,4%	14.845	3,6%
3 Stimmen	62.447	187.341	172.627	92,1%	14.714	7,9%
2 Stimmen	195.435	390.870	263.511	67,4%	127.359	32,6%
1 Stimme	392.937	392.937	70.729	18,0%	322.208	82,0%
Gesamt	755.142	1.388.440	909.314	65,5%	479.126	34,5%

Tatsächlich

Wähler mit ...	Gesamtzahl der Wähler	Tatsächlich abgegebene Stimmen (21. Oktober 1909)				
		Gesamtzahl der Stimmen	Nicht-SPD Stimmen	%	SPD Stimmen	%
4 Stimmen	118.914	475.656	436.360	91,7%	39.296	8,3%
3 Stimmen	56.490	169.470	124.626	73,5%	44.844	26,5%
2 Stimmen	169.541	339.082	155.566	45,9%	183.516	54,1%
1 Stimme	289.790	289.790	64.924	22,4%	224.866	77,6%
Gesamt	634.735	1.273.998	781.476	61,3%	492.522	38,7%

Anmerkungen: »Tatsächliche« Zahlen bezeichnen nur in der Hauptwahl am 21. Oktober 1909 abgegebene Stimmen – einschließlich zersplitterter, aber nicht ungültiger Stimmen.
Quellen: Dr. Eugen Würzburger, Direktor, Königlich Sächsisches Statistisches Landesamt, an MdI, 15.12.1908 und 8.1.1909 (Anlagen), SHStAD, MdI 5491; ZSSL 1909, S. 228. Einige Zahlen vom Verfasser berechnet.

Wählergruppen deutlich höher: Weit über die Hälfte (54,1 Prozent) aller Stimmen von Zweistimmen-Wählern fielen an die SPD, während über ein Viertel (26,5 Prozent) der Stimmen von Dreistimmen-Wählern ebenfalls an sozialdemokratische Kandidaten ging.

Abbildung 12.3 liefert einen anderen Überblick darüber, wie die einzelnen Parteien unter den Wählern abschnitten, die berechtigt waren, eine oder mehrere Stimmen abzugeben. Auch hier werden drei Gruppen von Wahlkreisen vorgestellt, um die Unterschiede zwischen den großstädtischen Wahlkreisen (A), den übrigen städtischen Wahlkreisen (B) und den Wahlkreisen »des platten Landes« (C) sowie in ganz Sachsen (D) zu verdeutlichen. Ein hoher Anteil der Einstimmen-Wähler unterstützte die Sozialdemokratie und ein hoher Anteil der Vierstimmen-Wähler unterstützte die Nationalliberalen oder die Konservativen. Zwei weitere wichtige Merkmale der Wahl von 1909 sind in Abbildung 12.3 (mit Pfeilen markiert) dargestellt. Erstens fand die SPD große Unterstützung bei den Wählern, die zwei Stimmen abgeben durften – und zwar in allen drei Wahlkreistypen. Zweitens gewannen die Konservativen einen hohen Anteil – über 60 Prozent – der Vierstimmen-Wähler in den ländlichen Wahlkreisen. Obwohl die sozialdemokratischen Wähler die konservativen Wähler auf dem Land zahlenmäßig im Verhältnis zwei zu eins übertrafen, gewannen beide Parteien in diesen »ländlichen« Wahlkreisen etwa die gleiche Anzahl von Stimmen (etwa 210 000).[112] Darüber hinaus führte eine etwa gleiche Anzahl von Stimmen nicht zu einer gleichen Anzahl von Mandaten. Die Konservativen eroberten 24 dieser Wahlkreise, die Sozialdemokraten lediglich 16.

Von den 20 sächsischen Großstadtwahlkreisen gewann die SPD sieben: zwei in Dresden, drei in Leipzig, zwei in Chemnitz. In den beiden Großstädten mit jeweils nur einem Wahlkreis dominierten die Kandidaten der Freisinnigen Volkspartei: Michael Bär in Zwickau und Oskar Günther in Plauen. Von den 23 »übrigen städtischen« Wahlkreisen setzte sich die SPD nur in zweien durch, nämlich in Bebels und Liebknechts alten Revieren Glauchau und Stollberg.[113] Ansonsten wurde diese Kategorie, wie bereits erwähnt, durch die Nationalliberalen und die Kandidaten der Freisinnigen Volkspartei dominiert. Was die Leserinnen und Leser besonders überraschen dürfte, ist, dass die SPD den Rest ihrer Mandate – 16 von 25 – in den »ländlichen« Wahlkreisen gewann. Diese Siege konzentrierten sich auf die dicht besiedelte, industrialisierte Region zwischen Chemnitz und Plauen.[114] Auch in den neu geschaffenen »ländlichen« Wahlkreisen 46 und 47 gewannen die Sozialdemokraten: Dies zeigte, dass selbst Georg Heinks Wahlkreisschiebung die sozialistische Flut nicht zurückhalten konnte.[115]

---

112 Plus/minus 3 000 Stimmen.
113 Die »übrigen städtischen« Wahlkreise 15 und 17.
114 Die ländlichen Wahlkreise 1, 2, 6, 10, 14, 16, 30, 31, 36, 37, 38, 40, 42 und 43.
115 Neben der Analyse in ZSSL 1909 findet sich ein Überblick in K. Schrörs, Handbuch, 1914, S. 145–149. Vgl. SLTW, S. 195–211, für Listen aller LT-Abgeordneten und der von ihnen gewonnenen Wahlkreise, 1869–1918.

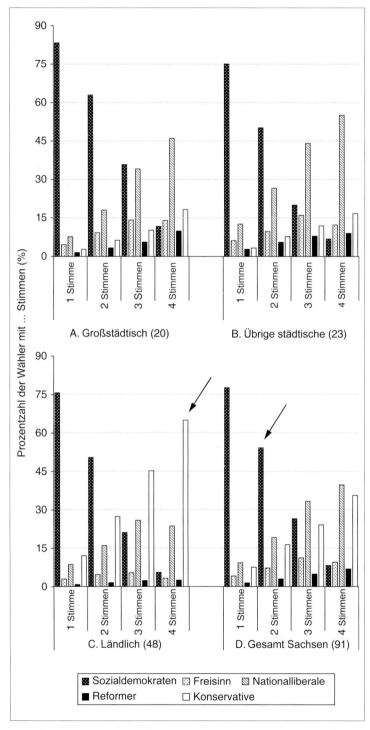

Abbildung 12.3: Landtagswähler und abgegebene Stimmen nach Wahlkreistyp und Partei, Sachsen 1909.

Abbildung 12.4: Karl Adolf Philipp Wilhelm Graf von Hohenthal und Bergen (1853–1909), Innen- und Außenminister und Regierungschef des Königreichs Sachsen vom 1. Mai 1906 bis 1. Juni 1909. Hohenthal war von 1885 bis 1906 sächsischer Gesandter in Berlin, wo er zu guten Beziehungen zwischen Sachsen und Preußen beitrug. Hier mit seiner Gemahlin, ca. 1899. Foto: E. Höffert. Quelle: Wikimedia Commons.

Das Königlich Sächsische Statistische Landesamt veröffentlichte in der ersten Februarwoche 1910 die erste von vier Studien zur Landtagswahl (siehe Tabelle 12.10).[116] Diese Publikation bestätigte die »höchst überraschende Tatsache«[117], dass die Sozialdemokraten auch unter dem Pluralwahlsystem breite Unterstützung bei den Wählern hatten. Die SPD gewann die Loyalität von 77,6 Prozent der Einstimmen-Wähler, über die Hälfte der Zweistimmen-Wähler, über ein Viertel der Dreistimmen-Wähler und 8,3 Prozent der Vierstimmen-Wähler. Es waren all die Zwei- und Dreistimmen-Wähler der SPD, welche

---

116 ZSSL, 1909, S. 228–243.
117 Wie berichtet in Fürstenberg, 9.2.1910, HHStAW, PAV/54. Vgl. NLVBl, 15.2.1910, S. 36, mit der Anmerkung, dass, hätte das RT-Wahlrecht Anwendung gefunden, die Sozialdemokraten 68 von 91 Mandate gewonnen hätten.

die sächsische Öffentlichkeit in Aufruhr versetzten. Waren sie allesamt »Feinde der etablierten gesellschaftlichen und politischen Ordnung«?

Gewiss nicht. Dennoch begannen die Aussichten auf gesellschaftliche Stabilität und gute Regierungsführung zu schwanken, insbesondere für diejenigen Zeitgenossen, die diskutierten, zu welchen hypothetischen Wahlergebnissen es hätte kommen können, wenn 1909 andere Abstimmungsregeln gegolten hätten.[118] Hätte Sachsen kein Pluralwahlsystem gehabt und hätte ein Kandidat die Wahl gewonnen, wenn er sich die absolute Mehrheit der abgegebenen Stimmen gesichert hätte – wie es bei der Reichstagswahl der Fall war –, dann hätten die Sozialdemokraten 54 Landtagsmandate im ersten Wahlgang gewonnen und an 32 Stichwahlen teilgenommen. Wäre eine relative Mehrheit ausreichend gewesen, um einen Kandidaten zum Wahlsieger zu erklären, dann hätten die Sozialdemokraten 80 von 91 Landtagsmandaten errungen. Derartige Spekulationen sind anfällig für dieselben (überaus zahlreichen) Risiken, die alle Variationen kontrafaktischer (d. h. »Was-wäre-wenn-«) Geschichtsschreibung plagen. Die antisozialistischen »Ordnungsparteien« hätten unter einem solchen System zweifellos mehr Hauptwahlbündnisse geschlossen als im Oktober 1909. Doch auf der anderen Seite sind diese Hypothesen keine müßigen Gedankenspiele. Sie zeigen, dass die Gegner der Sozialdemokratie Recht hatten mit ihrer Annahme, das relativ liberale Wahlrecht von 1868 mit lediglich einer Steuerschwelle hätte dazu geführt, dass die Sozialdemokraten letztendlich die Mehrheit der Landtagsmandate gewonnen hätten. Diese Prämisse war von Paul Mehnert in den Jahren 1895/96 manipuliert und ausgenutzt worden. Doch falsch war sie nicht.

---

118 Das taten auch die Sozialdemokraten auf ihrem Parteitag 1910: [Sozialdemokratische Partei Sachsens], Protokoll [...] Leipzig [...] 1910, 12; G. A. Ritter in: Wahlgeschichtliches Arbeitsbuch, 1980, S. 168; SParl, S. 69; SLTW, S. 65; K. Rudolph, Sozialdemokratie, 1995, S. 60.

Tabelle 12.10: Landtagswähler und abgegebene Stimmen nach Wahlkreistyp und Partei, Sachsen 1909

A. Großstädtische Wahlkreise (20)

Partei	Wähler gesamt	Wähler mit ... Stimmen				Stimmen gesamt	Wähler gesamt (%)	Wähler mit ... Stimmen				Stimmen gesamt (%)	Gewonnene Mandate
		1	2	3	4			1 (%)	2 (%)	3 (%)	4 (%)		
Konservative*	16.157	2.209	3.214	2.209	8.525	49.364	8,2	2,8	6,3	10,2	18,3	11,4	0
Reformer**	8.739	1.213	1.687	1.213	4.626	26.730	4,4	1,5	3,3	5,6	9,9	6,2	1
Nationalliberale	44.132	6.098	9.161	7.376	21.497	132.536	22,3	7,7	18,0	34,1	46,0	30,7	9
Freisinnige Volkspartei	17.945	3.637	4.718	3.062	6.528	48.371	9,1	4,6	9,3	14,2	14,0	11,2	3
Sozialdemokraten	111.139	65.942	31.977	7.741	5.479	175.035	55,1	83,3	63,0	35,8	11,7	40,5	7

B. Übrige städtische Wahlkreise (23)

Partei	Wähler gesamt	Wähler mit ... Stimmen				Stimmen gesamt	Wähler gesamt (%)	Wähler mit ... Stimmen				Stimmen gesamt (%)	Gewonnene Mandate
		1	2	3	4			1 (%)	2 (%)	3 (%)	4 (%)		
Konservative*	11.368	2.136	3.135	1.551	4.546	31.243	7,8	3,3	7,8	11,9	16,7	10,7	4
Reformer**	7.554	1.830	2.244	1.034	2.446	19.204	5,2	2,8	5,6	7,9	9,0	6,6	0
Nationalliberale	39.615	8.165	10.731	5.744	14.975	106.759	27,3	12,6	26,6	44,1	55,1	36,4	14
Freisinnige Volkspartei	13.337	3.997	3.924	2.084	3.332	31.425	9,2	6,2	9,7	16,0	12,3	10,7	3
Sozialdemokraten	73.346	48.640	20.251	2.602	1.853	104.360	50,5	75,1	50,2	20,0	6,8	35,6	2

C. Ländliche Wahlkreise (48)

Partei	Wähler gesamt	Wähler mit ... Stimmen				Stimmen gesamt	Wähler gesamt (%)	Wähler mit ... Stimmen				Stimmen gesamt (%)	Gewonnene Mandate
		1	2	3	4			1 (%)	2 (%)	3 (%)	4 (%)		
Konservative*	78.028	17.539	21.418	9.857	29.214	206.802	26,8	12,0	27,3	45,1	64,9	37,7	24
Reformer**	3.956	1.133	1.171	515	1.137	9.568	1,4	0,8	1,5	2,4	2,5	1,7	1
Nationalliberale	41.410	12.529	12.580	5.647	10.654	97.246	14,2	8,6	16,0	20,9	23,7	17,7	5
Freisinnige Volkspartei	10.575	4.275	3.647	1.173	1.480	21.008	3,6	2,9	4,7	5,4	3,3	3,8	2
Sozialdemokraten	156.911	110.284	39.530	4.605	2.492	213.127	53,9	75,6	50,4	21,1	5,5	38,9	16

D. Alle sächsischen Wahlkreise (91)

Partei	Wähler gesamt	Wähler mit ... Stimmen				Stimmen gesamt	Wähler gesamt (%)	Wähler mit ... Stimmen				Stimmen gesamt (%)	Gewonnene Mandate
		1	2	3	4			1 (%)	2 (%)	3 (%)	4 (%)		
Konservative*	105.553	21.884	27.767	13.617	42.285	287.409	16,6	7,6	16,4	24,1	35,6	22,6	28
Reformer**	20.249	4.176	5.102	2.762	8.209	55.502	3,2	1,4	3,0	4,9	6,9	4,4	2
Nationalliberale	125.157	26.792	32.472	18.767	47.126	336.541	19,7	9,3	19,2	33,2	39,6	26,4	28
Freisinnige Volkspartei	41.857	11.909	12.289	6.319	11.340	100.804	6,6	4,1	7,3	11,2	9,5	7,9	8
Sozialdemokraten	341.396	224.866	91.758	14.948	9.824	492.522	53,8	77,6	54,1	26,5	8,3	38,7	25

Anmerkungen: *»Konservative« umfassen Kandidaten der DKP, RFKP sowie Kandidaten des BdL. **»Reformer« umfassen nicht nur offizielle Kandidaten der Deutschen Reformpartei, sondern auch andere Antisemiten sowie Kandidaten des BdL und der SMVgg. Nachträglich wurde entdeckt, dass die für vier Reform-/SMVgg.-Kandidaten abgegebenen Stimmen (alle in Leipzig) fälschlich den Stimmen für die Konservativen zugerechnet worden waren. Die Zahl der Wähler bzw. die Zahl der für die Konservativen abgegebenen Stimmen sollte um 7.156 bzw. 21.665 reduziert und zu den Stimmen für die Reformer addiert werden: ZSSL 57 (1911), S. 1. Hier werden die ursprünglichen Gesamtsummen (1909) dargestellt. »Wähler« sind diejenigen, die tatsächlich gültige Stimmen abgegeben haben, nicht alle Wähler. Im ländlichen WK 18: Meißen werden die Stimmen, die für den späteren Hospitanten der Konservativen Fraktion abgegeben wurden (den Antisemiten Max Schreiber, der als BdL-/SMVgg-Kandidat betrachtet wurde), hier unter den Reformern aufgeführt. Ungültige und »zersplitterte« Wähler und Stimmen wurden nicht berücksichtigt; daher ergeben die Prozentwerte nicht 100. Prozentzahlen sind auf eine Dezimalstelle gerundet.
Quelle: ZSSL 1909, S. 228. Einige Zahlen vom Verfasser berechnet. Vgl. SParl, S. 198, mit Druckfehlern; G. A. RITTER, Wahlen, 1997, S. 90–91.

Als nach den Stichwahlen feststand, dass die SPD-Fraktion 25 Mann stark sein würde, schoben sich die bürgerlichen Parteien untereinander die Schuld an den sozialdemokratischen Siegen zu.[119] Die Konservativen erinnerten die sächsischen Bürger daran, dass alle Landtagsabgeordneten, die im Januar 1909 für die Wahlrechtsreform stimmten, bei den darauffolgenden Wahlen den Einzug von »etwa 14 bis 18 Sozialdemokraten« in den Landtag erwartet hatten. (Die meisten Prognosen zielten, wie wir gesehen haben, auf 15 SPD-Mandate.) Der Erfolg der Sozialdemokraten ließ sich nach Ansicht der Konservativen nicht auf die Unzufriedenheit der Bevölkerung mit dem neuen Wahlrecht zurückführen, sondern auf andere Faktoren. Dazu gehörten die »Tatsachen«, dass die Konservativen allen anderen Parteien als Sündenböcke für den Sturz Bülows dienten, dass neue Steuern unbeliebt waren und dass zu viele »vaterlandslose« Wähler eine Proteststimme abgegeben hatten, ohne sich über die Folgen im Klaren zu sein.[120] Ansonsten konzentrierten sich die meisten Beobachter auf das gute Abschneiden der Sozialdemokraten bei denjenigen Wählern, die zur Abgabe von zwei, drei oder sogar vier Stimmen berechtigt waren. Diejenigen Beobachter, die über den sächsischen Tellerrand hinausschauten, stellten fest, dass sich durch die Siege der sächsischen SPD im Jahr 1909 die Zahl der sozialistischen Abgeordneten in subnationalen deutschen Parlamenten von 140 auf 186 erhöhte. Diese waren auf 19 Landtage und andere Parlamente verteilt. Bayern hatte 21 sozialdemokratische Abgeordnete, Hamburg und Baden je 20, Bremen und Württemberg je 16, Lübeck 12.[121] Kein Bundesstaat aber wies so viele sozialdemokratische Abgeordnete auf wie Sachsen.

*

Der wichtigste Einzelfaktor, der zu einem sozialdemokratischen Sieg im Jahr 1909 beitrug, war der Anteil der Arbeiter an der wahlberechtigten Bevölkerung in einem Wahlkreis. Zur gleichen Zeit, als Gerhard A. Ritter diese starke Korrelation feststellte, legte der Politikwissenschaftler Jürgen Falter eine gänzlich andere These über den Aufstieg der Nazis bei den Wahlen in der späten Weimarer Republik vor.[122] Obwohl Katholiken und Arbeiter[123] im Vergleich zu bürgerlichen Protestanten *relativ* immun gegen die nationalsozialistische »Ansteckung« waren, und obwohl man zwischen angestellten und arbeitslosen Arbeitern unterscheiden musste, so gaben die Arbeiter insgesamt bis

---

119 Vgl. Tabelle S.12.6, in der die 1909 gewählten LT-Abgeordneten aufgeführt sind, im Online-Supplement.
120 Vaterl, 15.11.1909.
121 Außerdem: Sachsen-Meiningen 9, Sachsen-Coburg-Gotha 8, Schwarzburg-Rudolstadt und Sachsen-Altenburg jeweils 7, Preußen 6, Hessen 5, Oldenburg und Sachsen-Weimar jeweils 5, Reuß j.L. 3, und Schaumburg-Lippe, Lippe sowie Anhalt jeweils 1. [SOZIALDEMOKRATISCHE PARTEI SACHSENS], Protokolle [...] Magdeburg [...] 1910, S. 39.
122 G. A. RITTER, Wahlrecht, 1990; J. FALTER, Hitlers Wähler, 1991.
123 Insbesondere, in Falters Worten, »die sozialistisch orientierte Arbeiterschaft«.

1932 mehr Stimmen für die NSDAP ab als für die kommunistische oder die sozialdemokratische Partei. »Davon zu sprechen«, so Falter, »dass Arbeiter keine oder keine nennenswerte Rolle bei der Entstehung der nationalsozialistischen Wahlerfolge gespielt hätten, erscheint [...] als verfehlt.«[124] Die sächsische Landtagswahl 1909 hingegen zeigte, dass sich die SPD der Loyalität der Arbeiterklasse gewiss sein konnte. Im Gegensatz zur NSDAP ab 1932 war die wilhelminische SPD keine Volkspartei; aber wie wir gesehen haben, waren die staatlichen Behörden 1909 besessen von der Angst, dass die SPD auch die Stimmen derjenigen unzufriedenen Sachsen gewinnen würde, die nicht zur industriellen Arbeiterklasse gehörten.

Korreliert man den Anteil der sozialdemokratischen Wähler mit dem Anteil der Wähler aus der Arbeiterklasse in allen 91 sächsischen Landtagswahlkreisen, liegt das Verhältnis nahe bei 1:1 (105 Prozent). Für die 20 sächsischen Großstadtwahlkreise wird dieser Zusammenhang in Abbildung 12.4 grafisch dargestellt: Schwarze und gestreifte Balken zeigen das gleiche Gesamtbild (lange Balken oben im Diagramm, kürzere Balken unten). So wie der Anteil der Arbeiterwähler (unter allen Wählern) variierte, von rund 70 Prozent in Leipzig VII bis zu 33 Prozent in Dresden II, so bewegte sich auch der Anteil der SPD-Wähler zwischen ähnlichen Höchst- und Tiefwerten. Das gleiche ungefähre Muster ist in Abbildung 12.5 zu erkennen, das die 23 »übrigen städtischen« Wahlkreise Sachsens darstellt. Die höchsten Prozentsätze von Arbeiter- und SPD-Wählern fanden sich im »übrigen städtischen« Wahlkreis 14: Meerane an der Spitze der Tabelle und die niedrigsten in WK 1: Zittau am unteren Ende. Anders ausgedrückt, wenn in den sächsischen Großstädten der Anteil der Arbeiter unter den Wählern um 1 Prozent zunahm, stieg der Anteil der Wähler, welche die Sozialdemokratie unterstützten, um fast ebenso viel (0,94 Prozent).[125] Auch in den »übrigen städtischen« und »ländlichen« Wahlkreisen ist diese Korrelation sehr hoch ($r = 0{,}86$ bzw. $0{,}85$).[126] Für das gesamte Königreich war diese Variable – der Anteil der Wähler aus der Arbeiterklasse – der wichtigste Faktor für einen sozialdemokratischen Erfolg oder Misserfolg bei den Wahlen 1909.

---

[124] J. W. FALTER/D. HÄNISCH, Anfälligkeit, 1986, S. 214–216; J. W. FALTER, Hitlers Wähler, 1991, bes. Kap. 7 sowie zum Folgenden S. 371–372. Vgl. die divergierenden Schlussfolgerungen von R. F. HAMILTON, Who Voted for Hitler?, 1982; T. CHILDERS, Nazi Voter, 1983; DERS. (Hrsg.), Formation, 1986; sowie Central European History 17, Nr. 1 (1984), Themenheft »Who Voted for Hitler?« Ein entscheidenderer Faktor für die Wählerpräferenzen war die Konfession der Wähler – evangelisch oder katholisch.
[125] Diese nach Pearson korrelierten r-Werte stammen aus G. A. RITTER, Wahlrecht, 1990, S. 96.
[126] Die 48 ländlichen Wahlkreise sind zu zahlreich für eine entsprechende Darstellung, aber auch dort ist ein ähnliches Muster erkennbar. Vgl. Abbildung S.12.7 für das Verhältnis von SPD-Wählern zu Wählern aus der Arbeiterklasse in allen 91 sächsischen LT-Wahlkreisen im Online-Supplement. Diese Grafik zeigt auch die lokalen Wahlbeteiligungsziffern und die Parteizugehörigkeit der siegreichen Kandidaten.

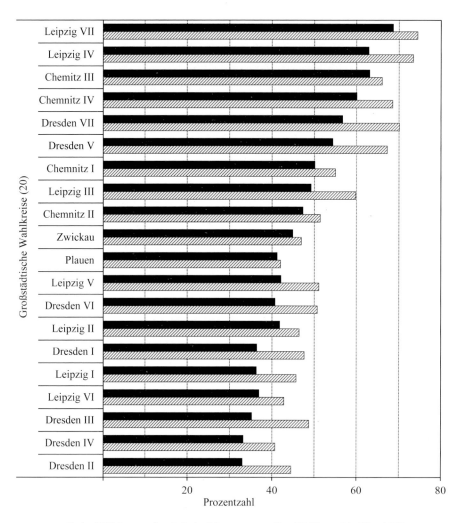

- ■ % der Wähler aus der Arbeiterklasse unter allen Wählern, 21. Okt. 1909
- ▨ % der SPD-Wähler unter allen Wählern, 21. Okt. 1909

Abbildung 12.5: Wähler aus der Arbeiterklasse und SPD-Wähler in großstädtischen Wahlkreisen, Sachsen 1909. Quellen: Gezeichnet vom Verfasser aus Daten in: G. A. RITTER, Wahlrecht, 1990, 98–101 (Tabelle 17), der sich wiederum stützt auf ZSSL 1909 und StatJbS 40 (1912): 274 f.; sowie K. SCHRÖRS, Handbuch, 1914, S. 145–149.

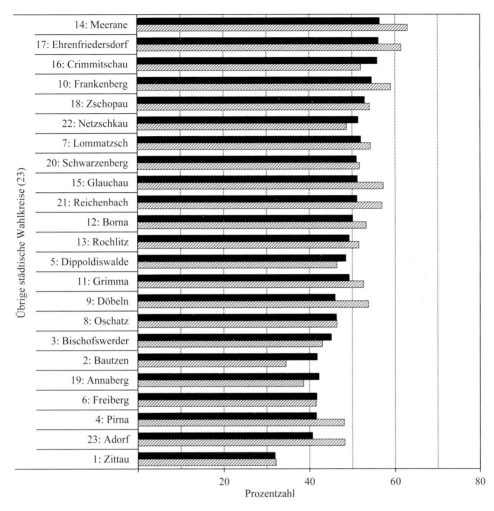

■ % der Wähler aus der Arbeiterklasse unter allen Wählern, 21. Okt. 1909
▨ % der SPD-Wähler unter allen Wählern, 21. Okt. 1909

Abbildung 12.6: Wähler aus der Arbeiterklasse und SPD-Wähler in übrigen städtischen Wahlkreisen, Sachsen 1909. Quellen: Gezeichnet vom Verfasser aus Daten in: G. A. RITTER, Wahlrecht, 1990, 98–101 (Tabelle 17), der sich wiederum stützt auf ZSSL 1909 und StatJbS 40 (1912): 274 f.; sowie K. SCHRÖRS, Handbuch, S. 145–149.

Man würde nun vielleicht erwarten, dass die SPD in den sächsischen Großstädten noch dominanter gewesen wäre, aber wichtige Faktoren setzten dort dem sozialistischen Erfolg eine Obergrenze. Dazu gehörte der relativ hohe Anteil von Beamten, unabhängigen Geschäftsleuten und Rentnern der Mittelschicht, die dazu neigten, die bürgerlichen Parteien zu unterstützen. Um solche demografischen Herausforderungen zu überwinden, hatte die SPD seit der Jahrhundertwende versucht, unter den »Kopfarbeitern« Fuß zu fassen. Ihr potenzieller Erfolg gab der Regierung und den »Ordnungsparteien« gute Gründe, das Pluralwahlrecht so zu gestalten, dass nicht *alle* Angestellten und Beamten – wie ursprünglich vorgesehen – eine zusätzliche Stimme erhielten. Lehrer mit geringem Sold waren eine Gruppe, die als Wechselwähler aufgefasst und daher von der SPD ins Visier genommen wurde. Der Leipziger Kreishauptmann stellte fest, dass Lehrer »nicht selten als Redner in sozialdemokratischen Versammlungen auftraten«. Manchmal träten sie einer lokalen linksliberalen Parteiorganisation bei, nur um derartige Anschuldigungen zu vermeiden.[127] Zu guter Letzt erwiesen sich viele ungelernte Arbeiter in Großstädten als »harte Nüsse« für die SPD. Möglicherweise waren sie erst kurz zuvor – vom Land oder von einem anderen Ort – zugewandert und noch nicht in ein sozialdemokratisches Milieu integriert. Da half es nicht, dass solche Arbeiter von sozialdemokratischen Funktionären als Lumpenproletariat verunglimpft wurden. Viele waren Wanderarbeiter oder unmotiviert. Andere »schnipselten ein wenig« von den Gemeinde- und Staatssteuern ab, die sie jedes Jahr zahlten. Das Ergebnis? Solche Arbeiter erfüllten in der Regel weder die Wohnsitzanforderung noch die Steuerschwelle für die Landtagswahlen, auch wenn sie bei der Reichstagswahl stimmberechtigt waren (was möglicherweise ihren Appetit auf politische Inklusion ausreichend stillte). Wenn sie wahlberechtigt waren, war es unwahrscheinlich, dass sie mehr als eine Stimme abgeben durften.

Der Fall Sachsen zeigt, dass die Unterschiede zwischen Stadt und Land geringer wurden, auch wenn die sächsischen Politiker und Statistiker weiterhin an dieser Unterscheidung festhielten. Die Stärke der Rechten im ländlichen Sachsen vor 1914 spiegelt sich im späteren Erfolg der NSDAP auf dem (evangelischen) Land. Doch die Flugbahnen, auf denen sich die sächsische und die deutsche Wahlkultur im Jahr 1913 befanden, wurden durch den Ersten Weltkrieg, die Revolution 1918/19, die Hyperinflation 1923 und die Weltwirtschaftskrise umgelenkt. Das politische Schlachtfeld hatte sich bis 1932 so grundlegend verändert, dass die Nationalsozialisten ihre Gegner in ganz Deutschland, einschließlich der sächsischen Großstädte, überflügelten.

---

127 G. A. Ritter, Wahlen, 1997, S. 80, und C. Nonn, Hintergründe, 1997, S. 387–390, dazu und zum Folgenden. Vgl. auch S. Lässig, Wahlrechtskampf, 1996, S. 237–240, und G. A. Ritter/K. Tenfelde, Arbeiter, 1992, S. 407–408, 453.

Ein Neuanfang?

Im vorhergehenden Kapitel ließ sich zeigen, dass der Prozess der Wahlrechtsreform in Sachsen zwar ein Merkmal eines demokratischen Staatswesens aufwies – »ein System, das es ermöglicht, friedliche Kompromisse zwischen allgegenwärtigen Werte- und Interessenkonflikten zu schließen« –, jedoch weder demokratische Regierungsführung noch demokratische Gewohnheiten widerspiegelte oder einführte. Zur gleichen Schlussfolgerung kommen wir, wenn wir uns erste Reaktionen auf die sächsischen Landtagswahlen im Oktober 1909 ansehen. Es wird behauptet, dass eine Regierung »*wirklich* demokratisch« handelt, wenn sie unter anderem »zur Wiederwahl steht und sich an die Ergebnisse hält«.[128] Keine Regierung im kaiserlichen Deutschland musste sich einer Wiederwahl stellen: Sowohl auf Reichs- als auch auf Bundesstaatsebene wurden die Regierungschefs und Staatsministerien vom Monarchen ernannt. Sogar die Bürgermeister wurden von Stadträten ernannt und mussten vom Staat bestätigt werden. Die Frage, ob sich die deutschen Regierungen an die Wahlergebnisse halten mussten, ist umstrittener. Zugegebenermaßen gewannen Reichstagswahlen in der Kaiserzeit als Ausdruck der öffentlichen Meinung an Bedeutung. Um regieren zu könnten, mussten die Kanzler Bülow und Bethmann Hollweg durchaus die Ausrichtung der Parteien im Reichstag berücksichtigen sowie Mehrheiten für die Regierungsgesetzgebung finden. Es ist jedoch die umgekehrte Sichtweise, die stärker betont werden muss.

Nach der sächsischen Wahl im Jahr 1909 verspürten Regierungschef Vitzthum und sein einziger wichtiger Kollege im Staatsministerium (Rüger) nicht den Wunsch, sich an die Ergebnisse zu halten. Die Zweidrittelmehrheit der Konservativen im Landtag, die noch bis 1903 bestanden hatte, war für immer verschwunden: Die Konservativen hatten inzwischen weniger als ein Drittel der Landtagsmandate inne, während ihnen die Nationalliberalen und Sozialdemokraten dicht auf den Fersen waren. Die Pluralwahl konnte nicht darüber hinwegtäuschen, dass sich jeder zweite Wähler für »die Partei des Umsturzes« entschieden hatte. Doch das gute Abschneiden von Sozialdemokraten und Linksliberalen brachte die sächsischen Minister dazu, die beiden Parteien in einen Topf zu werfen und sich in pauschalen Attacken gegen sie zu ergehen, die an die 1880er-Jahre erinnerten. Sogar die Nationalliberalen galten nun als suspekt. Nach 1909 setzte die sächsische Regierung ihren konservativen Kurs fort. Sie spielte sogar mit dem Gedanken, eine reaktionäre Richtung einzuschlagen. Die »Entscheidung« von 1909 sei nichts, woran es sich zu halten galt; im Gegenteil, sie müsse rückgängig gemacht werden. Nach Abschluss der Stichwahlen sahen viele Sachsen die Nationalliberalen als die Hauptgewinner.[129] Es mag stimmen, dass die Nationalliberalen von den 31 Stichwahlen, die sie bestritten, nur sieben verloren; dennoch schrumpfte ihre Fraktion von

---

128 Die vorhergehenden Zitate stammen aus B. Crick, Democracy, 2002, S. 92 f.
129 Vgl. Kap. 13 im vorliegenden Band.

31 Mitgliedern im Jahr 1907 auf 28 im Jahr 1909, obwohl der Landtag nun mehr Sitze umfasste. Was den Freisinn betrifft, so umfasste dessen Fraktion nach den Stichwahlen acht Mitglieder: Die Linksliberalen hatten jede Stichwahl gewonnen, an der sie beteiligt waren. Angesichts ihrer Minderheitenposition in früheren Landtagen und in der Wahlrechtsdeputation erscheint die Behauptung plausibel, dass sie vom Pluralwahlrecht am meisten profitierten.

Plausibel, aber nicht korrekt. Die Freisinnige Fraktion war nach Oktober 1909 wesentlich kleiner als die viel umfangreicheren und etwa gleich großen Landtagsfraktionen der Konservativen, Nationalliberalen und Sozialdemokraten. Je nachdem, wie man Antisemiten, Mittelständler und Fraktionshospitanten zählt, standen die Konservativen und die Nationalliberalen mit je 28 Mitgliedern gleichauf, während die SPD-Fraktion 25 Mitglieder zählte. Schnell wurde klar, dass die »Ordnungsparteien« nicht die Absicht hatten, ihre sozialdemokratischen Kollegen im parlamentarischen Alltag als gleichwertige Partner zu behandeln. Damit verloren die Freisinnigen jede Chance, eine Schlüsselrolle zwischen den Sozialdemokraten und den Nationalliberalen zu spielen, wie es in Süddeutschland oft der Fall war. Die Linksliberalen in Sachsen konnten einfach übergangen werden – was auch häufig geschah. Ihr Ruf als eingefleischte Liberale hatte einen Schlag erlitten, als Oskar Günther seine Parteigenossen aufforderte, nationalen Kandidaten den Vorzug gegenüber Sozialdemokraten zu geben. Dieser taktische Fehler stand im Einklang mit der langfristigen Geschichte des sächsischen »Kammerfortschritts«.[130]

Die sächsische Regierung betrachtete den Linksliberalismus nach 1909 weiterhin als Vorboten einer unheilvollen Entwicklung, zu der auch unzuverlässige Nationalliberale gehörten. Schon vor der Wahl hatte Vitzthum nach eigener Aussage gehofft, dass die Sozialdemokraten Landtagsmandate auf Kosten der Liberalen gewinnen würden. Obwohl er mit dem österreichischen Gesandten übereinstimmte, dass die Konservativen und die Nationalliberalen »Schulter an Schulter« gegen den »allgemeinen Feind« in den Wahlkampf ziehen müssten – andernfalls würde die sozialdemokratische »Phalanx gewaltige Lücken in das System der bürgerlichen Parteien reissen« –, präferierte Vitzthum die konservativen Regimenter in seiner Armee. Noch bevor der Wahlkampf überhaupt angefangen hatte, taxierte er diesen wie folgt: »In erster Linie werden allerdings die liberalen Gruppen unter dem sozialdemokratischen Angriff zu leiden haben. Unter diesem Gesichtswinkel gesehen, begrüsst der Herr Minister des Auswärtigen, wie er mir heute mitteilte, die energische Aktion der Sozialdemokratie und knüpft daran die Hoffnung, dass den liberalen Parteien, die ihre Lebensunfähigkeit schon zur Genüge erwiesen haben, hierdurch immer mehr der Boden unter den Füssen entzogen wird,

---

130 Vgl. Hermann Fleißner, NZ 28 (1909/10), Bd. 1, H. 7, S. 237–238; Georg Gradnauer, SM 13 (1909), S. 1466 ff.

worauf erst eine Ralliierung [Sammlung] der bürgerlichen Parteien auf einer breiteren conservativen Grundlage erfolgen könnte.«[131]

Was genau war diese »breitere konservative Grundlage«? Weder Vitzthum in Sachsen noch Bethmann Hollweg in Preußen erwogen einen Staatsstreich gegen den jeweiligen Landtag. Finanzminister Conrad von Rüger dachte aber sehr wohl daran. Zwei Jahre zuvor war er von Friedrich August III. in Anerkennung der Tatsache, dass er die Staatsverschuldung Sachsens fast ein Jahrzehnt lang unter Kontrolle gehalten hatte, in den Adelsstand erhoben worden. Jetzt, 1909, wusste Rüger, dass seine Tage gezählt waren: Der König würde Vitzthum unterstützen, so wie er Hohenthal unterstützt hatte. Doch es waren nicht nur persönliche Gründe, die Rüger veranlassten, fast wortwörtlich die gleiche Bereitschaft zu einem Staatsstreich zu signalisieren, wie es die Reichskanzler Caprivi und Hohenlohe in den 1890er-Jahren getan hatten. Er war empört über die Finanzreformkrise und die von den sächsischen Konservativen geforderten Verrenkungen. Rüger hatte sich vor der Landtagswahl »auch ausnehmend pessimistisch über die Zusammensetzung des Reichstags« gezeigt. Er war der Ansicht, »Parteidünkel« hätte »dort Platz gegriffen« und würde sich wahrscheinlich noch mehr ausbreiten. Wie Vitzthum glaubte Rüger, dass die politische Zukunft Deutschlands, wenn überhaupt, nur auf Grundlage eines weniger demokratischen parlamentarischen Systems gesichert werden könne. Nachdem er den sächsischen Finanzen eine Rosskur verabreicht und sie bis 1909 wiederhergestellt hatte, war Rüger nun – nach dem Rückschlag der Landtagswahlen – bereit, die deutsche Demokratie eine Giftpille schlucken zu lassen:

> Wenn die Unsitte, das kleinliche Parteiinteresse über die grossen Reichsinteressen zu setzen, noch mehr um sich greifen werde, wie es den Anschein habe, so würde der Wert einer Reichsvertretung bald vollständig illusorisch werden und das deutsche Parlament werde sich überlebt haben. Man werde mit der Zeit an eine andere Vertretungsart, vielleicht an eine Interessenvertretung denken müssen, nachdem der heutige Zustand nur zu einer vollständigen Desorganisation des Staatslebens führen könne.[132]

Wie schon in den 1890er-Jahren sympathisierten viele Bürger mit der apokalyptischen Vision eines Mannes wie Rüger, weil die Sozialdemokraten ihren Erfolg als »Anfang vom Ende« der alten Ordnung ausposaunten. Hermann Fleißner tat die Zufriedenheit seiner

---

[131] Fürstenberg, 28.8.1909; HHStAW, PAV/54. Diese Bemerkungen scheinen Vitzthums Meinung bezüglich der sächsischen Liberalen klarer widerzuspiegeln als sein Kommentar gegenüber dem österr. Gesandten Fürstenberg im Nov. 1909: »Wolle das Land liberal regiert werden, so möge es versucht werden!« Nachdem er diese erstaunliche Aussage zitiert hatte, beeilte sich Fürstenberg hinzuzufügen, das Gesamtministerium beabsichtige in der kommenden Thronrede eine Passage einzufügen, in der sie gelobe, »denjenigen Prinzipien treu zu bleiben, denen das Land *bisher* seine gewaltigen Fortschritte verdankt« (Hervorhebung im Original). Mit anderen Worten, eine Abkehr von Sachsens konservativem Kurs stand nicht bevor. Fürstenberg, 8.11.1909, HHStAW, PAV/54.
[132] Rügers Ansicht zitiert in: Fürstenberg, 21.6.1909; HHStAW, PAV/54.

Partei kund, dass sie für die Wahlniederlage 1907 »Wiedergutmachung geleistet«, Sachsen ein zweites Mal »rot« gemacht und »das Recht der Teilnahme an der gesetzgeberischen Arbeit [...] erstritten« habe. »Die sächsische Sozialdemokratie«, schrieb er, »hat die schlimmste Reaktion, die es je gegeben hat, zu dieser Anerkennung gezwungen.« Die politische Entwicklung Sachsens werde in die gleiche Richtung gehen, prophezeite Fleißner: Entweder müsse die »herrschende Klasse« den Forderungen der SPD nachkommen, oder sie würde mit dem Widerstand aus immer breiteren Kreisen der Bevölkerung konfrontiert. »Die besitzende Klasse ist so oder so die Gefangene der Sozialdemokratie.«[133]

Natürlich sollte Fleißners Prahlerei nicht für bare Münze genommen werden. Die Trennung zwischen Sozialdemokraten und »allen anderen« war nicht so klar, wie er behauptete. Die Rolle des sächsischen Mittelstands zwischen links und rechts verkomplizierte das Bild, wie es später auch in der Weimarer Republik der Fall sein würde. Und man konnte auch nicht davon ausgehen, dass alle Wähler aus der Arbeiterklasse die »Partei des Umsturzes« unterstützt hatten. Dennoch: Die Sozialdemokratie war 1909 in zwei Dritteln der sächsischen Wahlkreise von einer absoluten Mehrheit der Wähler unterstützt worden.[134] Die Gegner der Sozialdemokratie hatten allen Anlass, düster in die Zukunft zu schauen.

*

Es war zum Teil diese Breite der SPD-Unterstützung im gesamten Königreich, zum Teil die »Unzuverlässigkeit« der Liberalen, die nach der Wahl von 1909 Vitzthums und Rügers Pessimismus schürten. Wieder mal zeigte sich Rüger nicht von seiner subtilen Seite. Er sagte dem österreichischen Gesandten im Oktober 1909, dass er »nie die Notwendigkeit einer Aenderung des Wahlrechts eingesehen habe«. Als Konservativer »von altem Schrot und Korn« glaubte Rüger, dass das Wahlergebnis »doch allerorts erwiesen habe, dass das Schlagwort der Heranziehung der breiten Schichten des Volkes zur Regierung in die Wirklichkeit umgesetzt, ein kläglisches Fiasko gemacht hätte«.[135] Die erste Session des Sächsischen Landtags steigerte nur noch Rügers Entrüstung über die Wahlrechtsreform, die dieses Wahlergebnis hervorgebracht hatte. Gegen Ende der Session, im Februar 1910, waren Rüger und die Konservativen so offenkundig nicht in der Lage, ihren Frieden mit den neuen Gegebenheiten zu machen, dass alle Gesandten in Dresden dazu Stellung nahmen. »Die ganze Sächsische Regierungsmachine von oben bis unten«, schrieb einer von ihnen, »ist aber noch überwiegend auf die langjährige Aera der erdrückenden konservativen Majoritäten gestimmt, [...] auch die conservative

---

133 NZ 28 (1909/10), Bd. 1, Heft 7, S. 234–235 (12.11.1909).
134 D. h. in 62 von 91 Landtagswahlkreisen.
135 Fürstenberg, 27.10.1909, HHStAW, PAV 54.

Fraktion des Landtags gefaellt sich noch zum Theile in der Rolle des grollenden, depossedierten, legitimen Herrn.«[136]

Vitzthum war weniger rabiat als Rüger. Er hielt an dem gleichen Mantra fest, das schon seine Vorgänger beherzigt hatten: Die sächsische Regierung sei weder den Konservativen noch einer anderen Partei verpflichtet. Vitzthum hoffte, dass drei etwa gleich große Fraktionen im neuen Landtag es seiner Regierung ermöglichen würden, ihre Autorität wiederzuerlangen. Er bemerkte unverblümt, es werde »ihr ein Leichtes werden, zwischen den bürgerlichen Parteien zu lavieren und bald nach links, bald nach rechts eine Verbeugung zu machen«.[137] Dennoch sei das neue Pluralwahlrecht eine Fehleinschätzung im doppelten Sinne gewesen. Einerseits glaubte Vitzthum, dass die »statistischen Aufstellungen der Regierung einen bösen Streich gespielt hatten«. Das Problem sei im Grunde ein Arithmetisches, denn die statistischen Prognosen der Regierung seien leider falsch gewesen. Eine Einkommensschwelle von 1 600 Mark habe sich als »viel zu niedrig gegriffen erwiesen [...], nachdem zahllose Arbeiter, die das 50. Jahr überschritten hätten, drei Stimmen auf sich vereinigten«. Vitzthum fühlte sich von Statistikern und Parlamentariern im Stich gelassen, die eine solche Schwelle für ausreichend erachtet hatten. Andererseits behauptete Vitzthum, sich weniger um die 25 neuen Sozialdemokraten zu sorgen als um den »Ruck nach Links, den *der gesamte sächsische Liberalismus* gemacht zu haben scheint«.[138] Paradoxerweise dachte Vitzthum, dass Berichte über diese Linkstendenz sowohl zweifelhaft als auch »höchst bedenklich« seien. Als das linksliberale *Berliner Tageblatt* 1909 die Siege der SPD als »Ruck nach links« und die »Zertrümmerung der konservativen Partei in Sachsen« feierte, schrieb Vitzthum, dies sei absurd – eine »charakteristische [liberale] Beurteilung der Landtagswahlen!« Vitzthum goutierte keine »Rucke«, egal in welche Richtung. Er äußerte sich zu Recht abschätzig über den Wunschtraum der Linksliberalen: Der sächsische Konservatismus sei nicht zertrümmert worden.[139] Doch den Liberalen sei nicht zu trauen.

Angesichts der linksliberalen Unterstützung für SPD-Kandidaten hielt der österreichische Gesandte diese Schlussfolgerung für gerechtfertigt.[140] Die Freisinnigen hätten sich »Wahlschachergeschäften bedenklichster Art« hingegeben. Sie hätten nur ihre engen Parteiinteressen vorangetrieben und sich sowohl gegen die Konservativen als auch gegen die Nationalliberalen gestellt. Nach Beginn der Landtagssession sah sich der österreichische Gesandte in seiner Überzeugung bestärkt, dass die acht Freisinni-

---

[136] Montgelas, 27.2.1910 (Entwurf), BHStAM II, Ges. Dresden 968; vgl. Fürstenberg, 17.9.1910, HHStAW, PAV/54.
[137] Hierzu und zum Folgenden vgl. Fürstenberg, 5.7.1909, 27.10.1909, 8.11.1909, 16.11.1909, 8.12.1909, 9.2.1910, HHStAW, PAV/54; Hohenlohe, 23.9.1909, 14.11.1909, 28.11.1909, 2.12.1909, PAAAB, Sachsen 60, Bd. 8.
[138] Hervorhebung hinzugefügt.
[139] BTbl, 22.10.1909, SHStAD, MdI 5352.
[140] Fürstenberg, 8.11.1909, HHStAW, PAV/54, und zum Folgenden.

gen »unsichere Kantonisten«[141] seien. Er war der Ansicht, sie würden »in gewissen Fällen zweifelsohne mit der Umsturzpartei stimmen«: Das könnte der Regierung große Schwierigkeiten bereiten, denn wenn die Freisinnigen dies taten, »so halten die Roten jeder einzelnen der bürgerlichen Parteien das Gleichgewicht«. Der preußische Gesandte hingegen schob die Hauptschuld auf die Nationalliberalen, die »bedauerlich nach links gerückt« seien. Ihre Wahlmanifeste gegen die Konservativen »ähnelten nach Fassung und Inhalt verzweifelt den sozialdemokratischen Elaboraten«.[142]

Offensichtlich mit Bezug nicht nur auf die Freisinnigen, sondern auch auf linksgerichtete Nationalliberale stellte Vitzthum fest: »Der linke Flügel dieser Partei sei sehr extrem gesinnt, und es stehe zu befürchten, dass der Zwiespalt zwischen Konservativen und Liberalen in der Kammer gegen früher noch eine Vertiefung erfahren werde.« Als Vitzthum gefragt wurde, was er zu tun gedenke, wenn sich die bürgerlichen Parteien nicht gegen den gemeinsamen Feind zusammenschlössen, zuckte er die Achseln. Doch teilte er die Respektlosigkeit des Finanzministers Rüger gegenüber dem Parlament, indem er hinzufügte, »dass die Gesellschaft dann wohl nach Hause geschickt werden müsste«.

*

Wir können nun die Frage beantworten, die wir zu Beginn dieses Kapitels gestellt haben. Die Feinde der Demokratie in Deutschland waren durch das Ergebnis der Landtagswahl 1909 in Sachsen nicht im Geringsten ermutigt. Im Gegenteil, sie waren sich einig, dass die Wahlrechtsreform von 1909 eine »schwere Fehlkalkulation« gewesen sei. Sobald die Stimmen und Mandate zusammengerechnet und diese nach Berlin übermittelt waren, ließ das preußische Staatsministerium rasch seine Pläne zur Einführung eines Pluralwahlrechts für den eigenen Landtag fallen.[143] Die sächsischen Minister und die Anhänger der rechtsstehenden Parteien fanden keinen Trost in dem Umstand, dass die Pluralwahl 54 Prozent Unterstützung für die »Umsturzpartei« in eine Minderzahl von Stimmen (39 Prozent) und in einen noch geringeren Anteil an Landtagsmandaten (27 Prozent) verwandelte. Für die unmittelbare Zukunft mochte es zutreffen, dass die politische Demokratisierung gestoppt und die Sozialdemokraten im Landtag isoliert wurden. Dennoch

---

141 Als Kantonisten wurden bis 1813 diejenigen Männer bezeichnet, die in einem Wehrverwaltungsbezirk (Kanton) wohnten und im preußischen Heer dienstverpflichtet waren.
142 Hohenlohe, 2.12.1909, zuvor zitiert.
143 Wichtig ist die Datierung von Thomas Theodor Heines satirischer Karikatur »Die rote Saxonia«. Die am 22. November 1990 im *Simplicissimus* veröffentlichte Karikatur zeigt »Saxonia«, die der »Borussia« rät, das sächsische Pluralwahlrecht nicht anzunehmen, damit nicht auch sie sich mit Masern anstecke und »rot« werde. Vgl. Abb. 13.2 im vorliegenden Band, »Die rote Saxonia«, Simplicissimus 14, Nr. 34 (22. Nov. 1909), S. 567, Simplicissimus Online, Herzogin Anna Amalia Bibliothek Weimar. Zur Sitzung des preußischen Staatsministeriums am 22.11.1909 vgl. T. Kühne, Dreiklassenwahlrecht, 1994, S. 531–535; AB-PrStMin, Bd. 10, S. 46 und Kapitel 13 im vorliegenden Band.

stimmten viele sächsische Bürger mit Finanzminister Rüger überein: Die Landtagswahl 1909, wie schon die Reichstagswahl 1903, spiegelte sowohl die Entwertung des sächsischen Parlamentarismus wider als auch die Unfähigkeit des Obrigkeitsstaates, sich gegen die existentielle Gefahr des Umsturzes als Folge der Fundamentalpolitisierung zu wehren. Alexis de Tocquevilles Bemerkung über Ancien Régimes war korrekt. Die Wahlrechtsreform hatte Sachsen an einen kritischen Wendepunkt gebracht. Die alte Ordnung wehrte sich und überdauerte. Doch das Gespenst der Demokratie verschwand nicht.

13 Wahlpolitik ohne Kompass

Im Januar 1912 wurde die »Politik in einer neuen Tonart« anders erlebt als im Oktober 1909. Aber in welchem Maße und auf welche Weise anders?

Lenkt man das Augenmerk auf Antisemitismus, Antiliberalismus und Antisozialismus und darauf, wie diese Strömungen in der sächsischen Politik in Erscheinung traten, so lassen sich historische Verläufe ausmachen, die sich mit denen in anderen Teilen Deutschlands deckten. Die Antisozialisten und Antisemiten waren in den Anfangsjahren des zwanzigsten Jahrhunderts nicht verstummt. Einige – zu viele – von ihnen fühlten sich gestärkt durch Wahlkämpfe, aus denen sie siegreich hervorgingen, darunter vor allem die Reichstagswahlen von 1907 und die sächsischen Landtagswahlen von 1909. Die Gegner der Demokratie waren sich nicht einig, ob diese Ereignisse tatsächliche oder nur potenzielle Wendepunkte waren, doch hofften sie, mit einer Politik der »Kompromisslosigkeit« gegenüber dem Sozialismus dem Schreckgespenst der Demokratie den Garaus machen zu können.

In den letzten Jahren vor dem Ersten Weltkrieg hätte sich die politische Kultur Deutschlands potenziell in viele Richtungen entwickeln können. Anders als in den Jahren vor 1909 schienen die Möglichkeit einer Verfassungsänderung und die Realität des politischen Stillstands unter Reichskanzler Theobald von Bethmann Hollweg aber ebenso viel Kritik auf der extremen Rechten wie auf der extremen Linken hervorzurufen. Alldeutsche und andere beteten bald nach, was die Sozialdemokraten anlässlich der Ernennung von Bethmann verkündet hatten: »Der Henker steht doch vor der Türe.«[1]

Bethmann täuschte sich, wenn er hoffte, dass die Parteien der Mitte – ganz zu schweigen von den Parteien an den Rändern – zur Einsicht kommen, ihre Meinung ändern und mit seiner Regierung zusammenarbeiten würden. Nach 1909 sahen die Liberalen keinen Nutzen mehr darin, weiter Kompromisse einzugehen und sich selbst zu verleugnen. Doch auch eine Rückkehr zu prinzipientreuer Selbstbehauptung war nicht von Erfolg gekrönt. Weder Bethmann Hollweg in Berlin noch Sachsens Regierungschef Graf Vitzthum in Dresden – die beiden duzten sich – konnten sich vorstellen, mit Interessen und Gewogenheiten, die dem Konservatismus nahestanden, vollständig zu brechen. Für diese Haltung erhielten sie allerdings von der Rechten keinen Dank. Die

---

[1] NZ 27 (1908–09), Bd. 2, H. 43, S. 564 (23.6.1909). Vgl. H.-G. Zmarzlik, Bethmann Hollweg, 1957, S. 76 f., zu Bethmanns unentschlossenen und häufig widersprüchlichen Ansichten bezüglich der sozialdemokratischen »Gefahr«.

Angriffe aus dieser Richtung waren die heftigsten und weitreichendsten der Kaiserzeit. Sie umfassten Vorschläge, das allgemeine Wahlrecht aufzuheben, Juden, Sozialdemokraten und Frauen das Stimmrecht zu verweigern, und den Reichstag zu ersetzen, sollte er weiterhin die Fundamentalpolitisierung Deutschlands widerspiegeln.

Verlorene Jahre

> Er [Graf Vitzthum] trat tapfer für Thron und Altar ein; aber für die neue Zeit und ihre Forderungen hatte er wenig Verständnis. Die großen Städte des Landes mit ihren vorwärts strebenden Oberbürgermeistern hätte er gern zu einer langsameren Gangart gezwungen. Daß ein solcher Minister mit solchen Gehilfen vor der zweiten Kammer des Landtages, in der die Opposition trotz eines raffinierten reaktionären Wahlrechts mit Pluralstimmen für die Besitzenden und Bejahrten immer mehr anschwoll, einen schweren Stand hatte, liegt auf der Hand. Wenn der Minister damals nicht von dem Votum des Landtags vollkommen unabhängig gewesen wäre, hätte Vitzthum wohl schon nach den ersten Sitzungen demissionieren müssen.
> — Erinnerungen des sächsischen Innenministers Walter Koch, Oktober/November 1918[2]

> procrastination is the
> art of keeping
> up with yesterday.
> — Don Marquis, amerikanischer Dichter und Journalist, 1927

Als in Sachsen die Landtagssession 1909/10 eröffnet wurde, berichtete der britische Gesandte in Dresden, Arthur (A. C.) Grant Duff, dass das sächsische Parlamentsleben endlich aus seinem jahrelangen Schlummer erwachen werde. Dieser erst kürzlich am Wettiner Hof akkreditierte Gesandte hatte die sächsischen Wahlkrisen von 1905/06 und 1908/09 nicht miterlebt, weshalb es ihm verziehen sei, dass er die Lage genau verkehrt herum einschätzte. Zwischen 1909 und 1914 wurde die sächsische Politik schläfriger. Das Feuerwerk, das die meisten Beobachter infolge des Einzugs von 25 Sozialdemokraten in den Sächsischen Landtag erwartet hatten, blieb aus. Auch wenn die bürgerlichen Zeitungen es anders sahen, die in Dresden stationierten ausländischen Beobachter waren sich in einem Punkt einig: Von allen Parlamentariern und Ministern, die sich in den parlamentarischen Sessionen 1909/10 und 1911/12 schlecht benom-

---

[2] Aus seinen unveröffentlichten Erinnerungen, »Wie ich die Menschen und die Dinge sah« (Manuskript), SHStAD, NL Walter Koch, Nr. 1, Bd. 1, S. 160–161. Koch amtierte vom 26.10.1918 bis zum 14.11.1918 als sächsischer MdI.

men hatten, waren die Sozialdemokraten der am *wenigsten* störende Haufen.³ Was die Regierungsvorlagen anging, war der einzige wirklich wichtige Punkt auf Graf Vitzthums Agenda die seit langem bestehende liberale Forderung nach einer Reform des Grundschulwesens. Doch die heftige Debatte über ein Volksschulgesetz erwies sich als Rohrkrepierer: 1912 musste die Regierung ihren Gesetzentwurf zurückziehen, weil er keine der beiden liberalen Parteien zufriedenstellte.⁴ Hatte Sachsen noch 1909 für nationale Schlagzeilen gesorgt hatte, so verschwand es nun wieder aus dem politischen Horizont der meisten Deutschen. Deren Aufmerksamkeit richtete sich zunächst auf Bethmann Hollwegs Versuch im Jahr 1910, das preußische Dreiklassenwahlrecht zu reformieren.

Der Plurallandtag

Die ausländischen Gesandten schenkten dem Imponiergehabe der Parteien, das im November 1909 die Wahl des Präsidiums des Sächsischen Landtages begleitete, mehr Beachtung als der darauffolgenden Session.⁵ Wie Vitzthum vor der Parlamentseröffnung bemerkte, sei die Rolle des Landtagspräsidenten nun, da die konservativen, nationalliberalen und sozialdemokratischen Fraktionen annähernd gleich groß seien, besonders wichtig.

Wie die praktische Arbeit hinter den Parlamentskulissen zeigte, war mit knapp fünfundzwanzig Sozialdemokraten nicht die »Massenpolitik« in die Herzkammer des Sächsischen Landtags eingezogen. Auch wenn Bürgermeister, Anwälte und Redakteure nun einen größeren Teil der eigentlichen Arbeit leisteten, so hatten sie die Großgrundbesitzer und Industriemagnaten nicht verdrängt: Im Fraktionsalltag blieb die Honoratiorenpolitik weitgehend intakt. Viele Jahre zuvor hatte sich der wohlhabende Kaufmann Arthur Penzig aus Meerane im Sitzungssaal des Landtages beschwert, dass kein Ort für Fraktionssitzungen zur Verfügung gestellt werde. Damit die Mitglieder der Fraktion miteinander reden konnten, »[muß] man sich in verschiedenen Wirthslocalen, nicht immer der angenehmsten Art, gewissermaßen herumdrücken«. Ein Abgeordneter jedoch, der »bereits von 5 bis 8 Uhr in einem bis zum Transpirieren manchmal überheizten Deputationszimmer bei vielleicht heftigen Verhandlungen in einer durch das Gas ausgetrockneten Luft gesessen hat«, fände keinen Gefallen daran, »dann wieder den Rest des Abends in der heißen, rauchgeschwängerten Luft eines engen Fractionszimmers in irgend einem öffentlichen Locale bei weiteren Berathungen zuzubringen [...]«.⁶

---

3 Vgl. Materialien in: SHStAD, MdAA 4507, 4808–4809.
4 Bayer. Gesandter Montgelas, 8.2.1912, 11.12.1912 (Entwürfe), sowie weitere Berichte in BHStAM II, Ges. Dresden 970; NZ 31, Bd. 1, H. 22 (1912/13), S. 794–801 (20.2.1913). Vgl. O. Richter, Geschichte, 1903/04, O. Uhlig, Volksschule, 1913; D. Gernert (Hrsg.), Schulvorschriften, 1994; B. Poste, Schulreform, 1993.
5 Eine Analyse der Führungsgremien des Landtags findet sich in: SParl, S. 117–141.
6 LTMitt 1877/78, II.K., Bd. 1, S. 61 (7.11.1877).

Auf den Bänken des Sächsischen Landtags saßen die Abgeordneten so dicht beieinander, dass dank Fotomontage ein Bild ausreichte, um alle Abgeordneten deutlich erkennbar zu zeigen. Die Szene ist sichtlich intimer als Darstellungen des Reichstags mit seinen 397 Mitgliedern. In Dresdens damaliger Zweiten Kammer störte kein einziger Sozialist das Bild (siehe Abbildung 13.1).[7]

Nach der Einweihung des sächsischen Landtagsneubaus im Jahr 1907 verschwand das Parteigängertum nicht. »Die Abgeordneten wählten im Sitzungssaal ihren Platz überwiegend im Kreise ihrer ›politischen Freunde‹, Absprachen zwischen den Parteivertretungen innerhalb der Zweiten Kammer präjudizierten die personelle Zusammensetzung des Direktoriums, der Vorstände der Deputationen und Abteilungen, nahmen Entscheidungen über Gesetzentwürfe vorweg usw.«[8] Diese Einschätzung spiegelt auch August Bebels Sichtweise aus dem Jahr 1885 wider: »Die Parteien dieses Hauses [sind] officiell hier im Hause nicht vertreten.« Und diese Fiktion bedeutete auch, fuhr Bebel

Abbildung 13.1: Zweite Kammer des Sächsischen Landtags, 1905. Diese Fotomontage wurde aus Einzelaufnahmen zusammengestellt; sie spiegelt nicht die genaue Sitzordnung der Kammer wider. Paul Mehnert, Präsident der II. Kammer, steht hinten rechts vor den Fenstern. Im Herbst 1907 bezogen die Abgeordneten das neue Landtagsgebäude von Paul Wallot, der auch das Reichstagsgebäude in Berlin entwarf. Entnommen aus: E. Döscher/W. Schröder (Hrsg.), Sächsische Parlamentarier, 2001, Umschlaginnenseiten.

---

7   Hermann Goldstein (SPD) zog erst im Oktober 1905 wieder in die II.K. ein.
8   SParl, S. 139–140.

fort, dass sie das, »was sie thun, thatsächlich inofficiell, das heißt ›hinter den Coulissen thun‹«.⁹ Für diesen »provokanten« Kommentar wurde Bebel vom Präsidenten des Landtags zur Ordnung gerufen.

Am 9. November 1909 übernahm der Vorsitzende der konservativen Fraktion, Gottfried Opitz, von Paul Mehnert den Vorsitz der Zweiten Kammer für die neue Session. Einen Tag später wurde er gezwungen, dieses Amt wieder niederzulegen.¹⁰ Die Konservativen waren nach wie vor arrogant genug, um vorzuschlagen, dass ihnen die Präsidentschaft übertragen werden sollte bzw. dass sie und die Nationalliberalen eine Münze werfen sollten. Doch die Nationalliberalen wollten davon nichts wissen, und so wurde in einer Reihe von Abstimmungen, die für Stirnrunzeln sorgten, der Nationalliberale Paul Vogel zum Präsidenten gewählt: Niemand konnte daran zweifeln, dass viele Sozialdemokraten für ihn gestimmt hatten. Opitz wurde mit 83 Stimmen (also auch mit Unterstützung der SPD) zum Vizepräsidenten gewählt. Doch sorgten die »Ordnungsparteien« dafür, dass die drittwichtigste Position im Präsidium nicht an die Partei mit den drittmeisten Abgeordneten, d. h. die SPD, ging. Sie forderten von Julius Fräßdorf, dem SPD-Kandidaten, den üblichen Treueeid auf die Krone abzulegen und an offiziellen Funktionen am Hof teilzunehmen. Das wollte er nicht tun. So gewann der Fortschrittliche Abgeordnete Michael Bär diesen Posten mit der geringstmöglichen Marge – 37 von 72 Stimmen –, während die Konservativen aus Protest leere Stimmzettel abgaben. Bei der Besetzung der weniger wichtigen Positionen im Präsidium weigerte sich der Sozialdemokrat Hermann Fleißner, das Amt des zweiten Sekretärs anzunehmen.¹¹

Klar war, dass den Sozialdemokraten die Mitgliedschaft in den vier Ausschüssen des Landtages nicht mehr verweigert werden konnte. Fräßdorf leitete sogar den wichtigsten von ihnen, den Landtagsausschuss zur Verwaltung der Staatsschulden. Seine Referenzen waren beeindruckend: Ein Gesandter bezeichnete ihn als den »fähigsten Kopf« in der Zweiten Kammer.¹² Diese Ehre mag Fräßdorf zu Kopfe gestiegen sein: Er war allzu zuversichtlich, dass der Landtag 1909 nach links gerückt war. Am 30. November sagte er dem Haus: »die Regierung ist nun von der [...] selbstgeschaffenen konservativen Bevormundung befreit«. Er behauptete sogar, dass die Regierung ihren neuen Handlungsspielraum den Sozialdemokraten verdanke, was höhnische Zurufe zur Folge hatte. »Die Sozialdemokratie«, sagte Fräßdorf, »wird praktische Politik treiben wie bisher. (Zuruf rechts: Wie bisher!) (Heiterkeit.) Die Sozialdemokratie wird das Gute nehmen, woher es auch kommt, und wenn das Gute von der konservativen Seite käme, (Zuruf: Immer!) würde die sozialdemokratische Fraktion zustimmen; und wenn das Schlechte etwa von

---

9   Bebel, LTMitt 1885/86, II.K., Bd. 1, S. 211 (18.12.1885).
10 Zum Folgenden: österr. Gesandter Fürstenberg, 16.11.1909, 8.12.1909, HHStAW, PA/V, 54; Montgelas, 11.11.1909 (Entwurf), BHStAM II, Ges. Dresden 967; pr. Gesandter Hohenlohe, 14.11.1909, 20.11.1909, 2.12.1909, PAAAB, Sachsen 60, Bd. 8; auch SParl, S. 71–73.
11 NZ 28 (1909/10), Bd. 2, S. 320–321.
12 Montgelas, 10.7.1912 (Entwurf), BHStAM II, Ges. Dresden 970.

der liberalen Seite kommen sollte, wird es von der Sozialdemokratie bekämpft werden. (Sehr gut!)«[13] Diese Behauptungen waren besonders pikant, weil Fräßdorf sich auf die »Nebenregierung« bezog, die Alfred von Nostitz-Wallwitz im Juli 1907 angeprangert hatte. Und er spielte auch wieder auf die Clique um Paul Mehnert an, indem er eine Bemerkung über dessen Gut Medingen fallen ließ. Fräßdorf sagte dem Landtag, der »Medinger Jagdklub« und der Sächsische Landeskulturrat »sind jetzt nicht mehr in der Lage, [...] den Einfluß auf die Regierung auszuüben, den sie bisher ausgeübt haben«. Nun sei der Weg »frei für eine wirkliche liberale Politik«. Um seinen Worten Nachdruck zu verleihen, wandte sich Fräßdorf in Richtung der Linksliberalen und versprach: »Wir werden Ihnen das Kreuz und, wenn es notwendig ist, die Knie steifen.«

Die vierzehn Reformvorschläge, die bei der Eröffnung des Landtags eingebracht wurden, erinnern uns daran, dass man damals nicht der Meinung war, das Problem der Demokratisierung sei durch die sächsische Wahlrechtsreform von 1909 ein für allemal gelöst worden. Ein Antrag forderte die unverzügliche Veröffentlichung der detaillierten statistischen Ergebnisse der Landtagswahl; ein anderer forderte, künftig jedes Jahr eine ordentliche Landtagssession abzuhalten anstatt wie bisher alle zwei Jahre; wieder ein anderer verlangte die Einführung des allgemeinen, gleichen, direkten und geheimen Wahlrechts für alle sächsischen Bürgerinnen und Bürger über 21 Jahre im Rahmen eines Verhältniswahlrechts; und drei Anträge forderten die Abschaffung bzw. Reform der sächsischen Ersten Kammer. Als im Februar 1910 das Schicksal der Ersten Kammer in der Zweiten Kammer zur Debatte kam, betonten ausländische Beobachter »eher kleine Vorfälle, persönliche Bestrebungen und ›Imponderabilien‹« sowie »Mißverständnisse, Verstimmungen, Reibereien, persönliche Schroffheit u[nd] Ehrgeiz«, die dem Ruf des Landtags schadeten.[14] Einer von ihnen bemerkte: »Fast könnte man an eine Kinderkrankheit der neuen, durch die Wahlreform inaugurirten, Aera in Sachsen denken, wäre der Hintergrund der Lage hierfür nicht zu ernst.« Die Sozialdemokraten sähen »genüßlich« und mit »philosophischer Ruhe« zu, »wie sich die Regierung und die Rechte mit den Nationalliberalen streiten, und erteilen den Streitenden mit olympischer Miene ›unparteiisch‹ Tadel und Beifall«.

Zwei gut informierten Insidern zufolge plante der äußerste rechte Flügel der sächsischen Konservativen Partei einen baldigen Staatsstreich.[15] Nach Ansicht dieser hartnäckigen Reaktionäre verwendete die SPD demagogische Taktiken, um »das Vertrauen einer gewissen Klasse schwankender bürgerlicher Wähler« zu gewinnen. Während die Sozialdemokraten im Plenarsaal des Landtags so moderat wie möglich erschienen und

---

13 Dazu und zum Folgenden LTMitt 1909/10, II.K., Bd. 1, S. 225 (30.11.1909).
14 Dazu und zum Folgenden Hohenlohe, 18./25.2.1910, 25.4.1910, 14./27.5.1910, PAAAB, Sachsen 60, Bd. 8; Montgelas, 27.2.1910, 27.7.1910 (Entwürfe), BHStAM II, Ges. Dresden 968.
15 Zum Folgenden Fürstenberg (»streng vertraulich!«), 9.2.1910, 28.5.1910, HHStAW, PAV/54, und LNN, 9.2.1910; Montgelas, 27.2.1910 (Entwurf), BHStAM II, Ges. Dresden 968.

warteten, bis ihre Zeit gekommen war, »arbeiten die roten Emissäre in der Stille um so emsiger und erfolgreicher an der Verhetzung des Volkes, halten Versammlungen ab, verteilen Tausende von zersetzend wirkenden Broschüren«. Was aber am schlimmsten sei: »[U]m des lieben Friedens willen übt die Regierung eine viel zu weit gehende Toleranz.« Nach nur drei Monaten hatten diese Konservativen den Plurallandtag satt und planten »bei irgend einer Gelegenheit einen ernsten Zwischenfall zu provozieren, der die Freisinnigen und Linksliberalen in die Arme der Sozialisten getrieben hätte«. Sollte diese Situation von den Konservativen »geschickt ausgeübt« werden, berichtete der österreichische Gesandte, so würde sie »vorerst die Arbeitsunfähigkeit des Hauses und dann die Auflösung« zur Folge haben. Der mutmaßliche nächste Schritt sei dann die »Aufoktroyierung« eines geänderten Wahlgesetzes.

Dieser Plan hatte eine starke Ähnlichkeit mit vergleichbaren Vorhaben, die Mitte der 1890er-Jahre lanciert wurden: Ein Zustrom von Sozialdemokraten in das Parlament – egal ob Reichstag oder Landtag – sollte als Vorwand dienen, um das Parlament für nicht funktionsfähig zu erklären, die Abgeordneten nach Hause zu schicken und das bestehende Wahlrecht zu revidieren. In den 1890er-Jahren scheiterten solche Staatsstreichpläne unter anderem am schwankenden Kaiser. In Sachsen scheiterten sie 1910 an der Opposition von König Friedrich August III. und Graf Vitzthum. Der König glaubte, dass eine einseitige Revision des Landtagswahlrechts nur noch schlechtere Ergebnisse bringen würde. Doch weder er noch seine Minister waren begeistert über die Wahlrechtsreform von 1909 oder das daraus hervorgegangene Parlament. Es gibt auch keine Belege dafür, dass die Erzkonservativen wegen ihrer reaktionären Intrigen gerügt wurden. Im Gegenteil: Der preußische Gesandte stellte fest, dass Finanzminister Rüger, »ein Konservativer von altem Schrot und Korn«, fast sicher von diesem »Anschlag« wusste und »denselben nach Möglichkeit gefördert hätte«.[16] Dem stimmte der bayerische Gesandte zu: Der »alte, sehr autoritäre und stockconservative Herr von Rüger [...] haßt die neue 2te Kammer und gibt sich kaum die Mühe seine Gefühle zu verbergen«.[17] Der Rest der laufenden Session und die darauf folgende würden beweisen, dass das Schicksal des Sächsischen Landtags noch immer fraglich war.

Die Möglichkeit, dass die Konservativen wieder das Ruder an sich reißen könnten, schien 1910 umso plausibler, als die sächsischen Nationalliberalen durch interne Parteikämpfe zerrissen waren. Paul Vogel vertrat die alte Garde, aber er wurde als ein Mann ohne Charakter, ohne Autorität, ohne Mut beschrieben.[18] Im Laufe der Session hatten die linksgesinnten Nationalliberalen, die einst Gustav Stresemanns Führung gefolgt

---

16   Hohenlohe, 27.10.1909, zuvor zitiert.
17   Montgelas, 27.2.1910 (Entwurf), BHStAM II, Ges. Dresden 968 (doppelte Unterstreichung im Original). Der österr. Gesandte nannte Rüger das »72jährige ›Enfant terrible‹« des sächsischen Gesamtministeriums. Fürstenberg, 28.5.1910, HHStAW, PAV/54.
18   Montgelas, 27.7.1910 (Entwurf), BHStAM II, Ges. Dresden 968.

waren – allen voran Max Langhammer und Robert Merkel – die Oberhand in der Landtagsfraktion gewonnen und die Autorität des nominalen Fraktionsvorsitzenden Franz Hettner herausgefordert. Unter dem Einfluss ihres linken Flügels versuchten die Nationalliberalen mit den beiden Parteien zu ihrer Linken einen gemeinsamen Nenner in der Frage der Reform des Oberhauses zu finden. Doch den gab es nicht.

Die Nationalliberalen wollten unbedingt mehr Industrielle und andere Unternehmer in der Ersten Kammer vertreten sehen. Bei ihrem Reformvorschlag handelte es sich im Wesentlichen um den gleichen, den sie 1905 unter Stresemanns Führung vorgelegt hatten und der schon 1906 keine echte Reform gebracht hatte. Nun forderten sie auch die Vertretung anderer Berufsgruppen, aus den Bereichen Rechtspflege, Heilkunde, Unterrichtswesen und technische Wissenschaft. Laut eines Ende November 1909 eingebrachten Antrags kam die Industrie für 75 Prozent der direkten Steuern Sachsens auf, während die Eigentümer der 900 Rittergüter im Königreich nur zwei bis drei Prozent der Steuerlast trugen. Wie kam es, so fragten die Nationalliberalen, dass die Industrie in der Ersten Kammer mit nur fünf Mitgliedern vertreten war, während Grundbesitzer und Landwirte mit 27 Mitgliedern vertreten waren?[19] Um die Kritik zu widerlegen, dass sie ein Oberhaus wollten, das nur wirtschaftliche Interessen und nicht das Allgemeinwohl vertrat, machten die Nationalliberalen geltend, dass diese neuen Vertreter als Expertenberater der Regierung und nicht als Delegierte bestimmter Gruppen oder Klassen angesehen werden sollten.

Auch die Fortschrittliche Volkspartei wollte grundlegende Reformen der Ersten Kammer, obwohl ihre Mitglieder ausdrücklich verneinten, dass sie diese abschaffen wollten.[20] Der von Oskar Günther eingebrachte Antrag sprach sich für eine Rückkehr zum Gesetz vom 15. November 1848 aus, wonach das Oberhaus aus den Fürsten des Königshauses und fünfzig weiteren vom Volk gewählten Mitgliedern bestehen solle.[21] Einer von Günthers Parteifreunden, Alfred Brodauf, erklärte jede Reform der Ersten Kammer für inakzeptabel, die nicht die Zulassung von Arbeitervertretern vorsehe. Dies war ein durchsichtiger Versuch, den Sozialdemokraten den Wind aus den Segeln zu nehmen. Ohne Erfolg. Die Sozialdemokraten wollten die vollständige Abschaffung der Ersten Kammer: Sie sei ein mittelalterliches Relikt, das sowohl mit der Demokratie als auch mit dem gesunden Menschenverstand unvereinbar sei.[22] Darauf antwortete Vitzthum knapp, dass er den SPD-Antrag nicht annehmen werde, weil er mit der bestehenden

---

19 Hohenlohe, 28.11.1909, 2.12.1909, 18./25.2.1910, PAAAB, Sachsen 60, Bd. 8 (und für Berichte bis Juni 1911). Umfangreiche Materialien zur Reform der I. Kammer in: SHStAD, MdI 5476-8.
20 Vgl. die drei Handbücher Der Landtag 1909/10 [...] 1911/12 [...] 1913/14 und die Fortschrittliche Volkspartei, Hrsg. Prof. Koch (o. O., o. J.), in der SLUB.
21 Zu Teilen des Folgenden A. C. Grant Duff an das brit. MdAA, 20.2.1910, 6.3.1910, BFO-CP, FO 371/904, Rolle 31, Nr. 9732 und 7848, der Merkels (übersetzten) Artikel aus den LNN, 5.3.1910, übersandte und für die Bemerkung bzgl. der Kaninchen. Vgl. Grant Duff, 26.2.1910, 6.3.1910 (Entwürfe), TNA, FO 215/57.
22 LTMitt (1909/10), II.K., Bd. 2, S. 1264–1331 (17.2.1910), bes. Günther, S. 1264 ff., Fleißner, S. 1277 ff.

Verfassung unvereinbar sei. Die konservativen Redner zeigten sich ebenfalls hochmütig und unnachgiebig: In den Augen der Liberalen, so behauptete einer von ihnen, würden sich die Mitglieder des Oberhauses »wie Kaninchen« vermehren.

Die Nationalliberalen forderten auch, neue Mitglieder, die Berufsgruppen vertraten, in das Oberhaus wählen anstatt sie vom König benennen zu lassen, wie es seit fast einem Jahrhundert Usus war. Die Regierung Vitzthum fegte diesen nationalliberalen Antrag mit einer vorhersehbaren Antwort vom Tisch: Es sei nicht »opportun«, eine derart bedeutsame Reform des Oberhauses schon so kurz nach der radikalen Revision des Wahlrechts für die Zweite Kammer in Betracht zu ziehen. Aus Sicht der Konservativen hatten die Nationalliberalen mit ihrem Vorschlag, dass die Mitglieder der Ersten Kammer bestimmte Berufe mit einem zwingenden Mandat vertreten sollten, in dreifacher Hinsicht gesündigt: Sie seien zu einem ständischen Konzept der parlamentarischen Repräsentation zurückgekehrt; sie hätten den repräsentativen Charakter des Unterhauses untergraben; und sie riskierten die Überflutung des Parlaments durch die Sozialdemokraten. Ein Konservativer erklärte, dass ein derartiges Vorgehen mit einem Kladderadatsch enden würde.

Ausländischen Diplomaten zufolge war der sächsische »Plurallandtag« ohne wirklichen Konfliktgrund lahmgelegt. Doch die »Gewitterschwüle«, von der die preußischen und österreichischen Gesandten Ende Februar, Anfang März 1910 berichteten, schickte ein Donnergrollen durch die sächsische Presse, in der sich die wütenden Polemiken häuften. »Die Tagesblätter bringen Krisenartikel und verzeichnen Gerüchte, nach denen bald die Tage des Ministeriums, bald die der Kammer gezählt wären.«[23] Diese Wetterlage hatte sich wieder etwas beruhigt, als der Landtag am 13. Mai 1910 seine Türen schloss (sie sollten erst im Herbst 1911 wieder geöffnet werden).[24] Doch gingen auch nach Ende der Landtagssession die Spekulationen darüber weiter, ob die Nationalliberalen noch weiter nach links driften und womöglich mit der Sozialdemokratie zusammenarbeiten würden, vielleicht sogar in einem »Großblock« wie in Baden: »Der Abstand zwischen *Jung*-Liberalen und Alt-Konservativen ist aber zu groß, als daß er sich leicht überbrücken ließe.«[25] Ebenso beunruhigt zeigte man sich darüber, wie sich die »Zerklüftung« zwischen Konservativen und Nationalliberalen, die angebliche Rolle der Fortschrittlichen als Helfershelfer und der erfolgreiche »Wählerfang« der SPD dank ihres artigen Gebarens auswirken würden. All dies zusammen sollte sich in der Tat bei den nächsten Reichstagswahlen bemerkbar machen. Bereits im April 1910 gab es Prognosen, wonach die Sozialdemokraten 19 von 23 sächsischen Wahlkreisen

---

23 Hohenlohe, 25.2.1910, PAAAB, Sachsen 60, Bd. 8; Fürstenberg, 2.3.1910, HHStAW, PAV/54.
24 Noch bevor über die Reform der I.K. entschieden wurde, bemerkte ein Mitarbeiter des britischen Außenministeriums, die sächsische Politik habe »eine seltsame Ähnlichkeit mit der Situation hierzulande« – er spielte damit auf die politische Krise um die Reform des britischen Oberhauses an.
25 Hohenlohe, 25.4.1910 (Hervorhebung im Original), PAAAB, Sachsen 60, Bd. 8.

gewinnen könnten.[26] Genau das trat dann auch ein: Im Januar 1912 gewann die SPD alle bis auf vier sächsische Reichstagsmandate.

*

Nach 1909 waren die konservativen und die nationalliberalen Fraktionsvorsitzenden im Sächsischen Landtag gezwungen, einen Teil ihrer Herr-im-Haus-Haltung in der Zweiten Kammer aufzugeben. Die »Roten« ließen sich nicht ignorieren. Dennoch blockierten die »Ordnungsparteien« bis Oktober 1918 alle umfassenden Änderungen hinsichtlich Form und Funktion des sächsischen Landtagsalltags. Der österreichische Gesandte formulierte es am Ende der ersten Session im Mai 1910 folgendermaßen (er hätte 1914 das Gleiche schreiben können): »[D]er letzte Landtag hat gearbeitet, nicht besser aber nicht schlechter wie seine Vorgänger, eine Tatsache, welche die allgemeine Meinung Sachsens mit Hinblick auf das Novum der 25 in der Landtagsstube sitzenden Sozialisten nicht erwartet hatte.«[27] Im selben Bericht betonte er, wie die SPD-Abgeordneten mit ihren langen und langweiligen Reden, ihren widersprüchlichen Prinzipien und Praktiken und ihren Bemühungen, »schwankende Elemente der bürgerlichen Parteien zu täuschen, um sie in das eigene Lager herüberzuziehen«, die tägliche Arbeit des Parlaments verlangsamt hätten. Vor allem aber sei es seiner Ansicht nach nicht gelungen, die Konservativen und die Nationalliberalen durch die Präsenz von fünfundzwanzig Sozialdemokraten einander näher zu bringen. Der Schaden durch die Finanzreform und die Auflösung des Bülow-Blocks »machten die bürgerlichen Parteien, bisher wenigstens, nicht klüger!« Die Fortschrittler und die linken Nationalliberalen hätten sich durch die »Zügellosigkeit ihrer Sprache und heftige persönliche Angriffe« blamiert, während die extremen Konservativen mit ihrem Versuch, den Landtag »zu sprengen«, gescheitert seien.

Selbst Vitzthum und Rüger hatten den Test guter Staatskunst nicht bestanden. Vitzthum hatte geplant, die Kritik aus der Zweiten Kammer zum Schweigen zu bringen, indem er Finanzminister Rüger durch den König entlassen ließ – »der reizbare alte Herr« könne »auch unter seinen Ministerkollegen kaum mehr auf einen Freund zählen«, da er »dieselben öfters brüskiert habe«.[28] Doch diesen »zu wenig modernen« Kollegen über Bord zu werfen, richtete das Staatsschiff nur eine Weile wieder auf. Vitzthums Reden im Landtag waren oft ebenso ungeschickt wie die von Rüger, hatten aber nicht deren Überzeugungskraft. Es stellte sich heraus, »daß Graf Vitzthum zwar fein gebildet und gelehrt ist, aber keineswegs ein Staatsmann und mitnichten ein Diplomat«. Seine »verblüffende Unbeholfenheit u. Naivität« spiegelten sich in abschätzigen Anekdoten

---

26 Hohenlohe, 25.4.1910, 27.5.1910, zuvor zitiert.
27 Fürstenberg, 28.5.1910, HHStAW, PAV 54, und zum Folgenden.
28 Fürstenberg, 2.3.1910, HHStAW, PAV/54.

wider, die unter den Diplomaten in Dresden die Runde machten.²⁹ Ein Gesandter kommentierte das Ende der Sitzungsperiode mit ironischem Unterton: »Die gesamte Königlich Sächsische Regierung atmet aber erleichtert auf, daß die verehrten Landesboten ihre Penaten wieder aufgesucht haben, denn zum ersten Male seit dem Bestande des Landtages hatte dieselbe unter der Geißel einer höchst temperamentvollen und sich ihrer Kraft bewußten Opposition zu leiden gehabt.«

Die Forschung hat versucht, die fortschrittlichen Merkmale der sächsischen politischen Kultur nach 1909 ausgewogen zu dokumentieren, doch ohne Erfolg.³⁰ Aufgrund von Quellenmaterial, das hauptsächlich aus der Kommunalpolitik stammte – Walter Koch hatte diese zu Recht als dynamischer als die bundesstaatliche Politik beschrieben –, hat sie die Einheit der sächsischen Nationalliberalen Partei unterschätzt; sie hat überschätzt, wie tief verwurzelt der Konservatismus im sächsischen öffentlichen Dienst war; und sie hat zu sehr auf das Wunschdenken von Fortschrittlern und Sozialdemokraten abgehoben. Letztere glaubten, dem sächsischen Gesamtministerium eine weitere Reform des Landtagswahlrechts, ein fortschrittliches Schulgesetz und die Abschaffung der Ersten Kammer abringen zu können. Aber das gelang ihnen nicht.³¹

Auch die nationalen Ereignisse in den Jahren 1910, 1911 und 1912 überzeugten die »staatserhaltenden Parteien« in Sachsen, dass weder die rote Bedrohung noch das Schreckgespenst der Demokratie verschwunden war. Die preußische Wahlreform, die Berliner Marokko-Politik, die Reichstagswahlen – all das hinderte die sächsische Politik daran, sich in ihren neuen Alltag einzugewöhnen. Nur die wenigsten damaligen Beobachter glaubten, dass die »demokratische« Landtagswahl von 1909 einer gerechteren, *funktionsfähigeren* parlamentarischen Kultur Vorschub leisten würde, in der die Staatsoberhäupter tatsächlich führen und die Sozialdemokraten tatsächlich eine Politik des Machbaren verfolgen würden.³² Doch für die meisten bürgerlichen Politiker in Sachsen blieb die SPD ein Paria. Als im November 1911 die neue Landtagssession eröffnet wurde, lagen die Nationalliberalen und die Konservativen noch immer derart im Clinch, dass es für die bevorstehenden Reichstagswahlen nichts Gutes verhieß.³³ Bei der Präsidiumswahl zu Beginn der Session wurde der Sozialdemokrat Julius Fräßdorf zum zweiten Vizepräsidenten gewählt, unter anderem weil die Konservativen aus Protest leere Stimmzettel abgegeben hatten. Friedrich August III. und Vitzthum waren verärgert über diese »Dummheit« und über die Behauptung der Konservativen, ihre Taktik sei ein »Meisterstück« gewesen. Der neue Gesandte Österreichs in Dresden berichtete, die Wahl von Fräßdorf »in das Präsidium scheint nicht nur in Sachsen, sondern in

---

29 Montgelas, 27.7.1910 (Entwurf), zuvor zitiert.
30 Z. B. M. Schmeitzner/M. Rudloff, Geschichte, 1997, S. 37; vgl. G. Ritter, Wahlrecht, 1990, S. 52.
31 M. Schmeitzner/M. Rudloff, Geschichte, 1997, S. 40 f.
32 K. Rudolph, Sozialdemokratie, 1995, S. 61–85; M. Schmeitzner/M. Rudloff, Geschichte, 1997, S. 36–41.
33 Montgelas, 22.12.1911 (Entwurf), BHStAM II, Ges. Dresden 969, und für die dort zitierten Reden von Vitzthum.

ganz Deutschland Aufsehen erregt zu haben und als eines der Zeichen des sich für die Reichstagswahlen bildenden nationalliberal-fortschrittlich-sozialdemokratischen Blocs gedeutet zu werden«.[34] Doch im Allgemeinen fanden die »Ordnungsparteien« einen Weg zur Zusammenarbeit, wenn es darum ging, die Sozialdemokraten im Sächsischen Landtag zu isolieren. In seinen Reden schimpfte Vitzthum weiter auf die Unzuverlässigkeit der Sozialdemokraten, ihre systematische Verführung der Jugend und ihren »Terror« gegen Arbeitswillige. Die Konservativen und viele nationalliberale Abgeordnete jubelten, als die Präsidiumswahlen vom November 1913 einen Landtagsvorstand hervorbrachten, der wieder »sozialistenrein« war.[35]

Als im August 1914 der Krieg ausbrach, blickten die Sachsen auf fünf Jahre ruderloses Regieren zurück.[36] Es waren keine nennenswerten Fortschritte in Richtung Parlamentarismus oder politische Demokratie gemacht worden, und nach wie vor trennte die Sozialdemokraten eine tiefe Kluft von den »gutgesinnten« Bürgern. So gesehen waren die sächsischen Erfahrungen auch die vieler anderer Deutscher.[37]

Preußens Wahlrechtsdebakel

Am 22. November 1909 veröffentlichte der *Simplicissimus* eine satirische Karikatur mit dem Titel »Die rote Saxonia« (siehe Abbildung 13.2). Auf der linken Seite steht »Saxonia« mit einem grün-weißen Banner, bekleidet mit einer weißen Toga und bequemen Pantoffeln sowie einer Kopfbedeckung aus Fabrikschornsteinen. Ihre Haut ist in einem eigentümlichen Rotton gefärbt und sie macht einen leicht abgemagerten Eindruck. Rechts steht eine viel prallere, pausbäckige »Preußen« in Militäruniform. An den Füßen trägt sie hochhackige Militärstiefel, und ihren Kopf ziert eine Pelzmütze, wie Kaiser Wilhelm II. sie beim Besuch seines persönlichen Leib-Husaren-Regiments trug. »Preußen« hebt eine große Vase auf, wie sie im öffentlichen (d. h. nicht geheimen) Wahlsystem Preußens manchmal noch verwendet wurde, um Stimmzettel zu sammeln. Auf der Innenseite der Vase sind rote Punkte zu erkennen. Auf dem Boden neben »Preußen« steht eine ungeöffnete Flasche Champagner, dahinter lauert ein rotes Monster. Während sie beschwichtigend die Hand auf Preußens Schulter legt, gibt »Saxonia« im sächsischen Dialekt ihren

---

34   Österr. Gesandter in Sachsen, Johann Graf Forgách von Ghymes und Gács, 11.11.1911, HHStAW, PAV/54.
35   Kommissarischer österr. Gesandter Ritter von Egger (Dresden), 14.11.1913, HHStAW, PAV/54; Montgelas, 13.11.1911 (Entwurf), BHStAM II, Ges. Dresden 969.
36   Laut Walter Koch betrachtete Vitzthum die gesamte Politik aus der Perspektive eines Amtshauptmanns aus Annaberg, Vitzthums Amt (1901–1906), bevor er sächsischer Gesandter in Preußen wurde. SHStAD, NL Koch, Nr. 1, Bd. 1; vgl. E. VENUS, Amtshauptmann, 1970, S. 22 (auch Venus war von 1926 bis 1928 AHM von Annaberg).
37   Zur Gewährung des allgemeinen Wahlrechts in Elsass-Lothringen im Mai 1911 nach Prüfung und Ablehnung eines Pluralwahlrechts vgl. D. SILVERMAN, Reluctant Union, 1972, S. 141–147; J. BOHLMANN, Deutschkonservative Partei, 2011, S. 95–99.

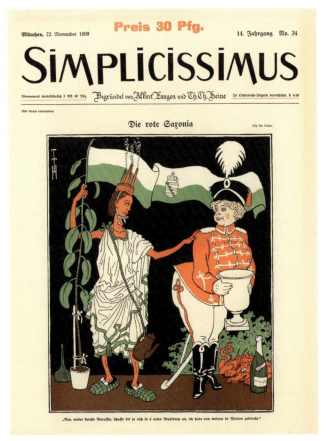

Abbildung 13.2: Thomas Theodor Heine, »Die rote Saxonia«, 1909. Text: »[Saxonia:] Nee, meine kuteste Borussia, schaffe dir ja nich so ä neien Wahldopp an, ich habe von meinen de Masern gekriecht.« Quelle: Simplicissimus 14, Nr. 34, S. 567 (22. November 1909). Simplicissimus Online, Herzogin Anna Amalia Bibliothek Weimar.

Rat zur Wahlrechtsreform zum Besten: »Nee, meine kuteste Borussia, schaffe dir ja nich so ä neien Wahldopp an, ich habe von meinen de Masern gekriecht.«

Diese von Thomas Theodor Heine gezeichnete Karikatur ist durchaus zweideutig. Das Timing – knapp zwei Wochen, nachdem das endgültige Ergebnis der ersten und einzigen Pluralwahl zum Sächsischen Landtag vorlag, und an demselben Tag, an dem das preußische Staatsministerium zusammenkam, um ein eigenes Gesetz zur Wahlrechtsreform zu verabschieden – war vorzüglich. Verspottete Heine die preußischen Konservativen, die vor *jeglicher* Reform des preußischen Dreiklassenwahlrechts Angst hatten? Oder war »Saxonias« Ratschlag, dass Preußen besser nicht Sachsens Beispiel folgen und mit einer großen Wahlrechtsreform experimentieren sollte, ernst gemeint? Die erste Lesart scheint plausibler. Heines Ruf als scharfer Kritiker des preußischen Autoritarismus ist wohlverdient. Allerdings würde man erwarten, dass Heine ein positiveres Symbol als Masern gewählt hätte, um den Ausgang von Sachsens Sprung ins Dunkle darzustellen. Und selten hat er Preußen so wohlwollend dargestellt. Wie immer im Falle von guter Kunst ist auch Heines Karikatur offen für mehrere Interpretationen.

Die Regierung Bethmann und die preußischen Liberalen waren sich einig, dass es natürlich sinnvoll sei, Männern mit Eigentum, Vermögen und Bildung mehrere Stimmen zu gewähren. Wie wir gesehen haben, kam dieses Einvernehmen nicht aus heiterem Himmel zustande.[38] Die Erwähnung der Möglichkeit einer preußischen Wahlrechtsreform in der Thronrede vom 20. Oktober 1908 war das Äußerste, zu dem die Regierung Bülow bereit war, um liberale Hoffnungen aufrechtzuerhalten (ohne konservative Ängste zu zerstreuen).[39] Der preußische Minister mit dem größten Einfluss auf die damalige Wahlrechtsfrage, Innenminister Friedrich von Moltke, lehnte beide Optionen ab, die in Erwägung gezogen wurden: das Dreiklassenwahlrecht vollständig abzuschaffen und es durch ein Pluralwahlrecht zu ersetzen oder die beiden Systeme zusammenzuführen.[40] Die preußischen Staatsminister waren sich uneins darüber, welche Reform akzeptabel sein könnte. Bei den preußischen Landtagswahlen Mitte 1908 hatten sie gesehen, wie »staatserhaltende« Kandidaten internen Streitigkeiten zwischen Konservativen und Liberalen zum Opfer fielen. Einige Minister nahmen sich den damaligen trotzigen Aufschrei der *Kreuzzeitung* zu Herzen, wonach die Ersetzung des Dreiklassenwahlrechts durch das allgemeine Wahlrecht die endgültige Massenherrschaft darstellen würde.[41] Bald darauf wurde selbst die schwache Hoffnung auf die »organische Entwicklung« Preußens von der Daily-Telegraph-»Affäre« Ende 1908 fürs Erste zunichte gemacht.

Im Herbst 1909 schlug Reichskanzler Bethmann Hollweg, der erst knapp vier Monate zuvor in dieses Amt berufen worden war, einen anderen Kurs ein. Darin flossen die Erfahrungen aus Sachsen ein.[42] Mit einem reformierten Wahlrecht wollte Bethmann die privilegierten Schichten begünstigen, die Arbeitnehmer benachteiligen und verhindern, dass die Sozialdemokraten einen weiteren deutschen Landtag »überfluteten«. Die Prämissen, auf denen eine preußische Wahlrechtsreform beruhen sollte, klangen für die Sachsen erstaunlich vertraut: keine Neuordnung der Landtagswahlkreise, weil sie die preußischen Agrarier benachteiligen würde; keine Erwägung des allgemeinen Männerwahlrechts, weil es »zu demokratisch« sei; keine geheime Wahl, weil sie subversive Agitation und unpatriotische Abstimmungen fördere; keine Verhältniswahl, weil sie die Bindung der Wähler an einzelne Kandidaten beseitigen würde; und kein berufsständisches Wahlrecht, weil es anachronistisch sei. Zu diesem Zeitpunkt standen die

---

38 Vgl. die Erörterung in Kap. 11 des vorliegenden Bandes.
39 Vgl. T. Kühne, Dreiklassenwahlrecht, 1994, S. 518.
40 AB-PrStMin, Bd. 9, S. 222; J. Bohlmann, Deutschkonservative Partei, 2011, S. 72; K. Wulff, Deutschkonservativen, [1921], S. 108.
41 KZ, 2.6.1908.
42 K. Wulff, Deutschkonservativen, [1921], und J. Gerhards/J. Rössel, Interessen, 1999, sind von geringerem Wert als T. Kühne, Dreiklassenwahlrecht, 1994, S. 529–569, bes. S. 530–537 zum Pluralwahlrecht.

Preußen einem Pluralwahlrecht wohlwollend gegenüber. Doch kaum lagen die Wahlergebnisse der sächsischen Landtagswahlen vom Oktober/November 1909 vor, änderten sie erneut ihren Kurs.[43]

*

Wurde die Reform des preußischen Dreiklassenwahlrechts 1910 von Bethmann Hollweg vorsätzlich zum Scheitern gebracht? Die Frage bleibt offen, doch das Scheitern der Reform des reaktionären preußischen Wahlrechts hatte schwerwiegende Folgen für die letzte Dekade des deutschen Kaiserreichs und sein klägliches Ende. Die Geschichte dieses Wahlrechtsdebakels wurde so oft erzählt, dass an dieser Stelle nur zwei seiner Merkmale kurz erläutert werden sollen – eingerahmt von einer Beobachtung des damaligen britischen Gesandten in Dresden. A. C. Grant Duff hielt es für notwendig, dem Auswärtigen Amt in London zu erklären, warum das nationalliberale *Leipziger Tageblatt* im Februar 1910 das Wahlgesetz von Bethmann kritisiert hatte. Er zitierte ausführlich aus dem *Tageblatt* – und gewann damit die Aufmerksamkeit unter anderem von Eyre Crowe –, weil es zeigte, dass Kaiser Wilhelm mit seiner Bemerkung zu Bethmann Hollweg recht gehabt hatte. Der neue Kanzler sehe sich bei der Abwicklung von Reichskanzler Bülows politischem Erbe einer »undankbaren Aufgabe« gegenüber: »Bei einer Liquidation ist niemals Ruhm einzuernten [...].«[44] Während seines Block-Experiments (1907–09) war Bülow ebenso unaufrichtig gewesen wie das Ministerium von Vitzthum in Sachsen nach 1909 – zumindest in den Augen von Grant Duff. Bülow hatte es »für ratsam gehalten, die Situation so weit wie möglich zu verkomplizieren«, schrieb der Gesandte, »weil er wusste, dass die Deutschen eine bescheidene Meinung von ihren politischen Fähigkeiten haben und nicht geneigt sind, den gordischen Knoten der Bürokratie mit dem Schwert des gesunden Menschenverstands zu durchtrennen«. Nach Ansicht des britischen Gesandten hatte das *Tageblatt* die Absurdität des Wahlreformpatts – sei es in Preußen oder in Sachsen – auf den Punkt gebracht: »Wenn das Parlament Forderungen stellt, die nicht erfüllt werden können, wird die Regierung von jeglicher Verantwortung befreit. Auch die Regierung hat ihre eigenen Überzeugungen. Reform ist auch eine Frage der Überzeugung. Es lebe die Überzeugung!«[45]

Am 18. November 1909 hatte das preußische Innenministerium die sächsische Regierung aufgefordert, alle relevanten statistischen Ergebnisse der knapp zwei Wochen zuvor durchgeführten Landtagswahl zu übermitteln – und zwar mit größter Eile. Die

---

43 AB-PrStMin, Bd. 10, S. 46; weitere Details in: T. KÜHNE, Dreiklassenwahlrecht, 1994, S. 531–535.
44 Wilhelm II. an Bethmann Hollweg, 31.12.1911, zitiert in: H.-G. ZMARZLIK, Bethmann Hollweg, 1957, S. 43.
45 Grant Duff, 13.2.1910 (Entwurf), TNA, FO 215/57. Vgl. diesen und andere Berichte über die pr. Wahlrechtsvorlage, darunter auch den Bericht des brit. Botschafters in Deutschland Edward Goschen (Berlin) an das brit. MdAA, 16.1.1910 und 15.2.1910, in BFO-CP, FO 371/903, Rolle 30, S. 77–136 passim. Goschen war der sechste Sohn des ursprünglich aus Leipzig stammenden Wilhelm Heinrich Göschen.

Preußen waren besonders daran interessiert zu erfahren, wie viele sächsische Wahlberechtigte das Privileg hatten, zwei, drei oder vier Stimmen abzugeben, und natürlich, für welche Parteien sie gestimmt hatten.[46] Im preußischen Fall ging es darum, ein »Aufrückungssystem« zu schaffen, bei dem privilegierte Wähler nach bestimmten sozialen und wirtschaftlichen Kriterien in eine höhere Wahlabteilung wechseln konnten. Zu den Präferenzkriterien im preußischen Entwurf gehörte neben dem Abitur, das einen Wahlberechtigten für den einjährigen Freiwilligendienst qualifizierte, auch die Bekleidung eines Ehrenamtes oder einer öffentlichen Tätigkeit.

Der Gesetzentwurf, der am 22. November 1909 im preußischen Staatsministerium erörtert wurde, sah einen langen Kriterienkatalog für den Aufstieg in die nächsthöhere Wahlklasse vor. Um in die I. Klasse aufrücken zu dürfen, musste man Akademiker sein und das Abitur vor mindestens fünf Jahren absolviert haben; seit mindestens drei Jahren dem Reichstag, dem Landtag oder einer Provinz- oder Gemeindevertretung angehören; oder mindestens drei Jahre als aktiver Militäroffizier gedient haben. Der Aufstieg von der dritten in die zweite Wahlklasse war den Einjährig-Freiwilligen, Wahlberechtigten mit zwölf Jahren Militärdienst und allen Über-60-Jährigen vorbehalten. Dass die Preußen diese Altersschwelle zehn Jahre höher ansetzten als die Sachsen, zeigt die Macht der Statistik und den Einfluss innerdeutscher Vergleiche. Nach Berechnungen der preußischen Statistiker waren 1908 30,8 Prozent der Wähler 50 Jahre und älter, aber nur 15,5 Prozent hatten das Alter von 60 Jahren überschritten. Nur zwei Wochen zuvor hatte man in Sachsen gesehen, dass viele der Wähler, die zwei Stimmen für sozialdemokratische Kandidaten abgaben, nur deshalb dazu berechtigt waren, weil sie ihren 50. Geburtstag erreicht hatten. Das sächsische Ergebnis sorgte im Prinzip dafür, dass ein Pluralsystem bei den preußischen Ministern keinen Anklang mehr fand. Moderate Konservative wie der Staatssekretär des Reichsamtes des Innern, Clemens Delbrück, und Justizminister Maximilian von Beseler lehnten nun ein Pluralwahlrecht »als Auslieferung Preußens an die SPD, die Polen oder überhaupt die Masse« ab.[47] Ihre Ansicht wurde bestätigt, als der preußische Gesandte in Dresden am 2. Dezember 1909 berichtete, dass das sächsische Pluralwahlrecht »anscheinend auf falschen Berechnungen beruht« und – zusammen mit der Uneinigkeit unter den bürgerlichen Parteien – eine Hauptursache für das verheerende Landtagswahlergebnis im Oktober/November gewesen sei.[48]

Im Laufe der nächsten sechs Monate führten sowohl taktische als auch strategische Manöver dazu, dass der ursprüngliche Vorschlag der preußischen Regierung schließlich in Trümmern lag. Nur eine Minderheit der preußischen Staatsminister klammerte sich an ein zentrales Merkmal des Dreiklassenwahlrechts, das die Sachsen relativ leicht aufgegeben hatten, nämlich die indirekte Wahl (zuerst von Wahlmännern, dann

---

46 Pr. MdI an pr. MdAA, 18.11.1909 (Abschrift), PAAAB, Sachsen 60, Bd. 8.
47 T. KÜHNE, Dreiklassenwahlrecht, 1994, S. 531–535, hier S. 531; AB-PrStMin, Bd. 10, S. 46.
48 Hohenlohe, 2.12.1909, PAAAB, Sachsen 60, Bd. 8. Vgl. Hohenlohe, 23.10.1909, ebenda.

von Abgeordneten). Selbst konservative Minister wie Georg von Rheinbaben (Finanzen) und Bernhard von Arnim (Landwirtschaft) waren bereit, eine direkte Wahl der Abgeordneten zu akzeptieren.[49] Clemens Delbrück kommentierte auf der Sitzung des Staatsministeriums vom 27. Dezember 1909, dass die Einführung der Direktwahl dem Regierungsentwurf »ein Rückgrat« verleihen würde. Derartige Bemerkungen passten zu den Kriegsmetaphern, die seit Jahrzehnten zur Beschreibung der Dreiklassenwahl als wesentliches Bollwerk gegen den Feind herangezogen wurden. So hatten die sächsischen Nationalliberalen 1909 das preußische Wahlrecht als »unübersteigbares Stacheldrahtgehege« gegen die Sozialdemokratie bezeichnet.[50]

Die preußischen Minister distanzierten sich auch von der Idee, die Bevorzugung auf bestimmte Gruppen, insbesondere auf ältere Menschen, auszudehnen. Die sogenannten »Kulturträgerparagraphen« wurden durch konservative Argumente verwässert, die auch die in Sachsen gehegten Ängste widerspiegelten. Einige dieser Änderungen forderten eine längere Wartezeit oder eine höhere Steuerschwelle für die Vorzugsbehandlung. Den Konservativen Rheinbaben entrüstete allein schon die Tatsache, dass Arbeiter rein aufgrund ihres Alters eine Bevorzugung erfahren könnten. Würde ein Wahlberechtigter nur wegen seines Alters in eine höhere stimmberechtigte Abteilung versetzt, hätte dies »unerträgliche demokratisierende [...] Folgen«. Es sei empörend, dass »ein geistig und körperlich gebrechlicher Rentenempfänger auf dem Lande in der II. Abteilung wähle, der in der Vollblüte des Lebens stehende Bauer aber ev[entuell] in der III.«[51]

Kurzum, die preußischen und die sächsischen Wahllandschaften waren sich nach 1909 in einem wichtigen Punkt ähnlich: Es galt den Vormarsch der Demokratie zu stoppen. Eine stichwortartige Darstellung der Diskussionen im preußischen Staatsministerium vom 22. November 1909 macht dies deutlich:

> Reform des preußischen Wahlrechts. Wilhelm II. will damit in Ruhe gelassen werden. Termindruck durch die öffentliche Meinung und die nächste Reichstagswahl. [...] Die notwendige Entscheidung zwischen den Wahlsystemen. Man kann dabei mit gutem Gewissen die Grundlagen des bisherigen Wahlrechts aufrechterhalten und lediglich Ausartungen [...] beseitigen. *Ablehnung eines Pluralwahlsystems* [...]. *Bedeutung der Reform für Deutschland.* [...] Da die süddeutschen Staaten in steigendem Maße der Demokratie verfielen, beruhe die gedeihliche Entwicklung des Reichs immer mehr auf Preußen allein und lege diesem die Verpflichtung nahe, sich vor ähnlicher Demokratisierung zu hüten.[52]

*

---

49 AB-PrStMin, Bd. 10, S. 50; T. KÜHNE, Dreiklassenwahlrecht, 1994, S. 534.
50 NLVBl, 1.8.1909, S. 141.
51 Protokollauszug (22.11.1909) zitiert in: T. KÜHNE, Dreiklassenwahlrecht, 1994, S. 535.
52 AB-PrStMin, Bd. 10, S. 46 (Hervorhebung hinzugefügt); die letzte Zeile zitiert aus T. KÜHNE, Dreiklassenwahlrecht, 1994, S. 533.

Abbildung 13.3: Thomas Theodor Heine, »Schauderhaftes Verbrechen in Berlin«, 1910. Text: »Schon wieder ist in Berlin eine gräßlich verstümmelte Leiche aufgefunden worden. Da sie in das Manuskript der Thronrede eingewickelt war, konnte ihre Persönlichkeit leicht als ›Das preußische Wahlrecht‹ identifiziert werden. Polizeihunde nahmen sogleich eine Spur auf, die bis an des Thrones Stufen führte, auf denen man den Mörder ruhig sitzend antraf. Er heißt Bethmann Hollweg. Dem Angeschuldigten gelang der Nachweis, daß der anscheinend verstümmelte Körper niemals weder Hände noch Füße besaß. Er habe ihn nur ein wenig erdrosselt. Da die Beseitigung dieses gänzlich unbrauchbaren Geschöpfes sich als eine eminent gemeinnützige Tat charakterisiert, wird von einer Bestrafung des Mörders abgesehen und ihm der schwarze Adlerorden allergnädigst verliehen.« Simplicissimus 14, Nr. 48, S. 827 (28. Februar 1910). Simplicissimus Online, Herzogin Anna Amalia Bibliothek Weimar.

Die stürmischen sächsischen Landtagssitzungen vom 17. und 24. Februar 1910 fanden just zu dem Zeitpunkt statt, als die preußische Wahlrechtsreformbewegung ihren Höhepunkt erreichte. Im preußischen Abgeordnetenhaus wurden hochmütige antiliberale Reden gehalten, während es in den Berliner Straßen und Parks zu zahlreichen sozialdemokratischen Kundgebungen kam. Im *Simplicissimus* nahm wieder einmal Thomas

Theodor Heine seine Feder zur Hand. Diesmal verspottete seine Karikatur Bethmanns unglückliche Wahlrechtsvorlage, zeigte mit dem Finger aber auch in eine andere Richtung.

Als im Mai 1910 die preußische Wahlrechtsvorlage zurückgezogen wurde, weil die Regierung Bethmann nicht zu einer umfassenderen Reform bereit war, ähnelte der Ausgang der Sache auf frappierende Weise dem, was etwa zeitgleich auch in Sachsen geschah. Eine ernsthafte Reform der Ersten Kammer Sachsens war schon immer eher unwahrscheinlich gewesen. Mit einer gespaltenen nationalliberalen Fraktion konnte im Sächsischen Landtag keine reformfreundliche Mehrheit aufgeboten werden. In Preußen hatte die Bewegung zur Abschaffung der Dreiklassenwahl eine andere Geschichte: Sie war über Jahrzehnte, nicht erst über ein paar Jahre hinweg gewachsen; sie mobilisierte weite Teile der öffentlichen und privaten Meinung; und sie dominierte die nationale Politik und die internationale Meinung in einer Weise, wie es selbst die bahnbrechende Debatte in Sachsen nie getan hatte. Doch als die Wahlrechtsreform in Preußen scheiterte, war die politische Mitte darüber ähnlich verärgert wie wir es bereits in Sachsen beobachtet haben. Die Gemäßigten waren sich einig, dass ihr Regierungschef niemals zu einem fähigen Staatsmann heranreifen würde. Weiter rechts fand man die gängige Befürchtung, die SPD würde sich erneut dem »totalen Umsturz der bestehenden Ordnung« verschreiben, obwohl es in Süddeutschland Anzeichen dafür gab, dass die Sozialdemokraten vom Weg der Revolution abrückten.

Die Reichstagswahlen vom Januar 1912 bestätigten, dass das Scheitern der Wahlrechtsreform in Preußen einen langen Schatten werfen würde. Vor den Wahlen schrieb Bethmann, dass es den Konservativen mit ihrem persönlichen, gesellschaftlichen und politischen Dünkel gelungen sei, alle gegen das Dreiklassenwahlrecht aufzubringen, das – hierin sind sich Zeitgenossen und Historiker einig – als *der* Ausdruck von Junker-Herrschaft angesehen wurde.[53] Bethmann fügte hinzu: »Konservative und Nationalliberale sind offenbar noch nicht zu einer hinreichenden Erkenntnis der Gefährdung ihres Besitzstandes gelangt. Sie werden vielleicht erst durch die harte Schule der Reichstagswahlen gehen müssen.«[54]

---

53 Vgl. bes. K. H. JARAUSCH, Chancellor, 1973, S. 79, einschließlich Bethmann an Bülow, 14.7.1911. Vgl. J. RETALLACK, Notables, 1988, S. 208–215.
54 Bethmann Hollwegs Telegramm an Wilhelm II., 28.8.1910, ZStAM, 2.2.1, Nr. 667. Gegen Weihnachten 1911 schrieb Bethmann an seinen Freund Wolfgang von Oettingen: »Wie auf dem Ätna die Krater wachsen jetzt in unserer Politik die Krisen in nie abbrechender Reihe nebeneinander auf.« Zitiert in: E. VIETSCH, Bethmann Hollweg, 1969, S. 135. Vgl. Bethmann an Rudolf von Valentini, 17.11.1911, zitiert in: H.-G. ZMARZLIK, Bethmann Hollweg, 1957, S. 80.

In Bewegung

> Ein neuer Block ist in der Gründung begriffen, ein Block der Sozialdemokraten, Freisinnigen und der Nationalliberalen, [...] der rosa-rote Block.
> — Hauptverein der Deutsch-Konservativen, Vademecum zur Reichstagswahl 1912[55]

> The best party is but a kind of conspiracy against the rest of the nation.
> — George Savile, Lord Halifax, 1750

Wie sehr die »Ordnungsparteien« auch noch Jahre nach dem Ausscheiden von Reichskanzler Bülow entfremdet blieben, unterstreicht eine Anekdote von Eugen Schiffer, der zum rechten Flügel der Nationalliberalen Partei gehörte und später in der Weimarer Republik als Finanzminister und Justizminister diente.[56] In seinen Memoiren erinnerte sich Schiffer an einen Abend kurz nach Beginn des Ersten Weltkriegs, als Reichskanzler Bethmann Hollweg eine Gruppe von Parlamentariern zum Abendessen eingeladen hatte.[57] Nach dem Essen machte Bethmann Schiffer darauf aufmerksam, dass auf der anderen Seite des Raumes der sozialdemokratische Führer Philipp Scheidemann – der spätere erste Kanzler der Weimarer Republik – in ein lebhaftes Gespräch mit einer Gruppe von bürgerlichen Abgeordneten vertieft war. Bethmann war beeindruckt: »Hier sehen Sie die neue Zeit und die neuen Kräfte, die sie braucht, sie sind vorhanden und müssen nur an den Staat herangebracht werden«, sagte er zuversichtlich zu Schiffer. In dem Moment erspähte Bethmann den nationalliberalen Vorsitzenden Ernst Bassermann und den Vorsitzenden der Konservativen Ernst von Heydebrand in einer anderen Ecke des Raumes. Ihr Gespräch war »anscheinend sehr intim und freundschaftlich«. Auch das ließ das Herz des Kanzlers höher schlagen: »Der innere Vereinigungsprozeß im deutschen Volk macht eben überall Fortschritte.« Reichskanzleichef Arnold von Wahnschaffe wurde zu Bassermann geschickt, um ihm zu versichern, wie »erfreut und dankbar« der Kanzler sei, dieses Gespräch zwischen Parteiführern zu sehen, die sich seit einem halben Jahrzehnt gegenseitig an die Gurgel gegangen waren. Wenige Min-

---

55 Hauptverein der Deutsch-Konservativen (Hrsg.), Vademecum, 1911, S. 27.
56 Vgl. J. Frölich, Nationalliberaler, 2006, S. 156–161.
57 E. Schiffer, Leben, 1951, S. 187 f.; BAK, NL Schiffer, Nr. 1, »Memoiren« (unveröffentl. Manuskript). Vgl. J. Retallack, German Right, 2006, S. 392 f.

ten später nahm Bassermann – »mit rotem Kopf« – Schiffer beiseite. Kurz bevor Wahnschaffe ins Gespräch eingriff, hatte Heydebrand zu Bassermann gesagt: »Wir beide wissen, dass wir einander nicht leiden können; aber in einem stimmen wir überein, in der Einschätzung unseres Hausherrn [Bethmann]. Wir könnten uns wenigstens gegenseitig darin zusammenfinden, dass wir ihn so schnell wie möglich vor die Tür setzen.« Die Tatsache, dass Bethmann diesen Männern gerade dazu gratuliert hatte, seinen eigenen Sturz zu planen, ließ den Führer der Nationalliberalen erröten. Die Wirkung auf Heydebrand – dessen kann man sicher sein – war eine andere. Bassermann (und Schiffer) sahen in diesem Vorfall eine von Bethmanns Eigenschaften bestätigt: »Er sei doch ein Unglücksrabe!«

Vorbereitung auf Januar 1912

Das vorherige Kapitel beschäftigte sich mit den Folgen des Zusammenbruchs des Bülow-Blocks nach dem Juli 1909. Es dokumentierte die kontinuierlich zunehmende organisatorische Stärke, Leidenschaft und Selbstsicherheit der Sozialdemokratie; das Unvermögen der Regierungschefs – Bethmann Hollweg im Reich, Graf Vitzthum in Sachsen –, die Feindseligkeit zwischen den Nationalliberalen und den Konservativen zu überwinden; und die von den staatlichen Behörden geäußerte Besorgnis über die Bedrohung durch einen wiederauflebenden Linksliberalismus.[58] Diese Elemente der sich entwickelnden deutschen Wahlkultur zeigten sich auch deutlich in den Wahlkämpfen zur sächsischen Landtagswahl 1909 und zur Reichstagswahl 1912. Nach der Stimmenauszählung im Januar 1912 ähnelte Sachsen mehr denn je dem restlichen Deutschland.

Der Reichstagswahlkampf 1911/12 dauerte länger als erwartet. 1910 wurde angenommen, dass Bethmann vor Ablauf der üblichen fünfjährigen Legislaturperiode des im Januar 1907 gewählten Reichstags Neuwahlen anberaumen würde. Auf diese Weise könnte er ein Mandat für sich beanspruchen, vielleicht die staatserhaltenden Parteien mobilisieren und zum Rhythmus von Juni-Wahlen zurückkehren. Aber im Februar 1911 war Bethmann verärgert, dass der Reichstag so wenig erreicht hatte, und es wurde eine Herbstsession hinzugefügt – in der Erwartung, dass die fiskalische Situation in Deutschland bis Anfang 1912 rosiger aussehen und der hitzige Widerstand der Opposition gegen die 1909 neu erlassenen Steuern etwas abkühlen würde.[59] Außerdem würden

---

58 Vgl. u. a. B. Heckart, Bassermann, 1974, S. 186–208; A. P. Thompson, Left Liberals, 2000; K. H. Jarausch, Chancellor, 1973, S. 85–91; J. Retallack, German Right, 2006, Kap. 10; K. v. Westarp, Konservative Politik, Bd. 1, 1925, S. 173–189; zu Wahlen J. Bertram, Wahlen, 1964; P. C. Grenquist, Elections, 1963; A. Griessmer, Massenverbände, 2000; J. Schmädeke, Wählerbewegung, 1994; J. Sperber, Voters, 1997, S. 254–264. Unter den älteren Werken vgl. D. Groh, Negative Integration, 1973, S. 265–289, und D. Stegmann, Erben, 1970, S. 208–448. H.-J. Puhle, Interessenpolitik, 1975, S. 272, handelt die Wahl von 1912 in einer halben Zeile ab.
59 Vgl. C. Nonn, Verbraucherprotest, 1996.

im Januar mehr »zuverlässige« ländliche Wähler zur Wahl gehen als im Juni.[60] Dennoch gewannen die Sozialdemokraten weiterhin Nachwahlen. Das Nachrichtenblatt der Konservativen Partei warnte davor, dass »*kein Wahlkreis* vor Überraschungen gefeit sei, egal wie sicher er erscheinen mochte«.[61] August Bebel prognostizierte 70 bis 100 Mandate für seine Partei, Bethmann Hollweg 80 bis 100, Hans Delbrück sogar 120.[62] Warum sollte der Kanzler früher zu den Urnen rufen als nötig?

Im Februar 1911 hatten die Konservativen sich das Leben selbst schwer gemacht, indem sie eine allzu öffentlich geführte Diskussion über die Stichwahlstrategie der Partei für die bevorstehenden Wahlen anstießen. Die Konservativen erklärten, dass sie selbst in einer Stichwahl gegen einen Sozialdemokraten keinen Fortschrittler unterstützen würden.[63] Die *Nationalliberale Korrespondenz* schlug zurück und warf den Konservativen ein »politisches Hazardspiel« vor, das zu »äußerst gefährlichen Experimenten für das Wohl der Gesamtnation« führen würde.[64] Diese und andere Beschuldigungen köchelten den Rest des Jahres vor sich hin. Dann nutzte Heydebrand ein Treffen der ostpreußischen Konservativen, um vier »Minimal«-Forderungen an diejenigen Liberalen zu stellen, die bei den Wahlen eventuell konservative Unterstützung suchten – wohlwissend, dass die Wahlmanifeste der Liberalen drei dieser Forderungen unannehmbar machten.[65] In der vierten Forderung sah die deutsche Linke zu Recht einen verschleierten Appell für neue Ausnahmegesetze. Darin wurden die Liberalen aufgefordert, »alle Maßnahmen zu unterstützen, die zum Schutze der bürgerlichen Gesellschaft gegen die Sozialdemokratie getroffen würden«.[66] Dies bedeutete einen Blankoscheck für ein neues Sozialistengesetz und möglicherweise einen Staatsstreich. Falls diesbezüglich noch Zweifel bestanden, wurden sie von dem überheblichen Agrarier Elard von Oldenburg-Januschau beseitigt. »Wir müssen durch das Rote Meer«, erklärte er im Dezember 1911, nur wenige Wochen vor den Reichstagswahlen.[67]

---

60 Vitzthum (Dresden) an den sächs. Gesandten in Preußen, Ernst Freiherr von Salza und Lichtenau (Berlin) (Entwurf), 4.2.1911, und Antwort, 7.2.1911 (80–100 Mandate), SHStAD, MdAA 1431.
61 Hauptverein der Deutsch-Konservativen, Mitteilungen aus der konservativen Partei 20.8.1910 (Hervorhebung im Original).
62 Bebel an Victor Adler, 12.1.1912, V. ADLER, Briefwechsel, 1954, S. 544-5; Bebel an Luise Kautsky, 19.1.1912, K. KAUTSKY JR. (Hrsg.), Bebels Briefwechsel, 1971, S. 284: »Ich sah [ja schon vor Monaten] viereinviertel Millionen Stimmen und siebzig Mandate als Minimum an; die Stimmen haben wir ja, die Mandate fehlen; durch das auffallend vernünftige Verhalten der Fortschrittler [in den Stichwahlen] können es dreißig werden. Damit bin ich zufrieden. Es genügt und läßt zunächst keinen Todesschreck bei den Gegnern aufkommen.« Arthur von Huhn an Bülow, 20.11.1911, BAK, NL Bülow, Nr. 108; PrJbb (o. J.) zitiert in: W. KOCH, Volk, 1935, S. 60. Vgl. auch AB-PrSt-Min, Bd. 10, S. 76–78; P.C. GRENQUIST, Elections, 1963, S. 105; J. BERTRAM, Wahlen, 1964, S. 125–128.
63 CC, 15.2.1911, und KZ, 16.2.1911, zitiert in: W. KOCH, Volk, 1935, S. 80.
64 NLKorr, 16.2.1911, zitiert in: W. KOCH, Volk, 1935, S. 80 f.
65 KZ, 21.12.1911; HAUPTVEREIN DER DEUTSCH-KONSERVATIVEN (Hrsg.), Vademecum, 1911. Antikonservative Reaktionen in NLVBl 6 (1.12.1911, 15.12.1911) und NLVBl 7 (1.1.1912).
66 Hilfe 17 (1911), S. 818, zitiert in: J. BERTRAM, Wahlen, 1964, S. 41.
67 DTZ, 21.12.1911, zitiert in: W. KOCH, Volk, 1935, S. 113.

Während die Konservativen nach rechts drifteten, ging Ernst Bassermann, der Vorsitzende der Nationalliberalen, in die entgegengesetzte Richtung. Mit seiner zögerlichen Öffnung nach links machte er sich keine Freunde in der Reichskanzlei. Bethmann Hollweg beklagte sich fast genauso oft über die Nationalliberalen wie über Heydebrands »Desperadopolitik«. Die Vorstellung eines linken Blocks »von Bassermann zu Bebel« schien ihn wie ein Gespenst zu verfolgen. Aber ein derartiger Block war genau das – ein Hirngespinst, das nicht der Realität entsprach. Eines Tages trafen sich Bebel und Bassermann zufällig im Foyer des Reichstags. »Bebel ging mit gewohnter Jovialität auf Bassermann zu mit den Worten: ›Na, verehrter Herr Blockbruder, wie stehts denn?‹, worauf Bassermann antwortete: ›Ach was, Blödsinn‹, darauf Bebel: ›Einverstanden‹.«[68]

Ein antisozialistischer Zusammenschluss à la 1887 und 1907 war 1912 ebenfalls unmöglich. Diesmal würden die Linksliberalen einen Beitritt ablehnen.[69] Ende 1911 schien sich der Kanzler in das bevorstehende Wahldesaster zu fügen.[70] Mit seinem Pessimismus verlor Bethmann in den Augen der Rechten noch mehr an Ansehen: Sie gaben ihm den Spitznamen »Bethmann Soll-Weg«.[71] Hauptsächlich als Reaktion darauf, dass die Rechten für einen aufrüttelnden Wahlkampf plädierten, platzierte Bethmann in der ersten Januarwoche 1912 zwei Artikel in der *Norddeutschen Allgemeinen Zeitung*, doch war dies zu wenig und es kam zu spät.

Mit Ausnahme der Sozialdemokraten mussten alle Parteien die unpopulären Aspekte ihrer Wahlprogramme und ihrer Allianzen mit anderen Parteien herunterspielen. Nach Ansicht der SPD waren alle bürgerlichen Parteien entweder Teil des älteren »Hottentotten-Blocks« oder des neueren »Schnapsblocks«. Außenpolitik war im Wahlkampf 1912 kein dominantes Thema. Die SPD fürchtete, dass ihnen kleinbürgerliche Mitläufer – und womöglich sogar einige ihrer eigenen national gestimmten Mitglieder – abtrünnig würden, wenn sie die Diplomatie von Bethmann Hollweg oder den deutschen Kolonialismus zu heftig attackierte. Auch die bürgerlichen Parteien waren nach dem Aufflackern eines Streits zwischen den Radikal-Nationalen und Bethmann während der zweiten Marokkokrise im November 1911 nur allzu gern bereit, das Thema zu begraben. Der Begriff »Schnapsblock« leistete im Rahmen der SPD-Strategie gute Dienste: Er lenkte die Empörung der Arbeiterklasse über die indirekten Branntwein- und anderen Verbrauchssteuern gegen die Kandidaten aller bürgerlichen Parteien. Mit der gleichen Zielsetzung argumentierte die SPD, dass es den Nationalliberalen, den Konservativen und der Zentrumspartei anders als 1878 und 1887 nicht gelingen werde, mit den »groben Pinselstrichen, mit denen sie das rote Gespenst an die Wand zu malen suchen«, die

---

[68] W. Koch, Volk, 1935, S. 17. Vgl. auch B. Heckart, Bassermann, 1974, S. 186–192; A. P. Thompson, Left Liberals, 2000, S. 194–203.
[69] Arthur von Huhn an Bülow, 28.12.1910, zitiert in: A. P. Thompson, Left Liberals, 2000, S. 195.
[70] BAP, Rkz 1808, Bd. 1.
[71] Bankier Paul Schwabach, 29.12.1913, zitiert in: D. Groh, Negative Integration, 1973, S. 529.

Reichstagswahlen zu gewinnen. Allzu optimistisch erklärte ein Beitrag in der sozialdemokratischen *Neuen Zeit*, dass die SPD nicht mehr als Todfeind des Staates bzw. des Privateigentums oder der Sittlichkeit karikiert werden könne. Nur eine neue politische Rhetorik, die sich an den Bedürfnissen der Verbraucher orientiere, würde die deutschen Arbeiter im aktuellen Wahlkampf mobilisieren: »Heute helfen euch nicht die Wortgespinste/Der abgelebten Redekünste./Im hungrigen Magen Eingang finden/Nur Suppenlogik mit Knödelgründen.«[72]

Diese Einschätzung traf ins Schwarze. Betrachten wir beispielsweise das heroische Bild von General Eduard von Liebert aus dem Jahr 1907 – »einer von den wirklich Besten der Nation, ein alter Offizier, ein bewährter Kämpe«[73] – und das Bild desselben Mannes im Jahr 1912, nachdem er im Reichstagswahlkreis 14: Borna weitaus weniger Anhänger für sich gewinnen konnte. Einer der sächsischen Amtshauptmänner berichtete, dass Liebert von Linksliberalen »nicht als ›Mann des Volkes und aus dem Volke‹, sondern als ›Preuße‹, als ›adlig‹, als ›General‹ bezeichnet wurde, der nicht wissen könne, wo sie der Schuh drücke«. Dieser Beamte fügte mit offensichtlicher Verachtung hinzu, das allgemeine Wahlrecht »mit seinem Anreiz zu demagogischen Wahlkniffen wird [Deutschland] immer mehr dazu führen, daß als Reichstagsabgeordnete Männer, die auf einer höheren Warte als der Durchschnittsmensch stehen, nicht mehr in Frage kommen«.[74]

Wie bei den sächsischen Landtagswahlen vom Oktober 1909 hatten die Nationalliberalen im Reichstagswahlkampf 1911/12 Schwierigkeiten, die sozialdemokratische Propaganda zu parieren; den Fortschrittlern gelang das gar nicht. Die SPD verachtete letztere für ihr fehlendes Rückgrat: Die Fortschrittliche Volkspartei »bläst nicht warm und nicht kalt, um die Stichwahlunterstützung weder der Reaktionäre noch der Revolutionäre zu verlieren«. Die Sozialdemokraten gaben sich nicht damit zufrieden, die Linksliberalen beim Thema Rüstungen und Marokko anzugreifen, sondern verspotteten sie als Männer ohne Prinzipien. »Aus Angst [...] behandelt diese würdige Partei ihre Fahne als ein Taschentuch, womit sie sich je nach dem dringlicheren Gebrauch bald den rechten, bald den linken Nasenflügel putzt [...].«

Den Konservativen gelang es nicht, Bethmann in Richtung des populistischen, energischen Wahlkampfstils zu bewegen, den Bülow und Mehnert 1907 inszeniert hatten. In dieser Hinsicht befanden sich die Sachsen in der gleichen Situation wie ihre Parteifreunde andernorts im Reich. In Baden schrieb ein führender Konservativer an die Reichskanzlei und bat die Regierung um Hilfe für seine kleine, angeschlagene Partei

---

72 Dazu und weiter unten (»Taschentuch«), NZ 30, Bd. 1, H. 11 (15.12.1911), S. 369–372.
73 Vgl. Kap. 10 im vorliegenden Band.
74 AHM Dr. Bernhard Einert (Borna), »Geschäftsbericht [...] 1911« (Auszug), SHStAD, MdI 5392.

im Großherzogtum.⁷⁵ In Preußen versuchte Reichstagspräsident Hans Graf von Schwerin-Löwitz Bethmann zu versichern, dass Heydebrand nicht für alle Konservativen sprach. Er erklärte öffentlich, dass die Konservativen »auch den schlimmsten bürgerlichen Demokraten [...] gegen jeden Sozialdemokraten« unterstützen müssten.⁷⁶ Bethmann schrieb umgehend an Schwerin und appellierte an dessen antidemokratische politische Instinkte, so wie Reichskanzler Caprivi 1892 an Heinrich von Friesen-Röthas altmodischen Konservatismus appelliert hatte. Die Konservativen, so Bethmann, dürften sich nicht auf das Niveau der anderen Parteien herabbegeben, die sich in ihrem, wie er es nannte, Parteiegoismus suhlten. Wenn sie dies täten, so prognostizierte Bethmann, wäre das Ergebnis eine Schwächung »des konservativen Prinzips und damit Beschleunigung demokratischer Entwicklung«. Bethmann teilte Schwerin mit, dass er diese »ungesunde Entwicklung« mit wachsender Sorge beobachte.⁷⁷

Noch ein anderer war ebenfalls am Beobachten. Spätestens im August 1911 warnte Paul Mehnert verzweifelt davor, dass sich in Sachsen ein Wahldebakel anbahnte. Seit dem schlechten Abschneiden der Konservativen bei der Landtagswahl 1909 hatte sich die Lage nicht verbessert. Im Februar 1910 hatte der sächsische Gesandte in Berlin Befürchtungen vernommen, »daß Sachsen überhaupt *nur* Sozialdemokraten in den Reichstag schicken werde«.⁷⁸ Mehnert wandte sich wie schon 1907 über den ehemaligen Chef der Reichskanzlei, Friedrich Wilhelm von Loebell, an den Kanzler.⁷⁹ Er hoffte, Loebell könne den Kanzler davon überzeugen, dass Bassermann und Heydebrand nicht alle Gruppierungen innerhalb der Nationalliberalen und der Konservativen Partei verträten. Die Feindschaft zwischen ihnen, so Mehnert, müsse überwunden werden, wenn das Reich die bevorstehenden Reichstagswahlen überleben wolle. »Paul I.« konnte keine Wunder vollbringen. Aber er hatte einen Plan.

*

---

75   Udo Freiherr von La Roche-Starkenfels an Wahnschaffe, 7.10.1910, BAK, Rkz 1391. Vgl. GLAK, Abt. 69, Fasz. 91, inkl. konservative Flugblätter (»An alle Bürger in Stadt und Land!«, »Ein Wort an unbefangene Wähler«); Wilhelm Schmidt, Generalsekretär der Konservativen Partei Badens, Die Reichsfinanzreform 1909 im Lichte der Oeffentlichkeit, o. O. o. D.; ders., »Großblock« oder »bürgerlicher Block«? Ein politischer Wegweiser für alle rechtsstehenden Wähler in Baden, Heidelberg o. D. [1911]; Wilhelm Albers, Generalsekretär der Konservativen Partei Westfalens, Die Besiegten von Philippi! Ein Wort zu den Reichstagswahlen von 1912, Bielefeld 1912.
76   NLBl 23, H. 28 (16.7.1911), S. 332 ff.; vgl. CC, 4.7.1911; DTZ, 22.6.1911; KZ, 23.6.1911; J. Bertram, Wahlen, 1964, S. 38; P. C. Grenquist, Elections, 1963, S. 50–52.
77   Bethmann Hollweg an Schwerin-Löwitz (Entwurf), 1.7.1911, BAK, Rkz 1391. Vgl. besorgte Berichte der sächs. Gesandten in Bayern und den Thüringischen Staaten, SHStAD, MdAA 1431.
78   Salza und Lichtenau (Berlin) an Vitzthum (Dresden) (Abschrift), 7.2.1911, SHStAD, MdI 5436 (Hervorhebung hinzugefügt).
79   Loebell war zu dem Zeitpunkt krank und nicht im Zentrum der Macht. Seine Jahre als Reichskanzleichef waren mit dem Ausscheiden Bülows 1909 zu Ende gegangen, und er sollte erst 1914 pr. MdI werden. BAK, NL Loebell, Nr. 26–27, Erinnerungen. Vgl. die wichtige von Peter Winzen herausgegebene Edition: F. W. von Loebell, Erinnerungen, 2016.

1911 wurde die Kluft zwischen dem linken und dem rechten Flügel der Nationalliberalen, die 1910 im Sächsischen Landtag Gestalt angenommen hatte, auch auf nationaler Ebene sichtbar. Konservative wie Mehnert waren froh, dass die rechtsgerichteten Nationalliberalen Bassermann desavouierten. Wie ein Mitarbeiter des *Grenzboten* schrieb, versuchten die Konservativen, die »[nationalliberale] Reichstags- und Landtagsfraktion gegeneinander auszuspielen, die Jungen und die Alten zu verhetzen, kurzum Zwietracht zu säen und einen Keil in die Partei zu treiben«.[80] Diese Einschätzung war richtig. Die konservative *Kreuzzeitung* erklärte, dass eine Sammlungspolitik aufgrund von »ehrgeizigen liberalen Juden« unmöglich sei. Die *Korrespondenz des Bundes der Landwirte* diffamierte die »undeutschen, nicht bodenständigen Elemente der roten wie der goldenen Internationale«. Obendrein prognostizierte sie generell den »politischen Niedergang des Liberalismus«.[81]

Unterdessen verkörperte eine neue, im September 1910 »für das nationale Bürgertum« gegründete sächsische Zeitung den Pessimismus und die Überspitzung, welche die wilhelminische Rechte zu infizieren begannen.[82] Die *Landeszeitung für das Königreich Sachsen* verwendete nicht nur die üblichen Codewörter vom »Großkapital« und der »Börse«, um einen Zusammenhang zwischen Liberalen und Juden herzustellen; sie suchte auch Unterstützung vom »landwirtschaftlichen, gewerblichen, kaufmännischen und Beamtenmittelstand«, um der Gefahr der Sozialdemokratie zu begegnen. »Die sozialdemokratischen Agitations- und Wahlerfolge«, schrieb der verantwortliche Redakteur Hugo Meyer, »zeigen mit krasser Deutlichkeit den unaufhaltsamen *Zersetzungsprozeß* der nationalen Parteien. Nicht ruck-, sondern sprungweise hat sich die politische Konstellation *nach links* verschoben.« Das verlange nach extremen Maßnahmen: »Die sozialdemokratische Presse muß in Zukunft einer ganz besonderen Zensur unterliegen, ebenso wie die sozialdemokratischen Vereine und Veranstaltungen. [...] Da wir in einem Rechtsstaate leben, so müssen auch die großen Verbrecher gehangen werden und diese sind die sozialdemokratischen Redakteure und Agitatoren. Man möge doch endlich die Axt anlegen, um unser Volk von diesen gemeingefährlichen Parasiten zu befreien.«[83]

Paul Mehnert sah eine Chance für die »staatserhaltenden Parteien« in Sachsen, diese Stimmung zu ihrem Wahlvorteil zu nutzen. Im August 1911 schrieb er seinem Freund Loebell ein *cri de cœur*. Bethmanns und Loebells Antwortschreiben legten nahe,

---

80   Gb 69, Bd. 1, Nr. 8 (Feb. 1910), S. 340.
81   KZ zitiert in: Gb 69, Bd. 4, Nr. 50 (Dec. 1910), S. 580. KorrBdL, 29.12.1911, zitiert in: H.-J. Puhle, Interessenpolitik, 1975, S. 131; D. Stegmann, Erben, 1970, S. 232–234.
82   Vgl. DTZ, 1./3.5.1911; vgl. Zeitungsausschnitte in: SHStAD, MdI 10995.
83   StadtAD, Landeszeitung für das Königreich Sachsen, Herzogtum Anhalt und Provinz Sachsen. Organ für das nationale Bürgertum (Dresden), Probenummer 1.9.1910, Nr. 1, 1.10.1910 (Hervorhebungen im Original). Den Gegner als gemeingefährlich abzustempeln, rief Erinnerungen an Bismarcks Sozialistengesetz wach. Vgl. auch ebenda, Nr. 2, 14.1.1911: »Da die Idee der Journalisten-Abrichtung auf Staats-Hochschulen von jüdischen Köpfen ausgeheckt ist, so ist's klar, daß der neue Journalistenstand mit allen Waffen des *jüdischen Geistes* ausgerüstet wird, unter dem Zujauchzen der Verdummten und Geknechteten [...].«

dass das Ziel einer gemeinsamen antisozialistischen und antiliberalen Kampagne in Reichweite lag.[84] Letztendlich konnte diese Strategie aber nicht verhindern, dass die Konservativen, Nationalliberalen und Fortschrittlichen im Januar 1912 viele schmerzliche Niederlagen erlitten. Die Tatsache, dass Mehnert in jenem Monat mit »einem heftigen Gichtanfall« darniederlag, verdient mehr als eine Fußnote, wenn man bedenkt, wie fieberhaft er im Januar 1907 daran gearbeitet hatte, konkurrierende bürgerliche Kandidaturen in Sachsen aus dem Weg zu räumen.[85] Im Vorfeld der Wahl 1912 warteten die bürgerlichen Parteien in Sachsen vergeblich auf einen aufrüttelnden Wahlkampfruf von Bethmann. Dass dieser unterblieb, konnte jedenfalls nicht Mehnert zur Last gelegt werden.

Am 10. August 1911 – fünf Monate vor der Reichstagswahl – führte Mehnert ein »stundenlanges« Gespräch mit dem rechtsgerichteten Abgeordneten der sächsischen Nationalliberalen, Rudolf Heinze, der WK 5: Dresden-Altstadt vertrat und im Herbst 1918 für wenige Wochen Sachsens Regierungschef werden sollte. Heinze, so versicherte Mehnert Loebell, »gehört dem *rechten* Flügel der Nationalliberalen an und ist zweifellos ein ehrlicher und guter Patriot«. Da Heinze »tief betrübt über das Vorgehen Bassermanns« sei, wolle er verhindern, dass rechtsgerichtete Nationalliberale »weiter auf die abschüssige Bahn nach links gedrängt werden«. Es sei an der Zeit, so Heinze, die Initiative zu ergreifen und »diese Elemente möglichst an der Seite der Konservativen zu halten«. Laut Heinze stünden prominente Nationalliberale in Preußen, darunter Eugen Schiffer, »ungefähr auf seinem Standpunkte«. Diese Männer müssten jedoch dringend ein ermutigendes Signal von den Konservativen bekommen. Eine »gewisse Fühlungnahme« unter diesen Politikern könnte den unmittelbaren Nutzen haben, »daß der kommende Reichstagswahlkampf in viel milderer Form zwischen Konservativen und Nationalliberalen sich abspielen und ein späteres Wiederzusammengehen vorbereiten werde«. Ziel war es, sicherzustellen, dass der Wahlkampf 1911/12 die beiden Parteien auf der Rechten nicht entfremde. Mehnert und Heinze waren sich einig, dass diese Parteien »mehr oder minder« zusammengehören.[86]

Was war also Mehnerts Erfolgsformel für die Wahlen? Sie hatte eine nationale und eine regionale Komponente.[87] Im nächsten Reichstag müsse eine »zuverlässige« Mehrheit für Gesetze gefunden werden, die für die nationale Sicherheit und das wirtschaft-

---

84 Zum Folgenden Mehnert an Loebell, 11.8.1911 (Abschrift) (Hervorhebungen im Original); Loebell an Bethmann Hollweg, 14.8.1911; Bethmann Hollweg an Loebell (Entwurf), 16.8.1911; Bethmann Hollweg an Mehnert (Entwurf), 26.10.1911 und 9.11.1911; Loebell an Bethmann Hollweg, 12.11.1911; Bethmann Hollweg an Loebell (Entwurf), 20.11.1911; BAP, Rkz 1391/5.
85 Mehnert an [Vitzthum], 1.1.1912, SHStAD, MdI 5391; vgl. weiter unten.
86 Mehnert und Loebell glaubten zu Recht, dass Heydebrand für ein derartiges Angebot nicht empfänglich sein würde; vgl. J. RETALLACK, German Right, 2006, S. 391.
87 Zu den Beschlüssen der sächs. Konservativen (4.12.1911) vgl. Grant Duff, 6.12.1911, FO 371/1128, BFO-CP, Rolle 36, Nr. 49484. Für weitere Materialien zum Reichstagswahlkampf in Sachsen und im Reich, ebenda, Rolle 37, S. 338–405 passim.

liche Wohlergehen Deutschlands als notwendig erachtet wurden. Gleichzeitig widmete sich Mehnert erneut den seit 1903 verfolgten Bemühungen, das beschämende Etikett »rotes Sachsen« auszuradieren. Um dieses Ziel zu erreichen, war es notwendig, die linken Nationalliberalen (à la Stresemann), die Linksliberalen (à la Günther) und die Sozialdemokraten über einen Kamm zu scheren, damit die »Ordnungsparteien« möglichst viele sächsische Mandate gewinnen konnten. Mehnert träumte nicht davon, den Erfolg von 1907 zu wiederholen, aber den Alptraum von 1903 wollte er auf keinen Fall noch einmal durchleben. Das Vitzthum'sche Gesamtministerium in Sachsen signalisierte 1911 seine Bereitschaft, sich mit der SPD als legitimer politischer Partei auseinanderzusetzen – zum Beispiel, indem es die SPD zu anstehenden Gesetzesdebatten einlud und Maifeiertagsumzüge erlaubte.[88] Folglich war es aus Mehnerts Sicht überlebenswichtig, (wie bereits 1895/96) den Weg zu weisen zu einer *nationalen* politischen Neuausrichtung, um dadurch die politische Demokratie in Schach zu halten.

Gegenüber Loebell äußerte sich Mehnert pessimistisch über die Erfolgsaussichten in Sachsen. Er plante, sich den dortigen Nationalliberalen anzudienen, obwohl die meisten Parteimitglieder im Königreich – »mit verschwindender Ausnahme« – von einer solchen Perspektive »geradezu abschrecken«. Zwischen Konservativen und Nationalliberalen sei kein Kompromiss möglich, um der Herausforderung von Wahlbündnissen zwischen Linksliberalen und Sozialisten zu begegnen. Aber Mehnert würde seine Pflicht als deutscher Patriot erfüllen. »Läßt man die Nationalliberalen immer weiter nach links marschieren«, so schrieb er, »ohne den Versuch zu machen, die besseren [...] Elemente an unserer Seite zu halten, so darf man sich nicht wundern, wenn später die gesamten Verhältnisse des Reiches immer mehr ins liberal-demokratische Fahrwasser gelangen.« Weder Mehnert noch Heinze schlugen vor, es solle »eine *Verständigung* jetzt schon mit den rechtsstehenden Nationalliberalen gesucht werden«. Aber beide Männer glaubten, dass »wenigstens das *Gefühl* bei diesen *geweckt* werden sollte, daß wir sie gern wieder an unserer Seite sehen würden«. In dieser Hinsicht könnte, wie so oft in der Vergangenheit, Sachsen eine Vorreiterrolle spielen. Mehnert hatte es wieder mal vor allem auf Gustav Stresemann abgesehen: »Würden, wie zu erwarten ist, Persönlichkeiten wie Stresemann, der auf dem linkesten Flügel der nationalliberalen Partei steht und, wie ich von Heinze höre, sogar Bassermann noch äußerst ungünstig beeinflußt, beseitigt, so würde dies dem allgemeinen Besten dienen.« So könnten die kurz-, mittel- und langfristigen Ziele der Konservativen Partei gemeinsam erreicht werden – vorausgesetzt, der Wahlkampf 1912 würde »ein späteres Hand in Handgehen nicht für lange Jahre ausschließen«.[89]

*

---

[88] DJ, 7.2.1911; Hohenlohe, 10.2.1911., 9.5.1911; PAAAB, Sachsen 48, Bd. 20.
[89] Mehnert an Loebell, 11.8.1911 (Abschrift), zuvor zitiert (Hervorhebungen im Original); BAP, Rkz 1391/5.

Im Sommer 1911 war Bethmann zu sehr mit der zweiten Marokkokrise beschäftigt, um seine volle Aufmerksamkeit auf die Innenpolitik zu richten. Allerdings verdeutlichte sein Briefwechsel mit Loebell, dass er Mehnerts Ansichten teilte.[90] »Wenn wir nicht ganz ausschließlich unter die Herrschaft des Zentrums kommen wollen«, schrieb Bethmann, »muß wieder eine Brücke zwischen den Nationalliberalen und den Konservativen geschlagen werden.«[91] Ein Jahr zuvor hatte Bethmann genau dies zu tun versucht, doch klang er nun ganz wie ein sächsischer Staatsmann, wenn er klagte: »Der Versuch scheiterte an der torhaften Verblendung der Nationalliberalen«, denn diese verlangten ein »preußisches Wahlrecht und Erbschaftssteuer!« Unterdessen sei die »unträtable Herrschsucht des ›Kleinen‹« – damit meinte er Heydebrand – nur übertroffen worden durch die »Unzuverlässigkeit und den Radikalismus Bassermanns«, der sich weiterhin an Stresemanns Ratschlägen orientierte. Bethmann fand es völlig nachvollziehbar, dass sich die Konservativen von der »parlamentarische[n] Großmannssucht und [...] Skrupellosigkeit« der Nationalliberalen abgestoßen fühlten. Deshalb sei er erfreut zu erfahren – von Mehnert nur Tage zuvor –, »daß man in der konservativen und in der nationalliberalen Partei mehr und mehr anfängt, die Fehler der Führung zu erkennen«. Er fügte hinzu: »Aufgabe ist es, diese Erkenntnis so zu vertiefen, daß sie die beiderseitige Führung beeinflußt.«

Heydebrands polemische Anti-Bethmann-Rede im Reichstag am 9. November 1911 ist einer der Wendepunkte in der spätwilhelminischen Geschichte.[92] Nachdem er sich jahrelang vom extremen Chauvinismus des Alldeutschen Verbandes distanziert hatte, griff Heydebrand den Kanzler nun wegen des Marokko-Abkommens mit Frankreich scharf an. Das Abkommen – so behauptete er – habe eine Schande gebracht, der nur das deutsche Schwert ein Ende bereiten könne. Insider wussten, dass es sich bei Heydebrands Ausführungen um eine »Wahlrede«[93] handelte, die sorgfältig ausgearbeitet worden war, um die nationalen Referenzen der Konservativen Partei für den bereits laufenden Reichstagswahlkampf aufzupolieren. Nicht alle Konservativen fielen darauf herein. In den Augen von Loebell war Heydebrands Rede »[e]ine schöne Rede, eine geistreiche, eine geschickte Rede, aber die Rede eines advocatus-diaboli«.[94]

---

90 Briefe vom Aug.–Nov. 1911, zuvor zitiert.
91 Bethmann Hollweg an Loebell, 16.8.1911, zuvor zitiert.
92 SBDR, Bd. 268, S. 7718–7722 (9.11.1911). Heydebrands Rede und sein Ansehen innerhalb der DKP werden in J. RETALLACK, Road to Philippi, 1993, bes. S. 286–291, und DERS., German Right, 2006, bes. S. 389–393, erörtert, einschließlich Verweise auf Reaktionen von Loebell, Schiffer und anderen.
93 So die Formulierung des bayerischen Gesandten Lerchenfeld gegenüber dem preußischen Kronprinzen Wilhelm beim Verlassen des Reichstagssaals, nachdem Letzterer erklärt hatte: »Heydebrands Rede war doch famos!« In seiner Replik auf Heydebrand im Reichstag sprach Bethmann von Kräften, »die mehr mit den bevorstehenden Wahlen als mit Marokko und dem Kongo zu tun haben« und fügte abschließend hinzu: »Um utopischer Eroberungspläne und um Parteizwecke willen aber die nationalen Leidenschaften bis zur Siedehitze zu bringen – meine Herren, das heißt den Patriotismus kompromittieren.« H. SPITZEMBERG, Tagebuch, 1989, S. 537 f.
94 Loebell an Bethmann Hollweg, 12.11.1911, und für das Folgende, zuvor zitiert.

Loebell ließ sich weder von Heydebrands neu entdecktem Radikalismus noch von seiner Bereitschaft, die Regierung anzugreifen, beeindrucken. Er war so beschämt von dem Rededuell im Reichstag – »Es ist mir unmöglich in diesen Tagen zu schweigen« –, dass er sich gezwungen sah, einen leidenschaftlichen Brief an Bethmann zu verfassen. Darin schrieb Loebell, dass Heydebrands Worte nicht die wahre Meinung der Konservativen Partei widerspiegelten; doch er riet von einem Gegenangriff ab. »Es stehen zu große Interessen auf dem Spiel, die Opposition hat schon so unendlich viele Trümpfe in der Hand, ich gönne ihr nicht noch einen neuen.« Loebell fuhr fort: »Durch den 12. Januar [den Wahltag] müssen wir erst mal ohne neue Komplikationen durch: vielleicht wird dieser Tag [...] der Anfang einer Gesundung unserer Verhältnisse. Freilich ein böses Philippi wird es auch für meine arme Partei, die so falsch geführt ist.« Wie andere gemäßigte Konservative um diese Zeit[95] betrachtete Loebell die Attacke Heydebrands gegen die Regierung als demagogisch: »Ist das staatserhaltende, konservative Politik«, fragte er, »die Volksleidenschaften aufregt und um den Beifall der Menge brüllt?« Er sah auch Anzeichen dafür, dass die Fundamentalpolitisierung der deutschen Gesellschaft weit fortgeschritten war und der demokratische Reichstag, als eine mächtige, angesehene Institution, die Zukunft Deutschlands gefährde: »Der Widerwille gegen *das* politische Leben, wie es sich in der ›Vertretung des deutschen Volkes‹ darstellt, ist zu groß geworden.«[96]

Wahlpolitik als Kleinarbeit

Die Berichte, in denen die sächsischen unteren Verwaltungsbeamten im Winter 1911/12 den Tenor des Reichstagswahlkampfs in Sachsen beschrieben, gaben auch Aufschluss darüber, wie sich die nationalen Ereignisse auf die lokale und regionale Politik auswirkten.[97] Und umgekehrt. Der sächsische König sah angesichts der geschilderten politischen Aktivitäten an der Basis wenig Handlungsspielraum für Sachsen – außer sich wei-

---

95   Z. B. Karl Graf von Wedel, Statthalter in Elsaß-Lothringen, in einem Brief an den pr. Gesandten in Baden, Carl von Eisendecher, 12.12.1911; PAAAB, Nachlaß Eisendecher, Nr. 2/3; zitiert in: J. RETALLACK, Road to Philippi, 1993, S. 288.
96   Ironischerweise äußerte kein anderer als Heydebrand selbst um diese Zeit eine ähnliche Auffassung. Gegenüber seinem Kollegen Hermann Pachnicke von der Fortschrittspartei spielte Heydebrand auf eine katastrophale politische Zukunft an. »Bethmann hat die Nerven nicht, um uns durch eine Schweinerei hindurchzuführen. Vielleicht muß aber die Schweinerei kommen.« Zitiert in: H. PACHNICKE, Führende Männer, 1930, S. 64. Bethmanns eigene Meinung? »Ich fürchte, daß es der Reichsregierung – mag sie nun von mir oder einem anderen Kanzler vertreten werden – immer schwerer werden wird, eine konservative Grundrichtung in ihrer Politik innezuhalten, wenn sich die Führung der konservativen Partei nicht ändert.« Bethmann Hollweg an Loebell (Entwurf), 20.11.1911, zuvor zitiert. Vgl. auch Bethmann Hollweg an Valentini, 17.11.1911, zitiert in: H.-G. ZMARZLIK, Bethmann Hollweg, 1957, S. 80.
97   Der Großteil der im Folgenden zitierten Wahlkampfberichte von Amts- und Kreishauptmännern befindet sich in: SHStAD, MdI 5391–5392. Polizei-Kommissar Förstenberg und seine Nachfolger lieferten »Übersich-

ter durchzuwursteln, bis auch auf nationaler Ebene Verbesserungen eintraten. So fand der König in einem Bericht Beweise für die oft geäußerte Behauptung, dass der sächsische Freisinn die Sozialdemokraten unterstütze.[98] In einem anderen äußerte er sich in einer Randnotiz zufrieden über einen Arbeiter und ehemaligen Sozialdemokrat, der bei einer nationalistischen Kundgebung aufgestanden war und die SPD angeprangert hatte.[99] Wiederum in einem anderen Bericht notierte er seinen Unmut darüber, dass die »Ordnungsparteien« sich nicht um die Wahlkämpfe in WK 17: Glauchau-Meerane und WK 19: Stollberg bemüht hatten, weil sie diese als aussichtslos eingeschätzt hatten. »Ich finde das ganz falsch«, schrieb der König. »Wer von vornherein seinen Mut verloren hat, gewinnt nie.«[100]

Die pikanteste Reaktion des Königs findet sich am Rande eines Berichts über den erbitterten Wahlkampf in WK 9: Freiberg.[101] In diesem Wahlkreis, der durch »amerikanische Reklame«[102] und andere »fast grotesk« anmutende Taktiken geprägt war, trat der konservative Mandatsinhaber (Eduard Wagner) nicht nur gegen einen Sozialdemokraten an, sondern auch gegen Wilhelm Külz, den nationalliberalen Bürgermeister von Bückeburg.[103] Külz hatte angeblich während seiner Zeit als Reichskommissar für Selbstverwaltung in Deutsch-Südwestafrika (1907–1908) die Kommunalverwaltung eingeführt. Als Külz 1912 ein Unterstützungstelegramm von drei Einwohnern von Windhuk öffentlich machte – »sage und schreibe drei«, schrieb der Amtshauptmann süffisant –, wurde er dafür verspottet, sich auf den »Windhuker Skatklub« zu stützen. Bald legten die Konservativen mit noch mehr persönlichen Angriffen nach. In dieses Gefecht warf sich auch der ehemalige Freiberger Bürgermeister Bernhard Blüher, der die Unverfrorenheit hatte, darauf hinzuweisen, dass Wagner sich nicht von Heydebrands »Desperadopolitik«[104] distanziert hatte. Blühers Aussagen führten dazu, dass sich die Wähler von dem etablierten konservativen Mandatsinhaber abwandten: Sie wurden sogar »von den Sozialdemokraten als Kampfaufruf gegen Wagner durch die Straßen getragen«. Freibergs Amtshauptmann, der in der Verwaltungshierarchie des Landes ziemlich weit unten angesiedelt war, zeigte sich empört: In der Stichwahl seien so viele ungültige

---

ten« für Leipzig (1911–17), SHStAD, KHMSL, S. 254–255; vgl. Polizeiberichte zu Dresden und Chemnitz (1912), SHStAD, MdI 11064.
98 AHM Dr. Walter von Pflugk (Bautzen), »Geschäftsbericht […] 1911« (Auszug) (29.1.1912), SHStAD, MdI 5392. Weitere im Folgenden zitierte Berichte und königliche Randbemerkungen stammen ebenfalls aus diesen Akten.
99 AHM Dr. Franz Edelmann (Flöha), »Geschäftsbericht […] 1911« (Auszug) (31.1.1912), SHStAD, MdI 5392.
100 AHM Dr. jur Erdmann Fritsche (Stollberg), »Geschäftsbericht […] 1911« (Auszug) (5.2.1912), SHStAD, MdI 5392.
101 Zum Folgenden AHM Dr. Vollmer (Freiburg), »Geschäftsbericht […] 1911« (Auszug) (24.2.1912), SHStAD, MdI 5392.
102 Vgl. T. MERGEL, Propaganda, 2010, S. 12 und passim.
103 Bückeburg im nahe gelegenen Fürstentum Schaumburg Lippe war so klein, dass Külz zugab, er habe den Ort nach seiner Ernennung zum Bürgermeister erst einmal auf einer Karte nachschlagen müssen.
104 Die Dresdner Konservativen unterstützten Heinze; NLVBl 7 (1.1.1912). In der Zwischenzeit hatte Külz einen Ruf an das Sächsische Oberverwaltungsgericht in Dresden angenommen.

Stimmzettel abgegeben worden, dass sie Wagner in der ersten Runde zum Sieg verholfen hätten. Von Anwohnern, so berichtete er, »ist doch verschiedentlich ganz offen ausgesprochen worden: ein nationalliberaler Mann kann keinen Konservativen wählen, lieber rot als konservativ«. Auch Friedrich August III. war verärgert: »Was kann die Staatsregierung gegen einen Beamten wie Blüher machen, um ihn zu hindern, der Sozialdemokratie zum Siege zu verhelfen?«

Die Hauptakteure dieses Dramas riefen sich selbst zum Abschiedsapplaus auf die politische Bühne. Im Juni 1912 wurde Wilhelm Külz zum Oberbürgermeister von Zittau gewählt.[105] In seinen unveröffentlichten Memoiren erinnerte er die heftigen Kämpfe zwischen den beiden liberalen Parteien im WK 1: Zittau. Hier saßen die Fortschrittler am längeren Hebel. Ihre *Zittauer Morgenzeitung* verfüge über starken Kampfgeist mit einem »Anflug von Demagogie, war aber im wesentlichen doch volkstümlich [und] interessant«. Die *Zittauer Nachrichten* der Nationalliberalen müssten vorsichtiger vorgehen, weil es sich dabei um das lokale Amtsblatt handelte. (Der Chefredakteur sei »sehr wohlhabend«, so Külz). Er, Külz, sei 1912 zum Bürgermeister gewählt worden, um Zittaus »sogenannten politischen Stunk« zu beseitigen. Das wollte er auch gerne tun, da er sich dem Nationalliberalismus zugeneigt fühlte. Aber: »Wellen der Politik schlugen oft in die Sitzungssäle der Stadtvertretung hinein.« Das sei allerdings nicht weiter verwunderlich: Die Zahl der Vereine in der Stadt (101) übersteige die Zahl der Polizisten (40) bei weitem. Doch nicht die Sozialdemokraten machten dem Bürgermeister zu schaffen: Ihr *Armer Teufel*, der in *Oberlausitzer Volkszeitung* umbenannt wurde, war Külz im Großen und Ganzen treu ergeben, und Külz erinnerte sich, dass ihm der einzige SPD-Abgeordnete nie Schwierigkeiten bereitete – zumindest nicht bis zum November 1918. Vielmehr war es (zunächst) die Feindschaft zwischen den beiden liberalen Parteien und (später) die sächsische Regierung in Dresden, die Külz Hindernisse in den Weg legten. Zittau hatte einen so ungünstigen Ruf als Hochburg des Linksliberalismus, dass der sächsische König dessen Oberbürgermeister nicht in die Erste Kammer des Landtages ernennen wollte, selbst als dort ein Platz frei wurde. Stattdessen entschied man sich für den konservativen Bürgermeister von Wurzen, obwohl Zittau die sechstgrößte Stadt Sachsens war. Drei Jahre nachdem Külz in Zittau das Ruder übernommen hatte, wurde Bernhard Blüher – der 1912 als moderater Konservativer geglänzt hatte – zum Oberbürgermeister von Dresden gewählt. Blüher hatte dieses Amt bis 1931 inne, dann folgte ihm niemand Geringerer als Wilhelm Külz, der unterdessen Hugo Preuß als Reichsinnenminister (1926) abgelöst hatte.[106] Im März 1933 weigerte sich Külz, das

---

105 BAK, NL Wilhelm Külz, Nr. 11, »Lebenserinnerungen« (unveröffentl. Manuskript), S. 22–147; zu Dank verpflichtet bin ich den Mitarbeitern des BAK für die Ausleihe dieses Mikrofilms an das BAP, wo ich ihn im Juni 1994 einsehen konnte. Vgl. auch T. KÜBLER, Külz, 2006.
106 Von 1920 bis 1933 war Külz Vorsitzender der Deutschen Demokratischen Partei in Sachsen und bei mehreren Reichstagswahlen bis 1932 deren Spitzenkandidat.

Hakenkreuz über dem Dresdner Rathaus zu hissen sowie Kommunisten und Marxisten aus dessen Räumen zu verbannen, woraufhin er fristlos beurlaubt und dann entlassen wurde. Die Ironie dieser Vorgänge verflüchtigte sich unter der NS-Herrschaft nur zu bald.

Ein Bericht aus Chemnitz lieferte eine treffende Zusammenfassung des Wahlkampftenors in Sachsen. »Im Allgemeinen ist die Signatur der gegenwärtigen Reichstagswahlbewegung im hiesigen Regierungsbezirke: Uneinigkeit, Mangel an geeigneten Kräften zur Agitation, Mangel an Elan, ja mancherorts Untätigkeit bis zur Resignation auf Seiten der Ordnungsparteien, die sich, wenn sie agitieren, unter einander schärfer bekämpfen, als den gemeinsamen Feind, die Sozialdemokratie – und auf deren Seite: bewunderungswürdig organisiertes, energisches und siegesgewisses Draufgehen.« Die SPD hatte ihre »besten Agitationskräfte, darunter auch Frauen« monatelang ins Umland von Chemnitz entsandt und den Wählern die Themen hohe Preise, Verbrauchssteuern und »die Verhinderung eines von den Ordnungsparteien erstrebten Weltkrieges« eingehämmert. Nahezu jeden Sonntag wurden diese ländlichen Bezirke »mit aufreizenden und gehässigen Flugblättern überschwemmt, deren Inhalt mit berechneter Schlauheit für die Landbevölkerung anders gestaltet wird, als für die Fabrikbevölkerung«. Eine weitere SPD-Taktik zeitigte ebenfalls Erfolg: »Das von der sozialdemokratischen Parteileitung herausgegebene Verbot des Besuchs gegnerischer Versammlungen wird streng befolgt. So kommt es, dass für die Regel in sozialdemokratischen Versammlungen 150–500, in denen der Ordnungsparteien 25–60 Teilnehmer gezählt worden sind.«[107]

Ein ähnliches Bild bot sich in der großen Kreishauptmannschaft Dresden, zu der die Stadt Großenhain und andere traditionell konservative Gebiete nördlich der Hauptstadt gehörten. »Fast in allen Teilen des Regierungsbezirkes tritt eine merkliche Zurückhaltung, ja Gleichgültigkeit der Ordnungsparteien am Wahlkampfe zu Tage«, berichtete Kreishauptmann Rudolf von Oppen Ende Dezember 1911.[108] Er bemerkte nichts von der Leidenschaft und Beteiligung breiter Volksschichten aus dem Winterwahlkampf 1906/07. »Fast in allen Wahlbezirken«, so von Oppen, habe diesmal »eine Trennung der Ordnungsparteien stattgefunden«. Die Konservativen litten am meisten. »Von ihnen scheint die am weitesten rechts stehende Partei am wenigsten Aussicht auf Erfolg zu haben, da infolge der im Lande herrschenden Unzufriedenheit, die auf die Teuerung und die Reichsfinanzreform zurückzuführen ist, selbst in rein landwirtschaftlichen Bezirken eine liberale Richtung Platz gegriffen hat.« Der Amtshauptmann in Großenhain liefert Belege für diese Entwicklung.[109] Er berichtete mit offensichtlicher Verärgerung, dass vier Lehrer, alle unter 30, für den lokalen Fortschrittskandidaten agitierten und kommentierte wie folgt: »Die Würde des Lehrerstandes leidet dabei umsomehr [sic], wenn

---

107 KHM Karl von Lossow (Chemnitz) an MdI, 19.12.1911, SHStAD, MdI 5391.
108 KHM Rudolf von Oppen (Dresden) an MdI, 20.12.1911, SHStAD, MdI 5391.
109 Zum Folgenden, AHM Dr. jur. Georg Uhlemann (Großenhain) an KHM Rudolf von Oppen (Dresden), 10.2.1912, SHStAD, MdI 5391.

er bei der politischen Agitation nicht einmal die guten Formen innehält, sondern dabei sozialdemokratische Allüren annimmt.«[110] Auch die Postbeamten stellten ein Problem dar: Sie waren angeblich so infiziert mit linksliberalen Ideen, dass einer von ihnen bereit war, zusammen mit seinen Zustellungen auch Flugblätter der Fortschrittlichen Volkspartei zu verteilen. Sowohl der örtliche Schulinspektor als auch der Postdirektor bemühten sich dafür zu sorgen, dass die ihnen unterstellten jüngeren Jahrgänge mehr Zurückhaltung zeigten. »Von den älteren Lehrern ist, wie der Amtshauptmannschaft bekannt ist, ein großer Teil den rechtsstehenden Parteien zuzuzählen, wenn er sich auch nicht öffentlich zu ihnen bekennt.« Selbst in Leipzig, wo die Konservativen den Nationalliberalen halfen, ihr Mandat gegen energische sozialistische Angriffe zu verteidigen, war die Konservative Partei unter allen Kämpfern »bisher in der breiten Öffentlichkeit wohl am wenigsten hervorgetreten. Sie hält ihre Versammlungen in der Hauptsache im Kreise besonders Eingeladener ab und wirbt in der Stille«.[111]

Kreishauptmann von Oppens Amtshauptmänner beschweren sich auch über das neue Reichsvereinsgesetz (1908). Sie behaupteten, sie könnten nicht präzise über Wahlkampfveranstaltungen berichten, weil »auch der Schein einer Überwachung vermieden werden solle«. Infolgedessen waren sie »in der Hauptsache auf Zeitungsberichte und private Mitteilungen angewiesen«. Besonders ärgerlich sei die »Gesinnungstüchtigkeit« von Gastwirten und anderen, die Versammlungsräume an alle Parteien vermieteten, nicht nur an die »Ordnungsparteien«. Dadurch sei »auch jetzt in den Dörfern die Abhaltung sozialdemokratischer Versammlungen möglich geworden [...], in denen bisher noch niemals solche stattgefunden haben« (siehe Abbildung 13.4).

Dank dieser Neuentwicklung konnte die SPD auch ihre Wahlkosten unter Kontrolle halten. Wie der Kreishauptmann in Chemnitz berichtete, »sammeln mancherorts Boten von Haus zu Haus, in Fabriken und Gasthäusern, sogar auf Tanzsälen für den sozialdemokratischen Wahlfonds, indem sie die Geldgeber sich in eine Liste eintragen lassen.

---

110 Was meinte der Amtshauptmann mit »sozialdemokratische Allüren«? »Der Vorgang war folgender. Die 4 Lehrer, 2 davon vom Wahlkomitee der Fortschrittspartei (Döhler und Schwandt), sowie Lehrer Böhme und Hilfslehrer Grellmann von Folbern hatten in der Mitte des Saales Platz genommen. Es war von vornherein zu bemerken, daß man an dem Lehrertische darauf ausging, durch Unruhe die Versammlung zu stören. Nach Beginn des Vortrags schickten sich die Genannten (mit Ausnahme von Böhme) an, zu essen. In lauter Weise wurde hierbei während des Vortrags mit Tellern und Gläsern geklappert, die Eßbestecke wurden unter den Tisch fallen gelassen, um die Aufmerksamkeit der Zuhörer abzulenken. Hohngelächter und Gepoltere mit den Stühlen – hierbei tat sich besonders der Hilfslehrer Grellmann hervor – sollten den Vortrag weiter stören. Der Lehrer Böhme, dem es wahrscheinlich zuviel wurde, verließ den Tisch, ohne aber hierdurch Eindruck auf die zurückbleibenden 3 anderen Lehrer zu erzielen. Man ist in der Gemeinde Folbern durch diesen Vorgang so unangenehm berührt gewesen, daß man sich seitdem von Grellmann zurückgezogen hat, wobei es zunächst zu recht drastischen Ausdrücken gekommen ist. Daß auch Zeitungspolemik, die sich an die Versammlung anschloß, zuungunsten der Lehrer ausgefallen ist, dürften die beiliegenden 5 Ausschnitte ergeben.« AHM Dr. jur. Georg Uhlemann (Großenhain) an KHM Rudolf von Oppen (Dresden), 10.2.1912, SHStAD, MdI 5391.
111 AHM Karl Néale v. Nostitz-Wallwitz (Leipzig) an KHMS Leipzig, 10.12.1911 (Entwurf), SStAL, AHMS Leipzig 14, Bd. 1.

Abbildung 13.4: Josef Benedikt Engl, »Ein Diplomat«, 1903. Der Topf in der Mitte ist als Wahlurne beschriftet. Text: »Nun, Herr Gastgeber, Sie müssen doch auch wählen; wem geben Sie Ihre Stimm'?« – »Na, da muaß i wart'n, bis auf d' Letzt', daß i siech', welche Partei dös meiste gsuffa hat!« Quelle: Simplicissimus 8, Nr. 12, Beiblatt (16. Juni 1903). Simplicissimus Online, Herzogin Anna Amalia Bibliothek Weimar.

Dass sich dabei viele nicht sozialdemokratisch Gesinnte aus Furcht vor ›Schlechtmachen‹ und Schlimmerem verleiten lassen, Geld herzugeben, ist nicht zu verwundern. Die Sammler sind in geeigneten Fällen zur Anzeige gebracht worden, indes der Zweck ist inzwischen erreicht.«[112] Amtshauptmann Karl Néale von Nostitz-Wallwitz berichtete, »daß ein nicht sozialdemokratisch organisierter Maurer oder Zimmermann Beschäftigung findet, ist so gut wie ausgeschlossen, und viele Hunderte seufzen unter dem Drucke, der sie nötigt, ihre wahre Meinung zu verbergen und auch noch dem politischen Gegner die Kriegskasse zu füllen«. Im Leipziger Hinterland konnten die Sozialdemokraten die Gastwirte sogar zwingen, Verbänden, die den »Ordnungsparteien« nahestanden – zum Beispiel den »deutsch-nationalen Turnvereinen« – Versammlungsräume zu verweigern.[113]

---

112 KHM Lossow (Chemnitz) an MdI, 5.1.1912.
113 AHM Karl Néale von Nostitz-Wallwitz (Leipzig), »Geschäftsbericht [...] 1911«.

Diese Beispiele deuten darauf hin, dass die Bemühungen des Staates, »gute« Wahlen zu erzielen, auch in Sachsen alles andere als einheitlich waren. »Zuverlässige« Veteranen, »nationale« Jugendliche und »loyale« Arbeiter trugen zwar ihren Teil dazu bei, die Sozialdemokratie der sozialen Ächtung und der Wahlmanipulation auszusetzen, und die lokalen Armeekommandanten wiesen ihre Untergebenen an, keine Lokale zu besuchen, in denen »lichtscheues Gesindel« zu finden war. Dennoch saßen die Sozialdemokraten vielerorts am längeren Hebel. »Der monarchische Patriot des Ortes« konnte nicht immer den Mut aufbringen, die Kneipe zu betreten, »wo des Nachts die Arbeitermarseillaise aus den offenen Fenstern drang«.[114]

*

Im Reichstagswahlkreis 21: Annaberg verweigerten die ortsansässigen Konservativen im Januar 1912 Gustav Stresemann ihre Unterstützung. Er habe, so ihre Begründung, die Konservativen in der Vergangenheit heftig angegriffen und sei »sehr linksliberal« geworden.[115] Auch hatte die Nationalliberale Partei den taktischen Fehler begangen, Stresemann zu nominieren, ohne die Konservativen zu konsultieren. Letztere taten allerdings auch nicht viel, um ihren eigenen Kandidaten zu unterstützen, einen pensionierten Marinekapitän namens Meinhold, der am Ende nur knapp über 1 000 Stimmen erhielt. Die SPD und die Nationalliberalen hingegen führten einen erbitterten Wahlkampf. Beide Seiten versuchten auch Frauen zu mobilisieren. Neben Plakaten, die das Frauenwahlrecht forderten – »Her mit dem Frauenwahlrecht« – verteilte die SPD auch eine Publikation namens »Liebe Schwester«, ein Buch mit »sehr klugen Briefen«, um Arbeiterinnen für die Sozialdemokratie zu gewinnen. Bei ihren öffentlichen Kundgebungen appellierten die Sozialdemokraten auch mit weiblichen Rednerinnen an Frauen. Allein in Leipzig zogen die zur Förderung des Frauenwahlrechts organisierten Versammlungen teilweise über 2 000 ZuhörerInnen an.[116] Doch klagte der Leipziger SPD-Chef Richard Lipinski, dass die einzigen weiblichen Mitglieder der Partei die Frauen und Töchter von Parteigenossen seien, nicht Fabrikarbeiterinnen.[117]

Stresemann war zu diesem Zeitpunkt abgelenkt von der Notwendigkeit, die nationalliberalen Kandidaten in Dresden zu unterstützen. Er half dabei, 120 vom neu gegründeten Dresdner Automobilklub kostenlos verliehene Autos zu requirieren, um damit in der sächsischen Hauptstadt Wahlkampf zu betreiben. »Ein ausgeklügeltes ›Schleppernetz‹ von 2 800 Helfern brachte in Dresden […] noch die letzten liberalen Sympathisanten

---

114 Beide Passagen aus: W. Mühlhausen, Strategien, 1993, S. 308 f., das – wie auch die Arbeiten von Klaus Saul, Dieter Groh, Dirk Stegmann und Reinhard Höhn – die Sozialdemokraten zu oft in der Opferrolle sieht.
115 Vgl. Vaterl, 5.9.1905, zitiert in: K. H. Pohl, Stresemann, 2015, S. 169.
116 S. Dobson, Authority, 2001, S. 85.
117 R. J. Evans, The Feminist Movement in Germany, 1976, S. 266, zitiert in: S. Dobson, Authority, 2001, S. 92.

an die Wahlurne«[118] und verteilte (angeblich) 400 000 Flugblätter. (Damals hatte der Dresdner Nationalliberale Verein lediglich etwas mehr als 2 000 Mitglieder, das entsprach etwa zehn Prozent aller nationalliberalen Parteimitglieder in Sachsen.)[119] Diese Art von Wahlkampf war nicht jedermanns Sache. Die *Dresdner Woche* äußerte sich negativ über Ton und Kosten der lokalen Kampagne: »Mit einer Erbitterung, die ihresgleichen sucht, ist gekämpft worden, mit Reklametiteln, die man sonst nur vom Hörensagen vom Lande der unbegrenzten Möglichkeiten, von Dollarika her kennt.«[120]

Aus den Kommentaren des Kreishauptmanns von Zwickau, Friedrich August Fraustadt, und den Klagen des Stresemann-Wahlkampfleiters Gustav Slesina[121] ist ersichtlich, dass sich die sächsischen Staatsbeamten mit Paul Mehnert einig waren: Stresemann sollte aus dem Reichstag entfernt werden. Auch wenn die Konservativen zunächst erklärten, Stresemann im Falle einer Stichwahl gegen die SPD zu unterstützen, war Mehnert hinter den Kulissen eifrig am Werk. Die Konservativen nominierten einen Kandidaten (Meinold), der Anhänger mobilisieren sollte, die andernfalls lieber zu Hause bleiben würden als für Stresemann zu stimmen. Der sozialdemokratische Kandidat Ernst Grenz galt selbst bei seinen eigenen Leuten als »verbraucht« – er kandidierte seit 1890 für die SPD –, aber Stresemann gelang die Wiederwahl nicht; er konnte in der Hauptwahl nur 43 Prozent der Stimmen gewinnen – im Vergleich zu Grenz' 54 Prozent – und somit keine Stichwahl erzwingen. Laut Slesina hatten sich die Amtsblätter der Regierung von Stresemann distanziert. Auch die konservativen Flugblätter sprachen sich gegen seine Kandidatur aus: »Nicht unerwähnt will ich weiter lassen«, schrieb Slesina, »dass die Kampfesweise der konservativen Partei sich an Frivolität und Gehässigkeit von derjenigen der Sozialdemokratie wenig unterschieden hat.« Darüber hinaus wurde »eine Anzahl kleiner Gewerbetreibender und namentlich auch Landwirte« überredet, »rote Stimmen abzugeben«. Für Slesina kaschierte die angebliche Neutralität der sächsischen Amtsblätter daher ein größeres Problem: »Wenn Sachsen wieder ein rotes Königreich wird, dann dürfte die provinziale Amtsblattpresse ihren Teil dazu beigetragen haben.«

Regierungschef Vitzthum wollte nicht zugeben, dass die Konservativen Stresemanns Wahl torpediert hatten, doch die Beweise sprechen dagegen. Kreishauptmann Fraustadt war enttäuschter über die Niederlage des Fortschrittlers Oskar Günther im WK 23: Plauen als über die Niederlage Stresemanns im WK 21: Annaberg. Nach der Wahl schrieb er, dass Günther zwar »doktrinär und prinzipienverrannt und so sehr ein Spiegelfechter nach echt freisinnigem Muster […]« sei, jedoch müsse »ihm doch nachgerühmt werden, dass er als Abgeordneter im Reichstage […] immer die Interessen

---

118 K. H. POHL, Stresemann, 2015, S. 169.
119 NLVBl 7 (20.3.1912), S. 41 f.
120 Dresdner Woche 4, Nr. 3 (18.1.1912), zitiert in: K. H. POHL, Stresemann, 2015, S. 170, vgl. S. 169–171 für weitere Details.
121 Gustav Slesina an Vitzthum, 13.1.1912, und zum Folgenden, SHStAD, MdI 5392; vgl. K. H. POHL, Stresemann, 2015, S. 184. Der Wahlkampf war ein »finanzielles Desaster« für Stresemann.

seines sächsischen Vaterlandes treulich vertreten hat«. Stresemann wurde kein solches Lob zuteil. Ihm konnte Fraustadt »besonders heiße Tränen nicht nachweinen«. Dessen Auftreten, so der Kreishauptmann, »stand völlig unter der garstigen Signatur des Links-Liberalismus« und seine »beliebte Kritik an der Regierung und den bestehenden Zuständen« sei »vielfach eine recht unfeine« gewesen. Der größte Makel des zukünftigen Kanzlers sei, dass er keinen Frieden mit den Verbündeten auf der Rechten schließen konnte. Fraustadt schrieb: »Namentlich der immer zungenfertige und nach meiner Empfindung etwas vorlaute Dr. Stresemann hat in der Hetze wider die rechts stehenden Parteien das Menschenmögliche geleistet.«[122]

Die Berichte dieser Verwaltungsbeamten zeigen, mittels welcher Bemühungen an der Basis es den sächsischen Sozialdemokraten gelang, im Januar 1912 in 19 sächsischen Wahlkreisen als Sieger hervorzugehen. Auch wenn der Wahlkampf diesen Beobachtern wie ein wildes Durcheinander anmutete, kamen taktische oder strategische Fehler nur selten den bürgerlichen Parteien zugute. Die lokale Agitation für die »staatserhaltenden« Kandidaten war so schwach und die Spannungen zwischen der liberalen und der konservativen Partei so stark, dass die sächsischen Verwaltungsbeamten nach der Wahl einen tiefen Pessimismus an den Tag legten. Maximilian Freiherr von Oer, Amtshauptmann in Meißen, sprach in dieser Hinsicht für viele andere: »Die Hoffnung, die man bisher bezüglich der wachsenden sozialistischen Stimmenzahl haben konnte, sie würde die bürgerlichen Parteien zur einmütigen Verteidigung der Rechtsordnung zwingen«, schrieb er, »ist durch die Entwickelung der freisinnigen und auch der nationalliberalen Partei [in der Reichstagswahl] in weite Ferne gerückt.« Falls die sozialdemokratische Partei sich nicht aufgrund von internen Flügelkämpfen spaltete, »so ist nicht abzusehen, wann und wie dem unabsehbaren Anwachsen dieses Staats im Staate einmal Halt geboten werden kann«.[123]

Alter Wein, neue Schläuche?

Werfen wir an dieser Stelle kurz einen Blick in die Zukunft. Bei den Reichstagswahlen vom Januar 1912 stimmte mehr als die Hälfte der sächsischen Wähler (55 Prozent) für die Sozialdemokratie. Folglich sollten wir uns in Erinnerung rufen, wofür die wichtigsten Parteien in Sachsen eigentlich standen (oder zu stehen vorgaben).

---

122 Vitzthum an Slesina (Entwurf), 14.1.1912, und [Fraustadt], »Geschäftsbericht [...] KHMS Zwickau [...] 1911« (Auszug), beide SHStAD, MdI 5392. Hauptmann Meinholds Wahlkampfschriften betonten seine Verwurzelung im Erzgebirge; vgl. z. B. das im ortstypischen Dialekt abgefasste Anti-Stresemann-Gedicht »Wir Sachsen wulln en Sachsen ham!«, SHStAD, MdI 5392.
123 AHM Meißen, »Geschäftsbericht [...] 1911« (Auszug) (25.2.1912), SHStAD, MdI 5392.

Sie alle gingen mit Programmen ins Rennen, die von ihren jeweiligen nationalen Parteispitzen Ende 1911 ausgegeben wurden – in Form von Wahlaufrufen, Handbüchern, Broschüren, Plakaten, Zeitungsanzeigen und, in noch nie dagewesener Zahl, illustrierten (farbigen) Postern und Ansichtskarten.[124] Die Botschaft der Konservativen war vor allem eine negative. Sie versprachen, sich jeglicher Senkung der Schutzzölle zu widersetzen und die Landwirtschaft, den Mittelstand und die »nationale Arbeit« (d. h. Streikbrecher und andere) zu schützen. Darüber hinaus schworen sie, Deutschland gegen den »zunehmend räuberischen Terrorismus« der Sozialdemokraten und ihrer Helfershelfer zu verteidigen.[125] Sie signalisierten ihre Bereitschaft, in Zukunft neue Ausnahmegesetze in Betracht zu ziehen und – wie Mehnert es sich erhoffte – die rechtsgerichteten Nationalliberalen auf ihre Seite zu ziehen. Die Zentrumspartei stellte in Sachsen nur Zählkandidaten (meist Matthias Erzberger). Sie verteidigte die neuen Steuern, die sie 1909 mitverabschiedet hatte, warnte vor einer liberalen Renaissance und brach natürlich eine Lanze für die Religion. Das Wahlprogramm der Nationalliberalen feierte die Errungenschaften des Bülow-Blocks vor 1909, griff nahezu die gesamte seither vom katholisch-konservativen (schwarz-blauen) Block verabschiedete Gesetzgebung an und verteidigte energisch Heeres- und Marinevermehrungen und die Kolonialpolitik. Die Partei wagte es nicht, das bestehende Reichstagswahlrecht und die Koalitionsrechte der Arbeiter zu diffamieren, aber ihr Versprechen, die »Selbstständigkeit des Bürgertums« gegen Feinde von links und rechts zu verteidigen, klang hohl.

1912 trat die Fortschrittliche Volkspartei zum ersten Mal seit ihrer Gründung zwei Jahre zuvor als Nachfolgerin der drei linksliberalen Parteien bei einer nationalen Wahl an. (In Sachsen wurden ihre Anhänger in der Regel immer noch als »Freisinnige« bezeichnet – der Begriff hatte einen noch stärkeren liberalen Klang als »Fortschrittler«.) Mit gnadenlosen Angriffen auf die Konservativen und das Zentrum versprachen die Linksliberalen, all denjenigen zu helfen, die durch die Verbrauchssteuern von 1909 über Gebühr belastet wurden. Auch was die Bürgerrechte anging, behaupteten die Fortschrittler, dass es die Parteien des schwarz-blauen Blocks seien, »die dem Volk die freie Ausübung des Wahlrechts erschweren und eine gerechte Einteilung der Wahlkreise verhindern«. Aber auch die Fortschrittler versuchten, eine klare Grenze zwischen sich und der SPD zu ziehen, die als Klassenpartei »die wirtschaftlichen Gegensätze willkür-

---

124 Vgl. J. BERTRAM, Wahlen, 1964, S. 167–183; P. C. GRENQUIST, Elections, 1963, S. 87–106; W. KOCH, Volk, 1935, S. 107–111. Vgl. kontrastierende Appelle an Wähler aus der Arbeiterklasse in WK 13: Leipzig-Land in Wahlaufrufen und Flugblättern der »Ordnungsparteien«, der »Deutschen National-Partei«, der FoVP und der SPD, sowie Lageberichte von AHM Nostitz-Wallwitz an KHMS Leipzig, 16.12.1911 und 4.1.1911 (Entwürfe), in SStAL, AHMS Leipzig, Nr. 14.
125 DKP-Wahlaufruf in KZ, 7.12.1911; Wahlaufruf der sächs. Konservativen zitiert in: LNN, 6.12.1911, DJ, 5.12.1911. Vor 1912 war der ehemalige Generalsekretär des Konservativen Landesvereins im Königreich Sachsen, Richard Kunze, vom Wahlverein der Deutsch-Konservativen in Berlin kooptiert worden. Vgl. R. KUNZE, Reichstagswähler, 1911, bes. Teil 2, S. 226 f., in dem er die Bedrohung durch den Liberalismus und den Sozialismus über einen Kamm scherte.

lich verschärft«.[126] Drehte sich das Wahlergebnis wirklich um diese Programmpunkte? Der fortschrittliche Reichstagsabgeordnete Hermann Pachnicke legte etwas anderes nahe: »Ach, wenn doch das die Großstadtpolitiker wüßten oder beachteten! Nicht um Marokko [geht es], nicht um das Recht des Reichstages zur Genehmigung von Gebietsveränderungen, nicht um so vieles andere, wovon die Tausende von Leitartikeln handeln, sondern auf dem Lande – um die Schweinepreise!«[127]

Das Wahlprogramm der Sozialdemokraten wurde am 7. Dezember 1911 im *Vorwärts* veröffentlicht. Darin wurde die Wahl als eine Chance bezeichnet, Unterdrückung und Ausbeutung zu beenden; sie könne auch den Unterschied zwischen Frieden und Krieg bedeuten. Im Detail umfaßten die Forderungen der SPD eine breite Palette von wirtschaftlichen, sozialen und politischen Zielen und – nicht minder wichtig – Wahlrechtsreformen.[128] Zu den Wahlzielen gehörten:

> Demokratisierung des Staates und Abschaffung des Privilegs; allgemeine, gleiche, geheime, direkte Wahl für Männer und Frauen; Ministerverantwortlichkeit gegenüber dem Reichstag; Reform des Militärwesens; Justizreform; Schutz der Arbeiterrechte; [...] Verbesserung der staatlichen Gewerbeaufsicht; ein achtstündiger Arbeitstag; Reform der Arbeiterversicherung mit Blick auf Landarbeiter und Dienstboten; Senkung des Rentenalters von 70 auf 65 Jahre; [...] Religionsfreiheit [...]; universelle kostenlose Grundschulbildung; Freiheit von Kunst und Wissenschaft; Senkung und endgültige Abschaffung der indirekten Steuern; [...] Abschaffung der Lebensmittelzölle; Senkung aller Beschränkungen von Fleischimporten auf ein Minimum; Abschaffung der Industriezölle [...]; gestaffelte Einkommens-, Erbschafts- und Vermögenssteuern; [...] [und] Einstellung des überseeischen Kolonialismus.

Was die SPD von allen anderen Parteien am deutlichsten abgrenzte, war ihre Forderung nach einer vollständigen Abschaffung der indirekten Steuern und Zölle auf Lebensmittel. Ansonsten gab der SPD-Wahlaufruf vor allem wegen seines gemäßigten Tons Anlass zur Kommentierung.[129]

---

126 Frankfurter Zeitung, 19.11.1911, zitiert in: J. BERTRAM, Wahlen, 1964, S. 168.
127 VossZ, 5.12.1911, zitiert in: J. BERTRAM, Wahlen, 1964, S. 172.
128 Vw, 7.12.1911, hier in Form der zusammenfassenden Übersicht in: P. C. GRENQUIST, Elections, 1963, S. 88 f. Für den Reichstagswahlkampf in Leipzig vgl. Flugblätter, Presseausschnitte und Berichte von Verwaltungsbeamten in SStAL, AHMS Leipzig, Nr. 14–15 (WK 13: Leipzig-Land) und StadtAL, Sammlung Vetter, Nr. 5, Nr. 173–175.
129 Vgl. Abbildung S. 13.2, »Am 12. Januar«, im Online-Supplement. Diese Karikatur zeigt einen katholischen Priester und einen preußischen Junker, die unter einem Regenschirm kauern und sich vor einem Schauer roter Wahlzettel zu schützen versuchen. Die Bildunterschrift lautet: »Des Thrones und des Himmels Stützen/Erleben eine schwere Zeit./*Ein* Schirm kann sie nicht beide schützen,/Wenn es die roten Zettel schneit.« Thomas Theodor Heine, »Am 12. Januar«, Simplicissimus 16, Nr. 40 (»Wahlnummer«), S. 701 (1.1.1912). Simplicissimus Online, Herzogin Anna Amalia Bibliothek Weimar.

Obwohl die »Moderne« als übergeordnetes Merkmal dieses Wahlkampfs nicht überstrapaziert werden sollte, kamen 1912 in der Tat neue Agitationsmittel und -methoden zum Einsatz.[130] Dazu gehörten die beispiellose Anzahl und die Kosten von Parteikundgebungen,[131] der Einsatz von Automobilen, der es den Kandidaten ermöglichen sollte, auf zwei oder drei Kundgebungen täglich zu sprechen; Unmengen an Druckerzeugnissen, die von allen Parteien verteilt wurden; der verstärkte Einsatz von Boykottmaßnahmen gegen Gastwirte, Kleinunternehmer und andere; sowie neue Rollen für Frauen. Der Nationalliberale Eugen Schiffer, wie auch die Konservativen, betrachtete diese Neuerungen als zweischneidiges Schwert. Über die Nutzung des Automobils und die damit verbundenen zusätzlichen Redemöglichkeiten schrieb er in dem gleichen abfälligen Ton, der auch andere Kommentare über den Vormarsch der Demokratie kennzeichnete: »Jetzt aber sei man vormittags kaum vom Trapez heruntergeklettert, an dem man geturnt hat, so werde man in ein Auto gepackt und in einen anderen Zirkus gefahren, um sich dort zu produzieren, und komme noch am selben Abend an einem dritten Ort vor die Rampe.« Abgesehen von der körperlichen Anstrengung empfand er den immer gleichen Ablauf als besonders belastend: »Das Schlimmste ist die grauenhafte Langeweile, die der Kandidat selbst empfindet, wenn er immer wieder dasselbe sagen muß.«[132] Er erinnerte sich, »daß Mitglieder des Wahlvorstandes, die mich auf meinen Wahlreisen begleiteten, genau wußten, worüber und in welcher Reihenfolge ich sprechen würde. So legte sich denn über ihre intelligenten Gesichter mehr und mehr der Schleier des Stumpfsinns. Wo ein Witz von mir zu erwarten war, lachten sie bereits vorweg; und wenn ich mich dem Schlusse näherte, hörte ich, wie einer sagte: ›Er ist schon bei den Kolonien, wir können anspannen lassen.‹«[133] Ebenso wenig ließ sich Schiffer von der Anzahl der Wahlkampfveranstaltungen, die jede Partei angeblich organisiert hatte, oder von deren Wirkung auf die Wähler beeindrucken. »Die Leute gehen in alle Versammlungen, als wenn es Theatervorstellungen wären, hören sich die Redner an, klatschen ihnen auch bei ganz gegensätzlichen Ausführungen Beifall, weil es ihnen Vergnügen macht, einmal einen guten Redner zu hören, behalten sich aber vor, wie sie schließlich stimmen wollen.«[134]

Das Reichsvereinsgesetz von 1908 erlaubte Frauen den Beitritt zu politischen Parteien und Vereinen, aber außer der SPD sprach sich noch keine Partei für das Frauen-

---

130 A. GRIESSMER, Massenverbände, 2000, argumentiert überzeugend, dass sich die radikal-nationalen Verbände aus dem Wahlkampf 1912 weitgehend zurückgezogen hatten; J. BERTRAM, Wahlen, 1964, und P. C. GRENQUIST, Elections, 1963, geben eine ältere Ansicht wider.
131 Die Forschung ist sich uneins, welche durchschnittlichen Wahlkampfkosten 1912 pro Wahlkreis anfielen: Die Schätzungen reichen von etwa 7 000 Mark pro Kandidat (J. BERTRAM, Wahlen, 1964, S. 190–193) bis hin zu 20 000 bis 30 000 Mark – verglichen mit etwa 1 000 Mark im Jahr 1880; vgl. T. NIPPERDEY, Organisation, S. 91; T. MERGEL, Propaganda, 2010, S. 48.
132 BAK, NL Schiffer, Nr. 1, »Erinnerungen«.
133 E. SCHIFFER, Leben, 1951, S. 20.
134 BAK, NL Schiffer, Nr. 1, »Erinnerungen«, zitiert in: J. BERTRAM, Wahlen, 1964, S. 186, 189. Vgl. Friedrich Naumanns ähnliche Klagen in: F. NAUMANN, Freiheitskämpfe, 1913, S. 267 f.

wahlrecht aus. Luise Zietz veröffentlichte 1911 »Die Frauen und der politische Kampf«,[135] doch sollte der neue Einfluss der Frauen auf das Wahlverhalten ihrer Männer, Väter und Söhne nicht überbetont werden. Minna Wettstein-Adelt, die Autorin von »3 ½ Monate Fabrik-Arbeiterin«, hatte bereits 1893 die Bedeutung der Frau für den politischen Prozess hervorgehoben: »Durch die bestehenden Verhältnisse«, schrieb sie, »werden die Mädchen zur Sozialdemokratie getrieben; der Tag wird kommen, wo eine Arbeiterin gleichbedeutend sein wird mit einer Sozialdemokratin.« Sie fuhr fort: »Manche Mutter, die in der Zeit ihrer Ehe Muße gefunden hatte, über sozialdemokratische Ideen nachzudenken, kleidete ihre Töchter mit Vorliebe in rot, oder ließ sie, wenn sie größer wurden, rote Hutgarnitur und rote Schleifen tragen; hier artete die Liebe zur Sozialdemokratie in Fanatismus aus.«[136] (Im Zeitraum von 1909 bis 1914, als sich sozialdemokratische Sympathien auch in Abzeichen, Bändern, Bannern, Kränzen, Umzügen und Protestliedern ausdrückten, quälte sich die sächsische Regierung mit der Frage, was für Männer und Frauen statthaft war.)[137] 1912 gelang es den Sozialdemokraten besser als jeder anderen Partei, die Frauen zu mobilisieren. So wurden sie beispielsweise herangezogen, um Parteiliteratur an Freunde und Nachbarn zu verteilen oder ihren apathischen männlichen Genossen gut zuzureden bzw. ein schlechtes Gewissen zu machen, damit diese wählen gingen. Am 4. Januar 1912 fanden in den sechs Berliner Reichstagswahlkreisen gleichzeitig 26 sozialdemokratische Versammlungen statt, die alle die gleiche Tagesordnung hatten: »Die Frauen und die Reichstagswahlen«. Laut *Vorwärts* stellte allein 1911 das »Frauenbüro« der SPD in Berlin Rednerinnen für 48 Wahlkampfauftritte zur Verfügung.[138] Auch wenn sich die konkrete Wirkung dieser Bemühungen nicht leicht oder präzise messen lässt, so sollte man sie doch nicht geringschätzen.

»Streng sachlich und durchaus unpolitisch«

Am Neujahrstag 1912 schrieb Paul Mehnert an Graf Vitzthum und bat die Regierung um Unterstützung für die »Ordnungsparteien«.[139] Vier Tage später tat der Vorsitzende der Dresdner Ortsgruppe des Alldeutschen Verbands dasselbe im Namen der »Vereinigten Dresdner Nationalen Ausschüsse«.[140] Beide Male legte die Regierung Vitzthum bereit-

---

135 L. ZIETZ, Frauen, 1912.
136 M. WETTSTEIN-ADELT, 3 1/2 Monate, 1893, S. 72 f.
137 SHStAD, MdI 11995 und 11410, passim.
138 Vw, 4.1.12, DTZ, 12.1.1912 und andere Quellen zitiert in: J. BERTRAM, Wahlen, 1964, S. 196–199.
139 Zum Folgenden Mehnert an [Vitzthum], 1.1.1912 (Hervorhebungen im Original), und Antwortentwurf, 2.1.1912, SHStAD, MdI 5391.
140 Friedrich Hopf an das sächs. Gesamtministerium, 4.12.1911, mit begleitenden Randbemerkungen und Antworten; Flugblatt, »Was wollen die Nationalen Ausschüsse?«, SHStAD, MdI 5391.

willig ihre Hand auf die Waage der Wahlgerechtigkeit, sodass sie sich in eine für die »Ordnungsparteien« günstige Richtung senkte.

Mehnert malte ein charakteristisch düsteres Bild davon, wie viele Sozialdemokraten im ersten Wahlgang reichsweit gewählt würden. »Zweifellos«, schrieb er, würde diese Zahl bei »60–70« liegen. (Tatsächlich trugen am 12. Januar 64 SPD-Kandidaten den Sieg davon.) Mehnert behauptete, dass die Stichwahlen für Sachsen eine »große Gefahr« bedeuteten, weil die SPD nach Abschluss der Hauptwahl ihre freigesetzten Agitationsressourcen gezielt in denjenigen Wahlkreisen entfesseln würde, in denen es zu Stichwahlen kommen würde. Deshalb stellte er zwei Anträge an Vitzthum – angeblich auf Drängen »von allen Seiten«. Der erste lautete, »dass die Stichwahltermine in Sachsen *möglichst vor* dem 25. Januar festgesetzt würden. […] Zu Gunsten der bürgerlichen Parteien ist es daher, wenn die Agitationszeit zwischen Hauptwahl und Stichwahl möglichst abgekürzt wird.« Der zweite Antrag sah vor, Stichwahlen, bei denen sich Konservative und Sozialdemokraten gegenüberstanden, zwei Tage früher stattfinden zu lassen als diejenigen, »in denen Liberale und Sozialdemokraten um die Palme ringen«. Der Grund: »Man sagt sich wohl nicht mit Unrecht, dass die Liberalen sich dann eher hüten würden bei der Stichwahl zwischen Konservativen und Sozialdemokraten ihre Stimmen zugunsten der Letzteren abzugeben, als im umgekehrten Fall.« Mehnert sah wenig Chancen, die Fortschrittler an der Unterstützung der SPD-Kandidaten hindern zu können, hoffte aber mit seiner Formulierung – »Nach dieser Richtung hin wird sich wohl aber kaum etwas tun lassen« –, Vitzthum an seiner Ehre zu packen, diese Herausforderung anzunehmen. Mehnerts Schlussfolgerung war klar: Vitzthum sollte alles in seiner Macht Stehende tun, um »gute Wahlen« zustande zu bringen; wenn er das tat, würde er nicht als parteiisch angesehen werden.

Diese Terminierung der Stichwahlen erwies sich im gesamten Reich als umstritten. Die Regierung Bethmann Hollweg erklärte, dass die Stichwahlen am 20., 22. und 25. Januar stattfinden würden und überließ es dann den Bundesstaaten, die Termine vor Ort entsprechend festzulegen.[141] Die Fortschrittler erhoben zu Recht den Vorwurf, dass sich darin ein allgemeiner Schlachtplan offenbare. In den ersten Stichwahlen trafen tendenziell Kandidaten der extremen Rechten (Konservative) auf Kandidaten der extremen Linken (SPD), was die dehnbare Mitte zwang, sich in die eine oder andere Richtung zu strecken. Bei den letzten Stichwahlen, bei denen häufig Liberale und Sozialdemokraten gegeneinander antraten, konnten die Konservativen entscheiden, ob sie den liberalen Kandidaten unterstützen, sich der Stimme enthalten oder womöglich die Sozialdemokratie unterstützen wollten.

Wie sich diese Situation konkret gestaltete, zeigt ein Beispiel aus Sachsen.

---

141 Vgl. J. BERTRAM, Wahlen, 1964, S. 241–246 (20. Januar: 77 Stichwahlen; 22. Januar: 80; 25. Januar: 34).

Amtshauptmann und Wahlkommissar im Wahlkreis 23: Plauen war Maximilian Mehnert, der jüngere Bruder von Paul Mehnert. Mit einer Reihe von gequälten Argumenten terminierte Max Mehnert die Stichwahl mit Beteiligung des führenden Fortschrittlers Oskar Günther auf Montag, den 22. Januar.[142] Alle anderen sächsischen Stichwahlen – sieben an der Zahl – fanden zwei Tage zuvor, am Samstag, den 20. Januar, statt. Die Konservativen überzeugten den nationalliberalen Ortsverein, den Unternehmer und Plauener Stadtrat Julius Graser zu unterstützen. Ziel war es, Günther in eine Stichwahl gegen einen Sozialdemokraten zu zwingen. Grasers Kandidatur wurde von der nationalliberalen Führung in Sachsen nicht gebilligt, aber sie konnte ihre Anhänger vor Ort nicht davon überzeugen, ihn fallen zu lassen.[143] Dadurch entstand genau das Durcheinander, das sich die Konservativen erhofft hatten; zugleich spiegelte es die angespannten Beziehungen zwischen den beiden liberalen Parteien wider.[144] Kreishauptmann Fraustadt war nicht glücklich darüber, dass diese »Verwirrung« zur Wahl eines Sozialisten führen könnte. Er konnte jedoch nicht verhindern, dass es im ersten Wahlgang zu einem Dreierrennen kam.[145]

Als die Stichwahl zwischen Günther und dem sozialdemokratischen Kandidaten Hermann Jäckel näher rückte, wussten die potenziellen nationalliberalen und konservativen Anhänger von Günther, dass die Fortschrittler am 20. Januar in vielen anderen Stichwahlen in Sachsen die SPD unterstützt hatten. Konkret hatten sie zu einer konservativen Niederlage in 11: Oschatz-Grimma beigetragen, indem sie ihren Unterstützern rieten, sich der Stimme zu enthalten. Noch größere Empörung (zumindest aus konservativer Sicht) hatten sie hervorgerufen, als sie ihren Anhängern rieten, in der Stichwahl im WK 9: Freiberg für den Sozialdemokraten zu stimmen, was dort in einem Sieg der SPD resultierte.[146] Die Konservativen rächten sich an Günther vor allem dadurch, dass sie am 22. Januar zu Hause blieben – wie Max Mehnert bereits in seinem Schreiben ans Innenministerium vom 17. Januar vorausgesagt hatte. Andere Konservative gaben ungültige Stimmen ab oder stimmten für den Sozialdemokraten Jäckel (siehe Tabelle 13.1).

Nicht die Konservativen, sondern die Nationalliberalen wurden für diese überraschende Niederlage eines Mannes verantwortlich gemacht, der den Linksliberalismus in Sachsen verkörperte wie kein anderer. Günther hatte die sächsische Fortschrittliche Volkspartei seit ihrer Gründung 1910 als Vorsitzender geleitet. Zuvor hatte er als Teil von Paul Mehnerts Kartell das linksliberale Fähnlein hochgehalten – wenn auch nur

---

142 AHM Maximilian Mehnert (Plauen) an MdI, 17.1.1912, 28.1.1912 (mit zahlreichen Randbemerkungen), 28.2.1912, SHStAD, MdI 5391.
143 NLVBl 7 (20.3.1912), S. 41 f.
144 Vgl. Zeitungsausschnitte in: SHStAD, MdAA 1432,
145 KHM Fraustadt (Zwickau) an MdI, 4.1.1912, SHStAD, MdI 5391.
146 In WK 9: Freiberg wurden in der Stichwahl 311 ungültige Stimmzettel abgegeben, was nahelegt, dass die Fortschrittler andere Wege fanden, um dem SPD-Kandidaten zu helfen, wenn Enthaltung nicht möglich war: sein Vorsprung betrug 116 Stimmen.

Tabelle 13.1: Reichstagswahl im Wahlkreis 23: Plauen, Januar 1912

Parteizugehörigkeit	Kandidat, Beruf, Wohnort	Stimmen	Stimmen (%)
Hauptwahl (12. Januar 1912)			
Nationalliberal	Julius Graser, Fabrikant, Stadtrat, Plauen	10.070	23,5
Fortschrittlich	Oskar Günther, Fabrikant, Stadtverordneter, Plauen	11.859	27,7
Sozialdemokratisch	Hermann Jäckel, Redakteur, Angestellter des Textilarbeiterverbandes, Berlin	20.857	48,7
Sonstige		14	0,2
Stichwahl (22. Januar 1912)			
Fortschrittlich	Oskar Günther	21.406	47,1
Sozialdemokratisch	Hermann Jäckel (Sieger)	24.012	52,9
Ungültige Wahlzettel		286	

Anmerkungen: Die Wahlbeteiligung betrug in der Hauptwahl 85,5 Prozent, in der Stichwahl 91,1 Prozent. Zu Jäckel vgl. W. SCHRÖDER, Sozialdemokratische Parlamentarier, 1995, S. 525 f. Zu Graser und Günther vgl. B. HAUNFELDER, Liberale Abgeordneten, 2004, S. 167 f.; zu Günthers vielfältigen wirtschaftlichen, gesellschaftlichen und politischen Verbindungen vgl. SParl, S. 383 f.
Quelle: Statistik des Deutschen Reichs 250 (1912), Band 1, S. 52–53.

mit Mühe. Tatsächlich hatten die Machenschaften der Gebrüder Mehnert entscheidend zu Günthers Niederlage beigetragen. Die sächsischen Fortschrittler interpellierten die Regierung Vitzthum über diese unverhohlene Wahlmanipulation, doch hatten sie damit wenig Erfolg. Anfänglich zumindest.[147] Doch dann ließ Vitzthums Antwort während einer langen und erbitterten Landtagsdebatte am 13. Februar 1912 tief blicken. Die Motive, die Maximilian Mehnert zugeschrieben würden, seien, so Vitzthum, schlichtweg falsch.[148] »Ein berechtigter Grund zu der Annahme, der Wahlkommissar sei hier von anderen als *streng sachlichen* und *durchaus unpolitischen* Beweggründen geleitet worden, liegt [...] in keiner Weise vor.«[149] Der Minister ging noch weiter. In seiner Begründung für eine spätere Stichwahl hatte Max Mehnert argumentiert, es wäre für die Landwirte in diesem relativ großen Wahlkreis schwierig, sich an einem Samstag, wenn viele von ihnen am Markt in Plauen teilnahmen, in eins der 230 Wahllokale zu begeben. Die Abstimmung an einem Samstag wäre, so Mehnert, nicht wirklich repräsentativ für die gesamte Wählerschaft des Wahlkreises. Vitzthum teilte den Fortschrittlern brüsk mit, »es ist nicht nur das Recht, sondern auch die Pflicht des Wahlkommissars, den Stichwahltag *so* zu bestimmen, daß an ihm tunlichst *allen* Berufskreisen der Wahlberechtig-

---

147 LTAkten 1911/12, II.K., Nr. 123 (18.1.1912).
148 LTMItt 1911/12, II.K., Bd. 2, S. 1624–1657; Hohenlohe, 19.2.1912, PAAAB, Deutschland 125, Nr. 3, Bd. 26.
149 Aus einem maschinengeschriebenen Entwurf (o. D.) von Vitzthums mündlicher Antwort auf die Interpellation der Fortschrittler, SHStAD, MdI 5391 (Hervorhebungen im Original).

ten die Ausübung des Wahlrechtes ermöglicht wird [...] [und] den Termin für die engere Wahl entsprechend den örtlichen Verhältnissen des Wahlkreises festzusetzen«.[150]

Der Vorsitzende der Dresdner Ortsgruppe des Alldeutschen Verbandes, Friedrich Hopf, verlangte von der sächsischen Regierung im Namen der »vereinigten Nationalisten« einen Wahlvorteil, den auch die Sozialistengegner in anderen Teilen des Reich forderten.[151] »Beamte und sonstige Angestellte aller Art«, schrieb er, sollten an beiden Wahltagen ganztägigen Urlaub für die Haupt- und Stichwahlen erhalten – in Anbetracht der »praktischen Wahlhilfe«, die sie leisten könnten. Hopf ging sogar noch weiter und regte an, diesen Berufsgruppen bereits in den Wochen vor dem jeweiligen Wahltag für den gleichen Zweck frei zu geben. Seine Anfrage stieß auf offene Ohren. »Vor der letzten Reichstagswahl«, schrieb ein höherer Beamter an einen seiner Untergebenen, »ist ein Beschluß des Gesamtministeriums an alle Ministerien ergangen. Das könnte wiederholt werden. Ich bitte um entsprechende Ausfertigung.«[152]

Zielsetzung Stichwahlen

Nach Abschluss der Hauptwahl am 12. Januar 1912 stellten sich die Aussichten auf eine antisozialistische Einheit in Sachsen und im Reich jeweils unterschiedlich dar.[153] Auf nationaler Ebene schnitten die beiden konservativen Parteien besser ab als viele Schwarzmaler vorhergesagt hatten. Aber weder die Sozialdemokraten noch die Fortschrittler erfüllten die Hoffnungen ihrer Parteivorsitzenden. Tabelle 13.2 veranschaulicht die gegensätzlichen Geschicke der wichtigsten Parteien im ersten und zweiten Wahlgang.

Nach dem 12. Januar standen die extreme Rechte und die extreme Linke stellvertretend für die »Freunde« und die »Feinde« des Reiches. August Bebel hatte diese Situation kommen sehen. Bereits auf dem Jenaer Parteitag der SPD im September 1911 erklärte er seinen Anhängern, dass es ihre »verdammte Pflicht« sei, für die kommende »Wahlschlacht« sozusagen einen »Kriegszustand zu erklären«. Die Anstrengungen seien »die wichtigsten, [...] die wir jemals durchgekämpft haben. [...] Jetzt heißt es: Alle Mann

---

150 Ebenda (Hervorhebungen im Original).
151 Hopf an das sächs. Gesamtministerium, 4.12.11, und begleitende interne Notiz, SHStAD, MdI 5391. Zu dem auf die pr. Beamten ausgeübten Druck vgl. sächs. Gesandter in Preußen, Salza und Lichtenau (Berlin) an MdAA Vitzthum, 30.10.1911, SHStAD, MdAA 1431; NAZ, 31.10.1911; J. Bertram, Wahlen, 1964, S. 119–138.
152 Randbemerkung hier: »in Umlauf gesetzt«. Vgl. auch sächs. MdAA Vitzthum an sächs. MdI Vitzthum (Entwurf), 14.12.1911, SHStAD, MdAA 1431; Max Schneider in Vertretung des Wahlausschusses der vereinigten liberalen Parteien, Bärenstein (Bezirk Chemnitz), an MdI (Abschrift), 4.1.1912, SHStAD, MdI 5391.
153 Vgl. die stilisierte Karte mit den Parteimandaten im Reichstag kurz vor der Wahl 1912, dargestellt nach Größe der Wahlkreisbevölkerung: Karte S.13.3, Die Vertretung der Wahlkreise am Ende der Reichstagssession 1911, im Online-Supplement. Ursprünglich aus dem Anhang zu W. Koch, Volk, 1935.

Tabelle 13.2: Reichstagswahlen: gewonnene Mandate bei Haupt- und Stichwahlen, 1907 und 1912

Partei	Hauptwahl		Stichwahl		Mandate insgesamt	
	1907	1912	1907	1912	1907	1912
Deutschkonservative Partei	43	27	17	16	60	43
Reichs- und Freikonservative Partei	11	5	13	11	24	16
Antisemiten und andere rechte Gruppen	10	3	17	10	27	13
Bayerischer Bauernbund (etc.)	1	1	0	3	1	4
Nationalliberale Partei	21	4	37	41	58	45
Linksliberale/Fortschrittliche Volkspartei	9	0	40	42	49	42
Polen	19	14	1	4	20	18
Elsass-Lothringen, Welfen, Dänen	10	9	5	6	15	15
Deutsche Zentrumspartei	86	79	14	12	100	91
Sozialdemokraten	29	64	14	46	43	110
Gesamt	239	206	158	191	397	397

Anmerkungen: Bis Ende 1911 waren die SPD-Mandate durch Siege bei Nachwahlen auf 53 angestiegen. Zu den Gegnern und Erfolgen aller Parteien in den Stichwahlen von Jan. 1912 vgl. J. BERTRAM, Wahlen, 1964, S. 221.

Quellen: J. BERTRAM, Wahlen, 1964, S. 215, 243 f. Geringfügig abweichende Zahlen für kleinere Parteien in G. A. RITTER, Wahlgeschichtliches Arbeitsbuch, 1980, S. 42.

auf den Posten! [...] Vorwärts! Durch! (Stürmischer Beifall).«[154] Bebel riet seinen Parteifreunden jedoch auch, ihre Strategie für die Stichwahlen sorgfältig zu überdenken. Er wusste, dass die SPD-Wähler in der Vergangenheit die Anweisung, sich bei bestimmten Stichwahlen zu enthalten – um beispielsweise einen linksliberalen Sieg zu ermöglichen –, nicht immer befolgt hatten. Trotz der Aufrufe zur Wahlenthaltung, so Bebel, liefen sie »dennoch in Massen zur Wahl. Man muß eben die Psychologie der Massen kennen. Am Wahltage geht es ihnen wie den Kavalleriepferden, wenn sie die Trompete hören.«[155] Er warnte davor, dass die »Ordnungsparteien« vor den Stichwahlen 1912 mit großer Wahrscheinlichkeit gegen die Sozialdemokratie hetzen würden. »[W]enn die Hauptwahlen glücklich für uns ausfallen und wir ein erhebliches Mehr an Stimmen bekommen, dann werden Sie ein Hasenrennen erleben, das bei den bürgerlichen Parteien nach rechts hin stattfindet. (Sehr richtig!). Das wird bei ihnen einen gewaltigen Schrecken hervorrufen [...].«[156] Zur Veranschaulichung der Taktiken, welche die Sozialdemokraten von ihren Feinden zu erwarten hatten, zitierte Bebel die Rede Kaiser Wilhelms II. vom 25. Januar 1907, in der dieser den Wahlsieg der Nationalen gefeiert hatte. Wilhelm hatte den kampferprobten preußischen Offizier Obrist Kottwitz aus Heinrich von

---

154 [SOZIALDEMOKRATISCHE PARTEI DEUTSCHLANDS], Protokoll [ ] Parteitag [...] Jena [...] 1911, S. 376–392, hier S. 391 f.
155 Ebenda, S. 391 f.
156 Ebenda, S. 391.

Kleists »Prinz von Homburg« zitiert. Bebel tat es ihm gleich: »Was kümmert dich die Regel, nach der der Feind sich schlägt,/Wenn er nur nieder vor dir mit allen seinen Fahnen sinkt/Die Regel, die ihn schlägt, das ist die höchste./Die Kunst jetzt lernten wir, ihn zu besiegen,/Und sind gewillt sie fürder auch zu üben.«[157] Als Antwort auf ein derart gnadenloses Vorgehen ermahnte Bebel seine Zuhörer, die Sozialdemokraten müssten einem bürgerlichen Kandidaten, der womöglich ihre Hilfe bei einer Stichwahl in Anspruch nehmen mochte, als Erstes die Frage stellen, ob er für die Beibehaltung des bestehenden Reichstagswahlrechts sei.

Die liberalen Parteien standen vor einem anderen Stichwahldilemma. Auf nationaler Ebene tendierten die Nationalliberalen nach rechts, allerdings je nach Landesteil mit großen Unterschieden hinsichtlich Motivation und Erfolg. Die Parteiführung entband sich ihrer Verantwortung, indem sie es den regionalen Parteiführern freistellte, eigene Stichwahlvereinbarungen mit anderen Parteien zu treffen.[158] Die Führung der sächsischen Nationalliberalen forderte lautstark eine gemeinsame Front gegen die SPD gemäß dem, wie sie es nannte, »Gesetz der nationalen Ehre im sächsischen Stichwahlkampfe«.[159] Die Wunden, die sich Konservative und Liberale vor dem ersten Wahlgang beigebracht hatten, mussten nun durch einen Aufruf zur Einheit geheilt werden. In einem Leitartikel in den *Leipziger Neuesten Nachrichten* wurde behauptet, es sei eine Frage der »nationalen Ehre«, dass sich die Wähler den »erklärten Todfeinden des Staates und der gesellschaftlichen Ordnung« vereint entgegenstellten: »Vaterlandsliebe und nationaler Sinn dürfen nicht in dem Aerger über irgendeine Steuer ersticken. Sonst ist Talmi, was sich als Gold ausgab, sonst ist Lüge, was sich auf dem Markte als Wahrheit ausschrie.«

Die Fortschrittliche Volkspartei stand vor einer anderen Herausforderung. Sie hatte reichsweit bei den Hauptwahlen kein einziges Mandat gewonnen. Um die Partei vor dem Untergang zu bewahren, ging ihre nationale Führung ein geheimes Bündnis mit den Sozialdemokraten ein. Letztere würden ihre Agitation in 16 Wahlkreisen – alle außerhalb Sachsens – »dämpfen«, um den Fortschrittlern zum Sieg zu verhelfen. Umgekehrt leisteten die Fortschrittler in 31 anderen Wahlkreisen erklärte oder nicht erklärte Unterstützung für die Sozialdemokraten. Die Forschung ist sich noch uneins, inwiefern diese Abmachung beiden Parteien geholfen hat.[160] Sowohl unter den Fortschrittlern als auch bei den Sozialdemokraten gab es Gruppierungen, die Zweifel an ihrer Weisheit hegten. Rosa Luxemburg behauptete, »ihr sei die Schamesröte ins Gesicht gestiegen«, als sie von dem Abkommen erfuhr.[161] Auch der Fortschrittler Otto Wiemer und

---

157 Ebenda, S. 377.
158 Vgl. J. BERTRAM, Wahlen, 1964, S. 223.
159 LNN, 16.1.1912.
160 Vgl. J. BERTRAM, Wahlen, 1964, S. 230 f.; A. P. THOMPSON, Left Liberals, 2000, S. 197 f.
161 Zitiert in: F. L. CARSTEN, Bebel, 1991, S. 221.

der Sozialdemokrat Wolfgang Heine äußerten Zweifel an seiner Wirksamkeit. Heine wies rückblickend darauf hin, dass man es schon vor der Hauptwahl und nicht in letzter Minute hätte vereinbaren sollen.[162] Wiemer schloss sich Bebels Erkenntnis an, dass man den Wählern einer Partei nicht einfach befehlen könne, zur Wahl zu gehen oder von ihr fernzubleiben. So sagte er beim Jahreskongress der Fortschrittler 1912: »[...] die Zumutung an die Wählermassen, in heftiger Wahlschlacht, kurz vor der Entscheidung plötzlich den Kampf abzubrechen, ist schwer durchzuführen. Das kann nur eine sehr geschulte und disziplinierte Truppe, nicht aber die breiten Wählermassen, die bei der Wahl in Betracht kommen.«[163] Nichtsdestotrotz konnte diese Vereinbarung, die am 16. Januar in der Berliner Residenz des fortschrittlichen Bankdirektors Karl Mommsen getroffen wurde, bis unmittelbar vor den Stichwahlen unter Verschluss gehalten werden. In Anbetracht der Anzahl der Personen, die in den Handel eingeweiht waren, war das eine bemerkenswerte Leistung.

Selbst Reichskanzler Bethmann Hollweg wurde davon überrascht. Da die Zahl der im ersten Wahlgang gewonnenen SPD-Sitze von 29 im Jahr 1907 auf 64 im Jahr 1912 gestiegen war, konnte sich Bethmann den Aufrufen der Rechten nicht widersetzen, bei den Stichwahlen eine einheitliche Front gegen die Sozialdemokratie zu organisieren. Mit Hilfe von unter anderem Reichskanzleichef Arnold von Wahnschaffe, Friedrich Wilhelm von Loebell und Hans von Schwerin-Löwitz versuchte der Kanzler, die bürgerlichen Parteien noch vor den Stichwahlen zur Einsicht zu bringen.[164] Auch wenn sich der Leipziger Sozialdemokrat Friedrich Stampfer in vielen Details irrte, lieferte er doch einen lebhaften Bericht über die am 17. Januar einberufene Sitzung: »Der gute Bethmann war so ahnungslos, daß er noch nach dem Zustandekommen des Abkommens die Vorsitzenden aller bürgerlichen Parteien zu einer Besprechung in einen Saal des preußischen Landtags einlud. Die Tagesordnung: gemeinsamer Stichwahlkampf gegen die Sozialdemokratie. Er war sehr erstaunt, als er mit den Konservativen und den Zentrumsleuten allein blieb. Ein Nationalliberaler öffnete zwar die Tür des Verhandlungszimmers und wurde freudig empfangen, aber er zog sich sofort wieder, eine Entschuldigung murmelnd, zurück. Zwei Tage später kam die Stichwahlparole heraus, die Bombe war geplatzt.«[165]

Nach dem Abschluss der Stichwahlen 1912 hatte sich das Ergebnis von 1907 umgekehrt.

Mit zwei Ausnahmen erlitten alle großen Parteien und Parteigruppierungen Verluste. Die erste Ausnahme waren die Linksliberalen. Im Vergleich zu dem Gesamtanteil

---

162 Zitiert in: J. BERTRAM, Wahlen, 1964, S. 234.
163 Zitiert in: ebenda, S. 232.
164 Vgl. Bethmann an Schwerin-Löwitz, 17.1.1912, zitiert in: K. H. JARAUSCH, Chancellor, 1973, S. 91.
165 F. STAMPFER, Erfahrungen, 1957, S. 162. Für genauere Schilderungen – anscheinend war es der Fortschrittler Otto Wiemer, der den Raum eilig wieder verließ – vgl. W. KOCH, Volk, 1935, S. 119; A. P. THOMPSON, Left Liberals, 2000, S. 196–198.

Tabelle 13.3: Reichstagswahlen in Sachsen und im Reich, 1907 und 1912

	25. Januar 1907			12. Januar 1912		
	Stimmen	Stimmen (%)	Mandate	Stimmen	Stimmen (%)	Mandate
Sachsen						
Konservative	92.206	10,6	3	90.793	9,7	2
Nationalliberale	225.034	26,1	6	204.235	21,9	1
Linksliberale	44.405	5,2	2	81.718	8,7	0
Antisemiten	59.678	6,9	3	37.160	4,0	1
BdL, WV, etc.*	18.548	2,1	1	3.424	0,4	0
Zentrum	4.643	0,5	0	2.573	0,3	0
Sozialdemokraten	418.570	48,5	8	513.216	55,0	19
Gesamt	866.571		23	938.135		23
Wahlbeteiligung Haupt-/Stichwahl (%)	89,7	/	91,9	88,8	/	91,8
Reich						
Deutschkonservative	1.060.209	9,4	60	1.126.270	9,2	43
Freikonservative	471.863	4,2	24	367.156	3,0	14
Nationalliberale	1.637.048	14,5	54	1.662.670	13,6	45
Linksliberale	1.233.933	10,9	49	1.497.041	12,3	42
Antisemiten	248.634	2,2	16	51.898	0,4	3
BdL, WV, etc.*	300.103	2,7	14	304.557	2,5	12
Zentrum	2.179.743	19,4	105	1.996.843	16,4	91
Sozialdemokraten	3.259.029	28,9	43	4.250.401	34,8	110
Gesamt	11.303.537		397	12.260.626		397
Wahlbeteiligung (%)	84,7			84,9		

Anmerkungen: *BdL = Bund der Landwirte, WV = Wirtschaftliche Vereinigung. Prozentzahlen nur für Hauptwahl. Die Gesamtzahl der abgegebenen Stimmen umfasst gültige und ungültige Wahlzettel. RT-Fraktionsgesamtzahlen umfassen Hospitanten und nicht zur Fraktion Gehörige. Kleinere Parteien sind anders gruppiert als in Tabelle 13.2. Für einen umfassenderen Überblick vgl. die von Valentin Schröder erstellten Tabellen unter http://www.wahlen-in-deutschland.de/krtw.htm.
Quellen: Vierteljahrshefte zur Statistik des Deutschen Reichs, Ergänzungsheft zu 1907, Heft I (1907), S. 44–47, 66–69, Heft III, Zweiter Teil (1907), S. 8–9, 121–124; Statistik des Deutschen Reichs 250, Erstes Heft (1912), S. 49–53, 72–73, 76–77; Zweites Heft (1913), S. 53–56, 97–98, 130–134, Drittes Heft (1913), S. 76–83, 104–105, 116–117.

der Stimmen, den die verschiedenen linksliberalen Parteien 1907 gewonnen hatten, erhöhte die neu geeinte Fortschrittliche Volkspartei ihren Stimmenanteil 1912 sowohl in Sachsen als auch im Reich. Aber die Größe der Parteifraktion schrumpfte – sowohl national als auch regional. 1912 gingen in Sachsen die zwei 1907 gewonnenen Mandate wieder verloren. Die zweite Ausnahme war die SPD, deren Gewinne das Gros der Kommentare auf sich zog. Egal, ob man es nun als einen Rückgewinn, eine Rückkehr oder einen Rückschlag für die etablierte Ordnung bezeichnen wollte, das Abschneiden der Sozialdemokratie im Jahr 1912 war erstaunlich. Die Zahl der für die SPD abgegebenen

Stimmen stieg von rund 3,3 Millionen (1907) auf fast 4,3 Millionen (1912). Ihr Stimmenanteil stieg von etwa 29 Prozent auf etwa 35 Prozent. Mehr als jeder dritte deutsche Wähler stimmte 1912 für die »Umsturzpartei«. Die Zahl ihrer Reichstagsmandate stieg auf 110 – somit war die SPD die größte Fraktion im Reichstag. Nur die Fraktion der Zentrumspartei (91) kam zahlenmäßig annähernd an sie heran.

In Sachsen waren weder das Wahlabkommen zwischen den Fortschrittlern und den Nationalliberalen noch der Versuch, die Reste eines antisozialistischen Kartells zu mobilisieren, von Erfolg gekrönt. Bereits in der Hauptwahl am 12. Januar gewannen die Sozialdemokraten 15 Reichstagsmandate (siehe Tabelle 13.4). Von den acht erforderlichen Stichwahlen gewannen die »Sozis« vier. Die sächsischen Wähler waren also nach 1912 in Berlin durch einen antisemitischen Reformer (Heinrich Gräfe), einen Deutschkonservativen (Ernst Giese), einen Freikonservativen (Eduard von Liebert), einen Nationalliberalen (Johannes Junck) und 19 Sozialdemokraten vertreten. Vor allem Sachsens industrialisierter Südwesten, der die Wahlkreise 15: Mittweida bis 22: Auerbach umfasste, bildete einen großen und zusammenhängenden Block sozialdemokratischer Stärke.[166] In den genannten acht Wahlkreisen gewannen die sozialdemokratischen Kandidaten im Schnitt 59,6 Prozent der Stimmen im ersten Wahlgang.

---

[166] Vgl. Karte S.13.1 der Reichstagswahlen in Sachsen 1912 und Karte S.13.2 der sächsischen Parteihochburgen 1912 im Online-Supplement.

Tabelle 13.4: Reichstagswahlen in Sachsen, nach Wahlkreis und Partei, 1912

Wahlkreis	Liberales Wahlabkommen? (1911)	Kons./BdL/ AS Reform/ WV* (%)	Fortschrittliche Volkspartei (FoVP) (%)	Nationalliberale (NLP) (%)	Sozialdemokraten (SPD) (%)	Partei des Siegers Hauptwahl	Partei des Siegers Stichwahl
1: Zittau	nein	7,1	22,0	17,3	50,6	SPD	
2: Löbau	nein	14,5	13,6	22,8	49,0		SPD
3: Bautzen	FoVP	40,9	24,2	-	34,9		Reform
4: Dresden-Neustadt	FoVP	23,9	21,2	-	54,3	SPD	
5: Dresden-Altstadt	nein	-	-	49,4	49,2		SPD
6: Dresden-Land	NLP	13,8	-	26,6	59,2	SPD	
7: Meißen	nein	29,6	18,9	-	51,1	SPD	
8: Pirna	NLP	22,7	-	25,3	51,9	SPD	
9: Freiberg	NLP	28,8	-	26,1	46,1		SPD
10: Döbeln	NLP	19,9	-	27,3	52,8	SPD	
11: Oschatz-Grimma	FoVP	39,6	17,4	-	43,0		Kons.
12: Leipzig-Stadt	NLP	-	-	46,3	44,6		NLP
13: Leipzig-Land	nein	7,4	7,7	20,4	64,4	SPD	
14: Borna	NLP	28,1	-	27,6	44,3		Kons.
15: Mittweida	nein	9,3	11,4	20,5	58,8	SPD	
16: Chemnitz	NLP	10,5	-	25,2	64,1	SPD	
17: Glauchau-Meerane	nein	10,6	25,8	-	63,6	SPD	
18: Zwickau	NLP	-	-	39,1	60,6	SPD	
19: Stollberg	nein	29,8	6,1	-	64,1	SPD	
20: Marienburg	FoVP	18,6	25,3	-	56,1	SPD	
21: Annaberg	NLP	3,8	-	42,6	53,6	SPD	
22: Auerbach	nein	-	0,2	43,8	55,9	SPD	
23: Plauen	FoVP	-	27,7	23,5	48,7		SPD
Sachsen gesamt		14,1	8,7	21,9	55,0	15	8

Anmerkungen: *BdL = Bund der Landwirte, AS = Antisemiten, WV = Wirtschaftliche Vereinigung. Mitglieder der FoVP in Sachsen wurden häufig als Freisinnige bezeichnet. Nichtsozialdemokratische Wahlsieger: Sachsen 3: Heinrich Gräfe; Sachsen 11: Dr. Ernst Giese; Sachsen 12: Dr. Johannes Junck; Sachsen 14: General Eduard Liebert (ungültig).
Quellen: Statistik des Deutschen Reichs 250 (1912–13), Hefte I–III; RHRT, Bd. 2, S. 1120–1197.

Offene Wunde

> Heute ist ja ein Schicksalstag. Je günstiger die Wahl für uns ausfällt, je ungünstiger wird die allgemeine Situation. Wir dürften dann merkwürdige Dinge erleben. Unsere Gegner lassen sich nicht wehrlos das Wasser in den Hals laufen.
> — August Bebel an den österreichischen sozialdemokratischen Parteiführer Victor Adler, 12. Januar 1912[167]

> Monarchy is like a splendid ship, with all sails set as it moves majestically on, but then it hits a rock and sinks forever. Democracy is like a raft. It never sinks but, damn it, your feet are always in water.
> — dem Föderalistenführer Fisher Ames zugeschrieben, Rede vor dem US-Repräsentantenhaus, 1795

Einige wenige Sozialistengegner in Sachsen äußerten sich zufrieden darüber, dass 19 SPD-Abgeordnete im Reichstag besser seien als 22 (wie 1903). Doch wurden sie von denen übertönt, für die dadurch der Himmel einstürzte (bzw. der Wasserpegel anstieg).[168] Letztere klagten in erster Linie über den »Terrorismus« der SPD und den Mangel an antisozialistischer Einheit unter den bürgerlichen Parteien. Diese Klagen wurden in Sachsen lautstark und häufig geäußert, auch wenn die nackten Fakten für sich selbst sprachen bzw. zu sprechen schienen. Zwischen 1907 und 1912 stiegen die Stimmen für die sächsische SPD von rund 419 000 auf über 513 000. Ihr Anteil an den abgegebenen Stimmen stieg von 48,5 Prozent auf 55,0 Prozent, was hieß, dass 1912 (wie schon bei der Landtagswahl im Oktober 1909) jeder zweite sächsische Wähler die SPD unterstützte. Im Vergleich zu 1907 hatten sich die sozialdemokratischen Mandate in Sachsen mehr als verdoppelt. Besonders besorgt zeigte man sich über die ansteigenden Mitgliederzahlen der SPD in Sachsen. Dieser Anstieg wurde jedoch teilweise durch negative Indikatoren ausgeglichen, die den Sozialdemokraten selbst Sorgen bereiteten. Das unaufhaltsame Wachstum der SPD war nur Teil eines größeren Gesamtbildes (siehe Abbildung 13.5).

---

167 Bebel an Adler, 12.1.1912; V. ADLER, Briefwechsel, 1954, S. 545.
168 Vgl. z. B. den Brief (ohne Unterschrift) mit dem Titel »Weshalb sind die Wahlen so schlecht verlaufen?« an Graf Vitzthum, 13.1.1912; SHStAD, MdI 5392.

Abbildung 13.5: Wahlnacht in Leipzig, Januar 1912. Die vorläufigen Wahlergebnisse aus dem sächsischen Wahlkreis 12: Leipzig-Stadt werden per Diaprojektor an eine Hauswand projiziert. Nach einer Skizze von Franz Kienmayer. Quelle: Illustrirte Zeitung, Nr. 3577 (18. Januar 1912).

Reaktionen

Ein Problem für die SPD waren die anhaltenden parteiinternen Querelen auf nationaler Ebene und in vielen ihrer regionalen Organisationen. Für August Bebel, der nur noch anderthalb Jahre leben wurde und der wegen der Geisteskrankheit seiner Tochter Frieda nicht am Wahlkampf teilgenommen hatte, war das Anwachsen der SPD-Reichstagsfraktion auf 110 Abgeordnete ein zweischneidiges Schwert. Nun, da eine »merkwürdig gemischte Gesellschaft in die Fraktion«[169] Einzug hielt, wusste er, dass es schwierig sein würde, entweder die doktrinäre Reinheit oder das gütliche Einvernehmen zwischen den rechten und linken Flügeln und der Mitte der Partei aufrechtzuerhalten. Obwohl er die Zugewinne der Partei mit Genugtuung zur Kenntnis nahm, sorgte er sich um die Zukunft. Am Tag der Hauptwahl äußerte er Befürchtungen, dass es zu einer Gegenreaktion kommen würde, während er nach den Stichwahlen das Problem der Parteieinheit

---

[169] Bebel an Adler, 12.1.1912, zuvor zitiert. Am 19.1.1912, ebenfalls zuvor zitiert, schrieb Bebel an Luise Kautsky: »In der Fraktion ist ja jetzt schon alles vertreten, was Feuer fängt, rechts und links. Da wird das Zusammenhalten nicht leicht sein, ist aber wichtiger denn je.«

als vorrangig ansah. »Mit den hundertzehn habe ich genug; wäre noch ein Stichwahltag in Aussicht gewesen, hätte ich gebetet: O Herr! Halt ein mit Deinem Segen!«[170]

In Sachsen wurden Bebels Sorgen noch verstärkt durch das langsame Wachstum der SPD-Presseabonnements; durch die Tatsache, dass dem Reichstagswahlkampf, anders als dem Landtagswahlkampf 1909, der Reiz des Neuen fehlte; und durch Hinweise, dass die SPD unter Arbeiterwählern ihr Potenzial fast ausgeschöpft hatte.[171] Auf der Landeskonferenz der Partei 1914 machte Karl Sindermann die bestmögliche Miene zu dieser »Stockungskrise«. Die sächsische Partei hatte bereits eine Aktion gestartet, um mehr Mitglieder und Leser zu gewinnen – mit gemischtem Erfolg. Sie belebte die Rede vom Massenstreik wieder und organisierte eine »Rote Woche«. Aber schon 1913 hatte sie sich von Plänen verabschiedet, einen konzertierten Angriff gegen die antidemokratischen Kommunalwahlgesetze Sachsens zu fahren.[172] Der Landtagsabgeordnete Emil Nitzsche bezweifelte angesichts des Durcheinanders an örtlichen Wahlgesetzen im Königreich, dass sich eine landesweite Wahlrechtsbewegung erfolgreich lancieren ließe.[173] Er merkte zudem an, dass eine solche Reformbewegung die Chance bieten könnte, das Landtagswahlrecht von 1909 in eine antisozialistische Richtung zu überarbeiten. Die sächsischen SPD-Parteiführer nannten die fehlenden Reformen in Preußen als Grund, das Erreichte zu bewahren und auf neue Gelegenheiten zu warten.[174]

---

170 Bebel an Luise Kautsky, 27.1.1912, K. Kautsky, Jr. (Hrsg.), August Bebels Briefwechsel, 1971, S. 285.
171 Vgl. die Überlegungen des SPD-Statistikers Akademikus in: NZ 30, Bd. 2, H. 48–49, S. 817–825, 868–873; vgl. unter anderem D. Groh, Negative Integration, 1973, S. 278–289, bes. S. 280 f. mit aufschlussreichen sächsischen Beispielen; K. Rudolph, Sozialdemokratie, 1995, S. 52–85, bes. S. 83–85 zum Folgenden. S. Dobson, Authority, 2001, S. 66–100, ist impressionistisch.
172 Protokoll der Konferenz vom 8. September 1913, betreffend Agitation für Verbesserung des Wahlrechts in den Städten, NL Richard Lipinski (Privatbesitz), zitiert in: K. Rudolph, Sozialdemokratie, 1995, S. 84. Zum Hintergrund vgl. Sozialdemokratisches Zentral-Agitationskomitee für Sachsen (Hrsg.), Das Gemeindewahl-Programm für die sozialdemokratische Partei in Sachsen (o. O. o. D. [1909?]); P. Hirsch/H. Lindemann, Das kommunale Wahlrecht (Sozialdemokratische Gemeindepolitik, Heft 1), Berlin 1905, 2. Aufl. 1911; Kommunale Praxis. Zeitschrift für Kommunalpolitik und Gemeindesozialismus (Dresden), hrsg. von Albert Südekum, bes. Jg. 4–6 (1904–06), und dessen Beilage, Sächsische Gemeinde-Politik, hrsg. von Otto Pollender; D. Rebentisch, Sozialdemokratie, 1985, bes. S. 1–31.
173 Nitzsche lag richtig, wie der »harmlose Eindruck« zeigte, den ein »durchaus ruhiger und korrekter« öffentlicher Protest gegen das Chemnitzer Stadtverordnetenwahlrecht am Abend des 6.11.1913 machte. Im Chemnitzer Rathaus, wo ein sozialdemokratischer Antrag zur Reform des örtlichen Wahlrechts unmittelbar darauf von allen bürgerlichen Stadtverordneten rundweg niedergestimmt wurde, waren »die Tribünen im Sitzungssaal lange vor Sitzungsbeginn voll besetzt«. Die Rede des Stadtverordneten Gustav Noske wurde mit vereinzelten Zwischenrufen und Hochrufen begrüßt, »die aber vom Vorsitzenden zurückgewiesen wurden, der für den Wiederholungsfall Räumung der Tribüne androhte«. Auf dem Neumarkt vor dem Rathaus, wo Parteisekretär Kuhnt vor etwa 2 000 »Wahlbrüdern« sprach – »Wir haben erreicht, was wir wollen. Der Antrag ist eingebracht« –, erklärte Oberwachtmeister Fichtner die Rede vorzeitig für beendet, woraufhin Kuhnt die Menge aufforderte, »ruhig nach Hause« zu gehen. Polizeidirektor Lohse (Chemnitz) an KHM Lossow (Chemnitz), 6.11.1913, SHStAD, MdI 10995, Teil 2.
174 Eine treffende Zusammenfassung findet sich in: K. Rudolph, Sozialdemokratie, 1995, S. 85: »Es gelang letztlich nicht, den Bewegungscharakter der Partei zu erneuern, die reaktive Linie gegenüber der rechten Sammlungspolitik zu durchbrechen und die Macht der Organisation in politische Erfolge umzusetzen [...]. 1914 stand das Modell des ›roten Königreichs‹ Sachsen vor dem drängenden Problem, gegenwartstauglich und zukunftsfähig zu bleiben.«

Im Reich entschieden sich die Linksliberalen anfänglich dafür, die im Januar 1912 geschaffene Reichstagsmehrheit zu verteidigen anstatt sie herauszufordern.[175] Nach und nach begannen sie nach Wegen zu suchen, wie sie Bündnisse mit der SPD und den Nationalliberalen eingehen könnten. Ihr süddeutscher Führer Friedrich von Payer sah praktische Schwierigkeiten. Im Juni 1913 schrieb er, dass sich die Sozialdemokraten wie »Lausbuben« verhielten, seit Rosa Luxemburg sich für den radikal linken Flügel ihrer Partei stark machte.[176] Zwar gebe es auch Anlass für Optimismus. Der (wenn auch fragile) Fortbestand von Bassermanns Autorität innerhalb der Nationalliberalen Partei mache es wahrscheinlicher, dass sich beide liberale Parteien gegen Staatsstreichpläne oder andere Lockrufe der Rechten zur Wehr setzen würden. Doch die sächsischen Fortschrittler wurden nach Januar 1912 von den Konservativen und der sächsischen Regierung mit so viel Gehässigkeit überzogen, dass sie keine Bündnisse mit der SPD eingehen konnten, wie es in Süddeutschland üblich geworden war. Man könnte meinen, dass die sächsischen Fortschrittler nichts zu verlieren gehabt hätten, nachdem sie bei der Wahl 1912 leer ausgegangen waren. Doch sie standen unter Druck, ihre antisozialistische Gesinnung bzw. ihre Loyalität gegenüber dem Staat zu beweisen. Alfred Brodauf, der sächsische Fortschrittskandidat in WK 20: Marienberg, erklärte, die SPD sei weiterhin der Todfeind der bürgerlichen Gesellschaft. Als diese Behauptung einen Chor an Dementi von Fortschrittlern in anderen Teilen des Reichs auslöste, zeigte dies, wie wenig Spielraum dem sächsischen Parteiflügel zur Verfügung stand.[177]

1914 schmiedeten die sächsischen Fortschrittler ein Wahlbündnis *nicht* mit der SPD – wie es im Reich zunehmend zur Regel wurde –, sondern mit den Nationalliberalen. Dieser Pakt galt explizit nur für die Hauptwahlen, nicht aber für die Stichwahlen bei den nächsten Landtagswahlen 1915. Als die Nachricht davon in der ersten Juliwoche 1914 an die Öffentlichkeit gelangte, schlug sie in den Lagern der SPD und der Konservativen wie eine Bombe ein. Gemäß der Bündnisvereinbarungen wurden 63 Landtagswahlkreise den Nationalliberalen und 28 den Fortschrittlern zugewiesen. Letztere hatten aus einer Position der Schwäche verhandelt. Nun sahen sie sich mit der Möglichkeit konfrontiert, dass 1915 in der Hauptwahl die Nationalliberalen und in den Stichwahlen die SPD von dem Bündnis profitieren würden.

*

Nach den letzten allgemeinen Wahlen im Reich (1912) und in Sachsen (1909) verschwanden weder Wahlkämpfe noch Wahlrechtskämpfe von der Bildfläche. In vielerlei Hinsicht prägten sie auch weiterhin die politische Kultur Deutschlands.

---

175 Vgl. A. P. Thompson, Left Liberals, 2000, S. 200–235.
176 Payer an Alwine von Payer, 29.6.1913, zitiert in: ebenda, S. 204.
177 Brodauf (1914), zitiert in: ebenda, S. 212.

Erstens wurden die Möglichkeiten, Mehrheiten im Reichstag oder einem anderen parlamentarischen Gremium zu schmieden, durch Nachwahlen, Parteiübertritte und tatsächliche oder befürchtete Spaltungen zwischen den Fraktionen und politischen Bündnissen sowohl innerhalb als auch außerhalb des Parlaments erschwert oder erleichtert. Von diesen Mehrheiten hing es ab, ob die Gesetzgebungsinitiativen, die den Parlamenten auf nationaler, regionaler und lokaler Ebene vorgelegt wurden, realisierbar waren. Zweitens blieb das preußische Dreiklassenwahlrecht ein Symbol des politischen Stillstands und der Junkerherrschaft. Es war, in den Worten eines Historikers, »das mächtigste Bollwerk der Reaktion in Europa«.[178] Drittens sondierten alle Parteien aufmerksam das raschere oder langsamere Wachstum ihrer Mitgliederzahlen, wenn es darum ging, Pakte für zukünftige Wahlen zu schließen und neue Anhänger zu mobilisieren. Die Aussicht auf zukünftige Wahlen spielte folglich bei allen politischen Aktivitäten eine kaum verdeckte Rolle. Viertens fanden in anderen Bundesländern weiterhin Landtagswahlen und Wahlrechtsreformen statt. In Bayern, Baden und Württemberg musste die SPD Rückschläge hinnehmen. In den thüringischen Ländern wurde das Wahlrecht in antidemokratischer Stoßrichtung revidiert: *Die Neue Zeit* bezeichnete dies als »kleinstaatliche Verpreußung«.[179] Fünftens ließ sich die Vorstellung von einem linken Block nicht aus der Welt schaffen. Wilhelm Kolb war in einem Beitrag für die *Sozialistische Monatsschrift* zu optimistisch, als er erklärte, die Großblock-Idee »ist nicht tot: sie *lebt* und *marschiert*«. Allerdings versuchte er damit seine eigenen Parteiführer davon zu überzeugen, dass der Großblock noch »die schwarzweißen Grenzpfähle überschreiten und sich den preußischen Genossen [...] als letzte Rettung aus ihrem politischen Elend zeigen wird«.[180]

Zu guter Letzt waren die meisten Verfassungsexperten in Deutschland bis 1913 zu dem Schluss gekommen, dass ihr politisches System so etwas wie das optimale Gleichgewicht zwischen Konstitutionalismus und Monarchie darstellte. Der Parlamentarismus trat als Ziel in den Hintergrund, weil der Reichstag seine potenzielle Machtposition nicht bekräftigt hatte. Als Beweis dafür diente das laue Aufbegehren der Reichstagsabgeordneten gegen monarchische Skandale (wie in der Daily-Telegraph-»Affäre«) und militärische Arroganz (wie in der Zabern-Affäre[181]). Das wiederum erleichterte es zaghaften Politikern, den Parlamentarismus, so paradox es auch klingen mag, mit einer schwachen Verwaltung und einem übermächtigen Staat zu assoziieren. In der Presse und im Plenarsaal des Reichstags verwiesen die Abgeordneten auf mangelhafte Verfassungsmodelle anderer Staaten. Aus dem Nationalstolz wurde 1914 der Glaube an die verfassungsmäßige Überlegenheit Deutschlands abgeleitet: »Frankreich wurde als

---

[178] D. GROH, Negative Integration, 1973, S. 464
[179] NZ 32 (1913/14), Bd. 2, S. 585 ff., zitiert in: ebenda, S. 476.
[180] SM 19, H. 23 (1913), S. 1478–1486, hier S. 1486.
[181] Vgl. D. SCHOENBAUM, Zabern, 1982.

klare Warnung vor dem Parlamentarismus angesehen, Großbritannien als unklare Werbung dafür.«[182]

Diese Meinung wurde natürlich nicht von allen geteilt, aber es hatten sich die Umrisse eines Konsenses herauskristallisiert. Max Weber sprach für andere deutsche Bürger, die der Ansicht waren, das semi-parlamentarische System Deutschlands habe nicht die erstklassigen Köpfe und kompetenten Führer hervorgebracht, welche die Nation brauchte. Samuel Saenger, der für *Die Nation*, *Die Neue Rundschau* und andere liberale Zeitschriften schrieb, bemerkte 1908, »dass der Ort, wo Politik gemacht wird, in Deutschland der Ort geworden ist, wo die schöpferischen Intelligenzen am wenigsten zu finden sind«.[183] Aber auch der Liberale Lothar Schücking vertrat bürgerliche Einstellungen. 1908 hatte er geschrieben: »Wir würden liberaler sein können, wenn wir keine Sozialdemokratie hätten.«[184] Fünf Jahre später war Schücking der Meinung, das deutsche Verfassungssystem, auch mit Wilhelm II. an seiner Spitze, sei in einer Zeit der Fundamentalpolitisierung verteidigungswürdig: »Die Monarchie ist etwas Konkretes. Die Republik ist etwas Farbloses, Konstruirtes ohne Fleisch und Bein, eine Abstraktion. Der monarchische Gedanke hat etwas Märchenhaftes, nicht nur auf die Sinne, sondern auf das Gemüt Wirkendes, die Republik ist etwas Ausgeklügeltes, Grundgesetze, Verfassungen, Wahlrechte usw. Voraussetzendes.«[185]

Die 1906 bis 1909 so dringlich erscheinende Frage – Würde Sachsen süddeutsche Toleranzmodelle gegenüber der Sozialdemokratie nachahmen oder der preußischen Linie treu bleiben? – war weitgehend beantwortet. Sachsen war Teil des deutschen Nordens und Ostens. Es würde seine traditionellen Rechte und Vorrechte nicht weniger heftig verteidigen als andere Bundesstaaten, aber in der Politik, in den Klassenbeziehungen und in der Rechtspflege würde es dem Beispiel Preußens folgen. Die Gefolgschaft war nicht absolut: Verglichen mit dem Anteil der SPD an den sächsischen Stimmen 1912 (55 Prozent) gewann die preußische SPD »nur« 32 Prozent. Damit lag die Sozialdemokratie in Preußen etwa auf dem Niveau ihres Stimmenanteils in Bayern (27 Prozent), Württemberg (33 Prozent), Baden (28 Prozent) und Hessen (39 Prozent). In den beiden mecklenburgischen Großherzogtümern zeigte sich, dass die SPD auch in reaktionären und vor allem ländlichen Gebieten Fortschritte machte: Die SPD gewann 37 Prozent der Stimmen in Mecklenburg-Schwerin und 31 Prozent in Mecklenburg-Strelitz. Braunschweig (49 Prozent) lag in der Mitte. Die Hansestadtstaaten Lübeck (53 Prozent), Bremen (53 Prozent) und Hamburg (61 Prozent) zeigten die Stärke der Sozialdemokratie

---

182 M. HEWITSON, Identity, 2000, S. 243–259, hier S. 248; außerdem C. SCHÖNBERGER, Parlament, 1997; DERS., Parlamentarisierung, 2001. Schönberger betont die »fehlende Herrschaftsfähigkeit des Reichstags«. Vgl. auch C.-W. REIBEL, Bündnis und Kompromiß, 2011.
183 Neue Rundschau 19 (1908), S. 167, zitiert in: F. TROMMLER, Kulturmacht, 2014, S. 51; vgl. R. v. BRUCH, Bürgerlichkeit, 2005, S. 390.
184 [L. SCHÜCKING], Reaktion, 1908, S. 16; vgl. auch ebenda, Abschnitt »Das rote Gespenst!«, S. 16–19.
185 Schücking in März 7 (1913), S. 200, zitiert in: F. TROMMLER, Kulturmacht, 2014, S. 79.

im rein urbanen Milieu. Die Gesamtbevölkerung dieser drei Städte zusammen (1,4 Millionen) war jedoch kleiner als die Sachsens (4,8 Millionen). Als drittgrößtes Bundesland, das etwa doppelt so viele Einwohner hatte wie das viertgrößte (Württemberg), nahm Sachsen nach wie vor eine bedeutende Sonderstellung ein. Sollten der sächsische König, seine Regierung und die bürgerlichen Parteien willens und in der Lage sein, einige, wenn nicht gar das Gros der antidemokratischen Traditionen Preußens aufrechtzuerhalten, wäre das durchaus wichtig.

Das Ergebnis der Reichstagswahl vom Januar 1912 hatte die Herrscher und Staatsminister aller Bundesstaaten beunruhigt. Manche waren der Meinung, dass das monarchische Prinzip nicht mehr zu »guten« Wahlen führte. Großherzog Wilhelm Ernst von Sachsen-Weimar-Eisenach rief dem sächsischen Gesandten gegenüber aus: »Was hat nun die Popularität Ihres Königs genützt!« – er meinte damit den sächsischen König Friedrich August III. Dann wandte er sich an den diplomatischen Vertreter von Sachsen-Coburg-Gotha: »und Ihr Herzog und die Herzogin, die ebenfalls beliebt sind, habens auch nicht ändern können, daß in Gotha ein Sozialdemokrat gewählt [...] worden ist«. Der Großherzog war niedergeschlagen: »[I]ch selbst gebe mir Mühe, für mein Land zu arbeiten, und werde wahrscheinlich erleben müssen, daß 3 Sozialdemokraten aus dem Großherzogtum in den Reichstag gesandt werden; wir Fürsten können eben die Bewegung auch nicht mehr aufhalten.«[186]

Noch empörter äußerten sich die deutschen Monarchen – und Monarchisten – zwei Jahre später, am 20. Mai 1914, als sich die Reichstagsfraktion der SPD weigerte, sich für den traditionellen Hochruf auf den Kaiser von ihren Sitzen zu erheben. Reformisten und Revisionisten innerhalb der SPD sahen in dem Vorgehen eine Fehleinschätzung. Erst »Bebels Tod [1913] macht diese dumme Taktik möglich«, murrte Hermann Molkenbuhr.[187] Ludwig Frank formulierte es ebenso unverblümt: Die »revolutionäre Energie [der SPD] hat sich aus den Köpfen in die entgegengesetzten Körperteile verzogen«.[188] Doch diejenigen, die ohnehin geneigt waren, zum Schlag gegen die Bewegung auszuholen, sahen in dieser Provokation kein Anzeichen für sozialdemokratische Lethargie. Nur vier Tage nach diesem »Sitzenbleiben« kam es in Preußen zu Straßenprotesten gegen das Dreiklassenwahlrecht. Dieses Mal waren sich das Zentrum und die nationalliberale Presse mit den Konservativen einig, dass diese »nationale Ungezogenheit« den »Auftakt zu neuen Melodien revolutionärer Demonstrationen« darstellte.[189] Der takti-

---

186 Werner Freiherr von Reitzenstein (Weimar) an Vitzthum (Dresden), 17.1.1912, auch 23.1.1912, SHStAD, MdAA 1431. Für übereinstimmende Auffassungen aus Stuttgart und München, PAAAB, Deutschland 125, Nr. 3, Bd. 25.
187 Tagebucheintrag (o. D.) zitiert in: D. GROH, Negative Integration, 1973, S. 543. Vgl. BTbl, 10.6.1914, Neue Korrespondenz, 18.6.1914 (mit Randbemerkungen des Kaisers), PAAAB, Europa Generalia Nr. 82, Nr. 1, Nr. 1, Geheim, Bd. 8.
188 Brief an Georg von Vollmar, 5.2.1914, zitiert in: D. GROH, Negative Integration, 1973, S. 544.
189 Deutsche Zeitung, 26.5.1914, und weitere Presseschau in: D. GROH, Negative Integration, 1973, S. 547 f.

sche Fehler der SPD und die überhitzte Reaktion der Rechten mögen Bethmann zu der Annahme veranlasst haben, dass neue Reichstagswahlen, die von der radikalen Rechten seit den Wahlen im Januar 1912 gefordert worden waren, doch zu einem positiven Ergebnis führen könnten.[190] Womöglich hatte die demokratische Flut ihren Scheitelpunkt erreicht.[191]

Sachsen im Reich

In Sachsen hatte der nahezu vollständige Triumph der SPD im Januar 1912 einen empfindlichen Nerv getroffen und die Regierung in Verlegenheit gebracht. Das starke Abschneiden der Sozialdemokraten hatte am Hof einen besonders nachhaltigen Eindruck hinterlassen, denn König Friedrich August III. hatte »seine energische, heftige Abneigung gegen die Sozialdemokraten und gegen ihnen nahestehende freisinnig-radikale Politiker nie verheimlicht«.[192] Der österreichische Gesandte Johann Graf Forgách nannte Gründe für den Erfolg der SPD in Sachsen, die »wohl dieselben wie in ganz Norddeutschland« seien: die »stramme, terroristische Organisation der Partei in der Fabriks- und Arbeiterbevölkerung, die allgemeine Unzufriedenheit der mittleren Schichten mit dem autoritären, den Interessen der herrschenden Kasten angepaßten konservativen Regime und schließlich die von den weniger wohlhabenden Klassen stark empfundene Verteuerung der Lebensbedingungen«. Wieder einmal trugen die sächsischen Linksliberalen einen Großteil der Schuld. »Die Wühlarbeit der von zersetzendem Geist getränkten freisinnig-radikalen Presse erschüttert[e] in erster Linie die Anhänger der liberalen Parteien und führt[e] dieselben in die Arme der am weitesten links stehenden Bewegungen.« Graf Forgách betonte, dass in Sachsen entgegen der landläufigen Meinung die Unzufriedenheit mit der Außenpolitik und den Marokko-Verhandlungen die Wahlen *nicht* nachteilig beeinflusst habe. Im Gegenteil: Die Außenpolitik habe im Januar 1912 das Interesse der nationalen Bewegung geweckt. Der Hass auf England und die Angst vor einem möglichen Krieg hätten »einzelne Schichten der Mittelklassen, welche sonst aus Gründen allgemeiner Unzufriedenheit zur äußersten Linken abgeschwenkt

---

190 Bayer. Gesandter in Preußen, Hugo Graf von und zu Lerchenfeld auf Köfering und Schönberg (Berlin), an bayer. MdAA, 4.6.1914, zitiert in: D. Groh, Negative Integration, 1973, S. 548.
191 Laut Jens-Uwe Guettel ist der Begriff »Pattsituation« eine irreführende Bezeichnung für die deutsche Innenpolitik in den letzten drei Monaten vor Ausbruch des Ersten Weltkriegs: »Sowohl Ängste als auch Hoffnungen auf einen demokratischen Wandel waren damals weit verbreitet.« Er zeichnet den relativ breiten (wenn auch prekären) Konsens führender Sozialdemokraten zugunsten des politischen Massenstreiks auf, bei dem es sich teils um eine Reaktion auf die öffentliche Ablehnung der preußischen Wahlrechtsreform durch den pr. MdI Loebell in einer PAH-Rede vom 18.5.1914 handelte. Die SPD gründete eine Massenstreikkommission und traf Vorbereitungen zur Auffüllung eines »Massenstreikfonds«. J.-U. Guettel, Reform, 2019. Vgl. D. Groh, Negative Integration, 1973, S. 548–575.
192 Dazu und zum Folgenden Forgách, 16.1.1912, HHStAW, PAV/54.

wären, doch noch bewogen [...], ihre Stimmen den staatserhaltenden, zur Vermehrung der Wehrmacht entschlossenen Parteien zu geben«.

Die innenpolitische Situation in Sachsen ab 1909 wurde an dieser Stelle bereits resümiert. Wenn man bedenkt, dass das Schulgesetz der sächsischen Regierung im Februar 1912 in den Landtag eingebracht wurde, zeigte seine endgültige Ablehnung fast zwei Jahre später die Kluft zwischen den Konservativen und den beiden liberalen Parteien, die sich während des Reichstagswahlkampfs aufgetan hatte. Die sächsischen Konservativen begaben sich 1913 wieder auf den Kriegspfad. Mehnert, nun in der Ersten Kammer, hatte sich nach Angaben des bayerischen Gesandten Montgelas für einen zweigleisigen Angriff »als Führer zur Verfügung gestellt«, in der Hoffnung, wie schon Mitte 1911, die Nationalliberalen nach rechts zu bewegen.[193] Die erste Angriffslinie versuchte nichts Geringeres, als die Entscheidung von 1909 für ein Pluralwahlrecht rückgängig zu machen. Die zweite versuchte, rechtsgerichtete Nationalliberale für einen Angriff gegen den »sozialistischen Terror in Arbeiterkreisen« und für die Ablehnung einer Reihe von Steuern, darunter die Militärabgabe und die Kapitalertragssteuer, die 1913 die Reichstagsdebatten dominierten, zu gewinnen. Die sächsischen Konservativen stellten diese Steuern als antidemokratisch dar: Sie seien eine »erschreckend zunehmende Belastung der Besitzenden« und Ausdruck »bewusster Schonung der Massen« vonseiten der Bundesregierung in Berlin.

Keine der beiden Angriffslinien zog die sächsischen Konservativen aus dem politischen Schlamassel im Winter 1913/14. Die Beziehungen zwischen den Nationalliberalen und den Konservativen wurden als mäßig gut bezeichnet – außer dass sich die Konservativen nach dem alten sächsischen Kartell sehnten und die Nationalliberalen die Brücken zu den Fortschrittlern nicht abbrechen wollten. Die sächsischen Konservativen zeigten sich auch reaktionären Anliegen gegenüber aufgeschlossener. Eines dieser Anliegen war der Preußen-Tag, der erste Kongress des neu gegründeten Preußen-Bundes.[194] Ganz allgemein unterstützten sie die Angriffe ihrer preußischen Parteifreunde auf den Reichstag, das Reichstagswahlrecht und die angebliche Demokratisierung des Reiches. Im Januar 1914 brachte ein reaktionäres konservatives Mitglied des Preußischen Herrenhauses, Heinrich Graf Yorck von Wartenburg, einen Antrag ein, der zu Recht als Misstrauensantrag gegen Bethmann Hollweg gewertet wurde. Der Reichskanzler sei angeblich nicht in der Lage gewesen, Preußen gegen die Bedrohung durch die »unitarische Demokratie« zu verteidigen.[195] Der radikale Agrarier Oldenburg-Januschau gab dem Thema seine eigene Note, als er erklärte, das Dreiklassenwahlrecht Preußens solle

---

193 Montgelas, 10.7.1913 und zum Folgenden über den Preußen-Bund, 12.12.1913, 19.2.1914 (alles Entwürfe), BHStAM II, Ges. Dresden 971–972.
194 Vgl. den Artikel über den Preußen-Bund in: D. FRICKE, Lexikon, Bd. 3.
195 Yorcks Rede vom 10.1.1914 und Bethmanns Antwort, zitiert in: D. GROH, Negative Integration, 1973, S. 528.

als eine Art »Oberhaus fürs Reich« funktionieren.[196] Indem sie ihren oppositionellen preußischen Parteifreunden leise beistanden und ihnen beipflichteten, die Regierung Bethmann führe Deutschland in die Katastrophe, näherten sich die sächsischen Konservativen den Verschwörungstheorien der radikal-nationalen Rechten. Wie ein Beobachter es ausdrückte: »Sie empfinden das Gemeinsame der [Preußen-Bund-] Strömung u. haben das Trennende achselzuckend in Kauf genommen.«[197]

Im Frühjahr 1914 vergifteten neue Entwicklungen die Beziehungen zwischen den beiden größten Parteien im Sächsischen Landtag. Wieder geschah dies im Bereich der Wahlpolitik. Die erste Kontroverse entbrannte um den jüngsten Vorstoß der Nationalliberalen zur Reform der Ersten Kammer. Die Konservativen wollten von einer derartigen Reform nichts wissen. Zweitens kam es zu einer Welle von Anschuldigungen bezüglich Absprachen zwischen Fortschrittlern und Nationalliberalen im März 1914, als die SPD einen Nachwahlsieg über General Eduard von Liebert in WK 14: Borna erzielte. (Lieberts Wahl im Jahr 1912 war für ungültig erklärt worden.)[198] Nach Ansicht der Konservativen hatten beide liberale Parteien ihren General im Stich gelassen. Die Nationalliberalen sahen das anders. Nur »moderate liberale Kandidaturen«, so erklärten sie, hätten künftig überhaupt die Möglichkeit, das Mandat von den Sozialdemokraten zurückzuerobern. Die sächsischen Konservativen, die solche Argumente nicht überzeugten, schickten einen empörten Brief an das sächsische Gesamtministerium in Dresden. Die politischen Beziehungen zwischen den bürgerlichen Parteien, so schrieben sie, befänden sich in einer Krise. Die Reichstagswahl in Borna und die Tatsache, dass sich dort mehr als 40 Prozent der liberalen Wähler enthalten hatten, zeigten »die Zerklüftung der nichtsozialdemokratischen Elemente infolge einer masslosen Agitation«. Nachdem die Konservativen ihrem Ärger darüber Luft gemacht hatten, dass sie seit dem Untergang des Bülow-Blocks 1909 die Zielscheibe liberaler Angriffe gewesen seien, was zur »Zerrissenheit des Bürgertums« geführt habe, beendeten sie ihre Tirade mit der Hoffnung, dass »vaterlandsliebende Männer gegen solches Gebahren sich zusammenscharen«.

Der dritte Streitpunkt war derjenige, der am meisten Zwietracht säte – nämlich das Wahlbündnis zwischen den Fortschrittlichen und den Nationalliberalen und deren Absprachen bezüglich der sächsischen Wahlkreise für die kommenden Landtagswahlen, die aber erst für 1915 angesetzt waren. Nachdem ihm die Nachricht von einem solchen Abkommen zu Ohren gekommen war, schob der bayerische Gesandte die Hauptschuld der Partei Stresemanns und Bassermanns zu – so wie er (und andere) es bereits 1909

---

196 KorrdBdL, 18.2.1913, zitiert in: T. KÜHNE, Dreiklassenwahlrecht, 1994, S. 571.
197 Montgelas, 19.2.1914 (Entwurf), BHStAM II, Ges. Dresden 972.
198 Zu früheren Spannungen vgl. KHM Curt von Burgsdorff (Leipzig) an MdI, 18.12.1911, 4.1.1912, und andere Berichte in: SHStAD, MdI 5391–5392. Für das Folgende: Konservativer Landesverein im Königreich Sachsen an [Gesamtministerium], 5.5.1914, SHStAD, MdI 10999.

und 1912 getan hatte. Hier sei mehr als parteipolitische Taktik im Spiel. »Bei alle Dem spielt ein guter Theil persönlicher Ehrgeiz der parl[amentarischen] Führer wie z. B. [Franz] Hettner u[nd] der reichen nat[ional] lib[eralen] Industriellen im Lande mit«, schrieb Montgelas. »Die Herren wollen auf allen Gebieten und mit allen Mitteln sich an die Stelle des Adels setzen. Diesem fühlen sie sich mit Recht materiell und überdies auch geistig überlegen. Sie empfinden es als unerträglich, diese Überlegenheit noch nicht auf allen Gebieten voll anerkannt zu sehen.« Montgelas sah die Gefahr einer oppositionellen linksgerichteten Phalanx im Landtag nach 1915, wenn die Liberalen und Sozialdemokraten zusammen womöglich über eine Zweidrittelmehrheit verfügten. Zwar merkte er an, dass das sächsische Staatsministerium kein neutraler Beobachter sei, räumte aber ein, dass die Zukunft offen sei: »Die nächsten Neuwahlen werden entscheiden, ob dieser Zug nach links sich verstärkt. Zur Zeit kann ich nichts anderes erwarten, bis zu den Neuwahlen kann sich aber immerhin noch Manches ändern; in Regierungskreisen hofft man auf eine bessere i. e. mehr nach rechts hinneigende II. Kammer.«[199]

---

[199] Montgelas, 22.5.1914 (Entwurf), BHStAM II, Ges. Dresden 972.

Wahlrechtsreform: Rechts um!

> [U]nter vier Augen [verteidigt] kein politisch Geschulter von den Rechtsnationalliberalen bis zu den Deutsch-Konservativen einschließlich der nichtdemokratischen Zentrumsleute das jetzige Wahlrecht [...]; alle erklären seine Beseitigung für unbedingt geboten – wohl verstanden, unter sich oder unter vier Augen, vor den Wählern aber klingt es anders, denn die Rücksicht auf das Mandat verleiht ihnen ›gekrümmte Zungen‹, wie die Indianer sagten.
> — Daniel Frymann [Pseudonym für Heinrich Claß],
> Wenn ich der Kaiser wär', März 1912[200]

> I often think it's comical/How nature always does contrive
> That every boy and every gal/That's born into the world alive
> Is either a little Liberal,/Or else a little Conservative!
> — W. S. Gilbert, Text zu Gilbert & Sullivans Iolanthe

Wenn es darum ging, den Vormarsch der Sozialdemokratie zu stoppen, war aus Sicht der »Ordnungsparteien« in Sachsen nach dem Januar 1912 das Glas weder halb voll noch halb leer. Es war bis zur Neige geleert.

Genauso wie die SPD maßen auch sie Stimmen- und Mitgliederzahlen eine große Bedeutung bei. Zahlen logen nicht.[201] Doch die Sozialistengegner zeichneten nun ein noch breiteres, düsteres Bild, das die nackten Statistiken nicht ausreichend vermitteln konnten. Darin zogen sie eine Verbindungslinie zwischen Entwicklungen, die ihnen als unumkehrbar erschienen: der zunehmende SPD-»Terror« während des Wahlkampfes; die immer erfolgreichere Mobilisierung von Mittelständlern und ländlichen Wählern durch die SPD; die Unfähigkeit bürgerlicher Parteien, selbst in Krisenzeiten an einem Strang zu ziehen; und das sinkende Ansehen des Reichstags. Letzterer sei nun zu »demokratisch« und damit nicht mehr funktionsfähig. So hörte man in Dresden, dass

---

200 [H. Claß], Wenn ich der Kaiser wär', 1912, S. 52. Diese Passage ist im Original kursiv gesetzt.
201 Die Mitgliederzahlen der sächsischen SPD stiegen von rund 89 000 im Jahr 1906/07 auf 178 000 im Jahr 1913/14. Durch die Verabschiedung des Reichsvereinsgesetzes stieg die Zahl der weiblichen Mitglieder noch schneller, von rund 6 000 in den Jahren 1907/1908 auf fast 29 000 (16 Prozent) in den Jahren 1913/14. Vgl. Abbildungen in Kap. 12 des vorliegenden Bandes.

der Wahlkampf von 1912 »bei Philippi« enden würde. Es sei erforderlich, »schon jetzt entsprechende Maßnahmen zu treffen, um die Wahlen von 1917 nicht ebenfalls zu den ›Ufern des Roten Meeres‹ zu führen«.[202]

Als sich die Möglichkeit eines Weltkriegs abzeichnete, nahmen sich die »Roten« und die Juden gefährlicher aus denn je zuvor. Die Feinde der Sozialdemokratie behaupteten, dass die gesellschaftliche und die politische Demokratisierung den internationalen Rang, die wirtschaftlichen Interessen und die soziale Stabilität Deutschlands untergrabe. Diese Schwarzseher wollten das Reichstagswahlrecht in eine antidemokratische Richtung revidiert sehen. Nach Januar 1912 wurden diese Forderungen immer lauter. Das ist der Forschung schon lange bekannt. Was sie nicht erkannt hat, ist, dass dabei oft das sächsische Pluralwahlrecht von 1909 als Vorlage diente.

Preußen

Wie der Wahlrechtsreformdiskurs in Sachsen zeigte, wollten viele Liberale das Dreiklassenwahlrecht auf bundesstaatlicher (nicht aber auf kommunaler Ebene) abschaffen, weil es aus ihrer Sicht ein Symbol agrarischer Herrschaft und ein Instrument konservativer Macht war.[203] Der gescheiterte Versuch im Jahr 1910, die Dreiklassenwahl in Preußen zu reformieren, war für die deutschen Liberalen eine doppelte Enttäuschung. Der Obrigkeitsstaat schien nicht bereit zu sein, sichere und vernünftige Reformen einzuleiten, und die Sozialdemokraten waren weiterhin »vaterlandslose Gesellen«. Manchen rechtsgerichteten Nationalliberalen mochte diese Situation gefallen haben, doch sie missfiel denjenigen Liberalen, die am aufklärerischen Ideal einer klassenlosen Gesellschaft festhielten.

1912 gab der preußische Innenminister Johann von Dallwitz, ein stockkonservativer Vertreter der »altpreußischen Gentry«[204] und Schwager von Ernst von Heydebrand, eine Studie über die Wahlreformen in den nichtpreußischen Bundesstaaten in Auftrag. Er erklärte seinen Kollegen im preußischen Staatsministerium, dass nach der Reform des Wahlrechts in keinem einzigen dieser Staaten die Unterstützung für die Sozialdemokratie bei den Reichstagswahlen zurückgegangen sei. Dies war ein überzeugendes Argument für diejenigen Erzkonservativen, die eine »demokratische Einkreisung« Preußens von Süden und Westen her fürchteten. Reichskanzler Bethmann Hollweg zog unterdessen die richtige Schlussfolgerung aus dem preußischen Wahlreformdebakel. Obwohl dessen Auswirkungen auf den Reichstag noch nicht vorhersehbar waren,

---
[202] Kommissarischer pr. Gesandter H. Freiherr von Wolzcock (Dresden) an das pr. MdAA, 31.1.1912, PAAAB, Deutschland 125, Nr. 3, Bd. 25.
[203] T. KÜHNE, Dreiklassenwahlrecht, 1994, S. 494–495.
[204] Zitiert in: H.-G. ZMARZLIK, Bethmann Hollweg, 1957, S. 127.

würde »sich die Kluft zwischen Konservativen und Nationalliberalen [...] weiter vertiefen und letztere werden noch mehr nach links gedrängt werden«, mit dem Ergebnis einer »schwerlich segensreiche[n] Herrschaft der Konservativen und des Zentrums«.[205] Als die preußische Wahlrechtsvorlage im Mai 1910 zurückgezogen wurde, staunte ein linksliberaler Abgeordneter über »die eigene Leichenfeier, die wir heute hier begehen«. Er fuhr fort: »Am offenen Grabe streiten sich die Herren darüber herum, wem das Kind gehört, und wer das Kind umgebracht hat. Nun, meine verehrten Herren, meine politischen Freunde können diesem Kinde eine Träne nicht nachweinen.«[206] Andere Liberale waren zuversichtlich, dass in Zukunft ein neuer Versuch zur preußischen Wahlrechtsreform unternommen werden würde. Laut Freifrau von Spitzemberg würden die Liberalen weiterhin unerbittlich für Reformen eintreten, »und zwar in liberalerer Form«.[207]

Die Freifrau sollte sich irren. Die Begeisterung für Wahlrechtsreformen schwand – nicht nur in Regierungskreisen, sondern auch im deutschen Bürgertum. Als Johann von Dallwitz im Sommer 1910 seine Ernennung zum Innenminister annahm, hatte er das ausdrückliche Versprechen gefordert (und erhalten), dass unter seiner Leitung kein neues Wahlrecht eingeführt würde.[208] Als Dallwitz im April 1914 sein Amt aufgab, um Statthalter von Elsass-Lothringen zu werden, folgte ihm Friedrich Wilhelm von Loebell, der konservative Insider und ehemalige Reichskanzleichef. Auch er war entschlossen, kein »Wahlrechtsminister« zu sein. Als die Ernennung von Loebell noch anhängig war, machte Kronprinz Wilhelm seinem Vater klar, dass er niemanden ernennen dürfe, »der für eine Reform des preuß[ischen] Wahlrechts zu haben wäre. Was das für ein Unglück für den Staat wäre, braucht wohl nicht betont zu werden.«[209] Kaiser Wilhelm hatte keinerlei Absichten, das zu tun. So oder so versicherte ihm einer seiner Berater, dass Loebell seinem König keine »Wahlrechtsüberraschungen« aufzwingen würde.[210] Wie der Kaiser nach der Reichstagswahl vom Januar 1912 verkündete: »Ich bin ein zu guter Preuße, um mich von diesem demokratischen Reichstag erdrosseln zu lassen!«[211]

---

205 Auszüge aus der Sitzung des PrStMin vom 26.5.1910, AB-PrStMin, Bd. 10, S. 59.
206 PAH Stenographische Berichte, 21. Leg.-Per., 3. Session, Bd. 5 (Berlin, 1910), S. 6061, Fortschrittlicher MdPAH Otto Fischbeck, 27.5.1910.
207 H. Spitzemberg, Tagebuch, 1989, S. 522 (30.5.1910).
208 Bethmann Hollweg an Delbrück, 3.9.1910, zitiert in: H.-G. Zmarzlik, Bethmann Hollweg, 1957, S. 46–47.
209 Kronprinz Wilhelm an Kaiser Wilhelm II., April 1914, zitiert in: J. C. G. Röhl, Wilhelm II., Bd. 3, 2009, S. 1035.
210 Arnold von Wahnschaffe an Rudolf von Valentini, 9.4.1914, zitiert in: J. C. G. Röhl, Wilhelm II., Bd. 3, 2009, S. 1036; über Dallwitz, seine Denkschrift von 1912 und die Weigerung des Staatsministeriums (und Wilhelms), eine neue Wahlrechtsvorlage in Betracht zu ziehen, vgl. PrStMin. Sitzungen vom 21.10.1910, 30.6.1911, 20.4.1912 und 31.12.1913, AB-PrStMin, Bd. 10, S. 62–104 passim; T. Kühne, Dreiklassenwahlrecht, 1994, S. 573; E. Vietsch, Bethmann Hollweg, 1969, S. 105–112.
211 Zitiert in: H.-G. Zmarzlik, Bethmann Hollweg, S. 70, und J. C. G. Röhl, Wilhelm II., Bd. 3, 2009, S. 1021. Vgl. Valentini an Bethmann Hollweg (Entwurf), 2.5.1912, zitiert in: J. C. G. Röhl, Wilhelm II., Bd. 3, 2009, S. 1024: »Bei der Zügellosigkeit der Sozen ist Er [Wilhelm II.] mehr wie je überzeugt, daß Preußen bei seinem Wahlrecht bleiben muß und wird niemals wieder für eine Reform zu haben sein. Ich warne dringend vor einem Versuch in dieser Richtung.«

Auch ein Jahr später hatte sich sein Standpunkt nicht geändert: »Das Reichstagswahlrecht ist in seinen Wirkungen nach unten und in der Verrohung des Parlamentarismus höchst beklagenswert; die Sozialdemokratie vergiftet weite Volkskreise und gebärdet sich frech wie überall.«[212] Reichskanzler Bethmann Hollweg war ambivalenter: Er hatte 1911 beobachtet, dass es in Deutschland nicht einfach war, dem Druck in Richtung demokratische Reformen ausreichend, aber mit gebührender Vorsicht nachzugeben.[213]

1913 standen selbst widerwillige Reformen nicht länger zur Debatte. Die Konservativen unterstützten die antisozialistischen und antisemitischen Ansichten des preußischen Landtagsabgeordneten Hermann von Dewitz: »Je demokratischer ein Wahlrecht ist, desto mehr wächst die Macht des alle Schranken überwindenden Geldes und des Demagogen.«[214] Immer mehr rechtsgerichtete Nationalliberale stimmten dem zu. In den *Nationalliberalen Blättern* formulierte es Eugen Schiffer folgendermaßen: »Für uns ist die Grenzlinie zwischen Liberalismus und Demokratie eine feste Linie, die wir nicht verwischen lassen wollen [...]. Der Liberalismus hat im letzten Ende aristokratische Tendenzen. Er will, dass die Besten herrschen. Er unterscheidet sich vom Konservativismus darin, dass wir die Besten auslesen wollen nach ihrer Tüchtigkeit und ihren Leistungen, nicht nach Geburt und Rang. Die Demokratie will demgegenüber der Masse ohne Unterschied der Leistung Platz geben.«[215]

Wilhelm II. hatte gewiss nicht die Absicht, diese Annäherung der Ansichten zwischen den Nationalliberalen und den Konservativen zu stören. Ein Insider warnte den Reichskanzler, dass es gleichbedeutend wäre mit der Einreichung seines Rücktrittsschreibens, wenn er dem Kaiser riete, eine Änderung des preußischen Wahlrechts in Betracht zu ziehen.[216] Bethmann wusste, woher der Wind wehte. Im Dezember 1913 sagte er seinen Kollegen im preußischen Staatsministerium, dass das Thema Wahlrechtsreform in der nächsten Thronrede nicht erwähnt werden sollte. Die »politische Erregung des Vorjahres« – womit er in erster Linie die Reichstagswahl 1912 und ihre Folgen meinte – sei eine Warnung gewesen: Der Versuch einer weiteren Wahlreform würde »eine ebenso starke politische Erschütterung« auslösen.[217] Bald nach seiner Ernennung zum preußischen Innenminister im April 1914 machte Loebell deutlich, dass sich die Ansichten der Regierung nicht geändert hatten.

---

212 Wilhelm II. an Kronprinz Wilhelm, 22.11.1913, zitiert in: H.-G. ZMARZLIK, Bethmann Hollweg, S. 39.
213 K. H. JARAUSCH, Chancellor, 1973, S. 79.
214 Dewitz in Das Neue Deutschland, 28.2.1914, zitiert in: E. VIETSCH, Bethmann Hollweg, 1969, S. 165.
215 Nationalliberale Blätter 26 (1914), S. 312.
216 Karl Georg von Treutler an Bethmann Hollweg, 13.7.1913, zitiert in: E. VIETSCH, Bethmann Hollweg, 1969, S. 165.
217 PrStMin. 31.12.1913, ZStAM, Rep. 90a B III 2b, Nr. 6, Bd. 162.

Ein »nationales« Wahlrecht?

Die antidemokratische Stimmung unter den Radikal-Nationalen und den rechtsgerichteten Parteien zeigte sich konkret in drei Debatten, die unsere Aufmerksamkeit verdienen, weil bei allen dreien die Reform des Wahlrechts im Mittelpunkt stand. Dabei ging es um (1.) das vom Vorsitzenden des Alldeutschen Verbandes Heinrich Claß verfasste »Kaiserbuch«, (2.) eine Denkschrift, die ein pensionierter bayrischer Marinekapitän, Konstantin Freiherr von Gebsattel, an den preußischen Kronprinzen geschickt hatte, und (3.) einen antifeministischen Verein, der eigens in Opposition gegen die Einführung des Frauenwahlrechts gegründet worden war. Der Hintergrund zu diesen Wahlrechtsdebatten lässt sich in wissenschaftlichen Arbeiten über den Alldeutschen Verband, die Kanzlerschaft Bethmann Hollwegs und die deutsche Frauenbewegung nachlesen. Hier soll vor allem hervorgehoben werden, dass jede dieser Debatten die kumulative Wirkung der wahlpolitischen Kämpfe in Deutschland im vorangegangenen Jahrzehnt widerspiegelte.

*

Das Pamphlet von Heinrich Claß mit dem Titel »Wenn ich der Kaiser wär'« erschien knapp zwei Monate nach der »roten Wahl« vom Januar 1912. Die unter dem Pseudonym Daniel Frymann veröffentlichte Denkschrift hüllte sich bewusst in den Mantel einer Phantasterei.[218] Nach Ansicht einiger Historiker bot das Kaiserbuch von Claß nur Luftschlösser an.[219] Gegen dieses Urteil lassen sich viele Argumente vorbringen. So zeigte zum Beispiel der vorliegende Band mehrfach die Begeisterung des deutschen Bürgertums für ein Pluralwahlrecht auf, das Eigentum und Bildung privilegierte und die Sozialdemokratie benachteiligte. Andere alldeutsche Autoren, darunter Johannes Unold, Philipp Bonhard, Ernst Hasse und Heinrich Wolf, hatten ihre eigenen Rezepte zur Revision des Reichstagswahlrechts angeboten. Aber Claß' Buch erreichte ein breiteres Publikum. Bis zum Dritten Reich erschien es in acht Auflagen und verkaufte sich rund 38 000 Mal.[220]

Wer mit Claß' Standpunkt sympathisierte, konnte Bismarck nicht direkt kritisieren. Der Kult des Eisernen Kanzlers war nirgendwo so stark wie im Alldeutschen Verband selbst, aber er durchdrang auch den Rest der nationalen Opposition. Daher ließen sich zwei der wichtigsten (gar »revolutionären«) politischen Maßnahmen Bismarcks nicht

---

218 [H. CLAß], Wenn ich der Kaiser wär', 1912. In Auszügen als »Zukunftsschatten? Daniel Frymann [Heinrich Claß] (1912)«, DGDB, Bd. 5, Abschnitt 5. Vgl. R. HERING, Nation, 2003, S. 319–344, bes. S. 334–338; R. CHICKERING, We Men, 1984, S. 285–287; J. LEICHT, Claß, 2012, S. 151–164. Alle drei Autoren erörtern auch Gebsattels Denkschrift.
219 Vgl. D. STEGMANN, Erben, 1970, S. 293–305; R. HERING, Nation, 2003, S. 327.
220 R. HERING, Nation, 2003, S. 329; zum späteren ADV vgl. B. JACKISCH, Pan-German League, 2012; B. HOFMEISTER, Monarchy, 2012.

ignorieren: die Einführung des allgemeinen Männerwahlrechts 1867 und die Emanzipation der Juden 1869. Stattdessen mussten Alldeutsche und andere Radikal-Nationale Bismarcks größte Leistungen anders darstellen – als ersten Schritt auf dem Weg zu einer zukünftigen Nation, die diesen Namen verdiente. Eine Möglichkeit war es, Bismarcks Sozialistengesetz als »Palladium« des Reichstagswahlrechts darzustellen: Indem Kaiser Wilhelm II. und Bismarcks Nachfolger im Jahr 1890 dieses Gesetz abgeschafft hatten, hatten sie damit begonnen das Fundament des Reiches aufzulösen.

Claß widmete dem Reichstagswahlrecht und dessen möglicher Reform in eine »nationale« Richtung zu Beginn seines Kaiserbuchs viel Platz.[221] Ihm zufolge hatte die Beendigung des Sozialistengesetzes »*die Axt an die Wurzel des allgemeinen Wahlrechts gelegt.*« Wie das? Das allgemeine Wahlrecht, so schrieb er, »ist politisch nur möglich, *wenn die Gesamtheit der Wähler erfüllt ist von der gleichen National- und Staatsgesinnung, wenn alle einig sind über die Grundlagen des staatlichen Lebens*«. Ein solcher nationaler Konsens sei durch den Aufstieg der Sozialdemokratie zerstört und die Balance des politischen Lebens in Richtung Habenichtse und Ungebildete verzerrt worden: »*Sobald eine stärkere Wählergruppe die Grundlagen des staatlichen und nationalen Lebens verwirft, ist das allgemeine Wahlrecht in Frage gestellt, und es wird unmöglich, wo Wählermassen dasselbe tun.*«[222] Claß wiederholte, was demokratiefeindliche Politiker und Staatsmänner schon oft gesagt hatten: »Heute ist kein Zweifel mehr möglich, daß der Reichstag keine Volksvertretung ist, der die Achtung der staatserhaltenden Kreise des Volkes zufällt.«[223]

Im Grunde genommen war das von Claß propagierte ideale Wahlrecht das genaue Gegenteil des Reichstagswahlrechts. Es war nicht allgemein – auch wenn Claß dies behauptete. Es war nicht gleich, und es war nicht direkt. Er äußerte sich kritisch über manche, aus seiner Sicht unbefriedigende Wahlrechtsgrundsätze, so das Verhältniswahlrecht, das berufsständische Wahlrecht und das Frauenwahlrecht. Sein ideales Wahlrecht war eine potenzielle Wahlpflicht (wofür Antisemiten, Mittelständler und andere seit Jahren plädiert hatten), doch wollte sich Claß nicht darauf festnageln lassen. An die Reichstagsabgeordneten sollten keine Tagesgelder gezahlt werden: nur finanziell unabhängige Männer wären es wert, Parlamentarier zu sein. Eine Umverteilung der Reichstagswahlkreise lehnte er ab: sie würde eine stärkere Repräsentation der deutschen Städte bewirken, aber auch zur Wahl von mehr Sozialdemokraten führen. Und obwohl das Stichwahlsystem in der Vergangenheit auf alldeutsche Kritik gestoßen war, sollte es beibehalten werden: es erlaube den Parteien – und nicht zufällig auch Gruppen wie den Alldeutschen –, vor den Stichwahlen »loyale« Bündnisse gegen die SPD zu schmieden. Die genannten Klauseln haben eine überwiegend negative Valenz, doch sollten wir daraus nicht schlussfolgern, dass Claß und seine Gleichgesinnten nur der

---

221 Vgl. Abschnitt »Von der Reichsreform«, [H. Claß], Wenn ich der Kaiser wär', 1912, S. 40–135, bes. S. 40–59.
222 Ebenda, S. 40 (Hervorhebungen im Original).
223 Ebenda, S. 44.

Vergangenheit nachhingen. Claß sah seine Vorschläge als zukunftsweisend. Das waren sie auch.

Und dennoch: Claß schlug 1912 etwas vor, was die bürgerlichen Parteien in Sachsen in den Jahren 1896, 1903 und 1909 bereits umgesetzt hatten. Der Hauptunterschied bestand darin, dass das sächsische Landtagswahlrecht seine endgültige Form nach dem Trial-and-Error-Prinzip erhalten hatte; Claß' System blieb dem Reich der Fantasie verhaftet. Die Ähnlichkeiten sind trotzdem frappierend. Die sächsischen Gesetzgeber ersetzten 1896 ein gleiches und direktes Wahlrecht durch ein Dreiklassensystem. Wie sein preußisches Pendant forderte dieses zweistufige Verfahren die Wähler auf, zuerst Wahlmänner zu wählen, die dann einen Abgeordneten kürten. Dieses Klassenwahlrecht stellte eine Hälfte von Claß' Vorschlag dar, außer dass er fünf Klassen vorsah, nicht drei. Die sächsischen Gesetzgeber hatten 1909 ein Pluralwahlrecht mit einer einfachen Stimme und bis zu drei Zusatzstimmen entwickelt. Dieses Pluralwahlrecht entsprach der zweiten Hälfte des Claß'schen Schemas. Sein Mehrstimmenwahlrecht sah bis zu fünf Stimmen für Männer mit Eigentum und Privilegien vor. Doch was ist mit 1903, dem mittleren Datum in dieser Jahrgangstriade? 1903 hatte Regierungschef Georg von Metzsch in Sachsen ein Mischsystem aus Berufswahlen und auf Kommunalebene organisierten Wahlen vorgeschlagen. Auch Claß favorisierte ein hybrides System – ohne sich allerdings die Mühe zu machen zu erklären, wie die beiden Teile seines Systems zusammenwirken würden. Sein Vorschlag scheint nahezulegen, dass entweder der eine oder der andere Teil umgesetzt werden könnte, aber nicht beide zusammen. Diesen Spielraum hatten Metzsch und sein Wahlexperte Anselm Rumpelt 1903 in Sachsen nicht (siehe Kapitel 8). Sie hatten die Einzelheiten ihres Plans in Vorgesprächen mit den Fraktionsvorsitzenden im Landtag und in der langen Denkschrift vom 31. Dezember 1903 darlegen müssen. Ihr Versuch, 1904 eine Landtagsmehrheit für ihr hybrides Wahlrecht zu finden, scheiterte. Claß hingegen musste seinen Vorschlag weder erklären noch rechtfertigen. Stattdessen frisierte er den konspirativen Aspekt seines Kaiserbuchs und ließ ihn wie allgemein akzeptiertes Wissen aussehen.[224]

Claß skizzierte, welche Qualifikationen einen Wähler in die nächsthöhere Abteilung seines Fünf-Klassen-Wahlrechts beförderten. Folgende Gruppen würden höhergestuft werden: »Männer von gesteigerter Verantwortlichkeit, wie kaufmännische und technische Leiter von Unternehmungen, die eine größere Zahl von Angestellten zu betreuen haben; ländliche Grundbesitzer entsprechend der Größe ihres Besitzes und der Zahl der von ihnen beschäftigten Arbeiter; ehrenamtlich in der Selbstverwaltung tätige Bürger; höhere Beamte und akademisch Gebildete, entsprechend ihrem Wirkungskreise und der Zahl der ihnen Unterstellten; Gewerbetreibende mit fremden Arbeitskräften usw.«[225] Claß nannte einige Beispiele: Selbst der kleinste Handwerksmeister würde,

---

224 Wie das Epigraf zu Beginn dieses Abschnitts nahelegt.
225 [H. Claß], Wenn ich der Kaiser wär', 1912, S. 47.

sofern er Lehrlinge von außerhalb seiner Familie beschäftigte und unabhängig von seiner Steuerbelastung, in die nächsthöhere Abteilung aufsteigen. Staatsminister und die Leiter großer Betriebe (»Werften, Fabriken, Bergwerke, Handelsfirmen«) würden in der ersten Klasse wählen, selbst wenn ihr Einkommen allein nicht ausreichte, um sie dort zu platzieren. Die Zuweisung von Wählern in die mittleren Klassen würde »nach dem Gedanken der Verantwortlichkeit« erfolgen. Ein männlicher Erwachsener, der überhaupt keine staatlichen Steuern zahlte, würde für die Reichstagswahlen nicht wahlberechtigt sein.

Der zweite Teil des Wahlrechtsvorschlags von Claß, der bis zu fünf Stimmen für privilegierte Wähler vorsah, basierte auf den gleichen Prinzipien wie sein Klassenwahlrecht. Dieser Teil, so behauptete er, liefere das notwendige einheitsstiftende Merkmal des Gesamtsystems, weil die Wähler nicht getrennt nach Klassen abstimmen würden. Folglich sei es organischer als das preußische Wahlrecht. Es neigte auch dazu, wohlhabende Männer zu bevorzugen: So hätten beispielsweise Studenten und arbeitslose Akademiker keine Stimme. Ansonsten begünstigten diese Kriterien genau die Art von Männern, die typischerweise dem Alldeutschen Verband und anderen nationalen Gruppen beitraten: gebildete Angehörige des Bürgertums. Es waren auch die gleichen Kriterien, mit deren Hilfe – wenn auch mit größerer Sorgfalt – nach 1894 das Leipziger, Chemnitzer und Dresdner Kommunalwahlrecht revidiert und 1909 das sächsische Landtagswahlrecht überarbeitet worden waren.

Im Gegensatz dazu wollte Claß zwei weiteren Gruppen das Wahlrecht zur Reichstagswahl verweigern. Da waren zum einen die Juden, die weder das aktive noch das passive Wahlrecht erhalten sollten.[226] In Claß' Argumentation fügt sich diese Diskriminierung nahtlos in andere Forderungen nach dem Ausschluss von Juden aus den Rechts- und Lehrberufen, aus dem Theaterbetrieb und dem Bankwesen, aus der Presse und dem Besitz von ländlichen Grundstücken ein. Die zweite Gruppe, die ausgeschlossen werden sollte, waren die Sozialdemokraten. Die »Massen« würden von ihrer gefährlichen (und »jüdischen«) Führung befreit, wenn folgende Personen buchstäblich aus Deutschland vertrieben würden: alle sozialdemokratischen Reichstags- und Landtagsabgeordneten, alle Parteifunktionäre, alle Herausgeber und Verleger sozialistischer Zeitungen und Zeitschriften sowie alle sozialistischen Gewerkschaftsführer – »dasselbe gilt natürlich auch für alle Anarchisten«. Zusammen würden diese Ausschlüsse »die Seele des deutschen Volkes retten«. Claß räumte ein, dass der Krieg gegen den Umsturz nicht mit einem einzigen Schlag gewonnen werden könne; der Kampf würde sich eine Weile hinziehen: »jeder neu auftretende Führer muss sofort des Landes verwiesen werden, wenn er revolutionär wirkt; jede parteilos gegründete Zeitung, die Miene macht, sozialistisch im Sinne der

---

226 Ebenda, S. 76 f. und zur folgenden Passage. Für die Abschnitte über »Kampf gegen den Umsturz« und »Reform des öffentlichen Lebens« ebenda, S. 64–69, bes. S. 67.

Staatsfeindlichkeit zu sein, muß unterdrückt werden; jede Versammlung ist aufzulösen, die im Sinne der sozialistischen Propaganda mißbraucht zu werden droht«.

Der letzte wichtige Aspekt des Claß'schen Wahlrechtsvorschlags war die enge Verbindung zu einem Staatsstreich. Wie Claß unmittelbar nach der Auflistung der sozialdemokratischen Bedrohungen für die Nation schrieb: »Man muß auch mit bewaffnetem Widerstande rechnen.« Die richtige Antwort müsse ein »entschlossenes und rasches Eingreifen« sein. Die Folgen eines Konfrontationskurses seien »viel weniger grausam« »als das zaghafte und zögernde, das den Übermut der Gesetzlosen nur reizt«.[227] In dieses Szenario band Claß die Aussicht – ja sogar die Hoffnung – auf einen Weltkrieg ein. Ein Krieg würde die deutsche Innenpolitik reinigen und die Nation einen.[228]

In den ersten Auflagen seines Buches prognostizierte Claß eine Entwicklung hin zu einem parlamentarischen System, das auf den von ihm dargelegten elitären Prinzipien basierte. Ein solches System würde dem deutschen Monarchen die Freiheit geben, eine Verfassungsreform durchzuführen, welche die Einrichtung eines dem Parlament verantwortlichen Staatsministeriums umfasste. Die Bundesstaaten würden sich einem derartigen Vorgehen »ohne zu große Schwierigkeiten« anschließen. Aber die Conditio sine qua non einer solchen Entwicklung sei eine grundlegende Reform des Reichstagswahlrechts: Nur dann würde das deutsche Nationalparlament als repräsentative Institution »tauglich« werden.[229]

*

Konstantin Freiherr von Gebsattel behauptete, das Kaiserbuch von Claß nicht gelesen zu haben, bevor er im September 1913 seine eigenen »Gedanken über einen notwendigen Fortschritt in der inneren Entwicklung Deutschlands« verfasste. Gebsattels private Denkschrift ist vage genug, um seine Behauptung plausibel erscheinen zu lassen. Die Beweise sprechen jedoch dagegen. In den Jahren 1912/1913 lud Gebsattel Claß auf sein Schloss in Bayern ein und 1914 wurde er zum stellvertretenden Vorsitzenden des Alldeutschen Verbandes gewählt. Es schien naheliegend, so wie es einige Alldeutsche planten, Gebsattel bei günstiger Gelegenheit von diesem Posten aus als Nachfolger von Reichskanzler Bethmann Hollweg ins Spiel zu bringen. Viele von Gebsattels Ideen stützten sich auf Claß, so auch seine Überlegungen zum allgemeinen Männerwahlrecht. Die »Judenfrage«, der Missbrauch der Presse und die Demagogie der Sozialdemokratie sollten ihre »Lösung« in einer Revision des Reichstagswahlrechts finden. Eine solche Über-

---

227 Ebenda, S. 68.
228 Ebenda, S. 54 f., 57. Vgl. H. POGGE VON STRANDMANN, Staatsstreichpläne, 1965, S. 12; D. STEGMANN, Erben, 1970; DERS., Repression, 1972.
229 Vgl. [H. CLAß], Wenn ich der Kaiser wär', 1912, S. 57; R. HERING, Nation, 2003, S. 334–339, unter Berufung auf die 7. Auflage (1925); H. CLAß, Wider den Strom, 1932, S. 232–239.

arbeitung könne nicht »auf legalem Wege« durchgeführt werden: Sie müsse oktroyiert werden. Dies könnte nach einem erfolgreichen Krieg möglich sein, aber Gebsattel zog die Möglichkeit eines Staatsstreichs nach einem »ernsten Konflikt« mit dem Reichstag vor.

Wie Claß ging auch Gebsattel in seinen »Gedanken« von der grundlegenden Ungleichheit der Menschen aus.[230] Eigentum, Bildung und andere »Leistungs«nachweise hatten Vorrang bei der Entscheidung, wer »das Volk« vertreten sollte. Doch das Prinzip der »Allgemeinheit« sei zu tief verwurzelt, um es dem deutschen Volk wegnehmen zu können. Daher sollten alle Männer über 25 Jahre ihre Stimme behalten. In der Praxis schloss Gebsattels Wahlrechtsvorschlag jedoch viele erwachsene Bürger aus und privilegierte andere auf bekannte Weise. Eine laut Gebsattel zwingende »Leistung« für die Wahlberechtigung war die Erfüllung der Militärdienstpflicht; eine weitere war die Zahlung von mindestens einer Mark an jährlichen staatlichen Steuern. Wer zehn Hektar Land besaß, qualifizierte sich für eine zweite Wahlstimme; hundert Hektar genügten für eine dritte; und noch größere Besitzungen verliehen Wählern eine vierte Wahlstimme. Außerdem: »Eine zusätzliche Wahlstimme sollten Absolventen einer Universität oder eines Polytechnikums, noch eine weitere Staatsdiener – bei einer besonders hohen Position zwei – bekommen. […] Eine Obergrenze legte Gebsattel nicht fest, so dass mehr als vier Stimmen für eine Person denkbar waren.«[231]

Gebsattel übernahm Claß' Argumente für den Ausschluss von Juden und Sozialdemokraten. Juden sollten einem Ausländergesetz unterliegen. Sie sollten nicht nur das Wahlrecht verlieren, sondern auch vom Militärdienst, den Rechtsberufen (insbesondere der Justiz), der staatlichen Verwaltung und dem Hochschulwesen ausgeschlossen werden. Mit Ausnahme von besonders ausgewiesenen Zeitungen sollten Juden auch nicht als Redakteure und Verleger tätig sein. Auch sozialdemokratische Zeitungen sollten verboten werden. Weitere Maßnahmen zum Schutz der »freien Presse« und zur Jagd auf Umstürzler wären im Belagerungszustand möglich. So sollten beispielsweise vom Staat beauftragte Redakteure die stenografischen Berichte aus den Parlamentssitzungen genehmigen oder überarbeiten. Anonyme Zeitungsartikel sollten verboten oder mit »ruinösen« Bußgeldern belegt werden. Und allen Zeitungen und Zeitschriften wäre es verboten, sich für die Abschaffung der Monarchie oder der Religion einzusetzen. Nur in einem Punkt war Gebsattel noch entschiedener als Claß. Nach der Wahlrechtsreform wäre ein parlamentarisches Regime unmöglich; stattdessen würde es auf die Herrschaft eines einzigen Führers hinauslaufen.

*

---

230 H. POGGE VON STRANDMANN, Staatsstreichpläne, 1965, war eine der ersten Studien, die sich mit Gebsattels Denkschrift und dessen negativer Aufnahme durch Bethmann Hollweg und den Kaiser befasste. Das Folgende stützt sich zudem auf R. HERING, Nation, 2003, S. 339–341.
231 R. HERING, Nation, 2003, S. 340 f.

Weder Claß noch Gebsattel hielten es für nötig, Argumente für den Ausschluss der Frauen vom Wahlrecht vorzubringen: Für sie war Letzteres eine Selbstverständlichkeit.[232] Anders die Konservativen, Radikal-Nationalen und diejenigen Bürgerlichen, die den Wert einer Liga zur Bekämpfung des Frauenwahlrechts erkannten. Ausmaß und Tiefe des Antifeminismus im kaiserlichen Deutschland sind gut dokumentiert.[233] Vor dem Krieg leistete er der Rechten tatkräftig Schützenhilfe, um die männlichen Bastionen des Reichstagswahlrechts gegen die Frauenbewegung zu verteidigen. Und selbst als sich die Konservativen nach 1909 bemühten, auch Frauen als Anhänger zu gewinnen, lauerte er ständig unter der Oberfläche. Die Konservativen versuchten dies zu tun, ohne in der Wahlrechtsfrage auch nur einen Fingerbreit nachzugeben.[234]

Im Geburtsjahr des Roten Sachsen hauchte eine sächsische Adlige, Kathinka von Rosen, einem bereits bestehenden Bündel antifeministischer Ideen und Interessen organisiertes Leben ein. Ihre kämpferische Broschüre »Über den moralischen Schwachsinn des Weibes« (1903) rief die deutschen Frauen dazu auf, »den Feinde(n) im eigenen Land […] mutig den Krieg zu erklären«. Fünf Jahre später erbot sich ein weiterer Sachse, Walter Boelicke aus Plauen, eine »Männerbewegung zur Lösung der Frauenfrage« zu gründen. Unterdessen veröffentlichte Theodor Fritschs antisemitische Zeitschrift *Der Hammer* eine Reihe von Artikeln gegen den Einfluss des Feminismus, der angeblich den Bülow-Block durchdrang.

Diese frühen Bemühungen zeitigten dürftige Ergebnisse, bis die Reichstagswahl 1912 die Frage des Frauenwahlrechts in den Mittelpunkt rückte.[235] Die Sozialdemokratie hatte das Frauenwahlrecht auf allen Ebenen der Staatspolitik längst in ihr offizielles Programm aufgenommen. Der Dresdner Ortsverein für Frauenstimmrecht hatte kurz vor der Wahl 1912 den Sächsischen Landtag in einer Petition um das Frauenwahlrecht bei Kommunalwahlen ersucht.[236] Die Tatsache, dass Frauen aktiv am Wahlkampf

---

232 Vgl. [H. CLAß], Wenn ich der Kaiser wär', 1912, S. 51 f.
233 Zur Einführung U. PLANERT, Antifeminismus, 1998.
234 J. RETALLACK, Notables, 1988, S. 184 f. Für viele der folgenden Punkte vgl. U. PLANERT, Antifeminismus, 1998, Kap. 3–4.
235 Vgl. G. BOCK, Frauenwahlrecht, 1999; R. J. EVANS, German Social Democracy, 1980; und zur Lage im Jahr 1910, E. ALTMANN-GOTTHEINER, Parteien, 1910.
236 Petition, Dresdener Ortsverein für Frauenstimmrecht an I.K. (Abschrift) (20.12.11), »Regierungserklärung« (Entwurf, 21.3.1912), LTAkten 1911/12, I.K., Bd. 1, Bericht der vierten Deputation (Nr. 264), 18.4.1912, und LTMitt 1911/12, I.K., 549–551 (26.4.1912), in SHStAD, MdI 4401. Dieser Ortsverein fand sich nicht in einer Studie deutscher Frauenorganisationen von 1909, in deren kurzem Abschnitt über politische Organisationen es hieß, dass der Deutsche Bund für Frauenstimmrecht, gegründet 1902 in Hamburg, 2 242 weibliche und 216 männliche Mitglieder hatte. Der Mitteldeutsche Bund für Frauenstimmrecht, gegründet 1906 mit Sitz in Leipzig, hatte dort 50 weibliche und 25 männliche Mitglieder; keine Zahlen wurden angegeben für Mitglieder andernorts in »Mitteldeutschland«. Kaiserliches Statistisches Amt, Abteilung für Arbeiterstatistik, Bearbeiter, Statistik der Frauenorganisationen im Deutschen Reiche, 1. Sonderheft zum Reichs-Arbeitsblatt, Berlin 1909, S. 66–67. Die Petition vom Dez. 1911 wurde auch im Namen des Dresdener Rechtsschutzvereins für Frauen eingereicht, der Dresdener Abteilung des Vereins Frauenbildung- u. Frauenstudium und des Zweigvereins Dresden der Internationalen Abolitionistischen Föderation (deren Vorsitzende Katherina Scheven war).

teilgenommen hatten und nun 110 Sozialdemokraten im Reichstag saßen, ließ das Frauenwahlrecht weniger absurd erscheinen – ein Punkt, der auch auf dem Zweiten Sozialdemokratischen Frauentag im Mai 1912 hervorgehoben wurde.[237] Um dem entgegenzuwirken, wurde im Juni 1912 der Deutsche Bund zur Bekämpfung der Frauenemanzipation unter dem Motto »Echte Männlichkeit für den Mann, echte Weiblichkeit für die Frau« gegründet. Mit der Wahl des Namens setzte der Bund ein deutliches Zeichen. Im radikal-nationalen Vokabular klang das Wort »Bund« verführerisch nach Verschwörung und radikalem Engagement; als eine Art »Wehrverein« würde die neue Organisation für vieles in den »Kampf« ziehen – von wahrer »weiblicher Eigenart« bis zu »männlicher Dominanz«. So verfolgte der Bund als Ziel nicht nur den Ausschluss der Frauen vom Wahlrecht, sondern beteiligte sich auch am nationalen (und internationalen) Diskurs über die Emanzipation von Frauen.[238]

Als das Manifest des neuen Bundes in der politischen Treibhausatmosphäre von 1912 veröffentlicht wurde, war es ein Medienereignis ersten Ranges. Die linksliberale Presse verhöhnte gemeinsam mit der Sozialdemokratie die »reaktionären« und »geängstigten« Befürworter der neuen Liga, während die konservative und katholische Presse erwartungsgemäß ihre Unterstützung kundtat. Die antisemitische *Staatsbürger-Zeitung* fuhr Angriffe gegen »Stimmrechtsweibchen« und »Judenjournalisten«; Heinrich von Treitschkes antifeministische Schriften aus den 1880er-Jahren wurden wieder ausgegraben; und der Bund der Landwirte feuerte eine Polemik gegen die Rechte der Frauen im Allgemeinen. Eine deutsche Feministin vermaß im Sommer 1912 die Presselandschaft und kam zu dem Schluss, dass man »kaum ein Blatt von rechtsstehender und agrarischer Seite in die Hand nehmen [kann], ohne dass nicht irgend ein Artikel aus männlicher oder weiblicher Feder der ›Antis‹ darin steht. Dann und wann nehmen sich auch schwankende Geister in liberalen Blättern der schreibseligen ›Antis‹ an.«[239] Diese Terminologie hielt sich hartnäckig, und die neue Liga wurde bald nur noch als Anti-Liga bezeichnet.[240]

Ironischerweise trug die Mobilisierung des Antifeminismus durch die Anti-Liga zur Fundamentalpolitisierung Deutschlands bei.[241] Im Juli 1914 äußerte sich die Nestorin

---

237 Frauenwahlrecht! Herausgegeben zum Zweiten Sozialdemokratischen Frauentag von Klara Zetkin (Stuttgart, 1912), StadtAL, Sammlung Vetter, Nr. 5, Nr. 176.
238 Dazu und zum Folgenden [L.] LANGEMANN, Bund, o. J. [1912]; vgl. [L.] LANGEMANN/[H.] HUMMEL, Frauenstimmrecht, o. J. [1916], und zu den Gegnerinnen des Frauenwahlrechts in den USA M. THURNER, »Better Citizens«, 1993.
239 Minna Cauer, Frauenbewegung 18, Nr. 17 (1912), S. 131, zitiert in: U. PLANERT, Antifeminismus, 1998, S. 123.
240 Die Liga hatte ihre Anhänger hauptsächlich unter denselben städtischen, protestantischen und bürgerlichen Gesellschaftsgruppen, die auch den Alldeutschen Verband und ähnliche Lobbygruppen unterstützten. Allerdings stellte Sachsen nur sechs Prozent der Mitglieder der Anti-Liga.
241 Zu Antifeminismus, Nationalismus und der Wahlpolitik der rechtsstehenden Parteien 1914–20 vgl. u. a. A. SÜCHTING-HÄNGER, »Gewissen der Nation«, 2002, S. 19–125; M. STIBBE, Anti-Feminism, 2002; R. SCHECK, Conservatism, 1997; K. HEINSOHN, Dienste, 2000. Zur vermeintlichen Leichtigkeit, mit der das Wahlrecht den Frauen 1918/19 gewährt wurde, vgl. K. CANNING, Geschlecht, 2010.

der frühen deutschen Feministinnen, Hedwig Dohm, mit beißendem Spott über die unbeabsichtigten Folgen der Agitation der Anti-Liga. Ihre Worte liefern einen treffenden Kommentar zur politischen Kultur Deutschlands zwischen Januar 1912 und Juli 1914:

> Diese Liga ist ja das beredtste Zeugnis *für* die Frauenbewegung. Bewegen sich doch diese Gräfinnen, Geheimrätinnen und sonstige Gemahlinnen von Herrenhäuslern recht kräftig mit; entgegen ihrem Fundamentalsatz: ›Die Frau gehört ins Haus‹ exponieren sie ihre Persönlichkeit gänzlich außerhalb des Hauses, besteigen in breitester Öffentlichkeit Rednerbühnen, wühlen, agitieren, proklamieren, fassen Resolutionen. Wer das Schwert im Munde führt, der hat schon Kochlöffel, Nähnadel und was sonst der häusliche Herd mit sich bringt, an den Nagel gehängt. [...] Sie haben sich gewandelt, diese lanzenbrechenden, Streitäxte schwingenden weiblichen Rückwärtser, sind mit uns verwandt, Emanzipierte wie wir. In den Strom der Zeit haben sie sich geworfen, der wird sie – ohne daß sie's wollen – an unser Ufer vorwärts treiben.[242]

*

Die gegensätzlichen Bestrebungen nach Veränderung und Stillstand trugen nach 1909 den Konflikt ins Herz der nationalen Politik. Wahlkämpfe wurden nun in einem noch misstönenderen Stil inszeniert als zuvor. Natürlich näherten sich manche Parteien zwischen 1912 und 1914 einander auf eine Art und Weise an, die noch wenige Jahre zuvor als ketzerisch verurteilt worden wäre; und diese Bündnisse waren nie von vornherein zum Scheitern verurteilt. Dennoch stimmten die Gegner politischer Reformen angesichts der gefühlten Bedrohung durch die rasant voranschreitende Fundamentalpolitisierung immer wieder die alte Leier an. Die Ouvertüre zu einer pluralistischeren Wahlkultur wurde durch die Schüsse in Sarajevo abrupt unterbrochen. Erst in den Kriegsjahren, als paradoxerweise alle Wahlen fur längere Zeit ausgesetzt wurden, konnten die Sozialdemokraten in den deutschen Nationalchor aufgenommen werden.

---

242 Die Aktion 4 (25.7.1914), zitiert in: U. PLANERT, Antifeminismus, 1998, S. 133 (Hervorhebung im Original).

14 Die aufgeschobene Demokratie

Nach dem August 1914 erschien die »Qual« der Wahlkämpfe wie blanker Hohn angesichts des Leids in den Gräben und an der Heimatfront. Der erste Schlag gegen die Sache der Wahlgerechtigkeit kam von Kaiser Wilhelm II. und seiner berühmten Verkündigung: »Ich kenne keine Parteien [...] mehr; wir sind heute alle deutsche Brüder und nur noch deutsche Brüder.«[1] Damit leitete er einen Burgfrieden ein, den es eigentlich nie gab, außer als Wunschdenken aufseiten der Kriegsbefürworter. Mit seiner aufrüttelnden Proklamation wollte Wilhelm ein halbes Jahrhundert der politischen Modernisierung in Deutschland zurückdrängen: Er lenkte damit den Fokus auf Berlin statt auf die Bundesstaaten; brachte den Ausnahmezustand in alle Teile des Reiches; und prophezeite das Ende einer verbitterten Wahlpolitik, die in den sächsischen bzw. preußischen Wahlrechtsreformbewegungen und den »roten Wahlen« von 1912 ihren Höhepunkt gefunden hatten. Kurzum, der Kaiser hoffte, dass der Beginn eines Krieges den Sieg in drei weiteren bringen würde: gegen den Partikularismus, gegen den Umsturz, und gegen die Demokratie.

Angesichts der zunehmenden Verluste an der West- und Ostfront sowie im Atlantik und der Tatsache, dass der Obrigkeitsstaat den Anforderungen eines totalen Krieges im eigenen Land nicht gewachsen war, wurde die politische Debatte zunächst von den Themen Hunger und Frieden beherrscht. Nach 1916 begann der Burgfrieden an den Rändern auszufransen, bis er sich schließlich ganz auflöste. 1917 stürzte man sich erneut in die Wahlpolitik – mit Bemühungen um ein neues Wahlrecht für Preußen, mit Versuchen, die Zusammensetzung und die Zuständigkeit des Reichstags neu zu definieren, und mit der Suche nach einer »Neuen Ordnung«, welche die Beziehungen zwischen den repräsentativen Institutionen Deutschlands und seinen Herrschern neu definieren sollte. Keine dieser Entwicklungen war völlig neu. Wie Lenin einmal bemerkte, war der Erste Weltkrieg lediglich ein »großer Beschleuniger«.

---

1   Rede vom 1.8.1914 vom Balkon des Königsschlosses, zitiert in: W. Bihl (Hrsg.), Quellen, 1991, S. 49.

Feuerprobe

> Ich glaube, hier stehen wir vor einem Bankrott doppelter Art. Preußen hat bankrott gemacht u. in Preußen die konservative Partei. [...] Ich habe schon vor 8 Jahren, als die Frage brennend war, gegenüber konservativen Freunden die Meinung verfochten, daß das Dreiklassenwahlrecht der Verderb der Partei sei, weil es ihr den Kampf erspart, ohne den jede politische Richtung degeneriert. [...] Im Kriege kann man wohl gegen zwei Fronten kämpfen, in der Politik ist es kaum möglich, u. die Monarchie zugleich gegen die Demokratie u. gegen den Monarchen zu verteidigen, scheint mir die Quadratur des Zirkels zu sein.
> — Prof. Johannes Haller an Philipp zu Eulenburg, 10. November 1917[2]

> Saxony is an unlucky spot – if it rains anywhere, it hails here, or if it is dry in Prussia, Saxony has a drought!
> — Caroline Ethel Cooper, Brief aus Leipzig, 28. Mai 1915

Von 1914 bis Oktober 1918 hinkte die sächsische Politik aus freien Stücken den Ereignissen in Preußen und im Reich hinterher. Am Freitag, den 8. November 1918, kam die Zweite Kammer des Sächsischen Landtags ein letztes Mal zu einer Sitzung zusammen, die kaum fünfzehn Minuten dauerte.[3] Sie erörterte zwei Anträge und plante, am darauffolgenden Montag zwei weitere zu prüfen. Ein Abgeordneter der Nationalliberalen wies sarkastisch darauf hin, dass die bevorstehende Diskussion über »zwei sehr wichtige Punkte« das Haus nicht darüber hinwegtäuschen sollte, dass das Deutsche Reich »in hellen Flammen steht«.[4] Er schlug vor, den Landtag zu vertagen, weil seine Mitglieder Wichtigeres zu tun hätten. Gegen diesen Vorschlag wandte sich der Mehrheitssozialdemokrat Julius Fräßdorf, der nun im Präsidium des Unterhauses saß. Fräßdorf erklärte, dass es in chaotischen Zeiten wie diesen wichtig sei, dass der Sächsische Landtag weiterhin tage, auch wenn die zu diskutierenden Anträge belanglos seien. Ironischerweise

---

2 P. Z. EULENBURG-HERTEFELD, Korrespondenz, Bd. 3, 1983, S. 2234–2235. Haller war Eulenburgs erster Biograf.
3 Zusätzlich zu den im Folgenden zitierten Landtags- und Reichstagsdebatten, Gesandtschaftsberichten und Lokalstudien stützt sich dieser Abschnitt auf R. CZYCHUN, Modernisation, 1998; C. NONN, Politics, 2000; und K. RUDOLPH, Sozialdemokratie, 1995, S. 86–188.
4 LTMitt 1917/18, II.K., Bd. 1, S. 2251 (NL Karl Posern, 8.11.1918).

war dieses Argument auch im Juli 1866 verwendet worden – einen Monat bevor Bebel und Liebknecht die Sächsische Volkspartei gegründet hatten. Damals hatte der sächsische Regierungschef Richard von Friesen argumentiert, dass er den Landtag auch unter preußischer Besatzung einberufen müsse: Damit würde er die verfassungsmäßige Souveränität Sachsens unter Beweis stellen, auch wenn Bismarcks »Revolution von oben« an Fahrt gewänne. 1918 war Fräßdorfs Hoffnung, dass der Sächsische Landtag weiterhin funktionsfähig bleiben und das Ausmaß der Revolution begrenzen würde, illusorischer.

Zum Zeitpunkt von Fräßdorfs Rede wurde Sachsen bereits von einem Staatsministerium regiert, das sich (vorwiegend) aus den Parteien im Landtag zusammensetzte. Es übte seine Befugnisse lediglich 16 Tage lang aus, vom 26. Oktober bis zum 9. November 1918. In diesem Zeitraum experimentierte Sachsen nicht mit der Demokratie, d. h. mit einer Volksregierung, die sich auf den Willen des Volkes stützte. Stattdessen versuchte es, sich irgendwie mit einem Staatsministerium durchzuwursteln, das sich auf den Willen der Fraktionsvorsitzenden im Landtag stützte. Ziel des Ministeriums war es zu verhindern, dass der extreme Sozialismus – in Gestalt der Unabhängigen Sozialdemokratischen Partei (USPD) und des Spartakusbundes – die Zweite Kammer überschwemmte. Dieses Ziel unterschied sich kaum von den Zielen der Antidemokraten bei den Wahlrechtsreformen von 1868, 1896, 1909 und in den Jahren, in denen Reichstags-, Landtags- und Kommunalwahlkämpfe ausgefochten wurden. Die Spielregeln der Wahlpolitik blieben verzerrt, bis der sächsische Staat in sich zusammenfiel.

Wahlrechtsreform

Die Nahrungsmittelknappheit und die hohen Preise entlarvten auch den sächsischen Burgfrieden als Chimäre.[5] Als Binnenland, dessen Wirtschaft vom Export abhängig war, wurde Sachsen von der alliierten Nahrungsmittelblockade hart getroffen. Wie anderswo vollzog sich auch in Sachsen die vertraute Entwicklung von sozialen zu politischen Protesten. Bereits im Februar 1915 brodelten die ersten Unruhen, gefolgt vom Chemnitzer »Butterkrawall« im Oktober 1915, der ein militärisches Eingreifen erforderte.[6] Im Mai 1916 kam es in den Leipziger Arbeitervororten zu Hungeraufständen.[7]

---

5   Eine gute Darstellung der dadurch hervorgerufenen Alltagsnot findet sich in R. CHICKERING, Freiburg, 2007. Zur Reichstagserklärung der Sozialdemokraten zu Kriegsbeginn vgl. »Die Sozialisten unterstützen den Krieg (4. August 1914)«, DGDB Bd. 5, Abschnitt 8. Für einen kurzen Überblick über Sachsen im Ersten Weltkrieg vgl. K. GLÄSER, Königreich Sachsen, 2019. Für eine umfassendere Analyse der sozialen, wirtschaftlichen und politischen Entwicklungen vgl. die Beiträge in: K. HERMANN/M. ROGG (Hrsg.), Sachsen im Ersten Weltkrieg, 2018.
6   S. PFALZER, »Butterkrawall«, 1993; dazu und zum Folgenden C. SCHMIDT, Burgfrieden, 2007, S. 267–275; zu Dresden B. BÜTTNER, Novemberrevolution, 2006, S. 8–23.
7   S. DOBSON, Authority, 2001, S. 145 f.

Im »Kohlrübenwinter« von 1916/17 setzte eine Streikwelle ein, die nicht so leicht zu entschärfen war. Anfang November 1916 legten in Dresden rund 7 000 Tabakarbeiter – überwiegend Frauen und Jugendliche – die Arbeit nieder. Im April 1917 traten in Leipzig fast 30 000 Metallarbeiter in den Ausstand. Bei diesen Streiks ging es um mehr, bessere und erschwingliche Lebensmittel. Die Regierung reagierte zunächst mit raschen Zugeständnissen.

Während die Zahl der Gefallenen im Laufe des Jahres 1917 kontinuierlich anstieg, wurde nicht nur die Quantität und Qualität von Lebensmitteln, sondern auch deren ungerechte Verteilung immer mehr zu einem brennenden politischen Thema. Der Protest der Leipziger Metallarbeiter stand unter dem Motto »Brot, Frieden, Freiheit«. Auch Dresden erlebte einen »Lebensmittelskandal«, als eine fünfzehnseitige Adressliste an die Öffentlichkeit gelangte, in der diejenigen namentlich aufgeführt wurden, die durch einen lokalen Lieferanten Sonderrationen nach Hause geliefert bekommen hatten: Die Liste umfasste konservative und nationalliberale Stadträte und -verordnete, darunter auch den Leiter des Lebensmittelausschusses. Zu diesem Zeitpunkt verteilten die Volksküchen in Dresden »Gemüsesuppe mit Gräupchen«, die laut chemischer Analyse zu »60 Prozent aus gemahlenen Eicheln und Kastanien, zu 26 Prozent aus Graupen und zu 14 Prozent aus undefinierbarem Gemüse« bestand.[8] Soldaten schickten Briefe an ihre Abgeordneten oder direkt an das Innenministerium und beschwerten sich darüber, dass ihre Vorgesetzten Fleisch, Butter und Fett erhielten, während für sie nur Marmelade und gesalzener Hering übrigblieb. Die sächsische Regierung, die nicht in der Lage war, das Versorgungsproblem zu lösen, schob die Schuld auf die Beamten in Berlin. Derweil rüstete sich Regierungschef Christoph Graf Vitzthum von Eckstädt für größere Streiks und weitere Proteste. Im Frühjahr 1917 entwickelte er mit den sächsischen Polizei- und Militärbehörden einen Plan, um die Mehrheitssozialdemokraten (MSPD) und die Führer der Freien Gewerkschaften in eine Koalition zur Wahrung des inneren Friedens einzubinden. Das Militär war eindeutig Dreh- und Angelpunkt dieser jüngsten Inkarnation einer sächsischen »Nebenregierung«[9], die sich am Ruder hielt, bis die Oberste Heeresleitung 1918 den Krieg für verloren erklärte. Im April 1917 zeigte sich eine in Leipzig lebende Australierin überrascht über den Langmut der sächsischen Bevölkerung. In einem Brief an ihre Schwester schrieb sie: »Jedes andere Volk würde sich erheben und auf die Beendigung eines Krieges drängen, der es nach fast drei Jahren in eine solche Lage gebracht hat und der so völlig aussichtslos erscheint. [...] Sollte dieses Volk jemals eine Revolution anzetteln, werde ich auch Schafe und Kaninchen für fähig dazu halten – sie lassen sich *alles* von den Militärbehörden gefallen, und sie glauben ihnen auch alles.«[10]

---

8   Dresdner Volkszeitung, 28./29.2.1916, 8.11.1917, zitiert in: C. SCHMIDT, Burgfrieden, 2007, S. 271 f.
9   Zur Resonanz des Begriffs »Nebenregierung« vgl. Kap. 11 im vorliegenden Band. Dazu und zum Folgenden K. RUDOLPH, Sozialdemokratie, 1995, S. 136; C. SCHMIDT, Burgfrieden, 2007, S. 273; P. MERTENS, Zusammenarbeit, 2004; S. W. PARK, Kriegsindustrie, 2003.
10 Brief vom 22.4.1917, C. E. COOPER, Behind the Lines, 1982, S. 194.

Wie sah die Zusammenarbeit zwischen den Mehrheitssozialisten und dem Staat aus? Einerseits hielt sich Richard Lipinski während des massiven Streiks im April 1917 an das Versprechen der MSPD, alles zu tun, um die Unruhen auf kleiner Flamme zu halten. Im Gegenzug versprachen Regierungs- und Militärvertreter Lohnerhöhungen, Arbeitszeitverkürzungen, die Beibehaltung der bestehenden Rationen und keine Änderung des sächsischen Versammlungsrechts. Bezeichnenderweise machte Vitzthum in der Frage des Landtagswahlrechts keine Zugeständnisse; er signalisierte lediglich seine Bereitschaft, in Zukunft darüber zu diskutieren. Damit konnte die Forderung der Streikenden nach Demokratie und einem »demokratischen Wahlrecht« nicht befriedigt werden. Der Leipziger Protest war sowohl eine Fortsetzung der Aufrufe zum Massenstreik als auch ein erstes Zeichen dafür, dass die Mehrheitssozialdemokraten künftige revolutionäre Aktionen ausbremsen würden.[11]

Die Parlamentsreform konnte nicht so lange warten. 1915 würde die Legislaturperiode des im Oktober 1909 gewählten Landtags zu Ende gehen. Es war keineswegs sicher, dass die Wahlen während des Burgfriedens auf Eis gelegt werden würden. Die Aussicht auf eine zweite Parlamentswahl unter dem Pluralwahlrecht brachte Komplikationen mit sich. Zum einen würden wahlberechtigte Soldaten an der Front nicht wählen können. Nach Ansicht der Regierung und einiger rechtsstehender Beobachter würde dies den »staatserhaltenden Parteien« die entscheidenden Stimmen entziehen (auch wenn es logischer erscheint, dass viele Wehrpflichtige aus der Arbeiterschicht die SPD unterstützen würden). Zum anderen hing die Gewährung zusätzlicher Stimmen unter dem sächsischen Pluralwahlrecht von 1909 weitgehend vom Einkommen und den gezahlten Steuern ab. In beiden Punkten würden die Soldaten »unfair« behandelt, weil sie durch ihren Kriegslohn in der Regel in eine niedrigere Steuerklasse abrutschten. Im schlimmsten Fall konnten sie ihr Wahlrecht ganz verlieren.

Die sächsische Regierung schlug vor, die Legislaturperiode des Landtags um zwei Jahre bis 1917 zu verlängern – allerdings nicht in erster Linie, um diese Komplikationen anzugehen, sondern um den Burgfrieden nicht durch einen Wahlkampf zu stören. Alle Parteien, auch die Sozialdemokraten, unterstützten diesen Vorschlag. Nicht einig waren sie sich in der Frage, welches Steuerjahr die Wählerlisten widerspiegeln sollten. Die SPD forderte, dass die neuen Wählerlisten auf dem Steuerjahr 1913 basieren sollten. Die Regierung versuchte, das Problem zu entschärfen, indem sie sich bereit erklärte, das Steuerjahr 1914 oder 1915 zu verwenden. So oder so musste das Parlament erneut einberufen werden, um der zweijährigen Verlängerung zuzustimmen. So wurde am 22. Juni 1915 vom König eine außerordentliche Sitzung des Landtages eröffnet. Dies bot den Sozialdemokraten die Möglichkeit zu erklären, dass das Wahlrecht von 1909 so schnell wie möglich durch das allgemeine Wahlrecht ersetzt werden müsse. Die Nationalliberalen

---

11 Bei den Kommunalwahlen am 6.12.1917 in Leipzig gewann die USPD das Gros der Arbeiter für sich. Vgl. D. McKibbin, Socialists, 1992; ders., Working-Class, 1991, S. 282–297.

unterstützten die Verlängerung – allerdings nur, weil sich die Nation im Krieg befand: sie bekräftigten ihren Wunsch, dass das Parlament jedes Jahr tage, anstatt wie bisher alle zwei Jahre. Die Konservativen unterstützten den Vorschlag der Regierung voll und ganz und nutzten die Gelegenheit, die SPD für ihren mangelnden Patriotismus bei der Desavouierung des Burgfriedens zu rügen. Der fortschrittliche Abgeordnete Franz Brodauf stimmte zu, dass es unangebracht wäre, eine Wahl ohne die sächsischen Soldaten an der Front durchzuführen; offiziell unterstützten er und seine Parteikollegen jedoch eine Wahlrechtsreform nach dem Krieg. Sie gingen sogar noch weiter und befürworteten das Reichstagswahlrecht auch für Landtagswahlen.[12]

Als die Regierungsvorlage am 8. Juli 1915 aus dem Ausschuss kam, brachte Hermann Fleißner die Empörung der SPD darüber zum Ausdruck, dass der Ausschuss den Vorschlag seiner Partei für eine zukünftige Wahlrechtsreform nicht berücksichtigt hatte: dies sei ein Schlag ins Gesicht der sächsischen Arbeiterklasse. Als Reaktion auf Fleißners Ausbruch stellten sich die anderen Parteien sowie die Erste Kammer des Landtages hinter die Regierung. Per Gesetz vom 24. Juli 1915 wurde die Legislaturperiode um zwei Jahre verlängert, mit der Maßgabe, dass jeder Wähler, der aufgrund des Krieges womöglich sein Wahlrecht nicht ausüben konnte, sein Wahlrecht für die Wahl 1917 behielt.[13] Diese Session war länger als die Regierung beabsichtigte, und deutlich streitbarer. Mit besonderem Nachdruck berichtete der österreichische Gesandte, dass »doch gewiß die langjährige Forderung [der SPD] das *Reichstags*wahlrecht auch für den sächsischen *Landtag* einzuführen, ganz unzeitgemäß« sei, und fügte hinzu: »Selbstverständlich gingen weder die Regierung noch die bürgerlichen Parteien auf diese Anregung näher ein.«[14]

In den Landtagssitzungen von Mai bis Anfang Juli 1917 schlug die sächsische Regierung eine weitere Verlängerung um zwei Jahre bis zur Durchführung der nächsten Landtagswahlen vor, und sie fand erneut eine Mehrheit für ihren Antrag.[15] Allerdings hatte sich in der Zwischenzeit der politische Kontext verändert. In seiner Osterbotschaft vom April 1917 hatte der Kaiser die Notwendigkeit einer Reform des preußischen Dreiklassenwahlrechts anerkannt und weitere Verfassungsänderungen versprochen.[16] Just am selben Tag hatten die linken Sozialdemokraten die Unabhängige Sozialdemokratische Partei gegründet. Der preußische Gesandte in Dresden beschrieb die Situation folgendermaßen: »Die Allerhöchste Osterbotschaft hat in Sachsen einige Wünsche auf Änderungen des Wahlrechts und der Verfassung zu Tage treten lassen, die sonst wohl noch

---

12 Vgl. LTMitt 1915, II.K., S. 6–14; Dekret Nr. 7 (22.6.1915), mit pr. Gesandter in Sachsen, Ulrich Graf von Schwerin, 7.5.1915, 20.5.1915, 24.6.1915, 16./17.7.1915, PAAAB, Sachsen 60, Bd. 9; österr. Gesandter in Sachsen, Karl Freiherr von Braun, 27.4.1915, 23.7.1915, HHStAW, PAV/55.
13 LTMitt 1915, II.K., S. 188–195 (8.7.1915).
14 Braun, 23.7.1915, zuvor zitiert (Hervorhebung im Original); Schwerin, 16.7.1915, zuvor zitiert. Für Teile des Folgenden RHRT, Bd. 2, S. 1157 f. und S. 1132 f. zu WK 3: Bautzen.
15 GVBl 1917, S. 67 f. (6.6.1917) mit der Feststellung, dass die Steuerzahlungen in den Jahren 1914, 1915, 1916 oder 1917 zur Berechnung zusätzlicher Stimmen für die nächsten LT-Wahlen verwendet werden könnten.
16 Vgl. »Wilhelms ›Osterbotschaft‹ (7. April 1917)«, DGDB, Bd. 5, Abschnitt 9.

zurückgestellt worden wären.« [17] Von den Mehrheitssozialdemokraten und den beiden liberalen Parteien folgte eine Flut von Anträgen. Im Juli 1917 erfasste dann eine echte Krise die Reichshauptstadt: Im Reichstag wurde ein Interfraktioneller Ausschuss gegründet, eine Friedensresolution verabschiedet[18], und Matthias Erzberger und Gustav Stresemann brachten die Zentrumspartei und die Nationalliberalen in die Fronde, die am 23. Juli Reichskanzler Bethmann Hollweg stürzte. Das Oberkommando des Heeres hatte bald die Oberhand über den schwachen Georg Michaelis, der Bethmann als Kanzler abgelöst hatte, aber selbst noch vor Ende 1917 durch Georg von Hertling ersetzt wurde.

*

Lange vor diesen Ereignissen, im November 1916, hatte eine sächsische Nachwahl als Indikator für zukünftige Entwicklungen gedient. Diese Nachwahl fand im Reichstagswahlkreis 11: Oschatz-Grimma statt. »Es ist das erste Mal seit Kriegsbeginn, daß der bekanntlich vereinbarte ›Burgfriede‹ bei Wahlen im Reiche gebrochen wurde«, erklärte ein Beobachter.[19] Er bezog sich damit nur auf eine Komponente des Waffenstillstands im Inneren, die aber wichtig war. Nach einer von allen Parteien im Reich getroffenen Vereinbarung stellte die Partei, die aktuell das Mandat innehatte, im Falle einer Nachwahl – weil ein Abgeordneter gestorben oder im öffentlichen Dienst befördert worden war – einen unangefochtenen Kandidaten auf. In den ersten beiden Kriegsjahren hatten sich die Parteien an dieses Abkommen gehalten. Als jedoch im September 1916 der konservative Mandatsträger Ernst Giese starb, nominierten die örtlichen Sozialdemokraten ihren eigenen Kandidaten Richard Lipinski, um den Konservativen das Mandat streitig zu machen. (Giese hatte Lipinski im Januar 1912 knapp besiegt.) Lipinski hatte sich den linken Sozialdemokraten angeschlossen, die sich weigerten, Kriegskredite zu bewilligen. Da er in Sachsen großes Ansehen genoss – insbesondere bei denjenigen, die gegen die Inhaftierung von Karl Liebknecht im Mai 1916 protestierten –, hoffte die sozialdemokratische Parteiführung, er könnte dazu beitragen, linksstehende Sozialisten am Überlaufen zu hindern. Der Wahlkampf erregte sofort nationale Aufmerksamkeit. Ein Beobachter schrieb, dass die Wahl »in meist leidenschaftlicher Weise« diskutiert werde, »nicht nur in der sächsischen, sondern auch in der gesamten deutschen Presse und in allen politischen Kreisen«.[20]

Die Nationalliberalen und die Fortschrittler verzichteten auf die Nominierung eines eigenen Kandidaten, waren aber als Mitglieder der »staatserhaltenden« Parteien

---

17 Schwerin, 21.5.1917, PAAAB, Sachsen 60, Bd. 9; vgl. bes. LTMitt 1915/17, II.K., Bd. 3, S. 2301–2361 (16.5.1917).
18 SBDR, XIII. Leg.-Per., II. Session, Anlagen, Bd. 321, S. 1747.
19 Braun, 27.11.1916, HHStAW, PAV/55. Vgl. auch LVZ, 5./9./25./28.10.16; Vw, 7.10.1916, 25.11.1916; GStAM, MdI CB S Nr. 141, Bd. I.
20 Braun, 27.11.1916, zuvor zitiert.

wenig begeistert, als die Konservativen einen ihrer aufsteigenden Stars, Max Wildgrube, nominierten. Als Fabrikbesitzer in Dresden hatte Wildgrube seine Finger vielerorts im Spiel. Er war ein eifriger Publizist für die nationale Konservative Partei: allein 1914 veröffentlichte er Werke über die politischen Theorien von Ludwig von Gerlach und über »Englands Verrat an Deutschland in historisch-politischer Beleuchtung«. Er unterstützte den Bund der Landwirte, gehörte dem Alldeutschen Verband an und war sogar Mitbegründer des Preußen-Bundes. Im Frühjahr 1914 wurde er zum Vorsitzenden des neuen »Industrierats« der sächsischen Konservativen gewählt, der die Beziehungen zu den sächsischen Industrieverbänden verbessern sollte.[21] Und im Oktober 1918 wurde er als einer von zwei nicht-preußischen Vertretern in ein Komitee berufen, das Kuno Graf von Westarp ins Leben gerufen hatte, um die Deutschkonservative Partei vor dem Untergang zu bewahren: Aufgabe des Komitees war es, ein neues Parteiprogramm zu entwickeln und anderen rechten Gruppierungen die Hand zu reichen.[22] In vielerlei Hinsicht war Wildgrube eine neue und »verbesserte« Version von Paul Mehnert.[23] Er verband Agrariertum mit guten Beziehungen zu sächsischen Industriellen, Antisozialismus mit chauvinistischer Außenpolitik. Ein Insider bemerkte, dass Richard Lipinski und Max Wildgrube »diametral gegenüberstehende Gegensätze« darstellten. Wildgrube gehörte »zu den entschiedensten Vertretern des uneingeschränkten Unterseebootkrieges und überhaupt zu jenen alldeutschen Heißspornen schärfster Observanz, [...] denen die Kriegsführung nicht energisch genug sein konnte, und die auch mit an der Spitze der Fronde gegen den Reichskanzler standen«.[24] In dem traditionell konservativen Wahlkreis errang Wildgrube bereits im ersten Wahlgang einen klaren Sieg über Lipinski.[25] Wenige Monate nach seinem Einzug in den Reichstag konnte Wildgrube als Mitglied des Verfassungsausschusses des Reichstags seine nationalen Anliegen dort weiterverfolgen.

Sachsen setzte auch einen Schlusspunkt unter den Zusammenbruch des Burgfriedens – und zwar im Januar 1918, nach dem Tod des Antisemiten Heinrich Gräfe, der seit 1893 das Mandat im WK 3. Bautzen innehatte.[26] Die antisemitischen Reformer, die sich 1914 mit den Deutsch-Sozialen und anderen Antisemiten in der Deutschvölkischen Partei zusammengeschlossen hatten, verzichteten auf ihr Recht, einen Kandidaten zu

---

21   M. WILDGRUBE, Konservatismus, 1913; D. STEGMANN, Neokonservativismus, 1983.
22   K. WESTARP, Konservative Politik im Übergang, 2001, S. 17. Westarp war Vorsitzender der Reichstagsfraktion der DKP. Vgl. J. RETALLACK, Zwei Vertreter, 2006.
23   Zum Nachlass Karl *Paul* Mehnert ist im SHStAD nur ein kommentierter Index vorhanden. Mehnert korrespondierte während des Krieges mit anderen Mitgliedern der deutschen Rechten, z. B. Albert Bovenschen von der RvgSD, aber er scheint sich, ebenso wie die führenden DKP-Politiker Westarp und Heydebrand, von den radikalen Alldeutschen Kriegszielen distanziert zu haben. Vgl. GStAB, NL Bovenschen, Abt. I, Lit. M, für die Korrespondenz mit Mehnert 1916–18.
24   Braun, 27.11.1916, zuvor zitiert.
25   Am 23.11.1916 gewann Wildgrube 55,8 Prozent der abgegebenen Stimmen.
26   Vgl. auch Zeitungsausschnitte zur RT-Nachwahl in WK 18: Zwickau (13.5.1918), die der MSPD-Kandidat Richard Meier gegen seine USPD- und Kons./NL-Rivalen gewann; GStAM, MdI CB S Nr. 141, Bd. I; BAP, RLB-PA, 5101; RHRT, Bd. 2, S. 1179.

nominieren. Es kam zu einem offenen Schlagabtausch zwischen den Kandidaten der Konservativen, der Fortschrittlichen und der SPD. Die Konservativen beanspruchten Gräfes »Erbe« für sich, da er nach 1912 Hospitant in ihrer Reichstagsfraktion gewesen war. Die Fortschrittler führten ins Feld, der Burgfrieden sei irrelevant, da die Antisemiten den Anwalt Ernst Hermann, auf dem die Konservativen bestanden, nicht unterstützten. Die Fortschrittler nominierten den Anwalt Richard Pudor, ironischerweise der Bruder des konservativ-völkischen Publizisten Heinrich Pudor, der wie schon in den 1890er-Jahren ultranationalistische und zunehmend konspirative Attacken gegen die Regierung ritt. Die SPD begründete ihr Vorgehen damit, dass Hermann die Friedensresolution des Reichstags nicht unterstützte. Unterdessen schlossen die Fortschrittler und die Nationalliberalen ein Wahlabkommen, wonach die Linksliberalen den Nationalliberalen bei den nächsten Landtagswahlen ihre Unterstützung zusagten. Diese Vereinbarung löste sich in Luft auf, als der sächsische MSPD-Parteisekretär (und zukünftige Innenminister) Otto Uhlig es in die Stichwahl gegen Hermann schaffte. Unter dem Einfluss einer »sehr intensiven Propaganda«, welche die Wahlbeteiligung bei der Stichwahl in die Höhe trieb, unterstützten die Nationalliberalen Hermann und die Fortschrittler Uhlig. Die Mehrheitssozialisten gewannen mit 52,4 Prozent der Stichwahlstimmen.

In der Geschichte der Reichstagswahlen in Sachsen folgte diese Nachwahl bekannten Mustern, betrat aber auch Neuland. Einerseits hatte die Agitation der im Herbst 1917 gegründeten Deutschen Vaterlandspartei angeblich die gemäßigten bürgerlichen Wähler in der Region Bautzen vergrämt. Graf Vitzthum behauptete, auch die Abwesenheit vieler »gutgesinnter Bauernsöhne«, die als Soldaten an der Front waren, habe zum MSPD-Sieg beigetragen. »Glücklicherweise«, so Vitzthum, könne man Uhlig als »einen recht anständigen und gemäßigten Sozialisten« bezeichnen. Andererseits, so der österreichische Gesandte, war durch die »Kraftprobe« im WK 3: Bautzen den sächsischen »Ordnungsparteien«, »in deren letzteren Besitz dieser Wahlkreis seit Bestehen des Deutschen Reiches sich befand«, diese Hochburg verloren gegangen. Aus diesem Grund sei die Bautzener Nachwahl »im ganzen Deutschen Reich und wohl auch im Ausland« von Interesse.[27] Sachsen, von dessen 23 Reichstagsmandaten jetzt 21 in sozialdemokratischer Hand waren, »verdient also mehr als je das Epitheton des ›Roten Königreichs‹«. Dieser Verlust bedeutete auch »für die Gegner des gleichen Wahlrechts in Sachsen Wasser auf deren Mühle«. Und »wohl mit Recht«, fügte der Gesandte hinzu: »Denn würde das Reichstagswahlrecht – wie von Vielen verlangt wird – auch in Sachsen zur Einführung gelangen, dann würde die Zweite Kammer des sächsischen Landtages durch die Sozialdemokraten geradezu überschwemmt werden. Und das will man natürlich unter allen Umständen verhindern.«

---

27 Braun, 17.1.1918 (Hervorhebung im Original), und zu den folgenden Zitaten, HHStAW, PAV/56. Vgl. Münchner Neueste Nachrichten, 28.1.1918, und weitere Ausschnitte in SHStAD, MdAA 4506.

Auf der Suche nach der »Neuen Ordnung«

Die Krise im Reich vom Juli 1917 zog in Sachsen erst einmal über ein Jahr lang keine vergleichbare Umwälzung der Parteimehrheiten oder des Regierungspersonals nach sich. Diese Verzögerung hatte vier Ursachen.

Erstens waren die Regierung Vitzthum und die Nationalliberale Partei 1917 der Auffassung, dass die Probleme der Nahrungsmittelknappheit und des Friedensbedürfnisses nur in Berlin gelöst werden könnten. Immer wieder wiesen sie darauf hin, dass die Ereignisse in Preußen und im Reich »sich entfalten« bzw. »reifen« müssten, bevor in Sachsen entsprechende Maßnahmen ergriffen werden könnten. Zweitens erzeugten das Fehlen einer Zentrumspartei und die regierungsnahe Ausrichtung der Fortschrittler und der Mehrheitssozialisten in Sachsen nicht den gleichen Druck in Richtung eines radikalen, zeitnahen Wandels, der Mitte 1917 in Berlin zu spüren war. Drittens: Während der Bundesrat sich großteils zurückhielt, als die nationalen Angelegenheiten im Reichstag kritische Wendepunkte erreichten, bremste die Erste Kammer des Sächsischen Landtags den Reformprozess im Unterhaus. Dies tat sie nicht nur, indem sie zum Beispiel Gesetze ablehnte, die von der Zweiten Kammer gebilligt worden waren; ihre bloße Existenz sorgte für Ablenkung. Im Reich kollidierten Bethmanns Bemühungen um eine »Neuorientierung« mit den Bestrebungen der Mehrheitsparteien im Reichstag, eine »Neuordnung« herbeizuführen. Dieser Konflikt lenkte die Aufmerksamkeit auf die Reform des Wahlrechts für das Preußische Abgeordnetenhaus. Auch wenn man die Bemühungen um eine Reform bzw. Abschaffung des Preußischen Herrenhauses nicht geringschätzen sollte, so haben diese doch nie so viel Zeit und Aufmerksamkeit auf sich gezogen wie die Reform des sächsischen Oberhauses. Dieser Umstand machte Vitzthums Verzögerungstaktik umso effektiver. Bis weit in das Jahr 1918 hinein konnte er an der Politik festhalten, welche die Reichsregierung 1917 hatte aufgeben müssen, nämlich an dem Versprechen, dass eine Wahlreform für das Unterhaus des Landtages erst *nach* »dem erfolgreichen Abschluss des Krieges« beschlossen würde. Als er 1917/18 an die Wand gedrängt war, räumte Vitzthum ein, dass er noch vor Kriegsende zur Erörterung einer Reform des Oberhauses bereit sei. Dieses Zugeständnis erlaubte es ihm, die Frage des allgemeinen Wahlrechts für die Zweite Kammer bis Oktober 1918 zu umgehen. Zugleich machte Vitzthum geltend, dass seine Regierung lediglich Änderungen an der Zusammensetzung des sächsischen Oberhauses und nicht an seinen verfassungsmäßigen Vorrechten in Betracht ziehen werde.

Viertens endete die Session des Sächsischen Landtags, die Mitte Mai 1917 begonnen hatte, am 4. Juli – also genau zu dem Zeitpunkt, als in Berlin die Suche nach einer »Neuordnung« akut wurde. Dieses unglückliche Timing brachte die sächsische Reform allerdings nicht völlig zum Stillstand. Die Frühjahrssession 1917 hatte die Gelegenheit geboten, sich zur Parlaments- und Wahlrechtsreform zu äußern, was von allen Parteien mit Nachdruck genutzt wurde. Darüber hinaus hatte ein außerordentlicher Verfassungsausschuss, ähnlich dem auf Reichsebene gegründeten Interfraktionellen Ausschuss, dafür gesorgt, dass die Debatte über beide Themen auch zwischen den Plenarsitzungen auf den Fluren des Landtags geführt wurde. Akute Lebensmittelknappheit, Pessimismus über den Ausgang des Krieges und Streiks verstärkten weiterhin die Forderungen nach Reformen. Da der Sächsische Landtag jedoch nicht tagte, als die Krise das Reich erfasste und Bethmann Hollweg aus dem Kanzleramt trieb, konnte Vitzthum seine Verschleppungstaktik fortsetzen.

In Sachsen diente der Burgfrieden als eine Art Brandmauer zwischen dem sozialen und politischen Druck von unten und dem »Tanz« auf oberster politischer Ebene, bei dem sowohl der Landtag als auch die sächsische Regierung führen wollten. Vitzthum war nicht der einzige Politiker, der sich weigerte, auf außerparlamentarische Forderungen zu reagieren. Alle im Landtag vertretenen Parteien – mit Ausnahme der beiden sozialistischen Parteien, die in dieser unklaren Lage um die Unterstützung der Arbeiter konkurrierten – waren entschlossen, sich der Einführung des allgemeinen Wahlrechts zu widersetzen. Obwohl die Regierung Vitzthum sich nicht so querstellen konnte wie das preußische Staatsministerium, fand (und nutzte) sie mehr Möglichkeiten zur Verhinderung von Reformen als Michaelis und Hertling in der Reichskanzlei.[28] Vitzthum hätte nicht deutlicher werden können, als er am 4. Juli 1917 vor dem Landtag erklärte, der Verfassungsausschuss versuche, »einen einschüchternden Druck« auf die Regierung auszuüben. »Dieser Einschüchterungsmethode gegenüber bleibe ich fest und hart!«, rief Vitzthum aus. »Aber ich bitte Sie, davon abzusehen, durch Warnungen vor Strassendemonstrationen einen Druck auf die Regierung auszuüben.« Kaum eine Parteizeitung zeigte Sympathie für Vitzthum. Nur die konservativen *Dresdner Nachrichten* sprangen ihm bei: »Wir befinden uns im Krieg, haben die ganze Welt zu Feinden. [...] Können wir, dürfen wir uns unter diesen Umständen den Luxus erlauben – wie es leider geschehen ist –, auch nur von weitem auf die Politik der Straße hinzuweisen?« Knapp einen Monat später stimmte Vitzthum mit Michaelis überein, dass die Stärkung der Oberhäuser sowohl in Preußen als auch in Sachsen die Reformkräfte, die das Wahlrecht für die Unterhäuser revidieren wollten, in Schach halten und so ein neues Gegengewicht zu deren demokratischem Einfluss schaffen könnte.[29]

Vitzthums Erfolg, die Verfassungsreform noch einmal abgewendet zu haben, klang auch im Bericht des österreichischen Gesandten aus Dresden vom Januar 1918 an: »Als Neujahrsangebinde hat die sächsische Regierung den Ständen einen Gesetzentwurf zur Reform der Ersten Kammer zugehen lassen. Damit ist diese, hierzulande schon so lange

---

28 LTMitt 1915/17, II.K., Bd. 4, S. 2526-2631 (3./4.7.1917); zum Folgenden vgl. pr. Legationskanzlist Eberle (Dresden), 7.7.1917, PAAAB, Sachsen 60, Bd. 9, unter Berufung auf Vitzthum und Pressereaktionen.
29 Schwerin, 13.8.1917, BAP, RAdI 16571 (Abschrift); PAAAB, Sachsen 60, Bd. 9. Vgl. auch sächs. Gesandter in Preußen, Hans von Nostitz-Drzewiecki (Berlin) an Vitzthum (Dresden), 4.7.1917 (Abschrift, Auszug), SHStAD, MdI 5513, der von Gustav Noskes Angriffen auf Bethmann Hollweg, Karl Helfferich und die sächsische Regierung berichtete.

auf dem Tapet stehende Frage, die seit dem Indenvordergrundtreten [sic] der Schlagwörter ›Demokratisierung‹ und ›Neuorientierung‹ doppelt akut geworden war, in ein neues, prägnantes Stadium getreten.«[30] Der Gesandte fügte hinzu: »[Vitzthum] tröstet sich aber vorläufig mit dem Bewußtsein, dass – wie er betonte – sein Entwurf ein liberaleres Oberhaus schaffe als irgendein anderes in Deutschland dermalen bestehendes, einschliesslich der jetzigen Vorlage über die Reform des preussischen Herrenhauses.« Doch der Regierungsentwurf befriedigte nicht annähernd die Forderungen der Fortschrittler oder der Sozialdemokraten. Die linksliberalen *Dresdner Neuesten Nachrichten* bezeichneten den Gesetzentwurf der Regierung als »Zuckerplätzchen«: Von diesem »Reformsüppchen« würde niemand fett werden. Wenn die Regierung glaube, dass die Parlamentsreform mit einem solchen »Mittelchen« wiedergeboren werden könne, dann irre sie; denn »in Preussen [vertritt] das Ministerium an der Seite des Königs gegen die Reaktion die Volksrechte […] in einer Wahlrechtsvorlage«, wohingegen das, was Vitzthum als Reform anböte, »fast einem Misstrauensvotum für das sächsische Volk gleichsieht«.

*

Welche Reformen hatten die sächsischen Parteien bei diesen Landtagssitzungen Mitte 1917 befürwortet? Wie lautete Vitzthums Antwort? Und wie sehr hatte sich die Situation geändert, als die sächsischen Abgeordneten im Frühjahr und Sommer 1918 erneut über die Möglichkeit einer Neuen Ordnung diskutierten?

Im Mai 1917 schlug der Mehrheitssozialist Julius Fräßdorf – wie schon 1915 – die Einführung eines allgemeinen, gleichen Wahlrechts für den Sächsischen Landtag mit Verhältniswahlrecht vor. Fräßdorf verwies auf die Osterbotschaft des Kaisers und die Auswirkungen des Krieges auf die sächsische Gesellschaft. Vor allem Frauen, so behauptete er, hätten ihr Recht zu wählen unter Beweis gestellt[31], ebenso wie die sächsische Jugend; folglich sollte das Wahlalter auf 20 Jahre gesenkt werden. Ein entschiedener Reformaufruf kam von Hermann Fleißner, der die USPD im Landtag vertrat. In der Sitzung vom 16. Mai 1917 feuerte Fleißner eine Breitseite gegen alle Parteien, einschließlich der Regierung, die die bestehende Ordnung unterstützten und zeitgemäße Reformen ablehnten. Er attackierte die Pressezensur, warf den Nationalliberalen Täuschung und Verschleppung vor und plädierte für die vollständige Abschaffung der Ersten Kammer. Ansonsten ähnelten seine Wahlrechtsvorschläge denjenigen seines ehemaligen Parteigenossen Fräßdorf.[32]

---

30 Braun, 12.1.1918, HHStAW, PAV/56, und zu den folgenden Zitaten.
31 Vgl. »Petition an den Verfassungsausschuss der zweiten Kammer des sächsischen Landtags« (Abschrift, 9.6.1917) vom Sächsischen Landesverein für Frauenstimmrecht (Marie Stritt, Vorsitzende), in der das aktive und passive Frauenwahlrecht für Gemeinde- sowie Landtagswahlen gefordert wurde, SHStAD, MdI 4401.
32 Dazu und zum Folgenden LTMitt 1915/17, II.K., Bd. 3, S. 2301–2361, bes. S. 2327–2335 zu Vitzthum (16.5.1917) und zu anderen Sitzungen vor dem 4.7.1917.

Die Fortschrittler verlagerten ihren Schwerpunkt aus dem Jahr 1915 – allerdings nicht wesentlich. Ihr Redner war erneut Franz Brodauf, der durch eine Reform des Oberhauses vor allem eine bessere Vertretung von Industrie und Gewerbe erzielen wollte. Wie Fräßdorf zitierte auch Brodauf die Osterbotschaft des Kaisers mit dem Argument, dass Sachsen nicht hinter der Zeit – bzw. nicht hinter Preußen – zurückbleiben könne. Die Fortschrittler erklärten nun, dass eine tiefgreifende Reform beider Häuser nicht bis zum Ende des Krieges warten könne: Wenn der leidenden Bevölkerung nicht die Möglichkeit gegeben würde, ihren Unmut im Parlament zum Ausdruck zu bringen, würde der Staat mit schwerwiegenden Folgen rechnen müssen. Die Nationalliberalen waren immer noch unentschlossen. Sie sahen in einer Reform des Pluralwahlrechts von 1909 nur Nachteile. Wie Franz Hettner sagte, sei es nicht ausreichend erprobt worden, um eine Veränderung zu rechtfertigen. Unter Protestrufen beider Flügel der Sozialdemokratie im Haus lehnte Hettner das allgemeine Wahlrecht des Reichstags für den Sächsischen Landtag kategorisch ab. Er hielt an dem Mantra der Nationalliberalen fest, dass das allgemeine Wahlrecht zur Herrschaft einer sozialen Klasse führen würde: der Arbeiter. Daher konzentrierten die Nationalliberalen ihre Reformambitionen auf das Oberhaus.

Vitzthum warnte die Landtagsabgeordneten nicht nur davor, dass Straßendemonstrationen ernste Folgen haben könnten, sondern wies sie auch darauf hin, dass ihre Hauptaufgabe darin bestehe, sich um die sozialen und wirtschaftlichen Nöte der Massen zu kümmern und die politischen Reformen der Zukunft zu überlassen. Die Erste Kammer dürfte jede sinnvolle Wahlrechtsreform ohnehin ablehnen, erklärte er, und erst müssten sich die Entwicklungen in Preußen und im Reich vollziehen, bevor die sächsische Politik im nationalen Kontext angemessen formuliert werden könne. Zu diesen Argumenten fügten die Konservativen die Behauptung hinzu, dass das Kriegsleid und die menschewistische Revolution in Russland die monarchische Idee in Deutschland sogar gestärkt hätten. Das löste höhnisches Gelächter auf den sozialistischen Bänken aus.[33]

Der einzige wirkliche Fortschritt während der verlängerten Legislaturperiode des Landtags 1915–1917 war die Bildung eines parlamentarischen Sonderausschusses zur Erörterung der Verfassungsreform. Dieser Ausschuss wurde sowohl als Verfassungsdeputation als auch als Neuordnungsdeputation bekannt.[34] Die Fraktionen der Konservativen, der Nationalliberalen und der SPD waren jeweils mit fünf Mitgliedern vertreten, die der Fortschrittler mit zwei. Kein Mitglied dieses Komitees war adlig, die meisten standen bereits an der Spitze ihrer sächsischen Parteiorganisationen, und einige wurden 1918 oder 1919 Staatsminister. Die Unabhängigen Sozialisten waren nur durch

---

33 Vgl. LT-Reden und Protokoll der GM-Sitzung vom 26.6.1917 in SHStAD, MdI 5513.
34 »Nun hat auch Sachsen seinen ›Verfassungsausschuß‹!«, erklärte Braun in einem zuvor zitierten Bericht vom 24.5.1917. Die vier Berichte des Ausschusses in LTAkten 1915/16, II.K., Berichte Nr. 490, 498 (8./12.10.1917); LTAkten 1917/18, II.K., Berichte Nr. 189, 300 (9.4.1918, 14.5.1918). Nr. 498 in BAP, RAdI 16571; Nr. 189 in SHStAD, MdI 5459.

Tabelle 14.1: Mitglieder der Außerordentlichen Verfassungsdeputation des Sächsischen Landtags, 1917–1918

Name	Vorname	Beruf	Wohnort
Konservative			
Andrä	Georg	Ökonomierat, Rittergutsbesitzer	Dresden
Mangler	Otto	Oberlandesgerichtsrat	Dresden
Mehnert, Dr.	Maximilian	Amtshauptmann	Plauen
Schanz, Dr.	Oskar	Bürgermeister	Oelsnitz
Schmidt	Oswin	Direktor, Bund der Landwirte Sachsens	Freiberg
Nationalliberale			
Anders	Gotthold	Rechnungsrat	Dresden
Hettner	Franz	Landgerichtsdirektor	Dresden
Schnabel	Alban	Stadtrat, Firmenbesitzer	Reichenbach
Seyfert, Dr.	Richard	Lehrerseminardirektor	Zschopau
Zöpfel, Dr.	Georg	Rechtsanwalt	Leipzig
Fortschrittler			
Brodauf	Alfred	Landrichter	Chemnitz
Roth, Dr.	Friedrich	Bürgermeister	Burgstädt
Sozialdemokraten			
Fleißner (USPD)	Hermann	Redakteur	Dresden
Heldt	Max	Gewerkschaftssekretär	Chemnitz
Nitzsche	Emil	Redakteur	Dresden
Uhlig	Otto	SPD-Landesparteisekretär	Dresden
Winkler	Max	Textilarbeiter-Geschäftsführer	Dresden

Quellen: Außerordentliche Verfassungsdeputation, LTMitt 1915/17, II.K., Bd. 3, S. 2361 (16.5.1917); SParl.

Hermann Fleißner vertreten. Diese 1909 noch unter dem sächsischen Pluralwahlrecht gewählten Männer vertraten in keiner Weise den Willen des gesamten Volkes (siehe Tabelle 14.1).

Analog zu ihrer Haltung im Reichstag weigerten sich die Mehrheitssozialdemokraten, den Vorsitz dieses Ausschusses zu übernehmen und ermöglichten dies stattdessen den Nationalliberalen. Die MSPD verlor damit die Initiative bei der Wahlrechtsreform. Die Nationalliberalen konnten eine Reihe weiterer Fragen auf die Tagesordnung des Ausschusses setzen. Sie wiederholten ihre Forderung nach jährlichen Landtagssitzungen und griffen erneut die Thematik auf, die beinahe die Wahlreform von 1909 zum Scheitern gebracht hätte – die Neuziehung der städtischen und ländlichen Wahlkreisgrenzen. Die sächsischen Nationalliberalen forderten die Reform nicht mit der gleichen Vehemenz wie ihre Kollegen in Berlin. Sie waren jedoch nicht »das zentrale Hemmnis einer durchgreifenden Reformpolitik«, wie von manchen Historikern behauptet worden ist.[35] Dieses

---

35 K. RUDOLPH, Sozialdemokratie, 1995, S. 143. vgl. C. NONN, Politics, 2000, S. 315; R. CZYCHUN, Modernisation, 1998, S. 35.

Mal waren die Konservativen und die Regierung entschlossener und besser in der Lage, sich dem Wandel zu widersetzen.

Vitzthum suchte weiterhin nach Gründen in Berlin, um in Sachsen untätig zu bleiben. Seiner Ansicht nach würde eine »Neue Ordnung« in Preußen ein repräsentativeres Abgeordnetenhaus hervorbringen, aber zum Ausgleich auch den Einfluss des Herrenhauses erhöhen.[36] Er erhoffte sich davon eine heilsame Wirkung auf den sächsischen Verfassungskonflikt. Überraschenderweise fragte er sich, ob es nicht sogar möglich sei, »Arbeitervertreter« in die parlamentarischen Oberhäuser – auch ins preußische Oberhaus – zu entsenden, »und bejahendenfalls ob die Aufnahme durch Wahl oder durch Königliche Berufung erfolgen soll«.[37] Nichtsdestotrotz legte der sich in Berlin zusammenbrauende Sturm den Regierungschefs in den nichtpreußischen Bundesstaaten nahe, vor allem Vorsicht walten zu lassen. Mit allerlei semantischen Ausweichmanövern beschrieb Vitzthum seine Gedanken zu dieser Zeit folgendermaßen:

> Hätte die »Osterbotschaft« Kaiser Wilhelms nicht das Licht der Welt erblickt, dann hätte er vielleicht »in aller Stille« (sic) auch jetzt schon dieser Reform [der sächsischen Ersten Kammer] näher treten können. Nunmehr sei ihm dies aber füglich nicht mehr möglich. Denn wenn man sich auch berechtigter Weise auf den Standpunkt stelle, daß jeder deutsche Bundesstaat seine eigenen Geschäfte auf diesem Gebiete allein wahrnehmen könne und solle, so wäre es jetzt, wo das Wort von der »Neuorientierung« so große Bedeutung erlangt habe, und wo speziell auch in Preußen die Reform des Herrenhauses auf der Tagesordnung stünde, kaum angängig und auch nicht opportun, eine Reform in die Wege zu leiten, ohne nach rechts und links und speziell auch nach Berlin zu blicken.[38]

---

36 Schwerin, 7.7.1917, 13.8.1917, PAAB, Sachsen 60, Bd. 9; Braun, 11./12.7.1917, 31.8.1917, 15.9.1917, HHStAW, PAV/55. Im Oktober 1917 berichtete Schwerin: »Für die Zweite Kammer hat Staatsminister Graf Vitzthum ein Eingehen auf das allgemeine und gleiche Wahlrecht, das Frauenwahlrecht und auf eine Neueinteilung der Wahlkreise [...] unbedingt abgelehnt. [...] Die Regierung ist aber selber von der Reformbedürftigkeit der Ersten Kammer durchdrungen. [...] Nach den Angaben des Staatsministers Grafen Vitzthum [...] wird es sich nicht darum handeln, ›die Erste Kammer zu einer berufsständischen Interessenvertretung umzuwandeln‹, sondern um das Ziel, ›der Ersten Kammer diejenigen durch Erfahrung und Sachkenntnis hervorragenden Personen zuzuführen, die in besonderem Maße tüchtig erscheinen, in der verantwortungsvollen Stelle als Gesetzgeber dem Staate und dem gemeinen Wohl zu dienen‹. Zu diesem Zwecke wird voraussichtlich die Vertretung der Selbstverwaltungen, der Gruppe der materiellen Gütererzeugung (landwirtschaftlicher Grundbesitz, Handel und Industrie) und derjenigen Personen, denen die Schaffung und Erhaltung der geistigen, sittlichen und religiösen Werte obliegt (zurzeit also der Hochschule und der Geistlichkeit), vermehrt werden.« Vgl. LTMitt 1915/17, II.K., Bd. 4, S. 2988 (11.10.1917); Schwerin, 20.10.1917, PAAAB, Sachsen 48, Bd. 20.
37 Vitzthum an den sächs. Gesandten Nostitz-Drzewiecki (Berlin), 15.4.1917, und Antwort, 18.4.1917, SHStAD, GsB, Nr. 199, Bd. 1; vgl. auch Schwerin, 14.9.1917 (Abschrift), BAP, RAdI 16571; PAAB, Sachsen 60, Bd. 9; Nostitz-Drzewiecki (Berlin) an Vitzthum, 12.9.1917 und 1.10.1917, SHStAD, MdI 5480 (sowie allgemein zur I.K.).
38 Braun, 1.5.1917, zuvor zitiert.

Tatsächlich zog die Erste Kammer des Landtags ihre Beratungen über die Empfehlungen des Ausschusses in die Länge. Im September 1917 erließ sie einen negativen Bescheid, den die Zweite Kammer nicht akzeptieren wollte. Die Mehrheitssozialdemokraten, Fortschrittler und Nationalliberalen waren sich einig, dass der Einfluss der Agrarier und Adligen im Oberhaus verringert und die Interessen der Industrie, der Wirtschaft und der freien Berufe gefördert werden müssten. Diese Parteien strebten weitere Reformen in Richtung eines parlamentarischen Systems an, darunter die Möglichkeit zur Aufhebung eines Vetos der Ersten Kammer gegen Gesetze, die zweimal das Unterhaus passiert hatten, und das Recht der Landtagsabgeordneten, bei der Ernennung oder Entlassung von Staatsministern angehört zu werden. Beschlüsse zu diesen Fragen wurden einer so genannten »Zwischendeputation« übertragen, die auch dann zusammentreten sollte, wenn der Landtag nicht tagte (was Vitzthum entschieden abgelehnt hatte); ihre Empfehlungen sollten jedoch erst wieder 1918 gehört werden, wenn eine Neubewilligung der Kriegskredite und eine weitere Session des Landtags erforderlich sein würde.

*

Die Suche nach einer »Neuen Ordnung« in Deutschland in den Jahren 1917 und 1918 konzentrierte sich auf das Ringen, das preußische Dreiklassenwahlrecht durch das allgemeine Wahlrecht zu ersetzen. Dieses Ringen hatte entscheidende Auswirkungen auf die Parteiausrichtungen im Reichstag, auf die personellen Veränderungen im preußischen Staatsministerium und auf das Verhältnis zwischen Kaiser Wilhelm II. und den Staatsorganen in Preußen und im Reich. All diese Fragen behinderten die Versuche der Regierung Vitzthum in Dresden, den Forderungen der Mehrheitsparteien im Landtag nach einer »Neuordnung« in Sachsen nachzukommen. Die Perspektive aus der Provinz wirft ein neues Licht auf die preußische Wahlrechtsreform und zeigt, dass sie nur eine von mehreren Wahlschlachten war, die von Oktober 1917 bis Oktober 1918 geführt wurden. Diese Kämpfe lassen sich unter vier Punkten kurz zusammenfassen: Gemeinsam zeigen sie, wie und warum die sächsische Regierung im letzten Kriegsjahr die Bewährungsprobe als Führungsinstanz nicht bestand.

(1) Wie Vitzthum selbst am 27. März 1918 den Kollegen im sächsischen Gesamtministerium mitteilte, war die übergeordnete Frage einfach, aber letztlich unbeantwortbar: Welches Landtagswahlrecht würde der sächsischen Regierung eine neue Basis verschaffen, ohne das Parlament den Sozialisten zu überlassen? Vitzthum zerlegte diese überwältigende Frage in aus seiner Sicht überschaubarere Einzelfragen. Die wichtigste davon war Frage 3, und auch sie wurde wiederum unterteilt: »3. Ist eine Änderung des Wahlgesetzes a.) wünschenswert b.) aussichtsvoll c.) unter allen Umständen zu versuchen?«

Bei dem Versuch, diese Frage zu beantworten, gelang Vitzthum und seinem neuen Wahlexperten im Innenministerium, Geheimrat Hermann Junck[39], nie die Quadratur des Kreises. Auf Frage 3a.) antworteten sie mit dem sprichwörtlichen »Ja, aber ...«. Eine Revision des Wahlrechts sei »zweifellos *wünschenswert*«, meinten sie, »und zwar mit dem Ziele einer besseren Sicherheit gegen eine sozialdemokratische Mehrheit« im Landtag. Auf Frage 3b.) hatten sie keine endgültige Antwort anzubieten: »Eine Änderung des Wahlrechts unter Verstärkung der plutokratischen Richtungen ist aussichtslos, da das gegenwärtige Pluralsystem [von 1909] in der öffentlichen Meinung u[nd] im Parlament wenig Freunde hat und zur Kritik herausfordert. Ein Pluralsystem, wie es die Nationalliberalen wünschen, d. h. ein solches, das auf das Einkommen keine Rücksicht nimmt, sondern sich auf Alter u[nd] Familienstand aufbaut, unterstützt nur die Masse.« »Einigermaßen« bessere Aussichten schrieben Vitzthum und Junck einem »Wahlrecht [zu], das den sozialen Anforderungen gerecht wird u[nd] trotzdem die Uebermacht eines einzelnen Berufsstandes oder einer einzelnen Partei verhindert«. Frage 3c.) schließlich beantworteten sie mit einem definitiven Nein: »Besteht keine sichere Aussicht ein besseres Wahlrecht durchzusetzen, so ist es vorzuziehen ein neues Experiment mit dem Wahlrecht zu unterlassen.«[40] Wie Vitzthum seinen Ministerkollegen mitteilte, blieb in diesem Fall nichts anderes übrig, als den Ausgang der Landtagswahl 1919 abzuwarten.

(2) Ein weiterer Streitpunkt, der die Aufmerksamkeit der sächsischen Regierung erforderte, war die geplante Reform des Reichstagswahlgesetzes. Die Wahlbezirke in den Großstädten sollten zu einzelnen Einheiten zusammengefasst werden, in denen mehrere Abgeordnete nach dem Verhältniswahlrecht gewählt werden sollten.[41] Diese Frage beschäftigte die höheren Beamten im sächsischen Innenministerium und im Sächsischen Statistischen Landesamt ab dem Frühjahr 1917. Die antisozialistische Stoßrichtung der Reform wurde deutlich, als der Staatssekretär des Reichsamtes des Innern, Karl Helfferich, die sächsischen Behörden erstmals über die geplante Gesetzgebung informierte.[42] Da die Sozialdemokraten bereits viele großstädtische Wahlkreise mit überwältigendem Vorsprung gewonnen hatten, würde es das Verhältniswahlrecht den nichtsozialistischen (oder antisozialistischen) Minderheiten in diesen Städten ermöglichen, wieder eine gewisse Repräsentation im Reichstag zu erlangen. Die Verhältniswahl für

---

39 Dr. jur. Hermann Junck, AHM Ölsnitz (1899–1905), AHM Plauen (1906–9), damals Geheimer Regierungsrat und Vortragender Rat im MdI.
40 Handschriftliche Aktennotiz ([26].3.1918), die 9+ Fragen und Antworten auflistet (Hervorhebung im Original), mit ziemlicher Sicherheit ein Gemeinschaftsprojekt von Junck und Vitzthum. Versehen mit dem Vermerk »Auf meinen Platz«, wurde sie von Vitzthum in der GM-Sitzung vom 27.3.1918 verwendet; SHStAD, MdI 5459. Zum Folgenden, GM-Protokoll vom 27.3.1918, ebenda.
41 SBDR, 13. Leg.-Per., II. Session 1914/18, Drucksache Nr. 1288 (16.2.1918); vgl. SHStAD, GsB, Nr. 2408 zum Thema Verhältniswahl.
42 Staatssekretär des RAdI Karl Helfferich an sächs. MdAA, 24.5.1917 (Abschrift), und sächs. MdAA an RAdI, 1.7.1917 (Abschrift), SHStAD, GsB, Nr. 2408.

das gesamte Reich hätte jedoch nicht die gleiche antisozialistische Wirkung und wurde daher nicht in Betracht gezogen. (Dies spiegelte die Forderungen der sächsischen Nationalliberalen in den Jahren 1908/09 wider, wonach sie die Verhältniswahl nur für die Großstädte befürworteten.) Obwohl Berlin, Hamburg und viele andere Städte außerhalb Sachsens diese Reform durchlaufen sollten, wurde die sächsische Regierung ersucht, auf die mögliche Einbeziehung von Dresden, Leipzig und Chemnitz zu reagieren. Die Antwort des sächsischen Innenministers war klar: »Eine Vermehrung der Reichstagssitze um 44 [wie im Vorschlagsentwurf] [...] ist an sich durchaus unerwünscht. [...] [Es] besteht die Gefahr, daß die neuen Sitze zum größten Teile den radikalen, der Reichsregierung feindlich gegenüberstehenden Parteien zufallen werden. Die Sitze diesen Parteien später wieder zu entreißen, ist, wie die Erfahrung lehrt, meist sehr schwierig.«[43]

Die sächsische Regierung tat ihr Möglichstes, um die mit der Reform betrauten Reichsstaatssekretäre auf weitere Schwierigkeiten hinzuweisen, die sich aus der Verhältniswahl sowohl für die Wähler als auch für den Staat ergeben würden. »Freie Listen« von Parteidelegierten, die mittels Verhältniswahl ausgewählt würden, wären für die Wähler abschreckend und technisch schwer umsetzbar. Außerdem würden sie die Parteien und Parteifraktionen dazu verleiten, sich auf »Eigenbröteleien« und »unlautere Wahlmachenschaften« einzulassen. Die Revision des Reichstagswahlgesetzes wurde im Juli 1918 beschlossen.[44] Es wurde in der Praxis nie erprobt.[45] Dennoch stellte es eine weitere Etappe in der transnationalen Diskussion über die Reform des Wahlrechts dar, die in Kapitel 9 behandelt wurde. Bei dem Versuch, den Widerstand gegen das Verhältniswahlrecht zu brechen, verwies die Reichsregierung auf ähnliche Systeme in Belgien, Dänemark, Schweden, den Niederlanden, Frankreich, vier Schweizer Kantonen – und sogar Tasmanien.[46]

(3) Die sächsische Regierung kämpfte darum, die Mehrheitssozialdemokraten während des Krieges im Lager der »staatserhaltenden Parteien« zu halten und zu verhindern, dass die Unabhängigen Sozialisten auf ihre Kosten Gewinne erzielten.[47] Sowohl die

---

43 Sächs. MdI an sächs. MdAA, 8.2.1918 (Entwurf); SHStAD, MdI 5445.
44 SBDR, 8.7.1918, S. 5911 ff.; Reichs-Gesetzblatt 1918, S. 1079 (24.8.1918).
45 Die Einzelheiten der Umsetzung lagen noch auf dem Tisch, als die Novemberrevolution ein neues Wahlgesetz für die Konstituierende Nationalversammlung der Weimarer Republik erforderlich machte. Dabei musste ein enormer Anstieg in der Zahl der Wähler, darunter auch Frauen, berücksichtigt werden. In der vorrevolutionären Version sollten neue Wahlkreise für Berlin und Hamburg zehn bzw. fünf MdR wählen; andere Großstädte sollten fünf oder weniger MdR erhalten; Leipzig sollte vier, Dresden drei und Chemnitz zwei wählen. Nach der Revolution sahen die Pläne vor, dass Dresden mit zwölf MdR, der Landkreis »Erzgebirge« um Chemnitz mit zwölf und Leipzig mit acht MdR vertreten sein würden. Vgl. Notizen eines Treffens im RAdI (Berlin) am 15.11.1918, SHStAD, MdI 5445. Andere Materialien zur Wahlrechtsreform 1917–19 in SHStAD, NL Robert Schulze, Nr. 2–3. Schulze war Ministerialdirektor im sächsischen MdI.
46 SBDR 1914/17, Drucksache Nr. 895 (4.7.1917), S. 34–36, und weitere Materialien in SHStAD, NL Robert Schulze, Nr. 3. Das sächsische MdI ließ andere Verhältniswahlrechte sowie Reformen von Oberhäusern in Baden, Bayern und den thüringischen Bundesstaaten recherchieren. SHStAD, MdI 5427, Bd. 3.
47 Vgl. verschiedene Hinweise auf sächsische Gegebenheiten in PAAAB, Europa Generalia Nr. 82, Nr. 1, Bd. 23–28, passim.

Reichsregierung als auch die Regierung in Sachsen erkannten, dass die USPD bereits vor Ende 1917 im Raum Leipzig auf dem Vormarsch gewesen war. Aber die jahrzehntelange Praxis, rigoros gegen die Verbreitung sozialistischer Literatur vorzugehen und diese Praktiken mit erfundenen Unwahrheiten zu verteidigen, setzte sich im innenpolitischen Krieg gegen die radikalen Sozialisten fort. Vitzthum bemerkte einmal, dass die Mehrheitssozialisten im Landtag vernünftige, moderate Parlamentarier seien, mit denen man zusammenarbeiten könne. Tatsächlich hatte Vitzthum kaum einen Monat nach Kriegsbeginn die Notwendigkeit der Zusammenarbeit mit den Sozialdemokraten betont, welche kürzlich für Kriegskredite gestimmt hatten, aber bereits von den bürgerlichen Parteien attackiert wurden. In einem Brief an Bethmanns Stellvertreter in der Reichskanzlei bezeichnete Vitzthum eine koordinierte Innenpolitik auf dieser Basis als sowohl taktisch wie auch strategisch klug: »Gewiß wird die Sozialdemokratie auch in Zukunft eine scharf oppositionelle Partei sein und eine Gefahr für den inneren Frieden des deutschen Volkes bilden, solange sie an ihrem kommunistischen und antimonarchischen Programm festhält. Wenn aber jemals der Versuch gemacht werden soll, die Arbeiterschaft aus sich heraus zu einer politischen Gesundung zu führen, so ist das nur in Zeiten der nationalen Erhebung möglich, wie wir sie jetzt erleben. Eine günstigere Gelegenheit dürfte in den nächsten 100 Jahren kaum je wiederkommen. Der Versuch muß daher gemacht werden.«[48] In Sachsen dauerte es jedoch nicht lange, bis aus Regierungssicht polizeiliche Maßnahmen gegen die Anhänger von Karl Liebknecht und Rosa Luxemburg und konkret gegen den USPD-Sprecher Hermann Fleißner erforderlich wurden. Im März 1916 beschlagnahmten Leipziger Zivilpolizisten 1 116 Exemplare eines Flugblatts zur Unterstützung des (linken) SPD-Landtagsabgeordneten Friedrich Geyer, in dem die Reichsregierung bezichtigt wurde, einen »Eroberungskrieg« zu verfolgen. 1917 gab der Leipziger Polizeichef zu, dass USPD-Flugblätter, die 1917 zu Arbeitsniederlegungen aufriefen, fälschlicherweise (und vorsätzlich) ausländischen Agenten zugeschrieben worden waren, um sie zu diskreditieren.[49]

(4) Vitzthum stand vor einem Dilemma, das auch für die Kanzler Michaelis und Hertling in Berlin eine Herausforderung darstellte: Wie sollte man mit dem plötzlichen Auftreten und der unerwarteten Popularität der Deutschen Vaterlandspartei nach August 1917 umgehen? Im Großen und Ganzen sympathisierten sowohl Vitzthum als auch König Friedrich August III. mit der Vaterlandspartei und ihren Bemühungen, die Unterstützung der Bevölkerung für den Krieg zu gewinnen. Wenn Vitzthum Delegationen von

---

[48] Vitzthum (Dresden) an sächs. Gesandten in Preußen, Ernst Freiherr von Salza und Lichtenau (Berlin) (Abschrift), 10.9.1914, zur Übermittlung an Clemens von Delbrück als Stellvertreter des Reichskanzlers. Die Reichskanzlei beantwortete nicht nur Vitzthums Schreiben, sondern sandte Abschriften an die preußischen Gesandten in anderen Bundesstaaten. PAAAB, Europa Generalia Nr. 82, Nr. 1, Bd. 23.
[49] Polizeirat Dr. Michael (Leipzig) an Rkz und Pr. MdI (Berlin), 6.3.1916, PAAAB, Europa Generalia Nr. 82, Nr. 1, Bd. 26. Für den Zeitraum von Mai 1916 bis Dezember 1918, ebenda, Bd. 27–28.

Sachsen empfing, die unter kriegsbedingter Nahrungsmittelknappheit und Arbeitsunterbrechungen litten, gab er ihnen in der Regel denselben Rat wie die Vaterlandspartei: »Durchhalten – und siegen!« Der König und sein Minister waren jedoch weniger erfreut über deren ultranationalistische, antisozialistische Rhetorik, da sie einen möglichen *modus vivendi* mit den Mehrheitssozialisten nach dem Krieg gefährdete. Die neutrale Haltung der Regierung gegenüber der Vaterlandspartei passte den national gesinnten Vorsitzenden der Mehrheitsparteien im Landtag überhaupt nicht. Sie waren eng in eine politische Gemeinschaft eingebunden, welche die Vaterlandspartei begrüßte und deren Ziele unterstützte.[50] Diese Gemeinschaft hatte bereits nach 1903 viele Rollen in der nationalen Opposition gespielt und dabei geholfen, Ultranationalismus und radikalen Antisemitismus in frühere Formen antiliberaler, antisozialistischer und antidemokratischer Aktivitäten zu integrieren.

Die Liste der Unterzeichner der politischen Manifeste, die während des Krieges von den sächsischen Nationalisten herausgegeben wurden, liest sich wie ein Who's who der bedeutenden Landtagspersönlichkeiten. Diese Männer unterstützten den sächsischen Flügel und die Dresdner Ortsgruppen des Unabhängigen Ausschusses für einen Deutschen Frieden, des Alldeutschen Verbandes und der Vaterlandspartei. Der nationalliberale Präsident der Zweiten Kammer, Paul Vogel, und sein konservativer Vorgänger, Paul Mehnert, teilten den Vorsitz des sächsischen Landesvereins der Vaterlandspartei. Dem Vorstand des Landesvereins gehörten Mitglieder des Verfassungsausschusses des Landtages sowie andere Granden an. Zu letzteren gehörten beispielsweise Gotthold Andrä, der einflussreiche erzkonservative Agrarier; Bernhard Blüher und Rudolf Dittrich, die Oberbürgermeister von Dresden und Leipzig; Franz Hettner, der Vorsitzende der sächsischen Nationalliberalen Partei; und zwei angesehene Adlige, Clemens Prinz zur Lippe und Joachim Graf von Schönburg-Glauchau. Die Ortsgruppe der Vaterlandspartei in Dresden wurde von Hettner geleitet; sein Stellvertreter war Kurt Philipp, der für die Wahl von Generalleutnant z.D. Liebert die Strippen gezogen hatte; andere Dresdner Honoratioren, darunter der unverwüstliche Max Wildgrube, unterstützten die Aktivitäten der Ortsgruppe.[51] Als Anfang 1918 Sachsens Suche nach einer Neuordnung akut wurde, machten es diese Gruppen Regierungschef Vitzthum und seinem Gesamtministerium schwer, auf die liberalen und demokratischen Einflüsse aus Berlin Rücksicht zu nehmen.[52] Während die Alldeutschen und die Vaterlandspartei gegen Pazifisten und Kriegsmüde wüteten, rückte eine zeitgemäße Reform in Sachsen in weite Ferne.

---

50   SHStAD, MdI 11089.
51   Vgl. SHStAD, NL Emil Hempel – dort finden sich eine Liste der sächsischen Organisationen, die die »Entschließung« der DVP unterstützen (20.8.1917), die Unterzeichner des Aufrufs »Deutsche Landsleute!« [Sept. 1917] des Sächsischen Landesvereins der DVP und des Dresdner Ortsvereins und eine große Bandbreite an ADV-Propaganda (1916–18). Vgl. auch G. KOLDITZ, Rolle, 1994, sowie GStAB, NL Wolfgang Kapp, Nr. 491.
52   Braun, 18.10.1918, HHStAW, PAV/56.

Endkampf

Zwei Wochen lang, Ende Oktober und Anfang November 1918, experimentierte Sachsen mit einer Art Parlamentsregierung. Dies war nur möglich, weil Graf Vitzthum bei seinem Versuch, eine Wahlrechtsreform zu finden, die das Vertrauen des sächsischen Volkes gewinnen, den Forderungen der Landtagsparteien entsprechen und die Überflutung der Zweiten Kammer durch die Sozialisten verhindern würde, in eine Sackgasse geraten war. Im Oktober 1917 hatte der Verfassungsausschuss des Landtages beschlossen, dass ein neues Wahlrecht auf allgemeiner, gleicher, direkter und geheimer Abstimmung beruhen sollte, mit einer zusätzlichen Altersstimme und einschließlich Verhältniswahl. In den folgenden zwölf Monaten grübelte Vitzthum über einer alternativen Reform.[53] In der zweiten und dritten Oktoberwoche 1918 machten er und sein Wahlexperte Hermann Junck sich eine Reihe von Notizen – möglicherweise Entwürfe von Denkschriften an das Gesamtministerium, möglicherweise Aide-Mémoires für den eigenen Gebrauch –, die ihre abschließenden Gedanken zu diesem Thema darstellen.[54] Vitzthum und Junck sahen keinen Ausweg aus der Sackgasse, die sie im März 1918 diagnostiziert hatten. Auf die Frage, ob eine bedeutsame Wahlrechtsreform überhaupt versucht werden sollte, hatten sie keine Antwort.[55] Bis zu seinen letzten Tagen im Amt missverstand Vitzthum die demokratisierende Zeit, in der er lebte.

*

Die Neue Ordnung Deutschlands brachte die »kaiserliche Volksregierung« des Prinzen Max von Baden hervor.[56] Sie dauerte vom 3. Oktober bis 9. November 1918. Sachsens

---

53 Die Schlüsseldokumente zum LT-Wahlrecht sind SHStAD, MdI 5459–5460; zur Reform der I.K., MdI 5479–5481.
54 Notizen vom 10./[12.]/[14.]/18.10.1918, SHStAD, MdAA 4506 und MdI 5513.
55 Am 23.10.1918 berichtete der österreichische Gesandte Braun, dass alle Parteien in der II.K., einschließlich der Konservativen – »natürlich nur aus taktischen Motiven« – nun übereinstimmten, »daß das allgemeine gleiche Wahlrecht ohne jede Sicherungen, also ohne Zusatzstimme, und ohne Verhältniswahl eingeführt werde!« Graf Vitzthum – der seinen eigenen Endkampf bestritt, um sein Amt zu behalten bzw. sein politisches Vermächtnis aufzupolieren – bekam ein großzügigeres Zeugnis durch den Gesandten ausgestellt als er verdiente: »Graf Vitzthum, selbst ein Konservativer, steht dieser Tatsache natürlich mit gemischten Gefühlen gegenüber. Aber es ist ihm damit doch unverkennbar ein Stein vom Herzen gefallen. Denn nun werden ihm alle Schwierigkeiten und Weiterungen in dem Belange der Wahlreform, auf die er gefasst war, grössten Teils erspart bleiben. Wie er mir andeutete, dürfte *er* es sein, der, vom Vertrauen Seiner Majestät des Königs getragen und zwar als voraussichtlicher de facto, nicht de jure, Ministerpräsident (etwa nach bayrischem Muster), das allgemeine gleiche Wahlrecht in Sachsen in die Wege leiten wird, ein Wahlrecht, in welchem übrigens das System der Verhältniswahl Platz finden werde, und zwar in Uebereinstimmung mit der Sozialdemokratie, die, laut Vitzthum, auf dem Standpunkt stehe, daß sie nur das haben wolle, was ihr gebühre. Also erscheint auch eine Berücksichtigung der Minoritäten gesichert.« Der Gesandte fügte hinzu, dass Vitzthum weit weniger bereit sei, der »stürmisch geforderten« Reform der Ersten Kammer zuzustimmen (Hervorhebung im Original), HHStAW, PAV/56.
56 Vgl. L. MACHTAN, Prinz Max von Baden, 2013, S. 400.

»Neuordnung« kam wie ein Blitz *nach* dem Donner. Nach einem Machtkampf im sächsischen Staatsministerium trennte sich König Friedrich August III. von seinen beiden konservativsten Ministern und fast zeitgleich von Vitzthum. Am 25. Oktober nahm der König den Rücktritt von Kultusminister Dr. Heinrich Beck und Finanzminister Ernst von Seydewitz an. Der Erzkonservative Beck war in seiner Zeit als Bürgermeister von Chemnitz (1896–1908) stolz darauf gewesen, das plutokratische Elfklassenwahlrecht der Stadt entwickelt zu haben. Außerdem war er bei den sächsischen Liberalen verhasst, weil ihr Schulgesetz in den letzten beiden Parlamentssessionen vor dem Krieg nicht durchgekommen war. Vitzthums Rücktritt erfolgte am nächsten Tag. Sein Nachfolger als Vorsitzender des Gesamtministeriums – noch immer offiziell als primus inter pares – war Rudolf Heinze.[57] Er hatte am 1. Juli 1918 die Leitung des sächsischen Justizministeriums übernommen – »der erste nationalliberale Minister in Sachsen seit 1848«, berichtete der preußische Gesandte Schwerin mit einiger Bestürzung. Heinze übernahm auch das Außenressort von Vitzthum.[58] Becks Nachfolger als Kultusminister wurde Alfred von Nostitz-Wallwitz, zuletzt Sachsens Gesandter in Österreich. Nostitz war nach wie vor ein Außenseiter im konservativen Lager: Er wurde zu diesem Zeitpunkt nicht nur als hoch »kultiviert« und »literarisch«, sondern auch als »ausgesprochen liberal« beschrieben.[59] Im Finanzressort folgte auf Seydewitz der relativ unbekannte Otto Schröder – ein weiterer Konservativer. Der völlig unpolitische Kriegsminister Victor von Wilsdorf blieb im Amt. Nachfolger von Vitzthum als Innenminister wurde Walter Koch, ein sächsischer Beamter mit nationalliberalen Sympathien, der zuvor als Ministerialdirektor die II. Abteilung des Ministeriums des Innern geleitet hatte. Kurzum: das neue Staatsministerium spiegelte keine »sterbende Mitte« – keine Fragmentierung des Bürgertums – in Sachsen wider.[60] Im Gegenteil. Ab der dritten Oktoberwoche 1918 waren Nationalliberale wie Koch, Vogel und Heinze sowie Reformkonservative (oder »aufgeklärte Aristokraten«) wie Nostitz-Wallwitz am Ruder. Ihre Zusammenkunft am 23. Oktober wurde

---

57 Vgl. Kapitel 13 in diesem Band, wo wir Heinze im August 1911 als Paul Mehnerts Gesprächspartner kennengelernt haben.
58 Schwerin, 14.6.1918, PAAAB, Sachsen 55, Nr. 2, Bd. 3.
59 Zu diesen Änderungen, Schwerin, 28.10.1918, PAAAB, Sachsen 55, Nr. 2, Bd. 4. Zu Nostitz-Wallwitz' früherer Laufbahn vgl. Kapitel 9 und 10 im vorliegenden Band. Karsten Rudolph liefert ein vernichtendes Urteil zur Unbesonnenheit der MSPD zwischen dem 26.10.1918 und 9.11.1918: »Im entscheidenden Moment verfügten die [sächsischen] [Majoritäts-] Sozialdemokraten über keinen ausreichenden analytischen Verstand, brachten nicht genug Mut auf und ließen keinen Willen erkennen, sich an die Spitze der Reformbewegung und einer parlamentarischen Regierung zu setzen. Die MSPD überschätzte die ›alten Mächte‹, nahm zu viel taktische Rücksicht auf die USPD und hatte vor allem Angst, sie könnte zum Zusammenbruch des bestehenden Systems beitragen, der in einem Zusammenbruch des Staates und der Gesellschaft münden würde.« K. RUDOLPH, Sozialdemokratie, 1995, S. 160–165. Am 4.11.1918 warnte die MSPD in Sachsen vor Streiks und Demonstrationen, und noch mehr vor der USPD und dem Spartakusbund. Sie mahnte sogar zur Vorsicht gegenüber einer »unangebrachten Republikanisierung der Regierung«; Dresdner Volkszeitung, zitiert in: ebenda, S. 165.
60 Der Hinweis auf die »sterbende Mitte« bezieht sich auf den bahnbrechenden Essay von L. E. JONES, »Dying Middle«, 1972.

zwar als »Herrenrunde« bezeichnet, ihre Politik entsprach aber – wenn auch nur für kurze Zeit – derselben bürgerlichen bzw. antisozialdemokratischen Politik, die die sächsischen Staatsminister und Volksvertreter seit 1866 betrieben hatten.[61]

Vitzthum hatte vermeiden wollen, seinen konservativen Kollegen in den Ruhestand zu folgen. Doch die Sozialdemokraten machten klar, dass sie eine neue Regierung mit ihm an der Spitze nicht unterstützen würden, und folglich hatte der König auch seinen Rücktritt akzeptiert. Wenn man der *Dresdner Volkszeitung* der SPD glauben will, hatte Vitzthum sein Schicksal mit folgender hochmütigen Behauptung besiegelt: »Die sächsische Verfassung würde noch lebendig sein, wenn das sozialdemokratische Programm längst in der Abteilung für tote Literatur in der Deutschen Bücherei lagere.«[62] Walter Koch war in seinem neuen Amt als Innenminister etwas bescheidener. Bereits am 14. Oktober hatte er geschrieben, man befände sich »augenblicklich mitten in der Revolution«.[63] Diesen Gedanken führte er in seinen unveröffentlichten Erinnerungen weiter aus: »[...] ich war in eine führende Stellung berufen – als es zu spät war. [...] Die Brandherde der kommenden Revolution im Westen und an der Wasserkante zeichneten sich schon deutlich am Himmel ab, kamen näher, lagen aber noch weit von den Grenzen Sachsens. [...] Die sächsische Regierung war in der elenden Lage einer Feuerwehr, die an einen festen Hydranten mit unzureichender Schlauchlänge gebunden ist: bis dorthin, wo es brannte, reichten ihre Löschmittel nicht, und im Bereich des Hydranten brannte es nicht.«[64]

Andere Reformen waren schon seit einiger Zeit in Arbeit. Eine von ihnen sah vor, die traditionellen fünf sächsischen Ministerien aufzuteilen und Bildung von Kultur, Arbeit von Innenpolitik und Transport von Finanzen zu trennen. Da solche großen Verfassungsänderungen jedoch nicht ohne Zustimmung des Landtags vorgenommen werden konnten, der erst am 28. Oktober – nach einer Unterbrechung von mehr als fünf Monaten – zusammentreten sollte, wurde beschlossen, die Institution des Staatsrats wiederherzustellen.[65] Ziel war es, diesen mit sieben Vertretern aus jeder Kammer des Landtags zu besetzen und damit der Regierung eine breitere Basis zu geben. Hinzu kamen die Präsidenten beider Kammern sowie der sächsische Kronprinz und andere vom König benannte Personen, sodass sich die endgültige Mitgliederzahl auf 21 belief. Dieser Schritt wurde als umso notwendiger erachtet, als der Unabhängige Sozialdemokrat Hermann Fleißner am ersten Tag der neuen Session den Plenarsaal des Landtags

---

[61] K. RUDOLPH, Sozialdemokratie, 1995, S. 161 (betr. eine angebliche Zusammenkunft am 22.10.2018); vgl. SHStAD, NL Koch, Erinnerungen (Ms.), Bd. 1, S. 201 datiert dieses Treffen auf den 23.10.1918 (abends).
[62] Dresdner Volkszeitung, 28.10.1918, zitiert in: B. BÜTTNER, Novemberrevolution, 2006, S. 26; Braun, Telegramm 26.10.1918, HHStAW, PAV/56.
[63] SHStAD, MdI 11074, zitiert in: M. SCHMEITZNER, Revolution, 2019, S. 64; vgl. SHStAD, NL Koch, Erinnerungen (Ms.), Bd. 1, S. 199 ff.
[64] SHStAD, NL Koch, Erinnerungen (Ms.), Bd. 1, S. 203.
[65] GVBl 1918, Verordnung Nr. 83, S. 349 f. (29.10.1918); Schwerin, 2.11.1918, PAAAB, Sachsen 48, Bd. 21.

nutzte, um das umgehende Ende des Belagerungszustands in Sachsen und die »sofortige unbedingte Diktatur des Proletariats« zu fordern. Die Mehrheitssozialisten lehnten Fleißners Antrag rundweg ab: Auch sie hatten Angst, dass die sächsische Politik außer Kontrolle geraten könnte. Einer ihrer Redner, Karl Sindermann, deklarierte die Einrichtung des Staatsrats zum politischen Erfolg – zum »Anfang einer neuen Ordnung« – wenn doch der Vorgang in Wahrheit signalisierte, dass die sächsische Neuordnung den Parlamentariern der Zweiten Kammer aus den Händen glitt.

Nachdem der Staatsrat am 29. Oktober offiziell bekannt gegeben worden war, trat er am nächsten Tag zu seiner ersten Sitzung zusammen. Seine wichtigste Entscheidung war die Ernennung von vier weiteren Ministern ohne Ressort aus den Reihen der Parlamentarier, was das Staatsministerium auf neun Mitglieder anschwellen ließ. Die dazu nötige Gesetzgebung wurde am 31. Oktober in beiden Kammern des Landtags eingebracht und am 1. November verabschiedet.[66] Der preußische Gesandte berichtete: »Die Entwicklung der politischen Verhältnisse in Sachsen schreitet mit Riesenschritten fort«, und sein österreichischer Kollege rief aus: »Rascher kann gesetzgeberisch wohl nicht gearbeitet werden!«[67] Die neuen Minister waren Max Heldt und Julius Fräßdorf als Vertreter der MSPD, Oskar Günther für die Fortschrittler und Emil Nitzschke für die Nationalliberalen. Die Konservativen wurden von diesen neuen Positionen im Staatsministerium völlig ausgeschlossen. Dem Unabhängigen Sozialdemokraten Fleißner reichte das nicht. In der Debatte vom 1. November monierte er, dass das sächsische Volk bei diesen Veränderungen der sächsischen Staatsinstitutionen kein Mitspracherecht habe: Was sich hier abspiele, so Fleißner, sei »Pseudoparlamentarismus schlimmster Art, […] echt sächsisch gemütlich«.[68] In Heinzes Ministerium kam die Idee des Königs, die Mitglieder beider Kammern zu einem geselligen Abend ins Schloss einzuladen, um das Vertrauen zwischen dem Monarchen und seinem Volk zu fördern, besser an. Fleißner verhöhnte die Idee eines »parlamentarischen Bierabends« als einen weiteren grausamen Scherz. Herren aus der Ersten Kammer, darunter der »ehemalige ungekrönte König von Sachsen« (d. h. Mehnert), würden mit Abgeordneten aus der Zweiten Kammer »Schulter an Schulter« verkehren, aber für Fleißner war diese symbolische Anerkennung des Parlaments sowie die »ganze Muddelei« des Staatsrats nichts anderes als »eine neue Auflage der ehemaligen Nebenregierung von Sachsen«.

Blickt man auf die Liste der in den Staatsrat berufenen Abgeordneten – sie wurden ernannt, nachdem die Parteifraktionen dem König ihre »Vorschläge« unterbreitet

---

66 LTAkten 1917/18, II.K., Dekret Nr. 44 (30.10.1918), von beiden Kammern am 1.11.1918 mit drei Gegenstimmen der USPD in der II.K. verabschiedet, GVBl 1918, Gesetz Nr. 84 (1.11.1918), S. 351–353.
67 Schwerin, 2.11.1918, PAAAB, Sachsen 48, Bd. 21; Braun, 3.11.1918, HHStAW, PAV/56, auch zu Fleißners Bemerkungen gegen die Monarchie und die mangelnde Bereitschaft der MSPD, sich zu diesem Zeitpunkt auf eine Republik festzulegen. Vgl. auch Schwerins weitere Berichte vom 26./28./29.10.1918, 2.11.1918, 3.12.1918, PAAAB, Sachsen 55, Nr. 2, Bd. 4.
68 LTMitt 1917/18, II.K., Bd. 3, S. 2168–2170 (1.11.1918).

hatten – so wird deutlich, warum Fleißner und die Unabhängigen Sozialdemokraten empört waren. Sie umfasste viele der bekanntesten Konservativen des Königreichs, darunter Paul Mehnert aus der Ersten Kammer.[69] Der »streng konservative« Präsident der Ersten Kammer, Friedrich Graf Vitzthum von Eckstädt (der Bruder des zurückgetretenen Regierungschefs), war ebenso vertreten wie der nationalliberale Präsident des Unterhauses, Paul Vogel. Aus dem Unterhaus waren alle Parteien außer der USPD vertreten.[70] Bei der Beurteilung dieser Ernennungen stellte der preußische Gesandte richtigerweise fest, »daß die Konservativen nicht mehr [...] kalt gestellt sind«.[71]

Mit großer Spannung erwarteten die sächsischen Landtagsabgeordneten am 5. November 1918 die Regierungserklärung von Regierungschef Heinze. In einer Rede, die die ausländischen Gesandten beeindruckte[72], teilte Heinze der Zweiten Kammer zunächst mit, dass seine Regierung, die »in engster Fühlung mit der Volksvertretung« arbeite, in Kürze einen Vorschlag für eine Wahlrechtsreform vorlegen werde, die »die Vorrechte des Besitzes« beseitigen würde. »Nach diesem Kriege«, sagte er, »hat kein Stand mehr das Recht, für sich den Anspruch auf besondere Vaterlandsliebe zu erheben, anderen Ständen die Vaterlandsliebe abzusprechen.« Die Idee, bestimmten (männlichen) Wählern je nach Alter oder Familienstand zusätzliche Stimmen zu gewähren, war gänzlich verschwunden: Das neue Wahlrecht sollte »ohne jede kleinliche Einschränkung« gelten.[73] Das Wahlrecht würde jedoch auf dem System der Verhältniswahlen beruhen. Heinze vermied es, dieses Element der Wahlrechtsreform zu konkretisieren; so führte er zum Beispiel nicht aus, welches Verhältniswahlsystem verwendet werden sollte oder ob es für alle Landtagswahlkreise gelten würde. Er hielt sich stattdessen an die Plattitüde der Nationalliberalen, dass zum Schutz von Wählerminderheiten ein Verhältniswahlrecht erforderlich sei. Außerdem hing er auch Wunschdenken nach. Die Regierung und der Landtag, so erklärte er, würden kaum Schwierigkeiten haben, sich auf die Einzelheiten eines neuen Wahlrechts zu einigen – auch wenn es freilich genau diese Details waren, um die sich die Landtagsparteien und die sächsische Regierung seit 1903 stritten. Einerlei. Ebenso selbstbewusst verkündete Heinze, dass die nächsten

---

69 GVbl 1918, Verordnung Nr. 83 (29.10.1918), S. 349 f. Aus der Ersten Kammer: Wirklicher Geheimer Rat Dr. Mehnert, Wirklicher Geheimer Rat Professor Adolph Wach, Oberbürgermeister Bernhard Blüher (Dresden), Oberbürgermeister Johann Keil (Zwickau), Domdechant Dr. Paul von Hübel, Geheimer Kommerzienrat Dr.-Ing. Johannes Reinecker und Geheimer Kommerzienrat Paul Waentig.
70 Ebenda. Aus der Zweiten Kammer: Justizrat Hermann Böhme und Geheimer Justizrat Hans Spieß für die Konservativen, Kaufmann Emil Nitzschke und Schulrat Richard Seyfert für die Nationalliberalen, Landgerichtsrat Alfred Brodauf für die Fortschrittler, und Kassenvorsitzender Julius Fräßdorf und Buchhalter Karl Sindermann für die MSPD. (Dem preußischen Gesandten zufolge [2.11.1918] »erfreuen sich« der Töpfer Fräßdorf und der Metalldreher Heldt »des besonderen Vertrauens der Gewerkschaften und sind auch sonst als sachliche und einsichtige Politiker in weiteren Kreisen angesehen«.)
71 Schwerin, 2.11.1918, zuvor zitiert.
72 Schwerin, 8.11.1918, PAAAB, Sachsen 48, Bd. 21.
73 K. RUDOLPH, Sozialdemokratie, 1995, S. 166, ist zu skeptisch, wenn er behauptet: »Ob damit freie, gleiche und allgemeine Wahlen, das Verhältnis- und Frauenwahlrecht gemeint waren, blieb bezeichnenderweise offen.«

Landtagswahlen nach der Rückkehr der deutschen Soldaten von der Front und dem Friedensschluss stattfinden würden. Damit meinte er »im Spätsommer oder Herbst des nächsten Jahres, also 1919«. Die Sachsen müssten also noch ein weiteres Jahr auf ihre erste Landtagswahl seit 1909 warten. Ohne Umschweife erklärte Heinze, dass sich der Sächsische Landtag auch weiterhin aus einer Ersten und einer Zweiten Kammer zusammensetzen würde (worauf Fleißner einwarf: »Leider!«). Die Erste Kammer müsse reformiert werden, aber natürlich nur in Übereinstimmung mit den berufsständischen Prinzipien, die von den Nationalliberalen bevorzugt wurden – auch wenn Heinze das nicht so offen sagte. Ihr würden Vertreter der Landwirtschaft, der Industrie, der Beamtenschaft, der Arbeiterschaft, »usw.« angehören. Darüber hinaus wies er darauf hin, »daß Einzelpersönlichkeiten, die in irgendeiner Richtung hervorragen – Politiker, Gelehrte, Künstler, Journalisten usw. – dem öffentlichen Leben nutzbar zu machen sind. (Bravo!)«[74] Heinze verkündete auch eine Reform des Gemeindewahlrechts »in freiheitlichem Sinne«. »Die vieler Orten bestehenden, auf der Einkommensteuer aufgebauten Klassenwahlrechte […]«, erklärte er, »entsprechen dem heutigen Rechtsgefühl nicht mehr und müssen durch ein gerechteres Wahlsystem ersetzt werden, Bevorrechtigungen einzelner Gruppen müssen fallen.«

Der Rest von Heinzes Erklärung betraf wirtschaftliche und kulturelle Fragen von untergeordneter Bedeutung. Die Landtagsabgeordneten, die nach Heinze sprachen, verteilten je nach Parteidoktrin vorhersehbares Lob oder Kritik. Für die Konservativen gingen die vorgeschlagenen Reformen zu weit. Die Nationalliberalen und die Fortschrittler begrüßten Heinzes Plan als Zeichen einer Transformation hin zu einem parlamentarischen Regierungssystem. Die Unabhängigen Sozialisten lehnten Heinzes Programm auf breiter Front ab. Ihr Redner wurde von Präsident Vogel wegen Majestätsbeleidigung und weil er andeutete, Deutschland habe den Krieg absichtlich begonnen, zweimal zur Ordnung gerufen. Die entscheidende Replik kam von den Mehrheitssozialisten. Ihnen gingen die Reformen der Regierung nicht weit genug: Die Erste Kammer sollte vollständig abgeschafft werden und die Regierung sollte dem Parlament gegenüber voll verantwortlich sein. (Auch in diesem Punkt hatte Heinze seine Ausführungen so vage wie möglich gehalten.) In den letzten Sätzen seiner Rede – dem Moment, als alle die Ohren spitzten – erklärte der MSPD-Redner (Otto Uhlig) jedoch, dass seine Partei das neue Ministerium unterstützen würde: »In allem wird die Sozialdemokratie zur Mitarbeit bereit sein. […] Geht die Neugestaltung der Staatseinrichtungen den Weg *ehrlicher Demokratie*, dann ist der normale, friedliche Verlauf der revolutionären Umgestaltung gesichert.«[75]

Betrachtet man weitere Maßnahmen der sächsischen Regierung zur Einführung einer Neuordnung zwischen dem 26. Oktober und dem 9. November 1918, so ist die

---

74 LTMitt 1917/18, II.K., Bd. 3, S. 2186–2189 (5.11.1918).
75 LTMitt 1917/18, II.K., Bd. 3, S. 2191–2193 (5.11.1918) (Hervorhebung im Original).

Bilanz nicht beeindruckend.[76] Die Regierung unter Heinze war in diesen zwei Wochen damit beschäftigt, die Bezahlung der Beamten und die Gewährung von Teuerungszulagen sicherzustellen. Sie versuchte – mit geringem Erfolg – von Berlin zu verlangen, dass es die katastrophale Versorgungslage in den Griff bekomme. Und es wurden Maßnahmen ergriffen, um sicherzustellen, dass die Schlüsselindustrien weiterhin funktionierten. Die gleichen Prioritäten kennzeichneten die sächsische Regierungsführung unter Innenminister Koch ab dem Zeitpunkt der Konstituierung der ersten Dresdner Arbeiter- und Soldatenräte am Abend des 8. November und die Abordnung des Vereinigten Revolutionären Arbeiter- und Soldatenrats von Groß-Dresden zu Koch am 10. November, worin die Revolutionäre die Absetzung der sächsischen Regierung erklärten. König Friedrich August III. »der Leutselige« hatte anderthalb Tage vorher, am 8. November gegen 20 Uhr, nach einer Krisensitzung mit Heinze, Koch und anderen Beratern[77] das Residenzschloss durch eine Seitentür verlassen: er machte sich im Auto auf den Weg nach Schloss Moritzburg und einige Tage später nach Schloss Sibyllenort in Schlesien.[78] Am Sonntag, den 10. November, besetzten Arbeiter und Soldaten nach einer Versammlung im Zirkus Sarrasani gegen 12:45 Uhr das königliche Schloss und hissten auf dem Hausmannsturm eine rote Fahne (siehe Abbildung 14.1).[79]

Fünf verwirrende Tage lang, vom 10. bis 14. November, konkurrierten und verhandelten die beiden sozialdemokratischen Fraktionen über die Aufgabe der Regierungsbildung. Schließlich sah der Zentrale Arbeiter- und Soldatenrat für Sachsen seine Autorität gegenüber dem neueren Rat der Volksbeauftragten, dem drei USPD- und drei MSPD-Mitglieder angehörten, schwinden.[80] Am 13. November verkündete die paritätische Revolutionsregierung die Abdankung des sächsischen Königs, übernahm am 15. November schließlich komplett die königlichen Ministerien und den Verwaltungsapparat und veröffentlichte am 18. November ihren ersten programmatischen Aufruf, dessen Ankündigungen als »Sofortprogramm« und »Magna Charta der Revolution«

---

76 Vgl. C. Nonn, Politics, 2000, S. 318–320. Die Literatur zur Novemberrevolution in Sachsen und zu den wichtigsten Ereignissen wird in K. Rudolph, Sozialdemokratie, 1995, S. 169–188, im Überblick dargestellt, wozu man noch die bereits zitierten Werke von C. Schmidt, S. Dobson, D. McKibbin, B. Büttner und P. Mertens hinzufügen muss. Die neuesten Darstellungen sind M. Schmeitzner, Revolution, 2019, bes. S. 63–87, und I. Kretschmann/ A. Thieme, »Macht euern Dreck alleene!«, 2018, bes. S. 109–129. Gesandtschaftsberichte liefern Überlegungen zur Politik sowohl auf hoher als auch lokaler Ebene.
77 Obwohl Julius Fräßdorf nicht an dieser Sitzung teilnahm, berichtete er später: »Einfach und schlicht lehnte er [Friedrich August III.] den Rat, der Revolution mit Gewaltmitteln zu begegnen, mit den Worten ab, er wolle nicht den eben beendeten Krieg auf der Schloßstraße fortsetzen.« Diese Entscheidung ist durch andere Quellen belegt. Zitiert in: I. Kretschmann/A. Thieme, »Macht euern Dreck alleene!«, 2018, S. 120.
78 Angeblich reiste der König mit der wehleidigen Bemerkung ab: »Wo soll ich denn hingehen? Wir Wettiner haben doch nichts Rechtes! In Rehefeld pfeift der Wind durch die dünnen Wände, in Hubertusburg ist noch nicht einmal elektrisches Licht und in Moritzburg steht einem das Wasser bis an den Hals.« L. Machtan, Abdankung, 2008, S. 309, zitiert in: I. Kretschmann/A. Thieme, »Macht euern Dreck alleene!«, 2018, S. 120.
79 Ein Generaladjutant hatte bereits am Vortag (9.11.1918) die Wachen abziehen lassen.
80 Details in: K. Rudolph, Sozialdemokratie, 1995, S. 173–179; B. Büttner, Novemberrevolution, 2006, S. 43–63.

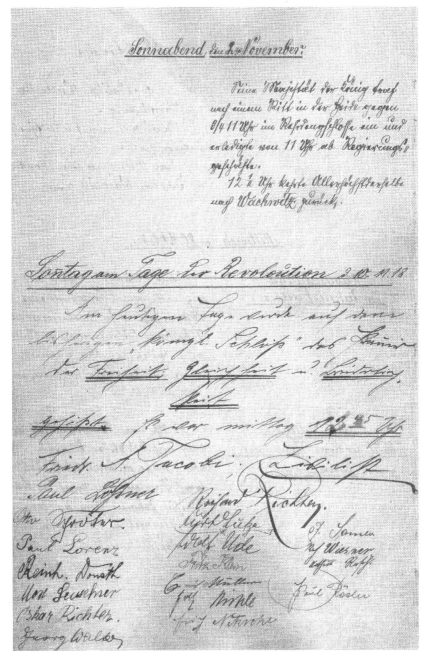

Abbildung 14.1: Letzter Eintrag im Hofjournal des Residenzschlosses Dresden, 10. November 1918. Text: »Sonntag am Tage der Revolution d. 10.11.18. Am heutigen Tage wurde auf dem bisherigen ›königl. Schloß‹ das Banner der Freiheit, Gleichheit u. Brüderlichkeit gehißt. Es war mittag 12.45 Uhr.« Es folgten 19 Unterschriften. Quelle: SHStAD, 10006 Oberhofmarschallamt, 0 04, Nr. 324, entnommen aus: I. Kretschmann/A. Thieme, »Macht euern Dreck alleene!«, 2018, S. 121.

bezeichnet wurden.[81] Ein weiteres »rotes Sachsen« erblickte das Licht der Welt. Wie die anderen auch machte es vielen Zeitgenossen weis, es sei praktisch über Nacht geboren.

*

Als im November 1918 der Frieden ausbrach, konnte das nicht darüber hinwegtäuschen, dass es dem Obrigkeitsstaat seit den 1860er-Jahren immer wieder gelungen war, die Flut der politischen Demokratie zu stoppen. Zwar hatte die soziale Demokratisierung das Aussehen und den Charakter von Wahlen auf allen politischen Ebenen verändert. Doch der Einsatz politischer Strategien, um die Demokratie als »undeutsch« und die Sozialdemokratie als »staatsgefährlich« zu verleumden, hatte nicht nachgelassen. In den Kriegsjahren, wie auch in den Jahrzehnten zuvor, war die deutsche Wahlkultur ein Schlachtfeld: Die politische Demokratisierung stieß in letzter Minute dazu, und ihre Ankunft zeugte von dem jahrzehntelangen Kampf zwischen Reform und Stasis. Dieser Kampf wurde nicht 1918 entschieden, auch wenn das Kaiserreich und die dynastischen Häuser an seiner Spitze gestürzt wurden. Die berühmte (und mit ziemlicher Sicherheit apokryphe) entrüstete Äußerung des sächsischen Königs im November 1918 – »Machd doch eiern Drägg alleene!«[82] – spiegelte die Meinung der politischen Rechten wider, Deutschland sei vor allem durch seine »inneren Feinde« besiegt worden. Die Dolchstoßlegende hatte zunächst wenig Einfluss auf die Gestaltung der deutschen Revolution. Dennoch trug sie im Januar 1933 zum Triumph der Feinde der Demokratie bei.

---

81   GVBl (Republik Sachsen) 1918, Nr. 90, »Aufruf der neuen Regierung«, 18.11.1918, »An das sächsische Volk!« S. 364–366. Diese Erklärung spiegelte einen schwierigen Kompromiss zwischen der MSPD und der USPD wider.
82   Vgl. u. a. Dresdner Hefte 22, Heft 80 (2004), S. 98; F. KRACKE, Friedrich August III., 1964, S. 152; E. H. v. SACHSEN, Mein Lebensweg, 1995, S. 18 f.; I. KRETSCHMANN/A. THIEME, »Macht euern Dreck alleene!«, 2018, S. 125–128.

Die seltsame Republik Gondour

> The past is a foreign country: they do things differently there.
> — L. P. Hartley, The Go-Between, 1953

> It was an odd idea, and ingenious.
> — Mark Twain, The Curious Republic of Gondour

Mark Twains Timing war tadellos. Seine Geburt und sein Tod fielen fast genau mit der größten Annäherung des Halleyschen Kometen an die Erde zusammen. Auch seine »skurrile Skizze« der seltsamen Republik Gondour kam zur rechten Zeit und markierte Beginn und Ende des kaiserlichen Deutschlands.[83] Die ursprünglich 1870–71 verfasste Skizze wurde 1919 in einer Volksausgabe wiederaufgelegt. Die unter anderem von den Schriftstellern Robert Heinlein und Nevil Shute adaptierte Grundidee von Twains Kurzgeschichte ist schnell geschildert.

Die Bewohner von Gondour glaubten, sie hätten das perfekte politische System entdeckt.

> Sobald ich gelernt hatte, die Sprache ein wenig zu sprechen, nahm ich regen Anteil an den Menschen und dem Regierungssystem. Ich fand heraus, dass die Nation zunächst schlicht und einfach das allgemeine Wahlrecht erprobt hatte, diese Form aber verworfen hatte, weil das Ergebnis nicht zufriedenstellend war. […] Eine Abhilfe wurde gesucht. Das Volk glaubte, es hätte sie gefunden. […]
>
> Die Verfassung gab jedem Mann eine Stimme; daher war diese Stimme ein angestammtes Recht und konnte nicht weggenommen werden. Aber in der Verfassung stand nicht, dass bestimmten Personen nicht zwei oder zehn Stimmen gegeben werden dürften! […] Das Angebot, das Wahlrecht zu »begrenzen«, hätte womöglich sofort Schwierigkeiten bereitet; dem Angebot, es zu »erweitern«, wohnte ein angenehmer Aspekt inne.

---

[83] M. Twain, The Curious Republic of Gondour and Other Whimsical Sketches, 1919. Das englische Original (1870–71) ist auf zahlreichen Internetseiten, darunter auf der des Gutenberg-Projekts, verfügbar.

Gondour hatte zuvor unter einem alten System gelitten, in dem die Parlamente von »hod-carriers« (Handlangern) gegründet wurden: »Sie betrachteten offizielle Gehälter unter dem Gesichtspunkt des Handlangerns und nötigten ihre unterwürfigen Diener, diese Auffassung zu respektieren.« Dies habe zu Korruption und Respektlosigkeit gegenüber den staatlichen Institutionen geführt. Zur Erweiterung des Wahlrechts wurde eine Art konstituierende Versammlung einberufen. Von nun an besaß jeder Bürger eine Stimme, »sodass noch immer das allgemeine Wahlrecht galt«. Wer eine Grundschulausbildung und kein Geld hatte, hatte zwei Stimmen; ein Abschluss auf einer weiterführenden Schule verlieh ihm vier; eine Universitätsausbildung gewährte ihm neun. Vermögensabhängige Stimmen wurden als »sterbliche« Stimmen bezeichnet, weil sie verloren gehen konnten; bildungsabhängige Stimmen wurden als »unsterblich« bezeichnet: sie waren dauerhaft, solange ein Mensch nicht den Verstand verlor.

Twain zählte alle Vorteile auf, die er unter Gondours Pluralwahlsystem sah: Männer mit weniger Stimmen nahmen auffallend viel Rücksicht auf ihre Nachbarn; Wettbewerbsprüfungen mit »wilden, komplizierten« Fragen sorgten dafür, dass Experten die Reihen des öffentlichen Dienstes füllten; selbst Ehen wurden mit Blick auf einen guten Fang arrangiert. Ein Mann, der sein Leben als Schuhmacherlehrling begann, konnte darauf hoffen, durch harte Arbeit jemand zu werden, der »22 sterbliche Stimmen und zwei unsterbliche Stimmen ins Feld führte« – ein »höchst wertvoller Bürger«. Ein Großkalif konnte für eine Amtszeit von zwanzig Jahren gewählt werden, was Twain für ein wenig zu lang hielt; aber er durfte wegen Fehlverhaltens angeklagt werden, und »dieses große Amt wurde zweimal erfolgreich von Frauen bekleidet«.[84]

Wie konnte das Pluralwahlsystem der Republik Gondour dem fast vierzig Jahre später ausgearbeiteten sächsischen Pluralwahlrecht von 1909 so nahe kommen? Eine Antwort lautet, dass die Liberalen in Deutschland, ja auf der ganzen Welt, während des gesamten neunzehnten Jahrhunderts und nicht erst nach 1900 versucht hatten, Bildung und Besitz zu privilegieren.[85] Eine zweite Antwort lautet, dass das republikanische Gondour dem monarchischen Sachsen doch nicht ganz so ähnlich war. In Twains Kurzgeschichte fehlt die Fundamentalpolitisierung der deutschen Gesellschaft mit steil ansteigenden Wahlbeteiligungsraten bei Reichstags- und Landtagswahlen. Unerwähnt bleibt, ob die Arbeiter von Gondour gegen die Bevorzugung der sozialen Eliten protestierten. Auch die steigenden Kosten und die Intensität des Wahlkampfs spielen dort keine Rolle. Stattdessen finden wir Twains gutgläubige Annahme, dass die Pluralwahl wunderbar funktionierte. Die Umsetzung von Gondours Pluralwahlsystem erfolgte offenbar absolut

---

84 Mark Twain war durchaus vertraut mit der schwarzen Magie des Wahlkampfes. Einmal war er dabei, als ein Dutzend »Schwarzwaldgranden« ein neues Mitglied in den Gemeinderat wählten. Auch bei dieser Gelegenheit ließ er sich nicht vom Ernst der Sache beeindrucken. Der Rat, so Twain, »gab sich mit gesetztem Anstand, wie es sich geziemt für Männer von Rang, Männer mit Einfluß, Männer mit Mist.« M. TWAIN, Bummel durch Europa, 1997, S. 180–181.
85 Vgl. u. a. A. S. KAHAN, Liberalism, 2003, mit zahlreichen Beispielen.

unproblematisch: Die Entscheidung, wie viel Vermögen wie viele Stimmen kaufte, bedurfte keinerlei Diskussion. Auch gab es keine Staatsstreiche oder Kladderadatsche, die Grund zur Sorge geliefert hätten. Diese Elemente des kaiserlichen deutschen Staatswesens waren für Twain nebensächlich. Doch konnte er es sich abschließend nicht nehmen lassen, seine Abneigung gegen den im politischen System Gondours angelegten Konformismus und Zwang zum Ausdruck zu bringen. Das »Getöse« in seinen Ohren – das lärmende Prahlen der Bürger Gondours, sie hätten die beste aller möglichen Welten geschaffen – ähnelte dem Misston, den andere Demokraten vernahmen, wenn das Pluralwahlrecht als Wahlrecht der Zukunft angepriesen wurde.

Schlussbetrachtung

> A lost election can have the jolt of a drop through the gallows floor [...].
> — James Wolcott, US-amerik. Literaturkritiker[86]

> She often said that her interest was the study of evil,
> and that she therefore didn't risk running out of topics.
> — Stanley Hoffmann über die Politologin Judith Shklar

Die wirtschaftliche, gesellschaftliche und kulturelle Modernisierung ermöglichte es den antisozialdemokratischen Eliten in Deutschland, die politische Demokratie bis 1918 aufzuschieben und dann, fünfzehn Jahre später, zu zerstören. Obwohl es im Zuge der Herausbildung des deutschen Nationalstaats zur Einführung des allgemeinen Männerwahlrechts kam, wurde ein demokratisches Regierungssystem zwischen 1871 und 1918 in Schach gehalten. Bei den nationalen und transnationalen Debatten über die Ausweitung des Wahlrechts wurde es mit Skepsis betrachtet oder gar verteufelt. In den Debatten über die Vorzüge eines auf Einkommen, Vermögen, Bildung und Alter basierenden Pluralwahlrechts wurde es auf Distanz gehalten. Es wurde auf Eis gelegt, während man einen totalen Krieg führte. Und es wurde in der Endphase der Weimarer Republik verunglimpft. Der Aufstieg des Nationalsozialismus bot neue Mittel zur Abwehr der Demokratie. Im Januar 1933 hielt die deutsche Rechte den Einzug Hitlers ins Kanzleramt für das beste Mittel, um eine demokratische Zukunft zu verhindern.

Diese Entwicklungen und Debatten – und das Verhältnis von »Gesellschaft und Demokratie in Deutschland«[87] – sind nicht erst seit heute im Fokus der Wissenschaft. Doch galt das bisherige Augenmerk hauptsächlich der nationalen Ebene. Wie ich in dem vorliegenden Buch zu zeigen versucht habe, werden durch den Blick auf die subnationale und die lokale Ebene neue Facetten eines antidemokratischen Konsenses sichtbar, der vor 1918 einen Großteil der deutschen Gesellschaft umfasste, zumindest jenseits der Arbeiterklasse. Der Fall Sachsen wurde in mancherlei Hinsicht als typisch dargestellt, in anderer wiederum als einzigartig: die sächsische Geschichte liefert Material für beide Sichtweisen.

*

---

86 Zuvor zitiert in Kapitel 4 im vorliegenden Band.
87 So auch der Titel eines einflussreichen Buches des Soziologen Ralf Dahrendorf aus dem Jahr 1965.

In diesem Buch habe ich eine Reihe von Thesen, Ansätzen und Interpretationen vorgestellt, die sich deutlich von den bisherigen Studien über die Wahlen im Deutschen Kaiserreich unterscheiden, von denen die meisten zwischen 1985 und 2000 erschienen sind. Ich habe dies aus drei Hauptgründen getan. Erstens bleibt die Nuancierung früherer Studien oft auf der Strecke, wenn ihre Forschungsergebnisse in historische Gesamtdarstellungen einfließen. Zweitens werden diese Studien manchmal so verstanden, als würden sie bestimmte Kontinuitäten vom kaiserlichen Deutschland bis zur Weimarer Republik belegen und andere Kontinuitäten vom Kaiserreich bis zum Dritten Reich widerlegen. Drittens ist es aufgrund der Vielfalt der Wahlkulturen im bundesstaatlich verfassten Kaiserreich und der Verfügbarkeit bislang vernachlässigter Quellen möglich, über den Nationalstaat als Deutungsrahmen hinauszugehen. Viele der jüngeren Arbeiten zu den Wahlen im Kaiserreich stützen sich auf internationale Vergleiche. Leider sind einige dieser vergleichenden Studien schlecht konzipiert oder wenig überzeugend.[88] Auch wenn der vorliegende Band in Kapitel 9 ebenfalls die zeitgenössischen transnationalen Debatten über Wahlrechtsreformen behandelt hat, wollte ich mich stattdessen vorrangig auf die Schnittpunkte zwischen den einzelnen Ebenen der Politik – lokal, regional und national – konzentrieren. Es hat sich gezeigt, dass die deutsche Erfahrung im Vergleich zu den britischen, französischen und amerikanischen Erfahrungen weniger »eigenartig«, weniger ein Sonderweg war als wir einst dachten; aus diesem Grund habe ich auch nicht versucht, das Kaiserreich entlang eines Kontinuums von weniger zu mehr Demokratie zu verorten.[89] Dies hat mir den Freiraum verschafft, mich systematischer mit der Frage nach tatsächlichen und potenziellen Kontinuitäten von den 1860er-Jahren bis 1918 und darüber hinaus zu befassen.

Ich habe eine Vielzahl von Reformplänen untersucht – sowohl solche, die realisiert wurden, als auch solche, die nie Früchte trugen –, um über einen längeren Zeitraum der politischen Modernisierung hinweg die Kontingenz zu betonen. Ich habe die Aufmerksamkeit wieder auf die Parlamente gelenkt, um das politische Kalkül sowohl der älteren als auch neueren Eliten neu zu bewerten. Und ich habe rhetorische, juristische und (gelegentlich auch) physische Formen der Gewaltanwendung untersucht, um Strategien der politischen Ausgrenzung zu beleuchten. Ich habe diese Vorgehensweise und diese Zielsetzungen gewählt, da ich der Ansicht bin, dass sie Ungleichgewichten in der bestehenden Literatur – etwa der Vernachlässigung des neunzehnten Jahrhunderts[90] – Abhilfe

---

[88] H. Richter, Reform, 2016; dies., Wahlen, 2017; dies., Demokratie, 2020; Geschichte und Gesellschaft 44, H. 3 (2018) Themenheft »Demokratiegeschichten«. Vgl. u. a. Archiv für Sozialgeschichte 58 (2018), Rahmenthema »Demokratie praktizieren«; U. Daniel, Postheroische Demokratiegeschichte, 2020, S. 98–99.

[89] Zum Demokratiebegriff und zur Vernachlässigung der Diachronie in der internationalen Geschichtswissenschaft vgl. U. Daniel, Demokratie, 2021.

[90] Vgl. Discussion Forum: The Vanishing Nineteenth Century in European History? in: Central European History 51, Nr. 4 (2018), S. 611–695.

schaffen und auf sinnvolle und anregende Weise zur Weiterentwicklung der deutschen Geschichtsschreibung beitragen können.

Da Bücher wie dieses oft so aufgefasst werden, als würden sie bestehende Narrative bestätigen oder in Frage stellen, steht man als Verfasser in der Verantwortung, sich gegen Versuche zu wehren, dass seine Ergebnisse dem einem oder anderen wissenschaftlichen Lager zugeordnet werden. Die deutsche und die nordamerikanische Forschung zu den Wahlen im Kaiserreich ist von unterschiedlichen Meinungen geprägt. Die deutsche Forschung neigt eher dazu, den Aufstieg des politischen Autoritarismus gegenüber der politischen Demokratie im Deutschen Kaiserreich zu betonen.[91] Die Historikerinnen und Historiker, die die sächsischen Wahlrechtskämpfe studiert haben, kommen zu dem Schluss, dass die Antidemokraten 1909 weniger zurückgegeben haben, als sie 1896 weggenommen hatten.[92] Im Gegensatz dazu haben nordamerikanische Wissenschaftlerinnen und Wissenschaftler eher die demokratischen Siege betont, die von den Sozialisten, Liberalen und Katholiken im Kampf um das Recht der Deutschen auf faire Wahlen errungen wurden.[93] Sie konnten zweifelsfrei zeigen, dass die deutschen Reichstagswähler mit Begeisterung an den Wahlen teilnahmen und dass die demokratische Praxis der Stimmabgabe vor 1914 zu einer festen Gewohnheit geworden war. Sie konnten auch zeigen, dass die deutschen Regierungen nicht in der Lage waren, massive Wahlsiege der Sozialdemokraten und anderer Regimegegner zu verhindern. Folglich kamen sie zu dem Schluss, dass die Saat der Demokratie im steinigen Boden des kaiserlichen Deutschland einen festen Platz gefunden hatte.

---

91 Vgl. die Arbeiten von Thomas Kühne, Hartwin Spenkuch, Robert Arsenschek, Christoph Schönberger, Gerhard A. Ritter und Wolfgang Schröder in der Bibliographie. Eine bemerkenswerte Ausnahme bildet H. Richter, Moderne Wahlen, 2017. Spenkuch und Kühne untersuchten die Ober- und Unterhäuser des preußischen Landtages. Arsenschek zeigte die Unzulänglichkeiten der Wahlprüfungskommission. Schönberger analysierte unter anderem die verhaltenen Forderungen nach einer deutschen Parlamentarisierung. Ritter und Schröder richteten ihre Aufmerksamkeit auf den Aufstieg der Sozialdemokratie in Sachsen und auf die drei Wahlrechtsreformen des Königreichs in den Jahren 1868, 1896 und 1909. Auch der kanadische Historiker Brett Fairbairn räumt ein, dass bis 1918 eine antidemokratische Kultur überlebt habe. Er beschrieb den »virulenten Antisozialismus« im deutschen Kaiserreich und die »mangelnde Akzeptanz der Demokratie selbst«; vgl. B. Fairbairn, Democracy, 1997, S. 259–262. Die politische Kultur des Kaiserreichs, so Fairbairn, habe vor allem unter »der Ineffektivität oder mangelnden Bereitschaft bestimmter Eliten, die für die Demokratie notwendigen Voraussetzungen zu schaffen« gelitten. Vgl. auch M. Jefferies, Contesting the German Empire, 2008, S. 90–125; T. Kühne, Wahlrecht, 1993; ders., Political Culture, 2008; ders., Elections, 2015.
92 Ich stimme in diesem Punkt mit Gerhard A. Ritter überein. Simone Lässig und Karl Heinrich Pohl betonen dagegen die fortschrittlichen Merkmale der Reform von 1909.
93 Vgl. S. Suval, Electoral Politics, 1985; B. Fairbairn, Democracy, 1997; M. L. Anderson, Lehrjahre der Demokratie, 2009; I. Mares, Open Secrets, 2015. Jonathan Sperber zeigte die hohe Fluktuation innerhalb sozio-moralischer Milieus und politischer Lager und ermahnte die künftige Forschung, ihr Augenmerk auch auf Wähler, Parteimitglieder, Funktionäre und Parlamentsvertreter zu richten. Vgl. J. Sperber, Kaiser's Voters, 1997, S. 287–293.

Diese Sichtweise wurde am offensivsten von Stanley Suval und Margaret Lavinia Anderson vertreten.[94] Die Weimarer Republik, so argumentierten sie, sei nicht von antidemokratischen Erblasten aus der Kaiserzeit behindert worden. »Sehr vieles ging nach 1932 schief in Deutschland, aber nicht, weil das Kaiserreich mit einem besonderen Demokratiedefizit belastet war« – so Anderson.[95] Andernorts schrieb sie in Anspielung auf Wilhelm Liebknechts berühmte Aussage, der Reichstag sei nur das »Feigenblatt des Absolutismus«, Deutschland sei 1914 »nicht nur eine Monarchie mit demokratischer Zierde« gewesen, »sondern eine ›demokratische‹ Monarchie«.[96] Die Anführungszeichen um »demokratische« bringen die Bescheidenheit der Behauptung zum Ausdruck, ohne sie jedoch abzuschwächen. Anderson ist sich durchaus bewusst, dass die Demokratie »in der Praxis mehr als genug Facetten« besitzt.[97] Und es sei hier klar gesagt, dass ihre bahnbrechenden Arbeiten die ihnen zuteil gewordene Resonanz mehr als verdient haben. Doch ein wesentliches Merkmal eines demokratischen Systems – eine Regierung, die dem Volk gegenüber verantwortlich ist und auf der Grundlage regelmäßiger Wahlen (neu) konstituiert wird – hat sich in Deutschland vor 1918 nicht durchgesetzt.

Wie in der Einleitung zu diesem Buch bereits erwähnt, bestätigt meine Studie die Bedeutung des Bürgertums im Deutschen Kaiserreich. Gewiss, dieses Bürgertum war in sich gespalten, was Reichtum, Status, Einfluss und ideologische Überzeugungen anging. Die Kluft zwischen Linksliberalen und Nationalliberalen war in Sachsen bis 1914 sehr groß geworden. Dennoch belegt der Fall Sachsen die faktische wirtschaftliche, soziale und kulturelle Hegemonie des deutschen Bürgertums. Deutschland war rechtsstaatlich geprägt und verfügte über eine robuste Zivilgesellschaft. Es gab eine aktive Öffentlichkeit, und die Kritiker der Regierung konnten unerbittlich sein. Doch das deutsche Bürgertum wertete Leistung, Bildung und Kultur so sehr, dass es den Idealen der sozialen Gleichheit und der politischen Inklusion wenig Beachtung schenkte. Da es weder nach Demokratie noch Parlamentarismus strebte, war das deutsche Bürgertum immer weniger bereit, den verfassungsmäßigen Status quo in Frage zu stellen. Erst 1917/18 erkannte es die Notwendigkeit einer grundlegenden Reform. Dies geschah als Reaktion auf die beispiellosen Herausforderungen, die der Krieg und

---

94 Die »entpolitisierenden« und »autoritären« Aspekte des Wahlsystems in Weimar wurden »erworben, nicht vererbt«, so Suval. Die von der deutschen Linken vor 1918 vorangetriebene Reformagenda habe das Ansehen des allgemeinen Wahlrechts nie in Frage gestellt; S. SUVAL, Electoral Politics, 1985, S. 227 f., 247, 257.
95 M. L. ANDERSON, Demokratiedefizit?, 2018, S. 397–398.
96 M. L. ANDERSON, Demokratie auf schwierigem Pflaster, 2012, S. 246. Um Wiederholungen zu vermeiden, sei der Leser auf meine ausführlicheren Überlegungen zu diesem Thema verwiesen: J. RETALLACK, Germany's Second Reich, 2015, Kap. 8, bes. S. 237–244.
97 M. L. ANDERSON, Lehrjahre der Demokratie, 2009, S. 51. Die Schattenseiten eines modernen, reformistischen Reichs und ihre Auswirkungen auf die spätere deutsche Geschichte sind hinreichend dokumentiert worden. Vgl. unter anderem E. FRIE, Kaiserreich, 2013; S. O. MÜLLER/C. TORP (Hrsg.), Imperial Germany Revisited, 2011; H. W. SMITH (Hrsg.), Continuities, 2008; DERS. (Hrsg.), Oxford Handbook, 2011.

die Delegitimierung des Obrigkeitsstaates mit sich brachten. Wie wir gesehen haben, verteidigte das sächsische Bürgertum noch in der ersten Novemberwoche 1918 die bestehende Ordnung.[98]

Die historische Bedeutung des deutschen Bürgertums sollte nicht daran gemessen werden, was es *nicht* erreicht hat. Betont man seine mangelnde Bereitschaft, ein demokratisches System zu akzeptieren (in dem sich die Regierungen an das Ergebnis von Wahlen halten müssen) oder politisch Andersgläubige zu tolerieren, führt das tendenziell zu einer semantischen Verwirrung zwischen »bürgerlich« – einer gesellschaftlichen Kategorie – und »liberal« – einer politischen Kategorie. In der Geschichtswissenschaft spricht man kaum mehr vom unerledigten Geschäft des deutschen Liberalismus, geschweige denn von seinen Unterlassungssünden oder seinem »Versagen«. Dieser Ansatz führt in die Teleologiefalle. Wie viele meiner Kolleginnen und Kollegen habe auch ich versucht, die Begriffe »bürgerlich« und »liberal« zu entkoppeln, als Reaktion auf unhaltbare Behauptungen darüber, was das deutsche Bürgertum hätte anstreben »sollen«, nämlich die liberale Demokratie.[99] In diesem Zusammenhang habe ich betont, dass es unter den Angehörigen des deutschen Bürgertums, sowohl liberaler als auch konservativer Couleur, reichlich Antidemokraten gab.

Viele Studien seit den 1980er-Jahren haben den Aufstieg des deutschen Bürgertums in Wirtschaft, Gesellschaft und Kultur betont, doch mein Argument geht noch weiter. In Sachsen hatten die bürgerlichen Politiker auch großen Einfluss auf den Bereich der Politik. Sie prägten politische Stile und Optionen, von denen viele demokratischen politischen Reformen abträglich waren. In Sachsen war es keine ältere, agrarische, aristokratische Elite, welche die »Ordnungsparteien« auf antisozialistische, antisemitische, antiliberale und antidemokratische Bahnen lenkte, sondern eine neuere, bürgerliche Elite, die enge Beziehungen zur Industrie pflegte. Das bürgerliche Gesicht der obrigkeitsstaatlichen Politik zeigte sich in Sachsen so deutlich wie in keinem anderen deutschen Land. Meine Studie bestätigt auch durchweg die Wichtigkeit eines Freund-Feind-Schemas, wonach Sozialisten, Liberale und Juden aus Sicht der bürgerlichen Antidemokraten zu Reichsfeinden abgestempelt wurden. Ich stimme dem Argument Brett Fairbairns zu, dass die Schwachstelle in der deutschen politischen Gesellschaft weniger an der Basis als vielmehr an der Spitze lag.[100] Auch sollte deutlich geworden sein, dass ich Margaret Andersons These von der unaufhaltsamen Fundamentaldemokratisierung Deutschlands beipflichte. Doch meine Quellen legen nahe, dass die Institutionen der politischen Demokratie – und das Konzept der

---

98 Wie dies übrigens auch viele Angehörige der Arbeiterklasse taten.
99 Zum Thema illiberale Demokratie (und undemokratischer Liberalismus) vgl. Y. Mounk, The People vs. Democracy, 2018, bes. S. 23–98.
100 B. Fairbairn, Democracy, 1997, bes. S. 260–262.

Demokratie selbst – in großen Teilen der deutschen Mittel- und Oberschicht mit großer Ernüchterung gesehen wurden.

*

In der Einleitung zu diesem Buch habe ich drei Argumentationslinien und Ansätze vorgestellt, um zu zeigen, dass politische Modernisierung nicht zwangsläufig zu einer demokratischen Staatsform führt. Es ist Zeit, Bilanz zu ziehen.

(1) *Wahlkultur und Fundamentalpolitisierung.* Die Wahlen im Deutschen Kaiserreich wurden zu einem Schlachtfeld – zeitweise gar zu einem »moralischen Äquivalent des Krieges«[101]–, weil die soziale Demokratisierung an Fahrt aufnahm, während die politische Demokratisierung an Tempo verlor. Ich habe mich auf zwei Arten von Wahlschlachten konzentriert: auf Wahlkämpfe im klassischen Sinn und auf die Auseinandersetzungen um Wahlrechtsreformen. Ich habe mich des Konzepts der Wahlkultur bedient, um bestehende Forschungen zur Stimmfangpraxis an der Basis zu ergänzen durch eine stärkere Berücksichtigung der Wahrnehmung auf höheren politischen Ebenen. Diese Wahrnehmungen – zum Beispiel Vorstellungen davon, wie ein ideales Wahlrecht aussehen könnte – waren nicht überall im Reich gleich. Die sächsischen Gegner der Demokratie mussten sich nicht auf die Verteidigung eines bestehenden Dreiklassenwahlrechts beschränken, so wie es in Preußen der Fall war. Und sie führten nicht nur eine umfassende Wahlrechtsreform durch, wie es in vielen anderen Bundesstaaten geschah. Die Sachsen stellten sich dreimal der Herausforderung und somit auch dreimal der Chance, ihr Landtagswahlrecht grundlegend zu revidieren.

1868 verkündete ein Chor aus Reformisten, dass das sächsische Wahlrecht stärker an das Reichstagswahlrecht angepasst werden sollte. Eine Generation später hätte die öffentliche Meinung in Sachsen kaum unterschiedlicher ausfallen können. Eine wahrgenommene bzw. inszenierte Krise in den Jahren 1895/96 bildete den Rahmen für eine zweite Wahlrechtsreform. Mit dem Wahlerfolg der SPD, den 1868 niemand hatte voraussehen können, waren die Herausforderungen massiv gewachsen. Die Angst, dass »die Dinge im Verfall begriffen sind«, war deutlich spürbar.[102] Aber die Verhältnisse in Sachsen boten auch die Möglichkeit, hart gegen die »Roten« vorzugehen – so hart, dass sie fünf Jahre später wieder vollständig aus dem Sächsischen Landtag verschwunden waren. Der lange Vorlauf zur dritten großen sächsischen Wahlrechtsrevision in den Jahren 1903 bis 1909 rückte das Dilemma der Reformisten noch stärker in den Fokus. Der antisozialistische Konsens, über den sich das nationale »Lager« seit 1870 definiert hatte, begann zu bröckeln, als ein Wahlrechtssystem nach dem anderen geprüft und

---

101 In der denkwürdigen Formulierung von William James (The Moral Equivalent of War, 1910).
102 Vgl. das Epigraf von Stephen King in Kapitel 6.

abgelehnt wurde. In Regierungsdenkschriften, in Parlamentsdebatten und in diplomatischen Berichten lässt sich die destabilisierende Wirkung von Ausweichplänen, Fehleinschätzungen und Irrwegen gut nachvollziehen. Indem sie sich auf ein neues Wahlrecht einigten, das ausdrücklich darauf abzielte, die sozialdemokratischen Mandate in einem reformierten Landtag zu begrenzen, entschieden sich die sächsischen »Ordnungsparteien« letztendlich dafür, dass ihre antisozialistische Solidarität nicht durch Wahlrechtsfragen untergraben werde dürfe. Sie verteidigten das antisozialistische Bollwerk, das sie durch ein Pluralstimmrecht errichtet hatten, bis 1918.

Die historische Forschung muss nicht mehr ausschließlich den Blick auf Preußen richten, auf seine agrarischen Eliten, sein Dreiklassenwahlrecht oder seinen »aristokratischen Obrigkeitsstaat«[103], um notorische Hindernisse für die politische Demokratisierung zu finden. Obwohl die deutsche Rechte versuchte, sich mit der Fundamentalpolitisierung der deutschen Gesellschaft zu arrangieren, indem sie durch Antisemitismus, Mittelstandspolitik und radikalen Nationalismus auf die Stimmung des Volkes abstellte, durchlief sie keine »Pseudodemokratisierung«. Stattdessen gelang es ihr, die eine Art von Wahlkampf – den Wahlkampf auf der Straße – als hasserfüllt und gefährlich darzustellen, so gefährlich, dass die andere Art von Wahlkampf – die Auseinandersetzung um Wahlrechtssysteme – die Wahlkultur der Nation veränderte. Das deutsche Bürgertum, das nun nicht mehr von weltfremden Adligen wie Heinrich von Friesen-Rötha angeführt wurde, sondern von unnachgiebigen bürgerlichen Politikern wie Paul Mehnert, wurde empfänglicher für eine Weltanschauung, wonach die Sozialdemokratie die Fundamente des Deutschtums bedrohte. Das Argument, dass die preußischen Junker und der Bund der Landwirte »die Massen« täuschten oder sich ihnen anbiederten, übersieht die proaktivere Rolle von vorwärtsgewandten Politikern wie Mehnert. Dieser nutzte seine Kontakte in Industrie und Gewerbe, im Sächsischen Landwirtschaftlichen Kreditverein und in den Berliner Machtzentralen, um politische Krisen in Richtung antidemokratischer Lösungen zu steuern. Mehnert war nicht der einzige bürgerliche Machtmakler im kaiserlichen Deutschland, der als ungekrönter König bezeichnet wurde, aber er war der Einzige, nach dem ein Wahlgesetz benannt wurde. Obwohl er am liebsten hinter den Kulissen agierte, war er mehr als ein Souffleur der Macht. Als »Mehnerts Gesetz« im Jahr 1896 der sächsischen Wahlkultur aufgezwungen wurde, war Mehnert noch nicht auf dem Höhepunkt seiner Macht. Seine Hybris konnte sich ein weiteres Jahrzehnt entwickeln.

Um die Wechselwirkungen zwischen der gesellschaftlichen und der politischen Demokratisierung richtig einschätzen zu können, ist es wichtig zu bestimmen, »was zählt« – im Sinne des eingangs zitierten Bonmots von Tom Stoppard: »Nicht das Wählen macht die Demokratie aus, sondern das Zählen.« Im vorliegenden Band ging es mir um

---

103 H. Rosenberg, Pseudodemokratisierung, 1978, S. 96.

einen Blick hinter die (polemischen) Verweise der Zeitgenossen auf »die Massen« sowie die (abstrakten) Verweise der Wissenschaftler auf »Massenpolitik«. Sachverhalte zu quantifizieren heißt nicht immer, sie zu entmystifizieren, aber es kann dabei helfen.[104] Das Königlich Sächsische Statistische Landesamt und die sächsische Landesorganisation der SPD sammelten und veröffentlichten Daten über Wahlen und die daran beteiligten Parteien. Ihr Fleiß ermöglicht uns heute, nicht nur die Beschäftigungsstruktur eines Ortes mit den Wahlpräferenzen seiner Einwohner zu korrelieren, sondern auch die Expansion der SPD vor dem Hintergrund der Reaktionen der »Ordnungsparteien« aufzuzeigen. Die in den Quellen abgebildeten feinen Abstufungen erschweren manchmal die Einschätzung, ob und in welchem Maße das Wahlverhalten durch Klassenzugehörigkeit definiert wurde. Aber die Zeitgenossen ließen sich von lückenhaften Belegen nicht daran hindern, ihre eigenen Schlüsse über die Bedeutung von Wahlkämpfen und das Werben um Wählerstimmen zu ziehen. Lokale Wahlergebnisse, Wahlbeteiligungen, prozentuale Gewinnmargen – das waren die Maßstäbe, mit deren Hilfe die Gewinner und Verlierer einer Wahl ermittelt wurden, auch wenn sich parallel dazu die Spindoktoren an die Arbeit machten.

Der Erwartungshorizont der Zeitgenossen vor den Wahlen wurde oft durch einen überraschenden Wahlausgang eingetrübt. Um den Effekt dieser unerwarteten Wahlausgänge zu messen, lässt sich das Konzept der Wahlkultur mit seinem Fokus auf Normen und Wahrnehmungen sinnvoll durch Statistiken ergänzen. Die Feinde der Demokratie konnten nicht leugnen, dass über die Hälfte der sächsischen Wähler bei den Landtagswahlen 1909 und den Reichstagswahlen 1912 ihre Stimme der Sozialdemokratie gegeben hatten. Doch es war überhaupt nicht klar, wie die einzelnen politischen Parteien und die Regierungen dieses Ergebnis interpretieren würden. In welchem Sinne, wenn überhaupt, würden sie ihre Politik entsprechend den Präferenzen der Wähler revidieren? Manchmal wurden Kalkulationen zweiter Ordnung herangezogen, um Probleme erster Ordnung zu lösen. Waren die Sozialdemokraten im Sächsischen Landtag auch dann noch unterrepräsentiert, als sie 25 von 91 Mandaten innehatten? Waren sie in Berlin, wo die Sozialisten 19 von 23 sächsischen Reichstagsabgeordneten stellten, überrepräsentiert?

Wer entscheidet? Wer zählt? Diese Fragen stellte auch Thomas Theodor Heine in einer Karikatur mit dem Titel »Wahlergebnis«, die in der satirischen Zeitschrift *Simplicissimus* veröffentlicht wurde (siehe Abbildung S.1). Konfrontiert mit dem roten Monster, das der Wahlurne entsteigt, trotzt Kaiser Wilhelm II. der Gefahr für seine

---

104 Man nehme zum Beispiel die in Kapitel 9, 11 und 12 behandelte facettenreiche Debatte im Rahmen der Wahlreform von 1909 darüber, welchen sächsischen Landtagswählern man eine, zwei, drei oder vier Stimmen gewähren sollte. So ergeben sich bestimmte Argumente und Interpretationen aus dem methodischen Ansatz, sich nur die 23 sächsischen Reichstagswahlkreise (anstatt alle 397 Wahlkreise in Deutschland) anzuschauen oder die 91 sächsischen Landtagswahlkreise in großstädtische, übrige städtische und ländliche Wahlkreise zu unterteilen.

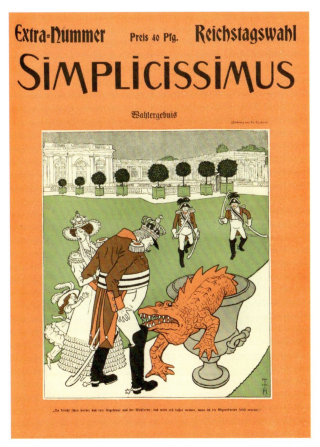

Abbildung S.1: Thomas Theodor Heine, »Wahlergebnis«, 1903. Text: [Kaiser Wilhelm II.:] »Da kriecht schon wieder das rote Ungeheuer aus der Wahlurne; das wird erst besser werden, wenn ich die Abgeordneten selbst ernenne.« Quelle: Simplicissimus 8, Nr. 53, Extra-Nummer, Reichstagswahl, S. 1 [31. Dezember 1903]. Simplicissimus Online, Herzogin Anna Amalia Bibliothek Weimar.

Autorität und Männlichkeit: Wahlrechtsfragen würden hinfällig, würde er sich seiner Verantwortung stellen und die Parlamentsabgeordneten selbst ernennen. Diese Karikatur erschien in demselben Jahr, in dem das »Rote Sachsen« das Licht der Welt erblickte – im Jahr 1903. Doch wie wir gesehen haben, wurden Wahlrechtsreformen nicht von Kaisern, Königen oder gar ihren obersten Ministern beschlossen. So wie bei der Revision lokaler und regionaler Wahlgesetze über nationale und internationale Maßstäbe der Fairness diskutiert wurde, so haben auch lokale Krisen und Appelle zum Schutz vor der »Bedrohung« durch die Demokratie Aufrufe befeuert, das allgemeine Wahlrecht für den Reichstag abzuschaffen.

Vor diesem Hintergrund gab es oft mehr als zwei Optionen. Legale und illegale Wahlkampfmethoden ließen sich nicht immer mit fair oder unfair in Einklang bringen.

Eine Wahlrechtsreform konnte von einer Verfassungsreform abhängig sein, aber sie konnte auch der Macht der Straße unterliegen. Genderspezifische Fragen wurden neu bewertet, als der Frieden schwand und der Erste Weltkrieg sich in die Länge zog. Der Streit über das Recht, die Symbole der nationalen Autorität Deutschlands zu definieren, wurde heftiger. Die Verhältniswahl wurde von einigen Deutschen als fortschrittlich, von anderen als gefährlich angesehen, und nicht alle waren der Meinung, dass die Repräsentation nach Berufsständen passé sei. Die parlamentarischen Verfahren und Ausschüsse, die über das Ergebnis von Verfassungsreformen entschieden, verstärkten die Verwirrung noch: »Doch wer entscheidet, wer entscheidet?« Zweimal – 1908/09 und 1917/18 – bestimmte in Sachsen ein kompakter Landtagsausschuss aus Fraktionshonoratioren die Parameter, innerhalb derer eine tragfähige Wahlrechtsreform angestrebt wurde. In beiden Fällen zeigten sich die sächsischen Parlamentarier dem allgemeinen Wahlrecht nicht gewogen.

In den Jahren 1895/96 verübten die sächsischen Landtagsabgeordneten, die dem antisozialistischen Kartell angehörten, den gravierendsten Wahlraub in der Geschichte des Kaiserreichs. Sie behaupteten, das Wahlrecht aus dem Jahr 1868 müsse abgewickelt werden, da es die bestehende Ordnung gewalttätigen Umstürzlern ausliefern würde. Ihre Behauptung war ein Schwindel, aber sie kamen damit ein Jahrzehnt lang durch. Als ein neues Wahlrecht unvermeidlich wurde – weil die Legitimität des sächsischen Staates zu bröckeln schien – bot die Pluralwahl eine neue Handhabe, um sicherzustellen, dass die sozialdemokratischen Wähler massiv benachteiligt wurden. Das neue sächsische Pluralwahlrecht von 1909 beendete eine Krise, die sechs Jahre lang gedauert hatte. Doch es stellte kein Votum für die Demokratie dar; stattdessen war es die Kulmination jahrzehntelanger Anstrengungen, den Grundsatz »ein Mann, eine Stimme« zu verteufeln. Seit 1866, als Bismarck das allgemeine Männerwahlrecht eingeführt hatte, wurde es von den Feinden der Demokratie als dysfunktional, umstürzlerisch oder beides angegriffen. Mehr als einmal behaupteten sie, der Reichstag als repräsentatives Gremium habe sein Unvermögen so gründlich unter Beweis gestellt, dass seine Mitglieder »heimgeschickt« werden sollten.

Auf der Grundlage von Ministerialakten und anderen bislang vernachlässigten Quellen wurde deutlich, dass es sich bei den Staatsmännern und Politikern, die solch düstere Warnungen aussprachen, nicht um Außenseiter ohne Einfluss handelte. Graf Vitzthum war lediglich der letzte in einer Reihe von sächsischen Regierungschefs, die es ablehnten, sich an die Mehrheitswünsche der Wählerschaft zu halten. Finanzminister Rüger war lediglich der unverblümteste unter den Demokratiefeinden, als er erklärte, dass der Sächsische Landtag funktionsunfähig geworden sei und deshalb ein Staatsstreich eingeleitet werden sollte. Der britische Gesandte George Strachey war lediglich der sarkastischste unter den ausländischen Beobachtern, die berichteten, dass die sächsischen Bürger keinen Finger rührten, um ihre verfassungsmäßigen Freiheiten zu schützen. Von 1866 bis in die erste Novemberwoche 1918 entfesselten Antidemokraten unzählige Angriffe auf den Parlamentarismus. Führt man diese Quellenlage zusammen, läuft es auf eine Schlussfolgerung hinaus: Weder das allgemeine Wahlrecht noch das deutsche Parlamentssystem genossen in bestimmten Kreisen des Bürgertums eine so große Legitimität wie viele Wissenschaftlerinnen und Wissenschaftler glauben. Die Deutschen bezeichneten Wahlkämpfe und Wahlrechtsreformen routinemäßig als Sprung ins Dunkle; sie lernten – genauso wie wir es heute tun –, welche Risiken und Chancen es mit sich brachte, in unsicheren Zeiten zu leben.

*

(2) *Sozialisten und andere Deutsche.* Emotionen, Wahrnehmungen und Erwartungen sind ernstzunehmende Aspekte bei der Erforschung der Wahlkultur; folglich hat die vorliegende Studie auch die subjektiven Reaktionen der Deutschen auf die Demokratisierung untersucht. Seit der Veröffentlichung der letzten großen Studie über die Wahlen im Kaiserreich[105] wurde ein weiterer Interpretationsansatz vorgelegt, der auch auf die Wahlkämpfe zwischen Sozialdemokraten und den Anhängern anderer Parteien angewendet werden kann. Laut der Copenhagen School of International Relations liefert das Konzept der »Versicherheitlichung« einen hilfreichen Erklärungsansatz dafür, wie bestimmte Themen gesamtgesellschaftlich als regionale und transnationale Sicherheitsprobleme wahrgenommen werden.[106] In dieser Wahrnehmung wirken sich diese Probleme einerseits auf die Entwicklung und Legitimation des Staates aus, andererseits auf die Mechanismen der gesellschaftlichen Integration und Identitätsbildung. Wie »Demokratie« selbst gehört auch »Sicherheit« zu den prinzipiell umstrittenen Konzepten, in denen sich soziale und kulturelle Wertesysteme offenbaren. Darüber hinaus können sie auch ein Licht auf die Beziehungen zwischen Individuen und Gruppen werfen und darauf, wie sich Einschätzungen von Freiheit und Fairness im Laufe der Zeit ändern.

Der Begriff »Versicherheitlichung« ist nicht so neu wie seine Befürworter verkünden, und er könnte sich als ungeeignet erweisen, die ihm auferlegte Erklärungslast zu tragen. Aber insbesondere Analysekategorien wie Sicherheit, Risiko und Resilienz liefern Denkanstöße, um die Rolle der Gewalt in der Belle Epoque zu erklären.[107] Für unsere Zwecke liefert dieser Ansatz eine neue Perspektive, um Antisozialisten, Antiliberalisten und Antisemiten in der Zusammenschau zu betrachten: sie alle behaupteten, interne Bedrohungen für die nationale Sicherheit identifiziert zu haben, die die Gefahren der Demokratie widerspiegelten. Die vorliegende Studie hat die Taktiken,

---

[105] M. L. ANDERSON, Practicing Democracy, 2000.
[106] Vgl. B. BUZAN/O. WÆVER/J. DE WILDE, Security, 1998; E. CONZE, Securitization, 2012; G. SCHLAG/J. JUNK/C. DAASE (Hrsg.), Transformations of Security Studies, 2016.
[107] A. CARUSO/B. METZGER, Concepts, 2019; A. CARUSO, Forces, 2019; DERS., »Blut«, 2021; M. MILLAN, Belle Epoque, 2021.

Krisen und Einzelentscheidungen ins Visier genommen, die dieses größere Streben nach Sicherheit im Einzelnen hervorrief. Alle diese Aspekte des Konfliktmanagements waren für sich genommen wichtig. Doch ich wollte auch nahelegen, dass sich die kleinen Elemente, welche die wahlpolitische Alltagspraxis ausmachten, zu einem systemischen, strukturellen Gesinnungswandel aufaddierten – weg von einer fairen und gleichberechtigten partizipativen Politik hin zu Exklusionsstrategien, die im weiteren Verlauf des zwanzigsten Jahrhunderts die ideologischen Grundlagen der deutschen Politik bildeten. Das Beharren darauf, dass Juden eine Bedrohung für die deutsche Gesellschaft und Kultur darstellten; die Entschlossenheit, mit der Sozialdemokraten daran gehindert wurden, Mehrheiten in den Landes- und Stadtparlamenten zu gewinnen; die Umwertung der wirtschaftlichen, sozialen und kulturellen Moderne als Chance zur Ausrufung eines »Kampfes für Religion, Sitte und Ordnung« – jede dieser politischen Strategien wurde Teil einer größeren antidemokratischen Geisteshaltung. Das Gespenst der Demokratie erlaubte es den Antidemokraten, Sozialismus, Liberalismus und Judentum über einen Kamm zu scheren, wenn auch nicht immer mit gleichem Druck. Die Entschlossenheit, die Sozialdemokratie am Sturz der etablierten gesellschaftlichen und politischen Ordnung zu hindern, war stärker als Antiliberalismus oder Antisemitismus für sich allein, und diese Entschlossenheit fand Anklang in breiten Kreisen des Bürgertums. Auch wenn man zwischen den beiden konstitutiven Elementen dieser »Bedrohung« – Sozialismus und Demokratie – unterscheiden muss, so spielt die symbolische Koppelung dieser Begriffe eine wichtigere Rolle. Vereinfacht gesagt: Die Demokratie ließ den Sozialismus furchterregender erscheinen und der Sozialismus die Demokratie profaner.

Zwei letzte Bemerkungen über »Sozialisten und andere Deutsche« sind hier angebracht. Erstens ist es sicherlich möglich, Demagogie und Verlogenheit als Hauptmerkmale der hier untersuchten antidemokratischen Politiker hervorzuheben – vor allem mit Blick auf die Vielzahl der Populisten und Machthaber im Jahr 2023, deren Macht darauf beruht, die Wähler davon zu überzeugen, dass nur sie und allein sie vor Einwanderung, Globalisierung, rivalisierenden Mächten und anderen angeblichen Bedrohungen schützen können. So sehr es uns auch verblüffen mag, wie viele Machtstränge die sächsischen Machtmakler in den Händen halten konnten, so widerlich ist andererseits die Selbstbeweihräucherung dieser selbsternannten Patrioten – »ein zwielichtiger Haufen Volkspädagogen, Zirkusprediger, politischer Schaumschläger, falscher Kriegshelden, dummer Lehrer und professioneller Erbauungsapostel, von denen die meisten etwas zu verticken haben«, um es mit den Worten H. L. Menckens auszudrücken.[108] Das Problem ist, dass im Deutschen Kaiserreich selbst diejenigen Politiker, die die Kunst der Hinter-

---

[108] »[…] a dubious rabble of chautauqua orators, circus preachers, skyrocket politicians, bogus war heroes, half-witted pedagogues and professional uplifters, most of them with something to sell«; H. L. Mencken zitiert in: M. Gee, The White House ›adorned by a downright moron‹, in: The Globe and Mail (Toronto), 23. Juli 2016, S. F3.

zimmermauschelei perfektioniert hatten, vorgaben, für »das Volk« zu sprechen.[109] Der Versuch, diese Männer entlang eines Kontinuums von »zynisch« bis »aufrichtig« zu verorten, ist zum Scheitern verurteilt. Das gilt auch für den Versuch, kategorisch zu unterscheiden zwischen politischen Krisen, die lediglich instrumentalisiert, und solchen, die bewusst inszeniert wurden. Die verfügbaren Quellen lassen keine präzisen Aussagen über die tieferliegenden Beweggründe der beteiligten Personen zu.

Zweitens ist es wichtig, die selbsternannten Verteidiger von Staat und Gesellschaft ernst zu nehmen. Wir sollten ihre Zukunftsängste respektieren und ihnen zugestehen, dass sie natürlich den Wunsch hatten, die sich bietenden politischen Chancen bestmöglich auszunutzen. Aus heutiger Sicht ist die SPD die älteste und zuverlässigste Verfechterin der Demokratie in Deutschland. Die Angehörigen des deutschen Bürgertums vor 1914 sahen das anders. Gerade einmal eine Generation war vergangen, seit der Aufstieg einer modernen kapitalistischen Wirtschaft es ihnen erlaubt hatte, den Oberschichten Macht und Respekt abzutrotzen, und nun wurden sie angehalten, ihre Rechte, Privilegien und sogar ihr Eigentum mit den unter ihnen Stehenden zu teilen. Die Arbeiterklasse meldete nun ihre eigenen Ansprüche auf Gleichheit und Wohlstand an, und ihre politischen Vertreter in der SPD taten dies mit revolutionärer Rhetorik. Dass solche Ansprüche vom deutschen Bürgertum, das befürchtete, die Kontrolle über die politische Modernisierung zu verlieren, als Bedrohung empfunden wurden, sollte uns nicht verwundern. Selbst wenn wir nicht bereit sind, die Antidemokraten zu *verteidigen*, lassen sich ihr Handeln und ihre historische Bedeutung aus dieser Perspektive vielleicht besser verstehen.

*

(3) *Sachsen und das Reich*. Dieses Buch ist eine regionale Fallstudie; es hat aber auch den Versuch unternommen, antidemokratische Denkmuster zu dokumentieren, die von lokaler, nationaler und globaler Bedeutung waren. Dabei lassen sich methodische und perspektivische Fragen nicht trennen: Pater Browns Bemerkung, dass »man vom Tal aus große Dinge sieht, vom Gipfel nur kleine« ist eine Halbwahrheit.[110] Auf den vorangegangenen Seiten führte uns die Wanderung in beide Richtungen.

Die Aussage, dass Preußen allein die Verantwortung für spätere deutsche Katastrophen trägt, ist eine Lüge mit langen Beinen. Sachsen teilte mit dem preußisch dominierten Norden Deutschlands so manch antidemokratische Traditionen. Aber Sachsen lag auch in der Mitte Deutschlands. Seine Rolle als Bollwerk gegen den Vormarsch der Demokratie aus Südwestdeutschland nach Preußen stellte die sächsischen Politiker und Staatsmänner vor keine leichte Aufgabe. Wir sollten uns hüten, Preußen als stell-

---

109 Wie die Karrieren von Theodor Fritsch, Heinrich Claß und Paul Mehnert gut veranschaulichen.
110 G. K. Chesterton, The Innocence of Father Brown, 1911.

vertretend für »Deutschland« zu betrachten; dasselbe gilt für unbedacht zusammengewürfelte Beobachtungen über die Demokratisierungsprozesse in den fünfundzwanzig Staaten des Kaiserreichs. Meine Hoffnung ist, dass die von mir untersuchten Quellen für die Leser und Leserinnen von Nutzen waren: die regionalen Karten und subnationalen Daten, die in erster Linie der Wahlanalyse in Sachsen dienen und erst in zweiter Linie der Wahlanalyse im Reich; die Protokolle der beiden Häuser des Sächsischen Landtags; die Äußerungen und Berichte von sächsischen Beamten und nichtsächsischen Gesandten; und die statistischen Belege für die je nach Wahlsystem eklatante Diskrepanz zwischen Stimm- und Mandatsgewinnen.

Im Idealfall gehört zur Landes- bzw. Regionalgeschichte auch der Blick auf das Lokalgeschehen. Wir haben auf diesen Seiten gesehen, wie Dresden jahrelang von einer konservativ-antisemitischen Koalition dominiert wurde, während in Leipzig vor allem die Nationalliberalen und die Sozialdemokraten um die Macht konkurrierten. Diese unterschiedlichen Konstellationen waren mitentscheidend für die Ausgestaltung der kommunalen Wahlrechtsreformen in diesen beiden Städten, aber auch in Chemnitz. Der Blick auf Leipzig, auf die Tumulte auf dem Dresdner Altmarkt und auf die »Chemnitzer Leinen-Affäre« lieferte lokale Perspektiven auf die Grabenkämpfe, die auch anderswo in Deutschland die Wahlschlachten prägten. Die wichtige Frage »Wer regiert in Berlin?« wurde auch im Hinblick auf die Behauptung untersucht, in Sachsen herrsche eine Nebenregierung. Dabei zeigte sich, dass antisemitische Mittelständler wie Theodor Fritsch in der konservativen Partei zu Einfluss gelangten, dass Verfechter jüdischer Rechte wie Emil Lehmann mit haarsträubender Böswilligkeit marginalisiert werden konnten, und dass vorwärtsgewandte Konservative wie Alfred von Nostitz-Wallwitz einen politischen Sturm zu entfesseln vermochten, indem sie der konservativen Arroganz den Kampf ansagten. In solchen Fällen hatte die wahlpolitische Praxis nationale Auswirkungen, lässt sich jedoch ohne die gebührende Berücksichtigung der lokalen Zusammenhänge nicht verstehen.

Am überraschendsten ist vielleicht, dass es uns durch einen tiefen Einblick in die Akten des sächsischen Innenministeriums gelungen ist, die Erkenntnisse und Zweifel der bürgerlichen Wahlexperten Sachsens – d. h. von Bruno Merz (1894–96), Anselm Rumpelt (1903–04), Georg Heink (1907–09) und Hermann Junck (1917–18) – nachzuzeichnen. Wie wir gesehen haben, gaben sie den sächsischen Regierungschefs oft ambivalente Ratschläge. Sie und ihre Vorgesetzten waren nicht in der Lage, den antidemokratischen Plänen, die vom sächsischen Kartell formuliert und im Landtag durchgesetzt wurden, die Stirn zu bieten.[111] Dieser Ausgang veränderte den Lauf der politischen Geschichte Sachsens in den Jahren 1896 und 1909, zeigt aber auch allgemeiner die Rolle der Wahlpolitik und ihre Funktion als Transmissionsriemen zwischen Staat

---

111 Eine detaillierte Erörterung dieses Themas findet sich in: J. Retallack, Mapping the Red Threat, 2016.

und Gesellschaft in einem sich entwickelnden Staatswesen. Staatsminister, Wahlrechtsexperten und andere Vertreter des Obrigkeitsstaates suchten nach einer parlamentarischen Mehrheit für Reformen, die das Landtagswahlrecht für die große Mehrheit der Wahlberechtigten gerechter gemacht hätten. Doch eine Überzahl fanden sie nie. Stattdessen zeigte sich immer wieder, dass sie sich den wirtschaftlichen Interessen der privilegierten Schichten unterordneten und bereit waren, innerhalb und außerhalb des Landtags die antidemokratischen Agenden der konservativen und liberalen Honoratioren umzusetzen. Den Test verantwortungsvoller Staatskunst bestanden sie dabei nicht.

Sachsen – so sollte inzwischen klar geworden sein – verdient unsere Aufmerksamkeit als Forschungsgegenstand, gerade weil es sowohl einzigartig ist als auch neues Licht auf Entwicklungen in anderen Teilen des Deutschen Reichs werfen kann. Auch der Beiname »rotes Sachsen« ist in diesem doppelten Sinne zu verstehen. Zum einen bietet Sachsen ein Labor und eine empirische Grundlage, mit dessen Hilfe sich Rückschlüsse auf deutsche Entwicklungen und Diskurse ziehen lassen. *It's Not About the Bike* – so betitelte der diskreditierte Tour de France-Radrennfahrer Lance Armstrong seine Memoiren, und so betrachtet geht es in diesem Buch auch nicht um Sachsen. Andererseits geht es eben *doch* um Sachsen – ein Sachsen, das in einer dialektischen Beziehung gefangen war, zwischen einem »roten« Königreich und einem Königreich, das dieselben schwarz-weiß-roten Farbtöne führte wie die (inoffiziellen) Flaggen des deutschen Kaiserreichs. Das »rote Sachsen« war höchst lebendig, wie eine Wahl nach der anderen bestätigte. Aber je nachdem, wer das Bild des »roten Sachsen« an die Wand malte, war es auch ein Alptraum oder gar ein Horrorszenario. So oder so lässt sich die sächsische Geschichte nicht losgelöst von den gesamtdeutschen Entwicklungen betrachten, wenn sie die Forschung zum Kaiserreich voranbringen und neu ausrichten soll.

Eine Bilanz

Als das autoritäre Kaiserreich 1918 der Weimarer Republik wich, lagen faschistische Diktatur, Völkermord und Zweiter Weltkrieg noch in weiter Ferne, ebenso die Volksgemeinschaft, von der die Nationalsozialisten träumten. Ohne eine Reihe tiefer historischer Umbrüche – die Straßenkämpfe im Winter 1918/19[112], der Friedensschluss 1919, die Hyperinflation 1923, die Weltwirtschaftskrise nach 1929 und die Maßnahmen der antidemokratischen Eliten in den Jahren 1932 und 1933 zur Zerstörung der Weimarer Republik – sind die Wahlerfolge der Nationalsozialisten und die Ernennung Hitlers zum

---

112 Vgl. M. JONES, Founding Weimar, 2016, zur Veranschaulichung, dass das Gespenst der sozialistischen Revolution, das der Revolution vom November 1918 vorausging, rasch zu einem wirkungsmächtigen Faktor wurde, der die politische Gewalt tendenziell verstärkte. Vgl. R. GERWARTH, November 1918, 2020. Vgl. auch die neuesten Studien von L.E. JONES, German Right, 2020; S. MALINOWSKI, Nazis, 2020; DERS., Hohenzollern, 2021.

Kanzler undenkbar. Dennoch waren die Deutschen nach 1933 Geiseln früherer Kämpfe gegen den Sozialismus und die Demokratie. Wie ich für jedes von mir untersuchte Jahrzehnt zu zeigen versucht habe, taten die Feinde der Demokratie ihr Möglichstes, um zwischen Demokratie und Sozialismus, Demokratie und Liberalismus, Demokratie und Judentum Affinitäten herzustellen.

Alle diese Beziehungen traten erstmals in den 1860er-Jahren in den Vordergrund. 1866 war das Jahr, in dem das allgemeine Männerwahlrecht für den Reichstag beschlossen wurde und die Sozialdemokratie in ihrer sächsischen Wiege das Licht der Welt erblickte. Die jüdische Emanzipation folgte 1869. Es dauerte keine zehn Jahre, bis sich eine moderne antisemitische Bewegung mit religiösen und rassischen Komponenten herausgebildet hatte. Mit dem Inkrafttreten von Bismarcks Sozialistengesetz im Jahr 1878 wurden die Grundlagen der deutschen Wahlkultur geschaffen, ungeachtet späterer Erschütterungen des Systems. In den folgenden Jahrzehnten kämpften Gruppen, die für Reformen und eine wahlpolitische Gegenwehr eintraten, um die Oberhand. Sie zwangen den Obrigkeitsstaat und die ihn stützenden politischen Parteien, eine Krise nach der anderen zu überwinden, manchmal auch eine Krise auszulösen. Auch wenn es noch weiterer Untersuchungen bedarf, um zu erklären, wie der Antisemitismus so lange einen korrosiven Einfluss auf die Parteipolitik ausüben konnte, veranschaulicht der Fall Sachsen die Kraft des Antisemitismus als »kultureller Code«, der verschiedene Teile der deutschen Rechten durchdrang und miteinander verband.[113] Alldeutsche und andere Ultranationalisten sorgten dafür, dass Strategien zur Entrechtung in der Regel auch die Verweigerung des Wahlrechts für Juden beinhalteten. Die Bemühungen, bestimmte Gruppen gesellschaftlich zu marginalisieren und politisch zu delegitimieren, waren Teil eines größeren Kreuzzugs gegen die Demokratie. Die tiefgreifende, kumulative Wirkung bestand darin, dass die Achtung vor den Grundsätzen von Gleichheit und Fairness abnahm.

Das Verständnis der neueren deutschen Geschichte sollte sich als »Fluchtpunkt« nicht an 1942 orientieren, als Auschwitz und andere Vernichtungslager in Betrieb genommen wurden. Viel zwingender sind die Kontinuitäten zwischen den 1860er-Jahren und 1933. Nach der nationalsozialistischen Machtergreifung fanden in Deutschland bis 1945 keine Wahlkämpfe mehr statt. Auch die Demokratie wurde zerstört. Aber für ihren Untergang brauchte es keine Diktatur, keinen Terrorstaat und auch keinen Weltkrieg, der als Vorwand für den Völkermord in Osteuropa diente. All das geschah erst *nach* 1933. Aber von dem Augenblick an, als Bismarck das allgemeine Wahlrecht zum Eckpfeiler seiner Revolution von oben machte, bis zum Jahr 1918 war die Demokratie in den Augen der mächtigen Vertreter bürgerlicher Interessen undeutsch.

---

113 Vgl. S. Volkov, Antisemitism, 1978, sowie weitere Schriften der Autorin; weitere Verweise in: J. Retallack, German Right, 2006.

Die Breite und Dauerhaftigkeit der antidemokratischen Gesinnung auf der deutschen Rechten zeigen, wie schwierig es war, ein Jahrhundert nach der Französischen Revolution die Ideale von *liberté*, *égalité* und *fraternité* auch in Deutschland umzusetzen. Lange bevor die Russische Revolution und der Nationalsozialismus radikalere Staatsutopien anboten, wollten viele deutsche Bürger nichts von einer neuen Weltordnung wissen, die auf den Rechten von Arbeitern, Frauen, religiösen Minderheiten und anderen unterdrückten Gruppen basierte. Während der Kaiserzeit trafen sie politische Entscheidungen und machten sich Ideologien zu eigen, die es rücksichtsloseren Politikern einer späteren Epoche ermöglichten, noch weiter von den Idealen der Freiheit und des Pluralismus abzurücken.

Die Nationalsozialisten reüssierten, wo frühere Antidemokraten versagt hatten. Um die Loyalität derjenigen sozialen Gruppen zu gewinnen, die durch den raschen sozioökonomischen Wandel und das allgemeine Wahlrecht politisiert worden waren, versuchten sie, auf die Massen zu reagieren, ohne dem Volk gegenüber verantwortlich zu sein. Sie übernahmen ältere Argumente über die Untauglichkeit der »Massen« zur demokratischen Selbstbestimmung, verfeinerten sie und setzten sie gnadenlos durch. Solche Methoden lagen für die Antidemokraten im Kaiserreich außerhalb ihrer Reichweite, jedoch nicht außerhalb ihrer Vorstellungskraft. Die autoritäre Fantasie war nicht grenzenlos, aber sie war sehr geräumig.[114]

*

Die Geschichte, so heißt es, hat ihre richtigen und ihre falschen Seiten, und die Feinde der Demokratie haben unklug gewählt. Im vorliegenden Buch habe ich versucht, derartige moralische Urteile zu vermeiden. Aber ich habe offen und direkt aufgezeigt, wer, willentlich oder unwillentlich, die Verantwortung für bestimmte Entwicklungen trug, und ich habe erklärt, wie bestimmte Personen und Gruppen den ihnen zur Verfügung stehenden Handlungsspielraum in bestimmten Momenten nutzten. Auf diese Weise habe ich versucht, die Debatten über die Demokratie mit den Entwicklungen in Europas umwälzendster Epoche der Demokratisierung einander anzunähern – konkret sind damit die Jahre zwischen 1860 und 1918 gemeint, auch wenn die Auswirkungen weit in das zwanzigste Jahrhundert hineinreichten und dessen erste Hälfte prägten.[115]

In der *longue durée*, von der Mitte des neunzehnten Jahrhunderts bis heute, kann die Mobilisierung immer größerer Wählerschaften als Erfolgsstory gesehen werden – aber auch als Warnung. Die Geschichte ist erbaulich und ernüchternd zugleich. Es gilt beide Perspektiven zu erzählen, und zwar mit dem Fokus auf eine bestimmte Zeit und

---

114 Dies ist eine Anspielung auf den Untertitel von J. RETALLACK, German Right, 2006: Political Limits of the Authoritarian Imagination.
115 Vgl. u. a. Archiv für Sozialgeschichte 58 (2018), Rahmenthema »Demokratie praktizieren«.

einen bestimmten Ort. Die Erfolgsstory weist in Richtung Gleichheit und Fairness. Doch verdient die warnende Erzählung mehr Aufmerksamkeit. Sie erinnert uns daran, dass die soziale Demokratisierung bzw. Fundamentalpolitisierung trotz der größten Anstrengungen sozialdemokratischer Parteien zu illiberaler Demokratie, Autoritarismus oder Diktatur führen kann. Die politische Demokratie liegt noch immer außer Reichweite von Milliarden von Menschen, die danach streben.

Danksagung

Es ist mir eine große Freude, den Förderorganisationen und anderen Institutionen zu danken, welche die Arbeit an diesem Buch mit Forschungsstipendien, Fellowships und Preisen unterstützt haben. Ich danke dem Social Sciences and Humanities Research Council of Canada, dem Killam Program des Canada Council for the Arts, der John Simon Guggenheim Memorial Foundation, der Alexander von Humboldt-Stiftung, der Gerda Henkel Stiftung und dem Deutschen Akademischen Austauschdienst (DAAD). An der University of Toronto wurde meine Forschungs- und Publikationstätigkeit durch das Connaught Program, das Jackman Humanities Institute, die DAAD/University of Toronto Joint Initiative in German and European Studies, das Centre for European, Russian and Eurasian Studies, das Anne Tanenbaum Centre for Jewish Studies, das Bill Graham Centre for Contemporary International History, die Munk School of Global Affairs and Public Policy, das Department of Germanic Languages and Literatures und das Department of History unterstützt.

Die Archivrecherche wurde durch längere Aufenthalte in Deutschland ermöglicht, für die ich meinen Gastgebern sehr verbunden bin: Peter Steinbach an der Freien Universität Berlin (1993/94, 1997); Bernd Weisbrod an der Georg-August-Universität Göttingen (2002/03); Jürgen Kocka am Wissenschaftszentrum Berlin für Sozialforschung (2006/08) und Ute Planert an der Bergischen Universität Wuppertal (2014) und der Universität Köln. Auf diesen Forschungsreisen wurde ich logistisch und anderweitig von mehr Bibliotheks- und Archivmitarbeitenden sowie Wissenschaftlerinnen und Wissenschaftlern unterstützt als ich aufzuzählen vermag, aber einige verdienen eine besondere Erwähnung: mein Forschungsassistent Johann Vollmer in Göttingen; die ›starke Truppe‹ im Fernleihamt der FU Berlin; Christine Weißbach und Gisela Petrasch im Sächsischen Hauptstaatsarchiv Dresden; Holger Starke im Stadtmuseum Dresden; und Hans Zimmermann von der Klassik Stiftung Weimar, der mir Abbildungen aus dem *Simplicissimus* zur Verfügung stellte. In Toronto gilt mein außerordentlicher Dank u. a. Jane Lynch und Anne-Marie Crotty von der Fernleihestelle unserer herausragenden John P. Robarts Research Library sowie Graham Bradshaw von der Abteilung Collections Development, der in den 1990er-Jahren die Stenographischen Berichte der Verhandlungen des Sächsischen Landtags (bevor diese online gestellt wurden) erworben hat. Allen, die Illustrationen für dieses Buch zur Verfügung gestellt haben, möchte ich ebenfalls meinen Dank aussprechen.

Alle meine Doktoranden und Doktorandinnen haben zu diesem Projekt beigetragen, viele von ihnen in verschiedenen Funktionen. In der Endphase der Vorbereitung der englischen Ausgabe hat Geoff Hamm (Berkeley) viele Überstunden gemacht, wie schon zuvor, als er sich in meinem Auftrag mit Akten im British Foreign Office und Nachlässen in London beschäftigt hat. Folgenden ehemaligen und aktuellen Doktorandinnen und Doktoranden bin ich für ihre Mithilfe ebenfalls zu Dank verpflichtet: Thomas Bredohl, Marven Krug, Marline Otte, Richard Steigmann-Gall, Erwin Fink, Lisa Todd, Deborah Neill, Anthony Cantor, Geoff Hamm, Gavin Wiens, Michael Weaver, Eriks Bredovskis und Lief Dubin. Sie haben mich mit Archiv- und Bibliotheksquellen versorgt und mich in der Endphase des Projekts auch anderweitig unterstützt. Darüber hinaus habe ich von den Recherche-, Übersetzungs- und Lektoratstätigkeiten anderer Doktoranden, Gast-Postdocs in Toronto und deutscher Kollegen profitiert, darunter Thomas Adam, Rebecca Carter-Chand, Daniel Fischer, Stefan Grüner, Kenneth Mills, John Ondrovcik, Andrea Geddes Poole, Swen Steinberg und Tracy Timmins. Cherie Northon von Mapping Solutions, Alaska, verdient besonderen Dank für die Erstellung der Karten der sächsischen Landtagswahlkreise und der Wahlergebnisse 1909. Für seine Hilfe und Unterstützung bei der Bearbeitung von Dokumenten aus den National Archives, Großbritannien, danke ich Markus Mößlang. Die Möglichkeit, zum Projekt Deutsche Geschichte in Dokumenten und Bildern beizutragen, war eine große Bereicherung, und es war mir eine Freude, mit Projektleiterin Kelly McCullough und den anderen Redakteurinnen und Redakteuren des Teams zusammenzuarbeiten. Ebenso glücklich schätze ich mich über die Zusammenarbeit mit den Verlagslektoren Len Husband, Richard Ratzlaff und Stephen Shapiro bei der University of Toronto Press, sowie Robert Faber, Stephanie Ireland, Cathryn Steele und Christopher Wheeler bei der Oxford University Press.

Freunde auf der ganzen Welt haben mir geholfen, während dieses Projekts Leib und Seele zusammenzuhalten, darunter vor allem Johannes Hahn und Gurli Jacobsen (Nutteln); Hans Horn (Berlin); die Familie Schilfert (Maxhütte); Ann Olivarius und Jef McAllister (London) sowie Dr. Rajka Soric (Toronto). John und Pam Fulford, Don und Martha Hall, Murray Fulton und Leona Theis, Bernie Funston und Laura Nelson und den Masters-Ruderern des Don Rowing Club of Mississauga bin ich dankbar, dass sie mich über viele Jahre hinweg ermutigt und aufgemuntert haben.

Ein besonderer Dank gebührt Simone Lässig (Braunschweig und Washington D.C.); dem verstorbenen Wolfgang Schröder (Taucha und Leipzig); und Jana Moser von der Sächsischen Akademie der Wissenschaften zu Leipzig, der ehemaligen Leiterin der Arbeitsstelle »Historischer Atlas von Sachsen« (Dresden). Sie gestatteten mir die Nutzung und Reproduktion ausgewählter Einzelkarten aus Karte D IV 2 und Karte D IV 3 im *Atlas zur Geschichte und Landeskunde von Sachsen* sowie aus ihren jeweiligen Beiheften: »Reichstagswahlen im Königreich Sachsen 1871–1912« (Simone Lässig) und »Landtagswahlen im Königreich Sachsen 1869 bis 1895/1896. Mit einem Exkurs zum Dreiklassen- und Pluralwahlrecht 1896/97 bis 1909/1918« (Wolfgang Schröder). Das

Team, das diesen Atlas erstellte, wurde geleitet von Karlheinz Blaschke (†) als Vorsitzendem der Wissenschaftlichen Gesamtleitung/Redaktionskommission und wurde unterstützt vom Landesvermessungsamt Sachsen, der Sächsischen Akademie der Wissenschaften zu Leipzig (Philologisch-historische Klasse), dem Bundesministerium für Bildung und Forschung, dem Freistaat Sachsen (Sächsisches Staatsministerium für Wissenschaft und Kunst) sowie vielen Fachhistorikerinnen, Fachhistorikern, Kartographinnen und Kartographen an der Technischen Universität Dresden sowie anderen Institutionen. Ohne ihre bahnbrechende Arbeit wäre diese Studie um einiges ärmer. Von meinem ersten Besuch in sächsischen Archiven bis zum Abschluss dieses Buches hat mir Simone Lässig viele Türen geöffnet. Kurz vor seinem Tod lud mich Wolfgang Schröder großzügigerweise zu sich nach Hause ein und gab mir kistenweise Quellenmaterial, von dem er wusste, dass es meine Arbeit bereichern würde.

Im Sinne der in diesem Buch zitierten transnationalen Gespräche über Wahlrechtsreformen bereichern auch mich die anhaltenden Gespräche, die ich mit Freunden und Kollegen auf der ganzen Welt über die Neuere Deutsche Geschichte führe. Sie luden mich ein, Vorträge vor ihren Studenten zu halten, nahmen mit mir an Konferenzpanels teil, fungierten als Gastgeber oder unterstützten mich auf andere Weise. Dazu zählen Margaret Lavinia Anderson, Celia Applegate, Doris Bergen, Volker R. Berghahn, David Blackbourn, John Breuilly, James M. Brophy, Roger Chickering, Eckart Conze, Richard J. Evans, Brett Fairbairn, Christian Jansen, Matthew Jefferies, Larry Eugene Jones, Jürgen Kocka, Thomas Kühne, Simone Lässig, Dieter Langewiesche, Thomas Mergel, Frank Lorenz Müller, Ute Planert, Hartmut Pogge von Strandmann, Karl Heinrich Pohl, Gerhard A. Ritter (†), John C. G. Röhl, Wolfgang Schröder (†), James J. Sheehan, Helmut Walser Smith, Peter Steinbach, Lynne Viola, Hans-Ulrich Wehler (†), Till van Rahden, Bernd Weisbrod und Richard Wetzell. Ich hätte mir keine besseren Kollegen als David Blackbourn und Richard Evans wünschen können, seit sie mich in den 1970er-Jahren erstmals in der Gruppe von Historikern deutscher Geschichte in Großbritannien willkommen hießen: Sie haben nicht nur dieses Projekt unterstützt, sondern begleiten auch meine geplante Studie zu August Bebel.

Margaret Lavinia Anderson, Roger Chickering, Thomas Kühne und Gerhard A. Ritter haben detaillierte Kommentare zu frühen Entwürfen der Kapitel 1 bis 7 beigesteuert. Mein herzlicher Dank gilt vier Personen, die das endgültige englische Manuskript gelesen haben: James M. Brophy, Eckart Conze, Helen E. Graham und Simone Lässig. Jeder dieser Freunde half mir, meine Argumente zu fokussieren und sie einer Leserschaft auch außerhalb des Fachpublikums näher zu bringen. Selbstverständlich liegen alle verbleibenden Sach- und Interpretationsfehler in meiner alleinigen Verantwortung.

Da sie so lange mit diesem Buch gelebt haben, gilt meine größte Dankesschuld meinen Kindern Stuart und Hanna Retallack und allen voran Helen E. Graham, die mir Zuspruch gab, wann immer meine Energie oder Zuversicht erlahmten. Die Originalausgabe dieses Buches ist, voller Bewunderung und Liebe, Helen gewidmet, die meine »tausend Schiffe in See stechen ließ«.

*

Diese deutsche Veröffentlichung wäre ohne die Unterstützung vieler Menschen nicht möglich gewesen. Meine Arbeit wurde von der Friedrich-Ebert-Stiftung, den Mitarbeitern der stiftungseigenen Bibliothek, den Herausgeberinnen und Herausgebern des *Archivs für Sozialgeschichte* und der Leiterin des Archivs der sozialen Demokratie, Anja Kruke, unterstützt. Unter meinen Dresdner Kollegen, die dabei halfen, dass diese Studie ein größeres Publikum fand, danke ich Roland Löffler und Werner Rellecke von der Sächsischen Landeszentrale für politische Bildung. Für die verlegerische Betreuung danke ich Gerald Diesener, Katharina Kühn und Sabine Ufer vom Leipziger Universitätsverlag. E. D. Fink bereitete eine erste Übersetzung des Buches vor, doch mein besonderer Dank geht an Manuela Thurner, die nicht nur für die finale Übersetzung verantwortlich zeichnet, sondern mir in den Jahren der Pandemie 2020 und 2021 sowohl als Lektorin und Korrektorin als auch mit ihrer Freundschaft eine unschätzbare Hilfe war.

Ich widme diese überarbeitete deutsche Ausgabe dem Gedenken an zwei Kollegen, die mich viele Jahre lang mit ihren Ratschlägen, Freundschaft und Engagement für wissenschaftliche Sorgfalt inspiriert haben: Gerhard A. Ritter und Hans-Ulrich Wehler.

Anhang

Verzeichnis der Abkürzungen

1. Literatur

AB-PrStMin	Acta Borussica. Die Protokolle des Preußischen Staatsministeriums 1817–1934/38, Neue Folge (http://preussenprotokolle.bbaw.de/editionsbaende-im-Internet)
ASE	Antisemitism: A Historical Encyclopedia of Prejudice and Persecution, hrsg. von Richard S. Levy, 2 Bde.
BFO-CP	British Foreign Office, Confidential Print, Germany, Series 1, 1906–1919
DGDB	Deutsche Geschichte in Dokumenten und Bildern, 10 Bde. (https://germanhistorydocs.org/de/)
GVBl	Gesetz- und Verordnungsblatt für das Königreich Sachsen (http://landtagsprotokolle.sachsendigital.de/protokolle/zeitraum-1831–1918/)
Lexikon	Lexikon zur Parteiengeschichte 1789–1945, hrsg. von Dieter Fricke et al., 4 Bde.
LTAkten	Landtagsakten. Verhandlungen des ordentlichen/außerordentlichen Landtags des Königreichs Sachsen
LTMitt	Mitteilungen aus den Verhandlungen des … Landtags des Königreichs Sachsen
NL	Nachlass
RHRT	Carl-Wilhelm Reibel (Hrsg.), Handbuch der Reichstagswahlen 1890–1918, 2 Bde.
SBDR	Stenographische Berichte über die Verhandlungen des Deutschen Reichstags
SBDR Anl	Anlagen zu den Verhandlungen des (Deutschen) Reichstages
SLTW	Wolfgang Schröder, Landtagswahlen im Königreich Sachsen 1869 bis 1895/6
SParl	Sächsische Parlamentarier 1869–1918, hrsg. von Elvira Döscher/Wolfgang Schröder
StatJbDR	Statistisches Jahrbuch für das Deutsche Reich
StatJbS	Statistisches Jahrbuch für das Königreich Sachsen
ZSSB	Zeitschrift des Königlich Sächsischen Statistischen Bureaus
ZSSL	Zeitschrift des Königlich Sächsischen Statistischen Landesamtes
ZSSL 1909	Die Wahlen für die Zweite Kammer der Ständeversammlung vom Oktober und November 1909. Sonderabdruck aus der Zeitschrift des Königlich Sächsischen Statistischen Landesamtes, hrsg. von Eugen Würzburger

2. Vereine, politische Parteien

ADAV	Allgemeiner Deutscher Arbeiterverein
AHM/S	Amtshauptmann/-schaft
AS	Antisemit, antisemitisch
BdL	Bund der Landwirte
CSP	Christlich-Soziale Partei
DKP	Deutsch-Konservative Partei
DRP	Deutsche Reformpartei
DSP	Deutsch-Soziale Partei

DVP	Deutsche Vaterlandspartei
FoVP	Fortschrittliche Volkspartei
FrVP	Freisinnige Volkspartei im Königreich Sachsen
KHM	Kreishauptmann (vor 1874: Kreisdirektor)
KHMS	Kreishauptmannschaft (vor 1874: Kreisdirektion)
Kons.	Konservative
LWSKVS	Landwirtschaftlicher Kreditverein für das Königreich Sachsen
LL	Linksliberale
MSPD	Mehrheitssozialdemokratische Partei Deutschlands (1917–)
NL	Nationalliberale
NLP	Nationalliberale Partei
NLVKS	National-liberaler Verein für das Königreich Sachsen
RDMV	Reichsdeutsche Mittelstands-Vereinigung
RFKP	Reichs- und Freikonservative Partei
SAPD	Sozialistische Arbeiterpartei Deutschlands (1875–90)
SDAP	Sozialdemokratische Arbeiterpartei (1869–75)
SMVgg	Sächsische Mittelstandsvereinigung
SPD	Sozialdemokratische Partei Deutschlands (1890–)
SVP	Sächsische Volkspartei
USPD	Unabhängige Sozialdemokratische Partei Deutschlands (1917–)
VDAV	Vereinstag (1868: Verband) Deutscher Arbeitervereine
VSI	Verein Sächsischer Industrieller
WV	Wirtschaftliche Vereinigung
Z	Deutsche Zentrumspartei

3. Ämter, Einrichtungen

I.K.	Erste Kammer des Sächsischen Landtags
II.K.	Zweite Kammer des Sächsischen Landtags
GM	Gesamtministerium des Königreichs Sachsen
LT	Landtag
MdAA	Minister/Ministerium der Auswärtigen Angelegenheiten
MdI	Minister/Ministerium des Innen
MdLT	Mitglied des Landtags
MdR	Mitglied des Reichstags
MdI.K.	Mitglied der Ersten Kammer des Sächsischen Landtags
MdII.K.	Mitglied der Zweiten Kammer des Sächsischen Landtags
MdPAH	Mitglied des Preußischen Abgeordnetenhauses
MdPHH	Mitglied des Preußischen Herrenhauses
O/BM	Ober-/Bürgermeister
PAH	Preußisches Abgeordnetenhaus
PHH	Preußisches Herrenhaus
Pr.	Preußen, preußisch
PrStMin	Preußisches Staatsministerium
RAdI	Reichsamt des Innern
RKA	Reichskanzleramt
Rkz	Reichskanzlei
RT	Reichstag
WK/e	Wahlkreis/e

4. Zeitungen und Zeitschriften

In Sachsen

ASCorr	Antisemitische Correspondenz (AS)
BN	Budissiner Nachrichten (Kons.)
CVbl	Conservatives Vereinsblatt (Kons.)
CZ	Constitutionelle Zeitung (NL)
DAZ	Deutsche Allgemeine Zeitung (NL)
DJ	Dresdner Journal (amtlich)
DN	Dresdner Nachrichten (Kons.)
DR	Deutsche Reform (AS)
DWbl	Deutsches Wochenblatt (SPD)
DZ	Dresdner Zeitung (LL, später VSI)
Gb	Die Grenzboten (NL)
LNN	Leipziger Neueste Nachrichten (NL)
LTA	Leipziger Tages-Anzeiger (NL)
LTBl	Leipziger Tageblatt und Anzeiger (NL)
LVZ	Leipziger Volkszeitung (SPD)
LZ	Leipziger Zeitung (halbamtlich)
MFVKS	Mitteilungen aus der Fortschrittlichen Volkspartei im Königreich Sachsen (LL)
NPC	Neue Politische Correspondenz (Kons.)
NRZ	Neue Reichszeitung (Kons.–AS)
SAZ	Sächsische Arbeiter-Zeitung (SPD)
SIM	Schmeitzner's Internationale Monatsschrift (AS)
SPN	Sächsische Politische Nachrichten (Kons.)
SVfr	Sächsischer Volksfreund (Kons.)
SWbl	Sächsisches Wochenblatt (SPD)
SZ	Sächsische Zeitung (Kons.)
Vaterl	Das Vaterland (Kons.)

Im Reich

AZJ	Allgemeine Zeitung des Judenthums (jüdisch)
BTbl	Berliner Tageblatt (LL)
CC	Conservative Correspondenz (Kons.)
DSBl	Deutsch-Soziale Blätter (AS)
DTZ	Deutsche Tageszeitung (BdL)
DW	Deutsche Wacht (AS)
FZ	Frankfurter Zeitung (LL)
KdBdL	Korrespondenz des Bundes der Landwirte (BdL)
KZ	Neue Preußische Zeitung (Kreuz-Zeitung) (Kons.)
NAZ	Norddeutsche Allgemeine Zeitung (regierungsfreundlich)
NLVBl	Nationalliberales Vereinsblatt (NL)
NZ	Die Neue Zeit (SPD)
PrJbb	Preußische Jahrbücher (gemäßigte Kons.)
Rb	Der Reichsbote (Kons.)
SD	Der Sozialdemokrat (SPD)
SM	Sozialistische Monatshefte (SPD)
Vw	Vorwärts (SPD)
VossZ	Vossische Zeitung (LL)

Verzeichnis der Tabellen

Nr.	Titel	Seite
Tab. 2.1	Parteifraktionen im konstituierenden Norddeutschen Reichstag, April 1867	75
Tab. 2.2	Parteifraktionen im Norddeutschen Reichstag, Februar und August 1867	85
Tab. 2.3	Sächsische Landtagswahlen, 4. Juni 1869	114
Tab. 3.1	Sozialistische Arbeiterpartei Deutschlands, Mitgliedschaft in Sachsen und im Reich, 1875	126
Tab. 3.2	Sächsische Landtagswahlen 1871, 1873, 1875	144
Tab. 3.3	Sozialistische Stimmen in Reichstagswahlen, Sachsen und das Reich, 1871 und 1874	148
Tab. 3.4	Reichstagswahlen in Sachsen und im Reich, 1871 und 1874	150
Tab. 3.5	Reichstagswahlen in Sachsen und im Reich, 1874 und 1877	167
Tab. 4.1	Die Sozialdemokratie bei Reichstagswahlen: Sachsen und das Reich, 1878–1890	179
Tab. 4.2	Sächsische Landtagswahlen, 1877, 1879, 1881	193
Tab. 4.3	Sächsische Landtagswahlen, 1883, 1885, 1887	194
Tab. 4.4	Sächsische Landtagsfraktionsmitglieder, 1869–1887	195
Tab. 4.5	Sozialdemokratische Abgeordnete im Sächsischen Landtag, 1877–1887	197
Tab. 4.6	Reichstagswahlen in Sachsen und im Reich, 1878 und 1881	202
Tab. 4.7	Reichstagswahlen in Sachsen und im Reich, 1884 und 1887	204
Tab. 5.1	Jüdische Einwohner in Sachsen und Deutschland, 1849–1890	264
Tab. 5.2	Zuwachs der deutschen Bevölkerung nach Konfession und Bundesstaat, 1871–1885	264
Tab. 6.1	Reichstagswahlen in Sachsen und im Reich, 1887 und 1890	307
Tab. 6.2	Reichstagswahlen in Sachsen und im Reich, 1890 und 1893	348
Tab. 7.1	Leipziger Stadtverordnetenwahlen, 1889–1893	379
Tab. 7.2	Parteifraktionen im Sächsischen Landtag, 1889–1907	406
Tab. 7.3	Reichstagswahlen in Sachsen und im Reich, 1893 und 1898	415
Tab. 8.1	Mitgliederzahlen der sächsischen SPD nach Wahlkreisen, 1901–1904	429
Tab. 8.2	Reichstagswahlen in Sachsen und im Reich, 1898 und 1903	437
Tab. 8.3	Reichstagswahlen nach Gemeindegröße, Sachsen und das Reich, 1898 und 1903	439
Tab. 8.4	Stärke der Sozialdemokratischen Partei in Sachsen nach Wahlkreis, 1903	440–1
Tab. 10.1	Reichstagswahlen in Sachsen und im Reich, 1903 und 1907	563
Tab. 11.1	Stimmberechtigte in Sachsen: Landtags- und Reichstagswahlen, 1869–1912	614
Tab. 11.2	Stimmberechtigte Bevölkerung nach Wahlkreistyp: Sächsischer Landtag, 1909	615
Tab. 11.3	Erwartete Unterstützung für die Sozialdemokratie, nach Anzahl der zugewiesenen Stimmen, 1909	620–1

Nr.	Titel	Seite
Tab. 11.4	Erwartete Unterstützung für die Sozialdemokratie nach Beruf, Eigentum, Einkommen, Alter, 1908	624–5
Tab. 12.1	Sächsische SPD-Mitgliedschaft, nach Reichstagswahlkreis, 1901–1914	648
Tab. 12.2	SPD-Presse in Sachsen und im Reich, Auflagenhöhe, 1890–1914	649
Tab. 12.3	SPD-Mitgliedschaft nach Geschlecht, Sachsen und das Reich, 1908–1914	650
Tab. 12.4	Partei-Rivalitäten, sächsische Landtagswahlen, 1909	673
Tab. 12.5	Pluralwahl, nach Partei und Anzahl der Stimmen, WK 1: Zittau, 1909	675
Tab. 12.6	Durchschnittliches Einkommen der Haushaltungsvorstände nach Hauptberufsgruppen, 1907–1908	680
Tab. 12.7	Durchschnittliches Einkommen der Haushaltungsvorstände nach Berufsarten, 1907–1908	682–3
Tab. 12.8	Wähler aus der Arbeiterklasse, SPD-Wähler und abgegebene SPD-Stimmen nach Wahlkreistyp, 1909	685
Tab. 12.9	Abgegebene Stimmen für SPD- und Nicht-SPD-Kandidaten, Sachsen 1909: geschätzte und tatsächliche Werte	687
Tab. 12.10	Landtagswähler und abgegebene Stimmen nach Wahlkreistyp und Partei, Sachsen 1909	692–3
Tab. 13.1	Reichstagswahl im Wahlkreis 23: Plauen, Januar 1912	751
Tab. 13.2	Reichstagswahlen: gewonnene Mandate bei Haupt- und Stichwahlen, 1907 und 1912	753
Tab. 13.3	Reichstagswahlen in Sachsen und im Reich, 1907 und 1912	756
Tab. 13.4	Reichstagswahlen in Sachsen, nach Wahlkreis und Partei, 1912	758
Tab. 14.1	Mitglieder der Außerordentlichen Verfassungsdeputation des Sächsischen Landtags, 1917–1918	796

Verzeichnis der Abbildungen

Nr.	Titel	Seite
Abb. 1.1	König Johann von Sachsen, um 1872	31
Abb. 1.2	Einmarsch preußischer Truppen in Dresden, 18. Juni 1866	34
Abb. 1.3	Sächsischer Minister Richard Freiherr von Friesen (1808–1884)	36
Abb. 3.1	Sächsische Mitglieder der Deutsch-Konservativen Partei, um 1877	157
Abb. 4.1	Verzeichnis der unter §28 des Sozialistengesetzes aus Leipzig ausgewiesenen Sozialdemokraten	191
Abb. 4.2	Sächsischer Kultusminister Carl von Gerber	240
Abb. 4.3	Sächsischer Kriegsminister Alfred Graf von Fabrice	241
Abb. 5.1	Sächsische Landtagsabgeordnete nach Berufen und Parteizugehörigkeit, 1869–1918	254
Abb. 5.2	Berufsprofil der Bevölkerung, Sachsen und das Reich, 1895	255
Abb. 5.3	Emil Lehmann, Dresdner Rechtsanwalt, Jurist und Stadtverordneter	262
Abb. 5.4	Heinrich Freiherr von Friesen-Rötha (1831–1910)	269
Abb. 5.5	Dr. Paul Mehnert (1852–1922)	289
Abb. 6.1	Georg Graf von Metzsch-Reichenbach, sächsischer Regierungschef, 1891–1906	315
Abb. 6.2	»Deutscher Totentanz!« Politischer Bilderbogen No. 12, 1894	322
Abb. 6.3	»Eine Berliner Wahlversammlung: Entfernung der Ruhestörer«, 1890	338
Abb. 6.4	Zwei Antisemiten: Hermann Ahlwardt und Heinrich Freiherr von Friesen-Rötha	346
Abb. 7.1	»Der Ausweg der Konservativen«, 1910	371
Abb. 8.1	Sächsische Kronprinzessin Luise von Toskana und André Giron	426
Abb. 8.2	»Zur Erinnerung an die Reichstagswahl 1903« (Postkarte)	446
Abb. 8.3	Die 22 sozialdemokratischen Reichstagsabgeordneten von Sachsen, 1903	447
Abb. 9.1	»Zu den Wahlrechtskrawallen«, 1908	493
Abb. 9.2	Kreishauptmänner Otto von Ehrenstein (Leipzig) und Anselm Rumpelt (Dresden)	506
Abb. 10.1	»Nach der Straßendemonstration«, 1910	525
Abb. 10.2	Wahlrechts-Demonstration vom 1. November 1908 auf der Radrennbahn Dresden	533
Abb. 10.3	»Wählt zur Ehre des Vaterlandes gegen seine Zerstörer!« Illustriertes Flugblatt, 1907	560
Abb. 11.1	Der konservative Reformer Alfred von Nostitz-Wallwitz um 1914	596
Abb. 11.2	Arbeits- und Wohnzimmer von Alfred von Nostitz-Wallwitz, 1911	597
Abb. 11.3	Wahlrechts-Umzug in Dresden, 1. November 1908	604
Abb. 11.4	Wahlrechtsdemonstranten auf dem Leipziger Dittrichring, 1. November 1908	605
Abb. 11.5	Wahlrechtsdemonstration auf dem Leipziger Meßplatz, 1. November 1908	606

Nr.	Titel	Seite
Abb. 11.6	Wahlrechtsdemonstranten in Leipzig, 1. November 1908	607
Abb. 11.7	»Die Entwicklung des Nationalliberalen«, 1903	627
Abb. 12.1	Anstieg der SPD-Mitgliedschaft, Sachsen und das Reich, 1905–1914	646
Abb. 12.2	»Verlesung des Wahlresultats«, 1912	671
Abb. 12.3	Landtagswähler und abgegebene Stimmen nach Wahlkreistyp und Partei, Sachsen 1909	689
Abb. 12.4	Wilhelm Graf von Hohenthal und Bergen (1853–1909)	690
Abb. 12.5	Wähler aus der Arbeiterklasse und SPD-Wähler in großstädtischen Wahlkreisen, Sachsen 1909	696
Abb. 12.6	Wähler aus der Arbeiterklasse und SPD-Wähler in übrigen städtischen Wahlkreisen, Sachsen 1909	697
Abb. 13.1	Zweite Kammer des Sächsischen Landtags, 1905	710
Abb. 13.2	»Die rote Saxonia«, 1909	719
Abb. 13.3	»Schauderhaftes Verbrechen in Berlin«, 1910	724
Abb. 13.4	»Ein Diplomat«, 1903	741
Abb. 13.5	Wahlnacht in Leipzig, Januar 1912	760
Abb. 14.1	Letzter Eintrag im Hofjournal des Residenzschlosses Dresden, 10. November 1918	810
Abb. S.1	»Wahlergebnis«, 1903	823

Verzeichnis der Karten

Nr.	Titel	Seite
Karte E.1	Das Deutsche Reich 1871–1918	21
Karte 1.1	Die Volksdichte im Königreich Sachsen, 1910	28
Karte 2.1	Reichstagswahlkreise im Königreich Sachsen (Übersicht)	64
Karte 2.2	Reichstagswahlen in Sachsen, 12. Februar 1867	76
Karte 2.3	Reichstagswahlen in Sachsen, 31. August 1867	85
Karte 2.4	Landtagswahlkreise im Königreich Sachsen, 1868–1909 (städtische Wahlkreise)	100
Karte 2.5	Landtagswahlkreise im Königreich Sachsen, 1868–1909 (ländliche Wahlkreise)	102
Karte 4.1	Die Verbreitung des *Sozialdemokrat* in Deutschland, 1888	213
Karte 8.1	Gustav Freytag, Reichstags-Wahlkarte des Deutschen Reiches, 1903	438
Karte 11.1	Die 91 Landtagswahlkreise im Königreich Sachsen, 1909–1918	633
Karte 12.1	Landtagswahlen in Sachsen, 1909 (ländliche Wahlkreise)	668
Karte 12.2	Landtagswahlen in Sachsen, 1909 (städtische Wahlkreise)	670

Verzeichnis der Quellen und Literatur

Archivalien

Siehe auch das erweiterte Verzeichnis archivalischer Quellen und benutzter Bibliotheken im Online-Supplement zu James Retallack, »Red Saxony: Election Battles and the Spectre of Democracy in Germany, 1860–1918«, Oxford 1917: http://redsaxony.utoronto.ca. Archivnamen und Signaturen gemäß Stand zum Zeitpunkt der Benutzung.

Sächsisches Hauptstaatsarchiv Dresden (SHStAD)
Ministerium der Auswärtigen Angelegenheiten (MdAA)
Ministerium des Innern (MdI)
Ministerium für Volksbildung
Kreishauptmannschaft Dresden (KHMSD)
Kreishauptmannschaft Leipzig (KHMSL)
Kreishauptmannschaft Zwickau (KHMS Zwickau)
Amtshauptmannschaft Annaberg (AHMS Annaberg)
Gesamtministerium (GM)
Gesandtschaft Berlin (GsB)
Polizeipräsidium Dresden (PPD)
Polizeipräsidium Zwickau (PPZ)
Ständeversammlung 1833–1918 (LT)
Nachlässe (NL)
Familiennachlässe (FNL)
Hausarchiv (HA)
Sächsisches Kriegsarchiv Dresden (SKAD)

Stadtarchiv Dresden (StadtAD)
Privatakten (PA), 231.01, Vereine und Vereinigungen
    Alldeutscher Verband, Ortsgruppe Dresden und Oberelbgau (ADV)
Privatakten II, 16.1.1
    NL der Familie Freiherr von Burgk (FNL Burgk)

Sächsische Landesbibliothek – Staats- und Universitätsbibliothek Dresden (SLUB)
Wahlflugblätter-Sammlungen
Zeitungen und Zeitschriften

Sächsisches Staatsarchiv Leipzig (SStAL)
Amtshauptmannschaft Leipzig (AHMSL)
Polizeipräsidium Leipzig, Vereinsakten (PPLV)
Rittergut Rötha mit Trachenau (RG Rötha)
Sammlung Vetter (SgV)
Zeitungssammlung

Stadtarchiv Leipzig (StadtAL)
Kaps. 1, Rat der Stadt
Kaps. 2, Rat der Stadt. OBM
Kaps. 7, [Stadtverordnetenkollegium]

Kaps. 35, Innungen, Vereine und Genossenschaften
Stadtarchiv-Bibliothek

Bundesarchiv, Abteilungen Potsdam (BAP) (jetzt Bundesarchiv Berlin–Lichterfelde)
61 Ve 1, Alldeutscher Verband (ADV)
60 Re 1, Deutsch-Soziale Reformpartei (DSRP)
61 Re 1, Reichslandbund – Pressearchiv (RLB–PA)
90, Nachlässe
R 101, Reichstag (RT)
07.01, (Alte) Reichskanzlei (Rkz)
09.01, Auswärtiges Amt (AA)
14.01, Reichskanzleramt (RKA)
15.01, Reichsamt/Reichsministerium des Innern (RAdI)

Bundesarchiv, Abteilungen Koblenz (BAK) (jetzt Bundesarchiv Berlin-Lichterfelde)
Nachlässe (NL)
Reichskanzlei (Rkz)
Kleine Erwerbungen

Geheimes Staatsarchiv Preußischer Kulturbesitz, Merseburg (GStAM)
(ehemaliges Zentrales Staatsarchiv II, DDR, jetzt GStA Berlin-Dahlem)
Rep. 77, Preußisches Ministerium des Innern, Centralbüro S (CB S)
Rep. 151, [Preußisches] Finanz-Ministerium (FM)
2.3.35, [Preußisches] Literarisches Büro (früher Rep. 77, tit. 926–944)
I. Haupt-Abteilung, Rep. 92 (Nachlässe)

Geheimes Staatsarchiv Preußischer Kulturbesitz, Berlin-Dahlem (GStAB)
I. Haupt-Abteilung (HA I)
   Rep. 81, Gesandtschaft zu Dresden (GsD)
   Rep. 89, Geh. Zivilkabinett
   Rep. 92, Nachlässe
III. Haupt-Abteilung (HA III)
   2.4.1. I, Ministerium der Auswärtigen Angelegenheiten (MdAA)
VI. Haupt-Abteilung [früher Rep. 92] (HA VI)
XII. Haupt-Abteilung (HA XII)

Staatsbibliothek Preußischer Kulturbesitz, Berlin (SBB)
(jetzt Staatsbibliothek zu Berlin – Preußischer Kulturbesitz, Haus Potsdamer Straße)
Sachsen. Ständeversammlung. 1860–1918. Landtagsmitteilungen, Landtagsakten
Zeitungen und Zeitschriften

Deutsche Staatsbibliothek, Berlin (Ost) (DSB)
(jetzt Staatsbibliothek zu Berlin – Preußischer Kulturbesitz, Haus Unter den Linden)
Nachlässe
Zeitungen und Zeitschriften

Politisches Archiv des Auswärtigen Amts, Abt. A, Bonn (PAAAB)
(jetzt Politisches Archiv des Auswärtigen Amts, Berlin)
I.A.A.a, Europa Generalia
I.A.A.b, Deutschland
Preußen
I.A.A.m, Sachsen (Königreich)
Nachlässe

Brandenburgisches Landeshauptarchiv, Potsdam (BLHAP)
Pr. Br. Rep. 30 Berlin C, Polizeipräsidium (PP)
    Tit. 94
    Tit. 95

Bayerisches Hauptstaatsarchiv, München, Abteilung II (Neuere Bestände) (BHStAM II)
Ministerium des Außen (MA)
    Die Diplomatischen Berichte des ... Königreichs Bayern, 1866–1918
Die Bayrische Gesandtschaft in Dresden, 1866–1919 (Ges. Dresden)

Generallandesarchiv Karlsruhe (GLAK)
Abt. 49, Haus- und Staatsarchiv, IV, Gesandtschaften
Abt. 69, Archiv der Nationalliberalen Partei Badens

Staatsarchiv Hamburg
Nachlass Wilhelm Marr

Österreichisches Staatsarchiv, Haus-, Hof- und Staatsarchiv, Wien (HHStAW)
Politisches Archiv (PA), k. u. k. Ministerium des Äußern
    PA III Preußen (Berlin)
    PA V Sachsen (Dresden)

Public Record Office, Kew (jetzt The National Archives, London, UK) (TNA)
Foreign Office
FO 9, General Correspondence before 1906. Bavaria
FO 30, General Correspondence before 1906. Coburg & Saxony
FO 64, General Correspondence before 1906. Prussia and Germany
FO 68, General Correspondence before 1906. Saxony
FO 208, Consulates and Legation, Germanic Confederation, General Correspondence [Frankfurt]
FO 215, Embassy and Consular Archives, Germany: Saxony and the Saxon Duchies 1816–1914
FO 244, Embassy and Consulates. Germany. General Correspondence
FO 918, Ampthill Papers [Lord Odo Russell]

National Archives and Records Administration, College Park, Maryland, USA (NARA)
Record Group 59, General Records of the Department of State
    M44, Despatches from United States Ministers to the German States and Germany
    T-series, Despatches from United States Consuls in Berlin/Chemnitz/Dresden/Glauchau/Leipzig/
        Plauen/Zittau
    Nachlass Gustav Stresemann
    Preußisches Staatsministerium, Protokolle

Universitäts-Bibliothek, Freie Universität Berlin

Memorial Library, University of Wisconsin, Madison
Zeitschrift des Königlich Sächsischen Statistischen Büros/Landesamts

Green Library, Stanford University, Stanford, CA
Zeitschrift des Königlich Sächsischen Statistischen Büros/Landesamts

John P. Robarts Research Library, University of Toronto
Sachsen. Ständeversammlung. 1860–1918. Landtagsmitteilungen, Landtagsakten

Abgekürzt zitierte Literatur

Siehe auch die erweiterte Bibliographie im Online-Supplement zu James Retallack, *Red Saxony*, 2017: http://redsaxony.utoronto.ca.

Abrams, Lynn, Workers' Culture in Imperial Germany: Leisure and Recreation in the Rhineland and Westphalia, New York 1992.
Adam, Thomas, Das sächsische Schulgesetz von 1874 und die Etablierung der Fortbildungsschule: Sachsens schulpolitischer Beitrag für die Moderne?, in: Blätter für deutsche Landesgeschichte 134 (1998), S. 345–360.
Adam, Thomas, Arbeitermilieu und Arbeiterbewegung in Leipzig. 1871–1933, Köln/Weimar/Wien 1999.
Adam, Thomas, Heinrich Pudor – Lebensreformer, Antisemit und Verleger, in: Das bewegte Buch, hrsg. von Mark Lehmstedt/Andreas Herzog, Wiesbaden 1999, S. 183–196.
Acta Borussica. Die Protokolle des Preußischen Staatsministeriums 1817–1934/38, Neue Folge, hrsg. von Berlin-Brandenburgische Akademie der Wissenschaften. 12 Bde. Hildesheim 2001, abrufbar unter: http://preussenprotokolle.bbaw.de/editionsbaende-im-Internet [15.07.2022].
Adler, Victor, Briefwechsel mit August Bebel und Karl Kautsky, hrsg. von Friedrich Adler, Wien 1954.
Adlgasser, Franz, Kontinuität oder Wandel? Wahlrechtsreformen und das österreichische Parlament. 1861–1918, in: Parliaments, Estates and Representation 25, H. 1 (2005), S. 149–166.
[Agitationskomitee der Sozialdemokratischen Partei Leipzigs]. Bericht […] 1907–1908, Leipzig 1908.
[Agitationskomitee der Sozialdemokratischen Partei Leipzigs]. Bericht […] für das Jahr 1909–1910, Leipzig 1910.
Albrecht, Dieter, Die Sozialstruktur der bayerischen Abgeordnetenkammer 1869–1918, in: Staat und Parteien. Festschrift für Rudolf Morsey zum 65. Geburtstag, hrsg. von Karl Dietrich Bracher et al., Berlin 1992, S. 427–452.
Albrecht, Henning, Antiliberalismus und Antisemitismus. Hermann Wagener und die preußischen Sozialkonservativen 1855–1873, Paderborn/München/Wien/Zürich 2010.
Alexander, Matthias, Die Freikonservative Partei 1890–1918. Gemäßigter Konservatismus in der konstitutionellen Monarchie, Düsseldorf 2000.
Allgemeine Deutsche Biographie: https://www.deutsche-biographie.de/.
Allgemeine Vereinigung zur Bekämpfung des Judenthums, Alliance universelle antijuive (Hrsg.), Manifest an die Regierungen und Völker der durch das Judenthum gefährdeten christlichen Staaten laut Beschlusses des Ersten Internationalen Antijüdischen Kongresses zu Dresden am 11. und 12. September 1882, Chemnitz 1883.
»Alliance Antijuive Universelle«. A German Forerunner of the Fascist International, in: The Wiener Library Bulletin (London) 7, H. 3–4 (1953), S. 21.
Altmann-Gottheiner, Elisabeth, Die deutschen politischen Parteien und ihre Stellung zur Frauenfrage, in: Zeitschrift für Politik 3, H. 3–4 (1910), S. 581–598.
Anderson, Eugene N., The Social and Political Conflict in Prussia, 1858–1864, New York 1968.
Anderson, Margaret Lavinia, Voter, Junker, Landrat, Priest: The Old Authorities and the New Franchise in Imperial Germany, in: American Historical Review 98, H. 5 (1993), S. 1448–1474.
Anderson, Margaret Lavinia, Rezension von Thomas Kühne, Dreiklassenwahlrecht und Wahlkultur in Preußen, in: Journal of Modern History 68, H. 4 (1996), S. 1019–1021.
Anderson, Margaret Lavinia, Practicing Democracy: Elections and Political Culture in Imperial Germany, Princeton 2000.
Anderson, Margaret Lavinia, Lehrjahre der Demokratie. Wahlen und politische Kultur im Deutschen Kaiserreich, übers. von Sibylle Hirschfeld, Stuttgart 2009.

Anderson, Margaret Lavinia, Demokratie auf schwierigem Pflaster. Wie das deutsche Kaiserreich demokratisch wurde, in: Logos im Dialogos. Auf der Suche nach der Orthodoxie, hrsg. von Anna Briskina-Müller/Armenuhi Drost-Abgarjan/Axel Meißner, Berlin/Münster 2011, S. 245–262.

Anderson, Margaret Lavinia, Ein Demokratiedefizit? Das Deutsche Kaiserreich in vergleichender Perspektive, in: Geschichte und Gesellschaft 44, H. 3 (2018), S. 367–398.

Anderson, Margaret Lavinia/Kenneth Barkin, The Myth of the Puttkamer Purge and the Reality of the Kulturkampf: Some Reflections on the Historiography of Imperial Germany, in: Journal of Modern History 54, H. 4 (1982), S. 647–686.

Applegate, Celia, A Nation of Provincials: The German Idea of Heimat, Berkeley 1990.

Applegate, Celia, The Mediated Nation: Regions, Readers, and the German Past, in: Saxony in German History: Culture, Society, and Politics, 1830–1933, hrsg. von James Retallack, Ann Arbor 2000, S. 33–50.

Arendt, Hannah, Vom Leben des Geistes. Bd. 1: Das Denken. Hrsg. von Mary McCarthy, übers. von Hermann Vetter, München 1998.

Armstrong, Sinclair W., The Social Democrats and the Unification of Germany, 1863–71, in: Journal of Modern History 12, H. 4 (1940), S. 485–509.

Arsenschek, Robert, Der Kampf um die Wahlfreiheit im Kaiserreich. Zur parlamentarischen Wahlprüfung und politischen Realität der Reichstagswahlen 1871–1914, Düsseldorf 2003.

Auer, Ignaz, Nach zehn Jahren. Material und Glossen zur Geschichte des Sozialistengesetzes, London 1889, Nachdruck Nürnberg 1929.

Augst, Richard, Bismarcks Stellung zum parlamentarischen Wahlrecht, Leipzig 1917.

Ayaß, Wolfgang/Florian Tennstedt/Heidi Winter (Hrsg.), Grundfragen der Sozialpolitik. Die Diskussion der Arbeiterfrage auf Regierungsseite und in der Öffentlichkeit (Quellensammlung zur Geschichte der deutschen Sozialpolitik 1867 bis 1914, II. Abteilung, Bd. 1), Darmstadt 2003.

Baader, Ottilie, Ein steiniger Weg. Lebenserinnerungen einer Sozialistin, Stuttgart 1921.

Baer, Uta, Der Aufschwung der Massenbewegung und die Wahlrechtskämpfe in den Jahren 1905 und 1906 in Leipzig unter dem Einfluß der russischen Revolution, Staatsexamens-Arbeit, Pädagogisches Institut Leipzig 1967.

Bandmann, Otto, Die deutsche Presse und die Entwicklung der deutschen Frage 1864–66, Leipzig 1910.

Bartel, Horst, Marx und Engels im Kampf um ein revolutionäres deutsches Parteiorgan, 1879–1890, Berlin-Ost 1961.

Bartel, Horst, Der Sozialdemokrat 1879–1890. Ein Beitrag zur Rolle des Zentralorgans im Kampf der revolutionären Arbeiterbewegung gegen das Sozialistengesetz, Berlin (DDR) 1975.

Bartel, Horst/Wolfgang Schröder/Gustav Seeber (Hrsg.), Das Sozialistengesetz 1878–1890. Illustrierte Geschichte des Kampfes der Arbeiterklasse gegen das Ausnahmegesetz, Berlin-Ost 1980.

Bartolini, Stefano, The Political Mobilization of the European Left, 1860–1980: The Class Cleavage, Cambridge/New York 2000.

Bazillion, Richard J., Liberalism, Modernization, and the Social Question in the Kingdom of Saxony, 1830–90, in: In Search of a Liberal Germany, hrsg. von Konrad Jarausch/Larry Eugene Jones, New York/Oxford/München 1990, S. 87–110.

Bazillion, Richard J., Modernizing Germany: Karl Biedermann's Career in the Kingdom of Saxony, 1835–1901, New York/Bern/Frankfurt a. M./Paris 1990.

Bebel, August, Die parlamentarische Thätigkeit des Deutschen Reichstags und der Landtage und die Sozial-Demokratie von 1871 bis 1874 (Original 1873 = Die Sozialdemokratie im Deutschen Reichstag. Tätigkeitsberichte und Wahlaufrufe aus den Jahren 1871 bis 1893, Teil I, S. 1–66), Berlin 1909.

Bebel, August, Die parlamentarische Thätigkeit des Deutschen Reichstags und der Landtage und die Sozial-Demokratie von 1874 bis 1876 (Original 1876 = Die Sozialdemokratie im Deutschen Reichstag. Tätigkeitsberichte und Wahlaufrufe aus den Jahren 1871 bis 1893, Teil II, S. 67–184), Berlin 1909.

Bebel, August, Petition an den Deutschen Reichstag, die polizeilichen Ausweisungen aus dem Königreich Sachsen betreffend: nebst dem stenographischen Bericht über die Verhandlungen der II. Kammer des sächsischen Landtages am 21. Februar 1882, Nürnberg 1882.

Bebel, August, Die Thätigkeit des Deutschen Reichstags von 1887 bis 1889, Nürnberg 1890.
Bebel, August, Zu den Landtagswahlen in Sachsen, Berlin 1891.
Bebel, August, Die Handhabung des Vereins- und Versammlungsrechts im Königreich Sachsen. Auf Grund des Thatsachenmaterials dargelegt, Berlin 1897.
Bebel, August, Aus meinem Leben, 3 Bde. in 1, Berlin-Ost 1961 (Original 1910).
Bebel, August, Ausgewählte Reden und Schriften, 10 Bde., hrsg. von Horst Bartel et al., Berlin-Ost/München 1970–1997.
Beck, Hermann, The Origins of the Authoritarian Welfare State in Prussia: Conservatives, Bureaucracy, and the Social Question, 1815–70, Ann Arbor 1995.
Becker, Otto, Bismarcks Ringen um Deutschlands Gestaltung, hrsg. von Alexander Scharff, Heidelberg 1958.
Becker, Winfried, Kulturkampf als Vorwand: Die Kolonialwahlen von 1907 und das Problem der Parlamentarisierung des Reiches, in: Historisches Jahrbuch 106, H. 1 (1986), S. 59–84.
Below, Georg von, Das Parlamentarische Wahlrecht in Deutschland, Berlin 1909.
Beneš, Jakub S., Workers and Nationalism: Czech and German Social Democracy in Habsburg Austria, 1890–1918, Oxford 2016.
Benoist, Charles, La crise de l'état moderne. De l'organisation du suffrage universel, Paris o. J. [1899].
Benser, Günter, Zur Herausbildung der Eisenacher Partei. Eine Untersuchung über die Entwicklung der Arbeiterbewegung im sächsischen Textilindustriegebiet Glauchau-Meerane, Berlin 1956.
Berdahl, Robert M., The Politics of the Prussian Nobility: The Development of a Conservative Ideology, 1770–1848, Princeton 2014.
Berg-Schlosser, Dirk/Ralf Rytlewski (Hrsg.), Political Culture in Germany, Basingstoke 1993.
Berghahn, Volker R., Das Kaiserreich 1871–1914. Industriegesellschaft, bürgerliche Kultur und autoritärer Staat (= Gebhardt, Handbuch der deutschen Geschichte, 10. Aufl., Bd. 16), Stuttgart 2003.
Berghahn, Volker R., Imperial Germany 1871–1918: Economy, Society, Culture and Politics, New York/Oxford 2005.
Bergmann, Werner, »Nicht aus den Niederungen des Hasses und des Aberglaubens«. Die Negation von Emotionen im Antisemitismus des deutschen Kaiserreichs, in: Geschichte und Gesellschaft 39 (2013), S. 443–471.
Bericht über den deutsch-sozialen (antisemitischen) Parteitag zu Leipzig am 18. und 19. Mai 1891, Leipzig 1891.
Bertram, Jürgen, Die Wahlen zum Deutschen Reichstag vom Jahre 1912. Parteien und Verbände in der Innenpolitik des Wilhelminischen Reiches, Düsseldorf 1964.
Beust, Friedrich Ferdinand Graf von, Aus drei Viertel-Jahrhunderten. Erinnerungen und Aufzeichnungen, 2 Bde., Stuttgart 1887.
Bewer, Max, Bei Bismarck, Dresden 1891.
[Bewer, Max,] Deutscher Totentanz. Politischer Bilderbogen. Nr. 12. Dresden 1894.
Beyer, Marga, Der Kampf der deutschen Sozialdemokratie um ein demokratisches Wahlrecht in den Jahren 1895–1897 anhand der sächsischen Wahlrechtskämpfe 1896 und der Diskussion um die Beteiligung an den preußischen Landtagswahlen. Diss., Institut für Gesellschaftswissenschaften beim ZK der SED – Lehrstuhl Geschichte der Arbeiterbewegung, Berlin-Ost 1970.
Biedermann, Karl, Mein Leben und ein Stück Zeitgeschichte, 2 Bde., Breslau 1886.
Biedermann, Karl, Rückblick auf die Geschichte der national-liberalen Partei in Sachsen, in: Nationalliberaler Verein für das Königreich Sachsen, Mitglieder-Verzeichniss nach dem Stande vom November 1888, S. 3–6, Leipzig o. J. [1888].
Biedermann, Karl, Fünfzig Jahre im Dienst des nationalen Gedankens. Aufsätze und Reden, Breslau 1892.
Biedermann, Karl, Conservative und Liberale im sächsischen Landtage während der letzten 50 Jahre, 2 Teile, in: Leipziger Tageblatt und Anzeiger, Nrn. 220, 222 (1900), S. 3615, 3645.
Biedermann, Karl, Vorlesungen über Socialismus und Socialpolitik, Breslau/Leipzig 1900.

[Biedermann, Karl,] Die reactivirten Stände und das verfassungsmäßige Wahlgesetz in Sachsen, Leipzig 1866.
Biefang, Andreas, National-preußisch oder deutsch-national? Die Deutsche Fortschrittspartei in Preußen 1861–1867, in: Geschichte und Gesellschaft 23, H. 3 (1997), S. 360–383.
Biefang, Andreas, Modernität wider Willen. Bemerkungen zur Entstehung des demokratischen Wahlrechts des Kaiserreichs, in: Gestaltungskraft des Politischen. Festschrift für Eberhard Kolb, hrsg. von Wolfram Pyta/Ludwig Richter, Berlin 1998, S. 239–259.
Biefang, Andreas, Die andere Seite der Macht. Reichstag und Öffentlichkeit im »System Bismarck« 1871–1890, Düsseldorf 2009.
Biefang, Andreas/Michael Epkenhans/Klaus Tenfelde (Hrsg.), Das politische Zeremoniell im Deutschen Kaiserreich 1871–1918, Düsseldorf 2009.
Bihl, Wolfdieter (Hrsg.), Deutsche Quellen zur Geschichte des Ersten Weltkrieges, Darmstadt 1991.
Birker, Karl, Die deutschen Arbeiterbildungsvereine 1840–1870, Berlin 1973.
Bismarck, Otto von, Die Reden des Grafen von Bismarck-Schönhausen gehalten im Reichstag des Norddeutschen Bundes, Berlin 1867.
Bismarck, Otto von, Gedanken und Erinnerungen, 2 Bde., Stuttgart 1898.
Bismarck, Otto von, Werke in Auswahl, 8 Bde., hrsg. von Gustav Adolf Rein et al., Darmstadt 2001.
Bismarck, Otto von, Gesammelte Werke (Neue Friedrichsruher Ausgabe), Abt. III, Bd. 1, Schriften 1871–1873, hrsg. von Andrea Hopp; Bd. 2, Schriften 1874–1877, hrsg. von Konrad Canis et al., Paderborn 2004.
Björnsson, Páll, Making the New Man: Liberal Politics and Associational Life in Leipzig, 1845–1871, Diss., University of Rochester 1999.
Björnsson, Páll, Liberalism and the Making of the »New Man«: The Case of Gymnasts in Leipzig, 1845–1871, in: Saxony in German History, hrsg. von James Retallack, Ann Arbor 2000, S. 151–165.
Blackbourn, David, The German bourgeoisie: An introduction, in: The German Bourgeoisie: Essays on the Social History of the German Middle Class from the Late Eighteenth to the Early Twentieth Century, hrsg. von David Blackbourn/Richard J. Evans, New York/London 1991, S. 1–45.
Blackbourn, David, A Sense of Place: New Directions in German History (= The 1998 Annual Lecture of the German Historical Institute London), London 1999.
Blackbourn, David/Geoff Eley, The Peculiarities of German History: Bourgeois Society and Politics in Nineteenth-Century Germany, Oxford 1984.
Blackbourn, David/James Retallack (Hrsg.), Localism, Landscape, and the Ambiguities of Place: German-Speaking Central Europe, 1860–1930, Toronto 2007.
Blaschke, Karlheinz, Das Königreich Sachsen 1815–1918, in: Die Regierungen der deutschen Mittel- und Kleinstaaten 1815–1933, hrsg. von Klaus Schwabe, Boppard am Rhein 1983, S. 81–102 und S. 285–294.
Blaschke, Karlheinz, Die Verwaltung in Sachsen und Thüringen, in: Deutsche Verwaltungsgeschichte, Bd. 3, Das deutsche Reich bis zum Ende der Monarchie, hrsg. von Kurt G. A. Jeserich et al., Stuttgart 1984, S. 778–797.
Blaschke, Karlheinz, Hof und Hofgesellschaft im Königreich Sachsen während des 19. Jahrhunderts, in: Hof und Hofgesellschaft in den deutschen Staaten im 19. und beginnenden 20. Jahrhundert, hrsg. von Karl Möckl, Boppard am Rhein 1990, S. 177–206.
Blaschke, Karlheinz, Landstände, Landtag, Volksvertretung. 700 Jahre politische Mitbestimmung im Lande Sachsen, in: Der sächsische Landtag. Geschichte und Gegenwart, hrsg. vom Sächsischen Landtag, Dresden 1990, S. 7–17.
Blaschke, Karlheinz, Sachsen und Thüringen, in: Deutsche Verwaltungsgeschichte. Bd. IV, Das Reich als Republik und in der Zeit des Nationalsozialismus, hrsg. von Kurt G. A. Jeserich et al., Stuttgart o. J., S. 586–603.
Blaschke, Karlheinz (Hrsg.), 700 Jahre politische Mitbestimmung in Sachsen, Dresden 1994.
Blau, Bruno, Die Entwickelung der Juedischen Bevölkerung in Deutschland von 1800 bis 1945 (MS), o. O., o. J. [1950].

Blewett, Neal, The Franchise in the United Kingdom, 1885–1918, in: Past and Present 32 (1965), S. 27–56.
Block, Hans, Die »Wiedergeburt« des Liberalismus in Sachsen, in: Neue Zeit 23, Bd. 2, H. 48/49 (1904–05), S. 693–699 und S. 730–735.
Block, Hans, Die sächsischen Landtagswahlen, in: Neue Zeit 24, Bd. 1, H. 3 (1905–06), S. 97–102.
Blum, Hans, Die offiziöse Zeitung eines deutschen Mittelstaats, in: Die Grenzboten 32, 1. Sem., 2. Bd. (1873), S. 271–280.
Blum, Hans, Die Lügen unserer Sozialdemokratie, Wismar 1891.
Blum, Hans, Fürst Bismarck und seine Zeit. Eine Biographie für das deutsche Volk, 7 Bde., München 1894–1899.
Blum, Hans, Die Heiligen unserer Sozialdemokratie und die Pariser Kommune von 1871 in ihrer wahren Gestalt, Wurzen 1898.
Blum, Hans, Lebenserinnerungen, 2 Bde., Berlin 1907.
Blumenberg, Werner (Hrsg.), August Bebels Briefwechsel mit Friedrich Engels, Den Haag 1965.
Boberach, Heinz, Wahlrechtsfragen im Vormärz. Die Wahlrechtsanschauung im Rheinland 1815–1849 und die Entstehung des Dreiklassenwahlrechts, Düsseldorf 1959.
Bock, Gisela, Frauenwahlrecht – Deutschland um 1900 in vergleichender Perspektive, in: Geschichte und Emanzipation, hrsg. von Michael Grüttner/Rüdiger Hachtmann/Heinz-Gerhard Haupt, Frankfurt a. M. 1999, S. 95–136.
Bock, Gisela, Das politische Denken des Suffragismus: Deutschland um 1900 im internationalen Vergleich, in: Gisela Bock, Geschlechtergeschichte der Neuzeit. Ideen, Politik, Praxis, Göttingen 2014, S. 168–203.
Böckstiegel, Elke, Volksrepräsentation in Sachsen. Zur Entwicklung der Repräsentation des sächsischen Volkes von 1788 bis 1850, München 1998.
Boehlich, Walter (Hrsg.), Der Berliner Antisemitismusstreit, Frankfurt a. M. 1965.
Böhme, Helmut (Hrsg.), The Foundation of the German Empire: Select Documents, Oxford 1971.
Böhmert, Victor, Die Vertheilung der Bevölkerung des Königreichs Sachsen nach den Haupt-Erwerbs- und Berufs-Klassen. Auf Grund der Volkszählung am 1. Dezember 1871, in: Zeitschrift des Königl. Sächsischen Statistischen Bureaus 21, H. I/II (1875), S. 39–50, und Beilage, S. 1–111.
Böhmert, Victor, Die Einkommens-Statistik des Königreichs Sachsen, in: Zeitschrift des Königl. Sächsischen Statistischen Bureaus 24, H. III/IV (1878), S. 179–211.
Böhmert, Victor, Sächsische Einkommensteuerstatistik von 1874–1894, in: Zeitschrift des K. Sächsischen Statistischen Bureaus 40, H. III/IV (1894), S. 201–231.
Böhmert, Victor, Der sächsische Wahlgesetzentwurf und seine Gefahren, Dresden 1896.
Bösch, Frank, Öffentliche Geheimnisse. Skandale, Politik und Medien in Deutschland und Großbritannien 1880–1914, München 2009.
Boettcher, Friedrich, Eduard Stephani. Ein Beitrag zur Zeitgeschichte, insbesondere zur Geschichte der nationalliberalen Partei, Leipzig 1887.
Boh, Dr. Felix, Der Konservatismus und die Judenfrage, Dresden 1892.
Boh, Dr. Felix, Sozialpolitik und konservative Weltanschauung. Ein nationaler Weckruf für die kommenden Reichstagswahlen, Heilbronn 1898.
Boh, Dr. Felix, Wider den Boycott, 3. Aufl., Dresden 1895.
Bohlmann, Joachim, Die Deutschkonservative Partei am Ende des Kaiserreichs: Stillstand und Wandel einer untergehenden Organisation, Diss., Universität Greifswald 2011.
Boll, Friedhelm, Arbeitskampf und Region. Arbeitskämpfe, Tarifverträge und Streikwellen im regionalen Vergleich, 1871–1914, in: Der Aufstieg der deutschen Arbeiterbewegung, hrsg. von Gerhard A. Ritter, München 1990, S. 379–414.
Born, Karl Erich, Staat und Sozialpolitik seit Bismarcks Sturz. Ein Beitrag zur Geschichte der innenpolitischen Entwicklung des Deutschen Reiches 1890–1914, Wiesbaden 1957.
Born, Karl Erich/Hansjoachim Henning/Manfred Schick (Hrsg.), Quellensammlung zur Geschichte der Deutschen Sozialpolitik 1867 bis 1914. Einführungsband, Wiesbaden 1966.

Born, Karl Erich/Peter Rassow (Hrsg.), Akten zur staatlichen Sozialpolitik in Deutschland 1890–1914, Wiesbaden 1959.

Borrmann, Roswitha, Die Dresdner Arbeiterbewegung 1861 bis 1869. Eine Untersuchung zu organisationsgeschichtlichen und politischen Aspekten der politisch-ideologischen Konstituierung des örtlichen Proletariats, Diss., Pädagogische Hochschule Dresden 1988.

Botzenhart, Manfred, Deutscher Parlamentarismus in der Revolutionszeit 1848–1850, Düsseldorf 1977.

Botzenhart, Manfred, Staatsbankrott oder Verfassungsoktroi? Das Dilemma der Großherzogtümer Mecklenburg am Ende des Deutschen Kaiserreiches, in: Von der Arbeiterbewegung zum modernen Sozialstaat. Festschrift für Gerhard A. Ritter, hrsg. von Jürgen Kocka/Hans-Jürgen Puhle/Klaus Tenfelde, München 1994, S. 375–390.

Boyer, John W., Culture and Political Crisis in Vienna: Christian Socialism in Power, 1897–1918, Chicago 1995.

Bräuer, Helmut, Entwicklungstendenzen und Perspektiven der Erforschung sächsischer Zunfthandwerksgeschichte, in: Jahrbuch für Regionalgeschichte und Landeskunde 19 (1993–94), S. 35–56.

Brandmann, Paul, Leipzig zwischen Klassenkampf und Sozialreform. Kommunale Wohlfahrtspolitik zwischen 1890 und 1920, Weimar/Köln/Wien 1998.

Brandt, Hartwig, Politische Partizipation am Beispiel eines deutschen Mittelstaates im 19. Jahrhundert. Wahlrecht und Wahlen in Württemberg, in: Probleme politischer Partizipation im Modernisierungsprozeß, hrsg. von Peter Steinbach, Stuttgart 1982, S. 135–155.

Brandt, Hartwig, Parlamentarismus in Württemberg 1819–1870. Anatomie eines deutschen Landtags, Düsseldorf 1987.

Brandt, Martine, Die Stellung der Constitutionelle Zeitung zur Zuendeführung der nationalstaatlichen Einigung Deutschlands im Rahmen der bürgerlichen Umwälzung (2. Hälfte 1866–Mitte 1868), Diplom-Arbeit, Pädagogische Hochschule Dresden 1977.

Brantz, Dorothee, Stunning Bodies: Animal Slaughter, Judaism, and the Meaning of Humanity in Imperial Germany, in: Central European History 35, H. 2 (2002), S. 167–194.

Braun, Bernd, »Der Kampf gegen den Reichsfeind« als Wahlparole: Die Wahlen 1878, in: Regierung, Parlament und Öffentlichkeit im Zeitalter Bismarcks. Politikstile im Wandel, hrsg. von Lothar Gall, Paderborn 2003, S. 223–248.

Braune, Andreas/Michael Dreyer/Markus Lang/Ulrich Lappenküper (Hrsg.), Einigkeit und Recht, doch Freiheit? Das Deutsche Kaiserreich in der Demokratiegeschichte und Erinnerungskultur, Stuttgart 2021.

British Foreign Office, Confidential Print, Germany, Series 1, 1906–1919, Bethesda 1995 (Mikrofilm).

Brown, Keith Mark, Toward Political Participation and Capacity: Elections, Voting, and Representation in Early Modern Scotland, in: The Journal of Modern History 88, H. 1 (2016), S. 1–33.

Brown, Malcolm B., Friedrich Nietzsche und sein Verleger Ernst Schmeitzner, Frankfurt a. M. 1987.

Bruch, Rüdiger vom, Bürgerlichkeit, Staat und Kultur im Kaiserreich, hrsg. von Hans-Christoph Liess, Stuttgart 2005.

Bülow, Bernhard von, Fürst Bülows Reden, hrsg. von Johannes Penzler/Otto Hötzsch, 3 Bde., Berlin 1907–1909.

Bülow, Bernhard von, Denkwürdigkeiten, 4 Bde., Berlin 1930.

Büsch, Otto/Peter Steinbach (Hrsg.), Vergleichende europäische Wahlgeschichte. Eine Anthologie, Berlin 1983.

Büttner, Ben, Die Novemberrevolution in Dresden 1918/19, Magisterarbeit, Technische Universität Dresden 2006.

Der norddeutsche Bund und Sachsen im Herbst 1866, Leipzig 1866.

Busch, Moritz, Tagebuchblätter, 3 Bde., revidierte Auflage, Leipzig 1892.

Buzan, Barry/Ole Wæver/Jaap de Wilde, Security: A New Framework for Analysis, Boulder (Colorado) 1998.

Cahn, Ernst, Das Verhältniswahlsystem in den modernen Kulturstaaten. Eine staatsrechtlich-politische Abhandlung, Berlin 1909.
Canning, Kathleen, Das Geschlecht der Revolution – Stimmrecht und Staatsbürgertum 1918/19, in: Die vergessene Revolution von 1918/19, hrsg. von Alexander Gallus, Göttingen 2010, S. 84–116.
Carsten, Francis L., August Bebel und die Organisation der Massen, Berlin 1991.
Caruso, Amerigo, Joining Forces against »Strike Terrorism«: The Public-Private Interplay in Policing Strikes in Imperial Germany, 1890–1914, in: European History Quarterly 49 (2019), S. 597–624.
Caruso, Amerigo, »Blut und Eisen auch im Innern«. Soziale Konflikte, Massenpolitik und Gewalt in Deutschland vor 1914, Frankfurt a. M. 2021.
Caruso, Amerigo/Birgit Metzger, More than Fashionable Concepts? Risk, Security and Resilience in Modern History, in: International Journal for History, Culture and Modernity 7 (2019), S. 301–320.
Center for East Asian Cultural Studies, The Meiji Japan Through Contemporary Sources, Bd. 1, Basic Documents, 1854–1889, Tokio 1969.
Chickering, Roger, We Men Who Feel Most German: A Cultural Study of the Pan-German League, 1886–1914, London 1984.
Chickering, Roger, The Great War and Urban Life in Germany: Freiburg, 1914–1918, Cambridge 2007.
Chickering, Roger, Militarism and radical nationalism, in: Imperial Germany 1871–1918, hrsg. von James Retallack, Oxford/New York 2008, S. 196–218.
Chickering, Roger/Steven Chase Gummer mit Seth Rotramel (Hrsg.), Das wilhelminische Kaiserreich und der erste Weltkrieg (1890–1918) (= Deutsche Geschichte in Dokumenten und Bildern, Bd. 5, Deutsches Historisches Institut, Washington D.C.), abrufbar unter: http://germanhistorydocs.ghi-dc.org/section.cfm?section_id=11&language=german [15.7.2022].
Childers, Thomas, The Nazi Voter: The Social Foundations of Fascism in Germany, 1919–1933, Chapel Hill 1983.
Childers, Thomas (Hrsg.), The Formation of the Nazi Constituency 1919–1933, London 1986.
Clark, Christopher M., Iron Kingdom: The Rise and Downfall of Prussia, 1600–1947, Cambridge (MA) 2006.
Clark, Christopher M., After 1848: The European Revolution in Government, in: Transactions of the Royal Historical Society 22 (2012), S. 171–197.
Claß, Heinrich, Wider den Strom. Vom Werden und Wachsen der nationalen Opposition im alten Reich, Leipzig 1932.
[Claß, Heinrich] (unter dem Pseudonym Daniel Frymann), Wenn ich der Kaiser wär', 3. Auflage, Berlin 1912.
Clemens, Bärbel, Der Kampf um das Frauenstimmrecht in Deutschland, in: Heraus mit dem Frauenwahlrecht. Die Kämpfe der Frauen in Deutschland und England um die politische Gleichberechtigung, hrsg. von Christl Wickert, Pfaffenweiler 1991, S. 51–123.
Conze, Eckart, Securitization. Gegenwartsdiagnose oder historischer Analyseansatz?, in: Geschichte und Gesellschaft 38 (2012), S. 453–467.
Conze, Eckart, Schatten des Kaiserreichs. Die Reichsgründung von 1871 und ihr schwieriges Erbe, München 2020.
Cooke, Alistair, The Vintage Mencken, New York 1958.
Cooper, Caroline Ethel, Behind the Lines: One Woman's War 1914–18. The Letters of Caroline Ethel Cooper, hrsg. von Decie Denholm, Sydney/London 1982.
Crick, Bernard, Democracy: A Very Short Introduction, Oxford 2002.
Croon, Helmut, Das Vordringen der politischen Parteien im Bereich der kommunalen Selbstverwaltung, in: Kommunale Selbstverwaltung im Zeitalter der Industrialisierung, hrsg. von Helmut Croon/Wolfgang Hofmann/Georg-Christoph von Unruh, Stuttgart 1971, S. 15–54.
Crothers, George Dunlap, The German Elections of 1907, New York 1968.
Crowe, J[oseph] A[rcher], Reminiscences of Thirty-Five Years of My Life, 2. Auflage, London 1895.
Czok, Karl, Die Auswirkungen der russischen Revolution von 1905 auf die Görlitzer Arbeiterbewegung, in: Beiträge zur Geschichte der Görlitzer Arbeiterbewegung, hrsg. vom Rat der Stadt Görlitz, Bd. 1, Görlitz 1963, S. 6–80.

Czok, Karl, Die Stellung der Leipziger Sozialdemokratie zur Kommunalpolitik in der ersten Hälfte der neunziger Jahre des 19. Jahrhunderts, in: Arbeitsberichte zur Geschichte der Stadt Leipzig, hrsg. vom Stadtarchiv Leipzig 11, H. 1 (Nr. 24) (1973), S. 5–54.
Czok, Karl, Klassenkampf und Gemeindepolitik am Ausgang des 19. Jahrhunderts. Über die Wahl eines sozialdemokratischen Gemeindevorstandes in Böhlen bei Grimma 1893 und seine Folgen, in: Sächsische Heimatblätter 19 (1973), S. 174–176.
Czok, Karl, Ausgangspositionen und Anfänge revolutionärer Kommunalpolitik in der zweiten Hälfte des 19. Jahrhunderts bis 1891, in: Evolution und Revolutionen in der Weltgeschichte. Ernst Engelberg zum 65. Geburtstag, hrsg. von Horst Bartel et al., 2 Bde., Bd. 2, Berlin-Ost 1976, S. 595–610.
Czok, Karl (Hrsg.), Geschichte Sachsens, Weimar 1989.
Czychun, Ralph, Political Modernisation, Democratisation and Reform during the First World War: The Case of Saxony, Magisterarbeit, University of Toronto 1998.

Daniel, Ute, Postheroische Demokratiegeschichte, Hamburg 2020.
Daniel, Ute, Demokratie, wann und wie? In: Frankfurter Allgemeine Zeitung Nr. 262, 10. November 2021, S. N3.
Demokratie praktizieren. Arenen, Prozesse und Umbrüche politischer Partizipation in Westeuropa im 19. und 20. Jahrhundert. Themenheft von Archiv für Sozialgeschichte 58 (2018).
Demokratiegeschichten. Themenheft von Geschichte und Gesellschaft 44, H. 3 (2018).
Desai, Ashok V., Real Wages in Germany 1871–1913, Oxford 1968.
Deutsche Biographie, abrufbar unter: https://www.deutsche-biographie.de/.
Deutschkonservative Partei, Stenographischer Bericht über den Allgemeinen konservativen Parteitag, abgehalten am 8. Dezember 1892 zu Berlin, Berlin 1893.
Deutschkonservative Partei/Reichs- und Freikonservative Partei (Hrsg.), Konservatives Handbuch, Berlin 1892.
Diamant, Adolf, Chronik der Juden in Chemnitz, heute Karl-Marx-Stadt, Frankfurt a. M. 1970.
Diamant, Adolf, Chronik der Juden in Dresden, Darmstadt 1973.
Diamant, Adolf, Chronik der Juden in Leipzig, Chemnitz 1993.
Dickmann, Fritz, Bismarck und Sachsen zur Zeit des Norddeutschen Bundes, in: Neues Archiv für Sächsische Geschichte 49 (1928), S. 255–288.
Dickmann, Fritz, Militärpolitische Beziehungen zwischen Preußen und Sachsen 1866 bis 1870. Ein Beitrag zur Entstehungsgeschichte des Norddeutschen Bundes, München 1929.
Diederich, Nils et al. (Hrsg.), Wahlstatistik in Deutschland. Bibliographie der deutschen Wahlstatistik 1848–1975, München 1976.
Diersch, Victor Camillo, Die geschichtliche Entwicklung des Landtagswahlrechts im Königreich Sachsen, Leipzig 1918.
Dietrich, Richard, Der Kampf um das Schicksal Sachsens in der öffentlichen Meinung, 1866/67, in: Neues Archiv für Sächsische Geschichte 58 (1937), S. 202–222.
Dietrich, Richard, Die Verwaltungsreform in Sachsen 1869–1873, in: Neues Archiv für Sächsische Geschichte 61 (1940), S. 49–85.
Dietrich, Richard, Der Preußisch-sächsische Friedensschluß vom 21. Oktober 1866, in: Jahrbuch für die Geschichte Mittel- und Ostdeutschlands 4 (1955), S. 109–156.
Dietrich, Richard, Preußen als Besatzungsmacht im Königreich Sachsen 1866–1868, in: Jahrbuch für die Geschichte Mittel- und Ostdeutschlands 5 (1956), S. 273–293.
Dittrich, Erich, Zur sozialen Herkunft des sächsischen Unternehmertums, in: Neues Archiv für Sächsische Geschichte 63 (1942), S. 130–152.
Dittrich, Max, Staatsminister General Graf Fabrice. Sein Leben und sein Streben, Dresden 1891.
Dittrich, Max (Hrsg.), Parlamentarischer Almanach für das Königreich Sachsen, Dresden/Leipzig 1878.
Dobson, Sean, Authority and Revolution in Leipzig, 1910–1920, Diss., Columbia University 1995.
Dobson, Sean, Authority and Upheaval in Leipzig, 1910–1920: The Story of a Relationship, New York 2001.

Dörrer, Horst, Die ersten Wahlrechtskämpfe der Dresdner Arbeiter unter dem Einfluß der ersten russischen Revolution von 1905 bis 1907, in: Wissenschaftliche Annalen 5, H. 6 (1956), S. 383–400.

Dörrer, Horst, Die Kämpfe der Dresdner Arbeiter unter dem Einfluß der ersten russischen Revolution von 1905, Dresden 1958.

Dörrer, Horst, Zu einigen Fragen der Geschichte der Dresdner Arbeiterbewegung in den Jahren 1908/09, in: Sächsische Heimatblätter 3 (1958), S. 216–227.

Dörrer, Horst, Die Herausbildung einer revolutionären Massenpartei in Ostsachsen bei besonderer Berücksichtigung der Vereinigung des linken Flügels der Unabhängigen Sozialdemokratischen Partei Deutschlands mit der Kommunistischen Partei Deutschlands (1914 bis 1920), Diss. habil., Karl-Marx-Universität Leipzig 1968.

Dörrer, Horst, Die Wahlrechtskämpfe der Dresdner Arbeiter unter dem Einfluß der russischen Revolution von 1905, in: Jahrbuch zur Geschichte Dresdens 15/16 (1980), S. 59–64.

Döscher, Elvira/Wolfgang Schröder (Hrsg.), Sächsische Parlamentarier 1869–1918. Die Abgeordneten der II. Kammer des Königreichs Sachsen im Spiegel historischer Photographien. Ein biographisches Handbuch, Düsseldorf 2001.

Dominick, Raymond H., III, Wilhelm Liebknecht and the Founding of the German Social Democratic Party, Chapel Hill 1982.

Domsch, Paul, Albert Christian Weinlig. Ein Lebensbild nach Familienpapieren und Akten, Chemnitz o. J. [1912].

Donath, Matthias, Die Abdankung des letzten sächsischen Königs, in: »Macht euern Dreck alleene!« Der letzte sächsische König, seine Schlösser und die Revolution 1918, hrsg. von Iris Kretschmann/André Thieme, Dresden/Pillnitz 2018, S. 109–129.

Dorpalen, Andreas, Heinrich von Treitschke, New Haven 1957.

Droz, Jacques, Liberale Anschauungen zur Wahlrechtsfrage und das preußische Dreiklassenwahlrecht, in: Moderne deutsche Verfassungsgeschichte (1815–1918), hrsg. von Ernst-Wolfgang Böckenförde, Köln 1972, S. 195–214.

Du Bois, W. E. B., The Present Condition of German Politics (1893), in: Central European History 31, H. 3 (1998), S. 171–188.

Eckardt, Hans Wilhelm, Von der privilegierten Herrschaft zur parlamentarischen Demokratie. Die Auseinandersetzungen um das allgemeine und gleiche Wahlrecht in Hamburg, 2. rev. Ausgabe, Hamburg 2002.

Eckardt, Julius von, Lebenserinnerungen, 2 Bde., Leipzig 1910.

Ehrenstein, Otto von, Das System der Verhältniswahlen in Sachsen, Dresden 1906.

Ehrismann, Renate, Der regierende Liberalismus in der Defensive. Verfassungspolitik im Großherzogtum Baden 1876–1905, Frankfurt a. M. 1993.

Ehrle, Peter Michael, Volksvertretung im Vormärz. Studien zur Zusammensetzung, Wahl und Funktion der deutschen Landtage im Spannungsfeld zwischen monarchischem Prinzip und ständischer Repräsentation, Frankfurt a. M. 1979 (Nachdruck: Bern 2007).

Eley, Geoff, Reshaping the German Right: Radical Nationalism and Political Change After Bismarck, New Haven 1980.

Eley, Geoff, Anti-Semitism, Agrarian Mobilization, and the Conservative Party: Radicalism and Containment in the Founding of the Agrarian League, 1890–93, in: Between Reform, Reaction, and Resistance: Studies in the History of German Conservatism, hrsg. von Larry Eugene Jones/James Retallack, Providence/Oxford 1993, S. 187–227.

Eley, Geoff, German History and the Contradictions of Modernity: The Bourgeoisie, the State, and the Mastery of Reform, in: Society, Culture, and the State in Germany, 1870–1930, hrsg. von Geoff Eley, Ann Arbor 1996, S. 67–104.

Eley, Geoff/James Retallack (Hrsg.), Wilhelminism and Its Legacies: German Modernities, Imperialism, and the Meanings of Reform, 1890–1930, New York/Oxford 2003.

Emmerich, Wolfgang (Hrsg.), Proletarische Lebensläufe. Autobiographische Dokumente zur Entstehung der Zweiten Kultur in Deutschland, 2 Bde., Bd. 1: Anfänge bis 1914, Reinbek bei Hamburg 1974.

Engelberg, Ernst, Revolutionäre Politik und Rote Feldpost 1878–1890, Berlin-Ost 1959.

Engelberg, Ernst, Bismarck, 2 Bde., Berlin 1985 und 1990.

Engelberg, Ernst (Hrsg.), Im Widerstreit um die Reichsgründung. Eine Quellensammlung zur Klassenauseinandersetzung in der deutschen Geschichte von 1849 bis 1871, Berlin-Ost 1970.

Engels, Friedrich, Die preußische Militärfrage und die deutsche Arbeiterpartei, Hamburg 1865.

Eschenburg, Theodor, Das Kaiserreich am Scheideweg. Bassermann, Bülow und der Block, Berlin 1929.

Eulenburg-Hertefeld, Philipp zu, Philipp Eulenburgs politische Korrespondenz, hrsg. von John C. G. Röhl, 3 Bde., Boppard am Rhein 1976–1983.

Evans, Richard J., »Red Wednesday« in Hamburg: Social democrats, police, and Lumpenproletariat in the suffrage disturbances of 17 January 1906, in: Social History 4, H. 1 (1979), S. 1–31.

Evans, Richard J., German Social Democracy and Women's Suffrage 1891–1918, in: Journal of Contemporary History 15, H. 3 (1980), S. 533–557.

Evans, Richard J., Rereading German History: From Unification to Reunification 1800–1996, London/New York 1997.

Evans, Richard J., Altered Pasts: Counterfactuals in History, London 2014.

Faber, Karl-Georg, Die nationalpolitische Publizistik Deutschlands von 1866 bis 1871. Eine kritische Bibliographie, 2 Bde., Düsseldorf 1963.

Fairbairn, Brett, Interpreting Wilhelmine Elections: National Issues, Fairness Issues, and Electoral Mobilization, in: Elections, Mass Politics, and Social Change in Modern Germany, hrsg. von Larry Eugene Jones/James Retallack, Cambridge/New York 1992, S. 17–48.

Fairbairn, Brett, Democracy in the Undemocratic State: The German Reichstag Elections of 1898 and 1903, Toronto 1997.

Falter, Jürgen W., Arbeiter haben erheblich häufiger, Angestellte dagegen sehr viel seltener NSDAP gewählt als wir lange Zeit angenommen haben: Ein Rückblick auf das Projekt »Die Wähler der NSDAP 1928–1933«, in: Geschichte und Gesellschaft 16, H. 4 (1990), S. 536–552.

Falter, Jürgen W., Hitlers Wähler, München 1991.

Falter, Jürgen W./Dirk Hänisch, Die Anfälligkeit von Arbeitern gegenüber der NSDAP bei den Reichstagswahlen 1928–1933, in: Archiv für Sozialgeschichte 26 (1986), S. 179–216.

Falter, Jürgen W./Reinhard Zintl, The Economic Crisis of the 1930s and the Nazi Vote, in: Journal of Interdisciplinary History 19, H. 1 (1988), S. 55–85.

Fattmann, Rainer, Bildungsbürger in der Defensive. Die akademische Beamtenschaft im Reichsbund der höheren Beamten in der Weimarer Republik, Göttingen 2001.

Felix, Stud. jur., Die studentische Petition als Annex der allgemeinen Petition betreffend die Einschränkung der jüdischen Machtstellung. Reden, gehalten … am 22. Nov. u. 10. Dez. Leipzig 1881.

Fetting, Martina, Zum Selbstverständnis der letzten deutschen Monarchen. Normverletzungen und Legitimationsstrategien der Bundesfürsten zwischen Gottesgnadentum und Medienrevolution, Frankfurt a. M. 2013.

Fiedler, Helmut, Geschichte der Dresdner Nachrichten von 1856–1936, Olbernhau i. Sa. 1939.

Fife, Robert Herndon, Jr., The German Empire Between Two Wars. A Study of the Political and Social Development of the Nation Between 1871 and 1914, New York 1916.

Findel, J. G., Der Deutschkatholizismus in Sachsen. Ein Menetekel für das deutsche Bürgertum, Leipzig 1895.

Fink, Erwin D., Region and Nation in Early Imperial Germany: Transformations of Popular Allegiances and Political Culture in the Period of Nation Building, Diss., University of Toronto 2004.

Fischer, Edmund, Die Landtagswahlen in Sachsen, in: Die Neue Zeit 13, Bd. 1, H. 12 (1895), S. 376–379.

Fischer, Edmund, Der Widerstand des deutschen Volkes gegen Wahlrechtsentziehungen, in: Sozialistische Monatshefte 8, H. 10 (Okt. 1904), S. 814–819.

Fischer, Ferd[inand], Die Albertinische Dynastie und Norddeutschland. Ein deutsches Wort zu den Parlamentswahlen Sachsens, Berlin 1866.
Fischer, Henry W., Secret Memoirs. The Court of Royal Saxony 1891–1902. The Story of Louise, Crown Princess, from the Pages of Her Diary, Lost at the Time of Her Elopement rrom Dresden with M. André (Richard) Giron, Bensonhurst (New York) 1912.
Fischer, Ilse, August Bebel und der Verband deutscher Arbeitervereine 1867/68, Brieftagebuch und Dokumente, Bonn 1994.
Fischer, Wolfram, et al., Sozialgeschichtliches Arbeitsbuch, Bd. 1, Materialien zur Statistik des Deutschen Bundes 1815–1870, München 1982.
Flathe, Theodor, Die Memoiren des Herrn von Friesen, in: Historische Zeitschrift 46 (1881), S. 1–47.
Flöter, Jonas, Beust und die Reform des Deutschen Bundes 1850–1866. Sächsisch-mittelstaatliche Koalitionspolitik im Kontext der deutschen Frage, Köln/Weimar/Wien 2001.
Flügel, Axel, Der Rittergutsbesitz des Adels im Königreich Sachsen im 19. Jahrhundert, in: Geschichte des sächsischen Adels, hrsg. von Katrin Keller/Josef Matzerath, Köln/Weimar/Wien 1997, S. 71–88.
Frank, Walter, Hofprediger Adolf Stoecker und die christlichsoziale Bewegung, 2., revidierte Aufl., Berlin 1935 (1. Aufl. Berlin 1928).
Fraser, Antonia, Perilous Question: The Drama of the Great Reform Bill 1832, London 2013.
Freitag, Sabine et al. (Hrsg.), British Envoys to Germany, 1815–1866, 4 Bde., Cambridge 2000–2010.
Freytag, Gustav, Erinnerungen aus meinem Leben, Leipzig 1887.
Freytag, Gustav, Politische Aufsätze (= Gesammelte Werke. Neue wohlfeile Ausgabe, Erste Serie, Bd. 7), Leipzig o. J. [1900].
Freytag, Gustav, Bilder von der Entstehung des Deutschen Reiches, hrsg. von Wilhelm Rudeck, Leipzig o. J. [1911].
Freytag, Gustav, Gustav Freytags Briefe an die Verlegerfamilie Hirzel, 2 Teile, hrsg. von Margarete Galler/Jürgen Matoni, Berlin 1994.
Fricke, Dieter, Der Aufschwung der Massenkämpfe der deutschen Arbeiterklasse unter dem Einfluß der russischen Revolution von 1905, in: Zeitschrift für Geschichtswissenschaft 5 (1957), S. 770–790.
Fricke, Dieter, Bismarcks Prätorianer. Die Berliner politische Polizei im Kampf gegen die deutsche Arbeiterbewegung (1871–1898), Berlin-Ost 1962.
Fricke, Dieter, Der Regierungswahlkampf von 1907, in: Wählerbewegung in der deutschen Geschichte. Analysen und Berichte zu den Reichstagswahlen 1871–1933, hrsg. von Otto Büsch/Monika Wölk/Wolfgang Wölk, Berlin 1978, S. 485–504.
Fricke, Dieter, Antisemitische Parteien 1879–1894, in: Lexikon zur Parteiengeschichte, hrsg. von Dieter Fricke et al., Bd. 1, S. 77–88, Köln 1983–86.
Fricke, Dieter, Handbuch zur Geschichte der deutschen Arbeiterbewegung 1869 bis 1917, 2 Bde., Berlin 1987.
Fricke, Dieter/Werner Bramke, Kyffhäuser-Bund der Deutschen Landeskriegerverbände 1899/1900–1943, in: Lexikon zur Parteiengeschichte, hrsg. von Dieter Fricke et al., Bd. 3, 325–44, Köln 1983–86.
Fricke, Dieter/Rudolf Knaack (Hrsg.), Dokumente aus geheimen Archiven. Übersichten der Berliner politischen Polizei über die allgemeine Lage der sozialdemokratischen und anarchistischen Bewegung 1878–1913, Bd. 1, 1878–1889, Weimar 1983; Bd. 2, 1890–1906, Weimar 1989.
Fricke, Dieter et al. (Hrsg.), Lexikon zur Parteiengeschichte. Die bürgerlichen und kleinbürgerlichen Parteien und Verbände in Deutschland (1789–1945), 4 Bde., Köln 1983–1986.
Fricker, C[arl] V[ictor] (Hrsg.), Die Verfassungsgesetze des Königreichs Sachsen mit Anlagen und einem Anhang, Leipzig 1895.
Frie, Ewald, Über die bösen Folgen ohnmächtiger Stärke. Die Sozialdemokratie im Königreich (Freistaat) Sachsen 1900–1933, in: Zeitschrift für Geschichtswissenschaft 49 (2001), S. 965–980.
Frie, Ewald, Das Deutsche Kaiserreich, 2. Aufl., Darmstadt 2013.
Friesen, Heinrich von, Röthaer Kinder-Erinnerungen, o. O. o. J.
Friesen, Richard Freiherr von, Erinnerungen aus meinem Leben, 3 Bde.; Bd. 1, Dresden 1880; Bd. 2, 2. rev. Auflage, Dresden 1882; Bd. 3, hrsg. von Heinrich Freiherrn von Friesen, Dresden 1910.

Friesen-Rötha, Heinrich Freiherr von, Ueber die Notwendigkeit des Zusammenwirkens der kirchlichen und der staatlichen Factoren auf dem ethisch-socialen Gebiete, Rötha o. J. [1886].

Friesen-Rötha, Heinrich Freiherr von, Gesichtspunkte für ein revidiertes konservatives Programm (MS). Leipzig o. J. [1891].

Friesen-Rötha, Heinrich Freiherr von, Conservativ! Ein Mahnruf in letzter Stunde. Bericht erstattet auf dem Parteitag der Sächsischen Conservativen zu Dresden am 13. Juni 1892, Leipzig 1892.

[Friesen-Rötha, Heinrich Freiherr von,] Der Wahrheit die Ehre! Leipzig o. J. [1893].

[Friesen-Rötha, Heinrich Freiherr von,] Erinnerungen eines alten Reiter-Offiziers a. D. an die Schlacht von Königgrätz den 3. Juli 1866, Rötha o. J. [1902].

[Friesen-Rötha, Heinrich Freiherr von,] Schwert und Pflug. Gesammelte Studien und Beobachtungen eines alten Edelmannes in Bezug auf die sozialen Gliederungen im Leben der Völker. I. Teil. Allgemeines. Die Notwendigkeit einer Gesellschaftsordnung, Berlin 1907.

Frisch, Walter, The Early Works of Arnold Schoenberg, 1893–1908, Berkeley 1993.

Frölich, Jürgen, Ein Nationalliberaler unter »Demokraten«. Eugen Schiffer und der organisierte Liberalismus vom Kaiserreich bis nach dem Zweiten Weltkrieg, in: Jahrbuch zur Liberalismus-Forschung 18 (2006), S. 153–186.

Fuchs, Hartmut, Privilegien oder Gleichheit. Die Entwicklung des Wahlrechts in der freien und Hansestadt Lübeck 1875 bis 1920, Diss., Universität Kiel 1971.

Fuchs, Ruth, Franz Jacob Wigard. Ein Beitrag zur Geschichte der kleinbürgerlichen Demokratie im 19. Jahrhundert, 2 Bde., Diss., Universität Leipzig 1970.

Fuchs, Ruth, Franz Jacob Wigard, in: Männer der Revolution von 1848, 2. Auflage, 2 Bde., hrsg. von Karl Obermann et al., Bd. 1, Berlin 1987, S. 369–387.

Fuchs, Walther Peter (Hrsg.), Großherzog Friedrich I. von Baden und die Reichspolitik 1871–1907, 4 Bde., Stuttgart 1968–1980.

Füssl, Wilhelm, Professor in der Politik: Friedrich Julius Stahl (1802–1861). Das monarchische Prinzip und seine Umsetzung in die parlamentarische Praxis, Göttingen 1988.

Fuhrmann, Erich, Das Volksvermögen und Volkseinkommen des Königreichs Sachsen, Leipzig 1914.

Gabriel, Elun T., Assassins and Conspirators: Anarchism, Socialism, and Political Culture in Imperial Germany, DeKalb 2014.

Gagel, Walter, Die Wahlrechtsfrage in der Geschichte der deutschen liberalen Parteien 1848–1918, Düsseldorf 1958.

Gageur, Karl, Reform des Wahlrechts im Reich und in Baden, Freiburg i.B./Leipzig 1893.

Gall, Lothar, Der Liberalismus als regierende Partei. Das Großherzogtum Baden zwischen Restauration und Reichsgründung, Wiesbaden 1968.

Gall, Lothar, Bismarck. The White Revolutionary, 2 Bde., London 1986.

Gatzka, Claudia/Hedwig Richter/Benjamin Schröder, Zur Kulturgeschichte moderner Wahlen in vergleichender Perspektive. Eine Einleitung, in: Comparativ 23 (2013), S. 7–19.

Gay, Peter, The Dilemma of Democratic Socialism. Eduard Bernstein's Challenge to Marx, New York [1952] 1962.

Geffcken, Friedrich Heinrich, Der zweite Juni und die Reichstagswahlen. Eine Stimme aus der deutsch-conservativen Partei, Strassburg 1878.

Gehlert, Arthur, Nach den Reichstagswahlen, Leipzig 1890.

Georgi, Carmen, Das Wirken der Leipziger Sozialdemokraten unter den Bedingungen der relativ friedlichen Entwicklungsphase des deutschen Imperialismus in den Jahren von 1900–07, Diss., Universität Leipzig 1984.

Georgi, Johannes, Die politischen und geistigen Kämpfe um die sächsische Volksschulgesetzgebung von 1830–1873, Emsdetten 1931.

Georgi, Otto, Reden und Ansprachen des Oberbürgermeisters der Stadt Leipzig aus den Jahren 1874 1899, Leipzig 1899.

Georgi, Otto, Zur Reform des Wahlrechts für die Zweite Sächsische Kammer, Leipzig 1906.

Gerber, Marie von, Aus den Briefen Carl v. Gerbers vom konstituierenden Reichstag des Norddeutschen Bundes, in: Neues Archiv für Sächsische Geschichte 60 (1939), S. 224–279.

Gerhards, Jürgen/Rössel, Jörg, Interessen und Ideen im Konflikt um das Wahlrecht. Eine kultursoziologische Analyse der parlamentarischen Debatten über das Dreiklassenwahlrecht in Preußen, Leipzig 1999.

Gerhardt, R., Die geschichtliche Entwicklung des Landtagswahlrechts in dem Großherzogtum Sachsen-Weimar-Eisenach, in: Beiträge zur thüringischen und sächsischen Geschichte, Jena 1929, S. 445–466.

Gerlach, H[ellmut] von, August Bebel. Ein biographischer Essay, München 1909.

Gernert, Dörte (Hrsg.), Schulvorschriften für den Geschichtsunterricht im 19./20. Jahrhundert. Dokumente aus Preußen, Bayern, Sachsen, Thüringen und Hamburg bis 1945, Weimar/Köln/Wien 1994.

Gersdorf, Wilhelm August, Einige Sätze in Betreff eines neuen Wahlgesetzes für das Königreich Sachsen, Crimmitschau 1867.

Gerwarth, Robert, November 1918: The German Revolution, Oxford 2020.

Gesetz über das Vereins- und Versammlungsrecht für das Königreich Sachsen vom 22. November 1850 betr., Flöha i.S. 1899.

Gesetz- und Verordnungsblatt für das Königreich Sachsen, Dresden 1831–1918, abrufbar unter: https://landtagsprotokolle.sachsendigital.de/protokolle/zeitraum-1831–1918/[15.7.2022].

Das rothe Gespenst des Social-Demokratismus in Deutschland oder: Die Vaterlandslosen. Thun und Treiben Bebel's und Genossen, Pirna 1871.

Gläser, Kristin, Das Königreich Sachsen im Ersten Weltkrieg, in: Der gespaltene Freistaat. Neue Perspektiven auf die sächsische Geschichte 1918–1933, hrsg. von Konstantin Hermann/Mike Schmeitzner/Swen Steinberg, Dresden/Leipzig 2019, S. 43–58.

Goebbels, Joseph, Vom Kaiserhof zur Reichskanzlei. Eine historische Darstellung in Tagebuchblättern, 4. Aufl., München 1934.

Göhre, Paul, Drei Monate Fabrikarbeiter und Handwerksbursche. Eine praktische Studie, Leipzig 1891.

Gömmel, Rainer, Realeinkommen in Deutschland. Ein internationaler Vergleich, Nürnberg 1979.

Görlitz, Maria, Parlamentarismus in Sachsen. Königtum und Volksvertretung im 19. und frühen 20. Jahrhundert (= Chemnitzer Beiträge zur Politik und Geschichte, Bd. 7), Münster/Berlin 2011.

Goethem, Herman van, Belgium and the Monarchy: From National Independence to National Disintegration, Brüssel 2011.

Goldstein, Hermann, Das Reichstagswahlrecht und seine Gegner: Unter dem Gesichtspunkte der augenblicklichen Situation im Reiche und der nächsten Reichstagswahlen, Leipzig 1903.

Goldt, Christoph, Parlamentarismus im Königreich Sachsen. Zur Geschichte des Sächsischen Landtages 1871–1918, Münster 1996.

Goodram, Richard Gordon, The German Socialists and National Unification, Diss., University of Wisconsin 1969.

Gordon, Colin, Governmental Responsibility: An Introduction, in: The Foucault Effect: Studies in Governmentality, hrsg. von Graham Burchell et al., Chicago 1991, S. 1–51.

Gradnauer, Georg, Die sächsische Probe. Bemerkungen über Wahlrechtsschutz, in: Neue Zeit 23, Bd. 1, H. 4 (1904–05), S. 112–118.

Gräfe, Thomas, Antisemitismus in Gesellschaft und Karikatur des Kaiserreichs. Glöß' Politische Bilderbogen 1892–1901, Norderstedt 2005.

Gräfe, Thomas, Antisemitismus in Deutschland 1815–1918. Rezensionen – Forschungsüberblick – Bibliographie, Norderstedt 2007.

Gräfe, Thomas, Zwischen katholischem und völkischem Antisemitismus. Die Bücher, Broschüren und Bilderbogen des Schriftstellers Max Bewer (1861–1921), Norderstedt 2008.

Great Britain, House of Commons Parliamentary Papers Online (ProQuest), Board of Trade, Cost of Living in German Towns. Report of an Enquiry by the Board of Trade into Working Class Rents, Housing and Retail Prices together with the Rates of Wages in Certain Occupations in the Principal

Industrial Towns of the German Empire. With an Introductory Memorandum and a Comparison of Conditions in Germany and the United Kingdom (Command Papers, Cd. 4032.), London 1908.

Green, Abigail, Fatherlands: State-Building and Nationhood in Nineteenth-Century Germany, Cambridge 2001.

Grenquist, Peter Carl, The German Elections of 1912, Diss., Columbia University 1963.

Grießmer, Axel, Massenverbände und Massenparteien im wilhelminischen Reich. Zum Wandel der Wahlkultur 1903–1912, Düsseldorf 2000.

Grinspan, Jon, The Age of Acrimony: How Americans Fought to Fix Their Democracy, 1865–1915, London 2021.

Groh, Dieter, Negative Integration und revolutionärer Attentismus. Die deutsche Sozialdemokratie am Vorabend des Ersten Weltkrieges, Frankfurt a. M./Berlin/Wien 1973.

Groh, Dieter, Emanzipation und Integration. Beiträge zur Sozial- und Politikgeschichte der deutschen Arbeiterbewegung und des 2. Reiches, Konstanz 1999.

Grohs, Winfried, Die Liberale Reichspartei 1871–1874. Liberale Katholiken und föderalistische Protestanten im ersten Deutschen Reichstag, Frankfurt a. M./Bern/New York/Paris 1990.

Grünthal, Günther, Das preußische Dreiklassenwahlrecht. Ein Beitrag zur Genesis und Funktion des Wahlrechtsoktrois vom Mai 1849, in: Historische Zeitschrift 226 (1978), S. 17–66.

Grünthal, Günther, Parlamentarismus in Preußen, 1848/49–1857/58. Preußischer Konstitutionalismus – Parlament und Regierung in der Reaktionsära, Düsseldorf 1982.

Grünthal, Günther, Wahlkampfführung der Konservativen im preußischen Verfassungskonflikt, in: Wahlen und Wahlkämpfe in Deutschland, hrsg. von Gerhard A. Ritter, Düsseldorf 1997, S. 63–78.

Gruner, Erich, Die Wahlen in den schweizerischen Nationalrat 1849–1919. Wahlrecht, Wahlsystem, Wahlbeteiligung, Verhalten von Wählern und Parteien, Wahlthemen und Wahlkämpfe, 3 Bde. in 4, Bern 1978.

Gülich, Wolfgang, Die Sächsische Armee im Norddeutschen Bund und im Kaiserreich 1867–1914, Beucha 2017.

Guettel, Jens-Uwe, Reform, Revolution, and the »Original Catastrophe«: Political Change in Prussia and Germany on the Eve of the First World War, in: Journal of Modern History 91, H. 2 (2019), S. 311–340.

Gutsche, Willibald, Aufstieg und Fall eines kaiserlichen Reichskanzlers. Theobald von Bethmann Hollweg 1856–1921, Berlin-Ost 1973.

Haack, Dr. H./H[ugo] Wiechel, Kartogramm zur Reichstagswahl. Zwei Wahlkarten des Deutschen Reiches in alter und neuer Darstellung mit politisch-statistischen Begleitworten und kartographischen Erläuterungen, Gotha 1903.

Hacking, Ian, How Should We Do the History of Statistics?, in: The Foucault Effect: Studies in Governmentality, hrsg. von Graham Burchell et al., Chicago 1991, S. 181–195.

Häpe, Georg, Königreich Sachsen, in: Verfassung und Verwaltungsorganisation der Städte, Heft 1, Königreich Sachsen, hrsg. vom Verein für Sozialpolitik, Leipzig 1905, S. 3–84.

Hagemann, Karen/Simone Lässig (Hrsg.), Discussion Forum: The Vanishing Nineteenth Century in European History?, in: Central European History 51 (2018), S. 611–695.

Hagen, R., Die Wahlreform. Das Recht des Menschen und das Recht der Fläche, Berlin o. J. [ca. 1908].

Hamerow, Theodore S., The Elections to the Frankfurt Parliament, in: Journal of Modern History 33 (1961), S. 15–32.

Hamerow, Theodore S., The Social Foundations of German Unification, 2 Bde., Princeton 1969/1972.

Hamerow, Theodore S., The Origins of Mass Politics in Germany 1866–1867, in: Deutschland in der Weltpolitik des 19. und 20. Jahrhunderts, hrsg. von Imanuel Geiss/Bernd-Jürgen Wendt/Peter-Christian Witt, Düsseldorf 1973, S. 105–120.

Hamilton, Richard F., Who Voted for Hitler? Princeton 1982.

Hammer, Michael, Volksbewegung und Obrigkeiten. Revolution in Sachsen 1830/31, Köln/Weimar/Wien 1997.

Hand, Geoffrey/Jacques Georgel/Christoph Sasse (Hrsg.), European Electoral Systems Handbook, London 1979.
Harris, James F., Franz Perrot. A Study in the Development of German Lower Middle Class Social and Political Thought in the 1870s, in: Studies in Modern European History and Culture 2 (1976), S. 73–106.
Harris, James F., Parteigruppierung im konstituierenden Reichstag des Norddeutschen Bundes von 1867, in: Quantifizierung in der Geschichtswissenschaft. Probleme und Möglichkeiten, hrsg. von Konrad H. Jarausch, Düsseldorf 1976, S. 168–185.
Haskell, Thomas, The Authority of Experts: Studies in History and Theory, Bloomington 1984.
Hassel, Wilhelm von, Geschichte des Königreichs Hannover, 2 Teile, Bremen 1898–1901.
Haunfelder, Bernd, Die liberalen Abgeordneten des Deutschen Reichstags 1871–1918. Ein Biographisches Handbuch, Münster 2004.
Haunfelder, Bernd, Die konservativen Abgeordneten des Deutschen Reichstags 1871 bis 1918. Ein Biographisches Handbuch, Münster 2010.
Hauptverein der Deutsch-Konservativen (Hrsg.), Vademecum zur Reichstagswahl 1912, Berlin 1911.
Heckart, Beverly, From Bassermann to Bebel: The Grand Bloc's Quest for Reform in the Kaiserreich, 1900–1914, New Haven 1974.
Heilmann, Ernst, Geschichte der Arbeiterbewegung in Chemnitz und dem Erzgebirge, Chemnitz o. J. [ca. 1911].
Heinsohn, Kirsten, Im Dienste der deutschen Volksgemeinschaft. Die »Frauenfrage« und konservative Parteien vor und nach dem Ersten Weltkrieg, in: Nation, Politik und Geschlecht. Frauenbewegungen und Nationalismus in der Moderne, hrsg. von Ute Planert, Frankfurt a. M. 2000, S. 215–233.
Heinze, Rudolf, Dresden, in: Verfassung und Verwaltungsorganisation der Städte, Heft 1, Königreich Sachsen, hrsg. von Verein für Sozialpolitik, Leipzig 1905, S. 85–122, S. 181–185.
Heiteres und Pikantes vom letzten Sächsischen Landtage. Nach den stenographischen Landtagsmittheilungen, Dresden 1870.
Helbing, H., Karl Marx und Friedrich Engels halfen den sächsischen Bergarbeitern von Zwickau und Oelsnitz. Zur Geschichte der Bergarbeiterbewegung von Zwickau in den Jahren 1863–1870, Zwickau 1978.
Held, Steffen, Antisemitismus, Politik und Justiz: Juristen in Sachsen um 1900, in: Antisemitismus in Sachsen im 19. und 20. Jahrhundert, hrsg. von Solvejg Höppner et al., Dresden 2004, S. 110–122.
Hense, Gerhard, Leipziger Zeitung (1665–1918), in: Deutsche Zeitungen des 17. bis 20. Jahrhunderts, hrsg. von Heinz-Dietrich Fischer, Pullach bei München 1972, S. 75–90.
Hentschel, Volker, Wirtschaft und Wirtschaftspolitik im wilhelminischen Deutschland. Organisierter Kapitalismus und Interventionsstaat, Stuttgart 1978.
Hering, Rainer, Konstruierte Nation. Der Alldeutsche Verband 1890 bis 1939, Hamburg 2003.
Hering, Rainer, Dem besten Steuermann Deutschlands. Der Politiker Otto von Bismarck und seine Deutung im radikalen Nationalismus zwischen Kaiserreich und Drittem Reich, Friedrichsruh 2006.
Hermann, Konstantin/Matthias Rogg (Hrsg.), Sachsen im Ersten Weltkrieg. Politik und Gesellschaft eines deutschen Mittelstaates 1914 bis 1918, Leipzig/Stuttgart 2018.
Hermann, Konstantin/Mike Schmeitzner/Swen Steinberg (Hrsg.), Der gespaltene Freistaat. Neue Perspektiven auf die sächsische Geschichte 1918–1933, Dresden 2019.
Herrigel, Gary, Industrial Constructions: Sources of German Industrial Power, Cambridge 2000.
Herrmann, Renate, Gustav Freytag. Bürgerliches Selbstverständnis und preussisch-deutsches Nationalbewusstsein. Ein Beitrag zur Geschichte des national-liberalen Bürgertums der Reichsgründungszeit, Diss., Universität Würzburg 1974.
Herrmann, Rita, Die Stellung der »Constitutionellen Zeitung« zur Pariser Kommune von 1871. Diplomarbeit, Pädagogische Hochschule Dresden 1981.
Herrmann, Ursula, Der Kampf der Sozialdemokratie gegen das Dreiklassenwahlrecht in Sachsen in den Jahren 1905/06, in: Zeitschrift für Geschichtswissenschaft 6 (1955), S. 856–883.
Herrmann, Ursula/Volker Emmrich et al., August Bebel. Eine Biographie, Berlin-Ost 1989.

Hettling, Manfred/Stefan-Ludwig Hoffmann (Hrsg.), Der bürgerliche Wertehimmel. Innenansichten des 19. Jahrhunderts, Göttingen 2000.

Hewitson, Mark, National Identity and Political Thought in Germany: Wilhelmine Depictions of the French Third Republic, 1890–1914, Oxford/New York 2000.

Hewitson, Mark, The Kaiserreich in Question: Constitutional Crisis in Germany Before the First World War, in: Journal of Modern History 73, H. 4 (2001), S. 725–780.

Heyderhoff, Julius/Paul Wentzcke (Hrsg.), Deutscher Liberalismus im Zeitalter Bismarcks. Eine politische Briefsammlung, 2 Bde., Bonn/Leipzig 1925.

Himmelfarb, Gertrude, The Politics of Democracy: the English Reform Act of 1867, in: Journal of British Studies 6, H. 1 (1966), S. 97–138.

Hinrichs, Carl, Unveröffentlichte Briefe Gustav Freytags an Heinrich Geffcken aus der Zeit der Reichsgründung, in: Jahrbuch für die Geschichte Mittel- und Ostdeutschlands 3 (1954), S. 65–117.

Hirsch, Paul/Hugo Lindemann, Das kommunale Wahlrecht (Orig. 1905), 2. erg. Auflage (= Sozialdemokratische Gemeindepolitik, Heft 1), Berlin 1911.

Hirschfeld, Ludwig von, Die proportionale Berufsklassenwahl. Ein Mittel zur Abwehr der sozialistischen Bewegung, in: Die Grenzboten 44, 4. Quartal (1885), S. 1–16, S. 65–82, S. 113–133.

Historische Reichskommission/Erich Brandenburg/Otto Hoetzsch/Hermann Oncken (Hrsg.), Die auswärtige Politik Preußens 1858–1871. Diplomatische Aktenstücke, 10 Bde., Oldenburg/Berlin 1933–39, Bde. 8–9, Oldenburg 1934/1936.

Hobsbawm, Eric, Mass-Producing Traditions: Europe, 1870–1914, in: The Invention of Tradition, hrsg. von Eric Hobsbawm/Terence Ranger, Cambridge 1984, S. 263–307.

Der Hochverrats-Prozeß wider Liebknecht, Bebel, Hepner vor dem Schwurgericht zu Leipzig vom 11. bis 26. März 1872. Mit einer Einleitung von W[ilhelm] Liebknecht, 2. Aufl., Neudruck, Berlin 1911.

Höhn, Reinhard, Die vaterlandslosen Gesellen. Der Sozialismus im Lichte der Geheimberichte der preußischen Polizei 1878–1914, Bd. 1, 1878–1890, Köln/Opladen 1964.

Höhn, Reinhard, Sozialismus und Heer, 3 Bde., 1961–69, Bd. 3: Der Kampf des Heeres gegen die Sozialdemokratie, Bad Homburg 1969.

Höppner, Solvejg, Migration nach und in Sachsen (1830–1930), in: Sachsen und Mitteldeutschland. Politische, wirtschaftliche und soziale Wandlungen im 20. Jahrhundert, hrsg. von Werner Bramke/Ulrich Heß, Weimar 1995, S. 279–301.

Höppner, Solvejg, » ... Ostjude ist jeder, der nach mir kommt ...«. Jüdische Einwanderer in Sachsen im Kaiserreich und in der Weimarer Republik, in: Wirtschaft und Gesellschaft in Sachsen im 20. Jahrhundert, hrsg. von Werner Bramke/Ulrich Heß, Leipzig 1998, S. 343–369.

Höppner, Solvejg, Politische Reaktionen auf die Einwanderung ausländischer Juden nach Sachsen zwischen 1871 und 1925 auf kommunaler und staatlicher Ebene, in: Antisemitismus in Sachsen im 19. und 20. Jahrhundert, hrsg. von Solvejg Höppner et al., Dresden 2004, S. 110–122.

Hoffmann, Stanley, Judith Shklar as a Political Thinker, in: Liberalism without Illusions: Essays on Liberal Theory and the Political Vision of Judith N. Shklar, hrsg. von Bernard Yack, Chicago 1996, S. 82–91.

Hofmann, Ernst, Die Chemnitzer Arbeiterbewegung 1862 bis 1867. Eine Regionalstudie zu Triebkräften, Handlungsmotiven und Erfahrungen bei der politisch-ideologischen Konstituierung des Proletariats, Diss., Pädagogische Hochschule Dresden 1984.

Hofmann, Hugo, Die Entwicklung des Wahlrechts zur sächsischen zweiten Kammer unter Berücksichtigung der politischen Zustände, Borna-Leipzig 1911.

Hofmann, Wolfgang, Zwanzig Jahre in Leipzig 1899–1919. Ludwig Hofmann als Student, Parteipolitiker, Gewerkschaftler, München 2017.

Hofmannsthal, Hugo von/Helene von Nostitz, Briefwechsel, hrsg. von Oswalt von Nostitz. Frankfurt a. M. 1965.

Hofmeister, Björn, Between Monarchy and Dictatorship. Radical Nationalism and Social Mobilization of the Pan-German League, 1914–1939, Diss., Georgetown University 2012.

Hohenlohe-Schillingsfürst, Fürst Chlodwig zu, Denkwürdigkeiten der Reichskanzlerzeit, hrsg. von Karl Alexander von Müller, (Stuttgart 1931), Nachdruck, Osnabrück 1967.

Hohenthal-Püchau, Peter Alfred Graf von, Die conservative Partei in Sachsen und ihre Stellung zur deutschen Frage, Dresden 1850.
Hohlfeld, Karl, Untersuchung des Begriffes »Polizeistaat« und Darlegung der Aufgaben der Polizei für Sachsen, unveröffentlichtes Manuskript, o. O. o. J. [1895].
Hohorst, Gerd/Jürgen Kocka/Gerhard A. Ritter, Sozialgeschichtliches Arbeitsbuch II. Materialien zur Statistik des Kaiserreichs 1870–1914, 2. Aufl., München 1978.
Holldack, Heinz Georg, Untersuchungen zur Geschichte der Reaktion in Sachsen 1849–55 (Berlin 1931), Nachdruck Vaduz 1965.
Hollyday, Frederic, Bismarck's Rival: A Political Biography of General and Admiral Albrecht von Stosch, Durham 1960.
Hornung, Klaus, Preußischer Konservatismus und Soziale Frage – Hermann Wagener (1815–1889), in: Konservative Politiker in Deutschland, hrsg. von Hans-Christof Kraus, Berlin 1995, S. 157–184.
Huber, Ernst Rudolf, Deutsche Verfassungsgeschichte seit 1789, 8 Bde., Bd. 3, Bismarck und das Reich, 2. Auflage; Bd. 4, Struktur und Krisen des Kaiserreichs, 2. Aufl., Stuttgart 1969–1970.
Huber, Ernst Rudolf (Hrsg.), Dokumente zur deutschen Verfassungsgeschichte, 3. erw. Auflage, 4 Bde., Stuttgart 1978–91, (Bd. 2, Deutsche Verfassungsdokumente 1851–1900; Bd. 3, Deutsche Verfassungsdokumente 1900–1918).
Hübschmann, Johannes, Chemnitz, in: Verfassung und Verwaltungsorganisation der Städte, Heft 1, Königreich Sachsen, hrsg. von Verein für Sozialpolitik, Leipzig 1905, S. 163–179.
Hülferuf aus Sachsen, Berlin 1866.

Iggers, Georg (Hrsg.), The Social History of Politics: Critical Perspectives in West German Historical Writing since 1945, London/New York 1986.
Ike, Nobutaka, The Beginnings of Political Democracy in Japan, Baltimore 1950.
Illge, Richard, Zehn Jahre unter dem Dreiklassenwahlunrecht. Eine Denkschrift zur Wahlrechtsbewegung in Sachsen, Leipzig 1906.
Iwand, Wolf Michael, Paradigma Politische Kultur. Konzepte, Methoden, Ergebnisse der Political-Culture Forschung in der Bundesrepublik. Ein Forschungsbericht, Opladen 1985.

Jackisch, Barry A., The Pan-German League and Radical Nationalist Politics in Interwar Germany, 1918–39, Farnham/Burlington 2012.
James, William, The Moral Equivalent of War, in: McClure's Magazine (August 1910), S. 463–468.
Jansen, Christian, Die bürgerliche Linke in Sachsen vom Scheitern des Maiaufstandes bis zur Gründung des Norddeutschen Bundes (1849–867), in: Dresdner Maiaufstand und Reichsverfassung 1849, hrsg. von Martina Schattkowsky, Leipzig 2000, S. 191–209.
Jansen, Christian, Einheit, Macht und Freiheit. Die Paulskirchenlinke und die deutsche Politik in der nachrevolutionären Epoche 1849–1867, Düsseldorf 2000.
Jansen, Christian, Saxon Forty-Eighters in the Postrevolutionary Epoch, 1849–1867, in: Saxony in German History, hrsg. von James Retallack, Ann Arbor 2000, S. 135–150.
Jansen, Christian (Hrsg.), Nach der Revolution 1848/49: Verfolgung, Realpolitik, Nationsbildung. Politische Briefe deutscher Liberaler und Demokraten 1849–1861, Düsseldorf 2004.
Jarausch, Konrad H., The Enigmatic Chancellor: Bethmann Hollweg and the Hubris of Imperial Germany, New Haven 1973.
Jeck, Albert, Wachstum und Verteilung des Volkseinkommens. Untersuchungen und Materialien zur Entwicklung der Einkommensverteilung in Deutschland 1870–1913, Tübingen 1970.
Jefferies, Matthew, Contesting the German Empire, 1871–1918, Oxford 2008.
Jefferies, Matthew (Hrsg.), The Ashgate Research Companion to Imperial Germany, Farnham 2015.
Jekosch, Annette, Die politische Haltung der »Grenzboten« zum Abschluß der bürgerlichen Umwälzung in Deutschland (1858/59–1866). Ein Beitrag zur Untersuchung liberaler Politik. 2 Bde. (MS), Diss., Pädagogische Hochschule Dresden 1983.
Jellinek, Georg, Allgemeine Staatslehre, Berlin 1900 (3. Auflage Berlin 1914, Nachdruck Bad Homburg 1960).

Jellinek, Georg, Das Pluralwahlrecht und seine Wirkungen. Vortrag gehalten in der Gehe-Stiftung zu Dresden am 18. März 1905, Dresden 1905.

Jellinek, Georg, Ausgewählte Schriften und Reden, 2 Bde., Berlin 1911 (Nachdruck Aalen 1970).

Jenks, William A., The Austrian Electoral Reform of 1907, New York 1950.

Jessen, Ralph, Polizei im Industrierevier. Modernisierung und Herrschaftspraxis im westfälischen Ruhrgebiet 1848–1914, Göttingen 1991.

Johann Georg, Herzog zu Sachsen (Hrsg.), Briefwechsel König Johanns von Sachsen mit George Ticknor, Leipzig/Berlin 1920.

Jones, Larry Eugene, »The Dying Middle«: Weimar Germany and the Fragmentation of Bourgeois Politics, in: Central European History 5 (1972), S. 23–54.

Jones, Larry Eugene, The German Right, 1918–1930: Political Parties, Organized Interests, and Patriotic Associations in the Struggle against Weimar Democracy, Cambridge 2020.

Jones, Larry Eugene (Hrsg.), The German Right in the Weimar Republic: Studies in the History of German Conservatism, Nationalism, and Antisemitism, New York 2014.

Jones, Larry Eugene/James Retallack (Hrsg.), Elections, Mass Politics, and Social Change in Modern Germany: New Perspectives, Cambridge/New York 1992.

Jones, Larry Eugene/James Retallack (Hrsg.), Between Reform, Reaction, and Resistance: Studies in the History of German Conservatism from 1789 to 1945, Providence 1993.

Jones, Mark, Founding Weimar: Violence and the German Revolution of 1918–1919, Cambridge 2016.

Jordan, Herbert, Die öffentliche Meinung in Sachsen 1864–66, hrsg. von Johannes Hohlfeld, Kamenz 1918.

Judd, Robin, Contested Rituals: Circumcision, Kosher Butchering, and Jewish Political Life in Germany, 1843–1933, Ithaca 2007.

Judson, Pieter M., Exclusive Revolutionaries: Liberal Politics, Social Experience, and National Identity in the Austrian Empire, 1848–1914, Ann Arbor 1996.

Judson, Pieter M., The Habsburg Empire. A New History, Cambridge (Massachusetts) 2016.

Kaase, Max, The Comparative Analysis of Electoral Processes: Results, Criticism and Suggestions, in: Sozialwissenschaftliches Jahrbuch für Politik 5 (1976), S. 239–263.

Kaase, Max, Sinn oder Unsinn des Konzepts »Politische Kultur« für die vergleichende Politikforschung oder auch: Der Versuch, einen Pudding an die Wand zu nageln, in: Wahlen und politisches System, hrsg. von Max Kaase/H. D. Klingemann, Opladen 1983, S. 144–171.

Kahan, Alan S., Liberalism in Nineteenth-Century Europe: The Political Culture of Limited Suffrage, Basingstoke 2003.

Kaiserliches Statistisches Amt, Abteilung für Arbeiterstatistik, Bearbeiter, Erhebung von Wirtschaftsrechnungen minderbemittelter Familien im Deutschen Reiche (Reichs-Arbeitsblatt, Sonderheft 2), Berlin 1909.

Kampffmeyer, Paul/Bruno Altmann, Vor dem Sozialistengesetz. Krisenjahre des Obrigkeitsstaates, Berlin 1928.

Kantorowicz, Hermann U., Demokratie und Proportionalwahlsystem, in: Zeitschrift für Politik 3 (1910), S. 552–566.

Karlsch, Rainer/Michael Schäfer, Wirtschaftsgeschichte Sachsens im Industriezeitalter, Leipzig 2006.

Kaschuba, Wolfgang, Von der »Rotte« zum »Block«. Zur kulturellen Ikonographie der Demonstration im 19. Jahrhundert, in: Massenmedium Straße, hrsg. von Bernd Jürgen Warneken, Frankfurt a. M./New York 1991, S. 68–96.

Kautsky, Karl, Jr. (Hrsg.). August Bebels Briefwechsel mit Karl Kautsky, Assen 1971.

Keller, Katrin/Josef Matzerath (Hrsg.), Geschichte des sächsischen Adels, Köln/Weimar/Wien 1997.

Kelly, Alfred (Hrsg.), The German Worker: Working-Class Autobiographies from the Age of Industrialization, Berkeley 1987.

Kelly, Duncan, Revisiting the Rights of Man: Georg Jellinek on Rights and the State, in: Law and History Review 22, H. 3 (2004), S. 493–529.

Kern, Bernd-Rüdiger (Hrsg.), Zwischen Romanistik und Germanistik. Carl Georg von Waechter (1797–1880), in: Schriften zur Rechtsgeschichte, H. 81, Berlin 2000.
Kershaw, Ian, Working Towards the Führer: Reflections on the Nature of the Hitler Dictatorship, in: Contemporary European History 2, H. 2 (1993), S. 103–18.
Kershaw, Ian, Hitler, 2 Bde., London 2008.
Keyserlingk, Robert H., Media Manipulation: The Press and Bismarck in Imperial Germany, Montreal 1977.
Kiesewetter, Hubert, Industrialisierung und Landwirtschaft. Sachsens Stellung im regionalen Industrialisierungsprozeß Deutschlands im 19. Jahrhundert, Köln/Wien 1988; korr. u. erw. Auflage als: Die Industrialisierung Sachsens. Ein regional-vergleichendes Erklärungsmodell, Stuttgart 2007.
Kirchner, Jürgen, Die Landesversammlung der sächsischen Liberalen vom 26. August 1866 und die Entstehung einer Nationalliberalen Partei in Sachsen, in: Wissenschaftliche Studien des Pädagogischen Instituts Leipzig 2 (1966), S. 123–127.
Kirsch, Ingrid, Das Ringen um die rechtliche Gleichstellung der Dresdner Juden und ihrer Religionsgemeinde von 1830 bis 1871, in: Dresdner Hefte 14, H. 45 (1996), S. 19–26.
Klein, Michael B., Zwischen Reich und Region. Identitätsstrukturen im Deutschen Kaiserreich (1871–1918), Stuttgart 2005.
Klein, Thomas (Hrsg.), Sachsen (= Grundriß zur deutschen Verwaltungsgeschichte 1815–1945, Reihe B, Bd. 14), Marburg 1982.
Klein, Thomas, Reichstagsgeschichte und Landtagsgeschichte. Die Wahlprüfungsverhandlungen des Deutschen Reichstags und das Königreich Sachsen 1867–1918, in: Landesgeschichte als Herausforderung und Programm, hrsg. von Uwe John/Josef Matzerath, Stuttgart 1997, S. 583–596.
Klein, Thomas, Wahlprüfungen zu den Reichstagswahlen im Königreich Sachsen 1867–1918 [2 Teile], in: Neues Archiv für Sächsische Geschichte 68/69 (1997–98): Bd. 68, S. 211–242; Bd. 69, S. 205–231.
Klein, Thomas, Gültig – ungültig. Die Wahlprüfungsverfahren des Deutschen Reichstages 1867–1918 (= Die Hessen als Reichstagswähler, Bd. 4), Marburg 2003.
Klocke, Helmut, Die Sächsische Politik und der Norddeutsche Bund, Dresden 1927.
Koch, Walter, Volk und Staatsführung vor dem Weltkriege, Stuttgart 1935.
Kocka, Jürgen, Problems of Working-Class Formation in Germany: The Early Years, 1800–1875, in: Working-Class Formation: Nineteenth-Century Patterns in Western Europe and the United States, hrsg. von Ira Katznelson/Aristide R. Zolberg, Princeton 1986, S. 279–351.
Kocka, Jürgen, Arbeitsverhältnisse und Arbeiterexistenzen. Grundlagen der Klassenbildung im 19. Jahrhundert, Bonn 1990.
Kocka, Jürgen, Kampf um die Moderne. Das lange 19. Jahrhundert in Deutschland, Stuttgart 2021.
Kocka, Jürgen, unter Mitarbeit von Jürgen Schmidt, Arbeiterleben und Arbeiterkultur. Die Entstehung einer sozialen Klasse, Bonn 2015.
Das »Rote Königreich« und sein Monarch, Themenheft der Dresdner Hefte 22, H. 80 (2004).
Kötzschke, Rudolf/Hellmut Kretzschmar, Sächsische Geschichte, 2 Bde. (Dresden 1935), Neudruck, Frankfurt a. M. 1965.
Kohl, Jürgen, Zur langfristigen Entwicklung der politischen Partizipation in Westeuropa, in: Vergleichende europäische Wahlgeschichte. Eine Anthologie, hrsg. von Otto Büsch/Peter Steinbach, Berlin 1983, S. 377–411.
Kohlrausch, Martin, Der Monarch im Skandal. Die Logik der Massenmedien und die Transformation der wilhelminischen Monarchie, Berlin 2005.
Kolbe, Günter, Demokratische Opposition in religiösem Gewande und antikirchliche Bewegung im Königreich Sachsen. Zur Geschichte der deutschkatholischen und freien Gemeinden sowie freireligiösen Vereinigungen von den 40er Jahren des 19. Jahrhunderts bis um 1900, 2 Bde., Diss., Universität Leipzig 1964.
Kolditz, Gerald, Rolle und Wirksamkeit des Alldeutschen Verbandes in Dresden zwischen 1895 und 1918. Ein Beitrag zum bürgerlichen Vereinsleben der nationalistischen Kräfte in der wilhelminischen Ära des deutschen Kaiserreiches, Diss., Technische Universität Dresden 1994.

Kollmann, Paul, Die soziale Gliederung der sächsischen Bevölkerung in Vergleichung mit derjenigen des Deutschen Reichs, in: Zeitschrift des K. Sächsischen Statistischen Landesamtes 59, H. 1 (1913), S. 1–64.

Konservativer Landesverein im Königreich Sachsen (Hrsg.), Die Konservativen im Kampfe gegen die Übermacht des Judentums und für die Erhaltung des Mittelstandes, Leipzig 1892.

Kracke, Friedrich, Friedrich August III. Sachsens volkstümlichster König, München 1964.

Kraus, Hans-Christof, Ernst Ludwig von Gerlach. Politisches Denken und Handeln eines preußischen Altkonservativen, 2 Teile. Göttingen, 1994.

Kraus, Hans-Christof, Bismarck und die preußischen Konservativen. Friedrichsruh, 2000.

Krause, Bruno (Hrsg.), Sächsischer Vaterlands-Atlas, 2. rev. Aufl., Dresden, o. J. [ca. 1912].

Kremer, Willy, Der soziale Aufbau der Parteien des Deutschen Reichstages von 1871–1918, Emsdetten 1934.

Kretschmann, Iris/Mike Huth, Skandal bei Hofe! Die Flucht der Luise von Toscana, Kronprinzessin von Sachsen, Dresden/Pillnitz 2017.

Kretschmann, Iris/André Thieme, »Macht euern Dreck alleene!« Der letzte sächsische König, seine Schlösser und die Revolution 1918, Dresden/Pillnitz 2018.

Kretzschmar, Hellmut, Heinrich von Treitschkes Verhältnis zu Sachsen, in: Preußische Jahrbücher 239 (1935), S. 251–263.

Kretzschmar, Hellmut, Die Zeit König Johanns von Sachsen 1854–1873. Mit Briefen und Dokumenten, Berlin-Ost 1960.

Krieger, Karsten, Der Berliner Antisemitismusstreit 1879–1881. Eine Kontroverse um die Zugehörigkeit der deutschen Juden zur Nation, München 2003.

Krille, Otto, Unter dem Joch. Die Geschichte einer Jugend, (Orig. 1914), hrsg. von Ursula Münchow, Berlin-Ost 1975.

Kritzer, Peter, Zur bayerischen Wahlrechtsreform von 1906, in: Zeitschrift für Bayerische Landesgeschichte 48 (1985), S. 719–732.

Krüger, Christine G., »Die Scylla und Charybdis der socialen Frage«. Urbane Sicherheitsentwürfe in Hamburg und London (1880–1900), Bonn 2022.

Krug, Marven, Civil Liberties in Imperial Germany, Diss., University of Toronto 1995.

Krug, Marven, Reports of a Cop: Civil Liberties and Associational Life in Leipzig during the Second Empire, in: Saxony in German History, hrsg. von James Retallack, Ann Arbor 2000, S. 271–286.

Kübler, Thomas, Wilhelm Külz als Kommunalpolitiker, in: Jahrbuch zur Liberalismus-Forschung 18 (2006), S. 101–110.

Kühn, Otto, Erinnerungen aus sozialistengesetzlicher Zeit Dresdens. Ein Wort des Dankes an die Alten. Ein Mahnwort an die Jungen, Dresden o. J. [1921].

Kühne, Thomas, Wahlrecht – Wahlverhalten – Wahlkultur. Tradition und Innovation in der historischen Wahlforschung, in: Archiv für Sozialgeschichte 33 (1993), S. 481–547.

Kühne, Thomas, Dreiklassenwahlrecht und Wahlkultur in Preussen 1867–1914. Landtagswahlen zwischen korporativer Tradition und politischem Massenmarkt, Düsseldorf 1994.

Kühne, Thomas, Handbuch der Wahlen zum Preussischen Abgeordnetenhaus 1867–1918. Wahlergebnisse, Wahlbündnisse und Wahlkandidaten, Düsseldorf 1994.

Kühne, Thomas, Historische Wahlforschung in der Erweiterung, in: Modernisierung und Region, hrsg. von Simone Lässig/Karl Heinrich Pohl/James Retallack, Bielefeld 1995, S. 39–67.

Kühne, Thomas, Entwicklungstendenzen der preußischen Wahlkultur im Kaiserreich, in: Wahlen und Wahlkämpfe in Deutschland, hrsg. von Gerhard A. Ritter, Düsseldorf 1997, S. 131–167.

Kühne, Thomas, Die Jahrhundertwende, die »lange« Bismarckzeit und die Demokratisierung der politischen Kultur, in: Otto von Bismarck und Wilhelm II., hrsg. von Lothar Gall, Paderborn 2000, S. 85–118.

Kühne, Thomas, Demokratisierung und Parlamentarisierung: Neue Forschungen zur politischen Entwicklungsfähigkeit Deutschlands vor dem Ersten Weltkrieg, in: Geschichte und Gesellschaft 31, H. 2 (2005), S. 293–316.

Kühne, Thomas, Political culture and democratization, in: Imperial Germany 1871–1918, hrsg. von James Retallack, Oxford/New York 2008, S. 174–195.

Kühne, Thomas, Elections, in: The Ashgate Research Companion to Imperial Germany, hrsg. von Matthew Jefferies, Farnham 2015, S. 77–90.

Kühne, Thomas (Hrsg.), Handbuch der Wahlen zum Preussischen Abgeordnetenhaus, 1867–1918. Wahlergebnisse, Wahlbündnisse und Wahlkandidaten, Düsseldorf 1994.

Kunze, Richard, Was der deutsche Reichstagswähler wissen muß. I. u. II. Teil. Bearbeitet für konservative Redner, Berlin 1911.

Kurlander, Eric, Liberalism, in: The Ashgate Research Companion to Imperial Germany, hrsg. von Matthew Jefferies, Farnham 2015, S. 91–110.

Kurunmäki, Jussi, Representation, Nation and Time: The Political Rhetoric of the 1866 Parliamentary Reform in Sweden, Jyväskylä 2000.

Laaths, Erwin, Der Nationalliberalismus im Werke Gustav Freytags, Wuppertal-Beyenburg 1934.

Lässig, Simone, Wahlrechtskampf und Wahlreform in Sachsen (1895–1909), Weimar/Köln/Wien 1996.

Lässig, Simone, Der »Terror der Straße« als Motor des Fortschritts? Zum Wandel der politischen Kultur im »Musterland der Reaktion«, in: Sachsen im Kaiserreich, hrsg. von Simone Lässig/Karl Heinrich Pohl, Dresden 1997, S. 191–239.

Lässig, Simone, Stagnation or Reform? The Political Elites in the Federal States of Wilhelmine Germany, in: Parliaments, Estates and Representation 17 (1997), S. 195–208.

Lässig, Simone, Reichstagswahlen im Königreich Sachsen 1871–1912. Beiheft zur Karte D IV 2 (= Atlas zur Geschichte und Landeskunde von Sachsen), Leipzig/Dresden 1998.

Lässig, Simone, Emancipation and Embourgeoisement: The Jews, the State, and the Middle Classes in Saxony and Anhalt-Dessau, in: Saxony in German History, hrsg. von James Retallack, Ann Arbor 2000, S. 99–118.

Lässig, Simone, Jüdische Wege ins Bürgertum. Kulturelles Kapital und sozialer Aufstieg im 19. Jahrhundert, Göttingen 2004.

Lässig, Simone/Karl Heinrich Pohl (Hrsg.), Sachsen im Kaiserreich. Politik, Wirtschaft und Gesellschaft im Umbruch, Dresden 1997.

Lässig, Simone/Karl Heinrich Pohl/James Retallack (Hrsg.), Modernisierung und Region im wilhelminischen Deutschland. Wahlen, Wahlrecht und politische Kultur, 2. überarb. Aufl., Bielefeld 1998.

Lagarde, Paul, Programm für die Konservative Partei Preußens, Göttingen 1884.

Lagarde, Paul, Deutsche Schriften (ursprünglich 1878–1881), Berlin 1994.

Sächsischer Landtags-Almanach vom Jahre 1887, Elberfeld o. J. [1887].

Lange, Matthew, Antisemitic Elements In the Critique of Capitalism in German Culture, 1850–1933, New York 2007.

Langemann, Prof. Dr. [Ludwig], Der Deutsche Bund zur Bekämpfung der Frauenemanzipation. Seine Aufgaben und seine Arbeit, Berlin o. J. [1912].

Langemann, Prof. Dr. [Ludwig]/Dr. [Helene] Hummel, Frauenstimmrecht und Frauenemanzipation. Denkschrift des Deutschen Bundes gegen die Frauenemanzipation, Berlin o. J. [1916], abrufbar unter: https://www.digitales-deutsches-frauenarchiv.de/meta-objekt/frauenstimmrecht-und-frauenemanzipation–denkschrift-des-deutschen-bundes-gegen-die-frauenemanzipation/12682addf [15.7.2022].

Langer, Ulrich, Heinrich von Treitschke. Politische Biographie eines deutschen Nationalisten, Düsseldorf 1998.

Langerhans, Ernst, Der konservativ-nationalliberale Wahlrechtskompromiß in Sachsen, Leipzig o. J. [1908].

Langewiesche, Dieter, Politikstile im Kaiserreich. Zum Wandel von Politik und Öffentlichkeit im Zeitalter des ›politischen Massenmarktes‹, Friedrichsruh 2002.

Lapp, Benjamin, Revolution From the Right: Politics, Class, and the Rise of Nazism in Saxony, 1919–1933, Atlantic Highlands 1997.

Lehmann, Emil, Gesammelte Schriften, Berlin 1899.

Lehnert, Detlef, Zur historischen Soziographie der »Volkspartei«. Wählerstruktur und Regionalisierung im deutschen Parteiensystem seit der Reichsgründung, in: Archiv für Sozialgeschichte 29 (1989), S. 1–33.

Lehnert, Detlef, Kommunale Institutionen zwischen Honoratiorenverwaltung und Massendemokratie. Partizipationschancen, Autonomieprobleme und Stadtinterventionismus, Baden-Baden 1994.

Lehr, Stefan, Antisemitismus – religiöse Motive im sozialen Vorurteil. Aus der Frühgeschichte des Antisemitismus in Deutschland 1870–1914, München 1974.

Leicht, Johannes, Heinrich Claß 1868–1953. Die politische Biographie eines Alldeutschen, Paderborn 2012.

Leidigkeit, Karl-Heinz, Wilhelm Liebknecht und August Bebel in der deutschen Arbeiterbewegung 1862–1869, Berlin/Leipzig 1957.

Lein, Cornelia, Die Juden im Sächsischen Königreich. Von 1806 bis zum Vorabend des Ersten Weltkrieges, Norderstedt 2016.

Leo, Erich, Wahlrecht und Berufsstände, Berlin 1907.

Lepsius, M. Rainer, Demokratie in Deutschland. Soziologisch-historische Konstellationsanalysen. Ausgewählte Aufsätze, Göttingen 1993.

Lerchenfeld-Koefering, Hugo Graf von, Erinnerungen und Denkwürdigkeiten, 2. Aufl., Berlin 1935.

Lerman, Katherine A., The Chancellor as Courtier: Bernhard von Bülow and the Governance of Germany, 1900–1905, Cambridge 1990.

Lesanovsky, Werner, Bildungspolitik, Schule und Pädagogik im sächsischen Parlament 1869–1900. Eine Studie über die bildungspolitische Tätigkeit der Sozialdemokratie, Hamburg 1998.

Leser, Guido, Untersuchungen über das Wahlprüfungsrecht des Deutschen Reichstags. Zugleich ein Beitrag zur Frage: Parlamentarische oder richterliche Legitimationsprüfung? Leipzig 1908.

Levy, Alphonse, Geschichte der Juden in Sachsen, Berlin 1900.

Levy, Richard S., The Downfall of the Anti-Semitic Political Parties in Imperial Germany. New Haven/London 1975.

Levy, Richard S., Antisemitism in the Modern World. An Anthology of Texts, Lexington 1991.

Levy, Richard S. (Hrsg.), Antisemitism: A Historical Encyclopedia of Prejudice and Persecution, 2 Bde., Santa Barbara 2005.

Liberale Fraction, Rechenschaftsbericht an unsere Wähler. Von den Mitgliedern der liberalen Fraction in der Zweiten Kammer des sächsischen Landtags, o. O. o. J. [1870].

Lidtke, Vernon, The Outlawed Party: Social Democracy in Germany, 1878–1890, Princeton 1966.

Liebermann von Sonnenberg, Max, Beiträge zur Geschichte der antisemitischen Bewegung vom Jahre 1880–1885, bestehend in Reden, Broschüren, Gedichten, Berlin 1885.

Liebermann von Sonnenberg, Max, Neue Zeiten – Neue Parteien. Vortrag gehalten in der 1. öffentlichen Versammlung des Deutschen Reform-Vereins zu Leipzig … am 23. Januar 1885. [Mit] Anhang: Zur Charakteristik der Leipziger Presse, Leipzig 1885.

Liebknecht, Wilhelm, Briefwechsel mit Karl Marx und Friedrich Engels, hrsg. von Georg Eckert, Den Haag 1963.

Liebknecht, Wilhelm, Briefwechsel mit Deutschen Sozialdemokraten, 2 Bde., Bd. 1, 1862–1878, hrsg. von Georg Eckert, Assen, 1973; Bd. 2, 1878–1884, hrsg. von Götz Langkau, Frankfurt a. M. 1988.

Liebscher, H., Königreich Sachsen. Uebersichtliche Zusammenstellung der Stimmenabgabe bei den Wahlen zum Deutschen Reichstage 1871–1907, Radeberg-Dresden o. J. [1907].

Lindenberger, Thomas, Straßenpolitik. Zur Sozialgeschichte der öffentlichen Ordnung in Berlin 1900 bis 1914, Bonn 1995.

Lion, Carl Arthur, Das Landtagswahlrecht im Grossherzogtum Hessen, Würzburg 1912.

Loebell, Friedrich Wilhelm von, Erinnerungen an die ausgehende Kaiserzeit und politischer Schriftwechsel, hrsg. von Peter Winzen, Düsseldorf 2016.

Loth, Wilfried, Katholiken im Kaiserreich. Der politische Katholizismus in der Krise des wilhelminischen Deutschlands, Düsseldorf 1984.

Loth, Wilfried, Das Kaiserreich. Obrigkeitsstaat und politische Mobilisierung, München 1996.

Lougee, Robert W., The Anti-Revolution Bill of 1894 in Wilhelmine Germany, in: Central European History 15 (1982), S. 224–240.
Lucius von Ballhausen, Robert, Bismarck-Erinnerungen, Stuttgart/Berlin 1921.
Ludwig-Wolf, Leo, Leipzig, in: Verfassung und Verwaltungsorganisation der Städte, Heft 1, Königreich Sachsen, hrsg. vom Verein für Sozialpolitik, Leipzig 1905, S. 123–161.
Luisa of Tuscany, My Own Story, New York/London 1911.
Luise von Toskana, Mein Lebensweg, Berlin 1911.

Machtan, Lothar, Zur Streikbewegung der deutschen Arbeiter in den Gründerjahren (1871–1873), in: Internationale Wissenschaftliche Korrespondenz zur Geschichte der deutschen Arbeiterbewegung 14 (1978), S. 419–442.
Machtan, Lothar, Streiks im frühen deutschen Kaiserreich, Frankfurt a. M. 1983.
Machtan, Lothar, Streiks und Aussperrungen im Deutschen Kaiserreich. Eine sozialgeschichtliche Dokumentation für die Jahre 1871 bis 1875, Berlin 1984.
Machtan, Lothar, Prinz Max von Baden. Der letzte Kanzler des Kaisers, Berlin 2013.
Maehl, William Harvey, August Bebel: Shadow Emperor of the German Workers (= Memoirs of the American Philosophical Society, Bd. 138), Philadelphia 1980.
Malinowski, Stephan, Nazis and Nobles: The History of a Misalliance, Oxford 2020.
Malinowski, Stephan, Die Hohenzollern und die Nazis: Geschichte einer Kollaboration, Berlin 2021.
Mann, Bernhard, Biographisches Handbuch für das preußische Abgeordnetenhaus. 1867–1918, Düsseldorf 1988.
Mannheim, Karl, Man and Society in an Age of Reconstruction: Studies in Modern Social Structure, übers. von Edward Shils, New York 1967.
Mannheim, Karl, Essays on the Sociology of Culture (= Collected Works of Karl Mannheim, Bd. 7), London 1992.
Mares, Isabela, From Open Secrets to Secret Voting. Democratic Electoral Reforms and Voter Autonomy, New York 2015.
Marr, Wilhelm, Der Sieg des Judenthums über das Germanenthum, Bern 1879.
Martin, Rudolf, Deutsche Machthaber, Berlin/Leipzig 1910.
Marx, Jutta, Die Reichstagswahl 1881 in Dresden – ein Beweis für die Richtigkeit der Taktik der revolutionären deutschen Sozialdemokratie, Staatsexamensarbeit, Pädagogisches Institut Dresden (MS), Dresden 1965.
Marx, Karl/Friedrich Engels, Werke, hrsg. vom Institut für Marxismus-Leninismus beim ZK der SED/Rosa Luxemburg Stiftung, 44 Bde., Berlin 1956–2018.
Matthew, H. C. G./Ross I. McKibbin/J. A. Kay, The franchise factor in the rise of the Labour Party, in: English Historical Review 91 (1976), S. 723–752.
Mattmüller, Markus, Die Durchsetzung des allgemeinen Wahlrechts als gesamteuropäischer Vorgang, in: Geschichte und politische Wissenschaft, hrsg. von Beat Junker/Peter Gilg/Richard Reich, Bern 1975, S. 213–236.
Matzerath, Josef, Aspekte sächsischer Landtagsgeschichte, Dresden 1998.
Matzerath, Josef, Aspekte sächsischer Landtagsgeschichte. Umbrüche und Kontinuitäten 1815 bis 1868, hrsg. vom Sächsischen Landtag, Dresden 2000.
Matzerath, Josef, Aspekte sächsischer Landtagsgeschichte. Präsidenten und Abgeordnete von 1833 bis 1952, Dresden 2001.
Maus, Christian, Der ordentliche Professor und sein Gehalt, Bonn 2013.
Mayer, Gustav, Der Allgemeine Deutsche Arbeiterverein und die Krisis 1866, in: Archiv für Sozialwissenschaft und Sozialpolitik 57 (1927), S. 167–175.
McKibbin, C. David, The Leipzig Working-Class and World War I: A Study of the German Independent Social Democratic Party (USPD) as a Manifestation of Urban Historical Evolution, Diss., State University of New York at Buffalo 1991.

McKibbin, David, Who Were the German Independent Socialists? The Leipzig City Council Election of 6 December 1917, in: Central European History 25, H. 4 (1992), S. 425–443.

Mehner, Heinz, Militärkaste, Sozialdemokratie und Armee in den 70er und 80er Jahren des 19. Jahrhunderts, in: Zeitschrift für Militärgeschichte 2, H. 2 (1963), S. 223–230.

Mehnert, Carl Paul, Wider das Actienwesen, Dresden 1877.

Mehnert, C[arl] P[aul], Wesen und Bedeutung der Hypothek und deren Mobilisirung. Vortrag, gehalten in der Oekonomischen Gesellschaft im Königreiche Sachsen, Dresden, am 14. Februar 1879, Dippoldiswalde o. J. [1879].

Mehring, Franz, Geschichte der deutschen Sozialdemokratie, Teil 2: Von Lassalles Offenem Antwortschreiben bis zum Erfurter Programm, 1863 bis 1891 (= Franz Mehring, Gesammelte Schriften, Bd. 2), Berlin-Ost 1960.

Meisner, H. O. (Hrsg.), Kaiser Friedrich III. Tagebücher von 1848–1866, Leipzig 1929.

Menzinger, Rosemarie, Verfassungsrevision und Demokratisierungsprozeß im Königreich Württemberg. Ein Beitrag zur Entstehungsgeschichte des Parlamentarischen Regierungssystems in Deutschland, Stuttgart 1969.

Mergel, Thomas, Parlamentarische Kultur in der Weimarer Republik. Politische Kommunikation, symbolische Politik und Öffentlichkeit im Reichstag, Düsseldorf 2002.

Mergel, Thomas, Überlegungen zu einer Kulturgeschichte der Politik, in: Geschichte und Gesellschaft 28, H. 4 (2002), S. 574–606.

Mergel, Thomas, Propaganda nach Hitler. Eine Kulturgeschichte des Wahlkampfes in der Bundesrepublik 1949–1990, Göttingen 2010.

Mergel, Thomas, Elections, Election Campaigns and Democracy, in: The Oxford Handbook of the Weimar Republic, hrsg. von Nadine Rossol/Benjamin Ziemann, Oxford 2018.

Merriman, John, Massacre: The Life and Death of the Paris Commune, New York 2014.

Mertens, Peter, Zivil-militärische Zusammenarbeit während des Ersten Weltkrieges. Die Nebenregierungen der Militärbefehlshaber im Königreich Sachsen, Leipzig 2004.

Metzger, Ulrike/Joe Weingarten, Einkommensteuer und Einkommensteuerverwaltung in Deutschland, Opladen 1989.

Meyer, Georg, Das parlamentarische Wahlrecht, hrsg. von Georg Jellinek, Berlin 1901.

Meyer, Michael A./Michael Brenner (Hrsg.), Deutsch-jüdische Geschichte in der Neuzeit. Bd. 2, Emanzipation und Akkulturation 1780–1871, hrsg. von Michael Brenner et al., München 1996; Bd. 3, Umstrittene Integration 1871–1918, hrsg. von Steven M. Lowenstein et al., München 1997.

Michels, Robert, Zur Soziologie des Parteiwesens in der Modernen Demokratie. Untersuchungen über die oligarchischen Tendenzen des Gruppenlebens (Orig. 1911). Neudruck der 2. Auflage, hrsg. von Werner Conze, Stuttgart 1970.

Millan, Matteo, Belle Epoque in Arms? Armed Associations and Processes of Democratization in Pre-1914 Europe, in: Journal of Modern History 93 (2021), S. 599–635.

Minogue, Kenneth, Politics: A Very Short Introduction, Oxford 2000.

Mitchell, Jeremy, Mobilization, Participation and Political Stratification in England 1832–1868, in: Probleme politischer Partizipation im Modernisierungsprozeß, hrsg. von Peter Steinbach, Stuttgart 1982, S. 159–177.

Mörl, Erich, Der Aufschwung der Arbeiterbewegung und ihre revolutionären Aktionen im Gebiet Wurzen-Grimma-Oschatz in den Jahren 1902 bis 1907, Diss., Universität Leipzig 1965.

Mösslang, Markus/Torsten Riotte/Hagen Schulze (Hrsg.), British Envoys to Germany, 1816–1866, 4 Bde., Bd. 3, 1848–1850, Cambridge 2006.

Mösslang, Markus/Helen Whatmore (Hrsg.), British Envoys to the Kaiserreich, 1871–1897, 2 Bde., Bd. 1, 1871–1883, Cambridge 2016.

Mösslang, Markus (Hrsg.), British Envoys to the Kaiserreich, 1871–1897, 2 Bde., Bd. 2, 1884–1897, Cambridge 2019.

Moltke, Siegfried/Wilhelm Stieda (Hrsg.), Albert Christian Weinlig in Briefen von ihm und an ihn, Leipzig 1931.

Morgan, Roger, The German Social Democrats and the First International, 1864–1872, Cambridge 1965.
Mounk, Yascha, The People vs. Democracy. Why Our Freedom Is in Danger & How to Save It, Cambridge 2018.
Mühlhausen, Walter, Strategien gegen den Systemfeind – Zur Politik von Staat und Gesellschaft gegenüber der Sozialdemokratie im Deutschen Kaiserreich, in: Horst Lademacher/Walter Mühlhausen (Hrsg.), Freiheitsstreben – Demokratie – Emanzipation. Aufsätze zur politischen Kultur in Deutschland und den Niederlanden, Münster 1993, S. 283–329.
Müller, Andreas, Leipzigs bürgerliche Presse und das Dreiklassenwahlrecht in Sachsen (1895/96), in: Wissenschaftliche Zeitschrift der Karl-Marx-Universität Leipzig, Gesellschafts- und Sprachwissenschaftliche Reihe 35, H. 2 (1986), S. 167–176.
Müller, Christian, Das Wahlrecht als Waffe. Die Wahlrechtsdiskussionen in Deutschland 1848–1884, Diss., Universität Heidelberg 2007.
Müller, Frank Lorenz, Losing »Our Louise« and Winning the Saxons' Hearts: The Trials and Tribulations of Crown Prince Friedrich August of Saxony, in: Heir of the Month (Juli 2014), abrufbar unter: http://heirstothethrone-project.net/?page_id=1078 [15.7.2022].
Müller, Frank Lorenz, Royal Heirs in Imperial Germany: The Future of Monarchy in Nineteenth-Century Bavaria, Saxony and Württemberg, London 2017.
Müller, Frank Lorenz, Die Thronfolger. Macht und Zukunft der Monarchie im 19. Jahrhundert, München 2019.
Müller, Joachim, Das politische Wirken Heinrich Wuttkes (1818–1876), Diss., Universität Leipzig 1960.
Müller, Joachim, Karl Biedermann und die preußische Hegemonie in Deutschland. Vom Liberalismus zum Bonapartismus, Diss. habil., Universität Leipzig 1972.
Müller, Sven Oliver/Cornelius Torp (Hrsg.), Imperial Germany Revisited: Continuing Debates and New Perspectives, Oxford/New York 2011.
Murray, Scott W., Liberal Diplomacy and German Unification: The Early Career of Robert Morier, Westport/London 2000.

Na'aman, Schlomo, Die Konstituierung der Deutschen Arbeiterbewegung 1862/63. Darstellung und Dokumentation, Assen 1975.
Nationalliberale Partei (Hrsg.), Programmatische Kundgebungen der Nationalliberalen Partei 1866–1909, Berlin 1909.
Die sogenannten National-Liberalen Leipzigs unter dem Mikroscope der öffentlichen Meinung, Leipzig 1866.
Naujoks, Eberhard, Die Grenzboten (1841–1922), in: Deutsche Zeitschriften des 17. bis 20. Jahrhunderts, hrsg. von Heinz-Dietrich Fischer, Pullach bei München 1973, S. 155–166.
Naujoks, Eberhard, Die parlamentarische Entstehung des Reichspressegesetzes in der Bismarckzeit (1848/74), Düsseldorf 1975.
Naumann, Friedrich, Freiheitskämpfe, Berlin 1913.
Needon, Richard, Georg Oertel. Ein Lebensbild, Berlin 1917.
Neemann, Andreas, Kontinuitäten und Brüche aus einzelstaatlicher Perspektive. Politische Milieus in Sachsen 1848 bis 1850, in: Die Revolutionen von 1848, hrsg. von Thomas Mergel/Christian Jansen, Göttingen 1998, S. 172–189.
Neemann, Andreas, Landtag und Politik in der Reaktionszeit. Sachsen 1849/50–1866, Düsseldorf 2000.
Neue Deutsche Biographie, abrufbar unter: http://www.deutsche-biographie.de.
Nichols, J. Alden, Germany After Bismarck: The Caprivi Era, 1890–1894, Cambridge (Massachusetts) 1958.
Niehuss, Merith, Zur Schichtungsanalyse der SPD-Wähler in Bayern 1890–1900, in: Probleme politischer Partizipation im Modernisierungsprozess, hrsg. von Peter Steinbach, Stuttgart 1982, S. 217–230.
Niehuss, Merith, Strategien zur Machterhaltung bürgerlicher Eliten am Beispiel kommunaler Wahlrechtsänderungen im ausgehenden Kaiserreich, in: Politik und Milieu, hrsg. von Heinrich Best (= Historisch-sozialwissenschaftliche Forschungen, Bd. 22), St. Katharinen 1989, S. 60–91.

Niehuss, Merith, Party Configurations in State and Municipal Elections in Southern Germany, 1871–1914, in: Elections, Parties and Political Traditions, hrsg. von Karl Rohe, New York/Oxford/München 1990, S. 83–105.

Niethammer, Lutz/Franz Brüggemeier, Wie wohnten Arbeiter im Kaiserreich?, in: Archiv für Sozialgeschichte 16 (1976), S. 61–134.

Niewyk, Donald, Solving the »Jewish Problem«: Continuity and Change in German Antisemitism, 1871–1945, in: Leo Baeck Institute Year Book 35 (1990), S. 335–370.

Nipperdey, Thomas, Die Organisation der deutschen Parteien, Düsseldorf 1961.

Nipperdey, Thomas, Deutsche Geschichte 1866–1918, 2 Bde. München 1990–1992.

Nitzsche, Emil, Gemeindepolitik und Sozialdemokratie. Ein Handbuch für Gemeindewähler und Gemeindevertreter mit besonderer Berücksichtigung der sächsischen Verhältnisse, hrsg. vom Zentral-Agitationskomitee der sozialdemokratischen Partei Sachsens, 2. rev. Auflage, Dresden-Altstadt o. J. [1913].

Nohlen, Dieter, Wahlrecht und Parteiensystem. Über die politischen Auswirkungen von Wahlsystemen, Opladen 1990.

Nonn, Christoph, Populismus und Demokratie: Die Wahlrechtspolitik der liberalen Parteien 1900–1914, in: Jahrbuch zur Liberalismus-Forschung 8 (1996), S. 141–156.

Nonn, Christoph, Putting Radicalism to the Test: German Social Democracy and the 1905 Suffrage Demonstrations in Dresden, in: International Review of Social History 41 (1996), S. 183–208.

Nonn, Christoph, Verbraucherprotest und Parteiensystem im wilhelminischen Deutschland, Düsseldorf 1996.

Nonn, Christoph, Soziale Hintergründe des politischen Wandels im Königreich Sachsen vor 1914, in: Sachsen im Kaiserreich, hrsg. von Simone Lässig/Karl Heinrich Pohl, Dresden 1997, S. 371–392.

Nonn, Christoph, Saxon Politics During the First World War: Modernization, National Liberal Style, in: Saxony in German History, hrsg. von James Retallack, Ann Arbor 2000, S. 309–321.

Norton, Robert E., The Crucible of German Democracy. Ernst Troeltsch and the First World War, Tübingen 2021.

Nostitz, Helene von, Aus dem alten Europa. Menschen und Städte, hrsg. von Oswalt von Nostitz, Frankfurt a. M. 1978.

Nostitz, Oswalt von, Muse und Weltkind. Das Leben der Helene von Nostitz, München 1991.

Nostitz, Oswalt von (Hrsg.), Hugo von Hofmannsthal – Helene von Nostitz. Briefwechsel, Frankfurt a. M. 1965.

Oertel, Dr. G[eorg], Der Konservativismus als Weltanschauung, Leipzig 1893.

Offermann, Toni, August Bebel und der Deutsche Nationalverein. Unbekannte Briefe Bebels aus seiner Tätigkeit in der sächsischen Arbeiterbewegung 1865/66, in: Internationale Wissenschaftliche Korrespondenz zur Geschichte der Arbeiterbewegung 14 (1978), S. 312–328.

Offermann, Toni, Arbeiterbewegung und liberales Bürgertum in Deutschland, 1850–1863, Bonn 1979.

Offermann, Toni, Die regionale Ausbreitung der frühen deutschen Arbeiterbewegung 1848/49–1860/64, in: Geschichte und Gesellschaft 13 (1987), S. 419–447.

Offermann, Toni, Die erste deutsche Arbeiterpartei: Materialien zur Organisation, Verbreitung und Sozialstruktur von ADAV und LADAV 1863–1871, Bonn 2002.

Oppe, E[rich], Die Reform des Wahlrechts für die II. Kammer der Ständeversammlung im Königreich Sachsen, in: Jahrbuch des öffentlichen Rechts der Gegenwart 4 (1910), S. 374–409.

Orsagh, Thomas J., Löhne in Deutschland. Neuere Literatur und weitere Ergebnisse, in: Zeitschrift für die gesamte Staatswissenschaft 1925 (1969), S. 476–483.

Ortega y Gasset, José, Der Aufstand der Massen, übers. von Helene Weyl, Stuttgart 1932.

Ortsgruppe Dresden des Alldeutschen Verbandes, Jahresbericht über das neunte Vereinsjahr (1906/07), Dresden 1907.

Osterhammel, Jürgen, Die Wiederkehr des Raumes: Geopolitik, Geohistorie und historische Geographie, in: Neue Politische Literatur 43, H. 3 (1998), S. 374–397.

Pache, Alfred, Geschichte des sächsischen Landtagswahlrechts von 1831–1907 und Beurteilung des Entwurfs der Regierung von 1903 in der Zweiten Kammer am 3. Februar 1904, sowie der Entwurf der Regierung zur Reform des Wahlgesetzes vom 7. Juli 1907 und dessen Beurteilung durch die Presse, Dresden 1907.

Pachnicke, Hermann, Führende Männer im alten und im neuen Reich, Berlin 1930.

Parisius, Ludolf, Leopold Freiherr von Hoverbeck, 2 Teile, T. 2, Abt. II, Berlin 1900.

Park, Sang Wook, Sächsische Kriegsindustrie und -wirtschaftspolitik, 1914–1918, Berlin 2003.

Perkin, Harold, The Rise of Professional Society: England since 1880, 2. rev. Auflage, New York 2002.

Perrot, Franz, Bismarck und die Juden. »Papierpest« und »Aera-Artikel von 1875«, hrsg. von L. Feldmüller-Perrot, Berlin 1931.

[Petermann, Theodor,] Zur Statistik des Zeitungswesens im Königreiche Sachsen am Schlusse des Jahres 1866, in: Zeitschrift des Königlich Sächsischen Statistischen Bureaus 13, H. 1/2; H. 3/4 (1867), S. 2–8 und S. 49–51.

Petermann, Theodor, Individualvertretung und Gruppenvertretung. Ein Beitrag zur Theorie des Wahlrechts, Dresden 1906.

Pfalzer, Stephan, Der »Butterkrawall« im Oktober 1915. Die erste größere Antikriegsbewegung in Chemnitz, in: Demokratie und Emanzipation zwischen Saale und Elbe, hrsg. von Helga Grebing/Hans Mommsen/Karsten Rudolph, Essen 1993, S. 196–201.

Pflanze, Otto, Bismarck and the Development of Germany, 3 Bde., Princeton 1990.

Pflanze, Otto, Bismarck. Bd. 1, Der Reichsgründer, Bd. 2, Der Reichskanzler, München 1997–1998.

Phelps, Reginald H., Theodor Fritsch und der Antisemitismus, in: Deutsche Rundschau 87 (1961), S. 442–449.

Philippi, Hans, Preußisch-sächsische Verstimmungen im Jahrzehnt nach der Reichsgründung. Ein Beitrag zu Bismarcks Verhältnis zu den Bundesstaaten, in: Jahrbuch für die Geschichte Mittel- und Ostdeutschlands 15 (1966), S. 225–268.

Piefel, Matthias, Antisemitismus und völkische Bewegung im Königreich Sachsen 1879–1914, Göttingen 2004.

Pierenkemper, Toni, Die Einkommensentwicklung der Angestellten in Deutschland 1800–1913, in: Historical Social Research 8 (1983), S. 69–92.

Ping, Larry, Gustav Freytag and the Prussian Gospel: Novels, Liberalism and History, Diss., University of Oregon 1994.

Planert, Ute, Antifeminismus im Kaiserreich. Diskurs, soziale Formation und politische Mentalität, Göttingen 1998.

Planert, Ute/James Retallack (Hrsg.), Decades of Reconstruction: Postwar Societies, State-Building, and International Relations from the Seven Years' War to the Cold War. Cambridge/New York 2017.

Plate, August (Hrsg.), Handbuch für das preußische Abgeordnetenhaus, Berlin 1904.

Pöls, Werner, Sozialistenfrage und Revolutionsfurcht in ihrem Zusammenhang mit den angeblichen Staatsstreichplänen Bismarcks, Lübeck/Hamburg 1960.

Pöls, Werner, Staat und Sozialdemokratie im Bismarckreich. Die Tätigkeit der politischen Polizei beim Polizeipräsidium von Berlin in der Zeit des Sozialistengesetzes 1878–1890, in: Jahrbuch für die Geschichte Mittel- und Ostdeutschlands 13/14 (1965), S. 200–221.

Pötzsch, Hansjörg, Antisemitismus in der Region. Antisemitische Erscheinungsformen in Sachsen, Hessen, Hessen-Nassau und Braunschweig 1870–1914, Wiesbaden 2000.

Pogge von Strandmann, Hartmut, Staatsstreichpläne, Alldeutsche und Bethmann Hollweg, in: Hartmut Pogge von Strandmann/Imanuel Geiss, Die Erforderlichkeit des Unmöglichen. Deutschland am Vorabend des ersten Weltkrieges, Frankfurt a. M. 1965, S. 7–45.

Pogge von Strandmann, Hartmut, The Liberal Power Monopoly in the Cities of Imperial Germany, in: Elections, Mass Politics, and Social Change in Modern Germany, hrsg. von Larry Eugene Jones/James Retallack, Cambridge/New York 1992, S. 93–117.

Pohl, Karl Heinrich, Die Nationalliberalen – eine unbekannte Partei?, in: Jahrbuch zur Liberalismus-Forschung 3 (1991), S. 82–112.

Pohl, Karl Heinrich, Sachsen, Stresemann und die Nationalliberale Partei. Anmerkungen zur politischen Entwicklung, zum Aufstieg des industriellen Bürgertums und zur frühen Tätigkeit Stresemanns im Königreich Sachsen, in: Jahrbuch zur Liberalismus-Forschung 4 (1992), S. 197–216.

Pohl, Karl Heinrich, Ein zweiter politischer Emanzipationsprozeß des liberalen Unternehmertums? Zur Sozialstruktur und Politik der Liberalen in Sachsen zu Beginn des 20. Jahrhunderts, in: Wege zur Geschichte des Bürgertums, hrsg. von Klaus Tenfelde/Hans-Ulrich Wehler (= Bürgertum, Bd. 8), Göttingen 1994, S. 231–248.

Pohl, Karl Heinrich, »Einig«, »kraftvoll«, »machtbewusst«. Überlegungen zu einer Geschichte des deutschen Liberalismus aus regionaler Perspektive, in: Historische Mitteilungen 7 (1994), S. 61–80.

Pohl, Karl Heinrich, Die Nationalliberalen in Sachsen vor 1914. Eine Partei der konservativen Honoratioren auf dem Wege zur Partei der Industrie, in: Liberalismus und Region, hrsg. von Lothar Gall/Dieter Langewiesche (= Historische Zeitschrift, Beiheft 19), München 1995, S. 195–215.

Pohl, Karl Heinrich, Politischer Liberalismus und Wirtschaftsbürgertum. Zum Aufschwung der sächsischen Liberalen vor 1914, in: Sachsen im Kaiserreich, hrsg. von Simone Lässig/Karl Heinrich Pohl, Dresden 1997, S. 101–131.

Pohl, Karl Heinrich, Sachsen, Stresemann und der Verein Sächsischer Industrieller: »Moderne« Industriepolitik zu Beginn des 20. Jahrhunderts?, in: Blätter für deutsche Landesgeschichte 134 (1998), S. 407–440.

Pohl, Karl Heinrich, Power in the City: Liberalism and Local Politics in Dresden and Munich, in: Saxony in German History, hrsg. von James Retallack, Ann Arbor 2000, S. 289–308.

Pohl, Karl Heinrich, Kommunen, Liberalismus und Wahlrechtsfragen: Zur Bedeutung des Wahlrechts für die »moderne« Kommunalpolitik in Deutschland am Ende des 19. Jahrhunderts, in: Jahrbuch zur Liberalismus-Forschung 13 (2001), S. 113–130.

Pohl, Karl Heinrich, Gustav Stresemann. Biografie eines Grenzgängers, Göttingen 2015.

Polasky, Janet L., A Revolution for Socialist Reforms: The Belgian General Strike for Universal Suffrage, in: Journal of Contemporary History 27, H. 3 (1992), S. 449–466.

Pollmann, Klaus Erich, Parlamentarismus im Norddeutschen Bund 1867–1870, Düsseldorf 1985.

Pollmann, Klaus Erich, Arbeiterwahlen im Norddeutschen Bund 1867–1870, in: Geschichte und Gesellschaft 15, H. 2 (1989), S. 164–195.

Pontow, Karin, Bourgeoise Kommunalpolitik und Eingemeindungsfrage in Leipzig im letzten Viertel des 19. Jahrhunderts, in: Jahrbuch für Regionalgeschichte 8 (1981), S. 84–106.

Poste, Burkhard, Schulreform in Sachsen 1918–1923. Eine vergessene Tradition deutscher Schulgeschichte, Frankfurt a. M. 1993.

Prengel, Theodor, Beiträge zur Wahlprüfungsstatistik des deutschen Reichstages 1871–90, in: Annalen des deutschen Reichs für Gesetzgebung, Verwaltung und Volkswirtschaft (1892), S. 1–90.

Press, Steven, Blood and Diamonds: Germany's Imperial Ambitions in Africa, Cambridge (Massachusetts) 2021.

Puhle, Hans-Jürgen, Agrarische Interessenpolitik und preußischer Konservatismus im wilhelminischen Reich (1893–1914), 2. rev. Auflage, Bonn 1975.

Pulzer, Peter G. J., The Rise of Political Anti-Semitism in Germany & Austria, 2. rev. Auflage, Cambridge (Massachusetts) 1988.

Puschner, Uwe, Die völkische Bewegung im wilhelminischen Kaiserreich. Sprache – Rasse – Religion, Darmstadt 2001.

Puschner, Uwe/Walter Schmitz/Justus H. Ulbricht, Handbuch zur »Völkischen Bewegung« 1871–1918, München 1996.

Pyta, Wolfram/Larry Eugene Jones (Hrsg.), Ich bin der letzte Preuße. Der politische Lebensweg des konservativen Politikers Kuno Graf von Westarp, Köln/Weimar/Wien 2006.

Rackwitz, Bernhard, Biographischer Anhang zur Geschichte der Stadtverordneten zu Dresden 1837–1947 (Manuskript), Stadtarchiv Dresden 1949.

Radbruch, Gustav, Die politischen Parteien im System des deutschen Verfassungsrechts, in: Handbuch des deutschen Staatsrechts, hrsg. von Gerhard Anschütz/Richard Thoma, 2 Bde., Bd. 1, Tübingen 1930, S. 285–294.

Rauchhaupt, Fr. W. von (Hrsg.), Handbuch der Deutschen Wahlgesetze und Geschäftsordnungen. Nach dem gegenwärtigen Gesetzesstande des Deutschen Reiches und seiner Bundesstaaten, München/Leipzig 1916.

Rauschenberger, Joey, Reformkonservatismus im Kaiserreich? Die sächsischen Konservativen in den Wahlrechtsdebatten 1895/96 bis 1909, in: Neues Archiv für Sächsische Geschichte 91 (2020), S. 225–255.

Rebentisch, Dieter, Die deutsche Sozialdemokratie und die kommunale Selbstverwaltung. Ein Überblick über Programmdiskussion und Organisationsproblematik 1890–1975, in: Archiv für Sozialgeschichte 25 (1985), S. 1–78.

Reibel, Carl-Wilhelm, Handbuch der Reichstagswahlen 1890–1918. Bündnisse – Ergebnisse – Kandidaten, 2 Bde., Düsseldorf 2007.

Reibel, Carl-Wilhelm, Bündnis und Kompromiß. Parteienkooperation im Deutschen Kaiserreich 1890–1918, in: Historische Zeitschrift 293, H. 1 (2011), S. 70–114.

Reichard, Richard W., The German Working Class and the Russian Revolution of 1905, in: Journal of Central European Affairs 13, H. 2 (1953), S. 136–153.

Reichel, Peter, Einleitung, in: Politische Kultur in Westeuropa. Bürger und Staaten in der Europäischen Gemeinschaft, hrsg. von Peter Reichel, Frankfurt a. M./New York 1984.

Reichert, Ruth, Die Haltung der sächsischen Bourgeoisie zur Arbeiterbewegung in der Zeit von 1868/69 bis 1878 im Spiegel der bürgerlichen Presse, Diss., Universität Leipzig 1972.

Reichstags-Wahlrecht. Wahlverfahren. Wahlprüfungen. Zusammenstellung der sämtlichen gesetzlichen Bestimmungen hierüber, nebst den Grundsätzen der Wahlprüfungskommission betreffs der Giltigkeit und Ungiltigkeit von Wahlen, Berlin 1903.

Reichsverband gegen die Sozialdemokratie, Handbuch für nichtsozialdemokratische Wähler zur Reichstagswahl am 25. Januar 1907, Berlin 1907.

Reichsverband gegen die Sozialdemokratie, Der Reichsverband gegen die Sozialdemokratie in seiner Entwicklung und in seiner praktischen Tätigkeit bei den Reichstagswahlen von 1907, Berlin o. J. [1907].

Reichsverband gegen die Sozialdemokratie, 10 Jahre Reichsverband. Festgabe der Hauptstelle des Reichsverbandes gegen die Sozialdemokratie in Berlin zum 9. Mai 1914, Berlin 1914.

Reif, Heinz, Bismarck und die Konservativen, in: Otto von Bismarck und die Parteien, hrsg. von Lothar Gall, Paderborn 2001, S. 17–42.

Retallack, James, Conservatives contra Chancellor: Official Responses to the Spectre of Conservative Demagoguery from Bismarck to Bülow, in: Canadian Journal of History 20 (1985), S. 203–236.

Retallack, James, Notables of the Right: The Conservative Party and Political Mobilization in Germany, 1876–1918, London/Boston 1988.

Retallack, James, »What Is to Be Done?« The Red Specter, Franchise Questions, and the Crisis of Conservative Hegemony in Saxony, 1896–1909, in: Central European History 23 (1990), S. 271–312.

Retallack, James, Anti-Socialism and Electoral Politics in Regional Perspective: the Kingdom of Saxony, in: Elections, Mass Politics, and Social Change in Modern Germany, hrsg. von Larry Eugene Jones/James Retallack, Cambridge/New York 1992, S. 49–91.

Retallack, James, From Pariah to Professional? The Journalist in German Society and Politics, from the Late Enlightenment to the Rise of Hitler, in: German Studies Review 16 (1993), S. 175–223.

Retallack, James, The Road to Philippi: The Conservative Party and Bethmann Hollweg's »Politics of the Diagonal« 1909–1914, in: Between Reform, Reaction, and Resistance: Studies in the History of German Conservatism, hrsg. von Larry Eugene Jones/James Retallack, Providence/Oxford 1993, S. 261–298.

Retallack, James, Ein glückloser Parteiführer in Bismarcks Diensten – Otto von Helldorff-Bedra (1833–1908), in: Konservative Politiker in Deutschland, hrsg. von Hans-Christof Kraus, Berlin 1995, S. 185–203.

Retallack, James, Germany in the Age of Kaiser Wilhelm II, Basingstoke/New York 1996.
Retallack, James, »Why Can't a Saxon Be More Like a Prussian?« Regional Identities and the Birth of Modern Political Culture in Germany, 1866–67, in: Canadian Journal of History 32 (1997), S. 26–55.
Retallack, James, Society and Politics in Saxony in the Nineteenth and Twentieth Centuries: Reflections on Recent Research, in: Archiv für Sozialgeschichte 38 (1998), S. 396–457.
Retallack, James, Conservatives and Antisemites in Baden and Saxony, in: German History 17, H. 4 (1999), S. 507–526.
Retallack, James, Herrenmenschen und Demagogentum. Konservative und Antisemiten in Sachsen und Baden, in: Sachsen in Deutschland, hrsg. von James Retallack, Bielefeld, 2000, S. 115–141.
Retallack, James, Wahlrechtskämpfe in Sachsen nach 1896, in: Dresdner Hefte 22, Nr. 4, H. 80 (2004), S. 13–24.
Retallack, James, The German Right: Political Limits of the Authoritarian Imagination, Toronto 2006.
Retallack, James, Zwei Vertreter des preußischen Konservatismus im Spiegel ihres Briefwechsels: Die Heydebrand-Westarp Korrespondenz, in: »Ich bin der letzte Preuße«. Der politische Lebensweg des konservativen Politikers Kuno Graf von Westarp, hrsg. von Larry Eugene Jones/Wolfram Pyta, Köln 2006, S. 33–60.
Retallack, James, »Native Son«: Julian Hawthorne's Saxon Studies, in: Localism, Landscape, and the Ambiguities of Place, hrsg. von David Blackbourn/James Retallack, Toronto 2007, S. 76–98.
Retallack, James, Obrigkeitsstaat und politischer Massenmarkt, in: Das Deutsche Kaiserreich in der Kontroverse, hrsg. von Sven Oliver Müller/Cornelius Torp, Göttingen 2009, S. 121–135.
Retallack, James, »To My Loyal Saxons!« King Johann in Exile, 1866, in: Monarchy and Exile: The Politics of Legitimacy from Marie de Médici to Wilhelm II, hrsg. von Philip Mansel/Torsten Riotte, London/New York 2011, S. 279–304.
Retallack, James, Germany's Second Reich: Portraits and Pathways, Toronto 2015.
Retallack, James, Mapping the Red Threat: The Politics of Exclusion in Leipzig before 1914, in: Central European History 37, H. 3/4 (2016), S. 341–382.
Retallack, James, After the »German Civil War« of 1866: Building the State, Embracing the Nation, in: Decades of Reconstruction: Postwar Societies, State-Building, and International Relations from the Seven Years' War to the Cold War, hrsg. von Ute Planert/James Retallack, Cambridge 2017, S. 198–215.
Retallack, James, Red Saxony: Election Battles and the Spectre of Democracy in Germany, 1860–1918, Oxford/New York 2017.
Retallack, James, Online Supplement to Red Saxony. Open Access (CC BY-NC 4.0) Website, 2017: https://redsaxony.utoronto.ca [15.7.2022].
Retallack, James, August Bebel: A Life for Social Justice and Democratic Reform, in: Archiv für Sozialgeschichte 58 (2018), S. 145–161.
Retallack, James, »Rotes Königreich« oder Hort des Konservatismus? Sachsen im späten Kaiserreich, in: Der gespaltene Freistaat. Neue Perspektiven auf die sächsische Geschichte 1918–1933, hrsg. von Konstantin Hermann/Mike Schmeitzner/Swen Steinberg, Leipzig 2019, S. 27–41.
Retallack, James, August Bebel. Ein Sozialdemokrat gegen Eroberungskrieg und »Verpreußung«, in: Krieg Macht Nation: Wie das deutsche Kaiserreich entstand, hrsg. von Gerhard Bauer/Katja Protte/Armin Wagner/Militärhistorisches Museum der Bundeswehr, Dresden 2020, S. 58–65.
Retallack, James, German Social Democracy through British Eyes: A Documentary History, 1870–1914, Toronto 2022.
Retallack, James (Hrsg.), Saxon Signposts, Themenheft von German History 17, H. 4 (1999).
Retallack, James (Hrsg.), Saxony in German History: Culture, Society, and Politics. 1830–1933, Ann Arbor 2000.
Retallack, James (Hrsg.), Sachsen in Deutschland. Politik, Kultur und Gesellschaft 1830–1918, Bielefeld 2000.
Retallack, James (Hrsg.), Imperial Germany 1871–1918. The Short Oxford History of Germany. Oxford/New York 2008.

Retallack, James (Hrsg.), Reichsgründung: Bismarcks Deutschland (1866–1890), Bd. 4 von Deutsche Geschichte in Dokumente und Bildern, Deutsches Historisches Institut, Washington D.C., abrufbar unter: https://germanhistorydocs.org/de/reichsgruendung-bismarcks-deutschland-1866-1890 [6.1.2023].

Retallack, James/Thomas Adam, »*Philanthropy* und politische Macht in deutschen Kommunen«, in: Zwischen Markt und Staat. Stifter und Stiftungen im transatlantischen Vergleich, hrsg. von Thomas Adam/James Retallack, Sonderheft von Comparativ 11, H. 5–6 (2001), S. 106–138.

Retallack, James/Marc-André Dufour, The »Non-Voter«: Rethinking the Category, in: Parlamentarismuskritik und Antiparlamentarismus in Europa, hrsg. von Marie-Luise Recker/Andreas Schmidt, Düsseldorf 2017, S. 235–252.

Richter, Albert, Die öffentliche Meinung in Sachsen vom Friedensschlusse 1866 bis zur Reichsgründung, Diss., Universität Leipzig o. J. [1922].

Richter, Hedwig, Transnational Reform and Democracy: Election Reforms in New York City and Berlin around 1900, in: Journal of the Gilded Age and Progressive Era 15 (2016), S. 149–175.

Richter, Hedwig, Moderne Wahlen. Eine Geschichte der Demokratie in Preußen und den USA im 19. Jahrhundert, Hamburg 2017.

Richter, Hedwig, Demokratie. Eine deutsche Affäre, München 2020.

Richter, Hedwig/Hubertus Buchstein (Hrsg.), Kultur und Praxis der Wahlen. Eine Geschichte der modernen Demokratie, Wiesbaden 2017.

Richter, Hedwig/Kerstin Wolff (Hrsg.), Frauenwahlrecht. Demokratisierung der Demokratie in Deutschland und Europa, Hamburg 2016.

Richter, Julius, Geschichte der sächsischen Volksschule, Berlin 1930.

Richter, Otto, Geschichte der Stadt Dresden in den Jahren 1871 bis 1902, Dresden 1903–1904.

Ringel, Stefan, Heinrich Mann. Ein Leben wird besichtigt, Darmstadt 2000.

Ritter, Gerhard, Die preußischen Konservativen und Bismarcks deutsche Politik 1858–1876, Heidelberg 1913.

Ritter, Gerhard A., Staat, Arbeiterschaft und Arbeiterbewegung in Deutschland. Vom Vormärz bis zum Ende der Weimarer Republik, Berlin/Bonn 1980.

Ritter, Gerhard A., Das Wahlrecht und die Wählerschaft der Sozialdemokratie im Königreich Sachsen 1867–1914, in: Der Aufstieg der deutschen Arbeiterbewegung, hrsg. von Gerhard A. Ritter mit Elisabeth Müller-Luckner, München 1990, S. 49–101.

Ritter, Gerhard A., Wahlen und Wahlpolitik im Königreich Sachsen 1867–1914, in: Sachsen im Kaiserreich, hrsg. von Simone Lässig/Karl Heinrich Pohl, Dresden 1997, S. 29–86.

Ritter, Gerhard A., Politische Repräsentation durch Berufsstände. Konzepte und Realität in Deutschland 1871–1933, In: Gestaltungskraft des Politischen, hrsg. von Wolfram Pyta/Ludwig Richter, Berlin 1998, S. 261–280.

Ritter, Gerhard A., unter Mitarbeit von Merith Niehuss, Wahlgeschichtliches Arbeitsbuch. Materialien zur Statistik des Kaiserreichs 1871–1918, München 1980.

Ritter, Gerhard A. (Hrsg.), Regierung, Bürokratie und Parlament in Preußen und Deutschland von 1848 bis zur Gegenwart, Düsseldorf 1983.

Ritter, Gerhard A./Klaus Tenfelde, Arbeiter im Deutschen Kaiserreich 1871 bis 1914, Bonn 1992.

Röder, Adam, Ein neues Reichstagswahlrecht, Berlin 1896.

Röhl, John C. G., Germany Without Bismarck: The Crisis of Government in the Second Reich, 1890–1900. London 1967.

Röhl, John C. G. Wilhelm II, 3 Bde. Cambridge 1998–2014.

Röhl, John C. G., Wilhelm II., 3 Bde., München 1993–2008, Bd. 2, Der Aufbau der Persönlichen Monarchie 1888–1900, München 2001, Bd. 3, Der Weg in den Abgrund 1900–1914, 2. Auflage, München 2009.

Röhl, John C. G./Nicolaus Sombart (Hrsg.), Kaiser Wilhelm II: New Interpretations, Cambridge 1982.

Rössel, Jörg, Soziale Mobilisierung und Demokratie. Die preußischen Wahlrechtskonflikte 1900 bis 1918, Wiesbaden 2000.

Rohe, Karl, Regionalkultur, regionale Identität und Regionalismus im Ruhrgebiet: Empirische Sachverhalte und theoretische Überlegungen, in: Industriegesellschaft und Regionalkultur. Untersuchungen für Europa, hrsg. von Wolfgang Lipp, Köln 1984, S. 123–153.

Rohe, Karl, Wahlen und Wählertraditionen in Deutschland. Kulturelle Grundlagen deutscher Parteien und Parteiensysteme im 19. und 20. Jahrhundert, Frankfurt a. M. 1992.

Rokkan, Stein, State Formation, Nation-Building, and Mass Politics in Europe, hrsg. von Peter Flora mit Stein Kuhnle/Derek Urwin, Oxford 1999.

Rosenbaum, Louis, Beruf und Herkunft der Abgeordneten zu den deutschen und preußischen Parlamenten 1847 bis 1919, Frankfurt a. M. 1923.

Rosenberg, Hans, Die nationalpolitische Publizistik Deutschlands vom Eintritt der neuen Ära in Preussen bis zum Ausbruch des deutschen Krieges. Eine kritische Bibliographie, 2 Bde. München/Berlin 1935.

Rosenberg, Hans, Die Pseudodemokratisierung der Rittergutsbesitzerklasse, in: ders., Machteliten und Wirtschaftskonjunkturen. Studien zur neueren deutschen Sozial- und Wirtschaftsgeschichte, Göttingen 1978, S. 83–101.

Rosenbusch, Ute, Der Weg zum Frauenwahlrecht in Deutschland, Baden-Baden, 1998.

Rosonsky, Barbara, Die Entwicklung der Arbeiterbewegung in Leipzig vom Sturz des Sozialistengesetzes bis zur Jahrhundertwende, Diss., Universität Leipzig 1981.

Ross, Anna, Beyond the Barricades: Government and State-Building in Post-Revolutionary Prussia, 1848–1858, Oxford 2019.

Ross, Ronald, Enforcing the Kulturkampf: The Bismarckian State and the Limits of Coercion in Imperial Germany, in: Journal of Modern History 56, H. 3 (1984), S. 456–482.

Ross, Ronald, The Failure of Bismarck's Kulturkampf: Catholicism and State Power in Imperial Germany, 1871–1887, Washington D.C. 1998.

Rudloff, Michael/Thomas Adam/Jürgen Schlimper, Leipzig – Wiege der deutschen Sozialdemokratie, Berlin 1996.

Rudolph, Karsten, Die sächsische Sozialdemokratie (1871–1923). Weimar/Köln/Wien 1995.

Rudolph, Karsten, On the Disappearance of a Political Party From German History: The Saxon People's Party, 1866–1869, in: Saxony in German History, hrsg. von James Retallack, Ann Arbor 2000, S. 199–214.

Ruetz, Bernhard, Der preußische Konservatismus im Kampf gegen Einheit und Freiheit, Berlin 2001.

Sachsen, Prinz Ernst Heinrich von, Mein Lebensweg vom Königsschloss zum Bauernhof, Dresden 1995.

Sachsens freisinnige Volksvertreter, in: Die Gartenlaube (1873), S. 578–582.

Sachsens Gegenwart und Zukunft. Ein Mahnruf an das Sächsische Volk, Leipzig 1866.

Sachsens Vergangenheit und Zukunft. Von einem Sachsen, Berlin 1866.

Sächsische Biographie, abrufbar unter: http://saebi.isgv.de/[15.7.2022].

Saile, Wolfgang, Hermann Wagener und sein Verhältnis zu Bismarck. Ein Beitrag zur Geschichte des konservativen Sozialismus, Tübingen 1958.

Saldern, Adelheid von, Sozialdemokratische Kommunalpolitik in Wilhelminischer Zeit. Die Bedeutung der Kommunalpolitik für die Durchsetzung des Reformismus in der SPD, in: Kommunalpolitik und Sozialdemokratie, hrsg. von Karl-Heinz Naßmacher, Bonn-Bad Godesberg 1977, S. 18–62.

Sarcinelli, Ulrich, Symbolische Politik. Zur Bedeutung symbolischen Handelns in der Wahlkampfkommunikation der Bundesrepublik Deutschland, Opladen 1987.

Saul, Klaus, Der Staat und die »Mächte des Umsturzes«. Ein Beitrag zu den Methoden antisozialistischer Repression und Agitation vom Scheitern des Sozialistengesetzes bis zur Jahrhundertwende, in: Archiv für Sozialgeschichte 12 (1972), S. 293–350.

Saul, Klaus, Staat, Industrie, Arbeiterbewegung im Kaiserreich. Zur Innen- und Außenpolitik des Wilhelminischen Deutschland 1903–1914, Düsseldorf 1974.

Saul, Klaus, Staatsintervention und Arbeitskampf im Wilhelminischen Reich, 1904–1914, in: Sozialgeschichte heute, hrsg. von Hans-Ulrich Wehler, Göttingen 1974, S. 479–494.

Savigny, Leo von, Das parlamentarische Wahlrecht im Reiche und in Preußen und seine Reform. Berlin 1907.

Schaal, Hilmar, Methoden der Verleumdung der Sozialdemokratie in der bürgerlichen Presse Leipzigs während der Vorbereitung der Reichstagswahlen von 1878–1890, Wissenschaftliche Hausarbeit, Pädagogisches Institut Dresden 1965.

Schaarschmidt, Eric, Geschichte der Crimmitschauer Arbeiterbewegung, Crimmitschau 1934.

Schäbitz, Michael. Juden in Sachsen – Jüdische Sachsen? Emanzipation, Akkulturation und Integration 1700–1914, Hannover 2006.

Schäfer, Michael, Bürgertum, Arbeiterschaft und städtische Selbstverwaltung zwischen Jahrhundertwende und 1920er Jahren im deutsch-britischen Vergleich. Befunde einer vergleichenden Lokalstudie, in: Mitteilungsblatt des Instituts zur Erforschung der europäischen Arbeiterbewegung 20 (1998), S. 178–232.

Schäfer, Michael, Die Burg und die Bürger. Stadtbürgerliche Herrschaft und kommunale Selbstverwaltung in Leipzig 1889–1929, in: Wirtschaft und Gesellschaft in Sachsen im 20. Jahrhundert, hrsg. von Werner Bramke/Ulrich Heß, Leipzig 1998, S. 269–292.

Schäfer, Michael, Bürgertum in der Krise. Städtische Mittelklassen in Edinburgh und Leipzig 1890 bis 1930, Göttingen 2003.

Schäffle, A[lbert], Die Bekämpfung der Sozialdemokratie ohne Ausnahmegesetz, in: Zeitschrift für die gesamte Staatswissenschaft 46 (1890), S. 201–287.

Schäffle, Albert, Die Aussichtslosigkeit der Sozialdemokratie, 4. Auflage, o. O. 1893.

Schaser, Angelika, Zur Einführung des Frauenwahlrechts vor 90 Jahren am 12. November 1918, in: Feministische Studien 27, H. 1 (2009), S. 97–110.

Schattkowsky, Martina (Hrsg.), Dresdner Maiaufstand und Reichsverfassung 1849. Revolutionäres Nachbeben oder demokratische politische Kultur? Leipzig 2000.

Scheck, Raffael, German Conservatism and Female Political Activism in the Early Weimar Republic, in: German History 15, H. 1 (1997), S. 34–55.

Scheil, Stefan, Die Entwicklung des politischen Antisemitismus in Deutschland zwischen 1881 und 1912. Eine wahlgeschichtliche Untersuchung (= Beiträge zur politischen Wissenschaft, Bd. 107), Berlin 1999.

Schenk, Frithjof Benjamin, Mental Maps. Die Konstruktion von geographischen Räumen in Europa seit der Aufklärung, in: Geschichte und Gesellschaft 28 (2002), S. 493–514.

Schiffer, Eugen, Ein Leben für den Liberalismus, Berlin 1951.

Schilfert, Gerhard, Sieg und Niederlage des demokratischen Wahlrechts in der deutschen Revolution 1848–1849, Berlin-Ost 1952.

Schimmel, E. Otto, Die Entwicklung des Wahlrechts zur sächsischen Zweiten Kammer und der Zusammensetzung derselben in parteipolitischer und sozialer Hinsicht, Nossen 1912.

Schinke, Walter, Der politische Charakter des Dresdner Maiaufstandes 1849 und die sächsischen Parteien während des Aufruhrs und seiner unmittelbaren Folgen, Halle a. d. S. 1917.

Schlag, Gabi/Julian Junk/Christopher Daase (Hrsg.), Transformations of Security Studies. Dialogues, Diversity and Discipline, London/New York 2016.

Schmädeke, Jürgen, Wählerbewegung im Wilhelminischen Deutschland. Eine historisch-statistische Untersuchung zu den Reichstagswahlen von 1890 bis 1912, 2 Bde., Berlin 1994.

Schmeitzner, Mike, Georg Gradnauer – Der Begründer des Freistaates (1918–20), in: Von Macht und Ohnmacht. Sächsische Ministerpräsidenten im Zeitalter der Extreme 1919–1952, hrsg. von Mike Schmeitzner/Andreas Wagner, Beucha 2006, S. 52–88.

Schmeitzner, Mike, Revolution und Republik. Die Bildung des Freistaates Sachsen 1918/19 bis 1923, in: Der gespaltene Freistaat. Neue Perspektiven auf die sächsische Geschichte 1918–1933, hrsg. von Konstantin Hermann/Mike Schmeitzner/Swen Steinberg, Dresden/Leipzig 2019, S. 61–110.

Schmeitzner, Mike/Michael Rudloff, Geschichte der Sozialdemokratie im Sächsischen Landtag. Darstellung und Dokumentation 1877–1997, Dresden 1997.

Schmidt, Carsten, Zwischen Burgfrieden und Klassenkampf. Sozialpolitik und Kriegsgesellschaft in Dresden 1914–1918, Marburg 2007.

Schmidt, Gerhard, Der sächsische Landtag 1833–1918. Sein Wahlrecht und seine soziale Zusammensetzung, in: Beiträge zur Archivwissenschaft und Geschichtsforschung, hrsg. von Reiner Groß/Manfred Kobuch, Weimar 1977, S. 445–465.

Schmidt, Gerhard, Die Zentralverwaltung Sachsens 1831–1918, Teile I, II, in: Lêtopis, Reihe B, 27, H. 1 und 2 (1980), S. 19–42 und S. 113–134.

Schmidt, Jürgen, Brüder, Bürger und Genossen. Die deutsche Arbeiterbewegung zwischen Klassenkampf und Bürgergesellschaft 1830–1870, Bonn 2018.

Schmidt, Marianne, Organisationsformen und Bewußtseinsentwicklung der Dresdner Sozialdemokratie in den Jahren 1881–1891. Ein regionalgeschichtlicher Beitrag zur Herausbildung der sozialistischen Massenpartei, Diss., Pädagogische Hochschule Potsdam 1969.

Schmidt, Marianne, Die Arbeiterorganisationen in Dresden 1878 bis 1890. Zur Organisationsstruktur der Arbeiterbewegung im Kampf gegen das Sozialistengesetz, in: Jahrbuch für Geschichte 22 (1981), S. 175–226.

Schmidt, Marianne, Die Arbeiterbewegung in Ostsachsen im Kampf um die einheitliche Partei des Proletariats, gegen das Bismarcksche Sozialistengesetz und um die Durchsetzung des Marxismus, 1871–1900, Dresden 1988.

Schmidt, Roland, Geschichte der Leipziger Zeitung 1854–1918, Dresden 1934.

Schmidt-Dresden, G. W. C., Fünfzig Jahre deutsche Fortschrittspartei (Linksliberalismus) im Reiche und in Sachsen (1861 bis 1911), 2 Teile, in: Mitteilungen aus der Fortschrittlichen Volkspartei im Königreich Sachsen Jg. 1, H. 17–18 (1911).

Schneider, Max, Kritische Untersuchung über die Einführung der Proportionalwahl zum Reichstage und den Landtage der Mittelstaaten, Augsburg 1912.

Schnitzer, Claudia, Adlige Selbstbehauptung in einer bürgerlichen Festform. Der Turnierzug des sächsischen Adels im Huldigungszug anläßlich der Wettiner-Jubelfeier 1889 in Dresden, in: Geschichte des sächsischen Adels, hrsg. von Katrin Keller/Josef Matzerath, Köln/Weimar/Wien 1997, S. 167–186.

Schoenbaum, David, Zabern 1913: Consensus Politics in Imperial Germany, London/Boston 1982.

Schönberger, Christoph, Das Parlament im Anstaltsstaat. Zur Theorie parlamentarischer Repräsentation in der Staatsrechtslehre des Kaiserreichs (1871–1918), Frankfurt a. M. 1997.

Schönberger, Christoph, Ein Liberaler zwischen Staatswille und Volkswille: Georg Jellinek und die Kreise des staatsrechtlichen Positivismus um die Jahrhundertwende, in: Georg Jellinek. Beiträge zu Leben und Werk, hrsg. von Stanley L. Paulson/Martin Schulte, Tübingen 2000, S. 3–32.

Schönberger, Christoph, Die überholte Parlamentarisierung: Einflußgewinn und fehlende Herrschaftsfähigkeit des Reichstags im sich demokratisierenden Kaiserreich, in: Historische Zeitschrift 272, H. 3 (2001), S. 623–666.

Schötz, Susanne, Handelsfrauen in Leipzig. Zur Geschichte von Arbeit und Geschlecht in der Neuzeit, Köln 2004.

Schötz, Susanne (Hrsg.), Frauenalltag in Leipzig. Weibliche Lebenszusammenhänge im 19. und 20. Jahrhundert, Köln/Weimar/Wien 1997.

Schorlemer, Hubertus von, Das sächsische Landtags- und das Reichstags-Wahlrecht, Großenhain o. J. [1895].

[Schorlemer, Hubertus von,] Talmi-Antisemitismus. Von einem zielbewußten Antisemiten, Großenhain 1895.

Schorske, Carl E., German Social Democracy, 1905–1917: The Development of the Great Schism, Cambridge (Massachusetts) 1955.

Schröder, Valentin, Wahlen in Deutschland, abrufbar unter: http://www.wahlen-in-deutschland.de [15.7.2022], u. a.: Norddeutscher Bund und Kaiserreich 1867–1918: Gesamtergebnisse der Wahlen zum Reichstag. Karten zu den Ergebnissen der einzelnen Reichstagswahlen 1867–1912. Landtage. Königreich Sachsen.

Schröder, Valentin/Philip Manow, Elektorale Koordination, legislative Kohäsion und der Aufstieg der modernen Massenpartei: Die Grenzen des Mehrheitswahlrechts im Deutschen Kaiserreich, 1890–1918, in: Politische Vierteljahresschrift 55, H. 3 (2014), S. 518–554.

Schröder, Wilhelm Heinz, Sozialdemokratische Parlamentarier in den Deutschen Reichs- und Landtagen 1867–1933. Biographien – Chronik – Wahldokumentation, Düsseldorf 1995.

Schröder, Wolfgang, Wilhelm Liebknecht und die »Mitteldeutsche Volks-Zeitung«. Zur Rolle der Leipziger Arbeiterbewegung und ihrem Verhältnis zur I. Internationale im Krisenjahr 1866, in: Leipzig. Aus Vergangenheit und Gegenwart, hrsg. vom Museum für Geschichte der Stadt Leipzig, Leipzig 1986, S. 131–165.

Schröder, Wolfgang, Liebknechts »Fünf-Thaler-Affäre« 1870/71. Vom steinigen Weg, Freiraum für die Arbeiterbewegung zu erstreiten, in: Demokratie und Emanzipation zwischen Saale und Elbe, hrsg. von Helga Grebing/Hans Mommsen/Karsten Rudolph, Essen 1993, S. 54–72.

Schröder, Wolfgang, » ... zu Grunde richten wird man uns nicht mehr«. Sozialdemokratie und Wahlen im Königreich Sachsen 1867–1877, in: Beiträge zur Geschichte der Arbeiterbewegung 36, H. 4 (1994), S. 3–18.

Schröder, Wolfgang, Die Armee muß organisiert sein, ehe der Krieg beginnt. Die Entstehung des Conservativen Vereins für den Leipziger Kreis, in: Leipziger Kalender (1996), S. 140–165.

Schröder, Wolfgang, Die Genese des »Conservativen Landesvereins für das Königreich Sachsen«, in: Sachsen im Kaiserreich, hrsg. von Simone Lässig/Karl Heinrich Pohl, Dresden 1997, S. 149–174.

Schröder, Wolfgang, Wahlrecht und Wahlen im Königreich Sachsen 1866–1896, in: Wahlen und Wahlkämpfe in Deutschland, hrsg. von Gerhard A. Ritter, Düsseldorf 1997, S. 79–130.

Schröder, Wolfgang, Unternehmer im sächsischen Landesparlament 1866–1909, in: Unternehmer in Sachsen, hrsg. von Ulrich Heß/Michael Schäfer mit Werner Bramke/Petra Listewnik, Leipzig 1998, S. 119–144.

Schröder, Wolfgang, Wahlkämpfe und Parteientwicklung. Zur Bedeutung der Reichstagswahlen für die Formierung der Sozialdemokratie zur politischen Massenpartei (Sachsen 1867–1881), in: Mitteilungsblatt des Instituts zur Erforschung der europäischen Arbeiterbewegung H. 20 (1998), S. 1–66.

Schröder, Wolfgang, Brücke beim Aufbruch zu neuen Ufern. Zur Integrationsfunktion der Arbeiterpresse. Ein Überblick, in: Das bewegte Buch. Buchwesen und soziale, nationale und kulturelle Bewegungen um 1900, hrsg. von Mark Lehmstedt/Andreas Herzog, Wiesbaden 1999, S. 9–46.

Schröder, Wolfgang, Zur Struktur der II. Kammer des sächsischen Landtages 1869–1918, in: Das lange 19. Jahrhundert, 2 Bde., hrsg. von Wolfgang Küttler, Band 2, Berlin 1999, S. 149–183.

Schröder, Wolfgang, Saxony's »Liberal Era« and the Rise of the Red Specter in the 1870s, in: Saxony in German History, hrsg. von James Retallack, Ann Arbor 2000, S. 235–254.

Schröder, Wolfgang, Landtagswahlen im Königreich Sachsen 1869 bis 1895/1896. Mit einem Exkurs zum Dreiklassen- und Pluralwahlrecht 1896/97 bis 1909/1918. Beiheft zur Karte D IV 3 (= Atlas zur Geschichte und Landeskunde von Sachsen), Leipzig/Dresden 2004.

Schröder, Wolfgang, Wilhelm Liebknecht. Soldat der Revolution, Parteiführer, Parlamentarier, Berlin 2013.

Schröder, Wolfgang/Inge Kiesshauer, Die Genossenschaftsbuchdruckerei zu Leipzig 1871–1881, Wiesbaden 1992.

Schoenberg, Arnold, Stil und Gedanke, hrsg. von Ivan Vojtěch, Frankfurt a. M. 1976.

Schrörs, Karl, Handbuch sozialdemokratischer Landes-Parteitage in Sachsen von 1891 bis 1914, Leipzig 1914.

Schubbert, Christian, Die Rezeption des Antisemitismus in der Deutschkonservativen Partei in der Caprivizeit (1890–94), München/Ravensburg 1998.

Schubert, Michèle, Soziale Lage und politisches Handeln Leipziger Dienstmädchen während der industriellen Revolution, in: Jahrbuch für Regionalgeschichte 18 (1991/92), S. 107–123.

[Schücking, Lothar,] Die Reaktion in der inneren Verwaltung Preußens von Bürgermeister X. Y. in Z. Berlin-Schöneberg 1908.

Schüller, Wieland, Der Kampf der revolutionären deutschen Sozialdemokratie in der Kreishauptmannschaft Dresden während der ersten Phase des Sozialistengesetzes (1878–1881), 2 Bde., Diss., Universität Leipzig 1967.

Schulze, Arthur, Die Bankkatastrophen in Sachsen im Jahre 1901, Tübingen 1903.

Schulze, Friedrich, Der Kitzing – ein politischer Kreis um 1860, in: Schriften des Vereins für die Geschichte Leipzigs 13, H. 1 (1921), S. 16–28.

Schulze, Winfried, Karl Friedrich Biedermann. Eine Studie zum Verhältnis von Wissenschaft, Publizistik und Politik im deutschen Vormärz, in: Aus Theorie und Praxis der Geschichtswissenschaft, hrsg. von Dietrich Kurze, Berlin/New York 1972, S. 299–326.

Schuster, Dieter, Das preußische Dreiklassenwahlrecht, der politische Streik und die deutsche Sozialdemokratie bis zum Jahre 1914, Diss., Universität Bonn 1958.

Schwab, Herbert, Aufstieg und Niedergang der Nationalliberalen Partei. Zur Geschichte des Nationalliberalismus in Deutschland 1864–1880, 2 Bde., Diss. habil., Universität Jena 1968.

Schwarzbach, Helmut, Geschichte der Kreisparteiorganisation Zittau der SED, Heft 2, Die Entwicklung der sozialdemokratischen Organisationen des Zittauer Gebiets zur Kreisparteiorganisation der revolutionären Sozialdemokratie im Kampf gegen Ausbeutung und Kriegskurs des deutschen Imperialismus (1871–1917/18), Zittau 1986.

Schweitzer, Johann Baptiste von, Politische Aufsätze und Reden, hrsg. von Franz Mehring, Berlin 1912.

Schwentker, Wolfgang, Konservative Vereine und Revolution in Preussen 1848/49. Die Konstituierung des Konservatismus als Partei, Düsseldorf 1988.

Seeber, Gustav, Wahlkämpfe, Parlamentsarbeit und revolutionäre Politik. Zur Entwicklung der revolutionären Parlamentstaktik in Deutschland in der zweiten Hälfte des 19. Jahrhunderts, in: Marxismus und deutsche Arbeiterbewegung, hrsg. von Horst Bartel, Berlin-Ost 1970, S. 219–330.

Seeber, Gustav, Deutsche Fortschrittspartei 1861–1884, in: Lexikon zur Parteiengeschichte, hrsg. von Dieter Fricke et al., Bd. 1, Köln 1983–1986, S. 623–648.

Seeber, Gustav/Claudia Hohberg, Nationalliberale Partei (NLP) 1867–1918, in: Lexikon zur Parteiengeschichte, hrsg. von Dieter Fricke et al., Bd. 3, Köln 1985, S. 403–436.

Segall, Jacob, Die Juden im Königreich Sachsen von 1832 bis 1910, in: Zeitschrift für Demographie und Statistik der Juden 10, H. 3 (1914), S. 33–46.

Seliger, Maren/Karl Ucakar, Wahlrecht und Wählerverhalten in Wien 1848–1932. Privilegien, Partizipationsdruck und Sozialstruktur, Wien/München 1984.

Sepaintner, Fred, Wahlrecht und Wahlen vor der Reichsgründung in Baden: Die Wahl zum Erfurter Volkshaus 1850 und die Zollparlamentswahl 1868, in: Zeitschrift für die Geschichte des Oberrheins 147 (1999), S. 635–670.

Sheehan, James J., Liberalism and the City in Nineteenth-Century Germany, in: Past and Present 51 (1971), S. 116–137.

Shklar, Judith N., Political Thought and Political Thinkers, hrsg. von Stanley Hoffmann, Chicago 1998.

Shklar, Judith N., Der Liberalismus der Furcht, übers. von Hannes Bajohr (engl. Orig. 1998), Berlin 2013.

Sick, Klaus-Peter, Ein fremdes Parlament als Argument. Die deutschen Liberalen im Kaiserreich und der Parlamentarismus der Dritten französischen Republik 1870–1914, in: Demokratie in Deutschland. Chancen und Gefährdungen im 19. und 20. Jahrhundert, hrsg. von Wolther von Kieseritzky/Klaus-Peter Sick, München 1999, S. 91–124.

Sieg, Ulrich, Deutschlands Prophet. Paul de Lagarde und die Ursprünge des Antisemitismus, München 2007.

Siegfried, R[ichard], Die Organisation der Wahlen in den großstädtischen Kaufmannsgerichten (Separatabdruck), in: Sozialer Praxis 52 (1904), S. 1–10.

Siegfried, R[ichard], Proportionalwahl für die Landtags-Wahlen deutscher Mittelstaaten, in: Annalen des Deutschen Reiches 190, H. 9 (1905), S. 677–687.

Siegfried, R[ichard], Die preußischen Wahlkreise. Ein Beitrag zur Frage der preußischen Wahlreform, Jena 1906.

Siegfried, R[ichard], Die schwere Benachteiligung der volkreichsten Landesteile Preußens bei den Landtagswahlen, Berlin 1908.

Siegrist, Hannes, Advokat, Bürger und Staat. Sozialgeschichte der Rechtsanwälte in Deutschland, Italien und der Schweiz (18.–20. Jh.), 2 Bde., Frankfurt a. M. 1996.

Siemann, Wolfram, Metternich's Britain (= The 2011 Annual Lecture of the German Historical Institute London), London 2012.
Silberner, Edmund, Johann Jacoby. Politiker und Mensch, Bonn/Bad Godesberg 1976.
Silverman, Dan P., Reluctant Union: Alsace-Lorraine and Imperial Germany, 1871–1918, University Park 1972.
Simpson, William/Martin Desmond, Europe 1783–1914, Abingdon 2000.
Skinner, Richard Duane, Artisan Rhetoric in Saxony, 1848–1849, Diss., University of Texas, Austin 1994.
Skocpol, Theda/Margaret Somers, The Uses of Comparative History in Macrosocial Inquiry, in: Comparative Studies in Society and History 22 (1980), S. 174–197.
Smith, Helmut Walser, German Nationalism and Religious Conflict: Culture, Ideology, Politics, 1870–1914, Princeton 1995.
Smith, Helmut Walser, The Continuities of German History: Nation, Religion, and Race across the Long Nineteenth Century, Cambridge 2008.
Smith, Helmut Walser (Hrsg.), The Oxford Handbook of Modern German History, Oxford 2011.
[Sozialdemokratische Partei Deutschlands,] Protokoll über die Verhandlungen des Parteitages der Sozialdemokratischen Partei Deutschlands … [1890–1917], Berlin 1890–1917, Online-Edition der Bibliothek der Friedrich-Ebert-Stiftung, abrufbar unter: http://library.fes.de/parteitage/[15.7.2022].
[Sozialdemokratische Partei Sachsens,] Protokoll über die Verhandlungen der Landesversammlung der Sozialdemokratischen Partei Sachsens, abgehalten in … Crimmitschau 1899, Dresden 1900, Leipzig-Plagwitz 1901, Meißen 1902, Mittweida 1903, Chemnitz-Kappel 1904, Leipzig 1905, Zwickau 1906, Dresden 1907, Plauen 1908, (außerordentlich) Dresden 1908, Zittau 1909, Leipzig 1910, Meißen 1911, Dresden 1912, Plauen 1913, Leipzig 1914, Dresden 1918, Dresden 1899–1918.
[Sozialdemokratische Partei Sachsens,] Sozialdemokratischer Parteitag Dresden 1903. Bericht, Aufsätze, o. O. [Dresden], o. J. [1903].
Specht, Fritz/Paul Schwabe, Die Reichstagswahlen von 1867 bis 1903. Eine Statistik der Reichstagswahlen nebst den Programmen der Parteien und einem Verzeichnisse der gewählten Abgeordneten (Berlin 1898, 2. Auflage 1904), rev. Auflage 1908.
Spenkuch, Hartwin, Das Preußische Herrenhaus. Adel und Bürgertum in der Ersten Kammer des Landtages, 1854–1918, Düsseldorf 1998.
Sperber, Jonathan, *Bürger, Bürgertum, Bürgerlichkeit, Bürgerliche Gesellschaft*: Studies of the German (Upper) Middle Class and Its Sociocultural World, in: Journal of Modern History 69 (1997), S. 271–297.
Sperber, Jonathan, The Kaiser's Voters: Electors and Elections in Imperial Germany, Cambridge/New York 1997.
Spieker, Ira, Kapital – Konflikte – Kalkül. Ländlicher Alltag in Sachsen im 19. Jahrhundert, Dresden 2012.
Spitzemberg, Hildegard, Das Tagebuch der Baronin Spitzemberg, geb. Freiin v. Varnbüler. Aufzeichnungen aus der Hofgesellschaft des Hohenzollernreiches, hrsg. von Rudolf Vierhaus, 5. Aufl., Göttingen 1989.
Sprengel, Peter, Der Liberalismus auf dem Weg ins »neue Reich«: Gustav Freytag und die Seinen 1866–1871, in: Literatur und Nation. Die Gründung des Deutschen Reiches 1871 in der deutschsprachigen Literatur, hrsg. von Klaus Amann/Karl Wagner, Köln/Weimar/Wien 1996, S. 153–181.
Stalmann, Volker, Fürst Chlodwig zu Hohenlohe-Schillingsfürst 1819–1901. Ein deutscher Reichskanzler, Paderborn 2009.
Stampfer, Friedrich, Erfahrungen und Erkenntnisse. Aufzeichnungen aus meinem Leben, Köln 1957.
Starke, Holger, Dresden in der Vorkriegszeit. Tätigkeitsfelder für den jungen Gustav Stresemann, in: Politiker und Bürger. Gustav Stresemann und seine Zeit, hrsg. von Karl Heinrich Pohl, Göttingen 2002, S. 86–113.
Starke, Holger, Dresden im Kaiserreich. Liberalismus in einer konservativen Stadt?, in: Kommunaler Liberalismus in Europa. Großstadtprofile um 1900, hrsg. von Detlef Lehnert, Köln/Weimar/Wien 2014, S. 191–207.
Staude, Fritz, Sie waren stärker. Der Kampf der Leipziger Sozialdemokratie in der Zeit des Sozialistengesetzes 1878–1890, Leipzig 1969.

Steenson, Gary P., After Marx, Before Lenin: Marxism and Socialist Working-Class Parties in Europe, 1884–1914, Pittsburgh 1991.
Stegmann, Dirk, Die Erben Bismarcks. Parteien und Verbände in der Spätphase des wilhelminischen Deutschlands. Sammlungspolitik 1897–1918, Köln/Berlin 1970.
Stegmann, Dirk, Zwischen Repression und Manipulation. Konservative Machteliten und Arbeiter- und Angestelltenbewegung 1910–1918, in: Archiv für Sozialgeschichte 12 (1972), S. 351–432.
Stegmann, Dirk, Vom Neokonservatismus zum Proto-Faschismus: Konservative Partei, Vereine und Verbände 1893–1920, in: Deutscher Konservatismus im 19. und 20. Jahrhundert, hrsg. von Dirk Stegmann/Peter-Christian Witt/Bernd-Jürgen Wendt, Bonn 1983, S. 199–230.
Stegmann, Dirk, Between Economic Interests and Radical Nationalism: Attempts to Found a New Right-Wing Party in Imperial Germany, 1887–94, in: Between Reform, Reaction, and Resistance, hrsg. von Larry Eugene Jones/James Retallack, Providence/Oxford 1993, S. 157–185.
Stegmann, Dirk/Bernd-Jürgen Wendt/Peter-Christian Witt (Hrsg.), Deutscher Konservatismus im 19. und 20. Jahrhundert. Festschrift für Fritz Fischer zum 75. Geburtstag und zum 50. Doktorjubiläum, Bonn 1983.
Steinbach, Peter, Einleitung. Probleme politischer Partizipation im Modernisierungsprozeß, in: Probleme politischer Partizipation im Modernisierungsprozeß, hrsg. von Peter Steinbach, Stuttgart 1982, S. 7–19.
Steinbach, Peter, Politisierung und Nationalisierung der Region im 19. Jahrhundert. Regionalspezifische Politikrezeption im Spiegel historischer Wahlforschung, in: Probleme politischer Partizipation im Modernisierungsprozeß, hrsg. von Peter Steinbach, Stuttgart 1982, S. 321–349.
Steinbach, Peter, Die Entwicklung der deutschen Sozialdemokratie im Kaiserreich im Spiegel der historischen Wahlforschung, in: Der Aufstieg der deutschen Arbeiterbewegung, hrsg. von Gerhard A. Ritter mit Elisabeth Müller-Luckner, München 1990, S. 1–35.
Steinbach, Peter, Die Zähmung des politischen Massenmarktes. Wahlen und Wahlkämpfe im Bismarckreich im Spiegel der Hauptstadt- und Gesinnungspresse, 3 Bde., Passau 1990.
Steinbach, Peter, Einleitung. Historisch-politische Determinanten der Wahlentscheidung: Zur Skizzierung der politischen Regionalgeschichte, in: Peter Steinbach, Statistik der Reichstags- und Landtagswahlen im Fürstentum Lippe 1867–1916, Passau 1992, S. 17–56.
Steinbach, Peter, Reichstag Elections in the Kaiserreich: The Prospects for Electoral Research in the Interdisciplinary Context, in: Elections, Mass Politics, and Social Change in Modern Germany, hrsg. von Larry Eugene Jones/James Retallack, Cambridge 1992, S. 119–146.
Steinbrecher, Ursula, Liberale Parteiorganisation unter besonderer Berücksichtigung des Linksliberalismus 1871–1893. Ein Beitrag zur deutschen Parteigeschichte, Diss., Universität Köln 1960.
Stern, Fritz, The Politics of Cultural Despair: A Study in the Rise of the Germanic Ideology, Berkeley 1961.
Stern, Leo (Hrsg.), Die Auswirkungen der ersten russischen Revolution von 1905–1907 auf Deutschland, 2 Bde., Berlin-Ost 1955–1956.
Stern, Leo (Hrsg.), Der Kampf der deutschen Sozialdemokratie in der Zeit des Sozialistengesetzes 1878–1890. Die Tätigkeit der Reichs-Commission, 2 Bde., Berlin-Ost 1956.
Stern, Leo (Hrsg.), Despotie in der Karikatur. Die russische Revolution 1905 bis 1907 im Spiegel der deutschen politischen Karikatur, Berlin-Ost 1967.
Stibbe, Matthew, Anti-Semitic Publicists and Agitators in Imperial Germany 1871–1900, Magisterarbeit, University of Sussex 1993.
Stibbe, Matthew, Anti-Feminism, Nationalism, and the German Right, 1914–20: A Reappraisal, in: German History 20, H. 2 (2002), S. 185–210.
Stöbe, Herbert, Der Große Streik der Chemnitzer Metallarbeiter zur Durchsetzung des Zehnstundentages im Jahre 1871, Karl-Marx-Stadt 1962.
Stöcker, Adolf, Christlich-Sozial. Reden und Aufsätze, 2. Aufl., Berlin 1890.
Stölting, Franz, Wahlrecht und Wahlpflicht, Breslau 1910.
Stolberg-Wernigerode, Otto zu, Robert Heinrich Graf von der Goltz. Botschafter in Paris 1864–1869, Oldenburg 1941.

Stolberg-Wernigerode, Otto zu, Ein unbekanntes Bismarckgespräch aus dem Jahre 1865, in: Historische Zeitschrift 194 (1962), S. 357–362.
Das Revidirte Strafgesetzbuch für das Königreich Sachsen vom 1. Oktober 1868, Dresden o. J., abrufbar unter: http://digital.slub-dresden.de/werkansicht/dlf/96807/1/[15.7.2022].
Strauss, Rudolph/Kurt Finsterbusch, Die Chemnitzer Arbeiterbewegung unter dem Sozialistengesetz, Berlin-Ost 1954.
Stürmer, Michael, Regierung und Reichstag im Bismarckstaat 1871–1880. Cäsarismus oder Parlamentarismus, Düsseldorf 1974.
Sturmhoefel, Konrad, Illustrierte Geschichte des Albertinischen Sachsen. Von 1815 bis 1904 (= Illustrierte Geschichte der Sächsischen Lande und ihrer Herrscher, Bd. II, Abt. 2), Leipzig o. J.
Suchy, Barbara, Antisemitismus in den Jahren vor dem Ersten Weltkrieg, in: Köln und das rheinische Judentum: Festschrift Germania Judaica, hrsg. von Jutta Bohnke-Kollwitz et al., Köln 1984, S. 252–285.
Süchting-Hänger, Andrea, Das Gewissen der Nation. Nationales Engagement und politisches Handeln konservativer Frauenorganisationen 1900 bis 1937, Düsseldorf 2002.
Suval, Stanley, Electoral Politics in Wilhelmine Germany, Chapel Hill 1985.
Szejnmann, Claus-Christian W., Nazism in Central Germany: The Brownshirts in Red Saxony, New York/Oxford 1999.

Theilhaber, Robert, Hundert Jahre bayerischer Wahlrechtsentwicklung. Ein Beitrag zur wissenschaftlichen Politik, München 1908.
Thiede, Rolf, Stereotypen vom Juden. Die frühen Schriften von Heinrich und Thomas Mann. Zum antisemitischen Diskurs der Moderne und dem Versuch seiner Überwindung, Berlin 1998.
Thieme, André, Vom Königreich zur Republik – Sachsen und die Revolution von 1918, in: »Macht euern Dreck alleene!« Der letzte sächsische König, seine Schlösser und die Revolution 1918, hrsg. von Iris Kretschmann/André Thieme, Dresden/Pillnitz 2018, S. 10–29.
Thieme, Horst, Die Verhängung des kleinen Belagerungszustandes über Leipzig und Umgebung am 29. Juni 1881 – Vorgeschichte und erste Auswirkungen. Ein Beitrag zur Geschichte der Leipziger Arbeiterbewegung in der Zeit des Sozialistengesetzes, in: Sächsische Heimatblätter 9, H. 6 (1963), S. 77–85.
Thimme, Annelise, Hans Delbrück als Kritiker der Wilhelminischen Epoche, Düsseldorf 1955.
Thompson, Alastair P., Left Liberals, the State, and Popular Politics in Wilhelmine Germany, Oxford 2000.
Thränhardt, Dietrich, Wahlen und politische Strukturen in Bayern 1848–1953, Düsseldorf 1973.
Thümmler, Gerhard, Die sozialökonomische Zusammensetzung des sächsischen Landtages in der Zeit zwischen 1864–1873, Hist. Diplom-Arbeit, Humboldt-Universität zu Berlin 1965.
Thümmler, Gerhard, Der Sächsische Landtag in der Zeit der Reichseinigung 1864 bis 1875. Eine sozial ökonomische Betrachtung seiner Mitglieder, in: 700 Jahre politische Mitbestimmung in Sachsen, hrsg. von Karlheinz Blaschke, Dresden 1994, S. 50–56.
Thümmler, Heinzpeter, Sozialistengesetz § 28. Ausweisungen und Ausgewiesene 1878–1890, Vaduz 1979.
Thurner, Manuela, »Better Citizens Without the Ballot«: American Anti-suffrage Women and Their Rationale During the Progressive Era, in: Journal of Women's History 5, H. 1 (1993), S. 33–60.
Tiedemann, Christoph von, Sechs Jahre Chef der Reichskanzlei unter dem Fürsten Bismarck. Erinnerungen, Leipzig 1910.
Tipton, Frank B. Jr., Regional Variations in the Economic Development of Germany During the Nineteenth Century, Middletown 1976.
Tödter, Niels-Uwe, Die deutschen parlamentarischen Klassenwahlrechte im 19. und 20. Jahrhundert, Jur. Diss., Universität Hamburg 1967.
Treinen, Heiner, Symbolische Ortsbezogenheit. Eine soziologische Untersuchung zum Heimatproblem, in: Kölner Zeitschrift für Soziologie und Sozialpsychologie 17 (1965), S. 73–97 und S. 254–297.
Treitschke, Heinrich von, Die Zukunft der norddeutschen Mittelstaaten, 2. Aufl., Berlin 1866.
Treitschke, Heinrich von, Heinrich von Treitschkes Briefe, 4 Bde., hrsg. von Max Cornicelius, Bd. 2 (1859–1866), Bd. 3 (1866–1896), Leipzig 1913–1920.

Treitschke, Heinrich von, Aufsätze, Reden und Schriften, 5 Bde., hrsg. von Karl Martin Schiller, Meersburg 1929.
Treitschke, Heinrich von, Deutsche Kämpfe. Die schönsten kleineren Schriften, hrsg. von Heinrich Heffter, Leipzig 1935.
Triepel, Heinrich, Wahlrecht und Wahlpflicht. Vortrag, gehalten in der Gehe-Stiftung zu Dresden am 17. März 1900, Dresden 1900.
Trommler, Frank, Kulturmacht ohne Kompass. Deutsche auswärtige Kulturbeziehungen im 20. Jahrhundert, Köln/Weimar/Wien 2014.
Turk, Eleanor L., Holding the Line: The National Liberals and the Prussian Association Law of 1897, in: German Studies Review 2, H. 3 (1979), S. 297–316.
Turk, Eleanor L., Thwarting the Imperial Will: A Perspective on the Labor Regulation Bill and the Press of Wilhelmian Germany, in: Another Germany: A Reconsideration of the Imperial Era, hrsg. von Jack R. Dukes/Joachim Remak, Boulder 1988, S. 115–138.
Twain, Mark, Bummel durch Europa, übers. von Gustav Adolf Himmel, Frankfurt a. M. 1997.

Ucakar, Karl, Demokratie und Wahlrecht in Österreich. Zur Entwicklung von politischer Partizipation und staatlicher Legitimationspolitik, Wien 1985.
Uhlig, Otto, Die Volksschule. Eine Materialiensammlung zur Schulreform, hrsg. von Landesverband der Sozialdemokratischen Partei Sachsens, Dresden 1913.
Ulrich, Eduard, Staatserhaltende Demagogie und staatsgefährdende Leisetreterei, Dresden 1893.
Ungern-Sternberg, Eduard von, Zur Judenfrage, Stuttgart 1892.

Venus, Ernst, Amtshauptmann in Sachsen. Lebenserinnerungen des letzten Dresdener Amtshauptmann und Landrats, Bonn 1970.
Verein für Sozialpolitik (Hrsg.), Königreich Sachsen (= Verfassung und Verwaltungsorganisation der Städte, Bd. 4, Teil 1), Leipzig 1905.
Verzeichnis sämtlicher Mitglieder der Ständeversammlung im Jahre [1867 ff.: Verzeichnis, Sitzordnung u. Wohnungsangabe sämtlicher Mitglieder], Dresden 1867–1918.
Vietsch, Eberhard, Bethmann Hollweg. Staatsmann zwischen Macht und Ethos, Boppard am Rhein 1969.
Vines, Kenneth N./Henry Robert Glick, The Impact of Universal Suffrage: A Comparison of Popular and Property Voting, in: American Political Science Review 61, H. 4 (1967), S. 1078–1087.
Vitzthum von Eckstädt, Karl Friedrich, London, Gastein und Sadowa, 1864–1866. Denkwürdigkeiten, Stuttgart 1889.
Vogel, Bernhard/Dieter Nohlen/Rainer-Olaf Schultze, Wahlen in Deutschland. Theorie – Geschichte – Dokumente 1848–1970, Berlin/New York 1971.
Vogel, Georg, Die Konservativen und die Blockpolitik Bülows 1907–1909, Diss., Humboldt Universität Berlin 1925.
Vogel, Robert, The Diplomatic Career of Sir Fairfax Cartwright from 1906 to 1913, Magisterarbeit, McGill University 1954.
Vogel, Stephanie, Die liberale Bewegung in Sachsen 1830–1849 (unter besonderer Berücksichtigung des politischen Zentrums Leipzig), Diss., Universität Bonn 1993.
Volkov, Shulamit, Antisemitism as a Cultural Code: Reflections on the History and Historiography of Antisemitism in Imperial Germany, in: Leo Baeck Institute Year Book 23 (1978), S. 25–45.
Volkov, Shulamit, The Written Matter and the Spoken Word: On the Gap Between Pre-1914 and Nazi Anti-Semitism, in: Unanswered Questions: Nazi Germany and the Genocide of the Jews, hrsg. von François Furet, New York 1989, S. 33–53.
Volkov, Shulamit, Das jüdische Projekt der Moderne. Zehn Essays, München 2001.
Das Volksschulwesen im Königreich Sachsen. Gesetz vom 26. April 1873 nebst der Ausführungsverordnung dazu vom 25. August 1874 und den neueren damit in Verbindung stehenden Gesetzen und Verordnungen, 2. Auflage, Leipzig 1876.

Wächter, Georg, Die sächsischen Städte im 19. Jahrhundert, 2 Teile, in: Zeitschrift des Königl. Sächsischen Statistischen Bureaus 47 (1901), S. 179–232; 48 (1902), S. 27–79.
Wagner, Andreas, Machtergreifung in Sachsen. NSDAP und staatliche Verwaltung 1930–1935, Köln/Weimar/Wien 2004.
Wagner, Patrick, Bauern, Junker und Beamte. Lokale Herrschaft und Partizipation im Ostelbien des 19. Jahrhunderts, Göttingen 2005.
Wagner, Thomas H., Krieg oder Frieden. Unser Platz an der Sonne. Gustav Stresemann und die Außenpolitik des Kaiserreichs bis zum Ausbruch des Ersten Weltkrieges, Paderborn 2007.
Der Wahlkampf in Dresden nach der Reichstagsauflösung am 13. Dezbr. 1906. Ein Spiegelbild d. Anschlagsäulen vor der Hauptwahl am 25. Januar 1907 und bis zur Stichwahl am 5. Februar 1907, Dresden o. J. [1907].
Das Wahlrecht zum Reichstage, Leipzig 1895.
Wahlrechtsdemonstration in Leipzig am 1. November 1908. Ein Gedenkblatt für die arbeitende Klasse im Kampfe für das allgemeine gleiche geheime und direkte Wahlrecht in Sachsen 1896–1908, o. O. o. J.
Wahlverein der Deutschen Konservativen (Hrsg.). Unkorrigierter Stenographischer Bericht über die Verhandlungen des Allgemeinen konservativen Parteitages zu Dresden am 2. Februar 1898. Berlin 1898.
Waldegg, Egon [Pseudonym für Alexander Pinkert]. Die Judenfrage gegenüber dem deutschen Handel und Gewerbe. Ein Manifest an die deutsche Nation, 2. Auflage, Dresden 1879.
Waldersee, Alfred Graf von, Denkwürdigkeiten des General-Feldmarschalls Alfred Grafen von Waldersee, 3 Bde., hrsg. von Heinrich Otto Meisner, Stuttgart/Berlin 1922.
Warneken, Bernd Jürgen, »Die friedliche Gewalt des Volkswillens«. Muster und Deutungsmuster von Demonstrationen im deutschen Kaiserreich, in: Massenmedium Straße, hrsg. von Bernd Jürgen Warneke, Frankfurt a. M. 1991, S. 97–119.
Warneken, Bernd Jürgen (Hrsg.), Massenmedium Straße. Zur Kulturgeschichte der Demonstration, Frankfurt a. M. 1991.
Warneken, Bernd Jürgen, Kleine Schritte der sozialen Emanzipation. Ein Versuch über den unterschichtlichen Spaziergang um 1900, in: ders., Populare Kultur. Gehen – Protestieren – Erzählen – Imaginieren, Köln 2010, S. 83–106.
Warneken, Bernd Jürgen (Bearb.), Als die Deutschen demonstrieren lernten. Das Kulturmuster »friedliche Straßendemonstration« im preußischen Wahlrechtskampf 1908–1910, Tübingen 1986.
Warren, Donald, Jr., The Red Kingdom of Saxony: Lobbying Grounds for Gustav Stresemann, 1901–1909, Den Haag 1964.
Weber, Eugen, Peasants into Frenchmen: The Modernization of Rural France, 1870–1914, Stanford 1976.
Weber, Max, Political Writings, hrsg. von Peter Lassman/Ronald Speirs, Cambridge/New York 1994.
Weber, Rolf, Kleinbürgerliche Demokraten in der deutschen Einigungsbewegung 1863–1866, Berlin 1962.
Weber, Rolf, Die Revolution in Sachsen 1848/49. Entwicklung und Analyse ihrer Triebkräfte, Berlin-Ost 1970.
Weber, Rolf, Das Unglück der Könige … Johann Jacoby 1805–1877, Berlin 1987.
Wegener, Dr. Friedrich, Die Politik. Eine staatswissenschaftliche Hausbücherei, Berlin 1907.
Wehler, Hans-Ulrich, Deutsche Gesellschaftsgeschichte, 5 Bde., München 1987–2008.
Weichlein, Siegfried, Saxons into Germans: The Progress of the National Idea in Saxony After 1866, in: Saxony in German History, hrsg. von James Retallack, Ann Arbor 2000, S. 166–179.
Weichlein, Siegfried, Region und Nation. Integrationsprozesse im Bismarckreich, Düsseldorf 2004.
Weigel, Sigrid, Zum »topographical turn«. Kartographie, Topographie und Raumkonzepte in den Kulturwissenschaften, in: KulturPoetik. Zeitschrift für kulturgeschichtliche Literaturwissenschaft 2, H. 2 (2002), S. 151–165.
Weiss, Volkmar, Bevölkerung und soziale Mobilität. Sachsen 1550–1880, Berlin 1993.

Weitowitz, Rolf, Deutsche Politik und Handelspolitik unter Reichskanzler Leo von Caprivi 1890–1894, Düsseldorf 1978.

Welskopp, Thomas, Das Banner der Brüderlichkeit. Die deutsche Sozialdemokratie vom Vormärz bis zum Sozialistengesetz, Bonn 2000.

Welskopp, Thomas, Existenzkampf um Abkömmlichkeit. »Berufspolitiker« in der deutschen Sozialdemokratie bis zum Sozialistengesetz, in: Regierung, Parlament und Öffentlichkeit im Zeitalter Bismarcks, hrsg. von Lothar Gall, Paderborn 2003, S. 185–222.

Westarp, Kuno Graf von, Konservative Politik im letzten Jahrzehnt des Kaiserreichs, 2 Bde., Berlin 1925.

Westarp, Kuno Graf von, Konservative Politik im Übergang vom Kaiserreich zur Weimarer Republik, hrsg. von Friedrich Hiller von Gaertringen mit Karl J. Mayer/Reinhold Weber, Düsseldorf 2001.

Wettstein-Adelt, Minna, 3 1/2 Monate Fabrik-Arbeiterin, Berlin 1893.

Whitfield, Bob, The Extension of the Franchise, 1832–1931, Oxford 2001.

Who Voted for Hitler? Themenheft von Central European History 17, H. 1 (1984).

Wiechel, H[ugo], Berufsklassen-Wahlkreise. Vorschläge zur Umgestaltung des Sächsischen Landtagswahlrechtes und zur Neuabgrenzung der Reichstagswahlkreise, Dresden-Neustadt 1903.

Wiechel, H[ugo], Dreiwahlkreise und Zusatzstimmen (Pluralstimmen). Ein neuer, praktischer Vorschlag zur Lösung der Wahlrechtsfrage in Sachsen, Dresden-N. o. J. [1906].

Wiechel, H[ugo], Freie Wahlen. Ein Vorschlag für ein Wahlverfahren in Anlehnung an den Regierungs-Entwurf vom 7. Juli 1907, Dresden o. J. [1907].

Wieczoreck, Roswitha, Zur Trennung der proletarischen von der bürgerlichen Demokratie. Die sozialistische Parteibildung in Dresden, in: Demokratie und Emanzipation zwischen Saale und Elbe, hrsg. von Helga Grebing/Hans Mommsen/Karsten Rudolph, Essen 1993, S. 25–41.

Wiegand, Frank-Michael, Die Notabeln. Untersuchungen zur Geschichte des Wahlrechts und der gewählten Bürgerschaft in Hamburg 1859–1919, Hamburg 1987.

Wiens, Gavin, In the Service of Kaiser and King: State Sovereignty, Nation-Building, and the German Army, 1866–1918, Diss., University of Toronto 2019.

Wildgrube, Max, Der Konservatismus im Kampfe für das föderative Prinzip. Vortrag gehalten am 8. Dezember 1913 in Dresden auf der Generalversammlung des Konservativen Landesvereins im Königreich Sachsen, Dresden, o. J. [1913].

Williams, William H. A., H. L. Mencken Revisited, New York 1998.

Wilmanns, C[arl], Die goldene Internationale und die Nothwendigkeit einer socialen Reformpartei, Berlin 1876.

Windell, George C., The Bismarckian Empire as a Federal State, 1866–1880: A Chronicle of Failure, in: Central European History 2 (1969), S. 291–311.

Windscheid, Bernhard, Carl Georg von Waechter, Leipzig 1880.

Winkler, Bruno, Zur Statistik der politischen Tagespresse, in: Zeitschrift des Sächsischen Statistischen Landesamtes 64/65 (1918–19), S. 80–90 und S. 163–184.

Winzen, Peter, Das Ende der Kaiserherrlichkeit. Die Skandalprozesse um die homosexuellen Berater Wilhelms II. 1907–1909, Köln/Weimar/Wien 2010.

Witt, Peter-Christian, Die Finanzpolitik des Deutschen Reiches 1903 bis 1913, Lübeck/Hamburg 1970.

Witte, Els/Jan Craeybeckx/Alain Meynen, A Political History of Belgium from 1830 Onwards, Brüssel 2009.

[Witzleben, Cäsar Dietrich von,] Sachsen und der norddeutsche Bund, Leipzig 1866.

Wolff, Kerstin, Unsere Stimme zählt! Die Geschichte des deutschen Frauenwahlrechts, Überlingen 2018.

[Würzburger, Eugen,] Vergleich zwischen den wichtigsten Ergebnissen der Gewerbezählung im Deutschen Reiche und im Königreiche Sachsen, in: Zeitschrift des Königl. Sächsischen Statistischen Bureaus 46, H. 3–4 (1900), S. 141–161.

Würzburger, Eugen, Die »Partei der Nichtwähler«, in: Jahrbücher für Nationalökonomie und Statistik [Abdruck], III. Folge, Bd. 190 (1907), S. 381–389.

Würzburger, Eugen (Hrsg.), Die Wahlen für die Zweite Kammer der Ständeversammlung vom Oktober und November 1909. Sonderabdruck aus der »Zeitschrift des Königlich Sächsischen Statistischen

Landesamtes«. Dresden 1912. [Vier Teile in einem Band.] Original: Erster Teil, ZSSL Jg. 55 (1909), S. 220–243; Erster Teil (Schluß), ZSSL Jg. 57, Heft 1 (1911), S. 1–168; Zweiter Teil und Zweiter Teil (Schluß), ZSSL Jg. 58, Heft 2 (1912), S. 259–331.

Wulff, Kurt, Die Deutschkonservativen und die Preußische Wahlrechtsfrage. Diss., Universität Greifswald o. J. [1921].

Wybranietz, Albert, Beiträge zur Geschichte der sächsischen Parteipresse im 19. Jahrhundert, in: Zeitungswissenschaft 8 (1933), S. 139–65 und S. 300–304.

Wyrwa, Ulrich, Heinrich von Treitschke. Geschichtsschreibung und öffentliche Meinung im Deutschland des 19. Jahrhunderts, in: Zeitschrift für Geschichtswissenschaft 51, H. 9 (2003), S. 781–792.

Wyrwa, Ulrich, Die Internationalen Antijüdischen Kongresse von 1882 und 1883 in Dresden und Chemnitz. Zum Antisemitismus als europäischer Bewegung, in: Themenportal Europäische Geschichte (2009), abrufbar unter: http://www.europa.clio-online.de/2009/Article=362 [15.7.2022].

Zechlin, Egmont, Staatsstreichpläne Bismarcks und Wilhelms II. 1890–1894, Stuttgart 1929.

[Zehmen, Ludwig von,] Die Patrioten und die Nationalen. Ein kurzes Wort geschrieben am Tage der Rückkehr des Königs Johann in seine Hauptstadt Dresden, Leipzig 1866.

Zehmen, Ludwig von, Einige Erläuterungen zu der Beratung des Verfassungsentwurfs für den Norddeutschen Bund im ersten Reichstage, Dresden 1867.

Zemmrich, Johannes, Landeskunde von Sachsen, hrsg. von Karlheinz Blaschke, Berlin 1991.

Ziegler, Donald J., Prelude to Democracy: A Study of Proportional Representation and the Heritage of Weimar Germany 1871–1920, Lincoln 1958.

Zietz, Luise, Die Frauen und der politische Kampf, 2. Auflage, Berlin 1912.

Zimmermann, Moshe, Two Generations in the History of German Antisemitism: The Letters of Theodor Fritsch to Wilhelm Marr, in: Leo Baeck Institute Year Book 23 (1978), S. 89–99.

Zimmermann, Moshe, Wilhelm Marr: The Patriarch of Antisemitism, Oxford 1986.

Zmarzlik, Hans-Günter, Bethmann Hollweg als Reichskanzler 1909–1914. Studien zu Möglichkeiten und Grenzen seiner innenpolitischen Machtstellung, Düsseldorf 1957.

Zucker, Stanley, Ludwig Bamberger and the Politics of the Cold Shoulder: German Liberalism's Response to Working Class Legislation in the 1870s, in: European Studies Review 2 (1972), S. 201–226.

Zumbini, Massimo Ferrari, Die Wurzeln des Bösen. Gründerjahre des Antisemitismus: Von der Bismarckzeit zu Hitler, Frankfurt a. M. 2003.

Zwahr, Hartmut, Die Konstituierung der deutschen Arbeiterklasse von den dreißiger bis zu den siebziger Jahren des 19. Jahrhunderts, Berlin-Ost 1978.

Zwahr, Hartmut, Zur Konstituierung des Proletariats als Klasse. Strukturuntersuchungen über das Leipziger Proletariat während der industriellen Revolution, München 1981.

Zwahr, Hartmut, Die deutsche Arbeiterbewegung im Länder- und Territorienvergleich 1875, in: Geschichte und Gesellschaft 13 (1987), S. 448–507.

Zeittafel

1850	01.06.	Sächsische Regierung löst den Landtag auf und ersetzt ihn durch den vorrevolutionären Ständelandtag
1854	09.08.	Tod König Friedrich August II.; Nachfolger wird König Johann (bis 1873)
1859	15./16.09.	Gründung des liberal orientierten Deutschen Nationalvereins in Frankfurt a. M.
1861	06.06.	Gründung der Deutschen Fortschrittspartei
1863	23.05.	Gründung des Allgemeinen Deutschen Arbeitervereins (ADAV) unter Leitung von Ferdinand Lassalle in Leipzig
1865	15.–18.10.	Erster deutscher Frauenkongress in Leipzig
1866	09.04.	Preußischer Antrag auf Reform des Deutschen Bundes, der eine auf Grundlage des allgemeinen Wahlrechts konstituierte gesamtdeutsche Bundesversammlung vorsieht
	14.06.	Der Bundestag stimmt mit 9 zu 6 Stimmen für die Bundesexekution gegen Preußen (antipreußisches Bündnis Sachsens mit Österreich sowie u. a. Bayern, Baden, Württemberg, Hannover)
	16.06.	Preußische Truppen marschieren in Sachsen ein
	03.07.	Schlacht bei Königgrätz; Sieg Preußens über die sächsischen und österreichischen Truppen; Besetzung Sachsens durch preußische Truppen
	26.07.	Vorfriede von Nikolsburg
	15.08.	Vorsitzender des Gesamtministeriums Beust wird von König Johann entlassen. Hauptakteure der sächsischen Staatsregierung von 1866 bis 1891 werden Richard Freiherr von Friesen (Finanz, Auswärtige Angelegenheiten, bis 1876), Alfred Graf von Fabrice (Krieg), Carl von Gerber (Kultus), Hermann von Nostitz-Wallwitz (Innenminister)
	19.08.	Gründung der Sächsischen Volkspartei (SVP) in Chemnitz durch August Bebel und Wilhelm Liebknecht (Keimzelle der Sozialdemokratischen Arbeiterpartei in Sachsen)
	26.08.	Erste sächsische Landeskonferenz der Nationalliberalen Partei in Leipzig
	21.10.	Friedensschluss zwischen Preußen und Sachsen; Sachsen tritt dem Norddeutschen Bund bei und gibt damit seine Eigenstaatlichkeit auf.
	03.11.	König Johanns Rückkehr nach Dresden
	Nov.–Dez.	Wahlrechtsdebatte im Sächsischen Landtag
1867	07.02.	Militärkonvention zwischen Preußen und Sachsen; die preußischen Truppen verlassen Sachsen
	12.02.	Wahlen zum konstituierenden Reichstag des Norddeutschen Bundes
	16.04.	Verfassung des Norddeutschen Bundes verabschiedet, sie beschneidet die Gesetzgebungsbefugnisse Sachsens
	12.06.	Gründungsprogramm der Nationalliberalen Partei
	31.08.	Wahlen zum I. Reichstag des Norddeutschen Bundes

1868	März–Mai	Ein neues Landtagswahlrecht wird in der II. und I. Kammer des Sächsischen Landtags verhandelt
	03.12.	Einführung eines gemäßigten Zensuswahlrechts zur II. Kammer des Sächsischen Landtags. Die I. Kammer bleibt unverändert als »gleichberechtigter Faktor« neben der II. Kammer bestehen
1869	31.05.	Neues Wahlgesetz für den Norddeutschen Reichstag verabschiedet
	04.06.	Landtagswahlen in Sachsen: Integralerneuerung für alle 80 Landtagswahlkreise; knappe Majorität der Liberalen
	03.07.	Judenemanzipation im Norddeutschen Bund: Gesetz über die Religionsfreiheit
	07.–09.08.	Gründung der Sozialdemokratischen Arbeiterpartei (SDAP) in Eisenach
1870	04.–07.06.	Kongress der SDAP in Stuttgart
	16.07.	Erste sächsische Landeskonferenz der Sozialdemokratischen Arbeiterpartei in Chemnitz; Sachsen wird zum Zentrum der deutschen Arbeiterbewegung
	19.07.	Deutsch-Französischer Krieg (bis 1871); französische Kriegserklärung; Mobilmachung in Sachsen; Sachsen nimmt als Mitgliedstaat des Norddeutschen Bundes am Krieg teil und verfolgt keine eigenen Kriegsziele
	17.12.	August Bebel und Wilhelm Liebknecht werden als »Hochverräter« verhaftet; es folgen dreieinhalb Monate Untersuchungshaft
1871	01.01.	Begründung des deutschen Kaiserreiches
	18.01.	Proklamation König Wilhelms von Preußen zum deutschen Kaiser in Versailles
	03.03.	Reichstagswahlen: August Bebel als einziger Sozialdemokrat gewählt
	16.04.	Verfassungsurkunde des Deutschen Reiches
	25.05.	August Bebel verteidigt die Pariser Commune im Reichstag
	02.10.	Ergänzungswahlen zum Sächsischen Landtag
1872	11.–26.03.	Hochverratsprozess gegen die Sozialdemokraten August Bebel, Wilhelm Liebknecht und Adolf Hepner vor dem Schwurgericht in Leipzig; es folgen zwei Jahre Festungshaft im Schloß Hubertusburg
1873	24.04.	Revision der Städte- und Landgemeindeordnung in Sachsen
	26.04.	Gesetz über das Volksschulwesen: Festlegung der allgemeinen Schulpflicht; Verwaltung des Schulwesens wird dem Kultusministerium übertragen, damit erfolgt ein erster wichtiger Schritt zur Trennung von Staat und Kirche
	15.09.	Ergänzungswahlen zum Sächsischen Landtag
	29.10.	Tod König Johanns; Nachfolger wird König Albert (bis 1902)
1874	10.01.	Reichstagswahlen: Die Sozialdemokratie erhält 6,8 Prozent und 9 Mandate im Reich, 35,8 Prozent und 6 Mandate in Sachsen
1875	22.–27.05.	Auf dem Gothaer Vereinigungskongress schließen sich ADAV und SDAP zur Sozialistischen Arbeiterpartei Deutschlands (SAPD) zusammen
	14.09.	Ergänzungswahlen zum Sächsischen Landtag
1876	23.08.	Gesetz bestimmt die Oberaufsicht des Staates über die katholische Kirche
1877	10.01.	Reichstagswahlen: Die Sozialdemokratie erhält 9,1 Prozent und 12 Mandate im Reich, 37,8 Prozent und 7 Mandate in Sachsen
	19.09.	Ergänzungswahlen zum Sächsischen Landtag

1878	02.07.	Neuordnung des Steuerwesens in Sachsen, Einführung der Einkommenssteuer
	11.05.	Attentatsversuch auf Kaiser Wilhelm I. von Max Hödel
	Mai	Bismarcks vorgeschlagene Unterdrückungsmaßnahmen gegen die Sozialdemokratie finden im Reichstag keine Mehrheit
	02.06.	Attentatsversuch auf Kaiser Wilhelm I. von Karl Nobiling; der Kaiser wird schwer verletzt; der Reichstag wird aufgelöst
	30.07.	Reichstagswahlen ergeben deutliche Gewinne für Konservative und Zentrum sowie erhebliche Verluste für Nationalliberale, Fortschrittler und Sozialdemokraten
	09.09.	Neue antisozialistische Gesetzgebung wird dem Reichstag vorgelegt
	19.10.	Verabschiedung des »Gesetzes gegen die gemeingefährlichen Bestrebungen der Sozialdemokratie« (»Sozialistengesetz«) im Reichstag (in Kraft getreten am 22.10.)
	28.11.	Kleiner Belagerungszustand gemäß § 28 des Sozialistengesetzes über Berlin verhängt (17.10.1880 auch über Hamburg und Altona)
1879	09.09.	Ergänzungswahlen zum Sächsischen Landtag
	01.10.	Neuordnung der Gerichtsverfassung in Sachsen (1 Oberlandesgericht, 7 Landgerichte, 105 Amtsgerichte)
1881	27.06.	Kleiner Belagerungszustand verhängt für Stadt- und Amtshauptmannschaft Leipzig; August Bebel und Wilhelm Liebknecht werden ausgewiesen
	12.07.	Ergänzungswahlen zum Sächsischen Landtag
	27.10.	Reichstagswahlen: Die Sozialdemokratie erhält 6,1 Prozent und 12 Mandate im Reich, 28,2 Prozent und 4 Mandate in Sachsen
1882	11.–12.09.	Internationaler Antijüdischer Kongress zu Dresden
1883	26.–27.04.	(Zweiter) Internationaler Antijüdischer Kongress zu Chemnitz
	11.09.	Ergänzungswahlen zum Sächsischen Landtag
1884	28.10.	Reichstagswahlen: Die Sozialdemokratie erhält 9,7 Prozent und 24 Mandate im Reich, 35,3 Prozent und 5 Mandate in Sachsen
1885	15.09.	Ergänzungswahlen zum Sächsischen Landtag
1887	21.02.	Reichstagswahlen: Große Verluste für die SPD in »Kartellwahlen«; die Sozialdemokratie erhält 10,1 Prozent und 11 Mandate im Reich, 28,7 Prozent und keine Mandate in Sachsen
	18.10.	Ergänzungswahlen zum Sächsischen Landtag
1888		Kaiser Wilhelm I. stirbt mit 90 Jahren am 9. März; Kaiser Friedrich III. stirbt nach 99 Tagen Amtszeit am 15. Juni an Kehlkopfkrebs; Wilhelm II. wird Kaiser (bis 1918)
1889	15.10.	Ergänzungswahlen zum Sächsischen Landtag
1890	25.01.	Die Verlängerung des »Sozialistengesetzes« wird im Reichstag abgelehnt
	20.02.	Reichstagswahlen: Die SPD wird zum ersten Mal die nach Stimmen (19,7 Prozent) stärkste Partei im Reichstag (35 Mandate); sie gewinnt 42,1 Prozent und 6 Mandate in Sachsen
	18.03.	Kaiser Wilhelm II. entlässt Bismarck als Reichskanzler wegen tiefer Unstimmigkeiten; Nachfolger wird Leo von Caprivi (bis 1894)

	01.05.	Maitag wird zum ersten Mal gefeiert
	31.09.	Auslaufen des »Sozialistengesetzes« (Mitternacht)
	12.–18.10.	Während des Parteitags in Halle (Saale) firmiert die SAPD unter dem neuen Namen Sozialdemokratische Partei Deutschlands (SPD)
1891	01.02	Georg von Metzsch wird sächsischer Innenminister (kurz danach auch Außenminister) und De-facto-Vorsitzender des Gesamtministeriums (bis 1906); er verfolgt einen konservativen Kurs, insbesondere mit der Einführung eines Dreiklassenwahlrechts 1896
	13.10.	Ergänzungswahlen zum Sächsischen Landtag
	14.10.	Der Erfurter Parteitag der SPD (bis 20.10.) verabschiedet das Erfurter Programm
1892	8.12.	Parteitag der Deutschkonservativen Partei im Berliner Tivoli; das verabschiedete »Tivoli-Programm« enthält klare antisemitische Passagen
1893	15.06.	Reichstagswahlen: Sächsische Konservative erleiden Verluste; sächsische Antisemiten erhalten mehr als 93 000 Stimmen (15,8 Prozent) und 6 Mandate, gegenüber weniger als 5 000 Stimmen ohne Mandate 1890; Sozialdemokraten erzielen 23,2 Prozent und 44 Mandate im Reich, 45,7 Prozent und 7 Mandate in Sachsen
	19.10.	Ergänzungswahlen zum Sächsischen Landtag: »Ordnungsparteien« wirken verunsichert, teilweise wegen der Antisemiten
1894		Anfang der sogenannten »Ära Stumm« (bis 1899)
	Okt.	Kaiser Wilhelm II. entlässt Reichskanzler Caprivi; sein Nachfolger wird Chlodwig zu Hohenlohe-Schillingsfürst (bis 1900)
	Dez.	»Umsturzvorlage« wird dem Reichstag vorgelegt (im Mai 1895 abgelehnt)
1895	Nov.	Nach dem Vorschlag der Sozialdemokraten für ein allgemeines Wahlrecht zur II. Kammer des Sächsischen Landtags verständigen sich die »Ordnungsparteien« auf die Grundzüge eines Dreiklassenwahlrechts; öffentliche Protestkundgebungen werden von Sozialdemokraten und teilweise von Linksliberalen veranstaltet (Nov. 1895 bis Apr. 1896)
1896	28.03.	Sächsisches Landtagswahlgesetz tritt in Kraft: Dreiklassenwahlrecht nach preußischem Muster
	27.–29.09.	Ergänzungswahlen zum Sächsischen Landtag (indirektes Wahlrecht)
1898	16.06.	Reichstagswahlen: Die Sozialdemokratie erhält 27,2 Prozent und 56 Mandate im Reich, 49,5 Prozent und 11 Mandate in Sachsen
1899	Juni–Nov.	»Zuchthausvorlage« gilt als ein letzter Versuch, den Aufstieg der Sozialdemokratie und der Gewerkschaftsbewegung mit gesetzlichen Mitteln aufzuhalten; sie wird vom Reichstag abgelehnt
	27.–29.09.	Ergänzungswahlen zum Sächsischen Landtag (indirektes Wahlrecht)
1900	01.01.	Das Bürgerliche Gesetzbuch tritt in Kraft
	17.10.	Reichskanzler Hohenlohe tritt aus Altersgründen zurück; sein Nachfolger wird Bernhard von Bülow (1900–1909)
1901	25.–27.09.	Ergänzungswahlen zum Sächsischen Landtag (indirektes Wahlrecht)

1902	19.07.	Tod König Alberts; Nachfolger wird König Georg (bis 1904)
	Dezember	Großer Skandal am Sächsischen Hof: Flucht der Kronprinzessin Luise mit ihrem belgischen Liebhaber André Giron
1903	16.06.	Reichstagswahlen: »Dreimillionensieg« der Sozialdemokratie; die SPD erringt 22 der 23 sächsischen Reichstagsmandate – Sachsen wird »Rotes Königreich«
	05.07. 10.	Ergänzungswahlen zum Sächsischen Landtag (indirektes Wahlrecht)
	31.12.	Denkschrift mit Wahlrechtsreformvorschlägen von der Regierung Metzsch veröffentlicht
1904	28.04.	Wahlrechtsreformvorschläge der Regierung von der II. Kammer abgelehnt; Nationalliberale und Konservative favorisieren ein Pluralwahlrecht
	15.10.	Tod König Georgs; Nachfolger wird König Friedrich August III. (bis 1918)
1905	14.–16.09.	Ergänzungswahlen zum Sächsischen Landtag (indirektes Wahlrecht)
	Nov.–Dez.	Massendemonstrationen in sächsischen Städten für ein demokratisches Wahlrecht
1906		Frauen wird in Sachsen das Studium an Universitäten erlaubt
	01.05.	Wilhelm von Hohenthal und Bergen wird als Nachfolger von Georg von Metzsch De-facto-Vorsitzender des sächsischen Gesamtministeriums (bis 1909)
1907	25.01.	Reichstagswahlen (sogenannte »Hottentottenwahlen« wegen des Kolonialismus als Wahlkampfthema): Die Sozialdemokratie verliert deutlich gegenüber den »nationalen« Parteien. SPD-Kandidaten erringen 28,9 Prozent und 43 Mandate im Reich, 48,5 Prozent und 8 Mandate in Sachsen
1907–1909		»Bülow-Block« – eine lose Sammlung von Deutsch- und Freikonservativen, Nationalliberalen und Linksliberalen – verschafft Reichskanzler Bernhard von Bülow eine fragile Mehrheit im Reichstag
	11.–13.09.	Ergänzungswahlen zum Sächsischen Landtag (indirektes Wahlrecht)
1909	25.01.	Neues Wahlgesetz für die II. Kammer der Ständeversammlung bekommt die Zustimmung in der I. und II. Kammer; das Dreiklassenwahlrecht von 1896 wird durch ein Mehrstimmenwahlrecht bzw. Pluralwahlrecht mit direktem Wahlgang und Stichwahlen ersetzt (in Kraft gesetzt 05.05)
	Juni	»Bülow-Block« wird von Zentrum und Konservativen gesprengt, die dann als »Schwarz-Blauer Block« (bis 1914) zusammenarbeiten
	01.07.	Christoph Vitzthum von Eckstädt wird als Nachfolger von Wilhelm von Hohenthal und Bergen De-facto-Vorsitzender des sächsischen Gesamtministeriums (bis Oktober 1918)
	14.07.	Theobald von Bethmann Hollweg wird Reichskanzler (bis 1917)
	21.10.	Sächsische Landtagswahlen nach dem neuen Pluralwahlrecht: Integralerneuerung der II. Kammer; die Sozialdemokratie wird von 53,8 Prozent der Stimmberechtigten unterstützt, sie erhält nur 25 von 91 Mandaten
1912	12.01.	Reichstagswahlen: Mit 34,8 Prozent der Stimmen und 110 Mandaten wird die SPD stärkste Partei im Reichstag (55,0 Prozent und 19 Mandate in Sachsen)
1913	18.10.	Einweihung des Völkerschlachtdenkmals in Leipzig
1914	August	Ausbruch des Ersten Weltkriegs

1915 24.07. Legislaturperiode des 1909 gewählten Sächsischen Landtags wird bis 1917 verlängert

1917 06.04. Gründung der Unabhängigen Sozialdemokratischen Partei Deutschlands (USPD)
  07.04. »Osterbotschaft« des Kaisers verspricht Wahlreform in Preußen nach Kriegsende
  Mai Außerordentliche Verfassungsdeputation im Sächsischen Landtag eingerichtet
  14.07. Reichskanzler Bethmann Hollweg wird durch Georg Michaelis ersetzt (bis 1.11.1917)
  19.07. Friedensresolution wird von Mehrheitsparteien im Reichstag angenommen
  02.09. Konstituierende Sitzung der Deutschen Vaterlandspartei
  01.11. Reichskanzler Georg Michaelis wird durch Georg von Hertling ersetzt (bis 30.09.1918)

1918 03.10. Regierung von Max von Baden (bis 09.11.)
  25.10. Neues Gesamtministerium in Sachsen; De-facto-Vorsitzender ist Rudolf Heinze (programmatische Rede 05.11.)
  29.10. Staatsrat in Sachsen eingerichtet
  08.11. Letzte Sitzung des Sächsischen Landtags im Kaiserreich (15 Minuten)
  09.11. Abdankung Kaiser Wilhelm II.; Revolution; Regierungsübernahme durch SPD und USPD
  13.11. Abdankung König Friedrich August III. von Sachsen
  14.11. Der vereinigte revolutionäre Arbeiter- und Soldatenrat setzt eine Revolutionsregierung ein – den »Rat der Volksbeauftragten« mit je drei Mitgliedern aus SPD und USPD

Personenregister

Abeken, Christian Wilhelm Ludwig von (1826–1890) 144 f., 163, 232, 241 f., 309, 314
Ackermann, Karl *Gustav* (1820–1901) 143, 155, 210 f., 229 f., 288, 333, 374, 418
Adler, Victor (1852–1918) 759
Ahlwardt, Hermann (1846–1914) 265, 343–346
Albert, König von Sachsen (1828–1902) 349, 354 f., 360, 365, 367–370, 381, 394, 400, 403 f., 427, 537
Ames, Fisher (1758–1808) 759
Anders, Friedrich Heinrich *Gotthold* (1857–1936) 796
Anderson, Margaret Lavinia 7, 818 f.
Andrä, Gottfried *Georg* (1851–1923) 579, 584 f., 590, 796, 802
Arendt, Hannah (1906–1975) 637
Aristoteles (384–322 v. Chr.) 111, 476
Armstrong, Lance 829
Arnim, Bernhard (Bernd) von (1850–1939) 723
Arnold, Matthew (1822–1888) 26
Arsenschek, Robert 225
Asch, Ludwig 549–551, 556–559, 561
Auden, Wystan Hugh (1907–1973) 141
Auer, Ignaz (1846–1907) 188, 228, 435, 444
Ayers, Bill 329

Baden, Maximilian (*Max*) Alexander Friedrich Wilhelm von (1867–1929) 168, 803
Bär, Michael (1855–1923) 580, 583 f., 688, 711
Bartsch, Max 649
Bassermann, Ernst (1854–1917) 547, 642 f., 726 f., 729, 731–735, 762, 768
Bauer, Bruno (1809–1882) 280
Bauer, Erwin (1875–1933) 323
Bebel, August (1840–1913) 1, 2, 47–50, 68, 72 f., 75, 81, 83 f., 113, 122, 125–137, 139, 141–143, 145, 149, 165 f., 169, 172, 177, 181–191, 199–201, 210–212, 214–219, 221, 224, 227 f., 231 f., 238 f., 250, 252, 258, 286 f., 293, 308–311, 313, 317, 350 f., 364, 367, 381, 389, 399, 402 f., 407 f., 422, 424, 430 f., 442–447, 449, 492 f., 659, 684 f., 688, 710 f., 728 f., 752–761, 765, 785
Bebel, Frieda (verh. Simon, 1868–1948) 760
Beck, Gustav *Heinrich* (1854–1933) 804
Beethoven, Ludwig van (1770–1827) 608
Below, Georg von (1858–1927) 485

Benda, Robert von (1816–1899) 250
Benoist, Charles (1861–1936) 497, 500, 508
Bernstein, Eduard (1850–1932) 403, 408, 444–446, 507
Beschwitz, Moritz Maximilian Freiherr von (1845–1925) 660 f.
Beseler, Maximilian von (1841–1921) 722
Beta (Bettziech), Ottomar (1845–1913) 323
Bethmann Hollweg, Theobald von (1856–1921) 487, 489–491, 542, 576, 639 f., 642 f., 659, 699, 701, 706, 709, 720, 725–733, 735 f., 749, 755, 766–768, 771, 773–775, 789, 792, 793, 801
Beust, Friedrich Ferdinand Graf von (1809–1886) 32–35, 40–43, 45, 52, 58, 68, 70, 84, 86, 89, 91 f., 94, 106, 118, 243, 407
Beutler, Gustav *Otto* (1853–1926) 382, 385, 463, 564, 579, 599, 645
Bevan, Aneurin (1897–1960) 245
Bewer, Max (1861–1921) 319 f.
Biedermann, Karl (1812–1901) 41–44, 46 f., 63, 66, 69, 72, 91, 103, 114–116, 124, 154 f., 165, 246 f., 292, 402
Bismarck, Otto Fürst von (1815–1898) 4, 10, 23, 25, 33, 44, 46 f., 50–52, 55–60, 62 f., 69 f., 74, 77–80, 82 f., 86–90, 98, 101, 104–106, 109, 111, 119–122, 127 f., 130 f., 133, 136 f., 139–141, 149, 152–156, 161–165, 172 f., 175 f., 181 f., 186 f., 199–203, 206 f., 211 f., 215 f., 218, 222, 232–239, 244 f., 247, 250 f., 267 f., 279 f., 292, 296 f., 301–303, 306, 308–310, 318 f., 322 f., 331, 336, 353, 356, 372, 398, 415, 425, 448 f., 510, 534, 545, 640, 774 f., 785, 824, 830
Bleichröder, Gerson von (1822–1893) 267 f., 275, 323
Bloch, Marc (1886–1944) 1
Block, Hans (1870–1953) 471
Blüher, Bernhard (1864–1938) 737 f., 802
Blum, Hans (1841–1910) 84, 96, 118, 155
Blum, Robert (1807–1848) 41, 84
Böckel, Otto (1859–1923) 285, 293, 294, 320
Böhmert, Victor (1829–1918) 401
Boelicke, Walter 780
Boh, Felix (1844–1923) 323 f., 330, 334
Bohne, Carl 223
Bonhard, Philipp (geb. 1870) 774

Borries, Georg von (1857–1922) 530
Bosse, Hans von (1835–1898) 385
Bourdieu, Pierre (1930–2002) 355
Boutmy, Émile (1835–1906) 485
Bradley, Tom 355
Brandenstein, Carl von (geb. 1851) 80
Braun, Karl von (gest. 1940) 544
Braun, Lily (1865–1916) 532
Bretschneider, Rudolf 374
Briggs, Asa (1921–2016) 106
Brockhaus, Friedrich (1800–1865) 44
Brockhaus, Heinrich (1804–1874) 44
Brodauf, Franz *Alfred* (1871–1946) 714, 788, 795 f.
Budowsky, Brent 476
Bülow, Bernhard Fürst von (1849–1929) 423–425, 427, 443, 446, 448–452, 457, 460, 473, 489, 519, 527–530, 536, 538–543, 545, 547, 549–556, 558, 561 f., 564, 566, 569, 576, 580, 586–591, 635, 641–644, 655 f., 659, 661, 694, 699, 716, 720 f., 726 f., 730, 745, 768, 780
Burgk Familie 327
Burgk-Roßthal, Arthur Dathe Freiherr von (1823–1897) 148, 363
Burgk-Roßthal, Carl Freiherr von (1791–1872) 126
Burgsdorff, Carl von (1812–1875) 65, 115, 548
Burke, Edmund (1729–1797) 39
Burnley, J. Hume (1821–1904) 98 f.
Busch, Julius Hermann *Moritz* (1821–1899) 44, 63, 71, 234

Caprivi, Georg *Leo* Graf von (1831–1899) 314, 318–320, 337–339, 342, 353, 356 f., 359–361, 366 f., 369 f., 416, 701, 731
Carius 208 f.
Carnot, Sadi (1837–1894) 357
Cartwright, Fairfax L. (1857–1928) 568, 588
Chamberlain, Houston Stewart (1855–1927) 269
Childers, Thomas 685
Claß, Heinrich (1868–1953) 770, 774–780
Cobbett, William (1763–1835) 88
Conrad, Joseph (1857–1924) 124
Cooper, Caroline Ethel (1871–1961) 784
Cornford, Francis M. (1874–1943) 260
Coward, Noël (1899–1973) 223
Crailsheim, Friedrich Krafft Freiherr von (1841–1926) 403
Craushaar, Friedrich Ernst Georg von (1851–1936) 661
Crispi, Francesco (1818–1901) 357

Crowe, Eyre (1864–1925) 564, 639, 659, 721
Crowe, Joseph Archer (1828–1896) 44, 62, 66 f., 77, 88, 95, 103, 174

Dallwitz, Johann (*Hans*) von (1855–1919) 771 f.
Delbrück, Clemens (1856–1921) 722 f.
Delbrück, Hans (1848–1929) 401, 459, 487, 536, 728
Demmler, Adolf (1804–1886) 181
Demmler, Carl (1841–1930) 147
Dening, Greg (1931–2008) 639
Dewitz, Hermann von (1854–1939) 773
Dickens, Charles (1812–1870) 375
Disraeli, Benjamin (1804–1881) 95 f., 106, 422
Dittrich, Rudolf (1855–1929) 802
Dönhoff, Carl von (1833–1906) 187, 189, 199, 211 f., 214 f., 239, 250, 279, 296, 314–316, 377, 398, 405, 413 f., 418 f., 433, 435, 451, 456–458, 464, 471, 523, 528
Dohm, Hedwig (1831–1919) 782
Du Bois, W.E.B. (1868–1963) 341, 343
Dühring, Eugen (1833–1921) 280

Ehrenstein, Georg *Otto* von (1835–1907) 434, 453, 506–509
Eichmann, Friedrich von (1826–1875) 77 f., 86 f.
Einsiedel, Kurt von (1823–1887) 68, 184, 198, 286 f.
Eisenstuck, Bernhard (1805–1871) 92 f.
Emanuel, Rahm 444
Engel, Heinrich (1834–1911) 267
Engels, Friedrich (1820–1895) 6, 49, 58, 169, 302 f., 308, 311, 428, 442
Engl, Josef Benedikt (1867–1907) 741
Erzberger, Matthias (1875–1921) 552, 745, 789
Eulenburg, Botho Graf zu (1831–1912) 361, 367, 369, 384
Eulenburg, Friedrich Graf zu (1815–1881) 56, 150, 153, 174
Eulenburg, Philipp Graf zu (1847–1921) 337, 369, 546, 600, 784
Everling, Otto (1864–1945) 562

Fabrice, Georg Friedrich *Alfred* Graf von (1818–1891) 36, 119, 130, 152 f., 163, 165, 184, 218, 231, 241, 249, 303, 311–314, 359
Fahrenbach, Ludwig 555, 626
Fairbairn, Brett 819
Falkenhayn, Arthur von (1857–1929) 489
Falter, Jürgen 694 f.
Fawkes, Guy (1570–1606) 667

Fechenbach-Laudenbach, Friedrich *Karl* Reichsfreiherr von (1836–1907) 268, 280
Fischer, Edmund (1864–1925) 403, 444, 468, 469
Fleißner, Hermann (1865–1939) 601, 641, 666, 701 f., 711, 788, 794, 796, 801, 805–808
Forgách von Ghymes und Gács, Johann Graf 766
Förstenberg (Polizei-Inspektor Leipzig) 379, 409 f., 430, 432, 605
Förster, Bernhard (1843–1889) 68, 84
Försterling, Friedrich Wilhelm *Emil* (1827–1872) 68, 84
Fräßdorf, Karl *Julius* (1857–1932) 711 f., 717, 784, 785, 794 f., 806,
Frank, Ludwig (1874–1914) 765
Franz-Josef I., Kaiser von Österreich (1830–1916) 482–484
Fraustadt, Friedrich August (1855–1927) 743 f.
Frege-Weltzien, Arnold Woldemar von (1841–1916) 157–159, 183, 268, 271, 277, 289, 327 f., 416
Frey, Thomas (Pseudonym für Theodor Fritsch) 282
Freytag, Gustav (1816–1895) 42–45, 47
Freytag, Otto (1835–1917) 196, 208 f., 252
Friedrich I., Großherzog von Baden (1826–1907) 168
Friedrich III., deutscher Kaiser (1831–1888) 58, 78, 120, 235
Friedrich August III., König von Sachsen (1865–1932) 288, 425, 427, 483, 528 f., 537, 539, 564, 569, 578, 601, 604, 701, 713, 717, 738, 765, 766, 801, 804, 809
Friedrich Wilhelm von Preußen, Kronprinz (1831–1888) = deutscher Kaiser Friedrich III.
Friedrich Wilhelm IV., König von Preußen (1795–1861) 232
Friesen, Richard Freiherr von (1808–1884) 35 f., 59–61, 67, 79, 80 f., 86–89, 91, 94–96, 98, 101, 106–112, 115–119, 133, 137, 139, 152, 155, 159 f., 162 f., 165, 182 f., 263, 268 f., 272 f., 278 f., 292, 295 f., 315, 332–336, 339, 345, 382, 416, 610, 785
Friesen-Rötha, Heinrich Freiherr von (1831–1910) 157–159, 263, 268 f., 271 f., 291, 294, 296, 310, 319 f., 324, 327 f., 330, 332 f., 343, 345, 346, 351, 353, 375, 534, 731, 821
Fritsch, Theodor (1852–1933) 280–285, 290, 293–295, 321, 323, 326 f., 341, 348, 555, 626, 780, 828
Fritzsche, Curt 554–556
Fritzsche, Friedrich Wilhelm (1825–1905) 68, 233

Frost, Robert (1874–1963) 14
Frymann, Daniel (Pseudonym für Heinrich Claß) 770, 774–778

Gageur, Karl 391
Gebsattel, Konstantin Freiherr von (1854–1932) 774, 778–780
Georg, König von Sachsen (1832–1904) 425–427, 452, 456 f., 461, 468
Georgi, Arthur (1843–1900) 382, 385, 403
Georgi, Otto Robert (1831–1918) 246, 378, 382, 385, 506–508, 511
Georgi, Robert (1802–1869) 506
Gerber, Carl von (1823–1891) 62, 68, 70 f., 81–83, 89 f., 117 f., 163 f., 239–241, 315
Gerlach, Ernst *Ludwig* von (1795–1877) 770
Gerlach, Hellmut Georg von (1866–1935) 223 f., 445
Gersdorf, Wilhelm August (geb. 1827) 104 f.
Geßler, Ernst von (1818–1884) 109 f.
Geyer, Friedrich (1853–1937) 197, 305, 364, 442 f., 523, 801
Giese, Ernst (1848–1916) 557, 757 f., 789
Gilbert, W. S. (1836–1911) 770
Giron, M. André 425 f., 452
Gise, Maximilian Freiherr von (1817–1890) 76
Gladstone, William (1809–1898) 62
Glagau, Otto (1834–1892) 274, 283, 290
Glöß, Ferdinand Woldemar 321 f.
Gneist, Heinrich *Rudolf* von (1816–1895) 107
Göhre, Paul (1864–1928) 444
Götz, Ferdinand (1826–1915) 83, 295
Goldstein, Hermann (1852–1909) 180, 395, 405, 424, 472, 527, 580, 583 f., 601
Gorbatschow, Michail (1931–2022) 51
Gradnauer, Georg (1866–1946) 414, 444, 468 f.
Gräfe, Emil *Heinrich* (1857–1917) 436, 757 f., 790 f.
Grant Duff, Arthur (1861–1948) 708, 721
Graser, Ernst *Julius* 750 f.
Grenz, Ernst (1855–1921) 743
Grey, Edward (1862–1933) 492 f.
Günther, Oskar (1861–1945) 580, 590, 662, 688, 700, 714, 734, 743 f., 750 f., 806

Haberkorn, Daniel Ferdinand *Ludwig* (1811–1901) 50, 68, 188, 135
Hacking, Ian 107
Haller, Johannes (1865–1947) 784
Hammann, Otto (1852–1928) 152
Hammerstein-Schwartow, Wilhelm Freiherr von (1838–1904) 278 f., 292, 319, 347

Hartley, L. P. (1895–1972) 812
Hartwig, Gustav Emil Leberecht (1839–1908) 285–287, 353, 377
Hasse, Ernst (1846–1908) 170, 555, 557, 774
Hasselmann, Wilhelm (1844–1916) 233
Hausen, Heinrich Freiherr von (1835–1893) 539
Hausen, Max Clemens Lothar Freiherr von (1846–1922) 541
Heine, Thomas Theodor (1867–1948) 371, 493, 525, 627, 704, 718–720, 724 f., 746, 822 f.
Heine, Wolfgang (1861–1944) 755
Heink, Erich Friedrich Albert *Georg* 498 f., 505, 516, 537, 540, 569, 578, 586, 589–591, 594 f., 602, 608–610, 616–618, 620 f., 631, 657, 688, 828
Heink, Josepha 569, 578
Heinze, Karl *Rudolf* (1865–1928) 733 f., 804–809
Heldt, Max (1872–1933) 796, 808
Helfferich, Karl (1872–1924) 799 f.
Helldorff-Bedra, Otto von (1833–1908) 156, 277 f., 292, 318 f.
Henrici, Ernst (1854–1915) 283
Hentze, Otto 283
Hepner, Adolf (1846–1923) 132, 142
Hermann, Ernst 791
Herrfurth, Ernst *Ludwig* (1830–1900) 386
Hertling, Georg von (1843–1919) 789, 793, 801
Hettner, Franz (1862–1946) 580, 584, 672, 714, 769, 795 f., 802
Heydebrand und der Lase, Ernst von (1851–1924) 289, 546, 644, 726–729, 731, 735 f., 737, 771
Hirschberg, Karl Richard (1820–1886) 93
Hitler, Adolf (1889–1945) 12, 281, 284, 685, 815, 829
Hödel, Max (1857–1878) 175
Hoffmann, Franz 470
Hofmann, Hugo 634
Hofmannsthal, Hugo von (1874–1929) 596, 598
Hohenlohe-Schillingsfürst, Chlodwig Fürst zu (1819–1901) 357 f., 370, 384 f., 397, 412, 701
Hohenthal und Bergen, Karl Adolf Philip *Wilhelm* Graf von (1853–1909) 19, 279, 337 f., 360 f., 386, 452 f., 498 f., 505, 510, 516, 518–520, 528, 536–541, 549, 552, 558, 561, 564 f., 568 f., 575, 577 f., 580–582, 585–593, 595–604, 608–612, 616–618, 623, 625 f., 628 f., 636, 638, 641, 659, 690, 701
Hopf, Friedrich 561, 752
Horn, Georg (1841–1919) 229 f.
Hübel, Friedrich *Gustav* (gest. 1883) 198
Hübschmann, Johannes 515

Jacoby, Johann (1805–1877) 142, 151
Jäckel, Hermann (1869–1928) 746 f.
Jaurès, Jean (1859–1914) 469
Jefferson, Thomas (1743–1826) 476
Jellinek, Georg (1851–1911) 498–501
Johann, König von Sachsen (1801–1873) 31, 35–37, 42, 46 f., 66, 76–79, 115, 119
Johnson, Lyndon B. (1908–1973) 78
Jordan, Dr. Max (1837–1906) 44
Joseph, Hermann (1811–1869) 46
Junck, Hermann 799, 803, 828
Junck, Johannes (1861–1940) 757 f.
Juvenal (ca. 60–127) 161

Kaden, August (1850–1913) 197, 221, 414
Kardorff, Wilhelm von (1828–1907) 423
Kautsky, Karl (1854–1938) 436, 469
Kayser, Max (1853–1888) 2, 215, 217, 221
Keim, August (1845–1926) 554, 559
Kessler, Harry Graf (1868–1937) 597 f.
King, Stephen 320
Klar, Ernst 431
Klein, Thomas (1933–2001) 234 f.
Kleist, Heinrich von (1777–1811) 753 f.
Klinger, Max (1857–1920) 598
Koch, Carl Wilhelm *Otto* (1810–1876) 41
Koch, Heinrich Theodor (1822–1898) 89, 92 f.
Koch, Walter Franz (1870–1947) 37, 708, 717, 804 f., 809
Köller, *Ernst*-Matthias von (1841–1928) 358
Könneritz, Leonçe Robert Freiherr von (1835–1890) 84, 314
Könneritz, Rudolf von (1800–1870) 79–81
Kolb, Wilhelm (1870–1918) 763
Koppenfels, Heinrich *Max* von (1870–1913) 304 f.
Krause, Paul (1852–1923) 488
Krille, Otto (1878–1954) 430–432, 436
Kühlmorgen, Friedrich (1851–1932) 579, 584
Kühne, Thomas 8 f.
Külz, Wilhelm (1875–1948) 737 f.

Lagarde, Paul de (1827–1891) 278
Landsberg, Friedrich von 60
Langbehn, Julius (1851–1907) 321
Lange, Friedrich (1852–1917) 411
Langhammer, Max (1851–1929) 561, 580, 594, 714
Lasker, Eduard (1829–1884) 182, 268, 275
Lassalle, Ferdinand (1825–1864) 48, 50
Lear, Edward (1812–1888) 666
Lehmann, Emil (1829–1898) 262, 266, 276 f., 287, 828

Lenin (Uljanow), Wladimir Iljitsch (1870–1924) 48, 783
Lepsius, M. Rainer (1928–2014) 17
Leuschner, Friedrich *Ludwig* (1824–1889) 228
Liebermann von Sonnenberg, Max (1848–1911) 280, 283–285, 288, 290, 293–296, 320, 325 f., 347, 411, 435, 554
Liebert, Eduard von (1850–1934) 546, 554–556, 562, 730, 757 f., 768, 802
Liebknecht, Ernestine (1832–1867) 73 f.
Liebknecht, Karl (1871–1919) 448, 789, 801
Liebknecht, Wilhelm (1826–1900) 47–50, 58 f., 68, 72 f., 83 f., 113, 125–135, 138, 142 f., 146 f., 149, 185, 196–199, 207, 209 f., 215, 222 f., 227, 229, 238, 252, 277, 293, 308, 310 f., 399, 688, 785, 818
Lindenau, Bernhard August von (1779–1854) 31
Lipinski, Robert *Richard* (1867–1936) 742, 787, 789 f.
Lippe, Clemens Prinz zur (1860–1920) 802
Lippe, Ferdinand Graf zur 344
Loebell, Friedrich Wilhelm von (1855–1931) 540, 547, 549 f., 553, 561, 587, 642, 644, 731–736, 755, 772 f.
Lorenz, Max (1871–1907) 47
Lucius (von Ballhausen), Robert (1835–1914) 233, 237
Ludwig II., König von Bayern (1845–1886) 119
Ludwig-Wolf, Leo (1839–1935) 381, 515, 608
Lueger, Karl (1844–1910) 483 f.
Luise von Toskana, Kronprinzessin von Sachsen (1870–1947) 315, 425–427, 450
Luitpold, Prinzregent von Bayern (1821–1912) 492
Luxemburg, Rosa (1871–1919) 408, 481, 754, 762, 801

Macdonald, John A. (1815–1891) 96
Madai, Guido von (1810–1892) 150, 178, 184–189, 214, 219
Mahler, Gustav (1860–1911) 544 f.
Mangler, Otto 796
Mann, Heinrich (1871–1950) 323
Mann, Thomas (1875–1955) 323
Manteuffel, Otto Freiherr von (1844–1913) 411
Marquis, Don (1878–1937) 708
Marr, Wilhelm (1819–1904) 273–275, 280, 282–284
Martin, Rudolf (1867–1916) 288
Marx, Karl (1818–1883) 6, 49, 58, 133, 252, 329, 428, 481
Mathy, Karl (1807–1868) 44

Mehnert, Johann *Karl* (1811–1885) 269, 288
Mehnert, Karl *Paul* (1852–1922) 288–291, 295, 315, 323, 327 f., 330, 332, 351, 353, 364–366, 372, 375–377, 382–385, 389, 394–399, 402–405, 411, 416–420, 423, 450–452, 457–464, 468–473, 507, 519, 522, 528 f., 536, 539–543, 545, 547, 551–558, 561, 566, 569–575, 578–580, 583–585, 587, 591 f., 596–602, 616, 626, 635, 644, 656, 658, 691, 710–712, 730–735, 743, 745, 748–751, 767, 790, 802, 806 f., 821
Mehnert, Wilhelm *Maximilian* (1861–1941) 569 f., 578, 750 f., 796
Mehring, Franz (1846–1919) 200, 531
Meineke, Dr. 487–491
Mencken, Henry L. (1880–1956) 374, 826
Mengers, Christian 26
Merkel, Anton *Robert* (1850–1916) 585, 654, 714
Merz, Bruno Oswin 386, 389–394, 396 f., 405, 419 f., 465, 828
Metternich, Klemens Fürst von (1773–1859) 577
Metzsch-Reichenbach, Karl *Georg* Levin Graf von (1836–1927) 262, 315, 317 f., 333, 349–353, 359–361, 363, 365 f., 374, 377, 381–390, 392, 394, 396 f., 400–404, 413 f., 417–420, 423, 425–427, 435, 443, 454–465, 468 f., 472 f., 495–498, 506, 509, 518 f., 523–530, 535–537, 541, 552, 565, 567, 578, 580, 585 f., 589, 591 f., 776
Meyer, Georg (1841–1900) 490 f., 505
Meyer, Hugo 732
Michaelis, Georg (1857–1936) 789, 793, 801
Michels, Robert (1876–1936) 374
Minckwitz, Heinrich Eduard (1819–1886) 68
Minogue, Kenneth (1930–2013) 521
Mirabeau, Graf (1749–1791) 612
Molkenbuhr, Hermann (1851–1927) 765
Moltke, Friedrich von (1852–1927) 489–491, 720
Mommsen, Karl (1861–1922) 575
Montesquieu, Charles-Louis de Secondat Baron de (1689–1755) 476
Montgelas, Eduard des Garnerin Graf von (1954–1916) 458, 523 f., 536 f., 565, 568, 583 f., 598 f., 665, 767, 769
Most, Johann (1846–1906) 181
Motteler, Julius (1838–1907) 181
Mühlmann, Robert 236
Müller, Karl Otto 92
Münster, Otto zu (1825–1893) 198

Napoleon I., Kaiser der Franzosen (1769–1821) 6
Napoleon III., Kaiser der Franzosen (1808–1873) 127, 480

Naumann, Friedrich (1860–1919) 413, 511
Newman, Henry P. (1868–1917) 507
Niendorf, Martin Anton (1826–1878) 267
Niethammer, Ludwig *Albert* Julius (1833–1908) 397 f.
Nietzsche, Friedrich (1844–1900) 280–282, 427
Nitzschke, August *Emil* (1869–1931) 806
Nostitz-Wallwitz, Alfred von (1870–1953) 507, 509–513, 579, 595–600, 628, 712, 804, 828
Nostiz-Wallwitz, Helene von (1878–1944) 595–597.
Nostitz-Wallwitz, Hermann von (1826–1906) 36, 67, 91, 94–98, 106, 108, 110, 115, 130 f., 135, 137–140, 142 f., 145, 151, 155, 163, 165, 168, 183–190, 199 f., 209, 214 f., 227 f., 231 f., 234, 249, 276, 303, 305 f., 311, 313, 315, 363 f., 460, 507, 610
Nostitz-Wallwitz, Karl Néale (1863–1939) 740 f.
Nostitz-Wallwitz, Oswald von (1830–1885) 93, 223 f., 229, 231

Oehmischen-Choren, Ernst Friedrich *Wilhelm* von (1808–1884) 68
Oer, Maximilian Freiherr von 744
Oertel, Georg (1856–1916) 324, 327 f., 334, 339, 417, 432 f., 600
Oldenburg-Januschau, Elard von (1855–1937) 549, 587, 767 f.
Opitz, Hugo *Gottfried* (1846–1916) 463, 467, 471, 579, 584, 600, 626, 711
Oppen, Rudolf von (1855–ca.1928) 739 f.
Ortega y Gasset, José (1883–1955) 474, 491
Otto, Viktor Alexander von (1852–1912) 541

Pachnicke, Hermann (1857–1935) 746
Paul, Georg (1846–1916) 2, 227
Payer, Friedrich von (1847–1931) 762
Penzig, August Gottwerth (1826–1896) 709
Perrot, Franz (1835–1891) 267 f., 290
Peter II., Großherzog von Oldenburg (1827–1900) 168
Petermann, Theodor (1835–1913) 501
Pfeiffer, Ernst Gustav *Julius* (1824–1910) 224
Pflanze, Otto (1918–2007) 152
Pflug, Philipp (1862–1944) 674–677
Pflugk, Walter von 546
Philipp, Gustav (1841–1897) 380
Philipp, Kurt (1878-nach 1954) 802
Philipsborn, Ernst von (1853–1915) 395
Pinkert, Alexander (1847–nach 1886) 267, 274–276, 280–283, 286, 290 f.

Platon (428/427 v. Chr. –348/347 v. Chr.) 4
Poensgen, Carl *Oskar* (1873–1918) 485
Posadowsky-Wehner, Arthur Graf von (1845–1932) 410 f.
Preuß, Hugo (1860–1925) 738
Pudor, Heinrich (1865–1943) 322 f., 791
Pudor, Richard (1875–1959) 791
Puttkamer, Robert von (1828–1900) 186–190, 200, 214, 229, 232, 235
Puttrich, Ludwig (1824–1908) 196 f.

Querfurth, Hans von (1849–1931) 584

Radbruch, Gustav (1878–1949) 629
Rathenau, Walther (1867–1922) 12
Rauchhaupt, Friedrich Wilhelm von (1881–1989) 484, 515
Raumer, Friedrich von (1781–1873) 353
Reichardt, Julius (1826–1898) 396
Remnick, David xii
Rheinbaben, Georg Freiherr von (1855–1921) 723
Richter, Eugen (1838–1906) 250 f.
Riedel, Christian (1804–1882) 68
Riedel, Max 647, 649
Riehl, Wilhelm Heinrich (1823–1897) 14
Riem, Gustav (1867–1913) 629
Ritter, Gerhard A. (1929–2015) 694
Robespierre, Maximilien de (1758–1794) 6
Roderich-Stoltheim, F. (Pseudonym für Theodor Fritsch) 282
Rodin, Auguste (1840–1917) 505
Roesler, Carl Friedrich *Hermann* (1834–1894) 107
Rößler, Constantin (1820–1896) 370
Rokkan, Stein (1921–1979) 17
Rosen, Kathinka von (1845–1914) 780
Rosenhagen, Martin 342
Roth, Johann *Friedrich* (1863–1924) 660 f., 796
Rüder, Christian (1809–1890) 130
Rüger, Conrad von (1837–1916) 415, 455, 459, 534, 538 f., 578, 599, 663, 699, 701–705, 713, 716, 824
Rühle, Otto (1874–1943) 532
Ruge, Arnold (1802–1880) 42
Rumpelt, Alexis *Anselm* (1853–1916) 333, 461, 463, 465, 495–498, 506, 537, 557, 567 f., 570, 578, 599, 776, 828
Ruppert, Karl (1821–1895) 209

Sachße, Karl Friedrich *Raimund* (1817–1898) 68, 92 f., 103

Saenger, Samuel (1864–1944) 764
Salza und Lichtenau, Hermann Freiherr von (1829–1915) 71, 82
Salzburg, Friedrich 265
Saphir, Moritz Gottlieb (1795–1858) 30
Savile, George, Lord Halifax (1633–1695) 726
Schaffrath, Wilhelm Michael (1814–1893) 118, 182
Schäffle, Albert (1831–1903) 392, 508, 589, 612
Schanz, Oskar 796
Scheidemann, Philipp (1865–1939) 726
Schiffer, Eugen (1860–1954) 486 f., 726 f., 733, 747, 773
Schill, Otto (1838–1918) 463, 470
Schippel, Max (1859–1928) 308, 313, 445
Schlieben, Joachim von (1848–1908) 541
Schlüter, Friedrich *Hermann* (1851–1919) 350
Schmeitzner, Ernst (1851–1895) 280–284
Schmidt, Oswin (1855–1922) 656 f., 796
Schnabel, Alban (1852–1938) 796
Schönberg, Arnold (1874–1951) 544 f.
Schönberg, Familie 327, 417
Schönburg-Glauchau, Joachim Graf von (1873–1943) 802
Schönlank, Bruno (1859–1901) 409
Schraps, Reinhold (1833–1917) 68, 75, 81, 83, 134, 136
Schreck, Hermann (1817–1891) 68
Schröder, Max *Otto* (1858–1926) 804
Schücking, Lothar (1873–1943) 764
Schulz, Wilhelm (1865–1952) 671
Schwager, Ernst (1858–1927) 674–677
Schwanenflügel, Wilhelm Aemilus von 29
Schwarze, Friedrich von (1816–1886) 210
Schweitzer, Johann Baptist von (1833–1875) 48
Schwerin-Löwitz, Hans von (1847–1918) 731, 755
Seydewitz, Ernst von (1852–1929) 804
Seyfert, Hermann *Richard* (1862–1940) 796
Shakespeare, William (1564–1616) 180, 577
Shklar, Judith (1928–1992) 8, 61, 815
Siegfried, Richard 498 f., 507 f.
Sindermann, Karl (1869–1922) 761, 806
Singer, Paul (1844–1911) 226, 311, 322
Slesina, Gustav (1845–1925) 743
Solms-Sonnenwalde, Eberhard Graf zu (1825–1912) 121, 145, 147 f., 161, 172
Spieß, Hans (1858–1929) 672
Spitzemberg, Hildegard Freifrau von (1843–1914) 772
Stampfer, Friedrich (1874–1957) 755
Starke, Curt (1835–1896) 249
Stein, Lorenz von (1815–1890) 107

Stelzer, Oswald 219
Stephani, Martin *Eduard* (1817–1885) 41, 44, 72 f., 154, 176
Stephen, Condie (1850–1908) 425
Stöcker, Adolf (1835–1909) 216, 270, 273, 277, 279, 281, 283, 285, 319 f., 326, 332, 336, 483
Stolberg-Wernigerode, Udo Graf zu (1840–1910) 449 f., 452
Stolle, Karl *Wilhelm* (1842–1918) 197
Stoppard, Tom 1, 821
Strachey, George (1828–1912) 120, 147 f., 159, 165, 171, 185, 188–190, 195, 202, 204, 237, 266, 269, 275 f., 287, 302, 306, 311, 313, 344, 372, 398, 824
Straumer, Dr. Friedrich (1840–1900) 272
Streit, Lothar (1823–1898) 68 f.
Stresemann, Gustav (1878–1929) 459, 463 f., 469–472, 535 f., 557, 562, 579, 713 f., 734 f., 742–744, 768, 789
Strödel, Bernhard (1828–1889) 155, 158, 292 f.
Stübel, Paul Alfred (1827–1895) 1 f., 182, 216 f., 286
Stumm-Halberg, Karl Ferdinand Freiherr von (1836–1901) 356 f.
Suval, Stanley (gest. 1986) 818

Tacitus (ca. 58–120) 174
Thielau, Heinrich von (1798–1877) 70
Thor, Fritz (Pseudonym für Theodor Fritsch) 282
Tocqueville, Alexis de (1805–1859) 684, 705
Tomansky, Michael 205
Torquemada, Tomás de (1420–1498) 145, 241
Treitschke, Heinrich von (1834–1896) 42–47, 57, 93 f., 155, 275 f., 781
Tröndlin, Carl (1835–1908) 246
Trützschler, Familie 417
Trump, Donald xi–xii
Turati, Filippo (1857–1932) 469
Twain, Mark (Pseudonym für Samuel Clemens) (1835–1910) 812–814
Twesten, Karl (1820–1870) 57

Uhlig, Karl *Otto* (1872–1959) 791, 796, 808
Uhlmann, Karl (1833–1902) 382
Ulrich, Karl *Eduard* (1854–1915) 326 f., 333, 336, 339, 579
Ungern-Sternberg, Eduard Freiherr von (1836–1904) 156, 324
Unold, Johannes (1860–1935) 774

Vahlteich, Julius (1839–1915) 68, 198, 207–209

Vandervelde, Emile (1866–1938) 481 f.
Velde, Henry van de (1863–1957) 596
Verdy du Vernois, Julius von (1832–1910) 449
Vergil (70 v. Chr.–19 v. Chr.) 80
Victoria, Königin von England (1819–1901) 62
Virchow, Rudolf (1821–1902) 249, 322
Vitzthum von Eckstädt, Christoph Graf (1863–1944) 639, 644 f., 656 f., 659, 661, 663 f., 666, 699–704, 706, 708 f., 713–718, 721, 727, 734, 743, 748 f., 751, 786 f., 791–805, 808, 824
Vitzthum von Eckstädt, Otto *Friedrich* Graf (1855–1936) 528, 537, 547, 561, 807
Vogel, Paul (1845–1930) 580, 594, 711, 713, 802, 804, 807 f.
Vollmar, Georg von (1850–1922) 197, 250, 258, 408, 444

Wach, Adolf (1843–1926) 582
Wächter, Carl (1797–1880) 72
Wagener, Hermann (1815–1889) 40, 54, 133, 267
Wagner, Eduard (1868–1943) 737 f.
Wagner, Richard (1813–1883) 324, 544
Wahnschaffe, Arnold von (1865–1941) 726 f., 755
Waldegg, Egon (Pseudonym für Alexander Pinkert) 274
Waldersee, Alfred Graf von (1832–1904) 358, 449
Wallot, Paul (1841–1912) 581, 710
Walter, Georg Ludwig *August* (1827–1888) 182
Watzdorf, Werner von (1836–1904) 417 f.
Weber, Eugen (1925–2007) 120
Weber, Karl von (1806–1879) 39
Weber, Max (1864–1920) 7, 764
Welck, Johann *Georg* von (1839–1912) 158 f., 534
Werner, Ludwig (1855–1928) 293
Westarp, Kuno Graf von (1864–1945) 790
Wettstein-Adelt, Minna (1869–ca. 1908) 748
Wiechel, Hugo (1847–1916) 501–505
Wiemer, Otto (1868–1931) 754 f.
Wiemer, Philipp (1849–1924) 207

Wigard, Franz (1807–1885) 68
Wildgrube, Max (1873–1954) 790, 802
Wilhelm, Kronprinz von Preußen (1882–1951) 772, 774
Wilhelm I., König von Preußen, deutscher Kaiser (1797–1888) 55, 86, 120, 133, 138, 169, 175 f., 219, 235, 271, 639 f.
Wilhelm II., König von Preußen, deutscher Kaiser (1859–1941) 232, 292, 308, 337, 342, 354–358, 367–370, 400, 404, 411, 416, 422, 445, 448 f., 529, 532, 539, 564, 600, 642, 661, 718, 721, 723, 764, 772 f., 775, 783, 797 f., 822 f.
Wilhelm II., König von Württemberg (1848–1921) 109, 369
Wilhelm Ernst von Sachsen-Weimar-Eisenach, Großherzog (1876–1923) 765
Wilmanns, Carl (1835–1898) 267, 290
Wilsdorf, Victor von (1857–1920) 804
Winkler, Johann *Max* (geb. 1876) 796
Witzleben, Cäsar Dietrich von (1823–1882) 65, 198
Wolcott, James 200, 815
Wolf, Heinrich (1858–1942) 774
Würzburger, Eugen (1858–1938) 490, 578, 610, 617–623, 631, 686 f.
Wurmb, Günther Karl *Lothar* von (1824–1890) 46, 63, 74, 131

Yorck von Wartenburg, Heinrich Graf (1861–1923) 767

Zehmen, Familie 327
Zehmen, Ludwig von (1812–1892) 68, 89, 94, 135, 155, 159
Zetkin, Clara (1857–1933) 406, 467
Zietz, Luise (1865–1922) 748
Zimmermann, Oswald (1859–1910) 294, 320 f., 325 f., 343 f., 398, 411, 433, 435, 553
Zoephel, Karl *Georg* (1869–1953) 582